한서열전

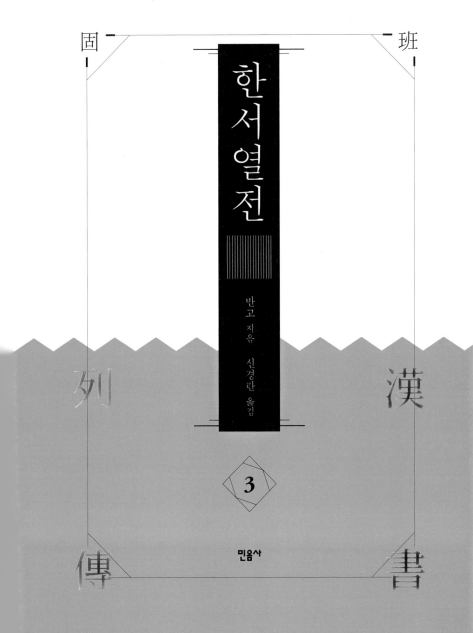

固　班

한서열전

반고 지음　신경란 옮김

列　漢

3

傳　書

민음사

차
례

○ 동평왕을 굴복시키다

○ 몸을 던져 황하의 둑을 막은 왕존

○ 직언을 올리다 목숨을 잃은 왕장

○ 강직하고 절의가 높았던 갑관요

○ 간사한 무리를 쫓아내는 데 실패한 제갈풍

○ 간쟁으로 투옥된 종실 친척 유보

○ 황제에게 간언하다 옥에서 죽은 정숭

○ 정숭을 변호하다 쫓겨난 손보

○ 부 태후의 잘못을 탄핵하다가 유배된 무장륭

○ 청렴하면서 능력이 뛰어났던 하병

○ 대장군과 황제에게 바른말만 올리다

○ 고난을 부른 거침없는 간언

○ 환관의 간계로 옥에 갇히다

○ 굴욕 대신 자결을 택하다

○ 높은 벼슬에 오른 소망지의 세 아들

○ 조충국에 버금가는 역전의 명장 풍봉세

○ 강족을 대파했으나 열후에 봉해지지 않다

○ 외척이라는 이유로 견제를 받은 풍야왕

○ 공정하고 청렴했던 풍준과 풍립

○ 중산 태후의 동생으로 비참하게 죽은 풍참

○ 하급 아전에서 출발한 설선

○ 행정과 인사에 밝았던 지방관

○ 인재로 인정받아 어사대부에서 승상까지

○ 좋은 관리가 되는 능력은 타고나는 것이다

○ 의리의 사나이 주박

○ 관직을 자주 바꾸는 것은 옳지 않다

주

일러두기

1   이 책은 베이징 중화서국(中華書局)에서 간행한 『한서』(전 10권, 1962년 제1판) 중에서 권31 「진승·항적 전」에서 권100 「서전」에 이르는 열전 70편(79권)을 완역한 것으로 중국국가도서관 소장 영인본 5종을 비교하여 참고했다.

2   역자가 독자의 이해를 돕기 위해 부가한 말과 원문과 역어가 다른 말은〔 〕안에 넣었다.

3   각 편의 해제와 소제목은 독자의 이해를 돕기 위해 역자가 붙인 것이다.

4   맞춤법과 띄어쓰기는 한글 맞춤법과 외래어 표기법을 따르되 널리 통용되는 용어는 일부 예외를 두었다. 중국 지명과 인명, 관명의 한자 발음은 역대 『한서』 주석가들이 밝혀 놓은 반절(反切) 원칙을 따르되 현재 통용되는 발음과 다른 경우 처음 나오는 예에 주석을 달아 두었다.

5   각 편의 주석에는 원전에 인용된 『시』, 『서』, 『역』, 『논어』, 『사기』, 『한서』 본기, 표, 지의 원문을 수록했으며, 역대 『한서』 주석가들의 중요 주석과 『한서』 관련 최신 연구 결과, 고분·성곽 발굴 조사의 성과를 모아 실었다.

적방진전
翟方進傳

이 편에는 적방진(翟方進, 기원전 53~기원전 7년)과 그의 아들 적의(翟義, ?~7년)가 나온다. 고릉후(高陵侯) 적방진은 유학을 공부한 관리로 승진을 거듭하여 죽기 전까지 승상직에 있었다. 성제는 유교 경전에 밝으면서도 법률을 잘 이해하는 적방진을 신임했다. 대역죄를 지었던 외척 순우장과 교분이 두터웠음에도 연좌되지 않은 것을 보면 성제가 적방진을 놓치기 싫어했음을 알 수 있다.

적방진은 미천한 가문 출신으로 개인의 능력에 의지하여 출세한 인물인 만큼 술수에 밝았다. 적방진은 성제의 가장 큰 약점인 조 황후 문제를 공개 석상에서 언급한 적이 없다. 그러나 승상으로서 황제가 당할 액운을 대신하기 위해 자결 명령을 받고 비운의 최후를 맞았다. 뒤이어 아들 적의가 왕망에 반기를 들고 거사했다가 실패하여 멸족당했다.

이 편에는 반고의 찬 대신 반표의 평이 들어 있다. 뛰어난 능력의 유생 적방진을 기리는 한편으로 실력을 갖추지 못한 채 세상을 바꾸려고 한 적의의 시도를 안타깝게 여기면서, 새로 천하를 평정한 광무제 유수(劉秀)를 은근히 치켜세우고 있다.

적방진의 자는 자위(子威)이고, 여남군 상채현(上蔡縣) 사람이다. 대대로 내세울 것 없는 가문이었다가 공부를 좋아했던 아버지 적공(翟公) 대에 이르러 여남 태수부의 문학이 되었다. 적방진은 나이 열두세 살 때 아버지를 잃어 스승에게 배우지 못했다. 뒤에 소사(小史)가 되어 태수부에서 일했으나 행동이 민첩하지 못해 연사들에게 일을 제대로 하지 못한다며 자주 욕을 먹었다. 속이 상한 적방진이 여남 사람 채보(蔡父)에게 어떤 재주를 익혀야 자신이 성공할 수 있을지 물어보았다. 적방진의 외모를 보고 크게 될 사람이라고 여긴 채보가 이렇게 말했다.

"소사에게 열후에 봉해질 골상이 있으니 경술로 중용될 것이 틀림없네. 그러니 여러 학자에게 경술을 배우고 물어보는 일에 힘쓰도록 하게."

소사 노릇이 싫었던 적방진은 채보의 말을 듣고 기뻐했다. 그래서 병가를 내고 집에 돌아가서 계모에게 서쪽으로 길을 떠나 장안에 가서 경을 배우겠다며 하직했다. 적방진이 어린 나이에 길을 떠나는 것을 안타깝게 여긴 계모가 함께 장안으로 가서 신을 삼으며 번 돈으로 적방진의 학비를 대어 경박사(經博士)에게 『춘추』를 배울 수 있었다. 열 몇 해 동안 깊이 공부하여 경학에 아주 밝아졌으므로 제자가 나날이 늘었고 유생들의 칭송을 받았다. 사책에서 갑과 책문을 써서 통과하여 낭관이 되었다. 두세 해 지난 뒤에 명경 인재로 천거되어 의랑으로 자리를 옮겼다.

그 무렵 오래 명망이 있었던 선비인 청하 사람 호상(胡常)이 적방진과 같은 경전을 연구하고 있었다. 연구는 먼저 시작했으나 명예는 적방진보다 낮게 평가받던 호상이 속으로 적방진의 재능을 시기하면서 잘잘못을 이야기하며 적방진을 깎아내렸다. 그 점을 눈치챈 적방진은 호상이 학생들을 모아 놓고 대규모 강의를 열 때 자신의 문하생들을 보내서, 경전의 요지와 어려워서 이해할 수 없었던 부분에 관해 질문하게 한 후 호상이 설명한 내용을 기록하게 했다. 이렇게 오랫동안 문하생들을 호상에게 보내 공부시키자 호상도 적방진이 자신을 존경하며 자신에게 양보한다는 것을 알고 부끄러워했다. 그 뒤로 호상은 벼슬아치나 선비들과 함께한 자리에서 적방진을 칭찬하지 않은 적이 없었다. 이렇게 두 사람은 친한 벗이 되었다.

하평 연간에 적방진이 박사직으로 자리를 옮겼다. 몇 해 지나서 다시 삭방 자사로 자리를 옮겼다. 자사직을 수행하면서 법령을 시시콜콜 적용하지 않았고 〔자사가 지방관을 감찰하는 기준인〕 육조에 따라 지방관을 감찰하여 우수한 자를 모두 천거했으므로 위망과 명성을 많이 얻었다. 해마다 연말에 감찰 결과를 상주하여 승상사직으로 승진했다.

황제가 감천궁에 행차할 때 적방진이 따라가면서 치도 위를 달린 일이 일어나자 사례교위 진경(陳慶)이 적방진을 탄핵하는 상주문을 올리고 적방진의 수레와 말을 몰수했다. 감천궁에 황제의 행차가 도착한 뒤에 대신들이 대전에 모였을 때 진경이 정위 범연수

(范延壽)와 대화를 나누는 것을 적방진이 엿듣게 되었다. 그 무렵 탄핵을 당하고 있던 진경이 말했다.

"사건이 시기를 넘겨 지나간 일이 되면 재물로 대속하라는 판결이 나게 되어 있습니다. 오늘 상서가 저를 탄핵하는 상주문을 올린다면 여기에서 형벌이 결정될 것입니다. 전에 제가 상서로 있을 때에는 폐하께 상주해야 할 일을 잊어버리고 한 달 넘게 보류해 두곤 했습니다."

그 말을 들은 적방진이 진경을 탄핵하며 말했다.

"경은 폐하의 명을 받들어 대신을 고발하는 사례교위인 데다 예전에는 상서로 있었으니, 국가 대사 중 어느 것 하나 소홀함 없이 세밀히 살피며 통일된 나라를 이끌어 가시느라 영명하신 황상께서 몸소 애쓰지 않은 때가 없었던 것을 아는 자입니다.

그런데 죄를 지어 놓고도 자복하기는커녕 두려워하지도 않으면서 벌을 피할 방법부터 미리 생각했습니다. 또 상서 때의 일을 폭로하여 떠들면서 상주문을 늦게 처리해도 괜찮았다고 했으니, 사리에 밝으신 황상의 성덕을 훼손하고 황상의 명령을 받드는 데 신중하지 않았습니다. 이 두 가지는 모두 불경죄에 해당하므로 신이 조심스럽게 진경을 탄핵합니다."

진경은 죄가 인정되어 면직되었다.

마침 북지군의 세력가 호상(浩商)이 의거(義渠) 현장에게 체포되었다가 도망한 일이 있었다. 의거 현장이 호상의 어머니를 잡아서 의거현의 도정(都亭)에 가두었는데 수퇘지를 함께 넣어 두었다. 호상의 형제들이 빈객을 모아서 사례교위부의 연과 장안현의 현위들이 왔다고 자칭하며 의거 현장의 처자식 여섯 사람을 죽이고 달아났다. 승상과 어사대부가 각각 연사를 파견하여 사례교위 및 부자사와 함께 힘을 합해 체포한 뒤 형용할 수 없는 죄를 지은 자들을 심문하겠다고 했다. 황제가 윤허하니 사례교위 견훈(涓勳)이 상주하여 아뢰었다.

『춘추』의 뜻에 따르면 왕의 사람은 미천한 자일지라도 서열을 제후의 위에 둔 것은 왕명을 존중하기 위해서입니다. 신이 다행히 폐하의 명을 받들어 공경 이하의 관리를 감독하는 책무를 수행하고 있는데, 지금 승상 선(宜)이 연사를 파견하기를 청하고 있습니다. 재사(宰士)로 하여금 황제의 사명을 받은 사례교위를 감독하게 하는 것은 순리를 심하게 거스르는 일입니다.

선은 본래 스승에게 경술을 배운 적이 없는 자로 정무 처리 성적으로만 사악한 위엄을 세워 왔습니다. 호상이 범죄를 저질러 겨우 한 집안이 재앙을 입었는데, 권력을 쥔 선이 형벌을 남용하고 있습니다. 이는 조정에 위해를 가하는 위험한 행위이자 절대 해서는 안 되는 일 중에서도 가장 큰일이니[1] 중조, 특진, 열후, 장군 이하에게 이 사안을 넘겨 나라의 법도를 바로잡게 해 주십시오.

의견을 낸 대신들은 승상연(丞相掾)이 문서를 통해 사례교위를 독촉하는 것이 마땅치 않다고 주장했다. 그때 마침 호상이 잡혀서 죽임을 당했고 식솔은 합포로 유배되었다.

제도에 따르면 사례교위는 승상사직보다 지위가 낮았다. 임명되면 바로 승상부와 어사부 두 관아에 가서 인사를 올리고, 조정에서 대신들이 모일 때에는 중이천석 벼슬의 앞에 자리하다가 승상사직과 함께 승상과 어사대부를 맞아야 했다.

적방진이 승상사직 사무를 보기 시작할 무렵[2] 견훈도 사례교위에 임명되었는데, 승상과 어사대부를 찾아와 인사를 올리지 않았고 조회를 마친 뒤에 만나서도 거만을 떨며 겨우겨우 예절을 차릴 뿐이었다. 적방진이 견훈을 비밀리에 사찰하여 견훈이 광록훈 신경기를 은밀히 찾아간 적이 있고, 황궁 밖에서 황제의 외숙 성도후 왕상을 길에서 마주쳤을 때 수레에서 내려 비켜서 있다가 왕상의 수레가 지나간 뒤에서야 다시 수레에 오른 일이 있는 것을 알아냈다. 이 사실을 안 적방진이 견훈의 죄상을 고발하는 상주문을 올렸다.

나라를 세웠을 때 높은 분을 존중하고 어른을 공경하며 관직의 상하 간에 예의를 갖추게 하는 것을 왕도의 요강으로 삼는다고 신은 들었습니다. 『춘추』의 뜻에 따르면 상공(上公)을 재(宰)라고 칭하며 존중하여 나라 안의 모든 곳을 통솔하게 했습니다.

승상이 성주(聖主)를 알현하러 들어가면 성주께서 자리에 앉아 있다가 일어나게 되어 있고, 수레를 타고 있다가 승상을 맞이하면 수레에서 내리게 되어 있습니다.[3] 신하들은 모두 이런 성군의 교화 내용에 순응하여 사방에 모범을 보여야 하는데, 훈은 이천석 관리가 되어 영광스럽게 폐하의 명령을 수행하는 사례교위로 있으면서도 의전 절차를 존중하지 않은 채 재상에게 오만하게 대하고 상경(上卿)을 경멸했습니다. 반면에 승상보다 아랫사람에게 굽실거리며 간사하게 아첨했으니 분수에 맞지 않게 행동했습니다. 이를 두고 "겉으로야 위엄을 부리고 있어도 속은 유약하여 굽힌다."[4]라고 하니, 조정의 체통을 훼손하고 조정의 위계질서를 어지럽혔으므로 벼슬자리에 있게 할 수 없습니다. 신은 승상에게 이 사안을 조사하게 하여 훈을 면직시키기를 청합니다.

그때 태중대부 평당이 급사중 자격으로 상소를 올렸다.

방진은 조정의 사직으로서 자신을 엄격하게 다스리지 못해 여러 신하의 모범이 되지 못했습니다. 일전에 방진이 규정을 어기고 직접 치도를 달린 것에 대해 사례 경이 공정하게 법을 적용하여 탄핵했는데, 방진은 자신의 행동을 뉘우치기는커녕 속으로 개인적인 악감정을 품고 경이 별 뜻 없이 한 말을 엿들어 기록한 뒤에 비방하며 죄를 씌웠습니다.

뒤에 승상 선이 부도죄를 지은 범인 하나를 잡겠다며 연을 보내 사례교위를 독촉하게 해 달라고 청한 일이 있는데, 사례교위 훈이 상소하여 그 사실을 조정에 알리자 방진이 훈을 다시 고발하게 된 것입니다. 대신 중에는 방진이 도에 따라 승상의 잘못을 바로잡기는커녕 대신을 비호하고 방조하며 반드시 위엄을 세워 보겠다고 나서고 있으니 그런 싹은 잘라 버려야 한다고 여기는 자들도 있습니다. 훈이 공정하고 바르게 책무를 수행하다가 사악한 자에게 비방당한 것이기에, 조금이나마 관대함을 베푸셔서 훈이 공명을 세울 수 있게 해 주십시오.

황제는 적방진의 고발이 형법 조문과 맞아떨어진다고 여겼다. 반면 평당은 적방진이 죄를 지을 것이라고 추정하여 고발했으므로 법을 적용할 수 없다고 판단했다. 그리하여 견훈을 창릉(昌陵) 현령으로 좌천시켰다. 적방진이 한 해 동안에 두 명의 사례교위를 면직하는 바람에 조정 대신들이 적방진을 꺼렸다. 승상 설선은 적방진을 아주 중요한 인물로 간주하면서 연사들에게 "조심해서 사직을 섬기도록 하라. 적 군은 승상 자리에 반드시 오르게 될 것이야. 머지않았어."라고 하며 늘 조심하도록 경고했다.

그 무렵 창릉을 건설하면서 능읍(陵邑)을 조성하고 있었는데, 황실 친척과 황제 측근 신하의 자제와 빈객 중에 남의 것을 자기 것이라고 우기며 불법으로 이익을 취하는 자들이 많았다. 적방진이 연사를 파견하여 사건을 조사한 다음 불법으로 거두어들인 수천만 전의 재물을 밝혀냈다. 황제가 공경직을 맡을 만한 재목으로 여겨 백성을 직접 다스리는 일을 시켜 보기 위해 적방진을 경조윤으로 옮겨 임명했다. 적방진이 장안에서 세력을 부리던 자들을 잡아들였으므로 장안 사람들이 두려워했다. 그때 청주 자사로 있던 호상이 소문을 듣고 적방진에게 편지를 보내 충고했다.

내가 듣자니 명령을 내리거나 법조문을 적용할 때 너무 엄격하게 한다는군요. 경조윤으로 견디기에 이롭지 못한 점이 있을까 염려됩니다.

호상의 편지를 받은 적방진이 말뜻을 알아듣고 그 뒤로 엄격함을 약간 풀었다.

경조윤으로 세 해 동안 있다가 영시 2년에 어사대부로 승진했다.

몇 달 뒤에 승상 설선이 광한군의 여러 지역에서 〔정궁을 두목으로 한〕 도적이 발호했던 일과 태황태후[5]의 장례 때에 삼보 지방의 관리들이 법에 의하지 않고 마구잡이로 물자를 징발한 죄에 걸려 면직되고 서인으로 강등되었다. 이때 적방진도 경조윤 시절에 태황태후 장례에 필요한 경비를 대기 위해 백성을 괴롭힌 죄에 걸려 집금오로 좌천되었다. 스무 날 넘게 승상 자리가 비자 대신 중에 적방진을 승상으로 천거하는 자가 많았다. 황제도 적방진의 능력을 높이 샀으므로 마침내 적방진을 승상으로 삼고 고릉후(高陵侯)에 봉했으며 식읍 천 호를 내렸다. 적방진이 부귀해진 뒤에도 계모가 살아 있었다. 적방진은 집 안에서의 행동을 절제하고 조심하면서 계모를 잘 공양했다. 훗날 계모가 죽은 뒤에는 장례를 치르고도 서른여섯 날 만에 상복을 벗고 공무를 보기 시작했다. 한나라의 승상이 되어 조정의 제도에 정한 날짜를 넘길 수 없다고 생각했던 것이다.

적방진은 승상으로 있으면서 공정하고 청렴하게 행동했고 지방의 군이나 제후국 쪽에 개인적으로 청탁하는 일이 전혀 없었다. 그러나 법을 너무 가혹하게 적용했다. 주목과 태수, 구경을 탄핵하는 상소를 올린 뒤에 법조문을 세세하게 따져 심하게 욕을 보이곤 하여 그 때문에 해를 입은 자가 아주 많았다. 진함, 주박, 소육, 봉신(逢信), 손굉(孫閎) 같은 이들은 모두 장안 지역의 명문 세가 출신으로 재능을 인정받아 젊어서부터 주목과 태수를 지내고 구경의 반열에 올라 당대에 이름을 날리고 있었다. 적방진은 자수성가한 후발 주자로 열 몇 해 만에 재상의 자리에 올라 법에 따라 진함 등을 탄핵함으로써 모두를 면직했다.

애초 가장 빨리 벼슬길에 나섰던 진함은 원제 즉위 초에 이미 어사중승이 되어 조정에 이름을 날리다가 성제 즉위 초에는 〔기주〕 부자사로 발탁되었고, 어서 초나라에서 내사를 거쳐 북해군 태수를 지낸 뒤에 동군 태수로 재직하고 있었다. 양삭 연간에 경조윤 왕장이 조정 대신에 대한 간언을 올리며, 대장군 왕봉을 대신하여 정사를 보좌할 인물로 낭야 태수 풍야왕을 천거하면서 동군 태수 진함을 어사대부로 삼을 만하다고 아뢰었다.

박사로 있던 적방진은 겨우 자사가 되었다가 경조윤으로 승진했다. 그 무렵 진함도 남양 태수에서 소부가 되어 조정에 들어와 적방진과 아주 잘 지냈다. 봉신의 경우 적방진에 앞서 태수가 되었다가 정무 처리에서 높은 성적을 받아 경조윤으로 들어왔고, 후에 태복을 거쳐 위위가 되어 있었는데 관직 경력과 정무 처리 성적이 모두 적방진보다 앞섰다.

그런데 어사대부 자리가 비자 세 사람이 모두 이름난 관원으로 후보에 들었다가 마침내 적방진이 어사대부에 낙점되었다. 마침 승상 설선의 일에 적방진도 연루되었으므로 황제가 이천석 관원 다섯 명으로 하여금 함께 승상과 어사대부를 심문하게 했다. 그때 진함이 자신이 어사대부로 가게 되기를 바라면서 적방진을 힐책했으므로 적방진이 속으로 진함을 원망하게 되었다.

앞서 대장군 왕봉이 진탕(陳湯)을 중랑으로 삼게 해 달라고 상주하고 함께 의논하며 정사를 처리했다. 왕봉이 세상을 떠난 뒤에 왕봉의 사촌동생 거기장군 왕음이 왕봉의 뒤를 이어서 황제를 보좌하며 정사를 관장했는데 왕음도 진탕을 후대했다. 진탕은 봉신과 진함 두 사람과 사이가 좋았으므로 왕봉과 왕음에게 여러 차례에 걸쳐 두 사람을 칭찬했다. 한참 뒤에 왕음이 죽고 왕봉의 동생 성도후 왕상이 대사마 위장군으로 황제를 도와 정사를 관장했다. 왕상은 평소에 진탕을 미워했으므로 황제에게 진탕의 허물을 알리고 해당 관원에게 넘겨 조사하게 했다. 결국 진탕이 면직되어 돈황으로 유배되었다.[6]

적방진이 그때 새로 승상이 되었으므로 진함이 속으로 두려워하며 불안해했다. 그래서 소관(小冠) 두자하(杜子夏)[7]를 적방진에게 보내 적방진이 무슨 생각을 하고 있는지 알아보게 한 다음 자신을 대신해서 얼마간이라도 변호하게 했다. 자하가 적방진을 찾아가서 진함을 해치려는 뜻을 알아냈지만 차마 입을 열지 못했다. 얼마 지나지 않아 적방진이 진함과 봉신을 탄핵하는 상소를 올렸다.

부정부패를 일삼으며 사리사욕을 엄청나게 채우려던 두 사람은 진탕이 간사하고 매우 위험하며 입에 발린 말로 법도에 어긋난 짓을 하는 줄 잘 알면서도 뇌물을 주고 가까이 지내면서 천거를 부탁했습니다. 그리하여 소부가 된 뒤에도 탕에게 여러 차례 뇌물을 보냈습니다. 신과 함은 영광스럽게도 구경의 자리에 올랐으나 충성을 다하며 자신을 바르게 수양할 생각을 하지 않았습니다. 나쁜 행위로는 아무런 공을 세울 수 없다는 것을 속으로 잘 알면서도 간신에게 벼슬자리를 부탁하면서 요행을 바랐으며 부당하게 자리를 얻은 뒤에는 부끄러워하지 않았습니다. 공자께서 "벼슬에 안달하는 비부(鄙夫)와 어떻게 한 임금을 섬길 수 있겠느냐!"[78]라고 하신 것은 바로 함과 신을 두고 이른 말씀입니다. 이렇듯 허물과 죄악이 드러나 벼슬자리에 있게 할 수 없으니 신은 이들을 면직하여 천하에 알리시기를 청합니다.

황제가 적방진의 상소 내용대로 처리하게 했다.

그로부터 두 해가 지났을 때 방정과 직언 방면의 인재를 천거하라는 조서가 내리자 홍양후 왕립이 진함을 천거하여 대책문을 올리게 했다. 황제가 진함을 광록대부 급사중에 임명하자 적방진이 다시 상소했다.

함은 이전에 구경으로 있다가 탐욕과 사악함을 부려 면직된 자로, 자신의 죄악이 드러나 있던 까닭에 홍양후 립(立)에게 의탁하며 요행을 바랐는데 해당 관원이 그 죄상을 고발할 엄두를 내지 못하고 있습니다. 탐욕을 추구하고 비굴하게 일신의 영달을 추구하면서도 명예가 더럽혀지는 것을 아랑곳하지 않으니, 방정 인재에 천거되어 내조의 신하가 되는 것은 마땅하지 않습니다.

적방진은 홍양후 왕립도 실상을 알아보지 않고 천거한 죄가 있다고 탄핵했다. 이에 대해 황제가 진함은 면직하되, 왕립은 탄핵하지 말라는 조서를 내렸다.

두터운 신임을 받다가 자결을 명받다

○ ○ ○

몇 해 뒤에 황태후 언니의 아들이었던 시중위위 정릉후 순우장이 죄를 지었는데, 황제가 황태후의 얼굴을 봐서 면직만 시키고 다른 형벌은 내리지 않았다. 해당 관원이 순우장을 봉토로 돌려보내야 한다고 상주하자 순우장이 왕립에게 돈을 주면서 선처를 부탁했다. 그러자 왕립이 순우장을 장안에 남아 있게 해 달라며 밀봉 상소를 올렸다.

폐하께서 이미 황태후와의 관계를 생각하여 조서를 내리셨으므로 다른 방책을 쓰시는 일은 진실로 불가합니다.

뒤에 순우장이 몰래 꾸미던 일이 발각되어 옥에 갇혔다.[9] 적방진이 왕립을 탄핵했다.

"간사한 마음을 품고 조정을 어지럽히면서 황상을 그릇되게 위협하려고 한 것이 교활부도죄에 해당하니 하옥시키기를 청합니다."

황제가 판결을 내렸다.

"홍양후는 짐의 외숙이라 차마 법으로 다스릴 수 없기에 봉토로 돌아가게 하라."

이어서 적방진이 다시 상소를 올려 왕립의 붕당을 탄핵했다.

　립이 평소에 좋지 않은 행동을 많이 해 온 것은 여러 사람이 모두 알고 있던 바입니다. 사악한 신하들은 당을 이루어 립에게 의지하면서 립이 정사에 참여하게 되면 자신들도 이익을 챙길 수 있다고 여겼습니다. 이번에 립이 쫓겨나 봉토로 돌아가게 된 마당에 그와 아주 가깝게 교분을 맺었던 자들을 대신이나 태수 자리에 둘 수 없습니다.

　후장군 주박과 거록 태수 손굉, 전 광록대부 진함은 특히 립과 친하게 왕래하던 자들입니다. 서로 심복인 이자들은 조정의 공무를 저버리고 죽을힘을 다해 자신의 붕당을 위해 신뢰를 쌓으며 서로 밀거나 끌어 준 것이 죽어야 끝을 낼 듯이 열심이었습니다. 이자들은 모두 속으로 어질지 못한 천성을 가진 채로 겉으로는 보통 사람을 훨씬 뛰어넘는 걸출한 재능을 가진 인재로서 의혹을 남기지 않고 용맹하고 과감하게 정무를 처리하고 있습니다. 그러나 맡은 자리에서 언제나 잔혹하고 포악하며 엄격하고 각박하며 참혹하고 지독하게 위엄을 세우니 백성을 아끼는 뜻은 작은 겨자씨만큼도 없습니다. 이것은 천하가 다 아는 일이며, 어리석은 자조차 그들을 의심했습니다. 공자께서 "어질지 못한 사람이 예를 익혀서 무엇하겠는가! 사람이 어질지 못한데 악률은 배워서 무엇하겠는가!"[10]라고 하신 것은 어질지 못한 사람은 써먹을 데가 없고, 어질지 못하면서 재주가 많으면 오히려 나라의 걱정거리가 된다는 말씀을 하신 것입니다. 이 세 사람이야말로 모두 속으로 간악하고 교활한 마음을 품고 있어 나라의 우환이 될 만합니다. 서로 깊이 왕래하며 붕당을 이루어 황실 친척과 간신의 신뢰를 얻는 이런 일은 나라의 큰 우환거리이니, 대신이라면 죽을 각오로 간쟁을 올려야 마땅합니다.

옛적에 계손행보가 〔장문중(臧文仲)의 가르침을〕 전하기를 "주군에게 잘 대하는 사람이 있으면 그를 섬기기를 효자가 부모를 공양하듯이 하라. 주군에게 잘 대하지 않는 자가 있으면 매와 수리가 작은 새를 쫓듯이 그자를 죽이도록 하라."[11]라고 했으니, 비록 날개를 다친다 해도 그 일을 피하지 않을 것입니다. 황실 친척과 맺어진 붕당은 세력이 강해서 참으로 공격하기 어렵습니다. 그자들을 공격하면 떼거리로 달려들어 공격한 자를 원망하며 선과 악이 서로 바꿔 놓습니다. 마침 다행스럽게도 신이 재상이 되어 있으니 죽을힘을 다하지 않을 수 없습니다. 박과 굉, 함을 면직시켜 고향의 군으로 돌려보내게 해 주십시오. 그래야 간웅들이 모인 당을 없애고 사악한 무리가 바라던 바를 근절시킬 수 있습니다.

황제가 적방진의 상소대로 시행하라는 비답을 내렸다.

진함은 그 뒤로 다시는 벼슬길에 오르지 못했다. 다시 돌아간 고향 패군 상현에서 우울하게 살다가 죽었다.

적방진은 아주 총명했고 능력이 뛰어났다. 더하여 법규와 관아의 실무에 밝았고 유가의 학설로 법률을 해석해 냈기 때문에 '통명상(通明相)'이라는 별명도 얻었다. 황제도 적방진을 매우 중요한 인물로 여기고 진지하게 대했다. 적방진이 올리는 상소문은 그런 황제의 뜻에 맞지 않은 적이 없었다. 적방진은 은밀히 황제의 속 뜻을 알아보면서 자신의 지위를 튼튼하게 다져 갔다.

정릉후 순우장이 외척이면서도 조정 대사에 참여해 계책을 낼 줄 안다는 이유로 구경의 반열에 올랐을 때 일이다. 순우장이 조 정에서 일을 보기 시작하자 유독 적방진만이 순우장과 교분을 가 지면서 순우장을 천거했다. 뒤에 순우장이 대역죄에 걸려 주살되 자 순우장과 관계가 두터웠던 자들이 모두 순우장의 죄에 연루되 어 면직되었다. 적방진은 조정 대신이면서 황제가 평소 중요하게 여겼으므로 순우장의 죄에 연좌시키지 않았다. 속으로 두려워진 적방진이 사죄하며 사직하고 고향으로 돌아가게 해 달라는 상소 를 올리자 황제가 대답했다.

정릉후 장은 죄에 따라 이미 처형되었으니, 승상이 비록 장과 왕래했다고 하더라도 경전에 "아침에 잘못했더라도 저녁에 고치면 군자가 그 사람을 칭찬하리라."[12]라고 했으니 무얼 걱정하는가? 다 른 마음을 가지지 말고 오로지 의원과 약을 가까이하는 일에 마음 을 써서 몸을 보전하도록 하라.

그리하여 적방진이 다시 일을 보기 시작했다. 순우장과 사이 가 두터웠던 자들을 하나하나 탄핵하여 경조윤 손보와 우부풍 소 육을 비롯하여 자사와 이천석 이상 관리 스물몇 명을 면직시켰다. 이를 보면 적방진이 얼마만큼 황제의 신임을 받고 있었는지 알 수 있다.

적방진은 비록 『춘추곡량전』을 배웠지만 『춘추좌씨전』과 천문, 성수(星宿), 역법도 좋아했다. 그중에서 『춘추좌씨전』은 국사 유흠에게,[13] 천문과 역법은 장안 현령 전종술에게 배웠다. 〔천문에 밝았던〕이심의 실력을 인정하여 〔승상부〕의조(議曹)로 삼았다.

적방진이 승상이 되어 아홉 해가 지난 수화 2년에 형혹(熒惑)이 심(心) 자리에 들어갔다.[14] 이 일을 두고 이심이 적방진에게 보고서를 올렸다.

변이에 대응하는 술수에 대해서는 군후께서 잘 알고 계실 줄로 압니다.

전에도 몇 번 말씀드렸지만 삼광이 흉조를 띠면서 변란의 기미가 보이고 있고, 산이 무너지고 물이 역류하는 것으로 재앙이 나타나고 있으며, 백성들은 민요로 재앙을 예견하거나 문제가 되는 사람의 이름을 퍼뜨리고 있습니다. 이 세 가지가 모두 나타났으니 가히 걱정스러운 일이 아닐 수 없습니다.

섭제성(攝提星)이 밝게 빛나는데 왕시성(枉矢星)이 섭제성 중간을 꿰뚫었고, 낭성(狼星)이 강한 빛을 내자 천궁(天弓) 구성(九星)이 늘어섰으며, 금성(金星)이 무고(武庫)를 지나고, 토성(土星)이 궤도를 잃었으며, 보성(輔星)은 빛이 없고, 화성(火星)은 심수(心宿)에 있으니 폐하의 임종 일자가 가까이 다가오고 있습니다.

크게 봐서 측은지심을 발휘하여 세상을 구제한 공을 세운 적도 없고, 작게 봐서 덕행과 능력이 뛰어난 자에게 길을 내주며 양보한 적이 없었습니다. 높은 자리에 앉아 있고 싶어 하시지만, 자리만 차지하고 있는 대신으로서 일신을 보전하기란 어려울 것입니다. 큰 벌을 받을 날이 다가오고 있으니 승상 자리에서 쫓겨나는 것으로 끝날 보장이 어디 있겠습니까! 승상부에 삼백 명이 넘는 관속이 있으니 군후께서 그중에서 누군가를 골라 함께 자진하심으로써 흉조를 떠안으셔야 할 것입니다.

황제 대신에 흉조를 떠안아야 한다는 생각에 적방진은 근심에 휩싸였다. 다른 방도를 내놓지 못하고 있던 때에 별자리에 밝던 낭관 비려(賁麗)가 대신이 나서서 흉조를 막아야 한다고 주장했으므로 황제가 적방진을 불러 접견했다. 적방진이 돌아간 뒤에도 결정을 내리지 못하자 황제가 책서를 내렸다.

황제가 승상의 안부를 묻는다.

승상이 공자의 사상과 맹분(孟賁)의 용맹함을 지녔으므로 짐은 기꺼이 승상과 한마음이 되어 승상이 공을 세울 날을 기대하고 있었다. 그런데 승상이 된 지 올해로 열 해가 되었지만 재해가 연달아 일어나고 백성은 기아에 시달리거나 돌림병에 걸리거나 큰물에 빠져 죽고 있다. 또 관문의 자물쇠 수쇠가 풀려[15] 도읍이 제대로 지켜지지 않아 도적이 들끓는 데다 잔혹한 아전이 양민을 패 죽이고 있으니 판결을 내릴 옥사가 한 해 한 해 늘고 있다. 사건을 보고하는 상소문은 끊임없이 올라오고, 간사한 마음을 품은 붕당은 서로의 잘못을 덮어 주면서 충성의 방책을 전혀 올리지 않으며, 하급 관리는 잡음을 일으키며 서로 시기 질투만을 일삼으니, 이런 잘못의 책임은 누구에게 있단 말인가?

승상의 다스림을 보면 짐을 보좌하여 백성을 부유하게 하고 편안하게 할 생각이 없는 듯하다. 최근 들어 지방의 군과 제후국에 풍년이 크게 들었음에도 많은 백성이 여전히 배를 곯고 있고, [홍수를 피해] 성곽에 올라갔던 백성들이 집에 다 돌아가지 못하고 있으니 아침부터 저녁까지 백성의 고통을 잊어 본 적이 없다.

짐이 생각해 볼 때 과거와 지금의 황궁 지출 내역이 같고 백관의 경비 지출도 그 액수가 일정한데, 승상은 재정 지출의 정확한 액수를 헤아리지 못하고 아래 신하의 말만 듣고서 경비가 부족하다며 임시로 세금을 늘렸다. 성곽 주변 및 과수원과 채소밭에 세금을 매기고, 말과 소와 양의 수를 헤아려 요역을 대신하는 과경(過更) 세금을 받으며, 소금과 철물 세도 늘려야 한다고 청했으니, 세금 제도를 자주 변경하려고 했다. 짐이 사정에 밝지 못해 승상이 상주문을 올릴 때마다 그대로 허락해 주었는데, 뒤에 대신들의 의견을 들어 보니 승상의 시책이 조정에 이득이 되지 않는다고 했다. 승상에게 조서를 내려보냈더니 승상이 이르기를 조정에서 술을 전매해야 한다고 했다가 또 그만두어야 한다고 청했다가 한 달이 채지나지 않아 다시 술을 전매하게 해 달라고 했으니 짐은 승상이 참으로 이상스럽게 여겨졌다. 변함없는 충성 의지는 없이 아랫사람들이 하자는 대로 시책을 세우기만 하고 있으니 그렇게 해서야 어떻게 짐을 보좌하고 백관을 거느릴 수 있겠는가! 그러고도 가장 높은 자리에 앉아 있기를 바란다면 그렇게 되기란 어려운 일이 아니겠는가! 『효경』에도 "높은 자리에 있어도 [교만하지 않으면] 위태롭지 않아 오래도록 높은 자리에 있을 수 있다."[16]라고 했다.

지금 승상을 물러나게 해야 하지만 짐은 차마 그렇게 하지 못하고 있다. 승상은 깊이 생각하여 자세하게 계획을 세워 악의 근원을 근절하고 집안일을 걱정하듯 나라를 걱정하며 백성을 편안하게 살릴 일에 힘쓰면서 짐을 보좌하도록 하라. 짐도 스스로 허물을 고쳤으니 승상도 자신의 잘못을 반성하는 동시에 억지로라도 챙겨 들면서 맡은 책무를 성실히 수행하도록 하라.

상서령을 보내 승상에게 상등주 열 석과 황궁에서 키우던 소 한 마리를 하사하니, 승상은 신중하게 생각하여 처신하라.[17]

적방진은 그날로 자결했다. 황제가 적방진의 자결을 비밀에 부친 채[18] 구경을 파견하여 승상 고릉후의 인수를 써서 장례를 치르게 하고, 운구용 수레와 비기(祕器)[19]를 하사했다. 소부에서는 장례에 필요한 천막과 각종 용구를 차려 주었으며, 집 안의 기둥과 난간에는 모두 흰 천을 둘렀다. 황제가 친히 조문을 간 것이 여러 번이었고, 예우와 하사품이 다른 재상의 장례 때보다 크게 달랐다.[20] 시호는 공후(恭侯)로 내렸다. 맏아들 적선이 후위를 이었다.

적선의 자는 태백(太伯)이고, 역시 경전에 밝고 진실하게 행동하는 군자형 인물이었다. 적방진이 죽기 전에 관도위와 남군 태수를 역임했다.

왕망에 맞선 적방진의 막내아들 적의

○ ○ ○

적방진의 막내아들은 적의이며, 자는 문중(文仲)이다. 아버지 덕택에 십 대에 낭관이 되었다. 조금씩 승진하여 제조(諸曹)까지 올라갔다가 스무 살에 남양군 도위가 되었다. 원현(宛縣) 현령 유립(劉立)은 곡양후 왕근과 사돈지간인 데다 오랫동안 주군(州郡)에서 이름을 날리던 인물이었으므로 적의의 나이가 어리다고 얕보았다.

적의가 태수를 대신하여 각 현을 순시하는 길에 원현에 도착했을 때, 마침 승상사(丞相史)가 원현 역참 객사에 묵고 있었다. 유립이 술과 안주를 준비하여 승상사를 찾아가 함께 술을 마시던 중에 적의가 객사로 들어왔다. 입직 중이던 아전이 도위가 막 도착했다고 고했지만 유립은 아무 일도 없는 듯이 이야기를 이어 나갔다. 곧이어 적의가 당도하여 자신이 도착했음을 알리고 건물 안으로 들어서자 그제야 유립이 달려갔다. 관아로 돌아간 적의는 크게 화가 났다. 그래서 다른 일이 있는 것처럼 꾸며서 유립을 불러오게 하고는 현직 현령으로 있으면서 황금 열 근에 해당하는 재물을 불법으로 취득하고 죄 없는 사람을 죽인 사실이 있다는 죄목을 들어 연(掾) 하회(夏恢) 등으로 하여 결박하게 한 뒤에 남양군 등현(鄧縣)의 옥으로 보냈다. 하회는 원현처럼 큰 현에 〔현령이 없으면〕 현 관아가 탈취당할지도 모른다고 걱정하며 〔도위가〕 각 현을 순시하러 나갈 때에 유립을 따라가게 하여 등현으로 보내면 어떻겠느냐고 건의했다. 그러자 적의가 큰 소리로 말했다.

"도위더러 직접 호송하라니, 아예 잡아들이지 말았어야 한다는 말이 아닌가!"

유립을 실은 함거가 원현 시가지를 한 바퀴 돌고 나서 등현으로 출발하자 하급 아전과 백성들이 꼼짝할 엄두를 내지 못했다. 이 일로 적의는 남양군 전체에 위엄을 떨쳤다.

유립의 집에서 〔사람을 보내〕 단기로 말을 달려 무관(武關)을 통해 장안으로 들어가 곡양후에게 이 사실을 알렸다. 곡양후가 성제에게 아뢰자 황제가 승상에게 사정을 물었다. 적방진이 아전을 보내 원현 현령을 석방하라고 명령했다. 원현 현령이 석방된 뒤에 아전이 돌아와 실상을 고하자 적방진이 말했다.

"아들놈이 벼슬살이하는 법을 모르는 게야. 옥에 집어넣으면 바로 죽일 수 있는 줄 알았던 모양이지?"

뒤에 적의가 법을 어겨 면직되었다.

집에서 벼슬 없이 지내다가 홍농 태수로 임명되었고 하내 태수를 거쳐 청주목(靑州牧)이 되었다. 맡았던 자리에서 어김없이 이름을 날리면서 아버지와 비슷한 풍모를 보였다. 이어서 동군 태수로 옮겨 갔다.

몇 해가 지난 뒤에 평제가 붕어하자 왕망이 섭황제(攝皇帝)[21]가 되었다. 적의는 속으로 왕망의 섭정을 증오하면서 누나의 아들인 상채 사람 진풍에게 말했다.

"신도후가 섭천자(攝天子) 자리에 앉아 천하를 호령하게 되었다. 일부러 종실에서 가장 어린아이를 골라 유자(孺子)[22]로 삼고 성왕을 보좌했던 주공에게 자신을 빗대고 있는데, 천하 민심의 추이를 관망하다가 틀림없이 한나라를 가로챌 테니 앞으로 드러날 신도후의 속셈이 볼만할 것이다. 지금 종실은 쇠약해져 있고 밖으로도 강력한 번국(蕃國)이 없으니 천하가 머리를 숙이며 복종할 뿐 국난을 막아 내고자 나서는 이가 없구나.

내가 다행히 재상의 아들이 되어 큰 군의 태수 노릇까지 하며 부자간에 한나라 황실의 은혜를 크게 입었으니 마땅히 나라를 빼앗으려는 도적을 토벌하여 사직을 안정시켜야 할 것이다. 이제 거사하고 서쪽으로 진군하여 섭천자 자리에 오르지 말았어야 할 자를 토벌하고 종실 자손에서 골라 황제로 옹립하는 일을 도울까 한다. 만일 일이 실패하여 이름이 묻힌다 해도 나라를 위하다 죽는 것이니 선제께 부끄럽지 않을 것이다. 지금 바로 거사할 생각인데 너는 나를 따르겠느냐?"

그때 열여덟 살로 용맹하고 힘이 셌던 진풍이 가담하겠다고 답했다.

적의가 뒤이어 동군 도위 유우와 엄향후 유신, 유신의 동생 무평후(武平侯) 유황(劉璜)과 함께 모의했다. 또 동군 사람 왕손경(王孫慶)은 평소에 용감하고 지략이 뛰어난 데다 병법에 밝았다. 왕손경이 장안에 불려가 있으면서 적의가 왕손경에게 큰 죄가 있다고 꾸민 문서를 보내 동군으로 호송해 오게 했다. 이어서 9월에 열리게 되어 있던 도시(都試) 일에 관현(觀縣) 현령의 목을 벤 뒤에 관현의 거기 부대와 재관 부대 군사들로 하여금 강제로 자신을 따르게 했다. 그리고 동군 내의 용감한 자들을 모집하여 장령을 배치했다. 엄향후 유신은 바로 동평왕 유운의 아들이었다. 유운이 주살되고 왕망이 유신의 형 유개명을 후사로 삼아 동평왕에 올렸는데, 세상을 떠났을 때 아들이 없어 유신의 아들 유광을 새로 동평왕으로 삼았다.

적의가 거사한 뒤에 동평국을 겸병하고 유신을 황제로 추대했다.[23] 적의 자신은 대사마 주천대장군(柱天大將軍)을 칭하고, 동평왕부(東平王傅) 소륭(蘇隆)을 승상으로, 중위 고단(皐丹)을 어사대부로 삼은 뒤에 각 군과 제후국에 통지문을 보내 "왕망이 짐독으로 효평제를 죽이고 제멋대로 섭황제 존호를 칭했다. 지금 황제가 새로 옹립되었으니 천벌을 대신 내리는 일에 동참하라."라고 호소했다. 적의의 거사가 지방의 군과 제후국을 크게 흔들었으므로 군대가 산양에 닿았을 때에 군사의 수가 십여만으로 늘었다.

그 소식을 들은 왕망은 몹시 두려웠으나,[24] 곧바로 자신의 일파와 친척 중에 경거장군 성무후(成武侯) 손건(孫建)을 분무장군(奮武將軍)에, 광록훈 성도후(成都侯) 왕읍(王邑)을 호아장군(虎牙將軍)에, 명의후(明義侯) 왕준(王駿)을 강노장군(彊弩將軍)에, 춘왕성문(春王城門) 교위 왕황(王況)을 진위장군(震威將軍)에, 종백(宗伯) 충효후(忠孝侯) 유굉(劉宏)을 분충장군(奮衝將軍)에, 중소부(中少府) 건위후(建威侯) 왕창(王昌)을 중견장군(中堅將軍)에, 중랑장 진강후(震羌侯) 두황(竇兄)[25]을 분위장군(奮威將軍)에 임명했다. 이 일곱 명의 장군은 각자 함곡관 서쪽의 관중 출신 인물을 교위와 군리로 뽑아 함곡관 동쪽 출신의 군사들을 이끌고 적의를 공격하는 분명(奔命) 부대로 출동했다. 다시 태복 무양(武讓)을 적노장군(積弩將軍)으로 삼아 함곡관에, 장작대장 몽향후(蒙鄕侯) 녹병(逯並)[26]을 횡야장군(橫壄將軍)으로 삼아 무관에, 희화(羲和) 홍휴후(紅休侯) 유흠(劉歆)을 양무장군(揚武將軍)으로 삼아 원현에, 태보후승(太保後丞) 증양후(丞陽侯) 견한(甄邯)을 대장군으로 삼아 패상(霸上)에, 상향후(常鄕侯) 왕운(王惲)을 거기장군으로 삼아 평락관(平樂館)에, 기도위 왕안(王晏)을 건위장군(建威將軍)으로 삼아 장안성 성북(城北)에 주둔시키고, 성문교위 조회(趙恢)를 성문장군(城門將軍)으로 삼아 성문을 지키게 하되 모두 군대를 지휘하며 방어에 주력하도록 했다.

왕망이 종일 유자를 안고 있다가 대신들을 모아 놓고 말했다.

"옛적에 성왕이 어려서 주공이 섭정하자 관숙선(管叔鮮)과 채숙도(蔡叔度)가 〔주임금의 아들〕 녹보(祿父)를 협박하여 반란을 일으켰는데, 이제 적의도 유신을 협박하여 반란을 일으켰소. 옛적의 위대한 성인도 그런 일을 두려워했는데 하물며 신 망같이 보잘것없는 자야 더 말해 무엇 하겠소!"

대신들이 모두 대답했다.

"이런 변고를 만나지 않으면 어떻게 성덕을 널리 알릴 수 있겠습니까?"

그리하여 왕망이 〔『상서』〕「주서」('대고(大誥)')를 모방하여 대고를 지었다.

거섭(居攝) 2년 10월 갑자일에 섭황제가 대리로 선언한다. 제후 왕공과 열후, 그 아래의 경과 대부, 원사(元士), 어사들에게 대도(大道)를 고한다. 하늘이 가엾게 여기지 않으시고 조(趙), 부(傅), 정(丁),

동(董)[27] 같은 화근을 내려보내셨다. 우리의 어린 유자에 대해 깊이 생각하며 무궁한 대업을 잇게 되었다. 여(予)는 백성을 평안하게 이끌도록 보좌해 줄 명철한 인물을 아직 만나지 못했는데, 하물며 지천명(知天命)을 추구할 수 있겠는가!

아, 우리가 유자를 위하는 일을 생각해 보면, 〔유자가〕 깊은 물을 건널 때에 여는 유자가 물을 건너갈 수 있도록 있는 힘을 다할 것이다. 그렇게 하는 것이 고황제가 받으신 천명을 받들어 계승하는 일에 가까이 가기 위함이니, 여는 예전의 인물〔인 주공〕에 자신을 비할 엄두를 낼 수 없다.

하늘이 위엄 있고도 분명한 증표를 내려보내셨다. 천명을 받은 황실이 우리에게 섭천자에 오르라는 뜻을 담은 보구(寶龜)를 남겼으니, 태황태후께서 〔무공현(武功縣)에서 올린〕 단석(丹石) 증표를 보고 하늘이 내린 분명한 뜻을 받들기로 하시고 여에게 조서를 내려 섭천자 자리에 오르도록 명하셨으니 이는 주공 때의 전례를 따른 것이다.

반란을 일으킨 전 동군 태수 적의가 제멋대로 군대를 모으느라 백성을 동원하면서 "서토(西土)[28]에 큰 재난이 생겨 서토 사람들이 평안하지 못하다."라고 하며 엄향후 신(信)을 선동하여 조종(祖宗)의 질서를 크게 어지럽히고 나섰다. 하늘에서 위엄의 증표인 보구를 나에게 내리신 뜻은 우리 나라에 재앙이 생겨 백성이 불안해진 것을 아시고 하늘이 다시 우리 한나라를 도우려고 하신 일이다. 적의의 난이 일어났다는 소식이 전해지던 날 종실의 인재 사백 명과 백성의 모범인 구만 명의 현자(賢者)가 보좌하겠다고 나섰으니,

여가 이들과 함께 계속해서 엄숙하게 국사를 의논하며 마침내 공을 세울 것이다. 우리에게 큰일이 생겼으니 어떻게 될 것인가? 여가 점을 쳐 보니 모두 길하게 풀릴 것으로 나왔다. 그리하여 우리가 대장(大將)들을 파견하여 군의 태수와 제후국의 상, 현령, 현장에게 "여가 길한 점괘를 얻었다. 여가 그대와 함께 전 동군 태수와 엄향후에게 붙어 도망 다니는 놈들을 토벌하기를 바란다."라고 고했다. 그러자 당신네 제후왕 중에 혹자는 반대하며 "재난의 규모가 크고 백성도 불안해하고 있습니다. 황실과 제후 종실도 가담했는데 어린 유자에게는 집안 아저씨가 되므로 감히 토벌할 수 없습니다. [섭황]제께서는 왜 점괘를 어기지 않습니까?"라고 했다. 그 말을 들은 여가 어린 유자를 위해 지금 일어나고 있는 재난에 대해 깊이 생각한 뒤에 "오호! 의와 신이 일으킨 반란에 아내나 남편이 없는 불쌍한 백성들이 동원되었으니 진실로 가엾기 그지없는 일이다! 여가 하늘이 맡겨 주신 큰일을 감당하며 스스로 이 재난을 해결하려 하니, 이는 유자를 위함이지 여를 구하기 위함이 아니다."라고 선언했다.

여는 제후 중의 한 사람인 천릉후(泉陵侯) 유경(劉慶)이 섭정을 권하며 올린 글에 동의하며 "성왕이 어려 주공이 황제 자리에 올라 천하를 다스린 지 여섯 해 동안 명당에서 제후가 올리는 예를 받고 각종 예법과 악률을 제정하고 도량(度量) 제도를 시행하자 천하가 모두 크게 감복했습니다. 이제 태황태후께서 하늘의 뜻에 순종하여 섭천자 자리를 만들기로 하셨습니다. 황태자는 효평제의 황태자지만 아직 강보에 싸인 처지입니다. 그러나 효평제의 아들이 되었으니 아들의 도리를 배워야 마땅합니다. 황태후께 인자한 모후의 은덕으로 기르게 했으니 자라서 성인이 되어 관례를 올리면 황태자에게 영명한 군주의 자리를 돌려줄 것입니다."라고 답했다.

아! 우리의 유자를 위해야 하는 까닭에 대해 여가 생각해 보니 조(趙), 부(傅), 정(丁), 동(董)이 부린 난동으로 황위의 후사가 끊기고 적서(適庶)가 뒤바뀌었으니 한나라를 위험에 빠뜨려 삼액(三阨)[29]을 만나 그 명운을 다하게 했기 때문이다. 오호! 그런 자들을 경계하려면 어찌 힘과 마음을 합하지 않을 수 있겠는가! 여는 상제의 명이 내린 것을 감히 믿지 않을 수 없다. 하늘이 황실을 안정시키는 상을 내리고 우리 한나라를 일으키려고 하시니 길한 점괘를 써서 그 명을 제대로 수행할 수 있으리라. 이제 하늘이 우리를 도우려 하시는 데다 점괘도 길하게 나왔으니 더 말할 것이 없을 것이다.

태황태후께서 태어나실 때 〔태황태후의 고향 위군(魏郡)〕 원성현(元城縣)의 사록(沙鹿)이 무너진 지 육백사십오 년 뒤에 성녀(聖女)가 태어난다는 말이 있었고,[30] 황후가 되실 상서로운 태몽을 통해 태음의 정수를 받아 태어나신 뒤에 원제의 황후가 되어 성제를 낳으셨다. 이는 우리 한나라 천하를 일으키는 상징으로 서왕모에게 빌었던 효험과 신령의 증표를 얻음으로써 〔태황태후께서〕 우리 한 황실을 보우하고 한 황실의 적통을 안정시키며 후사를 잇게 하여 우리 한 황실을 계속 이어 나가게 한 공을 세우신 것이다.

적통을 해치고 대업을 존중하지 않는 저들을 친척이라는 이유로 징벌을 피하게 두지 않겠으니, 저들을 아끼지 않아서가 아니라 한 황실을 위해 그렇게 하지 않을 수 없다.

〔태황태후께서 집정하신 뒤에〕제후왕과 열후를 봉하여 〔선제의〕 증손 및 현손을 모두 일으켜 세움으로써 우리 장안을 보위하고 천하를 안정시켰고, 유생을 불러들여 조정에서 경전을 강의하게 하여 잘못된 학설을 바로잡았으며, 예법과 악률의 제정 및 도량의 통일을 이루어 풍속을 통일했고, 하늘과 땅에 제사를 올리는 자리를 바로잡아 교(郊) 제사의 예법을 분명히 하고 오지(五畤)에 종묘를 세워 제사가 철폐된 분들께도 모두 제사를 올리게 했으며, 영대(靈臺)를 세우고 명당을 건립하며 벽옹을 개설하고 태학을 열었으며, 〔선제와 원제께〕 중종(中宗)과 고종(高宗)의 묘호를 올렸다.

예전에 우리의 고종께서 문덕(文德)을 숭상하고 무공(武功)을 수립하셨으니 질지 선우를 주살하고 서역을 안정시킬 때 승리의 위엄을 떨치는 증표로 백호(白虎)를 헌납받으셨다. 바로 천지와 건곤이 어울리게 결합했던 것이다.

태황태후께서 정사를 돌보자 그에 맞추어 거북과 용과 기린과 봉황의 증표와 오덕(五德)의 길한 징조가 계속해서 나타났다. 하도(河圖)는 멀리 곤륜(崑崙)에서, 낙서(雒書)는 중야(重野)에서 나왔는데, 옛적에 적어 둔 예언 그대로 지금 현실이 되어 나타나고 있다.[31] 이는 황천상제(皇天上帝)께서 우리 황실을 안정시켜서 우리를 더욱 위대한 나라로 만드시려는 뜻이리라. 오호! 하늘이 위엄을 나타내며 한나라를 돕기 시작하여 더욱 강대하게 하려고 하신다. 그대들은 조정의 오랜 중신이었던 천릉후의 말을 생각해 보라. 그대들이 옛 제도에 대해 깊이 살피지 않으면 태황태후께서 그처럼 많은 일을 해내신 것을 어찌 알 수 있겠는가!

하늘이 우리 한나라 황실이 이루었던 성공에 대해 진정으로 위로해 주시는데, 여가 어찌 감히 황제가 도모하던 일을 끝내지 않을 수 있겠는가! 여가 우리 한나라 황실의 제후왕공과 열후, 경, 대부, 원사, 어사에게 이치를 설명하여 이른다. 하늘은 지성으로 말씀을 올리는 자를 돕는 법이니, 하늘이 우리 한나라 황실에 백성을 맡기셨는데 여가 어찌 감히 백성을 안정시키고자 노력했던 조종(祖宗)의 공을 완성하지 못하겠는가! 하늘이 또한 우리의 백성을 위로하시되 백성에게 고통이 있어 그것을 달래 주려고 하시는데 여가 어찌 감히 조종이 받으셨던 위대한 천명을 보좌해 나가지 못하겠는가!

여가 듣건대, 효자는 아버지의 뜻을 계승하는 데 충실하고 충신은 성인의 대업을 이루는 일에 뛰어나다고 했다. 여가 생각하기에 아버지가 집을 짓고자 했으면 그 아들은 건물을 짓는 데 필요한 들보와 기둥을 세워야 하고, 아버지가 밭을 갈고자 하면 아들은 씨를 뿌려 수확을 거두어야 할 것이다. 그러니 여가 조종이 위대한 천명을 받아 이룩하신 대업을 어찌 감히 받들지 않겠는가! 조종께서 탕왕과 주 무왕의 예를 본받아서 그 자손을 정벌하고자 하신다면 백성의 우두머리는 그 자손을 구하려고 애쓰지 않아야 할 것이다.

오호! 노력할지어다! 제후왕공과 열후, 경, 대부, 원사, 어사들이여, 밝은 지혜를 가지고 열심히 노력하여 나라를 돕도록 하라. 또 종실의 인재들이여, 백성의 모범이 되어 도를 준수하며 천명을 깨닫기를 바란다. 하늘은 성실한 자를 돕게 되어 있으니 누가 하늘이 정한 명을 바꿀 수 있겠는가! 하물며 지금 하늘이 한나라를 안정시키고자 천명을 내리셨는데, 큰 골칫거리인 적의와 유신이라는 대역 죄인들이 자신들의 종실을 토벌하겠다고 나섰으니 천명을 바꾸기란 쉽지 않다는 것을 그자들이 안다고 하겠는가?

여가 깊이 생각하고 말한다. 하늘이 적의와 유신을 망하게 하려고 하시는데, 농부가 되어 땅의 잡초를 다 뽑아 버리는 일을 여가 마치지 않을 수 없다! 하늘이 또 우리의 조종에게 복을 내리려고 하시는데 여가 어찌 그 점괘를 연구하지 않고, 어찌 그 뜻에 따르지 않으며, 조종이 남기신 강토를 지킬 뜻을 존중하지 않겠는가! 게다가 이번에 점괘도 길하게 나오지 않았던가! 그리하여 여가 그대들을 이끌고 대대적으로 동정(東征)하고자 하니, 천명은 틀릴 리 없고 점괘도 하늘이 우리를 돕는 것을 일러주고 있다.

〔대고를 발표한 왕망은〕 간대부 환담(桓譚) 등을 시켜 통고문을 돌리러 다니게 하여 "반드시 유자에게 황제 자리를 돌려주겠다."라는 자신의 뜻을 알리게 했다. 환담을 명고리부성(明告里附城)에 봉했다.[32]

여러 장군이 동쪽으로 진군하여 진류군의 치현(菑縣)에 이르러 적의의 군대와 회전(會戰)하여 격파하고 유황의 머리를 베었다. 왕망이 크게 기뻐하며 다시 조서를 내렸다.

한나라 황실이 불행을 당하여 국통이 세 번 단절될 때마다[33] 태황태후께서 후사를 다시 이으셨으니, 은정은 그보다 더 두텁게 베풀 수 없고 신의는 그보다 더 잘 세울 수 없었다. 효평제가 단명하여 일찍 붕어했는데 후사가 어렸기 때문에 태황태후께서 여에게 섭황제에 오르라는 조서를 내리셨다.

　여가 태황태후의 영명하신 명령을 받고 사직과 황실을 맡는 막중한 책임을 받들어 여섯 척짜리 어린 군주를 맡아 기르고[34] 천하 백성의 기대를 받아 내느라 전전긍긍하면서 안일하게 지낼 엄두를 감히 내지 못했다. 엎드려 생각하건대, 태황태후께서 육경에 여러 학설이 생기고 왕도가 통일되지 못했으며 한 황실에서 제정 중이던 예법과 악률 등의 제도가 완성되지 못한 것을 아시고, 유생들을 널리 모집하여 법률과 제도를 대대적으로 정비하고, 각종 기물을 용도에 맞게 만들어서 천하 백성이 잘 쓸 수 있도록 표준형 기물로 만드는 공을 세우셨다.[35] 그리하여 왕도를 밝게 빛내고 기틀이 되는 사업을 완성하여 천 년 동안 끊어지고 백 대가 내려오도록 남겨 두었던 숙제를 지금 이루어 냈으니, 태황태후의 덕이 당요(唐堯)와 우순(虞舜)에 다를 바 없고 공훈과 업적이 은나라와 주나라를 창업한 공적에 비길 만하다.

　지금 적의와 유신 등이 모반하여 대역 행위를 저지르면서 유언비어로 백성을 혼란스럽게 만들고 우리 한나라 황실의 유자를 시해하여 황위를 찬탈하려고 나섰는데 그 죄가 관숙선과 채숙도보다 크고 그 악행이 금수보다 더 심하다. 신의 아비는 고 동평왕 운(雲)으로 불효자에다가 근신하는 법이 없는 자로서, 그 아비 동평 사왕을 죽였을뿐더러 아비를 거서(鉅鼠)라고 불렀으니,[36] 운은 뒤에 대역죄로 주살되었다. 의의 아비는 전 승상 방진으로 음험하고 잔인했다. 형 선(宣)은 좋은 낯빛으로 조용조용하게 말했지만, 겉으로는 좋게 보이면서 속으로는 남을 미워하여 여남군의 고향 마을에서 수십 명을 죽였다.

악행을 마구 저지르고 있는 이 두 집안이 의기투합하여 백성을 미혹시키고 있으나 이자들의 명운이 곧바로 망할 수밖에 없게 되어 있으니 하늘이 멸망시키실 것이다.

적의는 거사하자마자 글을 보내 말하기를 "유우와 유신이 동평국 상국 보(輔)와 더불어 모반했으므로 체포하여 손목과 발목에 쇠고랑을 채워 사람들이 복종하도록 위엄을 세웠다."라고 했는데 같은 편끼리 반역의 큰 악행을 덮어씌우고는 체포하여 쇠고랑까지 채웠으니, 이것이 바로 그자들이 파멸하리란 것을 보여 주는 명확한 증거다.[37]

이미 체포한 자 중에서 신의 두 아들 곡향후(穀鄕侯) 장(章)과 광덕후(德廣侯) 유(鮪)는 베어 버렸고 의의 어머니 연(練)과 형 선(宣), 친족 스물네 명은 모두 장안의 시장터와 사방으로 터진 대로에서 벤 뒤에 시체를 사람들에게 구경시켰다. 이자들을 벨 때에 구경군이 많이 몰려왔고 날씨도 온화하고 맑았으므로 마땅한 벌을 받았다고 할 만했다.

대장군에게 명을 내려 황천이 내리는 벌을 엄숙히 수행하게 했는데 나라의 원수를 토벌하며 뚜렷한 공적을 세웠으니 여는 장군을 크게 칭찬한다. 『사마법』에 "상을 내릴 때를 놓쳐서는 안 되니, 사람들에게 선행의 좋은 점을 빨리 알도록 하게 하라."[38]라고 이르지 않았던가! 이제 거기도위 손현(孫賢) 등 쉰다섯 명을 모두 열후에 봉하되 식읍 호수는 따로 내리겠다. 사자에게 황금인(黃金印)과 적불역(赤紱縌), 주륜거(朱輪車)를 가지고 가게 해서 군영 안에서 바로 열후에 봉하도록 하라.

이 조서를 내린 뒤에 천하에 대사령을 내렸다.

그 뒤에 관군 정예 부대가 어현성(圉縣城)에 있던 적의의 부대를 포위 공격하여 격파하자 적의와 유신이 군대를 버리고 비겁하게 달아났다. 고시현(固始縣)과의 경계에 이르렀을 때 적의를 체포하여 갈기갈기 찢어 죽이는 적형(磔刑)을 시킨 뒤에 번화한 시장 터에 그 시체를 널어 놓았다.[39] 유신은 끝내 잡지 못했다.

삼보 지방에 적의가 봉기했다는 소문이 났을 때 무릉현 서쪽에서 견현(汧縣)에 이르기까지 스물세 개 현에서 동시에 군사가 일어났다. 조명(趙明)과 곽홍(霍鴻) 등이 장군을 자칭하면서 관아를 습격하여 불 지르고 우보도위와 태현(鄠縣)[40] 현령을 죽였으며 하급 아전과 백성을 협박하여 약탈했다. 조명의 군사는 십여만 명으로 늘어났는데 그들이 지른 불은 미앙궁 전전(前殿)에서도 볼 수 있었다.

왕망은 유자를 안고 종묘에 가서 밤낮으로 빌었다.

다시 위위 왕급(王級)을 호분장군(虎賁將軍)에, 대홍려 망향후(望鄕侯) 염천(閻遷)을 절충장군(折衝將軍)에 임명하여 견한(甄邯), 왕안(王晏)과 함께 서쪽으로 진군하여 조명 등을 공격하게 했다.

정월, 호아장군 왕읍 등이 함곡관 동쪽으로부터 돌아왔으므로 다시 부대를 이끌고 서쪽으로 진군하게 했다. 강노장군 왕준은 공을 세우지 못했으므로 면직하고 양무장군 유흠은 원래의 관직에 복귀시켰다. 다시 왕읍의 동생이었던 시중 왕기(王奇)를 양무장군으

로, 성문장군 조회를 강노장군으로, 중랑장 이심(李杺)을 엽난장군
(厭難將軍)으로 삼아 군대를 이끌고 다시 서쪽으로 진군하게 했다.[41]

2월[42]에 조명 등을 섬멸하고 봉기에 가담했던 현들을 모두 평
정한 뒤에 군대가 장안으로 돌아와 대열을 정비했다. 이에 왕망이
백호전(白虎殿)에 술자리를 열고 장수들의 공로를 위로하며 대대
적으로 작위를 올려 봉해 주었다.

그보다 먼저 익주의 만이와 금성(金城) 새외의 강족이 반기를
들고 일어나자 주군(州郡)에서 그들을 격파시킨 일이 있었다. 그
리하여 왕망이 그 자리에서 함께 상을 내렸는데, 공이 크고 작음
에 따라 차이를 두어 후(侯), 백(伯), 자(子), 남(男)에 봉한 자가 모
두 삼백구십오 명이었다. 공훈에 따라 봉하면서 "모두 진노하여
동쪽과 서쪽으로 강구(羌寇)와 만도(蠻盜) 및 반로(反虜)와 역적(逆
賊)을 공격하느라 발뒤꿈치 돌릴 틈에 곧바로 섬멸했으니 천하가
모두 감복했다."라고 이유를 밝혔다. 왕망은 스스로 하늘과 사람
의 도움을 크게 입었다고 하면서 그해 12월이 되었을 때 드디어
황제에 등극했다.

적의가 잡아들였던 원현 현령 유립은 적의가 거사했다는 소식
을 듣고 글을 올려 군리(軍吏)가 되어서 나라를 위해 역적을 토벌
하고 싶다고 나서며 개인적인 원한을 풀고 싶어 했다. 왕망이 유
립을 진류 태수로 임명하고 명덕후(明德侯)에 봉했다.

적의의 형 책선이 장안에 살고 있을 때의 일이다. 적의가 봉기
하기 전에 책선의 집에 이상한 일이 자주 일어났다. 밤중에 울음
소리가 들렸으나 소리 나는 곳이 어디인지를 알 수 없었다. 적선

이 한 방 가득 유생들을 모아 놓고 가르치고 있을 때 밖에서 개 한 마리가 들어오더니 뜰에 있던 거위 수십 마리를 물어뜯었다. 놀라서 거위를 구하려 달려가 보니 목이 다 잘린 뒤였다. 개가 문 밖으로 나갔으므로 밖에 나가 찾아보았으나 찾지 못했다. 책선이 이런 일들이 일어나는 것에 두려움을 느끼고 계모에게 말했다.

"동군 태수 문중은 늘 돌출 행동을 합니다. 최근에 이상하고 나쁜 징조가 자주 보이는 것을 보니 경거망동으로 집안에 큰 화가 있을 듯합니다. 대부인께서는 친정으로 돌아가십시오. 선의 집을 떠나면 화를 피할 수 있습니다."

그러나 계모는 친정으로 돌아가지 않았다. 그 몇 달 뒤에 적씨 집안이 망했다.

왕망이 적의의 집을 모두 부순 뒤에 그 자리에 물을 가두어 못으로 만들었다. 그리고 여남에 있던 아버지 적방진과 그 선조의 무덤을 파헤쳐 그 관을 태우고 삼족을 멸했다. 각 일족의 후사까지 죽여 모두 한 구덩이에 넣고 부정을 막기 위해 가시나무와 다섯 가지 독[43]을 써서 묻었다. 그러고는 조서를 내려 말했다.

〔『춘추좌씨전』에서〕 "옛적에 불경한 자들을 토벌할 때 주모자들의 사체를 〔보루처럼〕 쌓아 무군(武軍)을 만들고, 매장할 때 많은 사람에게 보인 뒤에 〔봉분처럼〕 경관(京觀)을 쌓음으로써 사악한 자들에게 경고했다."[44]라고 한 것을 읽었다. 최근에 반로 유신과 적의가 동쪽에서 반란을 일으키고, 망죽(芒竹)을 근거지로 한 조명과 곽홍의 역적들이 장안 서쪽 땅에서 반란을 일으켰으므로 무장(武

將)을 파견하여 토벌하게 했더니 모두 죄를 자복하고 죽임을 당했다. 신과 의 등은 복양에서 일어나 무염에서 사악한 무리와 합세한 뒤 어현에서 섬멸되었다. 조명은 괴리의 환제(環隄)를 방패막이로 삼고 곽홍은 질지의 망죽에 의지하여 일어났으나 모두 격파되었으니 잔당이 한 명도 남지 않았다. 이에 반로 역적들의 시체를 가져다 대로변에 모아 두되, 복양, 무염, 어현, 괴리, 주질까지 모두 다섯 군데에 각각 가로세로 여섯 장, 높이 여섯 척으로 무군을 쌓아 시체를 내보이고 흙을 덮어 가시나무를 가득 심도록 하라. 그곳에 나무로 표지판을 세우되 높이는 한 장 육 척으로 하여 '반로역적경예(反虜逆賊鯢)'[45]라고 쓰고, 해당 지역의 장리(長吏)가 가을마다 순시하여 파손을 막음으로써 사악한 자들이 교훈으로 삼도록 하라.

여남 땅에는 오래전부터 홍극대피(鴻隙大陂)라는 큰 못이 있어 군 전체를 풍요롭게 했다. 성제 때에 함곡관 동쪽에 몇 차례 큰물이 졌는데 이 못물이 넘쳐 수해가 났다. 적방진이 승상으로 있을 때 어사대부 공광과 공동으로 연을 보내 사정을 알아보게 했다. 못물을 터 버리면 그 자리에 비옥한 땅이 생길 것이고 제방 공사 비용도 절약할 수 있을뿐더러 수재가 일어날 우려도 없어질 것이라고 보고하자 적방진이 그 못을 없애자는 상소를 올렸다.

적씨 가문이 멸족당한 뒤에 못이 있던 향리 사람들이 적방진에게 잘못을 돌리며 "방진이 그 못 밑에 있던 좋은 논을 얻고자 황상께 청했다가 얻지 못하게 된 뒤에 못을 없애자는 상소를 올렸다."라고들 말했다.

왕망이 집권하던 시절에 그 땅에 늘 한재가 들자 여남군 사람들이 이전에 적방진이 잘못한 것이라고 원망하며 동요를 퍼뜨렸다.

못은 누가 없앴나?

적자위(翟子威)가 없앴지.

우리가 먹는 건

콩밥과 토란국.

뒤집힌 걸 뒤집어

못을 다시 메워야 해.

그렇게 하라고 누가 그랬나?

〔신선을 태운〕 두 마리 황혹(黃鵠)[46]이 일러 주었지.

사도연 반표(班彪)가 말한다.

승상 방진은 어린 나이에 아버지를 여의고 나서 노모를 모시고 객지를 떠돌다가 장안에 입성한 뒤에 유생들의 종사가 되었고 벼슬도 재상에 이르렀으니 크게 성공했다.

왕망이 권력을 잡았을 때에는 하늘의 권위를 빌린 듯했으므로 비록 맹분과 하육(夏育)이 있었다 해도 왕망을 대적하는 데에 아무 도움도 되지 않았으리라! 의가 자신의 역량을 잘 가늠하지 못하고 충성심에 떨쳐 일어났으나 일족이 멸하게 되었으니 슬프고 슬픈 일이다!

곡영·두업 전
谷永杜鄴傳

이 편에는 전한 후기의 유학자 곡영(谷永, ?~기원전 9년)과 두업(杜鄴, ?~기원전 2년)의 사적이 실려 있다. 이들이 활동하던 시기에 일식과 지진이 연달아 일어났는데, 곡영은 한나라 건국 210년 만에 하늘에서 멸망의 경고를 내리고 있다고 경고했으며, 두업은 일부 외척의 권세를 거두어야 황실을 보전할 수 있다고 역설했다.

두 사람이 한 편에 엮이게 된 데에는 또 다른 이유가 있다. 반고는 절의를 중시하는 유학자로서 경전 구절을 열거하며 황제를 훈계한 곡영과 두업이 외척 왕씨 일족에게 아부한 점을 들어, 견문이 많았을 뿐 바르지 못하고 신실함이 부족한 인물들이었다고 꼬집었다.

제왕의 다섯 가지 급선무를 간언한 곡영

○　○　○

곡영의 자는 자운(子雲)이고, 장안 사람이다. 아버지 곡길(谷吉)은 위사마로서 황궁에 시자(侍子)로 와 있던 질지 선우의 아들을 호송하고 갔다가 선우에게 죽임을 당했다. 그때의 이야기는 「진탕전(陳湯傳)」에 있다.

곡영은 청년 시절에 장안 현령부의 소사로 있었고, 뒤에 경서를 두루 배웠다.〔원제〕건소 연간에 어사대부 바연수(繁延壽)가 곡영에게 뛰어난 재능이 있다는 소문을 듣고 자신의 관속으로 임명했다가 태상승(太常丞)으로 천거했다. 곡영이 정사의 성패에 관한 의견을 상소로 올렸다.

〔성제〕건시 3년 겨울〔12월 초하루 무신일〕일식과 지진이 같은 날에 일어났으므로 방정 인재와 직언 인재, 극간 인재를 천거하라는 조서가 내려왔다. 태상 양성후(陽城侯) 유경기(劉慶忌)가 천거하여 곡영이 공거(公車)에서 대조하다가 대책문을 올렸다.

가장 성스러운 순덕(純德)을 지닌 폐하께서는 하늘과 땅이 경고하며 내리는 재이를 두려워하실 뿐 아니라 도덕을 닦으며 정사를 돌보실 때에는 공경에게 물어 그 의견을 채납하십니다. 또 영명한 조서를 내려 직언 인재를 모두 천거하게 한 뒤에 틈이 날 때마다 접견하여 주장을 진술하게 하고 계신데, 이번에 폐하의 허물에 관해 물어보시면서 신등으로 하여금 조정에 들어와 폐하의 책문을 받게 하셨습니다. 그러나 신은 재주가 없고 배움도 얕은 데다 정사에 대해서도 잘 알지 못합니다.

영명한 군주가 즉위하여 오사(五事)[1]를 바로 하고 대중(大中)을 세워 하늘의 뜻에 순응하면 수많은 좋은 징조가 계속해서 세상에 나타나고 하늘에서는 해와 달이 정상 궤도를 운행한다고 들었습니다. 그러나 만일 군주가 후궁에게 빠지거나 방탕한 놀이를 즐기며 사냥을 다니느라 자신의 오사를 바로 하지 못하고 대중의 도를 세우지 못한다면 군주에게 벌을 내릴 징조가 나타난 뒤에 육극(六極)으로까지 이어진다고 합니다. 무릇 재이는 각각 어떤 허물과 관계되어 있는데, 재이를 내려보냄으로써 사람들에게 그 재이와 관계된 허물을 고치도록 경고하는 것입니다. 이번 12월 초하루 무신일에 일식이 [여수(女宿)] 무녀(婺女) 성수(星宿) 분야(分野)[2]에서 일어났고 지진이 [미앙궁] 숙장(肅牆) 안에서 일어났는데, 두 가지가 같은 날 일어난 것은 폐하를 일깨우기 위한 것으로[3] 재앙이 닥칠 일이 머지않았으니 스스로 어떤 허물이 있는지 여러 가지로 깊이 찾아보라는 뜻입니다.

혹시 폐하께서는 여색에만 뜻을 둔 채 정사를 돌보지 않고 거동도 신중하게 하지 않으시며 여러 차례 준칙을 어기셨습니까? 아니면 황후와 후궁에 대한 총애가 너무 지나친 결과 여자가 부녀의 도를 지키지 않고 서로 질투하며 황상을 독차지하려고 하면서 후사를 잇는 일을 방해하고 있지는 않습니까? 옛적의 제왕 중에 오사를 바르게 하지 못하고 부부간의 인륜 질서를 세우지 못하다가 처첩이 득세하는 바람에 침실에서는 베갯머리송사를 반드시 이루려하고, 밖으로는 권력을 독점하면서 나라를 멸망하게 이끌며 음양의 질서를 어지럽힌 적이 있었습니다.

옛적 보사(褒姒)가 유왕(幽王)의 총애를 받으며 전횡하자 종주국 주나라가 망했고, 염처(閻妻)가 교만과 전횡을 부리니 태양에 좋지 못한 징조가 나타났습니다.[4] 이번 일식이 바로 그와 같은 징조를 보인 것입니다. 『서』에 "황극, 황건기유극(皇極, 皇建其有極)"[5]이라고 했으니, 이를 전(傳)에서 해석하기를 "위대한 황제가 불편부당하지 않아 중정(中正)을 잃어버리는 것을 불건(不建)이라고 한다. 그때 해와 달이 제 궤도를 잃고 운행하는 일이 생긴다."[6]라고 했습니다.

폐하께서는 지존의 자리에 올라 천하의 주군이 되셨으니 제왕이 수행할 책임을 계승하여 백성을 다스리십시오. 사방이 태평하게 다스려짐이 폐하께 달렸으니 자신을 바로 하는 일에 유념하여 있는 힘을 다해 실천하십시오. 사적으로 즐기는 시간을 줄여 천하 백성을 돌보셔야 하니 웃음을 선사하는 광대를 내보내고 주색에 빠져 즐기는 일을 포기하며 황궁을 나가 놀이를 즐기거나 사냥하면서 기쁨을 얻는 것을 절제하십시오. 일상 행동에 규범을 갖추고 예법에 따라 움직이며 정사에 친히 임하되 이 모든 것을 탁월한 품행으로 지치는 일 없이 천성대로 자연스럽게 행하셔야 합니다. 『서』에 "이제부터 대업을 계승한 왕은 술에 빠지지 말고 왕궁을 나가 놀이를 즐기거나 사냥하지 말아야 하니 자신을 바로 하여 엄숙히 처신하라."[7]라고 했습니다. 군주가 수양하여 자신을 바르게 다스리면 신하들이 사악하지 않았습니다.

제왕의 부부 사이는 조정 대사의 중요한 일이자 나라의 안위가 달린 관건이므로 성군께서는 아주 신중하게 대처하셔야 합니다. 옛적 순임금은 요임금의 두 딸을 바르게 이끌었으므로 뛰어난 덕행을 지녔다고 숭앙받았습니다.[8] 초 장왕(楚莊王)은 가슴이 아파도 단희(丹姬)와의 정을 끊음으로써 패자의 위업을 이루었으나,[9] 유왕은 보사에게 미혹되어 덕치의 주나라를 망하게 했습니다. 노나라는 또 환공이 제나라 여자 문강(文姜)에게 당한 뒤에 사직이 기울었습니다.[10]

비빈을 참으로 잘 다스려야 하니 후궁들의 존비의 서열을 분명하게 정해야 합니다. 지위가 높은 후궁은 질투하거나 총애를 독차지하지 못하도록 하여 교만의 싹을 끊음으로써 염처, 보사가 일으켰던 재앙을 막아야 합니다. 지위가 낮은 후궁들은 서열대로 폐하를 모시게 하여 각자가 책임지고 대업을 이을 후사를 많이 생산하도록 함으로써 〔『시』「소아」〕'백화(白華)'에 나오는 원한을 없애야 합니다.[11] 비빈들의 친족에게 재물을 듬뿍 주고 정사에 참여하지 못하게 하고 황보(皇父)[12] 같은 소인배를 멀리하며 처족의 권세를 약화해야 합니다. 후궁의 비빈을 잘 다스리고도 천하가 어지러웠던 적은 없었습니다.

멀리 떨어진 곳을 잘 다스리려면 먼저 근처를 다스려야 하니 좌우의 신하부터 잘 훈련해야 합니다. 옛적에 용(龍)이 밤낮을 가리지 않고 순임금의 명령을 맡아 전달했는데 순임금의 명령이 아주 정확하게 전달되었고, 네 가지 방면에서 잘 보좌하는 주공이 있었으므로 성왕은 정사를 잘못 돌보는 일이 없었습니다.[13] 폐하의 좌우에서 근신하고 두려워하며 일을 처리하는 상서와 황금빛 담비 털을 관에 달고 상백(常伯)의 직무를 맡고 있는 시중에게 옛적 성군이 시행한 치국의 도를 익히게 하고 군신 사이의 질서를 알게 하여 모두 근신하고 성실하여 희롱이나 교만, 방종에서 나오는 허물을 저지르지 못하게 해야 합니다. 그렇게 하여 좌우의 신하가 경건하고도 매사에 조심하면 백관이 우러러보며 따라 하게 되고 사방이 널리 교화됩니다. 『서』에 "또한 좌우에 있는 신하를 먼저 바로잡아야 한다."[14]라고 했으니, 좌우의 신하를 올바로 다스려야 백관이 비뚤어지지 않았습니다.

천하를 다스리는 군주가 뛰어난 능력과 덕행을 지닌 인재를 존중하면서 공을 심사하면 천하가 잘 다스려질 것이나 그런 인재를 경시하면서 공을 인정하지 않으면 천하의 질서가 잡히지 않을 것입니다. 인재를 다루는 방법에 대해서는 참으로 신중하게 생각해야 합니다. 능력과 덕행이 뛰어난 인재를 얻은 것을 복으로 여겨 기뻐하고 재능에 따라 인재를 선발한 뒤에 직책을 맡겨 시험하고 제도를 갖춰 능력을 발휘하는 수준을 정확하게 측정하되, 실제로 세운 공을 심사하여 덕행의 정도를 규정해야 합니다. 당파들의 헛된 칭찬을 믿지 마시고 점점 심해지는 비방을 듣지 않는다면, 공을 세우며 책무를 다하고 있는 관리가 비방의 해를 입지 않으려고 근심하지 않게 되고 당을 만들어 악행과 거짓을 일삼는 무리가 벼슬을 잃게 되므로 소인(小人)은 계속해서 사라지고 뛰어난 인재는 갈수록 번성하게 됩니다. 『서』에 "세 해마다 관리의 업적을 심사한 뒤에 세 차례의 조사 결과를 모아 공을 세운 자와 무능한 자의 승진과 퇴출을 결정한다."[15]라고 했고, 또 "구덕(九德)을 갖추었으면 모두 국사를 보게 하고, 덕행과 재능이 뛰어난 인재에게 벼슬자리를 주어야 한다."[16]라고 했습니다. 공을 세운 자가 상을 빨리 받고 능력과 덕행이 뛰어난 자가 관직에 깔려 있어도 나라가 잘 다스려지지 않은 적은 없었습니다.

요임금 때에 홍수 재해를 만나 천하가 십이 주(十二州)로 나뉘자 먼 곳을 다스리는 정책이 제대로 시행되지 않았어도 반란을 일으키는 곳이 없었으니, 그것은 요임금이 두텁고도 깊은 은덕을 내려서 아랫사람들이 원망하는 마음을 품지 않았기 때문입니다. 그런데 진나라 때에 평원 지역의 한 사내가 크게 떨치고 일어나자 나라가 와해되어 망했습니다. 진나라의 형벌이 너무 가혹했고 관리들이 잔혹하게 사형을 집행했으므로 봉기했습니다. 하늘의 뜻을 위배하여 도덕을 해치고 윗자리에 앉아 아랫사람들의 원망을 사는 일에서는 진나라 관리만큼 잔혹하고 포악했던 경우가 없었습니다. 포악하고 가혹한 관리를 쫓아내고 다시는 벼슬살이를 하지 못하게 하는 대신에 온화하고 선량하며 덕행이 뛰어난 인재를 더 많이 선발하여 백성을 아끼며 돌보게 하되, 형벌을 공정하게 내리고 억울한 판결을 뒤집어 주게 하면 백성의 목숨을 보전할 수 있습니다. 요역을 줄여 농사철을 놓치지 않게 하고 세금을 적게 거둬 백성이 재산을 다 빼앗기는 일이 없도록 하여 천하의 모든 백성이 집안을 잘 다독이면서 즐겁게 생업을 영위할 수 있다면, 그리하여 한 철을 넘기도록 요역을 바치는 고통을 겪지 않고 폭정을 당할 걱정이 없으며 근심을 안겨 주는 지독한 관리가 없어진다면, 당요 때 같은 큰 재해가 닥쳐도 백성이 황상을 이반할 마음을 먹지 않을 것입니다. 『서』에 "〔주 문왕이〕 백성을 안정시켜 위로하고 홀아비와 과부에게 은혜를 베풀었다."[17]라고 했습니다. 군주가 은덕을 후하게 베풀고 관리가 선량하게 다스릴 때 백성이 반란을 일으킨 적은 없었습니다.

재이는 하늘이 군주의 과실을 견책하기 위해 내리는 것으로 엄한 아버지가 아들에게 밝은 도리로 훈계하는 것과 같다고 신은 들었습니다. 그 견책을 두려워하며 엄숙한 마음으로 허물을 고치면 재앙이 사라지고 복이 강림하지만 그것을 가볍게 여기고 소홀히 하면 하늘에서 허물을 징벌하는 일을 그치지 않습니다. 『서』에 "〔하늘의 뜻에 순종하면〕 오복을 내리지만, 〔하늘의 뜻을 어기면〕 육극으로 위협하며 벌을 내리신다."라고 했습니다. 『상서대전』에 "육려(六沴)가 나타났을 때 근신하며 허물을 그치지 않으면 육벌(六罰)과 육극이 내린다."[18]라고 해석되어 있습니다. 최근 세 해 동안 재이가 벌떼처럼 많이 일어났는데 크고 작은 재이가 다 일어났으니, 폐하의 행하는 바가 상제(上帝)의 뜻에 맞지 않아 상제께서 기쁘게 여기지 않는 뜻이 아주 잘 드러나고 있습니다. 폐하께서 스스로 허물을 찾지 않으면 그 허물을 고칠 수 없고, 널리 인재를 천거받아 계책을 들어도 그 의견을 채용하지 않는다면 그것은 하늘의 뜻에 맞지 않는 행동을 반복하는 것입니다. 진실로 허물을 인정하며 사죄하지 않으면 하늘의 견책은 더욱 심해질 것입니다.

제가 말씀드린 이 다섯 가지는 제왕이 나라를 다스리는 요점이자 남면(南面)하여 앉아 정사를 펼치는 군주가 행할 급선무이니, 폐하께서는 유의하시기 바랍니다.

대책문을 올리자 황제가 곡영을 남다르게 여기고 특별히 불러
접견했다.

용모로 후궁을 고르지 마시옵소서

○　○　○

그 여름에 모든 방정 인재에게 대책문을 올리게 했다. 그때의
이야기는 「두흠전」에 전한다.[19] 곡영이 대책문을 올린 뒤에 이어
서 주장했다.

신이 일전에 영광스럽게도 대책문을 올릴 기회를 얻어 재이가
증명하는 여러 가지 문제를 조복에 따라 설명하면서 재해의 변란
이 극에 달한 상황에서 폐하께서 영명하게 통찰해야 할 부분을 말
씀 올렸습니다. 폐하께서는 앞서 올린 그 글을 버리고 제 말씀을
받아들이지 않으셨습니다. 이어서 이번에 다시 방정 인재에게 대
책문을 올리게 하셨는데 두렵기 그지없는 큰 변이를 피할 방법에
관해서는 언급을 피하시고 급하지 않은 평범한 도리에 관해 물어
보셨습니다. 폐하께서 하늘의 지극한 뜻을 받들지 않고 쓸데없는
빈말을 올리게 하여 재이가 일어나는 것을 덮고 하늘을 속이고자
하시니, 황천(皇天)이 몹시 화를 내고 있습니다. 그래서 갑(甲) 날에
서 기(己) 날까지 엿새 동안 폭풍이 세 차례 불었고 나무가 뽑히거
나 부러지는 일이 있었던 것입니다. 이는 가장 밝은 도리를 지니고

있는 하늘을 속일 수 없다는 것을 보여 주는 일이었습니다.

황제가 특별히 곡영에게 다시 묻자 곡영이 "일식과 지진이 같은 날 일어난 것은 황후와 귀첩이 총애를 독차지하고 있어서 일어난 것"이라고 대답했다. 이때의 일은 「오행지(五行志)」〔하지하(下之下)〕에 있다.

그 무렵은 황제가 즉위한 지 얼마 지나지 않아 큰외삼촌이었던 대장군 왕봉에게 권력을 양보하여 정사를 위임했을 때라 많은 대신이 왕봉에게 허물을 돌리는 주장을 했다. 곡영은 왕봉이 황제의 신임 속에서 중용되어 권력을 잡은 것을 알고, 왕봉에게 의지할 마음을 먹고서 다시 글을 올렸다.

지금 사이가 모두 복종하며 한나라의 통치를 받고 있어, 북쪽에는 훈육의 묵돌처럼 화근 덩어리가 없고, 남쪽에는 남월(南越)의 조타(趙佗)와 여가(呂嘉)처럼 곤란한 일을 일으키는 자가 없으니, 삼면의 변방이 모두 평안하여 전쟁이 일어날 긴급 상황이 발생하지 않고 있습니다. 제후국도 커 봤자 현 몇 개밖에 식읍으로 두고 있지 않은 데다 한나라 조정에서 파견한 관리가 그 제후국의 권력을 제어하고 있어 제후가 아무런 일을 일으키지 못하고 있으니, 오나라와 초나라, 연나라, 양나라 같은 세력을 지닌 제후국이 없습니다. 백관의 경우 그 책무가 서로 얽혀 있어 견제와 균형을 이루며 황제의 친척과 친척이 아닌 자가 섞여 있습니다. 친척으로 대신이 된 자들은 〔주 선왕(周宣王) 때의〕 신백(申伯)[20]과 같은 충정을 지녀 엄숙한 마음으로 근신하면서 허물을 저지르지 않도록 조심하고 있으므로, 중합후(重合侯) 모통(莽通)이나 안양후(安陽侯) 상관걸, 박륙후 곽우처럼 모반하는 자가 없습니다. 〔변방과 제후국, 백관〕 세 방면에 터럭만 한 문제도 없으므로 외숙들에게 죄를 돌릴 수 없습니다. 그런데 지금 승상 부자[21]와 중서와 상서 환관이 정사를 제대로 처리하지 못한 것으로 돌려 큰 규모의 재이를 막으려고 한다면 이는 사리에 전혀 맞지 않아 하늘을 속이는 것이 됩니다. 신은 폐하께서 폐하의 명백한 잘못을 제쳐 두시고 하늘과 땅의 분명한 경고를 소홀히 여기면서, 우매한 자들의 사리에 맞지 않는 주장을 받아들여 허물이 없는 신하에게 죄를 돌리며 재이의 원인을 엉뚱하게 정사 처리 쪽으로 돌리려고 하시는 것을 걱정하고 있습니다. 그것은 하늘의 뜻을 크게 위반하는 것이라 절대 해서는 안 되는 일입니다. 폐하께서 즉위하신 뒤에 대신에게 맡겨 관례를 따랐으므로 정사가 잘못된 적은 없었습니다.

폐하께서 즉위하신 원년 정월에는 동쪽에서 백기(白氣)가 올라오는 것이 뚜렷하게 보였고,[22] 4월이 되었을 때에는 누렇고 탁한 기운이 사방에 가득하더니 장안을 뒤덮었으며, 이어서 홍수와 지진과 일식이 일어났습니다. 각각의 재이 현상은 해당 사건과 겉과 속을 이루고 있어, 백관의 정무와는 아무런 귀속 관계가 없는데 폐하께서만 이상하게 여기지 않으시는 것입니까?

백기가 동방에서 올라온 것은 천한 자가 봉기할 것을 상징하고, 누렇고 탁한 기운이 장안을 덮은 것은 왕도가 쇠락하는 것을 나타냅니다. 대저 천한 자가 흥기하는 것과 장안의 왕도가 쇠락하는 두

가지 일은 거의 같은 일입니다.

폐하께서 어리석은 신의 말씀의 뜻을 깊이 생각해 보신다면 하늘과 땅에서 일어나는 재이를 두려워하며 종묘를 지킬 장구한 계책을 고려하여 이전의 허물을 고치게 되실 것입니다. 지나친 총애를 거두고 후궁을 편애하지 않으셔야 하니, 강건한 위력을 떨치시되 황상의 은혜를 공평하게 베풀며 후궁마다 돌아가며 폐하를 모시도록 하십시오. 사실 이렇게 해도 안심할 수 없으므로 시급히 자식을 생산할 여자를 후궁으로 더 많이 들여야 합니다. 후궁은 용모를 보고 고르지 마시고 이미 시집가서 아이를 낳아 본 적이 있는 여자도 피하지 말며[23] 나이도 가리지 마십시오.

옛 도리를 미루어 생각해 보면 폐하께서 미천한 신분의 여자에게서 후사를 얻는 일은 오히려 복이 될 수 있습니다. 그러므로 후사만 얻을 수 있다면 생모의 귀천은 가릴 필요가 없습니다. 후궁을 관할하는 여사(女史)와 사령(使令) 중에 마음에 드는 자는 말할 것도 없고 미천한 신분까지 범위를 넓혀 후궁감을 찾으신 뒤에 하늘의 인도와 도움을 받아 후사를 얻는다면 황태후의 번뇌가 사라지고 상제께서 견책과 분노를 풀 것입니다. 그렇게 되면 후사가 더 많이 늘어나고 재이도 멈출 것입니다.

폐하께서 어리석은 제 말씀을 깊이 살피지 않으시고 하늘과 땅이 내리는 경고를 소홀히 여기면서 재앙의 근원을 없애지 않으시면 머지않아 폭우와 홍수 같은 재해가 일어나거나 산의 바위에 이상한 현상이 나타나게 될 것입니다. 재이가 극에 달하면 천문 현상에 변화가 생길 것이니 비록 신이 몸을 바쳐 계책을 올려도 어떻게 손을 쓸 수 없게 됩니다. 폐하의 친척도 아니면서 미천하기까지 한 신이 이렇게 직언을 올리면서 하늘의 뜻을 말씀드리고 침실의 은밀한 일을 지적하며 황후와 총애를 받는 후궁을 폐하와 갈라놓으려고 하는 것이 폐하의 뜻에 맞지 않아 듣기 싫으실 줄은 저 스스로도 잘 알고 있습니다. 실로 탕확형(湯鑊刑)을 피할 수 없겠지요. 그렇지만 신이 이렇게 직언을 올리는 것은 하늘이 한나라 황실을 보우하시기 때문입니다.

세 번 밀봉 상소를 올린 뒤에야 부름을 받고 열흘 동안 대조한 뒤에 알현할 수 있으니 폐하의 친척이 아니면서 미천하기까지 한 신으로서는 충심 어린 말씀을 올리기가 몹시 힘들고, 지존께서도 하늘의 뜻을 알아차리기가 몹시 어렵습니다. 제가 드린 말씀은 누설되어서는 안 됩니다. 제가 드린 말씀을 모두 글로 적어 시중을 통해 폐하께 상주할 것이니, 그 상주문을 심복 대신에게만 보여 주십시오. 심복 대신이 하늘의 뜻과 맞아떨어지지 않으면 신은 망언을 올린 벌을 받아 주살당해 마땅할 것입니다. 심복 대신이 하늘의 뜻과 정확히 맞아떨어진다고 한다면 나라의 근본을 잊어버리고 하늘의 뜻을 위배하며 폐하 마음대로 하실 수 없을 것입니다. 바라건대 폐하께서는 자세히 살펴보시고 깊이 생각하셔서 종묘를 위한 뛰어난 계책을 세우십시오.

그때 대책문을 올린 자가 수십 명이었는데 곡영과 두흠이 상책에 뽑혔다. 황제가 두 사람의 대책문을 황후와 후궁에게 읽혔다. 뒤에 황제가 허(許) 황후에게 글을 내리면서, 곡영의 주장을 채용하여 황후를 책망했다. 그 내용은 「외척전」에 있다.

곡영은 드러나지 않게 대장군 왕봉을 위한 유세를 한 데다 사실상 재능도 가장 뛰어나서 광록대부에 발탁되었다. 곡영이 왕봉에게 감사의 편지를 썼다.

영은 두소(斗筲)밖에 안 되는 재능을 가진 데다 자질이 천박하고 배움이 얕은데, 평소에 하루도 만난 적이 없고 측근을 통해 소개를 받은 적도 없는 장군께서 보잘것없는 제 의견을 좋아하셔서 조의(皁衣)를 걸치고 있던 하급 아전에서 간쟁을 올리는 관직의 말석에 발탁하시고, 계속되는 모함과 원색적인 비방[24]은 듣지 않으셨습니다. 제 환공과 진 문공이 인재를 등용하여 친밀하게 대했다고 하고, 밝게 헤아릴 줄 아는 아버지와 형이 그 아들과 동생을 잘 기르고 보호한다 해도 장군보다 더 많이 베풀 수 없을 것입니다.

옛적에 예자(豫子)는 〔지백(智伯)에게 받았던〕 특별한 대우의 뜻을 받들기 위해 〔조상자(趙襄子)를 죽이려고〕 숯을 삼켰을 뿐 아니라 얼굴에 옻칠까지 했고, 제나라 맹상군(孟嘗君)의 문객 위자(魏子)는 〔제 민공(齊湣公)의〕 공문(公門)에 가서 목을 베어 자결함으로써 〔맹상군의 결백을 밝히고〕 맹상군이 베풀어 준 은혜에 보답했다고 합니다. 지씨(知氏)[25]와 맹상군에게 목숨을 바친 인재가 있었거늘 하물며 장군의 문객 중에야 더 말할 것이 있겠습니까?

편지를 읽은 뒤에 왕봉이 곡영을 후대했다.

몇 해 뒤에 안정군 태수로 나갔다. 그 무렵 황제의 외삼촌들이 모두 경서를 공부하면서 정사를 맡고 있었다. 나이 순서로 보아 대장군 왕봉의 뒤를 이을 사람은 평아후(平阿侯) 왕담(王譚)이었는데 곡영과 특히 사이가 좋았다. 양삭 연간에 왕봉이 세상을 떠났다.[26] 왕봉은 병이 위중해지자 사촌 동생이자 어사대부였던 왕음을 자신의 뒤를 이를 사람으로 천거했다.[27] 황제가 그 말에 따라 왕음을 대사마 거기장군으로 삼고 상서 일을 겸하게 했다. 대신에 평아후 왕담은 특진 자리를 주고 성문을 지키는 부대를 지휘하게 했다. 곡영이 그 소식을 듣고 왕담에게 편지를 보냈다.

군후께서는 주공과 소공의 덕을 실천하고 관중과 안영의 품행을 고수하며, 덕행과 능력이 뛰어난 인재를 공경하여 그들에게 몸을 낮추어 대하고, 늘 선하게 행동하면서도 싫증을 느끼지 않으시므로 벌써 오래전에 대장군이 되셨어야 합니다. 그러나 대장군이 살아 계실 때에는 집에서 억울하게 지내면서 번민을 떨쳐 내지 못하셨습니다. 이제 대장군이 불행하게도 일찍 세상을 떠난 마당에 황상과 가장 가까운 친척이면서 재능도 가장 뛰어난 군후께서 대장군이 되셨어야 마땅합니다.

새롭게 관직을 제수하던 날 장안의 사대부들은 크게 실망했습니다. 그렇게 된 것은 모두 영 등이 우매하고 모자라서 만분의 일도 장군을 선양하지 못했던 탓입니다. 그런데 이번에 들으니 장군께서 특진 자리에 있으면서 성문의 군대를 지휘하게 되셨다고 합니다. 이 말씀은 거기장군이 황궁 안에서 위엄을 차리고 정사를 맡되, 폐하와 가장 가까운 친척이자 능력과 덕행이 가장 뛰어난 외삼촌인 군후께서는 황궁 밖 성문의 자물쇠를 관장하게 되었다는 뜻이 됩니다. 제가 어리석어서 그런지 군후를 생각하면 기쁘지가 않습니다. 한사코 사직을 청하셔야 마땅합니다. 성문을 굳게 지키는 책무를 수행하기에 학식이 얕고 수양이 부족하다고 스스로 아뢴 뒤에, 태백(太伯)이 〔막냇동생 왕계(王季)에게 후사 자리를〕 양보했던 교훈을 받아들여 겸양의 길을 견지하시면서 문을 걸어 잠그고 베개를 높이 벤 채로 지혜로운 자의 으뜸인 모습을 보여 주십시오.

군후께서 제가 드리는 말씀에 대해 견식이 넓은 자들과 더불어 자세히 토론하시기를 바라니, 그 자리는 군후를 대신해서 제가 마련하겠습니다.

왕담이 이 편지를 읽고 크게 느낀 바가 있어 성문의 군대를 지휘하는 책무를 사양했다. 이 일 때문에 왕담과 왕음의 사이가 좋지 않게 되었다.

곡영이 먼 곳에서 태수 노릇을 하고 있자니 틀림없이 왕음에게 해를 당하리라 여겨 병가 석 달을 채운 뒤에 해임되는 길을 택했다. 왕음이 상주하여 곡영을 〔거기장군 막부〕 영군사마(營軍司馬)에 제수해 줄 것을 청했다. 곡영이 여러 차례 사죄하며 사양한 끝에 결국 조정을 거쳐 장사(長史)가 되었다.

왕음은 종외숙으로서 황제의 외삼촌들을 제치고 정사를 보좌하는 까닭에 왕봉 때보다 권위가 떨어졌다. 이에 곡영이 왕음에게 권유했다.

"장군께서는 대사마에 올라 비옥한 식읍[28]을 받은 데다 주공과 소공이 맡았던 책무를 담당하며 천하의 권력을 장악했으니 부귀가 극치에 이르러 신하 중에는 아무도 따라갈 자가 없습니다. 지금 천하의 비난이 사방에서 쏟아지고 있는데 그 자리에서 어떻게 하셔야 하겠습니까? 아침부터 밤까지 게으름을 피우지 않는 채로 이윤(伊尹)과 같이 강건한 덕을 견지하며, 황제를 보좌하는 책무를 제대로 수행하고, 악한 자라면 가까이 두고 아끼는 자라 하더라도 피하지 말고 징벌하고, 인재라면 원수라도 꺼리지 말고 천거함으로써 매우 공정하다는 것을 널리 알리고 사방에 위신을 쌓으셔야 합니다. 이 세 가지를 성실히 실행해야 중임을 오래 감당하며 황상의 총애를 오래도록 누릴 수 있을 것입니다.

태백(太白)[29]이 떠서 서쪽 하늘에 예순 날 동안 머물러 있었습니다. 정상대로 움직였다면 하늘 높이 와 있어야 하는데 제시간을 놓치고 아직 서쪽 지평선에 머물고 있습니다. 태백의 성질이 약해져서 운행 속도가 느려졌고 형태도 작아지고 빛도 약해졌습니다.

형혹(熒惑)은 날카로운 광선을 밝게 쏘아 대며 역행하여 미수(尾宿)에 머무르고 있습니다. 형혹이 역행하는 것은 정상이지만 미수에 머무는 것은 비정상입니다. 장군께서는 엄밀하고 깊이 있게 사고해야 함을 잊고 비뚠 주장을 그대로 따르며 강건한 의지 없이 정사를 보고 계십니다. 또 인재를 널리 등용하지 않고 있으니 스스로 호오의 기준을 정해 놓고 관대한 마음을 제대로 나타내 보이지 않으며 바야흐로 문무 대신과 멀어지는 싹을 틔우고 있는 것은 어찌 된 일입니까?

장군이 대사마직을 이어받자 곧바로 금성과 화성이 이런 변고를 함께 보이는 것은 무엇 때문이겠습니까? 하늘은 대단히 영명해서 쓸데없이 재이를 나타내 보이지 않습니다. 장군께서는 근신과 두려움 속에서 재이의 연고를 깊이 생각하면서 하늘의 뜻에 맞게 정도로 바꾸시길 바랍니다."

곡영의 말을 들은 왕음은 몹시 불쾌했다. 그래서 황제에게 곡영을 호완사자(護菀使者)로 천거했다.

목숨을 걸고 황제의 잘못을 간언하다
○　○　○

왕음이 세상을 떠나자 성도후 왕상이 그 뒤를 이어 대사마 위장군이 되었다. 양주 자사로 자리를 옮겼던 곡영이 연말에 장안에 와서 보고를 마치고 근무지로 돌아가려고 할 무렵, 동래(東萊)에서 흑룡이 출현하는 등 재이가 연달아 발생했다. 황제가 상서를 보내 곡영에게 직물하고 곡영이 올리고자 하는 내용을 받아 오게 했다. 이때 곡영이 대책문을 올렸다.[30]

천하를 다스리거나 영토를 가진 자가 윗자리에 있으면서 위급한 일을 당해도 상부에 위급하다는 의견을 올릴 수 없으면 마침내 망한다고 신은 들었습니다. 위급하다는 보고가 올라가서 제왕이 들을 수 있었다면 상나라나 주나라가 망하지 않고 다시 일어날 수 있었을 테고, 삼대의 정삭을 바꾸지 않고 계속 쓸 수 있었을 것입니다. 하나라와 상나라가 망할 즈음에는 길 가던 사람들이 모두 그렇게 되리라는 것을 짐작했으나 그때의 제왕은 중천의 태양처럼 태연하게 앉아서 아무도 자신을 해치지 못한다고 여겼습니다. 그리하여 날이 갈수록 더 많은 악행을 저질러도 망할 줄 몰랐고 목숨을 잃어버리는 순간이 와도 깨닫지 못했습니다.

『역』에 이르기를 "위태롭다는 것은 그 나라가 평안하기만 했다는 뜻이고, 망했다는 것은 그 나라가 아무 일 없이 보전되던 것에 기댔다는 뜻이다."[31]라고 했습니다. 폐하께서 관대하고 영명하게 충언에 귀를 기울이면서 꺼릴 내용을 아뢰도 사형시키지 않고, 풀을 베고 나무를 하는 평민만큼 비천한 신하가 스스로 아는 바를 모두 아뢰되 후환에 대한 두려움 없이 직언을 올릴 길을 열어 주시면 사방에서 현자들이 천 리를 멀다 않고 달려와 바큇살이 중심에 모이듯이 충언을 올릴 것이니 이는 신하들의 가장 큰 소원이자 사직이 오래도록 복을 누릴 방법입니다.

한나라에서는 하력(夏曆)을 쓰고 있는데 정월의 색이 검정색이라 흑룡은 한나라 황실을 상징합니다. 용은 양의 기운을 가지고 있고 작은 것에서 크게 변하므로 통치자에게는 길한 징조입니다. 혹시 폐하께 후사가 생기는 경사가 일어나지 않는 것을 눈여겨보던 황족 중에서 위태로운 일이 많이 일어나는 틈을 타서 거사할 생각을 하거나, 광릉왕(廣陵王)과 창읍왕[32] 같은 포악무도한 황족이 폐하의 후사가 되기를 꿈꾸기 시작했는지도 모르겠습니다. 그러나 신이 어리석어 정확하게 어느 쪽인지를 판단하지 못하겠습니다.

〔영시〕 원년 9월에 흑룡이 나타났고 그달의 그믐에는 일식이 있

었습니다. 올 2월 기미일 밤에는 성운이 연달아 떨어졌고 을유일에는 일식이 일어났습니다. 여섯 달 사이에 큰 재이가 네 차례나 일어났는데 같은 달에 두 차례씩 일어났으니 삼대의 말기나 춘추시대의 혼란기에도 없었던 일입니다.

삼대의 사직이 기울고 종묘 제사가 끊어진 것은 그때마다 군주가 부인과 악한 자들에게 휘둘려 술에 빠졌기 때문이라고 들었습니다. 『서』에 "[주왕은] 여자의 말을 듣다가 천명을 스스로 끊어 버렸다.", "사방에서 도망해 온 많은 죄인이 존경받는 높은 자리에 오르거나 심복이 되거나 사절이 되었다."[33]라고 했습니다. 『시』에는 "불이 활활 타오르고 있으면 누가 그 불을 끌 수 있으리오. 번성했던 종주국 주나라가 보사 때문에 망하고 말았네!"[34]라고 했고, 『역』에는 "술독에 머리를 박고 있다가 신용으로 지키던 왕도를 내팽개쳐 나라를 잃고 만다."[35]라고 했습니다.

진나라가 이 대 열여섯 해 만에 망한[36] 것은 황제가 무병장수를 꾀하기 위해 너무 많이 낭비했고 장례 비용도 너무 많이 썼기 때문입니다. 그런데 폐하께서는 두 방면의 문제를 모두 가지고 계시니, 신이 이 두 방면의 후환에 대해 대략 말씀드리고자 합니다.

『역』에 "[여자는] 집에서 음식을 장만하며 성취하려고 하지 않는다."[37]라고 한 것은 부인이 정사에 참여할 수 없다는 말씀입니다. 『시』에 "아, [유왕이 총애한] 그 재녀(才女)는 [괴성을 지르는] 효(梟)와 치(鴟)였다네.", "하늘에서 재앙을 내린 것이 아니라 부인 때문에 생긴 것이라네."[38]라고 했습니다. 건시 연간과 하평 연간 사이에 허 황후와 반(班) 접여의 집안이 부귀를 누렸는데 당시의 세상을 뒤흔들면서 사방의 사람들을 위협할 만큼 기염을 토했습니다. 또 폐하께서 헤아릴 수 없을 만큼 상을 내리느라 황실 곳간이 텅 비었으니, 후궁에게 내리는 총애가 그보다 지극한 적이 없었습니다. 그런데 지금 그 뒤에 총애를 입은 후궁들이 하늘의 복을 타고 나지도 못한 채로 전보다 열 배는 더 총애를 받고 있습니다.

〔폐하께서는〕 선제의 법과 제도를 폐지하면서까지 후궁들의 말을 들어주고 계십니다. 부당하게 관작을 수여하고 국법으로 주살 당할 자를 석방해 주는 것으로 그 집안사람을 총애하면서 위세와 권력을 전횡하게 내버려 두고 있으므로 정사가 어지러워져서 감찰과 검거를 맡은 관리가 법대로 집행할 엄두를 내지 못하고 있습니다. 그들은 역정옥(掖庭獄)에 불법으로 구덩이를 여러 개 파 놓고 포격형(炮格刑)에 버금가도록 고통스러운 태형을 가하여 사람의 목숨을 끊어 놓고 있습니다. 주로 조(趙) 황후와 이(李) 접여에게 은혜를 갚고 복수하려고 명백한 죄명을 없애거나 공정한 관리를 탄핵하라고 건의하고 있습니다. 또 무고한 많은 사람을 가두고 매질하면서 무섭게 협박하여 자백을 받거나 심지어 남을 대신해서 돈을 빌려주고 사례금 조로 이자를 갈라 가지고 있습니다. 그리하여 산 채로 〔역정옥에〕 들어가서 죽은 채로 나오는 자가 수를 헤아릴 수 없을 만큼 많습니다. 일식이 다시 발생했으니 이는 두 집안의 허물을 경고하는 뜻이 명백합니다.

제왕이 먼저 스스로 자신을 멸절시킬 일을 하고 나서야 하늘이 그 제왕을 멸망시키게 되어 있습니다. 폐하께서는 만승 지존의 체통을 버리고 평민의 비천한 일[39]을 즐기시며, 고귀한 존호가 싫다고 〔미행을 나가〕 필부의 천한 이름을 즐겨 쓰시며, 민첩하나 정의롭지 못한 소인배들을 사사로이 빈객으로 모아 두셨습니다. 방어가 견고한 황궁을 여러 차례 떠나되 새벽이나 밤을 가리지 않고 홀로 빠져나가서 소인배와 어울리거나 어중이떠중이들과 뒤섞여 하급 아전이나 백성의 집에서 취하도록 마시고 계십니다. 폐하께서는 아무렇게나 입은 채 그들과 전혀 구별되지 않는 모습으로 한자리에 앉아 방종하고 경박하게 한데 뒤엉켜 질펀하게 즐기며 주야로 사방을 질주하고 계십니다. 그리하여 황궁의 문을 관장하거나 숙위하는 신하들이 손에 창과 방패를 들고 텅 빈 황궁을 지키는 가운데 공경 백관이 폐하께서 계신 곳을 찾지 못하는 일이 몇 해째 계속되고 있습니다.

제왕의 통치 기반은 백성이고 백성이 살아가는 근간은 재물입니다. 재물이 고갈되면 백성이 제왕에게 등을 돌리고, 백성이 등을 돌리면 제왕은 망하게 되는 법입니다. 그러므로 영명한 제왕은 통치 기반인 백성과 백성이 살아가는 근간인 재물을 아끼고 보호하기 위하여 과도하게 착취할 엄두를 내지 않고 백성 부리기를 큰 제사를 올리듯이 조심해서 하게 됩니다. 그런데 폐하께서는 백성의 재물을 가볍게 빼앗고 요역에 동원하는 백성을 아끼지 않으셨으니, 사악한 신하의 주장에 동의해서 열 해 동안 공사를 진척하며 높고 넓게 조성하던 초릉(初陵)을 버리고 창릉(昌陵)으로 옮겨 조성하셨습니다.

그런데 창릉의 땅이 천지의 본성에 맞지 않아 움푹 파인 그 땅을 높이기 위해 흙을 쌓아 산을 만들어야 했고, 죄수를 동원하여 현 소재지의 성읍을 조성했으며 궁관(宮館)까지 함께 지었기 때문에 대규모 요역을 일으키고 세금도 과중하게 부과했습니다. 징발하고 부과한 양이 비가 쏟아지듯이 많아서〔초 영왕(楚靈王)의 사냥터〕간계(乾谿)를 조성할 때의 백 배 이상이고 진시황의 여산(驪山)에 들어간 경비만큼 천하의 재물과 인력이 고갈되어 버렸습니다. 그렇게 다섯 해 동안 창릉을 조성했으나 완공하지 못해 다시 초릉으로 돌아가게 되었는데 원래 초릉보다 더 넓고 크게 부지를 닦기 위해 다른 사람이 묻힌 묘를 파헤치고 있어 해골이 절단되거나 시체가 들어 있는 관이 땅 위에 드러나기도 하고 있습니다. 재물과 힘이 고갈된 백성의 근심과 한이 하늘에 사무쳐 재이를 자주 내려 보내고 계속 기근이 들게 하고 있습니다. 현재 고향을 떠나 사방으로 흩어져 관가에서 주는 배급을 먹다가 길에서 굶어 죽은 자들이 수백만 명입니다. 국고에는 한 해 식량도 비축되어 있지 않고 백성은 열흘 치 먹을 것을 두고 있지 못하니 아래위가 모두 빈곤하여 서로 구제할 수 없는 형편이 되었습니다. 『시』에 "은나라가 귀감으로 삼아야 할 일은 멀리 있지 않았으니 바로 하나라 걸왕의 일이었다네."[40]라고 했습니다. 폐하께서는 하, 상, 주, 진나라가 나라를 잃던 그때의 군주가 행한 바를 거슬러 살피시고 지금 폐하께서 하는 일을 비춰 보시기 바랍니다. 그 둘이 맞지 않는 부분이 있으면 신은 망언죄로 주살되어야 마땅합니다.

한나라가 건국된 뒤에 아홉 황제를 거쳐 백구십여 년이 지났는데, 이중에서 적자로서 제위를 계승한 분은 일곱 분입니다. 이 아홉 분 황제께서는 모두 하늘의 뜻에 순종하고 선조가 정한 법과 제도를 존중하셨는데, 어떤 분은 중흥으로, 또 어떤 분은 치세로 이름을 남겼습니다. 그런데 폐하에 이르러 유독 하늘의 도를 위배하시니 절제 없이 방종하게 욕구를 충족하며 경거망동하고 계십니다. 그래서 춘추로 보아 가장 강장한 때인데도 후사를 얻는 복을 누리지 못하고, 나라가 쇠망하는 위태로운 시기에도 군주의 도를 잃어버린 행동을 계속하고 계시니 하늘의 뜻에 맞지 않은 데가 아주 많습니다.

선제의 후사가 되어 선조께서 이룩하신 위업을 지켜야 하는데 이렇게 하시면 선조의 기대를 저버리는 것이 아니겠습니까! 현재 종묘사직의 화복과 안위의 관건은 폐하께 달려 있습니다. 폐하께서 영명하고 성스러운 덕을 발휘하여 깊고 명백하게 깨달으셔야 합니다. 그리하여 하늘의 그런 진노를 무서워하고 멸망의 징조를 크게 두려워하며 비뚤어져 사악한 마음을 지닌 자들을 소탕하고 분발하여 전심전력으로 정사에 주력하십시오. 왕도를 회복하며 소인배를 사사로이 문객으로 받는 것을 끊고 바르지 않은 자를 관리에 임명하지 말며, 북궁의 사노와 놀이를 나갈 때 타시는 수레와 말을 모두 없애고 극기복례하셔서 다시는 미행으로 출궁하여 술을 마시는 허물을 저지르지 마십시오.[41] 이로써 임박한 재앙을 막으십시오.

또 일식이 두 차례 언거푸 나타난 뜻을 깊이 생각해 보셔야 합니다. 그리하여 조방전(椒房殿)의 황후와 옥당전(玉堂殿)의 후궁에게 베푸는 지극한 총애를 줄이고 황후와 후궁의 청탁을 듣지 말며 역정에서 불법으로 옥사를 다스리지 못하게 하여 포격형을 가하는 구덩이에서 사람들을 구해 내고, 교활하게 아첨하는 신하와 폐하 곁에서 비뚤어진 도를 견지하며 폐하를 섬기는 자를 주살하여 천하의 기대를 만족시켜 주십시오.

초릉을 조성하는 공사를 잠시 멈추고 여러 궁실의 수선도 중단 하십시오. 경졸(更卒)을 줄이고 세금을 깎아 주며 요역에 동원된 백 성을 모두 돌려보내고 궁핍한 백성을 구휼하여 먼 지방까지 안정 시키십시오. 충직한 신하를 격려하고 존중하는 대신에 포악한 관 리를 쫓아내십시오. 제대로 직무를 수행하지 않고 공짜로 녹봉을 타 먹는 관리가 오랫동안 자리를 차지하면서 많은 녹봉을 가져가 지 못하게 하십시오. 이런 일들을 차례를 정해 계속 시행하되 굳건 한 의지로 하늘의 뜻을 위배하지 마십시오. 아침부터 밤까지 쉬지 않고 근면하게 정사를 돌보시되 자주 반성하기를 게을리하지 마십 시오. 구악을 모두 고치면 새로운 덕이 밝게 드러날 것이니, 마음 속에 아주 작은 사심이라도 넣어 두지 않는다면 대규모로 일어나 던 재이가 없어질 수 있고 거둬졌던 천명을 회복할 수 있으며 종묘 사직도 보전할 수 있을 것입니다.

폐하께서는 이 점을 계속 유념하시면서 신의 말씀을 자세히 살 펴보시기 바랍니다. 폐하의 은혜를 받은 신이 지금은 변방의 관리 로 있는지라 조정의 잘잘못에 대해 잘 모르기 때문에 사리에 맞지 않고 기휘에 저촉한 말씀을 올렸으니 만 번 죽어 마땅한 죄를 지었 습니다.

성제는 성품이 관대하고 대책문 읽기를 좋아했다. 그러나 오랫동안 후사가 없었고 자주 미행을 나갔으며 소인배 여럿을 측근에 두고 있었고 조 황후와 이 접여 같은 미천한 출신을 총애했으니 이 모든 것은 황태후와 여러 외숙이 밤낮으로 걱정하던 바였다. 그러나 너무 가까운 사이라 여러 번 책망하기가 어려워 황제가 그 의견을 들을 수 있도록 곡영 등에게 하늘의 변이에 빗대어 절절한 간쟁을 올려 설득해 달라고 부탁했다. 곡영은 이 대책문을 올린 뒤에 문제가 생기면 왕상 등 황제의 외숙들이 도와주리라고 여겼으므로 거리낌 없이 자신의 주장을 진술했다. 원래 곡영이 대책문을 올릴 때마다 황제는 늘 예의를 갖추어 비답을 내리곤 했다. 그런데 이 대책문이 올라오자 황제가 크게 노했다. 위장군 왕상이 비밀리에 사람을 보내 곡영으로 하여금 장안을 빠져나가게 했다. 황제가 시어사를 보내 곡영을 잡아 오게 하면서 연릉현(延陵縣) 교도구(交道廄)를 지났거든 추격하지 말라는 명령을 내렸다. 어사가 곡영을 따라잡지 못하고 돌아오자 황제가 화를 풀고 곡영을 추격하게 한 것을 뉘우쳤다. 이듬해 곡영을 불러 태중대부로 삼았다가 광록대부 급사중으로 승진시켰다.

일식이 나타나는 이유를 설명하다
○　○　○

원연 원년에 북지군 태수가 되었다. 그 무렵 재이가 너무 자주 일어났는데 곡영이 북지군 치소[42]에 있었으므로 황제가 위위 순우장을 보내 곡영이 올리고 싶어 하는 의견을 받아 오게 했다. 곡영이 대책문에서 아뢰었다.

신 영이 우매하고 무능하지만 영광스럽게도 태중대부가 되어 폐하께 모자라는 점을 보완해 드리는 책무를 맡은 뒤로 조정 대신들의 뒷자리를 그럭저럭 따라갔습니다. 조정에 있을 때에는 마음을 다하여 충성하며 폐하를 보좌하고 성덕을 선양하지 못했고, 물러나서도 갑옷을 입고 무기를 들어 불의의 무리를 토벌하는 공을 세우지 못했지만 계속해서 폐하의 두터운 은덕을 입어 북지 태수 자리로 옮겼습니다. 제 목숨이 끊어지고 베어진 머리가 땅에 떨어져 썩은 몸이 들풀의 거름이 된다 하더라도 폐하께 받은 은덕의 만분의 일도 갚을 수 없습니다.

성덕이 관대하고 인자하신 폐하께서 잊히기 쉬운 하찮은 소신을 버리지 않으신 채, 풀을 베고 나무를 하며 먹고사는 어리석은 저에게 질문을 하시고 주 문왕(周文王)이 했던 것처럼 경청하겠다고 하시면서 신이 아뢰고 싶은 말씀을 위위에게 받아 오게 명하셨습니다.

간쟁의 책무를 맡은 자는 자신의 충심을 다해서 의견을 올리고, 행정 직무를 수행하는 관리는 자신의 직책을 잘 수행하는 것이 군주를 섬기는 도리라고 배웠습니다. 신은 다행히 제대로 된 간쟁을 올리지 않는 죄를 짓지 않아도 되는 행정직에 있기 때문에 힘을 다해 직책을 준수하며 백성을 살리고 안정시키면 되므로 정사의 득실에 관한 말씀을 올리는 것은 마땅하지 않습니다. 충신은 황상을 향하는 마음이 아주 두터워서 멀리 떨어져 있어도 군주를 배신하지 않고 죽어도 조정을 잊지 않습니다.

옛적에 사어(史魚)는 죽은 뒤에도 충성을 다하기를 그치지 않았으니, 영구를 후침(後寢)에 두게 하여 주검으로 간절한 뜻을 주군에게 알렸고,[43] 급암은 지방에서 조정 일을 생각하며 분개하고 근심하다가 이식(李息)에게 부탁하는 말을 남겼습니다.[44] 경서에 "비록 그대들이 지방에 있지만 마음은 왕실과 함께하지 않은 때가 없었도다."[45]라고 했습니다. 신이 영광스럽게도 급사중으로 세 해 동안 황궁을 드나들었으므로 창과 방패를 들고 변방을 지키면서도 그리운 마음은 항상 황궁에 두고 있습니다. 그러므로 태수의 책무를 뛰어넘어 여러 해 동안 쌓아 둔 우려에 대해 감히 아뢰겠습니다.

"하늘이 사람들을 낸 뒤에 서로서로 다스리지 못하는 것을 보고 제왕을 세워 사람들을 다스리게 했으니, 전체 강토의 영역을 정한 것은 황제를 위해서가 아니었고, 땅을 갈라 봉하고 강역을 표시한 것도 제후를 위해서가 아니었으며, 이 모두 사람들을 위한 것이었다."[46]라고 신은 배웠습니다. 삼통(三統)이 돌아가며 내려오고 삼정(三正)이 차례대로 드는 가운데 무도한 폭군은 쫓겨나고 덕행이 뛰어난 자는 제왕에 올랐습니다. 천명은 한 성씨(姓氏)가 독점하는 것이 아니라서 천하는 천하의 천하일 뿐 한 사람의 천하가 아닌 것을 아셔야 합니다.[47]

제왕은 몸소 도덕을 실천하면서 하늘과 땅의 뜻에 순종하며 모든 사람을 아끼고 관대하게 대하며 자애를 베풀어야 하니, 은덕이 길가의 갈대까지 미쳐야 합니다.[48] 정해진 법의 테두리를 초과하지 않는 한에서 세금과 요역을 부과하고, 궁전 건물과 수레, 복식 또한 제도에 정한 규범을 넘지 않게 하며, 행사를 적당한 수준에서 치름으로써 재정을 튼튼히 해야 합니다. 백성이 화목해지면 괘기(卦氣)가 잘 맞아떨어지고, 오징(五徵)[49]이 철따라 찾아들어야 백성들이 장수하고 온갖 초목이 번성하며, 하늘에서는 상서로운 징조를 계속 내려보내 보우하심을 나타내게 됩니다.

반면에 정도를 잃고 함부로 행동하며, 하늘의 뜻을 위배하여 만물을 해치며, 끝없이 낭비하고 있는 대로 욕구를 채우며, 주색에 빠지거나 여자의 말을 옳다고 따르며, 덕행과 능력이 뛰어난 신하를 내쫓고 피붙이를 멀리하면서 소인배를 중용하고, 가혹한 형벌과 무거운 세금으로 근심에 빠진 백성이 한을 품으면 괘기가 잘 맞지 않고 아주 심한 징벌이 나타나게 됩니다. 하늘이 진노하여 재이를 자주 내려보내 일식과 월식이 나타나고 오성(五星)이 운행 궤도를 잃으며 산이 무너지고 하천의 둑이 터지며 샘물이 솟게 됩니다. 불길한 현상도 자주 나타나 혜성이 밝게 보이고 기근이 연달아 들며 백성들이 요절하고 만물이 자라기도 전에 죽어 가게 됩니다. 그래도 끝내 깨닫지 못하고 악행과 괴이한 행동을 계속하면 하늘이 더는 견책하고 경고하지 않고 덕행이 뛰어난 자에게 천명을 옮겨주게 됩니다. 그리하여 『시』에 "총애하는 뜻을 담고 〔문왕(文王)이 서백(西伯)으로 있던〕 서쪽〔의 기산(岐山)〕을 돌아보시며 그곳에서 천명을 받게 해 주셨네."[50]라고 했습니다.

대저 악하고 무능한 군주를 쫓아 버리고 도덕과 능력이 뛰어난 자에게로 천명을 옮겨 주는 것은 영구불변하는 천지의 법칙으로 모든 제왕에게 똑같이 적용됩니다. 천명을 옮기는 데에는 공덕의 크기나 인격 수양의 정도, 시대의 흥망성쇠, 천도의 변화도 함께 적용됩니다. 폐하께서는 건국 후 여덟 대에 걸쳐 내려온 황위를 계승하여 양수(陽數)의 끝수에 해당하는 제 구대 황제가 되셨습니다. 삼칠(三七)의 이백십 년이 다하는 시기에 가까이 다가가고 있는 가운데 무망괘(无妄卦)처럼 뜻하지 않은 액운을 맞닥뜨리셨습니다. 이는 백육(百六)의 재액에 해당하는데 서로 다른 성질의 세 가지 재난이 모여서 나타나게 됩니다. 건시 원년 이래 스무 해 동안 수많은 대규모 재이가 번갈아 일어났으니 그 횟수가 『춘추』에 기재된 것보다 더 많습니다. 〔고조부터 원제까지〕 여덟 대에 걸쳐 기록된 재이의 피해를 오랜 시간이 지난 지금까지 다 막아 내지 못하고 있는 가운데, 올 정월 초하루 기해일에 다시 일식 현상이 나타났는데 삼조(三朝)인 정월 초하루에 일어난 것이고, 4월 정유일에는 대낮에 사방의 뭇별이 떨어져 내렸고, 7월 신미일에는 혜성이 하늘을 가르며 지나갔습니다.

세 가지 재난이 모여서 일어날 때에는 다른 재이도 겹쳐서 많이 일어나게 되고 그 때문에 기근과 빈곤이 계속 이어지게 되어 있습니다. 혜성은 아주 특이한 현상이고, 토성에서 떨어진 뭇별이 떨어지는 현상은 기근이 든 후에 나타나는 것으로 이런 현상이 나타나면 병란이 일어나게 되어 있는데 그 시기가 머지않았다는 뜻이니, 열심히 덕행을 닦고 선행을 계속 베풀어도 막아 내기 어려울 듯합니다.

황궁 안이라면 궁궐 후원에서 교만한 신하와 악독한 부인이 술에 취해 이성을 잃은 상태에서 급작스럽게 군주를 죽이는 변을 일으키거나, 북궁의 금원 또는 황궁 밖 거리에 있는 신하 또는 후궁의 집 안 은밀한 곳에서 〔춘추 시대 진(陳)나라의〕 하징서(夏徵舒)[51]와 〔제나라의〕 최저(崔杼)가 일으킨 것과 같은 난이 일어날 수 있습니다. 황궁 밖으로 보자면 천하 곳곳에서 번병(樊並)과 소령(蘇令), 진승(陳勝)과 항량(項梁)처럼 팔을 휘두르며 거사를 일으키는 화가 일어날 수도 있습니다. 황궁 안에서 조만간 난이 일어나겠고, 열흘 안으로 화성에서 날카로운 빛을 쏘는 날 천하 곳곳에서 군사가 일어날 것입니다. 이렇게 안위의 경계에 선 종묘사직이 엄청난 근심에 휩싸여 있습니다.

신은 간담이 서늘해져서 떨리는 마음으로 해마다 예언을 올렸습니다. 지상에 난리가 일어날 싹이 튼 연후에는 하늘에 변이가 나타날 것이니 크게 근신하지 않을 수 없습니다. 반란은 미천한 자가 일으키고 사악한 무리는 소홀함을 틈타 일어나게 되어 있습니다.

바라건대 폐하께서는 군신의 신분 질서를 바로잡으셔서 다시는 소인배들과 가까이 어울려 술을 드시지 말고, 환관과 궁녀 중에 평소에 교만하게 굴며 조심하는 법 없이 술에 취해 신하의 예를 차리지 않는 자들을 모두 쫓아내어 황궁에 남겨 두지 마십시오. 또 삼강(三綱)의 윤리를 엄격하게 적용하여 후궁을 다스리는 제도를 갖추되, 총애를 받으면서 오만하게 질투를 일삼는 후궁을 멀리하시고 온순하게 행동하는 후궁을 가까이하시며, 폐하의 총애를 얻지 못한 후궁에게 은혜를 베푸셔서 불만을 품은 마음을 달래 주십시오. 황제의 존귀함과 제왕의 위엄을 차리시고 황태후께 외출하는 사정을 전하고 나오셔서 수레를 타시되 군사를 늘어세워 길에 사람이 다니지 못하도록 막은 뒤에 행차를 나가십시오. 다시는 경솔하게 몰래 황궁을 나가셔서 신하나 후궁의 사가에서 술과 음식을 들지 마십시오. 이 세 가지 방면에서 폐하의 허물을 없앤다면 내란이 일어나는 길을 차단할 수 있습니다.

천하 곳곳에서 거사가 일어나는 형국을 보면, 백성이 기근에 시달리는데도 관리들이 구휼하지 않을 때 그 싹이 트고, 백성이 빈곤에 시달려도 세금을 무겁게 부과할 때 그 세력이 성해져서, 백성이 원망하며 이탈하는데도 군주가 그 사실을 모를 때 일어납니다.

『역』에 이르기를 "은덕을 베푸는 일에 인색하면, 소정(小貞)의 관리에게는 길하지만 대정(大貞)의 군주에게는 흉조다."[52]라고 했고, 『전(傳)』에는 "기근이 들어도 지출을 줄이지 않는 것을 〔방종의〕 태(泰)라고 하는데 그러면 홍수의 재난을 만나거나 멸망하게 된다."[53]라고 했으며, 『요사(訞辭)』에는 "빗장이 풀리고 자물쇠 수쇠가 깨지는 것은 제왕이 무도하여 신하가 나쁜 마음을 먹고 난신이 찬탈을 모의하게 될 흉한 징조다."[54]라고 했습니다.

제왕이 쇠퇴기의 어려운 시대에 처해 기근의 재난을 만났는데도 지출을 줄이지 않고 스스로 이득이 되는 일을 더 많이 챙길 때 흉조가 나타났습니다. 백성이 빈곤하여 위에서 요구하는 재물을 대지 못한 일로 슬픔과 원망에 빠질 때 큰물이 졌습니다. 성문은 도읍을 튼튼하게 방어하는 곳이나 견고한 방어가 이루어지지 않을 때 빗장이 저절로 풀렸습니다.

몇 해 전에는 지방의 군과 제후국 스물한 군데에서 수재를 당하여 서숙과 기장이 잘 여물지 않았고 올해에는 양잠과 기장의 수확이 모두 좋지 않습니다. 또 여러 하천의 물이 솟구치고 강둑이 터져 큰물이 범람한 곳이 군과 제후국 중에 쉰 군데가 넘었습니다. 여러 해 동안 농사를 망쳤으니 백성은 시기를 놓쳐 가을보리도 심지 못한 채 일을 잃고 고향을 떠나 이리저리 떠돌고 있는데 〔재해가 심하지 않은 곳의〕 관리들은 성문을 열어 주지 않고 있습니다. 대규모 재이가 이처럼 크게 일어나고 광범위한 지역에 수재가 발생하여 백성이 몹시 곤궁해져 있으므로 늘 걷던 세금을 응당 줄여주고 폐하에게 필요한 지출은 줄여야 할 때입니다. 그러나 해당 관리는 세금을 늘려서 거두게 해 달라는 청을 올리고 있으니 이는 경전의 뜻에 크게 위배되는 일이자 민심에 반하는 일로, 원망하는 백성의 수를 늘리고 화를 재촉하는 지름길입니다. 빗장이 저절로 풀린 것도 이 때문인 듯합니다.

옛적의 제왕은 곡식이 여물지 않으면 식사량을 줄였고 재해가 연달아 발생하면 의복과 수레 장식에 드는 비용을 깎았으며 흉년에는 왕궁 벽에 진흙을 덧바르는 공사를 하지 않았으니 이는 옛적의 성군이 정한 제도였습니다. 『시』에 이르기를 "이웃에서 안 좋은 일을 당하면 기어서라도 언제든지 도와주러 갔네."[55]라고 했고, 『논어』에는 "백성에게 쓸 것이 모자라는데 군주가 어떻게 풍족하게 지출할 수 있겠습니까?"[56]라고 했습니다. 신은 폐하께서 세금을 늘리자는 상소 내용을 윤허하지 마시기 바랍니다. 〔또 폐하의 의복과 음식을 장만하기 위해〕 대관(大官)과 도관(導官), 중어부(中御府), 균관(均官), 장축(掌畜), 늠희(禀犧)가 지출하는 경비를 더 많이 줄이고, 상방(尙方)과 직실(織室) 및 장안의 공관(工官)과 군과 제후국의 복관(服官)에게 수공품을 발주해서 제작하게 하는 일을 중지함으로써 재정을 담당하는 대사농을 도와주시길 바랍니다. 대신에 은덕을 널리 베푸셔서 빈곤한 자들을 구제하고 관문과 교량을 개방하여 유민을 받아들인 뒤 이동하고 싶은 곳으로 갈 수 있게 함으로써 그 위급한 상태를 벗어나게 해 주어야 합니다. 입춘 때에 사자를 파견하여 풍속을 시찰하게 하셔서 폐하의 성덕을 널리 알리십시오. 고아와 과부를 구제하며 괴로워하는 백성을 위문하고, 이천석 관리[인 제후국의 상과 태수]를 위로하며 농사와 양잠을 장려하고 농사철을 놓치지 않도록 배려하게 하여 백성의 마음을 달래야 합니다. 이로써 대규모 위법 사태가 일어날 여지를 막는다면 천하 곳곳에서 일어나는 반란을 거의 다 막을 수 있습니다.

영명한 군주인 상주(上主)와는 함께 선정을 행하되 악정을 행할 일이 없으나, 하주(下主)와는 더불어 악정을 행할 수 있을 뿐 선정을 행할 수 없다고 신은 들었습니다. 폐하께서는 천성이 사리에 밝고 명민하셔서 상주의 자질을 지니고 계십니다. 어리석은 신의 말씀을 조금이라도 살피셔서 세 가지 재난을 깨닫고 대규모 재이를 크게 두려워하시면서 선정을 베푸실 것을 결심하시고, 위선적인 마음을 버려 다시는 예전의 허물을 짓지 마십시오. 정신을 진작하여 친히 정사를 돌보시면서 진심으로 하늘을 움직인다면 하늘에서도 연달아 내리던 재이를 그치게 할 것이고 세상에서 변란을 일으키는 자들도 항복하게 될 것이니 근심하고 걱정할 일이 어디 있겠습니까! 그런데 폐하께서는 정사에 전념할 마음이 없으시고 아직 사적인 애호를 많이 남겨 두고 계신 데다 여전히 소인배를 아끼시니 제 말씀대로 하지 않으실까 홀로 걱정하고 있습니다.

대책문이 올라왔을 때 황제가 그 글을 읽고 크게 뉘우쳤다.

곡영은 경서에 두루 밝았는데, 그 수준이 두흠, 두업과 비슷했다. 그러나 유향 부자와 양웅처럼 통달하지는 못했다. 곡영은 천문과 『경씨역』에 아주 밝았으므로 재이 현상을 잘 해석했다. 앞뒤로 마흔 몇 번이나 상소를 올리면서 반복하여 황제와 후궁에 대해 집중적으로 설득했다. 황제는 곡영이 왕씨 일족과 같은 편이라는 것을 알고 있었으므로 가까이 두고 중용하지는 않았다.

곡영은 어느 자리에 가 있으나 직책을 잘 수행해 냈다. 북지 태수로 나간 지 한 해 남짓하여 위장군 왕상이 세상을 떠나 곡양후 왕근이 표기장군이 되었다. 왕근이 곡영을 천거하자 황제가 곡영을 불러들여 대사농으로 삼았다. 한 해가 조금 더 지났을 때 곡영이 병에 걸려 석 달 동안 일을 보지 못했으므로 해당 관원이 곡영을 면직해야 한다는 상소를 올렸다. 제도에 따르면 공경이 병에 걸리면 언제나 사고(賜告)를 주게 되어 있었으나 곡영만은 바로 면직되었다.[57] 몇 달 뒤에 벼슬 없이 집에 있던 중에 세상을 떠났다. 본명이 병(並)이었는데, 위씨현(尉氏縣)의 번병(樊並)이 반란을 일으키자 영(永)으로 이름을 바꾸었다.

관대하고 온화한 관리 두업

○　○　○

두업의 자는 자하(子夏)이고, 원래 위군(魏郡) 번양현(繁陽縣) 사람이다. 할아버지와 아버지가 모두 공적을 쌓아 군수까지 올랐고 무제 때에 무릉으로 이주했다.

두업은 어려서 아버지를 여의었는데, 어머니는 장창의 딸이었다. 두업이 장성한 뒤에 장창의 아들 장길(張吉)에게 배우며 모르는 것을 물어 가면서 외가의 장서를 얻었다. 뒤에 효렴 인재로 낭관이 되었다.

두업은 거기장군 왕음과 사이가 좋았다.

평아후 왕담이 성문 부대를 지키는 직위를 받아들이지 않은 뒤에 세상을 떠나 버렸을 때 황제가 그 죽음을 가엾게 여기며 후회했다. 하여 새로 왕담의 동생 성도후 왕상에게 특진의 지위를 주고 겸하여 성문을 지키는 부대를 지휘하게 했다. 왕상은 장군부에서처럼 관리를 천거할 권한을 얻었다. 그 전에 왕음이 평아후와 사이가 벌어졌던 것을 인지한 두업이 왕음에게 권했다.

"저 업은 큰 은혜를 베풀어 주신 분은 공경하는 마음으로 봉양하고 가장 아끼는 사람에게는 원하는 바를 다 들어주는 것이 인지상정이라고 알고 있습니다. 혈족인데도 특별한 대접을 받지 못한다면 누군들 원망하지 않겠니까? 『시』「소아」의 '당체(棠棣)'와 '각궁(角弓)'은 친족 관계에 대해 노래한 시입니다. 옛적〔춘추 시대의〕진백(秦伯)은 천승(千乘)을 보유한 영토를 가지고 있었으나 자신의 동복동생을 관대하게 대하지 못했으니, 『춘추』에도 이 사실을 기록하여 풍자하고 있습니다.[58] 그런데 주공과 소공은 그렇게 하지 않았습니다. 두 분은 함께 충성하는 마음으로 정도(正道)의 도의에 맞게 성왕을 보좌했습니다. 다른 사람을 자신의 혈족처럼 대하거나 집안 어른과 마찬가지로 여기며 존대했고, 성덕(聖德)이 있다는 이유로 나라의 높은 벼슬을 독점하지 않았을 뿐 아니라 지위가 높다고 해서 요직을 차지하지 않았으니 섬(陝) 지방을 경계로 나누어 다스리며 함께 성왕을 보필했습니다. 그리하여 왕실 친족끼리 미워하며 틈이 벌어지는 일이 없었고 밖으로도 능욕을 당하는 창피가 없는 채로 함께 하늘의 도움을 받으며 높은 명성을 얻었습니다. 그것은 대개 혈족끼리 잘 지냈기 때문일 것입니다.

성도후가 특진으로서 성문 부대를 지휘하는 일을 겸하게 되었는데 다시 [성도후로 하여금] 오부(五府)와 마찬가지로 관리를 천거할 수 있게 하라는 조서가 내려온 것으로 보아 이는 황상께서 성도후를 총애하려는 생각을 분명하게 밝히신 것이라 여겨집니다. 장군께서는 황상의 뜻에 순종하셔서 이전과는 완전히 다른 모습으로 국사를 의논하는 모든 자리에 반드시 성도후를 불러 참여하게 하셔야 마땅합니다. 성심에서 우러난 뜻을 장군이 표시했는데 좋아하지 않을 사람이 누구이겠습니까?

옛적 [전국 시대의] 위 문후(魏文侯)는 대안(大鴈)[59]을 보고 깨달은 뒤에 부자 관계를 더욱 돈독하게 했고, 진평(陳平)은 연회를 베풀고 함께 음식을 든 뒤에 장상(將相)의 관계가 더 좋아졌습니다.[60] 비록 연회를 베푼 장소에서 조(俎)와 두(豆)를 앞에 두고 만난 것에 불과했지만 진평은 나라를 위해 여씨 일족을 제압하고 환난을 극복하고자 했던 것이니 그 뜻이 얼마나 심원합니까! 제가 조창당과 육고의 뜻을 사모하여 은밀히 말씀드렸으니 그 뜻을 깊이 살펴보시기 바랍니다."

왕음은 두업의 말에 크게 동의하고 그 말에 따라 성도후 왕상과 친밀하게 지냈다. 왕음과 왕상은 모두 두업을 존경했다.

뒤에 병으로 낭관직에서 물러났다. 대사마 위장군으로 있던 왕상이 두업을 주부(主簿)로 삼아 심복으로 대했다. 그 뒤에 시어사로 천거했다. 애제가 즉위한 뒤에 양주 자사로 승진했다.

두업은 관직에 있으면서 관대하고 온화했으니 권세 부리는 일이 드물었다. 몇 해 뒤에 병으로 면직되었다.

하늘은 괜한 경고를 내리지 않는다

○　○　○

그 무렵 황제의 할머니였던 정도 부 태후를 황태태후로, 황제의 생모 정희(丁姬)를 제태후로 칭하게 했다. 그리고 부 태후의 사촌동생[부안(傅晏)]의 딸이 황후가 되었다. 또 부씨 집안에서 세 사람, 정씨 집안에서 두 사람을 열후에 봉한 것에 더하여 부 태후의 동복 동생[인 정운(鄭惲)]의 아들 정업(鄭業)을 양신후(陽信侯)에 봉했다. 부 태후는 한 발 더 나아가서 전권을 휘두르며 정사에 참여했다. 원수 원년 정월 초하루에 황제가 황후의 아버지 공향후 부안을 대사마 위장군으로, 외삼촌 양안후(陽安侯) 정명을 대사마 표기장군으로 삼았다. 이 두 사람을 대사마에 임명하던 날 일식이 일어났다. 황제가 조서를 내려 직언을 올릴 방정 인재를 천거하게 했다. 부양후(扶陽侯) 위육(韋育)이 두업을 방정 인재에 천거했다. 이에 두업이 황제에게 대책문을 올렸다.

〔춘추 시대의〕 금식(禽息)은 〔진 목공이 백리해를 등용하지 않자〕 나라를 위해 걱정하다가 〔진 목공의 수레에 부딪혀〕 머리가 깨진 채 죽어 가면서도 후회하지 않았고, 변화(卞和)가 〔초왕(楚王)[61]에게〕 보옥을 올렸을 때 왕이 두 발을 자르는 월족형(刖足刑)을 내렸음에도 그 벌을 달게 받았다고 신은 들었습니다. 신이 영광스럽게도 직언을 올리라는 조서를 받았는데, 〔금식과 변화〕 두 사람 같은 해를 입을 일도 없으니 어떻게 힘을 다해 말씀드리지 않을 수 있겠습니까!

양이 존귀하다면 음은 비천하니, 비천한 자는 존귀한 자를 따라야 하고 존귀한 자는 비천한 자를 소유하는 것이 하늘이 정한 법칙입니다. 그리하여 비천한 신분의 남자라 해도 각 집안에서는 양의 위치에 있는 것이고, 여자의 신분이 존귀해도 황궁에서는 음일 수밖에 없다고 배웠습니다. 『의례(儀禮)』 「상복(喪服)」 자하전(子夏傳)에도 〔여자의〕 삼종(三從) 도리를 밝히고 있으니, 주나라 문왕의 어머니인 태사(太姒)와 같은 덕행을 지니고 있어도 여자는 반드시 아들의 뜻에 순종해야 합니다. 『춘추』에 기후(紀侯)의 혼례에 기후의 어머니를 기록하지 않음으로써 음으로 대표되는 어머니의 입장을 약화했습니다.

옛적의 춘추 시대에 정백(鄭伯)이던 장공(莊公)이 강씨(姜氏)의 요구를 들어주다가 마침내 숙단(叔段)의 반란이라는 재앙을 당했고, 주 상왕(周襄王)은 계모 혜후(惠后)와 이복동생 숙대(叔帶)의 난에 쫓겨 정나라로 도피하는 위기를 맞기도 했습니다. 또 한나라가 건국된 뒤에는 여 태후가 여씨 일족에게 권력을 몰아주었을 뿐 아니라 외손녀를 효혜제의 황후로 삼았습니다. 여 태후가 후사를 결정한 일이 매끄럽지 않았고 매사를 투명하게 처리하지 않았으므로 대낮에 깜깜해지거나 겨울에 천둥이 치는 변이가 헤아릴 수 없을 만큼 많았습니다.

제가 보니 현재 폐하께서는 지금 정사를 불편부당하게 처리하시며, 매사에 검약하시고 예법에 어긋나는 일은 하지 않으시니 진실로 수신(修身)을 통해 천하 백성과 함께 새로 시작하려고 하시는 듯합니다. 그러나 좋은 징조는 나타나지 않는 대신에 일식과 지진이 일어나고 있어 사람들이 유언비어를 가지고 점을 친 뒤에 그 결과를 옮기면서 두려움에 떨고 있습니다. 『춘추』에 기록된 재이를 살펴보면 하늘이 말없이 상(象)으로 경고하는 것을 알 수 있으니, 한 가지 상을 얻으면 그것으로 하늘의 뜻을 살필 수 있습니다. 일식은 양이 음에게 덮인 것인데 곤괘(坤卦)가 리괘(離卦) 위에 있는 명이괘(明夷卦) 상과 같습니다. 곤괘는 땅을 상징합니다. 땅은 어머니 역할을 하는 것으로 안정되어 흔들리지 않는 것이 정상적인 모습이니, 지진은 음의 도가 어긋난 것에 대한 징벌로 나타납니다.

이는 너무 명확하게 설명할 수 있는 괘상이기 때문에 진은 감히 그 괘상에 관련된 사실을 직언하지 않을 수 없습니다.

옛적에 증자가 "[부모의] 영을 따르는 것이 [효의] 도리라고 할 수 있을지"에 대해 여쭈었을 때 공자께서 "그게 무슨 말이냐?"[62]라고 나무라셨습니다. [공자께서는 또] 민자건이 예법을 지키되 부모의 뜻이라고 해서 함부로 따르지 않았는데, 그럼에도 불구하고 그 행한 바가 도리에 어긋나는 법이 없어서 아무도 [민자건과 민자건의 부모 사이에] 끼어들 여지가 없었다며 민자건을 칭찬하셨습니다.[63]

전임 대사마 신도후 망(莽)이 자리에서 물러나 집에 머무르다가 조서를 받들고 봉토로 돌아갔습니다. 반면에 고창후(高昌侯) 굉(宏)은 면직되어 후위가 철폐되고 서인이 되었으나 여전히 봉토를 가지고 있습니다. 시중 부마도위 천이 불충하게도 아첨만 일삼았으므로 면직시켜 고향의 군으로 돌아가라는 명령을 내리셨다가 한 달이 못 되어 돌아오라는 조서를 내리셨습니다. 대신이 상주하여 천의 징벌을 주장했으나 끝내 돌려보내지 않고 오히려 벼슬을 겸하면서 황상의 사자로 나갈 만큼 예전보다 더 많은 총애를 받고 있습니다. 게다가 양신후 업(業)은 전적으로 부 태후와의 사적인 인연에 의해 열후가 된 것이지 공정한 도리에 따라 봉해진 것이 아니었습니다. 또 폐하 외가의 형제뻘 되는 자들은 능력의 유무에 상관없이 모두 황궁에서 숙위하거나 벼슬과 후위를 받거나 부대를 거느리고 황궁을 지키거나 장군이 되어 둔전을 일구고 있습니다. 폐하께서 외가 한 집안만 총애하고 계시기 때문에 계속되는 총애를 바탕으로 누리는 권세가 역대로 본 적도 들은 적도 없을 만큼 큽니다. 그리하여 마침내 대사마 장군직에 두 사람이 오르는 지경에 이르렀습니다. 주나라 왕실의 황보(皇甫)가 세력이 컸고, 삼환(三桓)의 세력이 강성하여 노나라의 군대를 셋으로 나누어 거느렸지만 이 두 사람보다 세력이 크지는 않았습니다.

두 사람이 대사마에 임명되던 날 날이 어둑해지면서 일식이 일어났습니다. 그 전도 뒤도 아닌 임명하던 그날 일식이 일어난 것은 폐하께서 겸허하고 근신하는 자세로 독단을 피하되 부 태후 한 분의 뜻만 따르지 마시라는 뜻을 나타냅니다. 부 태후께서 하신 말씀을 모두 들어드리면서 그 모든 요구에 따라 죄를 지은 자에게 벌을 내리지 않고 공을 세운 적이 없는데도 외가 사람들에게 관작을 내리고 계십니다. 이런 일이 계속되면서 사태가 심각해지고 있는데 폐하의 허물은 모두 여기에서 발생하고 있으니, 하늘에서 황제를 일깨우려는 뜻을 명백히 보여 주고 있습니다. 예전에 『시』의 많은 노래를 지었던 시인의 질책이나 『춘추』에 나와 있는 풍자는 이런 일을 두고 했던 것이지 다른 방면의 일을 이른 것이 아닙니다.

후세 사람으로서 예전의 일을 놓고 불만을 터뜨리며 비난하면서, 정작 자신이 행동할 때에는 예전 일을 거울 삼아 비춰 보며 올바르게 행동하는가를 살펴보지 않는다면 잘못입니다. 비천한 신이 옆에서 보기에 황궁 안에도 이런 부류가 있습니다.

하늘에서는 공연히 변이를 내리는 것이 아닙니다. 하늘에서 폐하를 보우하심이 이렇게 지극하신데 어떻게 보답하지 않을 수 있겠습니까! 〔은나라 고종이 탕왕에게 제사를 올리고 있을 때〕꿩이

[날아와서 정(鼎)의 귀에 앉는] 이상한 모습을 보이자 고종이 크게 반성했고, [유언비어를 믿고 주공을 의심하던 주나라] 성왕은 폭풍이 불어오자 두려워했다고 들었습니다. 폐하께서는 더욱 진실한 마음을 가지고 막 즉위하셨을 때를 회고하면서 매사를 옛 제도에 따라 행하시며 아랫사람이 마음으로 따를 수 있게 해 주십시오. 그러면 기뻐하지 않을 백성이 없을 것이고 상제와 모든 신령이 진노를 거두실 테니, 어찌 길한 징조와 복록이 내리지 않겠습니까!

두업은 벼슬을 받기 전에 병으로 세상을 떠났다.

두업이 유언비어로 점을 치는 백성의 사정을 보고한 것과 곡영이 성제가 제왕으로서 황궁 밖에 사적으로 농토를 마련한 일에 대해 간쟁한 것, 그리고 혜성과 운석, 빗장이 저절로 풀린 것에 대해 해석한 내용은 「오행지」에 있다.

두업은 아버지를 일찍 여읜 뒤에 장길의 문하에서 공부한 바 있었다. 그런데 장길의 아들 장송(張竦)도 어려서 아버지를 여의고 두업에게 공부한 뒤에 유명해졌는데 특히 소학(小學)에 뛰어났다.

두업의 아들 두림(杜林)은 조용한 성격에 옛것을 좋아했다. 두림도 탁월한 재능을 지녀 [광무제] 건무 연간에 구경의 벼슬을 역임하고 대사공까지 올랐다. 두림이 문자를 연구하여 바른 이론을 세운 업적이 두업과 장송보다 뛰어났으므로 세상 사람들이 두공(杜公)으로부터 소학이 비롯했다고 했다.

찬하여 말한다.

효성제 시대에는 정사를 외가에 맡겨 외삼촌들이 권력을 장악하고 있었는데, 그 정도가 효애제 때에 정씨와 부씨 일족이 장악했던 것보다 더 심했다. 그래서 두업은 정씨와 부씨 일족에 대해 간쟁할 수 있었으나 두흠과 곡영은 왕씨 일족에 대해 간언하지 못했으니 두 시기의 형세가 그러했다. 두흠이 왕봉의 권한을 축소시키려고 했을 때 두업은 왕음과 왕상에게 붙었다.

곡영이 한나라가 삼칠 수인 이백십 년 만에 쇠락한다는 설을 주장한 것은 충성심의 표현이었다. 그런데 신백을 거론하며 왕봉에게 아부했던 것이나 평아후 왕담과 거기장군의 사이가 벌어지게 한 것, 태백성과 형혹성의 예를 들어 왕음을 설득하려고 한 것은 신실하지 않게 헛소리를 늘어놓은 것이었다. 공자께서 "견문이 많은 사람과 벗하라."[64]라고 하셨는데, 이 세 사람이 그에 근접해 있다.[65]

56

하무·왕가·사단 전
何武王嘉師丹

하무(何武, ?~기원후 3년)와 왕가(王嘉, ?~기원전 2년), 사단(師丹, ?~기원후 3년)은 한나라 말기 애제 때에 고관대작을 지내다가 억울하게 죽거나 면직된 공통점이 있다. 하무는 애제가 죽은 직후 왕망과 권력 투쟁을 벌이다가 죽임을 당했다. 왕가는 애제의 남총 동현을 제거하는 데 실패하고 하옥되어 피를 토하며 죽었다. 사단은 애제의 할머니 부 태후에게 반대하다가 면직되었다.

기원전 143년 주아부가 자결을 선택한 뒤로 죄가 확정된 고관은 거의 자결했다. 자결은 한나라 관리들에게 굴욕과 고통을 당하지 않고 체통 있게 죽는 방법이었다. 그런데 왕가는 심문에 응해 진실을 밝히려고 애쓰다가 옥중에서 죽었다. 왕가가 목숨까지 버렸지만 애제는 동현을 버리기는커녕 대사마에 임명하는 악수를 두었다. 애제는 한 해 뒤에 세상을 떠났고 동현도 이어서 자결로 생을 마감했다.

하무와 왕가의 죽음에 대해 반고는 "한 삼태기 흙으로 큰 강물을 막을 수 없다."라고 평했지만, 그 큰 강물은 거의 말라 가던 중이었으니 곧바로 왕망이 역사의 전면에 등장했다.

어려서 선제에게 칭찬받은 하무

○ ○ ○

하무의 자는 군공(君公)이고, 촉군 비현(郫縣) 사람이다.

선제 때에 천하가 안정되고 사이가 복종해 왔으므로 신작 연간과 오봉 연간에 길조가 여러 번 나타났다. 익주 자사 왕상(王襄)이 유세객 왕보(王褒)에게 한나라의 덕을 칭송하는 시 세 편, 「중화(中和)」, 「낙직(樂職)」, 「선포(宣布)」를 짓게 했다. 하무가 열네댓 살 때 성도(成都)의 양복중(楊覆衆) 등과 함께 그 노래들을 익혀서 불렀다. 그 무렵 선제가 무제의 제도를 따라 학문에 통달하고 남달리 재주가 뛰어난 인재를 구했다. 하무 등을 불러 선실(宣室)에서 접견하고 황제가 말했다.

"이렇게 덕정을 융성하게 알리는 일을 내가 어찌 막을 수 있겠느냐!"

접견이 끝난 뒤에 왕보를 대조하게 하고 하무 등에게는 비단을 하사하여 돌려보냈다.

하무는 박사에게 가서 수업을 받는데 『역』을 공부했다. 사책 갑과에 통과하여 낭관이 된 후 적방진과 뜻이 맞아 벗이 되었다.

광록훈이 사행(四行)[1]에 걸쳐 인재로 선발하던 시험에 뽑혔다가 호현 현령으로 전보되었는데 법을 어긴 일로 면직되어 고향에 돌아갔다.

하무의 형제 다섯 사람이 모두 촉군 태수부의 아전으로 있었기 때문에 촉군의 여러 현 사람들이 그 형제들을 경외했다. 하무의 동생 하현(何顯) 집안의 상인 호적을 가진 자가 시조(市租)[2]를 내지 않는 일이 많아, 현 관아에서 부과금을 채우지 못하는 일이 여러 번 있었다. 시색부(市嗇夫)[3] 구상(求商)이 하현의 집에 찾아가서 모욕을 주자 하현이 노하여 아전 직무를 들어 구상을 모함하고자 했다. 그때 하무가 말했다.

"우리 집에서 부담할 조세와 요역을 남들보다 미리 내지 않았으니, 공사를 봉행하는 관리가 그리하는 것이야 마땅한 일이 아니겠느냐?"

하무가 마침내 태수에게 이 일을 알리고 구상을 불러들여 졸리(卒吏)[4]로 삼게 하자 주(州)[5] 내의 사람들이 이 소식을 듣고 모두 탄복했다.

한참 지나서 태복 왕음(王音)이 하무를 현량 방정 인재로 천거하자 황제가 불러 책문에 대하는 글을 올리게 했다. 하무는 간대부에 임명되었다가 양주 자사로 전보되었다. 이천석[6] 고관 중에서 고발된 자는 반드시 그 고발 내용을 미리 공개하여 널리 알리되 죄를 자복하면 형벌을 감면해 주고 삭탈관직하는 것으로 끝냈지만, 자복하지 않으면 가장 무거운 형벌로 다스려야 한다고 공소장을 올려 형벌을 받게 했는데 사형에 처한 예도 있었다.

구강 태수 대성(戴聖)은 예경(禮經) 『소대례(小戴禮)』를 정리하여 소대(小戴)라는 칭호를 얻고 있었지만[7] 개인적으로나 백성을 다스리는 일에서나 법을 어기는 일이 많았다. 전임 자사는 대성이 대유학자라는 이유로 너그럽게 용서해 주었다.

뒤에 하무가 자사로 부임하여 관할 지역을 순시하며 지방관을 감찰하고 옥에 갇힌 죄인의 죄상을 확인한 뒤에 검거한 자들을 각 군의 태수에게 처리하라고 넘겼다. 대성이 말했다.

"후배 유생이 뭘 알겠는가? 남이 다스려 놓은 일을 어지럽히려고 드는 게지."

그러고는 모두 판결에 넘기지 않았다. 하무가 종사관을 보내 대성의 죄를 조사하게 하자 대성이 겁을 먹고 스스로 사직했다. 뒤에 대성이 박사가 되었을 때 조정에서 하무를 비방했다. 하무가 그 소식을 들었지만 대성의 악행을 끝내 폭로하지 않았다. 그 뒤에 대성의 아들이 데리고 있던 빈객이 떼도적을 모았다가 체포되어 여강군(廬江郡) 태수부 옥에 갇힌 일이 있었다. 대성은 아들이 필시 사형을 당하리라 여겼으나 하무가 공평한 마음으로 판결하여 마침내 죽음을 면했다. 아들이 죽지 않은 것을 알고 난 뒤에 대성은 부끄러움에 얼굴을 붉혔다. 하무가〔해마다 연말에〕업무를 보고하기 위해 장안에 올라와도 대성은 하무의 처소에 가서 은혜에 감사하는 인사를 하지 않았다.

하무는 자사로 있으면서 이천석 관리가 죄를 지으면 그때그때 조정에 보고했지만 죄를 짓지 않은 자에 대해서는 능력의 있고 없음을 상관하지 않고 똑같이 대하며 공경했다. 이에 각 군과 제후국 사람들이 자기네 태수와 상을 존중하게 되었으므로 양주 관내가 태평스러웠다.

관할 지역을 순시하러 나가면 반드시 먼저 학관(學官)에 가서 공부하는 학생들을 만나 경전의 뜻을 설명하거나 분석할 줄 아는지 시험하고 백성을 다스리는 일의 성패에 관해서도 물어보았다.

그 일이 끝나면 역참 객사에 들어가 관아의 장부를 꺼내 오게 하여 농경이 가능한 밭의 면적과 오곡이 잘 여물었는지를 물었고, 그 뒤에 이천석 관리를 만나는 것을 정례화했다.

그보다 먼저 하무가 촉군 태수부의 아전으로 있을 때 모시던 태수는 하수(何壽)였다. 하수가 하무에게 재상의 능력이 있음을 알아차리고 같은 성씨라는 이유로 후하게 대했다. 뒤에 하수가 대사농으로 있을 때 형의 아들이 여강군의 장사(長史)가 되었다. 그때 하무가 업무를 보고하러 올라와서 경저에 머무르고 있었는데 하수 형의 아들도 마침 장안에 있었다. 하수가 하무의 동생 하현과 벗 양복중 등을 초대하여 술자리를 벌였다. 술기운이 거나하게 돌았을 때 형의 아들을 나오게 하여 하현 등에게 보이며 말했다.

"이 아이가 양주의 장사가 되었는데 자질도 모자라고 능력두 처집니다. 그래서 이제껏 자사의 눈에 들지 못해 발탁되지 못했습니다."

하현 등이 아주 난처해져서 돌아가 하무에게 이 사실을 말하니 하무가 말했다.

"자사는 옛날의 방백(方伯)과 같으니, 황상의 위임을 받아 한 주의 모범이 되어 인재를 발탁하고 악인을 물러나게 하는 일을 하는 자리다. 아전이 백성을 다스리는 데 탁월한 공을 세웠거나 인재가 민간에 은거하는 일이 있다면 응당 불러서 접견하겠지만 사적인 일로 불러 사정을 물어봐서는 안 된다."

하현과 양복중이 억지로라도 만나 보라고 권했으나 불러서 만날 수 없다면서 술 한 치(巵)만 내려 주고 말았다. 이듬해 언젠가 여강 태수가 하수 형의 아들을 발탁했다.[8] 하무가 면직당할까 두려워 법을 잘 지키는 것이 이와 같았다.

다섯 해 동안 자사로 있다가 승상사직이 되어 조정에 들어왔는데 그때 승상이었던 설선이 하무를 존중했다. 다시 청하 태수로 나가서 여러 해 동안 있다가 군 내의 십 분의 사가 넘는 지역이 재해를 당했다는 이유로 면직되었다.

한참 지난 뒤에 대사마 곡양후 왕근이 하무를 발탁하자 황제가 불러들여 간대부로 삼았다. 연주(兗州) 자사로 나갔다가 사례교위가 되어 조정으로 들어온 뒤에 경조윤으로 자리를 옮겼다.

두 해가 지났을 때, 하무가 천거했던 방정 인재가 황제를 알현하는 자리에서 반벽(槃辟)과 아배(雅拜)의 예를 올린 죄에 연루되었다. 해당 관리는 그 자리에 있던 사람들과 다르게 예를 올렸으므로 진실하지 못했다고 주장했다. 하무가 이 일에 연좌되어 초나라의 내사로 좌천되었다가 패군 태수로 자리를 옮겼다. 그 뒤에 다시 정위가 되어 조정에 들어갔다. 수화 원년에 어사대부 공광이 정위로 좌천되었을 때 하무가 어사대부에 임명되었다.

성제가 벽옹을 세우고 삼공관(三公官)을 고쳐 두면서 어사대부를 대사공으로 바꾸었다.[9] 그래서 하무는 대사공이 되었고 범향후(氾鄕侯)에 봉해져 식읍 천 호를 받았다. 범향은 낭야군 불기현에 있었다. 애제 즉위 초에 대신을 포상하면서 남양군 주현(犨縣)의 박망향(博望鄕)을 범향후의 봉토로 바꾸면서 천 호를 더 얹어 주었다.

하무는 사람됨이 어질고 관대했다. 인재를 천거하는 일과 다른 사람의 장점을 칭찬하는 일을 좋아했다. 초나라 내사로 있을 때에는 양공(兩龔)을, 패군 태수로 있을 때에는 양당(兩唐)[10]을 후대했다. 뒤에 공경이 되었을 때 이들을 조정에 천거했다. 이들이 세상에 널리 이름을 날리게 된 것은 하후(何侯)가 애를 썼기 때문이라 이 일을 두고 세상 사람들이 하무를 존경했다. 그런데 하무는 붕당 만드는 일을 싫어했으므로 법을 다루는 관리에 관한 일은 유생에게 물었고 유생에 관한 일은 법을 다루는 관리에게 물으면서 양쪽을 점검했다. 아전을 뽑을 일이 있을 때는 먼저 임명 기준을 정하여 뒤로 청탁이 들어오는 것을 방지했다. 관직에 있을 때는 이름을 크게 날리지 못했지만 그 자리를 떠난 뒤에는 언제나 사람들이 하무를 그리워했다.

하무가 어사대부사공(御史大夫司空)이 되었을 때 승상 적방진과 더불어 공동 상소를 올렸다.

예전에는 제후왕이 위법 사건을 판결하면서 백성을 다스렸고 내사가 옥사의 소송을 주관했으며 상은 관아의 일을 총괄하며 왕을 보좌했고 중위가 도적을 막았습니다. 그런데 지금은 왕이 위법 사건을 판결하지 않아 백성을 다스리는 일에 참여하지 않고 중위 벼슬은 없어져 그 직무를 내사가 겸임하고 있으며 제후국의 상과 군의 태수도 내사에게 일을 맡기고 있습니다. 이렇게 내사 한 직위에 신뢰를 몰아 주는 것은 백성을 안정시키게 하기 위해서입니다. 그런데 현재 내사의 지위는 낮으면서 권한은 무겁게 주어져 있어 그 위신과 직위가 잘 맞지 않으니 존중을 받도록 위신과 직무를 통일하지 않으면 백성을 다스리기 어렵습니다. 신은 상과 태수, 내사와 도위의 지위를 같게 하여 존비의 서열을 바로 하고 주종의 권한에 균형을 맞추기를 청합니다.

황제의 명령이 떨어졌다.

"그렇게 하도록 하라."

그리하여 내사를 중위직으로 고쳐 설치했다. 그보다 먼저 하무가 구경이 되었을 때, 삼공관을 두는 것이 마땅하다고 상소했고 또 적방진과 더불어 자사를 없애는 대신 주목으로 바꾸자고 상소를 올렸는데, 뒤에 모두 원래대로 돌렸다. 이 이야기는 「주박전」에 있다. 그런데 내사를 중위로 바꾼 것은 그대로 두었다.

하무는 인재를 천거하거나 새로운 주장을 하기 위해 상소한 일이 많았으므로 번잡하고 자질구레하다는 평을 들었다. 능력이 뛰어난 인물이라는 칭찬은 듣지 못했다. 공을 세워 이름을 날린 것은 대략 설선과 비슷했으나 재능은 설선에게 미치지 못했다. 그러나 경학 연구와 정직한 인품에서는 설선을 넘어섰다.

하무의 계모가 고향 촉군에 살고 있어서 아전을 보내 모셔 오게 했다. 그때 마침 성제가 붕어했으므로 계모를 모시러 갔던 아전이 길에서 도적을 만날까 염려된다면서 계모를 고향에 머물게 했다. 애제의 측근 신하 중 누군가가 부모를 독실하게 섬기지 않는다며 하무를 비난하자 〔선제(先帝)가 임명한〕 대신을 갈아야겠다고 생각하던 애제가 책서를 내려 하무를 물러나게 했다.

그대는 인재를 추천하되 번잡스럽게 했고 정사를 처리하되 너무 세세한 것까지 법으로 다스렸으므로 민심에 부합하지 못했을 뿐 아니라 효도에 관해서도 명성을 얻지 못하여 악명이 널리 퍼지고 있으니 사방에 모범을 보이지 못하고 있다. 그러므로 대사공의 인수를 반납하고 벼슬에서 물러나 봉토로 돌아가도록 하라.

그 뒤에 다섯 해가 지났을 때, 간대부 보선(鮑宣)이 나서서 하무의 억울함을 풀어 주려고자 했다. 마침 애제가 승상 왕가의 대책문을 읽고 마음이 흔들리던 차에 고안후(高安侯) 동현도 하무를 천거하고 나서자 하무를 어사대부에 임명했다. 한 달 남짓하여 전장군(前將軍)으로 자리를 옮겼다.

왕망에게 밀려 자결하다

○　○　○

신도후 왕망이 봉토에 돌아가 몇 해 동안 지내고 있었다. 애제가 태황태후의 조카라는 점을 들어 왕망을 장안으로 불러들였다.
왕망의 사촌 동생 성도후 왕읍이 시중으로 있었는데, 태황태후의 뜻이라고 꾸며서 왕망에게 특진급사중 자리를 주도록 청했다. 애제가 이 일을 처리하기 위해 태후에게 확인하는 과정에서 꾸민 사실이 발각되었다. 태후가 대신 사죄했으므로 황제가 태후 때문에 왕읍을 주살하지 못하고 서하군의 속국도위로 좌천시키면서 식읍 천 호를 깎았다.

뒤에 대상(大常)[11]을 천거하라는 조서가 내리자, 왕망이 하무에게 자신을 천거해 달라고 사적으로 종용했으나 하무는 천거할 엄두를 내지 못했다. 그 뒤 몇 달이 지나서 애제가 붕어하자 태후가 그날로 왕망을 황궁에 불러들였다. 그러고는 대사마 동현의 인수를 회수하고 대사마직에 임명할 자를 천거하라는 조서를 내렸다.

왕망은 원래 대사마직에 있었으나 정씨와 부씨 일족과의 갈등을 피하려고 스스로 사직했기 때문에 백성들로부터 덕행이 뛰어나다는 칭찬을 듣고 있었다. 뿐만 아니라 태후의 친정 조카였으므로 대사도 공광 이하 조정의 모든 신하가 왕망을 천거하고 나섰다. 하무는 전장군으로서 평소에 친하게 지내던 좌장군 공손록(公孫禄)과 따로 모의했다. 두 사람은 예전의 효혜제와 효소제가 어린 나이로 황제가 되었을 때 외척이었던 여씨와 곽씨, 상관씨가 권력을 잡아 사직이 위기에 빠진 적이 있고, 그 무렵의 효성제와 효애제에게 후사가 없으니 황실 친척 중에서 어린 황제를 보좌할 만한 대신을 뽑아야지 성이 다른 대신이 권력을 잡는 것은 마땅치 않으며, 조정에 황실의 친척과 친척이 아닌 자들이 함께 섞여 있어야 한다는 의견을 나누면서 나라에 도움이 되는 계책을 세워야 한다고 생각했다. 그리하여 하무는 공손록이 대사마가 될 수 있다고 천거했고 공손록도 하무를 천거했다. 그러나 태후는 결국 자신이 밀던 왕망을 대사마에 임명했다. 〔평제 즉위 후에〕 왕망이 해당 관리를 시켜 하무와 공손록이 서로를 대사마에 천거했던 일을 탄핵하여 두 사람을 면직시켰다.

하무가 봉토로 돌아간 뒤에 왕망의 권세가 점점 커져서 재형(宰衡)[12]이 되었는데 자신에게 붙지 않는 자들을 몰래 주살했다.

〔평제〕 원시 3년, 여관 등이 일을 일으켰다.[13] 그때의 대사공 견풍(甄豊)이 사자를 파견하여 역참 수레를 몰고 가서 여관 일당을 조사하고 벌하게 했다. 그 과정에서 견풍은 왕망이 넌지시 던진 뜻을 읽고 왕망이 주살하고 싶어 하는 자를 여관 사건에 연루시켜 잡아들였다. 그 결과 상당군의 보선과 남양군의 팽위(彭偉), 두공자(杜公子)가 죽고, 지방의 군과 제후국의 토호 수백 명도 연좌되어 죽었다. 하무도 무고하게 고발된 명단에 들어 있었는데, 대리(大理)가 함거를 대령하여 하무를 불러내자 스스로 목숨을 끊었다. 하무가 억울하게 죽었다고 여기는 사람이 많았으므로 왕망이 그 사람들의 뜻을 만족시키기 위해 하무의 하들 하황(何況)에게 후위를 잇게 했다. 그리고 하무에게 날후(剌侯)[14]라는 시호를 내렸다.

왕망이 황위를 찬탈한 뒤에 하황의 후위를 박탈하고 서인으로 삼았다.

인재를 후대하고 존중할 것을 주장한 왕가

○ ○ ○

왕가의 자는 공중(公仲)이고, 평릉현 사람이다.

명경 부문 사책에서 갑과에 통과하여 낭관이 되었다가 황궁에 난입하려는 자를 문에서 막지 못한 죄에 걸려 면직되었다. 뒤에 광록훈 우영이 왕가를 연(掾)으로 뽑았는데, 찰렴에 통과하여 남릉(南陵) 현승이 되었다가 다시 찰렴에 통과하여 장릉 현위가 되었다.

홍가 연간에 돈후하고 소박하며 직언할 줄 아는 인재를 천거받을 때 뽑혀서 선실에서 황제를 알현하고 정사의 성패에 대책문을 올려 태중대부로 파격 발탁되었다. 뒤에 구강 태수와 하남 태수로 나가서 잘 다스렸으므로 명성을 얻었다. 다시 황제의 부름을 받고 조정에 들어가 대홍려가 되었다가 경조윤으로 옮긴 뒤에 다시 어사대부로 승진했다. 건평 3년에 평당(平當)의 뒤를 이어 승상이 되고 신포후(新甫侯)에 봉해져 식읍 일천일백 호를 받았다.

왕가는 사람됨이 강직하고 엄격했으며 위세가 있었으므로 황제가 크게 존경했다. 애제 즉위 초에 성제 때 있었던 조치를 바로잡겠다며 여러 가지를 변경하자 왕가가 상소해 의견을 올렸다.[15]

신은 인재를 얻어야 성군이 공적을 세울 수 있다고 들었습니다. 공자께서도 "재능이 뛰어난 자는 얻기 어렵지. 그렇지 않은가?"[16] 라고 하셨습니다. 그래서 "대를 이어 제후에 책봉된 자는 선대의 뛰어난 능력과 덕행을 닮아야 한다."[17]라고 했습니다. 비록 능력과 덕행을 잘 갖추지 못했다 하더라도 상이 신하를 잘 뽑아서 경(卿)으로 임명하고 그 제후를 보좌하게 하면 되었습니다. 제후가 자신의 봉토에 거주하면서 대대로 존중을 받은 연후에야 백성이 따르고 그렇게 되어야 교화를 추진할 수 있어 통치 업적을 이룰 수 있게 됩니다.

지금 군을 다스리는 태수의 자리는 옛 제후보다 그 책임이 더 무겁습니다. 과거에는 덕행과 능력이 뛰어난 인재를 선발할 때 그런 인재를 얻기 어려우면 옥에 갇힌 죄수 중에서 발탁하여 쓸 만한 자를 쓰기도 했습니다. 예전에 〔운중 태수〕 위상이 일에 걸려 옥에 갇혔지만 풍당의 간언에 마음이 흔들린 문제가 풍당을 사절로 하여 부절을 쥐어 보내 위상의 죄를 사면하게 하고 운중 태수에 임명하자 흉노가 위상을 두려워했습니다. 무제[18]도 죄수였던 한안국(韓安國)을 발탁하여 양 효왕(梁孝王)의 내사로 삼아 혈족의 봉토를 안정시켰습니다. 장창이 경조윤으로 죄를 지어 면직이 결정되었〔으나 선제께서 차일피일 미루고 있〕을 때, 교활한 아전 하나가 장창의 면직이 결정되었다는 사실만 알고 그의 명령을 따르지 않자 장창이 그자를 잡아 죽였습니다. 그 아전의 집안에서 억울하다고 호소하자 사자가 다시 조사한 뒤에 장창이 법을 어기면서 살인했다고 탄핵했지만 황제가 잡아들이지 않았습니다.[19] 뒤에 면직이 결정되자 장창이 수십 일 동안 고향에 돌아가지 않고 타지를 떠돌았는데 선제께서 장창을 불러들여 기주 자사로 보내면서 마침내 장창을 기용하셨습니다. 앞서 총애를 받은 자가 이 셋만이 아니었으니 그자들의 재능을 쓰는 것으로 조정에 유익하게 했던 것입니다.

효문제 때에는 간혹 벼슬아치가 오랫동안 한 관직에 있을 경우 자손들이 그 벼슬 이름을 성씨로 삼았으니, 창씨(倉氏)와 고씨(庫氏)가 바로 창고를 맡은 벼슬아치의 후대입니다. 그 시절에는 이천석 고관이 안정되게 관직 생활을 하면서 기쁜 마음으로 자신의 직무를 행했으니 위아래가 서로를 지켜보는 가운데 허투루 일할 생각을 조금도 갖지 않았습니다. 뒤로 그런 사정이 조금씩 변했는데 공경 이하 조정 관리들이 서열에 따라 가혹하게 다그치자 〔이천석 관리가〕 정무를 처리하는 방식을 계속 바꿔 나갔습니다. 사례와 부자사가 〔이천석 관리의〕 잘못을 조사한 뒤에 모두 탄핵했을 뿐 아니라 비밀스러운 일까지 폭로하자 이천석 관리가 관직에 나아간 지 몇 달 지나지 않아서 바로 물러나는 일까지 생겨서, 도로에 전임자를 보내고 새로 부임하는 관리를 맞이하는 행렬이 끊이질 않았습니다. 〔이천석 관리 중에서〕 중간 정도의 능력을 갖춘 자는 굴종하여 일신을 보전하려고 애썼고, 능력이 없는 자는 죄를 지을 것이 두려워 언제나 자신을 챙기려고만 하며 모든 일에 개인의 이익을 도모하기 일쑤였습니다. 이천석 관리의 처지가 자꾸 비루해지자 하급 아전과 평민이 이천석 관리를 가볍게 보게 되었습니다. 누군가 이천석 관리의 사소한 잘못을 잡고 그것을 부풀려 죄로 만든 다음 자사나 사례에게 이르거나 심지어 고발장을 올려 징벌받게 했습니다. 이천석 관리가 쉽게 위기에 빠지는 것을 알고 있던 아랫사람들은 이천석 관리의 작은 잘못에도 배신할 생각을 하게 되었습니다.

산양군(山陽郡)에서 죄를 짓고 도망 중이던 소령(蘇令) 등이 횡행할 때 토벌에 어려움을 당했는데도 관군 중에서 아무도 죽음으로써 의리를 지키며 순절하려 나서지 않았으니 이는 애당초 태수와 제후국 상국이 권위를 앞세울 수 없었기 때문입니다.

효성제께서 이 점을 돌아보시고 조서를 내려서 이천석 관리에게 방종을 죄로 삼지 않겠다고 결정했을 뿐 아니라 사자를 보내 황금을 하사하고 그 마음을 달랬습니다. 이는 사실 나라에 위급한 일이 생겼을 때 이천석 관리가 해결해 달라고 기대하며 시행한 대책이니 이천석 관리가 존중을 받아야 재난이나 위급한 상황이 발생했을 때 아랫사람들을 제대로 부릴 수 있게 됩니다.[20]

효선제께서도 백성을 잘 다스리는 관리를 아끼셨습니다. 그런 관리를 탄핵하는 고발장이 올라와도 황제께서 처리를 보류하고 있다가 사면령을 내릴 때를 기다려 모두 없던 일로 해 주셨습니다. 제도에 따르면 상서는 고발장을 자주 내지 못하게 되어 있었는데 그것은 백성을 괴롭히지 않게 하기 위해서였습니다. 고발되면 조사를 하고 증거를 찾는 과정을 거쳐 옥에 갇혔는데 옥중에서 죽은 예도 있었습니다. 그래서 고발장에는 반드시 '감고지(敢告之)'[21]라는 세 글자가 적혀 있어야 옥리에게 내려보내 조사를 시작할 수 있었습니다.

바라건대 폐하께서는 유념하셔서 인재를 뽑은 뒤에 잘한 일은 기록하되 허물은 잊으시고, 신하를 너그럽게 대하되 일을 완벽하게 처리하지 못했다고 책임을 묻지는 마십시오. 이천석 관리, 부자사, 삼보의 현령 중에서 재능이 뛰어나고 직무를 잘 감당하는 자라 하더라도 아무런 실수를 하지 않을 수는 없는 것이 인지상정입니다. 작은 죄는 너그럽게 풀어 주는 것이 마땅하니 그렇게 하여 힘을 다해 일할 수 있도록 권장해야 합니다. 이는 나라에 이로운 정책으로 지금 가장 시급하게 해결해야 할 일입니다.

일전에 산양에서 소령이 일을 일으켰을 때 대부를 보내 상황을 알아보려고 했지만 그때 대부 중에는 사자로 보낼 만한 자가 없었으므로 주질(盩厔) 현령 윤봉(尹逢)을 불러들여 간대부로 임명한 뒤에 파견한 적이 있었습니다. 지금 여러 대부 중에는 재능이 뛰어난 자가 아주 적으므로 공적을 낼 만한 자를 미리미리 길러 놓아야 그 인재들이 위급한 때에 나서서 자신이 죽는 것을 아까워하지 않게 됩니다. 일을 당한 그때 가서 해결하려고 하는 것은 영명한 조정의 지휘법이 아닙니다.

이 상소를 올린 뒤에 왕가는 유생 중에서 공손광(公孫光)과 만창(滿昌), 그리고 이천석 관리로 높은 명성을 얻은 관리 중에서 소함(蕭咸), 설수(薛修)[22] 등을 천거했다. 그러자 황제가 왕가의 뜻을 받아들여 그들을 등용했다.

황제의 마음을 바꾼 밀봉 상소

그 무렵 식부궁과 손총 등이 중상시 송홍(宋弘)을 통해 상주문을 올려 동평왕 유운이 황제를 저주하고 또 후구(后舅) 오굉(伍宏)

과 황제를 시해하는 역적 모의를 했다고 고발했다. 유운 등은 사형을 당했고 식부궁과 손총은 이천석 관리로 발탁되었다.[23]

그때 시중 동현[24]이 황제의 총애를 받고 있었다. 황제가 동현을 열후에 봉하고 싶었으나 구실이 없었다. 그런데 부가(傅嘉)가 동평왕 사건으로 동현을 봉할 수 있다고 일러 주었다. 그리하여 황제가 식부궁과 손총이 동평왕을 고발했던 원래 글에서 송홍의 이름을 지운 다음 동현이 황제에게 보고한 것으로 위조하고 그 공을 평계로 열후에 봉하되 세 사람 모두에게 먼저 관내후 작위를 내리기로 했다.

얼마 지난 뒤에 황제가 동현 등을 열후에 봉하려고 보니 속으로 왕가가 어렵게 생각되었다. 그리하여 황후의 아버지였던 공향후 부안을 승상과 어사대부에게 보내 먼저 조서를 보였다. 그러자 왕가가 어사대부 가연과 더불어 밀봉 상소를 올려 주장했다.[25]

저희가 보니 일전에 동현 등 세 사람이 관내후 작위를 받았을 때 여러 사람의 의견이 분분했는데, 모두 동현이 총애를 받는 바람에 나머지 두 사람도 따라서 은혜를 입었다고 했으니 아직도 그 말들이 사라지지 않고 있습니다.

폐하께서 현 등에게 은혜롭게 대하시는 일을 그치지 않으시려면 현 등이 올렸던 상소문 원본의 내용을 공개하시는 것이 마땅합니다. 공경, 대부, 박사, 의랑에게 그 내용에 관해 물어보시되, 고금의 진리에 부합하는지와 그 뜻이 정확한지를 물어보십시오. 그런 뒤에 작위와 식읍을 더해 주셔야 합니다. 그렇게 하지 않으시면 많은 사람의 마음을 크게 잃게 되어 나라 안의 백성들이 목을 빼고 시시비비를 따지게 되지 않을까 걱정스럽습니다.

이 일을 공개하여 의논하면 응당 봉해야 한다고 나서는 사람이 반드시 나올 것이니 폐하께서는 그 말을 따르시면 됩니다. 비록 천하가 기뻐하지 않는다고 해도 그 잘못을 갈라 가질 수 있으니 폐하 홀로 책임을 지지 않으셔도 됩니다. 전에 정릉후 순우장이 열후에 봉해지던 때에도 그 일을 의논에 부쳤는데, 대사농 곡영이 장(長)을 응당 열후에 봉해야 한다고 주장했습니다. 그 때문에 순우장이 죄를 지은 뒤에 여러 대신이 잘못을 영(永)에게 돌렸으니 선제께서 홀로 비난을 당하지 않으셨습니다.

신 가(嘉)와 신 연(延)은 재주가 모자라고 직무를 제대로 해내지 못하고 있어 죽어도 그 책임을 다할 수 없습니다. 게다가 폐하를 거스르지 않고 그 뜻에 순종해야 잠시라도 일신을 보전할 수 있음을 잘 압니다. 그럼에도 감히 그렇게 하지 못하는 것은 폐하의 두터운 은혜에 보답하려는 생각 때문입니다.

황제가 왕가의 주장에 마음이 흔들려 동현에게 후위를 봉하는 일을 멈추었다. 그러나 다섯 달이 지난 뒤〔인 건평 4년 8월〕에 조서를 내려 동현 등을 봉했다. 그러면서 공경들을 엄하게 질책했다.

짐이 황위에 오른 이래로 병을 앓았는데 잘 낫질 않았더니 반역 모의가 끊임없이 이어졌고 나라를 어지럽히고 말 신하가 짐의 거처에서 시중을 들게 되었다.

전에 동평왕 운(雲)과 왕후 알(謁)이 짐을 저주했을 뿐 아니라 시의(侍醫) 오굉 등이 대전에 들어와 시봉하며 맥을 짚기까지 했으니 사직이 이보다 더 위기에 빠진 적이 있었던가! 옛적 초나라에는 자옥득신(子玉得臣)이 있었기에 진 문공이 전투에 이기고도 좌불안석이었고, 최근에는 급암(汲黯)이 있었기에 회남왕의 음모를 좌절시킬 수 있었다. 지금 운 등이 짐을 시해하려는 반란을 모의할 수 있었던 것은 공경과 대신 중에 아무도 진심으로 자세히 살피면서 음모의 싹을 없애거나 누르지 못했기 때문일 것이다. 그러나 종묘의 신령이 도우셔서 시중 부마도위 현 등이 발각하여 보고하는 바람에 그 죄 지은 자들을 모두 징벌할 수 있었다. 『서』에도 "덕행이 뛰어난 자를 등용하여 그 공로를 드러내야 한다."[26]라고 이르지 않았던가? 이에 현을 고안후(高安侯)에, 남양 태수 총(寵)을 방양후(方陽侯)에, 좌조 광록대부 궁(躬)을 의릉후(宜陵侯)에 봉한다.

몇 달 뒤에 일식이 일어나자 황제가 직언을 올릴 수 있는 자를 천거하게 했다. 왕가가 다시 밀봉 상소[27]를 올려 주장했다.

고요는 제순(帝舜)에게 "〔황제를 보좌하는 신하는 제후를〕 안일하고 무절제한 쪽으로 인도하지 말아야 합니다. 제후는 〔자신의 봉토를 다스리는 일에 언제나〕 두려워하며 걱정해야 하니 하루 이틀만 소홀해도 만 가지 일의 싹이 트게 됩니다."라고 간언했고,[28] 기자(箕子)는 무왕에게 "관리로서 위세를 부리며 권력을 전횡하거나 기름진 음식을 먹는 자가 없어야 합니다. 그런 자가 있으면 대왕이 대부에게 봉한 가(家)에 해를 줄 것이고 대왕이 제후에게 봉한 국(國)에 재앙을 가져오게 됩니다. 지배 계층이 비뚠 마음을 먹고 법을 어기며 바르지 않게 행동하면 백성도 분수를 넘는 짓을 하게 됩니다."[29]라고 간언했습니다. 고요와 기자는 존비(尊卑)의 순서가 무너지면 음양의 질서까지 어지러워지므로 그 해가 군주에게 미쳐서 나라마저 매우 위태롭게 된다는 뜻을 말하는 것으로, 도읍에 사는 지배 계층이 비뚠 쪽으로 기울어져 법을 어기고 바르지 않게 행동하면 온 나라의 백성도 제멋대로 분수에 넘치는 짓을 하게 됩니다. 이는 군주가 법령과 제도대로 다스리지 않기 때문에 오는 좋지 못한 결과로 위아래가 모두 도덕 질서를 잃어버리게 된다는 뜻입니다.

무왕은 이 도를 몸소 실천하여 성왕과 강왕의 번영을 이룰 수 있었습니다. 그러나 그 뒤의 군주들이 자신의 마음이 가는 대로 욕망을 따르다 보니 법령과 제도가 무너져 신하가 주군을 시해하거나 아들이 아버지를 죽이는 일이 일어났습니다. 부자 관계는 인간 관계 중에서 가장 친한 것인데도 도덕규범을 잃어버리고 재앙이 일어나는데 성씨가 다른 신하가 일을 일으킬 가능성이야 더 말할 것이 있겠습니까?

공자께서 "천승의 나라를 다스리는 제후는 신중하고 공경한 태도로 대사를 행해야 하고, 믿음성이 있어야 하며, 비용을 절약해야 하고, 인재를 아껴야 하며,[30] 농사철을 피해서 백성을 부려야 한다."[31]라고 했습니다.

효문제께서 이 말씀대로 잘 다스려서 나라 안의 모든 백성이 황제의 은혜를 입게 되었으므로 한나라 태종(太宗)이 되었습니다. 효선제는 정확하고 확실하게 상벌을 주었고 절도 있게 재물을 베풀었으며 인재가 세운 공을 기억하고 작은 허물은 잊어버려 태평한 시대를 이루셨습니다. 효원제는 대업을 받들어 계승한 뒤에 온화하고 공손하게 처신하며 욕망을 절제한 결과 국고에 사십억 전을, 수형도위부에 이십오억 전을, 소부에 십팔억 전을 저축해 두셨습니다. 한번은 원제께서 상림원에 행차하셨는데, 후궁과 풍(馮) 귀인[32]이 짐승 우리 앞에서 황제를 모시고 있었습니다. 그때 맹수가 갑자기 튀어나왔는데 풍 귀인이 맹수를 막으며 앞으로 나서자 원제가 그 의로운 행동을 칭찬하며 내린 돈이 오만 전이었습니다. 후궁들이 친족을 만날 때 재물을 하사해도 그 친족에게 사람들 앞에서 황제에게 감사하지 못하도록 당부했습니다. 공평함을 보여 주고 인정에 치우치는 것을 싫어하신 것이고 인심을 잃게됨을 걱정하신 것이며 상을 하사하는 데에 절약하신 것입니다. 그 무렵에는 외척으로 재산이 천만 전에 이르는 자가 적었으니, 그 때문에 그때 소부와 수형도위부에 돈이 많이 저축되었습니다.

초원 연간과 영광 연간에 흉년이 들어 기근을 만나고 거기에 더하여 서강이 반란을 일으키는 바람에 밖으로는 군대에 군수 물자를 대야 했고 나라 안으로는 빈민을 구제해야 했지만, 끝끝내 나라가 위태롭게 되거나 기울 걱정이 없었던 것은 국고가 꽉 차 있었기 때문입니다. 효성제 때에는 간언을 올리는 신하들이 미행(微行)의 폐해와 여러 후궁 중 한 사람만 총애하는 문제, 그리고 주색을 탐하면 황제의 덕이 깎이고 수명도 줄어드는 점에 대해 여러 차례 말씀을 올렸는데, 그 말씀이 폐부를 찌를 만큼 간절했지만 〔효성제께서는) 끝내 원망하거나 분노하지 않으셨습니다. 그때 총애를 받던 신하 순우장, 장방(張放), 사육(史育) 중에서 육은 여러 번 면직당했고 살림도 천만 전이 넘지 않았으며, 방도 쫓겨나 봉토로 돌아가야 했고, 장도 옥에서 매를 맞고 죽었습니다. 그렇게 황제께서 사적으로 총애하는 일로 공적인 도의를 해치지 않았으니 비록 후궁에 관해 간언이 많이 올라가긴 했어도 조정에서 정사를 보는 데에는 문제가 없었으니 황위를 폐하께 전했습니다.

폐하께서 정도왕으로 계시던 시절에 『시』와 『서』를 즐겨 공부하시고 검약을 숭상하셨으므로 성제의 부름을 받고 황궁에 오실 때에 길가의 백성들이 모두 폐하의 뛰어난 덕행을 칭송했으니 천하 백성이 폐하께 마음을 돌려 달라고 부탁했습니다.

폐하께서 막 즉위했을 때 대전의 치장을 바꾸되 화려한 비단을 걷어 내셨고 거칠게 짠 비단으로 수레의 방석을 만들게 하셨습니다. 공황(共皇)[33]의 침묘(寢廟)를 여러 군데 세우기로 하시고도 고생할 백성을 불쌍하게 여기는 한편으로 비용이 부족할 것을 고려하셔서, 대의를 위해 생부에 대한 정을 잘라 잠시 미루고 계시다가 지금에야 공사를 시작하려고 하고 있습니다. 그런데 지금 부마도위 동현을 보면 상림원 안에 부마도위부 관아를 짓고 있을 뿐 아니라 현의 집도 크게 짓고 있습니다. 그뿐 아니라 대문을 황궁 쪽으로 냈고 왕거(王渠)[34]의 물을 정원으로 끌어들였으며, 폐하의 사자가 파견되어 공사를 감독하면서 일하는 관병들에게 상을 종묘 지을 때보다 더 많이 내리고 있습니다. 현의 어미가 병이 났을 때에는 장안주령(長安廚令)이 제수를 갖춰 길에서 제사를 지내고 그 길을 지나는 사람 모두에게 음복하게 했습니다. 현에게 기물을 만들어 주는데, 기물이 완성되면 폐하께 올려서 보인 다음에 현에게 내려보내고 있으며, 그 기물을 잘 만들었을 때에는 공장(工匠)에게 특별한 하사품을 내리고 있으니 종묘와 〔황제, 태후, 황후〕삼궁(三宮)[35]에 올리는 기물도 이렇게까지 올리지는 않습니다. 현의 집에서 손님을 치르거나 혼인을 하거나 또 친척을 만날 때는 백관이 나서서 필요한 돈과 물품을 댔는데, 남녀 노비에게는 한 사람마다 십만 전씩 하사하고 있습니다. 폐하의 사자가 시장에 나가서 물건을 사 오는 일을 감독하자 모든 상인이 놀라서 쩔쩔매고 있고, 사람들은 길에서 이러쿵저러쿵 떠들고 있어 대신들이 당혹스러워합니다. 또 폐하께서는 사냥터를 철거하여 현에게 이천 경 토지를 하사하라는 조서를 내리셨는데 그 때문에 균전제(均田制)가 무너지게 되었습니다.[36] 분수를 넘는 사치와 방종 때문에 음양의 질서가 문란해지고 재이가 많이 발생하자 백성 사이에 요언이 퍼지면서 서왕모가 내렸다는 볏짚을 들고 놀라서 머리를 풀고 맨발로 달리거나 말을 타고 달리고 있습니다. 그런데 하늘이 그자들의 정신을 흩뜨려 놓아 자제하지 못하고, 혹자는 그 볏짚이 실책을 질책하는 것으로 여기고 있습니다. 폐하께서는 인애롭고도 지혜로우며 매사에 신중하신데도 지금 이렇게 큰 비난을 받고 계십니다.

공자께서 "〔계씨(季氏)에게 간언하지 못해 전유(顓臾)가〕위태로운데도 지탱시켜 주지 못하고 넘어질 듯한데도 부축해 주지 못하니 그와 같은 상(相)을 어디에 쓰겠느냐?"[37]라고 하셨습니다.

신이 다행히 벼슬자리에 있지만 우직한 충심을 폐하께 전하지 못해 속으로 슬퍼하고 있습니다. 제가 죽어서 나라에 도움이 될 수 있다면 죽는 것을 아까워하지 않겠습니다.

폐하께서는 스스로 편애하는 바에 대해 신중하게 생각하셔서 많은 사람이 의심하는 점에 대해 성찰하시기를 바랍니다. 예전에 총신 등통(鄧通)과 한언(韓嫣)이 교만해져서 분수를 잃고 만족을 모른 채 안락만 추구하다가 소인으로서 욕망을 이기지 못하고 마침내 큰 죄를 지었으니, 나라를 어지럽힌 죄로 목숨을 잃고 자신의 복록을 끝까지 누리지 못했습니다. "누구를 아끼는 일이 지나치면 오히려 그자에게 해를 입히게 된다."라는 말은 바로 이런 사정을 두고 하는 말입니다. 폐하께서는 전대에 있었던 일을 깊이 새겨 보시고 현을 총애하는 일을 절제하셔서 그 목숨을 보전하게 하십시오.

이 상소를 읽고 황제가 점점 더 왕가를 좋아하지 않고 동현을 더욱 사랑하게 되었는데 그 마음을 이기지 못했다.

그때 애제의 할머니 부 태후가 세상을 떠났다. 애제는 부 태후가 마지막으로 남긴 명령이라면서 성제의 생모 왕 태후로 하여금 승상과 어사대부에게 조서를 내려 동현에게 식읍 이천 호를 더 봉하고 공향후 부안과 여창후 부상, 양신후 정업에게도 봉토를 내리게 했다. 왕가가 그 조서를 밀봉하여 황제에게 되돌리면서 황제와 태후에게 간언하는 밀봉 상소를 올렸다.[38]

신은 작위와 봉록, 봉토에 관한 일은 하늘에서 주관한다고 배웠습니다. 『서』에서는 "[고요가] 하늘에서 덕이 뛰어난 자에게 천명을 내리셔서 오복(五服)[39]의 서열을 정한 뒤에 복식에도 다섯 가지 차별을 두었습니다."[40]라고 설명했습니다. 제왕이 하늘을 대신하여 신하에게 작위를 봉할 때에는 특히 신중해야 마땅합니다. 땅을 갈라 봉할 때에 기준에 맞지 않게 하면 백성이 받아들이지 않아 음양의 조화가 깨지는데 군주가 그 해를 입어 병이 나게 되어 있습니다. 지금 성체가 오랫동안 편치 않으시니 신 가는 혼자서 오랫동안 이 점을 걱정해 오고 있습니다.

고안후 현은 아첨을 떨어 총애를 받은 신하일 뿐인데 폐하께서 작위를 있는 대로 높이 봉하여 신분을 귀하게 해 주셨고, 돈과 재물을 있는 대로 퍼 주어서 부자로 만들어 주셨습니다. 폐하께서는 지존의 존엄함을 훼손하면서 현을 총애하시며 군주로서의 위엄이 상처를 받고 나라의 곳간이 고갈되어도 현에게 줄 것이 부족하지 않을까 걱정하고 계십니다. 금전과 물자는 모두 백성의 인력으로 만들어지니, 효문제께서는 노대(露臺)를 짓자고 하시다가 황금 백 근의 비용이 드는 것을 큰 문제로 여기시고 욕심을 극복하여 짓지 않으셨습니다. 지금 현은 관아에 받아 둔 세금을 사적인 은혜를 베푸는 데 쓰고 있으며 한 집에서는 황금 천 근을 받기도 했으니 고금을 통틀어 어떤 고관대작도 이렇게 할 수 없었습니다. 이 소문이 사방으로 퍼져 나가 모든 사람이 같은 심정으로 현을 원망하고 있습니다. 속된 말에 "천 사람의 손가락질을 받으면 병이 없어도 죽게 되어 있다."라고 합니다. 그리하여 신은 언제나 현이 걱정스럽습니다. 이제 태황태후께서 영신궁 태후의 마지막 명령이라고 하시면서 승상과 어사대부에게 현의 식읍을 더해 주고 세 명의 열후에게도 봉토를 하사하라는 조서를 내리셨는데 신은 속으로 곤혹스러웠습니다.

산이 무너지고 땅이 흔들리며 새해 정월 초하루에 일식이 일어나는 일은 모두 음이 양을 침범한 것을 알려 주는 신호입니다.

전에 현은 이미 두 차례에 걸쳐 봉한 바가 있고, 안(晏)과 상(商)도 두 번이나 식읍을 바꾸어 주었으며, 업(業)도 사적인 인연을 들어 마구잡이로 욕심을 내어 이미 넘치도록 후한 은혜를 입었음에도 불구하고 끝도 없이 더 바라며 만족할 줄을 모르고 있으니, 이들에게 식읍을 더해 주면 존중해야 할 존귀한 태후의 대의가 심하게 훼손되므로 그 해로움이 너무 커서 이 사실을 천하에 공개할 수 없을 정도입니다.

신하가 세력이 강해져서 주군을 기만하면 음양이 조절되지 않는 가운데 그 기운이 서로 부딪혀서 신체에 그 해로운 영향이 나타나게 됩니다. 폐하의 병환이 오랫동안 차도가 없으시고 후사도 아직 세우지 못하셨으니 만사를 바르게 처리하겠다고 생각하고 천심과 민심에 순응하시면서 복을 내리고 보우해 주시기를 빌어야 마땅합니다. 어찌하여 폐하 스스로 존엄함을 포기하고 절제하지 않으신 채 고조께서 어렵게 수립하신 제도를 자손 대대로 무궁하게 전하고자 다짐하지 않으십니까!

『효경』에 "천자에게 간쟁을 올리는 신하가 일곱 명만 있다면 천자가 무도(無道)하더라도 자신의 천하를 잃지 않을 수 있다."[41]라고 했습니다. 신이 삼가 조서를 다시 봉하여 반납합니다. 신이 이 사실을 감히 공개하지 못하고 자신을 탄핵하지도 못하는 것은 죽는 것이 아까워서가 아닙니다. 신은 천하가 모두 이 사실을 알게 될 것이 두려워 스스로 탄핵하지 못하고 있습니다. 신이 우둔하여 꺼리며 올리지 말아야 할 말씀을 여러 마디 올렸으니, 폐하께서는 성찰해 주십시오.

죽은 후에야 충심이 전해지다

○　○　○

그보다 먼저 정위 양상(梁相)이 승상장사와 어사중승, 다섯 명의 이천석 관리와 함께 동평왕 유운 사건을 심문했는데, 겨울의 끝달이 지날 때까지 스무 날이 채 남지 않은 때였다.[42] 그런데 양상이 속으로 유운 사건에 억울한 면이 있다고 여기고 살펴보니 조서에 허위 사실이 적혀 있었다. 이에 죄수들을 역참 교통 편으로 장안에 이송하여 공경이 다시 심문해야 한다고 상소했다. 상서령 국담(鞠譚)과 복야 종백봉(宗伯鳳)이 허락해야 한다고 주장했다. 황제는 상 등 세 사람이 황제의 건강이 편치 않은 것을 알고서 동평왕 쪽과 황제 쪽 사정을 관망하다가 두 마음을 품었고, 유운이 사형을 집행하는 겨울철을 넘겨 목숨 보전하기를 바라고 있어, 역적을 토벌하거나 주군의 원수를 증오할 뜻이 없다고 여기고, 조서를 내려 상 등을 모두 면직하고 서인으로 삼았다. 몇 달 뒤에 대사령이 내린 틈을 타서 왕가가 죄인을 심문하는 일에 훤하다는 이유로 상 등을 천거하는 밀봉 상소를 올렸다.

상은 주도면밀하게 계획을 세울 줄 알고, 담은 바른 문장을 짓는 법을 잘 알고 있으며, 봉은 경전에 밝고 품행이 단정합니다. 성군은 신하의 공을 기억하되 허물은 면해 주어야 합니다. 신은 속으로 이 세 사람이 조정에 없는 것을 안타깝게 생각합니다.

　　상소를 읽은 황제의 마음이 편하지 않았다. 그 뒤로 스무 날쯤 지났을 때 왕가가 동현의 식읍을 더해 주라는 조서를 밀봉하여 되돌렸다. 황제가 노하여 왕가를 불러들인 뒤에 상서부에 대령시켜 책문했다.

　　"상 등은 전에 벼슬을 하면서 충성을 다하지 않고 지방의 제후에게 붙어서 두 마음을 품고 신하의 의를 배반한 자들인데, 지금 그대는 상 등의 재주가 뛰어나다 칭찬하면서 공은 기억하되 허물은 면해 주어야 한다고 했다. 그대는 도덕 군자로 삼공의 자리에 있으면서 치국 방책을 총괄하고 나라의 법과 제도를 통일하며[43] 선악을 분명하게 구별하는 일을 봐야 할 텐데, 상 등의 죄악이 열거되어 천하에 드러났음을 알고 그때 바로 자신을 탄핵해 놓고 이제 와서 상 등을 칭찬하면서 조정에 없으면 아까운 인재라고 하고 있지 않은가? 대신이 되어 아무런 절제도 없이 제멋대로 행동하고 있으니 미국망상죄(迷國罔上罪)는 짐과 가장 가까이 있는 그대에게서 비롯하고 있다. 그러니 멀리 있는 자를 말해서 무엇하겠는가! 죄상을 진술하도록 하라."

　　이에 왕가가 관을 벗고 사죄했다.

　　황제가 이 사안을 장군들과 조정 대신에게 넘겨 의논하게 했

다. 광록대부 공광, 좌장군 공손록, 우장군 왕안, 광록훈 마궁, 광
록대부 공승이 모여 미국망상부도죄(迷國罔上不道罪)로 탄핵하고
정위와 함께 심문하겠다고 청했다. 그때 공승이 따로 주장했다.

　　가가 재상이 된 뒤에 많은 일이 잘못되었는데 그 재앙은 가 때
　문에 일어난 것입니다. 그러나 상 등을 천거한 것만을 가의 죄로
　삼는다면 그것은 너무 경미하므로 미국망상부도죄를 적용하는 것
　으로는 천하에 공개할 수 없습니다.[44]

그러나 황제는 공광 등의 주장을 받아들였다.

공광 등은 알자를 보내 왕가를 정위조옥에 대령시키게 해 달라
고 청했다. 그러자 황제가 명령했다.

"표기장군, 어사대부, 중이천석, 이천석, 여러 대부, 박사, 의랑
이 의논하도록 하라."

위위 운(雲) 등 쉰 명이 주장했다.

"광 등의 주장대로 하십시오."

의랑 공(龔) 등이 주장했다.

"가는 국사를 두고 그 앞뒤로 주장하는 바가 서로 달라 견지하
는 입장이 없으므로 재상의 직무를 감당할 수 없으니 작위와 봉토
를 빼앗고 면직시킨 뒤에 서인으로 삼아야 마땅합니다."

영신궁(永信宮) 소부(少府) 맹(猛) 등 열 명이 주장했다.

"성군은 옥사를 처리할 때 먼저 본의를 알아보고 죄를 정해야
하니, 본래 마음먹었던 바를 추궁하여 죄상을 구성해야 사형을 받

더라도 한을 품지 않은 채 땅에 묻힐 것이고 목숨을 연명하더라도 원망하지 않고 벌을 받을 것입니다. 영명한 군주는 성덕을 실천할 때에 대신에게 형벌을 내리는 일을 무겁게 여겨야 하니, 해당 관리들을 널리 불러 모아 의논하게 해야 나라 안의 백성을 모두 복종하게 할 수 있습니다. 비록 가의 죄명이 법에 따라 정해졌지만, 성군께서는 대신을 만날 때에 수레에 앉아 있다가도 내리셔야 하고 어좌에 앉아 계시다가도 바로 일어나셔야 하며 병이 났을 때에는 자주 찾아가서 문병하셔야 하고, 죽었을 때에는 친히 조문을 가시되 종묘 제사를 잠시 폐하고 예절에 맞추어 조문을 가셨다가 의(義)에 맞게 고별하고 나오시면서 그 행적을 뇌사(誄詞)로 남기게 되어 있습니다. 살펴보면 가는 본래 상 등을 천거한 것 때문에 벌을 받았으니, 그 죄악이 이미 밝혀졌습니다. 그런데 대신의 머리카락을 묶어 형틀을 채운 뒤에 옷을 벗겨 매질하면 나라의 강성과 종묘의 선양을 위하는 바가 될 수 없습니다. 지금이 정월이라 봄철로 접어들었지만 그래도 한기가 감돌고 서리와 이슬이 자주 내리고 있어 관용을 베푸시는 모습을 천하 백성에게 보여 주는 것이 마땅합니다. 신등이 대의를 잘 알지 못한 채로 말씀을 올리니 폐하께서 성찰해 주시기를 바랍니다.”

알자가 부절을 가지고 가서 승상을 불러내어 정위조옥으로 대령하라는 조서를 내렸다.

사자가 승상부 관아에 도착하자 연사들이 눈물을 흘리며 독약을 타 와서 왕가에게 마시기를 함께 권했는데 왕가가 마시지 않겠다고 했다. 그러자 승상부 주부(主簿)가 권유했다.

"장군이나 승상은 심문하는 자리에서 자신의 억울함을 풀기 위해 사정을 설명하지 않는 것이 계속 내려오는 관습입니다. 군후께서도 마땅히 결단을 내리셔야 합니다."

사자가 승상부 관아 안에 들어와 엄숙한 모습으로 꿇어앉자 주부가 다시 약을 올렸으나 왕가가 그 약이 든 잔을 바닥에 내리치며 관속들에게 일렀다.

"승상이 운이 좋아 삼공의 자리에 오른 뒤에 직무를 행하다가 나라에 죄를 지었다면 저자에서 처결당하는 모습을 많은 백성에게 보여 주는 것이 마땅하다. 내가 아녀자나 아이도 아닌데 약을 마시고 죽는다는 게 어디 될 말이냐!"

왕가가 관복을 차려입고 나섰다가 사자를 보고 두 번 절한 뒤에 조서를 받았다. 일산(日傘)을 내린 이소거(吏小車)[45]를 타고 머리에 관을 쓰지 않은 채 사자를 따라 정위부로 갔다. 정위가 반납한 왕가의 승상 신포후 인수를 받은 뒤에 왕가를 포박하여 도선조옥(都舡詔獄)으로 싣고 가게 했다.

왕가가 죽지 않고 제 발로 정위부에 들어갔다는 말을 들은 황제가 크게 노하여 여러 장군이 이천석 관리 다섯 명과 함께 심문하게 했다. 심문관이 왕가에게 힐문하자 왕가가 대답했다.

"사건을 심문하는 자는 진실을 얻고 싶어 하는 법. 내가 살펴본 결과 일전에 상 등이 동평왕 사건을 심문할 때에 운이 사형을 당하면 안 된다고 생각한 것이 아니라 공경에게 자문하여 신중하게 처리하는 뜻을 나타내 보이려고 했던 것이오. 역참에 역마를 대기시키면서 죄수들을 이송하면 겨울 달을 넘기지 않을 수 있었소.

그러니 동평왕 쪽과 황제 쪽 사정을 관망하다가 운에게 붙은 증거는 아예 보이지 않았소. 뒤에 다행스럽게도 대사령이 내려 사면을 받길래 상 등은 모두 훌륭한 관리라서 신이 속으로 나라를 위해 일할 아까운 인재로 여기고 천거했을 뿐이니 사적으로 세 사람을 구하겠다는 생각은 하지 않았소이다.”

옥리가 물었다.

“진실로 사정이 그와 같다면 승상께서는 어찌하여 벌을 받는 것이 당연하다고 여기셨소? 나라에 죄를 지었지, 공연히 하옥된 것이 아니오.”

심문관이 왕가를 모욕하기 시작하자 왕가가 탄식하며 하늘을 우러러 한탄했다.

“운이 좋아 재상 자리에 있었으나 인재를 천거하지도 불초한 자를 물러나게 하지도 못했으니 죽어도 그 죄를 다 갚지 못할 것이오.”

옥리가 인재와 불초한 자란 누구인지 묻자 왕가가 대답했다.

“인재라면 전임 승상 공광과 전임 대사공 하무가 있는데 내가 천거하지 않았습니다. 악한 자라면 고안후 동현의 부자가 있는데 아첨하고 사악하여 조정을 어지럽혔지만 물러나게 하지 못했습니다. 내 죄가 죽어 마땅하니 죽어도 여한이 없습니다.”

왕가가 옥에 갇힌 지 스무 날이 넘도록 식음을 전폐하다가 피를 토하며 죽었다. 황제의 외삼촌 대사마 표기장군 정명(丁明)이 평소에 왕가를 존경했으며, 이에 왕가를 불쌍하게 여겼다. 황제가 곧바로 정명을 면직하고 동현으로 하여금 정명의 대사마 자리를 대신하게 했다. 이 이야기는 「동현전」에 있다.

왕가는 세 해 동안 승상으로 있다가 주살되고 후위를 잃었다. 왕가가 죽은 뒤에 황제가 왕가가 옥리의 질문에 대답했던 내용을 보고 왕가의 뜻을 되새겼다. 그리하여 왕가를 대신하여 공광을 다시 승상에 임명하고 하무를 불러들여 어사대부에 등용했다.

원시 4년, 충신을 추서하는 조서를 내려 왕가의 아들 왕숭(王崇)을 신포후에 봉하고 왕가에게는 충후(忠侯)라는 시호를 내렸다.

황제의 사부로서 간쟁에 힘쓴 사단

사단의 자는 중공(仲公)이고, 낭야군 동무현(東武縣) 사람이다.

광형을 스승으로 섬기며 『시』를 연구했다. 효렴 인재로 천거되어 낭관이 되었다. 원제 말년에 박사가 되었다가 면직되었다. 〔성제〕 건시 연간에 서주 자사가 무재로 천거하여 다시 박사에 임명되었다가 동평왕의 태부로 나갔다. 승상 적방진과 어사대부 공광이 주장하는 바가 깊고 넓은 데다 청렴하고 정직하며 도덕과 규범을 잘 지킨다는 이유로 사단을 황제에게 천거했다. 사단은 황제의 부름을 받아 조정에 들어가 광록대부가 되었다가 승상사직으로 자리를 옮겼다. 몇 달 뒤에 다시 광록대부 급사중이 되었는데 그 뒤로 소부, 광록훈, 시중으로 옮기며 황제로부터 크게 존중받았다. 성제 말년에 정도왕을 황태자로 세우고 사단을 태자태부에 임명했다.

애제가 즉위하자 좌장군이 되어 관내후 작위와 식읍을 하사받고 상서 일을 겸했다. 이어서 왕망의 뒤를 이어 대사마에 임명되고 고락후(高樂侯)에 봉해졌다. 한 달 남짓하여 대사공으로 자리를 옮겼다.

황제가 어려서 정도국에 있을 때 성제가 외가에 정사를 맡긴 탓에 왕씨 일족이 도를 넘어 세력이 강해지는 것을 보고 속으로 늘 답답하게 여겼다. 그래서 즉위한 뒤에 그런 국면을 바로잡아 보려고 애를 많이 썼다. 그리고 정씨와 부씨 일족을 열후에 봉하여 왕씨 일족의 권한을 빼앗으려 했다.

사단은 황제의 사부(師傅)이면서 삼공의 지위에 올라 황제의 신뢰를 받고 있었지만 황제에게 글을 올려 간언했다.

"옛날에는 〔새 임금이〕 여막에 거처하며 상을 치르는 동안에는 직접 명을 내리지 않아 〔신하들은〕 총재의 명에 따랐고",[46] "아버지가 돌아가신 뒤에 세 해 동안은 아버지의 방식을 바꾸지 않았습니다."[47] 막 붕어하신 선제(先帝)의 시구(尸柩)가 빈전(殯殿)을 떠나지 않고 있을 때 신등에게 관작을 내리고 친척도 봉하셔서 그 모두가 총애를 받아 존귀하게 된 것을 널리 알렸으니, 외삼촌 정명을 양안후(陽安侯)에 봉했을 뿐 아니라 황후의 존호가 확정되지 않았음에도 황후의 아버지 부안을 미리 공향후에 봉하셨습니다.[48] 또 시중 왕읍과 야성교위(射聲校尉) 왕한(王邯) 등을 내보내셨습니다. 그러느라고 조서를 끊임없이 내리셨으므로 정무 처리에 변화가 잦았으니 창졸간에 이루어지느라 천천히 적응할 수 없습니다.

신이 대의에 대해 명확하게 가르쳐 드리지 못한 것은 물론 황제가 되신 뒤에 내리신 벼슬도 끝끝내 거절하지 못했고, 이어서 아무 공로 없이 열후에 봉해졌으니 폐하의 허물만 늘려 드렸습니다.

최근에 지방의 군과 제후국 여러 군데에서 지진이 일어나고 강둑이 터져 큰물이 지는 바람에 사람들이 죽었고, 해와 달이 밝지 못했으며, 오성(五星)이 궤도를 벗어났는데 이는 모두 폐하의 시책이 준칙에 어긋났고 명령이 자주 바뀌었으며 법령과 제도가 사리에 맞지 않았기 때문에 음양이 혼탁해져서 생긴 결과입니다.

신이 엎드려 생각하기에 아들이 없을 때에는 나이가 예순이나 일흔이라도 여러 여자를 들여 아들을 낳고자 하는 것이 인지상정일진대, 효성제께서는 천명을 잇는 문제에 대해 깊이 생각하시면서 폐하께서 지덕(至德)을 갖추신 것을 똑똑히 알아보신 뒤에 장년이셨음에도 불구하고 후궁을 들여 후사를 볼 생각을 정리하시고 폐하를 후사로 세우셨습니다. 선제께서 갑자기 천하를 버리고 붕어하신 뒤에 폐하께서 적통을 계승하자 사해가 태평해졌고 백성이 걱정 없이 살게 되었으니 이는 선제께서 하늘과 백성의 뜻에 합당하게 폐하를 황태자로 세운 성덕을 베푸신 결과입니다.

신은 "황제의 위엄이 바로 앞에 있는 듯이 느껴집니다."[49]라는 말씀을 배운 적이 있습니다. 폐하께서는 선제께서 폐하를 황태자로 세우셨던 뜻을 깊이 생각하시고 욕망을 다스리며 그 뜻을 실천하면서 신하들이 폐하에게 복종하는 것을 지켜보십시오. 천하가 이제 폐하의 영토가 되었는데 친척들이 부귀하지 못하리라 근심할 것이 없으니 이렇게 창졸간에 하실 일이 아닙니다.

선제께서 신의 어리석음을 헤아리지 않으시고 태부에 임명하셨는데, 폐하께서는 사부였다는 명목만으로 아무런 공덕도 없는 신을 삼공에 임명하고 큰 봉토와 황금을 하사하셨습니다. 삼공의 자리에 있는 신하의 직무는 황제를 보좌하는 것인데, 충성을 다하여 폐하의 허물을 바로잡지 못했으므로 서인이 사석에서 떠들게 만들고 재이가 여러 차례 발생하게 했으니 이는 신의 큰 잘못입니다.

신이 벼슬에서 물러나 바닷가 고향으로 돌아겠다고 말씀드릴 엄두를 내지 못하는 것은 위선으로 비칠까 염려하기 때문입니다. 신은 부끄럽게도 중대한 책임을 다하지 못했으니, 의에 따라 죽어 마땅합니다.

사단이 이런 내용의 상소를 수십 차례 올렸는데 그 표현의 대부분이 간절하면서도 올곧았다.

그보다 몇 달 전, 애제가 막 즉위했을 때 성제의 생모는 태황태후로, 성제의 조(趙) 황후는 황태후로 칭했다. 그리고 황상의 조모 부 태후와 생모 정후(丁后) 두 사람은 정도국의 국저(國邸)에 있게 하면서[50] 정도 공왕과의 관계를 따져 정도 공왕태후와 정도 공왕후 칭호를 붙였다. 그러자 고창후(高昌侯) 동굉(董宏)이 황제에게 글을 올려 주장했다.

진 장상왕(秦莊襄王)의 생모는 실제로 하씨(夏氏)였으나 뒤에 화양(華陽) 부인의 아들로 입적되었습니다. 그런데 즉위한 뒤에 두 분을 모두 태후로 칭했으니, 정도 공왕후를 황태후로 세우심이 마땅합니다.

해당 관원에게 그 일을 처리하도록 명령하자 그때 좌장군이었던 사단이 대사마 왕망과 함께 동굉을 탄핵하는 상소를 올렸다.

동굉은 황태후가 지존의 칭호인 줄 알면서도 천하가 통일된 지금 한나라 조정의 일을 멸망한 진나라 때 일에 비유했으니 대부도죄(大不道罪)에 해당합니다.

황제가 막 즉위했을 때에는 자만하지 않고 겸손했으므로 왕망과 사단의 주장을 받아들여 동굉을 면직하고 서인으로 삼았다. 부태후가 크게 노하여 황제에게 반드시 존호를 칭하게 해 달라고 요구했다. 그래서 황제가 정도 공왕을 공황(共皇)으로 추존하고, 부태후는 공황태후로, 정후는 공황후로 높여 칭하게 했다. 낭중령 영보(泠襃)[51]와 황문랑 단유(段猶) 등이 다시 상소를 올렸다.

정도 공황태후와 공황후 두 분의 존호 앞에 다시는 정도라는 번국의 이름을 끌어다 쓸 수 없게 해야 마땅합니다. 두 분께 수레와 말, 의복 모두 지존(至尊)의 칭호인 황(皇)의 뜻에 알맞은 격식을 갖추어 드리고 〔첨사, 태복, 소부 등〕 이천석 관리들이 각각 직무를 제공해야 마땅합니다. 또 장안에 공황의 사당을 세워야 마땅합니다.

황제가 이 안건에 대해 신하들에게 의논하도록 다시 넘기자 해당 관리들이 모두 영보와 단유의 주장대로 해야 한다는 의견을 올렸다. 그때 사단이 홀로 다른 주장을 했다.[52]

성군은 하늘과 땅의 법도를 따서 예법을 정하므로, 존비(尊卑) 간에 지켜야 할 예법을 명확하게 정하면 인륜의 질서가 바르게 됩니다. 인륜의 질서가 바르게 잡히면 건곤이 바른 자리를 찾게 되고 음양이 절도를 지켜 움직이므로 임금과 만민이 모두 복을 받게 됩니다. 이렇게 존비는 하늘과 땅의 자리를 바르게 잡는 기준이 되므로 어지럽힐 수 없습니다. 지금 정도 공황태후와 공황후께서 정도국의 이름으로 존호를 쓰고 계신데, 이는 어머니의 지위는 아들의 지위에 종속되고 아내의 지위는 남편의 지위에 종속되는 뜻을 따른 것입니다. 그런데 두 분 아래에 관리를 배치하고 수레와 의복에 태황태후와 같은 격식을 갖추어 드리면 존비의 질서로 보아 두 분의 윗분이 계실 수 없는 뜻을 밝힐 수 없게 됩니다.

정도 공황의 시호는 얼마 전에 이미 확정되었으므로 도의로 보아 고칠 수 없습니다. 『예기』에 "생부가 사민(士民)이되 그 아들이 황제가 되었으면 생부에게 황제의 예로 제사를 드린다. 시복(尸服)[53]은 사복(士服)으로 한다."[54]라고 했습니다. 이는 아들이 아버지에게 작위를 수여할 수 없는 뜻을 나타내는 것으로 이를 통해 부모를 높이게 됩니다. 누군가의 후사가 된다는 것은 그분의 아들이 되는 것이므로 그분의 후사로서 세 해 동안 참최(斬縗) 상복을 입어야 합니다. 대신에 친부모의 상을 당했을 때에는 상복 입는 기간을 한 해로 줄여야 하니 이런 예법을 지킴으로써 계승한 왕조를 높이고 정통을 중시하는 뜻을 밝혀야 하기 때문입니다. 효성제께서 깊고 멀리 내다보시며 성은을 베푸셨으니, 공왕일 때에는 후사를 세워 제사를 올리게 해 주셨고, 정도국의 태조로 공황을 받들어 만대에 이르도록 제사를 받게 하여 베풀 만한 은혜와 도의는 모두 베푸셨습니다.

폐하께서는 선제의 계승자로서 한나라 적통이 되어 종묘와 사직 제사를 받들게 되셨으므로 대의로 보아 정도 공황의 사당에 가서 그 제사를 다시 받들 수 없습니다. 지금 장안에 공황의 사당을 세우고자 하시는데 이는 신하가 공황께 제사를 올리는 것이 되니 주재자가 없게 됩니다. 게다가 사 대가 지났을 때 사당을 철폐해야 하므로, 정도국 태조로서 만대 봉사를 받으실 제사를 공연히 철폐하는 일이 됩니다. 주재자가 없을 뿐 아니라 철폐까지 해야 하는 바르지 못한 예법은 공황을 높이는 방법이 아닙니다.

이 상소를 올린 뒤로 사단은 황제의 눈에서 점점 벗어나게 되었다.

사소한 잘못으로 면직되다

○   ○   ○

그때 마침 누군가가 상소하여 옛날에는 거북 등껍질과 조개껍

데기를 화폐로 썼는데 지금은 금속 화폐로 바뀌어 백성이 가난해졌으므로 화폐 제도를 바꾸어야 한다고 주장했다.[55] 황제가 사단에게 자문하자 사단은 바꿀 수 있다고 대답했다. 그 상소문을 해당 관원들에게 내려보내 의논하게 하자 모두 금속 화폐를 사용한 지 이미 오래되어서 갑자기 바꾸기는 어렵다고 주장했다. 사단은 노인이라 앞서 황제에게 했던 말을 잊어버리고 다시[56] 공경들의 주장에 동의했다. 이 일에 겹쳐서 사단이 부하 아전에게 자신이 올릴 상주문을 쓰게 했는데 그 아전이 초안을 몰래 누설한 일이 일어났다. 소식을 전해 들은 정씨와 부씨 집안 젊은이들이 사람을 시켜 "사단이 밀봉해서 올린 상소문을 길에 다니는 사람들이 모두 다 지니고 있다."라고 고발하게 했다. 황제가 장군과 중조의 대신들에게 이 문제를 어떻게 처리할지 물어보자 모두 이구동성으로 답했다.

"충신은 간언한 바를 자랑하지 않고 대신은 상주한 일을 누설하면 안 되는데 아전과 백성이 밀봉 상소문을 베껴 쓰게 내버려두어 사방에 돌아다니고 있습니다. '신하가 스스로를 엄하게 관리하지 않으면 목숨을 잃게 된다.'[57]라고 했으니, 정위에게 넘겨 다스리게 함이 마땅합니다."

정위에게 넘겨 사건을 조사하게 하자 정위가 사단을 대불경죄로 탄핵했다. 사안의 판결이 나기 전에, 급사중 박사 신함과 계흠(炔欽)[58]이 상소하여 주장했다.

단의 경학 연구와 인품은 다른 사람과 비교할 수 없으니 근래의 대신 중에 단과 같은 자가 적습니다. 답답한 심정에 밀봉 상소를 올려야겠다고만 생각하고 미처 심사숙고하지 않은 채 주부에게 정서(整書)를 맡겼던 것이니 단에게는 상소문을 누설한 죄가 없습니다. 이 일로 면직한다면 인심을 살 수 없게 될지도 모릅니다.

그러자 상서가 신함과 계흠을 탄핵하고 나섰다.

유생으로서 운 좋게 측근에 뽑힌 뒤로 황상께서 이 둘의 말을 듣고 사리를 판단하시거나 의혹을 해결하셨습니다. 단이 사직의 중신이라 조정에서 신중하게 그 죄를 조사하여 탄핵을 결정한 줄 알고 있었습니다. 함과 흠은 애초에 단을 처벌하는 일이 경전의 대의에 부합한다고 해 놓고서 사안이 공개되자 다시 상소하여 멋대로 단을 칭찬하고 나섰습니다. 이는 앞뒤가 맞지 않는 일이므로 불경죄에 해당합니다.

황제가 신함과 두흠의 봉록을 각각 두 등급 감봉한 뒤에 사단을 면직하는 책서를 내렸다.

삼공의 자리에 있는 자는 짐의 심복이니, 짐의 잘잘못을 바로잡아 주고 백관을 올바르게 거느리며 천하를 화합시켜야 할 것이다. 짐이 영명하지 못해 공에게 정사를 맡겼는데, 최근 들어 음양이 조화를 이루지 못해 추위와 더위가 정상을 잃었고 변이가 계속 나타나고 있으니, 산이 무너지고 지진이 일어나고 강둑이 무너져 넘치는 강물에 사람들이 빠져 죽었다. 그리하여 백성이 유리걸식하며 귀부할 곳을 찾지 못하고 있으니 대사공이 책임을 다하지 못한 바가 크다. 그대는 대사공의 자리에 있으면서 황궁을 출입한 지 세 해가 되었지만 충언이나 뛰어난 계책을 올렸다는 말은 들어 보지 못한 반면에 불공정하게도 자신의 붕당 사람을 천거했다는 소리는 들어 보았다.

일전에 농사짓는 사람들을 위해[59] 화폐를 개혁해야 한다고 올라왔던 상주문을 그대에게 보여 주었을 때, 그대는 궁내에서 짐에게 건의하기를 고치는 데 문제가 없다고 했다. 이에 그대의 주장을 따르려고 조정 대신에게 의논하게 했더니, 그대는 외조 대신들 편에 서서 화폐를 개혁하면 불리하다고 공개적으로 주장하여 그 자리에 있던 모두가 짐을 비난했다. 짐은 속으로 감내하며 짐의 처소에서 그대와 주고받은 말을 발설하지 않고 그대 대신 비난을 들었다.

짐은 사적인 이익을 위해 붕당을 만드는 무리를 싫어한다. 붕당의 진실하지 못한 행동이 교화를 무너뜨려 풍속마저 점점 진실하지 못한 쪽으로 물들게 하므로 짐이 몇 차례나 그대에게 글을 내려 스스로 잘못을 돌아보게 했으나 짐의 뜻을 받아들이지 않고 오히려 뒤에서 짐을 비난했다. 게다가 그대가 올린 밀봉 상소 안건이 밖으로 유출되어 길거리 사람들이 다 알게 되었고 새벽 시장까지 퍼져 그곳에서도 들을 수 있게 되었다. 이 사안을 심문한 관리는 대신이 불충했을 때는 그 죄가 극형에 처할 만큼 중대하다고 주장하며 그대가 헛된 명예만 좇았다고 비난하는 말들이 떠들썩하게 사방에 퍼지고 있다고 보고했다. 짐의 심복이 이럴진대 짐과 먼

거리에 있는 신하들이 어떨지는 일러 무엇하겠는가? 그대의 잘못은 아마도 〔붕당을 지은〕 "두 사람이 합심하여 날을 예리하게 세운데"[60] 있을진대, 장차 아랫사람들을 무엇으로 통솔할 것이며 먼 지방을 어떻게 복속시킬 수 있을 것인가?

짐이 생각하기에 그대는 높은 관직에 앉아 책임이 막중함에도 불구하고 진실하지 않은 마음으로 나라를 어지럽혔고 명령을 거스르는 행동을 했으며 했던 말을 뒤집었으니 그대를 생각하면 짐이 심히 부끄럽다. 그대는 경건하게 천지에 제사를 올리면서 나라를 영구적으로 보전해야 할 도의를 어겼다. 그대가 이전에 사부 자리를 맡아 주었으므로 차마 법정에 넘겨 심문하게 할 수 없어 해당 관원에게 그대를 사면하고 다스리지 말게 했다. 그러므로 대사공 고락후의 인수를 반납하도록 하라.

이에 상서령 당림이 상소하여 아뢰었다.

제가 대사공 단을 면직하는 책서를 보았는데 내용이 아주 깊게 폐부를 찔렀습니다. 통치자가 책문을 지어 내릴 때에는 현자인 대신의 잘못을 가려 주어야 합니다. 단은 경학에 있어서는 당대의 거유이고 덕행으로 보아도 나라의 어른이니 직접 폐하의 스승 노릇을 했고 삼공의 지위에도 올랐습니다. 단이 지은 죄가 경미할뿐더러 예전에 큰 허물이 있었다는 소리를 나라 안에서 들어 보지 못했으니, 이미 지나간 일을 두고 관직과 후위를 거두신 것은 너무 지나친 벌입니다. 장안에서 벼슬을 사는 자들이 모두 주장하기를 단에게 후위와 식읍을 돌려주고 조정의 직무를 봉행하게 해야 마땅하다고 합니다. 사방에서 단을 우러러보고 있습니다.

폐하께서 많은 사람의 마음을 헤아리고 살피셔서 폐하의 사부였던 대신을 위로하고 그 은혜에 보답하시기를 바랍니다.

황제가 당림의 주장을 따르기로 하고 사단에게 관내후 작위와 식읍 삼백 호를 하사했다.

사단이 면직되고 몇 달이 지난 뒤에 황제가 주박의 주장을 받아들여 부 태후를 황태태후[61]로, 정후를 제태후로 높이되 그 지위를 [황태태후는] 태황태후, [제태후는] 황태태후와 같게 했다. 그리고 장안에 공황의 침묘 사당을 세우되 효원제 사당의 규모와 같게 했다.

주박이 승상으로 승진한 뒤에 어사대부 조현과 함께 상소하여 주장했다.

전에 고창후 굉(宏)이 존호에 관한 의견을 올렸는데 사단에 의해 탄핵되어 면직되고 서인이 되었습니다. 그때에는 천하가 선제의 상을 당해 참최 상복을 입었으므로 사단에게 정사를 맡기셨습니다.

단은 폐하께서 어버이와 할머니를 높이는 뜻을 널리 알리려고 하신 것에 대해 심사숙고하지 않고 함부로 말하면서 존호의 등급을 낮추게 했으니 효도의 정신을 훼손한 그 불충함이 막대합니다. 폐하께서는 성명하고 인자하신 분이니 존호가 분명하게 정해진 지금 괵을 충효의 표상으로 삼아 다시 고창후로 봉하십시오. 단이 간악하게 명을 거스른 것이 드러났으나 사면령 혜택을 받았고 후위와 식읍을 유지하고 있는데 이는 마땅하지 않으니 몰수하고 서인으로 삼기를 청합니다.

이 상소가 받아들여져 사단은 후위와 식읍을 몰수당하고 고향 마을로 돌아가 몇 해를 지냈다.

평제가 즉위하자 신도후 왕망이 태황태후에게 고하여 부 태후와 정 태후의 무덤을 파헤친 뒤 두 태후의 인장과 끈을 빼내 백성이 장례 지내는 격식에 따라 다시 묻게 했다. 또 정도국 도읍에 있던 공황(共皇)의 사당을 철거했다. 여러 대신이 영보와 단유 등을 합포에 유배할 것과 고창후 동굉을 면직하여 서인으로 삼을 것, 그리고 사단을 불러 공거에 오게 해서 관내후 작위와 옛 식읍을 하사할 것을 건의했다.

몇 달 뒤에 태황태후가 대사도와 대사공에게 일러 말했다.

"대저 덕행이 뛰어난 자와 공이 으뜸인 자를 포상하는 것은 선대 성군이 제도로 정한 것이라 후대의 모든 제왕이 그 법을 바꾸지 않고 내려왔다. 죽은 정도 태후는 본분을 뛰어넘어 함부로 존호를 칭했으니 윤리 도덕의 준칙을 심하게 어겼다.

관내후 사단은 바르고도 진심 어린 마음으로 나라에 충성했으니 환난에도 굴하지 않고 충절을 지키며 성군이 마련한 법에 의거하여 존비를 구분하는 법을 분명히 하면서 마치 기둥과 주춧돌처럼 견고하게 흔들리지 않았다. 절의를 지키는 사단을 누구도 누르지 못했으니 가히 사직신이라 이를 만하다.

해당 관리가 〔정도 태후 등의〕 존호 제도를 정했던 간사한 신하에 대해 조목조목 상소를 올려 이미 면직했으나, 단이 세운 공에 대해서는 아직 상을 내리지 못했으니, 대개 벌 주기에 앞서 상을 먼저 내리는 것으로 덕행이 뛰어난 자를 표창하여 그 공에 보답해야 하는 대의를 어긴 듯하다. 이에 후구(厚丘)의 중향(中鄕) 이천백 호를 내려 단을 의양후(義陽侯)에 봉한다."

한 달 남짓하여 사단이 세상을 떠났으므로 절후(節侯)라는 시호가 내려졌다. 아들 사업(師業)이 후위를 이었으나 왕망이 패망한 뒤에 후위를 빼앗겼다.

찬하여 말한다.

하무가 〔공손록과 서로를 대사마에〕 천거했고, 왕가가 〔동현에 관해〕 간쟁했으며, 사단이 〔애제의 친부모와 할머니의 일에 관해〕 주장한 뒤에 그들이 받은 화복(禍福)을 살펴보면 뒤에 각각 응보를 받았음을 알 수 있다.

왕망이 나라를 세우자 나라 안팎이 모두 복속했고, 동현은 황실 친족만큼 황제의 사랑을 받았다. 보잘것없던 하무와 왕가가 한삼태기 흙으로 이런 큰 강을 막으려고 시도했으나 강물에 빠져 죽고 말았다. 사단과 동굉은 상과 벌을 번갈아 받았다.

슬프다! "시대를 따라 시비곡직을 가르면 정도(正道)를 버려야하고, 세속을 거스르면 목숨이 위험하게 된다."라는 말이 있으니, 옛사람이 작위를 받기 어려웠던 것은 이 때문이다.

57

양웅전 상
揚雄傳 上

양웅(揚雄, 기원전 53~기원후 18년)은 유학자이자 타고난 문장가였다. 반고는 풍자를 통한 간언의 수단으로 부(賦)를 지은 양웅의 정신을 살리기 위해 그의 대표작 전문을 실어 문학가의 면모를 부각했다. 상편에는 「반리소(反離騷)」, 「감천부(甘泉賦)」, 「하동부(河東賦)」, 「교렵부(校獵賦)」 전문이 실려 있다.

유흠과 환담 등은 동시대 학자들이 양웅의 학문 세계를 제대로 이해하지 못한 것을 안타까워했지만 양웅의 저서는 후대 학자들의 애독서로 남았다. 유학자이면서 도가를 수용한 양웅의 정신세계는 송나라에 와서 더욱 조명을 받기 시작했다. 왕안석(王安石)은 양웅을 극찬했으나 소식(蘇軾)은 일정한 거리를 두었다. 주희(朱熹)는 왕망에게 출사했고 왕망의 황제 등극을 칭송하는 「극진미신(劇秦美新)」을 쓴 점을 들어 양웅이 절의를 꺾었다고 비난했다. 조선에서도 양웅을 두고 논쟁이 오갔는데, 이덕무(李德懋)가 "양웅은 왕망의 대부(大夫) 벼슬을 산 적이 없다."라는 의견을 내놓았다면 이서우(李瑞雨)와 이익(李瀷)은 양웅이 왕망에게 출사했던 것이 분명하다고 주장했다. 양웅은 이렇게 시대를 뛰어넘어 화제의 인물로 오래 회자되었다.

「양웅전」은 단일 인물 열전이지만 분량이 많아서 상편과 하편으로 나뉜다. 70편 열전 중에 가장 긴 찬을 실은 데에서도 유학자이자 문장가의 길을 걸은 반고가 양웅을 얼마나 존경하고 높이 평가했는지 알 수 있다.

청정무위의 삶을 산 양웅

○　○　○

양웅의 자는 자운(子雲)이고, 촉군 성도현(成都縣) 사람이다.

양웅의 선조는 주나라 백교(伯僑)의 후손이다. 백교는 왕실 방계로서 진나라 양(揚) 땅을 식읍으로 받았는데, 이곳에서 양씨(揚氏) 가문이 시작되었다. 백교가 주나라 왕실의 어느 지파인지는 알 수 없다. 양 땅은 황하와 분하(汾河) 사이에 있었다. 주나라가 쇠망할 무렵, 양씨 집안의 누군가 후(侯)를 칭하여 양후(揚侯)라고 했다.[1]

그 무렵은 세력을 다투던 때로 한(韓)나라, 위나라, 조(趙)나라가 세워지자 범(范), 중행(中行), 지백(知伯)의 힘이 쇠약해졌다. 진(晉)나라의 육경(六卿)이 양후를 쫓아내자[2] 양후는 초나라 땅에 있던 무산(巫山)으로 피해 가서 그곳에 정착했다.

항우와 한나라 고조가 봉기하자 양씨 일족은 장강을 거슬러 파군의 강주현(江州縣)으로 옮겨 가서 살았다.

그 뒤에 양계(揚季)의 벼슬이 여강 태수에 올랐다. 한나라 원정 연간에 원수를 피해 다시 장강을 거슬러 민산(岷山)의 남쪽 피(郫)[3] 땅에 정착한 뒤에, 밭 한 전(廛)[4]과 집 한 채를 가지고 대대로 농사와 양잠을 업 삼아 살았다. 양계부터 양웅까지 다섯 대에 이르도록 외아들로 대가 이어졌으므로 양웅에게는 촉군에 양씨 친척이 없다.

양웅은 어려서부터 공부하기를 좋아했는데, 글을 읽을 때 장을 가르거나 문장을 하나씩 나누어 외우지 않고 전체 뜻을 이해하고 지나갔는데 두루두루 읽지 않은 책이 없었다. 사람됨은 털털하면서 현실을 초탈해 구애받는 일이 없었다. 말을 더듬어 시원스럽게 구사하지 못해서 침묵하며 깊이 사색하기를 좋아했다. 청정무위(淸淨無爲)의 삶을 살았으므로 즐기거나 바라는 것이 별로 없었다. 안달하며 부귀를 좇지 않았고, 가난하고 미천하게 사는 것에 마음을 쓰지 않았으며, 당대에 이름을 날리기 위해 품행을 닦으려고 하지도 않았다. 가산이 황금 열 근어치가 못 되고 집에 곡식 한 가마니 쌓여 있지 않아도 태연자약했다. 지닌 포부가 커서 성현과 철인의 글이 아니면 읽고 싶어 하지 않았고, 자신의 뜻에 맞지 않으면 부귀해질 일이라도 하지 않았다. 반면에 사부(辭賦)를 아주 좋아했다.

「반리소」, 목숨을 버린 굴원을 안타까워하다

○　　○　　○

앞서 촉군 사람 중에 사마상여(司馬相如)가 부(賦)를 지었는데, 문체가 웅대하고 화려하면서도 출전이 풍부하여 그 기풍이 고상했다. 양웅은 가슴으로 사마상여를 숭배했기에 부를 지을 때마다 항상 그의 작품을 모방했다. 그러다가 굴원(屈原)의 글이 사마상여의 글보다 뛰어난 것을 알고 놀라게 되었다. 그 작품을 읽을 때마다 [굴원이 초 경상왕(楚頃襄王)에게] 배척되어 유배당했을 때

「이소(離騷)」를 지어 놓고 강물에 몸을 던져 목숨을 끊은 것을 애통해했는데, 눈물을 흘리지 않은 적이 없었다. 양웅은 군자가 때를 만나면 큰일을 해야 하지만, 때를 못 만나면 용과 뱀처럼 몸을 도사리고 은거해야 하니, 때를 만나고 못 만나고는 명에 달려 있거늘 왜 강물에 몸을 던졌을까 하고 생각했다. 그리하여 한 편의 작품을 썼으니, 작품 곳곳에 「이소」의 구절을 인용하면서 그때로 돌아가[5] 민산에서 강물에 몸을 던진 굴원을 애도했다. 그리고 제목을 「반리소(反離騷)」[6]라고 붙였다. 다시 「이소」를 모방하여 한 편을 짓고 제목을 「광소(廣騷)」라고 했다. 또 「석송(惜誦)」과 「회사(懷沙)」를 모방하여 한 권(卷)을 짓고 제목을 「반뢰수(畔牢愁)」라고 했다. 「반뢰수」와 「광소」[7]는 글이 길어 싣지 않고, 「반리소」만 싣는다. 그 사(辭)는 다음과 같다.

주나라 왕실 후예인 비조(鼻祖)께서 분하(汾河) 기슭에 터 잡은 뒤

덕행 높은 양씨 계보가 백교에서 시작하여

마지막 양후까지 내려왔네.

위대했던 주나라의 후가 되어 초나라 땅에 정착한 뒤에 강을 거슬러 멀리 떠나갔으니,

그 강변에서 제문을 지어 삼가 상강(湘江)에서 억울하게 죽은 분을 애도하네.

천도(天道)가 제대로 행해지지 않았겠지,

순결했던 분이 어찌하여 목숨을 끊었을까!

시절이 혼탁하고 어지럽게 엮여 있었기 때문이지.

한나라 열 번째 황제 양삭 원년,

〔천시(天時)를 관장하는〕 소요(招搖)[8]가 주정(周正) 11월을 가리키고 있구나.

청정한 황천(皇天)의 청칙(淸則)처럼 바르고,

후토(后土)의 방정(方貞)함처럼 고른 이때에 생각해 보네.

족보를 보니 지체 높은 가문의 후손이고,

읽어 본 작품은 웅장하면서도 아름다웠네.

구거(鉤矩)와 형(衡)을 패용했으면서도

〔요성(妖星)〕 참창(欃槍)의 전철을 밟았고,

평소 〔성품에 어울리는 강리(江離), 벽지(辟芷), 추란(秋蘭) 같은〕 고운 장신구들을 차고 있었다는데,

문체는 어찌하여 그리 호방했고 성정은 어찌하여 그리 좁았던가!

여추(閭娵)와 오계(吳娃)의 아름다운 머리카락을 얻어

구융(九戎)에게 팔아서 돈을 벌었지.

봉저(蓬陼)에 깃들던 봉황이 날아오를 때,

가아(駕鵝)가 어찌 뒤따를 수 있을까!

준마 화류(驊騮)에게 구불구불한 길을 달리게 하면,

힘이 들어 버새와 나란히 걸을 수밖에 없고,

탱자나무와 가시나무 덤불이 무성하면

원유(蝯狖)도 들어가려고 덤비지 않지.

〔초왕(楚王)〕 영수(靈脩)가 자초(子椒)와 자란(子蘭)의 참언을 믿을 때까지

무고했던 이분은 여러 번 소홀하여 미리 알아차리지 못했네.

마름 잎과 연잎〔으로 지은〕 녹의(綠衣) 고름을 매고

부용(芙蓉)〔을 모아 지은〕 주상(朱裳)을 둘렀지만,

향기는 강렬해도 그 향기를 맡는 이가 없었으니,

차곡차곡 개어서 별실 깊이 넣어 두는 것만 같지 못했네.

여자들이야 아름다운 용모를 다투느라

곱고 예쁜 표정을 짓는 데 여념이 없지.

그런 미녀들의 질투를 받는 줄 알면서도

무고했던 이분은 어찌하여 고운 눈썹을 자랑했을까!

아아, 심연에 잠거하는 신룡(神龍)은

오색구름이 피어날 때 날아오른다지.

그러나 춘풍이 어지러이 불지 않으면

용이 잠거하는 곳을 알 수 없는 법.

안타까워라, 내가 무고하게 여기는 이분은

짙은 향기의 소유자. 찬란한 향초처럼 향기를 날렸지.

아아, 8월 찬 서리를 만나서 일찍 시들다가

그만 꽃이 지고 말았구나!

장강과 상강을 건너 남쪽으로 내려가

그곳 창오(蒼吾)[9]에 갔던 것은

물결 넘실대는 강변을 달려

중화(重華)[10]께 억울한 심정을 토로하기 위함이었지.

그러나 가슴속의 번민을 토로해도

중화는 편을 들어주지 않았으리라.

양후의 뒤를 이어 희게 부서지는 파도 속에 빠지겠다고 했지만

무고했던 이분이 자결하는 것을 어찌 허락할 수 있으리!

고운 옥가루와 떨어지는 추국(秋菊) 잎을 먹으며

천수를 누리려고 했을진대

멱라강(汨羅江)에 몸을 던졌네,

서산에 해 질 것을 걱정하던 분이.

부상(扶桑)에 매어 둔 고삐를 풀어

수레를 마음껏 달리게 하면,

난새와 봉황이 날아올라도 뒤쫓지 못했겠지,

비렴(飛廉)과 운사(雲師)야 더 말할 것도 없을 테고.

벽려(薜荔)와 방지(芳芷), 약목(若木)과 수혜(樹蕙)를 말아

상강 깊은 물에 던졌네.

강가에서 신초(申椒)와 균계(菌桂) 다발도 강물에 가라앉혔네.

힘들여 초서(椒稰)를 제수로 바쳐 가며 신에게 제사 지내고,[11]

열심히 경모(瓊茅) 점까지 쳤으나,

영분(靈氛)이 뽑은 길한 점괘를 믿지 않고,

오히려 강변에서 물속으로 빠져 들어갔지.

무고했던 이분은 달구질을 하던 부열(傅說)을 기렸지만,

어찌하여 중용될 것을 믿으며 부열처럼 살지 못했나!

소쩍새가 먼저 울까 했던 것도 괜한 걱정이었지,

오히려 백초(百草)보다 먼저 향기를 없애 버렸으니!

애당초 무고했던 이분이 복비(虙妃)를 버리고,

다시 요대(瑤臺)의 미녀를 얻으려고 했지.

수컷 짐새를 시켜 중매 서게 하고,

다른 새도 보냈지만 어찌하여 한 번도 성사하지 못했나!

성대한 무지개를 타고 돌아돌아 곤륜을 향해 갔지.

사황(四荒)을 굽어보며 찾아가 볼 생각도 했으면서,

어찌하여 〔초나라〕 고구(高丘)에서만 벼슬을 하려 했던가!

성대한 난거(鸞車)도 없었는데

구불거리는 팔룡(八龍)에게 수레를 몰게 할 수 있었겠으며,

강변에서 눈물을 훔치고 있던 분이

언제 「구소(九招)」[12]와 「구가(九歌)」를 연주할 수 있었겠는가!

성인과 철인이 만나려면 본래 천시와 천명이 맞아야 하거늘,

늘 비탄에 빠져 우울하게 보냈으니,

영수(靈脩)가 무고했던 이분 말을 듣고 마음을 바꿀 수 있었겠는가!

옛적에 중니께서 노나라를 떠나 이리저리 주유하다가

결국은 옛 나라로 돌아가셨는데,

하필 급류가 파도치는 상강 깊은 물이라니!

어부가 먹는 지게미와 마시는 이(醨) 술이 혼탁하다 여기고,

깨끗하게 목욕한 뒤에 옷의 먼지를 털고는,

허유(許由)와 노담(老聃)이 진귀하게 여겼던 목숨을 버리고,

팽함(彭咸)의 전철을 밟았네.

「감천부」, 사치와 여색을 말린 노래

○　○　○

효성제 때 한 문객이 천거하기를 양웅의 글이 사마상여와 비슷하다고 했다.[13] 황제가 마침 감천궁 태지(泰畤)에서 교사(郊祠)를 올리고 분음(汾陰)에서 후토에 제사를 지내며 아들을 낳게 해 달라고 빌 작정이었으므로 양웅을 불러 승명전(承明殿)에 대조시켰다.

정월,[14] 황제를 따라 감천궁에 갔다가 돌아와서 「감천부(甘泉賦)」를 지어 완곡하게 간언했다. 그 사(辭)는 다음과 같다.

한나라 제십대 황제께서 상현(上玄) 하늘에 교사(郊祠)를 올리기 위해 태지에 제단을 쌓아 신령의 복을 구했다. 명호(明號)를 높여 삼황(三皇)처럼 통치하고 오제와 같은 업적을 남기고자 했고, 후사가 걱정되었으므로 후사를 내려 주어 제왕의 업적을 확장하며 대대로 통치할 수 있게 해 달라고 신령께 빌었다. 그리하여 백관에게 명하여 길일을 가리고 영신(靈辰)을 잡되 별자리의 분포와 하늘의 운행에 맞추게 했다.

소요(招搖)와 태음(泰陰)을 불러들였네,

구진(鉤陳)까지 오게 해서 군대를 거느리게 했지.

천지신명에게 진용을 차리겠다고 고한 뒤에

기(夔)와 허(魖)를 찌르고 귤광(獝狂)을 때려 정신을 차리게 했네.

팔신(八神)[15]이 이리저리 뛰어다니며 경필(警蹕)하자

군대가 성대한 모습을 나타냈지.

치우(蚩尤)의 군사는 간장검(干將劍)을 차고 옥척(玉戚)을 든 채

날개 단 듯이 달리거나 이리저리 뛰어다녔네.

한자리에 모였다가 서로 뒤엉키고

구름이 몰려오는 것을 보고 놀라서 도중에 흩어지기도 했지.

행군 대열은 촘촘하게 박힌 물고기 비늘 같았는데,

가지런하지는 않아서 물고기가 튀어 오르거나 새가 오르락내리락 나는 듯했네.

운무가 대지를 덮는 것처럼 흩어졌다가 모여들더니

다시 여러 곳에 분산되며 번쩍번쩍 찬란한 장관을 이루네.

이어 봉황 장식의 수레에 타고 화지(華芝)를 일산 삼았네.

네 마리 창치(蒼螭)[16]와 여섯 마리 소규(素虯)가 수레를 몰았지.

구불구불 위로 날아 전진하는 수레는

화려한 장식을 늘어뜨렸지.

달려들 때에는 음이 닫히고, 흩어질 때는 양이 열리니

하늘로 뛰어올라 번쩍이는 광채를 넘을 때,

들고 가던 그 많은 깃발이 어찌나 성대하게 보이던지.

모(旄) 깃발은 번개처럼 지나가는 유성이 되었는데
취개(翠蓋)와 난기(鸞旗)가 모두 그랬네.
중영(中營)에는 만 기가 모여 있고
옥거(玉車) 천 승이 늘어서 있네.
수레 달리는 소리가 여기저기 들려오는데
가벼운 수레들이 번개처럼 바람처럼 앞서 달려가네.
높고 평탄한 곳을 올라갔다 내려갔다 하면서
뚜렷하게 구불구불 나아갔는데,
연란(橡欒)에서 올라타 천문(天門)에 이르더니
다시 천문을 지나 능긍(凌兢)으로 들어갔네.

그때까지 감천(甘泉)에는 아직 닿지 못했으니,
멀리 통천대(通天臺)가 성대한 모습으로 바라다보였지.
아래쪽 깊은 골짜기는 춥고 서늘했지만,
위에서는 웅위하면서도 다채로운 광경이 교차했는데,
하늘까지 높이 솟은 그 높이는, 아아, 잴 수 없었지.
평원의 길은 평탄하고 넓은데
[말라죽은 나무가 가득한] 숲속에는 신치(新雉)[17]가 줄지어 자라
고 있었지.
병려(并閭)와 발괄(茇葀)이 군락을 이루며,
끝없이 여기저기 흩어져 있었지.
높이 솟은 산 아래 깊고 깊은 물이 흘러 골짜기를 이루고,
이어지는 이궁(離宮)들이 빛나 보였는데

봉란궁(封巒宮)과 석관궁(石關宮)은 딱 붙어 있었네.

뭉게구름처럼 변화무쌍한 큰 건물들이 우뚝 솟아 장관을 이뤘
는데

고개를 들고 높이 쳐다보려니

눈앞이 어지러워 똑바로 바라볼 수 없었네.

높고 거대한 건물들을 둘러보다가

동서의 길이를 어림으로 재 보니 길고 길었네.

그 깊고 너른 모습에 마음이 불안하고 머리가 어지러웠네.

영헌(軨軒)에 기대어 돌아보니

광대한 건물들의 끝이 보이지 않았네.

비취 빛깔의 옥수(玉樹)[18]가 푸르게 서 있고,

벽(壁)의 마서(馬犀)[19]가 화려해 보였고,

용맹하고 건장한 모습의 금인(金人)이 종거(鍾虡)를 지탱하고

편종이 용의 비늘처럼 진열되어 있었네.

그 장식들은 빛에 반사되어 이글거리며

타오르는 불빛처럼 환하게 보였네.

〔이궁(離宮)들은〕 천제가 거처하는 〔곤륜산의〕 현포(縣圃) 같아서
태일(泰壹)의 위신을 갖추었는데,

우뚝 선 웅장한 건물이 북극에 닿을 만큼 높이 솟아 있었으니,

처마 끝에 열수(列宿)가 걸려 있고,

해와 달이 대들보 중앙을 지나갔네.

기둥이 높아 천둥소리도 작게 울리고,

번개도 담장을 살짝 치고 가네.

귀매(鬼魅)도 가닿지 못하고 중도에서 아래로 떨어질 테니,

하늘 가장 높은 곳을 지나는 길에 부교(浮橋)가 걸려 있고,

하루살이가 가득 날아 하늘을 가리고 있었네.

〔감천궁은 천당(天堂)처럼〕 왼쪽에는 참창(欃槍)을, 오른쪽에는

현명(玄冥)을 거느리고,

앞에는 표궐(熛闕)이, 뒤에는 응문(應門)이 있네.

〔궐문이 높아〕 서해(西海)와 유도(幽都)만큼 깊은 그늘이 지고,

예천(醴泉) 솟아 나와 개울 되어 흐르네,

교룡(蛟龍)이 동애(東厓)를 구불구불 감고 있고,

백호(白虎)는 곤륜산에서 포효하네.

구경하던 고광궁(高光宮)을 돌아서서

서상(西廂) 앞 조용한 곳을 한가롭게 배회하네.

전전(前殿)은 높았고 걸려 있는 화씨벽(和氏璧)이 영롱했어라.

높은 기둥 위에 놓인 날아갈 듯한 처마는

신령이 남모르게 받쳐 주었네.

높고 큰 문의 안쪽은 텅 비어 광활했는데,

마치 자궁(紫宮)처럼 깊어 보였네.

종횡으로 교차하며 이어진 집채들이 사방에 높이 솟아 있었지.

구름처럼 높이 솟은 누각이 아래위로 자리했는데,

원래부터 그렇게 있었던 것처럼 여기저기 박혀 있었네.

붉은빛이 떠다니고

푸른 기운이 구불구불 날리면서

선실(璇室)과 경궁(傾宮)을 덮고 있었네.

헤아릴 수 없이 높은 곳에 오르면 그 아래의 심연으로 떨어질 듯하여 전전긍긍하지 않을까?

갑자기 회오리바람이 불어와서 계육(桂肉)과 초수(椒樹) 향기를 퍼뜨리고

산앵두나무와 양수(楊樹)를 한곳으로 모아들였네.

강한 향기가 끝없이 펴져 두공(枓栱)을 치고 처마 끝까지 풍겼네.

나뭇가지들이 부딪히는 소리가 빠르게 퍼지면서

수레바퀴 구르는 소리를 내며 편종 옆을 스쳐 가네.

바람은 화려한 문을 열고 금포(金鋪)를 때린 뒤에

난혜(蘭蕙)와 궁궁(穹窮)의 향기를 풍겼지.

바람에 휘장이 날리는데, 건물 안은 깊고 고요했네.

음양이 조화롭게 일청일탁(一淸一濁)한 가운데

목음(穆音)과 우음(羽音)이 화음을 이루어

마치 기(夔)와 백아(伯牙)가 금(琴)을 연주하는 듯했지.

반수(般倕)[20]가 기궐(剞劂)을 버렸고,

왕이(王爾)도 자신의 구승(鉤繩)을 내던졌네.

정교(征僑)와 옥전(偓佺)[21]이 함께 내려오더라도

〔이런 광경을 보면〕 꿈을 꾸는 것만 같다고 하리라.

이렇게 모든 것이 변화무쌍하여

보는 눈과 듣는 귀를 놀라게 하는데

천자는 엄숙하게 침묵하네.

화려한 누대와 널찍한 관은

가장 아름다운 옥으로 처마 끝을 장식했고

실내는 널찍하고 깊숙했네.[22]

생각해 보면

대저 마음을 맑게 하여 정신을 모으고 은택을 구해야 천지를 감

동하게 하여 삼신(三神)[23]이 내리는 복을 받을 수 있을진저.

고요와 이윤 같은 인재를 찾아 신하들의 윗자리에 두고

〔소백(召伯)이〕 감당(甘棠)나무 아래에서 펼친 은덕과

〔주공이 삼감을 치기 위해〕 동쪽을 정벌했던 것과 같은 뜻을 품고

〔하늘에 제사를 올리는 제단인〕 양령(陽靈)의 궁에 신하들과 함

께 모였지.

〔몸과 마음을 깨끗하게 하려고〕 벽려(薜荔)를 덮어 자리를 만들

고 경지(瓊枝)를 꺾어[24] 향을 피웠으며,

깨끗한 구름에 떠 있는 붉은 기운을 먹고

약목(若木)에 맺힌 영롱한 이슬을 마셨네.

천신(天神)의 제단에 모여서 제사를 올리고, 〔지신(地神)〕 지(祇)

의 전당에서 송가를 올렸네.

반짝이는 장소(長旐)와 화려한 화개(華蓋)를 선명하게 내세우고,

선기(琁璣)에 올라 아래를 내려다보다가,

삼위산(三危山)에 유람을 갔네.

〔그러고는〕 모든 수레를 동강(東阬)에 세워 놓고,

옥대(玉釱)를 굴려 산 아래로 달려 내려갔지.

용연(龍淵)을 거쳐 구은(九垠)²⁵을 돌며 저지대를 관찰한 뒤에 다시 위로 올라갔네.

바람이 빠르게 불어 할(輵)을 붙잡아야 했지,

난봉(鸞鳳)은 장신구를 늘어뜨리고 있었고.

다리를 놓아 개울처럼 약수(弱水)를 건넜고,

구불구불 불주산(不周山)도 넘었지.

서왕모를 기쁘게 해 드리려고 축수를 올릴 때,

〔먼저〕옥녀(玉女)와 복비(虙妃)를 물러가게 했네.

그리하여 옥녀는 맑은 눈동자로 황상을 바라보지 못했고,

복비는 예쁜 눈썹을 내보일 수 없었지.

바야흐로 순수하고 견고한 도덕을 갖추게 되었으니 그 자질이 신령의 반열에 들게 되었네.

이어서 경건하게 시제(柴祭)를 올리며 복을 빌었지,

연기가 황천(皇天)까지 올라 소요(招繇)와 태일(泰壹)에 쐬었지.

홍이(洪頤)를 들고 영기(靈旗)를 세우고,

장작과 마(麻) 줄기를 함께 태우자 사방으로 불기운이 흩어졌으니,

동쪽으로 창해(倉海), 서쪽으로 유사(流沙), 북쪽으로 유도(幽都), 남쪽으로 단애(丹厓)까지 환하게 비추었지.

뿔 달린 현찬(玄瓚)에 거창(秬鬯)을 가득 담아 올리자

그 좋은 술 향기가 사방으로 퍼져 나갔네.

그때 불길을 느끼고 황룡(黃龍)과 석린(碩麟)이 상서로운 모습을 드러냈지.

무함(巫咸)으로 하여금 제혼(帝闇)을 불러내게 하여

천정(天庭)의 문을 열고 여러 신을 부른 뒤에,

찬례(贊禮)를 통해 암애(暗藹)가 깨끗한 제단으로 강림하게 도와

드리자 복이 산처럼 가득 쌓여 갔네.

제사를 마치고 큰 공을 세운 뒤에,

수레를 돌려 황궁으로 돌아갔는데,

삼난(三巒)을 지나 당리궁(棠棃宮)에 쉬었네.

천곤(天閫)과 지은(地垠)을 열고

팔황(八荒)과 만국(萬國)에 고루고루 은덕을 베풀고,

장평(長平)에 올라 우렁차게 북을 치자

그 소리가 하늘까지 퍼져 오르며 용사들을 격려했네.

그때 구름이 날아와 큰비를 뿌렸으니,

위대한 덕이여, 만대에 빛나리라.

난(亂)은 다음과 같다.

원구(圜丘)를 높이 쌓았지, 높아서 하늘을 가릴 만큼.

제단의 아래위를 오르내리며 둥글게 단을 쌓았지.

여러 층으로 단을 계속 높이 올렸네.

계단을 차례로 쌓았더니 그 높이를 헤아릴 수 없었지.

하늘의 일은 높은 곳에서 빠르게 이루어지고,

성황(聖皇)은 엄숙하고 경건하여 진실로 하늘에 제사를 지낼 상

대가 되었지.

공경하는 마음으로 교인(郊禋) 제사에 제물을 바치니 신령이 흠
향했네.

오랫동안 제단 주위를 떠돌며 신령이 머물 때

신령을 감도는 불빛이 환하게 비치며 성대한 복을 내리니,

자자손손 무궁히 복을 받으리라.

감천궁은 본래 진나라 이궁(離宮)으로 사치스러웠으나 무제가
다시 통천궁(通天宮), 고광궁(高光宮), 영풍관(迎風觀)을 더 지었다.

감천궁 밖으로 가까운 곳에는 홍애궁(洪厓宮), 방황관(旁皇觀),
저서관(儲胥觀), 궁거궁(弩阹宮)이 있었고, 멀리에는 석관관(石關
觀), 봉란관(封巒觀), 기작관(枝鵲觀), 노한관(露寒觀), 당리궁(棠棃
宮), 사득궁(師得宮)이 있었다. 그 진기하고도 웅대한 건물을 유람
해 보면 조각되지 않은 목재가 쓰인 곳이 없었고, 그림 그려지지
않은 벽이 없었으며, 주 선왕의 궁실 짓기와 반경(盤庚)의 천도(遷
都) 공사, 하나라의 궁실 축소, 당우(唐虞)의 채연(採椽)과 토계삼
등(土階三等) 제도를 따르지 않았다.

그러나 감천궁은 지어진 지 이미 오래되었고 성제가 지은 것도
아니었다. 양웅은 〔감천궁에 자주 행차하는 성제에게〕 간언을 올
리고 싶었지만 때가 알맞지 않다고 여겼다. 침묵하려고 했지만 또
참을 수 없어서 아예 감천궁을 성대하게 높이는 쪽으로 하늘의 제
실(帝室)인 자궁(紫宮)에 비유하여 감천궁은 사람이 건축한 것이
아닐 것이므로 귀신들이 만들었다고 하면 믿을 만하다고 했다.

또 그때 조(趙) 소의가 바야흐로 황제의 총애를 독차지하고 있

었는데, 황제가 감천궁에 갈 때마다 황제를 따르는 속거(屬車) 말미의 표범 꼬리를 단 수레를 타고 갔다.[26] 양웅은 수레 행렬을 과장되게 표현하여 천신(天神)과 지신(地神)을 울리지 못하고 삼신(三神)의 복을 받을 수 없다는 뜻을 나타냈다. 또 "옥녀(玉女)와 복비(宓妃)를 물러가게 했다."라고 하여 제사가 경건하고 엄숙한 일임을 완곡하게 간언했다.

「감천부」를 다 지어 바치자 황제가 놀랐다.

「하동부」, 그물을 엮어야 고기를 잡는다

○ ○ ○

그해 3월, 후토에 제사 지내기 위해 황제가 신하들을 이끌고 대하(大河)를 건너 분음으로 달려갔다.

제사를 올린 뒤에 황제가 개산(介山)을 순행하고 안읍(安邑)을 돌아 용문산(龍門山)과 염지(鹽池)를 둘러본 뒤에 역관(歷觀)에 올랐다. 다시 서악(西嶽)에 올라 팔황(八荒)을 굽어본 뒤에 은나라와 주나라의 옛 도읍지를 돌이켜 생각하고 먼 옛날 당우(唐虞)의 교화를 그리워했다. 양웅은 〔성군을 본받아 치적을 남기고 싶어 하는 황제를 보면서〕 "강가에서 물고기를 먹겠다고 탐만 내는 것은 집에 돌아가 그물을 엮는 것만 같지 못하다."[27]라고 여겼다. 황궁에 돌아가 「하동부(河東賦)」를 올림으로써 황제에게 정사에 힘쓸 것을 권했다. 그 사(辭)는 다음과 같다.

〔감천궁에서 제사를 올렸던〕 그해 늦봄,

후토에 예제(瘞祭)를 올리며 땅의 신령을 경배하기 위해

동교(東郊)의 분음에 행차했네.

그곳에서 명문(銘文)을 새겨 위대한 이름을 남김으로써

길조가 나타나고 복이 강림하게 했으니,

신령을 경배하는 성대하고 훌륭한 제사 광경은 필설로 형언하기 어려웠지.

먼저 신하들에게 명하여 예복을 갖춰 입고 천자의 수레 행렬을 정돈하게 했지,

그리하여 봉황 형상에 취우(翠羽)로 장식한 여섯 마리 말이 끄는 천자의 수레가

그림자가 생길 새도 없이 태양보다 앞서 달렸네.

휘날리는 전(旆)은 유성이 떨어지는 듯했고,

천랑(天狼)이 활시위를 팽팽하게 당겼지.

깃발 꼭대기에 빛나는 현모(玄旄)를 달았고,

좌도(左纛)를 휘날리며 구름처럼 높이 소(旓)가 흔들렸네.

번개 치듯 채찍을 휘둘러 의거(衣車)가 우레 소리를 내며 달렸고,[28]

거대한 편종을 울리며 오색 깃발을 세우고 갔네.

희화(羲和)는 해를 주관했고 안륜(顏倫)은 수레 운행을 책임졌지.

그때 회오리바람이 불어와 공격하자 신령의 혼백이 달아났네.

천둥소리를 내며 요란하게 달리는 천 승의 수레와

용맹하고 날랜 만 명의 기병이

희희낙락, 득의양양하면서 천지를 뒤흔들었네.

〔수레들은〕구릉이나 뾰족한 산봉우리를 훌쩍 넘고,

위수와 경수를 건너뛰었네.

진 문공 때의 소 귀신이 풍수(豊水)에 빠졌다가

놀란 나머지 혼이 튀어나와 물가에 의지했고,

하령(河靈)도 놀라서 화산(華山)은 움켜잡고

쇠산(衰山)은 발로 차 버렸네.

이윽고 분음의 제단에 당도하여

엄숙하고 공경한 자세로 예법에 따라 제사를 올렸네.

후토의 신령이 흠향하자 오방(五方)의 신도 차례대로 자리했고,

제사를 마칠 무렵에 천지의 기운이 크게 융합했네.

천자의 수레가 천천히 움직이기 시작하여 여유 있게 달렸네.

개산(介山)을 유람하며 진 문공을 한탄하고 개자추(介子推)를 동

정했네.[29]

대우(大禹)는 용문산을 열심히 굴착하여

홍수를 일으키는 강물을 사독(四瀆)으로 분산하여 흘려보내며

구하(九河)가 동해로 흘러가게 했지.

역관에 올라 멀리 바라보며 오락가락 천천히 돌아보았네.

기쁜 마음으로 옛적의 유풍을 돌이켜 보니

우씨(虞氏)께서 밭 갈던 역산이라 좋았어라.

눈앞에 숭고한 제당(帝唐)과 융성했던 주나라의 태평세월이 한

눈에 들어왔네.

아아, 떠나지 못하고 자꾸 배회했네,

해하(垓下)와 팽성을 곁눈으로라도 보고 싶었지.

울퉁불퉁한 남소(南巢)는 걸왕이 쫓겨 갔던 보기 싫은 곳,

빈(豳)과 기(岐)는 평평해서 바라보기도 편했어라.

취룡(翠龍)을 타고 황하를 건너 높이 솟은 서악(西岳)을 올랐네.

뭉게구름이 몰려들며 영접할 때, 비와 이슬이 주룩주룩 내렸지.

깊은 산골에 적막하고 냉랭한 기운이 모여들더니

구름이 더 많이 모여 비가 흠뻑 내렸네.

남북으로는 풍백(風伯)에게, 동서로는 우사(雨師)에게 호령하여

하늘과 땅과 함께 셋이 하나 되어 우뚝 설 테니,

쌍벽을 이룰 자 없이 홀로 위대해지리라.

왔던 길 따라 도읍으로 돌아가며 중원을 대한(大漢)으로 품었으니

요임금, 순임금, 은나라, 주나라가 이런 공을 세운 적이 있던가!

건괘(乾卦)와 곤괘(坤卦)의 정조(貞兆)를 뽑았는데,

건괘의 육효(六爻) 모두 용을 언급했지.

구망(鉤芒)과 욕수(蓐收), 현명(玄冥)과 축융(祝融)이 수레를 함께 몰게 하고

여러 신을 격려하여 길을 치우게 한 뒤에,

육경의 뜻을 떨치며 송가를 불렀네.

한나라를 칭송하는 그 송가는 광명과 조화의 문왕을 기리며

'청묘(淸廟)'에서 '아아, 위대하여라!'라고 했던 뜻을 넘어섰네.

오제와 삼황의 위대한 업적을 넘고,

평탄한 땅에서 수레의 쐐기를 풀고 출발했으니

누가 길이 멀어 따라갈 수가 없다고 했는가?

「교렵부」의 탄생

○   ○   ○

그해 12월에 우렵(羽獵)을 나갔는데, 양웅이 따라갔다.

양웅은 생각했다. 옛적, 이제(二帝)와 삼왕(三王)[30]은 임금에게 소속된 궁관(宮館), 대사(臺榭), 소지(沼池), 원유(苑囿), 임록(林麓), 수택(藪澤)을 가지고도 교사(郊祀)와 종묘 제사를 지내는 비용과 손님을 접대하거나 부엌에서 수라를 차릴 재료를 충분히 마련했으므로, 백성이 곡식을 기르는 기름진 땅과 뽕나무를 키우는 상자(桑柘)밭을 빼앗지 않았다.

백성 중에 여자는 베틀에 짜던 옷감이 쓰고도 남았고, 남자는 곡식이 남아돌 만큼 많이 수확했으며, 제후의 국(國)과 대부(大夫)의 가(家)도 부유하여 아래위로 다 풍족했다. 그리하여 왕궁 뜰에는 감로가 내렸고, 종묘 안의 길에 예천(醴泉)이 흘렀으니, 왕궁과 종묘의 뜰에 봉황이 깃들었고 못에 황룡이 노닐었으며 원유(苑囿)에 기린이 나타났고 숲에는 신작(神雀)이 서식했다.

옛적에 우임금이 익(益)을 우관(虞官)에 임명하자 산과 들이 알맞게 이용되어 초목이 무성하고, 성탕(成湯) 때에는 짐승을 남획하지 않고도 천하의 재정이 충분했다.[31]

문왕의 원림은 사방 백 리였어도 사람들이 아주 작다고 했고, 제 선왕(齊宣王)의 원림은 사십 리였지만 사람들이 크다고 한 것은 백성을 풍요롭게 한 제왕과 백성의 재물을 빼앗은 제왕을 구별했기 때문이다.[32]

무제가 상림원을 확장 조성했는데, 남쪽으로는 의춘(宜春), 정호(鼎胡), 어숙(御宿), 곤오(昆吾)까지, 남산(南山)에 의지하여 서쪽으로는 장양(長揚)과 오작(五柞)까지 이르렀고, 북쪽으로 황산(黃山)을 돌아 위수 강가로 나오면 동쪽이 되었으니, 둘레가 수백 리에 이르렀다.

전하(滇河)를 본떠 곤명지(昆明池)를 팠고, 건장궁에 봉궐전(鳳闕殿), 신명전(神明殿), 삽사전(馺娑殿)을 짓고 점대(漸臺)를 태액지(泰液池) 안에 세워 마치 바닷물이 방장(方丈)과 영주(瀛洲), 봉래(蓬萊)를 감도는 듯하게 했다.

유관(游觀)은 사치스러워 그 교묘함과 화려함이 극에 달했다.

비록 상림원 세 변의 땅을 갈라내어 백성을 구제했다지만 우렵 때가 되면 전거(田車)와 융마(戎馬), 무기, 기물 및 상림원을 에워싸는 부대에 여전히 너무 많은 경비를 들여 사치스러웠고 거대했으니 요임금과 순임금, 성탕, 주 문왕이 삼구(三驅)[33] 제도를 두었던 뜻에 어긋났다.

양웅은 후대 황제인 성제가 전대 황제가 잘 지어 놓은 상림원을 다시 확장하지 않을까 걱정하면서 노 장공(魯莊公)이 천대(泉臺)를 지었으나 문공(文公)이 허물었던 일에서 교훈을 얻었으면 좋겠다고 여겼다. 그리하여 「교렵부(校獵賦)」[34]를 지어 완곡하게 간언했다. 그 사(辭)는 다음과 같다.

　　혹자는 복희와 신농을 검소했다고 찬양하는데,

　　그렇다면 다른 제왕은 제도와 의례를 복잡하게 했단 말인가?

　　논자(論者)[35]는 아니라고 하네.

　　제왕은 시의적절하게 의례를 운용하면 되니, 같은 원칙으로 일
관해야 할 필요가 있을까?

　　하나의 원칙으로 가야 한다면

　　태산(泰山)의 봉선(封禪)에 어떻게 일흔두 가지 의례가 있었겠는가?

　　창업수통(創業垂統)한 제왕이 만든 의례는 모두 틀림없었으니,

　　멀리 오제로부터 가까이 삼왕까지

　　누가 옳고 누가 그른지를 어찌 알 수 있으랴!

　　그리하여 송(頌)을 지어 불렀네.

　　빛나도다, 신성한 황제시여!

　　〔천제처럼 청정한〕 현궁(玄宮)에 거처하시며,

　　재물은 대지만큼 풍부하고,

　　하늘처럼 높이 숭앙받으시네.

　　제 환공에게 부곡(扶轂)을 시키기도 마땅치 않고,

　　초 엄왕도 참승이 되기에 부족하여라.

　　삼왕은 편협했으니,

　　멀리 큰 걸음을 내딛는 길에

　　오제의 광할한 정신과 삼황의 높고 큰 뜻을 섭렵하여

　　〔삼황오제가 실천했던〕 도덕을 높여 스승으로 삼고,

인의를 가까이하여 벗으로 삼아야 하리.

그 뒤 겨울 마지막 달,

〔음기가 성하여〕 천지가 얼어붙을 만큼 추웠지.

속에서 만물이 새 생명을 시작하고

밖에선 초목이 가지와 잎을 떨어뜨릴 때였네.

황제가 영유(靈囿)[36]에서 사냥하시며 북쪽 변경을 개척하여

〔살육을 주관하는〕 부주풍(不周風)의 제도를 본받으며

〔북방의 신〕 전욱과 현명의 적통을 완성하려 하셨네.

그리하여 우인(虞人)을 불러 못을 관장하게 하여

동쪽으로는 곤명지 변까지 이르고 서쪽으로 당합(閶闔)까지 달리게 했네.

사냥에 필요한 식량과 기물을 쌓아서 준비하고,

수졸을 길 양쪽에 배치하여 가시나무 덤불을 베고 들풀을 제거했으며,

〔사냥터와 가까운〕 견수(汧水)와 위수 쪽에 통행 금지령을 내리고,

풍(酆)과 호(鎬)〔의 시가지〕를 돌아다니며 정비하게 했네.

빙빙 돌아도 끝없이 드넓은 그 안에서 해와 달이 뜨고 졌으며 하늘과 땅 사이는 아득하게 보였네.

삼종산(三嵕山)에 호락(虎路) 울타리를 엮어 사마문(司馬門)을 내고,

다시 백 리에 호위병을 두르고 전문(殿門)을 세웠네.

사냥터 밖의 정남쪽으로는 바다에 이르고

서쪽에는 [해가 지는] 우연(虞淵)이 있었으며,

끝없이 광대한 가운데 높은 산이 우뚝 솟아 있었네.

군사들이 모두 모였으므로 백양관(白楊觀) 남쪽과 곤명지의 영소 (靈沼) 동쪽에 먼저 배치했네.

맹분과 하육 같은 용맹한 군사들이

방패를 들고 화살을 멘 채 막야(鎭邪)를 쥐고 포위망을 좁혔는데 만 명이 동원되었고,

나머지 군사들은 장대를 높이 박아

늘어뜨릴 필(畢) 그물을 지탱하고 온 들판에 부(罘) 그물을 편쳤네.

태상(太常)을 상징하는 해와 달이 그려진 주간(朱竿) 깃발과

천지를 상징하는 휘날리는 혜성(彗星) 깃발

청운(靑雲)을 분(紛)으로 삼고 홍예(紅蜺)를 환(繯)처럼 늘어뜨린 깃발들이

곤륜 큰 산까지 이어진 듯 장관을 이루었네.

하늘에 흩뿌려진 별처럼 늘어서 물결 위 큰 파도처럼 넘실대며

끊임없이 행진하는 깃발들이 서로가 앞뒤를 가리고 있었으니,

참창(欃槍)은 옹성이 되고 명월(明月)은 척후병이 되었으며,

형혹은 사명(司命)이 되고 천호(天弧)는 활을 쏘는 듯했네.

들쭉날쭉 선명한 색깔의 수레들은 꼬리 물고 길을 가득 메웠지.

휘거(徽車)가 차례대로 끊임없이 재빠르게 달려갔네.
수레들은 굉음을 내며 산봉우리를 뒤덮고 고개를 따라
아득하게 멀고도 높은 곳으로 줄지어 달려 올라갔네.

한눈에 알아볼 색다른 복장으로 우림군 기병이 행진했는데,
빠른 속도로 달려가는 행렬이 도무지 끝나 보이지 않다가
푸른 숲으로 들어간 뒤에는 보일 듯 숨을 듯했지.

이어서 해가 뜨자 천자가 현궁(玄宮)을 출발했지.
거대한 편종을 치며 구류(九旒)〔를 늘어뜨린 기〕를 세우고,
여섯 마리 백호(白虎)가 천자의 수레를 끌었는데,
치우(蚩尤)가 후미에서 달리고, 몽공(蒙公)[37]이 선봉에 섰지.
하늘에 닿도록 기(旂)를 세우고,
별을 찌를 듯이 전(旃)을 들었는데,
벼락이 떨어지고 번개가 치면서
그 불빛이 채찍질하며 길을 열었네.

성대한 행렬은 빠르게 지나갔지,
광활한 땅에 길게 늘어서 달리며 팔진(八鎭)을 지휘하여 관문을
열게 했네.
비렴(飛廉)과 운사(雲師)가 거친 숨을 몰아쉬며,
물고기와 용의 비늘처럼 빼곡하게 수레들을 줄 세워 달리게 했네.
날듯이 착착 달렸지,

서원(西園)³⁸으로 들어가 신광궁(神光宮)에 접근했지.

평락관(平樂觀)을 바라보며 죽림(竹林)을 통과하여

혜포(蕙圃)와 난당(蘭唐)을 짓밟고 지났네.

봉화 피어오른 길에 고삐를 잡은 자가 묘기를 부리며 가는데,

천 승의 수레와 기병대 만 명이 함께 달렸지.

군사들이 포효하며 종횡으로 누빌 때,

질풍이 불고 맹렬한 번개가 치듯이 큰 소리를 울렸지.

엄청난 굉음이 천지를 진동하며

늘어진 행렬은 수천 리에 이어졌네.

격앙된 장사들은 각자 고향에서 급하게 모여 동서남북 마음껏 달려왔네.

창희(蒼豨)와 서(犀), 리(犛)를 잡아서 끌어오고,

부미(浮麋)를 밟아 눌렀지.

거연(巨狿)을 죽이고 현원(玄蝯)을 때려잡았네.

공중으로 날아올라

길다랗게 솟은 나무로 올라가

마음대로 뻗어 있는 나뭇가지를 밟고 뛰어다니며

골짜기 사이를 날아다녔네.

군사들이 먼지를 펄썩이며 이곳저곳 뛰어다닐 때,

산골에 질풍이 불어와 숲이 먼지로 뒤덮였지.

〔전장에서〕 이(夷)를 잡던 군사들이 송백(松栢)을 쓰러뜨리고 〔가시가 난〕 질려(疾棃)를 뽑았네.

나무가 빽빽하게 들어찬 숲속에서 짐승을 잡고

날아다니는 새들을 화살에 꿰었지.

범을 짓밟고 긴 뱀을 잡아 목에 걸었으며,

적표(赤豹)와 상(象), 서(犀)를 잡아 끌어왔네.

〔그때〕 산봉우리와 둑을 넘고

오르락내리락 수레들이 구름처럼 빽빽하게 모여들었네.

태화산(泰華山)과 웅이산(熊耳山)이 깃발처럼 우뚝 선 가운데

나무가 다 쓰러져 버린 산을 선회하는 수레들이 하늘 바깥을 가

득 채웠지.

자유롭게 큰 물가를 배회하다가 천하의 들판을 방랑하는 듯이.

청명하여 구름 한 점 없던 날, 봉몽(逢蒙)과 후예(后羿)가 눈을 부

릅뜨고 활시위를 당겼지.

굉음 속에 천지에 환한 빛을 뿌리며 달리던 황제의 수레,

망서(望舒)가 고삐를 당기자 상란관(上蘭觀)에 천천히 가닿았네.

군사를 움직여 포위망을 짜듯이 진을 치고 점점 좁혀 나가며,

질서 있게 대오를 맞추어 몇 겹으로 에워쌌네.

황제의 사냥에 대규모로 동원된 군사들은 귀신처럼 번개처럼

타격을 가했지.

짐승을 만나면 박살을 냈지, 살살 접근하여 때려잡기도 했고.

그리하여 새들은 감히 날지 못했고,

길짐승은 포위망을 빠져나가지 못했으니,

놀랄 만한 기세의 군사들이 땅에 있는 짐승을 싹 쓸어버렸네.

이어서 한거(罕車)가 달리고 용맹한 무사가 질주하면서,

비표(飛豹)를 밟고 교양(嗛陽)을 결박했지.

한편으로 천보(天寶)³⁹를 추격하여 한쪽으로 달려 나오니

천보가 굉음을 내며 광채가 뿌렸네.

들과 산 끝까지 쫓아가서 천보의 수컷과 암컷을 모두 잡았지.⁴⁰

육중한 천보 두 마리는 요란 떨며 그물 안에서 부리를 쩍쩍 벌렸네.

삼군(三軍)이 거대한 규모로 끝까지 추격하여 짐승이 달아나지 못하도록 했네.

지켜보자니, 날짐승은 그물을 벗어나려고 애썼고,

수컷 서(犀)와 암컷 시(兕)가 서로 부딪혔으며,

곰과 피(羆)는 잡아당기고 범과 표범이 부르르 떨었는데,

공연히 뿔로 찌르고 턱으로 치다가 서로 공포에 떨면서 혼비백산 달아나다가 수레바퀴에 깔려 목이 부러졌네.

아무렇게나 화살을 날려도 백발백중이었고,

앞으로 가도 뒤로 가도 놓치는 법이 없었으며,

칼에 찔리고 수레바퀴에 깔렸으니

그렇게 잡은 짐승이 산처럼 쌓였네.

짐승들이 모두 공격을 견디지 못하고 스러졌을 때,

황제가 일행을 데리고 진지(珍池)⁴¹ 변의 한적한 관(館)을 찾았네.

기산(岐山)과 양산(梁山) 계곡에 넘치는 물을 끌어들인 못 안의 누대에서

동쪽, 서쪽으로 바라보니 끝 간 데 없이 광활했어라.

바로 옆 절벽에 찬란히 빛나는 건

수후(隨侯)의 주(珠)와 화씨(龢氏)의 벽(璧)일까?

뾰족한 옥석 바위가 높이 솟아서 푸른 광채를 뿜었지.

한녀(漢女)⁴²가 물에서 놀고 있었는데,

괴이하게도 모습이 희미해지더니 그만 사라져 버렸네.

현란(玄鸞)과 공작(孔雀)이 비춰 빛깔 광채를 뿜내는 동안

왕저(王雎)가 울고 홍안(鴻鴈)이 서로 소리를 주고받았지.

물새들은 못 안에서 무리 지어 놀다가 꾸룩꾸룩 함께 울었네.

부예(鳧鷖)와 진로(振鷺)가 아래위로 날다가 서로 부딪혀 천둥소리가 나긴 했지만.

문신을 새긴 월인(越人)에게 기예를 부리게 했는데,

물속에서 물고기를 맨손으로 잡고, 두꺼운 얼음을 깨뜨렸으며,

심연으로 잠수했다가 기암절벽을 타고 올라

격투 끝에 교룡(蛟龍)과 적리(赤螭)를 잡아왔으며,

크고 작은 수달 타고 원(黿)과 타(鼉)와 영휴(靈蟯)를 손으로 잡았네.

〔기예를 관람한 뒤에〕 우혈(禹穴)로 들어갔다가 창오(蒼梧)로 나

와서 거린(鉅鱗) 경어(京魚)를 타고 놀았으니,

그렇게 팽려호(彭蠡湖)에 떠서 〔창오를 순행한〕 순임금을 회상했네.

망치로 유리 같은 야광 조개를 쳐서 배 속에 든 명월 같은 구슬을 갈라낸 뒤에,

낙수(洛水)의 복비(虙妃)는 쫓아 버리고,

〔물에 빠져 죽은〕 굴원과 팽함과 오자서에게 그 구슬을 바쳐 제사 지냈네.

그때, 〔예를 가르칠〕 대선비이자 거유(鉅儒)가 등장했네.

장엄하게 헌면(軒冕)을 갖추고 여러 가지 색깔의 의상을 차려입은 채,

요임금의 법전을 가르치고 「아(雅)」와 「송(頌)」으로 풍속을 바로잡은 뒤에

황제 앞에서 읍양(揖讓)의 예를 올렸네.

황제가 빛나는 공덕을 세웠다는 소문이 귀신처럼 빠르게 널리 퍼졌네.

북적(北狄)에 은혜를 베풀어 인덕의 명성을 얻고, 위무로 남린(南鄰)을 뒤흔들었네.

그러자 전구(旃裘)를 걸치고 사는 족속들의 왕인 호맥(胡貉)의 군장들이 찾아와서

진귀한 물건을 바치며 공손히 손을 모아 신하로 복속했네.

그 행렬이 이어져 앞에서 사냥터의 군영 안으로 들어설 때

뒤쪽의 행렬은 노산(盧山)[43]에 머물렀네.

삼공(三公)과 상백(常伯) 및 양주(楊朱)와 묵적(墨翟) 같은 인재들이 찬탄하며 칭송했네.

"숭고하도다, 황제의 높은 덕이여!

비록 요임금, 순임금, 우임금, 주 문왕의 융성도 황제의 시대를 넘어서지 못하리라!

태고에 올렸던 동악(東嶽) 제천(祭天)과 양보(梁父) 제지(祭地)를 누가 있어 지금의 황제보다 더 잘 지낼 수 있을까!"

칭송을 들은 황제가 아직은 그런 경지에 오르지 못했다고 겸손해했네.

〔황제가 덕을 많이 쌓으면〕 바야흐로 위로는 삼령(三靈)이 내리는 복을 잡을 수 있고

아래로는 예천에서 물이 솟아나며,

황룡이 잠거해 있는 동굴을 발견하고,

봉황의 둥지를 찾으며, 기린이 노니는 원림을 구경하고

신작이 깃드는 숲에 행차할 수 있네.

운몽(雲夢)과 맹저(孟諸)를 사치스럽게 여기고,

초 영왕(楚靈王)의 장화대(章華臺)와 주 문왕의 영대(靈臺)에서 실패와 성공의 교훈을 얻으며,

이궁에 드물게 왕래하고 관광 유람을 그만둔다면,

흙과 목재로 궁실을 지어도 화려하게 무늬를 넣거나 조각하지 않고

사람들을 농사와 양잠에 힘쓰게 하여 게으르지 않도록 권하며,

처녀 총각이 만나지 못해 혼약이 깨지는 일이 없도록 한다면,

빈궁한 자들이 모두 충만하게 부유하지 못한 것을 걱정하며

황제의 상림원을 개방하고 황궁의 비축해 둔 곡식을 나누어 주어,

도덕의 원림 시대를 열고 인혜(仁惠)로 많은 백성을 기쁘게 하며

신성해진 원림을 질주하며 신하들이 제대로 임무를 수행하는지를 살펴본다면,

꿩과 토끼를 놓아주고 저부(罝罘) 그물을 거두어들인 뒤에

고라니와 사슴 및 말에게 먹일 풀과 장작을 백성에게 나누어 준다면,

그리하여 대개 앞서 말한 그런 경지에 이를 수 있네.

〔이에 더하여〕 위대한 성덕을 더욱 창통하게 하고 태평성세의 제도를 확대하며,

삼황과 오제가 열심히 노력했던 것을 넘어서려고 한다면 또한 지극하지 않을까!

서로 공경하고 화목한 사람들은 군신 사이의 절의를 수립하고 성현의 위업을 존중할 테니,

아름다운 원림과 사치스러운 사냥을 즐길 한가한 시간이 없으리.

〔그러자〕수레의 머리를 돌려 아방궁(阿房宮)을 뒤로하고 미앙궁으로 돌아갔네.

양웅전 하

揚雄傳 下

▲▲▲▲▲▲▲▲▲▲▲▲▲▲▲▲▲

하편에는 양웅이 지은 「장양부(長楊賦)」, 「해조(解嘲)」, 「해난(解難)」
이 실려 있다.

반고는 양웅의 유학자 면모가 유감없이 발휘된 『태현(太玄)』과 『법언
(法言)』이 시의에 맞지 않아 널리 읽히지 않는 것을 안타까워하면서 『태
현』에 실린 점 치는 방법과, 『논어』의 체제를 모방하여 지은 『법언』의
목록도 소개했다.

「장양부」, 설마 황제께서 놀이 삼아 사냥을 나가실까

○　○　○

이듬해[1] 황제가 호인(胡人) 앞에서 금수가 많다고 크게 자랑했다. 가을에[2] 우부풍에게 명하기를 사람들을 징발하여 남산(南山)[3]에 들어가게 했다. 서쪽으로는 남산의 보곡(褒谷)과 사곡(斜谷)으로부터 동쪽의 홍농까지, 남쪽으로는 한중(漢中)까지 나아가서 나망(羅罔)과 저부(罝罘)를 치고 곰과 비(羆), 호저(豪豬), 범, 표범, 유(狖), 각(玃), 여우, 토끼, 고라니, 사슴을 잡아 함거에 싣고 장양궁 사웅관(射熊館)에 운송하게 했다. 사웅관에 주거(周阹)를 엮어 만들어 그 안에 금수를 풀어놓고 호인에게 맨손으로 공격하게 한 뒤에 잡은 짐승은 가져가게 했다. 황제가 그 자리에 가서 구경했다. 그때 농민들은 수확할 수 없었다.

양웅이 황제를 따라 사웅관에 갔다가 돌아온 뒤에 「장양부(長楊賦)」를 올렸다. 글을 지을 때 쓰는 붓과 먹을 주인공으로 등장시키되, 주인을 한림(翰林)으로 하고 객경(客卿)을 자묵(子墨)으로 하여 풍자했다. 그 사(辭)는 다음과 같다.

자묵객경(子墨客卿)이 한림주인(翰林主人)에게 말했다.

"성군이 백성을 양육할 때는 인자한 사랑과 은덕이 백성에게 비와 이슬처럼 젖어 들게 하느라 마음 가는 대로 행동하지 않는다고 들었습니다. 올해 장양궁에서 사냥을 하기 위해 먼저 우부풍에게 명하여 동쪽으로 태화(太華)까지,[4] 서쪽으로는 보곡과 사곡까지

가서 찰알산(戳嶭山)[5]과 남산을 빙빙 둘러 자루를 박고 그물을 치게 했습니다. 평평하게 변한 숲에 천 승의 수레를 세우고 산기슭에 만 명의 기병을 배치했으며 군사를 이끌고 울타리에 포위망을 쳤습니다. 융(戎)과 호(胡)에게 짐승을 잡게 하여 상으로 내려 주느라고 곰 과 피(羆)와 호저를 잡아 목책과 나무 자루를 연결해 만든 우리 안에 넣어 두었습니다. 이는 천하의 장관이었습니다만 농민들에게 피해를 많이 주었습니다. 한 달 남짓 있는 힘을 다해 임무를 수행 했지만 공은 바랄 수도 없습니다. 모르는 사람들이 하는 말로 황궁 밖에서는 놀이를 즐기시는 것이라 할 테고, 내부에서는 사냥한 고 기를 말려 종묘에 건두(乾豆)로 올릴 것도 아니라고 여길 테니, 어 찌 백성을 위한다고 하겠습니까! 임금은 현묵(玄默)한 정신으로 청 정무욕의 품성을 지녀야 하는데, 지금은 멀리 사냥을 니가시 즐기 는 일로 위풍과 성세를 내보이느라 병거(兵車) 부대와 개갑(鎧甲) 부 대를 여러 차례 출동시켜 피로하게 했습니다. 무지한 저는 본래 이 일이 군주의 급선무가 아니라고 의심합니다."

한림주인이 말했다.

"아니, 어찌하여 그런 말씀을 하십니까? 손님 같은 분을 두고 하 나는 알고 둘은 모른다고 하거나, 사물의 겉만 보기 때문에 그 속 을 모르는 사람이라고 합니다. 저도 하나하나 상세히 설명하기는 귀찮아 대략 개요를 말씀드릴 테니 손님께서 알아서 요점을 짚으 시기 바랍니다."

객이 말했다.

"좋습니다. 좋습니다."

주인이 말했다.

"'옛날 강대국 진나라가 있었습니다. 봉시(封豕)가 이 나라 선비를 해치고, 알유(窫窳)는 이 나라 백성을 괴롭혔으며, 착치(鑿齒) 무리들은 서로 날카로운 이빨을 드러낸 채 싸웠습니다.[6] 그러자 영웅호걸들이 솥에 죽이 끓듯, 하늘에 뭉게구름이 일듯 여기저기서 일어났으므로 사람들이 편안히 지낼 수 없었습니다. 그리하여 상제께서 고조를 점찍어 천명을 내렸고, 고조는 천명을 받들었으니 두극(斗極)과 천관(天關)의 운행처럼 변할 수 없는 천명에 순종해야 했던 것입니다. 고조의 위엄은 거해(鉅海)를 건너 곤륜을 흔들었는데, 검을 들고 포효하며 여러 성읍을 함락했습니다. 장수들이 깃발을 뽑아 들고 투항해 왔으니 하루하루 벌인 전투가 너무 많아서 일일이 다 말할 수 없을 지경입니다. 이렇게 있는 힘을 다해 싸웠는데, 봉두난발을 가지런히 할 사이도 없이, 밥을 먹지 못해 기아에 시달리면서, 투구에 이와 서캐가 슬고 갑옷이 땀에 젖어도 만백성을 위해 황천의 명을 따르겠다고 나섰던 것입니다. 백성의 억울함을 풀어 주었고 궁핍한 사람들을 구제했으며 억년 대계를 설계하면서 제업(帝業)을 회복하여 나라를 세웠으니 일곱 해 동안은 천하가 안정되었습니다.

성군 문제는 고조의 유풍을 계승하여 바야흐로 천하태평을 이루는 일에 유념했습니다. 친히 근검절약을 실천하시어 제의(綈衣)는 해지지 않으면 계속 입었고 혁답(革鞜)은 구멍 나지 않으면 계속 신었습니다. 큰 건물에 거처하지 않았고 목기(木器)에 무늬를 넣지 않았습니다. 그러자 후궁들도 대모(瑇瑁)를 버리고 주기(珠璣)를 멀리했으며 비취 장신구를 차지 않고 기묘한 조각을 새기지 않았습니다. 화려하고 사치스러운 것을 싫어하여 가까이하지 않았고 향기 나는 것을 물리쳐 패용하지 않았으며, 현악기와 피리로 음란한 곡을 연주하지 않았고 정나라와 위나라의 미묘하게 듣기 좋은 음악을 싫어했습니다. 그리하여 옥형(玉衡)으로 천문을 바로 관측했고 태계(太階)[7]는 평형을 유지했습니다.

그 뒤에 훈육(熏鬻)이 침입했고 동이(東夷)가 제멋대로 반란을 일으켰으며 강융(羌戎)이 원망하며 반목했고 민월(閩越)이 소동을 피웠으니 변방에 있는 사람들은 불안에 떨었고 중원도 그 재난의 피해를 당하게 되었습니다. 그러자 성군 무제가 분노하여 군대를 새로 정돈한 뒤에 표기장군 곽거병(霍去病)과 대장군 위청(衛靑)에게 명하여 성대한 진용으로 행군하여 구름이 모여 번개를 발사하듯이, 질풍이 일고 큰물이 휩쓸고 지나가듯이 진격하게 했습니다. 쇠뇌를 날리면 벌처럼 재빨리 날아갔는데 마치 유성이 지나가듯이 빨랐습니다. 천둥 치듯이 공격하며 분온(轒輼)과 궁려(穹廬)를 부숴 버렸습니다.[8] 죽은 자들의 깨진 머리에서 흘러나온 피가 사막을 적셨고 여오수(余吾水)를 물들였으며, 이어서 선우의 궁정을 약탈하여 탁타(橐它)를 몰아내고 먹려(爐蠡)를 태워 버렸습니다.

선우의 부대를 박살 내고 그 제후왕의 부대도 깨뜨렸으며, [매복을 방지하려고] 골짜기를 메웠고, [가축을 키우지 못하게] 초원의 풀을 뽑아 버렸으며, 산길의 바위를 파냈습니다. 죽은 적군의 시체를 짓밟고 진군하여 노인과 아이를 포로로 잡았는데, 창끝에 찔렸던 상처에 다시 화살을 맞아 부상을 당한 자가 수십만 명에 이르렀으니, 모두 머리를 땅에 박고 목을 거꾸로 세우거나 개미처럼 바짝 엎어져 있었습니다. 스물 몇 해 동안 숨도 제대로 쉬지 못했습니다.

황제의 군대가 사방에 출동했는데, 유도(幽都)〔의 흉노〕를 먼저 공격했고, 방향을 돌려 남월을 토벌했으며, 행군의 속도를 조절하며 서쪽으로 정벌을 나서자 강족과 북족(僰族)도 동쪽으로 달려왔습니다. 그리하여 먼 곳에 있던 중원과 풍속이 달랐던 성읍 국가나 이민족 땅은 자고로 인(仁)으로 교화하지 못했고, 성덕으로도 안정시키지 못하고 있었는데, 〔이때에 이르러〕 발꿈치와 머리를 들고[9] 재빨리 달려와 그쪽의 진귀한 산물을 바치지 않은 곳이 없었습니다. 그리고 나라 안도 안정되었으니, 오랫동안 변방의 성이 침입을 받지 않았고 전쟁의 우환도 사라졌습니다.

지금의 황제는 지극히 어지신 분으로 도의를 지키고 중시하며 학자들을 포용하고 있습니다. 또 성군의 교화가 널리 미치고 미덕이 위아래 팔방에 넘쳐 하늘 아래 은덕이 미치지 않은 곳이 없으니, 선비가 지금이 왕도의 시대라고 말하지 않는다면 나무꾼도 웃을 것입니다. 대개 융성했다가 쇠약하지 않은 일이 없고, 만물도 마찬가지라서 평안할 때 위험한 일이 생길 것을 잊지 말아야 한다고 생각합니다. 그래서 올해 풍년이 든 것을 계기로 군대를 출동시켜 병거와 군사를 훈련했던 것이니, 오작궁에서 군대를 사열하고 장양궁에서 기병의 말을 훈련하며 맹수와 씨름을 하고 빠르게 나는 조류와 무예를 겨루게 한 것입니다. 그 편에 군사를 모아 남산에 올라 멀리 산리오익국(山離烏弋國)을 바라보며 서쪽의 월굴(月蝸)

을 누르고 동쪽의 해 뜨는 일역(日域)을 진동시켰습니다.

그러나 후대의 황제가 이런 일시적인 행사에 미혹되어 국가 대사를 돌보지 않고 자주 행사를 개최하느라 사냥에 빠져 나라가 쇠약하게 되어도 그만두지 않을 것을 걱정하여, 수레바퀴를 굴 쐐기를 박기 전에, 또 퇴각을 알리는 전(旆)을 휘두르기 전에 군사들이 사냥하는 시늉만 내다가 포기하고 즉각 돌아오셨습니다.

그리하여 고조[10]의 대업을 받들고 문제와 무제의 법도를 따르며 삼왕이 삼구(三驅)를 지켜 사냥한 것을 회복하고, 오제가 우관(虞官)을 두어 숲을 관리한 제도로 돌아갔습니다. 그래서 농사꾼이 곰방메질을 그치지 않게 하고 여공이 베틀에서 내려오지 않게 하며, 때에 맞춰 혼인하여 처녀 총각이 만나지 못하는 일이 없도록 했습니다. 황궁 밖을 나서면 온화하고 간소하게 행동하며 〔농사로〕 고생하는 사람들을 동정하고 요역에 동원된 자들을 칭찬했습니다. 백 년을 산 노인을 찾아보고 아버지를 잃은 어린 고아를 구제하며 그들과 함께 괴로움과 즐거움을 함께했습니다. 그런 뒤에 편종과 큰북의 악곡을 연주하고, 편경과 도고(鼗鼓)의 화음을 울렸으며, 맹수를 새긴 틀을 세워 명구(鳴球)를 치며 팔일무(八佾舞)를 추게 했습니다. 신의를 술 삼아 마시고 함께 예악을 안주 삼아 먹고, 종묘 제사 중에 울리는 화음을 들으며 신령의 복을 받았으니 「송(頌)」을 부르고 「아(雅)」를 연주했습니다. 이렇게 애를 썼기 때문에 신령의 격려를 받을 수 있었습니다. 바야흐로 훌륭하고 상서로운 징조가 내리기를 기다리며 선(禪) 제사를 올리기 위해 양보(梁甫)에 제단을 쌓고 태산(泰山)의 높이를 더 높이면 장래에 명성을 떨치며 예전 황제보다 더 영광스럽게 될 것입니다.

〔이런데도〕 공연히 유람을 즐기고 싶어서 메벼를 심은 땅에 수레를 달리고, 배나무와 밤나무 숲을 돌아다니며, 목초와 땔감을 짓밟고, 호인들에게 자랑하며 유(狖)와 각(玃), 고라니와 사슴을 많이 잡아 주었겠습니까!

맹인은 지척에 있는 것도 보지 못하지만 이루(離婁)는 천 리 밖에 있는 것도 환히 본다고 하는데, 손님께서는 호인들이 우리네 짐승을 얻어 가는 것만 아까워하시지, 우리나라에서 호(胡) 왕과 제후를 잡고 있는 것은 모르고 계십니다."

말을 미처 마치기 전에 묵객(墨客)이 자리에서 내려 계수(稽首)로 두 번 절하고 말했다.

"그렇게 큰 뜻이 있었군요! 진실로 제가 헤아릴 수 있는 일이 아니었습니다. 오늘 장님이 눈을 뜨듯이, 막혔던 문제가 모두 풀려 환해졌습니다."

비웃는 자여, 그대의 병이 더 심한 것을

○   ○   ○

애제 때에 정씨와 부씨 및 동현이 권력을 잡고 있었는데, 이들에게 기대면 그 전에 벼슬이 없었던 자도 이천석 관직까지 올라가곤 했다. 그때 양웅이 『태현(太玄)』을 집필하면서 절의를 지키며 청정무위하게 살고자 했다. 누군가 양웅이 '현(玄)'을 고집하며

〔높은 벼슬을 추구하지 않고 청정한〕'백(白)'을 숭상하는 것을 비웃었다. 그러자 양웅이 그 사람에게 「해조(解嘲)」[11]를 지어 자신의 뜻을 설명했다. 그 사(辭)는 다음과 같다.

객이 양자(揚子)를 비웃으며 말했다.

"옛적의 인재는 남에게 기강(紀綱)이 되었다고 저는 들었습니다. 태어나지 않았으면 모르겠지만, 태어난 이상 위로 임금에게 충성하고, 아래로 〔출세하여〕 부모를 기쁘게 해 드려야 합니다. 임금과 옥규(玉圭)를 갈라 가지며 작위를 받아 부절을 애지중지 간직하며 녹봉을 받는데, 공후(公侯)는 청색(青色) 인수를, 구경은 자색(紫色) 인수를 패용하고 수레에는 주번(朱轓)을 장착합니다.

선생께서는 다행히도 태평성대를 만나 마음 놓고 간언할 수 있는 황제의 조정에서 벼슬을 하고 있으니, 인재들과 나란히 금마문을 지나 옥당을 오르내린 나날이 오래되었습니다. 그러나 묘한 책략 하나 생각해 내지 못했고 대책문 한 차례 올린 적이 없으며, 위로 임금에게 간언한 적이 없고 아래로 공경들과 국사를 의논한 적이 없습니다. 눈은 별처럼 반짝이고 혀는 번갯빛처럼 빨리 움직이므로 거리낌 없이 토론에 나서면 상대방이 당해 낼 수가 없는데도 말입니다.

선생은 간언도 토론도 하지 않은 채 『태현』 오천 자만 저술했으니 그 내용은 무성한 나뭇가지들처럼 광범위합니다. 게다가 혼자서 십여만 자나 되는 해설서[12]까지 썼으니, 깊기로는 황천(黃泉)만큼 깊고 높기로는 창천(蒼天)만큼 높으며 크기로는 대기(大氣)만큼 광대하고 세밀하기로는 그 어느 것과도 비교가 되지 않습니다. 그러나 관직은 시랑(侍郞)에 지나지 않으니 발탁되어 승진했다고 하는 것이 겨우 황문에서 일하는 것이란 말입니까? 정녕 현(玄)으로 백(白)을 숭상하십니까? 관직은 어찌하여 그렇게 낮습니까?"

양자가 웃으며 객에게 응수했다.

"손님께서는 그저 높은 자리로 올라가서 주번(朱輪)만 달고 다니면 된다고 생각하지, 〔그런 자리에 있다가〕 발 한번 잘못 디뎌 멸문지화를 당할 수 있다는 것은 모르십니다.

옛적에 주나라의 촘촘했던 그물 매듭이 풀리자 제후들이 여러 마리 사슴이 서로 다투듯이 이리저리 뛰어다녔습니다. 그래서 열두 나라로 갈라졌다가 다시 예닐곱 나라로 정리되었는데, 천하를 사분오열하여 땅을 차지한 뒤에 모두 〔전투를 주로 하는〕 전국(戰國)이 되었습니다.

〔전국 시대로 들어가자〕 인재들에게는 한결같이 섬길 임금이 없어졌고 나라에는 변하지 않고 충성을 바칠 신하가 없어졌습니다. 인재를 얻으면 나라가 부강해지고 잃으면 빈약해졌으니, 인재들이 날개를 활짝 펴고 열심히 날갯짓을 하면서 날아가고 싶은 곳을 찾아 마음대로 날아갔습니다.

그리하여 선비 중에 누구는 스스로 자루에 들어갔고,[13] 다른 누군가는 담에 구멍을 뚫고 달아났습니다.[14] 또 추연(騶衍)은 여러 나라를 돌아다니면서 광활한 하늘의 사정에 대해 알 수 없는 이야기를 늘어놓았지만 끝내 제나라에서 벼슬을 했고, 맹가(孟軻)는 곤경에 빠진 적도 있으나 만승 군주의 스승이 되었습니다.

현재 대한(大漢)의 동쪽에는 동해(東海)가, 서쪽에는 거수(渠搜)가, 남쪽에는 반우(番禺)가, 북쪽에는 도도(陶塗)[15]가 있습니다. 동남쪽에는 도위 한 명이 나가 있고, 서북쪽에는 관후(關候) 한 명이 있습니다. 포승줄로 묶고 부질(鈇質)로 제재를 가하며 『예』와 『악』으로 단속하고 『시』와 『서』로 교화하는 나날이 오래되자 의려(倚廬)를 엮어 부모의 시묘살이를 하〔여야 벼슬을 할 수 있〕게 되었습니다.

천하의 인재들이 번개가 친 뒤에 구름이 모이듯이, 물고기 비늘처럼 빼곡하게 모여들어 사방팔방에 나아가 일을 보고 있습니다. 집집이 사람마다 자신이 직(稷)이나 설(契), 고요라고 여기고, 사(繼)를 쓰고 영(纓)을 늘어뜨린 채 고담준론하는 자들은 모두 스스로가 아형 이윤이라고 생각하며, 오척동자도 안영(晏嬰)과 이오(夷吾) 관중(管仲)에 비교되는 것을 부끄러워하고 있습니다.

권세를 잡은 자들이 청운(青雲)에 닿을 만큼 높이 오르고, 뜻을 이루지 못한 자들이 개골창에 빠집니다. 그러나 아침에 권력을 장악하여 경상(卿相)에 올랐다 하더라도 저녁에는 권세를 잃어 필부로 돌아가기도 합니다. 강호(江湖)의 절벽과 발해(勃解)의 섬[16]에 기러기가 모여들어도 많아 보이지 않고, 청둥오리가 날아들어도 적어 보이지 않아 종잡을 수 없는 것처럼 말입니다.

옛적에 삼인(三仁)이 조정을 떠나가자 은나라는 폐허가 되었고, 〔백이와 태공〕이로(二老)가 복속하자 주나라는 흥왕하게 되었으며, 오자서가 죽은 뒤에 오(吳)나라가 망했고, 문종(文種)과 범려(范蠡)가 있어서 월(粤)나라 〔구천(勾踐)이〕 패자의 자리에 올랐으며, 오고대부(五羖大夫)[17]가 도착하자 진 목공이 기뻐했고, 악의(樂毅)가 조(趙)

나라로 달아나자 연 혜왕(燕惠王)이 두려워했으며, 범저(范雎)는 〔위나라에서〕 갈비뼈가 부러지고 이가 뽑히는 수모를 당했지만 진(秦)나라로 달아나서 양후(穰侯)를 실각시켰고, 채택(蔡澤)은 주걱턱이라서 당거(唐擧)의 웃음을 샀습니다.

나라에 일이 생기면 소하, 조참, 장자방(張子房), 진평, 주발, 번쾌(樊噲), 곽광이 없으면 안정되지 못할 것이고, 나라에 일이 없을 때에는 경전의 장구를 해설하는 무리와 함께 앉아 지켜보고 있어도 걱정할 일이 없습니다. 그러므로 세상이 어지러울 때에는 성인과 철인이 이리저리 뛰어다녀도 모자라고, 태평한 시절에는 용부(庸夫)도 베개를 높이 베고 유유자적할 수 있습니다.

옛적의 인재 중에는 옥에 갇혀 있다가도 포승줄이 풀리면서 관중처럼 상(相)이 되기도 했고, 삼베옷을 벗고 영척(甯戚)처럼 부(傅)가 되기도 했습니다. 이문(夷門)을 지키다가도 후영(侯嬴)처럼 신릉군(信陵君)에게 웃으며 충고할 자리에 오르기도 했고, 깊은 강물을 가로지르며 고기를 잡기도 했습니다.[18] 일흔 살까지 유세를 다녔어도 공자는 기회를 얻지 못했지만, 우경(虞卿)처럼 잠깐 유세를 펼치고 식읍을 받기도 했습니다. 또 천승(千乘) 제 환공은 몸을 낮춘 채 누항(陋巷)을 찾아가 직(稷)을 만났고, 연 소왕(燕昭王)은 길을 쓸어놓고 추연(鄒衍)을 맞이했습니다.

그래서 옛적의 인재들은 혀를 놀려 유세를 펼치거나 붓을 놀려 대는 가운데 주군의 빈틈을 막으면서 결점을 꼬집었지만 그 때문에 억울한 일을 겪지는 않았습니다. 그러나 지금은 현령이 인재를 청하지 않고, 군의 태수가 스승을 맞이하려고 들지 않으며, 구경은 빈객을 모으지 않고, 장상(將相)은 자신을 낮추어 겸손하게 구는 법이 없습니다. 말을 이상하게 하면 의심받고, 행동이 특이하면 벌을 받으니, 말하고 싶은 것이 있어도 혀를 말아 넣어 목소리를 내지 않고, 하고 싶은 행동이 있어도 다른 사람의 행적을 따라 할 수밖에 없습니다. 옛적의 인재들이 지금 세상에 살고 있다면 책문을 써도 갑과에 오르지 못하고, 행동거지를 바로 해도 효렴이나 방정으로 천거되지 못할 것입니다. 글을 올려 그때그때 정사가 옳은지 그른지를 간언할 수는 있겠지만 그나마 좋아 봤자 대조(待詔)가 될 것이고 나쁘면 상소 내용에 들을 바가 없으니 물러가라는 소리나 들을 것입니다. 사정이 이러한데 어떻게 청색, 자색 인수를 두를 수 있다는 말씀입니까!

게다가 나는 이런 말을 들었습니다.

활활 타오르는 불꽃도 언젠가는 꺼지고 굉음을 울리는 우레도 금세 없어집니다. 우렛소리를 듣거나 불을 볼 때 그 소리와 불꽃이 꽉 찬 실체가 있는 듯해도 하늘이 그 소리를 거두고 땅이 그 열을 품어 버리면 없어집니다. 재물과 권세가 많은 집은 귀신이 〔복을 빼앗아 가기 위해〕 그 안방을 엿봅니다. 〔공명을〕 다투던 자는 망하지만 묵묵히 있는 자는 목숨을 보전할 수 있습니다. 가장 높은 자리에 오르면 멸족의 위험이 닥칠 수도 있지만 혼자서 도를 닦는다면 목숨은 보전할 수 있습니다. 그러니 〔청정무위의〕 '현(玄)'과 '묵(默)'을 깨우치는 일은 도를 고수하는 최상의 방법입니다. 청정무위에 이르는 것은 정신을 가다듬는 터전이고, 조용히 아무 소리도 내지 않는 것은 품덕을 지키는 기반입니다. 세상사는 변화를 겪게 되어 있지만 사람이 지켜야 할 도덕은 바뀌지 않으므로 옛적 인물들의 처지가 바뀌어 지금 세상에 살고 있다면 바뀐 세상에 적응할 수 없을지도 모르겠습니다.

지금 선생은 부엉이 주제에 봉과 황을 비웃고 있고, 도마뱀 수준에서 구(龜)와 용을 조롱하고 있으니[19] 또한 병이 난 것이 아니겠습니까! '현'을 고집하며 '백'을 숭상한다면서 선생이 공연히 나를 비웃었는데, 나도 선생의 병이 깊음을 웃어 주려고 합니다. 그런데도 유부(臾跗)[20]와 편작(扁鵲)에게 보일 수 없으니 가엾기도 합니다."

객이 물었다.

"그렇다면 '현'이 아니면 이름을 얻을 수 없다는 말입니까? 범저와 채택 이후의 사람들은 어찌하여 반드시 '현'을 지켜야만 합니까?"

양자가 대답했다.

"범저는 위나라를 탈출하기 전에 갈비뼈와 장골(腸骨)이 부러지는[21] 수모를 당했으나 다행히 옥에 갇히지 않아 두려운 마음으로 어깨를 움츠려 수레 안의 자루로 숨어 들어갔습니다. 그런 후에 진나라로 들어가서 만승의 군주 진 소왕을 격앙시켜 동생 경양군(涇陽君)과 소원하게 만들고 양후(穰侯)를 공격하여 그 자리를 대신 차지했습니다. 이런 일은 그 시대라서 가능했습니다.

채택은 효산 동쪽의 필부였는데, 주걱턱이 튀어나오고 코뼈가 납작했고 콧물과 침을 흘렸습니다. 그러나 서쪽으로 가서 강진(彊秦)의 재상 범저에게 예를 올린 뒤에 범저의 목구멍을 틀어막고 숨을 끊어 버렸으니 그 뒤통수를 치면서 자리를 빼앗았습니다. 이런 일도 그때라서 가능했습니다.

천하가 안정되고 전쟁이 끝나 낙양에 도읍하려고 할 때, 누경(婁敬)이 수레를 끌던 자루인 만핵(輓輅)을 집어던지고 세 치 혀를 움직여 함락하기 어려운 장안으로 도읍을 정해야 한다는 계책을 올렸는데, 이에 고조께서 수도를 장안으로 옮겼으니 이 또한 그때에 맞았던 책입니다.

오제가 전장(典章) 제도를 만들고 삼왕이 의례(儀禮)를 제정하여 후대에 남긴 뒤로 백 대에 걸쳐 그 법이 바뀌지 않았습니다. 숙손통(叔孫通)이 전국 시대에 진나라의 박사를 지냈는데 전쟁이 끝난 뒤에 군신 사이의 의례를 제정하니, 그 재능이 필요한 적절한 때를 만났으므로 가능한 일이었습니다.

「보형(甫刑)」의 내용은 흩어져 잘 알 수 없고 진나라 법은 너무 가혹했으므로 성군인 고조께서 법을 고치려고 소하에게 율령을 제정하게 했는데 시의적절했습니다. 그러나 요임금과 순임금 시대에 누군가가 소하가 만든 율령을 제정했다면 잘못 제정했다는 평을 들었을 것입니다. 하나라와 은나라 때에 누군가가 숙손통의 의례를 제정했다면 사람들이 이해하지 못했을 것입니다. 성주(成周) 시대에 누군가가 누경처럼 도읍을 장안으로 정해야 한다고 주장했으면 잘못된 건의라고 여겨졌을 것입니다. 김씨(金氏), 장씨(張氏), 허씨(許氏), 사씨(史氏)가 득세하던 시절에 누군가가 범저와 채택처럼 유세했다면 미치광이 취급을 받았을 것입니다.

대저 소하가 율령의 틀을 짜고 조참은 그 율령을 고치지 않았으며, 유후(留侯) 장량(張良)이 계책을 짰고 진평은 기발한 생각을 해냈으니 그 공이 태산 같고 산이 무너지는 소리처럼 웅장하게 울렸지만, 어디 그것이 그 인물들의 지략이 뛰어나서였겠습니까! 이들도 적절한 때를 만나서 그런 공을 세울 수 있었습니다. 따라서 뭐라도 이룰 수 있을 때에 이룰 만한 일을 한다면 순조롭겠지만, 뭐라도 이룰 수 없는 때에 그 이루지 못할 일을 한다면 위험하게 됩니다.

대저 인상여(藺相如) 선생이 장대(章臺)에서 화씨의 벽을 바치는 공을 세웠고, 사호(四皓)는 남산에서 은거하며 명예를 얻었으며, 공손홍은 금마문(金馬門)에서 대책을 올려 무제에게 큰 공을 세웠고,[22] 표기장군은 기련산(祁連山)에서 흉노를 물리쳐 이름을 날렸습니다. 사마장경(司馬長卿)은 교묘한 방법으로 장인 탁씨(卓氏)에게 살림을 마련했고, 동방삭(東方朔)은 세군(細君)에게 고기를 잘라 갖다준 것으로 이름이 났습니다. 저는 위에서 말한 여러 공처럼 언급될 수준이 아니니 묵묵히 나의 태현(太玄)을 홀로 지켜 나가겠습니다."

후세의 누군가는 내 뜻을 알아주리라

○ ○ ○

양웅은 부가 풍자를 통한 간언의 수단이라고 여겼다. 그리하여 유사하게 표현하되 아주 화려한 수사법을 동원하고 규모를 광대하게 전개하여 마침내 아무도 첨언할 수 없는 지경에 이르게 했다. 하지만 말미에 귀정(歸正)을 권하는 내용이 나오더라도 독자는 이미 〔앞에 나온 내용에 빠져서〕 풍자로 느끼지 못했다. 이전에 무제가 신선을 좋아했으므로 사마상여가 「대인부(大人賦)」를 올리면서 풍자하려고 했으나 황제는 오히려 이 작품을 읽고 승천하여 신선이 될 뜻을 품었다. 이것으로 볼 때 부로 충고하는 일은 효과를 낼 수 없음이 분명했다. 게다가 〔춘추 시대〕 익살꾼 순우곤(淳于髡)과 우맹(優孟) 같은 무리처럼 취급되면서 현인 군자가 지은 정도(正道)의 시부로 인정받지 못했으므로 다시는 부를 짓지 않았다.

대신에 혼천(渾天)에 대해 아주 깊이 생각하여 〔우주를 천현(天玄), 지현(地玄), 인현(人玄)의〕 삼모(參摹)로 나누고 〔방(方), 주(州), 부(部), 가(家)로〕 사분하여 여든한 개 구역으로 보았다.

다시 삼모〔중 천현을 시(始), 중(中), 종(終)으로, 지현을 하(下), 중(中), 상(上)으로, 인현을 사(思), 복(福), 화(禍)로 나눈〕 구거(九据)를 적용하여 모두 칠백이십구 찬(贊)을 이루게 했으니 이 또한 도법자연(道法自然)의 도였다. 『역』은 혼천을 괘(卦)의 이름으로 나누었지만, 『태현』은 획(劃)의 서열로 〔여든한 개의〕 수를 정했다. 수는 〔효(爻)와 같은 구실을 하는〕 네 개의 획으로 이루어졌는데,[23] 〔수는〕 『역』의 괘가 아닌 수, 즉 역상(曆象)이다.

『태현』은 천원(天元)을 기준으로 삼아 일주일야(一晝一夜)〔의 하루하루〕, 음양(陰陽), 수도(數度), 율력(律歷)의 역수(歷數)를 계산하여 구구(九九)〔의 여든한 가지〕 대운(大運)이 하늘(天)에서 시작되고 하늘에서 끝나게 해 놓았다. 그리하여 삼 방(方), 구 주(州), 이십칠 부(部), 팔십일 가(家), 이백사십삼 표(表), 칠백이십구 찬(贊)으로 되어 있으며, 세 권으로 나뉘어 일, 이, 삼이라고 제목을 붙였다. 『태현』은 태초력(泰初歷)과 상응하고 또 전욱의 역법(歷法)도 포함했다.

『태현』은 점을 칠 때 〔『역』에서 점을 칠 때 시초(蓍草) 네 가닥씩 솎아 내는 것과 달리〕 세 가닥씩 솎아 냈다. 그래서 길흉을 판단하고 비슷한 일에 묶어서 인간 세상의 여러 가지 일에 적용했다.

『태현』은 도덕(道德), 인(仁), 의(義), 예(禮), 지(知)에 오행(五行)을 적용했는데, 각각의 설명에 정확한 명분은 없어도 대체로 보아 오경(五經)의 뜻에 부합했다. 또 직접 관계없는 사항을 억지로 만들어서 써 넣지 않았다. 그러나 너무 모호해서 이해하기 어려웠다. 그래서 양웅이 「수(首)」와 「형(衝)」, 「착(錯)」, 「측(測)」,[24] 「리(攡)」,[25] 「형(瑩)」, 「수(數)」, 「문(文)」, 「예(掜)」, 「도(圖)」, 「고(告)」 열한 편을 지었다. 이 열한 편 모두 『태현』의 체제와 내용을 하나하나 분리하여 해석한 것이니 『태현』의 장구(章句)를 다 설명할 수 없어 따로 해석한 것이다.

『태현』은 글자 수가 많아서 싣지 않았는데, 읽은 사람들은 내용을 이해하기 어려웠고 학자도 연구하기 어려웠다. 어떤 객이 『태현』이 너무 심오하고 어려워서 사람들이 즐겨 읽지 않는다고 하자 양웅이 그 내용이 어려워진 연유를 설명하는 글을 짓고 제목을 「해난(解難)」이라고 했다. 그 사(辭)는 다음과 같다.

객이 양자를 난처하게 만드는 질문을 했다.

"무릇 책을 저술할 때에는 사람들이 좋아하도록 써야 합니다. 맛난 음식을 입에 맞도록 만들고, 음악을 귀에 잘 들리도록 연주하듯이 말입니다. 그런데 지금 우리 선생께서는 광대하고 높으면

서 깊고 미묘한 이론으로 혼자 유형과 무명의 사이를 달리시면서
(『태현』이라는) 큰 용광로를 달구어 만물을 모조리 집어넣고 녹여
놨으니, 한 해 동안 읽어도 그 뜻을 전혀 이해할 수 없습니다. 이런
책을 짓느라고 선생은 원기만 소모했고, 그런 책을 읽느라고 공부
하는 사람들은 머리가 아픕니다. 예컨대 화가가 그림을 그렸는데
형상이 없고, 악공이 현을 뜯는데 소리가 나지 않는다면 안 되지
않겠습니까?"

양자가 대답했다.

"맞습니다. 대저 〔어떤 책에 담긴〕 광대하고 높은 이론이나 깊으
면서 미묘한 도는 대개 그 책을 읽는 사람의 뜻에 맞기 어렵습니다.

옛사람들은 천상(天象)과 땅의 규모를 관찰하고 인간 세상의 법
을 정확하게 판별하여, 하늘이 광대하게 펼쳐지고 땅이 두텁게 두
루두루 이어진 것을 알았고, 예전의 율령을 금과옥조처럼[26] 귀하게
여겼습니다. 설마 옛사람들이 힘든 것을 좋아해서 그렇게 했겠습
니까! 형세가 그렇게 하지 않으면 안 되었을 것입니다.

선생은 취규(翠虯)와 강리(絳螭)가 승천할 때, 반드시 창오(倉梧)의
심연에서 〔힘들게〕 몸을 일으켜야 하는 것을 보지 못했습니까! 부
운(浮雲)을 타고 질풍(疾風)을 빌려 허공에 올라가지 않으면 광대한
공간에 붙어 구굉(九閎)을 날 수 없습니다. 해와 달이 천 리를 지나
지 않으면 육합(六合)과 팔현(八紘)을 비출 수 없습니다. 태산이 높
이 솟아 있지 않으면 구름을 성대하게 모으며 안개를 퍼뜨리지 못
합니다.

복희씨가 『역』을 지어 하늘과 땅을 연결시키고 팔괘를 만들고,

문왕이 육효(六爻)를 더해 육십사괘를 만들었는데, 공자가 상사(象辭)와 단사(彖辭)를 지은 연후에 천지에 감추어져 있던 비밀이 열려 만물의 기초가 정해졌습니다. 〔『서』의〕 「전(典)」 편과 「모(謨)」 편, 〔『시』의〕 「아(雅)」와 「송(頌)」의 음악이 〔성군들의〕 깨끗한 품행과 넓게 베푼 은덕을 담지 않았다면 성군의 위대한 업적을 널리 알리고 광명을 빛낼 수 없었을 것입니다.

〔무위(無爲)의〕 서미(胥靡)와 적막(寂寞)을 원칙으로 삼아 모든 일을 처리해야 하니, 가장 좋은 맛은 반드시 담백하고 가장 좋은 소리는 반드시 번잡하지 않고 가장 좋은 말은 반드시 큰 소리가 아니며 가장 좋은 길은 돌아가는 것입니다. 미묘한 소리는 여러 사람의 귀에 다 들릴 수 없고, 위대한 형상은 세속에 사는 모든 사람의 눈에 다 맞을 수 없으며, 율령의 가짓수가 너무 많으면 보통 사람들이 모두 잘 따를 수 없습니다.

지금은 현을 뜯을 때 높고 급한 소리를 내면서 사람들의 기호를 맞추며 따라가므로 부르지 않아도 사람이 앉아서 듣고 있습니다. 그러나 만일 「함지(咸池)」, 「육형(六莖)」, 「소소(蕭韶)」, 「구성(九成)」을 연주한다면 아무도 와서 들을 사람이 없을 것입니다.

그래서 종자기(鍾子期)가 죽자 백아(伯牙)가 줄을 끊고 금(琴)을 부숴 버리고 다시는 여러 사람 앞에서 연주하지 않았던 것입니다. 노인(獿人)이 죽자 장석(匠石)이 도끼를 버리고 더는 함부로 도끼질을 하지 않았습니다. 사광(師曠)이 편종의 음을 들어 보고 정확하지 않아 다시 주조해야 한다고 했지만 진 평공(晉平公)이 듣지 않아 후대의 지음(知音)을 기다려야 했습니다.

공자가 『춘추』를 지은 뒤에 후대의 군자들이 먼저 읽어 주〔며 자신을 알아주〕기를 기대했고, 노담(老聃)은 〔『도덕경』을 지어〕 말씀을 남기면서 자신을 알아주는 자가 드물면 자신의 말이 더 귀하게 될 것이라고 했습니다. 이것이야말로 『태현경』을 지은 뜻이 아니겠습니까!"

대도가 무너진 세상, 왕도를 다시 세울 수 있을까

○ ○ ○

양웅은 제자(諸子)가 각각 다른 학설을 퍼뜨리면서 대부분 성인의 가르침을 비난하고 있는 것을 간파했다. 다시 말해서 그 학설들은 요상한 데다 사리에 맞지 않은 채로 궤변을 통해 세상사를 혼란시키고 있었다. 교묘한 언변을 통해 마침내 대도를 망가뜨리고 여러 사람을 미혹시켰으니, 사람들은 그 학설에 빠져들기만 할 뿐 오류를 알지 못했다.

뒤에 태사공이 육국의 역사를 기록한 뒤에 〔진나라 멸망을 둘러싸고〕 초나라와 한나라가 겨루던 시기를 지나 〔무제 때에〕 백린(白麟)이 나타났던 때에 와서 기록을 멈추었다.[27] 그런데 그 내용이 성인의 가르침과 달랐고, 시비를 가리는 표준이 경전의 뜻과 맞지 않았다. 사마천의 관점을 두고 때때로 사람들이 양웅에게 그것이 옳은지를 물어보았는데, 그때마다 양웅은 성인의 도리에 의거하여 대답했다. 그리고 그 내용을 『논어』의 체제를 모방하여 열

세 권으로 엮고 『법언(法言)』이라고 제목을 붙였다. 『법언』은 글자 수가 많아 싣지 않고 그 목록[28]만 적어 둔다.

하늘이 사람을 낳았을 때 사람들은 무지몽매하고 천성이 방종했으며 총명함이 터지지 않아 여러 도리를 알려 주었다. 이런 내용을 담아 제1 「학행(學行)」을 지었다.

왕도는 주공이 실천하기 시작했고 공자 때에 그 내용이 완성되었다. 그러나 그 뒤로 국법이 왕도에서 멀어지게 되었고, 제자들은 교묘한 말로 유세를 했다. 이런 내용을 담아 제2 「오자(吾子)」를 지었다.

일에는 정도가 있으니 모든 일에 그 정도를 펼쳐야 하는데 행동이 모두 그 정도를 지키지 않았다면 자신에게 원인이 있다. 이런 내용을 담아 제3 「수신(修身)」을 지었다.

광활한 천도는 옛적에 성인이 완성했다. 잘못하여 천도의 준칙에 맞지 않아 미치지 못하면 천도에 이를 수 없다. 그렇다고 천도를 속이면 안 된다. 이런 내용을 담아 제4 「문도(問道)」를 지었다.

〔사람의〕 정신은 형상이 없지만 만사를 종횡으로 엮는 일을 한다. 그런데 그 모든 일은 도(道), 덕(德), 인(仁), 의(義), 예(禮)로 〔질서를 잡도록〕 연결되어 있다. 이런 내용을 담아 제5 「문신(問神)」을 지었다.

명철한 사람이 성대한 빛을 내어 사방 비추지 않는 곳이 없다. 명철한 사람은 뜻밖의 일에 항상 신중하게 대비하면서 천명(天命)을 보전해야 한다. 이런 내용을 담아 제6 「문명(問明)」을 지었다.

옛사람들의 지언(至言)은 천지를 두루 아우르되 신명(神明)의 도움까지 받았던지라 그 심오하고 광대한 뜻은 최근 사람들의 이론을 뛰어넘는다. 이런 내용을 담아 제7 「과견(寡見)」을 지었다.

성인은 총명하고 미덕을 깊이 갖추고 있어 하늘을 대신하여 신령의 뜻을 예측했다. 그리하여 여러 사람의 우두머리가 되어 상법(常法)을 세웠다. 〔오백 년에 한 번 이런 성인이 난다고 하니〕 이런 내용을 담아 제8 「오백(五百)」을 지었다.

정령(政令)을 세운 뒤에 사람들을 고무시켜 지키도록 하면 천하가 교화되었다. 정령을 세울 때에는 중화(中和)보다 더 좋은 원칙이 없으니 중화의 정령을 내릴 때에는 먼저 백성의 사정을 밝게 살핀 뒤에 내려야 한다. 이런 내용을 담아 제9 「선지(先知)」를 지었다.

중니 이래로 국군(國君)과 장상(將相), 경사(卿士), 명신(名臣)의 뜻이 일치하지 않았지만 성인의 대도(大道)로 하나가 되었다. 이런 내용을 담아 제10 「중려(重黎)」를 지었다.

중니 이후에 그 도가 한나라 때까지 내려왔다. 〔중니의 제자 중에〕 덕행으로는 안연(顏淵)과 민자건(閔子騫)이 뛰어났고, 한나라 건국의 공신으로는 소하와 조참과 여러 명장이 있었다. 그런 공신을 관직의 고하에 따라 나열하며 그 공로를 칭찬하고 평가했다. 이런 내용을 담아 제11 「연건(淵騫)」을 지었다.[29]

군자는 끝까지 도를 지키는 것으로 이름을 얻고, 성인의 도에 비추어 행동을 교정하며 널리 성인의 원칙을 통하게 한다. 이런 내용을 담아 제12 「군자(君子)」를 지었다.

가장 큰 효는 아버지를 편안하게 해 드리는 것이다. 아버지를 편

안하게 해 드리는 것 중에 아버지의 신령을 편안하게 해 드리는 것
보다 더 큰 일은 없다. 아버지의 신령을 편안하게 해 드리는 것 중
에 사방에서 기쁜 마음으로 아버지의 제사에 참여하게 하는 것보
다 더 큰 것은 없다. 이런 내용을 담아 제13「효지(孝至)」를 지었다.

찬하여 말한다.

〔위의『법언』목록 등은〕양웅의 자서(自序)에서 인용한 것이다.[30]
그보다 먼저 양웅이 마흔 몇 살이었을 때[31] 촉군을 떠나 장안
에 갔다. 대사마 거기장군 왕음이 양웅의 문학 재능을 특별하게
여기고 불러서 문하사(門下史)로 임명했다. 왕음은 곧이어 양웅을
대조로 천거했다.

한 해 남짓하여『우렵부(羽獵賦)』를 올렸다. 낭관에 제수되어
왕망, 유흠과 더불어 황문에서 일했다.

애제 즉위 초에는 동현과 함께 황문에서 일했다.

성제, 애제, 평제 연간에 왕망과 동현 두 사람이 모두 삼공의
지위에 올랐는데, 황제를 누를 만큼 큰 권세를 부렸다. 천거한 인
물 중에 발탁되지 않은 사람이 없었다. 그러나 양웅은 그 세 황제
밑에서 한 번도 승진하지 못했다.

왕망이 황위를 찬탈한 뒤에 유세객 중에 부명(符命)으로 왕망의
공덕을 칭송함으로써 작위를 받은 자가 아주 많았다. 그러나 양웅
은 후에 봉해진 적이 없었고, 연로할 때까지 승진한 것이 겨우 대
부였다. 그만큼 권세와 재물을 추구하지 않았다. 진실로 호고(好
古)하고 낙도(樂道)하면서 후대에 문장으로 이름을 남기기만을 원

했다.

양웅은 경전 중에 『역』을 가장 중요한 책으로 여기고 『태현경』을 지었다. 전(傳) 중에서는 『논어』를 중요한 책으로 여기고 『법언』을 지었다. 사편(史篇) 중에서는 창힐(倉頡)을 가장 훌륭한 책으로 여기고 『훈찬(訓纂)』을 지었다. 잠(箴) 중에서는 『우잠(虞箴)』을 가장 좋은 것으로 여기고 『주잠(州箴)』을 지었다. 부는 「이소」보다 뜻이 더 깊은 것이 없다고 여겼다. 그래서 「반리소」를 지어 굴원을 위로했다. 사는 사마상여보다 더 아름답게 쓸 수 없다고 여기고 사부(四賦)를 지었다. 이 저작들은 모두 각각의 본원을 헤아려 그 최고의 작품에 의거하면서 양웅의 재능을 발휘한 예이다.

양웅은 전심전력하여 덕을 닦았을 뿐 외적인 성공을 추구하지 않았다. 그래서 당시 사람들은 모두 홀내했으나 유흠과 범준(范逡)은 양웅을 존경했다. 또 환담은 양웅이 누구와도 비교할 수 없을 만큼 뛰어나다고 평했다.

왕망 시절에 유흠과 견풍이 모두 상공(上公)의 자리에 올랐다.

왕망은 부명(符命)을 이용하여 스스로 황제가 되었는데, 즉위 후에 올린 부명은 인정하지 않음으로써 자신이 즉위하기 전에 올렸던 것만 신의 계시로 인정했다. 그래서 견풍의 아들 견심(甄尋)과 유흠의 아들 유분(劉棻)이 다시 부명을 바쳤을 때, 견풍 부자를 주살하고 유분 등의 시체를 사방의 변경에 갖다 버렸다. 또 조서 중에 나오는 관련 인물은 주청 과정을 생략하고 바로 체포하게 했다.

그때 양웅은 천록각(天祿閣) 위에서 책을 교열하고 있었다. 사건을 조사하는 사자가 와서 양웅을 체포하려고 하자, 양웅이 죽음을 피할 수 없으리라고 여기고 천록각 위에서 몸을 던져 거의 죽을 지경에 이르렀다. 왕망이 그 소식을 듣고 물었다.

"양웅은 평소에 남의 일에 참여하는 법이 없는데, 어쩌다 이 사건에 연루되었는가!"

왕망이 사람을 보내 은밀히 사정을 알아보게 했다. 유분이 예전에 양웅에게 기자(奇字)[32] 쓰는 법을 배운 적이 있었을 뿐, 양웅은 부명 사건을 전혀 모르고 있었던 것을 알아낸 왕망이 조서를 내려 양웅을 조사하지 말도록 했다. 그리하여 서울에 다음과 같은 말이 떠돌게 되었다.

"적막하게 산다더니 천록각에서 떨어졌고, 청정을 좋아한다면서 부명(符命)[33]을 지었네."

양웅은 병으로 면직되었다가 다시 왕망에게 불려가서 대부가 되었다.

집은 늘 가난했다. 술을 좋아했으나 집에 오는 사람은 드물었다. 그때 양웅에게 배우고 싶어 했던 자가 술과 안주를 들고 양웅에게 찾아와 공부했다. 거록 사람 후파(侯芭)가 양웅의 집에 머물며 스승으로 모시고 『태현경』과 『법언』을 배웠다.

유흠이 그 광경을 보고 양웅에게 말했다.

"공연히 혼자서 고생만 하는군요. 지금 공부하는 사람들은 녹봉을 많이 받으나 『역』을 이해하지 못하고 있습니다. 그런데 『태현』을 배워서 어디에 쓰겠습니까! 나는 후대 사람들이 『태현』으로 장독 아가리를 덮을까 걱정입니다."

양웅이 웃으며 대꾸하지 않았다.

천봉(天鳳) 5년에 일흔한 살의 나이로 세상을 떠났다.

제자 후파가 봉분을 쌓고 삼년상을 지냈다.

그때 대사공 왕읍과 납언(納言) 엄우(嚴尤)가 양웅이 죽었다는 소식을 듣고 환담에게 물었다.

"선생께서 양웅의 저서를 칭찬했는데, 설마 그 저서들이 후대까지 전해지겠습니까?

환담이 대답했다.

"반드시 전해질 것입니다. 그러나 대사공과 저 담은 그 모습을 볼 수 없을 것입니다. 범인은 지금의 저서를 경시하고 오래된 저서는 귀하게 여깁니다. 양자운(揚子雲)의 봉록과 용모가 주목을 끌지 못하는 것을 보고 그 저서도 경시하고 있습니다.

옛적에 노담이 무위에 관한 책 두 편[34]을 저술했는데, 인과 의를 가볍게 보고 예학을 비난했습니다. 그 뒤에 그 책을 좋아하는 사람들이 오경을 좋아하는 사람보다 훨씬 많아졌습니다. 한나라 문제와 경제 및 사마천이 모두 그 책을 좋아한다고 말했습니다.

지금 양자의 저서는 그 뜻이 아주 깊은 데다 그 주장이 성인의 뜻에 어긋나지 않습니다. 만일 좋은 임금을 만나 현명하고 지혜로운 인물이 양웅의 저서를 읽는다면 좋은 책으로 평가할 것이니 반드시 제자의 저서를 뛰어넘을 것입니다."

유생 중에 더러는 양웅이 성인도 아니면서 경을 지었다고 비난했는데, 『춘추』에서도 오나라와 초나라의 군주가 왕을 참칭했다고 하여 자(子)라고 칭했으니, 주살되어 후사가 끊기는 벌을 받을 죄를 지은 것이라고 했다.

양웅이 죽은 지 마흔 해가 넘은 지금, 양웅의 『법언』은 널리 퍼졌으나 『태현』은 끝내 잘 알려지지 않았다. 하지만 서적은 온전히 남아 있다.

58

유림전
儒林傳

　반고는 유학이 사회의 주류 사상으로 자리 잡은 동한(東漢)의 유학
자로서 이 편에서 서한(西漢)의 경학 전통을 기술했다. 진나라의 멸망으
로 끊어졌던 유가 학맥의 부흥이 예견되었으나 진시황의 분서와 진나
라의 멸망, 초한 전쟁 등 워낙 큰 타격을 입었던지라 회복은 중기에 이
르러서야 가능해졌다.

　한나라 초기에는 경(經)의 내용을 확정하는 일이 급선무였다. 분서
이후로 고문 경전과 금문 경전이 갈라져 유통되었기에 유학자들은 두
계통을 비교하여 정확한 '경'을 세우는 데 온 힘을 쏟아야 했다. 오경
의 차례도 흔들렸으니, 경전의 뜻을 전통적으로 해석하는 치중한 사마
천은 『사기』 「유림 열전」에서 오경을 『시』, 『서』, 『예』, 『역』, 『춘추』 순
으로 나열했다. 그러나 이 편에는 경전이 생긴 순서가 중시되어 『역』,

『서』, 『시』, 『예』, 『춘추』 순으로 배열되어 있다. 이는 유흠의 『칠략』에 나오는 순서와 같다.

이에 따라 『역』을 연구한 학자로 정관(丁寬), 시수(施讎), 맹희(孟喜), 양구하(梁丘賀), 경방(京房), 비직(費直), 고상(高相), 『상서』를 연구한 학자로 복생(伏生), 구양생(歐陽生), 예관(倪寬), 임존(林尊), 하후승(夏侯勝), 주감(周堪), 장산부(張山拊), 공안국(孔安國), 『시』를 연구한 학자로 신공(申公), 위현(韋賢), 왕식(王式), 원고(轅固), 후창(后蒼), 한영(韓嬰), 조자(趙子), 모공(毛公), 『예』를 연구한 학자로 고당생(高堂生), 서생(徐生), 서연(徐延), 서상(徐襄), 공호만의(公戶滿意), 환생(桓生), 선차(單次), 소분(蕭奮), 맹경(孟卿), 『춘추』를 연구한 학자로 호모생(胡母生), 엄팽조(嚴彭祖), 안안락(顔安樂), 하구강공(瑕丘江公), 방봉(房鳳) 등 30여 명의 서한 유학자를 소개하면서 금의파(今義派)와 고의파(古義派)로 갈라진 복잡한 계통을 자세히 밝혔다.

군주에게 천명을 깨닫게 한 유림

○   ○   ○

옛적의 유자(儒者)는 육예(六藝)[1]의 글을 두루 공부했다. 육예는 제왕이 교화에 이용한 전적으로 선대의 성군이 천도(天道)를 밝히고 인륜을 바로잡아 지치(至治)를 달성하는 데 썼던 법도였다. 주나라의 왕도가 쇠약해지다가 유왕(幽王)과 여왕(厲王) 때에 이르러 망가지더니 예악과 정벌에 관한 결정을 제후가 처리했다.

주나라가 쇠약해지고 이백여 년이 지났을 때 공자가 나타났다. 공자는 성덕을 지녔으나 말세를 만나 그 지혜로운 주장은 채택되지 않았고 펼치려고 한 도는 실행할 수 없었다. "봉황새가 날아오지 않고 하도(河圖)도 나타나지 않으니 이제 나의 도를 펼칠 기회가 없겠구나."[2]라고 한탄했다. 반면에 "문왕은 예전에 돌아가셨지만 그 법도는 [내가 정리한] 이 서적에 남아 있지 않으냐?"[3]라고도 했다. 뒤에 제후들이 사람을 보내 예에 관해 가르침을 구할 때마다 승낙하고 설명해 주었으니, 서쪽으로는 주나라까지 이르렀고 남쪽으로는 초나라까지 닿았다. [공자를 양화(陽貨)로 오인하고] 해치려 하는 광읍(匡邑) 사람들에게 에워싸이는 등 무서운 일을 당했는데 [목숨은 구했지만] 진(陳)나라와 채(蔡)나라 사이의 땅에서 [이레 동안] 먹을 것을 구하지 못하기도 했다. 이런 일을 겪으면서도 일흔 명이 넘는 군주에게 가르침을 베풀었다. 제나라에 갔을 때 『소(韶)』를 감상하며 석 달 동안 고기 맛을 잊어버릴[4]만큼 감동했다. 위(衛)나라에서 노나라로 돌아간 뒤에 [주나라 악률에 맞게) 악곡을 정리하여 「아(雅)」와 「송(頌)」을 원래 선율로 돌려놓았다.

〔공자는〕 고금의 서적을 자세히 관찰한 뒤에 그 내용을 칭송하기를 "위대하다, 요임금의 다스림이어! 요임금은 위대한 하늘의 도를 그대로 실천하셨다. 거룩하다, 요임금이 이룬 공적이여! 빛나는구나, 요임금이 만든 법과 제도여!"[5]라고 했고, 또 "주나라는 〔하(夏), 상(商)〕 두 나라의 제도를 참고했으니 그 제도가 얼마나 완비되었던가! 나는 그런 주나라〔의 예도〕를 따른다."[6]라고 했다. 그리하여 『서』를 편찬할 때 「요전(堯典)」에서 시작했고, 음악은 「소무(韶舞)」가 뛰어나다고 칭송했으며,[7] 『시』를 편집할 때에도 「주남(周南)」을 첫머리에 두었다. 주나라의 제도에 관해 정리한 뒤에 『춘추』를 기술하면서 열두 공(公)[8]의 사적을 열거하되 주나라 문왕과 무왕의 왕도를 규범으로 삼아 나라를 바로 다스리는 과정에 통일된 법도를 완성하여 기린을 얻었던 〔애공(哀公)〕 때까지의 사건을 기록했다. 만년에는 『역』을 좋아하여 '위편삼절(韋編三絶)'에 이를 만큼 읽고 해설서인 『역전(易傳)』을 지었다.

전체적으로 근세의 성인에 관한 사적을 통해 선대의 제왕이 교화했던 바를 제대로 보였다. "선대에 정해 놓은 법도를 옮겨 책으로 편찬할 뿐 스스로 지어내지 않으니, 전대의 법도 있는 그대로를 따르며 좋아한다."라 하였으며,[9] "아랫사람에게는 사람의 기본 도리를 가르치고 위로 군주에게는 천명을 깨닫게 했으니 이렇게 했던 내 뜻은 하늘만 알리라."[10]라고 평했다.

중니〔공자〕가 세상을 떠난 뒤에 일흔 명의 제자들이 사방의 제후에게 출사했는데 높게는 경(卿), 상(相), 사부(師傅)가 되거나 낮게는 사대부와 교류하면서 가르쳤다. 개중에는 은거하여 모습을 드러내지 않은 사람도 있었다. 자장(子張)은 진(陳)나라에, 담대자우(澹臺子羽)는 초나라에, 자하(子夏)는 서하(西河)에 있었고,[11] 자공(子貢)은 제나라에 머물다가 세상을 떠났다.[12] 전자방(田子方)과 단간목(段干木), 오기(吳起), 금알리(禽滑釐) 같은 사람들은 모두 자하를 스승으로 모시고 공부하고 군주의 스승이 되었다.[13] 그 무렵〔제후 중에서〕 위 문후(魏文侯)만 배움을 좋아했다.

전국 시대에 접어들면서 천하가 전쟁에 들어갔고 유가 사상은 폄하되었다. 그러나 제나라와 노나라 땅의 선비들은 유가 사상을 포기하지 않았다. 제 위왕(齊威王)과 제 선왕(齊宣王) 때에 이르러 맹자와 손경(孫卿) 같은 이들이 모두 공부자(孔夫子)의 학술을 존중하고 더 빛나도록 만들었으니 그때부터 공자의 학문이 세상에 널리 알려졌다.

진시황이 천하를 겸병한 뒤에 『시』와 『서』를 불사르고 술사(術士)들을 죽였는데,[14] 그때부터 육예를 연구하는 학문이 쇠락하게 되었다.

진섭이 왕이 되자 노나라 땅의 유생들이 공씨 가문에서 정해 쓰던 제기를 들고 진섭에게 귀부했다. 뒤에 공갑(孔甲)[15]이 진섭 조정에 박사로 출사했다가 마지막에 진섭과 함께 죽었다.

진섭은 필부의 신분으로 봉기하여 수자리 살러 가던 사람들을 이끌고 나라를 세웠다. 한 해를 채우지 못하고 멸망할 만큼 업적이 미미했음에도 불구하고 벼슬을 지냈던 학자들이 제기를 지고 가서 예물로 올리며 신하가 되겠다고 한 것은 무슨 까닭일까? 진(秦)나라가 그 유생들의 학업을 금지했으므로 원한을 쌓다가 진(陳)나라 왕에게 그 설움을 풀었기 때문이다.

고조가 항적을 주살한 뒤에 군사를 이끌고 노나라 땅을 포위했을 때, 노성(魯城) 안에서는 유생들이 여전히 경전을 암송하거나 예에 따라 전례(典禮) 절차를 실습하느라 현악기와 노랫소리가 끊어지지 않았으니, 그야말로 성인이 교화한 바가 그대로 남아 있는 배움을 좋아하는 땅이 아니었겠는가! 그때부터 천하의 유생들이 경학을 배울 수 있게 되었고 대사(大射)와 향음(鄕飮)의 전례를 배우고 익히게 되었다.

이어서 숙손통이 한나라의 전례와 의례(儀禮)를 제정했다. 그리하여 숙손통은 봉상(奉常)에 임명되었고, 의례를 정하는 데 함께했던 여러 제자는 모두 벼슬을 받았다.[16] 그런 뒤에 유학이 빠르게 부흥했다. 그러나 전투를 이어 가며 천하를 평정해 나가던 때라 교육을 위해 상서(庠序)를 세울 틈이 없었다. 효혜제와 고후(高后) 때에는 모든 공경이 전투에서 공을 세운 공신이었다. 효문제 때에 유생을 얼마간 등용했지만 효문제는 원래 형명(刑名) 학설을 좋아했다. 뒤에 즉위한 효경제는 유생을 등용하지 않았다. 두 태후가 황로(黃老) 학설을 숭상했으므로 박사들이 벼슬아치 후보로 대기만 할 뿐 등용되지 못했다.

한나라가 건국한 뒤에 〔전국 시대에 제나라 땅이었던〕 치천(淄川)에서는 전생(田生)이 『역』을, 제남에서는 복생(伏生)이 『서』를 가르치기 시작했다. 『시』는 노나라에서는 신배공(申培公)이, 제나라에서는 원고생(轅固生)이, 연나라에서는 태부 한영(韓嬰)이 가르쳤다. 『예』는 노나라에서 고당생(高堂生)이 가르쳤다. 『춘추』는 제나라에서는 호무생(胡毋生)이, 조(趙)나라에서는 동중서가 가르쳤다.

두 태후가 세상을 떠난 뒤에 승상이 된 무안군(武安君) 전분(田蚡)이 황로술과 형명학설 등의 백가 사상을 배척하고 문학 인재였던 유자 수백 명을 등용했는데, 그중에서 공손홍이 『춘추』의 연구자로서 승상이 되어 열후에 봉해졌다. 천하의 학자들이 바람이 불면 풀이 넘어지듯이 유학 쪽으로 기울었다.

유학에 밝은 인재 등용의 길이 열리다

○ ○ ○

학관(學官)으로 있던 공손홍이 유학의 도가 막혀 널리 퍼지지 않는 것을 안타까워하면서 주청했다.

"승상과 어사가 말씀 올립니다.

폐하께서 '대개 예로써 백성을 이끌고, 악으로 교화하며, 혼인이라는 윤리를 통해 부부가 함께 살게 해야 한다고 들었다. 그러나 지금은 예와 악이 망가져 있다. 짐은 이를 아주 안타깝게 여겨 천하에서 그 방면에 박학다식한 인재를 두루 불러올려 모두 조정에 등용하려고 한다. 그리고 예관(禮官)에게 열심히 배우도록 하여 널리 배운 바를 제자에게 가르치며 유실된 경전을 찾아내 예를 부흥시키며 천하의 모범이 되라고 했다. 태상과 상의하여 박사의 제자를 보내 향리의 교화를 중점적으로 시행하고 뛰어난 능력과 덕행을 갖춘 인재에게 교육을 받을 수 있게 하라.'라고 명하셨습니다. 이에 태상 공장(孔臧)과 박사 평(平) 등과 신중하게 상의한 바를 말씀드립니다.

〔하, 은, 주〕삼대에서 행한 치국의 도에 따르면 향리에 가르치는 곳을 두었다고 들었으니, 하나라에서는 교(校), 은나라에서는 상(庠), 주나라에서는 서(序)라고 했습니다. 이곳에서는 선한 자를 격려하여 조정에서 표창하게 했고 악한 자는 징벌하여 형벌을 받게 했습니다.

이제 교화를 시행할 때에는 장안에서 먼저 시작해서 장안에서 지방으로 퍼져 나가게 해야 합니다. 지금 폐하께서는 최고의 덕을 지니고 계신 것이 분명합니다. 그러므로 태양과 같은 빛을 밝히시며 천지의 도에 부합하고 인륜의 본위에 맞게 권학으로 예를 부흥시키는 한편, 교화를 중시하고 인재를 격려하는 것으로 사방을 교화시키면 태평을 실현하는 기점이 될 것입니다.

이전에는 다스리는 일과 교화하는 내용이 맞아떨어지지 않아서 제도가 완비되지 않았습니다. 이제 원래 있던 학관으로 하여금 교화를 진흥시키기를 청합니다. 박사관(博士官)에게 제자 쉰 명을 배치하고 요역을 면제해 주십시오. 박사의 제자들은 태상이 열여덟 살 이상 되는 사람 중에 용모와 의관이 단정한 자를 골라서 뽑게 해야 합니다. 지방에서는 경전 공부를 좋아하고 어른을 공경하며 법령과 교화 내용을 준수하고 향리의 이웃과 화목하게 지내면서 행동이 예법에 벗어나지 않는 자가 있으면 지방의 군과 제후국의 현에서 일하는 관리들이 찾아내 보고하고, 그 보고를 받은 현령과 열후의 상(相), 현장, 현승이 다시 상부의 이천석 관리인 태수와 제후국 상국에게 보고하게 해야 합니다. 이천석 관리는 신중하게 조사하여 추천할 만한 자를 선발하여 상계리(上計吏)가 장안에 보고하러 갈 때 함께 데려가서 태상에게 보내고, 박사의 제자들과 같은 수준의 교육을 받게 해야 합니다. 한 해 동안 모든 과목의 수업을 받게 한 뒤에 경전 한 과목 이상에 능통한 자를 문학장고의 결원에 보충하고 그중 성적이 높은 자는 낭중에 임명하되 태상이 그 명단을 상주하게 합니다. 만일 탁월한 수재가 있다면 그 명단도 함께 황제께 보고합니다. 제대로 공부하지 않아 성적이 나쁘거나 한 과목의 경전도 능통하지 못한 자는 축출하고 공부를 해낼 만한 자들을 청해서 보충하게 합니다.[17]

신이 폐하께서 내린 조서와 율령을 자세히 살펴보았습니다. 폐하께서는 하늘과 사람의 관계에 대해 분명하게 인식하신 채로 고금의 도리에 통하시며, 문장의 표현이 바르고 뜻이 깊어 아주 큰 은택을 내리는 내용을 담고 있었습니다. 그러나 보고 배운 바가 적은 하급 아전이 그 뜻을 정확하게 이해하지 못해 백성에게 똑바로 전달하지 못하고 있습니다.

예법과 의전을 관장하는 관직은 경전에 능통한 문학 인재와 의례에 밝은 자를 뽑아 충원하는데 제대로 임명되지 않고 있으니, 임명되지 못한 자 가운데 봉록 비이백석(比二百石) 이상과 봉록 백석 아전 중에서 경전 한 과목 이상에 능통한 자를 뽑아 좌우내사(左右內史)와 대행(大行)의 졸사로 임명하고, 비백석 이하는 지방

군의 태수의 졸사로 임명하되 군마다 두 사람씩 배치하고 변방의 군에는 한 사람을 배치해야 하겠습니다. 경전의 내용을 많이 암송하는 자를 먼저 뽑되 여의치 않으면 장고(掌故)를 뽑아 중이천석(中二千石)〔인 좌우내사와 대행〕의 속관으로 임명하고, 군문학장고(郡文學掌故)는 태수의 속관으로 충원해야 하겠습니다.[18] 공령(功令)에 이 사항을 명시하고 다른 사항은 원래의 율령대로 시행하기를 청합니다."

이에 대해 황제가 명령을 내렸다.

"그렇게 시행하도록 하라."

이때부터 공경과 대부, 사에 오른 관리들은 문장을 적절히 구사하고 경전을 익힌 인재들이 많았다.

소제 때에 현량 인재와 문학 인재를 천거받아 박사마다 제자를 백 명씩 채워서 두었다가 선제 말기에 다시 곱절로 늘렸다. 원제는 유학을 좋아하여 경전 한 과목에만 능통해도 요역과 세금을 면제해 주었다. 몇 해 뒤에 인원이 모자라서 다시 정원을 천 명으로 정해서 지방의 군과 제후국에 오경을 수학한 봉록 백석 졸사를 배치했다. 성제 말기에 누군가가 공자는 평민으로서 제자 삼천 명을 길렀는데 지금 황제의 태학에는 제자가 너무 적다고 주장하여 제자의 정원을 삼천 명으로 늘렸다. 한 해 남짓하여 다시 원래대로 돌렸다. 평제 때에 왕망이 집권하여 원사(元士)의 아들을 더 뽑아 제자와 마찬가지의 수업을 받을 수 있도록 해 주되, 정원에 포함하지 않았다. 세과(歲課)에서 갑과에 뽑힌 마흔 명은 낭중으로 삼고 을과(乙科) 스무 명은 태자사인으로 병과(丙科) 마흔 명은 문학

장고에 임명했다.

노나라의 자목(子木) 상구(商瞿)[19]가 공자로부터 『역』을 배워 노나라의 자용(子庸) 교비(橋庇)[20]에게 전수했다. 자용은 강동(江東)의 자궁(子弓)[21] 한비(馯臂)에게 전수했다. 자궁은 연나라의 자가(子家) 주추(周醜)[22]에게 전수했다. 자가는 동무(東武)의 자승(子乘) 손우(孫虞)에게 전했다. 자승은 제나라의 자장(子裝) 전하(田何)에게 전했다.[23]

진나라 때에 유가 학설을 공부하지 못하도록 했는데 『역』만큼은 무복(筮卜)의 책이라고 하여 금지하지 않았으므로 전수받은 이가 끊어지지 않았다.

한나라가 건국된 뒤에 〔전국 시대〕 제나라 전씨(田氏) 일족이 두릉으로 이주할 때 전하도 따라서 이주했다. 두전생(杜田生)이라고 일컬어졌던 전하는 동무(東武)의 자중(子中) 왕동(王同)과 낙양의 주왕손(周王孫), 정관(丁寬), 제나라의 복생에게 『역』을 전수했는데 이들은 모두 〔『역』의 해설서인〕 『역전』 여러 편을 남긴 것으로 유명하다. 함께 전수받았던 치천의 양하(楊何)는 자가 숙원(叔元)으로 원광 연간에 무제의 부름을 받아 태중대부가 되었다. 제나라의 즉묵성(即墨成)은 성양국(城陽國)의 상국이 되었고, 광천국(廣川國)의 맹단(孟但)은 태자문대부(太子門大夫)가 되었으며, 노나라의 주패, 성양국 거현(莒縣)의 형호(衡胡), 임치의 주보언(主父偃)도 모두 『역』을 연구하여 높은 벼슬에 올랐다. 『역』의 요점을 잘 해석하기 시작한 유생은 전하였다.[24]

『역』을 연구한 학자들

○　○　○

정관의 자는 자상(子襄)이고, 양나라 사람이다.

애초 양나라 사람 항생(項生)이 전하에게 『역』을 배울 때 정관이 항생을 수행하고 있었는데, 『역』을 자세하고도 빨리 이해하여 그 자질이 항생보다 뛰어났으므로 마침내 전하에게 사사하게 되었다. 공부를 마쳤을 때 전하가 정관을 떠나게 했다. 정관이 동쪽의 고향으로 돌아갈 때 전하가 문인들에게 말했다.

"『역』이 동쪽에 전해지게 되었구나!"

뒤에 정관은 낙양으로 가서 다시 주왕손에게 고의(古義) 『주씨전(周氏傳)』[25]을 전수받았다.

경제 때에 정관은 양 효왕의 부대를 지휘하여 오초(吳楚)의 난을 막았으므로 정 장군이라는 칭호를 얻었다.

정관이 삼만 자의 『역설(易說)』을 지었는데 장과 구별로 뜻을 해석하지 않고 요지만 거론했으니 지금의 『소장구(小章句)』가 바로 이 책이다. 정관은 같은 군의 탕현(碭縣)[26] 사람 전왕손에게 전수했고 전왕손은 시수와 맹희(孟喜), 양구하에게 전수했다. 이렇게 하여 『역』에 시가(施家), 맹가(孟家), 양구가(梁丘家)의 학파가 생기게 되었다.

시수의 자는 장경(長卿)이고, 패군 사람이다.

패군[의 상현(相縣)]과 탕현은 거리가 가까웠으므로, 시수가 아이였을 때 전왕손에게 『역』을 사사할 수 있었다.

뒤에 시수가 장릉(長陵)으로 옮겨 가서 살았다. 그때 전왕손이 박사로 있었으므로 다시 그 밑에 들어가서 학업을 마쳤다. 그때 맹희와 양구하가 함께 배웠다. 시수는 사람됨이 겸손하여 늘 자신은 배움이 모자라 제자를 두지 않는다고 말했다. 뒤에 양구하가 소부에 임명되어 처리할 일이 많아지자 아들 양구림(梁丘臨)으로 하여금 자신의 문하생인 장우(張禹) 등을 데리고 가서 시수에게 모르는 내용을 물어보며 공부하게 했다. 시수는 몸을 숨기고 만나지 않았다. 그러나 양구하가 계속해서 청했으므로 하는 수 없이 양구림 등에게 『역』을 가르쳤다.

뒤에 양구하가 시수를 천거하며 "머리를 두 갈래로 묶어 올렸던 아이 적에 스승에게 배우기 시작한 뒤로 수십 년이 지났지만 저 하가 따라잡지 못했습니다."라고 하자, 황제가 시수를 박사에 임명했다. 감로 연간에 오경을 연구하는 유생들이 석거각(石渠閣)에 모여서 〔금문(今文)과 고문(古文) 경전의〕 차이에 대해 논의할 때 함께 참가했다.

시수는 장우와 낭야군의 노백(魯伯)을 가르쳤는데, 노백은 회계 태수가 되었고 장우는 승상까지 올랐다. 장우는 회양의 팽선과 패군의 자평(子平) 대숭을 가르쳤는데, 대숭은 구경의 반열에 올랐고 팽선은 대사공이 되었다. 장우와 팽선에 대해서는 따로 열전을 세워 두었다. 노백은 태산군의 소로(少路) 모막여(毛莫如)와 낭야군의 만용(曼容) 병단(邴丹)을 가르쳤는데, 고결한 선비로 이름났다. 모막여는 상산(常山) 태수가 되었다. 여기에 나열한 사람들은 유명한 사람들이다. 이런 맥락에서 『역』의 시가(施家) 학파에는 장가(張家)와 팽가(彭家) 학파가 생겨났다.

맹희의 자는 장경(長卿)이고, 동해군 난릉현 사람이다. 아버지는 맹경(孟卿)이라고 일컬어지던 인물로, 『예』와 『춘추』에 능통하여 후창과 소광(疏廣)에게 전수했다. 세상에 전해지고 있는 『후씨례(后氏禮)』와 『소씨춘추(疏氏春秋)』는 모두 맹경의 학설에서 나왔다. 맹경은 『예』는 경전의 종류가 많고 『춘추』는 해석이 여러 갈래로 나뉜다는 생각에 맹희더러 전왕손에게 가서 『역』을 배우게 했다.

맹희는 자화자찬하기를 좋아했다. 맹희가 『역가후음양재변서(易家候陰陽災變書)』를 얻은 뒤에 스승 전생(田生)이 임종 시에 제 무릎을 벤 채로 자신에게만 그 책을 전해 주었다고 꾸며서 말하자 유생들이 맹희에게 영광스러운 일이라고 말했다. 그런데 동문이었던 양구하가 그 말의 진위를 정확하게 가려 주었다.

"전생께서는 시수 곁에서 돌아가셨는데 그때 희는 동해에 돌아가 있었다. 그러니 어떻게 그런 일이 있을 수 있겠는가?"

촉군 사람 조빈(趙賓)은 〔음양과 점복 등의〕 술수(術數)에 관한 책을 좋아하다가 뒤에 『역』을 공부하면서 『역』의 문구를 재해석했다. "기자명이(箕子明夷)는 '기자'에 음양의 기운이 없어졌다는 뜻으로, '기자'란 '만물이 바야흐로 그 뿌리를 키움'이다."[27]라고 주장했다.

조빈은 자신의 주장을 교묘하고 총명하게 펼쳤다. 『역』을 공부하는 학자들은 그 주장을 틀렸다고 하지는 않았지만 모두 전통적인 해석이 아니라고 여겼다. 맹희에게 배운 학설이라고 하면서 그의 이름을 들먹였는데 조빈이 죽은 뒤에 아무도 그 학설을 주장하지 않자 맹희도 인정하지 않게 되어 설득력을 얻지 못했다.

맹희는 효렴 인재에 천거되어 낭관으로 들어가서 곡대서장(曲臺署長)이 되었다가 병으로 면직되었다. 뒤에 승상연(丞相掾)이 되었다. 박사 자리에 결원이 생겼을 때 여러 사람이 맹희를 천거했다. 그러나 맹희가 스승에게 전수받은 내용을 고쳤다는 말을 들은 황제가 맹희를 박사에 등용하지 않았다. 맹희의 고향 동해군의 소자(少子) 백광(白光)과 패군의 자황(子兄) 적목(翟牧)이 모두 박사가 되었다. 그리하여 적가(翟家), 맹가(孟家), 백가(白家) 학파가 생겼다.

양구하의 자는 장옹(長翁)이고, 낭야군 제현(諸縣) 사람이다. 장부의 숫자를 계산하는 재주가 뛰어나서 무기상시(武騎常侍)가 되었다.

양구하는 태중대부 경방에게 『역』을 배웠다. 경방은 치천 사람 양하(楊何)의 제자였다.[28] 경방이 제군(齊郡) 태수로 나가자 양구하는 전왕손에게로 옮겨서 공부했다. 선제가 경방이 『역』에 밝다는 말을 듣고 경방의 문하생을 찾다가 양구하를 알게 되었다. 그 무렵 도사공령(都司空令)으로 있던 양구하는 업무 때문에 죄를 짓고 면직되어 서인으로 강등되어 있었는데, 황제의 부름을 받고 황문에서 대조하면서 여러 차례 황궁에 들어가 시중(侍中)들에게 경전을 강의했다. 양구하가 강의를 잘했으므로 황제가 친견하기 위해 양구하를 불렀다. 양구하가 황궁에 들어가 황제에게 『역』을 설명하자 황제가 뛰어나다고 여기고 양구하를 낭관으로 삼았다.

마침 8월의 음주(飲酎) 행사를 맞이하여 효소묘(孝昭廟)에 제사를 올리는 행차를 나가게 되었는데, 행렬의 선두에 있던 모두(旄頭) 병사의 검이 땅바닥에 떨어져 칼자루가 흙 속에 꽂히는 사고가 났다. 떨어진 칼의 날이 승여거(乘輿車)[29]를 향하자 말이 놀란 것이었다. 양구하를 불러 점을 치게 하자 반란이 일어날 기미가 있어 불길하다는 점괘가 나왔으므로, 황제가 황궁으로 돌아가면서 해당 관리를 보내 제사를 모시게 했다.

그 무렵 곽광의 외손자였던 대군(代郡) 태수 임선(任宣)[30]이 모반죄로 주살당했는데, 공거승(公車丞)으로 있던 그 아들 임장(任章)은 달아나 장안과 위성(渭城)의 경계에 숨어 있었다 임장이 밤에 검은 〔낭관〕 옷을 입고 효소묘에 들어가 낭관들 사이에 있다가 창을 들고 사당 문 앞에 서서 황제가 도착하면 찌르려고 했는데 발각되어 주살당했다. 전례에 따르면 황제는 주로 밤에 선조의 사당에 들어가게 되어 있었지만, 날이 밝은 뒤에 들어가게 된 제도는 이때부터 시작되었다.

점괘가 맞아떨어졌으므로 양구하는 총애를 받았고, 태중대부 급사중에 임명되었다가 나중에 소부까지 올랐다.

양구하는 사람됨이 신중하고 세밀한 부분까지 잘 고려했으므로 황제가 믿고 중용하여 연로한 뒤에도 벼슬자리에 계속 있다가 세상을 떠났다.

양구하는 아들 양구림에게 『역』을 전수했다. 양구림도 황제 앞에서 『역』을 잘 해석해서 황문랑이 되었다. 감로 연간에 황제의 명을 받들어 석거각에서 모인 유생에게 질문했다. 양구림은 아주 철저하게 공부하며 오로지 경방의 학술만 닦았다. 오경에 능통했던 낭야군의 왕길(王吉)이 양구림의 학설을 듣고 훌륭하다고 여겼다. 그 무렵 선제가 재주가 뛰어난 낭관 열 명을 양구림에게 보내 공부하게 했는데, 왕길이 자신의 아들 낭중 왕준(王駿)을 시켜 양구림에게 『역』을 배우게 해 달라는 상소를 올리게 했다. 양구림은 군맹(君孟) 오록충종의 뒤를 이어 소부가 되었고, 왕준은 어사대부가 되었는데 이 두 사람에 대해서는 따로 열전을 세워 두었다. 오록충종은 평릉(平陵)의 선비 중방(仲方) 사손장(士孫張)과 패군의 자하(子夏) 등팽조(鄧彭祖), 제나라의 장빈(長賓) 형함(衡咸)을 가르쳤다. 사손장은 박사가 되었다가 양주목(楊州牧)과 광록대부 급사중까지 지냈는데, 사손씨 집안에서는 대대로 후손에게 『역』을 전수했다. 등팽조는 진정국(眞定國) 태부(太傅)가 되었고, 형함은 왕망 집권 시절에 강학대부(講學大夫)가 되었다. 이리하여 양구가(梁丘家)에 사손가(士孫家)와 등가(鄧家), 형가(衡家) 학파가 생겼다.

경방(京房)은 양나라 사람 초연수(焦延壽)에게 『역』을 배웠다. 초연수가 맹희로부터 『역』을 배웠다고 했으므로, 맹희가 세상을 떠났을 때 경방은 초연수의 『역』이 맹씨 학파에 속한다고 주장했다. 하지만 적목과 백생(白生)은 인정하지 않으면서 초연수의 역이 맹씨 학파에 속하지 않는다고 했다. 성제 때에 이르러 유향(劉向)이 경전을 교감하는 과정에서 『역』의 여러 학설을 고찰한 뒤에 "『역』

을 연구한 여러 학파의 학설은 모두 전하와 양숙(楊叔), 정 장군의 연구에 근거하고 있는데 요지가 대개 비슷하나 유독 경씨(京氏) 학파만 다르다. 초연수가 은사(隱士)의 학설을 배웠을 가능성이 있으니, 〔초연수가〕 맹씨에게 전수받았다고는 했지만 맹씨의 학설과 내용이 서로 다르다."라고 주장했다. 경방은 재이의 해석에 밝아 황제의 총애를 받았으나 석현의 모함을 받아 사형당했다. 따로 열전을 세워 두었다. 경방이 동해군의 은가(殷嘉)와 하동군의 요평, 하남군의 승홍(乘弘)에게 『역』을 전수했는데, 세 사람 모두 낭관과 박사가 되었다. 이로써 『역』에 경씨 학파가 생겨났다.

비직의 자는 장옹(長翁)이고, 동래(東萊) 사람이다. 『역』을 공부하여 낭관이 되었다가 선보(單父) 현령까지 올랐다. 점을 잘 쳤다. 『역』을 장과 구별로 해석하지 않고, 「단전(彖傳)」과 「상전(象傳)」, 「계사전(系辭傳)」, 「문언전(文言傳)」의 십 편(十篇)만 가지고 『역』의 상하경(上下經)을 해설했다.[31]

〔비직의 제자 중에〕 낭야군의 평중(平中) 왕황(王璜)이 〔비직의 학설을〕 잘 전수했다. 왕황은 또 『고문상서』도 전수했다.

고상은 패군 사람이다. 비공(費公)[32]과 같은 시기에 『역』을 연구했는데 고상도 『역』을 장과 구별로 해석하지 않았다. 고상은 음양과 재이를 전문적으로 해설했는데, 스스로 정 장군에게 전수받았다고 했다. 〔정 장군의 학설은〕 고상에게 전수되고, 고상은 아들 고강(高康)과 난릉 사람 무장영(毋將永)에게 전수했다.

고강은 『역』에 밝다는 이유로 낭관이 되었고 무장영은 예장군 (豫章郡) 도위까지 올랐다. 뒤에 왕망 거섭 기간에 동군 태수 적의 가 거사하여 왕망을 주살하려고 모의했다. 적의가 거사하기 전에 고강이 점을 쳤는데 동군에 반란이 일어날 기미가 있다는 점괘가 나왔다. 고강이 문하생에게 이를 슬쩍 일러 주자, 그 문하생이 왕 망에게 글을 올려 그런 점괘가 나왔음을 고했다. 몇 달 지나서 적 의가 거사했을 때 왕망이 그 문하생을 불러 물어보니, 문하생이 고강에게 들은 이야기라고 대답했다. 왕망은 고강을 싫어했기에 사람들을 혼란스럽게 만드는 점을 쳤다는 이유로 고강을 베어 죽 였다. 이렇게 『역』의 고씨(高氏) 학파가 생겨났다.

『고씨역(高氏易)』과 『비씨역(費氏易)』은 박사 학관(學官)을 둔 적 이 없었다.

『상서』를 연구한 학자들

○　○　○

복생은 제남군 사람으로 원래 진나라의 박사였다. 효문제 때에 『상서』를 연구할 학자를 찾았는데 천하에 복생이 유일하다는 보 고를 들은 황제가 황궁으로 불러오려고 했다. 그런데 그때 복생의 나이가 아흔이 넘었으므로 연로한 나머지 장안까지 갈 수 없었다. 그리하여 태상에게 명하여 장고(掌故) 조조를 보내 전수받게 했 다.[33] 진나라에서 책을 소지할 수 없도록 금하자 복생이 『상서』를 벽 속에 감추었다. 그 뒤에 전쟁이 크게 번지자 고향을 떠나 유랑했다. 한나라가 개국한 뒤에 복생이 그 책을 찾았으나 수십 편이 없어져 스물아홉 편만 수습할 수 있었다. 그러고는 제나라와 노나라 땅의 제자들에게 『상서』를 가르쳤다. 이 때문에 제나라 땅의 학자들은 『상서』에 대한 해석을 잘하게 되었으니, 효산 동쪽의 대학자 중에 제자를 두면서 『상서』를 가르치지 않은 사람이 없다.

복생은 제남 사람이었던 장생(張生)과 구양생을 가르쳤다. 장생은 박사가 되었다.

복생의 손자가 『상서』를 연구했다 하여 황제에게 불려갔는데 정확하게 설명하지는 못했다.

그 뒤로는 노나라의 주패(周霸)와 낙양의 가가(賈嘉)[34]가 『상서』를 뛰어나게 해석했다.

구양생의 자는 화백(和伯)이고, 천승군(千乘郡) 사람이다. 복생에게 『상서』를 사사했고 예관(倪寬)[35]에게 전수했다. 예관은 복생 말고도 공안국을 스승으로 모시고 공부했다. 벼슬이 어사대부에 이르렀던 예관에 대해서는 따로 열전을 세웠다.

예관은 재능이 탁월했다. 무제를 처음 알현하고 경학에 관해 설명하자 무제가 말했다.

"내가 원래 『상서』를 수준 낮게 보고 좋아하지 않았는데, 지금 예관의 설명을 들으니 공부할 만한 과목 같구나."

그러고는 예관에게 『상서』 한 편을 배웠다.

〔『금문상서』를 연구한〕 구양씨 학파와 대하후씨(大夏侯氏) 학

파, 소하후씨(小夏侯氏) 학파가 모두 〔복생과 구양생의 맥을 잇는〕
예관을 비조로 하여 나왔다. 예관이 구양생의 아들에게 전수한 뒤
에 〔구양씨 집안에서〕 대대로 전수하여, 증손자 자양(子陽) 구양고
대에 이르러 박사가 되었다. 고손자 장빈(長賓) 구양지여(歐陽地餘)
는 태자중서자가 되어 태자를 가르쳤고 뒤에 박사가 되어 석거각
논의에 참여했다.

원제가 즉위한 뒤에 구양지여는 시중이 되었는데, 황제의 총애
를 받았으므로 뒤에 벼슬이 소부에 이르렀다. 구양지여가 임종 때
에 아들에게 일렀다.

"내가 죽으면 관속이 너에게 재물을 보내올 텐데 절대 받지 말
아라. 구경 유자(儒者)의 자손으로서 너는 청렴하다는 명성을 얻
는 것으로 덕을 이루어야 한다."

뒤에 구양지여가 죽었을 때에 소부의 관속들이 수백만 전에 해
당하는 재물을 제공해 왔으나 구양지여의 아들이 받지 않았다. 황
제가 그 사실을 알고 칭찬하면서 백만 전을 하사했다.

구양지여의 막내아들 구양정(歐陽政)은 왕망 시대에 강학대부
가 되었다. 이런 맥락으로 하여 세상에 『상서』 구양씨 학파가 이
루어졌다.

임존의 자는 장빈(長賓)이고, 제남군 사람이다. 구양고에게 『상
서』를 사사한 뒤에 박사가 되어 석거각 논의에 참가했다. 뒤에 벼
슬이 소부와 태자태부에 이르렀다. 임존은 평릉의 평당과 양나라
의 진옹생(陳翁生)을 제자로 삼아 『상서』를 전수했다. 평당은 승상

까지 오른 인물로 따로 열전을 세웠다. 진옹생은 신도왕의 태부가 되었는데, 집안 대대로 『상서』를 전수받았다. 이런 맥락에 따라 『상서』 구양씨 학파에 평씨(平氏) 학파와 진씨(陳氏) 학파가 생겨났다. 진옹생은 낭야군의 은숭(殷崇)과 초나라의 공승에게 전수했다. 은숭은 박사가 되었고 공승은 우부풍이 되었는데 공승은 따로 열전을 세웠다. 평당은 구강군의 공문(公文) 주보(朱普)와 상당군의 보선(鮑宣)에게 전수했다. 주보는 박사가 되었고 보선은 사례교위가 되었다. 보선은 따로 열전을 세웠다. 임존의 제자가 아주 많았는데, 이름난 사람들을 거론해 둔다.

하후승의 경우, 그 선조인 하후도위(夏侯都尉)가 제남군의 장생에게 『상서』를 배운 뒤에 조카인 하후시창에게 전수했고 하후시창은 하후승에게 전수했다.

하후승은 또 고향 사람인 간경에게 배웠다.[36] 간경은 예관의 문하생이었다. 하후승은 사촌 형의 아들인 하후건에게 전수했는데, 하후건은 또 다른 스승 구양고에게도 사사했다. 하후승은 장신소부가, 하후건은 태자태부가 되었는데 따로 열전을 세웠다. 두 사람은 『상서』 학파에 대하후씨 학파와 소하후씨 학파를 세웠다.

주감의 자는 소경(少卿)이고, 제나라 사람이다. 공패와 함께 대하후 하후승에게 사사했다. 공패는 〔소제 때에〕 박사가 되었다.[37] 주감은 역관령이 되었는데, 석거각 논의에 참가했을 때 경전에 대한 학식이 가장 높아서 뒤에 태자소부가 되었다. 공패도 태중대부의 신분으로 태자를 가르쳤다. 뒤에 태자가 원제로 등극하면서 주감을 광록대부로 삼고 소망지와 함께 상서 일을 겸해서 보게 했다. 그러나 석현에게 모함을 당해 두 사람 다 벼슬을 잃었다. 소망지가 자결하자 황제가 안타깝게 여기면서 주감을 광록훈에 발탁했는데 「유향전」에 그 사정을 써 두었다.

주감은 모경(牟卿)[38]과 장안 사람인 장백(長伯) 허상(許商)에게 전수했다.

공패는 황제의 스승이었다는 이유로 보성군(襃成君) 칭호를 하사받았다. 공패는 아들 공광에게 전수했는데, 공광은 모경에게도 사사했다. 공광은 벼슬이 승상에까지 이르렀으므로 따로 열전을 세웠다. 이런 맥락으로 『상서』 대하후씨 학파에 공씨 학파와 허씨(許氏) 학파가 생겨났다.

허상은 산술에 능했고, 『오행전기(五行傳記)』 한 편과 역(歷)의 계보를 밝힌 『산술(筭術)』 스물여섯 권[39]을 지었다. 허상은 네 차례나 구경 벼슬에 올랐다.

허상은 [공자가 제자의 장점을 사과(四科)로 나누었던 것을 모방하여] 자신의 문하생 중에 패군의 자고 당림은 덕행이 뛰어나며, 평릉의 위군(偉君) 오장(吳章)은 언변이, 중천(重泉) 사람 소음(少音) 왕길(王吉)은 정무 처리 능력이, 제나라의 유경(幼卿) 계흠은 글과 학식이 뛰어나다고 자랑했다. 당림과 왕길은 왕망 시대에 구경에 올랐다. 두 사람은 스승 허상의 산소에 가서 대부와 박사, 낭관들이 허씨 학파의 학자가 되었다고 글을 올렸다. 두 사람은 각각 문하생을 데리고 갔는데, 수레가 수백 대나 모여들었으므로 유자들이 허상을 찬양했다. 계흠과 오장 두 사람은 박사가 되었고 제자를 아주 많이 두었다. 뒤에 오장은 왕망에게 주살되었다.

장산부의 자는 장빈(長賓)이고, 평릉 사람이다. 소하후 하후건에게 사사한 뒤에 박사가 되어 석거각 논의에 참가했으며 소부 벼슬까지 올랐다. 고향 평릉현의 이심과 소군 정관중, 산양군의 자유(子儒) 장무고(張無故), 신도국(信都國)의 연군(延君) 진공(秦恭), 진류군의 자교(子驕) 가창(假倉)에게 〔『상서』를〕 전수했다.

장무고는 『상서』의 장과 구의 해석에 능하여 광릉국의 태부가 되었다. 장무고는 스승 하후건의 『금문상서』 해석을 존중했다.

진공은 스승의 하후건의 해석에 내용을 첨가하여 백만 자까지 늘렸고, 성양국의 내사가 되었다.

가창은 알자의 신분으로 석거각 논의에 참가했고 뒤에 교동국 상국에 올랐다.

이심은 재이 현상을 잘 해석했으므로 기도위가 되었다. 이심은 따로 열전을 세웠다.

정관중은 재능이 탁월하여 박사가 되었고 태자를 가르쳤다. 태자가 성제에 즉위한 뒤에 관내후에 봉해지고 식읍 팔백 호를 받았다. 뒤에 광록대부로 승진했고 상서 일을 겸해서 보았다. 성제가 정관중을 특별히 존중했다. 정관중이 병으로 세상을 떠났을 때 곡영이 상소했다.

성군은 스승을 존경하여 능력과 덕행이 뛰어남을 찬양하고 공을 세웠을 때에는 표창하며 살아 있을 때에는 그들에게 작위와 봉록을 주고, 죽으면 각별하게 장례를 지내 주고 시호를 내렸다고 신은 들었습니다. 옛적에 주공이 세상을 떠났을 때 성왕이 상례를 벗어나 특별한 예우로 장례를 치르며 하늘의 뜻에 맞추었습니다. 공숙문자(公叔文子)가 죽었을 때, 위후(衛侯)[40]가 '문(文)'이라는 높은 시호를 내렸으니, 후세 군주들의 모범이 되었습니다. 최근 들어서는 대사공 주읍(朱邑)과 우부풍 옹귀(翁歸)가 덕행이 높았으나 요절했을 때, 효선제께서 애도의 뜻으로 후한 재물을 보내는 책서를 내리셨으므로 그때 황제를 보좌하던 신하치고 감동받지 않은 자가 없었습니다.

관내후 정관중은 안자(顏子)와도 같은 훌륭한 소질을 가지고 있었고, 상(商)과 언(偃)의 뛰어난 글과 학식을 지니고 있었습니다.[41] 오경의 오묘한 내용을 통틀어 정리했으므로 태자의 스승이라는 빛나는 자리에 올랐습니다. 황궁에 들어가면 요임금과 순임금의 위대한 법도를 폐하께 설명하여 성덕을 지니신 폐하께서 그 법도를 받아들이게 했고, 조정에서는 최고의 중책을 맡아 정무를 처리하는 데 큰 공을 세웠습니다. 스스로 봉록을 깎으며 공도(公道)를 실천했고,[42] 사적인 청탁을 받지 않았으며, 모든 친척에게 재산을 나눠 주었고, 전지를 늘리지 않았으므로, 그 덕이 주공과 소공에 버금가고 공무에 전념함은 〔『시』「소남(召南)」〕 '고양(羔羊)'의 뜻과 부합됩니다. 사도(司徒)의 자리에 오르지 못했으나 〔관내후로서〕 가신을 거느리고 있다가 졸지에 요절했으므로 비통함에 가슴이 저밉니다. 신의 어리석은 생각으로는 장례를 후하게 지내게 하고 좋은 시호를 내림이 마땅하니, 그로써 스승을 높이고 능력과 덕행이 뛰어난 유생을 찬양하며 공덕을 빛나게 밝히는 폐하의 덕을 나타내십시오.

황제가 정관중 빈소에 조문하게 하고 재물을 후하게 내렸다.

이런 바탕 위에 소하후씨 학파에는 정씨(鄭氏), 장씨(張氏), 진씨(秦氏), 가씨(假氏) 이씨(李氏) 학파가 생겨났다.

정관중은 동군의 조현에게, 장무고는 패군의 당존(唐尊)에게, 진공은 노나라의 풍빈(馮賓)에게 사사했다. 풍빈은 박사가 되었고, 당존은 왕망 집권기에 태부가 되었으며, 조현은 애제 때에 어사대부가 되었으니, 높은 벼슬에 올라 이름을 떨쳤다.

공씨 집안에서는 『고문상서』를 소장하고 있었는데, 공안국이 당시의 글자로 옮겨 읽었다. 자신의 집을 헐어 없어졌던 『서』 십여 편을 찾아냈으니, 『서』의 편수가 그렇게 많아진 것은 이때부터인 듯하다. 무고(巫蠱) 사건이 터지는 바람에 『고문상서』 학관을 세우지 못했다.

뒤에 공안국은 간대부가 되었다.

공안국은 도위조(都尉朝)[43]에게 『고문상서』를 전수했다. 또 사마천도 공안국에게 옛일에 관해 물으며 배웠다. 사마천의 저서에는 「요전(堯典)」, 「우공(禹貢)」, 「홍범(洪範)」, 「미자(微子)」, 「금등(金縢)」 같은 여러 편에 『고문상서』의 내용이 많이 들어 있다.[44]

도위조는 교동국의 용생에게 전수했다.

용생은 청하군의 소자(少子) 호상(胡常)에게 전수했다. 용생은 『춘추곡량전』에 밝아 박사 및 부자사가 되었고, 『춘추좌씨전』을 해석했다.

호상은 괵서오(虢徐敖)에게 전수했다. 괵서오는 우부풍의 연(掾)이 되었고, 『모시(毛詩)』를 해석했으며, 왕황(王璜)과 평릉의 자진(子眞) 도운(塗惲)에게 전수했다.

자진은 하남군의 군장(君長) 상흠(桑欽)에게 전수했다.

왕망 집권 시절에 모든 학파에 박사를 두었다. 유흠은 국사(國師)가 되었고 왕황과 도운 등이 모두 높은 자리에 올라 이름을 널리 알렸다. 세상에 전하는 『백량편(百兩篇)』은 동래군의 장패(張霸)가 정리해 낸 것으로 〔『금문상서』〕 스물아홉 편을 분석하여 수십 편으로 늘린 데다 『좌씨전(左氏傳)』과 「서서(書叙)」를 앞뒤에 첨부하여 모두 일백이 편으로 만들었다. 편마다 더러는 내용이 빠졌고 글의 수준이 낮았지만, 성제 때에는 고문 경전을 찾던 시절이라 황제가 『백량편』을 정리한 장패를 불러 중서(中書)에 있던 경전과 비교해 보니 내용이 달랐다.

장패는 글을 아버지에게 배웠는데 아버지에게는 위씨현(尉氏縣) 번병(樊竝)이라는 제자가 있었다. 그 무렵 태중대부 평당(平當)과 시어사 주창(周敞)이 황제에게 장패의 『백량편』에 박사를 세우자고 권했는데, 뒤에 번병이 모반하자 그 연구를 포기했다.

『시』를 연구한 학자들

○ ○ ○

신공은 노현(魯縣)[45] 사람이다. 어려서 초 원왕(楚元王) 유교(劉交)와 함께 제나라 땅〔의 임치〕 사람 부구백(浮丘伯)[46]에게 『시』를 배웠다. 한나라가 건국한 뒤에 고조가 노나라 땅을 지나간 일이 있었는데, 신공이 제자의 신분으로 스승 부구백을 따라 노나라 땅의 남궁(南宮)에서 고조를 알현했다.

여 태후 집권 시절에 부구백이 장안에 있었으므로, 초 원왕이 아들 유영(劉郢)[47]을 부구백에게 보내 신공의 도움을 받으며 학업을 마치게 했다.

초 원왕이 세상을 떠났을 때 유영이 후사가 되어 초왕에 즉위한 뒤에 신공으로 하여금 태자 유무(劉戊)를 가르치게 했다. 유무는 글공부를 좋아하지 않았으므로 신공을 미워했다. 뒤에 왕위에 오른 유무는 신공을 서미형(胥靡刑)[48]에 처했다.

신공은 형벌을 받은 사실이 치욕스러워 노현에 돌아가 살면서 집에서 제자를 가르치되 죽을 때까지 집 밖을 나서지 않았고, 제자 외의 빈객을 전혀 받지 않았다. 다만 신공을 불러오라는 왕명이 내렸을 때에만 왕궁으로 갔다.[49]

제자 중에 멀리서 수업을 받으러 온 사람이 천여 명[50]이었다. 신공은 『시경』[51]을 자구 해석에만 치중해서 가르쳤다. 해설서는 남기지 않았으며 의혹이 있는 부분은 가르치지 않았다. 난릉 사람 왕장(王臧)이 신공의 제자가 되어 『시』 공부를 마치고 정통하게 되었다. 왕장은 경제 때에 태자소부 벼슬을 하다가, 〔태자가 무제로 즉위한 뒤에〕 면직되었〔다가 옥중에서 죽었〕다. 무제 즉위 초에 왕장이 숙위를 신청하는 글을 황제에게 올린 뒤로 여러 차례 승진했으며 한 해 동안에 낭중령까지 승진했다.[52] 대군(代郡)의 조관(趙綰)도 신공에게 『시』를 배웠고 어사대부가 되었다. 조관과 왕장이 제후의 조정을 받을 장소인 명당을 설립해야 한다고 청했는데, 실제로는 추진할 수 없어 스승 신공을 천거했다.

그리하여 황제가 사자로 하여금 속백과 옥벽(玉璧)을 들고 바퀴살을 부들로 채운 네 필 말이 끄는 안거로 신공을 맞아 오게 했다. 두 제자는 요전(輶傳)을 타고 따라갔다. 신공이 황궁에 도착하여 황제를 알현하자, 황제가 나라를 태평하게 다스리는 법에 관해 물었다. 그때 나이가 여든이 넘어 연로했던 신공이 대답했다.

"통치자가 되어서는 쓸데없이 말을 많이 늘어놓는 것을 좋아할 게 아니라 어떻게 노력하고 실천하는지를 살펴야 합니다."

그 무렵 황제는 수식이 잘된 언사를 좋아했으므로, 신공의 대답을 듣고 아무런 대꾸를 하지 않았다. 그러나 기왕 신공을 불러왔으므로 태중대부로 삼고 노왕(魯王)의 경저(京邸)에서 묵게 한 뒤에 명당을 세우는 일을 상의하게 했다. 두(竇) 태황태후는 노자의 학설을 좋아했고 유가 학설은 좋아하지 않았다. 태황태후가 〔자신의 섭정을 반대하는〕 조관과 왕장을 잘못했다고 몰아붙이면서 황제를 질책했다.

"이런, 〔황제를 속이고 아부하던〕 신원평(新垣平)이라는 자가 다시 살아난 게 아니냐?"

황제가 명당 일을 없었던 것으로 하고 조관과 왕장을 옥리에게 넘기자 두 사람 모두 〔옥중에서〕 스스로 목숨을 끊었다. 신공도 병이 들어 면직되었으므로 고향으로 돌아갔다가 몇 해 뒤에 세상을 떠났다.

신공의 제자로서 열 몇 명이 박사가 되었다. 또 공안국은 임회 태수, 주패는 교서국(膠西國) 내사, 하관(夏寬)은 성양국 내사, 탕로사(碭魯賜)는 동해 태수, 난릉 사람 무생(繆生)은 장사국 내사, 서언(徐偃)은 교서국의 중위, 추현(鄒縣) 사람 궐문경기(闕門慶忌)는 교동국 내사가 되었는데, 이들은 모두 아전과 백성을 다스림에 있어 청렴하고 절의가 높다는 칭송을 들었다.[53] 신공의 학관 제자는 비록 행한 바가 완벽하지는 않았지만 뒤에 대부와 낭관, 장고에 오른 이가 수백 명이었다. 신공은 끝까지 『시』와 『춘추』를 전수했는데,[54] 〔제자 중에서〕 하구 사람 강공(江公)이 신공의 학설을 제대로 잘 해설했으므로 제자들이 아주 많았다. 노나라 사람 허생(許生)과 면중(免中)[55] 사람 서공(徐公)이 스승의 학설을 지키며 제자를 가르쳤다.

위현은 『시』를 공부하면서 대강공(大江公)[56]과 허생을 스승으로 모셨고 다른 방면으로 『예』도 연구했다. 위현은 벼슬이 승상까지 올랐다. 위현은 아들 위현성에게 학문을 전수했는데 위현성은 회양국 중위로 있으면서 석거각 논의에 참가했다. 위현성도 뒤에 승상이 되었다. 위현성과 위현성 형의 아들 위상(韋賞)은 애제에게 『시』를 가르쳤다.[57] 위상은 대사마 거기장군까지 올랐다. 위현과 위현성, 위상은 따로 열전을 세웠다. 이런 맥락으로 〔신공의〕 『노시(魯詩)』를 연구하는 위씨(韋氏) 학파가 생겨났다.

왕식의 자는 옹사(翁思)이고, 동평군 신도(新桃) 사람이다. 면중의 서공과 허생에게 사사했다.

왕식이 창읍왕의 스승으로 있었다.

소제가 붕어한 뒤에 창읍왕이 후사가 되어 즉위했다가 도덕적으로 문란한 행실 때문에 폐위되었다. 그때 창읍왕 시절에 왕을 모셨던 여러 신하가 하옥되었다가 주살당했다. 중위 왕길과 낭중령 공수만은 창읍왕에게 여러 차례 간언한 적이 있다는 이유로 사형 판결을 받고도 감형되었다. 왕식도 옥에 갇혀 죽게 되었는데, 사건을 조사하던 황제의 사자가 왕식을 질책하며 물었다.

"〔창읍왕의〕 스승이었다면서 어찌하여 간언한 글이 남아 있지 않소?"

왕식이 대답했다.

"신은 『시』 삼백다섯 편을 가지고 아침저녁으로 왕을 가르쳤으며, 특히 충신과 효자가 나오는 편은 반복하여 읽어 드렸습니다. 나라를 위태롭게 하거나 왕도를 지키지 않은 임금에 대해 가르칠 때에는 그 뜻을 강조하여 설명하느라 눈물을 흘리지 않은 적이 없었습니다. 저는 삼백다섯 편으로 간언했으므로 따로 간언하는 글이 남아 있지 않습니다."

사자가 왕식의 말을 황제에게 보고하여 왕식도 사형 판결에서 감형받았다. 왕식은 고향으로 돌아갔는데 제자를 가르치지는 않았다.

〔왕식이 돌아오자〕 산양군의 유군(幼君) 장장안(張長安)이 와서 먼저 가르침을 구했고, 그 뒤로 동평군의 당장빈(唐長賓)과 패군의 저소손(褚少孫)도 찾아와서 가르침을 구하면서 경전 중의 여러 편에 관해 질문했다. 그러자 왕식이 〔스스로 정리했던 해설서를 내주고〕 거절하며 말했다.

"스승께 배운 내용을 여기에 모두 담아 두었으니 〔모자라는 점은〕 스스로 첨가하도록 하라."

그러고는 더는 가르치려 들지 않았다. 당생(唐生)과 저생(褚生)이 박사의 제자로 공부할 수 있도록 뽑혔다. 박사 학관에 도착하여 옷 앞자락을 들고 시험장 안으로 들어가 단정한 의관과 용모로 장중하게 예절을 차린 뒤에 경전의 낭송과 해석에 관해 시험을 보았는데 아는 바가 아주 정확했고, 잘 모르는 부분은 모른다고 하며 해석하지 않았다. 여러 박사가 깜짝 놀라서 스승이 누구인지 묻자, 왕식에게 사사했다고 대답했다. 모두 왕식의 덕행과 능력이 뛰어난 것을 알고 있었으므로 함께 왕식을 천거했다. 황제가 왕식을 박사에 제수하는 조서를 내렸다. 왕식이 황제에게 불려가면서 박사의 관복은 입었지만 관은 쓰지 않은 채로 말했다.

"형을 받은 적이 있는 사람이 어떻게 다시 예관(禮官)을 맡을 수 있겠는가?"

왕식이 도착했을 때 숙소에서 연회가 열렸는데, 여러 대부와 박사가 술과 고기를 가지고 가서 왕식을 위로했다. 그 자리에서 모두 왕식에 관심을 기울이며 앙모했다. 박사 강공(江公)은 당시 『노시』의 종사(宗師)였다. 강공의 저서였던 『효경설(孝經說)』을 소개할 차례가 되었을 때 강공이 왕식을 질투하는 마음으로 노래를 부르던 여러 유생에게 말했다.

"'여구(驪駒)'를 부르게나."[58]

그러자 왕식이 말했다.

"스승에게 배우기를 〔연회가 파할 무렵에〕 초대받은 쪽은 '여구'를, 초대한 쪽은 '객무용귀(客毋庸歸)'를 부른다고 알고 있습니다. 오늘은 여러 유생께서 저를 초대한 데다 시간이 아직 이르니 파할 때가 아닙니다."

강공이 대꾸했다.

"어느 경전에 나오는 말입니까?"

왕식이 대답했다.

"『곡례(曲禮)』에 나옵니다."[59]

강공이 다시 받아쳤다.

"곡(曲)은 무슨 개 같은 곡!"

그 말을 듣고 수치심을 느낀 왕식이 술에 취한 척하며 바닥에 넘어졌다. 객이 돌아간 뒤에 왕식이 여러 유생을 질책하며 말했다.

"나는 원래 오고 싶지 않았는데, 여러 유생이 강권해서 왔더니 끝내 저런 놈에게 모욕을 당하는구나!"

왕식은 곧바로 병을 칭하고 사직한 뒤에 고향으로 돌아서 벼슬 없이 지내다가 세상을 떠났다.

장생(張生)과 당생, 저생은 모두 박사가 되었다.

장생은 석거각 논의에 참가했고 회양국 중위까지 올랐다.

당생은 초나라의 태부가 되었다.

이런 맥락에 따라 『노시』 학파에는 장씨(張氏)와 당씨(唐氏), 저씨(褚氏) 학파가 생겨났다.

장생 형의 아들인 장유경(張游卿)은 간대부가 되어 원제에게 『시』를 가르쳤다. 장유경의 문하생 중에서 낭야군의 왕부(王扶)는 사수국의 중위가 되었고, 진류군의 허안(許晏)은 박사가 되었다. 허안은 『노시』의 장씨 학파에 이어 허씨 학파를 이루어 냈다.

그보다 먼저 설광덕(薛廣德)도 왕식에게 사사했는데, 석거각 논의에 참가했고 공사에게 『노시』를 전수했다. 설광덕은 어사대부까지 올랐고, 공사는 태산 태수가 되었는데 두 사람의 열전은 따로 세웠다.

원고는 제나라 사람이다. 『시』를 연구하여 효경제 때에 박사가 되었다. 원고와 황생이 경제 앞에서 논쟁한 일이 있었는데 황생이 이렇게 말했다.

"탕왕과 무왕은 천명을 받은 것이 아니라 바로 〔천하를 얻으려고 걸왕과 주왕을〕 살해한 것입니다."

원고가 반박했다.

"그렇지 않습니다. 걸왕과 주왕은 주색에 빠져 방탕했으므로 천하 민심이 모두 탕왕과 무왕에게 쏠렸습니다. 탕왕과 무왕은 그런 천하의 민심을 업고 걸왕과 주왕을 주살했습니다. 걸왕과 주왕의 백성들이 그 두 임금의 부림을 받지 않겠다며 탕왕과 무왕에게 귀부했으므로 탕왕과 무왕이 부득이하게 즉위했으니, 이것이 천명이 아니면 무엇이겠습니까?"

황생이 다시 반박했다.

"'관은 해진 것이라도 반드시 머리에 쓰게 되어 있고, 신은 새 것이라도 반드시 발에 신어야 한다.'[60]라고 한 것은 무슨 까닭이겠습니까? 상위와 하위가 구별되기 때문입니다. 대저 걸왕과 주왕이 도의를 위배하긴 했지만 그래도 임금이라 상위였고, 탕왕과 무왕은 덕행과 지혜가 높아 성스러웠지만 그래도 제후로서 하위였습니다. 무릇 주군이 잘못했을 때 신하가 직언을 올려 그 허물을 바로잡음으로써 주군을 황제로 받들지는 않고 오히려 그 잘못을 문제 삼아 주군을 주살하고 그 뒤를 이어 즉위한 뒤에 남면하여 신하의 예를 받았으니, 이것이 살해가 아니면 무엇이겠습니까?"

원고가 다시 반박했다.

"꼭 그렇게 말해야 하겠다면, 고조께서 진나라 황제를 대신하여 황제의 자리에 오른 것은 그른 일이겠습니다."

그때 황제가 두 사람의 의견을 정리해 주었다.

"고기를 먹되 말의 간을 먹지 않았다고 해서 고기 맛을 모른다고 할 수 없듯이, 학자가 탕왕과 무왕이 천명을 받았다고 주장하지 않는다고 해서 어리석다고 할 수 없다."

그렇게 해서 논쟁을 끝냈다.

두 태후가 『노자』 책을 좋아하여 원고를 불러 물어보자, 원고가 대답했다.

"이는 가인(家人) 같은 일꾼의 말입니다."

태후가 노하여 말했다.

"어떻게 사공(司空)에게 성단(城旦)형을 받은 〔유가〕 서적에 비하겠는가?"

이어서 원고를 우리에 넣고 멧돼지와 격투를 벌이게 했다. 황제는 태후가 노해서 그런 벌을 내리긴 했어도 원고의 직언이 틀린 말은 아니라고 여겨, 원고에게 날이 선 무기를 들려서 멧돼지 우리 안으로 내려가게 했다. 원고가 정확하게 멧돼지의 심장 한복판을 찌르자 그 일격에 멧돼지가 그대로 꼬꾸라졌다.

태후는 아무 말도 못 했고 새로 벌을 내리지도 않았다. 그 뒤에 황제가 원고를 청렴하고 강직하다는 이유로 청하왕(清河王)의 태부에 임명했는데 병 때문에 면직되었다.

무제 즉위 초에 현량 인재로 원고를 다시 황궁에 불러들였다. 많은 유생이 원고를 질투하며 "고가 연로하니 고향으로 보내야 한다."라고 공격했다. 그때 원고는 아흔이 넘은 나이였다.

공손홍도 그때 불려갔는데 원고를 똑바로 바라보지 못했다. 공손홍은 원고를 스승으로 모시고 『시』를 배웠다.

"공손 선생, 반드시 정도에 맞는 학설을 주장하되 학설을 왜곡하면서까지 황상께 굽실대지 마세요."[61]

제나라 출신이면서 『시』를 연구하여 출세한 유생들은 모두 원고의 제자였다. 그중에서 창읍왕의 태부였던 하후시창이 『시』에 가장 밝았다. 하후시창의 열전은 따로 세웠다.

후창의 자는 근군(近君)이고, 동해군 담현 사람이다. 하후시창을 스승으로 모시고 공부했다. 하후시창은 오경에 모두 능통했는데, 후창 또한 『시』와 『예』에 정통하여 박사가 되었고 나중에 소부까지 올랐다.

후창은 익봉과 소망지, 광형을 가르쳤다. 익봉은 간대부가 되었고 소망지는 전장군이 되었으며 광형은 승상에 올랐으므로, 세 사람 모두 따로 열전을 세웠다.

광형은 낭야군의 사단(師丹)과 유군(游君) 복리(伏理), 영천군(潁川郡)의 군도(君都) 만창(滿昌)[62]에게 학문을 전수했다. 군도는 첨사가 되었다. 복리는 고밀왕(高密王)의 태부가 되었는데 집안 대대로 학업을 전수해 나갔다. 사단은 대사공이 되었으므로 열전을 따로 세웠다. 이런 맥락에 따라 『제시(齊詩)』 학파에는 익씨(翼氏), 광씨(匡氏), 사씨(師氏), 복씨(伏氏) 학파가 생겨났다. 만창은 구강군의 장한(張邯)과 낭야군의 피용(皮容)에게 전수했는데, 모두 높은 벼슬자리에 올랐고 제자도 아주 많았다.

한영은 연나라 사람이다. 효문제 때에 박사가 되었고 경제 때에는 상산왕(常山王)의 태부가 되었다.

한영이 시인들이 그 시를 지었던 의도를 미루어 짐작하면서 『한시외전(韓詩外傳)』[63] 수만 자를 지었는데, 그 주장이 『제시』나 『노시』와는 조금 달랐지만 결국은 같은 뜻을 설명했다.[64] 회남국의 비생(賁生)이 한영에게 배웠다. 연나라 땅과 조(趙)나라 땅에 걸쳐서 『시』를 해석한 학자는 한생(韓生)에서 나왔다. 한생은 사람들에게 『역』도 전수해 주었으며, 『역』의 뜻을 미루어 해석한 『역전』을 지었다. 연나라 땅과 조나라 땅에 걸쳐서 『시』를 좋아했던 유생들은 『역』을 중요하게 여기지 않았는데, 한영만이 『역전』을 지었다.

　무제 때에 한영이 동중서와 황제 앞에서 논쟁을 벌인 일이 있는데, 한영이 총명하면서 강건한 데다 처사가 분명하여 동중서가 한영에게 힐문하지 못했다.

　뒤에 한영의 손자 한상(韓商)이 박사가 되었다.

　효선제 때에 탁군의 한생이 한영의 후손으로서 『역』에 밝아 황제의 부름을 받고 황궁에서 대조하며 말했다.

　"제가 배웠던 『역』은 선조 태부[65]께서 해석한 '한씨역(韓氏易)'입니다. 『한시(韓詩)』도 배웠지만, '한씨역'보다 깊이가 덜했습니다. 그래서 태부께서 『역』을 전공하도록 가르쳐 주셨습니다."

　사례교위 갑관요는 본래 맹희에게 『역』을 배웠으나, 탁군의 한생이 『역』을 가르치는 것을 보고 좋아하게 되어 곧바로 스승을 한생으로 바꾸고 『역』을 배웠다.

　조자는 하내군 사람이다. 연나라의 한생에게 『시』를 사사하고 같은 하내군의 채의에게 전수했다. 채의는 승상까지 올랐으므로 따로 열전을 세웠다. 채의는 같은 군의 식자공(食子公)과 왕길에게 전수했다. 왕길은 창읍국의 중위가 되었는데, 따로 열전을 세웠다.

　식생(食生)은 박사가 되었고 태산군의 율풍(栗豊)에게 전수했다. 왕길은 치천의 장손순(長孫順)에게 전수했다. 장손순은 박사가 되었고 율풍은 자사가 되었다.

　이런 맥락에서 『한시(韓詩)』 학파에 왕씨(王氏), 식씨(食氏), 장손씨(長孫氏) 학파가 생겨났다. 율풍은 산양군의 장취(張就)에게,

장손순은 동해군의 발복(髮福)에게 전수했는데, 두 사람 모두 높은 벼슬에 올랐고 제자도 아주 많았다.

모공은 조(趙)나라 사람이다. 『시』를 연구하며 하간 헌왕(河間獻王)의 박사가 되었다. 같은 조나라 사람이었던 관장경(貫長卿)에게 『시』를 전수했다. 관장경은 해연년(解延年)에게 전수했는데 해연년은 아무(阿武) 현령이 되었고 서오(徐敖)에게 전수했다. 서오는 구강군의 진협(陳俠)에게 전수했다. 진협은 왕망 집권 시절에 강학대부가 되었으니, 그리하여 〔모공이 정리했던〕 『모시』의 해설은 서오로부터 나오게 되었다.

한나라가 건국한 뒤에 노나라의 고당생은 『사례(士禮)』 열일곱 편을 해설한 반면에 같은 노나라 출신의 서생은 의관을 갖추는 일에 밝았다.

효문제 때에 서생이 의전에 밝은 것으로 예관대부(禮官大夫)가 되었는데 아들에 이어 손자인 서연과 서상이 그 의전 절차를 전해 받았다. 서상은 타고나기를 의전에 밝았지만 경전에는 밝지 못했다. 서연은 경전에는 다소 밝았으나 의전에는 밝지 못했다. 의전에 밝았던 서상도 그 때문에 대부가 되었다가 뒤에 승진하여 광릉국 내사가 되었다. 서연과 서생의 제자였던 공호만의[66]와 환생, 선차는 모두 예관대부가 되었다. 또 하구의 소분은 『예』의 연구자로서 회양 태수에 올랐다. 『예』를 해석하여 의전에 이용한 학자들은 서씨 학파에서 유래한 것이다.

맹경은 동해군 사람이다. 소분에게 사사한 뒤에 후창과 노나라의 여구경(閭丘卿)에게 전수했다. 후창이 수만 자에 걸쳐 『예』를 해석한 것이 『후씨곡대기(后氏曲臺記)』라는 책이다. 후창은 패군의 자방(子方) 문인통한(聞人通漢)과 양나라의 연군(延君) 대덕(戴德), 차군(次君) 대성(戴聖), 패군의 효공(孝公) 경보(慶普)에게 전수했다. 효공은 동평왕의 태부가 되었다. 대덕은 대대(大戴)로 불렸는데, 신도왕의 태부가 되었다. 대성은 소대(小戴)라고 불렸는데 박사로서 석거각 논의에 참가했고, 구강태수에 올랐다.

이런 맥락에 따라 『예』 학파에 대대씨(大戴氏)와 소대씨(小戴氏), 경씨(慶氏) 학파가 생겨났다.

문인통한은 태자사인으로 석거각 논의에 참가했고 중산국의 중위까지 올랐다. 경보는 노나라의 하후경(夏侯敬)에게 전수했고 또 집안 조카인 경함(慶咸)에게도 전수했다. 경함은 예장 태수가 되었다. 대대는 낭야군 사람인 유경(斿卿) 서량(徐良)에게 학문을 전수했는데 박사가 되었다가 주목, 태수를 역임했다. 집안 대대로 학업을 전수했다. 소대는 양나라 사람 계경(季卿) 교인(橋仁)과 자손(子孫) 양자영(楊子榮)에게 전수됐다. 교인은 대홍려가 되었고 집안 대대로 학업을 전수했다. 양자영은 낭야 태수가 되었다. 이런 맥락에서 대대학파에 서씨(徐氏) 학파가, 소대학파에는 교씨(橋氏)와 양씨(楊氏) 학파가 생겨났다.

『춘추』를 연구한 학자들

○ ○ ○

호모생의 자는 자도(子都)이고, 제나라 사람이다. 『춘추공양전』을 연구하여 경제 때 박사가 되었다. 동중서와 함께 수업을 받았는데, 동중서가 호모생의 덕행을 기리는 글을 쓰기도 했다.

연로한 뒤에 고향인 제나라 땅으로 돌아가서 제자를 가르쳤다. 제나라에서 『춘추』를 강의한 학자는 호모생을 종사로 삼고 배웠다. 공손홍도 호모생에게 많이 배웠다. 동생(董生)은 강도국(江都國) 상국이 되었기에 열전을 따로 세웠다. 제자 중에 성공한 사람으로는 난릉의 저대(褚大), 동평의 영공(嬴公), 광천(廣川)의 단중(段仲), 온현(溫縣)의 여보서(呂步舒)가 있었다. 저대는 양나라의 상국이, 여보서는 승상장사가 되었다. 그중에서 유일하게 영공만이 스승의 가르침을 고스란히 지키며 연구했는데, 소제 시절에 간대부가 되었고 동해군의 맹경과 노나라의 쉬맹에게 전수했다. 쉬맹은 부절령(符節令)이 되어 재이 현상을 해석하다가 죄를 지어 주살당했다. 쉬맹은 따로 열전을 세웠다.

엄팽조(嚴彭祖)[67]의 자는 공자(公子)이고, 동해군 하비현 사람이

다. 안안락과 함께 쉬맹에게 『춘추공양전』을 사사했다. 쉬맹에게
는 제자가 백여 명 있었는데, 엄팽조와 안안락이 가장 총명하여
의문점을 물어보면 각자 소견대로 대답했다. 그래서 쉬맹이 두 제
자를 칭찬했다.

"『춘추』의 뜻을 두 사람은 다 알고 있어!"

쉬맹이 죽고 나서 엄팽조와 안안락이 각각 전문 분야를 맡아
『춘추공양전』을 가르쳤다. 이로써 공양학파에 안씨(顏氏)와 엄씨
(嚴氏) 학파가 생겨났다. 엄팽조는 선제 때에 박사가 되었고 하남
태수와 동군 태수를 지냈다. 정무 처리 평가에서 높은 성적을 받
아 장안으로 들어와 좌풍익이 되었다가 태자태부로 승진했는데,
청렴하고 강직하여 높은 권좌에 있는 사람들을 섬기지 않았다. 누
군가 그런 엄팽조에게 이렇게 권했다.

"사람 사이의 관계보다 천시(天時)가 못 할 수 있습니다. 선생은
자질구레한 예절을 차리지도 않고 아부를 떨지도 않아서 높은 사
람들이 옆에서 도와주지 않으면 경전의 뜻을 잘 해석해도 재상에
오를 수 없습니다. 바라건대 조금이라도 억지로 맞추어 보십시오."

그러자 엄팽조가 말했다.

"무릇 경술에 정통한 사람은 반드시 옛적 성군이 시행했던 치
국의 도를 익혀야 마땅한데, 어떻게 뜻을 굽혀 습속을 따르며 구
차하게 부귀를 얻으려고 하겠습니까!"

엄팽조는 태부 벼슬을 마지막으로 세상을 떠났다. 엄팽조는 낭
야군의 왕중(王中)에게 『춘추공양전』을 전수했다. 왕중은 원제 때
에 소부를 지냈고,[68] 집안 대대로 학업을 전수했다. 왕중은 같은

낭야군의 공손문(公孫文)과 동문운(東門雲)에게 전수했다. 동문운은 형주(荊州) 자사를 지냈고, 공손문은 동평왕의 태부가 되었는데, 제자가 아주 많았다.

동문운은 강에 출몰하는 도적에게 무릎을 꿇어 황제의 명을 더럽힌 죄로 옥에 갇혔다가 주살되었다.

안안락의 자는 공손(公孫)이고, 노나라 설현 사람으로 쉬맹 누나의 아들이다. 집이 가난했지만 공부에 힘을 쏟아 벼슬이 제군(齊郡) 태수승까지 올랐다. 뒤에 원한을 품은 자에게 죽임을 당했다.

안안락은 회양의 차군(次君) 영풍(泠豊)과 치천의 임공(任公)에게 전수했다. 임공은 소부가 되었고 영풍은 치천 태수가 되었다. 이런 맥락으로 『춘추공양전』 안씨 학파에 영씨(泠氏)와 임씨(任氏) 학파가 생겨났다. 그보다 먼저 공우가 영공(嬴公)에게 사사했는데, 나중에 쉬맹을 스승으로 모시며 학업을 이루어 어사대부에 올랐다. 소광(疎廣)[69]은 맹경에게 사사했고 태자태부에 올랐다. 공우와 소광은 열전을 따로 세웠다.

소광은 낭야군의 관로(筦路)에게 전수했으며, 관로는 어사중승이 되었다. 공우는 영천의 당계혜(堂谿惠)에게 전수했고, 당계혜는 태산의 명도(冥都)에게 전수했다. 당계혜와 명도는 모두 승상사(丞相史)가 되었다.

명도와 관로는 또 안안락에게 사사했다. 그리하여 안씨 학파에 관씨(筦氏) 학파와 명씨(冥氏) 학파가 추가되었다. 관로는 손보(孫寶)에게 전수했는데 손보는 대사농이 되었으므로 따로 열전을 세웠다. 영풍은 마궁(馬宮)과 낭야군의 좌함(左咸)에게 전수했다. 좌함은 태수를 지낸 뒤에 구경의 반열에 올랐고 제자도 아주 많았다. 마궁은 대사농에 올랐으므로 열전을 따로 세웠다.

하구 사람 강공은 노나라 신공(申公)에게 『춘추곡량전』과 『시』를 배웠다. 아들에게 학업을 전수했고 손자 대에 이르러 박사가 나왔다.

무제 때에 강공과 동중서가 함께 이름을 날렸다. 동중서는 오경에 능통했고 주장을 잘 내세웠으며 글을 잘 지었다. 강공은 어눌하여 황제가 강공으로 하여금 동중서와 함께 국사를 의논하게 할 때, 동중서에 미치지 못했다.

승상 공손홍은 본래 『춘추공양전』을 배운 사람이었다. 공손홍이 『공양전』과 『곡량전』의 뜻을 모아서 비교한 뒤에 마침내 공양학파의 동중서를 기용했다. 그 뒤로 황제가 공양학파를 더 중시하게 되어 태자에게 『공양전』을 배우게 하라는 조서를 내렸다. 그리하여 공양학파가 크게 번성했다. 태자가 『공양전』에 정통하게 된 뒤에 다시 개인적으로 『곡량전』을 배워 내용을 제대로 익혔다.[70]

그 뒤로 『곡량전』을 배우는 사람들이 점점 줄어드는 가운데 노나라의 왕손인 영광(榮廣)과 호성공(皓星公) 두 사람만 수업을 받았다. 영광은 『시』와 『춘추』를 모두 해석할 수 있었고, 재주가 뛰어나고 민첩했다. 영광은 『공양전』의 대가였던 쉬맹 등과 토론을 벌여 여러 차례에 걸쳐 쉬맹의 말문이 막히도록 만들었으므로, 공부를 좋아하는 사람들이 다시 『곡량전』을 많이 배우게 되었다.

패군의 소군 채천추(蔡千秋)와 양나라의 유군(幼君) 주경(周慶), 자손(子孫) 정성(丁姓)이 모두 영광에게 수업을 받았다. 채천추는 또 호성공에게도 사사했는데, 공부를 가장 성실하게 했다.

선제가 즉위하고 나서, 위 태자가 『곡량전』을 좋아했다는 말을 듣고 승상 위현과 장신소부 하후승, 시중 낙릉후 사고에게 물어보았는데, 모두 노나라 사람들이었다. 이들이 말하기를 곡량자(穀梁子)의 학문은 본래 노나라 학문이고 공양씨(公羊氏)의 학문은 제나라 학문이라서 곡량학을 일으켜야 마땅하다고 했다. 그때 채천추가 낭관으로 있었는데, 황제의 부름을 받아 알현한 뒤에 황제 앞에서 공양학파와 더불어 논쟁을 벌였다. 황제가 곡량학파의 학설을 더 좋아하게 되어 채천추를 간대부 급사중에 임명했다. 뒤에 잘못을 저지르는 바람에 평릉 현령으로 좌천되었다.

뒤에 『곡량전』에 능한 자를 찾았으나 아무도 채천추를 넘어서는 자가 없었다. 황제가 채천추의 학문이 끊어질 것을 안타깝게 여겨 채천추를 낭중호장(郎中戶將)으로 삼고 낭관 열 명을 뽑아 수업을 받게 했다.

여남 사람이었던 옹군(翁君) 윤경시(尹更始)가 채천추에게 『곡량전』을 사사하여 해석을 잘하게 되었다. 채천추가 병으로 죽었을 때 강공의 손자가 황제의 부름을 받고 박사가 되었다. 유향이 전임 간대부로서 경전에 통달했다는 이유로 황궁에 대조하면서 강 박사에게 『곡량전』을 배웠는데, 황제가 유흠으로 하여금 강 박사의 조교 노릇을 시키고자 했다. 그런데 강 박사도 세상을 떠났으므로 주경과 정성을 불러들여 보궁(保宮)에서 대조하게 하고 열 명을 가르쳐 학업을 마치게 했다.

선제 원강 연간에 시작하여 감로 원년까지 열 몇 해 동안 계속 가르쳐서 열 명이 모두 제대로 익히게 되었다. 그러고는 오경에 능통했던 유명한 유학자이자 태자태부 소망지 등을 불러 황궁에서 대토론을 벌여 『공양전』과 『곡량전』의 같고 다른 점을 구별하게 하고, 『춘추』를 기준으로 두 해설서의 시시비비를 가리게 했다. 그때 공양학파 쪽에는 박사 엄팽조와 시랑 신만(申輓), 이추(伊推), 송현(宋顯)이 있었고, 곡량학파에는 의랑 윤경시와 대조 유향과 주경, 정성 등이 있어서 서로 논쟁을 벌였다. 『공양전』에 불리한 점이 많아지자 공양학파 쪽에서 시랑 허광(許廣)을 논의에 참가하게 해 달라고 청했다. 논쟁을 감독하던 황제의 사자가 곡량학파에서도 중랑 왕해(王亥)를 더 불러들여 각 학파에 다섯 사람을 채우게 하고 서른몇 가지 논제를 토론하게 했다.

소망지 등 열한 사람이 『춘추』를 기준으로 두 해설서의 내용을 대조한 결과 『곡량전』 쪽이 『춘추』의 내용과 더 많이 일치했다. 그리하여 곡량학파가 크게 번성했고, 주경과 정성이 박사가 되었다. 정성은 중산왕 태부가 되었는데, 초나라의 만군(曼君) 신장창(申章昌)에게 전수했다. 신장창은 박사가 되었다가 장사왕(長沙王)의 태부가 되었는데 제자가 아주 많았다. 윤경시는 간대부에 이어 장락호장이 되었다. 윤경시는 또 『춘추좌씨전』도 배워서 그 이치를 판별한 뒤에 내용을 모아 장과 구별로 해석했다. 윤경시는 아들 윤함과 적방진, 낭야군의 방봉에게 『춘추좌씨전』을 전수했다. 윤함은 대사농까지 올랐고 적방진은 승상이 되었다. 적방진의 열전은 따로 세웠다.

방봉(房鳳)의 자는 자원(子元)이고, 〔낭야군〕 불기현(不其縣) 사람이다. 사책(射策)에서 을과에 합격하여 태사장고(太史掌故)가 되었다. 태상이 방정 인재로 천거하여 현령과 도위를 지냈다가 뒤에 벼슬을 잃었다.

대사마 거기장군 왕근이 상주문을 올려 〔대사마〕 장사(長史)에 임명했다가, 방봉이 경전에 밝고 통달하다고 황제에게 천거했다. 방봉은 광록대부에 발탁되었다가 오관중랑장(五官中郞將)으로 옮겼다.

그 무렵에는 광록훈 왕공(王龔)이 〔공성태후(邛成太后) 쪽〕 외척으로서 내조(內朝)를 다스렸는데, 봉거도위 유흠과 함께 경전을 교열했다. 방봉과 왕공, 유흠 세 사람은 모두 시중으로 있었다. 유흠이 『춘추좌씨전』에 박사를 세워야 한다고 하자 애제가 동의하고 여러 유생을 불러 물어보았으나 모두 동의하지 않았다. 그리하여 유흠이 승상 공광을 여러 차례 찾아가서 『춘추좌씨전』에 관해 설명하면서 도움을 청했다. 공광은 끝내 도와주지 않았다. 결국 방봉과 왕공 두 사람만 유흠의 뜻에 찬동했다. 세 사람은 공동으로 문서를 작성하여 태상과 박사들을 질책했는데, 이 이야기는 「유흠전」에 있다. 대사공 사단이 상주하여 선제(先帝)가 박사를 두었던 학파를 유흠이 비방했다고 주장했으므로, 황제가 왕공 등 세 사람을 지방 관리로 내보냈다. 왕공은 홍농 태수, 유흠은 하내 태수, 방봉은 구강 태수로 나갔고, 방봉은 나중에 청주목(靑州牧)으로 자리를 옮겼다.

그보다 먼저 강 박사가 호상(胡常)에게 전수하고, 호상은 양나라의 군방(君房) 소병(蕭秉)에게 전수했는데 소병은 왕망 집권 시절에 강학대부가 되었다. 이런 맥락 아래 곡량학파에 윤씨(尹氏), 호씨(胡氏), 신장씨(申章氏), 방씨(房氏) 학파가 생겼다.

한나라가 건국한 뒤 북평후(北平侯) 장창(張蒼)과 양나라 태부 가의, 경조윤 장창(張敞), 태중대부 유공자(劉公子)가 모두 『춘추좌씨전』을 연구했다. 가의가 『춘추좌씨전』의 자구 해석을 조(趙)나라 사람 관공(貫公)에게 전수했다. 관공은 하간 헌왕의 박사가 되었다. 관공의 아들 장경(長卿)은 탕음(蕩陰) 현령이 되었다. 장경은 청하 사람 장자(長子) 장우(張禹)[71]에게 전수했다. 장우와 소망지가 동시에 어사가 되었는데, 장우가 여러 차례에 걸쳐 소망지에게 『춘추좌씨전』을 강의해 주었다. 소망지가 황제에게 글을 올릴 때 『춘추좌씨전』을 여러 번 인용하여 설명했다. 뒤에 소망지가 태자 태부가 되었을 때 선제에게 장우를 천거했다. 황제가 장우를 불러 대조하게 했는데, 황제가 가르침을 구하기 전에 병으로 세상을 떠나고 말았다. 〔그보다 먼저〕 장우가 윤경시에게 『춘추좌씨전』을 가르쳤고, 윤경시는 아들 윤함과 적방진, 호상에게 전수했다.

호상은 여양(黎陽)의 계군(季君) 가호(賈護)에게 전수했는데, 가호는 애제 때에 대조하다가 낭관이 되었다. 가호는 창오군(蒼梧郡)의 자일(子佚) 진흠(陳欽)에게 전수했고, 진흠은 왕망에게 『춘추좌씨전』을 가르쳐서 장군까지 올랐다. 그리고 유흠은 윤함과 적방진을 스승으로 모시고 공부했다. 이런 맥락에 따라 『춘추좌씨전』을 해석한 학자들은 가호와 유흠의 학설을 근간으로 여기게 되었다.

찬하여 말한다.

무제 때에 오경박사를 둔 이래로 태학생을 박사의 제자로 받아 과목에 따라 강의하고 사책을 통해 평가한 뒤에 벼슬자리와 녹봉을 주면서 격려했다. 〔평제〕원시 연간에 없어질 때까지 백여 년을 지속하는 동안 학업을 전수한 박사가 점점 많아져서 제자들도 그 수가 많이 늘어났다. 경전 한 과목에 백만 자가 넘는 해석이 붙고, 대가도 많아져서 천여 명이나 되었으니, 아마도 많은 녹봉을 보장받는 길이었으므로 생긴 현상일 것이다.

애초에『서』에는 구양씨 과목만 있었고,『예』는 후씨,『역』은 양씨,『춘추』는 공양씨 과목만 있었다. 그런데 효선제 때에 이르러『상서』에 대하후씨와 소하후씨 과목을,『예』에 대대씨와 소대씨 과목을,『역』에 시씨(施氏), 맹씨, 양구씨(梁丘氏) 과목을,『춘추』에 곡량씨 과목을 새로 설치하여 박사를 두었다.

또 원제 때에는『역』의 경씨 과목에 새로 박사를 두었다.

이어서 평제 때에 다시『좌씨춘추』와『모시(毛詩)』,『일례(逸禮)』,『고문상서』과목을 세우고 박사를 두었다. 그리하여 유실되었던 내용을 망라하느라 허망한 학설이 함께 들어 있기도 했지만, 그중에 정확한 경전도 있었다.

59

순리전
循吏傳

이 편에는 순리(循吏) 여섯 명의 사적이 실려 있다. 문옹(文翁, 기원전 156~기원전 101년) 왕성(王成), 황패(黃霸, 기원전 130~기원전 51년), 주읍(朱邑, ?~기원전 61년), 공수(龔遂, ?~?), 소신신(召信臣) 중에서 문옹만 문제와 경제 시대 인물이고 다른 다섯 인물은 선제 때 인물이다. 그래서 이 편은 한나라의 인물이 나오지 않는 『사기』 「순리 열전」과 겹치지 않는다.

안사고는 순리의 '순(循)'을 '순(順)'으로 보고 위로 나라에서 정한 법을 따르는 한편 아래로 세간의 도리인 인지상정에 순응하는 관리라고 해석했지만, 흔히 순리는 양리(良吏) 또는 청관(淸官)의 다른 말로 여겨졌다. 그런데 왕성이 통계를 조작하여 자신의 업적을 과장한 사실을 기록해 둔 것은 편찬 과정의 실수가 아니라면 순리가 되는 것이 얼마나 힘든지를 보여 주는 예일 것이다. 이 편에는 찬이 없다.

덕과 겸손을 갖춘 훌륭한 관리

○   ○   ○

한나라는 건국 초기에 진나라의 폐단을 뒤집어 백성에게 세금을 감면하고 안심하고 생업에 종사할 수 있도록 해 주었고, 모든 일을 간편한 방식으로 처리했으며, 법망을 헐렁하게 풀어 주었다. 그때 상국 소하와 조참이 관대하고도 청정무위한 다스림으로 천하를 이끌었으므로, 사람들이 「획일(畫一)」¹이라는 노래를 지었다.

효혜제가 친히 정무를 보지 않았고, 고후가 태후로서 황궁의 울타리 밖을 나서지 않아도 천하가 태평하여 백성이 농사에 전념했으므로 먹고 입을 것이 풍족했다. 이어서 문제와 경제 때에 이르러 풍속이 바뀌었다. 그때의 순리로는 하남 태수 오공(吳公)과 촉군 태수 문옹(文翁) 같은 이들이 있는데 모두 자신을 엄격하게 단속하면서 솔선수범하는 한편으로 강직하고 공평하게 다스렸으므로 엄하게 하지 않아도 백성이 잘 따랐다.

효무제 시절에 나라 밖으로는 사이와 전쟁을 하고 나라 안으로는 법과 제도를 바꾸느라 백성의 살림이 피폐해져서 법을 어기고 문란한 짓을 하는 것을 막을 수 없었다. 그 무렵에는 덕정을 잘 펼쳤다는 칭송을 들은 자가 드물었다. 그런 가운데 강도국 상(相) 동중서와 내사² 공손홍, 예관만은 관직 수행 중의 공적을 기릴 만하다. 이 세 사람은 모두 유학자였으나 백성을 다스리는 일에 능했고 법규에도 밝았다. 또 경학의 내용으로 옥사 처리 문서를 다듬었으므로 황제가 이 세 사람을 중용했다. 동중서는 여러 차례에 걸쳐 병을 칭하며 사직했으나 공손홍과 예관은 삼공의 자리까지 올랐다.

효소제가 어려서 즉위했으므로 곽광이 집정했다.

〔무제가〕재정을 낭비하며 벌였던 전쟁이 끝난 뒤로 나라가 피폐했으므로 곽광이 예전의 제도를 그대로 시행하면서 전혀 고치지 않았다. 시원과 원봉 연간에 이르러 흉노가 귀부해 오고 백성의 살림이 점점 더 나아졌다. 효소제가 현량 인재와 문학 인재를 천거받아 백성이 받고 있던 고통〔의 해결책〕에 관해 물어보았다. 그리하여 주세(酒稅)와 염철 전매를 폐지하는 논의가 시작되었다.

효선제는 미천한 평민이었다가 지존의 자리에 올랐는데, 민간에서 일어났으므로 백성의 생활이 어려운 것을 알고 있었다. 곽광이 세상을 떠난 뒤에 효선제가 친히 정무를 처리하기 시작했는데, 정성을 다하여 나라를 다스렸다. 닷새에 한 번씩 정무를 결재했는데, 승상 이하 관리들이 각자의 직무에 관한 일을 보고했다. 그리고 자사와 태수, 제후국의 상을 임명할 때에는 언제나 접견하여 물어보면서 그 사람이 걸어온 길을 파악했고, 물러간 뒤에도 계속해서 그 행적을 관찰하면서 그 주장을 고쳐 주었고, 명실이 상부하지 않을 때에는 그 연유를 꼭 알아냈다. 효선제는 언제나 이렇게 말했다.

"서민이 자신의 농토를 갈아먹으며 안정되게 살면서 탄식하거나 원망하지 않으려면, 정무를 깨끗하게 처리하고 옥사를 불공평하게 처리하지 않아야 한다. 나와 함께 이런 일을 해낼 훌륭한 이천석 태수나 상국이 있어야 한다."

효선제는 태수가 하급 아전과 평민을 다스려야 하는데 자주 바꿔면 아래에 있는 사람들이 안정될 수 없으며, 태수가 오랫동안 그 지방을 다스리는 줄 알아야 백성이 태수를 속이지 못하게 되어 태수가 교화하는 대로 복종하리라고 여겼다. 그리하여 녹봉 이천석 관리가 잘 다스려서 업적을 냈을 때에는 반드시 국서를 내려 격려하면서 녹봉을 올리거나 황금을 하사했고, 때에 따라 관내후 작위를 주었다. 또 공경의 자리가 비었을 때는 표창을 받은 관리 중에 순서대로 기용했다. 그리하여 한나라에는 훌륭한 관리가 아주 많아져서 나라를 중흥했다는 평을 들었다. 조광한, 한연수, 윤옹귀, 엄연년(嚴延年), 장창 같은 이들은 모두 직무를 잘 수행했다는 평가를 받았는데, 형벌을 제멋대로 쓰다가 벌을 받아 주살당한 사람도 있었다. 왕성, 황패, 주읍, 공수, 정홍, 소신신 등은 관직에 있을 때 백성의 살림이 풍족해졌으니, 관직을 떠난 뒤에 백성이 그리워했다. 살아서는 명예로운 이름을 얻었고 죽어서는 제사를 흠향했으니, 그 훌륭한 풍모야말로 덕과 겸손을 갖춘 군자의 유풍일 것이다.

파촉 지방을 교화한 문옹

○   ○   ○

문옹은 여강군 서현 사람이다. 어려서부터 글공부를 좋아하여 『춘추』를 통달했으므로 군현의 아전을 발탁할 때 선발되었다.

경제 말기에 촉군 태수가 되었는데, 관대하고 인자했고 교화를 좋아했다. 촉군의 한 편벽한 지방에 만이의 풍속을 따르는 곳이 있다는 것을 알게 된 문옹이 그 지방을 한나라 풍속으로 바꾸겠다고 작정했다. 명민하고 재능이 있는 군형의 하급 아전 중에서 장숙(張叔) 등 열 몇 명을 뽑아 친히 격려한 뒤에 장안에 보내서 박사에게 수업을 받게 하거나 율령을 공부하게 했다. 소부의 지출을 줄여 촉도(蜀刀)와 촉포(蜀布) 등 촉군의 특산물을 사서 [군정(郡政) 보고를 위해 장안에 가는] 상계리에게 들려 보내 박사에게 선물하게 했다. 몇 해 뒤에 촉군에서 갔던 모든 학생이 학업을 마치고 돌아오자, 문옹이 태수부의 고위 직책을 주었다. 순서대로 찰거(察擧)를 통해 조정에 천거하여 태수와 자사 자리에 오른 자도 있었다.

또 성도(成都) 번화가에 학교[3]를 세우고, 태수부 소재지 밖에 있는 현에서 젊은이를 모집하여 학관 제자로 공부하게 하고 요역을 면제해 주었다. 성적이 뛰어난 자는 태수부와 현 관아의 아전으로 삼고, 순위가 떨어지는 자는 [향관(鄕官)] 효제(孝弟)와 역전(力田)으로 삼았다. 또 계속해서 미성년 학생을 뽑아 태수부 별채에서 안건을 접수하게 했다. 각 현을 순시하러 나갈 때마다 학관에서 공부하는 학생 중에 경전에 밝고 예를 갖추어 행동하는 자들을 많이 데리고 다니면서 명령을 전달하는 일을 맡겨 해당 현 관아를 드나들게 했다. 현과 읍의 하급 아전과 평민이 그 모습을 보고 부러워했다. 그렇게 몇 해가 지나자 사람들이 다투어 학관 제자가 되려고 했는데, 부자들은 돈을 내 가며 되려고 했다. 그렇게 하여 촉군에는 교화가 잘 이루어졌고, 촉군 출신으로 장안에 가서 공부한 사람도 제나라와 노나라 지역 사람만큼 많아졌다. 무제 때에 이르러 천하 모든 지방의 군과 제후국에 학교와 교관(校官)을 두게 되었으니, 이 제도는 문옹에서 비롯된 것이었다.

문옹은 촉군 태수로 있다가 세상을 떠났다. 하급 아전과 평민이 사당을 세우고 해마다 끊이지 않고 제사를 올렸다. 지금까지 파촉 지방 사람들이 예의를 중시하여 저속하지 않은 것은 문옹이 교화한 결과이다.

교동국을 잘 다스린 왕성

○ ○ ○

왕성은 어느 군 사람인지 알 수 없다. 교동국 상으로 있을 때 잘 다스린다는 명성이 자자했으므로 선제가 매우 신속하게 포상했다. 지절 3년에 다음과 같이 조서가 내려졌다.

대개 듣기를 군주가 공을 세운 자에게 상을 내리지 않고 죄가 있는 자를 벌하지 않는다면, 요임금과 순임금이라고 할지라도 천하를 교화해 내지 못할 것이라고 들었다. 교동국 상 왕성은 몰려드는 유민을 위로하는 데 게으르지 않고, 팔만 명이 넘는 유민을 받아들여 정착시키는 데 특별한 성과를 올렸으므로, 이에 관내후 작위를 하사하고 봉록을 중이천석으로 올린다.

장안 조정으로 불러 등용하기 전에 교동국 상으로 있으면서 병사했다. 뒤에 황제가 조서를 내려 승상과 어사로 하여금 군 태수부와 제후국의 상계리였던 장사(長史)[4]와 수승들이 정무 처리를 제대로 하고 있는지 심사하게 했다. 그때 누군가 이렇게 고했다.

"전에 왕성이 교동국 상으로 있을 때 스스로 업적을 과장해 보고하여 후한 상을 받음으로써 뒷날 많은 평범한 관리들이 헛된 명성을 추구하도록 했습니다."

한나라 지방관 중의 으뜸, 황패

○　○　○

황패의 자는 차공(次公)이고, 회양군 양가현(陽夏縣) 사람이다. 지방 호족으로서 운릉(雲陵)을 조성하는 공사 현장에 〔고을 사람들을〕 옮겨 일하게 했다.

황패는 어릴 때부터 율령을 공부하면서 벼슬아치가 되고 싶어 했다. 무제 말년에 대조하다가 돈을 내고 벼슬을 샀는데, 시랑 알자에 임명되었다. 동복형제가 지은 죄에 연좌되어 탄핵받고 면직되었다. 뒤에 다시 심려군(沈黎郡) 태수부에 곡식을 들여놓고 봉록 이백석 좌풍익의 졸사가 되었다.[5] 좌풍익이 황패가 곡물을 들여놓고 관직을 산 것을 고려해 높은 직위에 임명하지 않고 좌풍익부의 부세로 들어온 돈과 곡물 출납을 맡게 했다. 장부를 속이지 않고 정확하게 일하여 강직하다는 칭찬을 들었다. 하동군의 균수장(均

輸長)에 선발되었다가 다시 찰렴에 합격하여 하남 태수부 승(丞)이 되었다.

황패는 사람이 세세한 것을 관찰할 줄 알았고 두뇌 회전이 빨랐다. 또 법령에 밝고 온화하며 선량하고 양보심이 있었다. 지략이 많아 백성도 잘 다스렸다. 태수부 승으로 있으면서 법에 맞도록 결정을 내려 백성의 정서에 부합했으므로 태수에게 크게 신임받았고 하급 아전과 평민도 좋아하고 공경했다.

무제 말기부터 법이 엄격하게 적용되기 시작했다.

소제가 즉위했으나 어렸으므로 대장군 곽광이 정권을 장악하자 대신들이 권력을 놓고 다투었다. 상관걸 등이 연왕[6]과 공모하여 반란을 일으켰는데 곽광이 그들을 주살했다. 이어서 무제 때의 제도에 따라 신하들에게 형벌이 엄격하게 적용되었다. 이렇게 하여 평범한 관리들은 엄한 형벌이 능사라고 생각했으나, 황패만은 관대하여 과도하지 않은 형벌을 쓰는 것으로 이름을 얻었다.

이어서 선제가 즉위했다. 선제는 민간에 있을 때 관리의 과도한 판결 때문에 백성이 고생하는 것을 보아 알았으므로, 황패가 법을 공평하게 집행한다는 보고를 듣고 불러서 정위정(廷尉正)으로 삼았다. 황패가 판결하기 어려운 사건을 여러 번 해결하여 정위부 안에서 공평하다는 이름을 얻었다. 이어서 임시직 승상장사가 되었다. 조정에서 공경들이 모여 국가 대사를 의논할 때 장신소부 하후승이 황제의 조서 내용을 비난하는 대불경죄를 지은 것을 알고도 하후승을 탄핵하지 않았다는 이유로 하후승과 함께 정위에게 넘겨져 조사를 받고 감옥에 갇혀 사형을 기다렸다. 황패가 하후승을 스승으로 모시고 옥중에서 『상서』를 배웠다.

옥중에서 두 번의 겨울을 넘겨 세 해 동안 있다가 출옥했다. 이때의 이야기는 「하후승전」에 있다. 하후승이 출옥한 뒤에 새로 간대부가 되었는데, 좌풍익 송기(宋畸)[7]에게 황패를 현량 인재로 천거하게 했다. 하후승도 황제에게 황패를 천거하는 말을 올렸다. 그러자 황제가 황패를 양주 자사로 임명했다. 세 해 뒤에 선제가 조서를 내렸다.

어사대부에게 조서를 내린다.

이전에 현량 천거에서 높은 성적을 받았던 양주 자사 패를 영천 태수로 삼고 봉록 비이천석을 내린다. 태수의 수레에 장착할 일산(日傘)을 하사하되 특별히 높이를 한 장으로 하고, 별가주부거(別駕主簿車)의 횡목 앞에 제유(緹油)를 달아 진흙이 튀는 것을 막게 하라. 이로써 덕행이 높은 것을 알리도록 하라.

그 무렵 황제가 백성을 잘 다스리는 일에 전념하여 여러 차례에 걸쳐 은혜로운 명령을 조서로 내렸지만, 관리들이 그 명을 받들어 널리 알리지 않았다. 태수 황패는 유능한 아전을 뽑아서 각 지역으로 파견한 뒤 조서의 명령을 선포하게 하여 백성들이 황제의 뜻을 제대로 이해하게 했다. 모든 우정(郵亭)과 향관(鄉官)에서 닭과 돼지를 기르게 하여 홀아비와 과부, 빈민에게 공급하게 했다. 연후에 법령의 시행을 위해 부로(父老)와 사사(師帥), 오장(伍長)에게 맡겨 민간에 법령을 공포하게 하고, 사람들이 법을 어기려는 마음을 먹지 못하도록 권하게 했다. 나아가서 농경과 양잠에 힘쓰고, 검약하게 살며 살림을 늘리고, 나무를 심고 가축을 기르도록 유도하고, 말에게 곡식을 먹이지 못하게 했다.

자질구레한 공사(公事)가 번잡하고 어지러웠지만 황패는 전심을 다해 제대로 시행해 나갔다. 하급 아전이나 평민을 만나면 이야기를 듣는 도중에 실마리를 찾아내어 다른 사람에게 숨은 사정을 물어보며 참고했다. 사찰할 일이 있으면 나이가 있으면서 강직한 아전을 뽑아 파견하되 조사한 내용을 누설하지 못하도록 당부했다. 한 아전이 조사를 나갔다가 우정에 들어가지 못하고 길가에서 식사하고 있을 때 까마귀가 그 아전의 고기를 채 간 일이 있었다. 평민 한 사람이 태수부에 올릴 말이 있어 가던 길에 마침 그 광경을 보고는 황패에게 전했다. 뒷날 그 아전이 태수부로 돌아와 보고하러 갔을 때 황패가 접견하고 그 아전을 위로했다.

"정말 수고가 많았네. 일전에 가에서 먹던 고기를 까마귀가 채 갔다면서?"

아전이 매우 놀라, 황패가 자신의 일거수일투족을 모두 알고 있다고 생각하며 묻는 말에 추호도 숨김없이 대답했다.

홀아비와 과부, 고아, 자식이 없는 사람이 죽었으나 장례를 치르지 못하는 일이 있어 향관이 보고를 올리면 황패가 하나하나 처리할 방안을 마련하면서 어느 곳에 관으로 쓸 수 있는 큰 나무가 있다거나 어느 정에 제수로 쓸 만한 돼지가 있다고 알려 줬는데, 아전이 가서 보면 모두 태수가 말한 그대로였다. 사리를 판단하는 황패의 총명함이 하급 아전이나 평민은 도저히 생각할 수 없는 정도였으므로 모두 뛰어난 인물이라고 칭송했다. 법을 어기는 무리가 다른 군으로 옮겨 가서 영천군에는 도적이 날마다 줄어들었다.

황패는 교화에 먼저 힘을 기울인 뒤에 그래도 안 되면 형벌을 썼고, 나이 많은 아전을 보호하고 지켜 주려고 애썼다. 허현(許縣)의 승(丞)이 연로하여 귀가 먹었는데, 독우(督郵)가 내쫓아야 한다고 보고하자 황패가 말했다.

"그는 청렴한 아전으로서 비록 늙었지만 배기(拜起)나 송영(送迎) 같은 의전은 능히 할 수 있을 테니, 귀가 약간 먹었더라도 그리 큰 문제야 있겠는가? 잘 도와서 덕행과 능력이 뛰어난 아전을 잃지 않도록 하라."

누군가가 그렇게 한 연고를 묻자 황패가 답했다.

"오래 일한 아전을 자주 바꾸면 전임을 보낼 때와 신임을 맞이할 때 드는 경비와 〔교제기를 이용하여〕 긴악한 이전이 장부를 훼손하여 빼돌리는 재물 때문에 공적으로나 사적으로나 비용을 아주 많이 낭비하게 되네. 이런 비용은 모두 백성이 감당하게 되어 있지. 교체되어 새로 온 관리의 덕행과 능력이 반드시 뛰어나리라는 보장도 없고 더러 전임만 못 한 자도 있어 헛된 혼란만 늘어나게 되는 걸세. 다스리는 입장에서는 아주 심할 때만 없애야 하네."

황패는 겉으로 관대하면서도 속으로 세세한 것까지 잘 관찰하여 매사에 하급 아전과 평민의 마음을 샀으므로 〔영천군의〕 호구가 해마다 늘어나서 백성을 다스리는 일에 천하제일이라는 호평을 받았다. 황제가 불러들여 임시직 경조윤으로 삼되 봉록은 이천석으로 했다.

평민을 동원하여 치도(馳道)를 닦게 하되 먼저 보고하지 않은 일과, 북군에서 필요한 기사를 조달할 때 말과 기사의 숫자를 맞추지 못해서 군수 조달을 제대로 하지 못한 죄로 탄핵되어 봉록이 연달아 삭감되었다. 뒤에 영천 태수로 복귀하되 봉록은 팔백석으로 하고 다스리는 업무는 예전과 같게 하라는 조서가 내렸다. 영천 태수로 있던 여덟 해 동안 영천군은 더 잘 다스려졌다. 그 무렵 봉황과 신작(神爵)이 지방의 군과 제후국에 모여드는 일이 여러 번 있었는데 영천군에 특히 많았다. 황제가 황패를 꽤 오랫동안 잘 다스린 관리로 평가하고 조서를 내려 황패를 칭찬했다.

영천 태수 패는 조서로 내린 명령을 널리 알리며 백성을 교화했으므로, 효자와 〔형에게 순종하는〕 제제(悌弟), 정부(貞婦), 순손(順孫)이 날마다 늘어나고, 밭을 갈 때 서로 경계선을 양보하며, 길에 떨어진 물건을 줍지 않고, 홀아비와 과부를 돌보며, 가난한 사람을 돕고 있으니 여덟 해 동안 옥중에 사형수가 갇히는 일이 없었고 하급 아전과 평민이 교화에 경도되어 도의를 숭상하게 되었다. 따라서 현인이나 군자라고 이를 만하다. 『서』에 "군주를 보좌하는 신하가 걸출하다."[8]라고 하지 않았던가! 이에 관내후 작위와 황금 백 근을 내리고 봉록을 중이천석으로 조정한다.

영천군에서 부모에게 효성스럽고 형에게 순종했거나 덕행이 뛰어나거나 의로운 일을 실천한 사람 및 삼로(三老)와 역전(力田) 모두에게 차등을 두어 작위와 견직물을 하사했다. 몇 달 뒤에 황제가 황패를 불러 태자태부로 삼았다가 어사대부로 승진시켰다.

〔선제〕 오봉 2년, 황패가 병길의 뒤를 이어 승상이 되어 건성후(建成侯)에 봉해지고 식읍 육백 호를 받았다. 황패는 백성을 다스리는 능력이 뛰어나서 뒤에 승상이 되어 법과 명령을 총괄했는데, 언행은 병길과 위상, 우정국에게 미치지 못했고, 업적과 명성은 영천군을 다스릴 때보다 떨어졌다. 그때 경조윤 장창 집의 분작(鶍雀)들이 승상부로 날아가 내려앉는 일이 일어났다. 황패가 이를 신작으로 여겨 상의를 거친 뒤에 황제에게 보고하려고 했다. 그러자 장창이 황패의 행동에 관해 상주했다.

제가 살펴보니 승상이 중이천석과 박사들과 함께 지방의 군과 제후국에서 올라온 장사와 수승을 접견하고 백성에게 이로운 일을 벌이고 해로운 일은 제거하며 敎化를 이룬 사정에 대해 물어보았습니다. 그리하여 밭을 갈 때 서로 경계선을 양보하거나 남자와 여자가 길의 다른쪽으로 가는 사정,[9] 길에 떨어진 물건을 줍지 않는 사정에 관해 조목조목 대답하고 효자와 정부(貞婦)를 열거한 상계리를 일등급으로 쳐서 정당(正堂)으로 올라오게 했습니다. 성과를 열거하되 정확한 명수를 제대로 대지 못하면 다음 자리에 앉게 했으며, 교화하는 시행령을 내린 적이 없다고 보고한 상계리는 뒷자리에서 머리를 조아리고 사죄하게 했습니다. 승상이 말로 시키지는 않았으나 속으로 그렇게 등급을 나누어 대접하고 싶어 하는 듯 했습니다.

장사와 수승이 대답하고 있던 그때, 신 창의 집에서 분작이 날아와 승상부 건물 지붕에 내려앉았는데 승상 이하 수백 명이 그 광경을 지켜보았습니다. 곁에 있던 많은 아전이 그 새가 분작인 줄 알면서도 무슨 새냐고 물어보자 다들 모르는 척했습니다. 승상이 의논을 거쳐 상주하기를 "신이 상계리들인 장사와 수승에게 교화를 잘 이룬 예를 조목별로 물어보고 있었는데 황천(皇天)에서 신작을 내려보내 〔폐하의 덕치에〕 응했습니다."라고 했습니다. 뒤에 신의 집에서 날아온 것인 줄 알게 되었으면서도 그 사실을 상주하지 않았습니다. 지방의 군과 제후국의 상계리들은 승상이 어질고 관대하며 지략이 뛰어나기는 하지만 별일이 아닌 것을 기적으로 생각한다며 비웃었습니다.

예전에 급암이 회양 태수에 임명되어 하직하고 회양에 부임할 때 대행(大行) 이식에게 이르기를 "어사대부 장탕(張湯)이 삿된 마음을 품고 폐하께 아부하면서 조정을 무너뜨리고 있는데, 공이 폐하께 일찍 아뢰지 않는다면 장탕과 함께 죽임을 당하게 될 것이오."라고 했습니다. 식이 탕을 두려워하며 끝내 황제에게 보고할 엄두를 내지 못했습니다. 뒤에 탕이 주살될 때 무제께서 암(黯)이 식에게 했던 말을 보고받고는 식은 처벌하고 암에게는 봉록을 제후국 상이 받는 수준으로 올려 주면서 그 충성을 다한 마음을 표창했습니다.

신 창은 승상을 비난하려는 것이 아닙니다. 신하들이 이 일을 폐하께 아뢰지 않아 장사와 수승들이 승상의 의지를 따르지 않으면 임지에 돌아가서 법령을 버리고 각자 따로따로 명령을 내리게 됩니다. 그런 명령이 계속 늘어나다 보면 경박한 풍조가 질박한 풍속을 해치고 거기에 허위와 가식이 더해지면서 명실이 상부하지 않게 됩니다. 그렇게 되면 장사와 수승들이 동요하여 제대로 직무를 수행하지 않거나 심지어 법을 어기는 자까지 나올 것이니 크게 염려스럽습니다.

만일 장안 지역에서 밭 경계를 양보하게 하거나 남자와 여자로 하여금 길의 다른쪽을 다니게 하거나 길에 떨어진 물건을 줍지 못하게 하는 교화 정책을 시행했는데, 강직하거나 탐욕스럽거나 절의가 있거나 음란했던 각자의 행동이 바뀌지 않아 실제 이로운 점을 얻을 수 없다면 천하의 반면교사가 될 테니 절대 시행할 수 없습니다. 제후국에다 먼저 이런 교화 정책을 시행하게 하고 장안 지역을 능가하는 헛된 명성을 얻는다 해도 작은 일이 아닙니다. 한나라 조정에서 폐단의 원인을 조사하고 변혁에 관해 통달한 채로[10] 율령을 제정하여 착하게 살도록 장려하면서 법을 어기는 일은 막고 있으니, 법규를 상세하게 갖추고 있는 만큼 법규를 더 늘릴 필요가 없습니다. 승상으로 하여금 장사와 수승에게 명령을 분명히 내리게 하되, 해당 지역에 돌아가서 이천석 관리인 태수와 상에게 삼로와 효제, 역전, 효렴, 염리(廉吏)를 선발할 때 반드시 자격 요건에 맞는 자를 뽑을 것과 군을 다스리는 모든 일에 올바른 법령과 제도를 쓸 것을 고하게 하십시오. 제멋대로 명령을 만들어 내리지 못하도록 하되, 거짓 수단을 써서 명예를 추구한 자는 바로 사형시킴으로써 선악의 기준을 올바르게 밝혀야만 합니다.

황제가 장창의 주장을 가납하고 상계리들을 불러 시중으로 하여금 장창의 주장대로 시행하도록 알려 주게 했다. 이에 황패가 몹시 부끄러워했다.

또 이런 일이 있었다. 낙릉후 사고가 외척이지만 그 전에 〔선제가 민간에 있을 때〕 은정을 베풀었던 집안사람이라는 이유로[11] 시중이 되어 황제의 신임을 받고 있었는데, 황패가 사고를 태위로 삼을 만하다고 천거했다. 황제가 상서를 통해 황패에게 조서를 내려 하문했다.

태위직은 철폐한 지 오래되어 승상이 그 직무를 겸하고 있는데, 그렇게 한 것은 전쟁을 쉬고 문치(文治)에 주력하기 위해서였다. 만일 나라에 반란이 일어나거나 변경에 일이 생기면 짐을 보좌하는 신하들이 모두 군대를 이끌고 나가게 되어 있다. 대저 교화해야 할 내용을 널리 알리고 은폐된 문제를 형통하게 풀어 옥에 억울하게 형벌을 받는 사람이 없도록 만들고 읍에 도적이 없도록 하는 것은 승상이 해야 할 일이고, 태위 같은 장상 벼슬을 임명하는 일은 짐이 결정하게 되어 있다. 시중 낙릉후 고는 짐의 바로 곁에 있는 신하로 짐이 신임하고 있는데, 승상께서는 어찌하여 권한을 넘어 태위에 천거하는가?

상서령이 승상의 대답을 받으려고 하자 황패가 관을 벗고 사죄했는데 며칠이 지나서야 〔죄를 묻지 않겠다는〕 결정이 내려왔다. 그 뒤로 황패는 다시 청을 올리지 않았다. 그래도 한나라가 건국한 뒤로 직접 백성을 다스린 지방 관리로 말하자면 황패가 가장 으뜸이었다.

황패는 승상으로 다섯 해 동안 있다가 감로 3년에 세상을 떠났으므로 정후(定侯)라는 시호가 내려졌다. 황패가 죽은 뒤에 낙릉후 사고는 끝내 대사마가 되었다.

황패의 아들 사후(思侯) 황상(黃賞)이 낙릉후의 후사가 되었는데 관도위 벼슬을 지냈다. 황상이 죽은 뒤에 아들 충후(忠侯) 황보(黃輔)가 후사가 되었다. 황보는 위위가 되어 구경의 반열에 올랐다. 황보가 죽은 뒤에 아들 황충(黃忠)이 후사가 되어 낙릉후가 되었는데 왕망 집권 시절에 후위가 철폐되었다. 황패의 자손 중에서 대여섯 명이 이천석 벼슬에 올랐다.

그보다 먼저 황패가 젊어서 양가현의 유교(游徼)로 있을 때, 관상가와 같은 수레에 타고 가다가 한 여자를 보게 되었다. 관상가가 말했다.

"저 여자는 나중에 부귀하게 될 상이오. 내 말이 틀리면 관상 배우는 책이 쓸모가 없어질 것이오."

황패가 물어보니 그 여자는 그 지역에 사는 무축의 딸이었다. 황패가 바로 아내로 맞아들여 죽을 때까지 함께 살았다.

황패는 승상이 된 뒤에 두릉으로 이주했다.

죽어서도 백성의 존경을 받은 주읍

○ ○ ○

주읍의 자는 중경(仲卿)이고, 여강군 서현 사람이다.

젊어서 서현 동향(桐鄕)의 색부(嗇夫)로 있었는데, 강직하고 공평했으며 가혹하지 않아서 순찰 중에 사람을 아끼고 도와주었다. 또한 사람을 때리거나 모욕한 적도 없었다. 노인과 고아, 과부에게 관심을 쏟아 그런 사람을 만나면 은혜를 베풀었다. 그 지역의 하급 아전과 평민은 주읍을 좋아하고 존경했다. 태수부의 졸사로 승진했다가 현량 인재로 천거되어 대사농부의 승이 되었다. 다시 북해 태수로 승진했고, 치적 평가에서 최고 등급을 받아 대사농이 되었다. 주읍은 사람됨이 성실하고 관대했으며 예전부터 알던 벗에게 잘 대해 주었다. 그렇다고 해도 천성이 공정했기에 사적인 일로는 접촉할 수 없었다. 황제가 주읍을 중용했으므로 조정 안에서 존경을 받았다.

그 무렵 장창이 교동국 상국으로 있으면서 주읍에게 편지를 보내 말했다.

영명하신 황상께서 상고 시대의 치술에 유념하시면서 뛰어난 인재를 널리 모집하고 계시니 지금은 참으로 충신이 황제를 알현하기를 갈망하는 때입니다. 그런데 저 창은 장안에서 멀리 있는 큰 제후국[12]을 다스리며 정해진 법규에 얽매여 가슴 답답하게 살고 있다 보니 사실 특별한 지략이 없습니다. 또 지략이 있다 해도 어디 펼칠 수나 있겠습니까? 그대는 청렴하고도 정확한 정책으로 주직(周稷)〔의 대사농〕 직무를 관장하고 있습니다. 흉년에는 지게미와 겨도 달게 먹지만 풍년에는 맛있는 밥과 고기가 남아도는 법인데, 그 이유는 무엇이겠습니까? 풍족한 쪽과 모자란 쪽의 형세가 다르기 때문입니다.

예전에 진평의 덕행과 능력이 뛰어나긴 했지만 위천(魏倩)[13]의 소개를 통한 뒤에야 고조를 배알할 수 있었고, 한신이 특별하긴 했지만 소공(蕭公)[14]의 여러 차례 천거 뒤에야 신임을 얻었습니다. 옛적 일을 살펴보면 시절시절마다 탁월한 수준에 도달했던 인재들은 이윤이나 여망(呂望) 정도가 되어야만 자신을 천거할 수 있었으니, 그런 사람은 그대가 천거하지 않아도 등용될 수 있을 것입니다.

주읍이 장창의 의견에 느낀 바가 있어 능력과 덕행이 뛰어난 인재들을 천거했으므로 많은 사람이 주읍의 도움을 받았다. 주읍은 구경의 반열에 올랐지만 용모와 의관을 차릴 때 검약했다. 봉록과 하사받은 재물을 일가와 고향 사람들에게 나눠 주었으므로 집에 남아 있는 재물이 없었다.

신작 원년에 세상을 떠났다. 황제가 슬퍼하고 안타까워하면서 주읍을 칭찬하는 조서를 내렸다.

대사농 읍은 강직하고 청렴하여 절의를 지켰으며, "식비를 줄이고 공정한 도리를 따랐으며,"[15] 사적으로 세력이 큰 사람과 사귀지 않았고 선물로 들어온 재물을 받지 않았으므로 선한 인물이자 군자라고 이를 만하다. 이번에 액운을 만난 것을 짐이 몹시 슬프게 생각한다. 이에 읍의 아들이 제사를 받들도록 황금 백 근을 내린다.

주읍이 병에 걸려 죽게 되었을 때 아들에게 이렇게 부탁했다.

"내가 원래 동향의 아전이었는데 그곳 사람들이 나를 좋아해 주었으니 나를 꼭 동향에 묻어 다오. 후대의 자손들이 내 제사를 받든다 해도 동향 사람이 올리는 것만 같지 못할 거야."

뒤에 주읍이 죽자 그 아들이 동향 외성(外城) 서곽(西郭) 밖에 장사 지냈다. 아니나 다를까 동향 사람들은 주읍의 무덤에 봉분을 조성하고 사당을 세운 뒤에 해마다 때를 맞춰 제사를 올렸는데 지금까지 끊지 않고 지낸다.

다스리던 지역을 부자 마을로 만든 공수

○　○　○

공수의 자는 소경(少卿)이고, 산양군 남평양현(南平陽縣) 사람이다. 명경 인재로 천거되어 관리가 되었는데, 창읍국의 낭중령까지 올라 창읍왕 유하를 섬겼다. 유하의 행동거지에 바르지 않은 점이 많았다. 공수는 사람됨이 충성스러운 데다 후덕하고 굳세면서 기개가 높았는데, 왕궁 안에서는 왕에게 간쟁하고, 밖에 나가면 태부와 상을 질책했다. 공수는 경전의 내용을 인용하며 재앙과 복을 초래하는 원인을 진술하다가 눈물을 흘리기도 했으니, 공수의 충직함은 누구와도 비교할 수 없었다. 공수가 왕을 마주 보면서 잘못을 지적하면 왕은 귀를 막으며 자리에서 일어났다. 왕이 말했다.

"낭중령은 사람을 정말 부끄럽게 만드는군."

그렇게 왕과 창읍국 사람들 모두가 공수를 두려워했다.

창읍왕은 그때 이미 오랫동안 왕의 수레를 몰던 추노(騶奴), 음식을 장만하던 재인(宰人)과 더불어 놀이를 즐기며 먹고 마셔 댔으며, 재물도 수없이 하사했다. 공수가 왕을 알현하러 가서 눈물을 흘리며 무릎으로 기어들자 창읍왕 옆에서 시중을 들던 자들이 모두 눈물을 흘렸다. 왕이 물었다.

"낭중령은 왜 우는가?"

공수가 대답했다.

"신은 사직이 위태롭게 될 것이 걱정스럽습니다. 바라건대 시간을 내서서 어리석으나마 제가 말씀을 올릴 수 있게 해 주십시오."

황이 옆에 있던 시종을 물리자 공수가 말했다.

"대왕께서는 교서왕[16]이 정도를 행하지 않아 망했던 사실을 알고 계십니까?"

왕이 대답했다.

"모르오."

공수가 말했다.

"교서왕에게 아첨꾼 신하 후득(侯得)이 있었는데, 득은 걸주처럼 행동하는 교서왕을 두고 요순이라 불렀다고 들었습니다. 그러나 왕은 그런 아부의 말을 좋아하여 함께 기거하면서 그 말만 듣다가 결국 망하고 말았습니다. 지금 대왕께서 소인배를 가까이하면서 사악한 습성에 조금씩 물들고 계신데, 이는 나라의 존망이 걸린 문제라 신중하지 않을 수 없습니다. 신은 경전 내용에 밝고 품행이 좋은 자를 낭관으로 뽑아 대왕께서 함께 기거하면서 앉으면 『시』와 『서』를 낭송하고, 일어서면 예법을 익히시기를 청하니 그렇게 해야만 이로울 것입니다."

왕이 그렇게 하도록 허락했다. 공수가 장안(張安) 등 열 명을 낭중으로 뽑아 왕의 시중을 들게 했다. 그런데 며칠 지나서 왕이 그들을 모두 쫓아냈다. 한참 지나서 궁중에 기이한 현상이 여러 차례 일어났으므로 왕이 공수에게 물어보았다. 공수가 큰 우환이 발생해 궁실이 텅 비게 될 것이라고 대답했다. 이 이야기는 「창읍왕전」에 있다.[17]

뒤이어 소제가 붕어했다. 소제에게 아들이 없어 창읍왕이 후사로 즉위하자 창읍국의 관속도 모두 황궁으로 들어갔다. 창읍국 상이었던 안락이 장락위위로 자리를 옮겼으므로 공수가 안락을 만나 눈물을 흘리며 말했다.

"왕께서 황제가 되신 뒤에 나날이 자만에 빠져 더는 간언을 듣지 않으십니다. 아직 애통해야 할 기간이 끝나지도 않았는데 가까이 두고 부리는 신하들과 날마다 먹고 마시며, 호랑이와 표범의 싸움을 관전하거나 피헌(皮軒)을 대령시켜 놓고 그 수레에 아홉 가지 깃발을 꽂아 동서로 질주하고 있으니 이른바 패도를 일삼고 있습니다. 고대의 제도는 헐렁해서 대신이 물러나 은거할 수 있었지만 지금은 마음대로 사직할 수도 없습니다. 미친 척하다가 발각되면 죽임을 당하고 세상의 비웃음거리가 될 테니 어떻게 하면 좋겠습니까? 선생은 폐하의 상이었으니, 힘껏 간쟁해야 마땅합니다."

창읍왕은 마침내 즉위 스무이레 만에 방종하면서 황실의 법도를 어지럽혔다 하여 폐위되었다. 창읍왕의 신하들은 왕을 악에 빠지게 한 부도죄에 걸려 모두 주살당했는데 죽은 자가 이백 명이 넘었다. 다만 공수와 중위 왕양(王陽)만은 여러 차례에 걸쳐 간쟁한 것을 인정받아 사형을 면했는데, 곤형(髠刑)에 더해 성단형(城旦刑)을 받았다.

선제가 즉위한 뒤 한참 지났을 때, 발해군의 여러 지역에 흉년이 들어 도적이 잇달아 일어났으나 이천석 관리〔인 태수〕가 제압하지 못했다. 황제가 발해군을 제대로 다스릴 자를 선발하려 하자 승상과 어사대부가 공수를 적임자로 천거했으므로 황제가 공수를 발해 태수로 임명했다. 그때 공수의 나이가 일흔이 넘었다. 황제 앞에 불려갔을 때 키가 작고 몸집도 작았는데, 선제가 쳐다보고는 듣던 명성에 비해 생김새가 못했으므로 공수를 낮춰 보면서 말했다.

"발해군이 황폐해지고 어지러워져서 몹시 걱정입니다. 선생은 어떤 방법으로 발해군의 도적을 평정하여 짐의 뜻에 맞추겠습니까?"

공수가 대답을 올렸다.

"발해군은 해변에 위치하여 너무 멀리 떨어져 있어서 폐하의 성덕으로 교화되지 못했습니다. 게다가 발해 군민들이 굶주림과 추위로 어려움을 당해도 관리가 구휼하지 않았습니다. 그리하여 폐하의 어린 백성들이 폐하의 무기를 훔쳐 황지(潢池)에서 반란을 일으킨 것입니다. 지금 폐하께서는 신이 법을 어긴 무리를 무력으로 진압하기를 원하시는지요, 아니면 덕정을 펼쳐 군민을 안정시키기를 원하시는지요?"

황제가 공수의 대답을 듣고 몹시 기뻐하며 다시 말을 이었다.

"현량 인재를 뽑아 등용하려는 본뜻은 안정시키는 데 있지요."

공수가 말했다.

"무기를 들고 일어난 백성을 다스릴 때에는 헝클어진 실타래를 풀듯이 해야지, 급하게 다스려서는 안 된다고 들었습니다. 먼저 관대하게 풀어 준 뒤에 다스리겠습니다. 신은 일이 해결될 때까지 승상과 어사대부가 법규로 신을 얽어매지 않기를 바랍니다. 그리하여 그때그때 상황에 따라 법규에 얽매이지 않고 독자적으로 일을 처리할 수 있도록 해 주십시오."

황제가 공수의 말을 들어주고 황금과 재물을 하사했다.

역참 수레가 발해군 접경 지역에 도착했을 때 새로운 태수가 도착한다는 소식을 듣고 맞이하기 위해 태수부에서 보낸 군대가 나와 있었다. 공수가 모든 군대를 돌려보냈다. 그러고는 발해군 관할 현령들에게 문서를 띄워 도적을 체포하러 다니는 형리를 모두 철수시킬 것과 호미와 낫[18] 같은 농기구를 들고 있는 자들은 모두 양민으로 취급해 형리가 조사하지 말 것, 그리고 무기를 든 자들만 도적으로 간주할 것을 명령했다. 그러고는 공수 혼자 태수부로 갔다. 이에 발해군 전 지역이 안정되면서 도적들도 모두 해산했다. 발해군에 약탈 사건이 계속해서 일어났는데, 공수가 내린 명령을 들은 뒤에 바로 도적들이 해산했다. 도적들은 들고 있던 무기를 버리고 호미와 낫을 잡았다. 도적이 모두 평정되고 사람들이 고향에 정착하여 즐겁게 본업에 종사하자, 공수가 곡식 창고를 열어 빈민에게 곡식을 빌려주었다. 또 훌륭한 아전을 뽑아 백성을 위무하면서 다스리게 했다.

공수는 제나라 땅 사람들이 대체로 사치스럽고, 상공업에 종사하기를 좋아하면서 밭을 일구지 않는다는 것을 알게 되었다. 공수는 몸소 검약한 생활을 실천하면서 사람들에게 농사와 양잠에 힘쓸 것을 권했다. 인구 한 명마다 느릅나무 한 그루와 염교 백 포기, 골파 쉰 포기, 부추 한 뙈기를 심게 하고, 집집이 암퇘지 두 마리와 다섯 마리의 닭을 기르게 했다. 백성 중에 단도를 지니거나 검을 차고 있는 자가 있으면, "소나 송아지를 차고 다니는 법이 어디 있는가!"라고 타이르며 검을 팔아서는 소를 사게 하고, 단도를 팔아서는 송아지를 사게 했다.

봄과 여름에는 반드시 밭으로 향하게 했고, 가을과 겨울에는 수확에 종사하게 했으며 각종 열매와 마름, 가시연밥을 저장해 두게 했다. 공수가 몸소 여러 곳을 돌아다니며 격려했으므로 발해군 사람들의 비축량이 많아지고 하급 아전과 평민 모두가 부유해졌으며 송사도 사라졌다.

몇 해 뒤에 황제가 사자를 파견하여 공수를 황궁으로 불러오게 했는데 의조(議曹) 왕생(王生)이 따라가기를 원했다. 왕생이 평소에 술을 좋아하는 버릇이 있고 절제력이 없다고 생각한 공조(功曹)가 나서서 왕생을 데리고 갈 수 없다고 했다. 그러나 공수는 그 뜻을 차마 저버릴 수 없어 장안에 데려갔다. 왕생은 날마다 술을 마시느라 태수를 찾아가지 않았다. 하루는 공수가 황제의 부름을 받고 입궁하게 되었는데 왕생이 취한 상태로 뒤에서 따라가며 공수를 불렀다.

"태수[19]께서는 잠시 멈추십시오. 제가 한 말씀 올리겠습니다."

공수가 돌아보며 왜 그러는지를 묻자 왕생이 말했다.

"황제께서 어떤 방법으로 발해군을 그렇게 잘 다스렸는지를 물으시면, 다스렸던 방법을 있는 그대로 말씀드려서는 안 됩니다. '모두 성주(聖主)의 덕으로 좋아진 것이지 소신의 공이 아닙니다.'라고 말씀하셔야 합니다."

공수가 그 말을 받아들였다. 황제 앞에 이르자 과연 황제가 발해군의 치적에 관해 물어보았다. 공수가 왕생이 말한 대로 대답했다. 황제가 공수의 겸손한 모습이 좋아서 웃으며 말했다.

"태수는 어찌 그리 장자(長者)처럼 말하는 법을 익히게 되었소?"

공수가 사실대로 답했다.

"신은 이렇게 할 줄 몰랐고, 신의 의조가 신에게 일깨워 주었습니다."

황제는 공수의 나이가 많다는 이유로 공경 자리는 맡기지 않는 대신에 수형도위에 임명하고 의조 왕생은 수형도위부 승으로 삼아 공수를 칭찬하고 표창했다. 수형도위는 상림금원(上林禁苑)을 관장하고 이궁과 별관의 장식을 맡았으며 종묘 제사의 희생으로 쓸 가축을 장만했다. 그 맡은 직책이 황제 가까이에서 하는 일이라 황제가 몹시 중용했다. 공수는 천수를 누린 뒤에 벼슬자리에 있으면서 세상을 떠났다.

백성을 아들처럼 대한 소신신

○　○　○

　　소신신의 자는 옹경(翁卿)이고, 구강군 춘수현(壽春縣) 사람이다. 명경 부문에 갑과로 뽑혀 낭관이 되었고 곡양(穀陽) 현장으로 임명되어 나갔다. 치적 심사에서 높은 점수를 받아 상채(上蔡) 현장으로 옮겼다. 백성을 아들처럼 대하며 다스렸으므로 재직하는 동안 칭송을 받았다. 영릉(零陵) 태수로 특별 진급했으나 병으로 면직되어 고향에 돌아갔다. 다시 황제의 부름을 받고 간대부가 되었다가 남양 태수로 나갔는데, 상채를 다스렸을 때와 마찬가지로 백성을 잘 다스렸다.

　　소신신은 사람이 근면하고 책략이 뛰어났으며, 백성을 위해 이로운 사업을 많이 벌이면서 백성을 부유하게 해 주려고 노력했다. 농사를 권장하기 위해 몸소 농토에 들락거리느라 향정(鄕亭)을 떠나 들판에서 숙식하며 편안히 쉬는 시간이 거의 없었다. 군내의 하천을 돌아본 뒤에 구혁(溝洫)을 파서 개통하고 개폐형 수문인 제알(提閼)을 수십 군데 설치하여 관개 수로를 확장했다. 이 사업을 해마다 증설하여 많게는 삼만 경(頃)이나 되는 땅에 물을 대게 했다. 백성이 그 덕택을 입어 곡식을 충분히 비축하게 되었다. 소신신은 골고루 물을 나눠 쓸 수 있도록 하는 규약을 작성하여 돌에 새긴 다음 밭 경계에 세워서 분쟁을 방지했다.

　　혼례와 장례에 사치와 낭비를 금하고 반드시 검약하게 치르도록 했다. 태수부와 현 관아에서 일하는 아전 집의 자제가 놀기를 좋아하고 밭일을 일삼아 하지 않으면 모두 면직하고 심하면 법을 어긴 죄로 다스려 사람들에게 선악의 기준을 보여 주었다. 그리하여 남양군에서 교화가 크게 이루어졌고 군민 중에 힘써 밭을 갈지 않는 자가 없었으므로 유랑하던 사람들이 고향으로 돌아오기 시작하여 호구가 곱절로 늘어나고 도적을 고발하는 송사도 없어졌다. 하급 아전과 평민들은 소신신을 좋아하면서 소부(召父)라고 불렀다. 형주 자사가 상주문을 올려 "소신신이 백성을 위해 이로운 사업을 많이 벌여 군민이 부유하게 되었습니다."라고 했으므로 황금 마흔 근을 하사받았다.

이어서 하남 태수로 자리를 옮겼는데 정무 처리 평가에서 으뜸으로 꼽혀 여러 차례에 걸쳐 봉록을 올려 주고 황금을 하사받았다.

〔원제〕 경녕 연간에 황제의 부름을 받고 소부가 되어 구경의 반열에 올랐다.

소신신은 상주문을 올려 상림원의 이궁과 별관 중에 드물게 행차하는 곳에는 수선하거나 비품을 장만하지 말 것을 주장했다. 이어서 올린 다른 상주문에서 악부(樂府)와 황문창우(黃門倡優)의 여러 가지 공연을 적게 하고, 이궁과 별관의 무기 및 쇠뇌, 각종 비품에 드는 비용도 절반 넘게 줄일 것을 주장했다. 태관(太官)에 속한 채소밭에는 겨울에도 골파와 부추 같은 채소를 심었는데 밭에 벽을 세우고 덮개를 덮어 〔온실을 만든 뒤에〕 밤낮으로 계속해서 불을 때어 공기를 데우면서 채소를 재배했다. 소신신은 그렇게 키운 것은 제철 채소가 아니라서 사람 몸을 상하게 하므로 황제에게 올리기에 마땅하지 않다고 주장했다. 그 밖에도 자연의 법칙에 맞지 않는 다른 먹거리를 모두 금하게 했다. 그렇게 하여 줄인 경비가 한 해에 수천만 전이나 되었다. 소신신은 연로한 뒤에 벼슬에 있으면서 세상을 떠났다.

〔평제〕원시 4년, 조서를 내려 백관 중에 백성을 이롭게 한 관리에게 제사를 지내게 했다. 그러자 촉군에서는 문옹에게, 구강군에서는 소부에게 제사를 올리겠다고 황제의 명령에 응했다.

그 뒤로 구강 태수가 관속을 거느리고 해마다 때에 맞춰 예를 올렸는데, 소신신의 무덤에 제사를 지냈다. 남양군에서도 소신신의 사당을 세웠다.

60

혹리전
酷吏傳

이 편에서는 가혹한 형벌로 백성을 다스린 열네 명의 혹리인 질도(郅都), 영성(甯成), 주양유(周陽由), 조우(趙禹), 의종(義縱), 왕온서(王溫舒), 윤제(尹齊), 양복(楊僕), 감선(咸宣), 전광명(田廣明), 전연년(田延年), 엄연년(嚴延年), 윤상(尹賞)이 나온다. 절반 이상이 무제 때에 활약한 인물들이다. 『사기』 「혹리 열전」에 나오는 열두 명 중에서 장탕(張湯)과 두주(杜周)는 '자손이 번성하고 높은 지위에 올랐다'는 이유로 『한서』에 독립 열전이 세워져 있는데 두 인물도 무제 때에 활동했다. 무제 때에 혹리가 많았던 것은 황권 강화를 위해 엄격한 통치가 이루어졌기 때문이기도 하지만, 빈번한 전쟁으로 도탄에 빠진 사람들이 도적에 가담하는 일이 많았기 때문이다.

반고는 사마천과 마찬가지로 법을 엄격하게 집행하는 데는 동의했으나 도가 지나쳐서 가혹하게 백성을 괴롭히는 것은 좋게 보지 않았다. 엄연년과 감선 편에 혹리의 면모가 특히 생생하게 묘사되어 있는데 이를 통해 혹리를 경계하는 반고의 뜻을 살필 수 있다.

형벌을 가혹하게 적용한 관리들

○　○　○

공자는 "정령으로 유도하고 형벌로 구속하면 백성은 구차하게 빠져나가려고만 하되 부끄러움을 모르게 되고, 덕치로 이끌고 예로 단속하면 부끄러움을 알고 나아가서 행동이 바르게 된다."[1]라고 하였다. 노씨(老氏)는 "지극한 상덕(上德)[을 지닌 사람]은 표나게 덕을 행하지 않기 때문에 덕이 높아지고, 덕이 모자라는 하덕(下德)[을 지닌 사람]은 잘못하여 덕을 잃지 않으려고 형식적으로 덕을 행하기 때문에 덕이 없게 된다."[2]라 하였으며, "법과 명령이 늘어나고 복잡해지면 도적이 많이 생긴다."[3]라고 하였다. 이런 말씀은 아주 정확한 내용을 담고 있다.

법률과 명령이란 다스리는 데 필요한 도구이지만, 선악을 다스리는 근본 처방은 아니다. 예전 [진나라 때에] 천하의 법망이 아주 촘촘했으나 법을 어기는 자들이 아주 많아지더니 극한 상황까지 이르러 아래위 [군주와 신하, 아전과 평민 간에] 서로가 속이다가 구제할 수 없는 지경에 이르고 말았다. 그 무렵에는 관리들이 땔나무를 지고 불을 끄러 가고, 끓는 물을 퍼냈다가 그 물을 다시 부으며 식히듯이 백성을 다스렸으니, 관리의 인성이 사납거나 가혹하지 않으면 자신의 임무를 잘 수행하며 기꺼워할 수 없었으리라! 도덕을 강조하는 자는 직무를 제대로 수행하지 못했을 것이다. 그러므로 공자는 "사건을 조사하여 판결할 때는 나도 남처럼 한다. 그러나 나는 먼저 덕으로 교화하여 사건이 발생하지 않게 한다.[4]라고 하였고, 노자는 "덕이 모자라는 사람은 도에 대해 듣고도 껄껄 웃고 넘긴다.[5]라고 했는데, 빈말이 아니다.

한나라는 건국한 후 제도의 모난 구석을 둥글게 깎아 간단하게 하고, 각종 문양을 새길 때 질박하게 하[여 소박한 쪽으로 풍속을 유도하]며, 법망은 배를 집어삼킬 크기의 물고기도 빠져나갈 수 있을 만큼 성기게 하겠다고 선전했다. 그리하여 관리들이 순박하고 관대하게 다스려도 법을 어기는 무리가 나오지 않고 질서가 잘 잡혀 백성이 편안하게 살게 되었다. 이런 점에서 볼 때 다스림의 관건은 관대함에 있지 가혹함에 있지 않다.

고후 때의 혹리로는 후봉(侯封)이 유일했는데, 종실 사람들을 처절하게 짓밟고 공신을 모욕했다. 여씨 일족이 망한 뒤에 후봉과 그 일족도 모두 주살되었다. 효경제 때에는 조조(鼂錯)가 가혹하게 법을 적용하면서 자신의 능력을 보완했다. 칠국의 난이 조조에게 분노하여 일어난 것이 알려지자 결국 죽임을 당했다. 그 뒤로 질도와 영성 같은 무리가 나왔다.

흉노조차 두려워한 질도

질도는 하동군 대양현(大陽縣) 사람으로 낭관이 되어 문제를 섬겼다. 경제 때에 중랑장이 되었는데, 직간을 주저하지 않아 조정 회의에서 대신에게 대놓고 질책했다.

황제를 모시고 상림원에 갔을 때였다. 가희(賈姬)[6]가 뒷간에 있는데 멧돼지가 뒷간으로 뛰어들었다. 황제가 질도에게 눈짓을 했지만 질도는 움직이지 않았다. 황제가 몸소 무기를 들고 가희를 구하러 나서자 질도가 황제 앞에 엎드려 아뢰었다.

"후궁 한 사람이 없어지면 새로 한 사람을 뽑으면 됩니다. 천하에 비슷한 후궁이 없겠습니까? 폐하께서 이렇게 함부로 가볍게 나서시면, 종묘와 태후는 어찌합니까?"

이 말을 듣고 황제가 마음을 돌렸다. 멧돼지도 가희를 다치게 하지 않았다. 태후가 사정을 보고받은 뒤에 질도에게 황금 백 근을 하사했다. 황제도 황금 백 근을 하사하고 그때부터 질도를 중용했다.

제남 사람 한씨(瞯氏)[7]는 삼백여 호가 일가를 이루고 있었는데 발호하면서 교활을 떨며 법을 지키지 않아도 이천석 태수조차 손을 쓰지 못했다. 이 문제를 해결하기 위해 경제가 질도를 제남 태수에 임명했다. 질도가 부임하자마자 한씨 일족의 수괴를 주살했다. 그러자 나머지 사람들 모두 허벅지가 떨릴 만큼 무서워했다. 한 해 남짓하여 제남군 안에서는 길에 떨어진 물건을 줍는 사람이 없었으니, 인접한 열 몇 개 군의 태수들이 모두 상급 관리를 대하듯이 하며 두려워했다.

질도는 사람이 용맹하고 원기가 충만했다. 공정하고 청렴하여 개인적으로 받은 편지는 개봉하지 않았고, 뇌물을 받지 않았으며, 청탁을 들어주는 법이 없었다. 질도는 늘 이렇게 말했다.

"아버님이 계신 고향을 떠나 부임지로 나왔으니 힘써 직무를 봉행하면서 절의를 지키다가 부임지에서 죽는 것이 마땅하다. 그러다 보면 처자식도 제대로 돌보지 못하는 거지."

뒤에 중위로 승진했다. 그 무렵 승상 조후(條侯) 주아부가 총애를 받으며 오만불손하게 행동했으므로 질도는 승상에게 읍만 올리고 절을 하지 않았다. 그 시절에는 사람들이 순박해서 죄를 지어 벌 받는 것을 무서워하며 신중하게 행동했다. 그런데 질도는 혼자 나서서 가혹하게 법을 집행하되 황족도 봐주지 않았다. 그리하여 열후와 종실 사람들이 모두 질도를 똑바로 바라보지 못했고, 매라는 별명으로 붙여 불렀다.

임강왕(臨工王)[8]이 중위부에 불려 와서 심문을 받게 되었을 때의 일이다. 임강왕이 도필(刀筆)을 구해 사죄의 글을 써서 황제에게 올리려고 했으나, 질도가 옥리에게 전하지 못하게 했다. 위기후(魏其侯) 두영(竇嬰)이 사람을 시켜 임강에게 도필을 몰래 가져다주게 했다. 임강왕이 도필을 얻어 황제에게 사죄의 글을 쓴 뒤에 바로 목숨을 끊어 버렸다. 두 태후가 그 소식을 듣고 노하여 질도에게 죄를 묻고 법을 세게 적용하니 면직되어 집으로 돌아갔다.

경제가 사자를 보내 질도를 그 자리에서 안문(鴈門) 태수에 임명했다. 그리고 황궁에 가서 부임 인사를 올릴 필요 없이 그길로 부임지로 가게 했고, 안문군의 상황에 맞게 알아서 정무를 처리하라고 했다. 흉노 사람들이 질도의 절의가 높다는 소문을 들어 알고 있었는데, 질도가 변경인 안문 태수로 부임하자 군대를 이끌고 돌아갔다. 그러고는 질도가 죽을 때까지 안문 가까이에 가지 않았다. 흉노에서는 질도 형상의 허수아비를 세워 놓고 말을 달리며 활을 쏘아 그 형상을 맞히게 했는데 아무도 맞히는 사람이 없었다. 그만큼 흉노 사람들이 질도를 두려워했다. 흉노가 질도를 미워하여 질도가 한나라 법을 어기도록 계책을 썼다.[9] 경제가 말했다.

"질도는 충신이다."

황제가 질도를 석방하려고 하자 두 태후가 참견했다.

"그렇다면 임강왕은 충신이 아니란 말이오?"

그래서 황제가 질도를 베었다.

함부로 위세를 과시했던 영성

○　○　○

영성은 남양군 양현(穰縣) 사람이다. 낭관으로서 알자가 되어 경제를 섬겼다. 혈기가 왕성했던지라 하급 아전일 때에는 자신의 상관에게 기어올랐고, 다른 사람의 상관이 되어서는 아랫사람을 젖은 물건을 바싹 묶듯이 다루었다.[10] 남을 능욕하기를 좋아하고 포악했으며 함부로 위세를 과시했다.

점점 승진하여 제남군의 도위가 되었는데 그때 질도가 태수로 있었다. 전임 도위들은 수레에서 내려 태수부 안으로 걸어 들어와 현령이 태수를 방문할 때 하는 것처럼 아전을 통해 태수에게 전갈을 넣을 만큼 질도를 두려워했다. 그러나 영성은 태수부에 도착하여 질도의 방으로 곧바로 들이닥쳐 태수와 어깨를 견주려고 들었다. 질도가 영성에 관한 소문을 익히 듣고 있었던지라 잘 대우해 주면서 친하게 사귀었다.

한참 뒤에 질도가 세상을 떠나자 그때부터 장안 이곳저곳의 종실 사람 중에 법을 어기는 자가 많아졌다. 황제가 영성을 불러 중위로 삼았다. 영성은 질도의 방식을 따라 다스렸지만 질도보다 청렴하지 못했다. 그리하여 종실의 세력가들이 모두 두려워했다.

무제가 즉위한 뒤에 내사로 자리를 옮겼다. 외척들이 영성의 허물을 들어 공격을 많이 하는 바람에 법에 걸려 곤겸형(髡鉗刑)을 받았다. 그 무렵에는 구경 지위에 있는 자가 사형을 선고받으면 곧바로 자결했으므로 형을 당해 죽는 일이 드물었다. 그런 시대에 심한 형벌을 받았으므로 영성은 자신이 다시는 등용될 일이 없으리라고 생각했다. 그래서 목에 채워져 있던 철테를 풀고 통행증 전(傳)을 가짜로 새겨서 함곡관을 빠져나온 뒤에 집으로 돌아갔다. 그러고는 말했다.

"벼슬길에 올라 이천석 봉록을 받지 못하거나, 장사로 천만 전을 모으지 못한다면 어떻게 남과 비할 수 있겠는가!"

영성이 비탈진 밭 천여 경을 빌린 뒤에 빈민을 고용해서 경작했는데, 빈민 수천 호를 부렸다. 몇 해 뒤에 사면을 받았을 때에는 이미 재산이 수천만 전에 이르러 있었다.

불의를 보면 의협심을 발휘하여 스스로 처리했다. 또 고향 관들의 장점과 허물을 모두 파악하고 있었으며, 외출할 때에는 수십명의 기병을 거느리고 다녔다. 영성이 백성을 부릴 때면 태수보다 위세가 더했다.

주양유의 원칙 없는 법 적용

○ ○ ○

주양유의 아버지는 조겸(趙兼)이다. 조겸이 회남왕의 외숙으로 주양후(周陽侯)에 봉해진 뒤에 주양씨가 되었다. 외척[11]의 자격으로 낭관이 되어 문제를 섬겼다.

경제 때에 주양유가 태수가 되었다.

무제가 즉위했을 때 관리들은 정무 처리를 신중하게 하는 것을 숭상했다. 그 무렵 주양유는 봉록 이천석 관리 중에서 가장 포악하면서도 제멋대로였다. 아끼는 자는 규정을 적용하지 않은 채 살려 주었고, 미워하는 자는 법을 왜곡해서라도 죽였다. 부임하는 군마다 그곳의 세력가들을 반드시 꺾어 놓았다. 태수가 되어서는 도위를 현령처럼 낮춰서 대했고, 도위가 되어서는 태수 위에 올라서서 태수가 다스릴 일을 빼앗아 보았다. 급암은 고집이 셌고 사마안(司馬安)[12]은 법을 가혹하게 적용했는데, 두 사람과 주양유가 모두 이천석 벼슬에 올라 있었다. 그런데 세 사람이 같은 수레에 탔을 때, 〔급암과 사마안은〕 주양유와 앉을 자리와 기댈 데를 균등하게 나눌 엄두를 내지 못했다. 뒤에 주양유가 하동 도위로 있을 때 하동 태수 승도공(勝屠公)과 권력을 다투다가 서로 고발하는 일이 일어났다. 죄가 있다는 판결이 나자 승도공은 관리로서 형을 받아 몸을 상하게 할 수 없다면서 스스로 목숨을 끊었다. 주양유는 기시형을 받았다.

영성과 주양유가 가혹하게 다스린 이후 세상일이 더욱 복잡해졌지만 사람들은 교묘하게 법을 피하려고 들었으므로 관리들은 대개 영성과 주양유 등이 했던 방식을 써서 다스렸다.

법으로 관리끼리 감시하게 한 조우

○　○　○

조우는 우부풍 태현 사람이다. 장안에 있던 여러 관아에서 하급 아전으로 있었는데, 강직하다는 이유로 영사(令史)가 되어 태위 주아부를 섬겼다.

〔경제 때에〕 주아부가 승상이 되자 조우는 승상사가 되었다. 승상부 사람들이 모두 조우를 강직하며 불편부당하다고 칭찬했지만 주아부는 조우를 쓰지 않겠다고 했다.

"우가 뛰어난 것은 아주 잘 알지만,[13] 법을 가혹하게 적용하므로 승상부에 근무할 수 없다."

무제 때에 조우는 도필리가 되어 공을 계속 쌓아서 어사로 승진했다. 황제가 능력을 인정하여 중대부(中大夫)[14]까지 올려 주었다. 장탕과 함께 율령을 정리하면서 견지법(見知法)을 만들었는데, 이때부터 관리끼리 서로를 감시하기 시작했다.

조우는 성품이 강직하면서도 사람과 어울리기를 싫어하여 관리가 된 뒤에는 집에 식객을 두지 않았다. 고관이 찾아와도 끝내 답방을 가지 않았으며, 친한 벗과 빈객이 찾아오는 것도 애써 거절하면서 오로지 독자적으로 행동했다. 판결에는 늘 승복했고, 재심을 통해 하급 관리의 숨은 죄를 캐는 일 따위는 하지 않았다.

조우는 중간에 면직되었다가 다시 정위가 되었다. 그보다 먼저 조후(條侯)가 조우를 두고 포악하고 가혹하다고 평한 적이 있는데, 조우는 소부가 되어 구경의 반열에 올랐을 때 더욱 가혹하게 굴었다.

조우가 나이 들자 세상일이 더욱 복잡해져서 관리들이 엄격해졌는데, 조우는 반대로 많이 관대해져서 부드럽다는 평을 들었다. 왕온서(王溫舒) 등 뒤에 나온 이들이 조우보다 더 가혹하게 다스렸다.

조우는 연로했으므로 연나라 상(相)으로 옮겨 가야 했다. 몇 해 뒤에 규정대로 다스리지 않은 죄를 짓고 면직되어 고향에 돌아갔다. 조우는 그 뒤 열 몇 해를 더 살아 천수를 누린 뒤에 벼슬 없이 집에서 세상을 떠났다.

누나 덕에 등용된 의종

○ ○ ○

의종은 하동군 사람이다.

젊어서 장차공(張次公) 함께 수시로 약탈하며 떼도적이 되었다.

의종에게 누나가 있었는데, 의술이 좋아서 왕(王) 태후[15]의 총애를 받았다. 태후가 의종의 누나에게 물었다.

"아들이나 오빠, 남동생 중에 벼슬 사는 자가 있는가?"

의종의 누나가 대답했다.

"동생이 있기는 하나 품행이 좋지 않아 쓸 만하지는 않습니다."

태후가 황제에게 의후(義姁)의 남동생을 등용하라는 청을 넣자 황제가 의종을 중랑에 임명한 뒤에 상당군 내의 현령으로 보냈다. 꺼리는 바 없이 과감하게 다스리되 관대하게 포용하는 일이 드물었으므로 그 현에는 처리되지 않은 채 밀려 있는 일이 없었다. 그래서 정무 처리 평가에서 으뜸으로 선정되었다. 장릉 현령과 장안 현령으로 자리를 옮겼는데, 법조문에 따라 다스리면서 황실 친척도 가리지 않고 처벌했다. 태후의 외손자인 수성자중(脩成子中)[16]을 체포해서 심문하는 것을 보고 황제가 능력을 인정하여 하내군 도위로 승진시켰다. 하내군의 호족이었던 양씨(穰氏)의 친척을 멸족시키자 하내군 안에서는 사람들이 길에 떨어진 물건도 줍지 않았다.

상자공도 낭관이 되었다가 전투에 참가하여 용맹하게 싸우면서 적진 깊이 들어가 공을 세웠으므로 안두후(岸頭侯)에 봉해졌다.

그 무렵 영성이 벼슬 없이 집에 있었는데 황제가 어느 군의 태수로 임명하려고 하자 어사대부 공손홍이 말했다.

"신이 효산 동쪽에서 아전으로 있을 때 영성이 제남군의 도위로 있었는데, 마치 이리가 양을 치는 것처럼 포악하게 백성을 다스렸습니다. 성이 백성을 직접 다스리게 해서는 안 됩니다."

그리하여 황제가 영성을 관도위에 임명했다.

한 해 남짓한 세월이 지나 지방의 군과 제후국에서 함곡관을 출입하는 자들에게 세금을 매기는 함곡관의 아전[17]들을 가리켜 "차라리 젖먹이 새끼를 보호하려고 아무나 물어뜯는 호랑이를 만나는 게 낫지, 영성이 화내는 것은 당하지 않는 것이 좋다."라고들 했으니 영성은 그만큼 사나웠다.

의종이 하내군 도위에서 남양 태수로 승진해 가면서 그런 영성의 집이 남양에 있다는 이야기를 들었다. 의종이 함곡관에 도착했을 때 영성이 옆걸음으로 의종을 맞이하고 배웅했다. 그런데 의종은 기세가 등등한 채로 영성에게 예를 차리지 않았다.

의종은 남양군 태수부에 당도하자마자 영씨(甯氏) 일족을 심문한 뒤에 그 집을 부수고, 영성의 죄를 다스렸다. 그러자 남양의 호족 공씨(孔氏)와 보씨(暴氏) 일족도 죄다 달아나 버렸다. 남양의 하급 아전과 평민들은 발을 포개다시피 하면서 제대로 걷지도 못했다.

〔남양군〕 평씨현(平氏縣)의 주강(朱彊)과 두연현(杜衍縣)의 두주(杜周)는 의종의 부하 아전이 되어 신임을 받았는데 나중에 정위사(廷尉史)로 승진했다.

〔그 무렵 흉노 정벌〕 군대가 정상군(定襄郡)에서 출격한 일이 여러 번 있어서 정상의 하급 아전과 평민들이 혼란을 겪고 있었으므로, 황제가 의종을 정상 태수로 옮기게 했다. 의종이 정상에 당도하여 정상군 태수부 옥중에 있던 중죄인 이백여 명과 그들을 면회하기 위해 사사로이 옥중을 드나들었던 빈객, 형제 이백여 명을 갑자기 죽였다.[18] 의종이 그 모두를 잡아서 심문한 뒤에 누군가 사형죄를 지은 자의 형구를 풀어 주었다고 판단했다. 그날로 사백 명 넘는 사람들에게 급히 사형 판결을 내렸다. 정상군 사람들은 날이 춥지 않은데도 떨었고, 법을 어기던 교활한 사람들은 아전들의 공무 처리에 협조했다.

그 무렵에 조우와 장탕이 구경의 반열에 올라 있었는데, 두 사람의 다스림에는 그래도 관대한 데가 있었고, 법에 따라 집행하는 편이었다. 그러나 의종은 매가 날개를 펴고 공격하듯이 매섭게 다스렸다.

뒤에 오수전(五銖錢)과 백금(白金)으로 화폐를 바꾸어 쓰기 시작하자 평민들이 불법으로 유통했는데, 그런 현상은 장안에서 가장 심했다. 그래서 황제가 의종을 우내사로, 왕온서를 중위로 임명했다. 왕온서는 아주 악독해서 자신이 하는 일을 의종에게 미리 상의하는 법이 없었다. 그러면 의종이 화가 나서 왕온서를 깎아내리며 세운 공을 망가뜨렸다. 이들은 다스릴 때 사람들을 너무 많이 죽였는데, 그렇게 급하게 다스려도 거둔 성과는 적었다. 법을 어기는 무리가 셀 수 없이 많이 나오자 황제가 직지(直指)를 줄동시거 나스리기 시작했다. 그래도 관리들이 다스릴 때에 베어 죽이거나 옥에 가두는 것을 일삼았으니, 염봉(閻奉)은 악독하게 다스린다는 이유로 중용되었다.

의종은 강직했고 다스리는 방법은 질도의 방식을 따랐다.

황제가 정호궁(鼎湖宮)에 행차했을 때 병이 나서 오랫동안 낫지 않은 일이 있었다. 그러다가 갑자기 회복되어 감천궁으로 돌아가게 되었는데, 길이 치워져 있지 않았다. 그러자 황제가 화를 내며 말했다.

"종은 내가 이 길을 다시 지나가지 않으리라 여겼던 것인가?"

황제는 이 일을 속에다 담아 두었다.

〔무제 원정 3년〕 겨울, 양가(楊可)가 무제의 고민령(告緡令)[19]을

받들어 시행하고 있었다. 양가가 부자들이 숨긴 재산을 몰수하는 방식이 백성을 혼란스럽게 만든다고 여긴 의종이 아전을 보내 양가의 사자(使者)들을 잡아들였다. 황제가 이 사실을 보고받은 뒤에 두식(杜式)을 보내 다스리게 했다. 황제가 내린 명령의 시행을 막아서 일을 망치게 했다 여기고, 황제가 의종에게 기시형을 내렸다. 한 해 뒤에 장탕도 사형을 당했다.

사람을 죽여 위엄을 행사한 왕온서

○　○　○

왕온서는 양릉현(陽陵縣) 사람이다. 젊어서 사람을 몽둥이로 때려죽인 뒤에 매장한 죄를 지었다. 양릉현의 정장이 되었다가 여러 차례 면직되기도 했다. 옥리로서 몇 차례 옥사를 다스린 뒤에 정위사가 되어 정위 장탕을 섬겼다. 그 뒤에 어사로 승진하여 도적의 동태를 살펴 처벌하는 임무를 맡으면서 아주 많은 사람을 죽였다.

점점 승진하여 광평군(廣平郡) 도위가 되었다. 왕온서는 광평군 내의 세력가 중에 담이 커서 형리 노릇을 감당할 만한[20] 사람 열 몇 명을 뽑아 부하로 삼았다. 그러고는 각자가 숨기고 있던 중죄를 모두 파악한 뒤에 그자들을 풀어서 도적을 감시하고 처벌하게 했다. 개중에 왕온서가 원하는 대로 도적을 잡아 와서 왕온서를 만족시킨 자는 백 가지 죄가 있어도 법으로 다스리지 않았다. 그러나 꺼리[면서 도적을 제대로 잡아들이지 않]는 자는 죽이고 그 집안도 멸족시켰다. 그리하여 광평군과 경계를 이루고 있던 동쪽의 제나라와 남쪽의 조(趙)나라 도적이 광평 땅으로 접근할 엄두를 내지 못했다. 광평군 안에서는 길에 떨어진 물건을 줍는 사람이 없다는 소문이 났다. 황제가 보고를 받은 뒤에 왕온서를 하내 태수로 승진시켰다.

왕온서는 광평군 도위로 있을 때 하내군 안에서 세력을 떨치면서 법을 어기는 자들에 대해 소상하게 파악하고 있었다. 그러다가 하내 태수로 발령이 났는데 9월에 도착하자마자 태수부에 명을 내려 [역참에 준비된 말 이외에] 쉰 마리의 말을 갖추게 했다. 그리고 하내에서 장안에 이르는 역참마다 은밀하게 배치했다. 왕온서는 광평에 있을 때와 마찬가지 계략으로 아전을 풀어 하내군 내에서 세력을 떨치며 남의 재물을 빼앗는 자들을 체포했는데 연쇄되어 길린 자만 천 명이 넘었다. 왕온서가 황제에게 글을 올려 죄가 무거운 자는 멸족시키고 가벼운 자는 당사자를 죽이며 가산을 몰수하여 피해자에게 배상하게 해 달라고 청했다. 상주문을 올리면 이틀도 안 되어 황제의 비준을 받고 형을 집행했는데, 피가 십수 리에 걸쳐 흐를 만큼 많은 사람을 죽였다. 왕온서가 그렇게 빨리 상주문을 올리고 비답을 받아 내자 하내 사람들이 모두 기이하게 여겼다. 12월이 다 갈 무렵 하내군 안에서는 도적의 기척에 짖어 대는 개 소리가 들리지 않게 되었다. 일부 잡히지 않는 도적 무리가 이웃에 있던 군으로 달아나 왕온서가 그 뒤를 쫓다가 [사형 집행이 금지되는] 입춘을 맞이하면 발을 동동 구르며 한탄했다.

"아아, 겨울을 한 달만 더 연장할 수 있다면 내가 하던 일을 마칠 수 있을 텐데!"

왕온서가 사람을 많이 죽이는 것으로 위엄을 행사하며 인명을 아끼지 않은 바가 그 정도였다.

황제가 왕온서의 업적을 보고받고는 유능하게 여기고 중위로 승진시켰다. 왕온서는 하내군에서 썼던 방식을 그대로 써서 다스리면서, 범죄자를 잘 추정해 내는 아전을 불러와서 함께 일을 처리했다. 불러온 자들은 하내군의 양개(楊皆)와 마무(麻戊), 관중(關中)의 양공(揚贛)과 성신(成信) 등이었다.

그 무렵 의종이 우내사로 있었는데, 왕온서가 의종을 두려워하여 제멋대로 다스리지 못했다. 이어서 의종이 세상을 떠나고 장탕도 사형을 당한 뒤에는 왕온서가 정위가 되었다. 그런데 중위로 있던 윤제가 법에 걸려 형벌을 받았으므로 왕온서가 중위로 복귀했다.

왕온서는 제도에 밝지 않아 다른 자리에 있을 때에는 답답해하며 직무를 제대로 감당하지 못했는데, 중위가 되어서는 자신의 뜻을 활짝 펼 수 있었다. 평소 관중 지방의 사정을 익히 알아서 강하고 포악하게 다스리는 아전을 꿰고 있었다. 그리하여 세고 포악하게 다스리는 아전을 모두 다시 등용했는데, 그 아전들은 살살이 뒤져 주색에 빠져 있거나 죄를 짓는 젊은이를 찾아냈다. 왕온서는 법을 어긴 자를 고발하는 글을 항통(缿筒)에 던지게 하거나, 맥락장(佰落長)을 두어[21] 법을 어기는 자를 감시하고 고발하게 했다.

왕온서는 대단히 비굴하여 세력 있는 자를 잘 섬겼다. 반면에 세력이 없는 자는 노복을 대하듯이 했다. 세력이 있는 자는 산처럼 큰 죄를 지었어도 잡아들이지 않았고, 세력이 없는 자는 황실의 친척이라 해도 능욕하고 말았다. 법조문을 교묘하게 적용하여 교활한 짓을 한 하호(下戶)를 처벌하도록 주청함으로써 대세력가들에게 눈치를 주었다. 왕온서는 중위로 있는 동안 이런 방법으로 다스렸다.

법을 어기거나 교활한 짓을 한 자는 사실을 인정할 때까지 심문했는데, 대개는 옥중에서 뼈가 부서지고 살이 썩어 문드러졌으며, 한번 판결이 나면 살아서 출옥할 수 없었다. 왕온서의 부하들은 호랑이가 사람의 관을 쓴 것처럼 난폭했다. 그리하여 중위가 관할하는 지역에서 중등 이하 신분으로 교활한 짓을 하던 자들은 모두 엎드려 숨어 있게 되었고, 세력 있는 자들은 왕온서가 잘 다스린다고 칭찬을 하며 그의 명성을 퍼뜨리고 다녔다. 몇 해가 지나자 왕온서의 아전들은 권세를 누리는 자들의 비호를 받으며 부귀해졌다.

왕온서가 동월(東越)을 치고 돌아온 뒤에, 황제의 뜻을 제대로 실행하지 못한 죄가 인정되어 면직되었다. 그 무렵 황제가 통천대(通天臺)를 짓고자 했는데 인력이 모자랐다. 왕온서가 중위부에서 군역을 회피한 자를 찾아내어 수만 명을 동원하겠다고 청했다. 황제가 기뻐하며 왕온서를 소부로 삼았다. 이어서 우내사로 자리를 옮겼는데 그 전에 우내사로 있을 때 다스린 방법을 그대로 쓰니 법을 어기고 거짓을 일삼는 무리가 조금 줄어들었다. 뒤에 법을 어겨 관직을 잃었다가 다시 우보(右輔)가 되어 중위 직무까지 함께 수행했는데, 예전 방법으로 다스렸다.

한 해 남짓하여 대원(大宛)을 치기 위해 군대를 출동시켰는데 황제가 조서를 내려 날래고 용맹한 장교를 모집했다. 왕온서는 자신의 부하 아전인 화성(華成)을 숨겨 주었다.

뒤에 누군가가 왕온서와 틀어져서 왕온서를 고발했다. 고발 사유는 왕온서가 정식 기병으로 넣어 주는 대가로 돈을 받았다는 것과 다른 일로도 법을 어기면서 이익을 도모했다는 것이었는데, 멸족에 해당하는 죄였다. 왕온서는 스스로 목숨을 끊었다. 그때 왕온서의 두 동생과 두 사돈 집안도 각각 다른 죄를 지어 멸족당했다. 광록훈 서자위(徐自爲)가 말했다.

"슬프다. 예전에 삼족을 멸한 일은 있었으나 왕온서는 그 죄가 동시에 오족을 멸할 만큼 컸구나!"

왕온서가 죽었을 때 집에는 황금 천 근에 해당하는 재물이 쌓여 있었다.

죽어서도 달아나야 했던 윤제

○ ○ ○

윤제는 동군 치평현(茌平縣) 사람이다. 도필리에서 점차 승진하여 어사가 되었다. 장탕 밑에서 일했는데 강직하다고 여러 번 칭찬을 받았다.

무제에게서 도적의 동태를 감시하여 처벌하라는 명을 받자 권세가 있는 집안의 사람도 피하지 않고 베어 버렸다.

관도위로 승진해서는 〔전임자〕영성을 뛰어넘는 명성을 얻었
다. 황제가 능력을 인정하고 중위로 임명했다. 장안의 하급 아전
과 평민이 낭비를 일삼으며 아주 많이 망가져 있었는데, 중위 윤
제를 목석처럼 강할 뿐 제도에 밝지 않다고 경시했다. 강하고 포
악하게 다스리던 아전들은 숨어 버렸고, 선량한 관리는 제대로 다
스리지 못해 제도대로 행하지 못하는 경우가 많아지자 죄가 인정
되어 벌을 받았다. 뒤에 다시 회양군 도위가 되었다.

왕온서가 목숨을 끊은 뒤 몇 해가 지나서 윤제도 병으로 죽었
다. 집 안에 황금 쉰 근어치 재산도 남아 있지 않았다. 윤제는 회
양에서 아주 많은 사람을 주살했다. 뒤에 윤제가 죽었을 때 원한
을 품은 자가 그 시체를 태우려고 했는데, 아내가 고향으로 달아
나 묻었다.

황제에게 책망받은 양복

○　　○　　○

양복은 의양현(宜陽縣) 사람이다. 천부(千夫)의 신분으로 아전이
되었다. 하남 태수가 천거하여 어사가 되었는데, 함곡관 동쪽 지
방에 출사하여 도적의 동태를 살피고 처벌했다. 도적을 다스릴 때
윤제가 했던 대로 과감하게 가혹한 형벌을 주는 방식을 썼다. 뒤
로 점점 승진해서 주작도위까지 올랐는데, 황제가 유능하다고 여
겼다.

남월이 반란을 일으켰을 때 누선장군(樓船將軍)에 임명되어 공을 세우고 장량후(將梁侯)에 봉해졌다.

동월이 반란을 일으켜 황제가 다시 장군으로 내보내려고 하자 양복이 앞서 세웠던 공을 자랑했다. 그래서 황제가 글을 내려 양복을 책망했다.

장군이 세운 공은 석문(石門)과 심협(尋陜)[22]을 먼저 함락한 것일 뿐 장수를 베거나 깃발을 빼앗으며 확실한 공을 세운 것도 아닌데, 어찌하여 남 앞에서 자랑하는가!

그 전에 [남월의] 반우(番禺)를 함락할 때, 항복한 자를 붙잡아 포로라고 치고 죽은 자들을 파내어 목을 벴다고 한 것이 첫째 잘못이다.

[남월왕] 건덕(建德)과 상국 여가(呂嘉)가 반역한 죄는 천하에 용서할 수 없는 짓이었지만 장군은 정예병을 보유하고도 끝까지 추격하지 않아 신속하게 동월의 구원을 받게 한 것이 둘째 잘못이다.

군사들이 해를 거듭하며 야외 전투에 시달리고 있었으므로 짐은 제후나 대신이 입조할 때에도 술을 내오지 못하게 했는데, 장군은 군사들이 고생하는 것은 걱정하지 않고 교묘하게 말을 꾸며 역참 수레를 타고 변방에 가겠다고 했다. 그래 놓고는 그 수레를 타고 집에 돌아가서 [주작도위, 누선장군, 장량후의] 은인(銀印)과 황금인(黃金印) 세 개를 품고 그 인수들을 늘어뜨린 채 고향 마을에서 자랑한 것이 셋째 잘못이다.

집안일을 돌보다가 돌아갈 날짜를 놓치고도 길 사정이 좋지 않았다고 변명하면서 황제를 존중해야 하는 윤리를 지키지 않은 것이 넷째 잘못이다.

촉도(蜀刀)를 장만하고 싶어서 장군에게 값이 얼마인지를 물었는데, 대개 수백 전일 것이라고만 대답했으니 무고(武庫)에서 날마다 무기를 출납하면서도 정확한 값을 모르는 척하며 임금을 속이는 허물을 범한 것이 다섯째 잘못이다.

조서를 받고도 〔위성(渭城)〕 난지궁(蘭池宮)에 당도하지 않았고, 이튿날도 대책문을 올리지 않았다. 만일 장군의 아전에게 질문했는데 제대로 대답하지 않고, 명령을 내렸는데도 복종하지 않는다면 그 죄는 어떻게 되겠는가? 밖에 나가 있으면서 이런 생각으로 일한다면 천하 어디에서 믿음을 얻겠는가!

지금 동월의 군대가 깊숙한 곳까지 들어오고 있는데, 장군이 군대를 이끌고 공을 세워 허물을 덮지 않겠는가?

양복이 참회하며 대답해 아뢰었다.

"죽을 때까지 싸워서 속죄하기를 원합니다."

그러고는 왕온서와 함께 동월을 격파했다.

뒤에 새로 좌장군 순체(荀彘)와 함께 조선을 공격하러 갔다가 순체에게 결박당했는데, 이때의 이야기는 「조선전」에 있다. 돌아온 뒤에 면직되어 서인이 되었다가 병으로 세상을 떠났다.

작은 일도 크게 만든 감선

○ ○ ○

감선(咸宣)[23]은 하동군 양읍(楊邑) 사람이다. 하동 태수부에서 하급 아전으로 일했다. 위청 장군이 황제의 명을 받고 하동군에 말을 사러 갔다가 감선이 누구보다 뛰어난 것을 보고 황제에게 천거했다. 황제가 불러서 구승(廐丞)으로 삼았다. 공사를 잘 수행했으므로 어사 및 어사중승[24]으로 점차 승진했다. 황제가 감선에게 주보언 사건과 회남왕의 반란 사건을 심문하게 했다. 이 사건을 처리하면서 법조문을 아주 자잘한 데까지 적용하고 없던 사실까지 덧붙여 아주 많은 사람을 죽였는데, 해결하기 어려운 사건을 잘 처리한다는 말을 들었다. 감선은 여러 차례 면직되었다가 다시 기용되면서 어사 및 어사중승으로 스무 해 가까이 일했다.

왕온서가 중위가 되었을[25] 때 감선은 좌내사가 되었다. 감선은 자질구레한 일까지 직접 관장했다. 크거나 작거나 모든 일을 친히 다루었고, 현마다 명조(名曹)와 보물(寶物)[26]을 직접 배치했으며, 관리와 현령, 현승이 제멋대로 변경하지 못하도록 했는데, 변경하면 엄하게 다스려 무거운 형벌을 내렸다.

감선이 관직에 있는 여러 해 동안 다른 모든 관리는 일을 줄이는 쪽으로 다스렸지만 유독 감선만큼은 작은 일도 크게 만들었다. 그러나 감선이나 그렇게 할 능력이 있었지, 그런 방식을 제도화하기는 어려웠다. 중도에 면직되었다가 우부풍이 되었다. 감선이 자신의 부하 아전이던 성신에게 노했을 때 성신이 상림원 안으로 달아났다. 감선이 미현 현령에게 관군을 데리고 출동하게 했는데, 상림원 안의 잠실(蠶室) 문으로 난입하여 성신을 죽이는 과정에서 상림원 문에 화살이 꽂히게 하는 죄를 지었다. 형리가 감선을 넘겨받아 심문하고 대역죄로 멸족 판결을 내리자 감선이 스스로 목숨을 끊었다. 뒤를 이어 두주가 임용되었다.

그 무렵 각 군의 태수와 도위, 제후국의 상 같은 봉록 이천석 관리는 대개 왕온서 등의 방식으로 백성을 다스렸다. 그렇지만 하급 아전과 평민은 갈수록 쉽게 법을 어겨 도적이 더 많이 일어났는데, 우두머리로는 남양군에 매면(梅免)과 백정(百政)이, 초나라에 단중(段中)과 두소(杜少)가, 제나라에 서발(徐勃)이, 연나라와 조(趙)나라 사이에는 견로(堅盧)와 범주(范主) 등이 있었다.

큰 무리는 수천 명에 이르렀는데, 제멋대로 이름을 내걸고서 성과 읍을 공격하여 무기고의 무기를 탈취하고 사형을 기다리던 죄인을 풀어 주었다. 또 각 군의 태수와 도위를 결박하여 모욕을 주면서 이천석 관리를 죽였으며, 현령들에게 먹을 것을 갖추어 놓으라고 재촉하는 편지를 썼다. 소규모 떼도적은 수백 명씩 모여 있었고, 향리에서 노략질하는 소규모 도적은 헤아릴 수 없을 만큼 많았다.

도적이 많아지자 황제가 처음에는 어사중승과 승상장사를 사자로 내보내 도적을 감시하고 처벌하게 했으나 제대로 막아 내지 못했다. 그래서 광록대부 범곤(范昆)과 제부도위(諸部徒尉) 및 전임 구경 장덕(張德) 등에게 수의(繡衣)를 입히고 부절(符節)과 호부(虎符)를 들려 군대를 동원시켰다. 도적을 토벌하면서 대부분 목을 베었는데 많게는 만여 명의 머리를 벤 적도 있었다. 토벌한 뒤에 도적과 통하며 음식을 제공한 자들을 통행음식죄(通行飮食罪)로 법에 따라 처벌했는데, 각 군의 경계를 넘나든 죄에 해당하는 자가 많게는 수천 명에 이르렀다. 몇 해가 지나자 도적의 우두머리가 많이 붙잡혀 무리에서 이탈한 졸개들이 달아났다가 험한 산천에 기대어 다시 모였다. 도적들이 곳곳에서 무리를 이루었으나 근절할 도리가 없었다. 그리하여 침명법(沈命法)을 제정하여 도적을 잡겠다고 발표했다.

떼도적이 일어났는데도 찾아내지 못하거나 찾아냈더라도 체포한 수가 정한 기준에 미치지 못하면 이천석 이하 하급 아전까지 중에서 체포를 주재한 자를 모두 사형시킨다.

그 뒤로 하급 아전들이 주살당할 것을 두려워하여 도적이 있어도 찾아낼 엄두를 내지 못했고, 제대로 체포하지 못하면 태수부에 연좌될 것을 두려워했으며, 태수부에서도 각 현령에게 발설하지 못하게 했다. 그렇게 하여 도적이 점점 더 많아졌지만 위아래가 서로 은폐하면서 법규를 피해 갔다.[27]

대규모 도적을 잡은 전광명

○　○　○

전광명의 자는 자공(子公)이고, 경조(京兆) 정현(鄭縣) 사람이다. 낭관으로 있다가 천수사마(天水司馬)가 되었다. 공훈 서열에 따라 하남군 도위로 승진하여 가혹하게 다스렸다. 지방의 군과 제후국에서 도적이 연달아 일어났으므로 전광명을 회양 태수로 승진시켰다. 한 해 남짓하여 전임 성보(城父) 현령 공손용(公孫勇)과 그 문객 호천(胡倩) 등이 모반했는데, 호천이 수십 대의 수레를 뒤따르게 한 채로 광록대부를 사칭하며 도적을 감시하고 처벌하러 온 황제의 사자라고 말했다. 호천이 진류 역참의 객사에 묵고 있을 때 태수가 알(謁)을 전하며 만나러 가자 태수를 잡아 가두려고 했다. 전광명이 모반의 낌새를 알아차리고 군대를 출동시켜 모두 체포한 뒤에 베어 버렸다. 공손용이 수의를 입고 네 마리 말이 끄는 진류군 어현(圉縣)에 당도했을 때도 어현에서 아전[28]을 보내 대접하게 했다. 그런데 아전이 공손용이 수의어사가 아닌 것을 알아차리고 임시직 현위(縣尉) 위불해(魏不害)가 구색부(廄嗇夫) 강덕(江德), 위사(尉史) 소창(蘇昌)과 함께 공손용을 체포했다. 황제가 위불해를 당도후(當塗侯)에, 강덕은 요양후(轑陽侯)에, 소창은 포후(蒲侯)에 봉했다.

열후에 봉해지기 전, 네 사람이 황제 앞에서 절을 올릴 때, 아전이 혼잣말을 했다. 무제가 물었다.

"뭐라고 했느냐?"

아전이 대답해 아뢰었다.

"후가 되어도 동쪽 고향으로 돌아갈 수 있습니까?"

황제가 물었다.

"너는 돌아가고 싶으냐? 신분을 높여 주겠다. 네가 사는 향의 이름이 어떻게 되는가?"

아전이 아뢰었다.

"유향(遺鄕)[29]이라고 합니다."

황제가 말했다.

"유향을 너에게 주겠다."

황제가 그 아전에게 관내후 작위를 내리고 유향의 육백 호를 식읍으로 하사했다.

황제가 전광명이 대규모 도적을 연달아 잡은 것을 칭찬하며 조정으로 불러들여 대홍려로 삼았다. 또 전광명의 형 전운중(田雲中)을 후임 회양 태수로 임명했다.

소제 때에 전광명이 군대를 이끌고 익주의 만이를 무찌르고 돌아온 뒤에 관내후 작위를 하사받고 위위로 자리를 옮겼다. 뒤에 좌풍익으로 나갔는데 백성을 다스리는 능력이 뛰어나다는 이름을 얻었다.

선제 즉위 초에 채의의 뒤를 이어 후임 어사대부가 되었다. 전에 좌풍익으로 있으면서 선제 옹립을 결정하는 과정에 참여한 공을 인정받아 창수후(昌水侯)에 봉해졌다. 한 해 남짓하여 기련장군(祁連將軍)으로 군대를 이끌고 흉노를 공격했는데, 변경에서 출격하여 수항성(受降城)에 이르렀다. 그 전에 수항 도위가 죽었는데,

전광명이 관이 수항 도위부 관아에 있다는 이유로 수항 도위의 미망인을 불러온 뒤에 정을 통했다. 출격한 뒤에 목표를 달성하지 못해 군대를 철수시켜 빈손으로 돌아왔다. 태복 두연년에게 넘겨 조서에 적힌 대로 심문하자 전광명이 궐 안에서 스스로 목숨을 끊었다. 전광명의 봉토는 철폐되었다.

형 전운중도 회양 태수로 있으면서 사람을 마구 주살했으므로 하급 아전과 평민들이 궐문 앞에 가서 고발하여 결국 기시형을 받았다.

창읍왕 폐위에 공을 세운 전연년

○　○　○

전연년의 자는 자빈(子賓)이다. 선조는 전국 시대 제나라 제후 전씨로 [고조 때에] 양릉으로 이사했다.

전연년은 대장군 막부에서 일할 때 재능과 지략이 뛰어났으므로 곽광의 신임을 받아 장사로 승진했다. 하동 태수로 나갔는데, 윤옹귀 등을 심복 부하로 선발하여 하동군에서 세력을 떨치며 전횡을 일삼던 자들을 뿌리 뽑았으므로 법을 어기던 사악한 무리가 일어나지 못했다. 이 일로 다시 조정에 들어가 대사농이 되었다.

소제가 붕어하고 창읍왕이 후사가 되어 즉위했는데 도덕적으로 문란했다. 곽 장군이 걱정과 두려움 속에 공경과 더불어 창읍왕 폐위를 상의하고자 했지만 아무도 의견을 내지 않았다. 전연년이 검의 자루를 잡고 조정에 모여 있던 대신들을 질책했다. 그리하여 그날로 결론이 났다. 이때의 이야기는 「곽광전」에 있다.

선제가 즉위한 뒤 전연년이 창읍왕을 폐위하는 어려운 문제를 결론짓고 선제 옹립을 결정하는 데 공을 세웠다고 하여 양성후(陽成侯)에 봉했다.

그보다 먼저 무릉의 부자였던 초씨(焦氏)와 가씨(賈氏)가 수천만 전의 돈을 들여 매장할 때 쓰는 목탄과 말린 갈대를 몰래 사서 재 두고 있었다. 그런데 소제가 갑자기 붕어하여 장례에 필요한 물품을 구입하지 못했으므로 전연년이 상주하여 고했다.

상인 중에서 더러 매장할 때 쓰는 장례용품을 미리 사 두고 급하게 써야 할 사람들에게 비싼 값으로 파는 것으로 이익을 추구하려고 하는 자들이 있는데, 이는 평민이나 관리가 해서는 안 될 일입니다. 조정에서 몰수하기를 청합니다.

황제가 상주한 내용대로 시행하라고 윤허했다.

재물이 날아가게 된 부자들이 모두 전연년을 원망하면서, 돈을 들여 전연년의 죄를 다스리도록 요구하고 다녔다. 그런데 그 얼마 전에 대사농부에서 백성의 소달구지 삼만 대를 빌려 다리 밑에서 모래를 싣고 능원을 조성하던 곳으로 실어 나른 일이 있었다. 소달구지 한 대 빌리는 값이 천 전이었으나 전연년이 장부에 이천 전으로 올려 모두 육천만 전으로 적고 그 절반을 불법으로 취했다. 초씨와 가씨 양쪽 집안에서 이 일을 고발했으므로 승상부에서 전연년을 심문했다. 조사를 마친 뒤에 승상이 상의를 거쳐 "연년이 주관하던 일에서 삼천만 전을 불법으로 취득했으므로 부도죄에 해당합니다."라는 상주문을 올렸다. 곽 장군이 전연년을 불러 사정을 물어보고 전연년에게 길을 열어 주고자 했다. 그러자 전연년이 곽 장군을 속였다.

"장군 휘하 출신으로 오늘날의 작위까지 받게 되었습니다. 그런 일은 하지 않았습니다."

곽광이 말했다.

"그런 일이 없었다면 끝까지 조사를 받는 게 옳겠다."

어사대부 전광명이 태복 두연년에게 말했다.

"『춘추』의 뜻에 따르면 공으로 과를 덮는다고 했습니다. 창읍왕을 폐할 때 전자빈의 말이 없었다면 대사를 이룰 수 없었습니다. 조정에서 삼천만 전을 내어 받아 달라고 요청했다 한들 무슨 대수겠습니까? 제 어리석은 뜻을 대장군에게 전해 주기 바랍니다."

두연년이 대장군에게 이 말을 전하자 대장군이 말했다.

"물론입니다. 대단한 용사였지요! 대사를 의논하고 결정해야 할 때였는데, 연년이 조정을 뒤흔들었지요."

곽광이 손을 들어 자신의 가슴을 쓸어내리며 말했다.

"지금까지 내 가슴을 뛰게 하는 말입니다. 그런데 전 대부가 대사농을 변호해 준 것은 고맙지만, 연년을 감옥에 보내는 일은 도리에 따라 대신들이 의논해서 결정해야 합니다."

어사대부 전광명이 사람을 보내 전연년에게 말을 전하자 전연년이 말했다.

"다행히도 조정에서 나에게 관대함을 베풀어 주려고 하고 있구나. 〔그러나 잘못되면〕 어떻게 얼굴을 들고 감옥에 들어갈 것인가! 많은 사람이 손가락질하며 나를 비웃을 테고 간수들은 내 등 뒤에 침을 뱉겠지!"

그날로 문을 잠그고 홀로 재사(齊舍)에 머무르면서 어깨를 드러내고 단도를 쥔 채 방 안을 가로로 오갔다. 며칠 뒤에 사자가 도착하여 전연년을 정위부에 출두하게 했다. 사자가 당도한 것을 알리는 북소리가 들리자 스스로 목을 베어 죽었다.

전연년의 봉토는 철폐되었다.

지방 세력가들을 타격한 엄연년

○ ○ ○

엄연년의 자는 차경(次卿)이고, 동해군 하비현(下邳縣) 사람이다. 아버지가 승상부의 연이었으므로 어려서부터 승상부에서 법률을 배웠다. 고향으로 돌아가서 태수부의 아전이 되었다. 어사부의 연을 보충하는 데에 선발되어 어사대부를 섬겼다.

그 무렵 대장군 곽광이 창읍왕을 폐위하고 선제를 옹립했다. 선제 즉위 초에 엄연년이 곽광을 탄핵하는 상소를 올렸다.

"마음대로 주군을 폐위하고 옹립하는 것은 신하의 예를 어긴 것이므로 부도죄에 해당합니다."

이 상주문은 처리가 미뤄졌다. 조정 대신들은 숙연해져서 엄연년을 경외했다. 엄연년은 뒤에 다시 대사농 전연년이 무기를 지니고 속거(屬車)를 앞질러 간 것을 탄핵했다. 그러나 대사농은 속거를 앞지른 적이 없다고 스스로 변호했다. 이 일을 어사중승에게 넘겨 조사하게 했다. 어사중승은 엄연년이 황궁 전문 위병에게 대사농의 출입을 막는 공문을 왜 보내지 않아 대사농이 황궁으로 들어가게 했는지를 견책했다. 그리하여 반대로 죄인이 황궁 안으로 난입하는 것을 막지 못한 죄로 엄연년이 탄핵되고 사형 판결을 받았다. 엄연년은 달아났다가 사면을 받고 세상에 나왔다.

승상부와 어사부에서 엄연년을 쓰겠다는 문서를 보내 같은 날 엄연년의 집에 도착했는데, 어사부의 공문이 먼저 도착했다. 엄연년은 어사부의 연으로 복귀했다.

선제가 곽광을 탄핵했던 엄연년을 알아보고 평릉 현령으로 임명했으나, 무고한 사람을 숙인 죄로 면식되었다. 뒤에 승상부의 연이 되었다가 다시 호지 현령으로 발탁되었다.

신작 연간에 서강이 반란을 일으키자 강노장군 허연수(許延壽)가 엄연년을 장사로 삼게 해 달라고 청했다. 엄연년은 강노장군을 따라 종군하여 서강을 격퇴한 뒤에 돌아와서 탁군 태수로 나갔다.

그 시절 탁군에는 연달아 무능한 태수들이 부임했으므로 탁군 사람 필야백(畢野白) 등이 법을 무시하며 혼란을 일으키고 있었다. 또 탁군의 지방 호족인 서고씨(西高氏)와 동고씨(東高氏) 같은 집안은 태수부의 모든 아전이 두려워하고 피하면서 감히 그 뜻을 거스르지 못했다. 아전들은 모두 이렇게 말했다.

"이천석 태수에게 죄를 짓는 게 낫지, 세력이 대단한 (두 고씨)

집안에 등을 돌릴 수는 없다."

고씨의 빈객이 멋대로 도적이 되었다가 발각되면 그때마다 고씨 집 안으로 들어가 버렸는데, 아전들이 감히 그 뒤를 쫓아가지 못했다. 도적이 날마다 많아져서 길에서 활시위를 겨누거나 검을 뽑아 든 뒤에야 가던 길을 갈 수 있었으니 탁군의 혼란함이 그 정도였다.

엄연년이 부임한 뒤에 태수부의 연으로 있던 예오현 사람 조수(趙繡)를 파견하여 고씨 집안 사람들을 조사하게 한 결과 사형에 해당하는 죄를 지은 것을 알아냈다. 조수가 새로 부임한 엄연년을 보고 속으로 두려워하며 두 종류의 고발장을 꾸몄다. 먼저 죄가 가벼운 쪽으로 보고하다가 엄연년이 화를 내면 무거운 쪽으로 꾸민 고발장을 제출할 생각이었다. 그런데 엄연년은 조수가 그렇게 두 종류의 고발장을 가져올 것을 미리 내다보았다. 조연(趙掾)이 도착하여 아니나 다를까 죄가 가볍다고 보고하자 엄연년이 그의 품속을 뒤져 사형으로 다스릴 고발장을 찾아냈다. 엄연년이 조수를 잡아서 옥에 넣어 버렸다. 밤에 넣었다가 새벽에 저자에 데려가서 사형을 시켰는데, 조수가 조사했던 자들 앞에서 죽었다. 아전들이 모두 다리를 떨 지경이었다. 엄연년은 다시 두 고씨 집안에 아전을 파견해 조사하면서 모든 불법 행위를 캐내고는 각각의 집안에서 수십 명씩을 주살했다. 탁군 사람들이 모두 놀라고 두려워하면서 길에 떨어진 물건도 줍지 않게 되었다.

세 해 뒤에 하남 태수로 옮겨 가면서 황금 스무 근을 하사받았다. 하남군의 세력가들은 졸아들어 질식할 지경에 이르렀고 들에도 도적이 사라져 그 위엄이 인근의 군까지 떨쳤다. 엄연년은 다스릴 때 지방의 세력가들을 타격하는 데 주안점을 두었으며 빈곤하고 쇠약한 사람을 도왔다. 빈곤하고 쇠약한 사람들이 법을 어기면 법조문을 완화하여 석방해 주었고, 지방의 세력가들이 평민을 괴롭히면 법조문에 따라 옥에 가두었다. 그리하여 사형당할 사람은 하루아침에 풀려나오고, 살아서 나온다던 사람은 강제로 사형을 당했다. 하급 아전과 평민들은 엄연년이 무슨 생각을 하는지 그 속내를 알 수 없었으므로 벌벌 떨면서 감히 법을 어길 엄두를 내지 못했다. 엄연년이 다스린 옥사를 심사해 보면 법조문을 치밀하게 적용해 두어서 어느 사안 하나도 뒤집을 수 없었다.

엄연년은 체구가 작았으나 용맹했고 민첩하게 일을 처리했다. 자공과 염유(冉有)가 정사에 능통했다고 하지만 엄연년을 넘어서지는 못했을 것이다. 아전이 충성스럽게 절의를 다하면 혈육을 대하듯이 후하게 대우했으므로, 모두가 엄연년을 믿으며 자신을 의탁했다. 아전들이 아무것도 돌보지 않으며 몸을 던져 헌신했기에 엄연년의 휘하에는 사정을 숨기는 아전이 없었다.

그런데 엄연년은 법을 어기는 무리를 아주 싫어하여 그 대부분을 사형시켰다. 엄연년은 고발장과 판결문을 정확하게 작성하되 대전(大篆) 서체도 잘 썼으므로 주살해야 할 일이 생기면 직접 상주문을 썼다. 그 때문에 태수부의 주부나 엄연년과 가까운 사도 내용을 알 수 없었다. 엄연년은 사형 판결에 관한 상주문을 올려 윤허를 받으면 매우 신속하게 처리했다. 겨울철이 되면 관할 각 현의 옥에 갇혀 있던 사형수를 역참 수레에 태워 태수부 앞에 모아 놓고 한꺼번에 사형시키는 바람에 몇 리에 걸쳐 피가 흘러내렸으므로, 하남군 사람들이 도백(屠伯)이라고 불렀다. 불법 행위를 금지하는 명령이 잘 통해서 하남 군민들이 바르고 맑아졌다.

그 무렵에는 장창이 경조윤이었는데 평소에 엄연년과 친하게 지냈다. 장창 역시 엄하게 다스렸지만 더러는 관대하게 풀어 주기도 했다. 엄연년이 형벌을 가혹하고 엄하게 적용한다는 말을 들은 장창이 엄연년에게 편지로 충고했다.

예전에 〔전국 시대 한(韓)나라 명견〕 한로(韓盧)가 토끼를 잡을 때 주인의 눈치를 보면서 잡았지 함부로 많이 죽이지 않았습니다. 차경(次卿)께서 형벌을 내릴 때 조금 관대하게 했으면 하니 이런 방법을 써 보는 것에 대해 고려해 보기를 바랍니다.

엄연년이 대답했다.

하남 땅은 천하의 요지로 동주(東周)와 서주(西周) 시대의 폐단이 아직 남아 있습니다. 가라지가 무성하여 조 싹이 제대로 자라지 못하면 가라지를 뽑아내야 하지 않겠습니까?

자신의 능력에 대해 자긍심을 가진 엄연년은 가혹한 다스림을 끝끝내 멈추지 않았다. 그 무렵 황패가 영천에서 관대하고 어질게 다스려 영천군을 태평하게 했다. 영천군에서는 연달아 풍년이 들면서 봉황이 내려앉았다. 황제가 황패의 덕행과 능력을 인정하고 조서를 내려 그 업적을 칭송하면서 황금과 작위를 상으로 내렸다.

엄연년은 평소에 황패의 사람됨을 좋게 보지 않았다. 그런데 인근 군의 태수로 있으면서 칭찬과 상을 받으면서 자신보다 앞서게 되니 속으로 인정하지 않았다. 하남군 경계 지역에 메뚜기 떼가 날아들자, 태수부의 승(丞) 의(義)가 피해 지역에 나가 메뚜기 때문에 일어난 피해 상황을 살펴본 뒤에 태수부로 돌아와 엄연년에게 보고했다. 엄연년이 말했다.

"그 메뚜기들이 설마 봉황의 먹이는 아니겠지?"

의는 또 사농중승(司農中丞) 경수창이 상평창(常平倉)을 통해 백성을 이롭게 할 것이라고 보고했다. 그러자 엄연년이 말했다.

"승상과 어사대부가 방책을 낼 줄 몰랐으니 사직하고 물러남이 마땅하다. 그런데 수창은 그 일을 잘 처리할 방책이 있을까?"

뒤에 좌풍익 자리가 비었을 때 황세가 엄연년을 불러 임명하려고 했다. 그런데 죽사부(竹使符)까지 발급했다가 가혹하게 다스리는 것으로 이름이 났다 하여 그만두었다. 엄연년은 소부 양구하가 자신을 비방해서 그렇게 되었다고 여기고 속으로 원망했다. 그때 마침 낭야 태수가 재직 중에 오랫동안 병을 앓다가 병가 석 달을 채우고 면직되었다. 엄연년은 자신이 〔비방당하다가〕 중형을 받게 되리라 예견하고 승 의에게 말했다.

"그 사람은 면직이라도 되는데 나는 면직도 어렵겠지?"

또 엄연년이 〔하남 태수부〕 옥사(獄史)를 찰렴 인재로 천거했는데, 뇌물을 받은 죄로 벼슬을 받지 못하게 되었다. 엄연년은 정확한 사정을 알지 못하고 사람을 천거한 죄를 짓게 되어 봉록이 깎였다. 그러자 엄연년이 웃으며 말했다.

"누가 다시 사람을 천거할 엄두를 낼까?"

승 의는 연로하여 생각이 복잡했다. 평소에 엄연년을 두려워했을 뿐 아니라 해를 당할 것을 걱정했다. 엄연년은 예전에 의와 함께 승상부의 사로 일한 적이 있었으므로 의에게 아주 친밀하게 대했으니, 해칠 생각은커녕 오히려 재물을 듬뿍 내려 주었다. 의가 겁에 더 질리게 된 것은 스스로 점을 쳤는데 죽음을 예시하는 괘가 나왔기 때문이었다. 아득해져서 마음이 편하지 않았던 의는 휴가를 얻어 장안에 가서 엄연년의 죄명 열 가지를 황제에게 보고했다. 상주문을 올린 뒤에는 약을 마시고 스스로 목숨을 끊음으로써 자신에게 거짓이 없음을 밝혔다. 어사부 승에게 넘겨 조사하게 하니, 그 몇 가지 일이 사실로 밝혀져 엄연년에게 판결이 내려졌다. 조정의 처사에 원망하며 비방한 부도죄에 걸려 기시형을 당했다.

그보다 먼저 엄연년의 어머니가 동해군을 출발하여 엄연년에게 와서 섣달그믐에 납제(臘祭)를 함께 지내려고 했는데, 마침 하남군 태수부가 있던 낙양에 이르렀을 때 엄연년의 판결 소식을 들었다. 매우 놀란 어머니가 도정(都亭)에 머물면서 태수부에 들어가지 않았다. 엄연년이 태수부를 나와 도정에 가서 어머니를 뵙고자 했지만 어머니는 문을 닫고 만나지 않았다. 엄연년이 관을 벗고 어머니가 머무는 건물 앞에 머리를 조아렸는데 한참을 지나서야 어머니가 얼굴을 보고 엄연년을 질책했다.

"영광스럽게도 한 군의 태수가 되었으면 천 리 하남군을 다스리는 데 전념했어야지, 인애(仁愛)로 교화하여 어리석은 백성을 탈 없이 평안하게 해 주었다는 칭찬은 듣지는 못할망정 오히려 형벌로 수많은 사람을 죽여 위신을 세우고자 했으니 어찌 백성의 부모가 되겠다는 뜻이 있다고 말할 수 있겠느냐!"

엄연년이 죄를 인정하고 여러 번 머리를 조아리며 사죄했다. 엄연년은 어머니를 태운 수레를 직접 몰고 태수부 관사로 돌아갔다. 정랍(正臘) 제사를 마치고 어머니가 엄연년에게 일렀다.

"하늘의 도가 신성하니 사람이 다른 사람을 죽일 수만은 없는 법이다. 나는 늙어서 장성한 아들이 형벌을 받아 죽는 모습을 보고 싶지 않다. 그러니 너를 떠나 동쪽 고향으로 돌아가서 묘터를 마련해 놓겠다."

그러고는 떠나 버렸다. 고향 동해군에 돌아간 뒤에 형제와 집안사람들을 만나 같은 말을 되뇌었다. 한 해 남짓하여 아니나 다를까 엄연년이 죽었다. 동해군에서는 모는 사람이 엄연년의 어머니를 두고 현명하고 지혜롭다고 했다.

엄연년의 다섯 형제는 모두 다스리는 능력이 뛰어나 높은 벼슬에 올랐으므로 동해군 사람들이 만석엄우(萬石嚴嫗)라고 불렀다.

동생 엄팽조는 태자태부까지 올랐는데「유림전」에 열전을 세워 두었다.

윤상, 가혹한 것이 무른 것보다 낫다

○   ○   ○

윤상의 자는 자심(子心)이고, 거록군(鉅鹿郡) 양씨현(楊氏縣) 사람이다. 태수부 아전으로 있으면서 찰렴에 뽑혀 누번 현령이 되었다. 무재(茂材) 인재로 선발되어 율읍 현령이 되었다. 좌풍익 설선이 상주하기를 윤상이 번잡한 곳을 다스릴 능력이 있다고 하여 빈양 현령으로 옮겼는데 잔혹하게 다스린 죄로 면직되었다. 뒤에 어사의 천거로 정현 현령이 되었다.

영시 연간과 원연 연간에 성제가 정사를 제대로 돌보지 않는 가운데 외척이 오만하고 방종해졌다. 홍양후와 그 맏아들 및 둘째 아들 형제가 목숨을 가볍게 여기는 협객들과 사귀면서 죄를 짓고 도망 중인 자들을 숨겨 주었다.[30]

그 무렵 북지군의 세력가 호상(浩商)과 그 패거리들이 의거 현장에게 보복하기 위해 현장의 처자식 여섯 사람을 죽이고 장안 시내로 들어온 일이 있었다. 승상과 어사대부가 각각 연을 파견하여 그 패거리를 잡겠다고 하자 조서에 의해 지명 수배[31]까지 내려졌지만 한참 지난 뒤에야 잡을 수 있었다. 장안 시내에 법을 어기는 교활한 사람이 점점 많아졌다. 각 동네에서는 젊은이들이 관리를 죽이며 사적으로 재물을 받고 원수를 갚아 주는 일을 했다. 이들은 탄궁을 쏠 때의 역할을 정하기 위해 각자 탄알을 더듬어 골라 잡았는데 붉은 알을 잡은 자는 무리(武吏)를, 검은 알을 잡은 자는 문리(文吏)를 공격했고, 흰 알을 잡은 자는 초상 치르는 일을 담당했다. 저녁이 되면 성안에 먼지가 날리도록 행인을 폭행하고 약탈했으므로 죽거나 다친 자들에 길에 널브러져 있었고 〔이들을 잡느라〕 북을 두드리는 소리가 끊이지 않았다.

윤상이 삼보 지역의 현령 중에 정무 처리 능력이 뛰어나다는 평가를 받고 임시직 장안 현령에 뽑혔는데, 일을 처리할 때 법조문에 구애받지 않아도 되는 권한을 임시로 부여받았다. 윤상은 부임한 뒤에 장안현의 옥부터 수리했다. 땅을 반듯하게 몇 장(丈) 깊이로 판 뒤에 사방에 벽돌 벽을 쌓고 입구를 큰 돌로 덮은 옥을 호혈(虎穴)이라고 불렀다. 그러고는 호조(戶曹)의 연사와 향리, 정장, 이정(里正), 부로(父老), 오인(伍人)을 배치하여 장안 시내에서 껄렁대는 젊은이나 명령을 듣지 않는 소년, 시적(市籍) 없는 상인들을 파악하여 기록하는 연합 작전을 힘써 펼치게 했다. 또 색이 화려한 옷이나 격투용 복장 위에 갑옷과 비갑(臂甲)을 두르고 무기를 지닌 자의 이름을 모두 기록했는데 수백 명이나 되었다.

윤상이 어느 날 장안 현령부의 아전들을 모아 조회를 열고, 수레 수백 대를 내려 주며 각각 기록해 두었던 자들을 체포하고 떼도적과 통하며 음식을 제공한 통행음식죄로 고발하게 했다. 윤상은 〔잡혀 온 자를〕 직접 점검하면서 열 명 중 한 명을 석방하고 나머지는 모두 차례대로 호혈 안으로 넣었는데 백 명을 한 무리씩 묶었다. 큰 돌로 입구를 덮은 뒤에 며칠 지나서 열어 보니 차곡차곡 서로를 벤 채로 모두 죽어 있었다. 죽은 자들을 수레에 싣고 나와 현령부 관아 정문 앞의 환표(桓表) 동쪽에 묻고 갈목(楬木)에 그 성명을 기록해 두었다. 백 일 뒤에 죽은 자의 집안사람들로 각자 시체를 파내어 가게 했다. 가족들은 소리 내어 곡을 했고 행인들도 모두 슬피 울었다. 장안 사람들이 이때의 풍경을 노래로 지어 불렀다.

아들 시체를 어디 가서 찾을까?
환표 동쪽의 소년장(少年場)에서 찾았네.
생전에 조심스럽게 살지 못한 아들
썩은 뼈는 어디에 묻어야 할까?

윤상이 풀어 준 자들은 모두 자신과 오랫동안 알고 지낸 집안이나 전임 아전이나 양가(良家) 자제들로, 마음을 잘못 먹어 사납고 날랜 자들을 따라다녔으나 스스로 마음을 고쳐먹겠다고 원한 젊은이들이 백 명쯤 되었다. 윤상은 그들의 죄를 모두 사면해 주고 각자 공을 세워 속죄하라고 명했다. 윤상은 있는 힘을 다해 공을 세운 자를 심복 부하로 기용했다. 이들은 도적을 추격하여 체포하는 능력이 몹시 뛰어났고 법을 어기는 자를 찾아다니고 싶어 하는 의지가 보통 아전보다 컸다. 윤상이 장안 현령으로 부임한 지 몇 달 만에 도적이 없어졌다. 지방의 군과 제후국에서 죄를 짓고 와 있던 자들도 사방으로 흩어져 각자의 거처로 돌아가 장안으로 들어갈 기회를 엿보지 못했다.

강호 각지에는 도적이 많았다. 윤상은 강하 태수가 되어 강변의 도적을 잡아 죽이거나 하급 아전과 평민을 아주 많이 죽였다. 윤상은 잔혹하게 다스린 죄로 면직되었다. 남산에 떼도적이 일어나자 우보도위(右輔徒尉)가 되었다가 집금오로 옮기며 법을 크게 어기는 무리를 감시하고 처벌했다. 삼보 지역의 하급 아전과 평민이 윤상을 몹시 두려워했다.

몇 해 뒤에 우보도위로 있으면서 세상을 떠났다. 병으로 죽기에 앞서 여러 아들에게 일렀다.

"장부가 관리로 나갔다가 잔혹하게 다스린 죄로 면직되더라도 황제께서 그 업적을 그리워하면 다시 벼슬을 얻을 수 있다. 그러나 물러서 직무를 제대로 수행하지 못하면 죽을 때까지 버려져 사면받을 때를 얻지 못한다. 그 수치와 모욕은 탐관오리로 부패한 죄를 지었을 때보다 더 큰 것이니, 그렇게 되지 않도록 조심하여라."

윤상의 네 아들은 모두 벼슬이 태수까지 올랐고 맏아들은 경조윤이 되었다. 네 아들은 모두 엄격함을 숭상하면서 백성을 잘 다스린 것으로 이름을 알렸다.

찬하여 말한다.

질도 이하 여기에 올린 모든 혹리는 잔혹함으로 이름이 났다.

질도는 강직하여 옳고 그름을 설명하면서 중요한 원칙에 대해 간언을 올렸다. 장탕은 황제에게 아부하는 방법을 알고 있었고 언제나 황제의 뜻에 맞추어 그때그때 해야 할 것과 하지 말아야 할 것의 기준을 다르게 판단했는데 황제가 그 기준에 의존했다. 조우는 법에 따라 바르게 다스렸고 두주는 아첨을 잘했지만 말수를 줄여 무겁게 행동했다.

장탕이 죽은 뒤에 법망이 더 조밀해지고 일은 더 많아졌으며 국고를 낭비하는 일도 늘었다. 구경이 직무를 수행하는 과정에서 황제의 잘못을 바로잡지 못했으니 법률 이외의 일에 대해서는 논할 틈이 없었을 것이다.

그 뒤로 애제와 평제 때에 이르기까지 혹리가 많아져서 그 수를 헤아릴 수 없었다. 여기에 열거한 이들은 기록에 이름이 남은 이들이다. 그중에서 강직한 자는 모범으로 삼을 만했고, 탐욕이 많은 자는 계략을 써서 법을 어기는 무리를 모두 소탕했는데, 개인적인 자질에는 문무의 차이가 있었다. 이들은 가혹하기는 했지만 그 자리에 잘 맞는 인물이었다.

장탕과 두주는 자손이 번성하고 높은 지위에 올랐으므로 따로 열전을 세워 두었다.

61

화식전
貨殖傳

화식이란 이윤을 남겨 재화를 불리는 행위이자 그 일에 종사하여 부자가 된 사람을 이르는 말이다. 이 편에는 춘추 시대 이후 서한 시대까지 수완을 발휘하여 부자가 되었던 범려(范蠡), 자공(子貢), 백규(白圭), 이극(李克), 의돈(猗頓), 곽종(郭縱), 오지영(烏氏蠃), 청(清), 탁씨(卓氏), 정정(程鄭), 나부(羅裒), 공씨(孔氏), 병씨(丙氏), 도한(刀間), 사사(師史), 선곡현(宣曲縣)의 임씨(任氏), 교도(橋桃) 등의 행적이 소개되어 있다.

이들이 활동했던 수백 년 동안 고대 중국 사회의 경제가 크게 발전했는데, 사마천이 재화의 유통과 부의 축적을 자연스러운 경제 활동으로 본 것에 반해 반고는 부를 축적하는 과정에서 걸핏하면 위법 행위가 일어나고 풍속이 사치해진다고 보았다. 사마천과 반고의 활동 연대는 대략 150년 차이가 난다. 사마천이 살던 시대는 한나라의 경제 규모가 커지던 때로 권력과 유착하지 않은 부자도 많이 생겨났다. 역대 부자들을 모범으로 내세워 부의 축적을 긍정한 사마천과 달리 반고는 부를 축적할 때 법을 위반하기 쉬운 점을 경계함으로써 통치자의 입장에서 이 편을 서술했다. 사마천은 농, 공, 상, 우를 상정했지만, 반고는 사, 농, 공, 상을 내세우며 모든 경제 활동 인구가 부자가 될 생각을 하지 말고 물자를 절약하고 안분지족하며 살 것을 주장했다. 반고의 이런 생각은 이후 이천 년 동안 중국의 주류 경제 사상을 이루었다.

이 편에는 찬이 없다.

재물 불리기는 천한 일이다

○　○　○

옛적 성군이 시행했던 제도에 따르면 황제로부터 공(公), 후(侯), 경(卿), 대부(大夫), 사(士)를 지나 조예(皁隷), 포관(抱關), 격탁(擊柝)에 이르기까지 그 작위와 봉록, 예우, 건물, 수레, 복식, 관곽(棺槨), 제사, 장례와 생활의 의전에 각각 등급이 따로 있었다. 그래서 하급자가 규정을 초월하여 상급자처럼 살 수 없었고, 지위가 낮은 자는 높은 자가 누리는 대우를 넘을 수 없었다. 대저 이렇게 등급을 두고 상하 질서를 잡으며 민심을 안정시켰다.

또 토지에 평원이 발달해 있는지, 하천과 못에 물이 많아 농토 관개에 편리한지, 구릉이 이어져 있는지를 정확하게 파악한 뒤에 각 지방의 형편에 맞게 심고 기르는 방법을 백성에게 가르쳤다. 그리하여 오곡과 여섯 종류의 가축[1] 및 물고기, 자라, 날짐승과 들짐승, 억새와 부들, 목재, 도구 같은 생활과 장례에 필요한 물자 중에 생산되지 않는 것이 없었다.

물산은 철에 맞추어 기르고 절제해서 사용했다. 초목의 잎이 떨어지는 늦가을 전에 도끼를 들고 입산하지 못하게 했다. 정월 달제(獺祭) 전에는 못에 그물을 치지 않고, 구월 새제(豺祭) 전에는 들판에 토끼 잡는 그물을 치지 않았다. 매와 수리가 공격에 나서는 초가을 제조(祭鳥)[2] 전에는 산길에서 증작(繒繳) 주살을 날리지 않았다. 철에 맞춰 물산을 얻는 것 외에도 산에서는 베인 자리에 다시 돋은 가지를 자르지 않았고, 못가의 어린 억새를 베지 않았으며, 유충과 어린 물고기, 새끼 사슴, 새알을 채취하는 일을 모두 법률로 막아 두었다. 철에 순응하여 양기(陽氣)를 발산시키면 만물을 크게 번식시킬 수 있었으니, 사철에 맞게 번식된 물자를 넉넉하게 저장해 두는 제도를 이렇게 잘 갖추고 있었다.

그런 뒤에 〔사, 농, 공, 상의〕 사민(四民)이 각각 사는 땅의 형편에 맞추어 각자 슬기와 힘을 발휘하며 새벽부터 일어나 밤에 잠자리에 들 때까지 생업에 종사했는데, 각각 생산한 것을 그것이 없는 곳과 교환하며 서로 편익을 주었으므로 모두 풍족하게 살았다. 기한을 주어 물자나 인력을 징발하지 않아도 도읍과 각 지역이 모두 풍족하게 지낼 수 있었다. 『역』에 "군주는 물자를 써서 천지가 〔만물을 키우는〕 도리를 도움으로써 백성이 살 수 있도록 구제해야 한다."[3]라고 했고, "각종 기물을 발명하여 각각 용도에 따라 잘 쓸 수 있도록 하되 천하 백성이 그 기물을 이롭게 쓰게 했으니 성인의 이런 은혜보다 더 큰 것은 없다."[4]라고 한 것은 바로 이 점에 관해 이른 것이다.

『관자(管子)』에도 이런 말이 있다. 옛적에는 사(士)와 농민, 공장(工匠), 상인의 일터가 섞여 있지 않았으니, 사는 조용한 곳에서 인의(仁義)에 대한 담론을 주고받고, 공장은 관청 일터에서 정밀한 기술에 관해 의논했으며, 상인은 시장에서 재물을 늘리는 방법에 대해 이야기를 주고받고, 농민은 밭에서 울력하며 농사를 지었으므로 아버지나 형이 엄격하게 가르치지 않아도 괜찮고 아들과 동생이 힘써 배우지 않아도 가업을 이을 줄 알게 된다.[5]

각자 살던 곳에서 편안히 지내고 하던 생업을 즐겁게 영위하며, 늘 먹는 음식을 달게 먹고 늘 입던 옷을 좋다고 여기며 특별히 아름답고 화려한 것을 대해도 그 지역 습속과 맞지 않다고 여기게 되는 것은 융적(戎翟)과 우월(于越)[6]의 습속이 달라 서로의 습속을 받아들이지 않는 것과 같다. 이렇게 살면 욕망이 적어져 알맞게 일하고도 재물이 족하므로 쟁탈하는 일이 없다. 그런 뒤에 백성의 위에 있는 통치자가 덕으로 백성을 이끌고 예로 단속하면 백성이 부끄러워할 줄 알게 될뿐더러 예의 바르고 의를 숭상하며 재물 불리는 것을 천하게 여기게 된다.[7] 이는 〔하, 은, 주〕 삼대가 바른 도를 행하며 엄하게 하지 않고도 태평성대를 이끌어 냈던 요지였다.

뒤에 주나라가 쇠약해지면서 예법이 무너졌다. 제후 노 장공은 〔주례(周禮)를 어기고 노 환공의 사당〕 서까래에 문양을 조각하고 기둥을 붉게 칠했으며,[8] 대부 장문중은 두공(斗拱)에 산(山) 자 문양을 새기고 동자기둥에 물풀 문양을 화려하게 그려 넣었다.[9] 또 〔노나라의 계씨는〕 마당에서 〔황제의 의례〕 팔일무(八佾舞)를 추게 했을뿐더러, 〔노 환공의 세 아들[10] 집안에서는 제후왕의 의례〕 옹(雍)을 연주하며 제사상에 올렸던 제수(祭需)를 거두어들였다.[11] 이런 풍조가 사와 서인에게로 흘러들어 나라의 제도를 따르지 않고 농사를 버리지 않는 자가 없었다. 그리하여 농사를 짓는 사람은 줄어들고 행상하는 사람은 많아져서 곡식은 부족한데 상품은 남아돌았다.

주나라가 쇠락하던 중 제 환공과 진 문공 시대를 지나서는 예법과 도의가 크게 망가져서 신분의 상하 질서가 무너졌다. 제후국마다 다른 정령을 내렸고 〔대부의 식읍〕 가(家)마다 습속이 달라졌다. 사람들은 탐욕을 억제하지 못했고, 신분에 따라 차등이 있던 각종 규정을 지키지 않는 일이 끝없이 일어났다. 그러자 상인들은 아주 비싼 물건만 팔았고, 기술자들은 꼭 필요하지도 않은 물건을 만들어 냈으며, 사 계층은 도의에 반하는 행동을 하고 다니면서 세상에 유행하는 것을 좇으며 세간의 재물을 취득해 갔다. 사기꾼은 진실을 위배하며 명예를 구했고, 법을 어기는 자들은 남을 해치며 이익을 추구했다. 군주를 죽이고 제후 자리를 찬탈한 자가 왕이나 공이 되고, 대부 자리를 빼앗아 가를 이룬 자는 영웅호걸이 되었다. 그리하여 예법과 도의로 군자를 구속할 수 없게 되었고, 사형을 내려도 소인배에게 겁을 주지 못했다. 부자는 기둥과 벽을 화려한 비단으로 감고 살았고 개와 말에게 고기와 조를 먹였는데 그것도 남아돌았다. 가난한 사람은 거친 베옷도 제대로 걸치지 못하고 콩을 입에 넣고 우물거리다가 물을 마시고 삼켰다. 호적상 똑같이 평민으로 등재된 신분이었으나 재력에 따라 주인과 노비가 갈라졌고, 노비가 되어도 원망하는 빛을 띠지 못했다. 그리하여 대저 없는 일을 꾸며 사기를 치면서 법과 제도를 어긴 자는 한평생 풍족하게 살았으나, 도의를 지키며 섭리를 따른 자는 배고픔과 추위의 괴로움에서 벗어나지 못했다. 이런 풍조는 상층에서부터 시작되어 법과 제도로 제한하지 못한 탓에 성행했다. 따라서 그렇게 되었던 사실을 기록하여 세상사의 변화를 전하고자 한다.

범려, 성공한 정책을 기업에 적용하다

○ ○ ○

옛적 월나라 왕 구천이 〔오나라 왕 부차에게〕 회계산 속에서 포위되었다가 풀려난 뒤에 범려와 계연(計然)을 중용했다. 계연이 〔구천에게〕 건의했다.

"전투의 종류를 제대로 인식하면 그에 맞는 무기를 준비하게 되듯이, 필요한 때에 공급하려면 물건의 형편에 대해 정확히 알아야 합니다. 수요와 공급의 관계를 정확하게 파악하면 모든 물건을 사정에 맞추어 공급하는 방법을 알게 됩니다. 이에 따라 가뭄이 들었을 때 배를 건조해 두〔었다가 하천에 물이 불면 비싼 값에 팔아 이익을 남기〕고, 큰물이 졌을 때 수레를 비축해 두는 것이 당연합니다."

이런 식으로 정책을 시행한 결과 열 해 만에 나라가 부유해져서 전사(戰士)에게 재물을 후하게 줄 수 있게 되었다. 그리하여 드디어 강국이었던 오나라에 보복하고 회계산에서 포위되었던 수치를 씻었다. 범려가 감탄하며 말했다.

"계연의 정책 열 가지 중에 다섯 가지가 맞아떨어져[12] 나라에 시행해 보았으니 내가 가업으로 시행해 봐야겠다."

그러고는 작은 배를 타고 강호를 떠돌았다. 범려는 성명을 바꾸었는데, 제나라에 가서는 치이자피(鴟夷子皮)라고 했고, 〔조(曹) 나라 도읍〕 도(陶)[13]에 가서는 주공(朱公)이라고 했다. 범려는 도(陶) 지방을 천하의 중심에 위치한 곳으로 여러 제후국과 사방으로 통하며 상품을 교역할 만한 곳으로 보았다. 그리하여 그곳에서 시기를 살펴 사재기하는 방법으로 장사했는데, 남 탓을 하지 않았다. 사업을 잘 운영하는 자는 일할 사람을 잘 뽑았고 거래의 적기를 판단할 줄 알았다. 열아홉 해 동안 세 차례에 걸쳐 천금에 이르는 재산을 모았는데, 두 차례는 가난한 벗과 형제에게 나누어 주었다. 노쇠한 뒤에는 자손에게 맡겨 가업을 운영하게 하니 재산이 점점 불어나서 억대의 재산이 모였다. 그리하여 부자를 거론할 때에 사람들이 도주(陶朱)를 꼽으며 칭송했다.

사재기로 큰돈을 번 자공

○ ○ ○

자공(子贛)이 중니에게 학업을 다 배우고 위(衛)나라로 돌아가서 벼슬을 살았다.[14] 조(曹)나라와 노나라 사이에서 사재기로 큰돈을 벌었으니 일흔 명 제자 중에서 자공 단목사(端木賜)가 가장 부유했다. 그에 비해 안연(顏淵)은 단사표음(簞食瓢飲)하며 좁은 집에서 살았다. 자공은 네 필 말을 맨 수레 여러 대를 끌고 제후를 방문해 속백(束帛)을 선물로 바쳤는데, 가는 제후국마다 제후가 정당(正堂) 앞뜰에 자공과 나란히 서서 강례(抗禮)[15]로 자공을 대했다. 그런데 공자는 안연을 좋게 보았고 자공에게는 비판하는 말을 남겼다.

"회(回)는 도(道)의 경지에 거의 이르렀으나 계속 곤궁하다. 사

(賜)는 내 말을 듣지 않고 장사해서 큰 이문을 남겼는데, 예측하면 연달아 맞아떨어졌다."[16]

부자의 원조, 백규

○ ○ ○

백규는 주나라 사람이다.[17]

옛적 위 문후 때에 이극은 토지에서 소출이 최대한 많이 나올 수 있도록 힘써 독려했다.[18] 이에 반해 백규는 형세의 변화를 즐겨 관찰했다. 그러다가 다른 사람들이 헐값에 던지면 백규가 거두어들였고, 다른 사람들이 거두어들이면 백규는 내다 풀었다.[19]

백규는 음식을 간소하게 차려 먹었고, 기호와 욕망을 참을 줄 알았으며, 의복에 쓰는 비용을 절약했다. 일을 하는 아랫사람들과 더불어 일하며 고생하고 즐거워했다. 좋은 기회를 잡을 때에는 맹수와 맹금[20]이 돌진하듯이 했다. 그러면서 이렇게 말했다.

"내가 재산을 불린 방책은 이윤(伊尹)과 여상(呂尙)의 계책, 손자(孫子)와 오자(吳子)의 병법, 상앙(商鞅)의 변법 시행과 수준이 같다. 그러므로 때에 맞춰 대응하는 슬기가 부족하거나, 결단의 용기가 모자라거나, 거두어들이고 내다 풀 때 베푸는 인의 마음이 없거나, 소신을 지키는 힘이 떨어진다면, 그 사람이 나의 방책을 배우고 싶어 해도 끝내 일러 주지 않을 것이다."

천하 사람들이 재산을 불린 사람들을 거론할 때 대개 백규를 원조로 친다.

제후왕들만큼 부유했던 의돈과 곽종

○　○　○

의돈은 〔안읍〕 고지(鹽池)에서 나는 소금을 가지고 일어났고,[21] 한단(邯鄲)의 곽종은 쇠를 주조하는 일로 성공했는데, 제후왕들과 견주어 대등하게 부유했다.

오지영, 열 배의 이익을 내는 지혜

○　○　○

오지영(烏氏嬴)[22]은 가축 치는 일을 했다. 가축이 많아졌을 때 내다 팔아 진귀한 비단을 얻어다가 틈을 봐서[23] 융왕(戎王)에게 바쳤다. 융왕은 그 값을 열 배로 쳐서 가축으로 갚아 주었는데, 소와 말을 셀 때 골짜기를 단위로 세어야 할 지경에 이르렀다. 진시황이 영에게 식읍을 봉한 제후와 같은 대우를 해 주고, 때에 맞춰 여러 대신과 더불어 조정에 참예하게 했다.

파군의 당찬 과부, 청

○ ○ ○

파군의 과부 청(淸)은 그 선조가 단사(丹砂) 광맥을 찾아낸 뒤로 몇 대에 걸쳐 독점적으로 이윤을 남겼는데, 가산이 정확하게 얼마인지를 헤아릴 수 없을 만큼 많았다. 청은 과부로서 가업을 잘 지켜 냈다. 또 재물을 써서 호위병을 고용하여 자신을 보호했으므로 외간 남자가 침범할 엄두를 내지 못했다. 진시황이 청을 정부(貞婦)로 인정하고 객례로 대접하며 여회청대(女懷淸臺)를 세워 주었다.

한 해에 이십만 전의 수익을 올리는 부자들

○ ○ ○

진나라와 한나라의 제도에 따르면 열후에게 식읍을 봉했을 때 열후가 식읍에서 토지세를 받게 되어 있었는데 호(戶)마다 한 해에 이백 전을 받았다. 천 호의 식읍을 가진 제후라면 이십만 전을 걷었는데 그 안에서 조근(朝覲)과 예물을 갖춰 제후를 방문하는 경비를 충당했다.

서민인 농민, 공장, 행상, 점포를 가진 상인도 일만 전으로 한 해에 이천 전의 이자를 받을 수 있었으니, 백만 전을 가지고 돈놀이를 하는 사람은 이십만 전을 이자로 받아 그 안에서 요역을 대신해 줄 사람을 사거나 조부(租賦)를 냈다. 그러고도 좋은 옷을 입고 맛있는 음식을 먹을 수 있었다.

기록에 따르면 "말 쉰 마리나 소 백육십칠 마리 또는 양 이백
오십 마리를 키울 만한 땅이 있거나, 돼지 이백오십 마리를 칠 만
큼의 소택지가 있거나, 못이라면 한 해에 천 석(石)의 물고기를 기
를 수 양어장이나, 아름드리 추수(楸樹) 천 그루가 자라는 산을 소
유하고 있다면, 또 안읍에서 대추나무 천 그루를, 연나라나 진나
라에서 밤나무 천 그루를, 촉 땅이나 한중(漢中), 강릉에서 귤나무
천 그루를, 회수 북쪽에서 형택(滎澤)의 남쪽 사이와 황하(黃河)와
제수(濟水) 사이의 땅에서 추수(楸樹) 천 그루를 키운다면, 〔회양군
의〕 진현이나 하현(夏縣)에서 옻나무 밭 천 무(畝)를, 제나라와 노
나라 땅에서 뽕나무나 삼을 키우는 밭 천 무를, 위천(渭川)에서 대
나무 밭 천 무를 가지고 있다면, 나아가서 만 호를 거느린 유명한
제후국의 도읍에서 성곽 밖에 한 무(畝)당 한 종(鍾)의 곡식을 수
확할 만한 밭 천 무를 가지고 있거나 치자(巵子) 또는 천초(茜草)를
심을 밭 천 무, 생강 또는 부추 밭 천 휴(畦)를 가지고 있다면, 이
만한 재산을 소유한 사람은 모두 식읍 천 호를 가진 제후와 동등
한 부를 누렸다."라고 했다.

시쳇말에 "가난한 자가 부유해지기를 원할 때, 농사를 지어서
는 공장보다 부유해질 수 없고, 공장은 행상만큼 벌 수 없으니, 옷
감에 무늬를 수놓는 기술자가 시장에서 물건을 파는 사람보다 더
많이 벌지 못한다."라고 했다. 이 말은 말업(末業)인 상업에 종사
해야 가난한 사람이 돈을 벌 수 있다는 뜻이다.

사방으로 통하는 대도회지에서는 한 해에 술 천 옹(瓮), 식초와

해장(醢醬) 천 항(瓨), 재장(截漿) 천 담(儋), 도살한 소와 양, 돼지 천 피(皮),²⁴ 사재기를 해 둔 천 종(鍾)의 곡식, 땔나무와 짚단 천 수레, 배로 실어 나르는 천 장(丈)의 물건, 목재 천 장(章), 죽간(竹竿) 만 개, 요거(輧車) 백 대, 소달구지 천 대, 옻칠한 목기 천 개, 동기(銅器) 천 균(鈞), 옻칠하지 않은 목기와 철기(鐵器), 치자와 천초 염료 천 석(石), 말 이백 마리, 소 이백오십 마리, 양과 돼지 천 쌍(雙), 노비 백 명, 근각(筋角)과 단사 천 근, 그리고 물들이지 않은 비단과 고운 베 천 균(鈞), 무늬 있는 비단 천 필(匹), 두꺼운 베와 피혁 천 석(石), 옻 대두(大斗) 천 두(斗), 누룩과 질금 및 소금과 삶아서 발효한 콩의 천 합(合),²⁵ 고등어와 갈치 천 근, 말린 물고기와 소금에 절인 물고기 천 균, 대추와 밤 삼천 석(石), 여우 가죽과 담비 가죽 천 피(皮), 어린 양의 가죽 천 석(石), 모전(毛氈) 천 구(具)를 팔 때나 그 밖에 과일과 야채 천 종(種)을 팔거나 돈놀이꾼이 천 관(貫)의 금전을 대출했을 때, 가축 시장 거간꾼 노릇을 할 때 이익을 남길 수 있었다. 탐욕스러운 상인은 세 배의 이익을 얻었지만 정직한 상인은 오히려 다섯 배의 이익을 얻어 천승(千乘) 제후에 비견하는 부를 누렸다. 위에 적은 것은 〔천승의 제후만한 부를 누릴〕 일반적인 예이다.

촉군의 탁씨, 계획을 세워 쇠를 팔다

○ ○ ○

촉군의 탁씨는 그 선조가 〔전국 시대〕조(趙)나라 사람이었는데 쇠를 주조하여 부자가 되었다. 진나라가 조나라를 패망하게 했을 때 탁씨 일가를 촉 지방으로 이주하게 했다. 부부는 손수레를 끌며 그곳으로 옮겨 갔다. 이주를 명령받은 사람 중에 약탈당한 재물이 적어 재산이 남아 있던 자들은 앞다투어 관리에게 재물을 갖다 바치면서 가까운 곳으로 옮길 수 있도록 애걸하여 〔광한군〕가맹현(葭萌縣)에 자리를 잡았다. 그러나 탁씨는 이렇게 말했다.

"이 땅은 척박하다. 내가 들은 말에 따르면 민산(岷山) 기슭의 들이 기름진데 그 들에서 큰 토란이 나니 죽을 때까지 굶을 일은 없다고 했다. 사람들이 옷감을 잘 짜니 그것을 팔기도 쉬울 것이다."

그러고는 멀리 이주시켜 달라고 청했다. 임공(臨邛)에 도착한 탁씨는 크게 기뻐하면서 철산(鐵山)에 들어가 쇠를 주조하고는 수요를 예측하며 판매 계획을 세워 전(滇)과 촉 지방 사람들에게 팔았다. 그리하여 노비 팔백 명을 거느린 부자가 되었는데,[26] 전지(田池)[27]에서 사냥을 즐길 때는 제왕에 견줄 만했다.

이민족에게 쇠를 판 정정

○ ○ ○

정정은 효산 동쪽에서 포로로 잡혀 이주해 온 사람으로 역시 쇠를 주조하여 추계(魋結)[28] 상투를 튼 서남이(西南夷) 이민족에게 파는 일을 해서 탁씨만큼 부자가 되었다.

억대 재산을 모은 나부

○ ○ ○

정씨와 탁씨 집안이 쇠락한 뒤 성제와 애제 연간에 이르러 성도 사람 나부가 억대의 재산을 보유했다. 앞서 나부는 장안에서 장사했는데 수십만 전에서 백만 전까지를 지니고 다니면서 평릉현 석씨(石氏)의 돈을 관리했다.

석씨의 재산은 평릉현의 여씨(如氏)나 저씨(苴氏)만큼 많았다. 힘이 센 나부를 신임한 석씨가 큰돈을 들려 주며 자기를 대신하며 파군과 촉군을 왕래하게 했다. 나부가 몇 해 사이에 천만여 전을 벌었다. 번 돈의 절반을 곡양후 왕근과 정릉후 순우장에게 뇌물로 바치고 그 두 사람의 권세에 기대어 지방의 군이나 제후국 사람들에게 돈을 빌려주었는데 사람들이 상환을 연기할 엄두조차 내지 못했다. 나부는 또 소금기 있는 지하수를 모아 놓은 염정(鹽井)에서 독점적으로 이익을 얻음으로써 한 해 만에 이익을 곱절씩 늘리며 재산을 불려 나갔다.

상인들의 귀감이 된 원현의 공씨

○ ○ ○

〔남양군〕 원현의 공씨는 선조가 〔전국 시대〕 위(魏)나라 수도 대량(大梁) 사람으로 쇠를 주조하는 일을 가업으로 삼았다. 진나라가 위나라를 멸망시킨 뒤에 공씨를 남양으로 이주시켰다. 공씨는 대규모로 쇠를 주조하고 비탈밭을 정리하여 소유했다. 또 여러 대의 수레를 끌고 제후들을 찾아다니며 교유하면서 그 관계를 이용해 물건을 팔았다. 유한공자(游閒公子)라는 이름을 얻었으나, 본전을 넘어 이익을 남겼고, 인색한 자들보다 돈을 더 많이 벌었다. 공씨의 가산이 황금 수천 근에 이르렀으므로 남양의 상인들은 예절 바르고 인색하지 않게 이익을 남겼던 공씨의 방법을 그대로 따라 했다.

검약이 몸에 밴 노나라 사람 병씨

○ ○ ○

노나라 사람들은 검약하게 사는 풍속을 이루고 있었는데 병씨(丙氏)[29]는 그중에서도 아주 심한 편이었다. 병씨는 쇠를 주조하여 돈을 벌었는데 억대 부자가 되었다. 그런데도 집안에서는 어른부터 아이까지 "허리를 구부렸을 때엔 뭐든지 줍고, 고개를 들고 있을 때에는 뭐든지 따야 한다."라는 규약을 지키게 했다.

병씨는 지방의 군과 제후국을 돌아다니며 돈놀이를 하고 물건을 팔았다. 추(鄒)와 노(魯) 땅에서는 병씨의 영향을 받은 많은 사람이 학문을 버리고 돈을 벌기 위해 나섰다.

노비를 부자 되게 한 제나라 사람 도한

○　○　○

제나라에는 노비를 천하게 여기는 풍속이 있었으나 도한만은 노비들을 아끼며 귀하게 여겼다. 말을 잘 듣지 않고 악한 짓을 하는 노비를 남들은 싫어했으나 도한은 수하에 받아들여 물고기 장사와 소금 장사를 시켜 돈을 벌어 오게 하거나 수레를 여러 대 몰게 하여 태수와 제후국의 상을 만나러 다녔다. 그 뒤로 도한은 그런 노비들을 더 많이 썼고 그 도움을 받아 마침내 수천만 전을 모았다. "평민이 된 뒤에 공을 세워 작위를 받는 것보다 도씨의 노비가 되는 게 낫다."라고들 했으니, 이 말은 도한이 재주 있는 노비를 부자가 되게 해 주고, 있는 힘을 다해 일하도록 만들었다는 뜻을 담고 있다.

도한의 재력이 쇠한 뒤, 성제와 애제 연간에 이르러 임치의 성위(姓偉)가 오천만 전의 재산을 가진 재력가로 떠올랐다.

상인을 고용한 주나라 사람 사사

○　○　○

　주나라〔도읍 낙양〕사람들은 검약하게 살았는데 사사는 더 심했다.

　사사는 백 대 가까운 화물 운반용 수레에 물건을 싣고 지방의 군과 제후국에 팔러 다녔으니, 닿지 않은 곳이 없었다. 낙양은 제나라, 진나라, 초나라, 조(趙)나라 땅의 중간에 있었다. 부자가 된 상인들은 오랫동안 외지로 행상을 다니는 중에 고향의 읍을 지나도 집에 들어가지 않으며 돈 벌려고 돌아다닌 일을 서로 자랑했다. 이런 상인들을 고용하면서 사사는 천만 전씩 열 번을 모을 수 있었다.

　사사의 재력이 쇠한 뒤, 성제와 애제와 왕망 연간에 이르러 낙양 사람 장장숙(張長叔)과 설자중(薛子仲)이 모두 열 차례에 걸쳐 천만 전의 돈을 벌었다. 왕망이 이 두 사람을 납언(納言) 인재로 곁에 두었는데 무제가 복식(卜式)에게 벼슬을 내렸던 일을 본받으려고 한 것이었으나 이들의 덕을 보지는 못했다.

좁쌀을 금과 바꾼 선곡현의 임씨

○　○　○

　선곡현의 임씨는 그 선조가 독도창리(督道倉吏)로 있었다.

진나라가 패망한 뒤에 토호들이 〔함양에서〕 앞다투어 금과 옥을 꺼내 갈 때, 유독 임씨만은 창고의 곡식을 꺼내 와서 움에 저장해 두었다. 초나라와 한나라가 형양에서 대치하여 오랫동안 싸우던 시기에 사람들이 농사를 짓지 못해 좁쌀 한 석에 만 전까지 올랐다. 토호들은 금과 옥을 임씨에게 갖다주었고, 이때를 계기로 하여 임씨는 부자가 되었다.

남들은 부유해지면 사치를 부렸지만 임씨는 절제하면서 힘써 밭을 갈고 가축을 길렀다. 남들이 싼 것을 사려고 다툴 때 임씨는 홀로 비싸더라도 품질이 좋은 것을 사들였다. 여러 대에 걸쳐 재산을 부유하게 보유하면서도 임공(任公)[30]은 "집에서 경작한 것이나 기른 것이 아니면 입고 먹지 않고, 공무를 완수하기 전에는 술을 마시지도 고기를 먹지도 않는다."라는 규약을 지키게 했다. 이 규약으로 이웃에서 솔선수범하면서 부유하게 살았으므로 주상이 임씨를 존중했다.

<h2>변경의 부호 교도</h2>

○ ○ ○

변경 지방을 개척한 뒤에 교도(橋桃)[31]가 유일하게 말 천 마리, 소 이천 마리, 양 만 마리를 기르고 수만 종(鍾)씩 조를 거두었다.

전쟁 비용을 빌려주고 부자가 된 무염씨

○　○　○

〔경제 전(前) 3년 정월〕 오나라와 초나라가 거사했을 때, 장안에 있던 열후들이 종군에 필요한 여비와 군량을 마련하기 위해 돈놀이꾼에게 돈을 빌리려고 했다. 돈놀이꾼들은 함곡관 동쪽에서 일어난 반란의 성패를 알 수 없다는 이유로 돈을 빌려주지 않았다. 그때 유일하게 무염씨가 황금 천 근을 내어 돈을 빌려주면서 그 이자를 열 배로 받겠다고 했다. 석 달 만에 오초의 난이 평정되었으므로, 한 해 안에 이자를 열 배로 받게 된 무염씨는 관중 지방의 부자가 되었다.

관중 지방의 부유했던 행상과 대규모 점포를 운영하던 상인은 대부분이 전씨 일족이었는데 전장(田牆)[32]이나 전란(田蘭) 같은 이가 있었다. 위가(韋家)[33]와 율씨(栗氏) 안릉현(安陵縣)의 두씨(杜氏)도 억대의 부자였다.

앞 시대의 부자들이 쇠락한 뒤 원제와 성제로부터 왕망 집권 때까지 장안 지역에서 크게 이름을 알린 부자로는 두릉현의 번가(樊嘉), 무릉현(茂陵縣)의 질망(贄網), 평릉현의 여씨와 저씨, 장안에서 단사를 팔던 왕군방(王君房), 삶아서 발효한 콩을 팔던 번소옹(樊少翁)과 왕손대경(王孫大卿)이 있다. 번가는 오천만 전을 보유했고, 나머지 사람들은 모두 재산이 억대에 이르는 부자였다. 왕손대경은 재물을 써서 인재를 키우며 재주가 뛰어난 사람들과 교유했다. 왕망이 그런 왕손대경을 경사시사(京司市師)에 임명했는데, 한나라 관직으로 치면 동시령(東市令)에 해당했다.

이 편에 열거한 인물들은 유명한 사람 중에서도 아주 두드러졌던 부자들이다. 그 밖의 지방에 있던 군과 제후국의 평민 부자들은 뇌물을 써서 이권을 차지한 뒤 겸업이나 독점 경영을 통해 부자가 되었는데 그 수가 헤아릴 수 없을 정도였다. 그런 부자 중에 진양(秦楊)은 밭농사로 주중(州中)에서 제일가는 부자가 되었고, 옹백(翁伯)[34]은 비계를 팔아 현읍(縣邑) 사람들을 압도할 만큼 잘 살았으며, 장씨(張氏)는 해장(醯醬)[35]을 팔아 규정을 넘는 사치를 부렸고, 질씨(質氏)[36]는 칼을 썻어 갈아 주는 일을 하면서 식사 때 〔제왕처럼〕 여러 종류의 고기를 각각 다른 솥에서 요리하여 먹었으며, 탁씨(濁氏)는 위포(胃脯)[37] 판매로 여러 대의 수레를 끌고 다녔고, 장리(張里)는 마의(馬醫) 일을 했지만 편종을 연주하는 가운데 식사를 할 만큼 사치했으니, 이들은 모두 각각의 신분이 지켜야 할 규정을 지키지 않았다. 그래도 힘든 일을 꾸준히 해 나가면서 벌어들인 이윤을 적립하여 점차 부를 쌓았다.

그러나 촉군의 탁씨와 원현의 공씨, 제나라의 도한씨로 말하자면 산천을 공공연히 배타적으로 점유하여 청동과 쇠를 주조하거나 물고기를 기르고 소금을 만들어 시장에 팔았는데 수요를 예측하며 판매했다. 위로는 제후왕과 이권을 다투되 아래로는 평민의 업종을 독점했던 이들은 모두 법도에 어긋난 행동을 하며 규정을 벗어난 사치를 부리는 죄를 지었다.

심지어 무덤 도굴과 도박[38] 같은 위법 행위로 부를 이룬 사람

도 있었으니, 곡숙(曲叔), 계발(稽發),[39] 옹락성(雍樂成) 같은 무리를
선량한 상인들과 더불어 나란히 놓고 보는 일은 교화를 망치고 풍
속을 망가뜨려 나라를 크게 어지럽히는 지름길이라 할 것이다.

62

유협전
游俠傳

유협은 교유 범위가 넓으면서 무예가 뛰어난 사람을 이르는 말이다. 성격이 호방한 그들은 곤란한 일을 당한 벗을 대신하여 복수의 칼을 휘둘렀다. 이렇게 사적인 복수가 성행하면 나라의 법체계가 흔들릴 위험이 있지만, 법은 언제나 멀어서 유협의 도움을 빌리는 사람이 늘어났다. 춘추 시대부터 검객으로 존재감을 드러낸 유협은 진한 교체기에 들어서면서 그 수가 대폭 늘어났다. 예를 들어 봉기 전까지 삶의 궤적을 보면 한 고조 유방도 당시 패현 지역에서 활동하던 유협이었다고 추정할 수 있다. 유방은 전국 시대 초나라 귀족 출신 장수인 항우와 달리 유협 기질을 발휘하여 봉기군을 이끌었고 이는 성공의 요인이 되었다.

『한서』「사마천전」의 찬에 사마천이 '퇴처사이진간웅(退處士而進姦雄, 처사를 폄하하고 간웅을 내세움)'의 원칙으로 유협전을 서술했다고 혹평한 것을 보면 반고가 유협을 대한 시각이 사마천과 달랐음을 알 수 있다. 사마천이 자기희생 정신으로 어려운 이웃의 억울한 사정을 풀어 주려고 했던 의로운 유협을 서술했다면, 반고는 법을 무시하고 원수를 갚기 위해 함부로 사람 목숨을 빼앗은 유협에 방점을 둔다. 이 편에는 주가(朱家), 전중(田仲), 극맹(劇孟), 왕맹(王孟), 곽해(郭解), 구장(萬章), 누호(樓護), 진준(陳遵), 원섭(原涉), 조중숙(漕中叔) 등이 나오는데, 주가, 극맹, 곽해는 『사기』 「유협 열전」에도 나온다.

반고는 유협의 유(遊) 자에 있는 교유라는 의미를 부각하여 유협의 불법성을 희석하려고 했다. 그리하여 술을 좋아하고 널리 벗을 사귄 사람 중에 함부로 사람을 죽인 적이 없을뿐더러 태수의 벼슬에까지 올랐던 진준을 이 편에 세웠다. 다섯 제후왕의 빈객을 거치며 태수가 되었다가 왕망 때 열후에 오른 누호도 이 편에 들어 있다. 사람 사귀기를 좋아하고 인정이 많은 이들은 범법자 유협과는 거리가 멀다. 이들은 새로운 유협 상을 심기 위해 반고가 이 편에 끼워 넣은 인물들이다.

반고는 전한 말기에 사적 권력을 부리던 토호가 많았던 사실을 개탄하면서 그들을 유협으로 간주하기도 했다. 그들의 후손은 반고가 살던 시대에도 여전히 불법을 저지르며 횡행하고 있었다. 비록 한 줄에 불과하지만 반고는 이 편 말미에 왕망이 토호를 제거하려고 시도했던 것을 밝힘으로써 동시대 사람들에게 토호 문제의 해결 방책을 제시하고 있다. 반고가 유협의 세상을 경계하면서도 「유협전」을 세운 것은 전한의 사회상을 생생하게 복원하는 데 유협을 빠뜨릴 수 없었기 때문으로 보인다.

중국 정사(正史) 중 유협 열전은 『사기』와 『한서』에만 있다. 특히 왕망이 신나라를 세운 뒤 각 지역의 유협을 제거하여 그 수가 줄고 공개적인 활동이 어려워졌기 때문이기도 하지만, 전제 군주제가 강화되면서 범법자 유협을 인정하여 사서에 세우는 일이 불가능해졌기 때문이다. 그리하여 간신전은 있어도 유협전은 없어졌으니 이 편이 유협을 사회 성원으로 인정한 마지막 열전이다.

이 편에는 찬이 없다.

○   ○   ○

옛적에 황제가 제후국을 봉하고 제후가 대부에게 가(家)를 세울 때 경과 대부로부터 서인에 이르기까지 각기 차등을 두었다. 이는 아랫사람이 위에서 시키는 일을 하되, 아랫사람이 분에 넘치게 욕망을 갖지 못하도록 한 것이다. 공자가 말했다.

"천하에 도가 서 있어 제대로 다스려지면 대부의 손에 정권이 쥐어질 리 없다."[1]

관직을 맡은 백관은 법령을 준수하여 시행하며 맡은 책무를 다하되, 직무를 제대로 수행하지 않으면 주살하고, 월권하거나 다른 관리의 직권을 침탈하면 처벌해야 한다. 그렇게 되면 아래위로 잘 통하게 되어 모든 일이 이치대로 돌아갈 것이다.

주나라 왕실이 쇠약해진 뒤에 예악(禮樂) 제도와 정벌 전쟁에 관한 결정을 제후가 내리게 되었다. 제 환공과 진 문공이 패자에 오른 뒤로 대부가 권력을 세습하고 배신(陪臣)이 정권을 장악했다.[2] 전국 시대라는 파경을 맞이하여 합종연횡이 거듭되자 강자가 되기 위해 무력을 행사하며 다투었다. 그리하여 열국의 공자들, 즉 위(魏)나라 신릉군(信陵君) 위무기(魏無忌), 조(趙)나라 평원군(平原君) 조승(趙勝), 제나라 맹상군(孟嘗君) 전문(田文), 초나라 춘신군(春申君) 황헐(黃歇) 등 모든 왕공(王公)들이 자신의 세력을 바탕으로 유협을 경쟁적으로 끌어들였으니 계명구도(雞鳴狗盜)의 무리 중에 이들에게 빈객의 예를 바치지 않은 자가 없었다. 조나라 승상 우경(虞卿)이 조나라 주군을 버리고 떠나서 〔범수(范雎)의 공격을 받아〕 곤경에 빠진 위제(魏齊)를 구제해 주었고, 신릉군 무기는 병부를 훔쳐 왕명을 위조하고 〔진비(晉鄙)〕 장군을 죽인 뒤에 스스로 군대를 이끌며 진나라 군대의 공격을 받고 있던 평원군의 위급한 불을 꺼 주었다. 이들은 제후 사이의 관계를 더 중시했던 것으로 천하에 이름을 날렸다. 주먹을 불끈 쥐고 비분강개한 감정을 유세로 펼치던 빈객들은 그 사호(四豪)[3]를 최고로 쳤다. 그리하여 주군을 배반하고 붕당을 위해 목숨을 거는 일이 실현되었으므로 직무를 성실히 이행하고 주군을 받드는 도의는 없어져 버렸다.

한나라가 건국한 뒤에 법망을 헐겁게 풀어 주었으므로 이런 현상을 바로잡지 못했다. 그리하여 대나라 상국 진희(陳豨)는 천승의 수레를 손에 넣었고,[4] 오왕 유비(劉濞)와 회남왕 유안(劉安)은 모두 수천 명의 빈객을 불러 모았다. 또 외척으로 대신에 올랐던 위기후 두영과 무안후 전분이 장안에서 경쟁적으로 유협을 불러들였으므로 포의(布衣) 유협이었던 극맹과 곽해 같은 무리가 민간에서 횡행하며 장안 일대[5]에서 공후를 넘어서는 권세를 부렸다. 많은 사람이 그들의 명성과 업적을 칭송하면서 기대고 앙모했다. 유협들은 비록 형벌을 받아 죽더라도 이름을 날리는 길을 택했다. 계로(季路)나 구목(仇牧)처럼 죽어도 후회하지 않았다. 증자는 이렇게 말했다.

"위정자가 제대로 다스리지 못해 민심이 이반된 지 오래이다."[6]

위에 앉아 선악의 기준을 제시하고 제도와 법을 제정하는 황제가 영명하지 못하다면 사람들이 무슨 기준으로 하지 말아야 할 것을 판단하며 자신을 고칠 수 있겠는가!

예전 정통 학설에 이르기를 오패(五伯)는 삼왕(三王)[7]에게 죄인이고, 육국(六國)은 오패에게 죄인이라고 했다.[8] 그렇다면 사호는 또 육국에게 죄인이 되는 것이다. 하물며 곽해 같은 무리는 한낱 필부 주제에 생사여탈권을 부당하게 휘둘렀으니 그 죄는 주살을 면할 수 없을 만큼 컸다. 유협은 온화하고 선량했으며 사람들을 아끼고 보호했다. 또 가난하고 힘든 사람을 구제했고 겸손했으며 공을 떠벌리지 않았던 점으로 보아 모두 비범한 자질을 갖추고 있었다. 그러나 안타깝게도 도덕을 받아들이지 않고 문란한 세상에서 아무런 구속 없이 제멋대로 행동했으므로, 본인이 죽임을 당하고 집안이 멸족한 것을 불운이라고 말할 수 없다.

위기후와 무안후, 회남왕 사건이 일어난 뒤에 황제가 그 비슷한 일이 일어나는 것을 몹시 싫어했으니, 위청과 곽거병은 그런 마음을 먹지 않았다. 지방의 군과 제후국에는 각처에 유협으로 세력을 떨치던 토호들이 있었고, 장안의 황실 친인척 집안에도 끊임없이 모여들었다. 이런 현상이야 고금을 통틀어 언제나 있었던 일이므로 언급할 가치조차 없다. 성제 때에 외척 왕씨(王氏)가 빈객을 많이 두었는데 누호가 그들을 이끌었다. 뒤에 왕망이 집권했을 때 벼슬아치 중에서는 진준이 가장 세력이 컸고, 민간의 유협으로는 원섭이 가장 뛰어났다.

모두가 교유하고 싶어 했던 주가

○ ○ ○

주가는 노현 사람으로 한 고조와 동시대 인물이다. 노나라 땅에서 사람들이 모두 유가의 가르침으로 교화했으나 주가는 의협심으로 이름을 날렸다. 불법을 저지르며 횡행하던 유협 수백 명을 숨겨서 살려 주었고, 나머지 평범한 사람의 숫자는 헤아릴 수 없이 많았다. 그러나 끝내 자신의 능력을 자랑하지 않았고 덕행을 베풀었다고 기뻐하지도 않았으며, 다만 베풀었던 일들이 드러날까 봐 걱정했다.

부족하게 사는 사람을 구제할 때 먼저 빈곤하고 미천한 사람부터 도왔다. 집에는 쌓아 둔 재산이 없었고 물들인 옷을 입지 않았으며, 밥은 반찬 두 가지 이상을 먹지 못했고, 탈것은 송아지밖에 없었다. 오로지 남의 위급함만 챙기면서 제 일보다 더 중요하게 여겼다. 계포(季布)가 곤경에 빠졌을 때 몰래 도왔지만 계포가 높은 벼슬에 올라 존귀해진 뒤에는 죽을 때까지 만나지 않았다. 함곡관 동쪽 땅에서는 목을 빼고 다들 주가와 교유하기를 갈망했다.

초나라에 이름을 날린 전중

○ ○ ○

초나라에서는 전중이 유협으로 이름을 날렸다. 주가를 아버지처럼 섬겼는데, 자신의 행실이 주가에 미치지 못한다고 생각했다. 전중이 죽은 뒤에는 극맹이 유명해졌다.

제후국 한 나라에 비견된 극맹

○   ○   ○

극맹은 낙양 사람이다. 주나라[의 도읍이었던 낙양] 사람들은 상인의 자질을 갖추고 있었으나 극맹은 의협심으로 이름을 날렸다. 오나라와 초나라가 반란을 일으켰을 때, 조후 주아부가 태위로서 역참 수레를 타고 동쪽으로 군대를 지휘하러 가다가 하남[9]에 이르러서 극맹을 만나고는 기뻐하며 말했다.

"오초가 큰일을 내고도 극맹을 얻으려고 하지 않았으니, 나는 저쪽이 이길 능력이 없다는 걸 알았다."

천하에 동란이 일어났을 때라 대장군이 극맹을 얻은 것은 반란을 일으킨 적국으로 치면 제후국 한 나라를 얻은 것에 비할 만한 일이었다. 극맹의 행실은 주가와 거의 비슷했다. 극맹은 도박을 좋아했는데 대개 젊은이들이 좋아하는 도박을 많이 했다.

극맹의 어머니가 세상을 떠났을 때, 멀리서 장례에 참석하러 온 사람들이 타고 온 수레가 천 대쯤 되었다. 극맹이 죽은 뒤에 집에는 황금 열 근어치 재산도 남아 있지 않았다.

왕맹의 뒤를 잇는 유협들

○ ○ ○

〔패군〕부리(符離) 사람 왕맹 또한 장강과 회수 사이 지역에서 의협심으로 이름을 알렸다. 그 무렵 제남 사람 한씨(瞷氏)와 진현의 주부(周庸)[10]가 권세를 부리며 제멋대로 날뛰고 있었다. 경제가 그 소문을 듣고 사자를 보내 그 일족을 모두 처벌하게 했다.[11]

그 뒤 대군(代郡)의 몇몇 백씨(白氏), 양나라의 한무피(韓無辟),[12] 양책(陽翟)의 설황, 섬현의 한유(寒孺)[13] 같은 이들이 계속해서 나왔다.

낙양의 해결사 곽해

○ ○ ○

곽해는 하내군 지현 사람이다. 〔하내군〕온현 사람이면서 관상을 잘 보던 허부(許負)[14]의 외손자다. 곽해의 아버지는 유협 생활을 하다가 효문제 때에 주살당했다. 곽해는 사람이 진정되어 있는 데다 날랬고[15] 술을 마시지 않았다. 젊어서는 잔인한 마음을 품고 격분하거나 마음대로 되지 않을 때 사람을 많이 죽이기도 했다. 몸을 던져 친구 대신 원수를 갚아 주거나 법을 어기고 약탈하다가 도망 다니는 사람을 숨겨 주었으며, 그런 일이 없을 때에는 동전을 주조하고 무덤을 도굴하면서 헤아릴 수 없을 만큼 법을 많이 어겼다. 그러나 하늘이 돌보았는지 급하게 쫓겨도 늘 위급한 상황을 벗어날 수 있었고, 체포되어도 사면을 받았다.

곽해는 나이가 들면서 생각을 고쳐 평소의 행실을 바꾸고 스스로를 단속했다. 미운 사람에게도 덕으로 대하면서 후하게 베풀었고 원망은 거의 하지 않았다. 그러면서 자신이 의협심을 더욱 발휘해 가는 것을 기쁘게 여겼다. 사람의 목숨을 구해 주고도 공을 자랑하지 않았다. 그러나 예전처럼 속에 있는 잔인한 마음이 그대로 드러나 눈을 부릅뜨는 일도 있었다. 그럴 땐 젊은이들이 곽해의 행동을 모방하여 대신 복수해 주었는데 언제나 곽해가 모르게 했다.

한번은 곽해 누나의 아들이 다른 사람과 술을 마시다가 한 잔 가득 붓고 마시게 했으나 다 못 마시자 곽해의 세력을 믿고 억지로 그 사람 입에 털어 넣은 일이 있었다. 그 사람이 화가 나서 곽해 누나의 아들을 찔러 죽인 뒤에 달아나 버렸다. 노한 곽해의 누나가 말했다.

"옹백(翁伯)[16]이 살아 있는데도 내 아들을 죽이려는 자가 있다니! 살인범은 잡지도 못하고 말이야!"

누나는 곽해를 모욕하고자 아들의 시체를 길옆에 놓아둔 채 매장하지 않았다. 곽해가 사람을 시켜 살인범의 소재를 탐문하게 했다. 살인범은 궁지에 몰리자 자진해서 돌아와 곽해에게 있었던 일을 그대로 설명했다. 이야기를 들은 곽해가 말했다.

"자네가 그 아이를 죽인 데는 그만한 이유가 있었군. 우리 그 아이가 바르지 못했어."

그러면서 그 살인범을 풀어 주고는 누나 아들에게 잘못이 있었다면서 시체를 수습하여 묻었다. 그 소식을 들은 젊은이들은 모두 곽해가 의롭다고 존경하면서 더 많이 복속해 왔다.

곽해가 바깥에 나오면 사람들이 모두 피했는데 유독 한 사람이 다리를 쩍 벌리고 앉아서 곽해를 쳐다보았다. 곽해가 그 사람의 성과 이름을 물어보자, 곽해의 빈객이 그 사람을 죽이려고 했다. 곽해가 말했다.

"마을에 사는 사람들이 나를 존경하지 않는 것은 내가 덕을 제대로 닦지 않았기 때문이다. 이 사람에게 무슨 잘못이 있겠나!"

곽해는 그 사람을 위사(尉史)에게 은밀히 부탁했다.

"그자는 내가 아끼는 사람이니 요역 순번이 돌아오면 빼 주십시오."

요역 순번이 돌아올 때마다 계속 지나치면서 아전이 아무런 요구를 하지 않자, 이상하게 생각한 그 사람이 이유를 물어보았다. 곽해가 요역 순번을 빼 주게 했다는 대답에 다리를 벌리고 앉아 있던 사람이 곧장 어깨를 드러내고 사죄했다. 젊은이들이 그 소식을 듣고 곽해의 행실을 더욱더 본받고 싶어 했다.

낙양 사람 중에 어떤 이에게 원수가 생겼다. 낙양 읍내의 능력 있던 토호 수십 명이 중간에 나서서 화해시켜 보려고 했으나 끝내 듣지 않았다. 그래서 빈객이 곽해를 만나 부탁했다. 곽해가 밤에 그 원수를 찾아가 설득하자 뜻을 굽히고 곽해의 말을 듣겠다고 했다. 곽해가 그 사람에게 말했다.

"내가 듣기에 낙양의 많은 분이 중재에 나섰지만 전혀 듣지 않았다고 합디다. 그런데 다행히도 지금 저 해(解)의 말을 들어주었습니다. 그러나 다른 현 사람인 제가 낙양의 뛰어난 대부들의 위망을 어떻게 빼앗을 수 있겠습니까!"

그러고는 그 밤에 돌아오면서 다른 사람들에게 알리지 못하게 당부했다.

"잠시 없던 일로 해 주십시오. 내가 떠난 뒤에 낙양의 토호에게 다시 중재하게 하고 그 말을 들은 것처럼 하십시오."

곽해는 몸집이 작고 겸손했으며 절제하는 편이었다. 외출할 때 기사의 호위를 받은 적이 없고 수레를 타고 현 관아에 들어가지도 않았다. 근처의 군이나 제후국에 가서 부탁받은 일을 했는데, 할 만한 일이면 반드시 해결해 주었다. 해결할 수 없을 때에는 그 사람의 마음이 흡족하게 다른 조치를 해 준 뒤에야 차린 술과 요리를 입에 댔다. 많은 젊은이가 이런 점을 보고 곽해를 존경하며 앞다투어 그 밑에 들어가려고 했다. 지현 읍내 젊은이들과 부근 현의 토호들이 한밤중에 곽해를 찾아왔는데, 날마다 열 몇 대의 수레가 왔다. 이들은 곽해의 빈객을 데려가서 먹여 살리겠다고 청하러 온 사람들이었다.

그 뒤에 지방 토호를 무릉현으로 이주시켰는데, 곽해는 가난하여 재산 규모가 이주 자격에 미치지 못했〔으나 떠나려고 들었〕다. 아전들은 두려운 마음에 곽해의 이주를 막지 못했다. 그러자 위(衛) 장군이 나서서 곽해의 사정을 알렸다.

"곽해의 집이 가난하여 이주 자격을 얻지 못했습니다."

황제가 말했다.

"해는 포의(布衣)인데 장군이 나서서 말하게 할 정도의 힘이 있으니 그 집을 빈한하다고 칠 수 없다."

곽해가 이주할 때 〔지현의〕 젊은이들이 전별금으로 천만여 전을 내놓았다. 그런데 현령부 연이었던 지현 사람 양계주(楊季主)의 아들이 전별금을 전달하지 못하게 했으므로 곽해 형의 아들이 양연(楊掾)의 목을 베어 버렸다.

곽해가 함곡관 안으로 입성하자 관중 지방의 능력 있는 토호 중 알고 지냈거나 모르고 지냈거나에 관계없이 곽해의 명성을 들은 자들이 모두 앞다투어 곽해와 친하게 지내고자 했다.

지현 읍내에 살던 누군가가 양계주까지 죽여 버렸다. 그러자 양계주의 집에서 황궁 앞에 와서 살인이 또 일어났다는 사실을 글로 써서 황제에게 올렸다. 황제가 보고를 받은 뒤에 아전에게 곽해를 체포해 오게 하자 곽해가 달아났다. 달아나면서 어머니와 가족을 하양에 옮겨 놓고는 자신은 임진관(臨晉關)까지 달아났다. 임진 사람 적소옹(籍少翁)[17]은 본래 곽해가 누구인지 몰랐으므로 관문을 빠져나가게 해 주었다. 관문 밖으로 나간 곽해는 태원까지 옮겨 갔는데, 주인집에 자신이 지나왔던 곳을 모두 말해 주었다. 해당 관리들이 곽해의 종적을 쫓다가 적소옹을 찾아냈으나 적소옹이 자결하여 증인이 없었다. 한참 지난 뒤에 곽해를 잡아서 법을 어기며 저질렀던 일을 모두 조사해 냈지만 곽해가 저질렀던 살인 사건은 모두 사면령이 내리기 전의 일들이었다.

지현의 어떤 유생이 황제의 사자를 접대하는 자리를 마련했는데 손님들이 곽해를 칭찬하자 그 유생이 반박했다.

"해는 오로지 국법을 어기기만 했는데 어찌 덕행이 뛰어나다고 하겠는가!"

그 말을 들은 곽해의 빈객이 그 유생을 죽이고는 혀를 잘라 버렸다. 해당 관리가 곽해를 문책했지만 곽해는 살인범이 누구인지 전혀 알지 못했다. 결국 살인범을 밝혀내지 못했으므로, 해당 관리는 곽해가 무죄라고 상주했다. 어사대부 공손홍이 의견을 냈다.

"해는 포의로서 의협심에 제멋대로 권력을 휘두르고, 사소한 일에도 눈을 부릅뜨며 사람을 죽였습니다. 해는 이번 사건을 모른다고 하지만 앞서 지은 죄는 이번 사건의 살인범을 아는 것보다 더 무거우므로 대역무도죄로 다스려야 마땅합니다."

그리하여 곽해의 집안이 멸족되었다.

그 뒤로도 유협은 아주 많았으나 꼽을 만한 자는 별로 없다. 그 가운데 관중 땅 장안의 번중자(樊中子), 괴리(槐里)의 조왕손(趙王孫), 장릉의 고공자(高公子), 서하의 곽옹중(郭翁中),[18] 태원의 노옹유(魯翁孺),[19] 임회(臨淮)의 예장경(兒長卿), 동양(東陽)의 진군유(陳君孺) 같은 이들이 있었는데 공손한 모습에 겸손한 군자의 풍모를 갖추고 있었다. 장안 북도의 요씨(姚氏), 서도의 몇몇 두씨(杜氏)들, 남도의 구경(仇景), 동도의 공자 타우(佗羽),[20] 남양의 조조(趙調) 같은 무리가 있었으나 민간에 섞여 살던 도적이었을 뿐이니, 언급할 가치가 없다. 이들은 예전에 주가가 부끄럽게 여기던 부류였다.

빈객들의 칭송을 받은 구장

○　○　○

구장(萬章)[21]의 자는 자하(子夏)로 장안 사람이다.

장안이 번창하면서 동네마다 불법을 저지르며 횡행하던 유협이 있었는데 구장은 성서(城西)의 유시(柳市)에서 활동했으므로 성서구자하(城西萬子夏)라고 불렸다.

경조윤부의 문하독(門下督)으로 있으면서 경조윤을 따라 황궁에 간 적이 있는데, 시중과 제후, 귀인(貴人)들이 앞다투어 구장에게 읍을 하면서 경조윤에게는 인사를 건네지 않았다. 구장은 겸손하게 물러서며 몹시 두려워했다. 그 뒤로 경조윤이 다시는 구장을 데리고 황궁에 들어가지 않았다.

중서령 석현과 친하게 지내면서 석현의 권세 덕을 봤으므로 문앞에 수레가 연달아 와서 닿았다. 성제 초기에 권력을 독점하여 전횡한 죄로 석현이 면직되어 고향 제남군으로 돌아갔다. 석현은 재산이 억대에 이를 만큼 많았다. 제남군으로 떠나기에 앞서 수백만 전 값어치가 나가는 침구류와 기물을 구장에게 남겼으나 구장이 받지 않았다. 빈객 중에 누군가가 그 연유를 묻자 구장이 탄식하며 말했다.

"내가 포의로서 석 군의 사랑을 받았는데 공의 집안이 망하게 된 지금 도와드리지도 못하면서 어찌 그 재물을 받겠는가! 이번 일은 석씨 집안으로 보면 재앙인데 구씨 집안에서 그것을 되레 복처럼 받아야서야 되겠는가!"

이 말을 들은 젊은 빈객들이 옳은 말이라고 탄복하면서 구장을 칭송했다.

〔성제〕하평 연간에 왕존이 경조윤이 되어 불법을 저지르던 유협을 체포하여 죽였다. 이때 죽은 사람들이 구장과 가위를 만들어 팔던 장회(張回), 주시(酒市)의 조군도(趙君都)[22] 및 가자광(賈子光)이다. 이들은 모두 장안에서 이름을 날리던 유협으로 복수하기 위해 자객을 키우던 자들이었다.

다섯 열후의 상객, 누호

○ ○ ○

누호의 자는 군경(君卿)이고, 제군 사람이다.

집안 대대로 의원을 했으므로 장안에서 의술을 펼치던 아버지를 따라 종친의 집을 출입했다. 누호가 의경(醫經)과 본초(本草), 방술책 수십만 자를 외우자 연장자들 모두가 아끼는 마음으로 누호에게 충고했다.

"군경처럼 재주가 뛰어난 사람이 왜 관리가 되기 위해 공부를 하지 않는가?"

그 말을 들은 누호가 아버지 곁을 떠나 경전을 배웠다. 경조윤부에서 몇 해 동안 아전 생활을 하면서 큰 명성을 얻었다.

그 무렵은 바야흐로 외척 왕씨(王氏) 집안이 번성하여 빈객들이 집을 가득 메울 때였다. 오후(五侯)[23]가 명망을 다투느라 각각 빈객을 많이 거느렸는데 다른 집을 왕래하지 못하게 했다. 그러나 누호만큼은 다섯 집을 다 출입하며 다섯 열후의 환심을 모두 샀다. 관리들과 사귈 때에는 있는 힘을 다해 교류했다. 그중에서도 연장자들에게는 더 친밀하게 대하며 공경했으므로 사람들이 누호를 잘 따랐다. 누호는 몸집이 작았으나 말을 잘했다. 의견을 말할 때에는 늘 명성과 지조를 지키려고 했으므로 듣는 사람들이 모두 엄숙하게 들었다. 누호는 곡영(谷永)과 더불어 오후의 상객(上客)이 되었으니 장안 사람들이 "곡자운(谷子雲)은 문장이고 누군경(樓君卿)은 능변이다."라고들 했다. 이는 두 사람이 신임을 받았음을 알려 준다.

누호의 어머니가 죽었을 때 장례에 참가하기 위해 이삼천 대의 수레가 도착했다. 동네 사람들이 "다섯 열후가 누군경 어머니의 장례를 맡아서 치러 주는구나."라고 그 사정을 읊고 다녔다.

한참 뒤에 평아후가 누호를 방정 인재로 천거하여 간대부가 되었다. 누호가 지방의 군과 제후국을 감독하는 사자로 나갈 때 일이다. 누호는 가난한 사람에게 재물을 빌려주기 위해 재물을 많이 지니고 다녔다. 제나라 땅을 지날 때 아버지 산소에 들를 수 있도록 황제에게 허락을 구하는 글을 올렸다. 그런 김에 일가친척과 친구들을 만나 친한 정도에 따라 속백을 선물로 주었는데, 하루 만에 황금 백 근어치를 나누어 주었다. 사자의 임무를 마치고 돌아와서 결과를 보고하자 황제가 만족하면서 천수 태수로 발탁했다. 몇 해 뒤에 면직되어 장안 시내에 살았다.

그 무렵 성도후 왕상이 대사마 위장군으로 있었는데, 조정에서 일을 보고 퇴궐하여 누호를 만나러 가겠다고 나서자 왕상의 주부(主簿)가 말렸다.

"지존의 신분인 장군께서 백성이 사는 동네에 들어가시는 것은 마땅하지 않습니다."

왕상은 그 말을 듣지 않고 누호의 집으로 갔다. 집이 작고 비좁았으므로 관속들은 수레에서 내려 밖에 서 있어야 했다. 한참 서 있는데 비가 쏟아지려고 하자 주부가 서조(西曹)의 여러 연에게 불평을 늘어놓았다.

"그렇게 권할 때 듣지 않으시더니 결국 빗속에서 이런 마을에 서 있게 됐군."

돌아가는 길에 누군가가 왕상에게 주부가 했던 불평을 전했다. 못마땅하게 여기던 왕상이 다른 직무상의 이유를 들어 주부를 쫓아내고 죽을 때까지 관직에 오르지 못하게 했다.

뒤에 누호는 다시 광한(廣漢) 태수로 천거되었다.

원시 연간에 왕망은 안한공(安漢公)으로 추대되어 정사를 독단적으로 처리했다.

왕망의 맏아들 왕우(王宇)가 평제에게 권력을 돌려주게 하려고 손위 처남 여관(呂寬)과 모의하여 왕망의 집 대문에 피를 칠해 왕망을 협박했다. 사건이 발각되자 왕망이 크게 노하여 왕우를 죽여버렸다. 여관은 달아났다. 여관의 아버지는 평소에 누호와 알고 지냈는데 여관이 광한군에 이르러 누호에게 갔지만 일어났던 일을 그대로 알려 주지는 않았다. 며칠 뒤에 여관의 지명 수배를 알리는 조서가 도착하자 누호가 여관을 체포했다. 왕망이 크게 기뻐하며 누호를 불러들여서 장안 남부를 다스리는 전휘광(前煇光)으로 삼았다. 누호는 식향후(息鄕侯)에 봉해졌고 구경의 반열에 올랐다.

왕망 거섭 연간에 괴리에서 조붕(趙朋)과 곽홍(霍鴻) 등이 〔장군을 칭하며〕함께 대규모 반란군을 일으켜[24] 전휘광 관할 구역까지 밀려 왔으므로 누호의 죄가 인정되어 면직되고 서인으로 강등되었다.

누호는 관직에 있을 때 봉록과 받은 재물 모두를 그때그때 다 써 버렸다. 자리에서 물러나 살던 마을로 옮겨 갔을 때는 오후도 모두 죽은 뒤였다. 누호 역시 연로하여 세력을 잃었으므로 빈객이 많이 줄었다.

왕망이 황위를 찬탈한 뒤에 옛정을 생각하여 누호를 불러 접견 한 뒤에 누구리(樓舊里) 부성(附城)에 봉했다. 그때 성도후 왕상의 아들 왕읍이 대사공이 되어 중임을 맡자, 왕상의 친구가 모두 왕읍 에게 공손하게 대했다. 그런데 누호는 예전 예절로 편안하게 대했 다. 왕읍도 누호를 아버지처럼 섬기면서 소홀히 대접하지 않았다.

한번은 왕읍이 빈객을 초청한 뒤에 술독 앞에 서서 "천자(賤子) 가 축수의 잔을 올립니다."라고 하자 자리에 참석했던 백 명 가까 운 사람들이 모두 좌석을 벗어나 엎드렸다. 그러나 유독 누호만은 동쪽을 향한 상석에 단정하게 앉아서 왕읍의 자를 부르며 말했다.

"귀한 몸의 공자가 어찌 이러시는가!"

그보다 먼저 이런 일이 있었다. 누호가 알던 사람 중에 여공(呂 公)이 있었는데 아들이 없어 누호의 집에서 살았다. 누호는 여공 과 겸상을 하고 누호의 아내는 여공의 아내와 함께 밥을 먹었다. 뒤에 누호가 면직되어 집에 있을 때 아내가 여공 돌보기를 싫어했다. 누호가 그 말을 듣고 눈물을 흘리면서 아내를 책망했다.

"여공은 예전에 알던 분인데 늙고 가난하게 되어 나에게 의탁해 왔으니, 도리로 봐서 마땅히 돌봐야 하오."

그러고는 여공이 죽을 때까지 돌보아 주었다.

누호가 세상을 떠나자 아들이 후사가 되어 작위를 이었다.

술에 살고 술에 죽은 진준

진준의 자는 맹공(孟公)이고, 두릉현 사람이다.

할아버지는 진수(陳遂)로 자가 장자(長子)였다. 선제가 민간에 거처할 때 진수와 친구로 지내면서 판돈을 여러 차례 잃었다. 선제가 즉위한 뒤에 진수를 기용했다가 점점 승진시켜 태원 태수로 보냈다. 그때 진수에게 조서를 내려 말했다.

태원 태수에게 황제가 명한다. 벼슬이 높아지고 봉록이 많아졌으니 도박 빚을 갚을 수 있을 것이다. 그때 태수의 아내 군녕(君寧)이 옆에서 보고 있었으니 그때 상황을 알고 있을 것이다.

조서를 받은 진수가 거절하는 말을 올렸다.

원평(元平) 원년[25] 사면령 전에 있었던 일입니다.

진수는 이처럼 황제의 우대를 받았다.

원제 때에 진수를 불러 경조윤으로 삼았는데 뒤에 정위가 되었다.[26]

진준은 어려서 아버지를 여의었다. 뒤에 백송(伯松) 장송(張竦)과 함께 경조윤부의 사(史)가 되었다. 장송은 박학다식했을 뿐 아니라 품행이 방정했고 행동을 절제하면서 자신을 잘 단속했다. 그러나 진준은 제멋대로 행동하며 행동에 제한을 두지 않았다. 그런데 두 사람은 비록 품행이 달랐지만 친한 벗이 되었다. 애제 말기에 이르러 두 사람 모두 이름을 날리며 젊은이 중에 으뜸으로 꼽혀 함께 공부(公府)[27]에 들어갔다. 공부의 연사들은 거개가 낡은 수레와 여윈 말을 타고 옷도 색깔 있는 옷을 입지 못했다. 그러나 유독 진준만큼은 수레와 말, 의복을 가장 좋은 것으로 썼고 문밖에는 수레가 끊임없이 와 닿았다.

진준은 또 날마다 외출했다가 술에 취해서 돌아왔으므로 조(曹)의 일을 처리하지 못한 때가 많았다. 서조(西曹)는 그런 진준을 제도에 따라 처벌했다. 시조(侍曹)가 관아에 가서 "진경(陳卿)께서 오늘은 아무아무 일로 견책되었습니다."라고 전할 때마다 진준은 "백 회를 채우면 알려 주십시오."라고 대꾸했다. 제도에 따르면 견책을 백 회 당한 자는 쫓겨나게 되어 있었다. 백 회를 채우자 서조가 진준을 면직해야 한다고 보고했다. 대사도 마궁(馬宮)은 대유(大儒)로서 인재를 우대했는데 진준을 존중했으므로 서조에게 말했다.

"이 사람은 도량이 넓은 인재인데 어떻게 자질구레한 법조문으로 견책할 수 있겠소?"

그러고는 진준이 삼보의 큰 현을 다스릴 능력이 있다고 천거하여 비어 있던 욱이(郁夷) 현령으로 보냈다. 한참 지난 뒤에 우부풍과 뜻이 맞지 않아 사직하고 물러났다.

괴리에서 조붕과 곽홍 등이 대규모 군사를 일으켰을 때 진준이 교위로서 조명과 곽홍을 공격하여 공을 세웠으므로 가위후(嘉威侯)에 봉해졌다. 진준은 두릉현으로 돌아가지 않고 장안에서 살았다. 열후와 황제 측근의 신하, 황실 친척들이 모두 진준을 존중했다. 주목이나 태수가 부임지로 떠날 때, 그리고 지방의 군과 제후국의 토호들이 장안에 올라왔을 때 진준의 집에 찾아왔으므로 방문객이 끊이지 않았다.

진준은 술을 좋아하여 매번 크게 술자리를 벌였는데 빈객이 방 안에 가득했다. 그런데 언제나 문을 닫아건 뒤에 손님에게서 타고 왔던 수레의 바퀴에 채운 자물쇠의 열쇠를 거두어 우물에 던져 버렸으므로 누군가 급한 일이 생겨도 끝내 돌아가지 못했다. 하루는 부자사(部刺史) 한 사람이 황제에게 보고하러 가던 길에 진준의 집에 들렀는데, 마침 큰 술자리가 벌어져 발목이 잡혔다. 몹시 난처해진 부자사가 진준이 만취할 때까지 기다렸다가 진준의 어머니 처소로 들어가 머리를 조아리고는 상서에게 직접 보고를 올릴 시간이 다가오고 있다고 말했다. 진준의 어머니가 뒷문을 통해 빠져나가게 해 주었다.

진준은 늘 취해 있었다. 그러나 일을 미루는 법은 없었다.

키는 팔 척이 넘었고 얼굴이 길고 코가 컸으므로 용모가 아주 특이했다. 경서의 주석을 대개 다 섭렵했고 문장력이 풍부했다. 글씨를 잘 쓰는 재주를 타고나서 남에게 척독(尺牘)을 써서 보내면 받은 사람 모두가 영광으로 여기며 그 필적을 소장하고자 했다. 어려운 일을 해결해 달라는 부탁을 받으면 거절하지 못했다. 그런데 진준이 가는 곳마다 의관을 갖춘 벼슬아치들이 불러서 예를 갖추어 대했으니, 그들은 오로지 진준을 대접하는 대열에 뒤처질까를 걱정할 뿐이었다. 그 무렵 열후 중에 진준과 성과 이름이 같은 자가 있었는데, 남의 집에 갈 때마다 "진맹공(陳孟公)이 왔다."라고 하는 바람에 좌중에 놀라지 않는 사람이 없었다. 그런데 들어가서는 〔자신이 진맹공이〕 아니라고 하여 진경좌(陳驚坐)[28]라는 호칭을 얻었다.

왕망이 평소에 진준의 재주가 뛰어나다고 여겼는데, 대부분의 고관도 진준을 칭찬했으므로 그들의 의견을 받아들여 진준을 하남 태수로 기용했다. 하남 태수로 부임한 진준이 종사(從史)를 서쪽〔의 장안〕으로 보내 글씨 잘 쓰는 서리 열 명을 불러와서 앞에 앉혀 놓고, 장안의 지인에게 안부를 묻는 사적인 편지를 쓰게 했다. 진준은 궤에 기댄 채 서리에게 편지 내용을 불러 주면서 한편으로는 태수부 일을 보았다. 서한은 수백 통에 이르렀는데, 사이가 가까운 정도에 따라 내용이 각각 다른 것을 보고 하남 사람들이 깜짝 놀랐다. 하지만 몇 달 뒤에 면직되었다.

앞서 진준이 하남 태수로 있을 때 동생 진급(陳級)이 형주목으로 임명되었다. 부임하기에 앞서 진준과 함께 장안의 부자로서 이전 회양왕[29]의 외가였던 좌씨(左氏) 집에 가서 먹고 마시며 즐긴 일이 있었다. 뒤에 사직(司直) 진숭(陳崇)이 그 소식을 듣고 탄핵 상소를 올렸다.

　준 형제가 황상의 은혜를 입어 특별 승진을 계속하며 관직을 역임하고 있는데, 준은 열후에 봉해졌고 하남군의 태수까지 지냈으며, 급은 주목으로 황상의 명을 받들고 나가게 되었습니다. 이 둘은 지방관으로서 바른 자를 천거하고 잘못하는 자를 찾아내며 황상의 거룩한 교화 방침을 선양하는 것이 직무였음에도, 처신을 바르게 하며 조심하지를 않았습니다. 준은 하남 태수로 임명받자마자 번거(軿車)를 타고 민가로 들어가서 과부 좌아군(左阿君)이 차린 술과 여흥 자리에 참석했습니다. 그 자리에서 준이 일어나 춤을 추며 펄쩍펄쩍 뛰다가 자리에 넘어졌고, 저물었다는 핑계로 그 집에 묵었으며, 시비(侍婢)들이 부축하여 눕히기까지 했다고 합니다. 준은 술을 마시거나 차린 음식을 먹을 때 절도 있게 행동해야 함을 알면서도 과부의 집에 가지 말아야 하는 예법을 지키지 않고 술에 취해 한데 뒤섞였으니, 남자와 여자가 한자리에 앉지 말아야 하는 도리를 어지럽히고 작위를 욕되게 했으며 인불(印韍)을 더럽혔습니다. 그 죄상이 차마 들을 수 없을 정도였으니, 신은 두 사람 모두 면직할 것을 청합니다.

　진준이 면직되어 장안에 있던 집에서 살았는데, 빈객들은 더 많아졌고 먹고 마시는 것도 예전처럼 했다.
　한참 뒤에 다시 구강군과 하내군의 도위가 되었으니 하남 태수를 지낸 것까지 합해서 이천석 벼슬을 세 번 역임했다. 장송 또한 벼슬이 단양(丹陽) 태수까지 올라가 숙덕후(淑德侯)에 봉해졌다. 뒤에 두 사람 모두 면직되었지만 열후의 신분으로 장안에서 살았다. 장송은 가난해서 빈객이 없었다. 애호가들이 늘상 찾아와 장송에게 의문점을 물어보며 경서에 관해 담론을 나눌 뿐이었다. 반면에 진준의 집에서는 밤낮으로 환호성이 터져 나왔는데, 수레가 문 앞에 가득했고 술과 고기가 끊이지 않았다.

그보다 먼저 황문랑 양웅이 「주잠(酒箴)」[30]을 써서 성제에게 완곡하게 간언했다. 사물을 사람에 비유한 이 작품에서는 주객(酒客)이 법도사(法度士)에게 힐문한다.

선생은 병(瓶)[31]과 같아 보여요. 병이 있는 자리를 보면 늘 우물 테두리에 앉아 있지요. 높은 우물 테두리는 깊은 우물의 입구라서 조금만 움직여도 바로 위험해집니다. 주료(酒醪)는 담은 적 없이 물만 가득 담긴 병은 옆으로 흔들리지 않도록 끈에 매여 있습니다. 그러나 매어 놓은 줄이 제대로 움직이지 않아 어느 날 우물 벽에 부딪히기라도 하면 몸이 황천으로 떨어지되 골육은 진흙으로 돌아갈 것입니다. 이렇게 쓰일 거라면 〔가죽 부대〕치이(鴟夷)보다 못한 거 같습니다. 치이는 〔일정한 모양이 없어〕골계(滑稽) 같은데 대호(大壺)처럼 배가 부르지요. 사람들이 치이를 들고 계속 술을 사러 다니니 하루 종일 술이 담겨 있습니다. 황실이나 조정에서도 잘 쓰이는 기물이라 속거(屬車)에 실려 양궁(兩宮)을 오가고 조정 관아를 분주히 쫓아다닙니다. 이렇게 본다면 어떻게 술이 나쁘다고 할 수 있겠습니까?"[32]

진준은 이 내용을 아주 좋아하면서 장송에게 이렇게 말하곤
했다.

"나와 그대가 바로 이런 사이인 것 같소. 그대는 경서를 암송하
고 고생까지 해 가며 실수가 없도록 자신을 단속하지만, 나는 제
멋대로 방종하면서 세간의 흐름을 따르지요. 관작이나 공훈, 명
성은 내가 그대보다 떨어지지 않으나 독락(獨樂)은 내가 그대에게
미치지 못하니 생각해 보면 내가 못한 것 같소."

그러면 장송이 이렇게 대꾸했다.

"사람마다 천성을 다르게 타고났으니 잘하고 못하는 것은 각자
에게 달린 것 같소. 그대가 나처럼 해 보려고 해도 안 될 것이고
내가 그대처럼 살아 보려고 애써도 역시 실패하고 말 것입니다.
내 방식을 배우려는 사람은 쉽게 배우는데 그대를 닮고자 하면 따
라 하기 힘든 것으로 보아 내 방식이 상도(常道)인 거 같소."

뒤에 왕망이 패망했을 때 두 사람은 모두 〔좌풍익〕 지양현(池陽
縣)에서 떠돌았다. 그러다가 장송은 적병에게 죽임을 당했다.

경시제가 장안에 입성했을 때 대신이 천거하여 진준은 대사마
호군(大司馬護軍)이 되었고, 귀덕후(歸德侯) 유립(劉颯)[33]과 함께 흉
노에 출사했다. 선우가 투항하라고 협박하자 진준이 자신이 투항
했을 때의 이해관계에 대해 설명하면서 시비곡직을 역설했다. 선
우가 진준을 기이하게 여기고 돌아가게 해 주었다.

경시제가 〔적미군(赤眉軍)에게〕 패망할 무렵 진준은 삭방에 머

물다가 봉기군에게 패했는데 그때에도 술에 취한 채로 죽임을 당했다.[34]

무릉현의 토호, 원섭

○   ○   ○

원섭의 자는 거선(巨先)이다. 할아버지가 무제 때에 지방 토호 자격으로 양책현(陽翟縣)에서 무릉현으로 이주했다.

원섭의 아버지는 애제 때에 남양 태수를 지냈다. 천하가 부유할 때라 큰 군의 봉록 이천석 태수가 재직 중에 죽으면 장례비를 천만 전 이상 거두었는데, 처자식이 공동 명의로 그 돈을 받아 살림을 안정시켰다. 그 무렵에는 또 삼년상을 지내는 집이 드물었다.

그런데 원섭은 아버지가 죽었을 때 남양군에서 보내온 부조를 돌려보냈을 뿐 아니라 무덤에 여막을 짓고 삼년상을 치렀다. 이일로 원섭은 장안 지역에 이름을 널리 알리게 되었다. 삼년상을 마쳤을 때 우부풍이 직접 찾아와서 의조(議曹)가 되어 달라고 청했고, 의관을 갖춘 벼슬아치들이 원섭을 닮겠다며 몰려들었다.

원섭은 대사도 사단(史丹)[35]에 의해 번잡한 사무를 처리할 줄 아는 인재로 천거되어 〔좌풍익〕 곡구(谷口) 현령이 되었다. 그때 나이가 스물 몇 살밖에 되지 않았지만, 곡구현 사람들이 원섭의 이름을 잘 알았으므로 따로 명령을 내리지 않고도 잘 다스릴 수 있었다.

원섭의 작은아버지가 무릉현의 진씨(秦氏)에게 살해된 일이 있었다. 원섭은 곡구 현령으로 반년 동안 재직한 뒤에 자신에게 잘못이 있다고 자수하고는 사직했다. 이유는 원수를 갚기 위해서였다. 곡구의 한 토호가 원섭을 대신해서 진씨를 죽이고 한 해 남짓 곡구를 떠나 피신했는데, 뒤에 사면령이 내려졌다.

지방의 군과 제후국의 여러 토호와 장안 및 오릉(五陵)[36] 지방의 지조를 위해 살던 자들이 모두 원섭을 앙모했다. 원섭은 몸을 낮추어 그들을 공대했다. 그러자 능력 있는 인물이나 재주 없는 사람 할 것 없이 원섭의 집 안을 가득 메웠고 원섭이 살던 마을은 원섭을 찾아온 객으로 가득 차게 되었다. 그러자 누군가가 원섭에게 충고했다.

"선생은 원래 이천석 관리의 자손인 데다, 아이 시절 머리를 묶은 뒤로 계속 수양하여 상례를 치르면서도 부조 재물을 돌려보내고 겸양의 예를 지킨 것으로 이름을 얻었습니다. 복수하기 위해 원수를 잡으려고 할 때에도 〔직접 죽이지 않아〕 인의를 잃지 않았습니다. 무슨 이유로 스스로 방종하며 경협(輕俠) 무리에 속하려는 것입니까?"

원섭이 응대했다.

"선생은 남의 집 과부 이야기를 들어 보지 못했습니까? 애초에 제가 저를 구속하며 수양하던 시절에는 송나라 백희와 진현의 효부(孝婦)를 본받을 생각이었습니다. 그러나 불행하게도 한번 도적에게 모욕을 당한 뒤에는 마침내 방종하게 행동하게 되었습니다. 그것이 예에 맞지 않는다는 걸 알면서도 스스로 돌이킬 수 없었습니다. 저는 그런 사람입니다."

원섭은 전에 남양군에서 보내온 부조를 돌려보냄으로써 명예를 얻기는 했지만 그 때문에 부친의 분묘를 조성하는 데 검약하며 돈을 아끼는 것은 불효라고 생각했다. 그리하여 시묘살이 여막을 크게 지었는데 여러 개의 건물과 문을 세웠다.

그보다 먼저 무제 때에 경조윤 조씨(曹氏)[37]를 무릉현에 장사 지냈는데, 무덤으로 가는 길을 사람들이 경조천(京兆仟)이라고 불렀다. 원섭도 그렇게 길을 내고 싶어 땅을 사서 길을 내고 남양천(南陽仟)이란 푯말을 세워 두었다. 그러나 사람들은 그 이름을 쓰지 않고 원씨천(原氏仟)이라고 불렀다. 길을 내는 비용은 모두 부자와 장자(長者)들이 모아서 댔다. 원섭 스스로는 의복과 수레, 말을 겨우 갖출 만큼 가난해서 처자식은 집에서 고생하며 살았다. 그러면서도 오로지 빈궁한 사람을 구제하거나 남이 어려운 지경에 빠졌을 때 도와주는 것을 급선무로 삼았다.

한번은 어떤 사람이 술상을 차려 놓고 원섭을 초청한 일이 있었다. 원섭이 마을 입구로 들어섰을 때, 빈객이 이르기를 원섭이 알고 지내는 사람의 어머니가 병이 났는데 그 마을에 있는 집에서 액막이 중이라고 알려 주었다. 원섭이 그 집으로 병문안을 가서 문을 두드렸다. 집에서는 곡소리가 났다. 원섭이 그 소리를 듣고 들어가서 조문한 뒤에 상례를 어떻게 치를 것인지 물어보았다. 그 집에는 가진 것이 아무것도 없었다. 원섭이 말했다.

"걱정하지 말고 집 안을 깨끗이 치우고 목욕한 뒤에 저를 기다리십시오."

원섭이 초청해 준 주인에게 돌아가서 빈객들을 보며 탄식했다.

"아는 사람의 어머니가 돌아가셨는데도 시신을 땅바닥에 눕혀 놓은 채 염습을 하지 못하고 있으니, 제가 어떻게 이 주연에 마음을 쏟을 수 있겠습니까! 술과 음식을 거두었으면 좋겠습니다."

빈객들이 어떻게 하면 되느냐고 앞다투어 물었다. 원섭이 똑바로 앉지도 못하고 목간 조각을 잘라 수의와 대렴용 이불, 관에서부터 반함(飯舍)에 쓸 물건까지 필요한 모든 물품을 적어서 여러 빈객에게 나누어 주었다. 여러 빈객이 급히 시장으로 달려가서 물건을 산 뒤, 모두 저물녘에 다시 모였다. 원섭이 직접 모든 것을 점검한 뒤에 주인에게 말했다.

"베풀어 주신 연회상을 받겠습니다."

모두 함께 음식을 먹었으나 원섭만은 배부르게 먹지 않았다. 그러고는 관과 물품을 수레에 싣고 빈객들을 데리고 상가로 가서 염습과 입관을 마친 뒤에 빈객을 독려하며 매장했다. 원섭은 언제나 이렇게 사정이 급한 사람을 도와주곤 했다. 뒷날 누군가가 원섭을 두고 간악한 무리의 우두머리라고 비방하자 그 상갓집 아들이 곧바로 그 말을 한 사람을 찔러 죽였다.

빈객 중에 많은 자가 법을 위반해서 그 죄상이 황제에게 여러 차례 보고되었다. 왕망이 죄를 지은 원섭의 빈객을 감옥에 가두고 죽이려다가 그때마다 사면해서 풀어 준 적이 여러 번이었다. 원섭은 두려운 마음에 빈객들을 피신시킬 목적으로 경부(卿府)의 연사가 되기를 청했다. 그랬다가 문모태후(文母太后)[38]의 상이 났을 때에는 임시직 복토교위(復土校尉)가 되었다. 중랑으로 있다가 뒤에 면직되었다.

면직된 뒤에 원섭은 부친의 산소 옆에 가서 살고 싶었으나 빈객들을 만나고 싶지 않아서 친구들에게만 살짝 기별했다. 원섭이 홀로 수레를 몰고 무릉현으로 갔다가 저문 뒤에 마을에 있던 자신의 집으로 들어갔다. 그러고는 자신이 돌아온 사실을 감추고 다른 사람을 만나지 않았다. 원섭이 노비를 시켜 시장에 가서 고기를 사오게 했는데, 노비가 원섭의 기세를 믿고 푸줏간 주인과 말다툼을 하다가 도끼로 그 주인을 다치게 하고는 달아났다. 그때 무릉현에는 새로 임시직 현령 윤공이 새로 부임하여 일을 보고 있었는데 원섭은 윤공에게 찾아가서 인사를 하지 않았다. 원섭이 무릉에 돌아와 있으면서 인사하러 오지 않은 것을 알게 된 윤공은 화가 많이나 있었다. 윤공은 유명한 토호인 원섭을 다스림으로써 백성들에게 풍속을 바로잡는 모습을 보이려고 했다. 그래서 두 명의 아전을 파견하여 원섭을 협박하면서 지키고 서 있게 했다. 아전들은 정오가 될 때까지 달아난 노비를 찾아서 내놓지 않으면 원섭을 대신 죽이겠다고 협박했다. 궁지에 몰린 원섭이 어떻게 할지 모를 때, 마침 원섭과 함께 산소에 가기로 했던 친구들이 수레 수십 대를 타고 도착했다. 무릉현의 토호였던 그들이 함께 윤공을 설득했지만 윤공은 듣지 않았다. 토호들이 다시 윤공에게 부탁했다.

"원거선(原巨先)의 노비가 법을 어겼지만 잡지 못했습니다. 대신에 원거선이 저고리를 벗어 어깨를 드러내고 밧줄로 몸을 묶은 뒤에 귀에 화살을 관통시킨 채로 관아 문 앞에 와서 사죄하게 한다면 공의 위신을 세우기에 충분할 것입니다."

윤공이 그렇게 하도록 허락했다. 원섭이 그 말대로 사죄하자 옷을 입고 돌아가게 했다.

그보다 먼저 원섭이 신풍현의 부자 기태백(祁太伯)과 벗하고 있었는데, 기태백의 동복동생 왕유공(王游公)은 평소에 원섭을 미워하고 있었다. 그 무렵 왕유공은 현령부의 아전으로 있다가 윤공에게 권유했다.

"공께서는 임시직 현령으로 계시면서 원섭을 이렇게 욕보이셨습니다. 일단 정식 현령이 부임하면 공께서는 홀로 수레를 타고 이전에 계시던 조정 관아의 속관으로 돌아가게 됩니다. 섭 밑에는 자객이 구름처럼 많은데 사람을 죽여도 누가 죽었는지 아무도 알 수 없으니 공의 안위가 걱정됩니다. 섭이 무덤의 여막을 지었는데 규정을 넘어 사치를 부렸으니 죄악이 잘 드러난 사례이고 주상께서도 이 일을 알고 계십니다. 지금 공을 위해 계책을 세운다면 그 무덤의 여막을 철거한 뒤에 예전에 그자가 지은 죄를 조목조목 적어 상주하는 것이 낫겠습니다. 그러면 공께서 틀림없이 정식 현령이 될 것입니다. 이렇게 하면 섭도 원망하며 공에게 복수할 엄두를 내지 못할 것입니다."

윤공이 그 계책을 따랐더니 아니나 다를까 왕망이 윤공을 무릉 현령에 정식으로 임명했다. 원섭은 이 일로 왕유공에게 원한을 품었다. 그래서 빈객 중에 선발된 자를 맡아들 원초(原初)와 함께 수레 스무 대에 태워 보내 왕유공의 집을 습격하게 했다. 왕유공의 어머니는 곧 기태백의 어머니였으므로 빈객들은 그 어머니를 볼 때마다 모두 절을 올리며 기 부인을 놀라게 하지 말라던 원섭의 말을 서로 전했다. 그러고는 왕유공과 그 아버지를 죽여 두 사람의 목을 잘랐다.

원섭의 성격은 곽해와 대략 비슷했다. 겉으로는 따뜻하게 남을 위하며 겸손한 듯이 보였으나 속으로 원망하는 마음을 숨기고 걸핏하면 사람을 잘 죽였다. 작은 일에도 눈을 부릅뜨며 아주 많은 사람을 죽였다.

왕망 집권 말기에 동쪽 지역에서 반란군이 일어나자 제후왕이 되어 있던 여러 아들이 원섭을 가리켜 병사들이 죽기를 두려워하지 않고 싸우게 할 수 있는 인물이므로 기용할 만하다고 자꾸 천거했다. 왕망이 원섭을 불러 접견한 뒤에 이전의 죄악을 꾸짖고는 관대하게 사면해 주면서 진융대윤(鎭戎大尹), 즉 천수(天水) 태수[39]에 임명했다.

원섭이 부임한 뒤 얼마 지나지 않아 장안〔의 왕망〕이 패망했다.

각 지방의 군과 현에서는 스스로 이름을 걸고 거사한 자들이 이천석 고관을 공격하여 죽이면서 한나라 부흥을 외치던 군대에 호응했다. 거사했던 사람들이 평소에 원섭의 이름을 들어 익히 알고 있었으므로 "원윤(原尹)께서는 어디에 계신가?"라고 수소문하면서 앞다투어 찾아와 배알했다. 그 무렵 왕망이 임명했던 주목과 사자 중에 원섭에게 복속했던 자들은 모두 목숨을 구했다. 그들이 원섭을 역참 수레에 태워 장안에 보냈다.

경시제 때에 서병장군(西屏將軍) 신도건(申屠建)이 원섭에게 청하여 만나 본 뒤에 크게 중용하겠다고 나섰다. 그런데 원섭의 부친 무덤의 여막을 철거시켰던 전임 무릉 현령 윤공이 그때 신도건의 주부로 있었다. 사실 원섭은 윤공을 원망하지 않았다. 원섭이 신도건을 따라 밖으로 나왔을 때 윤공이 고의로 길을 막고 원섭에게 절하며 말했다.

"세상이 바뀌었습니다. 그러니 이전의 한나라 때 있었던 일로 원한을 품어서는 안 됩니다."

원섭이 말했다.

"윤 선생께서 무슨 연고로 저 섭을 어육(魚肉)같이 취급하십니까!"

윤공의 태도에 화가 났던 원섭이 자객을 시켜 주부를 찔러 죽이고는 피신하려고 했다. 신도건은 주부를 잃자 모욕을 당한 것으로 여겨 속으로는 분개했지만 짐짓 꾸며서 말했다.

"내가 원래 거선과 함께 삼보 지역을 잘 눌러 다스릴 생각이었는데, 어떻게 일개 아전 때문에 그 생각을 바꿀 수 있겠는가!"

이 말을 들은 원섭 측의 빈객이 신도건에게 말을 넣어 원섭이 자수하고 옥에 갇혀 사죄하겠다고 하니, 신도건이 허락했다. 빈객들이 수레 수십 대로 원섭을 옥까지 배웅하며 갔다. 신도건이 군사를 파견하여 수레에 타고 있던 원섭을 체포하자 원섭을 배웅하던 수레들이 흩어져 달아났다. 그리하여 마침내 원섭을 베고는 그 머리를 장안의 시장통에 걸어 두었다.

애제와 평제 시절에 지방의 군과 제후국 곳곳에 토호들이 있었으나 손에 꼽을 만한 자는 많지 않았다. 그중에 주군(州郡)에서 이름을 날리던 자로는 패릉의 두군오(杜君敖), 지양(池陽)의 한유유(韓幼孺), 마령(馬領)의 수군빈(繡君賓), 서하의 조중숙이 있는데, 모두 겸양의 기풍을 지니고 있었다.

왕망 거섭 연간에 토호와 유협을 주살하면서 조중숙을 지명 수배했지만 잡지 못했다. 조중숙이 평소 강노장군 손건과 친하게 지냈으므로 왕망은 손건이 숨겨 주었을 것으로 의심하면서 지나가는 말처럼 물어보았다. 손건이 대답했다.

"신이 그와 친한 것은 알려진 사실입니다. 신을 죽여 그 죗값을 치르실 수 있을 것입니다."

왕망은 성격이 아주 포악하여 참는 법이 없었으나 손건을 중하게 여겼으므로 더는 추궁하지 않았다. 조중숙은 결국 잡히지 않았다.

조중숙의 아들 조소유(漕少遊) 또한 유협으로서 대를 이어 세상에 이름을 날렸다.

63

영행전
佞幸傳

영행은 황제의 사랑을 받은 남자를 이르는 말이다. 황제가 없어진 세상이라 이 말 자체가 사라져 버린 지금, 굳이 우리말로 옮기면 '황제의 동성 연인'이라 하겠다. 영행의 행(幸)은 황제의 총애를 의미하고, 영(佞)은 뛰어난 말솜씨로 황제의 기쁨을 사는 재주를 뜻한다. 이 편에 나오는 황제의 영행들은 대개 말솜씨에 미색을 겸비하고 있었다. 반고는 한나라 멸망의 원인으로 황제를 보좌할 능력 있는 인물이 중용되지 못한 것을 들었다. 예컨대 애제의 연인 동현은 당시 지배층에게 요구된 여러 가지 능력을 전혀 갖추지 못한 채로 미색과 말솜씨로만 최고위직 대사마에까지 올랐다.

한나라 황제 중에는 남자를 좋아한 예가 많았다. 건국 이후 황권이 강화될수록 황제의 동성 연인 수가 늘어났고 사회적으로도 인정을 받았다. 이 편에는 한나라 황제의 사랑을 받은 대표로 등통, 조담(趙談), 북궁백자(北宮伯子), 한언, 이연년(李延年), 석현, 순우장, 장방, 동현이 나온다. 이들은 황제의 총애를 받아 다시없는 부귀영화를 누렸다. 특히 애제는 동현을 사랑하다 못해 황위를 물려줄 작정까지 했으니, 그 총애의 크기는 역대 어느 후궁도 누려 보지 못한 것이었다. 그러나 큰 총애가 오히려 해가 되어 제 명에 죽지 못한 예도 많았다. 그런 까닭에 황제의 동성 연인을 기록한 영행전은 『사기』에서 시작하여 『한서』에서 끝났다. 이후 영행은 환관을 의미하는 말로 변했다.

이 편에서 무제의 연인이었던 이연년은 본업이 궁정 음악가였다는 점에서 다른 인물들과는 궤를 달리한다. 황권 강화라는 목표의 최대치를 달성한 무제가 새로운 천하를 열기 위해 여러 가지 이벤트를 거행했는데, 이연년은 그 이념을 음악으로 표현하여 무제의 사랑을 받기 시작했다. 이연년은 기존의 오음계를 탈피한 칠음 음계로 황제가 원하는 음악을 작곡한 능력자였다.

황제의 총애를 받은 남자들

○   ○   ○

한나라가 건국한 뒤에 황제에게 잘 보이면서 총애를 받은 신하로 고조 때 적유(籍孺), 효혜제 때 굉유(閎孺)가 있었다. 이 두 사람은 특별한 재주와 능력은 없었으나 빼어난 용모와 순종하며 아부하는 태도로 총애를 받아 황제와 함께 기거했으므로 공경들은 모두 이 두 사람을 통해서 황제에게 보고를 올려야 했다. 그래서 효혜제 때에는 낭과 시중 모두가 굉유와 적유처럼 꾸미고 다녔는데, 준의(鵔鸃) 깃털로 장식한 모자를 쓰고, 자개를 박은 허리띠를 찼으며, 연지와 분을 발랐다.

두 사람은 안릉현[1]으로 이주했다.

그 후대에 총애를 많이 받은 신하로는 효문제 때의 유생 등통과 환관 조담(趙談),[2] 북궁백자(北宮伯子)가 있었고, 효무제 때에는 유생 한언과 환관 이연년, 효원제 때에는 환관 홍공(弘恭)과 석현, 효성제 때에는 유생 장방과 순우장, 효애제 때에는 동현이 있었다.

효경제, 효소제, 효선제 때에는 총애를 많이 받았다고 할 만한 신하가 없었다. 경제 때에는 낭중령 주인(周仁)이 유일하게 황제 가까이에서 시중을 들었고, 소제 때에는 부마도위 도후(秺侯) 금상(金賞)이 있었다. 금상은 아버지 거기장군 금일제(金日磾)의 작위를 이어받아 도후가 된 인물이다. 두 사람은 다른 신하보다는 총애를 많이 받았지만 심하지 않았다. 선제 때에는 황제가 민간에 살던 어린 시절 함께 앉아 글을 읽던 시중 중랑장 장팽조(張彭祖)가 있었다. 선제가 황위에 오른 뒤에 옛정을 생각하여 장팽조를 양도후(陽都侯)에 봉하고, 황궁 밖을 나갈 때마다 참승(參乘)으로 수레에 함께 태웠으므로 애행(愛幸)이라고 불렀다. 장팽조는 근신하며 행동을 스스로 단속하는 사람이었으므로 도의에 어긋나는 일을 하지 않았다. 그러나 소실에게 독살당했고, 봉토가 철폐되었다.

구리 광산을 하사받은 등통

○ ○ ○

등통은 촉군 남안현(南安縣) 사람으로, 배의 노를 젓는 황두랑(黃頭郎)이었다.

하루는 문제가 꿈을 꾸었다. 문제가 하늘에 올라가려고 했으나 잘되지 않았는데 황두랑 한 명이 문제를 밀어 주어 하늘로 올라갈 수 있었다. 돌아보니 그 황두랑이 입은 저고리 뒤판의 아랫단이 허리띠 밑에서 구멍 나 있었다. 깨어난 뒤에 점대(漸臺)[3]로 가서, 꿈에 봤던 형상을 기억하며 자신을 밀어올려 주었던 황두랑을 은밀히 찾아보았다. 등통에게 시선이 닿았을 때 그 저고리 뒤에 구멍 난 것이 꿈에 본 것과 같았으므로, 불러서 그 이름과 성을 물어보았다. 성은 등(鄧)이고 이름은 통(通)이라고 했다. 등(鄧)은 등(登)과 소리가 비슷했으므로 문제가 매우 기뻐하면서 중시하고 총애했는데 나날이 더했다. 등통도 착하고 조심스럽게 행동했고 다른 사람들과 사귀기도 좋아하지 않았다. 또 세목(洗沐) 휴가를 받아도 궐 밖으로 나가고 싶어 하지 않았다. 그런 등통에게 문제는 억대의 상금을 열 몇 차례나 하사했고, 벼슬을 상대부(上大夫)로 올려 주었다.

문제는 때때로 틈을 내어 몰래 등통의 집에 가서 놀았다. 그런데 등통에게는 별다른 특기가 없었고 인재를 천거할 능력도 없었으므로 스스로 조심하면서 황제에게 사랑받을 행동만 할 따름이었다.

황제가 관상 잘 보는 사람을 불러 등통의 관상을 보게 했더니, 이렇게 말했다.[4]

"가난해서 굶어 죽을 상입니다."

황제가 의아해하며 물었다.

"통을 부자로 만들어 줄 내가 있는데, 가난하게 된다니 웬 말인가?"

걱정이 된 문제가 등통에게 촉군 엄도(嚴道)에 있던 구리 광산을 하사하고 동전을 주조할 수 있도록 허락해 주었다. 등씨전(鄧氏錢)이 천하에 널리 쓰일 만큼 등통은 부유해졌다.

문제가 큰 종기가 나서 고생한 적이 있었다. 등통은 황제의 부스럼을 다스리기 위해 늘 입으로 고름을 빨아냈다. 황제가 괴로운 김에 아무렇게나 물어보았다.

"천하에서 나를 가장 많이 생각하는 자가 누구이겠느냐?"

등통이 대답했다.

"아마 태자만 한 이가 없을 것입니다."

태자가 병문안을 왔을 때, 황제가 태자에게 부스럼의 피고름을 빨아내게 했다. 태자가 부스럼 자리를 빨고는 난색을 했다. 뒤에 등통이 황제의 부스럼을 빨아냈다는 말을 듣고 태자는 부끄러워졌다. 그리고 그때부터 등통을 미워했다.

뒤에 문제가 붕어하고 태자가 즉위하니 경제였다. 등통은 면직되어 집에서 벼슬 없이 살게 되었다. 얼마 지나지 않아 누군가 등통이 은밀하게 교외(微外)[5]로 나가서 동전을 주조한다고 고발했다. 해당 관리에게 넘겨 조사해 보니 실제 그런 일이 있었으므로 죄상을 밝혀낸 뒤에 불법으로 주조한 금액을 모두 몰수하여 국고에 넣게 했다. 등통은 집에 있던 재산을 모두 몰수당하고도 수억 전을 더 내야 했다. 문제의 딸이었던 관도(館陶) 장공주가 등통에게 돈을 주었지만 그때마다 아전들이 몰수하여 국고에 넣었으므로 등통은 잠(簪) 하나도 꽂지 못했다. 그래서 장공주가 빌려준다며 옷과 먹을 것을 대주었다. 마침내 한 푼도 가지지 못하고 더부살이하던 집에서 죽었다.

조담과 북궁백자

○　○　○

조담은 성기(星氣)에 밝아 총애를 받았다. 북궁백자는 장자(長者)로서 사람들을 아꼈으므로 황제가 가까이 두었다. 그러나 두 사람 모두 등통보다 총애를 받지 못했다.

후궁과 정을 통한 한언

○ ○ ○

한언의 자는 왕손(王孫)이고, 궁고후(弓高侯) 한퇴당(韓積當)의 손자이다. 무제가 교동왕으로 있을 때 한언이 무제와 함께 글공부를 하며 서로 좋아하게 되었다. 무제는 태자가 된 뒤로 한언을 더욱 가까이하며 좋아했다. 한언은 말타기와 활쏘기를 잘했고, 총명하고 지혜로웠다. 무제가 즉위한 뒤에 호(胡)를 정벌하려고 했는데, 한언이 일찍부터 전투에 대비하여 훈련하고 있었으므로 무제가 더욱 총애했다. 벼슬은 상대부까지 올랐으며, 문제가 등통에게 내렸던 만큼 무제에게서 많은 재물을 하사받았다.

한언은 애초부터 황제와 늘 함께 기거했다.

강도왕(江都王)[6]이 입조했을 때 황제를 따라 상림원에 사냥을 가게 되었다. 황제가 치도에 오르기 전에 먼저 한언으로 하여금 부거(副車)를 타고 백 대에 가까운 수레를 끌고 가서 사냥할 짐승들을 점검하게 했다. 수레가 많이 달려오는 모습을 본 강도왕이 황제라고 판단하여 시종을 물리친 채 길옆에 엎드려 "강도왕이 인사를 올립니다."라고 했다. 한언은 빨리 달려가느라 강도왕을 보지 못했다. 한언의 수레가 지난 뒤에 강도왕은 분노했다. 강도왕은 황태후 앞에 가서 강도국을 황제에게 바치고 한언처럼 황궁에서 숙위하겠다고 울면서 청했다. 그때부터 태후가 한언을 미워하기 시작했다.

한언은 황제를 수행하며 〔후궁 처소〕 영항(永巷)에 마음대로 드나들었다. 한언이 후궁과 정을 통한 사실이 황태후의 귀에 들어가자 태후가 노하여 사자를 보내서 한언에게 자결을 명했다. 황제가 한언을 대신하여 용서를 빌었으나 허락을 얻지 못해 마침내 죽고 말았다.

한언의 동생 한열(韓說)도 무제의 사랑을 받았다. 한열은 전투에서 공을 세워 안도후(案道侯)에 봉해졌으나 무고(巫蠱) 사건이 일어났을 때 여(戾) 태자에게 죽임을 당했다.

한언의 아들 한증(韓增)은 용낙후(龍雒侯)에 봉해졌고 대사마 거기장군이 되었다. 이들에 대해서는 열전을 따로 세워 두었다.

칠음 음계로 새로운 천하를 노래한 이연년

○　　○　　○

이연년은 중산국 사람으로 그와 부모 형제가 모두 왕궁에서 노래와 춤을 추던 악인이었다. 이연년은 법을 어긴 일로 부형(腐刑)을 받고 구감(狗監)에서 일했다.

이연년의 여동생이 황제의 총애를 받게 되어 이 부인이라고 불렸는데 「외척전」에 따로 열전이 있다.

이연년은 노래를 잘 불렀는데, 궁상각치우(宮商角徵羽) 음계를 벗어난 신성(新聲)이었다.[7] 그 무렵 황제가 하늘과 땅에 제사를 올리기 시작하여 그에 맞추어 악곡을 만들기로 마음먹고 사마상여 등에게 시송(詩頌)을 짓게 했다. 이연년은 언제나 황제의 뜻을 받들어 사마상여 등이 지은 가사에 현악기 반주를 더해 신성의 곡조를 지었다.

뒤에 이 부인이 창읍왕을 낳았다. 그 덕분에 이연년은 협률도위(協律都尉)로 승진하여 이천석 벼슬이 지니는 인수를 차고 다녔다. 이연년은 황제와 함께 기거하며 한언에 맞먹는 총애를 받았다.

한참 뒤에 이연년의 동생 이계(李季)가 궁녀와 음란하게 정을 통했다. 이계는 교만하고 방종하게 행동했다.

뒤에 이 부인이 세상을 떠난 뒤에 사랑이 식은 황제가 이연년 형제를 죽이고 집안을 멸족시켰다.

그 뒤로 총애를 많이 받은 신하는 대부분 외척 집안 사람이었다. 위청과 곽거병도 총애를 받았지만, 두 사람은 모두 군공을 세워 자신의 힘으로 중용된 것이었다.

석현, 붕당을 지어 권력을 독점하다

석현의 자는 군방이고, 제남군 사람이다. 홍공은 패군 사람이다. 두 사람 모두 젊어서 법에 걸려 궁형을 받은 뒤에 중황문이 되었다가 중상서에 뽑혔다.[8]

선제 때에 중서령의 속관에 임명되었는데[9] 홍공이 법령과 제도에 밝고 익숙하여 황제에게 결재를 올리는 상주문을 잘 썼으므로 직무를 잘 수행했다. 뒤에 홍공은 중서령이 되었고 석현은 복야가 되었다. 원제가 즉위하고 몇 해 지났을 때 홍공이 죽었으므로 석현이 그 뒤를 이어 중서령이 되었다.

그때 원제가 병에 걸려 직접 정사를 돌보지 못했고, 음악에 깊이 빠져 있었다. 석현이 오랫동안 상서 환관 일을 보았는데, 환관이라 처가 식구가 없고 직무에 충실하여 황제의 신임을 받았다. 황제가 석현에게 정사를 맡겨 크고 작은 일 모두를 석현이 보고하는 대로 결정했으므로 총애를 받는 정도가 조정에서 으뜸이었다. 백관이 모두 석현을 받들어 모셨다.

석현은 사람이 영민하고 총명했으므로 일을 척척 처리하고 황제의 속뜻을 잘 알아차렸다. 그러나 속은 음험하고 잔인했으므로 궤변으로 사람을 중상모략하여 해를 입혔다. 또 반대파가 작은 허물을 저지르면 언제나 엄한 법으로 다스렸다.

초원 연간에 전장군 소망지와 광록대부 주감, 종정 유갱생이 모두 급사중이 되었다. 상서 일을 겸하던 소망지는 석현이 전권을 휘두르며 부정한 행동을 하는 것을 보고 황제에게 건의했다.

"상서는 백관 중에 가장 중요한 직위이자 조정의 추기(樞機)이므로 사리에 밝고 공정한 자를 앉혀야 합니다. 무제께서 후정(後庭)에서 노실 때 환관과 함께하셨는데, 이는 옛 제도에 맞지 않는 것이었습니다. 중서 환관을 폐하셔서 '형벌을 당한 적이 있는 사람을 가까이 쓰지 않는다.'라고 한 옛 제도를 따르셔야 마땅합니다."

원제가 소망지의 의견을 들어주지 않았으므로 소망지는 석현과 크게 틀어지게 되었다. 뒤에 세 사람은 모두 석현에게 해를 입었다. 소망지는 스스로 목숨을 끊고, 주감과 유갱생은 면직과 함께 죽을 때까지 벼슬길에 오르지 못하는 벌을 받아 다시 등용되지 못했다. 이 이야기는 「소망지전」에 있다.

뒤에 태중대부 장맹과 위군 태수 경방, 어사중승 진함, 대조 가연지(賈捐之)가 밀봉 상소를 올리거나 황제가 불러 알현할 때에 석현의 허물에 대해 보고했다. 석현이 이들의 죄를 찾아냈으므로 경방과 가연지는 기시형을 받았고, 장맹은 공거(公車)에서 자결했으며, 진함도 죄가 인정되어 곤형(髡刑)과 성단형(城旦刑)을 받았다. 정현(鄭縣) 현령 소건(蘇建)도 석현의 비밀 서신을 얻어 황제에게 상주했는데, 뒤에 석현이 소건의 다른 죄를 찾아 사형 판결을 받게 했다. 그리하여 공경 이하 관리들이 석현을 두려워하며 발을 포개고 제대로 걸음을 걷지 못했다.

석현은 중서복야 뇌량(牢梁), 소부 오록충종과 더불어 붕당을 결성했다. 이 붕당에 들어온 자들은 모두 높은 자리를 얻을 수 있었다. 그리하여 사람들이 노래를 지어 불렀다.

뇌 쪽인가? 석 쪽인가? 오록의 문객인가?
인신(印信)이 얼마나 많길래 인수가 길게길게 늘어졌네.

이 노래는 석현의 무리가 벼슬을 독점하면서 세력을 키웠다는 뜻이다.

석현은 좌장군 풍봉세 부자가 공경으로서 이름을 날리는 가운데 풍봉세의 딸 또한 황궁에서 소의(昭儀)가 된 것을 지켜보고 있었다. 석현이 속으로 풍봉세 집안에 의지할 마음을 먹고 풍 소의의 오라비이면서 알자였던 풍준을 품행이 단정하여 황제 곁에서 일할 만하다고 천거했다. 황제가 풍준을 불러 접견한 뒤에 시중에 임명하려고 했다. 풍준은 황제를 알현하면서 틈을 보아 석현에 관한 일을 보고했다. 석현이 권력을 전횡하고 있다는 보고를 들은 황제가 크게 노하여 풍준을 알자 자리에서 쫓아낸 뒤에 낭관으로 좌천시켰다. 그 뒤에 어사대부 자리가 비었을 때, 대신들이 모두 풍준의 형이자 대홍려였던 풍야왕이 품행과 능력 면에서 가장 뛰어나다고 천거했다. 황제가 석현에게 풍야왕에 관해 물어보자 석현이 답했다.

"구경 중에 야왕을 뛰어넘을 자는 아무도 없습니다. 그러나 야왕은 소의의 친오라비입니다. 신은 폐하께서 여러 능력 있는 인재를 뛰어넘고 후궁의 친혈육을 편애하며 삼공으로 삼았다고 후대 사람들이 생각할까 걱정입니다."

황제가 말했다.

"그렇지. 내가 그 점을 생각하지 못했어."

이어서 풍야왕을 칭찬하는 조서를 내렸지만 포기하고 어사대부에 기용하지 않았다. 이 이야기는 「풍야왕전」에 전한다.

석현은 권력을 손아귀에 넣고 전권을 휘두르면서도 언젠가 황제가 측근 신하들의 말을 믿고 자신을 멀리할지도 모른다 생각하며 속으로 늘 걱정했다. 언제나 성심을 다해 모시는 가운데, 한 가지 일을 꾸며 자신에 대한 황제의 마음을 시험해 보았다. 그 무렵 석현은 자주 여러 관아에 가서 징발 업무를 보았다. 석현이 황제에게 미리 말했다.

"제가 물시계 눈금이 다 되어 황궁 문이 닫힌 뒤에야 돌아올지도 모르니, 그때 폐하의 명령을 칭하며 문지기 관리에게 문을 열게 하는 것을 윤허해 주십시오."

황제가 허락했다. 석현은 일부러 밤이 되었을 때 돌아와 황제의 명령을 칭하며 문을 열게 하여 황궁으로 들어왔다. 아나나 다를까 뒤에 석현이 제멋대로 황제의 명령을 칭하며 황궁 문을 열게 했다는 고발장이 올라왔다. 황제가 읽은 뒤에 웃으면서 석현에게 그 고발장을 보였다. 고발장을 읽은 석현이 눈물을 흘리면서 말했다.

"폐하께서 소신을 넘치게 편애하시며 국사를 맡기시자 신을 질투하며 해치려 하지 않는 자가 없어 이런 일이 비일비재한데, 영명하신 폐하께서만 진실을 알고 계십니다. 어리석은 신은 미천하여 이 한 몸으로 여러 사람을 만족시킬 능력이 없으니 천하의 원망을 사는 것이 사실입니다. 그러니 추기 직무를 반납하고 궁내를 청소하는 일을 맡는다면 죽어도 한이 없겠습니다. 폐하께서 소신을 불쌍히 여기신다면 청소 일을 맡기시고 소신의 목숨을 살려 주시기 바랍니다."

황제가 석현의 말이 옳다고 여기면서 석현을 동정했다. 그리하여 여러 차례 석현을 위로하면서 더 많은 재물을 하사했다. 그렇게 하사받거나 다른 신하로부터 받은 선물이 모두 일억 전어치나 되었다.

그보다 먼저 석현은 전장군 소망지를 죽인 것이 석현이라고 여러 사람이 떠들어 댄다는 소문을 들었다. 소망지는 당대의 저명한 유학자였으므로 석현은 천하의 글 읽는 선비들이 자신을 질책할까 걱정했다. 그 무렵 경전에 밝고 지조가 높기로 유명했던 낭야군 선비 공우가 간대부로 있었다. 석현은 사람을 시켜 공우에게 문안을 올리면서 깊이 사귀었다. 석현은 공우를 황제에게 천거하여 구경 직위를 역임하게 하고 어사대부에까지 오르게 했다. 석현은 또 모든 예절을 잘 갖추어 공우를 공경했다. 그러자 선비들은 석현을 칭찬하며 석현이 소망지를 질투하며 해친 것이 아니었다고 여겼다. 석현은 언제나 이렇게 교묘하게 꾀를 써서 위기에서 빠져나오거나 주상의 신임을 얻었다.

원제가 말년에 병석에 있으면서 정도 공왕(定陶恭王)[10]을 총애하여 태자를 바꿀 생각도 했다. 석현은 태자가 자리를 지킬 수 있도록 큰 힘을 썼다. 원제가 붕어하고 성제가 막 즉위했을 때 석현을 장신궁(長信宮) 중태복(中太僕)으로 보내면서 봉록을 중이천석으로 내렸다.

원제가 붕어하자 석현은 의지할 데를 잃어버렸다. 권력에서 멀어진 지 몇 달 되지 않아 승상과 어사대부[11]가 석현이 예전에 저질렀던 죄를 조목조목 상주했다. 그리하여 같은 붕당에 속했던 뇌량과 진순(陳順)이 모두 면직되었고, 석현은 처자식과 함께 고향인 제남군으로 돌아가게 되었다. 석현은 번민하며 음식을 들지 않다가 가는 길에 병이 나서 죽었다. 석현과 교류하며 그의 힘으로 벼슬을 얻었던 자들도 모두 쫓겨났다. 소부 오록충종은 현도(玄菟) 태수로 좌천되었고 어사중승 이가(伊嘉)는 안문군(鴈門郡) 도위가 되었다. 그리하여 장안에서는 이런 민요가 불렸다.

이(伊)는 안문으로

록(鹿)은 현도로 옮겨 갔는데,

뇌(牢)와 진(陳)은 쫓겨나

아무것도 얻지 못했네!

황제의 뜻을 받들어 태후를 설득한 순우장

○   ○   ○

순우장의 자는 자홍(子鴻)이고, 위군 원성현 사람이다. 태후[12] 언니의 아들로 어려서 황문랑이 되었는데 총애를 받지는 못했다.

대장군 왕봉이 병들었을 때 순우장이 병간호를 했다. 새벽부터 밤까지 곁에서 돌보며 생질로서 외삼촌께 깊은 정을 보였다. 왕봉이 죽기 전에 태후와 황제에게 순우장을 잘 돌봐 달라고 부탁했다. 황제가 인륜을 잘 지킨 순우장을 칭찬하고 열교위(列校尉) 제조에 임명했다가 수형도위 시중으로 승진시켰고 이어서 위위로 승진시켜 구경의 반열에 올려 주었다.

얼마의 시간이 흐른 뒤에 조비연(趙飛燕)이 황제의 총애를 받게 되었다. 황제가 조비연을 황후로 삼고 싶어 했으나 태후가 조비연의 출신이 미천하다는 이유로 거부했다. 순우장이 계속해서 동궁(東宮)의 태후에게 왔다 갔다 하며 황제의 말을 전했다. 한 해 남짓하여 조(趙) 황후가 책립되었으므로, 황제가 순우장에게 크게 감사하며 예전에 세운 공을 되살려 표창하는 조서를 내렸다.

"전에 장작대장(將作大匠) 해만년(解萬年)이 창릉(昌陵)을 조성해야 한다고 주청하여 천하를 피폐하게 했는데, 시중 위위 장(長)이 이주를 멈추고 이주했던 자들을 살던 곳으로 돌아가게 해야 마땅하다고 여러 차례 건의했다. 이에 짐이 장의 의견을 공경들에게 검토시키니 참석자가 모두 장의 계책에 동의했다. 뛰어난 계책을 가장 먼저 건의하여 백성을 안정시켰으므로 이에 장을 관내후에 임명한다."

뒤에 정릉후에 봉해졌고 황제의 신임을 크게 받으면서 중용되어 공경 중에서 가장 큰 총애를 받았다. 순우장은 지방의 제후와 주목, 태수와 교류했는데 그들에게서 받은 선물과 황제에게 하사받은 재물이 석현처럼 억대에 이르렀다. 순우장은 많은 처첩을 거느리고 음란한 음악과 여색을 즐기며 법령과 제도를 지키지 않았다.

그보다 먼저 허(許) 황후가 〔무고(巫蠱) 인형을 만드는 등〕 바르지 않은 술수를 쓴 죄 때문에 폐위되어 장정궁(長定宮)에 거처하고 있었다. 황후의 언니 허미(許嬞)는 용락사후(龍額思侯)[13]의 부인으로 남편을 잃고 혼자 살고 있었다. 순우장이 허미와 몰래 정을 통하다가 첩으로 삼았다. 허 황후가 허미를 통해 순우장에게 재물을 보내면서 다시 접여(婕妤)라도 되고자 했다. 순우장이 허 황후로부터 받은 금전 및 황후 처소에서 쓰던 의복과 기물이 천만여 전에 이르렀다. 허 황후에게는 황제에게 아뢰고 좌황후로 삼겠다는 윤허를 받았다고 꾸며서 말했다. 허미가 장정궁에 들어갈 때마다 순우장은 허미에게 편지를 들려 보냈다. 편지는 허 황후를 농락하고 모욕하고 경시하는 말로 가득 차 있었다.[14] 편지와 재물은 여러 해 동안 오갔다.

그 무렵 황제의 외삼촌이었던 곡양후 왕근이 대사마 표기장군으로 여러 해 정사를 보좌하고 있었는데 오랫동안 병에 차도가 없어 퇴직하기를 여러 번 청하고 있었다. 순우장은 외척으로서 구경의 자리에 있었으므로 왕근의 뒤를 이어 대사마에 오를 차례였다. 왕근 형의 아들인 신도후 왕망이 속으로 순우장이 총애받는 것을 질투하다가 순우장이 허미를 첩으로 들였고, 장정궁에서 보낸 재물을 받고 있다는 소문을 들었다. 곡양후가 병이 났을 때 왕망이 곁에서 간호하던 틈을 타서 말했다.

"장은 장군께서 오랫동안 병환을 앓고 계신 것을 보고 속으로 기뻐하고 있습니다. 자신이 정사를 보좌하는 장군의 직위에 오르리라 여기면서 심지어 어떤 자리에 관리들을 배치할 것인지까지 미리 의논하고 있습니다."

순우장의 죄과를 모두 보고했다. 왕근이 노하여 물었다.

"이런 사실이 있었는데 어찌하여 보고하지 않았느냐?"

왕망이 변명했다.

"장군께서 어떻게 생각하실지 몰라서 보고할 엄두를 내지 못했습니다."

왕근이 말했다.

"빨리 동궁에 가서 아뢰어라."

왕망이 태후를 알현하여 순우장의 방자한 행동을 모두 아뢰니 곡양후의 관직을 대신 차지하려 했고, 왕망의 어머니[15]와 마주 보면서 수레에 올랐으며, 장정궁 귀인의 언니와 몰래 정을 통하면서 귀인으로부터 의복과 기물을 받았다고 보고했다. 태후도 노하여 명령했다.

"놈이 그 지경까지 이르다니! 폐하에게 보고하도록 하라."

왕망이 황제에게 아뢰자 황제가 순우장을 면직하고 봉토로 돌려보냈다.

앞서 순우장이 시중으로 있을 때 〔황제가 조비연을 황후로 세울 수 있도록 태후를 설득하는 임무를 맡아〕 양궁(兩宮)을 오가며 심부름을 했으므로, 황제 바로 곁에서 황제를 모시게 되었다.

홍양후 왕립이 정사를 보좌하는 대사마직에 오르지 못했다. 왕립은 순우장이 자신을 비방하고 모함했다고 여겨 순우장을 늘 원망했다. 그런데 왕립이 순우장을 미워하는 것은 황제가 알고 있었다. 뒤에 순우장이 봉토로 돌아가게 되었을 때, 왕립의 맏아들 왕륭이 순우장을 찾아가 수레와 말을 달라고 부탁했다. 그러자 순우장이 왕륭을 통해 왕립에게 진귀한 보물을 여러 번 보냈다. 재물을 받은 왕립이 황제에게 순우장을 변호했다. 왕립이 순우장을 변호하는 것을 이상하게 여긴 황제가 해당 관원에게 조사시켜 사실을 확인하게 했다. 왕륭을 체포하기 위해 해당 관리가 도착하자 왕립이 발설을 막기 위해 왕륭에게 자결을 명령했다. 왕륭이 스스로 목숨을 끊은 것을 본 황제가 더 큰 죄악이 있을 것으로 보고 순우장을 체포하여 낙양 조옥에서 철저하게 조사하게 했다. 순우장이 장정궁의 폐황후를 농락하고 모욕한 일과 좌황후로 세우려고 꾸민 일을 자복했으므로 대역죄(大逆罪)로 판결받고 옥중에서 처결되었다. 순우장의 처자식도 연좌되어 합포로 유배되었고, 순우장의 어머니 왕약(王若)은 고향 위군으로 보내졌다. 홍양후 왕립도 봉토로 보내졌다. 또 장군과 경대부, 지방 군의 태수로서 순우장에게 연좌되어 면직당한 자가 수십 명이었다. 왕망은 왕근의 뒤를 이어 대사마가 되었다. 시간이 한참 흘러 순우장의 어머니와 아들 순우보(淳于酺)[16]가 장안에 돌아와 사는 것을 허락해 주었다. 순우보가 뒤에 죄를 지었으므로, 왕망이 순우보를 죽이고 그 가족을 고향 위군으로 돌려보냈다.

미행의 동반자, 장방

○ ○ ○

순우장이 외척으로서 바로 곁에서 황제를 모신 적이 있지만 부평후 장방만큼 총애를 받지는 못했다. 장방은 황제와 함께 기거했고, 황제가 미행(微行)을 나갈 때 함께했다.

잘생긴 용모로 집안을 일으킨 동현

○ ○ ○

동현의 자는 성경(聖卿)이고, 운양 사람이다.

아버지 동공(董恭)이 어사로 있었으므로 동현을 천거할 자격이 되어 태자사인으로 넣었다.

애제가 즉위한 뒤에 동현은 태자궁 관속이 승진하는 관례에 따라 낭관이 되었다. 두 해 남짓 지났을 때의 일이다. 동현이 대전 섬돌 아래에서 물시계 시각을 알리며 잘생긴 용모를 자랑하고 있을 때, 그 모습을 바라보던 애제가 마음에 들어 하다가 동현을 알아보고 물었다.

"사인(舍人) 동현이었더냐?"

그러고는 대전 안으로 불러들여 이야기를 나눈 뒤에 황문랑에 임명하면서 총애하기 시작했다.

동현의 아버지가 변경의 척후를 맡은 운중후(雲中候)로 있는 것을 물어본 그날로 불러올려 패릉 현령에 임명했다가 광록대부로 승진시켰다.

날이 갈수록 애제는 동현을 더욱더 총애했다. 동현은 부마도위 시중이 되어 황제가 황궁 밖을 나갈 때에는 참승으로 수레에 함께 탔고 황궁에 안에서는 황제 옆에서 시중을 들었다. 열흘 넘어 한 달이 못 되는 사이에 연속하여 하사받은 재물이 억대에 이르자, 그런 총애를 받은 적이 없는 조정 대신들이 깜짝 놀랐다.

동현은 항상 황제와 함께 붙어 지냈다. 어느날 낮잠 잘 때의 일이다. 동현이 황제 쪽을 향하여 황제의 소맷자락을 누른 채 누워 있었는데, 황제가 자리에서 일어나려다가 동현이 자는 것을 보고 깨우고 싶지 않은 마음에 소매를 잘라 내고 일어났다. 황제는 그만큼 동현을 사랑했다. 동현도 사람이 유순하고 황제 앞에서 꼼짝도 못 하는 성정을 지녀서 황제의 비위를 잘 맞추며 자신의 자리를 굳건히 지켰다. 목욕 휴가를 받아도 밖으로 나가지 않고 언제나 황궁에 남아 황제의 병시중을 들었다. 동현이 집에 돌아가지 않았으므로 황제가 동현의 아내 이름을 황궁 출입 명부에 올려 황궁에 들어올 수 있게 하고, 관리의 처자식이 관아의 관사에서 생활하는 것처럼 황궁 동현의 거처에서 살게 하도록 명령했다. 또 동현의 여동생을 불러 소의로 삼고 황후에 버금가는 지위에 올렸으며, 소의의 처소 이름을 조풍전(椒風殿)으로 바꾸어 황후의 처소인 조방전(椒房殿)과 격을 맞춰 주었다. 소의와 동현 부부는 아침부터 저녁까지 황제 옆에서 함께 시중을 들었다. 황제는 소의와 동현의 아내에게도 각각 수천만 전에 이르는 재물을 상으로 내렸다.

동현의 아버지는 소부로 승진했고 관내후 작위와 식읍을 하사받았으며, 다시 위위로 자리를 옮겼다. 또 동현의 장인은 장작대장이 되었고 남동생은 집금오가 되었다. 황제가 장작대장에게 명령하여 북궐(北闕) 옆에 동현의 집을 크게 지어 주게 했는데, 〔황제의 제도처럼〕 중전(重殿)〔의 전전(前殿)과 후전(後殿)〕을 두고 〔문이 계속 이어져〕 동문(洞門)이 되게 했다. 토목 공사에 최고의 기술과 공예를 사용했고 기둥과 난간에는 화려한 무늬가 새겨진 비단을 입혔다. 아래로는 동현 집안의 하인까지 모두 황제의 하사품을 받았을 뿐 아니라 무고의 황궁 보위용 무기나 상방(上方)의 진귀한 보물까지 받았다. 하사품은 상등품을 뽑아서 모두 동씨 집안에 주었고, 황제는 그다음 등급의 기물을 사용했다.

또 동원비기(東園祕器)와 주유옥합(珠襦玉柙)까지 미리 동현에게 지급하되 빠뜨린 물품 없이 모두 갖추어 지급했다. 또 장작대장에게 명령하여 〔애제의 능원〕 의릉(義陵) 옆에 동현의 무덤을 조성하게 했는데, 내부에는 변방(便房)과 단단한 측백나무로 짠 황장제주(黃腸題湊)를 넣게 했고, 무덤 밖에는 순찰용 교도(徼道)를 내게 했으며 몇 리에 걸쳐 담장을 쌓게 했다. 무덤은 문궐(門闕)과 문밖에 방어용 철망인 부시(罘罳)를 성대하게 갖추고 있었다.

황제는 동현을 열후에 봉하고 싶어 했으나 근거가 없었다.

그 무렵 대조 손총과 식부궁 등이 동평왕 유운(劉雲)의 왕후 알(謁)이 황제를 저주하며 제사를 올린 사실을 고발했으므로 해당 관리에게 사안을 넘겨 조사하게 한 뒤에 모두에게서 죄를 자백받고 사형시켰다. 이 일이 있고 난 뒤에 황제가 식부궁과 손총이 동현을 통해서 동평왕 사건을 황제에게 보고한 것으로 하게 하고 그 공을 표창하기 위해 조서를 내려 동현을 고안후(高安侯)로, 식부궁을 의릉후(宜陵侯)로, 손총을 방양후(方陽侯)로 삼고 각각 천 호씩 식읍을 하사했다. 얼마 지나지 않아 동현에게 다시 이천 호를 더해 주었다.

승상 왕가는 동평왕 사건에 억울한 점이 있다며 미심쩍어했다. 왕가는 식부궁 등을 몹시 싫어하면서 동현 때문에 나라의 제도가 문란하게 되었다고 여러 차례 간쟁했다. 왕가는 결국 간쟁했던 일로 벌을 받아 하옥되었다가 죽었다.

황제가 막 즉위했을 때 할머니인 부 태후와 어머니인 정 태후가 다 살아 있었으므로 두 집안 사람이 다른 집안보다 먼저 높은 자리에 오르게 되었다. 처음에 부 태후의 사촌 동생 부희가 대사마가 되어 정사를 보좌했는데 여러 차례 간언을 올리며 부 태후의 뜻을 거스르다가 면직되었다. 황제가 부희 대신 외삼촌 정명을 대사마로 삼았다. 정명도 대사마직을 수행하면서 동현이 총애받는 것을 싫어했다. 뒤에 승상 왕가가 죽자, 정명은 왕가의 죽음을 몹시 안타까워했다. 황제가 동현을 점점 더 좋아하게 되어 대사마 자리에 동현을 세우고 싶어 했다. 황제는 정명이 동현을 미워하는 것을 싫어하다가 정명을 면직하는 조서를 내렸다.

전에 동평왕 운이 황제 자리를 탐내어 [태산의 큰 돌에] 제사를 지내며 짐을 저주했고, 운의 후구(后舅) 오굉은 의원으로 황궁에 대조하면서 교비서랑(校祕書郎) 양굉(楊閎)과 함께 반역을 모의했는데 그 해가 아주 심각했다. 종묘 조상의 신령함에 힘입어 동현 등이 보고했고 모두 역모죄를 자복했다. 장군의 사촌 동생이자 시중 봉거도위인 오(吳)와 집안 아재비 좌조 둔기교위(屯騎校尉) 선(宣)은 굉(宏)과 후단(栩丹)이 제후[인 동평왕]의 왕후와 가까운 사이인 줄 잘 알고 있었지만 그럼에도 선은 단(丹)을 어속(御屬)에 임명했고, 오는 굉과 아주 친하게 지내면서 여러 차례 굉을 짐에게 천거했다. 굉은 오에게 붙으면서 역모 계획을 짜게 되었는데, 의술이 뛰어나다는 이유로 황궁에 들어왔으니 하마터면 사직이 위기에 빠질 뻔했다.

공(恭) 황후[17]를 생각할 때 차마 무슨 말을 하기가 어렵다. 그러나 장군은 높은 지위에 막중한 임무를 맡고 있으면서도 황제의 위신을 살리지 않았고 대의를 세우지 못했으며 반역 모의를 미리 없애지 못했다. 또 운과 굉의 죄악에 대해 크게 미워하지 않는 반면에 군주에게 허물이 있다는 생각을 품었으며, 선과 오와 영합하여 오히려 운 등의 일을 원통해하며 신하들에게 억울하게 당했다고 떠들어 댔고, 짐 앞에서 오굉의 의술이 뛰어나니 죽이는 것은 아깝다고 했으며, 현 등이 열후에 봉해진 것은 과분한 은총을 받은 것이라고 주장했다. 이는 충성스럽고 선량한 신하를 질투하고 공을 세운 신하를 비방한 것이니, 오호, 상처를 입힌 바가 크다.

"군주의 친족은 반역하지 말아야 하니, 반역하면 주살시켜야 한다."[18]라고 했다. 계우(季友)가 〔노 장공의 후사로 서조카 반(斑) 대신에 형 경부(慶父)를 천거한〕 숙아(叔牙)를 짐독으로 죽였는데, 『춘추』에서 숙아를 죽인 일을 칭찬했다. 조돈(趙盾)이 〔진 영공(晉靈公)을 죽인〕 조천(趙穿)을 치지 않았으므로 〔진(晉)나라 태사(太史) 동호(董狐)가〕 군주를 시해했다고 기록했다.

짐은 장군이 중형을 받게 될 것이 안타까워 글로써 경고했다. 그러나 장군은 끝내 고치지 않고 계속해서 승상 가(嘉)와 가까이 지냈으므로 가로 하여금 장군의 힘을 믿고 망상죄(罔上罪)를 저지르게 했다.

해당 관원이 법에 따라 장군을 조사한 뒤에 형벌로 다스리기를 청하고 있으나 짐은 외삼촌에게 형벌을 내리는[19] 일은 차마 할 수 없다. 이제 표기장군 인수를 반납하고 사직하여 집으로 돌아가도록 하라.

이어서 정명을 대신하여 동현을 대사마 위장군으로 삼는 책서를 내렸다.

짐이 하늘에서 정한 질서를 받들고 옛 제도를 본받아 그대를 공에 임명함으로써 한나라 황제를 보좌하게 한다. 기왕에 보여 준 그대의 충심을 잘 알고 있으니〔위장군으로서〕군대를 통솔하여 적에게 승리를 거두어 먼 변방까지 안정시키도록 하라. 또 번다한 국사를 바로잡으며 성심을 다해 불편부당하게 처신하라.[20] 천하의 백성은 짐의 명령을 받아 장군의 지휘를 받으며 군대의 위세를 보여야 하니 신중하게 처리하라.

그때 동현의 나이가 스물두 살이었다. 비록 삼공(三公)이 되었지만 계속해서 급사중 일을 보았고 상서를 겸했으므로 백관은 동현을 통해 황제에게 국사를 보고해야 했다. 동현의 아버지 동공은 〔위로〕경의 자리에 있기가 적당하지 않다 하여 광록대부로 옮기되 봉록은 중이천석으로 정해 주었다.[21] 동현의 동생 동관신(董寬信)은 동현을 대신하여 부마도위가 되었다. 동씨 집안 친족들은 모두 시중 제조로서 조정에 참예했다. 동씨 집안은 정씨와 부씨 일족보다 더한 총애를 받았다.

이듬해〔원수 2년〕흉노의 오주류약제(烏珠留若鞮) 선우가 배알하러 왔다. 비공식 주연이 마련되어 대신들이 앞에 자리하고 앉아 있는데, 선우가 동현의 나이가 얼마 안 된 것을 보고 이상하게 여겨 통역하는 사람에게 물어보자 황제가 통역을 시켜 말을 전하게 했다.

"대사마가 젊었지만 재능과 덕행이 보통 사람을 넘어서는 대현(大賢)이라서 그 자리에 앉게 되었소."

선우가 바로 일어나서 절하며 한나라 황제가 현신(賢臣)을 얻은 것을 경하했다.

그보다 먼저 승상 공광(孔光)[22]이 어사대부로 있을 때 동현의 아버지 동공이 어사로 있으면서 공광을 섬겼다. 뒤에 동현이 대사마가 되어 공광과 나란히 삼공의 자리에 오르자 황제가 동현으로 하여금 일부러 공광의 집에 가 보게 했다. 공광은 평소 예절이 바르고 신중한 사람으로 황제가 동현을 총애하며 존중한다는 것을 알고 있었다. 동현이 자신의 집을 방문한다는 소식에 공광은 동현을 맞이할 채비를 갖추고 의관을 차려 문밖에서 기다리다가 동현의 수레가 오는 것을 본 뒤에야 문 안으로 들어갔다. 또 동현이 중문(中門)에 들어서는 것을 본 뒤에야 건물 안으로 들어갔고, 동현이 수레에서 내리자 바로 나와서 공손하게 맞았다. 공광은 예전 바르게 마중하고 배웅했는데, 대등한 관서의 빈객을 대할 때의 예절로 대하지 않았다. 동현이 환궁하여 황제에게 그 사실을 보고하자 황제가 기뻐하면서 곧바로 공광의 두 형의 아들을 간대부 상시(常侍)에 임명했다. 이때부터 동현은 황제와 동등한 권세를 누렸다.

그 무렵 성제의 외가였던 왕씨 집안은 세력을 잃었다. 유일하게 평아후 왕담의 아들 왕거질(王去疾)만 애제가 태자이던 시절에 〔태자궁〕 서자로 있었던 연유로 총애를 받아 애제가 즉위한 뒤에 시중 기도위(騎都尉)가 되었다. 황제가 왕씨 중에 벼슬자리에 있는 자가 없는 것을 보고 옛정을 생각하여 왕거질을 가까이 등용한 데 이어 왕거질의 동생 왕굉(王閎)을 중상시로 기용했다.

왕굉의 장인은 소함으로 전장군 소망지의 아들이다. 소함은 오랫동안 지방의 태수직을 역임하다가 병으로 사직한 뒤에 다시 중랑장이 되어 있었다. 소함의 형제들도 소함처럼 다 잘되고 있었다.[23] 동현의 아버지 동공은 소함을 흠모하면서 혼인 관계를 맺고 싶어 했다. 왕굉이 동현의 동생 부마도위 동관신을 대신해서 소함의 딸을 며느리로 삼고 싶어 한다는 말을 넣자, 소함은 겸손하게 짝이 맞지 않는다고 거절하며 왕굉에게 제 뜻을 밝혔다.

"동공이 대사마로 임명하던 책서에 '윤집기중(允執其中)'이라는 구절이 있었지. 이 구절은 요임금이 순임금에게 선양할 때 쓴 문구로 삼공을 임명할 때 쓰는 구절이 아니지. 나이 든 사람 중에 그 사실을 알고 두려워하지 않은 이가 없었네. 그러니 평범한 백성이 되어 어떻게 이 청혼을 받아들일 수 있겠나!"

왕굉은 지략이 뛰어난 사람이었으므로 소함의 말을 듣자 깨닫는 바가 있었다. 그래서 돌아가 동공에게 사정을 전하면서 진함이 한사코 겸손하게 거절하더라고 전했다. 동공이 탄식하며 말했다.

"우리 집안이 천하에 무슨 몹쓸 짓을 했길래 남이 이토록 두려워하는 지경에 이르게 되었는가!"

동공은 마음이 좋지 않았다. 그 뒤에 황제가 〔미앙궁〕 기린전에 술자리를 열고 동현 부자와 친족을 불러 술을 마셨는데, 왕굉형제가 시중과 중상시로 옆에 있었다. 술기운이 오른 황제가 온화한 시선으로 동현을 바라보며 웃다가 말했다.

"내가 요임금이 순임금에게 선양한 것을 따라 하고 싶은데 어떠한가?"

그러자 왕굉이 나서서 말했다.

"천하는 고황제가 이루신 천하로 폐하의 사유물이 아닙니다.

폐하께서는 〔성제의 후사로〕종묘사직을 계승하셨으므로 자손에게 황위가 무궁하게 전해지게 하셔야 합니다. 제왕의 대업은 막중하니 천자께서 농담을 하시면 안 됩니다."

황제는 아무 대꾸도 하지 않았으나 기분이 나빠졌다. 그 자리에 있던 모든 사람이 두려워했다. 이어서 황제가 왕굉을 〔낭서(郎署)로〕보냈다. 그 뒤로 왕굉은 다시는 연회 시중을 들지 못했다.[24]

동현의 새 집을 아주 튼튼하게 지었지만 바깥 대문이 아무런 이유 없이 허물어지는 일이 일어나 동현이 속으로 두려워했다. 그리고 몇 달 뒤에 애제가 붕어했다. 태황태후가 대사마 동현을 〔미앙궁 대전〕동상(東廂)으로 불러 접견하고 상례 절차를 어떻게 처리할지 물어보았다. 수심에 찬 동현이 대답하지 못했다. 동현이 관을 벗고 사죄하자 태후가 명령했다.

"신도후 망이 이전에 대사마로서 선제의 장례를 치러 제도에 정통하니, 내가 망으로 하여금 그대를 도와주게 하겠다."

동현이 머리를 조아리며 태황태후의 은덕에 감사했다. 태후가 사자를 보내 왕망을 불러왔다.

황궁에 도착한 왕망이 태후의 뜻을 받들어 상서에게 애제가 병이 났을 때 직접 약 수발을 들지 않은 죄로 동현을 탄핵하게 하고 동현의 황궁 사마문 내부 출입을 금했다. 동현이 어찌할 바를 몰라 하다가 황궁 밖 궐 앞에서 관을 벗고 맨발로 사죄했다. 왕망이 알자를 궐 앞에 보내 동현에게 태후의 명령이 담긴 조서를 내리게 했다.

근래 들어 음양의 조화가 고르지 못해 재해가 연달아 일어나 백성이 그 피해를 보고 있다. 대저 삼공은 황제를 보좌하는 중요한 자리인데, 고안후 현은 국사를 경험하지 못해 대사마로서 민심에 부합하지 못했고, 적에게 승리를 거두어 먼 변방까지 안정시키지도 못했다. 이에 대사마 인수를 거두어들이니 사직하고 집으로 돌아가도록 하라.

그날로 동현이 아내와 함께 자결하자 집안사람들이 두려워하며 밤중에 매장했다. 왕망은 동현의 죽음이 가짜가 아닐까 의심했다. 해당 관리가 무덤에서 동현의 관을 꺼내 옥에 가져와서 검시해야 한다고 주청했다. 왕망이 다시 대사도 공광에게 동현에 대한 상소를 올리라고 암시했다.

동현은 천성이 아부에 능한 자라 간사한 재주를 바탕으로 열후에 봉해졌습니다. 부자지간에 조정의 전권을 휘둘렀고 형제자매가 모두 총애를 받았는데, 황제가 엄청난 재물을 하사했을 뿐 아니라 새로 집을 지어 주고 무덤도 크게 조성해 주었습니다. 그런데 끝이 어딘지 모를 정도로 황제의 의전을 그대로 따라 했으니 조성한 규모가 황제의 제도와 전혀 다를 바가 없었습니다. 그렇게 하느라 억대의 비용을 썼으므로 국고가 텅 비게 되었습니다. 부자가 오만하여 황제의 사자가 도착해도 예를 올리지 않고 재물을 하사받은 뒤에도 절을 올리지 않으니 그 지은 죄가 너무나 명확합니다.

현은 자결로써 죄를 자복했습니다. 죽은 뒤에 아비 공 등이 잘못을 반성하기는커녕 관에 주사(朱砂)를 칠하고 그림을 새겨 넣었는데, 사시(四時)를 상징하는 좌창룡(左蒼龍) 우백호(右白虎)를 갖추었고, 관 뚜껑에는 황금과 은으로 해와 달을 나타냈으며, 옥의(玉衣)와 구슬, 옥벽(玉璧)을 관에 채워 넣음으로써 더는 존귀할 수 없을 지경에 이르렀습니다.

공 등은 요행히 주살을 면했으나 중원 땅에 살게 하는 것은 마땅하지 않습니다. 신은 조정 관아에서 재물을 몰수하기를 청합니다. 현의 천거로 벼슬을 얻었던 자들은 모두 면직시켜야 합니다.

그리하여 동현의 아버지 동공과 동생 동관신이 가솔을 이끌고 합포로 유배를 가게 되었다. 이와 달리 동현의 어머니는 고향 거록군으로 돌아가게 했다.

장안 시내의 백성들이 소리를 지르며 동현의 집에 가서 곡을 하면서 재물을 훔치려고 했다. 조정 관아에서 동씨 집안의 재물을 팔았더니 모두 사십삼억 전이 들어왔다. 동현은 무덤이 파헤쳐져 발가벗긴 채로 검시당한 뒤에 옥중에 묻혔다.

동현에게 은혜를 크게 입었던 아전으로 패군 사람 주후(朱詡)가 있었다. 주후는 자진해서 대사마부 아전직을 사직한 뒤에 관을 사고 동현의 시체에 수의를 입혀 염을 한 뒤에 매장했다. 그 소식을 들은 왕망이 크게 노하여 다른 죄명으로 주후를 죽여 버렸다.

주후의 아들 주부(朱浮)는 〔광무제〕 건무 연간에 출세하여 높은 자리에 올랐는데 대사마와 사공(司空)까지 올라갔고, 열후에 봉해졌다.

왕굉은 왕망 집권 시절에 주목과 대수를 지냈는데 부임한 곳마다 잘 다스렸다는 기록이 남았으나 왕망이 죽은 뒤에 사직했다. 광무제 세조(世祖)가 조서를 내렸다.

무왕이 은나라를 멸망시켰을 때 [은나라의 현인] 상용(商容)이 살던 마을에 정표(旌表)를 세워 주었다고 한다. 굉은 자신을 잘 수양하면서 신중하게 처신한 까닭에 봉기군이 일어났을 때 하급 아전과 백성이 굉의 목만은 앞다투어 칠 생각을 하지 않았다. 이제 굉의 아들을 관리로 삼겠다.

왕굉의 아들은 현령 묵수(墨綬)를 차고 있다가 세상을 떠났으니 바로 소함의 외손자다.

찬하여 말한다.

살살 비위를 맞추며 인물만 다듬어 사람의 마음을 어지럽히는 성향은 여자뿐 아니라 총애를 받던 미남자에게도 있었다. 적유와 굉유, 동통, 한언 같은 자들을 볼 때 총애를 받은 정도가 각각 다른데 그중에도 동현이 받은 총애가 가장 대단했다. 동현은 부자가 모두 공경의 지위에 올랐고, 높은 벼슬을 받아 중용을 받은 정도는 다른 신하가 전혀 누린 적이 없을 만큼 컸다. 그런데 마땅한 도에 따라 중용된 것이 아니라 감당할 능력을 넘어서는 자리가 주어졌으므로 제대로 최후를 맞이하지도 못했으니, 그래서 총애가 넘치면 오히려 그자에게 해를 입힌다는 말이 있는 것이다.

한나라는 원제와 성제 때에 쇠퇴하기 시작하여 애제와 평제 때에 무너졌다. 애제와 평제 때에는 나라에 망조가 많이 나타났다. 황제가 병이 있어 후사를 얻지 못했고, 황제의 총애를 받던 남총이 국사를 보좌하는 일이 있었으며 재상의 역량이 강하지 못했고, 중책을 맡은 대신도 힘이 미약했다.

일단 애제가 붕어하자 간신[25]이 전권을 휘두르면서 동현을 목매달아 죽게 했다. 또 정씨와 부씨 일족을 고향으로 보내거나 합포로 유배시켰다. 나아가서 태후에게까지 죄를 물어 태후에서 황후로 강등하고 별궁에 유폐했다.[26] 이렇게 일이 잘못된 것은 황제가 간사한 자를 총애하면서 인인과 현인을 등용하지 않은 데 있다. 그러기에 중니도 "해로운 벗이 셋 있다."[27]라고 하였으니, 제왕이 사적으로 좋아하는 사람에게 벼슬을 주지 말아야 하는 것은 대개 이런 까닭일 것이다.

64

흉노전 상
匈奴傳上

동한 사람 반고가 이 편을 짓던 시대에도 흉노와의 전쟁은 계속되고 있었다. 반고는 흉노 땅까지 찾아가서 싸운 한원(漢元) 원년(89년)의 북벌 원정에 참전했으며 승리를 기념하는 글을 지어 흉노 땅의 연연산(燕然山)에 새기고 돌아왔다. 상하 두 편으로 구성된 「흉노전」은 중원의 시각에서 흉노의 기원과 성쇠를 다루고 있기는 해도, 본격적인 서진 전 흉노 이야기를 전면 수집하여 쓴 거의 유일한 기록이다. 요즘 말로 하면 종군 기자 출신 반고의 흉노 실록인 셈이다.

중원과 흉노의 교류는 일찍부터 시작되었는데 초기에는 물산이 풍부하지 못한 흉노 쪽에서 중원을 약탈하는 경우가 많았다. 역대 군주들은 이를 해결하려고 전쟁을 하고 장성을 쌓기도 했지만 실속이 없었다. 한나라 건국 후 흉노와 화친하게 된 것은 기동력이 더 강력해진 흉노에 대항할 만한 방안이 달리 없었기 때문이다. 그 뒤 무제 때에 이르러 대규모 정복 전쟁을 일으켜 흉노의 주류 세력을 북쪽으로 몰아내면서 한때 군사적 우위를 차지했다. 그러나 흉노는 여전히 한나라의 가장 큰 적대 세력으로 남아 있었다. 따라서 한나라의 역사를 이해하려면 반드시 「흉노전」을 읽어야 한다.

이 편은 흉노와 중원 사람들의 조상이 같은 하후씨라는 선언으로 시작된다. 요순 시대 전에 갈라져서 농경 문화와 유목 문화로 계속 대립했지만 원래 한 갈래에서 나왔다는 점을 강조하고 있는 것이다. 흉노에 여러 갈래가 있었던 만큼 흉노를 가리키는 이름도 많은데, 여기에서는 흉노, 융적(戎狄), 서융(西戎), 견이(畎夷), 융이(戎夷), 견융(畎戎), 험윤(獫允), 산융(山戎), 융적(戎翟), 호(胡), 융(戎) 등으로 칭하고 있다. 이 중에서 '흉노'는 기원전 3세기 전국 시대 조나라 때부터 등장한다.

반고는 일부 표현을 수정하여 『사기』 「흉노 열전」을 계승했다. 동한 말 학자 장안(張晏)에 따르면 사마천이 대략 무제 천한 4년(기원전 97년)에 『사기』 편찬을 마친 뒤 유향(劉向)과 저소손(褚少孫) 등이 호록고 선우 중반(기원전 90년)까지의 흉노 기록을 수집하여 『사기』에 보충했다고 한다. 그 뒤를 이어 반표, 반고 부자가 이어서 흉노 기록을 보충했는데, 이 편은 악연구제 선우 3년(기원전 58년) 선우의 죽음으로 끝난다.

중원 북쪽의 하후씨 후예

○ ○ ○

흉노의 선조는 순유(淳維)[1]라고 하는 하후씨(夏后氏)의 후예다. 도당씨(陶唐氏) 요임금과 유우씨(有虞氏) 순임금 이전에 산융(山戎), 험윤(獫允), 훈육(薰粥)의 갈래가 있었다.[2]

중원의 북변[3]에 거주하는데, 풀을 따라 가축을 방목하며 이동한다.

흉노 사람들이 키우는 가축 중에는 말과 소와 양이 많고, 기이한 가축으로 탁타와 나귀, 노새, 결제(駃騠), 도도(騊駼), 다해(驒騱)[4]도 키운다. 물과 풀을 따라 옮겨 다니므로 성곽과 고정된 거처가 없고, 농사를 짓지 않지만 각각 분지(分地)가 있다.[5]

문서를 쓰지 않고, 말로 법규를 정해 관리한다.

아이 때 벌써 양을 타고, 활을 당겨 새와 쥐를 쏘며 자라면서 점차 여우와 토끼를 쏘아 고기를 먹는다.[6] 장정은 힘을 써서 활을 당길 줄 알므로 모두 갑옷으로 무장한 기병이 된다.

흉노의 습속을 보면, 여유로울 때에는 가축을 치거나 금수를 사냥하며 생업을 이어 가되, 위급할 때에는 모두 공격 훈련을 받고 다른 나라를 침략하니 천성이 그러하다. 그들의 장병(長兵)은 활과 화살이고, 단병(短兵) 접전에는 칼과 선(鋋)[7]을 쓴다. 이길 만하면 진격하고 질 만하면 퇴각하면서 도주하는 것을 부끄럽게 여기지 않으니, 유리하다 싶으면 예절과 도리를 돌아보지 않는다.

군왕(君王) 이하 모든 사람이 가축의 고기를 먹고 그 가죽으로 옷을 지어 입으며 전구(旃裘)를 걸친다. 건장한 자는 기름지고 맛난 부위를 먹고 노인은 그 나머지를 먹는데, 건장한 사람을 높이치고 늙어서 몸이 쇠약해진 사람을 경시한다. 아버지가 죽으면 아들이 의붓어미를 아내로 삼는다. 형제가 죽으면 일반적으로 죽은 자의 아내를 데려가 아내로 삼는다. 흉노 풍속에는 이름이 있고 자(字)가 없는데, 직접 이름 부르기를 꺼리지 않는다.

하나라 치국의 도가 쇠했을 때 공류(公劉)가 직관(稷官) 직을 잃고,[8] 서융을 변화시키며[9] 빈에 도읍했다.[10]

그 뒤 삼백여 년이 지나서 융적이 태왕(太王) 단보(亶父)[11]를 공격하자 단보가 기산 기슭으로 달아났는데, 빈에 살던 사람들이 모두 단보를 따랐으므로 기산에 도읍하고 주나라를 이루었다.

백여 년 뒤에 주니라 서백(西伯) 창(昌)[12]이 견이(畎夷)[13]를 쳤다. 그 열 몇 해 뒤에 무왕이 주 임금을 치고 낙읍(雒邑)을 조성했다. 다시 풍(酆)과 호(鎬)로 도읍을 옮기면서 융이를 경수와 낙수(洛水)[14]의 북쪽으로 내쫓고 때에 맞춰 황제에게 조공하게 하고는 황복(荒服)이라고 불렀다. 그 뒤 이백여 년이 지나 주나라 치국의 도가 쇠했다.

주 목왕(周穆王)이 견융을 쳐서 흰 이리 네 마리와 흰 사슴 네 마리를 얻어 돌아왔다.[15] 그 후로 황복에서 주나라에 조공하러 오지 않았다. 그 뒤에 형법 「여형(呂刑)」을 지었다.[16]

목왕의 손자 의왕(懿王) 때에 이르러 왕실이 마침내 쇠락하자 융적이 번갈아 침입하며 중원에 해를 끼쳤다. 중원이 그들에게 괴롭힘을 당하자 시인이 시를 지어 그 괴로움을 노래했다. "아내가 없고 남편이 없는 것은, 험윤의 탓", [17] "어떻게 날마다 경계하지 않을 수 있겠는가. 험윤이 곧바로 쳐들어올 기세구나."[18]

의왕(懿王)의 증손 선왕(宣王) 대에 이르러 군대를 출동시키면서 장수에게 험윤을 정벌하라 명하자 시인이 그 공을 크게 찬미했다. "험윤을 공격하여 태원(太原)에 이르렀도다.", [19] "굉음을 내며 전차가 공격했네.", "〔험윤을 몰아내고〕 그 북방에 성을 쌓았네."[20] 그때 사이가 복속하니 선왕이 〔주나라를〕 중흥했다고 칭송했다.

유왕이 첩 보사를 총애했기 때문에 신후(申侯)와 사이가 벌어졌다.[21] 신후가 분노하여 견융과 함께 유왕을 여산 기슭에서 죽이고[22] 이어서 주나라 변경 땅을 차지한 뒤에 주나라 사람을 포로로 잡고 재물을 약탈했다.[23] 〔견융이〕 그 뒤에 경수와 위수 사이에서 거주하면서 중원을 침략하고 약탈하자 진 상공이 주나라를 구했다.[24] 그때 주 평왕(周平王)은 〔문왕과 무왕의 도읍〕 풍과 호를 버리고 그 동쪽에 있는 낙읍으로 도읍을 옮겼다. 그때 진 상공은 융(戎)을 쳐서 기(邠)까지 수복한 공으로 제후의 반열에 올랐다.

예순다섯 해 뒤에 산융이 연나라를 넘어 제나라를 치자 제 희공(齊釐公)이 제나라 도읍의 교외에서 산융과 싸웠다.

마흔네 해 뒤에 산융이 연나라를 치자 연나라가 제나라에 구원을 요청했다. 제 환공이 북쪽으로 진격하여 산융을 치니 산융이 달아났다.

스물 몇 해 뒤에 융적(戎翟)[25]이 낙읍까지 들어와서 주 상왕을 치자 주 상왕이 정나라의 범읍(氾邑)으로 달아났다.[26] 그보다 먼저 주 상왕이 정나라를 치기 위해 적(翟) 부족의 여자를 취해 왕후로 삼고 적 부족과 함께 정나라를 쳤다. 그 뒤에 적후(翟后)를 폐출하자 적후가 원한을 품었다. 주 상왕의 계모 혜후(惠后)는 자기 아들 대(帶)[27]를 왕으로 세우고 싶어 했다. 이를 위해 혜후가 적후 및 자대와 내응하여 융적에게 성문을 열어 주었다. 융적이 성문으로 들어와 주 상왕을 격파하고 쫓아 버린 뒤에 자대를 왕으로 세웠다. 이후로 융적은 더러 육혼(陸渾) 부족 땅에 거주하기도 하면서 동쪽으로 위(衛)나라 땅까지 쳐들어갔는데 침략하여 재물을 뺏는 일이 더욱 많아졌다. 주 상왕이 나라 밖으로 네 해 동안 쫓겨나 있다가 사자를 시켜 진(晉)나라에 구원을 요청했다. 진 문공은 즉위 초에 패업을 이루고자 했으므로 주 상왕의 요청에 응하여 군대를 출동시켜서 융적을 치고 자대를 주살한 다음 주 상왕을 낙읍으로 맞이해 왔다.

그 무렵에는 진(秦)나라와 진(晉)나라가 강국이었다. 진 문공은 융적을 쫓아내 서하의 환수(圜水)[28]와 낙수 사이에 거주하게 하고는 적적(赤翟)과 백적(白翟)이라고 불렀다. 한편 진 목공이 유여(由余)를 얻은 뒤에 서융 팔국이 진(秦)나라에 복속했다. 그리하여 농산(隴山) 서쪽에는 면제(綿諸), 견융, 적(狄), 환(獂)의 융 부족이 있었고, 기산, 양산(梁山), 경수, 칠수(漆水) 북쪽에는 의거(義渠), 대려(大荔), 오지(烏氏), 후연(朐衍)[29]의 융 부족이 있었다. 그리고 진(晉)나라 북쪽에 임호(林胡)와 누번의 융 부족이 있었고, 연나라 북쪽에 동호(東胡)와 산융이 있었다. 각 부족이 계곡에 분산되어 살았는데 저마다 군장이 있었다. 가끔 백여 개의 융 부족이 모이기도 했지만 함께 하나가 되지는 못했다.

그로부터 백여 년 뒤에 진 도공(晉悼公)이 위강(魏絳)을 보내 융적과 화해하자 융적이 진(晉)나라에 조공했다.

백여 년 뒤에 조상자(趙襄子)가 구주산(句注山)을 넘어 쳐부수고 대나라를 병합하여 호맥(胡貉)[30]과 경계를 이루었다. 뒤에 한강자(韓康子), 위환자(魏桓子)와 함께 지백(知伯)을 죽이고 진(晉)나라 땅을 나누어 가졌다. 조(趙)나라는 대나라와 구주산 이북을 차지하고, 위(魏)나라는 서하 유역과 상군을 차지해 융과 변경을 접하게 되었다.

그 뒤에 의거융(義渠戎)이 스스로 지키기 위해 성곽을 쌓았는데, 진(秦)나라가 그 땅을 잠식해 나갔다. 진 혜왕때에 의거 스물다섯 개 성을 함락했다.[31] 진 혜왕이 위(魏)나라를 치자 위나라에 서하와 상군을 모두 진나라에 바쳤다.

진 소왕 때에 의거융왕이 선(宣) 태후와 정을 통해 아들 둘을 낳았다. 그러나 선 태후가 속임수를 써서 의거융왕을 감천(甘泉)에서 죽였다. 뒤이어 군대를 출동시켜 의거를 쳐서 멸망시켰다. 이로써 진나라는 농서, 북지, 상군을 차지했는데, 장성(長城)을 쌓아 호에 대항했다.

한편 조 무령왕(趙武靈王)도 군대의 훈련 방식을 바꾸고 호복(胡服)을 입혀 말타기와 활쏘기를 연마시켰다. 그 뒤에 북쪽으로 진격하여 임호(林胡)와 누번을 격파했다. 대나라 땅에서 음산(陰山) 기슭을 따라 고궐(高闕)까지를 변경으로 정하여 운중군(雲中郡)과 안문군(雁門郡), 대군(代郡)을 두었다.

그 뒤에 연나라의 걸출한 장수 진개(秦開)가 호에 볼모로 가 있었는데 호에서 진개를 크게 신임했다. 돌아와서 동호(東胡)를 습격해 쳐부수자 동호가 천여 리 밖으로 퇴각했다. 형가(荊軻)와 함께 진왕(秦王)을 찔러 죽이려고 갔던 진무양(秦舞陽)이 진개의 손자다.

연나라도 장성을 쌓았는데, 조양(造陽)에서 상평(襄平)까지 쌓았고 상곡, 어양(漁陽), 우북평(右北平), 요서(遼西), 요동(遼東) 등지에 태수부의 군(郡)을 두어 호에 대항했다.

그 무렵 제후국으로 서로 교전하던 일곱 나라[32] 중에 〔연, 조, 진(秦)〕세 나라가 흉노와 경계를 접하고 있었다. 그 뒤 조나라 장수 이목(李牧)이 지키고 있을 때에는 흉노가 조나라 변경을 감히 넘보지 못했다.

뒤에 진나라가 여섯 나라를 멸망시켰다. 시황제가 몽염으로 하여금 수십만 명을 거느리고 북쪽으로 호를 공격하게 하여 하남 땅을 모두 수복하고,[33] 황하를 변경으로 삼아 황하 변에 마흔네 개의 현성(縣城)을 쌓은 뒤에 적수(適戍)[34]를 이주시켜 그곳을 지키게 했다. 그리고 직도(直道)를 뚫되 구원(九原)에서 운양(雲陽)까지 이르게 했다.[35] 산의 험한 부분을 따라 쌓거나 계곡을 메우기도 했고, 수리할 곳은 수리하면서 임조(臨洮)에서 요동까지 만여 리에 이르렀다. 그 뒤에 황하를 건너가서 양산(陽山) 북가(北假) 지역을 점거했다.

아버지를 죽이고 스스로 즉위한 묵돌 선우

○ ○ ○

그 무렵에는 동호가 강했고 월지의 세력이 성했다.

흉노 선우의 이름은 두만(頭曼)이었다. 두만은 진나라를 이기지 못하자 북쪽으로 이동했다. 열 몇 해 뒤에 몽염이 죽고 제후들이 진나라에 반기를 들어 중원이 혼란스러워지자 진나라에서 변경으로 유배했던 적수들이 모두 고향으로 돌아갔다. 그리하여 흉노가 숨 돌릴 틈을 얻어 다시 황하를 건너왔으니, 황하 남쪽의 예전 변경에서 중원과 경계를 이루었다.

〔두만〕 선우에게는 묵돌(冒頓)이라고 하는 태자가 있었다. 뒤에 총애하는 연지가 작은아들을 낳자 두만이 묵돌을 폐하고 작은 아들을 태자로 세우려 했다. 그리하여 묵돌을 월지에 볼모로 보냈다. 묵돌이 볼모로 있을 때 두만이 월지를 급습했다. 월지가 묵돌을 죽이려고 하자 묵돌이 월지의 명마를 훔쳐 타고 달아나 돌아왔다. 두만이 그런 묵돌을 용맹하다고 여기고 기병 만 명을 거느리게 했다.

그 뒤에 묵돌은 명적(鳴鏑)[36]을 만들고 기병에게 활쏘기를 엄격하게 훈련시키며 명령했다.

"명적이 날아갈 때 그 목표물을 함께 쏘지 않은 자는 베어 버리겠다."

그 뒤에 짐승을 사냥하러 나갔다가 명적이 날아간 목표물을 향해 함께 쏘지 않는 자가 생기자 곧바로 그자를 베었다. 얼마 뒤에 묵돌이 친히 명마를 향해 명적을 날렸는데 측근 가운데 더러 쏘지 못하는 자가 있자 묵돌이 그자를 곧바로 베었다. 얼마 지난 뒤에 선우가 다시 명적으로 자신의 애처를 쏘았는데 측근 중에 몹시 두려워하며 감히 쏘지 못하는 자가 더러 있자 다시 그들을 베었다. 얼마 뒤에 묵돌이 사냥을 나갔다가 명적으로 선우의 명마를 쏘았는데 측근들이 모두 그 명마를 쏘았다. 그제야 묵돌은 자신의 측근들이 쓸 만하게 되었다고 여겼다. 묵돌이 아버지인 선우 두만을 따라 사냥을 나갔다가 두만에게 명적을 날리니, 그의 측근들이 모두 명적이 날아가는 곳을 향해 화살을 쏘아 두만을 죽였다. 그의 계모와 동생, 그를 따르지 않는 대신을 모두 죽이고, 묵돌이 스스로 선우에 올랐다.

묵돌이 즉위했을 때에는 동호가 강대했다. 동호는 묵돌이 아버지를 죽이고 스스로 즉위했다는 말을 듣고는 사자를 보내 묵돌에게 말했다.

"두만이 선우일 때 천리마라고 불리던 말을 얻고 싶습니다."

묵돌이 여러 신하에게 묻자 신하들이 모두 말했다.

"그 말은 흉노의 보마(寶馬)입니다. 주면 안 됩니다."

묵돌이 말했다.

"누군가와 나라를 이웃하고 있으면서 어떻게 말 한 마리를 아끼겠는가?"

그러고는 말을 주었다. 얼마 지나서 묵돌이 자신들을 두려워한다고 여긴 동호에서 사자를 보내 묵돌에게 말했다.

"선우의 연지 한 명을 얻고 싶소."

묵돌이 다시 측근들에게 묻자 모두 화를 내며 답했다.

"동호가 무도하여 연지를 달라고 합니다. 동호를 공격하게 해 주십시오."

묵돌이 말했다.

"누군가와 나라를 이웃하고 있으면서 어떻게 여자 한 사람을 아끼겠는가?"

그러고는 총애하는 연지를 택하여 동호에 보내 주었다. 동호왕은 더욱 거만해져서 서쪽으로 침범해 왔다. 동호와 흉노 사이에 버려져 사람이 거주하지 않는 땅이 천여 리 있었는데, 각각 그 가장자리에 우탈(甌脫)[37]을 세웠다. 동호가 사자를 보내 묵돌에게 말했다.

"흉노와 우리의 경계에 있는 우탈 밖의 버려진 땅은 흉노 사람들이 이르지 못하니 우리가 가지겠습니다."

묵돌이 신하들에게 묻자 몇몇 신하가 말했다.

"그 땅은 버려진 땅이니 동호에게 주십시오."

그러자 묵돌이 크게 화내며 말했다.

"땅은 나라의 근본인데 어떻게 남에게 준단 말인가!"

묵돌이 땅을 주자고 말한 신하들을 모두 베었다. 묵돌이 말에 올라타며 "나라 안의 사람들 중에서 낙오하는 자가 있으면 베어 버린다."라는 영을 내리고 곧바로 동쪽으로 진군하여 동호를 습격했다.

동호는 원래부터 묵돌을 경시했으므로 대비하지 않고 있었다. 묵돌은 군사를 이끌고 도착하자마자 동호왕을 대파하여 섬멸하고는 그 민중과 가축을 노획했다. 돌아온 뒤 서쪽으로 월지를 공격해 쫓아내고, 남쪽으로 하남 땅에 있던 누번왕과 백양왕(白羊王)의 땅을 병합했으며, 진나라가 몽염을 시켜 빼앗았던 흉노 땅을 모두 수복하여 하남의 옛 변경에서 한나라와의 관문을 세웠다. 또 조나 (朝那)와 부시(膚施)까지 침입하더니 이어서 연나라 땅과 대나라 땅을 침입했다. 그때는 한나라 부대가 항우 부대와 서로 맞서던 때라 중원이 전란으로 피폐해져 있었으므로 그 틈을 타서 묵돌이 강대해질 수 있었는데 활을 당겨 쏠 줄 아는 군사가 삼십여 만 명에 이르렀다.

순유로부터 두만에 이르기까지 천여 년 동안 흉노는 세력이 커지기도 하고 작아지기도 하면서 분리를 거듭하며 오랫동안 내려왔다. 따라서 그들의 세가가 전해 온 바를 차례대로 알 수는 없다. 그러나 묵돌 대에 이르렀을 때 가장 강대해져 북이(北夷)를 모두 복속시키고 남쪽으로 중원의 각 제후국과 적국이 된 것은 분명하다. 그 선우 세가의 성과 관직 이름을 아는 대로 적어 둔다.

선우의 성은 연제씨(攣鞮氏)이다. 그 나라에서는 선우를 탱려고도(撐犁孤塗) 선우라고 부른다. 흉노에서는 하늘을 '탱려(撐犁)'라고 하고 아들을 '고도(孤塗)'라고 한다. 선우라는 말은 '광대한 모습'을 나타내니 탱려고도 선우란 하늘을 닮아 광대하다는 뜻이다.

좌우현왕(左右賢王), 좌우록리(左右谷蠡), 좌우대장(左右大將), 좌우대도위(左右大都尉), 좌우대당호(左右大當戶), 좌우골도후(左右骨都侯)를 둔다.

흉노에서는 '현(賢)'을 '저기(屠耆)'라고 하는데, 그래서 평시에 태자를 좌저기왕(左屠耆王)[38]이라고 부른다.

좌우현왕부터 이하 당호에 이르기까지 많으면 기병 만여 명 단위로, 적으면 수천 명 단위로 거느리는 장(長)을 두었는데, 모두 스물네 장이 있었고, 호칭은 만기(萬騎)라고 한다.

흉노의 대신은 모두 관직을 세습하는데, 원래 호연씨(呼衍氏)와 란씨(蘭氏)가 있었고 그 뒤에 수복씨(須卜氏)가 있었으니, 이들 세 성은 흉노에서 지위가 높은 가문이다.

좌왕과 좌장들은[39] 〔흉노 땅의〕 동쪽에 거주했는데, 〔남쪽으로〕 상곡과 마주하고 있었고, 〔동쪽으로〕 예맥(穢貉)과 조선(朝鮮)에 접했다. 우왕과 우장들은 〔흉노 땅의〕 서쪽에 거주했는데, 〔남쪽으로〕 상군의 서쪽 지방과 마주하고 있었고, 〔서쪽으로〕 저(氐)와 강(羌)에 접했다. 그리고 선우정(單于庭)[40]은 대군과 운중을 마주하고 있었다. 이들은 각각 땅을 나누어 가지고 있으면서 물과 풀을 따라 옮겨 다니는데, 좌우현왕과 좌우록리의 땅이 가장 넓었다. 좌우골도후는 정사를 보좌한다. 스물네 장도 각자 천장(千長), 백장(百長), 십장(什長), 비소왕(裨小王), 상(相),[41] 도위(都尉), 당호, 저거(且渠) 등을 두었다.

해마다 정월에 장(長)들이 선우정에서 소회(小會)를 열고 춘제(春祭)를 지낸다. 5월에는 용성(龍城)에서 대회(大會)를 열고 흉노의 선조와 하늘과 땅, 그리고 귀신에게 제사 지낸다. 가을에 말이 살찌면 대림(蹛林)[42] 대회를 열고, 〔세금 징수를 위해〕 사람과 가축의 실제 숫자를 맞추어 센다.

흉노 법에 칼을 한 척(尺) 뽑으면 사형에 처한다. 도둑질한 자는 그 재산을 몰수한다. 범인의 죄가 작으면 알형(軋刑)[43]에 처하고, 죄가 크면 사형에 처한다. 옥에 오래 가두어도 열흘을 넘기지 않아, 나라 전체의 수형자가 몇 명에 지나지 않는다.

선우는 아침에 영(營)을 나와 막 떠오르는 해에 경배하고, 저녁에는 달에게 경배한다.

이들의 자리는 장(長)이 왼편이자 북쪽에 앉는다. 무(戊)와 기(己)가 드는 날을 중하게 여긴다.[44]

장례에 관과 곽을 쓰며 금은과 옷을 부장한다. 봉분을 만들지 않고 나무를 심지 않으며 상복도 입지 않는다. 총애를 받던 신하나 첩이 따라 죽는데 많을 때는 수십 명에서 백 명에 이른다.

전쟁을 일으킬 때에는 언제나 달의 형상을 기준으로 삼아 달이 차면 공격하고 달이 기울면 후퇴한다. 흉노에서는 공격할 때 적의 머리를 베거나 적을 사로잡은 자에게 술 한 잔을 내리고 노획한 물건을 주며 사로잡은 적을 노비로 삼게 해 준다. 그러므로 흉노 사람들은 싸울 때에 저마다 싸움에 이기기 위해 노력하고, 적을 유인하여 포위망 안으로 끌어들이는 데 능하다. 전리품과 노비를 얻을 수 있기 때문에 이길 만한 싸움에는 새가 모이듯이 운집했다가 패주할 때는 무너져 구름처럼 흩어진다. 싸움터에 나갔다가 죽은 자의 시체를 실어 오면 죽은 자의 재산을 모두 얻는다.

묵돌은 뒤에 북쪽으로 혼유(渾窳), 굴사(屈射), 정령(丁零), 격곤(隔昆), 신려(新犂) 등의 다섯 부족 국가를 정복했다. 이에 흉노의 귀인과 대신들이 모두 탄복하며 묵돌의 능력이 뛰어나다고 여겼다.

묵돌 선우와 평성 전투

○ ○ ○

그 무렵은 한나라가 막 중원을 평정했을 때였다. 한왕(韓王) 한신(韓信)을 대나라 왕으로 옮겨 봉하고 마읍(馬邑)에 도읍하게 했다. 흉노가 대규모로 공격해 와서 마읍을 포위하자 한신은 흉노에 항복했다. 흉노는 한신을 얻고는 이내 군사를 이끌고 구주산을 넘어 함께 태원을 공격하여 진양성(晉陽城) 아래에 이르렀다. 이에 고조가 친히 군사를 거느리고 가서 공격했다. 마침 겨울이라 매우 춥고 눈이 내려 병졸 중에 손가락을 잃은 자가 열이면 두셋이나 되었다. 이에 묵돌이 패주하는 척하며 한나라 군대를 유인했다. 한나라 군대가 묵돌을 추격하자 묵돌은 정예병을 숨겨 두고 여위고 약한 군사만 드러내 보였다. 이에 한나라 군대는 모든 병력을 투입했는데, 보병이 많은 채로 총 삼십이만 명이 북쪽으로 흉노를 추격했다.

고조가 먼저 평성(平城)에 도착하고 보병들이 아직 다 도착하지 않았을 때, 묵돌이 정예 기병 삼십여 만 명을 풀어 백등(白登)에서 고조를 포위했다. 이레가 지나도록 한나라 군대는 안팎으로 군량을 구하지 못했다. 흉노 기병은 그 서쪽은 모두 흰 말을, 동쪽은 모두 망(駹)[45]을, 북쪽은 모두 검은 말 여(驪)를, 남쪽은 모두 붉은 말 성마(騂馬)를 타고 있었다.

이에 고조가 사자를 시켜 은밀히 연지에게 후한 선물을 보내자 연지가 묵돌에게 말했다.

"두 나라 임금이 서로를 곤경에 빠뜨릴 필요는 없습니다. 지금 한나라 땅을 얻어도 선우께서는 끝내 그곳에서 거주할 수 없을 것입니다. 게다가 한나라 황제가 신령하다고 하니 선우께서는 이 점을 살피십시오."

묵돌은 한신의 장수 왕황(王黃), 조리(趙利)와 합류하기로 했으나 시간이 오래 지나도 군대가 합류하지 않자 두 장수가 한나라 측과 모의하는 것으로 의심했다. 게다가 연지가 권하는 말에 일리가 있다고 생각하여 마침내 포위망의 한쪽을 열어 주었다. 포위망이 열리자 고조가 군사들에게 모두 시위를 가득 부풀려 [흉노 군대가 있는] 바깥을 향해 겨누게 한 뒤에 포위가 풀린 구석을 통해 곧장 빠져나갔다. 그리고 대나라 군대와 합류하니 묵돌이 마침내 군사를 이끌고 물러갔다. 한나라에서도 군대를 이끌고 회군한 다음 유경(劉敬)을 사자로 보내 화친의 약조를 맺었다.

그 뒤에 한신은 흉노의 장수가 되어 조리, 왕황 등과 함께 [한나라의 변경을 침입하지 않겠다는] 약조를 여러 차례 어기고 대군, 안문군, 운중군의 변경을 침입하여 도적질해 갔다. 얼마 지나 진희가 반란을 일으켜 한신과 함께 모의하고는 대군을 공격하자 한나라 조정이 번쾌로 하여금 변경으로 가서 공격하게 했다. 대군, 안문군, 운중군의 세 군에 속했던 현을 수복했는데 변경 밖으로 추격하지는 않았다.

그 무렵 [한신, 진희 등] 한나라 장수들이 여러 차례 군대를 이끌고 흉노에 항복했으므로, 묵돌이 자주 대나라 땅을 넘나들며 도적질을 일삼았다. 고조가 그 일 때문에 걱정하다가 마침내 유경을 시켜 종실 제후왕의 딸인 옹주를 선우의 연지로 시집보내고,[46] 견직물과 술, 먹을 것의 양을 정해 해마다 흉노에 보내는 조건으로 형제의 의를 맺고 화친할 것을 약조하자 계속되던 묵돌의 침입이 그쳤다.

그 뒤에 연왕 노관(盧綰)이 새로 모반하여 만 명이 안 되는 일파를 이끌고 흉노에 항복하고 상곡 동쪽 변경을 계속해서 침입하며 괴롭혔는데 고조가 붕어할 때까지 이어졌다.[47]

화친 외에는 다른 방책이 없다

○ ○ ○

효혜제 때와 고후 집정기에 이르러 묵돌이 점점 더 거만해지더니 마침내 사자를 통해 고후에게 편지를 보내왔다.[48]

고(孤)는 의지할 사람이 없는 임금으로 늪과 못으로 둘러싸인 습한 땅에서 태어나 소와 말을 기르는 평야 지역에서 자란 까닭에 여러 차례 변경에 다다를 때마다 중원을 유람해 보고 싶었습니다. 폐하[49]도 외롭게 되었고 고도 의지할 사람 없이 외롭게 살고 있습니다. 두 임금 다 기쁘지도 않고 즐길 일도 없으니 부디 살아 있는 사람으로 죽어 없어진 사람을 대신하기 바랍니다.

고후가 대로하여 승상 진평과 번쾌, 계포 등을 불러〔편지를 가져온) 흉노 사자를 참수하고 군대를 출동시켜 흉노를 공격하는 일에 대해 의논하게 했다. 번쾌가 말했다.

"바라건대 신에게 십만 명의 군사를 주시면 흉노 군영을 싹 쓸어 버리겠습니다."

계포에게 묻자 계포가 말했다.

"번쾌의 목을 베어야 하겠습니다. 전에 진희가 대나라 땅에서 반란을 일으켰을 때 한나라 군대 삼십이만 명이 출동했습니다. 그때 번쾌가 상장군이었는데 흉노가 평성에서 고조를 포위했을 때 번쾌는 그 포위를 풀지 못했습니다. 천하 사람들이 '평성 아래에서 정말 괴롭지 않았던가! 이레 동안 굶어서 쇠뇌를 당길 힘도 없었네.'라고 노래를 지어 불렀습니다. 지금도 이 노래를 부르는 소리가 끊이지 않고 부상자가 겨우 제대로 설 수 있게 되었는데, 번쾌가 또다시 천하를 동요할 생각으로 십만 군사로 쓸어 버리겠다고 하고 있으니 이는 태후를 미혹시키는 헛소리입니다.

이적(夷狄)은 금수와 같아서 그자들이 듣기 좋은 말을 한다 해도 기뻐할 일이 없고 나쁜 말을 한다 해도 노할 필요가 없습니다."

고후가 말했다.

"옳은 말이오."

그러고는 대알자 장택(張澤)에게 명령하여 답장을 쓰게 했다.

선우께서 저를 잊지 않고 편지를 보내 주었는데 저는 속으로 두려웠습니다. 한 걸음 물러서서 제 모습을 보면 나이가 많고 기력이 쇠한 데다 머리카락과 이가 빠지고 걷는 걸음도 정상이 아닙니다.

선우께서 말을 잘못 전해 들은 모양이니 스스로 오점을 남기지 말기를 바랍니다. 우리 나라에서 먼저 잘못한 일이 없으니 오해를 풀기를 바랍니다. 제가 타던 어거(御車) 두 대와 말 여덟 필을 보내니 선우께서 자주 타고 다니기를 바랍니다.

묵돌이 글을 읽어 보고는 다시 사자를 보내 사죄했다.

"중원의 예의에 대해 알지 못했는데 폐하께서 다행히 용서해 주셨습니다."

그러고는 말을 바쳤으므로 이어서 화친했다.

효문제가 즉위하자 다시 화친하려고 노력했다. 문제 3년 여름에 흉노 우현왕(右賢王)이 하남 땅을 침입하여 점령하고 노략질을 했다. 이에 문제가 조서를 내려서 말했다.

한나라와 흉노가 형제가 되기로 약조하고 변경을 침입하여 해치는 일이 없도록 흉노에게 선물을 아주 많이 보내 주었다. 그런데 지금 우현왕이 자신의 땅을 떠나 무리를 거느리고 하남 땅을 점령하고 있으니 이는 전례가 없던 일이다. 변경을 침입하는 일을 반복하며 관리와 군사를 잡아 죽이는 데다 변경을 지켜 주고 있던 상군(上郡)의 만이[50]까지 침범하여 쫓아 버림으로써 그들이 고향에서 살 수 없게 한 것은 물론, 변경의 관리를 죽이고 침범하여 노략질을 하니 몹시 오만하고 무도하게 화친 약조를 어겼다. 그러므로 변경을 다스릴 관리와 전차 기마 부대 팔만 명을 모아 고노(高奴)에 보내되 승상 관영(灌嬰)을 보내 부대를 거느리고 우현왕을 공격하게 하라.

우현왕이 변경 밖으로 달아났다. 문제가 태원까지 행차했을 때
제북왕(濟北王) 유흥거(劉興居)가 반란을 일으켰으므로 문제도 돌
아오고 승상이 흉노 군대를 추격하는 일도 그만두었다.
이듬해 선우가 한나라에 국서를 보냈다.

하늘이 세운 흉노의 대선우가 황제께서 무양(無恙)하신지 삼가
여쭙습니다. 전날에 황제께서 화친을 말씀하셨는데, 보내 주신 서
신도 말씀하셨던 바와 같은 내용이라서 기뻤습니다.
  그런데 한나라 변경을 지키는 관리가 우현왕의 땅을 침입하여
모욕을 주자 우현왕이 저의 허락을 얻지 않고 후의로후(後義盧侯)
난지(難支) 등의 계책만 들어 한나라 관리를 증오하며 싸웠습니다.
그리하여 두 나라 임금의 약조가 단절되었고 형제의 친한 정이 멀
어지게 되었습니다.
  황제께서 보내신 책망하는 서신을 두 번 받은 뒤에 사신을 보내
답신을 전했는데 돌아오지 않고 있을 뿐 아니라 한나라 사신도 오
지 않고 있습니다.[51] 한나라에서 우현왕이 저의 허락을 받지 않고
일으킨 일 때문에 화친하지 않는다면 이웃 나라에서 귀부하지 않
을 것입니다. 이제 저 아래의 우현왕이 약조를 깼으므로 우현왕에
게 벌을 내리기를 서쪽으로 가서 월지 부족이 있는 곳을 찾아 공
격하게 했습니다. 다행히 하늘이 복을 내려 군리와 병사가 잘 싸웠
고 말의 힘이 셌으므로 월지를 소멸시켰으니 모두 베어 죽이거나

항복시켜 평정했습니다. 그 뒤로 누란(樓蘭), 오손(烏孫), 호걸(呼揭)[52] 및 그 주변의 스물여섯 개 나라가 모두 이미 흉노에 들어왔으므로[53] 활을 당길 줄 아는 여러 부족이 일가를 이루며 북주(北州)가 평정되었습니다.

부디 전쟁을 멈추어 군사를 쉬게 하고 말을 잘 먹이면서 전에 있었던 일을 청산하고 옛 약조를 회복함으로써, 변경의 백성을 안정시키고 원래 약조에 따라 어린 것들은 자랄 대로 온전히 자라게 하고 노인은 살던 거처에서 편안하게 살게 하여 대대로 평안하고 즐겁게 살기를 바랍니다.

황제께서 어떤 뜻을 가지고 계시는지 알지 못하기에 낭중(郎中) 혜호천(係虖淺)[54]으로 서신을 받들고 가서 배알하기를 청하며, 탁타 한 마리와 타는 말 두 필, 수레를 끄는 말 여덟 필을 바칩니다.

황제께서 흉노가 변경에 접근하는 것을 바라지 않으시면 관리와 백성들에게 명령을 내리셔서 변경으로부터 멀리 떨어져 살게 하십시오.

사자가 도착하면 바로 보내 주십시오.

6월 어느 날 〔흉노 사신이〕 신망(新望) 땅에 당도했고,[55] 뒤에 서신이 도착하자 한나라 조정에서는 흉노를 공격하는 쪽과 화친하는 쪽 중 중에서 어느 쪽이 나라에 유리할지 상의했다. 공경들이 모두 아뢰었다.

"선우가 이제 막 월지를 격파하여 승세를 타고 있으니 공격해서는 안 됩니다. 게다가 흉노 땅을 차지한다 하더라도 소금기가 많은 땅이라 정착해서 살 만한 땅이 못 됩니다. 그러므로 화친하는 쪽이 훨씬 더 이롭습니다."

이에 한나라 황제가 화친을 허락했다.

효문제 전원(前元) 6년, 흉노로 국서를 보냈다.

황제가 흉노 대선우께서 무양하신지 삼가 여쭙습니다.

혜호천을 시켜 짐에게 보낸 국서에서 "부디 전쟁을 멈추어 군사를 쉬게 하고 말을 잘 먹이면서 전에 있었던 일을 청산하고 옛 약조를 회복함으로써 변경의 백성을 안정시키고 대대로 평안하고 즐겁게 살기를 바랍니다."라고 했는데 짐도 아주 좋은 의견이라고 생각합니다. 이는 옛 성군이 추구하던 목표였습니다. 한나라는 그동안 흉노와 더불어 형제가 되기로 약조하고 선우에게 선물을 아주 많이 보냈으나 약조를 어기고 형제의 정을 멀게 한 것은 언제나 흉노 쪽이었습니다.

그렇지만 우현왕의 일은 대사령을 내리기 전의 일이니 심하게 징벌하지는 마십시오. 선우께서 국서에 썼던 내용대로 행하겠다면 여러 관리에게 분명히 알려 약조를 어기는 일이 없도록 하십시오. 국서의 내용대로 지켜 신의를 보이면 됩니다.

사자가 전하기를 선우께서는 친히 군대를 거느리고 여러 부족 국가를 합병하는 공을 세우느라 전쟁에서 아주 힘들었다고 했습니다. 황제가 입는 수갑기의(繡袷綺衣)[56]와 장유(長襦), 금포(錦袍) 각 한 벌과 비소(比疏) 한 점, 황금칙구대(黃金飭具帶) 한 점, 황금서비(黃金犀毗) 한 점, 수놓은 비단 열 필, 금(錦) 스무 필, 적제(赤綈)와 녹증(綠

繒) 각 마흔 필을 중대부 의(意)와 알자령 견(肩)을 통해 선우께 보냅니다.

흉노를 위해 일한 중항열

○ ○ ○

얼마 뒤에 묵돌이 죽고 아들 계육(稽粥)이 즉위해 노상(老上) 선우라고 칭했다.

노상계육 선우가 즉위하자마자 문제가 새로 종실 제후왕의 딸인 옹주를 보내 선우의 연지가 되게 했다. 연나라 사람 환관 중항열(中行說)을 옹주에게 붙여 주었다. 중항열은 가지 않으려고 했지만 한나라에서 강제로 가게 하자 이렇게 말했다.

"반드시 내가 가야 한다면[57] 한나라에 해를 입힐 것이다."

중항열은 흉노에 간 뒤에 스스로 말했던 것처럼 선우에게 항복했다. 선우가 중항열을 좋아했다.

선우는 전부터 한나라에서 보내 주는 각종 견직물과 음식물을 애용하고 있었다. 중항열이 말했다.

"흉노의 인구는 한나라의 한 개 군보다 적지만 그래도 흉노가 강한 이유는 입고 먹는 것이 달라 한나라에 매달리지 않아도 되기 때문입니다. 이제 선우께서 풍속을 바꾸고 한나라 물건을 좋아하신다면 한나라에서 물건을 십분의 이만 보내도 흉노 전체가 한나라에 귀속될 것입니다. 그러므로 한나라의 각종 견직물로 옷을 지어 입힌 뒤에 풀숲과 가시덤불 사이로 말을 달리게 하십시오. 그런 다음 저고리와 바지가 모두 찢어져 너덜거리는 모습을 보임으로써 전구(旃裘)보다 견고하지 않다는 것을 알게 하십시오. 또 한나라에서 받은 음식물을 모두 내버리시고, 간편하게 해 먹는 동락(重酪)[58]보다 못하다는 것을 알리십시오."

그 뒤에 중항열이 선우의 측근들에게 항목별로 장부 적는 법을 가르쳐 주어 인구와 가축 수를 헤아려 기록하게 했다.

한나라에서 흉노 선우에게 국서를 보낼 때는 한 자 한 치짜리 목간에 "황제가 흉노 대선우께서 무양하신지 삼가 여쭙습니다."라고 인사말을 쓴 뒤 보내는 물건 목록과 국서 내용을 적고 있었다. 중항열은 선우에게 한 자 두 치짜리 목간을 쓰게 하고 인장과 봉함도 모두 한나라보다 더 넓고 크게 장만하게 했으며, "천지가 낳고 일월이 세워 준 흉노 대선우가 삼가 한나라 황제께서 무양하신지 여쭙습니다."라고 거만하게 인사말을 쓴 뒤에 보내는 물건과 국서 내용을 적도록 했다.

한나라 사자[59] 중에 누군가가 "흉노 사람들이 노인을 천대한다."라고 하자 중항열이 그 사자에게 한나라 사정을 되물으며 힐난했다.

"당신네 한나라 사람들은 수자리를 살러 가거나 군대에 징발되어 가는 자가 길을 떠날 때 부모가 자신의 따뜻하고 두꺼운 옷과 기름지고 맛있는 것을 아껴 길 떠나는 자식에게 입히고 먹이지 않습니까?"

한나라 사자가 말했다.

"그렇게 합니다."

중항열이 말했다.

"흉노에서는 먼저 공격하는 작전을 중시하는 것이 사실입니다. 그런데 노약자는 공격하는 전투에 나가 싸울 수 없으니 기름지고 맛있는 음식을 건장한 젊은이들에게 주어 스스로를 지키려고 합니다. 그렇게 함으로써 아비와 아들이 서로를 각각 살리니 어떻게 흉노 사람들이 노인을 경시한다고 할 수 있겠습니까?"

"흉노 사람들은 아비와 아들이 같은 궁려(穹廬)에서 지냅니다. 아비가 죽으면 자신의 계모를 아내로 삼고 형제가 죽으면 남은 형제가 죽은 형제의 아내를 자기 아내로 삼습니다. 의관을 정제하고 허리띠를 두르는 법이 없고 조정에서 지키는 예절도 없습니다."

"흉노 사람들은 가축의 고기를 먹고 그 젖을 마시며 그 가죽을 입습니다. 가축은 풀을 먹고 물을 마셔야 하므로 계절에 따라 옮겨 다닙니다. 그런 가운데 나라가 위급할 때에는 사람들이 말타기와 활쏘기 훈련을 받지만 평화로울 때는 아무 일 없이 즐겁게 지냅니다. 법은 간편하여 지키기 쉽고 군신 사이의 예절 또한 간소하여 오래도록 유지되니 나라 전체를 다스리는 일이 한 덩어리처럼 조화를 이루고 있습니다.

아비나 형이 죽었을 때 계모나 형수를 아내로 삼는 것은 종족과 집안의 대가 끊길 것을 걱정하기 때문입니다. 그러므로 흉노의 혼인이 비록 어지러워 보여도 반드시 자신의 성씨로 대를 잇게 되어 있습니다.

지금 중원에서는 계모나 형수를 아내로 들이면 안 된다고 하면서 친족끼리 서로 죽이거나 아예 성을 바꾸기도 합니다. 이는 모두 친족끼리 멀어져서 생긴 일입니다. 게다가 예절과 의례가 복잡하여 생긴 폐단으로 윗사람과 아랫사람이 서로를 원망합니다. 게다가 집을 너무 크게 짓느라 기력을 고갈합니다. 또 힘써 밭을 갈고 누에를 쳐서 옷과 먹을 것을 얻는 한편으로 성곽을 쌓아 자신을 지키려고 하지만, 사람들이 성곽에 의지하여 사느라 급할 때엔 전투에 익숙하지 않고, 위험이 물러가면 생업에 종사하느라 피로합니다. 아, 흙으로 지은 집에 사는 사람들이여, 자신을 돌아보아 말이나 늘어놓고 옷자락이나 살랑거리며 다니는 일을 삼가십시오. 관을 썼다 한들 무슨 소용이 있겠습니까?"

그렇게 말이 나온 뒤로 한나라 사자가 계속 변론하려고 했지만 중항열이 바로 대꾸했다.

"한나라 사자는 여러 말을 하지 마십시오. 그대는 한나라가 흉노에 보내는 각종 견직물, 쌀, 누룩의 수량이 목록에 적힌 것과 일치하고 모든 물건의 품질이 우수한 것으로 가져왔는지를 확인하는 임무만 다하면 될 뿐인데 어찌하여 필요 없는 말을 하고 있습니까?

한나라가 보낸 물건이 모두 좋은 것들이면 괜찮을 것이나 그렇지 못하고 조악한 것들을 가져왔다면 가을철 수확기가 되기를 기다려 기병으로 하여금 진격하게 하여 당신네 농작물을 짓밟아 버릴 것입니다."

〔중항열은〕 선우에게 밤낮을 가리지 않고 지형이 험준한 곳과 요새를 정탐하게 했다.

효문제 14년, 흉노 선우의 기병 십사만 명이 조나와 소관(蕭關)으로 침입해 와서 북지군의 도위 손앙(孫卬)을 죽이고 많은 사람과 가축을 사로잡았다. 팽양(彭陽)에 이르러서는 기병으로 하여금 회중궁(回中宮)에 들어가게 하여 궁을 불태웠고, 척후 기병을 옹(雍)과 감천에 보냈다. 이에 문제가 중위 주사(周舍), 낭중령 장무(張武)를 장군으로 삼아 전차 천 승과 기병 십만 명을 편성하여 장안 근처에 주둔하며 호(胡)의 약탈을 방비하게 했다. 그리고 창후(昌侯) 노경(盧卿)을 상군 장군에, 영후(甯侯) 위속(魏遬)을 북지 장군에, 융려후(隆慮侯) 주조(周灶)를 농서 장군에, 동양후(東陽侯) 장상여(張相如)를 대장군에, 성후(成侯)[60] 동적(董赤)을 장군(將軍)에 임명하고 전차와 전마를 대규모로 출동시켜 호를 공격하게 했다.

선우의 군대는 변경 안에서 한 달 넘게 머물렀는데, 한나라에서 이를 축출하며 변경 밖으로 나갔다가 바로 돌아왔으므로 적을 죽이지는 못했다.

흉노는 날이 갈수록 오만해져서 해마다 변경을 넘어 들어와 사람을 아주 많이 죽이고 심하게 약탈했는데, 운중과 요동이 가장 심했고 군은 만여 명이나 죽었다.[61] 한나라에서 그 사실을 두고 크게 걱정하며 흉노에게 사자를 보내 국서를 전했다. 흉노에서도 당호를 보내 고맙다는 뜻을 전하면서 화친하는 일에 대해 다시 언급했다.

효문제 후원 2년에 흉노에 사자를 파견하여 국서를 전했다.

황제가 흉노 대선우께서 무양하신지 삼가 여쭙습니다. 당호이자 저거인 조거난(雕渠難)과 낭중 한요(韓遼)를 시켜 보내 주신 말 두 필이 도착하여 감사히 받았습니다.

선제(先帝)께서 명령하시기를, "장성 이북에서 활을 당기고 사는 나라는 선우의 명령을 받고, 장성 이내에서 관을 쓰고 요대를 두르며 사는 땅은 짐의 명령을 받을 것이니, 양쪽의 만민은 밭을 갈고 베를 짜거나 사냥해서 입고 먹는 일을 해결하도록 하고 부자끼리 헤어지지 않고 신하와 임금이 서로 잘 지내며 양쪽이 서로 잔혹하게 죽이는 일이 없도록 하라."라고 하셨습니다.

뒤에 듣자 하니 사악한 자들이 이익을 탐하여 의를 저버리고 약조를 어기며 만민의 목숨을 돌보지 않고 두 나라 임금의 우의를 갈라놓게 했다고 합니다. 그러나 그것은 이미 지나간 일입니다.

국서에 이르기를 "두 나라가 화친했으니 두 임금이 기뻐하며 전쟁을 멈추어 군사를 쉬게 하고 말을 건사하며 대대로 번창하고 평안하도록 화합하여 다시 시작합시다."라고 하셨습니다. 짐은 아주 좋게 생각합니다. 성군은 날마다 새롭게 잘못을 고쳐 다시 시작하면서 노인을 쉬게 하고 어린아이는 잘 자라게 하며 각자의 수명을 보전하여 천수를 다하게 해 주어야 합니다. 짐과 선우가 하늘에 순응하고 백성을 구휼하며 대대로 임금의 자리를 전하며 무궁토록 이 도를 시행한다면 천하에 기뻐하지 않을 자가 없을 것입니다.

한나라와 흉노는 이웃에서 맞서고 있는 나라입니다. 흉노가 북쪽 땅에 있는데 추운 곳이라 한기가 일찍 찾아오니 이 때문에 관리에 명령하여 누룩, 금, 각종 견직물과 그 밖의 다른 물건을 해마다 일정한 양만큼 선우에게 보내게 했습니다. 이제 천하가 크게 안정되니 만민이 모두 기뻐하는데 짐과 선우만이 만민의 아비가 됩니다. 짐이 지난 일을 돌이켜 보니 보낸 재물은 하찮았고 전투는 사소했으며 모신(謀臣)은 잘못된 계책을 냈던 것이니 이 모두는 형제의 우의를 갈라놓지 못합니다.

짐이 듣기를, 하늘이 만물을 가려서 덮어 주는 법이 없고 땅이 편파적으로 만물을 살리는 법이 없다고 합니다. 짐과 선우가 사소한 일을 모두 잊어버리고 함께 대도(大道)를 펼치며 구악을 허물고 장구한 미래를 기약하며 두 나라 백성으로 하여금 한집안의 자식처럼 살게 합시다. 백성 만민은 물론 아래로는 물고기와 자라, 위로는 날아다니는 새, 기어 다니거나 입으로 숨 쉬고 꿈틀거리는 것들이 모두 편안하고 이롭게 살며 위험을 피하게 해 줍시다.

오는 것을 막지 않는 것이 하늘의 도입니다. 지난 일을 모두 잊어버리기 위해 짐은 도망자와 포로를 용서하겠습니다. 그러니 선우께서도 〔한나라에 투항한〕 장니(章尼) 등에 관해 언급하지 마십시오. 짐이 듣기를 옛적의 제왕은 규정을 분명하게 정한 뒤에 식언하지 않았다고 합니다. 선우께서 규정을 잊지 않으신다면 천하가 크게 안정될 것입니다. 화친한 뒤에 한나라가 먼저 규정을 어기는 일은 없을 것입니다.

선우께서는 이 점을 살피십시오.

선우가 화친을 약속하자 문제가 어사에게 조서를 내렸다.

흉노 대선우가 짐에게 국서를 보냈는데, "화친하기로 했으니 양쪽에서 도망자를 받아 각자의 인구를 늘리거나 영토를 넓히지 않으며, 흉노는 변경 안으로 들어오지 않고 한나라에서도 변경 밖으로 나가지 않되 이 법을 어긴 자는 죽이는 것으로 오래도록 화친하여 뒤에도 탈이 없게 한다면 모두에게 이로울 것"이라고 했다. 짐이 허락했으므로 이 내용을 천하에 포고하여 백성들이 분명히 알게 하라.

한나라 물건을 좋아한 군신 선우

○   ○   ○

후원 4년에 노상 선우가 죽자 아들인 군신(軍臣) 선우가 즉위했는데, 중항열이 다시 그 선우를 섬겼다. 한나라에서는 다시 흉노와 화친했다.

군신 선우가 즉위한 뒤 한 해 남짓하여 흉노는 다시 화친을 끊고 상군, 운중으로 각각 기병 삼만 명을 대거 침입시켜 많은 사람을 죽이고 약탈했다.

이에 한나라 조정에서는 세 명의 장군으로 하여금 북지와 대군의 구주산, 조나라의 비호구(飛狐口)에 주둔하게 하고, 변경에 이어진 각 지방에서도 굳게 방어하게 하여 호(胡)의 약탈에 대비하게 했다. 또 다른 세 명의 장군[62]을 장안 서쪽의 세류(細柳) 및 위수 북쪽의 극문(棘門)과 패상에 주둔시켜 호의 침입에 대비했다. 호의 기병이 대군의 구주 쪽 변경으로 침입하자 봉화를 올려 감천, 장안에 알렸다. 몇 달 뒤에 한나라 군대가 변경에 도착하자 흉노도 변경 요새를 떠났고 한나라 군대도 철수했다.

한 해 남짓하여 문제가 붕어하고 경제가 즉위했다. 그런데 조나라 왕 유수(劉遂)가 비밀리에 흉노에 사자를 보냈다. 오나라와 초나라가 반란을 일으켰을 때 흉노가 조나라와 함께 모의한 뒤 변경을 넘어오려고 했으나 한나라에서 조나라의 도읍을 포위해 무너뜨리자 흉노 쪽에서도 그만두었다.[63]

그런 일이 있고 나서 경제는 흉노와 다시 화친하여 변경 무역을 개통하고 선우에게 선물을 주며 옹주를 보내는 등 예전 규정대로 행했다. 경제 시대가 끝날 때까지 가끔 작은 규모로 변경 지방을 터는 일은 있었지만 대규모 침입은 없었다.

무제가 즉위하여 화친에 관한 규정을 분명히 하고 변경 무역에 우대 혜택을 주면서 물건을 풍족하게 공급했다. 흉노에서는 선우 이하 모든 사람이 한나라 물건을 좋아하여 장성 관문까지 교역하러 오갔다.

한나라에서 마읍 사람인 섭일(聶壹) 노인을 시켜 변경 무역의 규정을 어기고 사사로이 물자를 꺼내어 흉노와 교역하게 한 다음 마읍성을 배신할 것처럼 속여 선우를 유인했다. 그 말을 믿은 선우가 마읍에 있던 재물을 얻으려고 기병 십만 명을 이끌고 무주(武州) 요새로 들어왔다.

한나라는 마읍 부근에 삼십여만 군사를 매복해 두었다. 어사대부 한안국이 호군장군이 되어 장군 네 명을 독려하며 매복한 채 선우를 기다렸다.

선우가 한나라 요새를 통해 들어와서 마읍에서 백여 리 앞둔 곳에 이르렀을 때 들판에 가축이 흩어져 있으나 가축을 치는 사람이 하나도 없는 것을 보고 이상하게 여겨 바로 근처 정(亭)을 공격했다. 그때 안문군의 위사가 순찰 중에 적을 발견하고는 그 정을 지키려고 했는데 선우가 그를 사로잡아 죽이려고 했다. 위사는 한나라의 유인 작전을 알고 있었는데, 바로 항복하여 모든 사실을 선우에게 알려 주었다. 선우가 매우 놀라서 말했다.

"나도 그럴 것이라고 확실히 의심했다."

그러고는 군대를 이끌고 철수하여 변경 밖으로 나간 뒤에 말했다.

"내가 위사를 얻은 것은 하늘의 뜻이었다."

그리하여 위사를 천왕(天王)으로 삼았다.

한나라 군대는 선우가 마읍으로 들어오면 군사를 풀어 공격하기로 약속하고 있었는데 선우의 군대가 도착하지 않는 바람에 아무것도 얻지 못했다. 장군 왕회(王恢) 휘하의 부(部)가 대군의 변경에서 출격하여 호(胡)의 군수 물자를 운송하는 대열을 공격하려고 했으나 선우의 부대가 철수하는데 군사가 많다는 소식을 듣고 출격하지 못했다. 한나라 조정에서는 원래 이 매복 작전을 세운 자로서 진격하지 않았다 하여 왕회를 주살했다.

그 뒤로 흉노는 수없이 화친을 끊고 도로에 연한 요새를 공격하면서 변경을 침입해 약탈하곤 했다. 그러나 흉노는 물자를 얻고 싶어 여전히 변경 무역을 원했고 한나라 재물을 좋아했다. 한나라 또한 변경 무역을 열고 통상을 끊지 않으면서 그들의 뜻에 맞춰 주었다.

위청의 공격에 쫓겨 간 이치사 선우

○　○　○

　마읍 매복 작전이 있었던 때로부터 다섯 해가 지난 가을에 한나라는 장군 네 명으로 하여금 각각 기병 만 명을 이끌고 변경 무역이 이루어지고 있던 일대에서 호를 공격하게 했다.

　장군 위청은 상곡에서 출격하여 용성에 이르렀으니 호의 머리를 베거나 사로잡은 자가 칠백 명이었다.

　공손하(公孫賀)는 운중에서 출격했으나 공을 세우지 못했다. 공손오(公孫敖)는 대군에서 출격했다가 호에게 패해 칠천 명을 잃었다. 이광(李廣)은 안문에서 출격했다가 호에게 패했다. 흉노가 이광을 사로잡았으나 이광은 끌려가던 길에 달아나 돌아왔다. 한나라 조정에서 공손오와 이광을 감금했는데, 공손오와 이광은 속죄금을 내고 평민이 되었다.

　그해 겨울에 흉노 수천 명이 변경을 약탈했는데 어양이 특히 심하게 당했다. 한나라 조정에서는 한안국 장군을 보내 어양에 주둔하며 호의 약탈에 대비하게 했다.

　그 이듬해 가을에 흉노 기병 이만 명이 한나라를 침입하여 요서 태수를 죽이고 이천여 명을 빼앗아 갔다. 또 어양 태수 휘하의 군사 천여 명과 싸워 이긴 뒤에 한안국의 부대를 포위했다. 한안국 쪽에는 그때 기병 천여 명이 있었는데[64] 그 또한 전멸되기 직전이었으나 마침 연왕이 그 부대를 구하기 위해 파견한 군대가 도착하여 흉노가 바로 물러갔다. 흉노는 또 안문을 침입해 천여 명을 죽이거나 끌고 갔다. 이에 한나라 조정에서는 장군 위청으로 하여금 기병 삼만 명을 거느리고 안문에서 출격하게 하고, 이식으로 하여금 대군에서 출격하여 호를 공격하게 했는데, 머리를 베거나 사로잡은 이가 수천 명이었다.

그 이듬해에 위청이 다시 운중에서 출격하여 서쪽으로 농서에 이르러 호의 누번왕과 백양왕이 거느린 부대를 황하 남쪽에서 공격하여 수급과 포로 수천 명을 얻었으며, 백여만 마리의 양을 얻었다. 이 일로 한나라에서는 마침내 황하 남쪽 땅을 차지하게 되어 삭방에 성을 구축하고 원래 진나라 시절에 몽염이 만든 요새를 다시 보수하며 황하에 의지하여 군건한 방어 태세를 갖추었다. 한나라 조정에서는 또 상곡군에서 흉노와 변경을 이루던 외딴 현에 있던 조양(造陽) 땅을 포기하고 호에게 주었다. 이해가 원삭(元朔) 2년이었다.

그다음 겨울[65]에 군신 선우가 죽자 그의 동생인 좌곡려왕(左谷蠡王) 이치사(伊穉斜)가 스스로 즉위해 선우가 된 뒤에 군신 선우의 태자 어단(於單)을 공격해 패배시켰다. 어단이 달아나 한나라에 투항하자 한나라 조정에서 어단을 척안후(陟安侯)[66]에 봉했으나 몇 달 뒤에 죽었다.

이치사 선우가 즉위한 그해 여름, 흉노가 기병 수만 명으로 대군을 침입해 태수 공우(共友)를 죽였을 뿐 아니라 수천 명을 죽이고 잡아갔다. 가을에 다시 안문을 침입해 수천 명을 죽이고 잡아갔다. 그 이듬해, 각각 기병 삼만 명을 또 보내 대군, 정상, 상군에 침입해 수천 명을 죽이고 잡아갔다. 흉노 우현왕은 한나라가 황하 이남 땅을 빼앗고 삭방을 구축한 것을 원망했다. 그리하여 여러 차례 침입해 약탈했으며 황하 이남 땅 삭방 내부로도 들어와 소란을 피우며 관리와 백성들을 많이 죽이고 끌고 갔다.

이듬해 봄, 한나라는 위청을 보내 여섯 명의 장군과 십만이 넘는 기병을 거느리고 삭방과 고궐에서 출격했다. 우현왕은 한나라 군대가 닥칠 것을 예견하지 못하여 술을 마시고 취해 있었다. 한나라 군대가 출격하여 육칠백 리쯤 가서는 밤에 우현왕의 부대를 포위했다. 크게 놀란 우현왕이 위험한 지경에서 몸을 빼내 도주했는데 정예 기병이 잇달아 그 뒤를 따랐다. 한나라 장군들은 우현왕 휘하의 남녀 백성 만오천 명과 비소왕(裨小王) 열 몇 명을 붙잡았다. 그해 가을에 흉노가 기병 만 명으로 대군을 침입하여 도위 주앙(朱央)을 죽이고 천여 명을 끌고 갔다.

그다음해 봄에 한나라에서 다시 대장군 위청을 보내 여섯 장군과 기병 십여만 명을 거느리고 다시 정상에서 출격하여 수백 리를 가서 흉노를 공격했다. 잇달아 일만 구천 급이 넘게 벴는데 한나라에서도 두 명의 장군과 삼천 명이 넘는 기병을 잃었다. 우장군 소건(蘇建)은 위험한 지경에서 빠져나왔으나 전장군 흡후(翕侯) 조신(趙信)은 싸움이 불리하자 흉노에 투항했다.

조신은 원래 호의 소왕(小王)으로 한나라에 투항하자 한나라에서 흡후로 봉했다. 전장군으로서 우장군과 연합 작전을 펼치던 중에 단독으로 선우의 군대를 맞닥뜨렸다가 전멸당했다. 선우는 흡후를 얻은 뒤에 자차왕(自次王)으로 봉하고 자신의 누나를 아내로 삼게 한 뒤에 함께 한나라를 치기 위해 모의했다.

조신이 변경 가까이에서 공격하기보다 북쪽 멀리 사막을 건너가도록 한나라 군대를 유인하여 극도로 지치게 하는 방법을 제안했다. 선우가 그 말을 따랐다.

그 이듬해, 호의 기병 수만 명이 상곡을 침입해 수백 명을 죽였다.

다음 해 봄에 한나라에서 표기장군 곽거병으로 하여금 기병 만명을 거느리고 농서에서 출격하게 했는데, 언기산(焉耆山)을 거쳐천여 리를 가서 팔천 명 넘는 호의 목을 베거나 사로잡고 휴저왕(休屠王)이 제천 의식에 쓰던 금인(金人)을 얻었다.

그해 여름, 표기장군이 다시 합기후(合騎侯) 공손오와 더불어 기병 수만 명을 거느리고 출격했는데 농서와 북지를 나가 이천 리를 갔다. 거연(居延)을 지나 기련산에서 공격하여 삼만 명이 넘는 호의 목을 베거나 사로잡았으며 비소왕 이하 열 몇 명을 포로로 잡았다. 그때 흉노에서도 대군과 안문을 침입해 수백 명을 죽이거나 끌고 갔다.

한나라는 박망후(博望侯) 장건(張騫)과 이광 장군으로 하여금 우북평에서 출격하여 흉노 좌현왕 부대를 공격하게 했다. 좌현왕이 이광을 포위하여 이광의 군사 사천 명 중에 죽은 자가 절반을 넘었으나 적을 죽인 수는 그보다 더 많았다. 그때 박망후의 군대가 구원하기 위해 도착하여 이광 장군이 위험에서 빠져나올 수 있었으나 군사는 거의 다 잃었다.

합기후는 표기장군과 약속한 시간에 늦게 도착했으므로 박망후와 함께 둘 다 사형 판결을 받았으나 속죄금을 내고 평민이 되었다.

그해 가을, 서쪽 지방에 거주하고 있던 혼야왕(昆邪王)과 휴저왕의 부족 수만 명이 한나라 부대 때문에 죽임을 당한 것에 분노한 선우가 그 둘을 불러 죽이려고 했다. 혼야왕과 휴저왕이 두려워하며 한나라에 투항하려고 모의하자 한나라 조정에서는 표기장군으로 하여금 그 둘을 맞이하게 했다. 그런데 혼야왕이 휴저왕을 죽인 뒤에 그 백성을 거느리고 한나라에 투항하니 모두 사만 명이 넘었는데 말로는 십만 명이라고 했다.

한나라가 혼야왕을 얻은 뒤에 농서, 북지, 하서에서 호의 약탈이 많이 줄어들었다. 흉노가 있던 하남 땅 신진중(新秦中) 지방으로 함곡관 동쪽의 빈민을 옮겨 살게 하고 북지 서쪽의 수졸을 절반으로 줄였다.

그 이듬해 봄에, 흉노가 각각 기병 수만 명으로 우북평과 정상을 침입해 천 명이 넘는 사람을 죽이거나 끌고 갔다.

다음 봄에 한나라 조정에서 상의하되 '흡후 조신이 선우에게 사막 북쪽에 옮겨 가는 계책을 세워 주었는데, 그렇게 하면 한나라 군대가 이르지 못할 것으로 여기고 있다.'라는 판단을 내렸다. 그리하여 말에게 곡식을 먹여 기병 십만 명을 일으켰다. 그때 각 기병이 자신의 짐을 싣고자 사사로이 끌고 와서 뒤따르게 한 말이 모두 십사만 마리였는데 양식을 싣고 가는 말은 따로 친 숫자였다.

황제가 대장군 위청과 표기장군 곽거병에게 군대를 반반씩 나누도록 명하니, 대장군은 정상에서, 표기장군은 대군에서 출격하여 사막을 건너 흉노를 공격하기로 함께 약속했다.

선우가 이 소식을 듣고 군량과 무기 등 군수 물자를 아주 먼 곳으로 옮기게 한 뒤에 정예병을 데리고 사막 북쪽에서 기다리다가 한나라 대장군 부대와 하루 종일 접전했다. 날이 저물 무렵 센 바람이 일었는데, 한나라 군대에서 좌우익 부대를 풀어 선우를 포위했다. 한나라 군대를 당해 낼 수 없겠다고 판단한 선우가 건장한 기병 수백 명과 함께 한나라 포위망을 뚫고 서북쪽으로 달아났다. 한나라 군대가 밤새 추격했으나 선우를 잡지 못했다. 일만 구천 명을 베거나 사로잡으면서 북쪽으로 전안산(寘顔山) 조신성(趙信城)까지 갔다가 철수했다.

선우가 달아날 때 그 군사들이 잇달아 한나라 군대와 서로 뒤섞여 선우를 추격하는 꼴이 되는 바람에 선우가 오랫동안 그의 군사들과 서로 만나지 못하자 우록리왕이 선우가 죽었다고 여기고 스스로 선우의 자리에 올랐다. 그 뒤에 진짜 선우가 다시 군사들을 수습하자 이내 선우 칭호를 버리고 다시 옛 직위로 복귀했다.

표기장군은 대군에서 출격하여 이천여 리를 가서 좌왕(左王)[67]의 부대와 접전했다. 한나라 군대가 호에게 이겨 모두 칠만여 명의 목을 베거나 사로잡았으므로 좌왕의 장수가 모두 달아났다. 표기장군은 낭거서산(狼居胥山)에서 제단을 쌓고 하늘에 제사를 올리고 고연산(姑衍山)에서 땅에 제사를 드린 뒤에 한해(翰海)까지 갔다가[68] 되돌아왔다.

그 뒤에 흉노가 먼 곳으로 도망갔으므로 사막 남쪽에 있던 선우의 도읍이 없어졌다. 한나라에서는 황하를 건너 삭방에서 서쪽으로 영거(令居)에 이르기까지 곳곳에 관개 수로를 만들고 전관(田官)[69]을 두었는데, 군리와 병졸 오륙만 명이 점차 땅을 잠식해 나가서 한나라 땅이 옛 흉노 땅의 경계보다 더 북쪽에 접하게 되었다.

이 무렵 한나라의 두 장군이 대대적으로 출격하여 선우의 부대를 포위한 뒤 팔구만 명에 이르는 적을 죽였는데 한나라 병졸로 죽은 자도 수만 명이었으며 한나라 군대의 말이 죽은 것은 십여만 마리였다. 흉노가 비록 피해를 입고 멀리 달아났으나 한나라에서도 말이 부족하여 다시 추격할 수 없었다. 선우는 조신이 낸 계책대로 사자를 보내 부드러운 말로 화친을 청했다. 황제가 명령을 내려 신하들에게 의논하게 했는데 어떤 이는 화친하자고 하고 어떤 이는 신하로 만들어야 한다고 했다. 승상장사 임창(任敞)이 말했다.

"흉노의 사정이 다시 힘들어졌으니 의당 외신(外臣)이 되게 한 뒤에 변경으로 들어와 조정 의례를 올리게 해야 합니다."

한나라에서 선우에게 임창을 사신으로 보냈다. 선우가 임창이 설명한 조정의 제안을 듣고 크게 화를 낸 뒤에 임창을 억류하고 돌려보내지 않았다. 앞서 흉노의 사신이 한나라에 갔다가 투항하는 일이 생길 때마다 선우도 한나라 사신을 잡아 두고 그에 대응했다. 한나라가 병졸과 군마를 다시 모으던 중에 표기장군 곽거병이 죽었으므로[70] 한나라에서는 북진하여 호를 공격하는 일을 한참 동안 하지 않았다.

태자 볼모를 놓고 오유 선우와 벌인 갈등

○　○　○

몇 해가 지나 이치사 선우가 즉위한 지 열세 해 만에 죽고, 아들 오유(烏維)가 선우로 즉위했다. 그해가 원정 3년이었다.

오유 선우가 즉위하고 한 무제가 처음으로 지방 군현을 순수하러 나갔다. 그 뒤에 한나라는 남방의 양월(兩越)[71]을 정벌하느라 흉노를 공격하지 않았고, 흉노도 변경을 침입하지 않았다.

오유 선우가 즉위한 뒤 세 해째에 한나라가 양월을 멸망시키고 나서 〔흉노를 치기 위해〕 전임 태복 공손하를 보내 기병 일만 오천 명을 거느리고 구원(九原)에서 출격했는데 이천여 리를 가서 부저정(浮苴井)까지 갔다. 종표후(從票侯) 조파노(趙破奴)는 기병 만여 명을 거느리고 영거에서 출격하여 수천 리를 간 뒤에 흉노하수(匈奴河水)에 이르렀다.[72] 그러나 두 부대 모두 흉노족은 한 명도 만나지 못하고 돌아왔다.

그 무렵 황제가 변경을 순행했다. 〔원봉 원년〕 황제는 직접 삭방까지 가서 기병 십팔만 명을 조련했는데, 직접 무절(武節)을 들어 보이며 군대를 지휘했다. 그러고는 곽길(郭吉)을 선우에게 사자로 보내 자신의 뜻을 넌지시 고하게 했다.

곽길이 흉노에 도착했을 때, 흉노의 주객(主客)[73]이 곽길이 사신으로 온 이유를 물었다. 곽길은 자신을 낮추고 좋게 말했다.

"제가 선우를 뵐 수 있으면 그때 말씀드리겠습니다."

선우가 곽길을 접견하자 곽길이 말했다.

"남월왕의 머리가 한나라 황궁 북궐 앞에 걸렸습니다. 지금 선우에게 군대를 전진시켜 한나라와 전쟁을 치를 힘이 있다면 황제께서 친히 군대를 거느리고 변경에서 기다릴 것입니다. 그럴 능력이 없다면 빨리 남쪽으로 내려가서 한나라 황제께 신하의 예를 올리기 바랍니다. 선우께서는 어찌하여 이 먼 곳까지 도망와서 춥고 힘들게 지내면서, 물과 풀도 없는 막북(幕北) 땅에 숨어 있는 것입니까!"

곽길이 말을 마치자 선우가 크게 노하여 곽길을 접견하게 한 주객을 그 자리에서 베어 버렸다. 그리고 곽길을 돌아가지 못하게 잡아 둔 뒤에 모욕을 주려고 북해(北海) 변으로 옮겼다. 그러나 선우는 끝내 한나라 변경을 침략하지 않고 군대와 말을 쉬게 하면서 사냥을 익히게 했다. 그리고 여러 차례 사자를 보내 듣기 좋은 말로 화친을 요청했다.

한나라가 왕오(王鳥) 등을 사자로 보내 흉노의 사정을 염탐하게 했다. 흉노의 제도에 따르면 한나라 사자가 당도하여 부절을 내던지지 않거나 얼굴에 먹칠하지 않으면 선우의 궁려(穹廬) 안으로 들어갈 수 없었다. 왕오는 북지군 사람이라 호의 습속을 잘 알았으므로 부절을 내던지고 얼굴에 먹칠을 해서 궁려로 들어갔다. 선우는 그렇게 한 것을 보고 거짓으로 좋아하면서 왕오의 제안을 들어주는 척했다.

"내가 사신이 원하는 태자를 보내 한나라에 인질로 넣고 화친을 요청하겠소."

이에 한나라 조정에서 〔흉노 태자를 데려오기 위해〕 양신(楊信)

을 사자로 보냈다.

그 무렵 〔원봉 3년에〕 한나라는 동쪽으로 예맥과 조선을 함락시켜 군(郡)을 두었다.[74] 서쪽에는 〔태초 원년에〕 주천군(酒泉郡)을 두어 호(胡)와 강(羌)의 통로를 끊어 버렸다. 〔원삭 원년에서 2년 사이에 장건이〕 더 서쪽으로 월지 및 대하(大夏)와 통한 데 이어서, 〔원봉 연간에〕 옹주[75]를 오손왕(烏孫王)에게 시집보내어 서쪽에서 흉노를 도와주던 오손을 흉노와 떨어지게 했다. 북쪽으로 밭을 더 많이 개간하고 현뢰(眩雷)에 새(塞)를 구축했는데, 흉노에서는 끝내 항의하지 않았다. 〔원봉 3년〕 그해에 흡후 조신이 죽었다. 그러자 한나라의 집정 대신들은 흉노가 약해졌다고 보고 신하의 나라로 복종시킬 수 있다고 생각했다.

양신은 사람이 강직하고 마음이 단단하여 남에게 굽히는 법이 없었다. 또 지위가 높은 신하가 아니었으므로 선우가 별로 좋아하지 않았다. 선우가 궁려 안으로 불러들였지만 양신이 부절을 내던지지 않았으므로 궁려 밖에 자리를 잡고 앉아서 양신을 접견했다. 양신이 선우에게 고했다.

"화친하려면 선우의 태자를 한나라에 인질로 보내야 합니다."

그러자 선우가 말했다.

"예전 약조에 그런 내용은 없소. 예전 약조에는 언제나 한나라에서 옹주를 시집보내면서 일정한 양의 각종 견직물과 먹을 것을 보내 화친을 청하면 흉노도 변경을 침입하지 않는 것으로 되어 있소. 그런데 지금 예전 약조를 뒤집고 나의 태자를 볼모로 삼겠다니 화친을 기대할 수 없소."

흉노의 습속으로 한나라 황제의 총애를 받는 신하가 아니라 유생(儒生)이 사자로 왔을 때에는 설득하러 왔다고 생각하고 그가 하는 말을 반박했다. 젊은이가 사자로 왔을 때에는 자객이라고 여기고 굴복시켰다. 또 한나라 군대[76]가 흉노에 오면 그때마다 흉노에서도 보냈다. 한나라에서 흉노의 사자를 억류하면 흉노에서도 한나라 사자를 억류했는데, 한나라에서 억류한 만큼 지난 뒤에야 풀어 주었다.

양신이 돌아온 뒤 한나라 사자 왕오 등이 다시 흉노에 갔다. 선우는 다시 듣기 좋은 말로 사신의 요청을 들어주겠다고 했다. 한나라 황제로부터 재물을 많이 얻어 낼 생각에 선우가 왕오를 속여 말했다.

"내가 한나라에 들어가 황제를 만나서 직접 형제의 의를 맺을 것이오."

왕오가 돌아와 보고하자 한나라에서 장안에 흉노의 경저(京邸)를 지었다. 그러자 흉노의 선우는 이렇게 핑계를 댔다.

"한나라 황제의 총애를 받는 자가 사자로 오지 않으면 나는 바른말을 해 주지 않을 것이오."

그러면서 자신이 총애하는 높은 벼슬아치를 한나라에 사자로 보냈다. 그런데 그 사자가 병이 났으므로 약을 먹여 낫게 해 주려고 했지만 불운하게도 죽어 버렸다. 한나라에서는 노충국(路充國)에게 이천석 벼슬의 인수를 채워 주고 흉노 사신의 시체를 운구하는 임무를 맡은 사자로 보냈는데, 상례에 쓸 재물을 황금 수천 근 어치나 되도록 후하게 내렸다. 선우는 한나라에서 자신이 보낸 사자를 죽였다며 노충국을 억류하고 돌려보내지 않았다. 선우가 왕오에게 했던 말은 그저 속이려고 했던 것이지 한나라에 입조하거나 태자를 인질로 보낼 생각은 전혀 없었다.

그 뒤로 흉노에서 돌격대를 보내 한나라 변경을 여러 차례 기습 공격했다. 그러자 한나라에서는 곽창(郭昌)을 발호장군(拔胡將軍)으로 삼아 삭야후(浞野侯) 조파노와 함께 삭방 동쪽에 주둔하면서 호의 침입에 대비하게 했다.

수항성을 두고 첨사려 선우와 대치하다

오유 선우가 즉위한 지 열 해 만에 죽고 아들인 첨사려(詹師廬)[77]가 즉위했는데, 나이가 어려 아선우(兒單于)라고 불렀다. 원봉 6년 때의 일이었다.

아선우는 즉위한 뒤에 서북쪽으로 더 깊이 옮겨 갔다. 그리하흉노의 좌방병(左方兵)은 운중에서, 우방병(右方兵)은 주천과 돈황에서 〔한나라 군대와〕 대치했다.

아선우가 즉위했을 때 한나라에서 두 명의 사자를 보냈는데, 한 명은 아선우를 조문하고 한 명은 우현왕을 조문하면서 흉노국을 분열시키려고 했다. 사자가 흉노로 들어오자 흉노의 관리가 사신 두 명을 모두 아선우에게 데려갔다. 아선우가 노하여 한나라 사자를 모두 억류했다.

한나라 사자 일행이 흉노에 억류된 것이 열 차례가 넘었다. 한나라 사자가 흉노에 억류되어 있을 때 흉노의 사자가 한나라에 오면 그때마다 흉노 사자를 억류하여 그에 대응했다.

이해에 한나라는 이사장군(貳師將軍) 이광리(李廣利)를 서쪽으로 진군시켜 대원국(大宛國)을 정벌하게 했다. 그리고 인우장군(因杅將軍) 공손오로 하여금 수항성(受降城)을 쌓게 했다.[78]

그해 겨울에 흉노에 큰 눈이 내려 가축이 많이 굶거나 추위에 떨다가 죽었다. 게다가 선우가 젊어 살육을 좋아하니 흉노 사람들 대다수가 불안해했다. 이에 흉노의 좌대도위(左大都尉)가 선우를 죽이기로 마음먹은 뒤에 한나라에 은밀히 사람을 보내 알렸다.

"내가 선우를 죽이고 한나라에 투항하겠습니다. 그런데 한나라가 멀리 있으므로 한나라에서 군대를 보내 내 쪽에 가까이 오면 그때 바로 선우를 죽이겠습니다."

애초 한나라에서 이 소식을 듣고 수항성을 쌓게 했는데 그래도 거리가 멀다고 여겼다.

그 이듬해 봄, 한나라에서 삭야후 조파노로 하여금 기병 이만 명을 거느리고 삭방에서 변경을 나가 북쪽으로 이천여 리 떨어진 준계산(浚稽山)[79]에서 좌대도위를 데리고 돌아오기로 약조했다. 삭야후는 약조한 기일에 도착했다. 그러나 좌대도위가 선우를 죽이려는 순간 발각되는 바람에 선우가 좌대도위를 주살하고 군대를 출동시켜 삭야후를 공격했다. 전투 중에 삭야후 부대가 흉노 군사 수천 명을 베거나 사로잡았다.

회군하다가 수항성에서 사백 리 못 미치는 곳에 이르렀을 때 흉노 기병 팔만 명이 삭야후 부대를 포위했다. 밤중에 삭야후가 직접 물을 구하러 나왔을 때 흉노 부대가 삭야후를 사로잡았다. 그러고는 바로 삭야후 부대를 급습했다. 군리(軍吏)들은 장군을 잃어 주살될 것이 두려웠으므로 아무도 살아서 귀환하자고 격려하지 않았으니 부대가 흉노에게 패했다. 선우가 크게 기뻐하며 군대를 보내 수항성을 공격했으나 함락하지 못했다. 출동했던 흉노 부대는 이에 변경을 침입하다가 물러갔다.

이듬해, 아선우가 친히 수항성을 공격하려고 출동했으나 수항성에 도착하기 전에 병으로 죽었다.

구려호 선우와 한나라의 방어선

○   ○   ○

아선우가 즉위한 지 세 해 만에 죽었는데, 아들이 어렸으므로 흉노에서는 아선우의 작은아버지인 오유 선우의 동생 우현왕 구려호(句黎湖)를 선우로 세웠다. 태초 3년이었다.

구려호 선우가 즉위한 뒤에, 한나라에서는 광록[80] 서자위(徐自爲)를 보내 오원 요새에서 출발하여 수백 리에서 멀게는 천 리까지 여구산(廬朐山)에 이르도록 성(城)과 장(障)[81]을 쌓고, 중요 거점을 따라 척후용 정(亭)을 짓게 했다.

이어서 유격장군 한열(韓說)과 장평후(長平侯) 위항(衛伉)을 보내 그 방어선을 따라 주둔시켰다. 그리고 강노도위 노박덕(路博德)

에게는 거연택(居延澤) 가에 요새를 쌓게 했다.

그해 가을, 흉노가 운중, 정상, 오원, 삭방으로 대거 침입해 수천 명을 죽이고 노략질을 한 뒤에 이천석 관리 몇 명을 죽이고 돌아갔다.[82] 돌아가면서 광록이 쌓은 정과 장을 부수어 버렸다. 또 우현왕에게 주천과 장역을 침입하게 하여 수천 명을 포로로 잡아갔다. 그때 임문(任文)이 공격하여 구원하니 우현왕이 포로를 모두 두고 물러갔다. 이사장군이 대원을 격파한 뒤에〔대원국 귀족들이〕 베었던 대원왕의 목을 들고 회군 중이라는 말을 듣고 선우가 그 길을 막으려고 했으나 실패했다. 그해 겨울에 선우가 병으로 죽었다.

한나라 장수를 사위 삼은 저제후 선우

○　○　○

구려호 선우가 즉위한 지 한 해 만에 죽고, 구려호 선우의 동생인 좌대도위 저제후(且鞮侯)가 선우로 즉위했다.

그 무렵 한나라는 대원을 정벌하여 외국에 위세를 떨치고 있었다. 이어서 황제가 호를 고립시키기로 작정하고 조서를 내렸다.

고조께서 평성에서 당한 재난을 짐이 잊지 않고 있고, 고후 때에 선우가 몹시 패역한 서신을 보낸 일도 기억하고 있다. 옛적 제 상공이 아홉 대에 걸쳐 내려온 원수를 갚으니 『춘추』〔공양전〕에서 칭찬했다.

그해가 태초 4년이었다.

저제후 선우는 즉위하자마자 한나라가 흉노를 공격할까 두려워 한나라 사자로서 끝까지 투항하지 않은 노충국 등을 모두 한나라로 돌려보냈다. 그러면서 선우가 말했다.

"나 같은 아이가 어찌 감히 한나라 황제를 쳐다볼 수 있겠는가! 한나라 황제는 나에게 어른뻘이다."

한나라에서 중랑장 소무(蘇武)를 보내 선우에게 선물을 후하게 주었다. 그런데 선우가 아주 교만하고 의전을 차릴 때에도 몹시 거만한 것이 한나라 조정에서 기대하던 모습이 아니었다.

이듬해, 삭야후 조파노가 달아나 한나라로 돌아왔다.

그다음 해, 한나라에서 이사장군에게 기병 삼만 명을 거느리고 주천에서 변경을 나가 천산(天山)에서 우현왕을 공격하게 했는데, 적의 머리 만여 급을 베고 회군했다. 흉노가 대규모 부대로 이사장군의 부대를 포위하여 빠져나오지 못할 뻔했으니, 한나라 군사 열 명 중에 예닐곱 명이 죽었다.

한나라에서 또 인우장군을 보내 서하에서 변경을 나가 강노도위와 탁야산(涿邪山)에서 합류하게 했으나 전과는 얻지 못했다.

기도위 이릉(李陵)에게 보병 오천 명을 거느리고 거연에서 변경을 나가게 했는데, 북쪽으로 천여 리를 가서 선우의 부대와 교전했다. 이릉이 만여 명을 죽였으나 무기와 군량이 다하여 회군하고자 했다. 그때 선우의 부대가 이릉을 포위했고 이릉은 흉노에 항복했다. 이릉의 부대에서 포위망을 빠져나와 한나라로 돌아온 자는 사백 명이었다.

선우가 이에 이릉을 존중하면서 자신의 딸을 시집보냈다.

두 해가 지났을 때, 한나라에서 이사장군으로 하여금 기병 육만 명과 보병 칠만 명을 거느리고 삭방에서 변경을 나가 출격하게 했다. [변경에 있던] 강노도위 노박덕은 만여 명을 거느리고 이사장군과 합류했다. 유격장군 한열은 보병 삼만 명을 거느리고 오원에서 변경을 나갔고, 인우장군 공손오는 기병 만 명과 보병 삼만 명을 거느리고 안문에서 출격했다.

흉노에서 이 소식을 듣고 군사의 처자식과 가산을 모두 멀리 여오수(余吾水) 북쪽으로 옮긴 뒤에 선우가 직접 십만 명을 데리고 여오수 남쪽에서 기다리다가 이사장군의 부대와 접전했다. 이사장군이 선우와 열며칠을 싸운 뒤 포위를 뚫고 부대와 함께 퇴각했다.

유격장군은 아무런 공을 세우지 못했다.

인우장군은 좌현왕과 싸웠으나 불리하자 군대를 이끌고 돌아왔다.

이사장군의 항복을 받은 호록고 선우

이듬해에 저제후 선우가 즉위 다섯 해 만에 죽자, 맏아들인 좌현왕이 즉위해 호록고(狐鹿姑) 선우가 되었다. 이해가 태시(太始)

원년이었다.

좌현왕이 선우가 되기 전, 저제후 선우에게는 두 아들이 있었다. 맏아들은 좌현왕, 둘째 아들은 좌대장으로 있었다. 선우가 병을 앓다가 죽기 직전에 좌현왕을 다음 선우로 세우라고 유언했다. 그런데 좌현왕이 도착하지 않았다. 좌현왕이 병이 난 듯하다고 귀인이 보고하자 선우가 생각을 바꾸어 좌대장을 선우로 세웠다. 좌현왕이 그 소식을 듣고 선우의 도읍에 들어갈 엄두를 내지 못했다. 좌대장이 사람을 시켜 좌현왕을 불러오게 해서 양위했다. 좌현왕이 병을 핑계로 사양했으나 좌대장이 듣지 않고 말했다.

"죽으면 나에게 선우 자리를 넘겨줘."

좌현왕이 그렇게 하겠다고 응낙한 뒤에 즉위하여 호록고 선우가 되었다.

호록고 선우가 즉위한 뒤에 좌대장을 좌현왕으로 삼았다. 좌현왕은 몇 해 뒤 병으로 죽었다. 좌현왕의 아들 선현전(先賢撣)[83]은 좌현왕의 자리를 잇지 못하고 일축왕(日逐王)에 임명되었다. 일축왕은 좌현왕보다 자리가 낮았다. 호록고 선우는 자신의 아들을 좌현왕으로 세웠다.

호록고 선우가 즉위한 지 여섯 해가 지났을 때, 흉노가 상곡과 오원을 침입해 관리와 백성을 죽이고 노략질했다. 그해에 흉노가 다시 오원과 주천을 침입해 부도위(部都尉)[84] 두 명을 죽였다. 이에 한나라에서 이사장군의 칠만 명 부대를 보내 오원에서 출격하게 했다. 또 어사대부 상구성(商丘成)이 삼만여 명을 거느리고 서하에서 변경을 나가 출격했고, 중합후 모통은 기병 사만 명을 거느리고 주천에서 변경을 나갔다.

선우가 한나라에서 대규모 군대를 출동시켰다는 소식을 듣고 군사들의 처자식과 가산을 모두 조신성 북쪽의 질거수(郅居水)까지 옮기게 했다. 좌현왕은 자신에게 속한 백성을 재촉하여 여오수를 건너 육칠백 리 떨어진 두함산(兜銜山)에 정착시켰다. 선우는 스스로 정예병의 좌안후(左安侯) 부대를 거느리고 고저수(姑且水)를 건넜다.

어사대부가 거느린 부대가 지름길로 달렸으나 흉노의 부대를 만나지 못하고 회군했다. 흉노가 대장(大將)으로 하여금 이릉과 함께 삼만여 명의 기병을 이끌고 한나라 군대를 추격하게 했는데, 준계산에 이르러 한나라 군대를 만나 아흐레 동안 여러 군데에서 싸웠다. 한나라 군대가 적진을 함락해 격퇴하니 적이 아주 많이 죽거나 다쳤다. 퇴각하던 적이 포노수(蒲奴水)에 이르러 불리하다 여기고 철군했다.

중합후 부대가 천산에 도착했을 때, 흉노에서 대장 언거(偃渠)로 하여금 좌호지왕(左呼知王), 우호지왕(右呼知王)과 함께 기병 이만여 명을 거느리고 한나라 부대를 막게 했는데 한나라 부대의 강한 전력을 보고 철군했다. 〔전투가 없었으므로〕 중합후는 이기지도 지지도 않았다. 그때 한나라에서는 거사(車師)의 부대가 중합후의 진군을 막을지도 모른다고 생각하고 개릉후(闓陵侯)[85]를 보내 부대를 이끌고 따로 거사를 포위하게 했다. 개릉후는 거사왕과 백성을 모두 포로로 잡은 뒤에 회군했다.

이사장군이 변경을 나가려 할 때 흉노는 우대도위(右大都尉)를 보내 위율(衛律)과 함께 기병 오천 명을 이끌고 부양(夫羊)의 구산 (句山) 골짜기에서 한나라 부대를 막게 했다. 이사장군이 속국(屬 國) 호기(胡騎) 이천 명을 보내 싸우게 하니 적의 부대가 무너져 뿔뿔이 흩어졌는데, 죽거나 다친 자가 수백 명이었다. 승기를 잡 은 한나라 부대가 북쪽으로 추격하여 범부인성(范夫人城)[86]까지 이 르렀는데, 흉노는 달아나기에 바빠서 한나라 부대에 맞설 엄두를 내지 못했다.

이때 이사장군이 무고 사건에 연좌되어 아내와 자식이 잡혀갔 다는 소식을 듣고 걱정하고 두려워했다. 이사장군의 연으로 있던 호아부(胡亞夫)도 형벌을 피해 종군하고 있었는데, 이사장군을 설 득했다.

"부인과 가족이 모두 형리의 손에 있습니다. 돌아간다 해도 황 제의 뜻에 맞지 않으면 옥중에서 가족과 만나게 될 텐데, 질거 이 북의 땅을 다시 볼 수 있겠습니까?"

이 말을 들은 이사장군의 마음에 갈등이 일어났다. 그래도 적 진 깊이 들어가 공을 세우고자 하면서 마침내 북쪽의 질거수 가까 지 이르렀다. 그런데 적은 이미 물러간 뒤였다. 이사장군은 호군 (護軍)에게 이만 명의 기병을 이끌고 질거수를 건너게 했다. 하루 를 달려 좌현왕과 좌대장의 부대를 만났는데, 이만 명의 흉노 기 병이 한나라 군대와 맞서 하루 종일 싸웠다. 한나라 부대에서 좌 대장을 죽였고, 많은 수의 적군을 죽이거나 다치게 했다.

이사장군의 장사(長史)가 결휴도위(決睢都尉)[87] 휘거후(煇渠侯)에 게 의논했다.

"장군에게 다른 목적이 있어 군사들을 위태롭게 하면서까지 공을 세우고 싶어 하니 패하게 될 듯해서 두렵습니다."

두 사람이 함께 모의하여 이사장군을 체포하기로 했다. 이사장군이 먼저 듣고 장사를 벤 뒤에 부대를 이끌고 회군하여 속야오(速邪烏)의 연연산(燕然山)에 도착했다.

선우는 한나라 부대가 피로에 지친 것을 알고, 직접 기병 오만명을 이끌고 이사장군이 회군하는 길을 공격하며 막아섰다. 전투중에 양쪽에서 죽고 부상당한 자가 아주 많이 나왔다. 밤중에 한나라 진지 앞에 몇 척 깊이의 구덩이를 판 다음 뒤에서 급습했다. 한나라 부대는 일대 혼란에 빠져 패하고 이사장군은 항복했다. 선우는 평소 그가 한나라의 대장이자 황제의 총애를 받던 신하임을 알고 있었으므로 자신의 딸을 시집보내고 위율보다 더 많이 존중하고 아꼈다.

그 이듬해에 선우가 사자를 보내 한나라에 서신을 전했다.

남쪽에는 대한(大漢)이 있고 북쪽에는 강호(强胡)가 있습니다. 호는 하늘이 사랑하는 자식이라 소소한 의례 때문에 스스로 번거로운 일을 만들지 않습니다. 이제 한나라와 큰 문을 열고 한나라 여자를 처로 삼고 싶습니다. 해마다 우리에게 얼주(糵酒) 만 석, 직미(稷米) 오천 곡(斛), 색깔 있는 두꺼운 비단 만 필을 보내 주고, 다른 사항도 예전 약조대로 시행하면 변방을 침입하지 않을 것입니다.

한나라에서 사자를 보내 흉노의 사자를 전송하고 선우에게 답장을 전하게 했는데, 선우가 측근을 시켜 한나라 사자에게 어려운 질문을 던지게 했다.

"한나라는 예법과 도의를 지키는 나라입니다. 전(前) 태자가 거사하여 모반했다고 이사장군이 말하던데 어떻게 된 일입니까?"

사자가 말했다.

"그런 일이 있었습니다. 승상이 개인적으로 태자와 쟁투하다가 태자가 군대를 출동시켜 승상을 죽이려고 했고, 승상은 태자를 모함했습니다. 뒤에 승상은 주살되었습니다. 그러나 이 사건은 아들이 아버지의 군대를 움직인 것으로 태형에 해당하는 작은 허물에 불과합니다. 묵돌 선우가 직접 나서서 자신의 아버지를 죽이고 선우에 오른 것이나 계모를 아내로 삼는 금수 같은 짓을 한 것과 어떻게 비교할 수 있겠습니까!"

선우가 사자를 억류했다가 세 해 뒤에야 돌려보냈다.

이사장군이 흉노에 머문 지 한 해 남짓하여 위율이 선우가 이사장군을 총애하는 것을 시기하게 되었다. 그때 마침 선우의 어머니 연지가 병이 났다. 위율이 흉노 무당에게 선선우(先單于)[88]께서 노했다고 말하게 했다.

"호(胡)가[89] 공격 전에 올리는 사병(祠兵) 제사에서 이사를 생포하여 제사하겠다고 항상 다짐했는데 어찌하여 이사를 제물로 올리지 않는가?"

이 말을 들은 선우가 이사장군을 체포하자 이사장군이 악담을 했다.

"내가 죽어서 흉노를 반드시 멸망시키겠다!"

이어서 이사장군을 죽여 제사 지냈다. 그 무렵 몇 달 동안 눈이 계속해서 내려 가축이 죽고 흉노 사람들이 병에 걸렸으며 곡식이 여물지 않았다. 선우가 두려워하며 이사장군을 위해 사당을 세웠다. 이사장군이 죽은 뒤 한나라에서도 새로 대장군과 병졸 수만 명을 잃었으므로 더는 출병하지 않았다. 그리고 세 해 만에 무제가 붕어했다.

무제 생전에 한나라 부대가 스물 몇 해 동안 흉노 땅 깊은 곳까지 추격했으므로, 흉노에서는 새끼를 밴 가축이 유산할 정도로 극심한 고생이 이어졌다. 그리하여 선우부터 아래 신하들까지 늘 화친책을 생각했다.

화친을 희망하던 선우가 세 해 뒤에 병으로 죽었다. 선우에게 이복동생이 있었는데 좌대도위로 능력을 발휘했으므로 흉노 사람들이 좌대도위를 따랐다. 선우가 아들 대신 좌대도위를 후사로 세울지 모른다고 걱정하던 어머니 연지가 사람을 보내 은밀히 좌대도위를 죽였다. 좌대도위의 동복형이 이를 원망하여 다시는 선우정의 소회에 참가하지 않겠다고 했다.

병이 들어 죽음이 임박했을 때 선우가 귀인들에게 말했다.

"내 아들이 어려 나라를 다스리지 못할 것이므로 동생인 우록리왕을 선우로 세운다."

이어서 선우가 죽었는데, 위율 등이 전거(顓渠) 연지와 모의해 선우의 죽음을 숨기고 그 명령을 고쳤다. 위율이 귀인들과 술로 맹세하며 선우의 아들인 좌록리왕을 호연제(壺衍鞮) 선우로 고쳐 세웠다. 이해가 〔소제〕 시원 2년이었다.

호연제 선우, 화친을 모색하다

○ ○ ○

호연제 선우가 즉위한 후 한나라 사자에게 화친의 뜻을 넌지시 전했다. 좌현왕과 우록리왕은 즉위하지 못한 것에 불만을 품고 자신의 무리를 이끌고 남쪽으로 가서 한나라에 귀부하고자 했다. 그런데 자기들만으로는 한나라에 당도하지 못할 듯하자 노도왕(盧屠王)을 협박하여 함께 서쪽의 오손에 투항한 뒤에 흉노를 공격할 것을 상의하자고 했다. 노도왕이 선우에게 이르자 선우가 사람을 시켜 조사했는데 우록리왕이 불복하며 그 죄를 노도왕에게 뒤집어씌웠다. 흉노 사람들이 모두 노도왕이 억울하게 당했다고 여겼다. 그 뒤로 좌현왕과 우록리왕은 자신의 본거지로 돌아가서 용성 대회에 참가하지 않았다.

두 해가 지난 가을, 흉노가 대군에 침입하여 도위를 죽였다.

어린 선우의 즉위 초에 어머니 연지가 바르게 행동하지 않았으므로 흉노는 나라 안이 분열되었고, 사람들은 늘 한나라 부대가 습격해 올까 걱정했다. 그래서 위율이 선우에게 계책을 올렸다.

"우물을 파고 성을 쌓으며 높은 집을 지어 곡식을 저장한 뒤에 진인(秦人)[90]들과 더불어 지킨다면 한나라 부대가 당도해도 우리를 어떻게 하지 못할 것입니다."

그리하여 우물을 수백 개나 파고 수천 그루의 나무를 베어 재목을 마련했다.

그런데 누군가 이렇게 말했다.

"호인(胡人)들은 성을 지킬 줄 모르니, 저장한 곡식은 한나라의 군량으로 주게 될 것입니다."

그러자 위율이 공사를 그만두고 한나라 사자 중에 투항하지 않은 소무(蘇武)와 마굉(馬宏) 등을 돌려보내는 계책을 생각했다. 마굉은 예전에 광록대부 왕충이 서역 나라에 사신으로 갈 때 부사(副使)로 따라갔던 자였다. 중간에서 흉노에게 공격을 당했을 때, 왕충은 전사했고 마굉은 생포되었으나 투항하지 않았다. 흉노는 이 두 사람을 돌려보냄으로써 화친하고자 하는 선의를 전하려 했다. 선우가 즉위한 지 세 해째 되는 해였다.

이듬해, 흉노가 좌부(左部)와 우부(右部)에서 기병 이만 명을 징발하여 네 개 대(隊)로 편성한 뒤에 한꺼번에 변경을 침입해 노략질했다. 한나라 부대가 이를 추격해 구천 명의 머리를 베거나 포로로 잡고 우탈왕(甌脫王)을 생포했다. 전투에서 한나라는 죽거나 다친 자가 없었다. 흉노는 우탈왕이 한나라에 있는 것을 알고 공격할 때 길을 안내할까 봐 걱정했다. 그래서 멀리 북서쪽으로 철수하고는 물과 풀을 찾으러 남쪽으로 내려올 엄두를 내지 못했다. 사람들을 징발하여 우탈에서 농사를 지으며 지키게 했다.

이듬해, 흉노에서 다시 구천 명의 기병을 보내 수항성에 주둔시키며 한나라의 공격에 대비했다. 북쪽으로 여오수에 다리를 놓고 건널 수 있게 하여 달아날 때를 대비했다. 그 무렵 위율은 이미 죽고 없었다. 위율이 살아 있을 때 화친의 이로운 점에 대해 늘 강조했으나 흉노 사람들은 믿지 않았다. 그가 죽은 뒤에 부대가 여러 차례 포위를 당했고 나라의 재정은 더 나빠졌다. 그러자 선우의 동생이던 좌록리왕이 위율의 말을 기억하면서 화친을 생각했다. 그러나 한나라에서 들어주지 않을 것이 두려워 먼저 제안하지는 못하고 늘 측근을 시켜 한나라 사자에게 넌지시 말을 건네 보곤 했다. 그러면서 침입하여 노략질하기를 점점 줄이고 한나라 사자가 왔을 때 잘 대해 주면서 점진적으로 화친에 이르고자 했다. 한나라에서도 흉노에 대해 기미(羈縻) 정책을 썼다.

그 뒤에 좌록리왕이 죽었다.

다음 해, 선우가 려우왕(犁汙王)^{91}을 시켜 변경 사정을 정탐하게 했다. 려우왕이 말했다.

"주천과 장역의 부대가 많이 약해졌습니다. 출병하여 공격해 볼 만하니, 다시 그 땅을 회복할 희망이 보입니다."

흉노가 쳐들어오기 전에 한나라에서는 흉노에서 투항한 자로부터 그 계획을 전해 들었으므로, 황제가 변경에 명령을 내려 경계하며 대비하게 했다. 얼마 지나지 않아 우현왕과 려우왕이 사천 명의 기병을 세 개 대(隊)로 나누어 장역군의 일륵(日勒)과 옥란(屋蘭), 반화(番和)^{92}로 침입했다.

장역 태수와 속국도위가 군대를 출동시켜 대파하니 포위망을 뚫고 달아난 자가 수백 명뿐이었다. 속국의 천장(千長)이던 의거왕(義渠王)의 기병이 활을 쏘아 려우왕을 죽였으므로, 황금 이백 근과 말 이백 마리를 하사하고 려우왕에 봉했다. 또 속국도위 곽충(郭忠)은 성안후(成安侯)에 봉했다. 이 뒤로 흉노는 장역군으로 침입할 엄두를 내지 못했다.

그 이듬해, 흉노가 기병 삼천 명으로 오원군을 침입해 수천 명을 죽이고 잡아갔다. 뒤에 수만 명이 남쪽으로 내려와서 변경의 요새 근처에서 사냥하다가 새외(塞外)의 정(亭)과 장(障)을 공격해 관리와 백성을 잡아서 떠났다. 그때부터 한나라 변방의 군에서 봉화를 올려 정확하게 정찰했으므로 흉노에서는 변경을 약탈해서 얻는 이익이 적었다. 그래서 흉노가 변경의 요새를 침범하는 일이 점점 잦아들었다.

한나라에서 흉노 출신 투항자를 새로 받아들였는데, 그자가 말했다.

"오환(烏桓)이 선선우인 호록고 선우의 무덤을 파헤쳤으므로 흉노에서 이 사실에 원한을 품고 [호연제 선우가] 곧바로 이만 명의 기병을 일으켜 오환을 공격할 것입니다."

이 말을 들은 대장군 곽광이 군대를 출동시켜 흉노의 진군 길을 막고 공격하려고 하면서 호군도위 조충국에게 자문을 구했다. 조충국이 말했다.

"오환이 최근 들어 여러 차례에 걸쳐 변방 요새를 침범했는데, 지금 흉노가 오환을 공격한다니 한나라에 이롭겠습니다. 또 요즘 들어 흉노가 침범해서 노략질하는 일이 줄어들어 북쪽 변경이 다행히도 무사합니다. 만이가 만이를 치겠다는데 군대를 출동시켜 허리를 공격하면 침략을 부추겨 괜한 일을 만들게 될 것이니 좋은 계책이 아닙니다."

곽광이 다시 중랑장 범명우(范明友)에게 묻자 그가 대답했다.

"공격해도 됩니다."

이에 범명우를 도료장군(度遼將軍)으로 삼아 기병 이만 명을 거느리고 요동군에서 변경을 나가 출격하게 했다. 흉노에서 한나라 부대가 가까이 왔다는 말을 듣고 부대를 철수시켰다. 떠나기 전에 곽광이 범명우에게 일렀다.

"부대가 쓸데없이 출격할 수 없으니 흉노를 따라잡을 수 없으면 오환을 공격하라."

오환은 그때 흉노 부대에게 막 패한 뒤였고, 범명우는 흉노 부대를 따라잡을 수 없었다. 범명우는 오환이 지친 틈을 타서 공격하여 육천여 명의 머리를 베었다. 범명우는 오환의 왕 세 명의 머리를 베어 들고 회군했다. 범명우는 평릉후(平陵侯)에 봉해졌다.[93]

이 사실을 안 흉노에서 겁을 먹고 군대를 출동시키지 않았다. 그러고는 오손국에 사자를 보내 한나라 공주 유해우(劉解憂)를 잡아가겠다고 했다. 이어 오손국을 공격해 거연(車延)과 악사(惡師) 땅을 빼앗았다. 오손 공주[94]가 황제에게 구원을 요청하는 글을 올리자 황제가 공경들에게 오손국을 구할 방책을 의논하게 했는데 결론이 나지 않은 상태에서 소제가 붕어하고 선제가 즉위했다.

오손국의 곤미가 다시 서신을 보내 말했다.

연달아 흉노에게 침략을 당했습니다. 저 곤미가 전국의 정예병 중 절반을 동원하여 스스로 오만 기병 부대를 편성한 뒤에 힘을 다해 흉노를 공격하고자 합니다. 그러니 황제께서 군대를 보내 공주를 구해 주시기 바랍니다.

본시 2년[95] 한나라에서는 함곡관 동쪽 지방에서 경무장을 한 날랜 병사를 대규모로 모집하는 한편으로 각 군과 제후국의 녹봉 삼백석 아전으로 강건하면서 말타기와 활쏘기에 능한 자를 뽑아 모두 부대에 편입시켰다. 어사대부 전광명을 기련장군으로 삼아 기병 사만여 명을 거느리고 서하에서, 도료장군 범명우는 기병 삼만여 명을 거느리고 장역에서, 전장군 한증은 기병 삼만여 명을 거느리고 운중에서, 후장군 조충국은 포류장군(蒲類將軍)으로 삼아 기병 삼만여 명을 거느리고 주천에서, 운중 태수 전순(田順)은 호아장군으로 삼아 기병 삼만여 명을 거느리고 오원에서 출격하게 했다.

다섯 장군이 거느린 기병은 합해서 십여만 명이었다. 장군들은 부대를 거느리고 변경을 나가 각각 이천여 리를 가기로 했다.[96] 따로 교위 상혜가 출사해 오손국과 서역 여러 나라에서 출동하는 군대를 감독하기로 했다.[97]

오손의 곤미가 직접 흡후 이하 기병 오만여 명을 거느리고 서쪽으로 진입했고, 〔한나라의〕 다섯 장군 부대도 출동했으므로 모두 합해서 이십여만 대군이 출격했는데, 흉노 선우가 한나라 〔연합〕 군대가 대거 출격했다는 소식을 듣고 급히 노약자를 도피시키면서 가축을 몰아 먼 곳으로 도주했다. 이 때문에 다섯 장군이 전공을 많이 세우지 못했다.

도료장군은 변경의 요새를 출발하여 천이백여 리 떨어진 포리후수(蒲離候水)에 이르러 칠백여 명의 머리를 베고 말과 소, 양 만여 마리를 노획했다.

전장군은 요새를 출발하여 천이백여 리를 가서 오운(烏員)에 도착한 뒤에 적을 베거나 생포했고, 후산(候山)에 이르러 적의 머리 백여 급과 말과 소, 양 이천여 마리를 노획했다.

포류장군의 군대는 오손과 연합하여 흉노 땅의 포류택(蒲類澤) 쪽을 치기로 되어 있었다. 그런데 오손이 약조한 기일보다 먼저 도착했다가 철군하는 바람에 한나라 군대와 만나지 못했다. 포류장군은 요새를 나가 서쪽으로 천팔백여 리를 가서 후산에 이르러 적을 베거나 생포했는데, 선우의 사자 포음왕(蒲陰王) 이하 삼백여 명의 머리를 베었고, 말과 소, 양 칠천여 마리를 노획했다. 적이 이미 멀리 철수했다는 말을 들은 두 장군은 모두 계획한 이천 리를 다 가지 않고 되돌아왔다. 황제가 두 장군의 죄를 가볍게 여기고 너그럽게도 벌을 주지 않았다.

기련장군은 요새를 나가 천육백 리 떨어진 계질산(雞秩山)에 도착하여 열아홉 명의 머리를 베고 소와 말, 양 백여 마리를 노획했다. 그때 한나라 사자로 흉노에 출사했다가 돌아오던 염홍(冉弘) 등을 만났는데 계질산 서쪽에 적의 무리가 있다고 했다. 기련장군은 염홍에게 적이 없었다고 말하게 하고 부대를 철군시키려고 했다. 어사대부의 속관인 공손익수(公孫益壽)가 그렇게 할 수 없다고 간언했으나 기련장군이 그 말을 듣지 않고 부대를 이끌고 회군했다.

호아장군은 요새를 나가 팔백여 리를 가서 단여오수(丹余吾水) 가에 도착한 뒤에 진군하지 않고 멈춰서 천구백여 명의 머리를 베고 말과 소, 양 칠만여 마리를 노획한 뒤에 부대를 이끌고 돌아왔다. 호아장군은 계획한 대로 이천 리를 다 가지 않은 데다 노획한 양을 실제보다 부풀려 보고했고, 기련장군은 적이 앞에 있는 것을 알고도 지체하며 진격하지 않았다는 이유로 황제가 두 장군을 옥리에게 넘겨 조사하게 했다. 두 장군은 스스로 목숨을 끊었다. 황제가 공손익수를 발탁하여 시어사(侍御史)로 삼았다.

교위 상혜는 오손의 군대와 함께 우록리왕의 도움으로 진격하여 선우의 아버지 항렬인 귀족과 형수, 거차(居次), 명왕(名王), 기장(騎將)[98] 이하 삼만 구천 명을 사로잡고 말과 소, 양, 나귀, 탁타 칠십여만 마리를 노획했으므로, 한나라 조정에서 상혜를 장라후(長羅侯)에 봉했다.

흉노 쪽에서는 죽거나 다쳐서 달아난 자와 멀리 옮기던 중에 죽은 가축이 헤아릴 수 없이 많았다. 그때부터 흉노가 점점 쇠퇴했는데, 〔한나라와 연합했던〕 오손을 증오했다.

그해 겨울, 선우가 친히 기병 만 명을 이끌고 오손을 공격했다. 젊은이와 나이 든 사람들을 제법 많이 사로잡아 돌아가려고 하는데 마침 하늘에서 큰 눈이 내려 하루 사이에 한 장이 넘게 쌓였다. 사람들과 가축이 얼어 죽어 출발한 숫자의 십 분의 일도 돌아가지 못했다. 뒤이어 흉노가 약해진 틈을 타서 정령(丁令)이 흉노의 북쪽을 공격했고, 오환은 동쪽을 침입했으며, 오손은 서쪽을 쳤다. 이 세 나라가 죽인 흉노 사람이 모두 수만 명이었고, 말 수만 마리와 아주 많은 소와 양을 얻었다. 게다가 남은 사람 중에서 십분의 삼이, 가축은 절반이 굶어 죽었으므로 흉노는 크게 약해졌다. 그러자 흉노에게 속박당해 있던 여러 나라가 풀려나게 되어 흉노를 공격하고 약탈했는데 흉노에서는 손을 쓰지 못했다.

그 뒤 한나라에서 삼천여 명의 기병을 출동시켜 세 갈래 길로 한꺼번에 흉노로 침입했다가 수천 명의 적을 사로잡은 뒤에 회군했다. 흉노는 끝내 대응할 엄두를 내지 못하고 화친 쪽으로 점점 기울어졌으므로 변경에서 일이 덜 발생했다.

호연제 선우가 즉위한 지 열일곱 해 만에 세상을 떠났다. 동생 좌현왕이 즉위하여 허려권거(虛閭權渠) 선우가 되었다. 그해는 지절 2년이었다.

친히 오새 침범을 준비한 허려권거 선우

○ ○ ○

허려권거 선우가 즉위한 뒤에 우대장(右大將)의 딸을 대연지로 삼고 호연제 선우가 총애했던 전거 연지를 폐출하자 전거 연지의 아버지인 좌대저거(左大且渠)가 불만을 품었다.

그 무렵 흉노가 더는 변경을 침범해 오지 않았으므로 한나라에서는 새외의 성을 닫고 지키던 사람들을 쉬게 했다. 선우가 그 소식을 듣고 기뻐하면서 귀인들을 불러 한나라와 화친할 계책을 상의했다. 좌대저거는 그 일을 방해할 생각으로 말했다.

"예전에 한나라 사자가 올 때 군대가 사자의 뒤를 따라왔습니다. 이제 우리도 한나라가 군대를 보냈던 것처럼 하되, 사자를 먼저 한나라로 들어가게 하〔고 군대가 뒤따라가서 공격하게 하〕십시오."

그러고는 스스로 호로자왕(呼盧訾王)과 더불어 각기 만 명의 기병을 이끌고 남쪽으로 내려가서 요새 부근에서 사냥하다가 두 부대가 만나면 함께 침입하겠다고 했다. 부대가 목적지에 도착하기 전에 세 명의 기병이 달아나 한나라에 투항하고는 '흉노가 침입할 것'이라고 알렸다. 그러자 황제가 변방의 기병 부대를 출동시켜 요해처에 주둔하도록 명령했다. 또 대장군 군감(軍監) 치중(治衆) 등 네 명에게 오천 명의 기병을 거느리고 세 개의 대로 나누어 요새를 나가게 했는데 각각 수백 리씩 가서 수십 명의 적을 생포한 뒤에 회군했다.

흉노 부대에서는 기병 세 명이 달아난 뒤에 침입할 엄두를 내지 못하고 철군했다.

그해에 흉노에 기근이 들어 사람과 가축의 십분의 육에서 칠이 죽었다. 양둔(兩屯)에서 다시 각각 만 명의 기병을 일으켜 한나라를 방비했다.

같은 해 가을, 흉노가 예전에 복속시켰던 부족으로 흉노 동부에 살고 있던 서녹(西嗕)[99]에서 군장(君長) 이하 수천 명이 모두 가축을 몰고 진군하여 우탈에서 흉노와 싸웠다. 싸움에서 죽거나 다친 자가 많이 나오자 남쪽으로 내려가서 한나라에 투항했다.

그 이듬해, 서역 성곽 국가들이 함께 흉노를 공격하면서 〔흉노에 복속하던〕 거사국(車師國)의 도읍을 함락하고 거사왕과 사람들을 사로잡아 돌아갔다. 선우가 거사왕의 형제 두막(兜莫)을 새로운 거사왕으로 삼았다. 두막은 남은 백성을 데리고 동쪽으로 이주하고는 옛 땅에 살 엄두를 내지 못했다. 그 뒤에 한나라에서 주둔할 군인을 더 많이 파견해 거사국의 땅을 나누어 주면서 농사를

지으며 그곳에 살게 했다.[100]

다음 해 여러 성곽 국가가 함께 거사를 공격한 것을 증오하던 흉노가 좌우대장에게 각각 만여 명의 기병을 주고 거사의 오른편 땅에서 농사를 지으며 주둔하다가 오손과 서역 성곽 국가들을 침범하며 압박하게 했다.

두 해가 지났을 때, 흉노가 좌우욱건(左右奧鞬)[101]을 보내 각각 육천 명의 기병을 데리고 좌대장과 함께 한나라 군사들이 농사를 지으며 주둔하고 있던 거사성을 공격했으나 함락하지 못했다.

이듬해, 세 해째 계속해서 흉노를 침입하여 약탈하던 정령에서 흉노 사람 수천 명을 죽이고는 말과 다른 가축들을 몰고 철수했다. 흉노에서 만여 명의 기병을 보내 추격하게 했으나 아무것도 얻지 못했다.

그 이듬해, 선우가 직접 십여만 기병을 거느리고 요새 근처에서 사냥하다가 변경 침범을 시도했다. 그런데 요새에 도착하기 전에 흉노 사람 제제거당(題除渠堂)이 한나라로 달아나 투항해서는 선우가 침입을 준비하고 있다며 상황을 알렸다. 한나라에서 제제거당을 언병록해로후(言兵鹿奚盧侯)로 삼았다. 그리고 후장군 조충국에게 기병 사만여 명을 이끌고 가서 변경을 따라 설치된 아홉 개 군에 병사들을 주둔시켜 적의 침입에 대비하게 했다.

한 달 남짓하여 선우가 피를 토하는 병을 앓게 되었으므로 침입할 엄두를 내지 못하고 돌아갔다. 따라서 전투가 일어나지 않았다. 흉노에서 제왕(題王) 도려호차(都犁胡次) 등을 한나라에 보내 화친을 청했는데 대답을 듣기 전에 선우가 죽었다. 그해가 신작 2년이었다.

허려권거 선우는 즉위한 지 아홉 해 만에 죽었다. 즉위 초에 전거 연지를 폐출하자 전거 연지가 우현왕과 몰래 정을 통했다. 우현왕이 용성 대회에 참가하겠다고 할 때 전거 연지가 선우의 병이 깊으니 멀리 가지 못하게 했는데 며칠 뒤에 선우가 죽었다. 이에 학숙왕(郝宿王) 형미앙(刑未央)이 사람을 시켜 여러 왕을 소집했다. 왕들이 도착하기 전에 전거 연지가 자신의 동생인 좌대저거 도륭기(都隆奇)와 모의해 우현왕 저기당(屠耆堂)을 악연구제(握衍朐鞮) 선우로 세웠다. 악연구제 선우는 부친의 뒤를 이어 우현왕이 된 자로 오유 선우의 이손(耳孫)이다.[102]

포악한 악연구제 선우, 끝내 자결하다

○ ○ ○

새로 즉위한 악연구제 선우는 다시 화친 관계를 수립하기 위해 동생인 이추약왕(伊酋若王)[103] 승지(勝之)를 한나라에 보내 공물을 바치고 황제를 알현하게 했다. 즉위 초에는 흉악하게도 허려권거 선우 때에 집정하던 귀인 형미앙 등을 모두 죽이고 전거 연지의 동생인 도륭기를 중용했다. 또 허려권거 선우의 자제와 가까운 친척을 모두 면직하고 자신의 자제로 그 자리를 대신하게 했다. 허려권거 선우의 아들인 계후산(稽侯狦)은 선우로 즉위하지 못하고 장인 오선막(烏禪幕)[104]에게 달아나 의지했다.

오선막은 본래 오손과 강거(康居) 사이에 있던 작은 나라로, 자주 침략을 당하자 군장이 무리 수천 명을 이끌고 흉노에 투항했다. 호록고 선우가 동생의 아들인 일축왕의 누나를 오선막에 시집보내고, 오선막을 그 무리의 우두머리로 삼아 흉노의 서부에 살게 해 주었다.

일축왕 선현전(先賢撣)의 아버지 좌현왕은 자신이 선우로 오르게 되어 있을 때 호록고 선우에게 양보하면서 호록고 선우가 죽으면 선우로 세워 줄 것을 약속받은 적이 있었다. 그 때문에 흉노 사람 중에는 일축왕이 선우가 되어야 한다고 말하는 사람들이 많았다. 일축왕은 평소에 악연구제 선우와 사이가 벌어져 있었으므로 악연구제 선우가 즉위하자 자신의 기병 수만 명을 이끌고 한나라에 귀부했다. 한나라에서는 일축왕을 귀덕후(歸德侯)에 봉했다. 그러자 선우는 자신의 종형 박서당(薄胥堂)을 일축왕으로 세웠다.

이듬해, 선우가 다시 선현전의 두 동생을 죽였다. 오선막이 선우에게 간청했지만 듣지 않고 죽였으므로 속으로 분노했다.

그 뒤 좌욱건왕이 죽자 선우는 자신의 막내아들을 욱건왕으로 삼고 도읍에 머물게 했다. 그러자 좌욱건왕의 귀인들이 죽은 좌욱건왕의 아들을 왕으로 세운 뒤에 무리를 모두 이끌고 동부로 옮겨 갔다. 선우가 우승상에게 기병 만 명을 거느리고 공격하게 했으나, 죽은 자가 수천 명에 이르도록 이기지 못했다.

그 무렵 선우가 즉위하고 두 해 동안 포악하게 살육했으므로 흉노 사람들이 선우에게 귀부하지 않았다. 게다가 태자와 좌현왕이 이주해 갔던 동부의 귀인들을 여러 차례 참소하자 동부의 귀인들이 모두 원망했다.

그 이듬해에 오환이 흉노 동쪽 변경의 고석왕(姑夕王)을 공격해 사람들을 많이 사로잡아 갔으므로 선우가 노했다. 고석왕이 두려워하며 오선막과 동부 귀인들과 함께 계후산을 호한야 선우로 세웠다. 그리고 동부의 군사 사오만 명을 출동시켜 악연구제 선우를 공격하며 고저수(姑且水) 북쪽까지 갔다.

전투 전에 악연구제 선우의 군사들이 패주하자 선우가 사람을 시켜 동생인 우현왕에게 부탁했다.

"흉노 사람 모두가 다 같이 나를 공격하니 네가 군대를 보내 나를 도와줄 테냐?"

우현왕이 말했다.

"형님이 사람을 아끼지 않고 형제와 귀인들을 죽여서 일어난 일이니, 나까지 끌어들이지 말고 거기서 혼자 죽어야 합니다."

악연구제 선우가 분을 못 이겨 스스로 목숨을 끊었다.

좌대저거 도륭기는 우현왕이 있는 곳으로 달아났고, 좌대저거 휘하의 사람들은 모두 호한야 선우에게 투항했다. 신작 4년의 일이다.

악연구제 선우는 즉위한 지 세 해 만에 죽었다.

64

흉노전 하
匈奴傳 下

악연구제 선우가 죽고 호한야 선우가 도읍으로 돌아오는 장면에서 시작하여 호도이시 선우 초기(24년)에 끝나는 이 편은 주로 흉노가 분열하여 쇠망하는 역사가 기록되어 있다. 한나라 선제와 신나라 왕망이 대규모 군사를 일으켜 흉노를 타격하자 흉노가 크게 분열했다. 여러 선우는 한나라에 복속하여 세를 유지하기도 했다. 시대가 바뀐 것이다.

반고는 사마천이 흉노를 중원 사람들과 같은 하후씨 후예로 보았던 기록을 옮겨 적기는 했으나 중원과 흉노는 결코 하나가 될 수 없음을 강조했다. 이 편의 찬이 유독 긴 것은 흉노 땅 깊숙한 곳까지 원정을 다녀온 반고가 한나라와 흉노의 관계를 돌이켜 보고 관계 재정립을 위한 제언을 남기고 있기 때문이다. 특히 흉노에 대응하기 위한 여러 가지 정책을 소상히 기록했다. 반고의 연구 결과 서한의 지배층은 흉노에 대해 깊이 연구하지 않아 이리저리 휘둘리며 국력을 낭비했다는 것이다.

당시에는 흉노가 분열을 거듭하여 세력이 많이 약화되어 있었으므로 반고는 변경에서 대비하고 있다가 흉노가 쳐들어오면 물리치고, 물러가면 재침략에 대비하여 방어하면 된다고 주장했다. 반고에게 흉노는 함께할 대상이 아니라 인면수심의 무리였다. 그럼에도 흉노의 역사를 기록해서 후세에게 참고 자료로 남긴 뜻은 높이 살 만하다. 흉노 서진 이후 유럽 쪽에서 남긴 기록이 거의 없으므로 이 편은 흉노 연구의 귀한 자료로 남아 있다.

호한야 선우와 다섯 선우 시대

○　○　○

〔악연구제 선우가 죽고 나서〕 호한야 선우가 도읍으로 돌아왔다. 몇 달 지나서 전투를 쉬고 각자 원래 살던 땅으로 돌아가게 했다. 그리고 민간에 살고 있던 호한야 선우의 형 호저오사(呼屠吾斯)를 데리고 와서 좌록리왕으로 세웠다. 또 사람을 시켜 우현왕의 귀인에게 자신의 뜻을 알린 뒤에 우현왕을 죽이라고 시켰다.

그해 겨울 도륭기가 우현왕과 함께 일축왕 박서당을 저기(屠耆) 선우로 세우고 수만 명의 군대를 출동시켜 동쪽에 있던 호한야 선우를 습격했다. 호한야 선우의 군대가 패하여 달아났다. 저기 선우가 회군한 뒤에 맏아들 도도오서(都塗吾西)를 좌록리왕으로 삼고 막내아들 고무루두(姑瞀樓頭)를 우록리왕으로 삼아 선우정에 머물게 했다.

이듬해 가을 저기 선우가 일축왕 선현전의 형 우욱건왕과 오자도위(烏藉都尉)[1]로 하여금 각각 기병 이만 명을 데리고 동부에 주둔하면서 호한야 선우의 침입에 대비하게 했다. 그 무렵 서부 지역의 호걸왕(呼揭王)이 와서 유려당호(唯犁當戶)와 모의하여 우현왕을 참소했다. 〔우현왕이〕 스스로 오자(烏藉) 선우[2]에 오르려고 한다는 것이었다. 저기 선우가 우현왕과 그 아들을 죽였으나, 뒤에 우현왕이 억울하게 당한 것을 알고 다시 유려당호를 죽였다.

그러자 죽임을 당할 것이 두려웠던 호걸왕이 곧바로 반란을 일으켜 떠난 뒤에 스스로 호걸 선우에 올랐다. 그 소식을 들은 우욱건왕도 스스로 거려(車犁) 선우에 올랐고 오자도위도 스스로 오자 선우에 오르니, 모두 다섯 명의 선우가 있게 되었다.

저기 선우는 친히 군사를 거느리고 동부로 가서 거려 선우를 공격하면서, 도륭기로 하여금 오자 선우를 공격하게 했다. 오자 선우와 거려 선우가 모두 패하여 서북부로 달아났는데, 호걸 선우와 군대를 통합하여 사만 명을 보유했다. 오자 선우와 호걸 선우는 둘 다 선우의 호칭을 버리고 거려 선우를 받들며 힘을 합해 보좌했다.

그 소식을 들은 저기 선우가 좌대장과 도위에게 사만 명의 기병을 거느리고 동부로 가서 각각 지역을 나누어 주둔하며 호한야 선우의 침입에 대비하게 했다. 그러고는 직접 기병 사만 명을 거느리고 서부로 가서 거려 선우를 공격했다. 거려 선우가 패해 서북부로 달아나자 저기 선우가 군대를 이끌고 서남부로 가서 탑돈(闒敦)[3] 땅에 머물렀다.

이듬해 호한야 선우가 동생 우록리왕 등을 서쪽으로 진격시켜 저기 선우의 둔병(屯兵)을 습격하고 만여 명을 죽이게 했다. 그 소식을 들은 저기 선우가 곧바로 육만 명의 기병을 거느리고 직접 호한야 선우를 공격하러 갔다. 천 리를 행군해 가서 녹고(嗕姑) 땅 못 미친 지점에서 사만 명에 이르는 호한야 선우의 군대를 만나 교전했다. 저기 선우의 군대가 패하자 저기 선우가 스스로 목숨을 끊었다.

이에 도륭기가 저기 선우의 막내아들인 우록리왕 고무루두를 데리고 달아나 한나라에 귀부했다. 거려 선우는 동부로 가서 호한야 선우에게 투항했다. 호한야 선우의 좌대장 오려굴(烏厲屈)과 오려굴의 아버지 호속루(呼遬累) 오려온돈(烏厲溫敦)[4]은 흉노의 사정이 혼란스럽다고 여기고 무리 수만 명을 이끌고 남쪽으로 와서 한나라에 투항했다. 〔선제 오봉 2년〕 오려굴을 신성후(新城侯)에, 오려온돈을 의양후(義陽侯)에 봉했다. 그때 이릉(李陵)의 아들[5]이 오자도위를 다시 선우로 세우자, 호한야 선우가 오자도위를 붙잡아 베어 버리고 선우정에 다시 도읍했다. 그러나 호한야 선우를 따르는 무리는 수만 명뿐이었다.

저기 선우의 종제(從弟) 휴순왕(休旬王)이 휘하의 기병 오륙백 명을 거느리고 좌대저거를 공격하여 죽인 뒤에 그 부대를 아울러 오른편 땅에 이르러서 스스로 윤진(閏振) 선우에 올랐다. 윤진 선우는 서쪽 변경에 거주했다. 그 뒤 호한야 선우의 형인 좌현왕 호저오사도 스스로 질지골도후(郅支骨都侯) 선우에 올라 동쪽 변경에 머물렀다.

그로부터 두 해가 지나 윤진 선우가 무리를 거느리고 동쪽으로 진격하여 질지 선우[6]를 공격했다. 질지 선우가 교전하여 윤진 선우를 죽인 뒤에 그 부대를 합해 호한야 선우에게 진격했다. 전투에서 호한야 선우가 패하여 군사들이 달아났다. 그리하여 질지 선우가 선우정에 도읍했다.

○   ○   ○

호한야 선우가 패했으므로 좌이질자왕(左伊秩訾王)이 호한야 선우를 위해 계책을 내놓으며 권했다.

"신하의 나라를 칭하며 한나라 황제에게 직접 조정(朝請)의 예를 올리고 한나라를 섬기면서 도움을 받아야 합니다. 그렇게 하면 흉노를 평정할 수 있습니다."

호한야 선우가 대신들과 의논하며 의견을 묻자 모두 한목소리로 말했다.

"그렇게 할 수는 없습니다. 흉노의 풍속은 본래 힘을 숭상하고 지배당하는 것을 경시합니다. 말 위에서 전투하며 나라를 세웠으므로 백만(百蠻) 중에서 명성이 높고, 싸움터에서 죽는 일을 장사(壯士)에게 흔한 일로 여깁니다. 지금 형제끼리 선우 자리를 다투고 있지만, 형 아니면 동생이 선우 자리에 오르게 되어 있습니다. 그렇게 싸우다가 죽더라도 이름은 남길 수 있고, 그 자손들은 선우 휘하에서 부족의 왕 노릇을 할 수 있습니다.

한나라가 비록 강하다고 하나 흉노를 겸병할 수 없었습니다. 어찌하여 선조의 제도를 어지럽히며 한나라에 신하의 예를 올려 선조 선우를 욕되게 하고 여러 나라의 조롱거리가 되려고 하십니까! 그렇게 하면 분열된 흉노를 평정할 수는 있겠지만 어떻게 다시 백만의 우두머리가 될 수 있겠습니까!"

좌이질자가 말했다.

"그렇지 않습니다. 나라는 강할 때가 있고 약할 때가 있습니다. 지금은 한나라가 강성하여 오손과 다른 서역 성곽 국가가 모두 신하 나라로 복속하고 있습니다. 저제후 선우 이래 흉노는 나날이 땅을 빼앗겼는데 지금 그 땅을 수복하지 못하고 있습니다. 이 땅에서 굽히지 않고 강하게 살아왔다고 하지만 하루도 편안한 날이 없었습니다. 이제 한나라를 섬기면 편안하게 살 수 있고 섬기지 않으면 망할 것입니다. 어떤 계책이 이보다 나을 수 있겠습니까!"

흉노의 대인들이 한참 동안 거부했지만 호한야 선우가 좌이질자의 계책을 좇아 무리를 이끌고 남하하여 변경 요새에 접근했다. 그리고 아들 우현왕 수루거당(鈇婁渠堂)을 보내 입시하게 했다. 질지 선우도 아들 우대장 구우리수(駒于利受)를 보내 입시하게 했다. 이해는 〔선제〕 감로 원년이었다.

이듬해 호한야 선우가 오원군의 요새를 찾아와서 문을 두드리며 〔감로〕 3년 정월에 〔장안에 들어가 한나라 황제에게 신년〕 하례를 올리겠다고 청했다. 한나라에서 거기도위 한창을 보내 맞이했다. 그리고 선우가 지나가는 길에 있는 일곱 개 군마다 이천 명의 기병을 동원하여 길가에 늘어세웠다.

선우가 정월에 감천궁에서 황제를 알현하자 한나라 조정에서 특별한 의전으로 존중하고 제후왕보다 상석에 앉게 했다. 황제를 알현할 때는 호명되어야 하는데, 신하라고만 칭할 뿐 이름은 부르지 않도록 했다. 선우에게 관대와 의상, 황금으로 만든 국새와 여수(鍪綬), 옥구검(玉具劍), 패도(佩刀), 활 한 장(張)과 화살 네 발(發),[7] 계극(棨戟) 열 자루, 안거 한 승(乘), 안장과 고삐 한 구, 말

열다섯 필, 황금 스무 근, 돈 이십만 전, 수의와 대렴용 이불 칠십칠 습(襲), 수를 놓은 채색 비단, 무늬 있는 얇은 비단, 물 들인 비단 팔천 필, 서(絮)[8] 육천 근을 하사했다.

황제를 배알하는 의식을 마친 뒤에 사자로 하여금 길을 인도하게 하여 선우가 먼저 출발하게 하고 장평(長平)[9]에서 묵게 했다. 황제는 감천궁을 나와 〔장평에서 가까운〕 지양궁(池陽宮)에서 묵었다. 〔이튿날〕 황제가 장평 언덕배기에 올라 선우를 만난 뒤에 알(謁)[10]은 생략하라고 명했다. 선우 쪽에서 좌우 당호(當戶)와 그 무리가 열을 지어 〔의례를〕 지켜보았다. 그 밖에 곳곳에서 온 만이의 군장(君長)들과 제후왕 및 열후 일행까지 수만 명이 모두 위교(渭橋) 아래에서 두 줄로 서서 황제를 맞았다. 황제가 위교에 오르자 모두 만세를 불렀다.

선우가 경저에 들어가 한 달 남짓 머물다가 돌아갔다. 선우가 광록새(光祿塞)[11] 밖에 거주하며 적이 쳐들어오면 한나라를 위해 수항성을 지키게 해 달라고 황제에게 청했다.

한나라는 장락위위 고창후(高昌侯) 동충(董忠)과 거기도위 한창으로 하여금 기병 일만 육천 명을 거느리게 한 것에 더하여 변방의 군마다 수천 명씩 군대를 징발하여 삭방의 계록새(雞鹿塞)에서 변경을 나가는 선우를 전송하게 했다. 그리고 동충 등을 남겨 선우에게 불복하는 흉노 사람들을 선우을 도와 진압하게 했다. 또 변방의 곡식과 미비(米糒)를 운반하게 했는데 총 삼만 사천 곡(斛)이 흉노의 식량으로 제공되었다.

그해에 질지 선우도 사자를 보내 공물을 바치자 한나라가 아주

후하게 대접했다.

이듬해, 두 선우가 모두 사자를 보내 공물을 올리고 황제를 배알했다. 한나라는 호한야 선우의 사자에게 더 잘 대해 주었다.

그다음 해, 호한야 선우가 다시 입조하자 의전과 하사 품목을 지난번에 준하되, 수의 백열 습, 수놓은 비단 구천 필, 서 팔천 근을 더해 주었다. 둔병으로 하여금 전송하게 하고 기병을 보내 전송하는 절차는 생략했다.

애초 질지 선우는 호한야 선우가 한나라에 투항했다는 소식을 듣고 거느린 군사가 적고 약한 탓에 〔한나라에 머물며〕 흉노에 돌아오지 않으리라고 생각했다. 그래서 자신의 무리를 이끌고 서쪽으로 진격하여 오른쪽에 있던 서부 땅을 평정하려고 했다. 한편 저기 선우의 막냇동생은 본래 호한야 선우를 섬기다가 오른쪽 땅으로 달아났는데, 두 형의 남은 군사 수천 명을 얻어 스스로 이리목(伊利目) 선우에 올랐다. 이동 중에 길에서 질지 선우를 맞닥뜨려 교전이 이루어졌는데 질지 선우가 이리목 선우를 죽이고 그 군사 오만여 명을 합병했다.[12]

한나라에서 군대와 곡식을 지원하여 호한야 선우를 돕는다는 소식을 들은 질지 선우가 〔평정하러 갔던〕 오른편 서부에 거점을 두고 머무르기로 했다. 질지 선우는 자신의 힘으로 흉노를 평정하여 통일할 수 없다는 결론을 내리고 더 서쪽에 있는 오손에 접근한 뒤에 오손과 연합하기로 했다. 그래서 소곤미(小昆彌) 오취도(烏就屠)를 만나〔서 자신이 오손으로 가겠다는 뜻을 전하〕게 했다. 오취도는 호한야가 한나라의 옹호를 받는 선우인 반면에 질지는

도망 다니는 죄인으로 판단했기에 질지 선우를 공격해 한나라의
뜻에 맞추려고 했다. 이에 질지 선우의 사자를 죽여 그 머리를 한
나라의 도호(都護)가 있던 곳으로 보냈다. 그러고는 기병 팔천 명
을 일으켜 질지를 맞으러 갔다.

질지 선우는 자신을 맞으러 온 오손의 군사의 수가 많은 데다
자신이 보낸 사자도 돌아오지 않는 것을 보고 진을 쳐서 오손 군
대가 다가왔을 때 공격했다. 북쪽으로 오걸(烏揭)[13]을 공격하니 오
걸이 항복했다. 이어서 자신의 군대를 서쪽으로 보내 견곤(堅昆)
을 격파하고 북쪽에서 정령을 항복시켜〔오걸, 견곤, 정령〕세 나
라를 겸병했다. 그러고는 여러 차례 군대를 파견해 오손을 공격했
는데 공격할 때마다 이겼다.

견곤에서 동쪽으로 칠천 리 떨어진 곳에 선우정이 있었고 남쪽
으로 오천 리 떨어진 곳에 거사가 있었다. 질지 선우는 견곤에 머
무르며 새로운 도읍으로 삼았다.

원제 즉위 초에 호한야 선우가 다시 글을 올려 흉노 사람들에
게 먹을 것이 부족하다고 했다. 원제가 운중군과 오원군의 곡식
이만 곡을 수레로 옮겨 공급하도록 명했다.

질지 선우는 자신이 거주하는 곳이 한나라 도읍에서 너무 멀리
떨어져 있다고 생각했다. 게다가 한나라에서 호한야 선우에게 물
자를 대며 도와주는 것을 원망했다. 그래서 사자를 보내 글을 올
리며 시자(侍子)로 가 있던 자기 아들을 보내 달라고 청했다. 한나
라는 곡길(谷吉)을 보내 질지 선우에게 아들을 데려다주었다. 그
런데 질지 선우가 도착한 곡길을 죽였다.[14]

한나라 조정에서 곡길의 소식을 알지 못하던 중에 투항한 흉노 사람이 우탈에서 만난 사람이 선우가 곡길 일행을 모두 죽였다는 소리를 들었다고 전했다.

호한야 선우의 사자가 오자 한나라 조정에서 문서와 장부에 근거하여 아주 엄격하게 질책했다.

이듬해, 한나라는 거기도위 한창과 광록대부 장맹을 보내 시자로 와 있던 호한야 선우의 아들을 데려다주게 했다. 간 김에 곡길 일행의 소식을 물어보고, 이어서 지난 허물을 용서하면서 흉노 사람들에게 두려워하지 말라고 일렀다. 한창과 장맹이 보기에는 선우가 거느린 무리가 많이 늘어나 있었는데 광록새 바깥에는 이미 사냥할 짐승이 없었다. 또 호한야 선우의 군대가 자신을 지킬 만한 힘이 생겨 질지 선우의 침입을 두려워하지 않는 것도 알게 되었다. 게다가 호한야 선우의 대신이 북쪽으로 돌아가자고 선우에게 자주 권한다는 말을 들으니 그들이 북쪽으로 떠난 뒤에 약조를 지키지 않고 한나라에 침입할까 걱정되었다. 그래서 한창과 장맹은 호한야 선우와 더불어 맹약했다.

지금부터 한나라와 흉노가 연합하여 일가(一家)가 되니, 대대로 속이거나 공격하지 않는다.

서로 간에 절도 사건이 일어나면 고발하여 범인을 처벌하고 그 물건을 갚아 준다.

한쪽이 적의 침입을 당하면 군대를 출동시켜 서로 돕는다.

한나라와 흉노 중 먼저 맹약을 어기는 자는 하늘로부터 벌을 받을 것이니, 두 쪽이 대대손손 모두 맹약을 지키도록 한다.

한창과 장맹이 선우 및 그쪽 대신들과 함께 흉노의 낙수(諾水)[15] 동산(東山)에 올라 백마를 잡았다. 선우가 경로도(徑路刀)와 금 숟가락으로 말의 피를 넣은 술을 저은 다음 노상(老上) 선우가 죽였던 월지왕(月氏王)의 두개골을 술잔 삼아 함께 피를 마시며 맹세했다.

한창과 장맹이 돌아와 일을 아뢰자 공경들이 의논하여 말했다.

"선우가 번신(藩臣)이 되어 새를 지키고 있었으니 비록 북쪽으로 떠난다 해도 한나라에 해롭게 굴지 않을 것입니다. 한창과 장맹이 폐하의 허락 없이 한나라 황실 대대손손의 이름으로 이적(夷狄)과 서약하며 선우로 하여금 무례한 말로 하늘에 고하게 하니, 조정을 욕되게 하고 폐하의 권위를 훼손했으므로 맹약을 시행할 수 없습니다. 의당 사자를 보내 하늘에 고하여 제사 지내고 맹약을 해제해야 합니다. 한창과 장맹은 폐하의 명을 받들어 출사하여 제대로 행동하지 않았으므로 허물이 부도죄에 이르렀습니다."

황제는 두 사람의 허물을 가볍게 보고 명령을 내려 한창과 장맹에게 속형(贖刑) 판결을 내리면서 흉노와 맺은 맹약은 해제하지 말도록 했다. 그 뒤에 호한야 선우가 마침내 북쪽 선우정으로 돌아갔다. 그리고 흉노 사람들이 조금씩 호한야 선우 밑으로 돌아가 흉노가 안정되었다.

질지 선우가 사자를 죽인 뒤에 한나라에 죄를 지은 것을 깨달았다. 게다가 호한야 선우의 세력이 더 강해졌다는 소식을 듣고

습격당할 것이 두려워졌으므로 멀리 피하고자 했다. 마침 강거왕
(康居王)이 오손에게 여러 차례 포위를 당하여 흡후들과 함께 계책
을 의논했다.

"흉노가 대국일 때 오손은 흉노에 복속했다. 지금 질지 선우가
외지에서 고생하고 있으니, 선우를 맞이해 와서 동쪽 변경에 거주
하게 한 뒤에 우리와 군대를 연합하여 오손을 차지하고 질지 선우
를 오손왕으로 세우면 흉노 때문에 생기는 우환이 영원히 없어질
것이다."

강거왕이 곧바로 사자를 보내 견곤 땅에 있던 질지 선우에게
말을 전하게 했다.

질지 선우가 평소에 〔호한야 선우의 침입을〕 두려워하고 있던
데다 오손을 미워하고 있었으므로, 강거왕의 계책을 듣고 크게 기
뻐했다. 그래서 강거와 연합하기로 하고 군대를 이끌고 서쪽으로
갔다. 강거에서도 귀인을 파견하여 탁타와 나귀, 말 수천 마리를
끌고 가서 질지 선우를 맞이했다. 질지 선우가 거느린 군사들이
추위를 만나 길에서 많이 병들어 죽었으므로 살아남은 삼천 명만
겨우 강거에 도착했다.

그 뒤 도호 감연수가 부교위 진탕과 함께 군대를 출동시켜 강
거로 진격하여 질지 선우를 베었다. 이때의 이야기는 「감연수전」
과 「진탕전」에 있다.

질지 선우가 주살되자 호한야 선우는 한편으로 기뻐하면서 한
편으로 두려워하며 황제에게 글을 올렸다.

늘 폐하를 알현하기 원했으나 질지가 서쪽에 있으면서 오손과 연합하여 신을 공격할 것이 두려웠으므로 한나라에 입조하지 못했습니다. 이제 질지가 이미 죽었으니 들어가 조현(朝見)하기를 청합니다.

경녕 원년, 선우가 다시 입조했으므로 의전과 하사 품목을 예전처럼 하되 의복과 수를 놓은 채색 비단, 물들이지 않은 비단, 서의 양은 〔두 번째 입조했던〕 황룡(黃龍) 원년[16] 때보다 갑절로 늘려 주었다. 선우가 한나라 황실의 사위가 되어 친근해지기를 원한다고 자진해서 말했다. 원제가 후궁 중에서 양가자(良家子)[17]로 자(字)가 소군(昭君)이었던 왕장(王牆)을 선우에게 주었다.

선우가 기뻐하며 글을 올렸다.

상곡에서 서쪽으로 돈황에 이르기까지 우리가 변새를 지키며 무궁토록 살아가기를 원합니다. 그러니 변새를 수비하는 수졸을 철수시켜 폐하의 백성을 쉬게 하시기 바랍니다.

황제가 해당 관원으로 하여금 변경의 수졸을 철수하는 일에 대해 의논하게 하니 관원들이 모두 그렇게 하는 것이 좋겠다고 했다. 그런데 변경 사정에 밝았던 낭중 후응(侯應)이 허락해서는 안 된다고 했다. 황제가 변경의 사정을 물어보자 후응이 아뢰었다.

주나라와 진나라 이래로 흉포하고 사나운 흉노가 변경을 침범했는데, 한나라가 건국한 뒤에 그 피해가 더욱 심했습니다. 북쪽 변경의 새는 요동까지인데 그 북쪽에 음산(陰山)이 있다고 들었습니다. 동서로 천여 리에 뻗어 있는 음산은 초목이 무성하고 금수가 많습니다. 본래 묵돌 선우의 보금자리로 이곳에서 활과 화살을 만들어 한나라 변경을 오가며 노략질을 했으니 음산은 흉노의 원유(苑囿)였습니다.[18]

효무제 대에 이르러 군대를 출동시켜 그 땅을 빼앗고 흉노 사람들을 막북(幕北)으로 몰아냈습니다. 그러고는 새교(塞徼)와 정수(亭隧)[19]를 세우고 외성(外城)을 쌓았으며 수졸을 두어 그곳을 지키게 했으니 그런 뒤에야 변경이 조금씩 안정되었습니다.

막북 땅은 평탄한 데다 초목이 적고 모래가 많아서 흉노가 침입하러 올 때 막히는 곳이 전혀 없습니다. 그런데 변새의 남쪽부터는 산골짜기가 깊어 왕래가 어렵습니다. 변경의 나이 든 사람들이 "흉노가 음산을 잃은 뒤로 그곳을 지날 때 울지 않은 적이 없다."라고 말했습니다. 만약 변새를 수비하는 수졸을 철수한다면 이적(夷狄)에게 크게 유리해질 터, 철수하면 안 되는 첫 번째 이유입니다.

성덕(聖德)이 널리 퍼져 폐하의 덕이 흉노를 뒤덮었습니다. 흉노 사람들이 모두 구제되는 은혜를 입자 선우가 찾아와 머리를 오랫동안 조아리며 신하가 되었습니다. 대저 이적의 성정은 곤궁해지면 겸손하게 순종하고 강할 때에는 교만해지니 천성이 그러합니다. 전에 외성을 철폐하고 정수의 수를 줄였기에 지금은 다만 정찰한 결과를 봉화로 통신하고 있을 뿐인데, 옛사람들은 안전할 때 위급한 순간이 찾아올 것을 잊지 않았으니, 변경에서 군대를 철수하면 안 되는 두 번째 이유입니다.

중원에서 예와 의를 가르치고 형벌로 다스리는데도 어리석은 사람들은 여전히 법을 어기는데, 하물며 선우에게 자신이 거느린 사람들로 하여금 절대로 약조를 어기지 못하도록 단속할 능력이 있겠습니까! 이것이 세 번째 이유입니다.

중원에서 관문과 교량을 세워 제후왕을 견제함으로써 신하의 헛된 기도를 끊을 수 있었습니다. 새교를 설치하고 수졸을 두었던 것은 흉노만을 위한 것이 아니라 여러 속국에 거주하고 있는 투항민도 견제하려고 했던 것입니다. 속국 투항민은 예전에 흉노 사람들이었으므로 옛정을 그리워해 달아날까 봐 걱정됩니다. 이것이 네 번째 이유입니다.

얼마 전까지 서강에서 변새를 지키며 한나라 사람들과 왕래하고 있었는데, 이익을 탐하던 한나라의 하급 아전과 백성들이 쳐들어가 서강 사람들의 가축과 아내를 빼앗아 오곤 했습니다. 그 때문에 불만을 품고 봉기하여 반란을 일으켰는데 대대로 끊어지지 않을 듯합니다. 이제 변새를 지키는 군대를 철수시키면 만이에게 모욕을 주는 일을 일으켜 분쟁이 계속 이어질 테니, 이것이 다섯 번째 이유입니다.

과거에 종군했다가 돌아오지 않은 자가 많은데 빈곤한 자손이 하루아침에 변경으로 달아나 자신의 친척을 찾아갈 수 있으니, 이것이 여섯 번째 이유입니다.

또 변경 거주민의 노비들은 살기가 괴로워 달아나고 싶어 하는 자가 많은데, "듣자니 흉노 사람들은 즐겁게 산다던데, 새교의 감시가 엄해서 어떻게 할 수가 없다."라고들 하고 있습니다. 이런데도 가끔 변새를 나가서 달아나는 자가 있으니, 이것이 일곱 번째 이유입니다.

사납고 교활한 도적들이 떼를 이루어 법을 어기다가 급하게 쫓기면 북쪽으로 달아나는데 그렇게 되면 잡을 방법이 없으니, 이것이 여덟 번째 이유입니다.

변경에 장벽을 구축한 지 백여 년이 되었는데 전체 장벽을 흙으로 쌓은 것이 아니라, 산의 암석과 목재 보루,〔나무가 죽어서 넘어져 있는〕강락(僵落), 계곡과 관개 시설의 수문 같은 지형지물을 얼마간 이용하여 연결했습니다. 수졸들이 장벽을 연결했는데 거기에 들어간 공사 비용은 헤아릴 수 없을 만큼 큽니다. 변경의 수졸을 철수시키자고 주장하는 자들은 전체 사정을 깊이 생각하지 않고 임시방편으로 요수(繇戍)를 줄이자고 합니다. 십 년 뒤, 백 년 안에 갑자기 다른 변이 생긴다면 장새(障塞)는 무너지고 정수의 연락선은 끊어져 다시 수졸을 보내 보수해야 할 텐데, 대대에 걸쳐 해야 할 공사를 갑자기 복구할 수 없을 것입니다. 이것이 아홉 번째 이유입니다.

만약 수졸을 철수시키고 정찰을 맡은 정수의 수를 줄이면, 선우가 변새를 지키며 방어하는 일을 자신이 맡고 있으니 한나라에 큰 득이 되었다고 여기며 이것저것 요구하는 일이 한도 끝도 없이 이어질 것입니다. 그런데 그 뜻을 조금이라도 어기면 무슨 일이 일어날지 알 수가 없습니다. 이적에게 틈을 보이면 중원의 안정이 무너질 테니, 이것이 열 번째 이유입니다.

〔변경에서 군대를 철수하는 것은〕 영구히 안정을 유지하고 백만(百蠻)을 위력으로 제압하는 좋은 계책이 될 수 없습니다.

상주문을 대하자 황제가 명령을 내렸다.

변새의 군대를 철수하는 의논을 그만두도록 하라.

그러고는 거기장군 허가(許嘉)를 시켜 선우에게 구유(口諭)를 내리게 했다.

"선우가 글을 올려 북쪽 변경의 군대와 수졸을 철수시키라고 하면서 자손 대대로 변새를 지키기를 청했습니다. 선우가 한나라의 예와 의를 본받으면서 백성을 위해 아주 깊이 생각한 모양인데, 이번 것은 장구한 계책으로 짐은 선우의 뜻을 크게 칭찬합니다.

중원의 사방 여러 곳에 관문과 다리, 장새가 있는 것은 꼭 새외 사람들을 대비하자는 목적만이 아니라 중원 안의 간사하고 방종한 자들이 변경 밖으로 나가 도둑질하며 해를 끼치는 것을 막자는 뜻이 있으니, 법과 제도로 명확하게 밝혀 사람들의 마음을 다스리고 있습니다.

선우의 뜻은 잘 알았으므로 짐은 그 뜻을 의심하지 않습니다. 변경의 수졸을 철수하지 않는다고 선우가 이상하게 여길까 하여 대사마 거기장군 가를 시켜 선우에게 짐의 뜻을 알립니다."

선우가 사죄하며 말했다.

"제가 대계(大計)를 알지 못했으나 다행히도 폐하께서 대신을 보내 말씀을 전해 주셨으니 심히 두터운 은혜를 입었습니다."

앞서 좌이질자가 호한야 선우에게 한나라에 귀부하는 계책을 올려 마침내 백성을 안정시켰으나, 그 뒤에 누군가가 "좌이질자가 자신의 공을 자랑하며 늘 불만스러워한다."라고 참소했다. 그러자 호한야 선우가 좌이질자를 의심했다. 좌이질자는 주살될까 걱정하여 자신의 무리 천여 명을 거느리고 한나라에 투항했다. 한나라 황제가 좌이질자를 관내후로 삼고 식읍 삼백 호를 하사했으며, 흉노에서 찼던 왕의 인수를 그대로 차게 했다.

경녕 연간에 호한야 선우가 황제를 배알하러 왔을 때, 이질자를 만나 사죄했다.

"왕이 나에게 좋은 계책을 세워 주어 지금 흉노 사람들이 안녕하게 되었으니, 왕이 힘써 준 그 덕을 어떻게 잊겠소! 내가 왕을 실망하게 하여 흉노를 떠나게 했으니 모두 내 잘못이오. 이제 황제에게 고해 왕이 선우정으로 돌아갈 수 있도록 청하겠소."

좌이질자가 말했다.

"선우께서 천명을 따라 한나라에 자진해서 귀부함으로써 흉노 백성들이 안녕하게 되었습니다. 선우께서 잘 판단하셨고 황제가 보우해서 이루어진 일이니 제가 무슨 도움이 되었겠습니까!

저는 이미 한나라에 투항했으니 다시 흉노로 돌아간다면 이는 두 마음을 품는 것입니다. 선우의 사자로 한나라에 머물길 바라니 명을 따를 수 없습니다."

선우가 계속해서 청했으나 대답을 듣지 못하고 돌아갔다.

왕소군(王昭君)은 영호(寧胡) 연지가 되어 이저지아사(伊屠智牙

師)라는 아들을 낳았는데, 그 아들이 우일축왕이 되었다.

호한야 선우가 즉위한 지 스물여덟 해가 지난 〔성제〕 건시 2년에 죽었다.[20]

그보다 먼저 호한야 선우가 좌이질자의 형인 호연왕(呼衍王)의 두 딸을 총애했다. 맏딸은 전거 연지가 되어 아들 둘을 낳았는데, 맏아들은 저막거(且莫車), 둘째 아들은 낭지아사(囊知牙斯)라고 했다. 호연왕의 막내딸은 대연지가 되어 아들 넷을 낳았는데, 맏아들은 조도막고(雕陶莫皋), 둘째 아들은 저미서(且糜胥)라 했다. 이 두 아들은 모두 저막거보다 나이가 많았다. 셋째 아들은 함(咸)이라 했고 막내아들은 악(樂)이라 했는데, 이 두 아들은 모두 낭지아사보다 어렸다. 호한야 선우에게는 그 외에도 다른 연지에게서 얻은 아들 열 몇이 더 있었다. 전거 연지의 지위가 높았으므로 저막거가 총애를 받았다.

호한야 선우가 병이 들어 곧 죽으려 할 때 저막거를 선우로 세우려 하자 저막거의 생모인 전거 연지가 말했다.

"흉노가 열 몇 해 동안 난리를 겪느라 끊어지기 직전 머리털처럼 위험했으나 한나라의 도움을 얻어 다시 안정되었습니다. 이제 평안해진 지 얼마 되지 않아 사람들이 전투를 두려워하고 있습니다. 저막거는 나이가 어려 백성이 복속하지 않고 있으므로 나라가 다시 위태롭게 될까 걱정스럽습니다. 저는 대연지와 친자매간이라 대연지의 자식은 곧 저의 자식이고 제 자식은 곧 대연지의 자식입니다. 〔저막거를 세우는 것은〕 조도막고를 선우로 세우는 것만 못 합니다."

그러자 대연지가 말했다.

"저막거가 비록 어리나 대신들이 함께 국사를 처리하면 됩니다. 이제 지위가 높은 아들을 버리고 낮은 아들을 세운다면 뒤에 반드시 혼란스러운 일이 일어날 것입니다."

선우가 마침내 전거 연지의 계책을 좇아 조도막고를 세우면서, 동생 저막저에게 선우 자리를 넘겨주도록 약조하게 했다. 조도막고가 즉위해 복주루약제(復株累若鞮) 선우가 되었다.

왕소군과 혼인한 복주루 선우, 한나라에 입조하다

○ ○ ○

복주루약제 선우가 즉위하자 아들 우치로아왕(右致盧兒王) 혜해저노후(醯諧屠奴侯)를 한나라 황궁에 보내 입시하게 했다. 그리고 저미서를 좌현왕, 저막거를 좌록리왕, 낭지아사를 우현왕으로 삼았다.

복주루 선우는 왕소군을 처로 삼아 두 딸을 낳았는데, 맏딸은 수복(須卜) 거차,[21] 작은딸을 당우(當于) 거차라고 했다.[22]

하평 원년, 선우는 우고림왕(右皐林王) 이사막연(伊邪莫演) 등을 보내 공물을 보내고 (이듬해) 정월에 한나라 황제를 배알했다.

배알 의례를 마친 뒤 사자를 보내 전송하게 했는데 포반(捕反)에 이르렀을 때 이사막연이 말했다.

"투항하고 싶습니다. 받아 주지 않으면 나는 자결하겠습니다.

끝내 돌아가지 않겠습니다."

사자가 보고하자 황제가 공경들에게 의논하게 했다. 공경 중에 누군가 "마땅히 제도에 따라 투항자를 받아들여야 합니다."라고 했다. 그러자 광록대부 곡영과 의랑 두흠이 말했다.

한나라가 건국한 이래 흉노가 여러 차례 변경을 침범했는데 황금과 작위를 상으로 내리면서 투항한 자를 대접했습니다. 그러나 지금은 선우가 몸을 굽혀 신하를 칭하면서 북번국(北藩國)으로서 사자를 보내 조하(朝賀)하며 두 마음을 품지 않고 있으니, 한나라 황실에서 흉노를 대우하는 정책은 과거와 마땅히 달라져야 합니다. 지금 선우가 공물을 바치는 성의를 누리면서 죄를 짓고 달아난 선우의 신하를 다시 받아 준다면, 이는 한 사람을 얻자고 한 나라 군주의 마음을 잃는 것이고, 죄지은 신하를 받아들이기 위해 의(義)를 본받고자 하는 흉노 군주와 관계를 끊어 버리는 것이 됩니다. 만일 선우가 막 즉위하여 중원에 몸을 맡기고자 하면서도 그 득실을 알지 못해 은밀히 이사막연을 시켜 거짓 항복하게 해 놓고 길흉을 점치는 것일 수도 있으니, 투항자를 받아 주면 폐하의 성덕이 훼손되고 선한 뜻이 사라져 선우가 한나라에서 멀어진 채로 변방의 관리와 친하게 지내지 않게 될 것입니다. 또는 반간계를 쓰면서 이간시키려는 것일 수도 있습니다. 투항자를 받아 주면 흉노의 계책이 적중하게 되어 흉노에서 한나라의 잘못으로 돌리며 정당한 이유를 들어 책망할 것입니다. 이번의 투항 건은 실로 변경의 안위가 달린 중요한 일이자 부대 출동의 근거가 되는 일이니 신중하지 않을 수 없습니다. 투항자는 받지 않은 것만 못하니, 해와 달처럼 밝은 믿음을 보이면서 거짓으로 꾸민 모략을 저지하되, 귀부하여 친해지고 싶어 하는 선우의 마음을 받아 주는 것이 좋겠습니다.

상주문을 받고 황제가 곡영과 두흠의 의견에 따랐다. 황제가 중랑장 왕순(王舜)을 보내 투항한 사정을 묻게 하자 이사막연이 말했다.

"제가 정신이 나가서 헛소리를 했습니다."

그래서 이사막연을 전송하여 돌려보냈다. 돌아간 후 벼슬은 예전처럼 주었으나, 한나라 사자를 만나지 못하게 했다.

이듬해에 선우가 글을 올려 하평 4년 정월 황궁에 들어가 배알하기를 원한다고 했다. 이어서 선우가 들어와 배알하자 각종 비단 금수증백(錦繡繒帛)은 이만 필, 서는 이만 근으로 더해 하사하고 다른 물품은 경녕 연간 때와 같은 수준으로 내렸다.

복주루 선우는 즉위한 지 열 해가 지난 홍가 원년에 죽고, 동생 저미서가 수해약제(搜諧若鞮) 선우로 즉위했다.

변새에서 병사한 수해약제 선우

○   ○   ○

수해 선우가 즉위하여 아들 좌축도한왕(左祝都韓王) 후류사후(朐留斯侯)를 황궁에 보내 입시하게 했다. 그리고 저막거를 좌현왕으로 삼았다.

수해 선우는 즉위 여덟 해가 지난 원연 원년에 출발하여 2년 정월에 [한나라 황제를] 배알하러 오다가 변새로 들어오기 전에 병이 나서 죽었다. 동생 저막거가 거아약제(車牙若鞮) 선우로 즉위했다.

동생에게 왕위를 넘긴 거아약제 선우

○ ○ ○

거아 선우가 즉위하여 아들 우어도구전왕(右於涂仇撣王) 오이당(烏夷當)을 황궁에 보내 입시하게 했다. 그리고 닝지아사를 솨현왕으로 삼았다.

거아 선우는 즉위한 지 네 해가 지난 수화 원년에 죽고, 동생 낭지아사가 오주류약제(烏珠留若鞮) 선우로 즉위했다.

한나라에 입조하고 제후가 된 오주류 선우

○ ○ ○

오주류 선우가 즉위하여 호한야 선우의 둘째 연지의 아들 악(樂)을 좌현왕으로, 다섯째 연지의 아들 여(輿)를 우현왕으로 삼았다. 그리고 아들 우고노왕(右股奴王) 오제아사(烏鞮牙斯)를 황궁에 보내 입시하게 했다. 한나라는 중랑장 하후번(夏侯藩)과 부교위 한용(韓容)을 흉노에 사신으로 보냈다.

그 무렵 황제의 외삼촌인 대사마 표기장군 왕근이 상서를 겸하고 있었는데 누군가 왕근을 설득하며 말했다.

"흉노에 한나라 땅 쪽으로 돌출되어 장역군에 뻗어 있는 산이 있는데, 좋은 목재와 전간죽(箭竿竹)[23]과 독수리의 깃털이 납니다. 이곳을 얻으면 변경의 경제 사정이 아주 넉넉해지고 조정으로 봐서도 땅을 넓히는 이득이 있으니, 장군의 빛나는 공적이 영원히 전해질 것입니다."

왕근이 황제에게 그 땅의 좋은 점을 설명하자, 황제가 선우에게 그 땅을 달라고 직접 말하려다가 혹시 거절당하면 황제의 명령과 위엄이 훼손될까 걱정했다. 그러자 왕근이 곧바로 하후번에게 황제가 그 땅을 원하고 있다고 알려 주면서, 선우에게 그 땅을 요구하되 황제의 뜻이 아닌 하후번 자신의 의견이라고 설득하게 했다. 하후번이 흉노에 가서 회담하던 중에 선우에게 말했다.

"흉노에 한나라 땅 쪽으로 돌출되어 장역군에 뻗어 있는 산이 있는 것을 제가 보았습니다. 한나라에서 현재 세 명의 도위를 변새에 파견하고 있는데, 병졸 수백 명이 추위에 고생하며 오랫동안 정찰 임무에 시달리고 있습니다. 선우께서 그 땅을 바쳐 돌출된 변경선을 곧게 하고 변경에 파견된 두 명의 도위와 병졸 수백 명을 줄임으로써 황제의 두터운 은덕에 보답하고자 한다는 글을 올리는 것이 마땅합니다. 그러면 반드시 큰 상을 내릴 것입니다."

선우가 물었다.

"이는 황제께서 조서를 내려 하신 말씀입니까? 아니면 사자께서 혼자 생각해서 요구하는 것입니까?"

하후번이 말했다.

"황제의 뜻입니다. 그러나 저 번이 선우를 위해 세워 드리는 좋은 계책이기도 합니다."

선우가 말했다.

"효선제와 효원제께서 아버지 호한야 선우를 가엾게 여겨 장성(長城) 이북 땅을 흉노가 가지게 해 주셨습니다. 말씀하신 그곳은 온우도왕(溫偶驥王)의 거주지라 나는 그 특산물의 사정에 대해 알지 못하니 사람을 보내 물어보게 해 주십시오."

하후번과 한용은 한나라로 돌아갔다. 그리고 같은 임무를 띠고 다시 흉노에 사자로 갔는데 도차하지마자 그 땅을 달라고 요구했다.

선우가 말했다.

"아버지에 이어 형님까지 다섯 대를 내려올 동안 한나라에서 그 땅을 요구한 적이 없는데 유독 지(知) 대에 이르러 달라고 하니[24] 어떻게 된 일입니까? 온우도왕에게 물어보니 흉노 서쪽 변경에 있는 제후[25]들이 궁려와 수레를 만들 때 모두 그 산의 재목을 가져다 쓴다고 했습니다. 게다가 돌아가신 아버지의 땅을 제가 감히 없앨 수 없습니다."

하후번이 돌아온 뒤에 오주류 선우로 자리를 옮겨 갔다. 선우가 사자를 보내 글을 올려 하후번이 땅을 요구한 사정을 보고하자 황제가 조서를 내려 선우에게 대답했다.

번이 제멋대로 황제의 조서에 있던 내용이라고 하면서 선우에게 땅을 요구했던 것이니, 법에 따르면 사형시켜야 마땅하나 이미 두 차례의 대사령을 거쳤습니다. 이제 번을 제남 태수로 옮기고 흉노와 다시는 마주하지 못하게 하겠습니다.

이듬해 시자가 죽자 흉노로 운구하여 장례를 치르게 했다. 아들 좌어도구전왕(左於駼仇撣王) 계류곤(稽留昆)을 새로 황궁에 보내 입시하게 했다.

애제 건평 2년, 오손왕의 서자 비원지흡후(卑援疐翕侯)의 사람들이 흉노의 서쪽 변경을 침입해 소와 가축을 약탈하고 그 백성을 많이 죽였다.

선우가 이를 듣고 좌대당호 오이령(烏夷泠)을 보내 기병 오천 명을 거느리고 오손을 공격하게 했는데, 수백 명을 죽이고 포로 천여 명 및 소와 가축을 몰고 철수했다. 비원지가 두려운 마음에 아들 추록(趨逯)을 흉노에 볼모로 보냈다. 선우가 볼모를 받은 뒤에 한나라에 그 사정을 보고했다.

한나라는 중랑장 정야림(丁野林)과 부교위 공승음(公乘音)을 흉노에 출사시켜 선우를 질책하면서 볼모로 와 있던 비원지의 아들을 돌려보내라고 명령했다. 선우가 조서를 받들어 볼모를 돌려보냈다.

건평 4년, 선우가 글을 올려 다음 해에 배알하기를 청했다. 그 무렵 병을 앓고 있던 애제에게 누군가 아뢰었다.

"흉노[의 선우]가 상유(上游)²⁶에서 내려오면서 인명을 억눌러서 황룡과 경녕 연간 이후로 선우가 배알하러 올 때마다 중원에는 국상(國喪)이 났습니다."[27]

황제가 그 말을 듣고 겁이 나서 공경들의 생각을 물어보자 다들 "국고를 허비하니 잠시 허락하지 말아야 합니다."라고 했다. 선우의 사자가 하직하고 출발하기 전에 황문랑(黃門郞) 양웅이 글을 올려 간언했다.

육경에 나오는 치국의 방책 중에서는 어지러운 일이 일어나지 않도록 방비하는 다스림을 가장 좋은 방책으로 친다고 신은 알고 있습니다. 또 병가에서는 전쟁이 일어나지 않게 하는 것을 가장 좋은 승리로 치고 있습니다. 이 두 가지는 모두 심오한 이론이나 대사의 근본이므로 그 뜻을 잘 살피지 않으면 안 됩니다.

지금 선우가 글을 올려 배알할 것을 청했는데, 조정에서는 이를 허락하지 않고 거절해야 한다고 주장하고 있습니다. 어리석은 신이 생각하건대 한나라와 흉노는 이 때문에 갈라지게 될 듯합니다. 본래 흉노라는 북쪽 땅의 적은 오제도 신하로 복속시키지 못했고 삼왕도 제압하지 못했으니, 그들과 갈라지지 않는 정책이 너무나도 명확하게 필요합니다. 신이 먼 옛적의 일을 들지는 못하겠으나 진나라 이후의 사실을 들어 그 이유를 설명하겠습니다.

강경했던 진시황과 위엄을 갖추었던 몽염이 갑옷 입은 군사 사십여만 명을 이끌고 진격했지만 서하 북쪽은 넘지 못하고 그 남쪽에 장성(長城)을 쌓아 경계로 삼았습니다.

한나라 건국 초기에 위엄과 명성을 날리던 고조께서는 삼십만 군대를 거느리고 있었지만 평성에서 포위를 당해 이레 동안 굶은 사람도 있었습니다. 그 무렵 기막힌 기지를 발휘하거나 원대한 계책을 내던 신하가 아주 많았으나 마침내 위기를 벗어날 수 있었던 내막에 대해서는 세상 사람들에게 알려지지 않아 전하지 않습니다.

또 고황후[28]께서 흉노의 선우에게 분노한 일이 있었을 때, 대신들이 조정에서 대책을 상의하는 자리에서 번쾌가 십만 군사로 흉노 땅을 마구잡이로 정벌하겠다고 청하자, 계포가 "번쾌의 목을 베어야 하겠습니다. 헛된 작전으로 태후의 뜻에 순종하며 아부하고 있습니다."라고 아뢰었습니다. 뒤에 대신이 선우를 달래는 편지를 써서 보낸 연후에야 흉노와 어색했던 관계를 풀고 중원의 우환을 없앨 수 있었습니다.

이어서 효문제 대에 이르러 흉노가 북쪽 변경을 침범했고 그 척후 기병이 옹(雍)과 감천까지 이르렀으니, 장안에서 매우 놀랐습니다. 세 명의 장군으로 하여금 군대를 거느리고 세류와 극문, 패상에 주둔하게 하는 것으로 흉노의 침입에 대비했다가 몇 달 뒤에 철수시켰습니다.[29]

효무제가 즉위한 뒤에 마읍에 복병을 숨겨 두고 흉노를 유인하고자 했는데, 〔어사대부〕한안국 등에게 삼십만 명의 군사를 거느리고 적당한 지점에서 흉노를 요격하게 했으나 흉노의 선우가 낌새를 알아차리고 철수하는 바람에 헛된 경비를 들이고 군사들만 괴롭게 했습니다. 한 명의 적군도 만나지 못했는데 하물며 선우의 얼굴을 대할 수 있었겠습니까!

그 뒤에 〔무제께서〕사직의 존망이 걸린 정책을 깊이 생각하고 만년에 걸쳐 나라를 물려줄 대규모 계책을 수립하셨습니다. 수십만 명의 대군을 일으켜 위청과 곽거병이 열 몇 해에 걸쳐 전투를 벌이게 했습니다. 두 장군은 서하를 건너 대사막을 지나 전안산의 조신성을 함락했고 선우정을 습격했습니다. 그리고 흉노 땅의 끝까지 달아나는 적을 추격하여 북쪽으로 쫓아 버리고 낭거서산에서 하늘에 제사를 올렸으며 고연에서 땅에 제사를 드렸습니다. 또 한 해 변에 이르러 백 명에 달하는 명왕(名王)과 귀인을 사로잡았습니다. 그 뒤로 흉노가 두려워하며 계속해서 화친을 요구했으나 신하의 나라를 칭하지는 않았습니다.

나아가 생각하자면 이전 시대에 헤아릴 수 없이 비용을 쏟아부으며 죄를 짓지 않은 사람들을 군사로 징발한 것이 그저 즐겁자고 한 일이겠으며, 낭거서산에 올라 북쪽을 바라본 것이[30] 그저 통쾌하기 위해서였겠습니까? 한 차례 고생하지 않으면 오랫동안 편안할 수 없고 일시적으로 경비를 쓰지 않으면 영원히 안녕할 수 없다고 보았으며, 백만 대군을 굶주린 범이 아가리를 벌리고 있는 곳으로 내보내는 아픔을 견디고 국고의 재물을 날라 노산의 골짜기를 메우면서도 후회하지 않았던 것입니다.

본시 연간에 들어가면서 흉노(의 호연제 선우)가 품고 오손을 공략하여 (한나라에서 시집보낸) 공주를 잡아가려고 했으므로 (본시 2년에) 다섯 장군이 십오만 명의 한나라 기병을 거느리고 출동하여 흉노의 남쪽을 공격했습니다. 또 장라후는 오손의 오만 명 기병으로 흉노의 서쪽을 뒤흔들어 놓았습니다. 이 부대들은 모두 공격하기로 계획했던 곳까지 갔다가 돌아왔습니다.[31] 이때 노획물이 적어 위무를 떨친 데 그쳤지만 한나라 군대가 우레와 바람 같음을 명확하게 보였습니다. 전사자와 노획물이 적은 채로 돌아와서 두 명의 장군이 주살당했습니다. 이렇게 북적이 복종하지 않으면 중원의 황제가 베개를 높게 베고 편히 주무시지 못합니다.

〔선제〕 원강 연간과 신작 연간에 이르러 한나라에서는 교화가 아주 잘 이루어지고 황제의 은덕이 광범위하게 베풀어진 데 반해 흉노에서는 내란이 일어나 다섯 명의 선우가 다투어 즉위했습니다. 그러자 일축왕과 호한야 선우가 자신의 백성을 모두 이끌고 목숨을 던져 귀화하고 엎드려 신하의 나라를 칭했습니다. 한나라에서는 기미 정책을 시행하며 함부로 제압하려고 들지는 않았습니다. 그 뒤로 한나라 황제를 배알하러 오겠다고 하면 거절하지 않았고, 배알할 생각이 없는 나라에게는 강요하지 않았습니다. 그 이유가 무엇이겠습니까?

외국 사람들은 그 천성이 잔인하고 흉포한 데다 체구가 크고 건장하며 힘과 기력을 숭상하고 의지하므로, 선하게 교화되기는 어려운 반면에 악에 물들기는 쉬운 편입니다. 완강하여 복속시키기 어려우니 그들이 순종해 오기란 좀처럼 어려운 일입니다. 복종시키지 못했을 때에는 군사들이 고생하며 멀리 공격하러 가야 했습니다. 국고를 털어 재물을 다 써 버리면서까지 죽고 피 흘리며 견고한 적의 부대와 진지를 쳐부수고 함락했으니 복종시키지 못했을 때에는 그런 어려운 점이 있었습니다. 복종시킨 뒤에는 그들을 위로하고 구제하면서 서로 왕래하는 과정에 재물을 선사하고 위엄과 의전을 갖춰 대했으니 이렇게 잘 돌아갔습니다.

과거에 군대를 파견하여 대원의 수도를 함락하고 성안의 사람들을 전멸시켰을 때에나 오환의 보루를 짓밟았을 때, 〔반란을 일으켰던〕고증(姑繒)의 군영을 함락하거나 탕자(蕩姐)[32]의 터전을 평정했을 때, 또 조선의 전(旃)을 꺾고 양월(兩越)의 기(旗)를 뽑았을 때 출동 기간이 짧게는 열흘에서 한달을 넘지 않았고 길게는 두 계절을 지날 동안인 여섯 달을 넘지 않았습니다. 그 도읍지에 밭을 갈고 마을을 없애 버린 뒤에 군현(郡縣)을 설치함으로써 〔바람이〕구름을 흩어 버리고 자리를 둘둘 말아 치워 버리듯이 후환을 없앴습니다. 그런데 북적만은 그렇게 정벌하지 못했으니, 동쪽과 서쪽, 남쪽의 이민족과 비할 수 없을 만큼 강한 진정한 강적입니다. 그리하여 전대의 황제들은 흉노에 대한 정책을 아주 중요하게 다루며 쉽사리 등한하게 취급하지 않으셨습니다.

이번에 선우가 의를 숭상하는 한나라에 귀부하여 도읍을 떠나 황궁에 와서 정성스러운 마음을 담아 폐하를 뵙고 인사 올리기를 청하고 있습니다. 선우의 배알을 허락하는 것은 전대로부터 내려온 화친책이자 돌아가신 신령한 선제들께서 바라는 바로, 비록 조정의 경비가 많이 나간다고 하더라도 멈출 수 없는 일입니다. 어찌하여 "상유에서 내려오며 인명을 억누른다."라는 말로 거절하면서 언제 다시 배알하러 올지 모르는 상태로 소원해지게 하여 지난날 베푼 은덕도 쓸모없이 장래에 불화가 일어날 싹을 틔울 수 있겠습니까!

대저 찾아오겠다는 사람을 소원하게 대하여 원한을 품게 한다면 전날의 약조를 저버리면서 화친하겠다고 했던 예전 언사를 들고 나와 한나라가 먼저 관계를 깼다고 원망을 돌릴 것입니다. 그렇게 관계를 끊고 마침내 북면하여 신하를 칭할 마음을 먹지 않으면 위력으로도 협박이 안 되고 말로도 설득할 수 없을 테니 어찌 큰 우환이 되지 않겠습니까!

대저 명(明)을 지니면 현상이 나타나기 전에 그 낌새를 알아볼 수 있고 총(聰)을 지니면 귀에 들리지 않는 소리를 들을 수 있습니다. 실제로 미연(未然)에 앞서 대비한다면 몽염이나 번쾌 같은 장군을 다시 전투에 내보내지 않아도 되고, 극문과 세류에서 방비하지 않아도 되며, 마읍의 복병 계책을 어느 곳에서도 쓸 필요가 없고, 위청과 곽거병 같은 공훈을 전혀 세울 필요가 없으며, 다섯 장군이 거느렸던 군대의 위력을 어디에서도 떨칠 필요가 없습니다. 일단 불화가 생기고 나면 지혜로운 자들이 황궁에서 황제께 지혜를 짜내 드리고 말 잘하는 사람들이 빈번하게 출사하여 설득한다 해도 미연에 대비함만 같지 못합니다.

게다가 과거에 서역으로 가는 길을 개척하고 거사를 제압한 뒤에 도호를 두어 서른여섯 개 성곽 국가를 통솔하게 했는데, 해마다 막대한 금액을 지출했습니다. 그렇게 한 것은 강거와 오손이 백룡퇴(白龍堆)를 넘어 한나라의 서쪽 변경을 침범할 것을 걱정해서가 아니었으니, 바로 흉노를 제압하기 위한 것이었습니다. 대저 백 년 동안 고생하여 이룬 공을 하루아침에 잃어버릴 수 있습니다. 경비로 이미 열을 지출했는데 지금에 와서 하나를 쓰는 데 인색하다니, 신은 나라의 장래를 생각해 볼 때 마음을 편히 가질 수 없습니다. 바라건대 폐하께서는 "어지러운 일이 일어나지 않도록 막고, 전쟁

이 일어나지 않게 하는 방책"을 조금씩 유념하시면서 변경에서 일
어날지도 모를 재앙의 싹을 막으십시오.

상주문이 올라오자 황제가 그 뜻을 알아차렸다. 그래서 흉노의
사자를 돌아오게 한 뒤에 선우에게 배알을 허락하는 내용으로 바
꾼 새로운 답장을 내렸다. 양웅에게는 비단 쉰 필과 황금 열 근을
하사했다.

선우가 출발하기 전에 병이 들었으므로 새로 사자를 보내 이듬
해에 배알할 것을 청했다. 제도에 따르면 선우가 배알하러 올 때
명왕(名王) 이하 관원 및 종자(從者) 이백여 명이 따라오게 되어 있
었다. 선우가 다시 글을 올렸다.

폐하의 신령함에 힘입어 백성이 늘어났으니, 오백 명을 데리고
입조하여 폐하의 성대한 덕을 널리 알리게 해 주시기를 원합니다.

황제가 오백 명이 올 수 있도록 허락했다.

〔애제〕 원수 2년, 선우가 황제를 배알하러 왔다. 그해의 황제
태세(太歲)[33]를 주술로 억누르기 위해 선우를 상림원 포도궁(蒲陶
宮)에 묵게 해 놓고, 선우에게는 선우를 크게 존중해서 상림원에
묵게 했다고 알렸다.[34] 나중에 선우가 자신의 태세를 누르기 위해
엽승(厭勝) 주술을 쓴 사실을 알게 되었다.

선우에게 전보다 양을 늘려 수의 삼백칠십 습, 금수증백 삼만
필, 서 삼만 근을 하사했고, 다른 물품은 하평 연간 때에 준하여

하사했다.

배알 의례가 끝나자 중랑장 한황(韓況)을 보내 선우를 전송하게 했다. 선우가 변새를 나가 휴둔정(休屯井)에 당도한 뒤에 북쪽으로 거전노수(車田盧水)를 건넜다. 그쪽 길은 멀리 돌아가는 길이라 한황 등은 준비해 간 양식이 모자라게 되었다. 그래서 선우가 식량을 공급해 주었다. 한황 일행은 기한 내에 돌아오지 못해 쉰 며칠이나 늦게 왔다.

선우가 돌아갈 때, 황제가 〔입시하고 있던〕계류곤을 보내 선우를 따라 흉노로 돌아가게 했다. 선우가 궁정에 돌아가서 계류곤의 동복형 우대저방(右大且方)과 그의 아내를 새로 보내 입시하게 했다. 뒤에 두 사람이 흉노로 돌아가자 저방의 동복형인 좌일축왕 도(都)와 그의 아내를 새로 보내 입시하게 했다.

그 무렵 한나라에서는 평제가 어렸으므로 태황태후가 〔황제 대신〕칭제했고, 신도후 왕망이 정권을 장악했다.

〔평제 원시 2년, 왕망이〕태후의 위덕(威德)이 아주 성대하여 이전 시대를 뛰어넘은 것을 보여 줌으로써 태후를 기쁘게 하고자 했다. 그 일환으로 선우에게 권하여 왕소군의 딸인 수복거차 운 (云)을 황궁에 들여보내 태후를 시봉하게 하고 후한 상을 받으라고 했다.

그해에 서역의 거사후왕(車師後王) 구고(句姑)[35]와 거호래왕(去胡來王) 당두(唐兜) 두 사람이 〔한나라〕도호와 교위에게 원한을 품고는 처자식과 자신이 거느리고 있던 사람들을 거느리고 흉노에 투항했다. 이때의 이야기는 「서역전」에 있다. 선우가 이들을 받아들여 좌록리 땅에 거주하게 하고 사자를 보내 사정을 설명한 글을 올리며 "신이 삼가 받아들였습니다."라고 했다. 이에 중랑장 한융(韓隆)과 왕창, 부교위 견부(甄阜), 시중알자 백창(帛敞), 장수 교위 왕흡(王歙)을 흉노에 사자로 보내 선우에게 조서를 내렸다.

서역 국가는 한나라에 귀속되어 있으므로 투항을 받아들이면 안 됩니다. 지금 돌려보내십시오.

그러자 선우가 말했다.

"효선제와 효원제께서 동정심을 베풀어 장성 이남은 천자가 소유하고 장성 이북은 선우가 소유하는 규약을 만들었으니, 변경의 요새를 침범한 일이 생기면 그때마다 사정을 보고하고, 투항하는 자가 있으면 받아들이지 않도록 했습니다. 신 지의 아버지 호한야 선우는 한나라로부터 헤아릴 길 없는 은혜를 입었으므로 임종 때에 '중원에서 투항해 오는 자가 있으면 받아들이지 말고 꼭 변경의 요새로 돌려보내 천자의 두터운 은덕에 보답하라.'라고 유언했습니다. 그런데 이번에 투항한 자들은 외국 사람이니 받아들일 수 있습니다."

사자가 말했다.

"흉노에서 선우의 골육끼리 서로 공격하는 통에 나라가 거의 망할 뻔했습니다. 하지만 중원의 커다란 은덕을 입고 멸망의 위기를 벗어나 선우 자리를 다시 이어 갈 수 있게 되었고 처자식의 목숨을 무사하게 보전하여 대대로 선우 자리를 계승할 수 있었으니,

두터운 은덕에 보답해야 마땅합니다."

선우가 머리를 조아려 사죄하고 두 반역자를 잡아 사자에게 돌려보냈다. 조서를 내려 중랑장 왕맹(王萌)으로 하여금 서역의 악도노(惡都奴) 변경에서 기다렸다가 이들을 데려오게 했다. 선우가 사자를 파견하여 그 나라까지 데려다주면서 두 왕의 죄를 용서해 달라고 청했다.[36] 사자가 선우의 부탁이 있었다고 보고했지만 왕망이 그 죄를 용서하지 않았고, 서역 여러 나라의 왕을 모이게 하여 그 앞에서 베어 버리라는 조서를 내렸다.

그러고는 사조(四條)를 제정했다.

중원 사람으로 달아나 흉노에 투항한 자,

오손 사람으로 흉노에 투항한 자,

중원에서 내린 인수를 차고 있는 서역 여러 나라 사람으로 흉노에 투항한 자,

오환 사람으로 흉노에 투항한 자는

모두 〔흉노에서〕 받으면 안 된다.

중랑장 왕준과 왕창, 부교위 견부와 왕심(王尋)을 흉노에 사자로 파견하여 선우에게 사조를 반포한 뒤에 국서와 조문을 같은 함에 넣어 봉하고 선우에게 주어 봉행하게 했다. 그리고 예전에 선제가 제정했던 규약이 든 봉함(封函)을 거두어서 돌아왔다.

〔이해에〕 왕망이 〔복고(復古)를 주장하며〕 중원에서 두 글자짜리 이름을 쓰지 못하게 상주했다. 선우에게는 사자를 보내 "모화

(慕化)하여 이름을 한 글자로 하겠다."고 글을 올리면 한나라에서 반드시 후한 상을 내릴 것이라고 권했다. 선우가 그 말대로 글을 올렸다.

다행스럽게 번신(藩臣)으로 있는 저도 기쁜 마음으로 태평성제 (太平聖制)를 따르겠습니다. 신은 원래 이름이 낭지아사(囊知牙斯)이 나 이제 삼가 '지(知)'라고 고치겠습니다.

왕망이 크게 기뻐하며 태후에게 보고했다. 사자 편에 답서를 보내고 후한 상을 내렸다.

그 무렵, 한나라가 사조를 반포한 뒤에 호오환사자(護烏桓使者)[37]가 오환 사람들에게 가서 "흉노에 더는 피포세(皮布稅)를 내지 말도록 하라."라고 고했다. 흉노는 약조에 따라 오환에 사자를 보내 오환에게 세를 독촉했는데, 흉노의 남자와 여자 중에 〔오환 사람들과〕 장사를 하고 싶어 한 자들이 모두 사자를 따라 오환에 갔다. 오환에서 거절하며 말했다.

"흉노에게 세를 주면 안 된다고 한 황제의 조조(詔條)를 받들어 야 합니다."

흉노 사자가 노하여 오환의 추호(酋豪)를 결박해다가 거꾸로 매 달아 놓았다. 분노한 추호의 형제들이 함께 흉노 사자와 그 관속 들을 죽이고 여자와 마소를 빼앗았다.

이 소식을 들은 선우가 사자를 보내 좌현왕의 군대를 출동시켜 오환에 들어가게 한 뒤에 흉노 사자를 죽인 것에 대해 문책하면서 오환을 공격했다. 오환 남자들은 흩어져 산으로 달아나거나 동쪽으로 〔한나라〕 새에 들어가 목숨을 연명했다. 흉노 부대는 많은 수의 오환 남자들을 죽인 뒤에 천 명에 달하는 여자와 아이를 몰고 돌아가서 흉노의 왼쪽 땅인 동부에 두었다. 그러고는 오환에게 말과 가죽을 가지고 와서 이들을 교환해 가라고 알렸다. 오환 포로의 친척 이천여 명이 모아 두었던 가죽을 들고 포로 교환을 하러 갔는데 흉노에서 이들이 가지고 온 것만 받고 포로는 묶어 둔 채 보내지 않았다.

왕망이 찬위(簒位)한 건국(建國) 원년, 오위장(五威將) 왕준이 견부(甄阜)와 왕립(王颯)과 진요(陳饒), 백창(帛敞), 정업(丁業)을 거느리고 흉노에 출사했다. 이들 여섯 명은 황금과 비단을 많이 들고 가서 선우에게 선물하며 왕망의 신(新)나라가 천명을 받아 한나라의 뒤를 잇게 된 사정을 명확하게 알렸다. 그리고 예전에 내렸던 선우의 인장을 바꾸어 내렸다. 예전 인장에는 '흉노선우새(匈奴單于璽)'라고 새겨져 있었는데 왕망이 '신흉노선우장(新匈奴單于章)'이라고 고치게 했다.

장수들이 도착한 뒤 선우에게 인불(印紱)을 내리되 예전 인불을 반환하라는 명령이 담긴 조서를 내렸다. 선우가 두 번 절하고 조서를 받았다. 역관이 앞으로 나서서 예전 인불을 끌러 가지고 가려고 하자 선우가 팔을 들어 〔인불을 끌러〕 주려고 했다. 〔그때 선우〕 곁에 있던 좌고석후(左姑夕侯)[38] 소(蘇)가 말했다.

"새 인장의 문구를 아직 보지 못했으니 당분간 〔예전 인장을〕 주지 않는 것이 마땅합니다."

그러자 선우가 그만두고 넘겨주지 않았다.

사자들을 선우 궁려 안으로 들어오게 해서 자리에 앉게 했다. 앞에 나서서 축수하려고 하자 오위장이 말했다.

"예전 인불을 때에 맞춰 반납해야 마땅합니다."

선우가 말했다.

"좋습니다."

다시 팔을 들어 역관에게 인불을 끌러 주려고 하자 소가 다시 말렸다.

"인장의 문구를 아직 보지 못했으니 당분간 주지 마십시오."

선우가 말했다.

"인장의 문구가 어떻게 바뀔 수 있겠는가!"

그렇게 대꾸하고 난 뒤에 예전 인불을 풀어 바치니 장수들이 받았다. 선우는 새 불(紱)을 걸어 놓기만 했지, 끌러서 인장의 문구는 확인하지 않았다. 그러고는 밤이 될 때까지 먹고 마시다가 자리를 파했다.

우수(右率) 진요가 여러 장수들에게 말했다.

"아까 고석후가 〔새로운〕 인장의 문구에 대해 의심을 품는 바람에 선우가 우리에게 〔예전 인장을〕 넘기지 않을 뻔했습니다. 새 인장을 보고 그 문구가 바뀐 줄 알면 예전 인장을 돌려달라고 할 것이 분명한데, 그 요구는 무슨 말로도 거절할 수가 없습니다. 이미 받은 인장을 잃어버린다면, 그보다 더 크게 사명을 그르칠 수 없습니다. 예전 인장을 부수어 화근을 없애는 것만 같지 못합니다."

나머지 장수들이 망설이며 그 말에 동의하지 않았다. 진요는 연나라 땅[39] 출신의 무사로 과감하게 결단하는 성격에 용맹한 사람이었다. 진요가 바로 도끼를 들었다가 내리쳐 예전 인장을 망가뜨렸다.

이튿날 아니나 다를까 선우가 우골도후(右骨都侯) 당(當)[40]을 보내 장수들에게 예전 인장을 돌려달라고 요구했다.

"한나라에서 내린 선우의 인장은 '새(璽)'라고 했지 '장(章)'이라고 하지 않았습니다. 또 '한(漢)'이라는 글자도 없었습니다. 한나라에서는 제후왕 이하에게 내리는 인장에 '한'을 새겨 넣었고 그 인장을 '장(章)'이라고 했습니다. 이제 '새(璽)' 자를 없앴고 '신(新)' 자를 추가했으니 다른 신하의 인장과 다르지 않게 되었습니다. 예전 인장을 돌려주기 바랍니다."

장수들이 〔망가뜨린〕 예전 인장을 보이며 말했다.

"신나라 황실이 하늘의 뜻에 순응해 제도를 마련했습니다. 예전 인장은 〔우리 쪽 장수가〕 알아서 망가뜨렸습니다. 선우는 천명을 받들고 신나라의 제도를 받들어야 마땅합니다."

당이 돌아가 보고하자 선우도 어떻게 할 방법이 없음을 알게 되었다. 선물도 많이 받았던 터라 자신의 동생 우현왕 여(輿)를 장수들이 돌아가는 편에 딸려 보내 황궁에 말과 소를 바치며 사례했다. 우현왕은 입궁한 김에 글을 올려 예전 인장처럼 문구를 새기게 해 달라고 청했다.

장수들이 돌아가다 좌려한왕(左犁汗王) 함(咸)이 다스리는 땅에 도착했을 때의 일이다. 그곳에 오환 사람들이 많은 것을 본 장수들이 함에게 그 이유를 물었다. 함이 상세하게 사정을 고하자 장수들이 말했다.

"예전에 밀봉해 둔 사조 조문에는 오환에서 투항하는 자를 받지 못하게 되어 있으니 이 사람들을 빨리 돌려보내십시오."

함이 말했다.

"선우께 조용히 보고하게 해 주십시오. 허락이 떨어지면 돌려보내겠습니다."

선우가 함을 시켜 물어보게 했다.

"새내 길을 통해 돌려보내야 하겠습니까, 새외 길을 따라 돌려보내야 하겠습니까?"

장수들이 독단적으로 결정할 수 없는 일이었으므로 왕망에게 보고하니 새외 길로 돌려보내라는 조서가 답으로 내려왔다.

애당초 하후번이 땅을 요구했을 때 선우가 한나라의 요구를 거절한 바 있었다. 뒤에 오환에게 세를 요구하다가 받지 못하자 그 사람들을 사로잡고 약탈했다. 이런 일 때문에 사이가 틀어지게 되었는데 다시 인장의 문구가 바뀌자 강한 불만을 품게 되었다. 이에 우대저거 포호로자(蒲呼盧訾) 등 열 몇 명으로 하여금 기병 군사 만 명을 거느리고 오환 사람들을 호송한다는 명분 아래 삭방의 요새 문밖에 진지를 설치하게 했다. 삭방 태수가 그 사정을 왕망에게 보고했다.

이듬해, 서역의 거사후왕 수지리(須置離)가 〔왕망의 서역 출병에 반감을 품고〕 흉노에 투항하고자 했다. 이에 서역도호 단흠(但欽)이 수지리를 불러들여 주살했다. 수지리의 형 호란지(狐蘭支)가 백성 이천여 명과 가축을 몰고 나라 전체를 들어 흉노로 달아나 투항했는데, 선우가 호란지를 받아들였다. 호란지는 흉노와 함께 거사 땅을 공격해 후성장(後成長)을 죽이고 도호부의 사마(司馬)를 다치게 하고는 다시 흉노로 돌아갔다.

그때 무기교위(戊己校尉)의 사(史) 진량(陳良)과 종대(終帶), 사마 승 한현(韓玄), 우곡후(右曲候) 임상(任商) 등은 서역 여러 성곽 국가가 반기를 자주 들고 있는 데다 흉노의 대규모 침공이 있을 거라는 소식을 듣고 다 같이 죽게 될 것을 두려워했다. 이에 꾀를 내어 군리와 병사 수백 명을 협박하여 무기교위 조호(刁護)를 죽였다. 그러고는 사람을 보내 흉노 남려한왕(南犁汗王)[41]의 남장군(南將軍)에게 거사 사실을 알렸다. 흉노 남장군이 기병 이천 명을 거느리고 진량 등을 맞이하러 서역에 들어왔다. 진량 등이 무기교위 휘하에 있던 모든 군리와 병사 및 남녀 백성 이천여 명을 협박해 흉노 땅으로 들어갔다. 한현과 임상은 남장군의 진영에 남고 진량과 종대는 바로 선우 궁정으로 갔다. 데리고 간 사람들은 영오수(零吾水) 변에서 따로 거처를 마련하여 밭을 갈며 살게 했다. 선우는 진량과 종대를 오환도장군(烏桓都將軍)[42]이라 칭하며 선우정에 머물도록 하고, 자주 불러서 함께 먹고 마셨다.

서역도호 단흠이 글을 올려 흉노 남장군과 우이질자가 많은 군사를 거느리고 서역 여러 나라를 침범해 공격했다고 보고했다. 그 소식을 들은 왕망은 흉노를 잘게 나눠 열다섯 선우를 임명할 계획을 짰다. 그래서 중랑장 인포(藺苞)와 부교위 대급(戴級)에게 기병 군사 만 명에 진귀한 보물을 많이 가지고 운중의 변새 밖으로 나가 호한야 선우의 아들들[43]을 유인하여 불러들이게 한 뒤에 차례

대로 선우에 임명하려고 했다.

역관으로 하여금 변새를 나가 우려한왕[44] 함(咸) 및 함의 아들 등과 조(助) 세 사람을 유인하여 불러오게 했다. 이들이 변새 안으로 들어오자 거부하는 함을 협박하여 효선우(孝單于)로 임명하고 안거와 고거(鼓車) 각 한 대, 황금 천 근, 여러 색깔의 비단 천 필, 희극(戱戟)[45] 열 자루를 하사했다. 조는 순선우(順單于)로 임명하고 황금 오백 근을 하사했다. 또 조와 등은 역참 수레에 태워 장안으로 보냈다.

왕망은 인포를 선위공(宣威公)으로 봉한 뒤에 호아장군에 임명했다. 또 대급을 양위공(揚威公)으로 봉하고 호분장군에 임명했다.

선우가 이 소식을 듣고 노하여 말했다.

"선(先)선우께서 한나라 선제의 은혜를 입었으니 한나라를 저버리는 행동은 할 수 없다. 그런데 지금의 황제는 선제의 자손이 아닌데 어떻게 즉위했는지 모르겠다."

그러고는 좌골도후와 우이질자왕, 호로자 및 좌현왕 악(樂)을 보내 군대를 거느리고 운중군 익수새(益壽塞)로 침입하게 하여 관리와 백성을 많이 죽였다. 그해가 건국 3년이었다.

그 뒤 선우가 좌부(左部)와 우부(右部)의 도위 및 여러 변왕(邊王)에게 계속해서 고하여 새를 침입하여 약탈하게 했다. 대규모일 때에는 만여 명, 중간 규모일 때에는 수천 명, 규모가 작을 때에는 수백 명이 침입해 안문 및 삭방의 태수와 도위를 죽였고 헤아릴 수 없이 많은 관리와 백성, 가축을 잡아갔으므로 변경이 텅 비게 되었다.

왕망은 새로 즉위하자마자 국고의 넉넉함을 믿고 〔흉노를 정벌하여〕 나라의 위엄을 세우려고 했다. 이에 군대를 십이 부(部)로 조직하여 각 부의 장수를 임명하고 지방의 군과 제후국의 용사 및 무고의 정예 무기를 징발하여 배정했으며, 각 부마다 주둔하여 지킬 곳을 정해 주고 물자를 수레에 실어 변경으로 나르게 했다. 계획상으로는 삼십만 군사를 채워서 모으고 삼백 일치의 양식을 꾸려 동시에 열 갈래 길로 출동하여 끝까지 흉노를 추격해 정령 땅 안으로 몰아넣을 작정이었다. 그리고 흉노 땅을 나눠 호한야의 아들 열다섯 명을 선우로 세우려고 했다.

왕망의 장수 엄우가 간언했다.

"신이 듣기로 흉노가 해를 끼친 것은 아주 오래전부터였다고 하나, 상고 시대에 흉노를 반드시 정벌하겠다고 나선 적이 있다는 말은 듣지 못했습니다. 후대의 세 왕조인 주나라와 진나라, 한나라가 흉노 정벌에 나섰으나 세 왕조 모두 상책을 쓰지 못했습니다. 주나라는 중책을 썼고 한나라는 하책을 썼으며 진나라는 무책(無策)이었습니다.

주 선왕 때에 험윤이 경내로 침입해 경양(涇陽)까지 들어왔으므로 장수에게 정벌하도록 명하여 변경 끝까지 갔다가 철수해 왔습니다. 그때에는 융적의 침입을 모기와 등에가 무는 것과 마찬가지로 여기고 그저 쫓아 버리기만 했습니다. 천하 사람들은 그렇게 하는 것을 사리에 밝은 처사라고 일컬었지만 그런 정책은 중책으로 쳐야 합니다.

한 무제께서 장수를 선발하고 군대를 훈련한 뒤에 간편한 군복과 얼마 되지 않는 군량으로 흉노 땅 깊이 들어가 먼 곳에 진지를 차리고 싸우게 했습니다. 비록 전투에서 이기고 적을 사로잡는 공을 세웠으나, 그때마다 호가 반격하여 전화가 서른 몇 해 넘도록 계속되었으니 중원은 피폐해지고 흉노도 두려움에 떨며 토벌에 시달렸습니다. 그렇게 전쟁을 지속한 정책을 두고 천하 사람들이 무력의 시대라고 일컬었으니 그런 정책은 하책으로 쳐야 합니다.

진시황은 작은 치욕을 참지 못하여 민력(民力)을 동원하는 일을 가볍게 여기며 만 리에 길게 이어지도록 견고한 장성을 쌓았습니다. 물자를 수송하여 장성을 쌓아 해변에서부터 시작되는 국경선을 확정했으나 중원의 국력이 고갈되어 사직을 잃어버렸으니 그런 정책은 무책으로 쳐야 합니다.

천하에 재앙의 액운이 들어 최근 몇 해 사이에 기근이 발생했는데 서북쪽 변경에서 특히 심합니다. 삼십만 군사를 징발하여 삼백 일치의 군량을 갖추게 하려면 동쪽의 해대(海代)에서 끌어오고 남쪽의 강회(江淮)에서 가져온 뒤에야 채울 수 있습니다. 그 수송할 길의 이수(里數)를 계산해 보면 한 해가 걸려도 모두 모을 수 없을 것입니다. 미리 주둔지에 당도한 군사들은 모여서 야영하게 될 텐데 군사들은 피로하게 되고 무기는 무뎌져서 전투력을 발휘할 수 없을 것입니다. 이것은 첫 번째로 꼽는 어려운 점입니다.

[사람이 살지 않아] 변경이 텅 비어 군량을 공급하지 못하니 중원 내지의 군과 제후국에서 조달해야 하는데 사람이 없는 곳에서는 이어서 수송할 수 없습니다. 이것이 두 번째 어려운 점입니다.

군사 한 사람의 삼백 일치 군량을 계산하면 건량 열여덟 곡이 필요한데, 이는 소가 실어 날라야 하는 양입니다. 그렇다면 소는 소의 먹이도 싣고 가야 하므로 스무 곡을 더 실어야 하니 짐이 무거울 것입니다. 호 땅은 소금기 많은 모래땅이라 물과 풀이 많이 부족하므로 과거의 일로 헤아려 볼 때 군대가 출격하고 백 일이 못 되어 소들이 모두 죽어 버릴 것이 분명합니다. 그렇게 되면 군량이 많이 남아 있어도 사람들이 지고 갈 수 없게 됩니다. 이것이 세 번째 어려운 점입니다.

호 땅은 가을 겨울이 몹시 추운 데다 봄여름에는 바람이 심해 부복(鞴鍑)과 숯을 많이 가져가야 하니 수송할 수 없을 만큼 무게가 많이 나갈 것입니다. 건량을 먹고 맹물을 마시며 사철을 견디고 나면 군사들이 병에 걸리는 위기를 맞게 될 것입니다. 그 때문에 전대에서는 호를 토벌하는 작전 기한을 백 일 미만으로 잡았으니, 이는 토벌 시간을 길게 잡고 싶지 않아서가 아니라 〔시간을 끌면〕 전투 역량을 발휘할 수 없기 때문이었습니다. 이것이 네 번째 어려운 점입니다.

군수 물자를 병사가 직접 지고 가게 하면 날랜 정예 병사 수가 줄어들어 부대가 빨리 행군할 수 없을 터이니, 적이 천천히 달아나도 전투력이 달려서 추격하기 어렵고, 적과 맞닥뜨려도 군수 물자 때문에 작전에 방해를 받을 것입니다. 험준한 지형을 재빨리 빠져나가지 못하고 앞사람과 뒷사람이 붙어서 행군하고 있으면 적이 요격해 부대의 앞뒤를 차단할 텐데 그 위태로움은 상상하기도 어렵습니다. 이것이 다섯 번째 어려운 점입니다.

대규모로 민력을 동원해도 반드시 전공을 세울 수 없으니 신이 엎드려 근심하고 있습니다. 그러나 이미 군대를 징발했으니 먼저 도착한 병졸을 출격하게 하고, 신 우(尤) 등으로 하여금 적진 깊이 들어가 적을 만나자마자 번개같이 공격하여 호로(胡虜)를 두려움에 빠뜨리며 토벌하게 하는 것이 마땅하겠습니다."

왕망은 엄우의 말을 듣지 않고 군사와 곡식을 계속해서 수송했으므로 천하에 동란이 일어났다.

왕망에게서 효선우의 칭호를 받은 함이 말을 달려 변새를 벗어나 선우정으로 돌아가서 협박받았던 사정을 선우에게 상세히 보고했다. 선우가 어속치지후(於粟置支侯)로 고쳐 삼으니 흉노의 낮은 관직이었다.

뒤에 조(助)가 병으로 죽자 왕망은 조를 대신하여 등(登)을 순선우로 삼았다.

엽난장군 진흠(陳欽)과 진적장군(震狄將軍) 왕순(王巡)이 운중군의 갈야새(葛邪塞)에 주둔했다. 그때 흉노가 여러 차례 침입하여 장수와 군리, 병졸들을 죽이고 사람을 약탈했으며 아주 많은 가축을 몰고 철수했다. 적의 포로를 붙잡아 조사하니 모두 효선우 함의 아들 각(角)이 여러 차례 침입했던 것이라고 증언했다. 두 장군이 그 사정을 보고했다.

건국 4년, 왕망이 여러 만이들을 모아 놓고 장안의 저자에서 함의 아들 등을 베었다.

선제 이래 여러 황제 시대를 거치는 동안 북쪽 변경에서는 봉화와 연기를 올려 비상 사태를 알리는 일이 없었으므로 빠른 속도로 인구가 늘어났고 소와 말이 들판을 덮었다. 이어서 왕망 때에 이르러 흉노를 교란하면서 흉노와 원한 관계에 들어가자 변경의 백성들이 죽거나 생포되어 갔다. 또 십이 부 군대가 출격은 못 하고 오래도록 주둔만 하고 있었으므로 군리와 병졸들이 지쳤다. 그렇게 여러 해가 지나자 북쪽 변경이 텅 비고 들판에는 백골이 널렸다.

오주류 선우가 즉위한 지 스물한 해가 지난 건국 5년에 죽었다. 그때 흉노의 집권 대신은 우골도후 수복당(須卜當)으로 왕소군의 딸인 이묵거차(伊墨居次) 운(云)의 남편이었다. 운은 항상 중원과 화친하기를 원했다. 또 평소 함과 아주 친하게 지냈던 운은 왕망이 함을 효선우에 임명한 것을 보고 여(輿)를 뛰어넘어 함을 오루약제(烏累若鞮) 선우로 세웠다.

오루약제 선우, 한나라의 하사품을 탐하다

○ ○ ○

오루 선우 함은 즉위하면서 [이복]동생 여를 좌록리왕으로 삼았다. 오주류 선우의 아들 소저호(蘇屠胡)가 좌현왕으로 있었으므로, 저기 연지의 아들이었던 동생 노혼(盧渾)을 우현왕으로 삼았다.

오주류 선우가 살아 있을 때 좌현왕 자리에 있던 인물이 자주 죽었으므로 그 호칭이 불길하다고 생각하여 좌현왕 호우(護于)로 고치도록 명했다. 호우는 흉노의 가장 높은 벼슬로 선우로 즉위하게 되어 있었다. 오주류 선우는 자신의 맏아들을 호우로 삼아 나라를 전하려고 했다. 함은 오주류 선우가 자신을 어속치지후로 좌천시키고 선우 자리를 물려주지 않으려고 했던 것을 원망하고 있었으므로 즉위한 뒤에 호우를 좌저기왕으로 좌천시켰다.

운과 당(當)은 결국 함에게 화친을 권했다.

천봉 원년, 운과 당이 사람을 보내 서하군 호맹현(虎猛縣) 제로새(制虜塞) 문 앞에 와서 새를 지키던 군리에게 화친후(和親侯)를 만나고 싶다고 했다. 화친후 왕흡은 왕소군 오빠의 아들이었다. 중부도위(中部都尉)가 이를 조정에 고했다.

왕망이 왕흡과 왕흡의 동생인 기도위 전덕후(展德侯) 왕립을 흉노에 사자로 보내 선우가 새로 즉위한 것을 축하하고 황금, 수의와 대렴용 이불, 증백(繒帛)을 하사했다. 그리고 시자(侍子) 등(登)이 살아 있다고 속이면서 현상금을 걸고 진량과 종대 등을 찾아내게 했다. 선우가 [진량, 종대, 한현, 임상] 네 사람과 교위 조호를 죽인 범인 지음(芝音)의 아내 이하 스물일곱 명을 잡아 모두 묶은 뒤 함거에 실어 사자에게 넘겼다. 그리고 주유고석왕(廚唯姑夕王) 부(富) 등 마흔 명을 보내 왕흡과 왕립을 전송하게 했다. 왕망이 분여(焚如) 형틀을 만들어 진량 등을 불태워 죽였다. 그리고 변경에 주둔시킨 여러 장수의 부대를 철수시키고 유격도위만 두었다.

선우는 왕망이 보내는 재물을 받고 싶어 했으므로 겉으로는 한나라[46]와의 규약을 어기지 않았으나 흉노 사람들에게 필요할 때에는 변경을 침입해 약탈했다. 그런데 사자가 돌아와서 아들 등이 예전에 죽었다는 사실을 보고하자 원한을 품고 왼편[의 동부] 땅에서 변경을 넘어 끊임없이 침입했다. 왕망의 사자가 선우에게 물을 때마다 이렇게 대답했다.

"오환 사람들과 흉노의 간악한 자들이 함께 변새로 침입한 것이니, 예컨대 중원에도 도적이 있지 않습니까! 함이 막 즉위하여 나라를 다스리는 까닭에 위신이 낮아서 그렇습니다. 힘을 다해 금지시키고 있으니, 두 마음을 품어서 그런 것이 아닙니다."

천봉 2년 5월, 왕망이 다시 왕흡을 파견하되 오위장 왕함에게 복암(伏黮), 정업(丁業) 등 여섯 명을 데리고 주유고석왕을 전송하게 했다. 아울러 예전에 베어 죽였던 시자 등과 여러 귀인과 종자의 유골을 받들고 돌아가게 했는데 모두 상거(常車)에 싣고 갔다. 일행이 변새 밖에 도착하자 선우가 운과 당의 아들 대저거 사(奢) 등을 변새로 보내 맞게 했다.

왕함 등이 도착하여 선우에게 황금과 진귀한 선물을 많이 선사했다. 선우가 선물을 좋아하자 흉노를 공노(恭奴)로, 선우를 선우(善于)로 고쳐 부르도록 권유하고 인수를 하사했다. 또 골도후 당을 후안공(後安公)으로 삼고 당의 아들 사를 후안후(後安侯)로 삼았다. 선우는 왕망이 내리는 황금과 재물을 탐했으므로 달갑지 않았지만 요구를 들어주었다. 그러나 계속해서 변경을 침입하여 약탈했다.

왕함과 왕흡이 진량 등에게 걸었던 현상금을 운과 당에게 주고는 세운 공에 따라 차등을 두어 지급하게 했다.

12월, 〔흉노에 출사했던 일행이〕 돌아와 변새 안으로 들어왔다. 왕망이 크게 기뻐하며 왕흡에게 이백만 전을 하사하고 복암 등을 모두 봉했다.

선우 함이 즉위한 지 다섯 해가 지나 천봉 5년에 죽자, 동생인 좌현왕 여가 호도이시도고약제(呼都而尸道皋若鞮) 선우가 되었다.

흉노 말로 '약제(若鞮)'는 효(孝)를 의미한다. 호한야 선우〔가 한나라에 복속한〕 이후 한나라와 관계가 친밀해졌는데, 한나라에서 황제의 시호에 효 자를 쓰는 것을 보고 본받고 싶어 했다. 그래서 선우 이름에 모두 '약제'를 붙였다.

호도이시도고약제 선우와 왕망의 몰락

○   ○   ○

호도이시 선우 여(輿)가 즉위한 뒤 왕망의 하사품을 탐내어 대저거 사(奢)를 운의 여동생인 당우거차의 아들 혜독왕(醯櫝王)과 함께 공물을 바치러 장안에 가게 했다. 왕망이 화친후 왕흡에게 사 등을 딸려 보내 함께 제로새 밖에 가서 운과 당을 만난 뒤에 군사로 협박하면서 장안으로 데려오게 했다. 운과 당의 막내아들은 제로새 밖으로 탈출하여 흉노로 돌아갔다.

당이 장안에 도착하자 왕망이 당을 수복 선우(須卜單于)[47]에 임명하고 대규모 군대를 출동시켜 흉노의 선우로 즉위하도록 도와주고자 생각했다. 그런데 군대를 제대로 동원하지 못하자 흉노의 호도이시 선우가 크게 노하여 북쪽 변경으로 군대를 모아 침입했으므로 그 때문에 북쪽 변경이 무너지고 말았다.

마침 당이 병으로 죽자 왕망은 자신의 서녀(庶女) 육록임(陸逯

任)을 〔당의 아들〕 후안공 사의 처로 삼았다. 사를 몹시 총애하던 왕망이 마침내 군대를 출동시켜 선우로 세우려 했는데, 그때 한나라 군대가 왕망을 죽였다. 운과 사도 그때 죽었다.

경시 2년 겨울, 한나라에서 중랑장 귀덕후 유립(劉颯)과 대사마 호군(大司馬護軍) 진준(陳遵)을 흉노에 사자로 보내 선우에게는 한나라의 옛 제도대로 새수(璽綬)를 주고 왕후(王侯) 이하에게는 인수를 주었다. 가는 길에 장안에 남아 있던 운과 당의 친척과 귀인, 종자들을 데려다주었다.

선우 여가 진준과 유립에게 거만하게 말했다.

"흉노는 본래 한나라와 형제 관계로 지냈는데 흉노에서 중간에 난이 일어났으므로 효선제가 호한야 선우를 도와서 선우로 세워 주었소. 그 때문에 신하를 칭하고 한나라를 존중했소. 얼마 전에 한나라에도 대란이 일어나 왕망에게 황위를 찬탈당했는데, 우리 흉노도 군대를 출동하여 왕망을 공격하고 그 변경을 쓸어 버렸습니다. 변경의 전투 때문에 천하에 봉기가 일어났고 백성들은 한나라를 그리워하게 되었소. 왕망이 갑자기 패망하여 한나라가 부흥하는 데 우리 힘도 보탬이 되었소. 그러니 다시 우리를 존중해야 마땅하오!"

진준이 선우에게 항변했으나 선우는 끝끝내 자신의 주장을 고집했다.

그 이듬해 여름에 〔진준과 왕립이〕 돌아왔다. 마침 〔9월에〕 적미군(赤眉軍)이 장안에 입성했고, 경시제는 달아났다.

찬하여 말한다.

『서』에서 "만이가 중원을 어지럽히리라."[48]라고 경고했고, 『시』에서 "융적을 우리가 막아 내리라."[49]라고 노래했으며, 『춘추』에서 "〔천자가〕 나라를 잘 다스리면 사이가 〔복속하여〕 각자 맡은 땅을 지켜 주었다."[50]라고 했으니 이적(夷狄)은 오랜 세월에 걸쳐 우환거리였다. 그러므로 한나라가 일어난 뒤로 충언과 뛰어난 계책을 올리는 신하들이 어찌 묘책을 짜내면서 조정에서 서로 더불어 쟁론하지 않을 수 있었겠는가? 고조 때에는 유경, 여후 때에는 번쾌와 계포, 효문제 때에는 가의와 조조(晁錯), 효무제 때에는 왕회와 한안국, 주매신(朱買臣), 공손홍, 동중서가 있었는데 이들이 각각 주장한 바에는 같은 점도 있고 다른 점도 있었으나 그 요지를 총괄하면 다음의 두 가지로 귀납될 따름이다. 곧 유학을 공부한 벼슬아치들은 화친 정책을 고수했고, 갑옷과 투구로 무장한 장수는 정벌을 주장했다. 그러나 두 쪽 모두 당시 형세의 유리함과 불리함을 판단하는 데 치우쳐 흉노의 모든 것을 탐구해 보려고 하지 않았다.

한나라가 일어난 이래 오늘에 이르기까지 춘추 시대보다 더 긴 세월이 흘렀다. 그동안 한나라는 흉노와 더불어 문치의 교화를 통해 화친하기도 했고, 전쟁을 통해 정벌하기도 했다. 또 자신을 낮추어 시키는 대로 따른 적도 있고 위력으로 복속시켜 신하로 삼은 적도 있으니, 때에 따라 다르게 굴신하느라 강하고 약할 때가 서로 바뀌기도 했다. 그러므로 그 상세한 사정을 말해 볼 수 있겠다.

예전에 화친의 논의는 유경이 발의했다. 천하가 막 평정되고 나서 〔고조가〕 평성의 난을 만났을 때 유경의 주장에 따라 화친의 약조를 맺고 선우에게 선물을 보내 변경의 안정을 얻고자 것이다.

효혜제와 여 태후는 그 약조를 준수하고 어기지 않았으나 흉노가 변경을 침입하여 약탈하는 일은 줄어들거나 그치지 않았다. 게다가 선우가 더욱 교만해졌다.

효문제 때에 이르러 〔흉노와〕 변경 무역을 열고 한나라의 여자를 〔선우의〕 처로 삼게 하고 선물의 양을 더 많이 늘려 해마다 황금 천 근을 주었다. 그러나 흉노가 여러 차례에 걸쳐 약조를 어겼으니 변경 지방이 여러 번 피해를 보았다. 그러자 문제는 통치 중반기부터 크게 분발하여 마침내 몸소 갑옷을 입고 말 안장에 올라탄 채 변방 여섯 개 군[51]에서 양가(良家)의 힘센 군사를 뽑아 상림원에서 말타기와 활쏘기를 훈련하고 전투의 진법을 가르쳐 익히게 했다. 또 천하의 정예병을 모아 광무(廣武)에 주둔시켰고, 풍당을 불러 자문했는데 그와 더불어 장수에 관해 논한 뒤에 한숨을 쉬고 탄식하며 옛적의 명신을 그리워했다. 문제 때의 흉노 대책을 보면 화친 정적의 무익함이 분명하게 드러난 것을 알 수 있다.

동중서는 〔고조, 여 태후, 문제, 경제〕 사 대에 걸쳐 일어났던 일을 통해 예전의 정책을 반복하여 고수하되 흉노와 약조를 더 많이 늘려야 한다고 주장했다.

군자는 의를 위해 행동하고 탐욕스러운 사람은 이익에 따라 마음을 움직이니 흉노 같은 사람들은 인의로 설득시킬 수 없습니다. 오로지 많은 이익을 주어 기쁘게 한 뒤에 하늘을 보고 〔화친을〕 서약할 수밖에 없습니다. 그래서 많은 이익을 안겨 주어 침입할 생각을 없애고, 하늘에 서약하며 약조를 굳게 지키게 하며, 선우가 아끼는 아들을 볼모로 잡아 그 마음이 걸리게 한다면, 흉노가 침입하고 싶어도 많은 이익을 잃고 하늘을 속이며 아끼는 아들을 죽일 일을 어떻게 일으키겠습니까?

대저 부렴(賦斂)으로 선물을 주는 것은 삼군(三軍)을 출격시키는 경비에 비할 수 없이 적게 들고, 견고한 성곽을 쌓는 일은 바른 뜻을 지닌 사람을 보내 화친 약조를 맺는 것보다 낫지 않습니다. 변경 성에서 수비하는 백성 중에 어른들은 허리띠를 풀어 놓을 수 있고 아이들은 잘 먹고 잘 자라며 흉노의 기병 부대가 장성 안을 엿보지 않게 하여 중원 내에서 우격(羽檄)이 나돌지 않게 한다면 그 또한 천하를 위해 좋은 일이 아니겠습니까!

그동안의 여러 사적을 살펴보면 동중서의 이런 주장은 그때에도 시의적절하지 못했고 후대에 적용하기에도 허술한 점이 있다는 것을 알 수 있다.

효무제 때에 이르러 정벌 전쟁에서 이겨 전공을 많이 얻었다고는 하지만 그 비슷한 숫자만큼 우리 쪽 군사와 말도 죽어 나갔다. 하남의 들을 개척하고 삭방에 태수부를 두었다고는 하지만 한편으로 조양(造陽) 북쪽 구백여 리 땅은 포기해야 했다. 또 흉노 사람들이 와서 한나라에 투항할 때마다 선우도 한나라 사자를 억류하는 것으로 보복했다. 그들이 이처럼 사납고 거만했는데 선우의 아끼는 아들을 볼모로 삼도록 보냈을 리가 없다. 그러므로 동중서의 주장은 그때로 봐서 시의적절하지 않았다. 볼모를 두지 않는다면 화친은 쓸모없는 약조가 될 터이니 효문제 때의 실수를 되풀이하면서 흉노가 끊임없이 속임수를 쓰도록 도와줄 뿐이었다.

변경의 성에서는 변경을 지킬 무략(武略) 있는 장수를 뽑지 않았고, 변새를 방어할 구조물인 장새(障塞)와 정수(亭隧)를 세우지 않았으며 무기인 장극(長戟)과 경노(勁弩)를 갈지도 않았으니, 우리 능력으로 적의 침입에 대처할 생각을 하지 않았다. 대신에 열심히 백성에게 부렴을 거두어 멀리 사신을 보내 선물을 주었으니 백성의 재물을 착취하여 적에게 바친 것이었다. 〔그 재물을 탐낸 선우의〕 달콤한 말을 믿고 헛된 약조에 의지하면서 흉노의 기병이 엿보지 않기를 바란 것은 대단한 착오였다고 할 수 있다.

효선제 때에 이르러서는 있는 힘을 다해 흉노를 공격하던 무제의 무력 정책을 계승했다. 그때 흉노는 백 년에 한 번 들어오는 위기의 운세를 만나 혼란을 겪으면서 거의 망할 지경에 이르러 있었다. 이에 그 형편에 알맞은 정책을 써서 위덕(威德)을 베풀었는데 그 뒤에 선우가 엎드려 절하고 신하를 칭하며 복속해 왔다. 선우는 아들을 한나라 궁정에 보내 입시하게 하고 삼대[52]에 걸쳐 외번(外藩)을 칭하며 한나라에 귀부했다. 그 무렵에 변경의 성들은 저녁 늦게야 성문을 닫았고, 소와 말이 들판에 널려 있었으며 삼대에 걸쳐 비상을 알리는 개 짖는 소리가 들리지 않았고 백성들은 군역에 동원되지 않았다.

그 뒤 예순 몇 해가 지나 왕망이 찬위했을 때, 변경에서〔전투를 일으켜〕 관계가 멀어졌고 그로 말미암아 선우가 중원을 원망하면서 스스로 관계를 끊었다. 왕망이 끝내 흉노에서 보낸 시자를 죽이자 변경에서 〔흉노가 자주 침입하는〕 재앙이 초래되었다. 호한야가 처음 한나라 황제를 배알하러 오자 한나라에서 그 의전에 관해 의논했는데, 소망지가 이렇게 주장했다.

"융적은 황복(荒服)[53]이다."라는 말은 그들이 복종하러 찾아오는 것이 신뢰할 수 없이 일정하지 않아 불쑥 찾아왔다가 홀연 멀어져 버리는 것을 뜻합니다. 따라서 객례(客禮)로 대우하되 사양하며 신하가 되겠다는 청을 들어주지 말아야 마땅합니다. 그처럼 한다면 후대에 그들이 달아나 숨어 버려도 중원에 모반한 신하가 되지 않게 할 수 있습니다.

효원제 때에 이르러 변새에서 부대를 철수하는 일을 의논할 때, 후응이 불가함을 이르며 "번성한 시기에 쇠약해질 수 있음을 잊지 말고, 안전할 때 위급한 때가 찾아올 것을 생각해야 한다."라고 했으니, 멀리 내다보면서 눈앞의 사정을 자세하게 살핀 사리에 밝은 주장이었다.

선우 함 때에 이르자 아끼던 아들을 잃고 재물만 탐하며 다른 사정을 돌보지 않았는데 침입하여 약탈해 간 재물이 해마다 수억이었다. 그런데 화친하자며 내린 재물은 황금 천 근어치를 넘지 않았으니, 어떻게 볼모를 잃지 않으려고 큰 이익을 놓치겠는가? 이런 점에서 동중서의 주장에는 빈틈이 있다.

대저 나라의 일을 계획하며 주장을 내세울 때에 만대를 굳건히 내려갈 방책을 도모하지 않고 태만하게도 일시적인 안녕만을 생각하는 것은 멀리 내다보는 태도라고 할 수 없다. 정벌의 작용을 진나라와 한나라 때의 사적을 통해 살펴보면 엄우의 주장이 옳다. 그리하여 선왕(先王)은 영토를 구획하여 중심에 기(畿)를 봉했다. 또 구주(九州)를 나누고 오복(五服)의 서열을 정하여 공물을 바치게 했다. 중원 내부와 외부를 통제하는 데에 있어 때에 따라 형벌로 다스리기도 하고 문덕(文德)으로 이끌기도 했는데, 관계의 멀고 가까움에 따라 다른 정책을 펼쳤다. 때문에 『춘추』에서 제하(諸夏)는 중원 내부로, 이적(夷狄)은 외부로 보았다.[52]

이적 사람들은 재물을 탐내고 이익이 되는 일을 좋아한다. 머리를 풀어 헤치고 옷섶을 왼쪽으로 여미며 인면수심의 잔인한 성품을 지녔다. 그들은 중원과 관복 제도와 습속이 다르고 음식이 같지 않으며 말이 통하지 않는다. 궁벽한 북쪽 변경 밖의 찬 이슬이 내리는 들판에 살면서 풀이 있는 곳을 찾아 가축을 옮겨 다니고 사냥해서 살아간다. 산골짜기에 격리되고 사막에 막혀 있으니 천지가 내부의 중원과 외부의 흉노를 갈라놓은 것이다. 그래서 성왕(聖王)은 흉노를 금수처럼 대하며 더불어 약조를 서약하지 않고 공격하여 정벌하지도 않았다. 약조를 맺으면 재물을 선사하다가 속고, 공격하여 정벌하면 군사들을 고생시키다가 약탈을 초래하기 때문이다.

흉노 땅은 밭을 갈아먹을 수 없고 그 사람들은 노예로 쓸 수 없다. 때문에 배척하여 중원 내지로 들이지 않았고 멀리 대하며 친근하게 지내지 않았다. 다스림과 교화는 흉노 사람들에게 통하지 않고 정삭은 그 나라에서 시행되지 않았다. 그래서 침입하면 토벌하며 막고 철수하면 침입에 대비하며 변경을 지켰다. 의를 본받겠다며 공물을 바쳐 오면 예의와 겸양으로 받아들여 기미 정책을 쓰고 관계를 끊지 않되 잘못은 그쪽에서 저지르도록 했다. 이는 대체로 성왕이 만이를 통제한 일반적인 방책이었다.

65

서남이·양월·조선 전
西南夷兩越朝鮮傳

『사기』의 「남월 열전」, 「동월 열전」, 「조선 열전」, 「서남이 열전」이 모여 있다. 북쪽의 흉노를 제외한 방향에서 한나라와 인접해 있었던 다른 문화에 대한 기록이다. 이 편에서는 서남이, 남월, 민월, 조선이 차례로 나오는데, 모두 7500자 가운데 남월 분량이 3000여 자로 가장 많다.

무제의 정복 전쟁 관련 기사 중심으로 서술되어 있어 각 문화에 관한 정보는 많지 않다. 남월은 지금의 광동성과 광서성 그리고 베트남의 북부에 걸쳐 있었고, 무제 때 군현이 설치되었다. 동월은 지금의 복건성과 절강성 동부에 걸쳐 있었다. 고조 때 민월왕을, 혜제 때에 동해왕을 봉했다가 무제 때 군현을 설치했다. 서남이는 지금의 중국 운남성과 귀주성, 사천성의 서남부 지역에 분포했던 여러 부족의 통칭이다. 역시 무제 때 군현을 설치했다. 조선은 당시 한나라의 동북쪽에 접경해 있었다. 이 편에 나오는 기록만으로는 조선의 강역을 비정하기 어렵다. 한나라와 교류하거나 전쟁한 기록 중심으로 서술되어 있는 데다 정확하게 알 수 없는 지명이 많기 때문이다. 무제 때까지만 해도 한나라와 조선 사이에는 몇백 킬로미터가 넘는 무인 지대가 놓여 있었고 한나라에서 살기 어려웠던 서민층의 조선 이민 위주로 인적 교류가 이루어지고 있었으므로 한나라 조정에서 조선에 관한 정확한 정보를 얻기 어려웠다. 「흉노전」에 따르면 흉노의 좌왕과 좌장 들이 흉노 땅의 동쪽을 영지로 가지고 있었는데, 그 영지의 동쪽이 예맥과 조선과 접했다고 한다. 이렇게 볼 때 조선의 강역은 지금의 중국 길림성과 흑룡강성과 겹친다.

이 편에는 조선 땅에 설치했다고 알려진 사군현의 이름이 나열되어 있다. 그러나 의미 있는 기간 동안의 실효 지배를 확인하기 어려우며 『한서』「지리지」의 내용과도 맞지 않아서 유명무실한 기록으로 남게 되었다. 여기에는 나오지 않지만 『한서』의 「선제기」와 「흉노전」에 따르면 조선은 예맥과 이웃하고 있었다. 조선은 무제 때의 정복 전쟁에 무너졌으나 예맥은 존속하여 「왕망전」에 고구려와 함께 나온다.

남이와 서이

○   ○   ○

남이(南夷)에 군장(君長)이 수십을 헤아렸는데 야랑(夜郞)이 가장 컸다. 야랑국 서쪽에 미막(靡莫) 족속이 수십 개 있었는데 전(滇)이 가장 컸다. 전의 북쪽에 군장이 수십을 헤아렸는데 공도(邛都)가 가장 컸다. 이들은 모두 추계(椎結)[1] 상투를 틀고, 밭을 갈아 농사를 지으며 읍(邑)과 취(聚)를 이루고 살았다.

이 밖에 서쪽 끝의 동사(桐師)와 그 동쪽 땅 및 북쪽으로 엽유(葉楡)까지를 수(嶲)와 곤명(昆明)이라고 불렀다. 변발을 하고, 가축을 키우며, 사는 곳을 옮겨 다니느라 정착지가 따로 없고, 군장도 없었다. 이들의 활동 지역은 사방 수천 리에 이르렀다. 수(嶲)의 동북쪽에 군장이 수십을 헤아렸는데, 사(徙)와 작도(筰都)[2]가 가장 컸다.

작(筰)의 동북쪽에 군장이 수십을 헤아렸는데, 염(冄)과 망(駹)[3]이 가장 컸다. 이들은 일정한 지역에 정착해서 살기도 하고 가축을 키우며 사는 곳을 옮겨 다니기도 했다.

촉군의 서쪽 땅 중에서 망(駹)의 동북쪽에 군장이 수십을 헤아렸는데 백마(白馬)가 가장 컸다. 이들은 저족(氐族)이었다. 이상은 모두 파군과 촉군 서남쪽 변경 밖의 만이들이다.

옛적 초 위왕(楚威王) 때에 장갹(莊蹻)[4] 장군으로 하여금 군대를 거느리고 강변을 거슬러 올라가 파군과 검중군(黔中郡)의 서쪽 땅을 공략하게 했다. 장갹은 초 장왕의 후예였다. 장갹이 전지(滇池)

에 이르러서 살펴보니 호수가 사방 삼백 리에 걸쳐 있었고 호수 옆에는 비옥한 평지가 수천 리나 있었으므로, 무력으로 평정하여 초나라에 귀속시켰다. 장각이 초나라로 돌아가 보고하려고 할 때 진나라가 초나라의 파군과 검중군을 공략하여 탈취했으므로[5] 길 이 막혀 초나라로 돌아갈 수 없었다. 그리하여 자신이 거느리고 있던 군사를 동원하여 전을 다스리게 되었다. 장각은 의복을 고쳐 입고 전의 풍속을 따르면서 그들의 우두머리가 되었다.

일찍이 진나라 때에 이 지역을 쳐부수고[6] 오척도(五尺道)를 대략 개통한 뒤에 이 지역의 여러 부족 국가에 지방관을 두었다.

그로부터 열 몇 해가 지나서 진나라가 멸망했다. 이어서 건국한 한나라는 이 부족 국가들을 모두 포기하고 예전의 교(徼)를 촉군의 관문으로 삼았다.

파군과 촉군에서 간혹 변경 밖으로 나가서 몰래 거래하는 사람들이 있었는데, 그쪽에서 작(筰)의 말, 북족(僰族) 노복(僮僕), 모우(旄牛)를 교환해서 돌아왔다. 그래서 파군과 촉군이 번성했다.

〔무제〕건원 6년, 대행령 왕회가 동월(東粵)을 공격하자[7] 동월 사람들이 동월왕 영(郢)을 죽였다고 알려 왔다. 왕회는 무력을 과시하며 파양(番陽) 현령 당몽(唐蒙)을 남월에 보내 귀순을 권유했다. 남월에서 촉 지방에서 나는 구장(枸醬)[8]을 대접하자 당몽이 어디서 가져온 것인지 물었다. 그러자 "서북쪽의 장가강(牂柯江)에서 나는 것입니다. 장가강은 폭이 수 리나 되는데 강물이 반우성(番禺城)[9] 아래로 흐릅니다."라고 했다. 당몽이 장안으로 돌아온 뒤에 촉군 출신의 상인에게 물어보았더니, "구장은 촉군에서만 나는데

촉군 사람들이 변경을 나가서 야랑 사람들에게 몰래 많이 판다."
라고 했다. 야랑은 장가강 변에 있던 나라였다. 장가강은 강폭이
백여 보(步)[10]에 이르러 배를 운항할 수 있었다.

남월이 재물을 써서 야랑을 복속시켰으므로 서쪽의 동사(桐師)
까지 사신을 보냈지만 신하를 칭하게 하지 못했다. 당몽이 무제에
게 글을 올려 말했다.

남월왕은 황옥(黃屋)과 좌도(左纛)를 사용하고 있습니다. 땅은 동
서로 만여 리가 되는데, 명의는 외신(外臣)이라고 하지만 실제로는
한 지방의 통치자입니다.

이제 장사와 예장의 군대를 보낸다 해도 물길에 여러 차례 막혀
행군이 어려울 것입니다. 제가 들으니 야랑에서 보유한 정예병이
십만 명에 이른다고 합니다. 이들을 동원하여 배를 타고 장가강을
내려가서 기습 공격을 한다면 월(粵)을 제압하는 기이한 계책이 될
것입니다.

한나라의 강한 국력과 파군 및 촉군의 풍족함이라면 야랑까지 길
을 통하게 하고 지방관을 두는 것은 사실 아주 쉬운 일일 것입니다.

황제가 결정을 내려 야랑까지 길을 뚫기로 했다. 이에 당몽을
낭중장(郞中將)에 임명하여 군사 천 명을 거느리고 만여 명에게 군
량과 물자를 수송하게 하여 파 땅의 부관(符關)[11]을 통해 야랑으로
들어가게 했다. 당몽은 야랑후(夜郞侯)[12] 다동(多同)을 만나 선물을
후하게 주면서 한나라 황제의 위력과 성덕을 일깨워 주었다. 그리

고 그 지역에 한나라의 관리를 두되 야랑후의 아들을 현령으로 삼기로 약조를 맺었다. 야랑 근처의 작은 읍에 있던 부족들도 모두 한나라의 증백(繒帛)을 탐냈다. 그 부족 사람들은 한나라에서 야랑까지 낸 길이 멀고 험하여 끝내 점령하지는 못하리라 여기고 일시적으로 당몽이 제시한 약조의 내용을 받아들이기로 했다. 당몽이 황궁에 돌아가서 보고하자 황제가 그 지역에 건위군(犍爲郡)을 설치했다. 그 뒤로 파와 촉 땅의 병졸을 징발하여 길을 닦았는데 북(僰)에서부터 장가강을 향해 길을 냈다.

촉군 사람 사마상여가 서이(西夷) 부족이던 공(邛)과 작(筰)에도 군(郡)을 설치할 만하다고 주장했으므로 사마상여를 낭중장으로 삼아 그곳으로 출사시키고 설득하게 했다. 사마상여가 남이 부족 지역에 한나라 관리를 두었을 때와 마찬가지로 도위 한 명을 두고 열몇 개의 현을 설치한 뒤에 촉군에 속하게 했다.

그 무렵 파와 촉 땅의 네 개 군에서 서남이로 가는 길을 닦는 일에 백성을 동원하여 군량을 운송했다. 몇 해가 지나도 길을 통하지 못한 채 병졸들이 피로와 기근에 시달렸는데 무더위까지 만나 많은 사람이 죽었다. 서남이 부족도 여러 차례 반란을 일으켰으므로 군대를 보내 공격했으나 전쟁 경비만 축내고 전공을 얻지 못했다. 황제가 이 일로 골머리를 앓다가 공손홍을 보내 시찰하게 했다. 공손홍이 황궁에 돌아와서 서남이로 가는 길을 닦는 일에 손해가 크다고 주장했다. 뒤에 공손홍이 어사대부가 되었는데, 바야흐로 삭방에 성을 구축하고 황하 연변으로부터 호(胡)를 쫓아내고 있었다. 공손홍 등이 서남이로 가는 길을 닦는 일은 손해가 크므로 잠시 그

만두고 흉노를 쫓는 일에 전력해야 한다고 주장했다. 황제가 그 주
장을 따르며 서이로 가는 길을 닦는 사업을 중지했다.[13] 반면에 남
이에는 두 개의 현과 도위 한 명을 두었는데, 건위군 태수부로 하
여금 스스로 지키면서 점차 현을 늘려 나가도록 했다.

이어서 원수 원년에 박망후 장건이 대하(大夏)에 출사했을 때
촉 땅에서 나는 삼베와 공(邛)에서 나는 대나무 지팡이를 보고 어
디에서 얻었는지 물어보았다. "동남쪽으로 수천 리 가면 연독국
(身毒國)[14]이 있는데 그곳에서 촉 땅의 상인과 거래해서 가져왔
다."라는 대답을 들었다. 장건은 또 공(邛)의 서쪽으로 이천 리 되
는 곳에 연독국이 있다는 말도 들었다. 그리하여 대하가 한나라의
서남쪽에 있는데 중국을 흠모하고 있지만 흉노가 그쪽으로 가는
길을 막을 것이 걱정되므로, 촉 땅을 통하면 연독국으로 가는 길
이 편하고 가까워지되 손해를 보지 않으리라고 적극적으로 주장
했다.

그래서 황제가 왕연우(王然于)와 백시창(柏始昌), 여월인(呂越人)
등 열 몇 명으로 하여금 〔네 갈래로〕 서남이[15] 땅을 나가 연독국
으로 향하는 길을 찾게 했다. 한 갈래가 전(滇)에 이르렀을 때, 전
왕 당강(當羌)이 이들을 잡아 두고 대신 길을 찾겠다고 했다. 네
해 남짓 모두 곤명에서 묶였으므로 길을 통할 수 없었다.

한나라 사자에게 전왕이 물었다.

"한나라와 우리 나라를 비교하면 어느 쪽이 큽니까?"

뒤에 야랑후도 그렇게 물었다. 〔전왕과 야랑후는〕 각자 한 지
방을 다스리는 임금으로 있었지만 한나라가 얼마나 광대한지 알

지 못했다. 사자가 황궁에 돌아와 보고하는 과정에서 전(滇)이 큰 규모의 나라이며 불러들여 친하게 귀부하게 할 만하다고 적극적으로 주장했다. 황제가 그 말을 관심 있게 들었다.

뒤에 남월이 반란을 일으키자[16] 황제가 치의후(馳義侯)[17]로 하여금 건위군의 남이 부대를 이끌고 출동하게 했다. 멀리 출정한 뒤에 이웃 나라에서 노인과 아이들을 포로로 잡아갈 것을 걱정한 저란(且蘭) 부족의 군장이 자신의 군대를 거느리고 반란을 일으켜 한나라 황제의 사자와 건위 태수를 죽였다.

한나라에서 파와 촉 땅의 죄인을 징발하여 남월 공격에 나서게 했고,[18] 팔교위(八校尉) 부대도 공격하게 했다. 남월이 격파되자 팔교위 부대가 진격을 멈추었다. 중랑장 곽창(郭昌)과 위광(衛廣)이 부대를 이끌고 철수했는데, 철수하는 길에 전으로 가는 길을 가로막고 있던 저란을 징벌했다. 곽창과 위광 부대는 저란 사람 수만 명의 목을 벤 뒤에 남이 지역을 평정하고 장가군(牂柯郡)을 설치했다.

야랑후는 애초에 남월에 의지하고 있었다. 그런데 남월이 멸망한 데다 반란을 일으킨 저란 사람들이 징벌당하는 것을 보고 곧바로 장안의 황궁에 들어가 황제를 배알했다. 그러자 황제가 야랑왕으로 삼았다.

남월을 쳐부순 뒤에 한나라에서는 저란과 공(邛)의 군장과 함께 작후(莋侯)까지 죽였다. 그러자 염과 망 사람들이 모두 두려움에 떨며 한나라의 신하가 되게 해 달라고 하고 한나라에서 관리를 파견해 달라고 요청했다. 이에 공도(邛都)에는 월수군(粵嶲郡), 작도(莋都)에는 침려군(沈黎郡), 염과 망 땅에는 문산군(文山郡),[19] 광한군 서쪽의 백마에는 무도군(武都郡)을 두었다.

황제가 왕연우를 전왕(滇王)에게 출사시켰다. 왕연우는 남월을 쳐부수고 남이를 징벌한 한나라의 무력을 과시하며 장안 황궁에 들어가 배알할 것을 권유했다. 전왕에게는 수만 명의 군사가 있었고, 이웃의 동북쪽에 있던 노심(勞深)과 미막이 모두 같은 성(姓)의 부족으로서 왕을 지원하고 있었으므로 왕연우의 권유를 받아들이지 않았다. 노심과 미막 사람들은 한나라 사자와 군리, 병졸이 있는 곳을 여러 차례 침범했다.

원봉 2년, 황제가 〔곽창과 위광으로 하여금〕 파와 촉 땅의 부대를 징발하여 노심과 미막을 공격하게 하여 멸망시키고 전에 부대를 주둔시켰다.

전왕은 처음부터 호의적인 관계를 유지했기 때문에 주살하지 않았다. 전왕이 서이 부족 연맹에서 떨어져 나와 전국(滇國)을 들어 투항하면서 한나라에서 관리를 파견해 줄 것과 장안의 황궁에 가서 황제를 배알할 것을 청했다. 그리하여 전왕의 땅에 익주군(益州郡)을 두는 대신 전왕에게 왕인(王印)을 하사하여 제 백성의 수장 노릇을 계속하게 했다. 서남이에 군장이 수백을 헤아렸으나 야랑과 전에만 왕인을 내렸다. 전은 작은 나라였으나 가장 많이 총애를 받았다.

스물세 해가 지난 효소제 시원 원년, 익주군의 염두(廉頭)와 고증(姑繒) 사람들이 반란을 일으켜 한나라 조정에서 파견한 고위 관리를 죽였다.

장가군의 담지(談指)와 동반(同並)[20] 등 스물네 개 읍[21]의 부족민 총 삼만여 명이 모두 반란을 일으켰다. 수형도위[22]를 파견하여 촉군과 건위군에서 분명 부대 만여 명을 징발하여 장가군에서 반란을 일으킨 부족을 공격하여 대파했다.

세 해가 지난 뒤에 고증과 엽유에서 다시 반란이 일어났으므로 수형도위 여벽호(呂辟胡)[23]를 파견하여 지방 군(郡)의 부대를 이끌고 공격하게 했다. 여벽호가 진격하기 전에 만이 사람들이 익주 태수를 죽였다. 그 기세를 몰아 여벽호의 부대와 싸워 이겼는데, 싸우다가 죽거나 물에 빠져 죽은 병졸이 사천여 명이나 되었다.

이듬해 군정(軍正) 왕평(王平)과 대홍려 전광명 등을 다시 파견하여 함께 진격하게 했다. 한나라 부대가 익주군의 반란 부족들을 대파했는데, 오만여 명의 목을 베거나 생포하고 가축 십여만 마리를 얻었다. 황제가 발표했다.

"구정후(鉤町侯)[24] 무파(亡波)[25]가 자신이 거느린 읍의 군장과 사람들을 이끌고 반란 부족을 공격하여 목을 베거나 생포하는 데 많은 공을 세웠으므로, 이에 무파를 구정왕으로 세운다. 대홍려 광명(廣明)에게 관내후 작위와 식읍 삼백 호를 하사한다."

한 해를 건너뛰어 무도군의 저(氐) 부족 사람들이 반란을 일으켰으므로 집금오 마적건(馬適建)과 용락후(龍雒侯) 한증, 대홍려 전광명을 파견하여 부대를 이끌고 진압하게 했다.

성제 하평 연간에 이르러 야랑왕 흥(興)과 구정왕 우(禹), 누와후(漏卧侯) 유(俞)가 군사를 일으켜 서로를 공격했다. 장가 태수가 군대를 징발하여 흥 등을 징벌하기를 청했으나, 대신들은 길이 먼 관계로 공격할 수 없다는 결론을 내렸다. 태중대부 촉군 사람 장광에게 부절을 들려 보내 화해시켰다. 그러나 흥 등이 한나라 조정의 명령을 듣지 않았을 뿐 아니라 한나라 관리 모습의 목각상을 새긴 뒤에 길가에 세워 놓고 화살을 쏘았다. 두흠이 대장군 왕봉에게 건의했다.

"태중대부 광(匡)이 출사하여 만이의 왕과 후를 화해하게 했는데, 왕과 후가 조서를 받은 뒤에도 계속해서 서로를 공격했습니다. 이들이 한나라 사자를 경시하면서 한나라 조정의 위력을 무서워하지 않으니, 화해의 효력이 전혀 없음을 알 수 있습니다.

대신들이 겁을 내며 공격 쪽으로 방향을 잡지 못하고 계속해서 화해 쪽을 고수한다면 태수가 그들의 동정을 관찰하다가 변고가 생긴 뒤에 보고를 올리게 될까 걱정스럽습니다. 그렇게 되면 한 철 석 달을 허비하게 되는데, 그동안 그쪽의 왕과 후가 군사를 모으고 군건한 전략을 세울 것입니다. 그런데 부족들끼리 돕느라고 군사가 많이 모이면 각자 복종하지 않게 되어 반드시 서로를 섬멸하려고 들 것이며, 스스로 큰 죄를 지은 것을 알고 난 뒤에 태수와 도위를 잔혹하게 공격할 것이며, 그런 뒤에 독초가 자라는 무더운 곳에 숨어 버린다면 비록 손무(孫武)와 오기가 장군으로 있으면서 맹분과 하육 같은 장사를 출동시킨다 해도 물이나 불에 빠지는 꼴이 되어 불에 타 죽거나 물에 빠져 죽을 수밖에 없으니 지략과 용맹은 펼쳐 보지도 못할 것입니다. 군대를 주둔시켜 농사를 짓게 하면서 지키게 해도 헤아릴 수 없는 경비가 들어갈 것입니다.

그러므로 그들이 더 큰 죄악을 저지르기 전인 지금, 한나라 조정에서 토벌하러 올 것을 알아차리기 전에 그 근처에 있는 군의 태수로 하여금 은밀히 기병 부대를 훈련하게 하고, 대사농은 곡식을 조달하여 요충지에 미리미리 쌓아 두게 해야 합니다. 또 임무를 잘 완수할 태수를 뽑아 보낸 뒤에 가을이 되어 날이 서늘해졌을 때 그 지역으로 진격하여 그들의 왕과 후 중에서 특히 심하게 반란을 일으킨 자를 주살해야 합니다. 만일 그곳이 불모의 땅이고 그 백성이 소용없는 자들이라면 성군(聖君)은 그 부족의 일로 더는 중국이 괴로움을 당하지 않게 해야 하니, 군을 철폐하고 그 부족민을 다스리는 일을 포기하며 그들의 왕과 후와 다시는 통교하지 말아야 마땅합니다. 선제께서 대대로 쌓은 공적이 훼손되게 하지 않으려면 싹이 텄을 때 빨리 끊어야만 합니다. 만약 변란의 국면이 형성된 뒤에야 군대를 출동시켜 작전을 펼친다면 만백성이 해를 입을 것입니다."

대장군 왕봉이 금성군(金城郡) 사마 진립(陳立)을 장가 태수로 천거했다. 진립은 임공현(臨邛縣) 사람으로 전에 〔익주군의〕 연연(連然) 현장과 불위(不韋) 현령을 지냈는데 만이들이 두려워했다. 장가 태수로 부임하여 야랑왕 흥에게 명을 받아들이도록 일렀지만 흥이 명을 듣지 않았다. 진립이 흥을 주살할 것을 청했다. 조정의 회답을 받지 못한 상태에서 곧바로 태수부 아전 수십 명을 데리고 관할 현을 순시하러 나갔다. 흥의 봉토에 이르러 저동정(且同亭)에서 흥을 불렀다. 흥이 수천 명을 이끌고 저동정에 와서 〔야랑부족의〕 읍군(邑君) 수십 명과 함께 들어와 진립을 만났다. 진립이 야랑왕 흥을 책망한 뒤에 그 자리에서 머리를 베어 버렸다. 야랑의 읍군이 말했다.

"장군께서 법을 어긴 왕을 주살하여 사람들에게 해를 끼치는 자를 제거해 주셨습니다. 저 병졸들에게 그 머리를 보이고 홍이 죽었다는 사실을 알리기 원합니다."

그래서 홍의 머리를 사람들에게 보여 주자 모두 전투를 포기하고 투항했다. 구정왕 우와 누와후 유가 두려워하며 조 천 곡에 소와 양을 잡아 와서 군리와 병졸의 노고를 위로했다. 진립이 태수부[26]로 돌아가고 난 뒤에 홍의 장인 옹지(翁指)가 홍의 아들 사무(邪務)와 더불어 잔여 병력을 수습하고 근처의 스물두 개 읍 사람들을 협박하여 반란을 일으켰다.

겨울이 되었을 때, 진립이 나서서 여러 이(夷) 부족 사람들을 군사로 모집하고 도위 및 장사와 함께 여러 갈래로 나누어 옹지 등의 반란군을 공격하겠다고 주청했다. 옹지는 험준한 지형을 이용해 군영을 마련하고 있었다. 진립은 기습 부대를 보내 군량 수송로를 끊었고 반간(反間)을 풀어 반란군의 군사들을 끌어들였다. 도위 만년(萬年)이 말했다.

"부대가 오랫동안 결전에 나서지 않으면 경비를 댈 수 없다."

그러고는 단독으로 부대를 이끌고 진격했는데 패하여 진립의 군영을 향해 후퇴했다. 진립이 노하여 대장의 깃발 아래에서 적을 막아야 한다고 꾸짖고는 도위에게 다시 돌아가 싸우게 했다. 진립이 부대를 이끌고 가서 도위를 지원했다. 그 무렵 날이 크게 가물었는데, 진립이 공격하여 반란군 쪽으로 흘러가는 물길을 끊어 버렸다. 만이 사람들이 함께 옹지를 베고 그 머리를 들고 와서 투항했다. 진립이 서이 지역을 평정했으므로 장안으로 불러들였다. 그 무렵 파군에 도적이 생겼으므로 진립을 다시 파군 태수에 임명하되 봉록은 중이천석으로 정하고 좌서장(左庶長) 작위를 하사했다. 천수(天水) 태수로 자리를 옮겼는데, 백성들에게 농사와 양잠을 권하여 천하에서 소출이 가장 많아졌으므로 황금 마흔 근을 하사했다. 진립은 조정에 들어가 좌조, 위장군, 호군도위를 지내다가 벼슬자리에 있으면서 세상을 떠났다.

왕망이 황위를 찬탈한 뒤에 한나라 제도를 고치면서 구정왕을 후로 낮추어 봉했다. 구정왕 함(邯)[27]이 원한을 품자 장가대윤(大尹) 주흠(周欽)[28]이 교활한 술수를 써서 함을 죽였다.[29] 함의 동생 승(承)이 주흠을 공격하여 죽였으므로 주군(州郡)의 부대가 토벌에 나섰지만 진압하지 못했다.

변경의 구정 사람들은 노역으로 고생하다가 모두 반란을 일으켰다. 이들은 다시 익주 대윤 정륭(程隆)을 죽였다. 왕망이 평만장군(平蠻將軍) 풍무(馮茂)를 보내 파군과 촉군, 건위군의 군리와 병졸을 징발하게 하고 그곳 백성들에게 부렴을 많이 거둬들이면서 익주군을 공격하게 했다. 출정한 지 세 해가 지났을 때, 열에 일곱이 질병에 걸려 죽었다. 그 때문에 파군과 촉군에 변란이 일어났다. 왕망이 풍무를 소환하여 죽였다.

왕망은 다시 영시장군(寧始將軍) 염단(廉丹)과 용부목(庸部牧) 사웅(史熊)을 파견했는데, 천수군과 농서군의 기병을 대규모로 징발하게 하고, 광한군과 파군, 촉군, 건위군의 하급 아전과 백성 십만 명에 물자를 운송하는 사람들까지 합해서 모두 이십만 명으로 토벌하게 했다.

부대가 막 도착하여 수천 명의 목을 베었으나 뒤에 군량이 계속 조달되지 못했으므로 군사들이 기아와 질병에 시달렸다. 세 해가 지나자 죽은 자가 수만 명에 이르렀다.

그 무렵 월수 만이 임귀(任貴)도 태수 매근(枚根)을 죽이고 스스로 공곡왕(邛穀王)에 올랐다. 그때 마침 왕망이 망하고 한나라가 부흥하여 임귀를 책망하고 옛 칭호로 돌리게 했다.

아흔세 해 만에 멸망한 남월

○   ○   ○

남월왕 조타(趙佗)[30]는 진정현(眞定縣)[31] 사람이다. 진나라가 천하를 겸병한 뒤에 양월(揚粵)을 공략하여 평정하고 계림군(桂林郡)과 남해군(南海郡), 상군(象郡)을 두었다. 그리고 〔중원의〕죄인을 월 땅으로 이주시켜 그곳 사람들과 섞여 살게 했다.

그로부터 열세 해가 지난 진이세 때에 이르러 남해 군위 임오(任囂)[32]가 병들어 죽게 되었을 때 〔남해군〕용천(龍川) 현령 조타를 불러 말했다.

"듣자니 진승이 난을 일으켰고, 호족들도 진에 반기를 들며 스스로 군주 자리에 오르고 있다고 합니다. 남해군은 장안에서 멀리 떨어져 편벽한 곳에 있지만 반란군이 이곳에 침입할 수도 있으리라 생각됩니다. 내가 군대를 출동시켜 진나라에서 새로 낸 길을 끊어 버리고 우리가 있는 땅을 스스로 지키며 〔항우의〕 제후 연합군 침입을 막으려고 했는데, 그만 병이 심해졌습니다.

반우성은 산을 등지고 있는 험준한 요새이고, [남해군은] 남북 지간과 동서지간에 걸쳐 수천 리나 됩니다. 또 중국[에서 이주한] 사람들과 서로 많이 도와 가며 살고 있습니다. 이런 상황이니 여기서도 한 지방의 통치자가 되어 나라를 세워 다스릴 수 있습니다. 우리 군 내의 관리 중에는 이런 일을 함께 도모할 만한 자가 없으므로 공을 불러 이 일을 알려 주는 것입니다."

그리고 그 자리에서 조타에게 임명장을 주어 [자신을 대신하여] 남해 군위 일을 보게 했다. 임오가 죽자 조타가 곧바로 횡포관(橫浦關)과 양산관(陽山關), 황계관(湟谿關)에 공문을 보내 알렸다.

"반란군이 곧 닥칠 것이니, 급히 길을 끊고 군대를 집합시켜 관문을 지키도록 하라."

그러고는 진나라에서 파견했던 관리를 법에 걸어 하나씩 죽여 나가는 대신에 자신과 뜻을 같이하는 사람을 임시직에 임명했다.[33]

진나라가 멸망하자 조타가 곧바로 계림군과 상군을 공격하여 겸병하고 스스로 남월 무왕(南粵武王)에 올랐다.

고조가 천하를 평정했지만, [오랜 전쟁으로] 중원의 백성이 힘들어한다는 점에 유의하여 조타를 그대로 두고 토벌하지 않았다.

한 고조 11년, 육고(陸賈)를 보내 조타를 남월왕으로 세우고, 한나라와 부절을 나누어 가지며 사절을 교환하기로 했다. 그리고 백월[의 여러 부족]과 화목하게 지내도록 하여 남쪽 변경에서 우환이 생기지 않게 했다.

남월은 장사국과 접경했다.

    고후 집정기에 해당 관리가 주청하여 남월과 변경을 이루는 관문에서 철기(鐵器) 판매를 금지시켰다. 그러자 조타가 말했다.

"고황제께서 나를 책립하고 사신과 물품을 교환하게 했는데, 이제 와서 고후가 만이를 차별하며 농기구 공급을 끊어 버려야 한다는 참소꾼 간신의 주장을 들어주었다. 이는 장사왕[34]이 꾸민 계략이 틀림없다. 중국에 기대어 남해[35]를 공격하여 멸망시키고 이곳의 왕 노릇까지 겸하면서 스스로 공을 세웠다고 할 것이다."

이어서 조타가 자신의 호칭을 남무제(南武帝)로 높였다. 군대를 출동시켜 장사국 변경을 공격하여 몇 개 현을 쳐부수었다. 고후가 장군 융려후(隆慮侯) 주조(周竈)를 파견하여 반격하게 했다. 그런데 때가 무더워서 병졸들이 병에 많이 걸렸으므로 〔양산령(陽山嶺)〕 고개를 넘지 못했다.

한 해 남짓하여 고후가 붕어했으므로 군대를 철수시켰다.

그 틈을 타서 조타가 민월과 서우락(西甌駱)[36]에 군대의 위력을 과시하는 한편으로 재물을 보내 주면서 예속시킨 뒤에 그 부족민들을 부렸다. 〔남월의 영토는〕 동서로 만여 리나 되었다. 〔남무제는〕 황옥과 좌도를 사용하고 칭제하면서 중국과 동급이 되려고 했다.

문제 원년, 천하를 다시 안정시킨 직후에 각 제후국과 사이〔의 여러 나라〕에 사자를 보내 자신이 대나라 왕으로 있다가 장안에 와서 즉위한 사정을 알리고 성덕을 베풀겠다는 의지를 알리게 했다. 그리고 진정현에 있던 조타의 부모 무덤에 수읍(守邑)을 두고 철 따라 제사를 지내게 했고, 조타의 종형제를 황궁에 불러 높은 벼슬과 많은 재물을 내리며 존중해 주었다. 또 승상 진평에게 조서를 내려 남월에 출사할 만한 자를 천거하게 하자, 진평이 선제 때에 남월에 출사한 적이 있는 육고를 추천했다. 황제가 육고를 불러 태중대부로 삼고 알자 한 명을 부사(副使)로 딸려 보내 조타에게 글을 내리게 했다.

황제가 남월왕에게 안부를 묻습니다. 얼마나 마음고생이 크십니까!

짐은 고황제의 서자로 대나라에 내팽개쳐져 북번(北藩) 노릇을 했습니다. 길이 너무 멀었을 뿐 아니라 〔짐이〕 꽉 막히고 우둔하기까지 하여 편지를 보내지 못했습니다.

고황제께서 돌아가신 뒤에 효혜제께서 대를 이어 즉위하셨다가 고후께서 스스로 정사를 돌보셨는데, 불행히도 병을 얻으셨다가 날이 가도 치유되지 않았으므로 다스림이 어지럽고 잔혹하게 변했습니다. 여씨 일족들은 제도를 바꾸고 법을 어지럽혔는데, 자신들의 힘만으로는 통치할 수 없었으므로 유씨(劉氏)가 아닌 타성의 자식을 효혜제의 후사로 세웠습니다. 그러나 종묘〔에 모신 선제〕의 신령함과 공신의 협조에 의지하여 여씨 일족을 모두 징벌했습니다. 그러고는 제후왕과 열후, 대신들이 짐을 놓아주지 않았으므로 부득불 황위에 오르게 되어 이번에 즉위했습니다.

전에 왕께서 장군 융려후 편에 글을 보내 형제를 찾아 잘 대해 주고, 〔남월을 치러 왔던〕 장사국 두 장군을 면직할 것을 요청했다고 합니다. 짐이 왕의 편지 내용에 따라 장군 박양후(博陽侯) 진비

(陳濞)를 면직했고, 진정현에 있는 왕의 형제를 잘 대우하기 위해 사람을 보내 안부를 물었습니다. 또 왕의 부모 묘를 보수하고 정돈했습니다.

일전에 들으니 왕이 변경에 군대를 출동시켰는데 침입당한 곳에서 피해가 그치지 않았다고 합니다. 그때 장사국이 고통을 받았고 남군도 아주 심하게 피해를 봤는데, 왕의 나라라고 유독 이로웠을 리 있겠습니까! 전쟁을 하면 반드시 많은 병졸이 죽고 훌륭한 장수와 군리가 부상을 당하게 되어 있을 뿐 아니라, 누군가의 아내는 남편을 잃어 과부가 되고 누군가의 아들은 아비를 잃어 고아가 되며 누군가의 부모는 아들을 잃게 될 것이니, 하나를 얻으려고 열을 잃는 이런 일을 짐은 차마 할 수 없습니다.

짐이 〔장사국과 남월의〕 경계선이 들쭉날쭉한 것을 바로잡으려고 해당 관리에게 물어보았는데, 관리가 "고황제께서 장사국 봉토의 경계를 정하셨습니다."라고 대답했으므로 짐이 마음대로 변경선을 고치지 못했습니다. 관리는 "왕의 땅을 얻는다고 〔한나라 땅이〕 더 커지지도 않고, 왕의 재물을 차지한다고 해서 더 부유해질 일이 없습니다. 복령(服領) 이남 땅은 왕이 직접 통치하게 해야 합니다."라고 주장했습니다. 이런 상황에서 왕이 제(帝) 호칭을 쓰게 되었습니다. 두 황제가 병립하면서 어느 한쪽이 사자를 보내 자신의 뜻을 알리지 않는다면 그것은 곧 다툼을 의미합니다. 다투며 양보하지 않는 것은 인자(仁者)가 행할 일이 아닙니다.

이제 왕과 함께 일전에 두 나라 사이에 벌어졌던 우환을 떨쳐 버리고, 지금부터 예전처럼 사신을 왕래하기를 원합니다. 이에 고

(賈)로 하여금 말을 달려 출사하게 하여 짐의 뜻을 알리니 왕도 내 뜻을 받아들여 변경을 침입하는 재앙을 일으키지 말기 바랍니다.

상저(上褚) 쉰 벌, 중저(中褚) 서른 벌, 하저(下褚) 스무 벌을 왕에게 보냅니다.

왕이 음악을 들으며 근심을 떨치기를 바랍니다.

이웃 나라[37]에 위로의 말을 전합니다.

육고가 도착하자 남월왕은 두려운 마음에 머리를 조아리고 사죄하며 조서의 영명한 뜻을 받들어 번신(藩臣)으로서 장구하게 공물을 바치기 원한다고 했다. 그리고 나라 전체에 명령을 내렸다.

내가 듣기로 "우두머리는 둘이 병립할 수 없고, 한 세상에 두 현인이 병존할 수 없다."라고 했다. 한나라 황제는 현인 천자이다. 지금부터 제(帝)를 칭하지 않고 제(制)를 내리지 않으며 황옥과 좌도를 쓰지 않겠다.

이어서 한나라 황제에게 글을 써서 자신의 뜻을 표명했다.

만이대장(蠻夷大長) 노부(老夫)[38] 신(臣) 타(佗)가 죽음을 무릅쓰고 두 번 절하며 황제 폐하께 글월을 올립니다.

이 늙은 몸은 원래 월 땅의 지방관이었는데, 영광스럽게도 고황제께서 국새를 내려 남월왕으로 삼으시고 외신으로서 때에 맞춰 공물을 바치게 해 주셨습니다. 효혜제께서 즉위하고는 의에 따라 차마 관계를 끊지 못하고, 이 늙은이에게 후한 재물을 하사해 주셨습니다. 고후께서 스스로 정사를 맡으신 뒤에는 소인배를 가까이 하고 참소꾼 간신의 말을 믿으셨으니, 만이를 차별하며 "만이인 국외의 월에 금속 농기구를 공급하지 말 것과 말과, 소, 양을 공급할 때에는 수컷만 주고 암컷은 주지 말 것"을 명령하셨습니다. 이 늙은 몸은 편벽한 곳에 거처하고 있습니다. 말과 소, 양이 늙어 버렸으므로 제사를 지내지 않았는데 스스로 생각하기에 죽을죄를 지었으므로, 내사(内史) 반(藩)과 중위(中尉) 고(高), 어사(御史) 평(平)으로 하여금 세 차례에 걸쳐 잘못을 인정하는 글을 올리게 했으나, 이들은 모두 돌아오지 않았습니다.

그런 가운데 풍문에 늙은 이 몸의 부모 무덤 봉분이 훼손되고 깎였다 하고 형제와 친척들이 사형 판결을 받았다는 말을 들었습니다. 관리들이 함께 의논한 뒤에 "지금 한나라 안에서 이름을 떨치지 못하고 있고, 한나라 밖에서도 특별히 높은 지위를 누리지 못하고 있습니다."라고 했으므로, 호칭을 제로 바꾸었지만 그저 이 나라 안에서만 제 노릇을 한 것으로 천하에 해를 입힐 엄두는 내지 못했습니다. 고후께서 그 소식을 듣고 대로하여 남월을 제후국 명부에서 삭제하고 사신 왕래를 하지 못하게 했습니다. 이 늙은이는 장사왕을 참소꾼 간신으로 의심하고 군대를 출동시켜 그 변경을 쳤습니다.

남방은 지대가 낮고 습합니다. 이곳 만이 가운데 서쪽 지역에 서우(西甌)가 있는데, 허약한 자가 군대의 절반인데도 군장이 남면하여 왕을 칭하고 있습니다. 동쪽 지역에는 민월이 있는데 군사로 쓸 만한 자들이 수천 명밖에 되지 않는데도 역시 왕을 칭하고 있습니다. 서북쪽에 있는 장사국도 그 절반은 만이가 사는데 그쪽도 왕을 칭하고 있습니다. 이 늙은이가 제멋대로 제 호칭을 쓴 것은 다만 혼자 즐기자고 한 일이었습니다. 이 늙은이는 백 개의 읍이 있는 땅에 살고 있습니다. 동서와 남북으로 수천 리가 되는 땅에 갑옷 입은 군사가 백만이 넘는데도 북면하여 신하로서 한나라를 섬기려고 하는 것은 무엇 때문이겠습니까? 바로 조상을 저버릴 수 없기 때문입니다.

이 늙은이는 월 땅에서 마흔아홉 해 동안 살면서 이제는 손자도 보았습니다. 아침 일찍 일어나고 밤늦게 잠자리에 드는데, 잠자리에서도 편안히 잠을 이루지 못하고 맛있는 음식을 먹어도 맛을 느끼지 못하는 형편입니다. 또 아름다운 여자도 눈에 들어오지 않고 종과 북의 악기 소리도 귀에 들리지 않는데 이는 한나라를 섬기지 못하여 불안했기 때문입니다.

이제 다행스럽게도 폐하께서 저를 가엾게 여기셔서 예전 칭호를 쓰게 하고 예전처럼 한나라에 사신을 왕래할 수 있게 해 주셨습니다. 이 늙은 몸이 죽고 나면 뼈가 썩지 않을 테니, 호칭을 바꾸고 앞으로 감히 제를 칭하지 않겠습니다.

삼가 북면하며 사자를 보내 백벽(白璧) 한 쌍, 취조(翠鳥) 깃털 천 개, 무소 뿔 열 개, 자패(紫貝) 오백 개, 계두(桂蠹) 한 그릇, 살아 있는 취조(翠鳥) 마흔 쌍, 공작 두 쌍을 바칩니다.

죽음을 무릅쓰고 두 번 절하며 황제 폐하께 말씀 올렸습니다.

육고가 돌아와서 보고하자 문제가 크게 기뻐했다. 그 뒤로 효경제 때까지 신하를 칭하며 사신을 황궁에 보내 조정 의례를 올렸다. 그러나 남월에서 나라를 다스릴 때에는 예전대로 남무제 칭호를 몰래 썼다. 황제에게 출사했을 때에는 제후왕과 마찬가지의 의전에 따라 왕을 칭하고 조정의 명령을 받았다.

무제 건원 4년에 이르러 조타의 손자 조호(趙胡)가 남월왕이 되었다.[39]

조호가 즉위하고 세 해가 지났을 때, 민월왕 영(郢)이 군대를 남쪽으로 출동시켜 변경의 읍을 공격했다.[40] 그러자 남월에서 사람을 보내 글을 올렸다.

양월은 모두 번신이니 함부로 군대를 일으켜 상대를 공격할 수 없습니다. 그런데 지금 동월에서 멋대로 군대를 일으켜 신의 땅을 침입했습니다. 신은 군대를 출동시킬 수 없으므로 황제께서 명령을 내려 주시기 원합니다.

그에 따라 황제가 남월이 의롭게도 번신의 직분과 규범을 잘 지켰다고 칭찬했다. 그리고 남월을 구원하는 군대를 출동시키면서 두 명의 장군[41]을 보내 민월을 토벌하게 했다.

군대가 〔양산령〕 고개를 넘기 전에 민월왕의 동생 여선(餘善)이 영(郢)을 죽이고 투항했으므로 철수했다.

황제가 엄조(嚴助)[42]를 남월에 보내 자신이 구원하려고 했던 과정을 알리자 남월왕 조호가 머리를 조아리며 말했다.

"황제께서 군대를 출동시켜 민월을 토벌해 주셨으니 죽음으로도 그 은덕을 갚을 수 없습니다."

조호는 태자 조영제(趙嬰齊)를 황궁에 보내 숙위하겠다고 하면서 엄조에게 말했다.

"나라가 침입을 당한 직후라서 사자께서 먼저 돌아가시면 저호가 즉시 밤낮으로 짐을 꾸린 뒤에 입궁하고 천자를 알현하겠습니다."

엄조가 떠난 뒤에 남월의 대신이 조호에게 간언했다.

"한나라에서 군대를 출동시켜 영을 토벌했다고 하지만, 이번 출동은 남월에도 한나라의 위력을 보여 진동시켰습니다.

그런데 선왕께서 말씀하시기를 황제를 섬길 때에는 예의에 어긋나지 않게만 하면 된다고 하셨습니다. 그러므로 칭찬에 유혹당하여 황제를 알현하기 위해 장안에 가시면 안 됩니다. 입궁하여 알현한 뒤에 돌아오시지 못하면 나라가 망하는 형세를 맞이할 것입니다."

이 말을 들은 조호가 병을 칭하고 끝내 알현하러 장안에 가지 않았다. 열 몇 해가 지난 뒤에 조호의 병이 실제로 위독해졌으므로 태자 조영제가 남월로 돌아가기를 청했다.

조호가 세상을 떠나자 시호를 문왕(文王)이라고 했다.

조영제가 왕위를 계승한 뒤에 곧바로 자신의 선대인 무제(武帝)와 문제(文帝)의 새(璽)를 감추었다.[43]

조영제가 장안에 있을 때, 한단 사람 규씨(摎氏) 집안 여자를 취하여 아들 흥(興)을 낳았다.

즉위한 뒤에 조영제가 황제에게 글을 올려 규씨를 왕후로 세우고, 조흥(趙興)을 후사로 삼게 해 달라고 청했다.

한나라 조정에서 여러 차례 사자를 보내 장안에 들어가서 황제를 알현하도록 권유했다. 조영제는 남월 사람들의 생살여탈권을 독점하여 처리하는 것이 좋았다. 장안에 가서 황제를 알현하고 한나라 내의 제후와 마찬가지로 한나라 법을 따르도록 규제를 받는 것이 싫었다. 그래서 계속 병을 핑계 대며 끝까지 알현하러 가지 않고 아들 조차공(趙次公)을 들여보내 숙위하게 했다.

조영제가 세상을 떠나자 시호를 명왕(明王)으로 했다.

태자 조흥이 왕위를 계승하자 조흥의 어머니는 태후가 되었다.

태후는 조영제의 처가 되기 전에 패릉현 사람 안국소계(安國少季)[44]와 정을 통한 일이 있었다.

조영제가 세상을 떠난 뒤, 원정 4년에 한나라에서 안국소계를 출사시켜 왕과 왕태후로 하여금 장안에 가서 황제를 알현하라고 설득하게 했다. 변사(辯士)였던 간대부 종군(終軍)이 설득하고 용사 위신(魏臣) 등이 도와서 결정하게 했다. 또 위위 노박덕에게 군대를 거느리고 가서 계양(桂陽)에 주둔하며 사자를 기다리게 했다.

왕은 나이가 얼마 되지 않았고 태후는 중국 사람이었다. 태후는 안국소계가 도착하자 다시 은밀히 정을 통했는데, 도성 사람들이 거의 다 그 사실을 알게 되어 태후를 따르지 않는 사람들이 많았다. 태후는 난리가 일어날 것이 두려웠으므로 한나라의 무력에 기댈 생각으로, 왕과 왕의 총애를 받는 신하들에게 한나라에 복속하기를 청하라고 설득했다. 그래서 곧바로 사자를 보내 글을 올렸는데, 중원의 제후와 마찬가지로 세 해에 한 번 장안에 가서 알현하겠다고 하며 변경의 관문을 없애 달라고 요청했다.

국서를 받은 황제가 남월의 요청을 들어주었다. 그리고 남월의 승상 여가(呂嘉)에게 은인(銀印)을, 내사와 중위와 태부에게 각각의 인을 하사했다. 그 밖의 관직은 남월왕이 알아서 뽑게 했다. 또 남월에 원래부터 있던 경형(黥刑)과 이형(劓刑)을 폐지하고 한나라 법을 적용하여 다스리게 했다. 파견했던 사자들로 하여금 모두 남아 남월을 안정시키게 했다. 남월왕과 왕태후가 행장을 꾸리고 많은 예물을 마련하여 황제를 알현할 준비를 했다.

남월 승상 여가는 나이가 많았다. 여가는 [조타, 조호, 조흥] 세 왕의 승상 노릇을 했고, 일흔 명이 넘는 일가친척이 높은 관직에 올랐다. 집안의 남자는 모두 왕녀에게 장가를 갔고, 여자는 모두 왕실의 자제나 왕실 남자에게 시집을 갔다. 또 창오(蒼梧)의 진왕(秦王)[45]과도 인척지간이었다.

여가는 남월의 승상으로서 도읍 사람들의 존중을 많이 받았다. 남월 사람들이 여가를 믿고 따랐는데, 심복 노릇을 하는 사람이 많이 생겨나면서 남월왕보다 더 많은 사람의 마음을 얻었다.

남월왕이 한나라 황제에게 국서를 올리려고 할 때, 여가는 여러 차례 왕에게 그만둘 것을 간언했는데 왕이 자신의 말을 듣지 않았으므로 모반할 생각을 품게 되었다. 여가는 여러 차례 병을 칭하고 한나라 사자를 만나지 않았다. 사자가 여가를 지켜보면서 기회를 노렸지만 당시는 여가를 죽일 만한 형세가 아니었다.

남월왕과 왕태후도 여가 등이 먼저 거사를 일으킬까 봐 두려워했다. 이에 한나라 사자의 위세를 빌려 여가 등을 주살하기로 계획했다. 태후가 술자리를 마련한 뒤에 한나라 사자를 초대했는데, 대신들이 모두 그 자리에 앉아 술을 마시며 사신을 접대하게 했다. 여가의 동생이 장군으로서 병졸을 이끌고 궁 밖에 와 있었다. 술기운이 올랐을 때 태후가 여가에게 물었다.

"남월이 한나라에 귀부하는 것은 나라에 이로운 일인데, 승상께서는 불리하다고 싫어하시니 어떻게 된 일입니까?"

한나라 사자들을 격노시키려고 던진 말이었으나, 사자들이 머뭇거리며 서로에게 미루었으므로 결국 행동에 옮기지 못했다.

여가는 심복이 보내는 비상 신호를 보고 바로 자리를 떠나 버렸다. 태후가 노하여 창으로 여가를 찌르게 했지만 남월왕이 말렸다. 여가가 밖으로 나가서 남동생 군대의 호위를 받으며 집으로 돌아갔다.[46] 그 뒤로 병을 칭하고 왕과 한나라 사자를 만나지 않은 채 은밀히 난을 모의했다. 왕은 전부터 여가를 죽일 생각이 없었고 여가가 그 점을 알고 있었으므로 몇 달 동안은 거사하지 않았다. 태후가 단독으로 여가 등을 주살하려고 했지만 그러기에는 힘이 모자랐다.

황제는 보고를 받은 뒤에 사자가 겁을 먹고 처결하지 못한 것을 책망했다. 남월왕과 왕태후가 이미 한나라에 복속한 이상 여가 혼자 반란을 일으킨다면 군대를 출동시킬 것까지는 없다고 여겼다. 장삼(莊參)에게 이천 명을 거느리고 남월로 가게 했다. 그러자 장삼이 말했다.

"친선 교류를 위해 가는 길이라면 몇 명이면 충분하겠으나, 전투를 위해 간다면 이천 명으로는 모자랍니다."

불가하다는 장삼의 주장에 황제가 장삼의 부대를 파견하는 일을 거두었다.[47] 갑현(郟縣)[48] 출신의 장사(壯士)로 전임 제북국(濟北國) 상(相)이었던 한천추가 격앙된 심정으로 말했다.

"월은 작은 나라인 데다 왕까지 내응하고 있고, 승상 가만이 재앙을 초래하고 있습니다. 청컨대 용사 삼백 명을 내려 주시면, 반드시 가를 베어 보답하겠습니다."

이 말을 들은 황제가 한천추를 파견하되 남월 왕태후의 남동생 규악(摎樂)과 더불어 이천 명을 거느리고 가게 했다.

남월 변경을 넘어들어갔을 때, 여가가 반란을 일으키고 나라 안에 명령을 내렸다.

왕의 나이 얼마 되지 않았고 태후는 중국 사람인데 이번에 한나라 사자와 음란하게 정을 통하며 오로지 한나라에 복속하려고만 하고 있다. 선왕의 보물을 모두 들고 천자에게 바치면서 아부했을 뿐 아니라 수많은 사람을 시종으로 거느리고 길을 떠나 장안에 도착한 뒤에 종으로 팔아넘겼다. 자신만 빠져나가 일시적인 이익을 얻으려 할 뿐, 조씨(趙氏) 사직이 만대를 내려갈 수 있도록 걱정하는 마음을 가지고 있지 않다.

그러고는 자신의 동생과 함께 군대를 거느리고 태후와 남월왕을 공격하여 죽였고 한나라 사자도 모두 죽였다. 사람을 보내 창오의 진왕(秦王)과 남월의 여러 군과 현에 "명왕 조영제의 맏아들과 남월 아내 사이에 난 아들인 술양후(術陽侯) 조건덕(趙建德)을 왕으로 세웠다."라고 알렸다.

그때 한천추의 군대가 남월 땅으로 들어와 작은 읍 몇 개를 함락했다. 그러자 남월에서 곧바로 길을 열어 주고 식량을 공급하면서 반우에 사십 리 못 미치는 곳까지 유인한 다음, 남월 군대가 한천추 등을 공격하여 섬멸했다. 여가가 사람을 시켜 한나라 사자의 부절을 상자에 넣어 밀봉한 뒤에 새상(塞上)[49]에 두고, 좋은 말로 꾸며 사죄하고는 한편으로 군대를 출동시켜 군사 요지를 지키게 했다. 이에 황제가 선포했다.

한천추는 비록 공을 세우지 못했지만 최전방에서 선봉 부대를 거느렸으므로 그 아들 연년(延年)을 성안후(成安侯)에 봉한다. 규악은 그 누나가 왕태후인데 태후가 되자마자 한나라에 복속하기를 원했으므로 그 아들 광덕(廣德)을 용후(龑侯)[50]로 봉한다.

그리고 천하에 사면령을 내렸다.

황제의 힘이 미약할 때 제후가 정벌만 일삼으면 "신하가 적을 토벌하지 않는다."[51]라는 비난을 받게 되어 있다. 이제 여가와 건덕 등이 반란을 일으키고 〔한나라로부터〕 독립하고도 태연하게 지내고 있으니, 월인(粵人)[52] 및 강회(江淮) 이남의 누선 수군 십만 부대를 보내 토벌하게 한다.

원정 5년 가을, 위위 노박덕을 복파장군(伏波將軍)으로 삼아 계양을 출발하여 황수(湟水)를 따라 내려가게 했다. 또 주작도위 양복(楊僕)을 누선장군으로 삼고 예장에서 출발하여 횡포관으로 내려가게 했다.[53] 예전에 투항했던 귀의월후(歸義粵侯) 두 사람을 과선장군(戈舩將軍)과 하뢰장군(下瀨將軍)으로 삼은 뒤에 영릉(零陵)에서 출발하게 하여 한 갈래는 이수(離水)를 따라 내려가고 다른 한 갈래는 창오로 가게 했고, 치의후(馳義侯)를 시켜 파와 촉 땅의 죄인을 이끌게 하는 한편으로 야랑의 군대도 출동시켜 장가장을 따라 내려가서 반우성에서 두 부대가 만나게 했다.

원정 6년 겨울, 누선장군이 정예 군사를 거느리고 심협(尋陜)[54]을 먼저 함락한 뒤에 석문(石門)을 함락하여 월나라의 배와 곡식을 얻었다. 그 기세를 몰아 전진하여 남월의 선봉 부대를 격파했다. 월인 수만 명이 복파장군을 기다리고 있었는데, 복파장군이 죄인들을 거느리고 행군한 데다 길이 멀어 약속한 일자보다 늦게 도착하는 바람에 천여 명만이 누선장군 부대에 합세하여 마침내 함께 진격했다. 누선장군이 앞장서서 반우성에 도착했는데, 조건덕과 여가가 함께 성을 기반으로 삼아 수비하고 있었다. 누선장군이 공격에 유리한 곳을 골라 성 밖 동남쪽에 자리를 잡았고, 복파장군 부대는 서북쪽에 진을 쳤다. 저물녘 누선장군 부대가 남월 군대를 공격하여 승리하고 불을 질러 성을 태웠다. 남월에서는 그 전부터 복파장군이 진격한다는 소식을 들어 알고 있었으나 어두워서 군사가 얼마나 되는지를 가늠할 수 없었다. 복파장군은 군영을 설치한 뒤에 사람을 보내 투항할 사람을 설득하게 했다. 그러고는 투항한 자에게 인수를 주고 다시 성안으로 들어가서 투항할 사람을 설득하게 했다. 누선장군이 힘을 다해 공격하면서 적진을 태웠으므로 성안에 있던 사람들이 도리어 복파장군 군영 안으로 쫓겨 들어갔다. 다음 날 해가 뜰 무렵이 되자 복파장군에게 투항했다.

여가와 조건덕은 밤중에 수백 명과 함께 바다를 건너 도망했다. 복파장군이 투항한 사람들에게 물어 여가가 달아난 곳을 알아낸 뒤에 사람을 보내 추격하게 했다. 전임 교위이자 복파장군 부대의 사마(司馬)였던 소홍(蘇弘)[55]이 조건덕을 생포하여 해상후(海常侯)에 봉해졌다. 남월의 낭관 도계(都稽)[56]는 여가를 생포하여 임채후(臨蔡侯)에 봉해졌다.

창오왕 조광은 월왕과 동성(同姓)의 일가였으나 한나라 군대가 온다는 소식을 듣고 투항했으므로 수도후(隨桃侯)로 삼았다. 남월 걸양(揭陽)[57] 현령 사정(史定)도 한나라에 투항했으므로 안도후(安道侯)로 삼았다. 남월의 장수였던 필취(畢取)가 부대와 함께 투항했으므로 요후(臘侯)로 삼았고, 남월의 계림부감(桂林部監) 거옹(居翁)이 우락(甌駱)의 사십여만 명을 설득하여 투항시켰으므로 상성후(湘城侯)[58]로 삼았다.

과선장군과 하뢰장군의 부대 및 치의후가 거느린 야랑 부대가 미처 반우성에 내려오기 전에 남월은 평정되었다.

이어서 그 땅에 담이군(儋耳郡)과 주애군, 남해군, 창오군, 울림군(鬱林郡), 합포군(合浦郡), 교지군(交阯郡), 구진군(九眞郡), 일남군(日南郡)의 아홉 개 군을 두었다.

복파장군은 식읍을 더해 봉했고, 누선장군은 적진으로 진격하여 견고한 성을 함락시킨 공을 인정하여 장량후(將梁侯)로 삼았다.

〔남월은〕위타(尉佗)[59]로부터 모두 다섯 대를 내려가 아흔세 해만에 멸망했다.

동월의 다른 이름 민월

○　○　○

민월왕 무저(無諸)와 월(粵)의 동해왕(東海王) 요(搖)[60]는 그 선조가 모두 월왕 구천의 후대들로, 성은 추씨(騶氏)[61]이다.

진나라가 천하를 겸병했을 때 부족의 군장(君長)을 없애고 이곳에 민중군(閩中郡)을 두었다. 뒤에 〔항우의〕제후 연합군이 진나라에 반기를 들었을 때, 무저와 요는 월 부족을 거느리고 파양 현령 오예(吳芮)에게 귀부했다. 오예는 파군(番君)[62]이라고 불렸는데, 진나라 멸망을 위해 봉기한 제후 연합군에 참가했〔고 오왕이 되었〕다. 그 무렵 항우가 천하를 호령하고 있었는데, 무저와 요를 왕에 봉하지 않았으므로 항우의 초나라를 돕지 않았다.

한나라 고조가 항적을 공격할 때 무저와 요는 월 부족을 거느리고 한나라 편에 섰다.

한 고조 5년, 무저를 민월왕으로 다시 세우고 민중군을 두었던 옛 민월 땅을 다스리며 야(冶)[63]에 도읍하게 했다.

효혜제 3년, 고조 때에 월 사람들이 공을 세운 것을 소급하여 칭찬하면서 말했다.

"민군(閩君) 요(搖)가 공을 많이 세웠고 그 백성들도 순종하면서 잘 귀부하고 있으니 요를 동해왕으로 세우고 동우(東甌)에 도읍하게 하라."

세상은 〔동해왕을〕 동우왕이라고 불렀다.

몇 대가 지난 효경제 3년에 오왕(吳王) 유비(劉濞)가 반란을 일으켰는데, 민월에게 합세할 것을 요구했다. 민월왕은 따르지 않았으나 동우는 따랐다. 뒤에 오왕이 패하자 동우왕이 한나라에 매수되어 단도(丹徒)에서 오왕을 죽였으므로 주살당하지 않았다.

오왕의 아들 유구(劉駒)는 민월로 달아났다. 유구는 동우가 자신의 아버지를 죽인 것을 원망하며 민월왕에게 동우를 공격해 달라고 여러 차례 권했다.

건원 3년, 민월에서 군대를 출동하여 동우를 포위하자 동우에서 사람을 보내 황제에게 긴급한 상황을 알렸다. 황제가 태위 전분에게 물어보자 전분이 대답했다.

"월 부족끼리 서로 공격하는 것은 언제나 있는 일입니다. 조정에서 힘을 들여 가며 구원 부대를 보낼 것까지는 없습니다."

중대부 엄조가 전분을 힐난하며 구원 부대를 보내야 마땅하다고 주장했다.

황제가 엄조를 보내 회계군의 부대로 바다를 건너 구원하러 가게 했는데, 이때의 이야기는 「엄조전」에 자세히 써 두었다.

한나라 부대가 도착하기 전에 민월에서 군대를 철수했다. 동월 사람들이 나라 전체를 들어 중국으로 옮겨 가 살게 해 달라고 청했다. 그래서 모든 백성이 장강과 회하 사이에 있는 땅에 살게 되었다.

건원 6년, 민월이 남월을 공격했으나 남월에서 황제와 맺은 약조를 지켜 독단적으로 군대를 출동시키지 않고 황제에게 보고했다.

황제가 대행(大行) 왕회를 보내 예장에서 출발하게 하고, 대사농 한안국에게는 회계에서 출발하게 하며 두 사람을 모두 장군에 임명했다.

군대가 양산령을 넘어가기 전에, 민월왕 영(郢)이 군대를 출동시켜 험준한 요새에서 수비에 들어갔다. 그때 민월왕의 동생 여선이 종실 친척들과 의논했다.

"왕이 독단적으로 군대를 출동시키며 황제에게 물어보지 않았으므로 황제의 부대가 토벌하러 오고 있습니다. 한나라 부대는 수도 많고 강합니다. 요행히 승리한다 해도 뒤에 더 많은 부대가 몰려올 테니 나라가 망해야 끝이 날 것입니다. 그러니 왕을 죽여 황제에게 사죄합시다. 황제가 부대를 철수시키면 나라를 제대로 보전할 것입니다. 황제가 들어주지 않으면 있는 힘을 다해 싸우고, 이기지 못하면 바다를 건너 달아납시다."

종실 사람들이 모두 동의했다.

"좋습니다."

곧바로 창을 찔러 왕을 죽인 뒤에 사람을 보내 그 머리를 대행에게 갖다 바쳤다. 그러자 대행이 말했다.

"우리가 이번에 온 것은 왕을 주살하기 위함입니다. 왕의 머리를 가져왔으니 싸우지 않고도 죽인 것이 되어, 이로움이 이보다 더 클 수 없습니다."

이어서 임의로 대사농 부대에 전투에 들어가지 말라고 알린 다음, 황제에게 왕의 머리를 바치며 보고했다. 황제가 조서를 내려 두 장군의 부대를 철수하게 했다.

"영 등은 죄가 크다. 유독 무저의 손자 요군(繇君) 추(丑)는 모의에 가담하지 않았다."

그러고는 낭중을 보내 추를 월 요왕(粵繇王)으로 삼고 민월〔왕실 조상〕 제사를 모시게 했다.

여선이 영을 죽여 나라 안에 위세를 떨쳤으므로 사람들이 많이 복속해 왔다. 여선이 스스로 왕이 되려고 했는데, 요왕이 여선을 제압하지 못했다. 황제가 그 소식을 들었지만 여선을 치기 위해 군대를 다시 동원할 필요는 없다고 말했다.

"앞서 여선이 영을 죽여서 군사들이 수고하지 않아도 되었다."

그리하여 여선을 동월왕으로 세우고 요왕과 함께 공존하게 했다.

원정 5년, 남월의 여가가 반란을 일으켰다.

여선이 글을 올려 병졸 팔천 명을 데리고 누선장군을 따라 여가 등을 공격하겠다고 청했다. 부대가 걸양에 이르렀을 때 바다에 풍파가 인다는 핑계를 들어 행군하지 않았다. 여선은 〔한나라와 남월〕 양쪽의 형세를 관망하다가 은밀히 남월에 사자를 파견했다.

한나라 부대가 반우성을 함락한 뒤에, 누선장군 양복이 황제에게 글을 올려 군대를 이끌고 동월을 치러 가겠다고 했다. 병졸들이 지쳤으므로 황제가 윤허하지 않았다. 황제는 전쟁을 끝내게 하고 여러 교(校)로 하여금 예장군 매령(梅領)에서 다음 명령을 기다리며 주둔하게 했다.

이듬해 가을, 누선장군이 황제에게 청하여 여선을 주살하고 변경에 주둔하던 한나라 부대를 동월로 진격시키겠다고 한 것을 여선이 알게 되었다. 그래서 마침내 군대를 출동시켜 한나라와 통하는 길을 막았다. 추력장군(騶力將軍) 등을 탄한장군(吞漢將軍)이라 부르게 한 뒤에 백사(白砂)와 무림(武林), 매령으로 들어가 한나라 부대의 교위 세 명을 죽였다.

그때 한나라 조정에서 대사농 장성(張成)과 전임 산주후(山州侯) 유치(劉齒)로 하여금 주둔 부대를 거느리게 했지만, 둘 다 공격하지 못하고 유리한 곳으로 퇴각했으므로 겁을 내며 유약하게 행동한 죄로 두 사람 모두 주살당했다.

여선이 '무제(武帝)'라는 새를 새긴 뒤에 스스로 제위에 올라 자신의 백성을 속이며 망언을 일삼았다. 황제가 횡매장군(橫海將軍) 한열을 파견하여 회계군의 구장(句章)에서 출발하여 바다를 건너 동월로 진격하게 했다. 누선장군 양복은 무림(武林)에서 출발했고, 중위 왕온서는 매령에서 출발했다. 또 월후(粵侯) 두 명을 과선장군과 하뢰장군으로 삼아 여사(如邪)[64]와 백사(白沙)에서 출격하게 했다.

원봉 원년 겨울, 모든 부대가 동월로 진격해 들어갔다. 동월에는 이전부터 군대가 출동하여 험준한 요새에서 수비하고 있었다. 순북장군(徇北將軍)으로 하여금 무림을 지키게 했는데, 누선장군의 여러 교위가 거느린 부대를 격파하고 장사(長史)를 죽였다. 누선장군의 병졸이었던 전당(錢唐) 사람 원종고(榬終古)가 순북장군을 베었으므로 어아후(語兒侯)로 삼았다. 누선장군이 직접 거느린 부대는 순북장군을 베는 전투에 참가하지 않았다.

그보다 먼저 전임 월연후(粤衍侯) 오양(吳陽)이 한나라에 와 있었는데 한나라 조정에서 여선을 설득시키라는 임무를 주어 돌려보냈다. 그런데 여선은 오양의 말을 듣지 않았다. 뒤에 횡해장군이 도착하자 오양이 자신의 고향 읍 사람 칠백 명을 거느리고 여선에게 반기를 들어 한양(漢陽)에서 월나라 부대를 공격했다. 이어서 전임 월 건성후(粤建成侯) 오(敖) 및 요왕 거고(居股)와 모의하여 함께 여선을 죽이고 자신들의 군사를 거느리고 횡매장군 부대에 투항했다.

공훈 서열에 따라 거고를 동성후(東成侯)[65]에 봉하고 식읍 만 호를 내렸고, 오(敖)를 개릉후(開陵侯)에 봉했으며, 오양을 난석후(卯石侯)[66]에 봉했다. 횡매장군 한열을 안도후(按道侯)로 삼고, 횡매장군의 교위 유복(劉福)을 요영후(繚嫈侯)로 삼았다. 유복은 성양왕(城陽王)의 아들로 전에 해상후(海常侯)에 봉해졌으나 법을 어겨 작위를 잃었다. 전쟁에 참가하여 공을 세우지는 못했으나 종실이었고 전임 해상후였으므로 다시 후위에 올랐다. 또 동월 장수 다군(多軍)은 한나라 군대가 도착하자 군대를 버리고 투항했으므로 무석후(無錫侯)에 봉해졌다. 우락의 전임 좌장군 황동(黃同)[67]은 서우왕(西于王)을 베었으므로 하부후(下酈侯)에 봉해졌다.

이에 황제가 말했다.

"동월은 협곡으로 많이 가로막혀 있고, 민월 사람들은 사나워 여러 번 반란을 거듭했다."

군리(軍吏)에게 조서를 내려 동월과 민월 사람들을 장강과 회하 사이의 땅으로 옮겨 살게 했다. 그리하여 동월 지역에는 사람이 살지 않게 되었다.

험난했던 조선 정복 전쟁

○　○　○

조선(朝鮮) 왕 만(滿)[68]은 연나라[69] 사람이다.

일찍이 전국 시대 연나라 때부터 진번(眞番)[70]과 조선을 침공하여 귀속시키고,[71] 군리를 두어 장(障)[72]을 구축했다. 진나라가 연나라를 멸한[73] 뒤에 〔그 땅을〕 요동외교(遼東外徼)[74]에 속하게 했다. 한나라 건국 후 멀어서 지키기 어렵다는 이유로 옛 요동 요새[75]를 다시 수축하되 패수(浿水)[76]를 경계로 〔그 서쪽 땅을〕 연나라에 속하게 했다.

연왕 노관이 반기를 들고 흉노에 가담하자, 만(滿)이 망명했다.[77] 천여 명을 모아 높이 솟은 추계 상투머리에 만이의 옷을 입고 동쪽으로 가서 요새를 빠져나가 패수를 건너 진나라 옛 공지(空地)의 상하장(上下障)에 살았다. 점차 진번과 조선의 만이와 그전에[78] 망명했던 연나라와 제나라 사람들을 귀속시켜 부렸다. 왕의 도읍은 왕험(王險)[79]이었다.

효혜제와 고후[80] 때에 천하가 막 안정되었다. 요동 태수가 위만과 약조하기를 만(滿)이 외신(外臣)[81]으로서 새외의 만이가 변경을 넘어 노략질하지 못하게 지키되, 다른 만이의 군장이 황제를 배알하러 들어오는 길을 막지 않게 했다. 이를 보고하자 황제가 윤허했다. 그리하여 위력적인 군대와 재물을 얻게 된 만(滿)이 그 주변의 작은 성읍 국가를 침입하여 항복시키자, 진번과 임둔(臨屯)[82]도 모두 복속하여 땅이 수천 리에 이르렀다.

아들을 거쳐 손자 우거(右渠) 때에 이르러 한나라로부터 많은 망명자를 유인해 냈고, 조정하러 들어가지 않았을 뿐만 아니라, 진번과 진국(辰國)[83]이 글을 올려 황제를 알현하고자 할 때 가로막고 통하지 못하게 했다.

원봉 2년에 한나라에서 사신 섭하(涉何)를 보내 우거를 꾸짖고 회유했으나, 우거는 끝내 명령을 받들지 않았다. 섭하가 돌아가는 길에 국경인 패수에 이르렀을 때 마부를 시켜 전송 나온 조선의 비왕(裨王) 장(長)을 찔러 죽이고 바로 강을 건너 요새로 달려 들어갔다. 그 뒤에 장안으로 돌아가 황제에게 "조선의 장수[84]를 죽였다."라고 보고했다. 황제가 그 공을 높게 여기며 문책하지 않고 섭하에게 요동 동부 도위[85] 벼슬을 내렸다. 섭하에게 분노한 조선에서 군대를 출동시켜 기습 공격으로 섭하를 죽이자, 황제가 죄인을 부대로 모집하여 조선을 공격하게 했다. 그해 가을에 누선장군 양복을 보내 제나라 땅에서 배를 타고 발해(勃海)[86]를 건너가게 했고, 병력 오만 명으로 순체(荀彘)가 요동 변경에서 출격하여 우거를 문책하게 했다. 우거는 군대를 출동시켜 험준한 곳에서 대항했다. 좌장군의 병졸 다(多)[87]가 요동군을 거느리고 먼저 출동했으나 패하여 흩어졌다. 다가 후퇴하여 달아났으므로, 법에 따라 참형되었다.

누선장군은 제나라 군대 칠천 명을 거느리고 왕험에 먼저 도착했는데, 우거가 성을 지키고 있다가 누선장군의 군사가 적은 것을 정탐해 내고, 바로 부대를 공격하니 누선장군의 군대가 패하여 달아났다. 양복 장군이 자신의 군사를 잃고 열흘이 넘도록 산중에 숨어 있다가 점차 흩어진 군대의 수습에 나서서 군대를 다시 모았다. 좌장군은 패수 서쪽에 주둔하던 조선의 군대를 공격했으나 깨뜨리지 못했다.

황제는 두 장군이 승리할 가망이 없다고 여기고, 위산(衛山)을 보내 군대의 위력을 보이며 우거를 설득하게 했다. 우거가 사자를 보고 머리를 조아리며 사죄했다.

"항복하고자 했으나, 장군이 신을 속이고 죽일까 두려웠습니다. 이제 황제의 편지와 부절을 보았으니 항복하고자 합니다."

우거가 태자로 하여금 들어가 사죄하게 하고 말 오천 필을 바치고, 이어서 군량을 공급하기로 했다. 무기를 소지한 무리 만여 명이 막 패수를 건너려고 할 때, 사자와 좌장군이 태자의 무리가 변을 일으킬 것을 의심하여 태자에게 말했다.

"이미 항복했으니 마땅히 사람들에게 병기를 휴대하지 못하게 해야 할 것이오."

태자도 사자와 좌장군이 속임수를 쓴다고 의심하여 패수를 건너지 않고 무리를 이끌고 다시 돌아갔다. 위산이 상황을 보고하자 황제가 위산을 주살했다.

좌장군은 패수 변에 주둔한 조선 군대를 격파하고 이어서 성 아래까지 전진하여 성의 서북쪽을 포위했다. 누선장군도 전진하여 좌장군과 합류한 뒤에 성의 남쪽에 주둔했다. 우거가 계속해서 성을 굳게 지키니 여러 달이 지나도록 함락하지 못했다.

좌장군은 시중으로 있으면서 늘 황제의 총애를 받았다. 좌장군이 거느린 연나라와 대나라의 군대는 사납고 용맹스러웠는데, 전투에서 이기자 군사들이 아주 교만해졌다.

누선장군은 제나라 군대를 거느렸는데 바다를 건너가서 싸울 때 이미 여러 번 패했다. 앞서 우거와 교전하면서 곤욕을 치르며 군사를 잃었으므로 병졸들이 모두 두려워했다. 장군은 속으로 부끄럽게 여기면서 우거의 군대를 포위하는 작전에서 계속 화해하자는 의견을 내세웠다. 그러나 좌장군은 맹렬히 우거의 군대를 공격했다. 그러자 조선의 대신이 은밀히 사람을 보내 누선장군에게 항복하겠다고 사사로이 약속했다. 항복을 받기 위한 절차를 상의하느라 미처 결행하지 않고 있을 때, 좌장군이 여러 차례에 걸쳐 누선장군에게 함께 공격하자고 청했다. 그러나 누선장군은 항복 약속을 마무리하기 위해 응하지 않았다. 좌장군도 사람을 보내 조선을 항복시킬 기회를 찾아보려 했으나 이를 거부했다. 조선이 누선장군에게 기울어져 있었기 때문에 두 장군은 서로 사이가 나빠졌다. 좌장군은 '누선이 지난번에 군대를 잃은 죄를 지었으면서도 지금 조선과 가깝게 지내고 있다. 항복하지 않고 있는 조선과 누선이 반기를 드는 것이 아닐까?' 하고 생각했으나 발설하지 않았다.

황제가 말했다.

"장수들이 공격하지 못하기에 위산을 보내 항복하도록 우거를 설득하게 했더니, 혼자서 결단하지 못하고 좌장군과 잘못 상의하여 마침내 조선에서 항복하겠다던 약속을 깨뜨리게 했다. 그래서 다시 전투에 들어간 지금 두 장군이 성을 포위하고도 의견이 맞지 않아 오랫동안 해결하지 못하고 있다. 전 제남 태수 공손수(公孫遂)를 보내 두 장군의 잘못을 바로잡고 형편에 따라 바로 일을 처리하도록 하라."

공손수가 도착하자 좌장군이 말했다.

"이미 오래전에 조선의 군대를 함락시킬 수 있었음에도 함락하지 못한 까닭은 누선이 계속해서 전투에 참가하지 않았기 때문입니다."

좌장군이 평소에 품고 있던 생각을 공손수에게 고했다.

"지금 이런 상황에 체포하지 않으면 큰 해가 생길까 걱정입니다. 누선 혼자가 아니라 조선과 함께 우리 군대를 망하게 할 것입니다."

공손수도 그렇게 될 것이라 여겼으므로, 부절을 보이고 좌장군의 군영에 모여 작전을 짜자고 누선장군을 불렀다. 그런 뒤에 (누선장군이 들어오자) 좌장군의 부하에게 붙잡아 결박하게 하고는 누선장군의 부대를 좌장군이 거느리게 했다. 이 사실을 천자에게 보고하니, 천자가 공손수를 주살했다.[88]

좌장군이 두 군대를 합한 뒤 바로 조선 군대를 맹렬하게 공격했다. 조선의 상(相) 노인(路人)과 상 한도(韓陶),[89] 이계상(尼谿相)

참(參),[90] 장군 왕협(王唊)[91]이 함께 의논했다.

"원래 누선장군에게 항복하려 했으나 누선이 지금 나포되었다. 이제 좌장군이 단독으로 두 부대를 거느리며 더욱 맹렬하게 공격하니 대적할 수 없을 듯하다. 그런데 왕은 또 항복하려 들지 않는다."

한도와 왕협, 노인이 함께 달아나 한나라에 항복했다. 노인은 한나라로 가던 도중에 죽었다.

원봉 3년 여름, 이계상 참이 사람을 시켜 조선왕 우거를 죽이고 투항해 왔지만 왕험성은 함락되지 않았다. 그 틈을 타서 우거의 대신 성이(成已)가 다시 반란을 일으켜 새로 관리를 고쳐 임명했다.[92] 좌장군이 우거의 아들 장(長)[93]과 항복한 상(相) 노인의 아들 최(最)로 하여금 조선의 백성을 설득하여 성이를 죽이게 했다. 그리하여 드디어 조선을 평정하고 진번, 임둔, 낙랑(樂浪), 현도(玄菟)의 사군(四郡)[94]을 설치했다.

한나라에서 참을 획청후(澅淸侯)[95]에, 도(陶)를 추저후(秋苴侯)[96]에, 협을 평주후(平州侯)[97]에, 장을 기후(幾侯)[98]에 봉했다. 최는 죽은 아버지의 공이 아주 컸으므로 열양후(涅陽侯)[99]에 봉했다.

황제가 좌장군을 불러들인 뒤에, 공을 다투고 상대방을 질시하느라 작전을 망치게 했다는 죄명을 씌워 기시형에 처했다. 누선장군도 군대가 열수(列水)[100] 하구에 도착했을 때 좌장군의 부대와 합류하도록 기다렸어야 마땅한데, 독단으로 먼저 진격한 뒤에 패배하고 군사를 많이 잃었으므로 주살해야 한다는 판결을 받았다. 그러나 속죄금을 내고 평민이 되었다.

찬하여 말한다.

초왕과 월왕의 선조는 역대로 봉토를 받은 제후였으나 주나라가 쇠약해지자 초나라 땅이 오천 리로 늘어났으며, 구천도 월왕으로 패자가 되었다. 진나라가 육국의 제후를 멸망시켰을 때에 초나라 땅에는 전왕(滇王)의 나라가 유일하게 남아 있었다. 뒤에 한나라가 서남이를 토벌했을 때에도 유독 전왕만 계속해서 은총을 받았다. 뒤에 동월을 멸망시키고 백성을 옮겨 살게 했는데, 요왕 거고 등은 만호후(萬戶侯)로 높이 봉해 주었다.

〔서남이, 양월, 조선〕 세 지역의 개척은 모두 일을 일으키기 좋아하는 신하가 비롯했으니 서남이는 당몽과 사마상여가, 양월은 엄조와 주매신이, 조선은 섭하 때문에 시작되었다. 마침 나라가 부강했으므로 성공할 수 있었으나 힘이 아주 많이 들었다. 태종(太宗)[101]이 위타를 진무한 옛일을 회고해 보니, 옛사람이 "복속하지 않은 자들을 예로써 불러들이고, 먼 곳에 거주하는 자들을 덕으로 불러오게 한다."[102]라고 일렀던 것과 마찬가지가 아닌가!

66

서역전 상
西域傳 上

한나라 때 서역(西域)은 두 가지 의미가 있었다. 넓게 보아 서쪽 국경 옥문관(玉門關) 바깥으로 끝없이 펼쳐진 지역이었고, 좁게는 옥문관에서 총령(葱嶺), 즉 파미르고원 동쪽 사이에 있는 지역이었다.

무제의 영토 확장 기간에 장건(張騫)이 한나라의 서쪽을 가로막고 있던 천산 기슭을 돌아 서역으로 나가는 길을 개척했다. 첫 번째 시도에서 흉노에 가로막힌 장건은 두 번째 시도에서 카스피해와 아무다리야강 유역까지 나아갔다. 그 뒤로 극소수의 상인이 오간 이름 없는 험한 길이 실크 로드라는 국제 도로로 승격되었고, 헤아릴 수 없이 많은 사람들이 이 길을 밟으며 특산물과 정보를 수집해 왔다. 이어서 서역에 한나라의 도호부가 설치되어 수십 개의 나라를 감독했다. 「서역전」에는 서역으로 가는 길과 수많은 나라의 사정이 소상하게 소개되어 있다. 『사기』의 「대원 열전」이 서역을 소개한 신호탄이었다면 이 편은 서역의 대형 인문지리지가 되었다. 여기 소개된 나라 중에는 현재 그 위치를 파악하지 못하는 곳도 있으나 대부분 발굴을 통해 위치가 확정되었다. 그 과정에서 이 편의 기록이 귀중한 자료 역할을 했음은 말할 것도 없다.

이 편에 수록된 서역 관련 정보는 당대에도 유용했다. 동한 화제(和帝) 영원(永元) 9년(97년)에 서역도호 반초(班超)가 파견한 감영(甘英)이 대진(大秦)에 출사하던 길에 지금의 페르시아만까지 당도했던 것은 세계사의 중대한 사건으로 남아 있다. 장건이 서역으로 가는 길을 개척했다면 반초는 31년 동안 서역에 머무르며 서역을 다스린 명실상부한 서역 전문가였다. 일흔한 살의 나이로 8월 낙양에 돌아온 반초는 9월에 세상을 떠났다. 반초는 반고의 친동생이다.

멀고 먼 서역

○ ○ ○

효무제 때 서역[1]과 처음 통했다. 원래 서른여섯 나라가 있었으나 그 뒤에 점점 갈라져서 쉰 몇 개[2]가 되었다. 모두 흉노의 서쪽이자 오손국의 남쪽에 있다.

남쪽과 북쪽에 큰 산[3]이 있고 중부에는 강[4]이 흐르며, 동서 육천여 리, 남북 천여 리에 이른다. 동쪽으로 한나라와 접하는데 옥문관(玉門關)과 양관(陽關)이 변경이고, 서쪽으로는 총령(蔥嶺)[5]에 막혀 있다. 서역 남산에서 동쪽으로 나가면 금성군이며 한나라 남산과 이어져 있다. 강의 발원지는 두 곳인데 하나는 총령의 산속에서 흘러나오고, 다른 하나는 우전국(于闐國)에서 흘러나온다. 우전의 남쪽 산기슭에서 시작된 강은 북쪽으로 흘러 총령하(蔥嶺河)와 합쳐 동쪽으로 포창해(蒲昌海)에 흘러들어 간다. 포창해는 일명 염택(鹽澤)으로, 옥문관과 양관에서 삼백여 리 떨어져 있으며 사방 삼백 리에 이른다. 수면이 거의 움직이지 않을 만큼 고요하고 겨울과 여름에도 수량이 줄어들거나 늘어나지 않는데, 모두 지하로 스며 흐르다가 남쪽의 적석산(積石山)에서 솟아 나와 중국하(中國河)[6]가 되어 흐른다고 한다.

옥문관과 양관에서 서역으로 나가는 두 갈래 길이 있다. 선선국에서 남산 북쪽 기슭으로 강을 따라 서쪽으로 가면 사거국에 이르는데 이 길을 남도(南道)라고 한다. 이 남도 서쪽으로 총령을 넘으면 대월지국(大月氏國)과 안식국(安息國)으로 나갈 수 있다. 거사전국(車師前國) 왕의 궁정이 있는 곳에서 북산 기슭으로 강을 따라 서쪽으로 가면 소륵국(疏勒國)에 이르는데 이 길을 북도(北道)라고 한다. 이 북도 서쪽으로 총령을 넘으면 대원국, 강거국, 엄채국(奄蔡國)으로 나갈 수 있다.

서역의 여러 나라는 대부분 정착하여 생활한다. 내성과 외성, 농토와 가축이 있고, 풍속은 흉노나 오손국과 다르다. 예전에는 서역의 모든 나라가 흉노에 복속하여 부림을 당했다. 흉노 서부 변경의 일축왕이 동복(僮僕) 도위를 상주시키고 서역을 통솔했는데, 언기국(焉耆國)과 위수국(危須國), 위려국(尉黎國) 사이에 주로 머물며 각 나라에서 조세를 받아 풍족했다.

주나라가 쇠락한 뒤에 융적이 경수와 위수 북쪽에서 섞여 살았다.

그 뒤 진시황 때에 이르러 융적을 몰아내고 장성을 수축한 뒤에 중원의 경계를 분명히 했다. 그렇지만 진나라의 서쪽 변경은 서쪽으로 임토(臨洮)[7]를 넘지 못했다.

한나라가 개국한 뒤에 효무제 때에 이르러 사이를 정벌하며 징벌과 은덕을 병행하는 일을 확대해 나갔다. 그 시절에 장건이 처음으로 서역으로 가는 길을 열었다. 그 뒤에 표기장군 곽거병이 흉노의 서부 지역을 공격하여 승리를 거두고 혼야왕과 휴저왕의 항복을 받아 내면서 그 땅을 비웠다. 영거 서쪽 지방에 성을 구축하고 처음으로 주천군을 두었으며 뒤에 백성을 징발하여 이곳으로 이주시켜 정착하게 했다.[8] 나중에 무위군(武威郡), 장역군, 돈황군을 나누어 설치함으로써 네 개 군으로 늘리고 옥문관과 양관을 두어 변경을 지키게 했다.

이사장군이 대원국을 정벌한 뒤에 서역 전체가 두려움에 휩싸였는데, 많은 나라가 사신을 보내 공물을 바쳐 왔고 한나라에서 서역으로 파견했던 사자들은 공을 인정받아 상을 받고 승진했다. 그러면서 돈황에서 서쪽으로 염택에 이르는 길에는 곳곳에 정(亭)을 세웠고 윤대(輪臺)와 거려(渠犁)에는 모두 수백 명의 군사가 주둔하며 농사를 지었다. 조정에서는 사자와 교위를 보내 그 일을 감독했으며 거기서 나는 곡물로 외국에서 한나라에 출사하는 사신들을 대접했다.

선제 때에 이르러 위사마를 파견하여 선선국의 서쪽에 있는 몇 개 나라를 보호하게 했다. 그 뒤에 고사국(姑師國)을 쳐부수었지만 전멸시키지는 않고 거사전국(車師前國)과 거사후국(車師後國) 및 천산 북쪽의 여섯 나라로 나눠 버렸다.

그 무렵에 한나라는 서역의 남쪽 길 지역만 보호하고 있었을 뿐 북쪽 길 지역은 모두 병합하지 못하고 있었으나 흉노에서는 스스로 불안해했다. 나중에 일축왕이 선우에게 반기를 들어 백성을 거느리고 투항해 오자 호선선이서사자(護鄯善以西使者) 정길(鄭吉)이 일축왕을 맞이했다.

한나라에 도착하자 일축왕을 귀덕후(歸德侯)에, 정길은 안원후(安遠侯)에 봉했으니 그해가 신작 3년이었다. 이 기회를 타서 정길을 보내 북쪽 길 지역도 병합하고 보호하게 하고 도호(都護)라고 칭했다. 도호라는 관직은 정길이 서역도호부를 둠으로써 시작된 것이다. 이로써 동복 도위는 철폐되고 흉노는 갈수록 약해져서 서역에 접근하지 못했다.

그리하여 백성을 이주시켜 농사를 짓게 했는데 북서건(北胥鞬)[9]을 중심으로 사거국의 땅을 분할해서 농사를 지었다. 이때부터 둔전교위(屯田校尉)가 서역도호 밑에서 일을 보게 되었다.

서역도호는 오손국과 강거국 같은 여러 외국의 동정을 감찰하면서 변란이 생기면 황제에게 보고했는데, 서역도호가 안정시킬 일이면 안정시키고 군대를 출격해야 할 일이면 출격시켰다.

서역도호는 오루성(烏壘城)에 치소를 두었는데 양관에서 이천칠백삼십구 리 떨어져 있었고 거려(渠犁)에 두었던 둔전 감독 관아와 가깝게 있었다. 토지가 비옥할뿐더러 서역의 중심에 있었으므로 서역도호의 관아를 이곳에 둔 것이다.

원제 때에 이르러 새로 무기교위를 두고 거사전국 왕궁이 있는 곳에 주둔하며 농사를 짓게 했다. 그 무렵 흉노에 속하고 있던 동포류왕(東蒲類王) 자력지(茲力支)가 백성 천칠백여 명을 데리고 서역도호에게 투항해 왔다. 서역도호가 거사전왕의 땅 중에서 서쪽 지역을 자력지에게 주어 오탐자리국(烏貪訾離國) 땅으로 하고 그곳에 살게 했다.

선제와 원제 시대 뒤로 선우가 스스로 번신이 되겠다고 하자 서역의 여러 나라가 복종해 왔다. 이제 서역의 토지와 산천, 왕후, 호수(戶數)와 도로 이수(里數)를 실제대로 자세하게 기록해 둔다.

여강국

○　○　○

양관을 나가서 가장 가까운 나라를 여강(婼羌)[10]이라고 한다. 여강국의 왕은 거호래왕(去胡來王)[11]이라고 칭한다. 양관에서 천팔백 리, 장안에서 육천삼백 리 떨어져 있고 서남쪽에 치우쳐 있어〔여강까지〕큰길이 나지 못했다. 사백오십 호에 인구는 천칠백오십 명이고, 전투에 나갈 수 있는 군인 오백 명이 있다. 서쪽으로 저말국(且末國)[12]과 접하고 있다. 가축을 따라 물과 풀을 찾아다니되 농사는 짓지 않고 선선국과 저말국에게 곡식을 의존한다. 산에 철이 나고, 무기를 자체 생산한다. 무기로는 활, 창, 복도(服刀),[13] 검, 갑옷이 있다. 서북쪽으로 선선국에 이르는데 큰길로 갈 수 있다.

선선국

○　○　○

선선국의 원명은 누란국(樓蘭國)으로 왕은 양관에서 천육백 리, 장안에서 육천백 리 떨어진 우니성(扜泥城)에서 통치한다. 천오백칠십 호에 인구는 일만 백십 명이고, 전투에 나갈 수 있는 군인은 이천구백십이 명이다. 보국후(輔國侯)와 각호후(卻胡侯) 선선도위, 격거사도위(擊車師都尉), 좌우차거(左右且渠), 격거사군(擊車師君)이 각각 한 명씩과 역장(譯長) 두 명이 있다. 서북쪽으로 서역도호 치소(治所)까지 천칠백십오 리, 산국(山國)까지는 천삼백육십오 리, 서북쪽으로 거사국까지는 천팔백구십 리 떨어져 있다.

땅에 모래가 많고 염분이 강하여 밭이 적으니 이웃 나라에 농사를 부탁하고 작물을 사들인다. 옥이 나고 갈대, 능수버들, 호동(胡桐), 백초(白草)가 많다. 사람들은 목축을 하면서 물과 풀을 찾아다니는데 나귀와 말을 키우고 탁타도 많다. 무기를 만드는데 여강국과 같다.

애당초 무제가 장건의 말에 설득되어 흔쾌히 대원국과 그 근처의 여러 나라와 왕래하기로 했다. 길에 그쪽으로 출사하는 사자가 오가는 행렬이 이어졌으니 한 해에 많게는 열 몇 회나 떠나곤 했다. 누란국과 고사국은 큰길에 접해 사자들을 대접하느라 고통이 컸으므로 한나라 사자 왕회 등을 공격하여 약탈했다. 그리고 여러 차례 흉노의 첩자 노릇을 하며 흉노로 하여금 한나라 사자의 길을 막고 공격하게 했다.

한나라 사자들은 그 두 나라에 성읍이 있되 군대가 약해서 쉽게 공격할 수 있다고 자주 말했다. 그리하여 무제가 종표후 조파노에게 속국(屬國)의 기병 부대와 군에 주둔하던 한나라 부대 수만 명을 이끌고 고사국을 공격하도록 했다. 왕회는 누란국에서 수차례나 고생한 일이 있으므로 황제가 왕회로 하여금 조파노가 군대를 이끌 때 옆에서 보좌하게 했다. 조파노와 가볍게 무장한 기병 칠백 명이 먼저 당도하여 누란왕을 사로잡고 이어서 고사국을 쳐부숴 오손국과 대원국 등에게 한나라 군대의 위세를 선양했다. 장안에 돌아오자 조파노를 삭야후에, 왕회를 호후(浩侯)에 봉했다.

그때부터 한나라에서는 옥문관까지 이어서 정(亭)과 장(障)을 설치했다.

누란국이 항복하여 한나라에 공물을 바치게 된 소식을 흉노에서 알고 군대를 출동시켜 누란국을 공격했다. 그리하여 누란왕이 한 아들은 흉노에, 다른 아들은 한나라에 볼모로 보냈다. 그 뒤에 이사장군 이광리가 대원국을 공격할 때 흉노가 중간에서 기습하려고 했으나 이사장군의 부대가 강했으므로 감당할 수 없었다. 그래서 기병을 파견해 누란국의 도움을 받아 이사장군의 부대 뒤를 따라가는 한나라 사신의 길을 막아 통과하지 못하게 하려고 했다. 그때 부대를 이끌고 옥문관에서 주둔하며 농사를 짓던 임문(任文)이 후방에서 이사장군을 추격하는 적을 막다가 포로를 잡았는데, 그 포로에게서 흉노가 누란국에서 펼치려는 작전을 듣게 되었다. 황제가 조서를 내려 임문으로 하여금 군대를 이끌고 샛길로 빠져 누란왕을 나포하게 했다. 누란왕을 장안으로 압송하여 법에 따라 왕을 문책하자 왕이 대답했다.

"작은 나라가 큰 나라 사이에 끼어 있으면서 큰 나라들이 시키는 대로 하지 않으면 안정을 누릴 길이 없습니다. 한나라 땅 안으로 거주지를 옮겨 살게 해 주십시오."

황제가 누란왕이 솔직하게 대답했다고 여기고 귀국시키면서 흉노의 동정을 살피는 임무를 맡겼다. 흉노는 이때부터 누란왕을 그리 믿지 않게 되었다.

정화(征和) 원년에 누란왕이 죽었다. 누란국에서 사람이 와서 한나라에 볼모로 와 있던 왕자를 왕으로 세우고 싶으니 돌려달라고 청했다. 그런데 볼모로 와 있던 누란국 왕자가 자주 한나라 법을 어겨 잠실에 보내 궁형을 내렸으므로 돌려보내지 않기로 하고 이렇게 대답했다.

"시자(侍子)는 황제께서 아끼셔서 보낼 수 없소. 왕위 계승 순서에 따라 그다음에 해당하는 자를 왕으로 세우시오."

누란국에서 새로운 왕을 세우자 한나라에서 다시 그 왕의 아들을 볼모로 보내라고 요구했다. 누란왕은 흉노에도 왕자 한 명을 볼모로 보냈다. 뒤에 누란왕이 죽었을 때 흉노에서 그 소식을 먼저 알고 흉노에 와 있던 볼모 왕자를 귀국시켜 왕이 되게 했다. 한나라에서 사신을 보내 새로운 왕이 장안에 와서 입조할 것과 그렇게 하면 황제가 상을 많이 내릴 것이라는 조서를 내렸다. 원래 계모였던 누란왕의 후처가 왕에게 말했다.

"선왕들께서 두 왕자를 한나라에 볼모로 보냈는데 모두 돌아오지 못했어요. 그런데 어찌하여 장안에 입조하려고 하십니까?"

누란왕이 그 말을 듣고 한나라 사자에게 거절하는 말을 했다.

"새로 왕위에 올라 나라가 아직 안정되지 못했으니 내년에 장안에 가서 황제를 알현하고자 합니다."

그런데 누란국은 서역 중에서 가장 동쪽 끝자락에 있어 한나라에 가까이 붙어 있었다. 나라가 백룡 퇴사막에 있어 늘 물과 풀이 모자랐으니, 길 안내를 맡으면서 물과 양식을 준비하여 한나라 사자를 전송하고 맞이해야 했다. 그런 가운데 수차례나 〔한나라〕 군사들에게 약탈을 당하자 한나라와 왕래해 봐야 도움이 되지 않는다고 생각했다. 뒤에 흉노에게 이간을 당해 수차례나 한나라 사신의 길을 막고 죽였다. 그때 누란왕의 동생인 위저기(尉屠耆)가 한 나라에 투항하여 그 사정을 모두 고했다.

원봉 4년에 대장군 곽광이 황제에게 아뢰어 평락감 부개자(傅 介子)를 보내 누란왕을 찔러 죽였다.

부개자는 가볍게 무장한 용감한 병사와 함께 외국에 하사할 것 이라고 선전하며 황금을 들고 갔다. 누란국에 도착하여 왕에게 황 금을 하사하겠다고 하자 왕이 좋아하며 부개자와 더불어 술을 마 시다가 취했다. 부개자가 누란왕에게 긴밀하게 할 말이 있다며 사 람들을 피해서 단둘이 이야기를 나누었다. 그때 건장한 군사 둘이 뒤에서 누란왕을 찔러 죽이자 후궁과 시종들이 모두 흩어져 달아 났다. 부개자가 그들에게 포고했다.

"왕이 한나라에 죄를 지어 황제께서 나를 파견하여 왕을 주살 하고 한나라에 있는 왕의 동생 위저기를 새로운 왕으로 세우게 하 셨다. 한나라 군대가 바로 도착할 것이니 경거망동하지 말라. 경 거망동한 짓을 저지르면 이 나라를 멸망시키겠다."

이어서 부개자가 누란왕 상귀(嘗歸)[14]의 머리를 벤 뒤에 역참의 말을 타고 장안에 가져가서 황궁 북쪽 망루 아래에 걸어 두었다. 부개자는 의양후(義陽侯)가 되었다.

위저기를 왕으로 세우고 나라 이름을 선선국으로 바꾼 뒤에 인 장을 파 주고 궁녀를 하사하여 부인으로 삼게 했으며 수레와 말, 그리고 일행이 먹을 식량을 준비하여 승상과 대장군이 백관을 이 끌고 광문(橫門) 밖까지 나가서 전송했는데, 음식을 차려 길 떠나 는 사람의 무사함을 비는 제사를 지낸 뒤에 떠나 보냈다. 새로운 왕이 황제에게 청을 올렸다.

"제가 한나라에 와서 오래 있다가 이제 돌아가게 되었는데 저 혼자서는 힘이 약한 데다 전 왕에게 아들이 남아 있으니 그 아들에게 죽임을 당할까 봐 두렵습니다. 우리 나라 안에 이순성(伊循城)이 있는데 땅이 비옥합니다. 한나라에서 장군을 파견하여 그곳에서 주둔하며 농사를 지어 곡식을 비축하게 해 주셔서 신이 그 군대의 권위에 의지할 수 있게 해 주십시오."

그리하여 한나라에서 사마 한 명과 관군 마흔 명을 보내 이순성에서 농사를 지으며 선선국을 안정시키게 했다. 그 뒤에 다시 사마대신 도위를 두었다. 이순성에 관원을 보낸 것이 이때부터였다.

선선국은 한나라로 통하는 교통 요지였고 서쪽으로 칠백이십 리를 가면 저말국과 통했다. 저말국을 지나면 모두 오곡을 심는데, 토지와 초목, 가축, 무기 제조 등이 한나라와 대략 같으므로 다른 점만 기록해 둔다.

저말국

○　○　○

저말국의 왕은 저말성에서 통치하는데, 장안에서 육천팔백이십 리 떨어져 있다. 이백삼십 호에 인구는 일만 천육백십 명이고, 전투에 나갈 수 있는 군인 삼백이십 명이 있다. 보국후, 좌우장, 역장(譯長)이 각각 한 명씩 있다. 서북쪽으로 서역도호 치소까지 이천이백오십팔 리 떨어져 있고 북쪽으로는 위려국(尉犂國)에 접해 있다. 남쪽으로 사흘을 가면 소원국(小宛國)에 닿을 수 있다. 포도와 여러 가지 과일이 난다. 서쪽으로 이천 리를 가면 정절국(精絶國)으로 통한다.

소원국

○　○　○

소원국의 왕은 우령성(扜零城)에서 통치하는데, 장안에서 칠천이백십 리 떨어져 있다. 백오십 호에 인구는 일만 천오십 명이고, 전투에 나갈 수 있는 군인 이백 명이 있다. 보국후와 좌우도위가 각각 한 명씩 있다. 서북쪽으로 서역도호 치소까지 이천오백오십팔 리 떨어져 있고 동쪽으로는 여강국과 접해 있다. 편벽한 남쪽에 있어 큰길이 통하지 않는다.

정절국

○　○　○

정절국의 왕은 정절성에서 통치하는데, 장안에서 팔천팔백이십 리 떨어져 있다. 사백팔십 호에 인구는 삼천삼백육십 명이고, 전투에 나갈 수 있는 군인 오백 명이 있다. 정절도위, 좌우장, 역

장이 각각 한 명씩 있다. 북쪽으로 서역도호 치소까지 이천칠백이
십삼 리 떨어져 있고 남쪽으로 나흘을 가면 융로국(戎廬國)에 닿
는데 지형의 폭이 좁다. 서쪽으로 사백육십 리를 가면 우미국(扜彌
國)으로 통한다.

융로국

○　　○　　○

융로국의 왕은 비품성(卑品城)에서 통치하는데, 장안에서 팔천
삼백 리 떨어져 있다. 이백사십 호에 인구는 천육백십 명이고, 전
투에 나갈 수 있는 군인 삼백 명이 있다. 동북쪽으로 서역도호 치
소까지 이천팔백오십팔 리 떨어져 있고 동쪽으로는 소원국, 남쪽
으로는 여강국, 서쪽으로는 거륵국(渠勒國)과 접하고 있다. 편벽한
남쪽에 있어 큰길이 통하지 않는다.

우미국

○　　○　　○

우미국의 왕은 우미성에서 통치하는데, 장안에서 구천이백팔
십 리 떨어져 있다. 삼천삼백사십 호에 인구는 이만 사십 명이고,
전투에 나갈 수 있는 군인 삼천오백사십 명이 있다. 보국후, 좌우

장, 좌우도위, 좌우기군(左右騎君)이 각각 한 명씩 있고 역장은 두 명이 있다. 동북쪽으로 서역도호 치소까지 삼천오백오십삼 리 떨어져 있고 남쪽으로는 거륵국, 동북쪽으로는 구자국, 서북쪽으로는 고묵국과 접하고 있고 서쪽으로 삼백구십 리를 가면 우전국과 통한다. 지금은 영미국(寧彌國)이라고 부른다.

거륵국

○　○　○

거륵국의 왕은 건도성(鞬都城)에서 통치하는데, 장안에서 구천 구백오십 리 떨어져 있다. 삼백십 호에 인구는 이천백칠십 명이 고, 전투에 나갈 수 있는 군인 삼백 명이 있다. 동북쪽으로 서역도 호 치소까지 삼천팔백오십이 리 떨어져 있고 동쪽으로는 융로국, 서쪽으로는 여강국, 북쪽으로는 우미국과 접해 있다.

우전국

○　○　○

우전국(于闐國)의 왕은 서성(西城)에서 통치하는데, 장안에서 구 천육백칠십 리 떨어져 있다. 삼천삼백 호에 인구는 구천삼백 명이 고, 전투에 나갈 수 있는 군인 이천사백 명이 있다. 보국후, 좌우

장, 좌우기군, 동서성장(東西城長), 역장이 각각 한 명씩 있다. 동북
쪽으로 서역도호 치소까지 삼천구백사십칠 리 떨어져 있고 남쪽
으로는 여강국, 북쪽으로는 고묵국과 접하고 있다. 우전국의 서쪽
지방에는 물이 모두 서쪽으로 흘러 서해(西海)[15]로 들어가고 그 동
쪽 지방에서는 모두 동쪽으로 흘러 염택으로 들어갔다가 황하의
발원지로 나온다. 옥의 원석이 많이 난다. 서쪽으로 삼백팔십 리
를 가면 피산국(皮山國)과 통한다.

피산국

○　　○　　○

피산국의 왕은 피산성에서 통치하는데, 장안에서 일만 오십 리
떨어져 있다. 오백 호에 인구는 삼천오백 명이고, 전투에 나갈 수
있는 군인 오백 명이 있다. 좌우장, 좌우도위, 기군, 역장이 각각
한 명씩 있다. 동북쪽으로 서역도호 치소까지 사천이백구십이 리
떨어져 있다. 서남쪽으로 천삼백사십 리를 가면 아차국(烏秅國)[16]
에 닿으며 남쪽으로는 천독국(天篤國)[17]과 접해 있다. 북쪽으로 천
사백오십 리를 가면 고묵국(姑墨國)에 닿는다. 서남쪽은 계빈국(罽
賓國)과 오익산리국(烏弋山離國)으로 가는 길이 나오며, 서북쪽으로
삼백팔십 리를 가면 사거국과 통한다.

아차국

○　○　○

　아차국의 왕은 아차성에서 통치하는데, 장안에서 구천구백오십 리 떨어져 있다. 사백구십 호에 인구는 이천칠백삼십삼 명이고, 전투에 나갈 수 있는 군인 칠백사십 명이 있다. 동북쪽으로 서역도호 치소까지 사천팔백구십이 리 떨어져 있다. 북쪽으로는 자합국(子合國)[18]과 포려국(蒲犁國), 서쪽으로는 난두국(難兜國)과 접하고 있다. 산 위에 살아 산간에 밭이 있는데 백초(白草)를 생산한다. 돌을 쌓아 집을 짓는다. 사람들은 두 손을 모아 물을 떠 마신다. 소보마(小步馬)와 나귀는 있는데 소는 없다. 이 나라의 서쪽에 현도산(縣度山)이 있다. 양관까지 오천팔백팔십팔 리, 서역도호 치고까지는 오천이백십 리 떨어져 있다. 현도산은 바위산으로 계곡이 깊어 길이 없으므로 밧줄을 매어 끌어당기며 건너간다.

서야국

○　○　○

　서야국의 왕은 자합왕(子合王)이라고 하며 호건곡(呼犍谷)에서 통치하는데, 장안에서 일만 이백오십 리 떨어져 있다. 삼백오십 호에 인구는 사천 명이고, 전투에 나갈 수 있는 군인 천 명이 있다. 동북쪽으로 서역도호 치소까지 오천사십육 리 떨어져 있다.

동쪽은 피산국, 서남쪽은 아차국, 북쪽은 사거국, 서쪽은 포려국과 접한다. 포려국과 의내국(依耐國), 무뢰국(無雷國)은 모두 서야국과 같은 종족이다. 서야국과 호(胡)는 다른데, 이 종족들은 강(羌), 저(氐)와 마찬가지로 유목하는 나라를 이루고 살아서 가축을 따라 물과 풀이 있는 곳을 오간다. 그리고 자합국에서는 옥의 원석이 난다.

포려국

○　○　○

포려국의 왕은 포려곡(蒲犂谷)에서 통치하는데, 장안에서 구천오백오십 리 떨어져 있다. 육백오십 호에 인구는 오천 명이고, 전투에 나갈 수 있는 군인 이천 명이 있다. 동북쪽으로 서역도호 치소까지 오천삼백구십육 리 떨어져 있다. 동쪽으로 오백사십 리를 가면 사거국에, 북쪽으로 오백오십 리를 가면 소륵국에 닿는다. 남쪽은 서야자합국에 접해 있고 서쪽으로 오백사십 리를 가면 무뢰국에 닿는다. 후(侯)와 도위가 한 명씩 있다. 사거국 땅을 빌려 농사를 짓는다. 종족과 풍속은 자합국과 같다.

의내국

○　○　○

의내국의 왕은 장안에서 일만 백오십 리 떨어진 곳에서 통치한다. 백이십오 호에 인구는 육백칠십 명이고, 전투에 나갈 수 있는 군인 삼백오십 명이 있다. 동북쪽으로 서역도호 치소까지 이천칠백삼십 리, 사거국과 무뢰국까지는 오백사십 리 떨어져 있으며, 북쪽으로 소륵국까지 육백오십 리 떨어져 있다. 남쪽으로는 자합국과 접하고 있는데 풍속이 자합국과 같다. 양곡 생산이 적어서 소륵국과 사거국의 땅을 빌려 농사를 짓는다.

무뢰국

○　○　○

무뢰국의 왕은 노성(盧城)에서 통치하는데, 장안에서 구천구백오십 리 떨어져 있다. 천 호에 인구는 칠천 명이고, 전투에 나갈 수 있는 군인 삼천 명이 있다. 동북쪽으로 서역도호 치소까지 이천사백육십오 리 떨어져 있으며 남쪽으로 오백사십 리를 가면 포려국에 닿는다. 남쪽으로 아차국, 북쪽으로 연독국, 서쪽으로 대월지국과 접하고 있다. 의복은 오손국과 비슷하고 풍속은 자합국과 같다.

난두국

○　○　○

난두국의 왕은 장안에서 일만 백오십 리 떨어진 곳에서 통치한다. 오천 호에 인구는 삼만 천 명이고, 전투에 나갈 수 있는 군인 팔천 명이 있다. 동북쪽으로 서역도호 치소까지 이천팔백오십리, 서쪽으로 무뢰국까지는 삼백사십 리, 서남쪽으로 계빈국까지삼백삼십 리 떨어져 있다. 남쪽으로 여강국, 북쪽으로 휴순국(休循國), 서쪽으로 대월지국과 접하고 있다. 오곡과 포도, 여러 가지과일을 재배한다. 은, 동, 철이 나며 무기는 서역 여러 나라와 같은 것을 쓴다. 계빈국에 속해 있다.

계빈국

○　○　○

계빈국의 왕은 순선성(循鮮城)에서 통치하는데, 장안에서 일만이천이백 리 떨어져 있으며 서역도호부에 속하지 않는다. 호수와인구, 전투에 나갈 수 있는 군인이 많은 나라이다. 동북쪽으로 서역도호 치소까지 육천팔백사십 리, 동쪽으로 아차국까지 이천이백오십 리 떨어져 있다. 동북쪽으로 아홉 날을 가면 난두국에 닿는다. 서북쪽으로 대월지국, 서남쪽으로 오익산리국과 접하고 있다.

예전에 흉노가 대월지국을 쳐부쉈을 때 대월지 사람들이 서쪽으로 이주하여 대하국(大夏國)을 통치하자 〔대하국의〕색왕(塞王)이 남쪽으로 이주하여 계빈국을 통치했다. 색 종족이 분산하여 곳곳에 나라를 세웠다. 소륵국에서부터 서북쪽으로 휴순국, 연독국 등이 모두 옛 색 종족이 세운 나라이다.

계빈국의 땅은 너르고 평평하며 기후가 온화하여 목숙(目宿)이 자라고 여러 가지 풀과 기이한 나무도 있는데 박달나무, 회화나무, 가래나무, 대나무, 옻나무 등이 자란다. 오곡과 포도, 여러 가지 과일을 재배하며 인분을 과수원과 밭에 뿌린다. 지면 아래가 습해서 벼를 재배하고 겨울에도 신선한 채소를 먹는다. 계빈국 사람들은 손재주가 뛰어나서 조각품을 조각하고 집을 잘 지으며 모직물을 짜고 화려한 수를 놓으며 음식을 잘 만든다. 금, 은, 동, 주석이 나며 그것으로 기물을 만든다. 시장에 점포가 들어서 있다. 금과 은을 돈으로 쓰는데 앞면에는 기마 무늬를, 뒷면에는 사람 얼굴을 새긴다. 봉우(封牛), 무소, 코끼리, 대구(大狗), 목후(沐猴), 공작, 각종 구슬, 산호, 호박, 벽류리(璧流離)[19]가 난다. 여러 가지 가축은 서역 여러 나라와 같다.

무제가 처음으로 계빈국과 통한 뒤로 계빈국 사람들이 한나라와 멀리 있어 한나라 군대가 이르지 못하리라 생각하고 그 왕 오두로가 여러 차례 한나라 사신을 협박하고 죽였다. 오두로가 죽고 아들이 왕이 되자 한나라에 사자를 보내 공물을 바쳤다. 한나라에서 관도위 문충(文忠)으로 하여금 계빈국의 사자를 전송하게 했다. 계빈국 왕이 문충을 해치려고 했는데 문충이 그것을 눈치채고 용굴왕(容屈王)[20]의 아들 음말부(陰末赴)와 모의하여 계빈국을 공격했다. 그 왕을 죽인 뒤에 음말부를 계빈왕으로 세우고 인수를 주었다. 그 뒤에 군후(軍候) 조덕을 계빈국에 보냈는데 음말부와 조덕의 의견이 맞지 않았다. 음말부가 조덕을 쇠사슬로 묶어 두고 부사 이하 일흔여 명을 죽이고는 사자를 파견해 황제에게 죄를 인정하는 글을 올렸다.

효원제가 계빈국이 너무 먼 곳에 있으므로 그 글을 받아들이지 않고 사자를 현도산까지 쫓아낸 뒤에 관계를 끊고 계빈국과 왕래하지 않았다.

성제 때에 〔계빈국에서〕 다시 사자를 보내 공물을 보내고 사죄했다. 한나라 조정에서 사자를 파견하여 계빈국의 사자를 전송하며 답례하려고 하자, 두흠이 대장군 왕봉에게 건의했다.

"전 계빈왕 음말부는 본래 한나라에서 세운 자인데 뒤에는 끝내 반역을 했습니다. 덕 중에서는 임금으로 세워 주고 백성을 다스리게 도와주는 것보다 큰 것이 없고 죄 중에서는 〔한나라〕 사자를 잡아서 죽이는 것보다 큰 것이 없습니다. 은덕에 보답하지 않을뿐더러 벌을 두려워하지 않는 것은 계빈국이 한나라에서 멀리 떨어져 있어서 군대가 공격해 오지 못하리라 여기기 때문입니다. 음말부는 바라는 것이 있을 때면 겸손한 언사를 쓰지만 바랄 게 없어지면 오만해지므로 끝내 한나라에 복속하는 마음을 품지 않을 것입니다.

중원에서 만이와 통하며 후하게 대해 주며 그들의 요구를 만족시켜 주는 것은 만이와 땅이 가깝게 붙어 있어서 침입할 수 있기 때문입니다. 현재의 현도산은 천연의 방패라서 계빈국이 넘어올 수 없습니다. 계빈국이 한나라를 앙모한다 하더라도 서역 전체를 안정시키는 데에는 부족하고, 귀부하지 않는다 하더라도 성곽 국가를 위협하지 못합니다.

일전에 음말부가 직접 한나라에 절의를 어기고 서역 전체에 그 악행을 드러냈으므로 한나라가 관계를 끊고 왕래하지 않았습니다. 이제 지난 일을 자탄하며 사자를 보내왔는데 왕족이나 고관은 없으며, 공물을 바치러 온 자들은 모두 천한 상인으로 교환과 판매를 노리고 있으니 공물을 바친다는 것은 이름뿐입니다. 그러므로 우리가 수고스럽게 사자를 보내 그들을 현도산까지 보내 주는 일은 계빈국 사자가 아닌 자들을 대접하는 것으로 속임수에 당하는 꼴이 됩니다.

무릇 사자를 파견해 이민족 사절을 전송하는 것은 강도에게 약탈당할 피해를 막기 위해서입니다. 피산국 남쪽에서부터 한나라에 속하지 않은 네댓 나라를 지나야 하는데 경비 병사 백여 명을 다섯 조로 나누어[21] 밤에 순라를 돌 때 조두(刁斗)를 울리며 지켜도 때때로 강도에게 약탈당했습니다. 나귀에 식량을 싣고 가지만 모자라기 때문에 서역 여러 나라에서 식량을 공급받아야 일행의 식사를 충당할 수 있습니다. 그러나 어떤 나라는 작고 가난하여 식량을 공급하지 못하고 또 어떤 나라는 사납고 교활하여 식량을 공급하지 않아서 강대한 한나라의 부절을 들고도 산골짜기에서 굶주림에 허덕이게 됩니다. 끝내 식량을 빌지 못하면 열흘, 스무날 지나 사람과 나귀 사체가 들판에 뒹굴게 되어 장안으로 돌아가지 못합니다. 또 대두통산(大頭痛山)과 소두통산(小頭痛山)과 경사가 심한 적토반(赤土阪)과 신열반(身熱阪)[22] 구간을 지날 때에는 몸에 열이 나고 얼굴이 백지장처럼 하얗게 되며 두통과 구토를 겪게 됩니다. 이런 증세는 나귀도 마찬가지로 다 앓습니다.[23] 또 삼지반(三池盤)과 석반도(石阪道)를 지나야 하는데 좁을 때에는 한 척하고 예닐곱 촌밖에 안 되는 길을 길게는 삼십 리를 가야 합니다. 깊이를 알 수 없는 절벽 길을 갈 때 사람과 나귀가 서로 의지하며 밧줄을 끌며 그 줄에 매달려 건너는데 이렇게 이천 리를 가야 겨우 현도산에 도착합니다. 나귀가 줄에서 떨어지면 계곡 바닥에 닿기도 전에 온몸이 산산조각 나 버리고, 사람이 떨어지면 시체를 건질 수도 없는 형편이 되고 맙니다. 이 밖에도 위험한 지형이 많으나 다 말씀드릴 수가 없습니다.

성군이 천하를 구주(九州)로 나눈 뒤에 오복(五服) 제도를 만든 것은 내치를 통해 번성하기에 힘쓰되 나라 밖 사정에 간여하지 않겠다는 뜻을 밝힌 것이었습니다. 지금 사자를 파견해 지극히 존귀하신 황상의 명을 받들고 만이의 상인을 전송하는 일은 수많은 군사를 힘들게 하며 위험하고 어려운 길을 가게 하는 것으로, 우리만 힘들 뿐 아무 소용도 없으니 먼 앞날을 내다볼 때 쓸 만한 방법이 아닙니다. 사자가 이미 부절을 받았으므로 피산국까지만 전송하고 돌아오면 될 것입니다."

왕봉이 두흠의 의견대로 하자고 황태후에게 아뢰었다. 계빈국에서는 황제에게 하사품을 받는 한편 매매도 진행하여 실리를 얻었다. 계빈국의 사신은 몇 년에 한 번씩 장안에 왔다.

오익산리국

○ ○ ○

오익산리국의 왕은 장안에서 일만 이천이백 리 떨어진 곳에 있는데 서역도호부에 속하지 않는다. 호수와 인구, 전투에 나갈 수 있는 군인 수로 보아 큰 나라이다. 동북쪽으로 예순 날을 가야 서역도호 치소에 닿을 수 있다. 동쪽으로 계빈국, 북쪽으로 복도국(撲挑國), 서쪽으로 여건국(犂靬國),[24] 조지국(條支國)과 접해 있다.

조지국

○ ○ ○

백여 일을 가면 조지국에 닿는데 조지국은 서해에 닿아 있다. 덥고 습윤하여 벼를 재배한다. 큰 새가 사는데 물항아리만 한 알을 낳는다. 인구가 아주 많아서 도처에 소군장(小君長)이 있다. 안식국이 조지국을 번국으로 삼아 예속시키고 부렸다. 마술에 능하다. 안식국의 노인들이 전하기를 조지국에 약수(弱水)가 있고 서왕모도 있다고 하는데 아무도 본 적은 없다. 조지국에서 배로 서쪽을 향해 백여 일을 가면 해가 지는 곳게 닿을 수 있다.

오익(烏弋) 지방은 무덥고 지형이 평탄하다. 초목, 가축, 오곡, 과일과 채소, 음식, 집, 시장, 돈, 무기, 금과 구슬 등이 계빈국과 같다. 그리고 도발(桃拔), 사자(師子), 서우(犀牛)도 있다. 풍속에 함부로 살인하는 것을 꺼린다. 특히 이 나라에서 쓰는 돈에는 사람의 얼굴이 새겨져 있는데 뒷면은 기마 무늬로 되어 있다. 금과 은을 무기에 박아 장식한다. 길이 너무 멀어서 한나라 사자가 이 나라에 닿는 일이 드물다. 옥문관과 양관을 나가〔서역〕남쪽 길로 선선국을 지나 남행하면 오익산리국에 닿는데 이곳이 남쪽 길의 종점이다.

안식국

○　○　○

안식국의 왕은 반두성(番兜城)에서 통치하는데, 장안에서 일만 천육백 리 떨어져 있으며 서역도호부에 속하지 않는다. 북쪽으로 강거국, 동쪽으로 오익산리국, 서쪽으로 조지국과 접해 있다. 토지, 기후, 모든 물산, 민속이 오익산리국 및 계빈국과 같다. 역시 은으로 돈을 만들어 쓰는데 앞면에는 왕의 얼굴이, 뒷면에는 부인의 얼굴이 새겨져 있다. 왕이 죽을 때마다 돈을 다시 주조한다. 대마작(大馬爵)[25]이라는 동물이 있다.

크고 작은 성이 수백 개나 복속하고 면적은 사방 수천 리가 넘는 아주 큰 나라이다. 귀수(嬀水)[26]에 임하여 상인들이 수레와 배로 주변 나라를 다니며 무역을 한다. 가죽에다 글을 쓰는데 가로로 행을 지으며 글을 쓴다.

무제 때에 처음으로 안식국에 사신을 파견했다. 안식왕은 어떤 장군에게 이만 명의 군사를 이끌고 동쪽 변경까지 마중을 나오게 했다. 안식국 왕도에서 동쪽 변경까지는 수천 리나 떨어져 있어 그곳까지 가려면 수십 개의 성을 지나야 했는데 사람들이 많이 따라오기도 했다. 한나라 사자가 돌아올 때 안식국에서도 사자를 보내 한나라의 여러 곳을 돌아보게 했다. 한나라에 큰 새의 알과 여건국의 환인(眩人)을 바쳤으므로 황제가 크게 기뻐했다.

안식국의 동쪽에 바로 대월지국이 있다.

대월지국

○　○　○

대월지국의 왕은 염씨성(監氏城)에서 다스리는데, 장안에서 일만 천육백 리 떨어져 있으며 서역도호부에 속하지 않는다. 십만 호에 인구는 사십만 명이고, 전투에 나갈 수 있는 군인은 십만 명이다. 동쪽으로 서역도호 치소까지 사천칠백십 리 떨어져 있고 서쪽으로 마흔아흐레를 가면 안식국에 닿는다. 남쪽으로 계빈국과 접하고 있다. 토지와 기후, 모든 물산, 민속, 돈이 안식국과 같다. 단봉낙타가 난다.

대월지국은 본래 유목하는 나라라서 가축을 따라 옮겨 다니는데 흉노와 풍속이 같다. 활시위를 당길 수 있는 자 십여만 명이 있어 강하다고 생각하고 흉노를 가볍게 보았다. 본래 돈황과 기련산 사이에 살았다.

묵돌 선우 때에 이르러 월지국을 공격하여 쳐부수었고, 노상 선우는 월지왕을 죽여 그 두개골을 음기(飲器)로 삼았다. 이에 월지 사람들이 멀리 도망갔는데, 대원국을 지나 그 서쪽의 대하국을 공격하여 복속시키고 위수 북쪽에 왕도를 마련했다. 남은 소수의 무리는 떠나지 않고 남산의 강(羌)족에게 기대어 소월지국을 칭했다.

대하국

○　○　○

대하국은 원래 대군장(大君長)이 없이 성읍 몇 군데에 소장(小長)을 두고 있다. 백성들이 약해서 전쟁을 두려워했으므로 이동해 온 월지 사람에게 모두 짐승처럼 복속했다. 그러나 한나라 사자도 받아들였다.〔대월지 사람들이 이동해 온 뒤에 대하 땅은〕다섯 명의 흡후가 다스렸다. 첫 번째 흡후는 휴밀흡후(休密翕侯)라고 부르며 화묵성(和墨城)에서 다스리는데 서역도호 치소에서 이천팔백사십 리, 양관에서 칠천팔백이 리 떨어진 곳에 있다. 두 번째는 쌍미흡후(雙靡翕侯)라고 하며 쌍미성에서 다스리는데 서역도호 치소에서 삼천칠백사십일 리, 양관에서 칠천칠백팔십이 리 떨어진 곳에 있다. 세 번째는 귀상흡후(貴霜翕侯)라고 하며 호조성(護澡城)에서 다스리는데 서역도호 치소에서 오천구백사십 리, 양관에서 칠천구백팔십이 리 떨어진 곳에 있다. 네 번째는 흘돈흡후(胁頓翕侯)[27]라고 하며 박모성(薄茅城)에서 다스리는데 서역도호 치소에서 오천구백육십이 리, 양관에서 팔천이백이 리 떨어진 곳에 있다. 다섯 번째는 고부흡후(高附翕侯)[28]라고 하며 고부성에서 다스리는 데 서역도호 치소에서 육천사십일 리, 양관에서 구천이백팔십삼 리 떨어진 곳에 있다. 이 다섯 흡후는 모두 대월지 사람들이다.

강거국

강거국의 왕은 겨울에는 낙월익지(樂越匿地)에서 통치하고, 비전성(卑闐城)으로 간다.[29] 장안에서 일만 이천삼백 리 떨어져 있으며 서역도호가 관할하지 않는다. 월익지에 닿으려면 말을 타고 이레 동안 가야 한다. 왕의 여름 치소 번내(蕃內)까지는 구천백사 리 떨어져 있다. 십이만 호에 인구는 육십만 명이며, 전투에 나갈 수 있는 군인은 십이만 명이다. 동쪽으로 서역도호 치소까지 오천오백오십 리 떨어져 있다. 대월지국과 풍속이 같다. 동부는 흉노에 묶여 견제를 받고 있다.

선제 때에 흉노에서 변란이 일어나 다섯 선우가 한꺼번에 다투게 되었을 때 한나라에서 호한야 선우를 옹립해 주었다. 그러자 질지 선우가 그 점을 원망하면서 한나라 사자를 죽이고 서쪽으로 가서 강거국을 방패 삼아 대항했다.

그 뒤에 서역도호 감연수와 부교위 진탕이 무기교위와 서역 여러 나라의 군대를 출동시켜 강거국 땅으로 가서 질지 선우를 주살하고 그 군대를 전멸시켰다. 이 이야기는 「감연수전」과 「진탕전」에 있다. 그해가 원제 건소 3년이었다.

성제 때에 이르러 강거국에서 왕자를 보내 한나라 황궁에서 숙위하게 하고 공물도 바쳤다. 그러나 한나라와 멀리 떨어져 있다고 여기고 유독 거만하게 굴면서 다른 서역 나라들처럼 한나라를 대하지 않았다. 서역도호 곽순이 여러 차례 상소를 올려서 주장했다.

처음에 흉노가 강성했던 것은 오손국과 강거국을 겸병하고 있어서가 아니었고, 그들이 신하를 칭하게 된 것도 그 두 나라를 잃었기 때문이 아니었습니다. 한나라에서 비록 흉노의 왕자를 볼모로 받고 있지만, 그 세 나라도 자기들끼리 왕자를 볼모로 보내며 예전처럼 왕래하는 가운데 서로 정보를 주고받으면서도 기회만 되면 도발하고 있습니다. 이 세 나라는 연합해도 서로를 전적으로 믿지 않고, 갈라져 있어도 서로 신하를 칭하지 않습니다. 지금 봐서는 오손국과 연합을 하더라도 도움이 되기는커녕 중원에 문제만 일으킬 것입니다. 오손국이 예전에 한나라와 연합했다가 지금은 흉노와 함께 신하를 칭하겠다고 하는 것을 도의적으로 거절할 수는 없습니다.

지금 강거국은 오만하면서도 교활하여 한나라 사자에게 예를 올리지 않고 있습니다. 서역도호의 부하가 강거국에 갔을 때 오손국 여러 사자의 아랫자리에 앉혔을뿐더러 왕과 귀인들이 먼저 먹고 마신 뒤에야 서역도호 부하에게 먹을 것과 마실 것을 줌으로써 주변 나라 사신들에게 강거국이 한나라 사신을 돌보지 않는다는 점을 과시했습니다. 이런 점들을 놓고 살펴볼 때 왜 왕자를 황궁에 보내 숙위하게 하겠습니까? 한나라와 교역하면서 이익을 얻고 싶어서 보내는 것이니 거짓말을 하고 있습니다.

흉노는 백만(百蠻) 중에서 가장 큰 나라로서 지금 한나라에 최대의 예를 올리고 있는데, 강거국이 무례하게 구는 것을 알게 된 선우로 하여금 스스로 한나라에 낮춰서 대했다고 생각하게 했습니다. 강거국에서 황궁에 숙위하러 보낸 왕자를 돌려보내고 사자의 왕래를 끊음으로써 한나라 황실이 무례한 나라와는 교류하지 않는다는 점을 알려야 합니다. 돈황과 주천 같은 작은 군과 서역 남쪽 길의 여덟 개 나라에서는 한나라 사자로 왕래하는 일행의 음식과 말, 나귀, 탁타의 먹이를 제공하느라 모두 고생하고 있습니다. 지나는 길에 있는 이런 지역을 힘들게 하고 물자를 낭비하게 하면서 오만하고 교활한 데다 너무 멀리 있는 나라의 사자를 맞이하고 전송하는 일은 최상의 책략이 아닙니다.

한나라에서는 강거국이 왕래한 지 얼마 되지 않았고 먼 곳에서 온 사람들을 중시한다는 원칙을 내세워 끝까지 연락하면서 관계를 끊지 않았다.

엄채국

○　○　○

강거국 서북쪽 이천 리쯤 되는 곳에 엄채국이 있는데 활시위를 당길 수 있는 자가 십여만 명이 있다. 강거국과 풍속이 같다. 큰 호수에 접해 있는데 호수 변이 보이지 않을 만큼 크다. 그러니까 바로 북해(北海)[30]이다.

강거국의 다섯 소왕

○　○　○

강거국에는 다섯 명의 소왕(小王)이 있다. 첫째 소해왕(蘇䪡王)은 소해성에서 다스리는데 서역도호 치소에서 오천칠백칠십육 리, 양관에서 팔천이십오 리 떨어져 있다. 둘째 부묵왕(附墨王)은 부묵성에서 다스린다. 서역도호 치소에서 오천칠백칠십육 리, 양관에서 팔천이십오 리 떨어져 있다. 셋째 유익왕(窳匿王)은 유익성에서 다스리는데 서역도호 치소에서 오천이백육십육 리, 양관에서 칠천오백이십오 리 떨어져 있다. 넷째 계왕(罽王)은 계성에서 다스리는데 서역도호 치소에서 육천이백구십육 리, 양관에서 팔천오백오십오 리 떨어져 있다. 다섯째 욱건왕(奧鞬王)[31]은 욱건성에서 다스리는데 서역도호 치소에서 육천구백육 리, 양관에서 팔천삼백오십오 리 떨어져 있다. 이 다섯 왕은 모두 강거국의 지배를 받는다.

대원국

○ ○ ○

대원국의 왕은 귀산성(貴山城)에서 통치하는데 장안에서 이천 오백오십 리 떨어져 있다. 육만 호에 인구는 삼십만 명이며, 전투에 나갈 수 있는 군인은 육만 명이다. 부왕(副王)과 보국왕(輔國王)이 각각 한 명씩 있다. 동쪽으로 서역도호 치소까지 사천삼십일 리, 북쪽으로 강거국 비전성까지 천오백십 리, 서남쪽으로 대월지국까지 육백구십 리 떨어져 있다. 북쪽으로 강거국과 남쪽으로 대월지국과 접해 있다. 토지, 기후, 물산, 민속이 대월지국 및 안식국과 같다. 대원국의 곳곳에서는 포도로 술을 담그는데 부자들은 포도주를 일만여 석(石)[32]이나 저장하고 있다. 담근 지 수십 년 되어도 포도주가 썩지 않는다. 대원국 사람들은 포도주를, 말은 목숙을 좋아한다.

대원국은 왕성 이외에도 별읍(別邑)을 일흔 몇 개 성이나 두고 있는데 좋은 말이 많이 난다. 말이 땀을 흘리는데 핏빛이 난다. 전설에 따르면 이 한혈마(汗血馬)는 천마(天馬)의 후대라고 한다.

장건이 무제에게 한혈마에 대해 아뢰자마자 황제가 사자에게 황금 천 근과 금으로 만든 말을 들려 보내 대원국에 가서 그 명마를 달라고 부탁했다. 대원왕은 한나라가 멀어서 대군이 공격해 오지 못하리라 여긴 데다 그 말을 아꼈으므로 거절했다. 한나라 사자가 모욕적인 언사로 나무라자 대원국에서 한나라 사자 일행을 공격하여 죽이고 그들의 황금과 물건을 빼앗아 버렸다. 그 소식을 들은 황제가 이사장군 이광리에게 여러 차례에 걸쳐 총 십여만 명의 군사를 주면서 대원국을 정벌하게 했는데 네 해 동안 작전을 펼쳤다. 대원국 사람들이 자신들의 왕인 무과(毋寡)의 머리를 베고 말 삼천 마리를 바치고서야 한나라 군대가 철수했다. 이때의 이야기는 「장건전」에 있다.

대원왕의 목을 베어 버렸으므로 이사장군이 대원국의 귀인 중에서 한나라에 우호적이었던 말찰(昧蔡)이라는 자를 새로운 왕으로 세웠다.

한 해 남짓해서 대원국 귀인들이 "말찰이 한나라에 아부하는 바람에 우리 나라를 망쳤다."라고 하면서 함께 말찰을 죽이고 무과의 동생인 선봉(蟬封)을 새로운 왕으로 세웠다. 새로운 왕이 아들을 장안에 황제를 시봉하는 볼모가 되게 하자 한나라에서도 사신을 보내 예물을 하사하고 대원국을 안정시키게 했다. 그러고는 열 몇 갈래의 길로 사자를 출발시켜 대원국 서쪽에 있는 여러 나라를 다니며 진기한 물건들을 구하게 하는 한편 그 기회를 타서 대원국을 정벌한 위무를 자랑시켰다.

대원국의 왕이 해마다 천마 두 마리를 바치기로 한나라에게 약조했다. 한나라 사자가 포도와 목숙의 씨를 채집하여 돌아왔다. 황제가 천마의 마릿수도 많아지고 외국의 사신도 많이 왔으므로 이궁(離宮)의 별관 옆으로 포도와 목숙을 더 많이 심었는데 그 끝이 보이지 않을 정도였다.

대원국 서쪽으로 안식국에 이르는 길에 있는 여러 나라는 말이 달라도 크게 다르지는 않아서 서로 알아들을 수 있다. 그쪽 사람들은 모두 눈이 푹 꺼지고 구레나룻과 수염이 많다. 상업에 능하고 분(分)과 수(銖)까지 다투며 정확하게 계산한다. 여자를 귀하게 여기는데 여자가 말하면 남편이 그 말을 옳게 여기고 그대로 따른다. 그 지역에서는 명주실과 옻칠이 없고 쇠를 주조하여 기구 만드는 방법을 모른다. 각 나라에 갔던 한나라의 사자나 도망한 병사 중에 그 나라에 투항한 사람들이 쇠를 주조하여 무기 만드는 법을 가르쳐 주었다. 한나라의 황금과 은을 얻어도 모두 기물로 만들어 버릴 뿐 돈으로 주조하지 않는다.

오손국에서 서쪽으로 안식국에 이르는 지역은 흉노에 변경을 맞대고 있었다. 일찍이 흉노가 월지국을 힘들게 했으므로 흉노에서 사자가 선우의 편지 한 통만 들고 가도 각 나라에서 곡물을 갖다 바치는 것은 주지 않고 있다가 고생을 당하지 않기 위해서였다. 그러나 한나라 사자는 그 나라들을 지날 때 재물을 내놓지 않으면 식량을 얻을 수 없었고 말이나 나귀를 사지 않으면 타고 가지도 못했다. 그 나라들은 한나라가 먼 곳에 있어 군대가 출동하기 어렵고 재물도 많다고 여겨서 그렇게 했으므로 필요한 물건을 반드시 사서 충당해야 했다.

호한야 선우가 한나라에 입조한 뒤에 그 모든 나라가 한나라를 받들었다.

도회국

○ ○ ○

도회국(桃槐國)[33]은 왕이 장안에서 일만 천팔십 리 떨어진 곳에 있다. 칠백 호에 인구는 오천 명이고, 전투에 나갈 수 있는 군인은 천 명이 있다.

휴순국

○ ○ ○

휴순국은 왕이 조비곡(鳥飛谷)에서 통치하는데 총령 서쪽에 있으며 장안에서 일만 이백십 리 떨어진 곳에 있다. 삼백오십팔 호에 인구는 천삼십 명이고, 전투에 나갈 수 있는 군인은 사백팔십 명이 있다. 동쪽으로 서역도호 치소까지 삼천백이십일 리, 연독국의 연돈곡(衍敦谷)까지는 이백육십 리 떨어져 있다. 서북쪽으로 대원국까지 구백이십 리, 서쪽으로 대월지국까지 천육백십 리 떨어져 있다. 민속과 의복이 오손국과 비슷하며 가축을 먹이기 위해 물과 풀을 찾아다닌다. 원래 옛 색(塞) 종족이었다.

연독국

○　○　○

연독국은 왕이 연돈곡에서 통치하는데 장안에서 구천팔백육십 리 떨어진 곳에 있다. 삼백팔십 호에 인구는 천백 명이고, 전투에 나갈 수 있는 군인은 오백 명이다. 동쪽으로 서역도호 치소까지 이천팔백육십일 리 떨어져 있다. 소륵국에 닿는다.[34] 남쪽으로는 총령과 맞닿아 있고 사람이 살지 않는다. 서쪽으로 총령을 오르면 바로 휴순국이 나온다. 서북쪽으로 대원국까지 천삼십 리 떨어져 있고 북쪽으로는 오손국과 접하고 있다. 의복이 오손국과 비슷하며 물과 풀을 찾아다니는데 총령에 의지해서 산다. 원래 색 종족이었다.

사거국

○　○　○

사거국의 왕은 사거성에서 통치하는데 장안에서 구천구백오십 리 떨어진 곳에 있다. 이천삼백삼십구 호에 인구는 일만 육천삼백 칠십삼 명이고, 전투에 나갈 수 있는 군인은 삼천사십구 명이다. 보국후, 좌우장(左右將), 좌우기군, 비서야군(備西夜君)이 각각 한 명씩 있다. 도위는 두 명, 역장은 네 명이 있다. 동북쪽으로 서역 도호 치소까지 사천칠백사십육 리, 서쪽으로 소륵국까지 오백육십 리, 서남쪽으로 포려국까지 칠백사십 리 떨어져 있다. 철산(鐵山)이라는 곳에서 청옥(靑玉)이 난다.

선제 때에 오손 공주[35]의 둘째 아들 만년(萬年)을 사거왕[36]이 좋아했다. 사거왕이 아들이 없이 죽었는데 죽을 때 만년은 한나라에 있었다. 사거국 사람들은 한편으로 한나라에 의탁하면서 다른 한편으로 오손국의 환심을 살 기회라고 여기고, 한나라 황제에게 글을 올려 만년을 사거왕으로 즉위하게 해 달라고 청했다. 한나라에서 허락하고 사자 해충국(奚充國)을 파견하여 만년을 사거국까지 데려다주었다. 만년은 즉위하자마자 흉악하고 잔인한 면을 보였으므로 사거국 사람들이 좋아하지 않았다. 사거왕의 동생 호도증(呼屠徵)[37]이 만년을 죽인 뒤에 한나라 사자까지 죽이고 스스로 왕위에 올랐다. 그러고는 서역 여러 나라와 한나라에 등을 돌리기로 약조했다. 위후 풍봉세가 대원국에서 온 사절을 전송하는 사절이 되어 가던 길에 그 소식을 듣고 자신의 재량으로 [사거국과 동맹을 맺지 않은] 여러 나라의 군대를 동원하여 사거국을 공격하고 왕을 죽였다.[38] 풍봉세가 죽은 왕의 조카를 새로운 사거왕으로 즉위시켰다. [황제가] 장안에 돌아온 풍봉세를 광록대부에 임명했다. 이해는 원강 원년이었다.

소륵국

○ ○ ○

소륵국의 왕은 소륵성에서 통치하는데 장안에서 구천삼백오십 리 떨어진 곳에 있다. 천오백십 호에 인구는 팔천육백사십칠 명이고, 전투에 나갈 수 있는 군인은 이천 명이다. 소륵후, 격호후, 보국후, 도위, 좌우장, 좌우기군, 좌우역장이 각각 한 명씩 있다. 동쪽으로 서역도호 치소까지 이천이백십 리, 남쪽으로 사거국까지 오백육십 리 떨어져 있다. 시장이 있으며, 서쪽은 대월지국과 대원국, 강거국으로 가는 큰길에 접하고 있다.

위두국

○ ○ ○

위두국(尉頭國)의 왕은 위두곡에서 통치하는데 장안에서 팔천육백오십 리 떨어진 곳에 있다. 삼백 호에 인구는 이천삼백 명이고, 전투에 나갈 수 있는 군인은 팔백 명이다. 좌우도위와 좌우기군이 한 명씩 있다. 동쪽으로 서역도호 치소까지 천사백십일 리 떨어져 있다. 남쪽으로 소륵국과 접하는데 산길이 통하지 않는다. 서쪽으로 연독국까지 천삼백십사 리이며 샛길로 말을 타고 달리면 이틀에 닿는다. 물과 풀을 찾아다니며 유목 생활을 하는데 의복은 오손국과 비슷하게 입는다.

66

서역전 하
西域傳 下

「서역전」하편에는 상편에 이어서 서역 성곽 나라가 소개된다. 특히 서역의 대국 오손국의 사정이 자세히 나와 있다. 실크 로드의 요지로 오손국과 흉노로 통하는 중간 지점에 있던 거사국이 생존을 위해 한나라와 오손국, 흉노 사이에서 줄다리기하는 모습이 생생하게 그려져 있다. 왕망 때 언기국과의 전투를 마지막으로 서역과 관계가 끊어졌다.

이 편에는 한 무제의 「윤대죄기조(輪臺罪己詔)」가 실려 있다. 상홍양 등이 서역의 요지인 윤대성에 군대를 주둔시키자고 건의한 것에 대해 불허하면서 내린 반성문 격의 조서다. 그러나 뒤에 선제가 윤대에 서역도호부를 설치했고, 후한 명제 때에는 그보다 더 서쪽인 구자로 옮겼다. 반고의 동생 반초가 서역도호로 집무한 곳이다.

오손국

○　○　○

오손국은 대곤미(大昆彌)[1]가 적곡성(赤谷城)에서 다스리는데 장안에서 팔천구백 리 떨어져 있다. 십이만 호에 인구는 육십삼만 명으로 군대에 모집할 수 있는 장정의 수는 십팔만 팔천팔백 명이다. 상(相), 대록(大祿), 대장(大將) 두 명, 후(侯) 세 명, 장(將)과 도위 각각 한 명, 대감(大監) 두 명, 대리(大吏) 한 명, 사중대리(舍中大吏) 두 명, 기군(騎君) 한 명이 있다.

동쪽으로 한나라 서역도호부 소재지까지 천칠백이십일 리이고, 서쪽으로 강거의 번내[2] 지방까지 오천 리이다. 땅은 초원을 이루어 평탄하다. 비가 많이 내리고 기후가 차며, 산에서는 송진[3]이 많이 난다. 농사를 짓지 않고 물과 풀이 있는 곳을 따라 가축을 몰고 다니는 것이 흉노와 습속이 같다. 이 나라에는 말이 많아서 부자라면 사오천 필까지 가지고 있다. 사람들은 고집이 세고 사나우며 탐심이 많고 흉포하며 정직하지 않다. 자주 침략해 노략질을 하면서 아주 강한 나라가 되었다. 원래 흉노에 복속했으나 나중에 강대해졌으므로 견제받으며 복속은 하지만 선우를 배알하러 가지 않는다.

〔오손국은〕 동쪽으로 흉노, 서북쪽으로 강거국, 서쪽으로 대원국, 남쪽으로 여러 성읍 국가와 접하고 있었다. 원래 색 부족이 살던 땅이었으나, 대월지국이 서쪽으로 색왕을 공격하여 쳐부수자 색왕이 남쪽으로 달아나 밧줄에 매달려 계곡을 건넜다.[4] 대월지국

이 색 부족이 살던 땅에 들어가 살았다. 뒤에 오손국의 곤모가 대월지를 공격하여 쳐부수자 대월지국이 서쪽으로 옮겨 가 대하국을 복속시켰다. 그러자 오손국의 곤모가 대월지 땅에 살게 되었으므로 오손국의 백성 중에는 색 부족과 대월지 부족이 섞여 있다.

장건이 이렇게 아뢴 적이 있다.

"오손은 원래 대월지와 섞여서 돈황 쪽에 거주하고 있던 부족입니다. [엽교미(獵驕靡) 곤미가 다스리는] 지금 오손국이 비록 강대해지기는 했지만 후하게 선물을 보내 한나라에 귀부하게 하고 동쪽 옛 땅에서 살도록 하면서 한나라 공주를 아내로 맞게 하여 형제의 의를 맺는다면 흉노를 제압할 수 있습니다."

이때 장건이 올린 더 자세한 말은 「장건전」에 있다.

무제가 즉위하여[5] 장건에게 황금과 선물을 들고 오손국에 가게 했다. 곤모가 장건을 만나 자신에게 선우를 대할 때의 예를 갖추라고 하자 장건이 크게 수치스러워하며 말했다.

"황제께서 내리신 선물에 대해 왕이 절을 올리지 않는다면 선물을 도로 가지고 가겠습니다."

그러자 곤모가 일어나 절을 했다. 하지만 다른 방면에서는 계속해서 선우를 대하는 예로 자신을 대하게 했다.

애초에 곤모에게는 열 몇 명의 아들이 있었는데 중간 아들인 대록(大祿)[6]이 힘이 세고 전쟁을 잘해서 기병 만여 명을 데리고 다른 곳에 살고 있었다. 대록의 형이 태자였는데 태자에게는 심주(岑陬)[7]라는 아들이 있었다. 태자가 일찍 죽으면서 곤모에게 말했다.

"반드시 심주를 태자로 삼으셔야 합니다."

곤모가 슬퍼하면서 그 말을 들어주었다. 그러자 대록이 화를 내며 형제들을 설득하여 무리를 이끌고 심주가 거느린 부대를 공격하려고 했다.[8] 곤모가 심주에게 만여 명의 기병을 주어 다른 곳으로 옮겨 머물게 하고 곤모 자신도 만여 명을 거느리고 방비에 나섰다. 〔이렇게 해서〕 나라가 셋으로 나뉘었는데 곤모가 가장 높은 통솔자가 되었다.

장건이 하사품을 전한 뒤에 황제의 뜻을 전했다.

"오손 사람들이 예전에 살던 동쪽 땅으로 돌아가서 산다면 한나라에서 공주를 부인으로 삼게 하고 형제 관계를 맺겠다. 그래서 함께 흉노에 대적한다면 깨뜨리기 어렵지 않을 것이다."

오손국은 한나라에서 멀리 떨어져 있어서 한나라가 얼마나 큰지 몰랐고 또 흉노에 붙어 복속한 지 오래라 대신들 모두 나라의 터전을 옮기지 않겠다고 했다. 곤모는 연로했고 나라도 나뉘어 있었으므로 마음대로 할 수 없었다. 그래서 사자를 보내 장건을 전송하게 하고 수십 필의 말을 보내 사례했다. 오손국의 사자가 한나라에 인구가 많고 물산이 풍부한 것을 보고 본국으로 돌아갔는데 그 뒤부터 오손국이 한나라를 더욱 존중하게 되었다.

오손국이 한나라와 왕래하는 것을 알고 흉노가 분노하면서 오손국을 공격하려고 했다. 한나라 사자가 오손국에 출사했다가 그 남쪽으로 나가서 대원국과 월지국으로 가는 행렬이 끊이지 않았다. 오손국이 겁을 먹고 사자를 보내 말을 바치면서 한나라 공주에게 왕이 장가를 들고 형제 관계를 맺기 원했다. 황제가 신하들에게 물어보자 좋다는 의견이 나와서 〔오손국 사자에게〕 말했다.

"먼저 혼인 예물을 가져와야만 공주를 보내겠다."

그래서 오손국에서 말 천 필을 혼인 예물로 가져왔다.

한나라 원봉 연간에 강도왕(江都王) 유건(劉建)의 딸인 유세군(劉細君)을 공주에 봉한 뒤에 〔오손국 엽교미 곤모에게〕 시집보냈다. 황제가 쓰는 용품을 하사하며 관속(官屬)과 환관, 시녀 수백 명을 함께 보냈는데, 공주를 떠나보내며 내린 재물이 아주 많았다. 오손국의 곤모는 공주를 우부인(右夫人)으로 삼았다. 흉노 쪽에서도 여자를 보내 곤모에게 시집을 보냈는데 곤모가 그 여자를 좌부인(左夫人)으로 삼았다.

공주가 오손국에 당도한 뒤에 한나라 식으로 집을 지어 살았다. 또 해마다 여러 차례 곤모와 더불어 사람들을 모아 놓고 주연을 베푼 뒤에 왕과 가까운 귀인[9]에게 재물을 나누어 주었다. 곤모가 연로했고 말도 통하지 않았으므로 공주는 슬픔과 근심 속에 나날을 보내면서 스스로 노래를 지어 불렀다.

> 우리 황실에서 나를 시집보냈네, 하늘가 먼 곳으로.
> 이국 멀리 몸을 맡겼네, 오손왕에게.
> 궁려(穹廬)가 집이 되어 벽에는 전(旃)을 둘렀지.
> 고기를 밥 삼아, 가축의 젖을 국으로 마시네.
> 언제나 고향을 그리니 마음에 병만 드네.
> 황곡이 되어 고향으로 돌아가고 싶어라.[10]

황제가 듣고 공주를 가엾게 여겨 한 해 걸러 한 번씩 사자를 보내 휘장과 화려한 비단을 전했다.

곤모가 연로하여 손자인 심주를 공주에게 장가들게 했다. 공주가 그 말을 듣지 않자 한나라 황제에게 글을 올려 그 사정을 말하니 황제가 답을 내렸다.

"그 나라의 풍속을 따라야 하느니, 〔한나라는〕 오손국과 동맹하여 호(胡)를 멸하고자 한다."

마침내 심주가 공주를 아내로 맞았다. 곤모가 죽자 심주가 그 뒤를 이어 곤모 자리에 올랐다. 심주는 벼슬 이름이고, 〔새로운 곤모의〕 이름은 군수미(軍須靡)라고 했다. 곤모는 왕의 칭호로, 〔죽은 곤모의〕 이름은 엽교미였다. 뒤에 〔왕의 칭호를〕 곤미(昆彌)로 썼다. 심주는 강도(江都) 공주에게 장가를 들어서 소부(少夫)라는 딸을 두었다. 공주가 죽자 한나라에서 다시 초나라 왕 유무(劉戊)의 손녀인 유해우(劉解憂)를 공주로 하여 심주에게 시집보냈다. 심주의 호 출신 부인이 낳은 아들인 니미(泥靡)가 아직 어릴 때 심주가 죽어 가면서 숙부였던 대록의 아들 옹귀미에게 왕위를 넘기면서 이렇게 말했다.

"니미가 크면 왕위를 돌려주도록 하라."

옹귀미가 즉위한 뒤에 호칭을 비왕(肥王)이라고 했다. 초주(楚主) 유해우에게 다시 장가를 들어 아들 셋과 딸 둘을 낳았다. 장남은 원귀미였고, 둘째 아들은 사거국의 왕이 되었던 만년, 그다음은 대악(大樂)으로 〔오손국의〕 좌장군이 되었다. 장녀 제사(弟史)는 구자국의 왕 강빈(絳賓)에게, 작은딸 소광(素光)은 약호흡후(若呼翕侯)에게 시집 갔다.

소제 때에 공주 유해우가 황제에게 글을 올려 청을 넣었다.

흉노가 기병 부대를 출동시켜 거사국에서 농사를 지으면서 거사국과 연합하여 오손국을 침입했습니다. 폐하께서 〔우리 오손국을〕 구해 주십시오.

한나라에서 군대와 말을 준비하여 흉노를 칠 방책을 강구하기 시작했는데, 소제가 그만 붕어하고 말았다. 선제가 즉위하자마자 공주와 곤미가 함께 사자를 보내 글을 올려 사정했다.

흉노가 연속해서 대군을 출동시켜 오손국을 침입하여 공격해서는 거연과 악사 땅을 빼앗고 그곳의 백성을 잡아갔습니다. 그러고는 사자를 파견해 말하기를 오손국에서 빨리 공주를 보내라고 하니 이는 한나라와 관계를 끊어 버리겠다는 뜻입니다.[11] 곤미가 전국의 정예병 중 절반을 동원하여 스스로 오만 기병 부대를 편성한 뒤에 힘을 다해 흉노를 공격하고자 하니, 폐하께서 군대를 보내시어 공주와 곤미를 구해 주시기 바랍니다.

한나라 군대 중에서 십오만 명의 기병대를 출동시키되 다섯 명의 장군이 길을 나누어 동시에 출발했다. 이때의 이야기는 「흉노전」에 있다.
〔한나라에서〕 교위 상혜를 사자로 보내 부절을 지니고 오손국의 군대를 감독하게 했다. 곤미가 스스로 흡후 이하 기병 오만 명

을 거느리고 서쪽에서부터 흉노 땅으로 진입하여 우곡려왕의 막부로 가서 선우의 아버지 항렬과 형수, 거차(居次), 명왕(名王), 려우(犂汙)[12] 도위, 천장(千長), 기장(騎將) 이하 사만 명의 머리와 말, 소, 양, 나귀, 탁타 칠십여만 마리를 얻었다. 오손국에서는 그들이 얻은 전리품을 모두 가지고 갔다.

장안으로 돌아오자 상혜를 장라후(長羅侯)에 봉했다. 그해가 본시 3년이었다. 한나라에서 상혜에게 황금과 비단을 지니고 가게 해서 오손국의 귀인 중에 공을 세운 자에게 하사하게 했다.

원강 2년, 오손국의 곤미 옹귀미가 상혜 편에 황제에게 올리는 글을 보냈다.

한나라 황실의 외손자 원귀미(元貴靡)[13]를 후사로 삼고 한나라 공주에게 장가를 보내 혼인시킴으로써 다시 사돈지간이 되어 흉노와는 관계를 끊고 싶습니다. 혼인 예물로 말과 나귀를 각각 천 마리씩 보내겠습니다.

〔황제가〕 명령을 내려 공경들에게 이 일을 의논하게 했다. 대홍려 소망지가 주장했다.

"오손국이 너무 먼 지역에 있어 변란이 일어나더라도 지키기가 어려우므로 혼인을 허락하시면 안 됩니다."

그러나 황제는 소망지의 의견을 받아들이지 않았다.

황제가 얼마 전에 큰 공을 세웠고 예전부터 있었던 혼인 관계를 끊기는 어렵다고 여기고 사자를 오손국에 보내 혼인 예물을 받아 오게 했다. 곤미가 태자와 좌우대장 및 도위 등 모두 삼백여 명을 사자로 파견하여 한나라에서 들어가서 소주(少主)를 맞아 오게 했다. 황제가 오손에 시집을 간 공주 유해우의 질녀 유상부(劉相夫)[14]를 공주로 삼고 관속과 시녀 백여 명을 선발하여 상림원 중에 살게 하면서 오손국 말을 배우게 했다.

황제가 친히 평락관에 나가 흉노 사자와 외국에서 온 군장들을 모아 놓고 각저 시합을 크게 벌였고 악대를 배치하여 연주하게 한 뒤에 유상부를 오손국에 시집보냈다. 장라후 광록대부 상혜를 출사시켜 따라가게 했는데 부절을 가진 사자가 모두 네 명이었다. 소주를 돈황까지 전송하여 변경을 나서기 전이었는데 오손국의 곤미 옹귀미가 죽고 오손국의 귀인들이 모두 원래의 약조[15]를 따르겠다고 나서서 군수미 곤미의 아들인 니미를 새로운 곤미로 옹립하고 광왕(狂王)이라는 칭호를 붙였다는 소식이 들려왔다. 상혜가 황제에게 글을 올렸다.

우선 소주를 돈황에 머물게 한 뒤에 저 혜가 오손국에 달려가서 원귀미를 곤미로 올리지 않은 점을 꾸짖어 다시 소주를 맞아 가게 해 주십시오.

황제가 공경들에게 이 일을 의논하게 하자 소망지가 다시 주장했다.

오손국에 두 명의 우두머리가 생겨 동맹을 맺기가 어렵습니다.

전에 시집갔던 공주가 오손국에서 마흔 몇 해를 보냈는데 곤미와 부부지간의 사랑도 깊지 않았고 변경 지방도 안정되지 않았으니 이번 일의 귀감으로 삼아야 합니다. 이제 원귀미가 즉위하지 못했으므로 소주가 장안으로 돌아오더라도 이적에게 신의를 지키지 않은 것이 아닐뿐더러 중원에도 도움이 됩니다. 소주의 행렬을 멈추게 하지 않고 오손국으로 보낸다면 오손국의 두 우두머리가 분쟁을 일으켰을 때 한나라에서 구원하러 가기 위해 요역을 일으켜야 할 테니, 그 일은 소주를 시집보낸 것이 원인일 것입니다.

황제가 소망지의 의견을 따라 소주를 장안으로 돌아오게 했다.

광왕이 초주(楚主) 유해우에게 다시 장가를 들어 치미(鴟靡)라는 아들을 낳았으나 유해우와 사이가 좋지 않았고 또 포악하게 굴어서 민심을 잃었다. 한나라에서 위사마 위화의(魏和意)와 부후(副候) 임충을 파견하여 오손국에서 파견했던 볼모를 오손국까지 전송하게 했는데, 한나라 사자를 만난 공주가 광왕이 오손 사람들의 근심을 사고 있어 쉽게 죽일 수 있다고 말했다.

그리하여 술자리를 마련한 다음 끝날 무렵에 군사들로 하여금 검을 빼서 광왕을 찌르게 했다. 검의 날이 빗나가 광왕은 부상을 당한 채 말에 올라 달아났다. 광왕의 아들 세심수(細沈瘦)가 적곡성에서 위화의와 임충, 그리고 공주를 포위했다.

몇 달이 지난 뒤에 서역도호 정길이 서역의 여러 나라 군대를 동원하여 구원하자 〔세심수가〕 포위를 풀고 퇴각했다. 한나라에서 중랑장 장준(張遵)을 파견하여 의원에게 약을 들려 가서 광왕을 치료하게 했고 황금 스무 근과 아름다운 비단을 하사했다. 그리고 문제를 일으킨 위화의와 임충을 붙잡아 쇠사슬에 묶은 뒤에 위려국에서 함거에 태워 장안에 압송하고는 베어 버렸다.

거기장군의 장사 장옹이 오손국에 남아 공주와 한나라 사자들이 광왕을 죽이려고 모의했던 사정을 조사하는데, 공주가 불복하면서 머리를 조아리고 조사를 거부하자 장옹이 공주의 머리채를 잡고 꾸짖었다. 공주가 황제에게 글을 올려 사정을 설명하자 장옹을 불러들여 사형에 처했다. 부사 계도(季都)는 의사를 데리고 따로 남아서 광왕의 상처를 돌봐 주었으므로 광왕이 기병 열 몇 명을 딸려 보내 계도 일행을 전송했다. 계도가 장안으로 돌아왔을 때 광왕이 주살당할 만한 일을 저지른 걸 알고도 편의를 보면서 죽이지 않은 죄에 걸려 잠실에 넘겨져 궁형을 받았다.

애초 비왕 옹귀미의 호(胡) 출신 부인이 낳은 아들 오취도는 광왕이 부상을 당했을 때 놀라서 여러 흡후와 함께 달아나서 북산(北山)에 머물렀는데, 외가인 흉노에서 군대가 올 것이라고 떠들었으므로 백성들이 오취도에게 귀부했다. 뒤에 오취도가 광왕을 습격하여 죽인 뒤에 스스로 곤미에 올랐다. 한나라에서 파강장군(破羌將軍) 신무현(辛武賢)에게 오천 명의 군사를 주며 돈황까지 가게 했다. 신무현이 사람을 보내 지도를 보면서 비제후정(卑鞮侯井)을 파고 그 서쪽으로 물길을 파서 군량을 운송하여 창고에 쌓아 두면서 오취도를 토벌할 준비를 하고자 했다.[16]

그보다 먼저 초주의 시녀 풍료(馮嫽)가 대전(大篆) 서체를 쓸 수 있었고 일도 잘 처리하여 일찍부터 공주의 사자로서 한나라 부절을 들고 여러 성곽 국가에 공주의 선물을 전달하러 다녔는데, 서역에서 풍료를 '존경하고 신뢰하는 풍 부인'이라고 불렀다. 풍 부인은 오손국 우대장의 아내였는데 우대장과 오취도의 사이가 좋았다. 서역도호 정길이 풍 부인으로 하여금 한나라 군대가 막 출동했으므로 반드시 멸망하게 되어 있으니 싸움은 투항만 같지 못하다는 내용으로 오취도를 설득하게 했다. 오취도가 두려운 마음에 대답했다.

"소곤미 청호를 주면 좋겠습니다."

선제가 풍 부인을 불러 오손국 사정을 물어보았다. 그런 뒤에 알자 축차(竺次)와 기문 감연수를 부사로 하여 풍 부인을 오손국까지 전송하게 했다. 풍 부인은 비단을 씌운 수레에 타고 정사의 부절을 지니고 오손국에 돌아가서 황제의 명령을 전했는데, 오취도로 하여금 장라후가 있는 적곡성에 가게 하여 원귀미를 대곤미에, 오취도를 소곤미에 세우고 두 곤미에게 모두 인수를 내렸다. 그리하여 파강장군은 변경을 나가(서 오취도를 공격하)지 않고 장안으로 돌아갔다. 그 뒤에 오취도가 여러 흡후의 백성들을 제대로 돌려주지 않았으므로 한나라에서 다시 장라후 상혜를 파견하여 적곡성에 세 개 교(校) 병력을 주둔시키고 각각의 통치 구역 경계와 백성을 구분해 주었다. 대곤미는 육만여 호, 소곤미는 사만여 호를 가졌는데 민심은 모두 소곤미에게 기울어 있었다.

원귀미와 치미가 모두 병으로 죽자 공주가 황제에게 글을 올려 말했다.

"나이가 많아져 고향이 그리우니 돌아가서 죽은 뒤에 한나라 땅에 묻히고 싶습니다."

황제가 가엾게 여기고 공주를 맞아 오게 했다. 공주가 오손국에서 손자와 손녀 세 명을 데리고 함께 장안에 왔다. 이해가 감로 3년이었다. 공주는 그때 나이가 일흔에 가까웠다. 황제가 공주에게 밭과 집, 노비를 하사하고 생활을 풍족하게 할 수 있도록 해 주었으며 진짜 공주가 황제에게 인사를 드릴 때의 의례에 맞춰 황궁에 들어오게 했다. 그 뒤 두 해가 지나 공주가 죽었으므로 세 명의 손주가 오손국에 돌아가지 않고 분묘를 지켰다.

원귀미의 아들 성미가 대곤미에 올랐으나 어렸으므로 풍 부인이 글을 올려 오손에 사람을 보내 성미를 달래고 안정시켜야 한다고 건의했다. 한나라에서 풍 부인에게 병졸 백 명을 보냈다. 서역도호 한선(韓宣)이 상소하여 오손국의 대리(大吏), 대록, 대감(大監)에게 황금 인장과 자줏빛 인수를 하사하여 대곤미를 보좌하게 할 수 있다고 하자 한나라 황제가 허락했다.

뒤에 서역도호 한선이 다시 상소하여 성미가 겁이 많으니 곤미 자리에서 내려오게 하고, 성미의 숙부인 좌대장 악(樂)을 곤미 자리에 대신 올리자는 안을 올렸으나 한나라 황제가 허락하지 않았다.

그 뒤에 단회종(段會宗)이 서역도호가 되었을 때 오손국을 등지고 떠났던 사람들을 불러 모아 오손국을 안정시켰다.

성미가 죽고 아들 자율미(雌栗靡)가 대를 이어 대곤미에 올랐다. 또 소곤미 오취도가 죽고 아들 부리(拊離)가 대를 이어 소곤미에 올랐는데 동생 일이(日貳)에게 살해당했다. 한나라에서 사자를 보내 부리의 아들 안일(安日)을 소곤미로 세웠다. 일이가 달아나서 강거국으로 피했다. 한나라에서 기교(己校)[17]를 고묵국으로 이동시켜 주둔하게 하고 토벌할 기회를 엿보게 했다. 안일이 귀인 고막닉(姑莫匿) 등 세 명에게 거짓으로 달아난 척하며 일이를 칼로 찔러 죽이게 했다. 서역도호 염보가 고막닉 등에게 황금 스무 근과 비단 삼백 필을 내려 주었다.[18]

그 뒤에 안일이 투항했던 자에게 살해당했으므로 한나라에서 그 동생인 말진장(末振將)을 소곤미로 세웠다.

그 무렵 대곤미 자율미는 용맹을 떨치고 있었으므로 흡후들이 모두 두려워하며 자신의 백성에게 말이나 가축을 먹일 때 대곤미의 목초지 안으로 들어가지 못하게 했다. 그리하여 오손국은 나라 안이 옹귀미 때보다 더 태평했다. 소곤미 말진이 대곤미에게 병합당할까 두려워 귀인 오일령(烏日領)을 거짓으로 투항시켜서 자율미를 칼로 찔러 죽이게 했다. 한나라에서 군대를 보내 토벌하려고 하다가 그만두고 중랑장 단회종에게 황금과 비단을 들려 보내 서역도호와 방책을 연구하게 했다. 단회종과 서역도호가 자율미의 숙부이면서 공주 유해우의 손자인 이질미(伊秩靡)를 대곤미로 세웠다. 한나라 조정에서는 장안에 볼모로 와 있던 소곤미 아들의 재산을 빼앗고 관가의 노비로 보냈다.

그로부터 한참 지나서 대곤미의 흡후 난서(難棲)가 말진장을 죽이고 말진장의 형인 안일의 아들 안려미(安犁靡)를 소곤미로 세웠다. 한나라에서는 말진장을 한나라의 힘으로 죽이지 못한 것을 아쉽게 여겼다. 그래서 다시 단회종을 보내 말진장의 태자 반구(番丘)를 벴다. 장안에 돌아오자 관내후 작위를 하사했다. 이해가 원연 2년이었다.

단회종은 흡후 계서가 한나라를 위해 말진장을 죽이지는 않았지만 그래도 도덕을 망가뜨린 자를 토벌했다는 점에서는 뜻을 같이했다고 여기고 〔계서를〕 견수도위(堅守都尉)에 임명해 줄 것을 조정에 건의했다. 〔한나라 조정에서〕 대록과 대리, 대감에게 자율미가 살해당한 책임을 물어 금인과 자줏빛 인수를 거두고 동인(銅印)과 묵수(墨綬)로 바꾸어 내렸다.

말진장의 동생 비원지(卑爰疐)는 원래 대곤미 살해 계획에 참여했다가 백성 팔만여 명을 이끌고 북쪽의 강거국에 귀순했는데, 강거국 군대의 힘을 빌려 대곤미와 소곤미를 겸병하고자 했다. 대곤미와 소곤미는 비원지가 쳐들어올 것이 두려웠으므로 서역도호에게 더 가까이 의지했다.

애제 원수 2년, 대곤미 이실미와 선우가 함께 장안에 와서 황제를 배알했으므로 한나라 조정에서 기뻐했다.

원시 연간에 이르러 비원지가 오일령을 죽이고 힘을 다하겠다고 나섰으므로 한나라 조정에서 귀의후에 봉했다. 그 무렵 대곤미와 소곤미가 모두 약했으므로 비원지가 침입했는데 서역도호 손건이 비원지를 공격하여 죽여 버렸다.

오손국에서 대곤미와 소곤미를 나누어 세웠을 때부터 한나라에서는 오손국 문제로 근심하며 〔달래거나 제압하며〕 여러 가지로 애를 썼으니 한 해도 편안한 때가 없었다.

고묵국

○ ○ ○

고묵국(姑墨國)의 왕은 남성(南城)에서 통치하는데 장안에서 팔천백오십 리 떨어진 곳에 있다. 삼천오백 호에 인구는 이만 사천오백 명이고, 전투에 나갈 수 있는 군인은 사천오백 명이다. 고묵후, 보국후, 도위, 좌우장, 좌우기군이 각각 한 명씩 있고 역장은 두 명이다. 동쪽으로 서역도호 치소까지 이천이십일 리 떨어져 있고 남으로 우전국까지 말을 타고 보름이 걸린다. 북쪽으로 오손과 접한다. 동과 철, 자황(雌黃)이 나며, 동쪽으로 육백칠십 리를 가면 구자국과 통한다. 왕망 때에 고묵왕 승(丞)이 온숙왕을 죽이고 온숙국을 병합했다.

온숙국

○ ○ ○

온숙국(溫宿國)의 왕은 온숙성에서 통치하는데 장안에서 팔천삼백오십 리 떨어진 곳에 있다. 이천이백 호에 인구는 팔천사백 명이고, 전투에 나갈 수 있는 군인은 천오백 명이다. 보국후, 좌우장, 좌우도위, 좌우기군, 역장이 각각 두 명씩 있다. 동쪽으로 서역도호 치소까지 이천삼백팔십 리, 서쪽으로 위두국까지 삼백 리, 북쪽으로 오손국의 적곡성까지 육백십 리 떨어져 있다. 토지나 모든 산물이 선선의 여러 부족[19]과 같다. 동쪽으로 이백칠십 리를 가면 고묵국과 통한다.

구자국

○ ○ ○

구자국(龜茲國)의 왕은 연성(延城)에서 통치하는데 장안에서 칠천사백팔십 리 떨어진 곳에 있다. 육천구백칠십 호에 인구는 팔만 천삼백십칠 명이고, 전투에 나갈 수 있는 군인은 이만 천칠십육 명이 있다. 대도위승(大都尉丞), 보국후, 안국후(安國侯), 격호후, 각호도위(卻胡都尉), 격거사도위, 좌우장, 좌우도위, 좌우기군, 좌우력보군(左右力輔君)이 각각 한 명씩 있다. 동서남북의 부(部)에 천장(千長)이 각각 두 명, 각호군이 세 명, 역장이 네 명 있다. 남쪽으로는 정절국, 동남쪽으로는 저말국, 서남쪽으로는 우미국(扜彌國), 북쪽으로는 오손국, 서쪽으로는 고묵국과 접하고 있다. 철을 제련하여 쇠를 주조할 수 있으며 납이 생산된다. 동쪽으로 삼백오십 리를 가면 서역도호 치소가 있는 오루성에 닿는다.

오루성

○ ○ ○

오루성(烏壘城)은 백십 호에 인구는 천이백 명이고, 전투에 나갈 수 있는 군인은 삼백 명이다. 성도위와 역장이 각각 한 명씩 있다. 서역도호가 성을 다스리는 일을 겸하고 있다. 그 남쪽으로 삼백삼십 리에 거려가 있다.

거려성

○ ○ ○

거려성(渠犁城)에는 성도위 한 명이 있는데, 백삼십 호에 인구는 천사백팔십 명이고, 전투에 나갈 수 있는 군인은 백오십 명이다. 동북쪽으로는 위려국, 동남쪽으로는 저말국, 남쪽으로는 정절국과 접하고 있다. 서쪽에 강이 흐르고 있고 오백팔십 리를 가면 구자국에 닿는다.

무제 때에 처음으로 서역과 왕래하면서 교위를 두고 거려성에 군대를 주둔시키며 농사를 짓게 했다. 그 무렵 서른두 해에 걸쳐 연속해서 군대를 출동시켰으므로 국력이 고갈되었다. 정화 연간에 이사장군 이광리가 군대를 이끌고 흉노에 투항했다. 황제가 먼 곳을 정벌했던 일을 후회하자 수속도위 상홍양이 승상 및 어사대부[20]와 더불어 상소를 올렸다.

윤대성 동쪽의 접지(捷枝)[21]와 거려는 모두 예전에 부족 국가였는데 땅이 넓고 물과 풀이 풍부합니다. 물을 대는 경지가 오천 경(頃) 이상으로 온화한 곳에 있어 밭이 비옥한 데다 물길을 내서 물을 많이 대며 오곡을 심는데, 중원 땅과 같은 시기에 알이 여뭅니다. 그 주변에 있는 나라에는 작은 칼이 모자라고 황금과 물 들인 비단이 귀하므로 곡식과 바꾸어 공급하면 군량을 부족하지 않게 마련할 수 있습니다.

신의 어리석은 생각으로는 밭을 갈며 주둔할 병사를 윤대 동쪽 땅에 파견하고 교위 세 명을 두어 나누어 감독하게 하되 그들로 하여금 각자가 맡은 곳의 지형을 지도로 그리게 하고 물길이 잘 통하게 하여 꼭 때에 맞춰 오곡을 많이 심게 해야 합니다. 장역군과 주천군에서 각각 기가사마(騎假司馬)를 파견하여 정찰하게 하되 이들을 교위에게 속하게 하여 일이 생기면 자체적으로 해결한 뒤에 역마를 달려 폐하게 보고하게 하십시오. 한 해 농사를 지어 곡식을 저장하고, 처자식을 데리고 옮겨 갈 건장한 자를 모집하여 농사짓는 지역으로 보낸 뒤에, 저장해 둔 곡식을 자금으로 써서 밭을 개간하고 물을 대게 하십시오. 정(亭)을 잇달아 쌓고 서쪽으로 성과 성을 연결시켜 서역 여러 나라에 위엄을 떨치게 하면 오손국의 내정을 돌보는 데 유리할 것입니다.

신이 조심스럽게 〔승상부〕 징사(徵事) 신 창(昌)을 보내 변경 지역을 나누어 순찰하도록 하고, 태수와 도위에게 봉화를 밝히고 병사와 말을 엄선하며 건초를 비축하는 엄한 칙령을 전하게 하겠습니다. 폐하께서는 사자를 서역 나라에 출사시켜 그들을 안정시키십시오.

　신이 죽음을 무릅쓰고 청합니다.

이에 대해 황제가 조서[22]를 내려 기왕에 있었던 실수를 깊이 반성하고 자중했다.

　전에 해당 관리가 상소하여 백성마다 삼십 전을 더 내게 하여 변경에서 쓰는 비용에 보태게 했는데 이것으로 늙고 약한 자와 부모나 자식이 없이 사는 자들을 더욱 힘들게 했다. 그런데 이제 새로 윤대에 병졸을 보내 농사를 짓게 하자고 한다. 윤대는 거사국에서 서쪽으로 천여 리 떨어진 곳에 있는데, 전에 개릉후(開陵侯)가 거사국을 공격할 때 위수국과 위려국, 누란국 등 여섯 나라 왕의 자제로서 장안에 볼모로 와 있던 자들을 모두 먼저 돌려보내고 가축과 군량을 운송하여 한나라 군대를 맞이하게 했다. 각 나라에서는 또 모두 수만 명이나 되는 군대도 출동시켰는데, 각 나라의 왕이 스스로 군대를 이끌고 거사국을 함께 포위하여 거사국의 왕을 투항하게 했다. 서역 여러 나라의 군대가 철수할 때 힘이 떨어져서 큰길까지 나와서 한나라 군대의 식량을 제공할 수 없었다. 한나라 군대가 거사성을 깨뜨렸을 때 군량을 많이 얻었지만 병사들이 자신의 몫을 지고 가던 중에 다 먹어서 장안까지 오기에 부족했으니, 신체가 강건한 병사는 가축을 모두 잡아먹었고, 길에서 죽은 쇠약한 병사가 수천 명이나 되었다. 짐이 주천군의 나귀와 탁타에게 식량을 지게 하고 출발시켜 옥문관을 나가 군대를 맞이하게 하고, 장역군에서 아전과 병졸을 출발시켜 보냈으나 그렇게 멀지 않은 거리인데도 군대에서 이탈된 무리가 아주 많았다.

예전에 짐이 현명하지 못하여 군후 홍(弘)이 올린 상소 중 "흉노 사람들이 말의 네 발굽을 묶은 채 성 아래에 버려두고 '진인(秦人)들이여! 우리가 당신네한테 말을 주겠다.'라고들 합니다."라고 한 것을 믿었다. 그런 가운데 흉노에서 한나라 사신을 붙잡아 오랫동안 한나라로 돌려보내지 않았으므로 이사장군의 부대를 보내 한나라 사자의 위신을 지켜 주게 했다.

옛적에는 경대부들이 방책을 내면 먼저 시초(蓍草)와 귀갑(龜甲)으로 점을 쳐서 불길한 괘가 나오면 실행에 옮기지 않았다. 그 무렵 흉노가 말발굽을 묶어서 던져 놓았다고 보고한 상소문을 승상과 어사대부 및 이천석 관리와 제대부(諸大夫), 경서 연구에 뛰어난 낭관, 군도위와 속국도위인 성충(成忠), 소왜노 등에게 두루 보였는데, 모두 "적이 스스로 자기네 말발굽을 묶었다는 것은 〔한나라에〕아주 불길한 일입니다."라고 했고 누군가는 "강하다는 것을 보이려는 것은 가난한 자가 남에게 여유롭게 보이려는 수법입니다."라고 했다. 『역』점을 쳐 보니 대과(大過) 괘에 구오(九五) 효가 나왔는데 흉노가 패한다는 뜻이라고 했다.

공거의 방사와 태사가 별자리와 구름 점을 치고, 태복이 시초와 귀갑 점을 쳐 보니 모두 길하다고 나와서 흉노가 반드시 격파될 것이라며 다시는 그런 때가 오지 않으리라고 했다. 또 군대를 이끌고 북벌을 하면 부산(鬴山)에서 반드시 이길 것이라고 했고 장수들을 놓고 괘를 뽑아 보니 이사가 가장 길하다고 했다. 그리하여 짐이 친히 이사의 군대를 출동시켜 부산에서 공격하게 하고 흉노 땅에 너무 깊이 들어가지 말라는 명령을 내렸다.

지금 보니 당시에 뽑았던 길한 괘는 모두 효력이 없었다. 중합후(重合侯)가 적의 척후병을 사로잡았는데 그자가 말하기를 "한나라 군대가 막 닥칠 것이라는 말을 듣고, 흉노에서 무축에게 한나라 군대가 반드시 지나게 될 길과 물가에 양과 소를 묻게 하여 군대의 행군을 막게 했고, 선우가 천자에게 말 가죽을 보낼 때에는 언제나 무축에게 저주를 하게 했으며, 말발굽을 묶은 것은 〔한나라가〕 전쟁에서 지게 하는 저주였다."라고 했고, 또 점을 쳐서 '한나라 군대가 불리하게 될 것'이라는 괘를 얻었다고도 했다.

흉노에서 늘 "한나라는 아주 크다. 그러나 〔한나라 사람들은〕 굶주림이나 목마름을 견디지 못하므로 이리 한 마리를 풀면 천 마리 양을 쫓을 수 있다."라고 말한다고 한다. 전에 이사가 졌을 때 군사들이 죽고 잡히거나 달아나 흩어졌으므로 그 비통함이 짐의 마음속에 항상 남아 있다. 그런데 지금 상소를 올려 그 먼 윤대에서 농사를 지으며 정(鼎)을 짓고 험난한 곳에 길을 내게 허락해 달라고 하니 이는 천하 백성을 고생시켜 힘들게 하는 일이지, 백성에게 잘 대해 주는 일이 아니다. 그러므로 짐은 지금의 논의를 차마 들을 수가 없다.

또 대홍려 등이 주장하기를 죄수를 모아 흉노 사자를 전송하되 〔선우를 죽이고〕 분노를 설복하는 자를 열후에 봉하겠다고 분명히 약조해 주라고 하는데 이는 춘추 오패도 하지 않았던 일이다. 게다가 흉노에서는 한나라에서 투항한 자가 있을 때, 항상 겨드랑이를 잡고 들어 올려 몸에 지닌 물건과 문서를 수색한 뒤에 알고 있는 바에 관해 캐묻는다고 한다.

현재 변경 요새의 관리가 엄격하지 않아서 제멋대로 변경을 넘는 자를 막지 못하고 있을뿐더러 장(障)의 척후를 맡은 장리(長吏)가 병졸들로 하여금 짐승을 사냥하게 하여 그 가죽과 고기를 팔아 이익을 남기고 있다. 그렇게 병졸은 고생하고 봉화는 제대로 올리지 않는데도 올라오는 문서에는 이런 내용이 들어 있지 않았다. 뒤에 투항자가 왔을 때나 적을 산 채로 잡았을 때, 그런 일이 있다는 것을 알게 되었다.

현재 가장 긴요하게 할 일은 관리가 가혹하고 포악하게 백성을 다스리는 것과 제멋대로 세금을 거두는 것을 금지하고, 나라의 근본인 농업에 힘쓰고 군마를 키우는 백성에게 세금과 요역을 면제하는 법령을 다시 제정하여 군마 손실 부분을 보충하고 군비를 모자라게 하지 않게 하는 것이다. 지방의 군과 제후국의 이천석 관리는 변경의 모자라는 물자를 보충하기 위해 말을 기를 방략을 올리고 상계리와 함께 장안에 올라와 보고하도록 하라.

이후로 〔한나라에서〕 다시 출병하지 않았다. 승상 차천추를 부민후(富民侯)에 봉하여 백성의 생활을 안정시키고 출산을 장려할 것을 천명했으니 재정 상태를 튼튼하게 하고 백성을 보호하겠다는 뜻이었다.

그보다 먼저 이사장군 이광리가 대원국을 공격하러 가던 길에 우미국을 지나다가 우미국에서 태자 뇌단(賴丹)을 구자국에 볼모로 보낸 것을 알고 구자왕을 질책했다.

"외국은 모두 한나라와 군신 관계를 맺고 복속하고 있는데 구자국에서 우미국의 볼모를 받아 둔 이유는 무엇입니까?"

그러고는 뇌단을 장안의 황궁으로 가게 했다. 소제가 전에 올렸던 〔접지와 거려에서 농사를 짓자는〕 상홍양의 주장을 채택하여 우미국 태자 뇌단을 교위로 삼아 군대를 이끌고 윤대에 가서 농사를 짓게 했다. 윤대와 거려는 땅이 서로 붙어 있었다. 그러자 구자국 귀인 고익(姑翼)이 구자왕에게 말했다.

"뇌단은 본래 우리 나라에 신하로 복속하고 있었는데 이제 한나라의 관리가 되어 인수를 두르고 〔윤대에〕 와서 우리 땅 가까이에서 농사를 짓고 있으니 반드시 해로울 것입니다."

왕이 바로 뇌단을 죽이고 상소를 올려 한나라에 죄를 인정했으나 한나라에서 정벌하지 않았다.

선제 때에 장라후 상혜를 오손국에 출사시켰다가 돌아오는 길에 한나라의 위신을 세우기 위하여 서역 여러 나라의 군대를 출동시켰는데 모두 오만 명으로 구자국을 공격하여 이전에 교위 뇌단을 죽인 죄를 물었다. 구자왕이 죄를 인정하며 말했다.

"그 일은 제 선왕 때의 귀인이었던 고익이 저지른 허물이라 저에게는 죄가 없습니다."

왕이 고익을 잡아서 상혜에게 보내자 상혜가 고익을 베었다.

그 무렵 오손 공주 유해우의 딸이 장안에서 금(琴) 연주를 배우고 있었다. 한나라에서 시랑 악봉(樂奉)이 공주의 딸을 오손국까지 전송했는데 구자국을 지나서 갔다.

구자국에서는 그 전에 사람을 오손국에서 보내 공주의 딸과 혼사를 치르고 싶다고 청했는데 그 사자가 돌아오지 않고 있었다. 마침 공주의 딸이 구자국을 지나고 있었으므로 구자왕이 붙들어 두고 보내지 않았다. 그러고는 다시 사신을 보내 공주에게 그 딸을 붙잡아 두었다고 알리자 공주가 혼사를 허락했다.

뒤에 공주가 황제에게 글을 올려 공주의 딸이 종실 사람들의 의례에 따라 황제를 알현할 수 있게 해 달라고 청했다. 구자왕 강빈(絳賓)이 그 부인과 정이 좋았으므로 황제에게 글을 올려, 한나라 종실의 외손녀에게 장가를 들어 남편이 되었으니 자기도 공주의 딸과 더불어 황제를 알현하게 해 달라고 청했다. 원강 원년에 함께 가서 황제를 알현했다. 〔한나라에서〕 왕과 부인 모두에게 인수를 내리고 부인을 공주로 호칭하게 했다. 그리고 수레와 말, 깃발과 북, 노래와 악기를 연주하는 수십 명 및 무늬가 화려한 여러 빛깔의 비단과 진기한 보물 수천만 전어치를 내려 주었다.

한 해 동안 장안에 머문 뒤에 돌아갈 때 많은 재물을 주어 전송했다. 그 뒤에도 수차례에 걸쳐 황제를 알현하러 왔다. 공주는 한나라의 의복과 각종 규정을 좋아하여 오손국에 돌아간 뒤에 왕궁의 건물을 짓고 국왕 전용 도로와 근왕병을 두는 한편 왕궁에서 출입할 때 큰 소리로 알리고 편종과 북을 치게 하는 등 한나라 황실의 의례를 따랐다. 외국의 호인(胡人)들이 말했다.

"나귀인데 나귀가 아니고 말인데 말이 아니니 구자왕 같은 이를 노새라고 한다."

강빈이 죽자 그 아들인 승덕(丞德)이 스스로 한나라 종실의 외손이라고 칭하며 성제와 애제 때에 여러 차례에 걸쳐 장안을 왕래했는데 한나라에서 강빈 때와 마찬가지로 친밀하게 대했다.

구자국에서 동쪽으로 육백오십 리를 가면 거려국으로 통한다.[23]

위려국

○　○　○

위려국(尉犁國)의 왕은 위려성에서 통치하는데 장안에서 육천칠백오십 리 떨어져 있다. 천이백 호에 인구는 구천육백 명이고, 전투에 나갈 수 있는 군인은 이천 명이다. 위려후, 안세후(安世侯), 좌우장, 좌우도위, 격호군(擊胡君)이 각각 한 명씩 있고 역장은 두 명 있다. 서쪽으로 삼백 리를 가면 서역도호 치소에 닿으며 남쪽으로 선선국 및 저말국과 접하고 있다.

위수국

○　○　○

위수국(危須國)의 왕은 위수성에서 통치하는데 장안에서 칠천이백구십 리 떨어져 있다. 칠백 호에 인구는 사천구백 명이고, 전투에 나갈 수 있는 군인이 이천 명 있다. 격호후, 격호도위, 좌우장, 좌우도위, 격호군, 역장이 각각 한 명이다. 서쪽으로 오백 리를 가면 서역도호 치소에 닿으며 백 리 떨어진 곳에 언기국이 있다.

언기국

○　○　○

언기국(焉耆國)의 왕은 원거성(員渠城)에서 통치하는데 장안에서 칠천삼백 리 떨어져 있다. 사천 호에 인구는 삼만 이천백 명이고, 전투에 나갈 수 있는 군인이 육천 명이다. 격호후, 각호후, 보국후, 좌우장, 좌우도위, 격호좌우군, 격거사군, 귀의거사군(歸義車師君)이 각각 한 명씩, 격호도위와 격호군이 각각 두 명씩, 역장은 세 명 있다. 서남쪽으로 서역도호 치소까지 사백 리, 남쪽으로 위려국까지 백 리 떨어져 있고, 북쪽으로 오손국과 접하고 있다. 가까운 곳에 있는 서해에서 물고기가 많이 잡힌다.

오참자리국

○　○　○

오참자리국(烏貪訾離國)의 왕은 우루곡(于婁谷)에서 통치하는데 장안에서 일만 삼백삼십 리 떨어져 있다. 사십일 호에 인구는 이백삼십일 명이고, 전투에 나갈 수 있는 군인이 오십칠 명이다. 보국후와 좌우도위가 각각 한 명씩 있다. 동쪽으로 단환국, 남쪽으로 저미국, 서쪽으로 오손국과 접하고 있다.

비륙국

○　○　○

비륙국(卑陸國)은 왕이 천산 동쪽의 간당국(乾當國)[24]에서 통치하는데, 장안까지 팔천육백팔십 리 떨어져 있다. 이백이십칠 호에 인구는 천삼백팔십칠 명이고, 전투에 나갈 수 있는 군인이 사백이십 명 있다. 보국후, 좌우장, 좌우도위, 좌우역장이 각각 한 명씩 있다. 서남쪽으로 서역도호 치소까지 천이백팔십칠 리 떨어져 있다.

비륙후국

○　○　○

비륙후국(卑陸後國)은 왕이 반거류곡(番渠類谷)에서 통치하는데, 장안에서 팔천칠백십 리 떨어져 있다. 사백육십이 호에 인구는 천백삼십칠 명이고, 전투에 나갈 수 있는 군인이 삼백오십 명 있다. 보국후, 도위, 역장이 각각 한 명씩 있고 장(將)이 두 명 있다. 동쪽으로 욱립사국, 북쪽으로 흉노, 서쪽으로 겁국, 남쪽으로 거사국과 접하고 있다.

욱립사국

○ ○ ○

욱립사국(郁立師國)은 왕이 내돌곡(內咄谷)[25]에서 통치하는데, 장안에서 팔천팔백삼십 리 떨어져 있다. 백구십 호에 인구는 천사백사십오 명이고, 전투에 나갈 수 있는 군인이 삼백삼십일 명이다. 보국후, 좌우도위, 역장이 각각 한 명씩 있다. 동쪽으로 거사후성장국, 서쪽으로 비류국, 북쪽으로 흉노와 접하고 있다.

단환국

○ ○ ○

단환국(單桓國)은 왕이 단환성(單桓城)에서 통치하는데, 장안에서 팔천팔백칠십 리 떨어져 있다. 이십칠 호에 인구는 백구십사 명이고, 전투에 나갈 수 있는 군인이 사십오 명이다. 보국후, 장(將), 좌우도위, 역장이 각각 한 명씩 있다.

포류국

○ ○ ○

포류국(蒲類國)은 왕이 천산의 서쪽인 소유곡(疏榆谷)에서 통치하는데 장안에서 팔천삼백육십 리 떨어져 있다. 삼백이십오 호에 인구는 이천삼십이 명이고, 전투에 나갈 수 있는 군인이 칠백구십 구 명이다. 보국후, 좌우장, 좌우도위가 각각 한 명씩 있다. 서남 쪽으로 서역도호 치소까지 천삼백팔십칠 리 떨어져 있다.

포류후국

○　○　○

포류후국(蒲類後國)의 왕은 장안에서 팔천육백삼십 리 떨어진 곳에 있다. 백 호에 인구는 천칠십 명이고, 전투에 나갈 수 있는 군인이 삼백삼십사 명이다. 보국후, 장(將), 좌우도위, 역장이 각각 한 명씩 있다.

서저미국

○　○　○

서저미국(西且彌國)의 왕은 천산 동쪽의 우대곡(于大谷)에서 통 치하는데, 장안에서 팔천육백칠십 리 떨어져 있다. 삼백삼십이 호 에 인구는 천구백이십육 명이고, 전투에 나갈 수 있는 군인이 칠 백삼십팔 명이다. 서저미후, 좌우장, 좌우기군이 각각 한 명씩 있 다. 서남쪽으로 서역도호 치소까지 천사백팔십칠 리 떨어져 있다.

동저미국

○　○　○

동저미국(東且彌國)의 왕은 천산 동쪽의 태허곡(兌虛谷)에서 통치하는데, 장안에서 팔천이백오십 리 떨어져 있다. 백구십일 호에 인구는 천구백사십팔 명이고, 전투에 나갈 수 있는 군인이 오백칠십이 명이다. 동저미후, 좌우도위가 각각 한 명씩 있다. 서남쪽으로 서역도호 치소까지 천오백팔십칠 리 떨어져 있다.

겁국

○　○　○

겁국(刧國)은 왕이 천산 동쪽의 단거곡(丹渠谷)에서 통치하는데, 장안에서 팔천오백칠십 리 떨어져 있다. 구십구 호에 인구는 오백 명이고, 전투에 나갈 수 있는 군인이 백십오 명이다. 보국후, 도위, 역장이 각각 한 명씩 있다. 서남쪽으로 서역도호 치소까지 천사백팔십칠 리 떨어져 있다.

호호국

○   ○   ○

호호국(狐胡國)의 왕은 거사류곡(車師柳谷)에서 통치하는데, 장안에서 팔천이백 리 떨어져 있다. 오십오 호에 인구는 이백육십사 명이고, 전투에 나갈 수 있는 군인이 사십오 명이다. 보국후와 좌우도위가 각각 한 명씩 있다. 서쪽으로 서역도호 치소까지 천백사십칠 리, 언기국까지는 칠백칠십 리 떨어져 있다.

산국

○   ○   ○

산국(山國)[26]의 왕은 장안에서 칠천백칠십 리 떨어진 곳에 있다. 사백오십 호에 인구는 오천 명이고, 전투에 나갈 수 있는 군인천 명이 있다. 보국후와, 좌우장, 좌우도위, 역장이 각각 한 명씩 있다. 서쪽으로 위려국까지 이백사십 리, 서북쪽으로 언기국까지 백육십 리, 서쪽으로 위수국까지 이백육십 리 떨어져 있고, 동남쪽으로 선선국과 저말국에 접해 있다. 산에서는 철이 난다. 백성들은 산간에 산다. 언기국과 위수국의 밭을 빌려 농사를 짓고 곡식도 산다.

거사전국

○   ○   ○

거사전국(車師前國)의 왕은 교하성(交河城)에서 통치한다. 강물이 갈래가 나뉘어 성 밖을 둘러 흐르므로 교하라는 이름이 붙었다. 장안까지 팔천백오십 리 떨어져 있다. 칠백 호에 인구는 육천오십 명이고, 전투에 나갈 수 있는 군인이 천팔백육십오 명이 있다. 보국후와 안국후, 좌우장, 도위, 귀한도위(歸漢都尉), 거사군, 통선군(通善君), 향선군(鄕善君)이 각각 한 명씩 있고 역장은 두 명 있다. 서남쪽으로 서역도호 치소까지 천팔백칠 리, 언기국까지 팔백삼십오 리 떨어져 있다.

거사후국

○   ○   ○

거사후국(車師後國)의 왕은 무도곡(務塗谷)에서 통치한다. 장안까지 팔천구백오십 리 떨어져 있다. 오백구십오 호에 인구는 사천칠백칠십사 명이고, 전투에 나갈 수 있는 군인은 천팔백구십 명이다. 격호후와 좌우장, 좌우도위, 도민군(道民君), 역장이 각각 한 명씩 있다. 서남쪽으로 서역도호 치소까지 천이백삼십칠 리 떨어져 있다.

거사도위국

○　○　○

거사도위국(車師都尉國)은 사십 호에 인구는 삼백삼십삼 명이고, 전투에 나갈 수 있는 군인은 팔십사 명이다.

거사후성장국

○　○　○

거사후성장국(車師後城長國) 백오십사 호에 인구는 구백육십 명이고, 전투에 나갈 수 있는 군인이 이백육십 명이다.

무제 천한 2년, 흉노에서 투항한 개화왕(介和王)을 개릉후에 봉한 뒤에 누란국의 군대를 거느리고 거사국을 공격하게 했는데, 흉노에서 우현왕을 보내 수만 명의 기병을 거느리고 거사국을 구하게 하여, 개화왕의〔한나라〕군대가 작전에 실패하고 퇴각했다.

정화 4년에 한나라에서 중합후 마통(馬通)을 보내 사만 명의 기병을 거느리고 흉노를 공격하게 했는데, 가는 길에 거사국 북쪽을 지났다. 한나라에서 다시 개릉후가 누란국과 위려국, 위수국 등 여섯 나라의 군대를 거느리고 다른 길로 거사국을 공격하여〔거사국이〕중합후의 길을 막지 못하게 했다. 여러 나라의 군대가 거사국을 함께 포위하자 거사왕이 항복하고 한나라에 신하로 복속했다.

소제 때에 흉노가 다시 기병 사천 명을 보내 거사국에서 농사를 짓게 했다. 선제가 즉위한 뒤 〔본시 2년에 전광명, 조충국, 전순, 범명우, 한증〕 다섯 명의 장군을 보내 병사를 거느리고 흉노를 공격하게 하자 거사국에서 농사를 짓던 자들이 놀라서 달아났다. 그러자 거사국에서 한나라와 다시 왕래하게 되었다.

흉노 선우가 노하여 거사국의 태자인 군숙(軍宿)을 불러들여 볼모로 삼고자 했다. 군숙은 언기국〔에서 시집온 왕비가 낳은〕 외손으로 흉노에 볼모로 가기 싫어 언기국으로 도망갔다. 거사왕이 〔또 다른 아들〕 오귀(烏貴)를 새로 태자로 세웠다. 뒤에 오귀가 왕이 되어 흉노와 혼인 관계를 맺고 나서 흉노에게 한나라 사자가 오손국으로 가는 길을 막으라고 건의했다.

지절 2년에 한나라에서 시랑 정길과 교위 사마희(司馬憙)가 면형죄인(免刑罪人)[27]을 이끌고 거려에 가서 농사를 짓고 곡식을 쌓은 뒤에 거사국을 공격하기 위해 준비했다. 가을이 되어 곡식을 거둔 뒤에 정길과 사마희가 여러 성곽 국가의 군대 만여 명을 징발하는 한편으로 스스로 농사를 짓던 병사 천오백 명을 데리고 거사국을 연합 공격했는데, 교하성을 쳐서 무너뜨렸다. 거사왕이 교하성 북쪽에 있는 석성(石城) 안에 있었으나 잡히지는 않았다. 그때 군량이 떨어졌으므로 정길 등이 전투를 끝내고 거려에 있던 농사짓는 지역으로 돌아왔다.

가을걷이를 마치고 다시 군대를 출동시켜 석성에 있던 거사왕을 공격했다. 왕이 한나라 군대가 곧 당도할 것이라는 소식을 듣고 북쪽에 있는 흉노로 달아나서 구원을 요청했으나 흉노에서 군대를 출동시키지 않았다. 왕이 돌아와서 귀인 소유(蘇猶)와 더불어 한나라에 투항할 것을 상의했으나 한나라가 믿어 주지 않을까 걱정했다. 소유가 왕에게 건의하기를 흉노 변방에 있는 나라인 소포류국을 공격해서 왕의 목을 베어 버리고 그 백성을 포로로 잡아 정길에게 투항하라고 했다. 거사왕 또한 거사국 옆에 있던 금부국(金附國)이란 작은 나라가 한나라 군대 뒤를 따라다니며 거사국 사람들의 재물을 훔쳐 간다는 이유를 들어 금부국까지 공격해서 쳐부수겠다고 자청하고 나섰다.

흉노에서 거사왕이 한나라에 투항했다는 소식을 듣고 군대를 출동시켜 거사국을 공격했다. 정길과 사마희가 군대를 이끌고 북상하던 중에 흉노 군대와 맞닥뜨렸으므로 흉노는 전진하지 못했다. 정길과 사마희는 한 명의 척후 군관과 병졸 스무 명을 남겨 거사왕을 지키게 했다. 정길 등이 군대를 인솔하여 거려로 돌아갔다. 거사왕이 흉노 군대가 다시 와서 자신을 죽일까 두려워서 홀로 말을 타고 바로 오손국으로 달아났다. 정길은 거사왕의 부인을 거려성으로 데려왔다. 그리고 동쪽으로 주천군 태수부까지 가서 상소를 올렸다. 황제의 조서가 내려왔는데 정길에게 돌아가 거려성과 거사국에서 계속해서 농사를 지어 곡식을 많이 저장함으로써 서역 여러 나라도 안정시키고 흉노를 공격할 준비도 하라는 명령이 담겨 있었다.

정길이 거려성으로 돌아와서 거사왕의 부인을 역참 수레에 태워 장안으로 보내자, 황제가 두둑하게 상을 내리고 사이의 사절이 하례를 올리는 자리마다 늘 부인을 참석시키며 높이 우대하는 모습을 보였다.

한편 정길은 군리와 병졸 삼백 명을 보내 거사국에서 농사를 시작하게 했다. 그때 〔흉노에서〕 투항해 온 자가 알려 주기를 선우나 대신들은 모두 "거사국은 땅이 비옥한 데다 흉노와 가까이 있다. 한나라가 거사국 땅을 가진 뒤에 농토를 많이 일구고 곡식을 저장하면 여러 나라에 반드시 해로울 테니 거사국 땅을 쟁취해야만 한다"라고들 한다고 전했다. 아니나 다를까 〔흉노에서〕 기병을 보내 농사를 짓던 〔한나라〕 병졸을 공격했다. 정길이 교위와 함께 거려에서 농사를 짓던 병졸 천오백 명을 모두 〔거사국〕 농지로 옮겼는데, 흉노가 다시 더 많은 기병을 보내 공격하자 한나라쪽의 농사짓던 병졸의 수가 적어서 당할 수 없었으므로 거사성 안으로 들어가 보위했다.

흉노 장수가 거사성 성문 아래에 와서 정길에게 소리쳤다.

"선우께서 이 나라를 꼭 쟁취하려고 하니 여기에서는 농사를 짓지 말라."

그러고는 며칠 동안 성을 포위한 뒤에 풀었다.

그 뒤에 〔거려성에서 한나라의〕 기병 수천 명이 자주 오가며 거사성을 지켰다. 정길이 상소를 올렸다.

거사성에서 거려는 천여 리 떨어져 있는데 중간에 강과 산이 막고 있을뿐더러 북쪽으로 흉노와도 가까워서 한나라 군대가 거려에서 제시간에 구원하러 갈 수가 없습니다. 농사짓는 병졸의 수를 늘려 주시기 바랍니다.

공경들이 의논하여 길이 멀어 비용이 많이 들므로 거사국에서 농사짓는 병졸을 잠시 철수시켜야 한다고 주장했다. 〔선제가〕 조서를 내려 장라후를 보내 장역과 주천의 기병을 이끌고 거사성 북쪽 천여 리까지 출동하게 하여 거사국 주변에서 위무를 떨쳤다. 호의 기병이 철수하자 정길도 철수하여 거려로 돌아가 모두 세 명의 교위와 함께 농사를 지으며 주둔했다.

거사왕은 그때 오손국에 도망가 있었는데 오손국에서 붙잡아 두고 한나라에 사자를 보내 상소로 "거사왕을 오손국에 남겨 나라에 흉노가 쳐들어왔을 때를 대비하여 〔거사왕과 함께〕 서쪽 길로 흉노를 공격할 수 있게 해 달라."라고 요청하자 한나라에서 허락했다. 그런 뒤에 한나라에서 언기국에 볼모로 가 있던 옛 거사왕의 태자 군숙을 불러 거사왕으로 올리고, 거사국의 모든 백성을 거려성으로 옮겨 살게 하고 원래 거사성의 땅을 흉노에게 주었다. 거사왕은 한나라의 농무를 맡은 관아 가까이에 거주하게 되었고 흉노와는 관계가 끊어졌으므로 안락하게 살면서 한나라와 친밀하게 지냈다.

한나라에서 시랑 은광덕(殷廣德)을 사자로 보내 오손왕을 질책하면서 거사왕과 오손의 지위 높은 장군을 황궁에 오게 하여 장안에 집을 주고 그 부인과 함께 살게 했다. 그해가 원강 4년이었다. 그 뒤에 무기교위를 두어 원래 거사성 땅에서 농사를 지으며 주둔하게 했다.

원시 연간에 거사후왕국을 지나는 새로운 길이 났다. 오선(五舩) 북쪽을 나와서 옥문관으로 통하게 되어 더 가깝게 왕래할 수 있었는데,[28] 무기교위 서보(徐普)가 거리를 반이나 줄일 수 있고 위험한 백룡퇴도 피해 갈 수 있어서 개통한 것이었다.

거사후왕 고구(姑句)는 이 길이 자신의 땅을 지나가게 된 것을 못마땅하게 여겼다. 거사후국의 땅은 흉노 남장군(南將軍)이 거느린 땅과 바짝 접해 있었으므로 서보가 흉노와 경계를 분명하게 한 뒤에 조정에 보고를 올리기로 하고 고구를 불러 그 점을 증명하게 했지만, 고구가 말을 듣지 않았으므로 잡아 가두었다.

고구가 여러 차례에 걸쳐 소와 양을 관리에게 뇌물로 바치면서 밖으로 나가게 해 달라고 청했으나 뜻을 이루지 못했다. 그때 고구의 집에 있던 창끝에 불꽃이 일었다. 고구의 아내인 고자주(股紫陬)[29]가 고구에게 말했다.

"창끝에 불꽃이 일었는데, 이는 전투를 상징하는 것으로 싸우면 승리할 것입니다. 거사전왕이 서역도호부 사마에게 죽임을 당했던 것처럼 벌써 오랫동안 붙잡혀 있었으므로 [옥에서] 죽을 것이 분명하니, 흉노에 투항하는 것만 못합니다."

[고구가] 말을 달려 고창벽(高昌壁)을 빠져나가 흉노 땅으로 들어갔다.

또 거호래왕 당두(唐兜)[30]의 봉토가 큰 종족인 적수강(赤水羌)의 땅과 가까웠던 탓에 여러 차례에 걸쳐 이어서 침입을 당했는데 이기지 못해서 서역도호에게 급하게 구원을 청했다. 서역도호 단흠이 제때에 구조하지 않았으므로 포위당한 당도가 급한 마음에 단흠을 원망하며 동쪽의 옥문관에서 막아 보려고 했다. 그런데 옥문관에서 당두를 들여보내지 않았으므로 아내와 백성 천여 명을 데리고 흉노에 투항했다. 흉노에서 이들을 받아들인 뒤에 사자를 보내 황제에게 상소하여 사정을 설명했다.

당시는 신도후 왕망이 집정하고 있을 때였다. 왕망이 중랑장 왕창 등을 흉노에 출사하게 하여 선우에게 서역은 한나라에 속하므로 [투항자를] 받으면 안 된다는 사실을 일러 주었다. 선우가 죄를 인정하고 [고구와 당두] 두 왕을 체포하여 한나라 사자에게 넘겨 주었다. 왕망이 중랑 왕맹을 서역 악도노 변경까지 보내 기다리다가 이들을 맞이하게 했다. 선우도 사자를 보내 데려다주면서 [두 왕의] 죄를 용서해 달라고 청하게 했다. 사자가 선우의 부탁이 있었다고 보고했지만 왕망이 용서해 주지 않았다. 그러고는 서역 여러 나라의 왕을 모이게 하여 군영을 설치하고, 그 왕들이 보는 앞에서 고구와 당두를 베라는 조서를 내렸다.

왕망이 황위를 찬탈한 뒤 건국 2년에 광신공(廣新公) 견풍을 우백(右伯)에 임명하고 서역에 출사하게 했다. 거사후왕 수지리(須置離)[31]가 그 소식을 듣고 거사후국의 우장(右將) 고제(股鞮)와 좌장(左將) 시니지(尸泥支)와 상의했다.

"듣자니 견 공(甄公)이 서역의 태백(太伯)이 되어 출사한다고 한다. 제도에 따르자면 사자에게 소와 양, 곡식, 건초는 말할 것도 없고 길잡이와 통역도 제공해야 한다. 일전에 오위장(五威將)이 지나갈[32] 때에도 사자에게 제공해야 할 것들을 다 갖추어 주지 못했는데 지금 다시 태백이 출사한다고 하니 나라 살림이 몹시 어려워 아무래도 물자를 제공할 수 없을 듯하다."

그러고는 흉노로 도망가려고 작정했다. 무기교위 조호(刁護)[33]

가 그 사실을 알고 수지리를 불러 심문하자 그런 일이 있었음을 인정했다. 그래서 서역도호 단흠이 있던 열루성(埒婁城)³⁴으로 〔수지리를〕 압송했다. 수지리의 백성들이 수지리가 돌아오지 못하리라는 것을 알고 모두 울면서 전송했다. 서역도호부에 도착하자 단흠이 수지리를 바로 베어 버렸다. 수지리의 형인 보국후 호란지가 백성 이천여 명과 가축을 몰고 나라 전체를 들어 흉노로 달아나 투항했다.

그때 왕망이 선우의 국새 인장의 문구를 〔'흉노선우새(匈奴單于璽)'에서 '신흉노선우장(新匈奴單于章)'으로〕 바꾸자 선우가 노하여 호란지의 투항을 받아들였다. 호란지가 군대를 출동시켜 흉노 부대와 함께 거사 땅을 공격하게 하여 후성장(後城長)을 죽이고 서역도호부 시마를 다치게 했다. 그런 뒤에 호란지의 군대는 다시 흉노로 돌아왔다. 그때 무기교위 조호가 병이 났으므로 교위의 사(史) 진량(陳良)을 보내 환저곡(桓且谷)에 주둔하면서 흉노의 침입에 대비하고 했고, 사(史) 종대(終帶)에게는 양식의 관리를, 사마승 한현(韓玄)에게는 여러 성벽을, 우곡후(右曲候) 임상(任商)에게는 여러 보루를 담당하게 했는데 이들이 서로 의논했다.

"서역 여러 나라가 자주 반기를 들고 있는 데다 흉노가 대규모로 침입하려고 하니 죽게 될 것이다.³⁵ 교위를 죽인 뒤에 백성을 데리고 흉노에 투항하자."

〔이들은〕 수천 명의 기병을 이끌고 교위부에 가서 여러 정(亭)을 협박하여 나뭇단에 불을 붙여 봉화를 올리게 하고 여러 성벽을 지키던 각각의 부대에 일렀다.

"흉노에서 기병 십만 명이 올 텐데 군리와 병사는 모두 무기를 들라. 뒤처지는 자는 베어 버리겠다."

그러고는 삼사백 명을 모아 교위부에서 몇 리 떨어진 곳에 머무르다가 새벽이 되었을 때 봉화를 올렸다. 교위가 성문을 열고 북을 울리며 군리와 병졸을 다시 모으려고 했다. 그때를 타서 진량이 성안으로 들어가 교위 조호와 아들 네 명, 형제의 여러 아들을 죽이고 여자와 아이들만 살려 주었다. 〔진량 등이〕무기교위의 성에 남아 있으면서 사람을 보내 흉노 남장군에게 사정을 알리게 하자, 흉노 남장군이 기병 이천 명을 보내 진량을 맞아 오게 했다. 진량 등이 무기교위가 거느리던 군리와 병사, 남녀 백성 이천여 명을 계속 협박하여 흉노로 들어갔다. 선우가 진량과 종대를 오분도위(烏賁都尉)로 삼았다.

그 뒤 세 해가 지나서 선우가 죽었으므로 동생 오루(烏累) 선우 함(咸)이 오른 뒤에 다시 왕망과 화친했다. 왕망이 사자를 파견해 많은 재물과 돈을 선우에게 선물하고 진량과 종대를 잡아서 보내 달라고 요구했다. 선우가 〔진량 등〕네 사람 및 직접 조호를 죽인 지음(芝音)과 그 아내 이하 스물일곱 명을 잡아서 묶은 뒤에 함거에 실어서 사자에게 모두 넘겼다. 장안에 도착하자 왕망이 그 모두를 태워 죽였다. 그 뒤에 왕망이 선우를 다시 속였으므로 화친 관계가 끊어졌다. 그러자 흉노에서 북쪽 변경을 대거 공격했고 〔한나라의〕서역 통치도 와해되었다. 언기국이 흉노에 가까이 있었으므로 먼저 등을 돌리면서 서역도호 단흠을 죽였으나 왕망이 토벌하지 못했다.

천봉 3년, 오위장 왕준과 서역도호 이숭(李崇)에게 무기교위〔의 부대〕를 거느리게 하여 서역으로 내보내자 서역 여러 나라에서 각국의 변경까지 나와 환영하며 군량을 보내 주었다. 언기국에서는 투항하는 척하면서 군대를 모아 대비하고 있었다. 왕준 등이 사거국과 구자국의 군대 칠천여 명을 거느리고 몇 개의 부(部)로 나누어 언기국으로 공격해 들어갔다. 언기국에서 복병을 두어 왕준의 군대를 가로막고자 했다. 그리고 반간계를 써서 고묵국과 위려국, 위수국과 함께 왕준의 부대를 공격하여 모두 죽여 버렸다. 무기교위 곽흠(郭欽)은 군대를 거느리고 다른 길로 늦게서야 언기국에 도착했다. 언기국의 부대가 왕준의 부대를 친 뒤에 미처 돌아오지 않았을 때라 곽흠이 언기국의 노인과 아이들을 죽이고 군대를 철수헸다. 왕망이 곽흠을 조호자(劉胡子)[36]에 봉했다. 이숭은 남은 군사를 수습하여 구자국으로 철수하여 방어에 들어갔다.

몇 해 뒤에 왕망이 죽고[37] 이숭도 끝내 패망하여 서역과의 관계가 끊어졌다.

〔서역에는〕 가장 많을 때 모두 쉰한 개의 나라가 있었다. 역장, 성장(城長), 군(君), 감(監), 리(吏), 대록(大禄), 백장(百長), 천장(千長), 도위, 저거(且渠), 당호(當戶), 장(將), 상지후(相至侯), 왕이 모두 한나라에서 내려 준 인수를 차고 있었는데 모두 삼백칠십육 명이었다. 강거국, 대월지국, 안식국, 계빈국, 오익국 등은 모두 한나라와 너무 먼 곳에 있어서 쉰한 개 나라에 포함되지 않았다. 이 나라들이 장안에 와서 공물을 바치면 그에 맞게 재물을 내렸으나 통치하는 것으로 기록하지 않았다.

찬하여 말한다.

효무제 때에는 흉노를 제압하려고 했지만 흉노가 서역 나라들을 귀속시키고 남쪽의 강 부족과 연합하는 것 때문에 애를 먹었다. 그리하여 하곡(河曲) 지역에 길을 내고 네 개 군을 설치했으며 옥문관을 개통하여 서역으로 왕래함으로써 흉노의 오른팔을 잘라 버리고 남쪽의 강 부족과 월지국과도 통하지 못하게 했다. 선우가 [구원 부대의] 도움을 받지 못하고 멀리 옮겨 갔으니 사막 남쪽에는 궁정을 두지 못했다.

문제와 경제의 청정무위한 다스림을 만나 다섯 세대가 나고 자라는 동안 백성들이 보호를 받았으므로 천하가 부유해지고 재력에 여유가 생기게 되었으며 군대가 강성해지고 군마는 튼튼하게 길러졌다. [무제는] 서포(犀布)[38]와 대모(瑇瑁)를 본 뒤에 주애(珠崖) 등 일곱 개의 군을 설치했고, 구장(枸醬)과 죽장(竹杖)에 마음이 흔들려 장가(牂柯)와 월수(越嶲)로 가는 길을 열었으며, 천마와 포도 이야기를 듣고는 대원국과 안식국에 사신을 보내 왕래했다.

그 뒤로 명주(明珠)와 문갑(文甲), 통서(通犀), 취우(翠羽) 같은 진기한 물건이 후궁에 넘쳤고, 포소(蒲梢), 용문(龍文), 어목(魚目), 한혈마가 황궁의 황문에 가득 찼으며, 거상(鉅象), 사자(師子), 맹견(猛犬), 대작(大雀)의 무리가 황실 사냥터에서 먹이를 먹으며 살았다. 멀리 사방에서 특이한 산물이 도착하자 상림원을 더 넓히고 곤명지를 팠으며 궁실 건물을 수도 없이 짓고 신명대와 통천대를 세웠다. 건물이 너무 많아 갑, 을 하는 차례로 이름을 붙였고 수주(隨珠)와 화벽(和璧)을 늘어뜨렸으며 황제는 흑백으로 수놓은 병풍

앞에 취우로 지은 옷을 겹쳐 입고 옥궤에 기댄 채 상림원에서 살았다.

주지육림의 향연을 베풀어 사이의 사절을 대접하고 파유(巴俞) 춤과 도로(都盧), 물속에서 하는 당극(碭極), 만연(漫衍), 어룡(魚龍) 같은 놀음과 각저를 손님들에게 보여 주었다. 여기에 만 리를 멀다 않고 많은 선물을 보내거나 군대를 출동시키는 데도 헤아릴 수 없을 만큼 엄청난 비용을 썼다. 그리하여 재정 지출 경비가 부족했으므로 조정에서 술을 전매하고 소금과 쇠를 독점 경영했으며, 은전을 주조하고 사슴 가죽으로 돈을 만들어 썼으며 수레와 배, 여섯 가지 가축에도 세금을 받아야 했다. 백성의 힘으로 세금을 부담할 수 없어 재정이 고갈되었고 설상가상 흉년이 들어 도적이 떼 지어 일어나 길을 막았다. [무제가] 직지(直指)를 내보내기 시작하여 화려한 수의(繡衣)를 입고 도끼를 든 사자들이 지방의 군과 제후국의 범법자들을 사형시킨 뒤에야 진정될 수 있었다.

[무제] 말년에 이르러 윤대 땅을 포기하고 애통해하며 조서를 내렸으니 어진 성군의 후회가 아닐 수 있겠는가!

서역과 왕래하는 길에는 가깝게는 용퇴(龍堆)가 있고 멀게는 총령이 가로놓여 있는데 신열, 두통, 현도 같은 험난한 곳을 지나야 한다. 회남왕과 두흠, 양웅은 모두 천지신명이 그런 험한 지역을 두어 구역의 경계를 나누고 천하의 안과 밖을 격리해 놓았다고 주장했다.

『서』에 "서융 지역에 차등을 두어 조공을 받았다."[39]라고 한 것은 우임금이 서융의 땅을 제압하고 차등을 두어 복속하게 한 것을 이르는데 이는 제왕의 위력만으로 그들에게 공물을 바치도록 강요하지 않았음을 이른다.

　서역 여러 나라는 나라마다 군장이 있었으나 군대가 분산되어 약했으므로 통일을 이루지 못했다. 비록 흉노에 속해 있긴 했지만 그렇게 친밀하게 귀속되지는 않았다. 흉노는 그 나라들로부터 말과 가축, 모직물을 얻었으나 그 군대를 통솔하여 출격하지는 못했다. 이 나라들은 한나라와 많이 떨어져 있고 길도 멀어서 그 땅을 얻는다 해도 이로울 것이 없고 포기해도 손해 될 것이 없다. 〔한나라의〕 성덕은 우리 스스로 이룬 것이지 다른 나라에 기대어 얻은 것이 아니다.

　〔광무제〕 건무 연간 이래로 서역 여러 나라가 한나라의 위무와 성덕을 사모하면서 모두 즐거운 마음으로 한나라에 복속했다. 그중 작은 성읍 국가였던 선선국과 거사국은 흉노와 경계를 맞대 구속되어 있었다. 서역 나라 중에서 큰 나라였던 사거국과 우전국 등이 여러 차례에 걸쳐 사자를 파견하여 한나라에 볼모를 보내고 서역도호의 통치를 받게 해 달라고 청했다.

　성상은 고금의 역사를 두루 읽으셨으므로 그때 형세의 추이를 보면서 연락은 끊지 않은 채 〔서역도호를 보내 달라는 요구를〕 거절하고 허락하지 않았다. 비록 대우(大禹)가 서융 지역에 차등을 두어 조공을 받고, 주공이 백치(白雉)를 사양했으며, 〔문제〕 태종이 잘 달리는 말을 물리쳤다고 하지만, 〔지금의 황상은〕 그 의로움을 모두 갖추었으니 이보다 어찌 더 고명할 수 있겠는가!

67

외척전 상
外戚傳 上

외척은 군주의 배우자 집안 또는 외가를 의미하지만 이 편에서는 한 나라 황제의 배우자를 가리키는 말로 쓰이고 있다. 고조의 여 황후, 혜제의 장(張) 황후, 고조의 박희, 문제의 두 황후, 경제의 박(薄) 황후, 왕 황후, 무제의 진(陳) 황후, 위(衛) 황후, 이(李) 부인, 구익(鉤弋) 조(趙) 첩여, 소제의 상관(上官) 황후, 위 태자의 사(史) 양제, 사(史) 황손의 왕(王) 부인, 선제의 허(許) 황후, 곽(霍) 황후, 공성왕 황후의 사적이 여기에 실려 있다.

이 편은 문제, 경제, 무제의 황후 세 사람을 조명한 『사기』 「외척 세가」를 계승하면서 여러 후궁의 사적도 발굴하여 함께 싣고 있으며, 선제의 할머니인 위(衛) 태자의 후궁과 며느리의 사적까지 담고 있다. 이렇게 황실의 한 축을 담당한 여성들을 다양한 각도에서 조망함으로써 전 시대의 사서와 확연히 다른 편집 원칙을 보여 주고 있다.

한편 고조의 황후 여씨는 『사기』에서 「여 태후 본기」로 세워져 있었으나 『한서』에서는 최고 권력자 여씨가 정국을 주도한 내용은 본기의 「고후기」에 들어 있고, 이 편에는 황후 여씨의 면모가 담겨 있다. 예컨대 척부인을 '사람 돼지'로 만든 사건은 이 편에 실려 있다. 또 한나라 황후 중에서 한나라 말기의 정국을 주도한 왕정군(王政君)은 이 편에서 따로 빼어 다음에 이어지는 「원후전」으로 세웠다.

황후나 후궁이 권력을 잃으면 그 집안도 멸문지화를 당해야 했다. 그런 가운데 고조의 박희(薄姬)와 문제의 두(竇) 황후, 경제의 왕(王) 황후, 선제(宣帝) 공성왕(邛成王) 황후는 큰 화를 입지 않고 집안을 보전했다.

상호 부조하는 황제와 외척

○　○　○

예로부터 천명을 받은 제왕과 그 왕업을 이어받아 제도와 법을 갖추어 나간 임금 중에는 자신의 덕행이 훌륭한 것에만 의지할 수 없어 외척의 도움을 받은 예가 있었다.

하나라가 건국했을 때에는 도산씨(塗山氏)[1]의 도움을 받았다. 그러나 걸왕은 말희(末喜)[2] 때문에 쫓겨났고, 은나라가 건국할 때에도 유숭씨(有娀氏)[3]와 유신씨(有藝氏)[4]의 도움을 받았다. 반면에 주왕은 달기(妲己)[5]를 총애하다가 멸망당했다. 주나라가 건국할 때에는 강원(姜嫄)과 태임(太任), 태사(太姒)에게 의지했다.[6] 그러나 유왕은 무절제했던 보사 때문에 사로잡혔다.

이토록 혼인이 중요하므로 『역』의 괘는 건(乾)과 곤(坤)에서부터 시작하고 『시』는 「관저(關雎)」로 시작하며 『서』에서는 요임금이 자신의 두 딸과 잘 살았던 순임금을 칭찬했고, 『춘추』에서는 〔노 은공이 비를 맞으면서〕 친영(親迎) 절차를 생략했던 일을 꼬집었다. 남편과 아내로 만나는 일은 인간 세상의 도리 중에서도 가장 중요한 관계를 맺는 일이므로 예법을 지키되 혼인은 더 조심스럽게 해야 한다. 대저 악률을 고르게 써야 사철이 때에 맞추어 들고 음양의 변화가 만물을 주재하므로 혼인에 신중하지 않을 수 없다. 사람은 바른 도리를 드높일 수 있지만 명(命)은 인간이 어떻게 해 볼 도리가 없다.[7] 확실한 것은 배필을 이루고자 하는 감정이 생기면 임금의 권위로도 신하를 말릴 수 없고 아버지도 아들을 말릴 수 없으니 하물며 비천한 자들 사이에서야 말할 필요도 없을 것이다. 혼인을 한다고 해도 자식을 낳지 못하는 경우가 있고 또 자식을 낳아도 수명을 제대로 누리지 못하는 일도 있는데, 이는 다 명(命)에 달린 것이 아닐 수 없다. 공자께서 명(命)에 관한 말씀을 많이 하시지 않은 것도[8] 대개 명확하게 설명하기 어려워서였으리라. 음양의 변화에 통달하지 않고서 성(性)과 명(命)을 어찌 구별하겠는가![9]

한나라는 건국한 뒤에도 진나라 제도의 칭호를 그대로 썼다. 그래서 황제의 어머니를 황태후로, 할머니를 태황태후로, 정비는 황후(皇后)로, 후궁은 흔히 부인(夫人)이라고 불렀다. 후궁 직첩에는 또 미인(美人), 양인(良人), 팔자(八子), 칠자(七子), 장사(長使), 소사(少使) 등의 칭호가 있었다. 무제 때에 접여(婕仔), 영아(娙娥), 용화(傛華), 충의(充依)를 두었는데 각 직첩의 등급이 달랐다. 원제 때에 소의(昭儀)라는 직첩을 더 둠으로써 모두 열네 등급이 되었다.

소의에게는 승상과 같은 봉록을 주고 작위는 제후왕과 같게 했다. 접여의 봉록은 상경(上卿)과 같고 작위는 열후와 같게 했다. 영아는 중이천석의 봉록을 받았고 관내후와 작위가 같았다. 용화는 진이천석(眞二千石)에 대상조(大上造)와 작위가 같게 했다. 미인은 이천석에 소상조(少上造)와 같았다. 팔자는 천석에 중경(中更)과 같고 충의는 천석에 좌경(左更)과 같았다. 칠자는 팔백석에 우서장(右庶長), 양인은 팔백석에 좌서장(左庶長)과 같았다. 장사는 육백석에 오대부(五大夫)와, 소사는 사백석에 공승(公乘)과 같았다. 오관(五官)에게는 삼백석, 순상(順常)에게는 이백석 봉록을 주었고, 무견(無涓), 공화(共和), 오령(娛靈), 보림(保林), 양사(良使), 야자(夜者)에게는 모두 백석의 봉록을 주었다. 상가인자(上家人子)와 중가인자(中家人子)는 백석 아래의 두식(斗食) 등급으로 봉록을 받았다. 오관 이하는 죽은 뒤에 〔황제의 능원 외문(外門)인〕 사마문(司馬門) 밖에 묻었다.

여 황후

○ ○ ○

고조의 여 황후는, 선보(單父)[10] 사람으로 남의 관상을 잘 보던 여공(呂公)의 딸이었다. 고조가 미천하게 살던 시절에 여공이 고조를 남다르게 보고 딸을 시집보냈다. 여 황후는 혜제와 노원 공주를 낳았다. 고조가 한왕이 된 원년에 여공을 임사후(臨泗侯)에 봉하고 이듬해 효혜제를 태자로 세웠다.

그 뒤에 한왕이 정도 출신의 척희(戚姬)를 얻어 총애했다. 척희는 조 은왕(趙隱王) 유여의(劉如意)를 낳았다. 한왕은 태자가 사람이 어질고 유약해서 자신을 닮지 않았다고 생각했다. 자주 "여의는 나를 닮았어."라고 말하며 유여의를 태자로 삼고 싶어 했다.

척희는 한왕이 함곡관 동쪽으로 출정할 때마다 늘 따라갔는데, 밤낮으로 울면서 제 아들을 태자로 세워 달라고 했다. 여후는 나이가 많아서 늘 황궁에 남아 있어야 했으므로 한왕을 만나는 일이 드물어 점점 멀어졌다. 유여의는 조왕(趙王)에 봉해졌지만 장안에 있으면서 대신 태자가 될 뻔한 일이 여러 차례나 되었다. 그런데 공경 대신들의 반대와 숙손통의 간언, 유후 장량이 쓴 방책으로 태자를 바꾸지 않을 수 있었다.

여후는 사람이 강하고 과감했으므로 고조가 천하를 평정하는 데 힘이 되었을 뿐 아니라 두 오빠가 장군이 되어 함께 정벌 전쟁에 참가했다. 큰오빠인 여택(呂澤)을 주려후(周呂侯)에, 둘째 오빠 여석(呂釋)을 건성후(建成侯)에 봉하게 했으니 고조가 황제를 칭했을 때 여씨 집안에는 후위에 오른 자가 세 사람이었다. 고조 4년에 임사후 여공이 세상을 떠났다.

고조가 붕어하고 혜제가 즉위했다. 여후는 황태후가 되어 척부인을 영항옥(永巷獄)에 가두고 곤겸형을 내린 뒤에 붉은 수의를 입혀 방아를 찧게 했다. 척 부인이 방아를 찧으며 노래를 불렀다.

아들은 왕인데 어미는 노비가 되어
종일 방아를 찧다가 날이 저물면
언제나 사형수 감방으로 돌아가야 하네.
삼천 리나 떨어져 있으니
누가 너에게 내 사정을 알려 줄까.

태후가 그 소식을 듣고 크게 노하여 말했다.

"네가 아들에게 의지하려 하겠다는 것이냐?"

그러고는 조왕을 불러 죽이려고 사자를 보냈는데 세 번이나 그냥 돌아왔다. 조나라의 승상 주창(周昌)이 조왕을 못 보내겠다고 나섰기 때문이었다. 그러자 태후가 조나라 승상을 불렀으므로 승상이 장안에 불려 왔다. 그 뒤에 다시 사람을 보내 조왕을 부르자 왕이 황궁에 도착했다. 혜제는 사람이 인자해서 태후가 노해서 [조왕을 죽이겠다고 벼르고] 있는 것을 알고 친히 패상까지 나가서 조왕을 맞이한 다음, 함께 궁으로 들어가 늘 조왕을 옆에 두고 함께 기거하고 밥을 먹었다. 그렇게 몇 달이 지난 어느 날 동틀 무렵 황제가 활을 쏘러 나갔는데 조왕이 일찍 일어나지 못했으므로 태후의 정탐꾼에게 혼자 있는 것을 들켜 버렸다. 태후가 사람을 보내 조왕에게 짐독을 마시게 했다. 이윽고 황제가 돌아왔을 때 조왕은 이미 죽어 있었다. 태후가 이어서 척 부인의 손과 발을 자른 뒤에 눈동자를 파내고 귀에 약을 쐬어 귀머거리로 만들었으며 벙어리가 되는 약을 먹었다. 그러고는 탑국(蹋鞠) 시합장에 가둬 놓고 '사람 돼지'라고 부르게 했다. 그 뒤 몇 달이 지나서야 혜제를 불러 구경시켰다. 황제가 '사람 돼지'를 보고 몇 마디 물어본 뒤에 바로 척 부인인 줄 알아보고 대성통곡을 했다. 척 부인을 본 뒤부터 황제가 병을 앓기 시작하여 한 해 남짓 지나도록 낫지 않았다. 혜제가 사람을 보내 태후에게 청을 올렸다.

"이는 사람이 할 짓이 아닙니다. 신이 태후의 아들로만 있을 테니 죽을 때까지 다시는 천하를 다스리지 않겠습니다."

그날부터 술을 마시고 여자를 가까이하며 정사를 처리하지 않았는데 그렇게 일곱 해가 지난 뒤에 붕어했다.

태후가 장사를 치르면서 곡을 했는데 눈물을 흘리지 않았다. 유후의 아들 장벽강(張辟彊)이 그때 열다섯 살의 나이로 시중을 지냈다. 장벽강이 승상 진평에게 말했다.

"태후께는 (아들이) 황제 한 분뿐이었는데 지금 곡을 하면서도 눈물을 흘리시지 않습니다. 승상께서는 그 뜻을 알고 계십니까?"

진평이 대답했다.

"무슨 뜻이 있다는 거냐?"

장벽강이 말했다.

"황제께 장성한 아들이 없으므로 태후께서는 승상과 대신들이 황제의 자리를 노릴까 걱정하고 계십니다. 그러니 태후께 청해서 여태(呂台)와 여산(呂産)을 장군으로 삼되 황궁의 남북군(南北軍)을 거느리게 하십시오. 그리고 여씨 일족들에게 벼슬을 주어 조정에서 일을 보게 하십시오. 이렇게 하면 태후의 마음이 안정될 것이니 운이 좋다면 승상과 대신들이 화를 피할 수 있을 것입니다."

승상이 장벽강이 말한 계책을 태후에게 올리자 태후가 기뻐하며 그제야 울음에 슬픔을 싣기 시작했다. 그리하여 여씨 일족이 권력을 잡기 시작했다. 이어서 효혜제 후궁의 아들을 황제로 세운 뒤에 태후가 직접 조정 대사를 처리하면서 대행 황제로서 집정했다. 그 뒤에 다시 고조의 아들인 조 유왕(趙幽王) 유우(劉友)와 조 공왕(趙共王) 유회(劉恢) 및 연 영왕(燕靈王) 유건(劉建)의 아들을 죽였다. 이어서 주려후의 아들 여태를 여왕(呂王)에, 여태의 동생인 여산을 양왕(梁王)에, 건성후 여석의 아들인 여록(呂祿)을 조왕(趙王)에, 여태의 아들 여통(呂通)을 연왕(燕王)에 봉했다. 여기에 더하여 여씨 일족 여섯 명을 열후로 봉했다. 또 태후의 아버지 여공을 여선왕(呂宣王)에, 오빠 주려후 여택을 도무왕(悼武王)에 추존했다.

태후는 여덟 해 동안 천하를 다스렸는데 견화(犬禍)를 당해 병이 난 뒤에 세상을 떠났다.[11] 견화 기사는 「오행지(五行志)」에 있다. 병이 위독해지자 태후가 조왕 여록을 상장군에 임명하여 북군을 거느리게 하고, 양왕 여산을 상국에 임명하여 남군을 거느리게 한 뒤에 여산과 여록에게 당부했다.

"고조께서 대신들과 서약하기를 유씨가 아닌 자가 왕이 되면 천하가 함께 그자를 공격하기로 했는데, 지금 여씨가 왕이 되어 대신들이 분개하고 있으니, 내가 죽으면 변을 일으킬까 걱정이다. 그러니 반드시 군대를 거느리고 황궁을 지키도록 하라. 그 사람들이 황궁을 점령할 수 있으니 영구를 싣고 나갈 때 절대 따라나서지 마라."

태후가 세상을 뜨자 태위 주발과 승상 진평, 주 허후(朱虛侯) 유장(劉章) 등이 함께 나서서 여산과 여록을 죽이고 여씨 일족을 남녀노소 가리지 않고 모두 베어 버렸다. 그러고는 대왕(代王)을 맞이하여 옹립했으니 바로 효문제다.

장 황후

○　○　○

효혜제의 장 황후는 선평후(宣平侯) 장오(張敖)가 혜제의 누나인 노원 공주에게 장가를 들어 낳은 딸이다.

혜제가 즉위한 뒤에 여 태후가 근친혼인을 생각하여 노원 공주의 딸을 황제의 배필로 삼아 황후에 올렸다. 그래서 아들을 낳게 하고 싶었지만 어떤 방법을 써도 아들이 생기지 않았다. 그래서 황후에게 임신한 척하게 하고 후궁 중에서 한 미인이 낳은 아들을 데려와서 황후의 아들이라고 한 다음 그 생모를 죽여 버리고 태자로 세웠다.

혜제가 붕어한 뒤에 태자가 황제에 즉위했다. 네 해가 지난 뒤에 자신이 장 황후 소생이 아닌 것을 알게 된 황제가 주장했다.

"태후께서 내 어머니를 죽여 놓고 어찌하여 나를 황후의 아들이라고 하셨을까! 내가 어른이 되면 내 어머니를 위해 할 일을 하겠다."

태후가 그 말을 듣고 뒤에 난리를 일으킬까 두려워하여 영항옥에 유폐하고 황제의 병이 위독(危篤)하다고 알렸다. 그리하여 곁에서 시중들던 자들도 황제를 볼 수 없었다. 이어서 태후가 조서를 내려 폐위시켰는데 이때의 이야기는 「고후기(高后記)」에 전한다.

폐위된 황제가 유폐된 채로 죽자 새로 항산왕(恒山王) 유홍(劉弘)을 황제로 세웠다. 그러고는 여록의 딸을 황후로 삼아 뿌리가 이리저리 얽히게 하여 여씨 일족의 근본을 아주 단단하게 하려고 했다. 그렇지만 실제로는 아무런 도움이 되지 않았으니, 여 태후가 붕어하자 대신들이 황실을 제대로 세우고 여씨 일가를 멸족시켰다.

소제(少帝) 항산왕과 제남왕(濟南王),[12] 제천왕(濟川王)은 모두 효혜제의 친아들이 아니라고 하여 주살당했다. 그 가운데 효혜황후만 살려 폐위시키고 북궁에 거처하게 했다. 효문제 후원년(後元

年)에 세상을 떠났으므로 안릉(安陵)에 장사 지냈으나 봉분을 쌓지 않았다.

박희

○   ○   ○

고조의 박희는 문제의 어머니이다. 박희의 아버지는 오(吳)나라 사람인데, 진(秦)나라 시절에 옛〔전국 시대〕위(魏)나라 종실의 여자인 위오(魏媼)와 정을 통하여 박희를 낳았다. 박희의 아버지가 산음(山陰)에서 살다가 죽었으므로 그곳에 장사 지냈다.

그 뒤에 제후들이 진나라에 반기를 들었을 때 위표(魏豹)가 위왕(魏王)이 되자 위오가 위나라 왕궁에 딸을 들여보냈다. 그때 허부(許負)가 박희의 관상을 보고 뒤에 반드시 황제를 낳을 것이라고 했다. 그 무렵은 항우가 형양에서 한왕과 대치하고 있어 천하가 아직 평정되지 못한 시절이었다. 위표는 처음에 한나라 군대와 함께 초나라를 공격했으나 허부의 말을 듣고 속으로 기뻐하면서 한나라에 등을 돌렸다. 중립을 지키겠다고 하더니 뒤에 다시 초나라와 연합했다. 한나라에서 조참 등을 보내 위왕 위표를 사로잡고 위나라를 군(郡)으로 만들어 버렸다. 그때 박희는 직실(織室)로 보내졌다. 위표가 죽은 뒤에 박희를 본 한왕이 조서를 내려 후궁으로 들였지만 한 해 남짓하도록 승은을 입지 못했다.

그보다 먼저 박희가 어려서〔위나라 왕궁에 있을 때〕관부인

(管夫人)과 조자아(趙子兒)와 친하게 지내면서 이렇게 약속했다.

"먼저 총애를 받게 되어도 서로 잊지 말자!"

〔위나라 후궁에서 한나라 후궁으로 옮겨 간 뒤에〕 관부인과 조자아가 먼저 한왕의 총애를 받았다. 한왕 4년에 하남의 성고에 있는 영대에 머물 때 이 두 미인이 시중을 들었다. 그때 두 미인이 박희가 앞서 했던 약속을 떠올리며 비웃었다. 한왕이 웃는 이유를 묻자 두 사람이 사실대로 모두 고했다. 한왕이 속으로 처량해져서 박희를 가엾게 여겼다. 그리하여 그날 박희를 불러 동침하려고 하자 박희가 말했다.

"어젯밤 꿈에 용이 신첩의 가슴에 앉았습니다."[13]

황제가 말했다.

"귀하게 될 징조구나. 내가 너를 그렇게 만들어 주겠다."

그러고는 동침했는데 아이가 생겨 그해에 문제를 낳았다. 문제는 여덟 살에 대왕(代王)에 봉해졌다.

그러나 아들을 낳은 뒤에는 박희가 황제를 잘 만날 수 없었다. 고조가 붕어하자 여 태후가 총애를 받던 척 부인 등 후궁들을 질책하며 모두 유폐시킨 뒤에 궁 밖으로 나가지 못하게 했다. 그러나 박희는 황제의 총애를 받은 적이 별로 없으므로 아들을 따라 황궁을 나가 대나라에 가서 대 태후가 되었다. 태후의 동생인 박소(薄昭)도 태후를 따라서 대나라로 갔다.

대왕이 즉위한 뒤 열일곱 해가 지났을 때 고후가 붕어했다. 대신들이 새로 황제를 옹립하는 논의를 했는데 외척 집안 여씨는 횡포를 부리고 흉포하게 굴어서 싫지만 박씨 집안사람들은 어질고

착하다 하여 모두 칭찬했다. 그래서 대왕을 맞이해 와서 황제로 옹립하고 태후를 높여 황태후로 하고 태후의 동생인 박소를 지후(軹侯)에 봉했다.

태후의 어머니는 그 전에 세상을 떠나 역양 북쪽에 장사 지냈다. 태후의 아버지는 영문후(靈文侯)로 추존되었는데 회계군에 능읍 삼백 호를 두고 장승(長丞) 이하 아전들로 하여금 침묘를 지키면서 법도에 따라 상식(上食) 제사를 올리게 했다. 역양에도 영문(靈文) 부인의 능원을 만들되 영문후 능원과 규모를 같게 했다. 태후가 어려서 아버지를 여의었는데 태후 외가인 위씨(魏氏) 집안에서 힘을 다해 태후를 받들었으므로 위씨 집안사람들을 불러 촌수가 멀고 가까운 정도에 따라 차등을 두어 상을 내렸다. 그런데 박씨 가문에서 열후에 봉해진 사람은 한 명밖에 없었다.

문제가 붕어한 지 두 해 뒤인 효경제 전(前) 2년에 태후가 세상을 떠서 남릉에 장사 지냈다. 여후가 황후로 장릉에 합장되어 있었으므로 따로 능을 조성했는데 문제의 패릉과 가까웠다.

두 황후

○ ○ ○

효문제의 두 황후는 경제의 어머니이다.

여 태후 시절에 양가자(良家子)로 뽑혀 입궁했다. 여 태후가 궁인을 내보내 제후왕에게 각각 다섯 명씩 내려 주었는데 두희(竇

姬)도 그 대열에 들었다. 두희는 집이 청하(淸河)에 있었으므로 집 가까운 곳으로 가고 싶은 생각에 조왕에게 가기를 바랐다. 그래서 파견하는 일을 주재하는 환자(宦者) 아전에게 "조나라로 가는 대열의 명부에 제 이름을 꼭 얹어 주세요."라고 부탁했다. 그런데 그 환자가 두희의 말을 잊어버리고 대나라행 명부에 잘못 올리고 말았다. 명부가 올라가자 그대로 시행하라는 조서가 내렸다. 출발에 앞서 두희가 눈물을 흘리며 그 환자를 원망하며 가지 않겠다고 했으나 강제로 출발하게 되었다.

대나라에 갔을 때 대왕이 유독 두희만 총애하여 딸 유표(劉嫖)를 낳았다. 그리고 효혜제 7년에 경제를 낳았다.

대왕의 왕후는 아들 넷을 낳았으나 대왕이 황제로 즉위하기 전에 왕후가 먼저 죽었다. 뒤에 대왕이 황제가 된 후에 왕후가 낳았던 아들 네 명이 차례로 병에 걸려 죽었다. 문제가 즉위한 뒤 몇 달이 지났을 때 공경들이 태자를 세워야 한다고 청했다. 두희의 아들이 가장 나이가 많았으므로 태자로 세웠다. 두희는 황후가 되었고 딸은 관도(館陶) 장공주[14]가 되었다.

이듬해, 두 황후의 막내아들 유무(劉武)를 대왕(代王)으로 봉했다가 나중에 양왕으로 옮겨 봉했으니 바로 양 효왕이다.

두 황후의 양친은 일찍 세상을 떠났는데 청하의 관진(觀津)에 장사 지냈다. 이에 박 태후가 해당 관리에게 조서를 내려 두 황후의 아버지를 안성후(安成侯)에, 어머니를 안성부인에 봉하고 청하에 능읍 이백 호를 두어 장승이 능을 지키게 했는데 영문원(靈文園)에서의 예법을 따르게 했다.

두 황후의 오빠는 두장군(竇長君)이다. 동생은 두광국(竇廣國)으로 자가 소군(少君)이다. 네댓 살 무렵에 집이 가난했는데 누군가에게 잡혀 팔려가는 바람에 집에서는 두광국의 소재를 모르고 지냈다. 어린 두광국은 열 몇 집을 옮겨 다니며 팔리다가 의양(宜陽)까지 가게 되었다. 그곳에서는 주인이 시키는 대로 산에 들어가 탄(炭)을 만들었다.[15] 하루는 날이 저물어 백 명이 넘는 사람들이 절벽 아래에 누워 자고 있었는데 절벽이 무너지면서 누워 있던 사람이 모두 깔려 죽었다. 유일하게 죽음을 면한 소군이 스스로 점을 쳐 본 결과, 며칠 안에 열후가 되리라는 괘가 나왔다. 두광국이 집주인을 따라 장안에 갔을 때 황후가 새로 책봉되었는데 집이 관진이고 성이 두씨라는 소문을 들었다. 두광국이 집을 떠날 때에 비록 어리긴 했지만 고향의 현(縣) 이름과 자신의 성은 기억하고 있었다. 두광국이 어릴 때 누나와 함께 뽕잎을 따다가 나무에서 떨어졌던 일을 증거로 글을 올려 자신의 사정을 설명했다. 황후가 황제에게 사정을 아뢴 뒤에 불러서 사정을 물어보자 옛날 일을 말하는데 모든 것이 사실이었다. 다시 또 기억나는 것이 없는지 물어보자 두광국이 말했다.

"누나가 저를 떠나 서쪽 장안으로 갈 때 역참 객사에서 이별했습니다. 누나가 쌀뜨물을 바가지에 떠서 제 머리를 감겨 준 뒤에 저에게 밥을 먹여 주고 바로 떠났습니다."

그 말을 들은 두 황후가 두광국을 붙들고 눈물을 흘리자 옆에서 모시던 시종들도 모두 슬퍼했다. 이에 두광국에게 후한 상을 내리고 장안에 집을 마련하여 살게 했다.

강후 주발과 관영 장군 등이 서로 상의했다.

"우리가 죽지 않고 살아 있는 동안은 〔두장군과 두광국〕 이 두 사람에게 목숨이 달리게 되었습니다. 그런데 이 두 사람은 출신이 미천하니 사부를 뽑아 주지 않을 수 없습니다. 그러지 않으면 여씨 일족이 저질렀던 일을 따라 하게 될 것입니다."

그리하여 장자(長者) 중에서 절의와 덕행을 갖춘 자를 뽑아 함께 거처하게 했다. 두장군과 두소군은 겸손을 아는 군자가 되었으니 부귀했지만 남을 능멸하지 않았다.

뒤에 두 황후가 병을 앓으면서 시력을 잃었으므로 문제가 한단 출신의 신(愼) 부인과 윤희(尹姬)를 총애했으나 둘 다 아들을 낳지 못했다. 문제가 붕어한 뒤에 경제가 즉위하자 두 황후는 황태후가 되었다. 경제는 두광국을 장무후(章武侯)에 봉했다. 두장군은 이보다 앞서 죽었으므로 그 아들 두팽조(竇彭祖)를 남피후(南皮侯)에 봉했다. 오초의 반란이 일어났을 때 태후 사촌 오빠의 아들인 두영(竇嬰)이 의협심 많고 무사들과 잘 어울린다 하여 대장군에 임명되었는데 오초의 군대를 깨뜨려서 위기후(魏其侯)에 봉해졌다. 그래서 두씨 집안에는 모두 세 명의 열후가 나왔다.

두 태후가 황제(黃帝)와 노자(老子)의 학설을 좋아했으므로 경제와 두씨 집안 형제들은 『노자』를 읽고 그 학술을 존중하지 않을 수 없었다. 태후는 경제가 붕어한 지 여섯 해가 지나서, 황후와 황태후로 모두 쉰한 해 동안 있다가 원광 6년에 세상을 떠났으므로 패릉에 〔문제와〕 합장했다.[16]

태후 처소 동궁(東宮)의 금전과 재물을 장공주 유표에게 모두 남긴다는 유조를 내렸다.

무제 때에 위기후 두영이 승상을 지냈으나 뒤에 주살당했다.

박 황후

○　○　○

효경제의 박 황후는 효문제의 어머니인 박 태후 일가의 딸이
다. 경제가 태자였을 때 박 태후가 태자비로 뽑아 왔다. 경제가 황
제로 즉위한 뒤에 박 태자비를 황후로 삼았으나 아들을 낳지 못했
고 총애도 받지 못했다. 황후가 된 지 여섯 해 뒤에 박 태후가 세
상을 뜨자 황후를 폐위했다. 폐위되고 네 해가 지나서 세상을 떠
나 장안성 동쪽의 평망정(平望亭) 남쪽에 묻혔다.

왕 황후

○　○　○

효경제의 왕 황후는 무제의 어머니이다. 아버지 왕중(王仲)은
괴리 사람이다. 어머니는 장아(臧兒)는 연왕(燕王) 장도(臧荼)[17]의
손녀로 왕중의 아내가 되어 아들 왕신(王信)과 두 딸을 낳았다. 뒤
에 왕중이 죽자 장아가 장릉현(長陵縣)에 살던 전씨(田氏)에게 개
가하여 아들 전분(田蚡)과 전승(田勝)을 낳았다.

장아의 맏딸은 금왕손(金王孫)에게 시집가서 딸 하나를 낳았다. 그때 장아가 점을 쳤는데 두 딸이 모두 귀하게 된다는 괘가 나왔으므로 두 딸에게 기대어 자신도 귀해져 보겠다는 생각으로 금씨 집에서 딸을 데리고 나왔다. 금씨가 노해서 헤어지지 않겠다고 하자 〔장아가 딸을〕 태자궁으로 들여보냈다. 태자가 장아의 딸을 총애하여 딸 셋과 아들 하나를 낳았다. 아들을 임신하고 있을 때 왕 부인이 해가 자신의 품에 들어오는 꿈을 꾸고 나서 태자에게 꿈 이야기를 하자 태자가 말했다.

"그 꿈은 아들을 낳고 귀하게 될 징조이다."

왕 부인이 몸을 풀기 전에 문제가 붕어하고 경제가 즉위했다. 그러고는 왕 부인이 아들을 낳았다. 그때까지 박 황후에게는 아들이 없었다. 몇 해 뒤에 경제가 제나라 출신의 율희(栗姫)가 낳은 아들은 태자로 삼고 왕 부인의 아들은 교동왕에 봉했다.

장공주 유표에게 딸이 하나 있었는데 태자의 비로 삼고 싶어 했다. 그런데 질투심 많은 율희가 경제의 미인[18]들이 모두 장공주를 통해 황제를 만나고 총애를 받는 것을 보고 날마다 미워하면서 분통을 터뜨리던 중이라 장공주의 딸이 자기 아들과 혼인하는 것을 거절하며 허락하지 않았다. 그러자 장공주가 왕 부인에게 혼사를 맺자고 제안했고 왕 부인이 좋다며 받아들였다. 그때 마침 박 황후가 폐위되었던지라 장공주가 날마다 율희의 단점을 거론하며 비방했다. 한번은 경제가 여러 후궁이 낳은 자식을 부탁하며 말했다.

"내가 죽으면 그 아이들에게 잘 대해야 할 것이야."

그 말을 들은 율희가 화를 내며 그렇게 할 수 없다고 했는데 말투가 불손했다. 경제가 속으로는 불만스러웠지만 표를 내지 않았다.

장공주는 날마다 왕 부인의 아들이 훌륭하다고 칭찬했다. 경제도 왕 부인의 아들이 뛰어나다고 여겼다. 게다가 그 전에 길한 태몽을 꾸었다는 이야기를 들은지라 속으로 태자를 바꾸리라 생각했지만 결정을 내리지 못하고 있었다. 왕 부인이 몰래 사람을 시켜 대신들로 하여금 율희를 황후로 세워야 한다고 재촉하게 했다. 그래서 대행이 그 일로 상소를 올렸다.

"아들은 어머니의 신분에 따라 귀해지고 어머니도 아들의 지위에 따라 귀해진다고 했습니다. 그러므로 태자 생모의 칭호를 황후로 하는 것이 마땅합니다."

그러자 황제가 노하며 말했다.

"이게 당신들이 관여할 말인가!"

그러고는 그 대행을 심문하고 주살했으며 태자를 폐하여 임강왕(臨江王)으로 보냈다. 율희는 더욱 화가 났지만 황제를 만나지 못한 채 근심 속에서 세상을 떠났다. 결국 왕 부인이 황후로 책봉되고 그 아들이 태자로 세워졌다. 황후의 오빠 왕신은 갑후(蓋侯)에 봉해졌다.

그보다 먼저 황후가 태자궁에 들어갔을 때 여동생 아후(兒姁)도 뒤따라 태자궁에 들어가 아들 넷을 낳았다. 아후는 일찍 죽었으나 아들 넷은 모두 제후왕에 봉해졌다.[19]

한편 황후의 맏딸은 평양(平陽) 공주였고 둘째는 남궁(南宮) 공주였으며 셋째는 융려(隆慮) 공주였다.

황후로 책봉된 지 아홉 해가 지나서 경제가 붕어하고 무제가 즉위하여 왕 부인은 황태후가 되었다. 곧이어 황태후의 어머니인 장아는 평원군(平原君)으로 높아졌고 전분은 무안후(武安侯)에, 전승은 주양후(周陽侯)에 봉해졌다. 왕 부인의 친정인 왕씨와 전씨 집안에서 열후에 봉해진 사람은 모두 세 명이었다.

갑후 왕신은 술을 좋아했고 전분과 전승은 탐욕스러웠으나 말주변이 좋았다. 전분이 승상에 오른 뒤에 왕중을 공후(共侯)에 추존하고 괴리에 원읍(園邑) 이백 호를 두어 장승으로 하여금 지키게 했다. 평원군이 세상을 떠나자 전씨가 묻혀 있던 장릉현의 무덤에 합장하고 능읍을 공후와 같은 규모로 했다.

미천하던 시절에 황태후는 금왕손에게 시집가서 금속(金俗)이라는 딸을 낳았다. 금속은 민간에 살면서 신분을 숨기고 있었다. 무제 즉위 초에 한언(韓嫣)[20]이 그 사실을 고하자 무제가 말했다.

"왜 좀 더 일찍 말하지 않았는가?"

황제가 곧 수레를 타고 친히 맞으러 갔다. 황태후의 딸은 장릉현의 작은 저자에 살고 있었다. 황제가 바로 그 집 문 앞까지 가서 측근의 신하를 들어가게 하여 만나기를 청했다. 식구들이 놀라서 겁을 먹었고 황태후의 딸은 숨어 버렸다. 신하들이 부축하여 밖으로 데려와 황제에게 절하게 하자 황제가 수레에서 내려서서[21] 말했다.

"큰누님, 어찌하여 이렇게 깊이 숨어 계셨습니까?"

그러고는 수레에 함께 타고 장락궁으로 돌아와 함께 태후를 만났더니 태후가 눈물을 흘렸다. 딸도 슬피 울었다. 황제가 술을 따라 두 사람 앞에 올리며 축수했으며, 돈 천만 전과 노비 삼백 명, 황실 소유의 공전(公田) 백 경(頃)과 고급 주택 한 채를 누나에게 하사했다. 태후가 감사하며 말했다.

"황제께 경비를 많이 쓰게 했습니다."

황제가 다시 탕목읍을 내린 뒤에 수성군(修成君)이란 칭호를 내렸다. 수성군에게는 아들과 딸이 한 명씩 있었는데 딸을 제후에게 시집보내고 아들은 수성자중(修成子仲)이라고 부르게 했다.[22] 그 아들은 태후의 세력을 믿고 장안 땅을 휘젓고 다녔다.

태후는 황후와 황태후로서 스물다섯 해를 지내고 경제보다 열다섯 해 늦은 원삭 3년에 세상을 떴다. 양릉(陽陵)에 경제와 같이 묻혔다.

진 황후

○   ○   ○

효무제의 진 황후는 장공주 유표의 딸이다.

증조부 진영(陳嬰)은 항우가 봉기했을 때 함께했다가 뒤에 한나라로 귀부하여 당읍후(堂邑侯)가 되었는데 아들에 이어 손자 진오(陳午)에게까지 후위가 내려갔다. 진 황후는 진오가 장공주에게 장가를 들어 낳은 딸이다.

애초에 무제가 태자로 책봉된 데에는 장공주의 도움이 컸으므로 장공주의 딸을 비로 맞아들였고 황제로 즉위한 뒤에는 황후로 세웠다. 진 황후는 혼자 총애를 받으면서 매우 귀한 대접을 받았지만 열 몇 해가 지나도록 자식을 낳지 못했다. 위자부(衛子夫)가 총애를 받는 것을 알고 몇 차례나 위자부를 죽이려고 시도했다. 그 사실을 안 황제가 크게 노했다. 진 황후는 다시 부인네들이 남자를 유혹할 때 쓰는 미도(媚道)를 써서 위자부를 해치고 사랑을 얻으려고 했으나 모두 발각되었다.

원광 5년에 황제가 그 사건을 조사하여 종결했다. 여자 초복(楚服) 등이 황후를 위해 무고(巫蠱)를 써서 위자부를 저주하는 제사를 올렸으므로 대역무도죄로 판결했다. 이 사건에 관련되어 주살당한 자가 삼백 명이 넘었다. 초복은 저자에서 효수되었다. 황제가 해당 관리를 보내 황후에게 책서를 내렸다.

"황후는 도덕과 신의를 잃어버리고 무축에게 저주하게 했으니 천명을 잇게 할 수 없다. 황후의 옥새와 인수를 반납하고 장문궁(長門宮)으로 물러가 살도록 하라."

이듬해 당읍후 진오가 세상을 떠나 장공주의 아들 진수(陳須)[23]가 후위를 이었다. 남편을 잃은 공주가 집에서 홀로 지냈는데 몰래 동언(董偃)을 가까이했다. 열 몇 해 뒤에 공주가 세상을 떠났다. 진수는 음란한 행동과 형제끼리 재산을 놓고 다툰 일이 법에 걸려 사형을 판결받자 자결했다. 그래서 봉토가 몰수되었다. 몇 해가 지나서 폐위된 황후가 세상을 떠났으므로 패릉현의 낭관정(郎官亭) 동쪽에 장사 지냈다.

위 황후

○　○　○

위(衛) 황후의 자는 자부(子夫)인데 미천한 집안의 소생이었다. 〔어머니가 여러 성씨에게서 아이를 낳았지만〕 친정 성은 위씨(衛氏)를 썼다. 원래 평양후(平陽侯)의 식읍에서 살았다. 위자부는 평양 공주에게 제창(齊唱)을 들려주던 구자(謳者)였다.

무제가 즉위한 뒤에 여러 해 동안 아들을 얻지 못했으므로 평양 공주가 양가 규수 열 몇 명을 골라 단장을 시킨 다음 집에 데려다 놓았다. 무제가 패상에서 복을 빌고 화를 쫓아 버리기 위해 불(祓) 제사를 올리고 돌아오는 길에 평양 공주 집에 들렀다. 공주가 여러 미인을 보였지만 황제가 마음에 들어 하지 않았다. 술을 마실 때 여러 구자가 들어와 제창했는데 황제가 유독 위자부만 마음에 들어 했다. 황제가 옷을 갈아입으러 일어났을 때 위자부가 옷을 갈아입는 방에서 시중을 들다가 무제의 승은을 입었다. 무제가 황궁에 돌아가 방에 앉아서 생각하니 아주 좋았으므로 평양 공주에게 황금 천 근을 하사했다. 공주가 글을 올려 위자부를 황궁으로 들여보냈다. 위자부가 수레에 오를 때 공주가 등을 쓸어 주며 말했다.

"잘 가렴! 애써 밥 잘 챙겨 먹어야 해. 나중에 귀한 자리에 올라도 나를 잊지 말길 바란다."

위자부가 입궁하여 한 해가 넘도록 황제와 동침하지 못했다. 무제가 쓸모없는 궁인들을 골라 밖으로 내보낼 때 위자부가 황제를 알현했는데 울면서 밖으로 내보내 달라고 청했다. 황제가 위자부를 가엾게 여겨 다시 동침하고 바로 아이를 가져서 총애를 받았다. 황제가 위자부의 오빠인 위장군(衛長君)과 동생 위청(衛靑)을 불러들여 시중으로 삼았다. 위자부는 딸을 셋 낳은 뒤, 원삭 원년에 아들 유거(劉據)를 낳고 황후가 되었다.

위장군은 먼저 죽었으므로 황제가 위청을 장군으로 삼았는데 흉노를 공격하면서 큰 공을 세워 장평후(長平侯)가 되었다. 위청의 세 아들은 강보에 싸여 있을 때에 모두 열후가 되었다. 황후 언니의 아들인 곽거병은 전투에 공을 세워 관군후(冠軍侯)가 되었다가 대사마 표기장군까지 올라갔다. 위청은 대사마 대장군이 되었다. 위씨 일가에서는 열후에 봉해진 자가 모두 다섯 명이 나왔다. 위청은 출정했다가 돌아와서 평양 공주에게 장가를 들었다.

위자부가 황후가 된 지 일곱 해째 아들이 태자에 책봉되었다. 뒤에 아름다웠던 용모가 점점 시들자 조(趙)나라 출신의 왕(王) 부인과 중산국(中山國) 출신의 이(李) 부인이 총애를 많이 받았는데 두 사람 모두 일찍 죽었다. 그 뒤를 이어 윤(尹) 접여와 구익(鉤弋) 부인 등이 총애를 받았다. 위 황후가 책봉된 지 서른여덟 해째에 강충(江充)이 꾸민 무고(巫蠱) 사건에 연루되었다. 태자는 자신이 죄가 없다는 것을 밝힐 방법이 없다 여겨 두려운 마음에 황후와 함께 강충을 죽이고 거사했다. 그러나 거사에 실패하는 바람에 태자는 도망을 가야 했다. 무제가 조서를 내려 종정 유장락(劉長樂)과 집금오 유감(劉敢)에게 책서를 받들고 가서 황후의 옥새와 인수를 몰수해 오게 하자 황후가 자결하고 말았다. 황문 소문(蘇文)

과 요정한(姚定漢)이 황후의 시신을 수레에 싣고 와서 공거령 관아의 빈방에 안치하고 작은 관에 넣은 뒤에 장안성 남쪽의 동백정(桐栢亭)에 묻었다. 이때 위씨 일가가 모두 멸족당했다.

선제가 즉위한 뒤에 위 황후의 묘를 이장하고 사후(思后)라는 시호를 추존한 뒤에 원읍 삼백 호를 두고 장승과 주위(周衛)로 하여금 능을 지키게 했다.

이 부인

○　○　○

효무제의 이 부인은 본래 노래하는 창기로 황궁에 들어왔다. 그보다 앞서 부인의 오빠인 이연년(李延年)이 천성적으로 음률을 잘 알았고 가무에 능했으므로 무제가 좋아했다.

이연년이 옛 노래의 곡조를 바꾸어 새로운 곡으로 지을 때마다 듣고 감동하지 않는 사람이 없었다. 이연년이 황제를 모시던 중에 춤을 추며 노래를 불렀다.

북방에 사는 한 미인,

세상에서 가장 어여뻐 그 누구와도 비할 수 없네.

한 번 돌아보면 성의 모든 재물을 다 내어주고 싶고,

다시 한번 돌아보면 국고라도 다 털어 주게 생겼으니,

성과 국고의 재물이 어찌 아깝지 않으랴마는

그런 미인은 다시 얻기 어려워 다 내주게 되네.[24]

그 노래를 들은 황제가 한숨을 쉬며 말했다.

"듣기 좋구나. 지금 세상에 그런 미인이 어디 있겠느냐!"

그 모습을 본 평양 공주가 이연년의 여동생 이야기를 하자 황제가 불러서 만나 보았더니 정말 아름다웠을 뿐 아니라 춤도 잘 추었다. 그길로 황제의 승은을 입어 아들을 하나 낳았는데 바로 창읍 애왕(昌邑哀王)이다.

이 부인은 젊어서 요절했으므로 황제가 가엾게 여겨 그 형상을 그려 감천궁에 걸어 놓았다. 위 사후(衛思后)가 폐위되고 네 해가 지난 뒤에 무제가 붕어하자 대장군 곽광이 무제가 이 부인을 그리던 뜻을 기려 이 부인을 종묘에 배향하고 효무황후라는 존호를 추서했다.

그보다 먼저 이 부인의 병으로 위독했을 때 황제가 친히 가서 살펴보았는데 부인이 이불을 덮어쓰고 얼굴을 보여 주지 않으며 말했다.

"신첩이 오랫동안 병을 앓느라 얼굴이 망가졌으므로 황제를 뵐 수 없습니다. 바라건대 창읍왕과 제 오빠 동생들을 돌봐 주십시오."

황제가 말했다.

"부인의 병이 심해 장차 못 일어나지도 모르는데, 나를 마주 보며 창읍왕과 친정 오빠 동생을 부탁하면 더욱 기쁘지 않겠는가!"

"부인이 용모와 옷매무새를 예쁘게 단장하지 않고 군부를 뵐 수 없는 법입니다. 신첩은 흉한 몰골로 폐하를 뵐 수 없습니다."

"부인이 딱 한 번만 나를 봐 준다면 황금 천 근을 내리고 오빠와 동생에게 높은 벼슬을 내리겠다."

"높은 벼슬을 내리는 일은 폐하께서 나라를 다스리는 일에 속하는 것이지, 제 얼굴 한번 보는 일에 달려 있지 않습니다."

황제가 그 얼굴을 대하고 싶다고 재차 부탁했으나 부인은 돌아누워 눈물만 흘리고 더는 아무 말도 하지 않았다. 그러자 황제가 못마땅해하며 일어나 가 버렸다. 부인의 언니와 동생이 질책했다.

"귀인께서 딱 한 번만 황제를 대하고 오빠와 동생을 부탁하면 안 됩니까? 어찌하여 그토록 황제를 미워하십니까?"

그러자 부인이 말했다.

"황제를 대하지 않겠다고 한 것은 오빠와 동생을 더 잘 부탁하려고 했기 때문이에요. 나야 용모가 괜찮아서 미천한 신분으로도 황상의 총애를 받았던 것인데 대저 미모로 낭군을 섬기는 여자는 미모가 없어지면 사랑도 받지 못하고 사랑을 받지 못하면 은전을 내리던 일도 끊어지게 되어 있어요. 황상께서 나를 깊이 생각하고 이렇게 찾아 주시는 것도 예전의 내 용모 때문이니 망가진 지금 모습을 보시면 얼굴이 예전 같지 않아서 반드시 싫어하실 터, 심지어 나를 버릴 수도 있습니다. 그러면 나를 가엾게 여기며 그리워하실 일도 없고 오빠와 동생을 써 주지도 않을 것입니다."

마침내 부인이 세상을 떠나자 황제가 황후의 예로 장례를 치르게 했다. 그 뒤에 황제가 부인의 오빠인 이광리를 이사장군으로 삼고 해서후(海西侯)에 봉했고 이연년은 협률(協律) 도위에 임명했다.

황제가 이 부인을 그리워하고 있을 때 방사(方士)인 제나라 사람 소옹(少翁)이 그 혼을 불러올 수 있다고 주장했다. 그래서 밤에 등촉을 밝히고 휘장을 드리운 다음에 고기와 술을 진설하고 황제로 하여금 다른 휘장 안에 앉아 있게 했다. 멀리서 보면 이 부인과 비슷하게 생긴 미녀를 장막 안에 앉혔다가 천천히 걷게 했다. 그런데 직접 볼 수는 없게 하자 황제가 더욱더 그리워져서 슬프고 아픈 심정을 가사로 지었다.

부인인가 아닌가
일어서서 바라보았네.
왜 그렇게 느릿느릿 다가오던지!

그러고는 악부(樂府)의 음가(音家)들에게 금슬(琴瑟)로 반주하며 노래하게 했다. 황제는 친히 「도이부인부(悼李夫人賦)」를 시어 슬픈 마음으로 부인을 회상했다. 그 사(辭)는 다음과 같다.

섬약하고 아름다웠던 미인이여
명이 끊어져 오래 살지 못했네.
새로 사당을 지어 놓고 오래 기다렸는데
사라진 그대는 살던 곳으로 돌아오질 않는구나.
처량하게 잡초 우거진 무덤에서
캄캄한 저승으로 숨어 버린 그대를 그리며 마음 아파하네.
무덤가에 수레와 말을 세워 놓고
긴 밤을 지새우는데 동이 트질 않는구나.

스머드는 가을 찬 기운을 느끼며 처량하게 눈물 흘리니

부러진 가지와 함께 사라진 계화 향이여,

쓸쓸히 아득한 그리움이 가슴에 밀려오니

마음은 이미 사방을 떠다니네.

지하 깊은 곳에 몸을 의탁한 지 이미 오래

아깝게도 아름답던 얼굴의 그대는 요절해 버렸네.

가장 끝으로 가 버린 채 돌아오지 않는 그대를 생각하네.

그곳에서 아름다운 모습으로 배회하고 있겠지.

봉우리를 머금고 봄바람을 기다리다가

진한 향기 풍겨내던 그대는

바람이 고운 자태를 흔들어도

비단옷만 곱게 날릴 뿐 더욱 단정해 보였네.

흥청거리던 주연 자리에서 기둥에 기댄 채

연신 바라보며 고운 눈썹 살짝 올리던 그대,

그 모습에 마음이 흔들려 그대를 마음에 품었는데

예쁜 얼굴에 수의를 두르고 무덤에 들어가 이젠 볼 수도 없네.

가까이 데려와 즐겁게 지냈는데 이별한 뒤로는

한밤중 꿈에서 깨어나면 보일 듯 말 듯한 모습

갑자기 삶에서 죽음으로 옮겨 가더니

다시 돌아오지 않는 그대는

혼백이 되어 자유로이 날아다니겠지.

어지럽게 날아다니는 영혼은

슬프게 배회하다 멈춰 서기도 하겠지.

길을 갈 날이 멀어 보이는지
아련히 사라졌구나.
해가 서쪽으로 가 버리듯이
갑자기 보이지 않았네.
점점 몽롱해지더니
고요해져서 아무 소리도 들리지 않았네.
흐르는 물처럼 끊어지지 않는 그대 생각에
언제나 가슴속에서 슬퍼하네.

난(亂)은 다음과 같다.

아름다운 광채를 안고 있던
붉은 꽃이 떨어졌네.
질투하는 미천한 무리가
어떻게 너처럼 안온할 수 있겠느냐.
바야흐로 활짝 필 나이인데
요절해 버려서 슬프구나.
형제들과 자식의 얼굴에
끝없이 눈물이 흘렀네.
슬픔이 맺혀
울음소리가 그치지 않았네.
소리에 메아리가 없을 수 있다더니
정말 그런 일이 있구나.

파리한 모습으로 한숨을 쉬며

어린 아들을 걱정하다가

슬픈 마음에 말을 잇지 못했지만

나를 믿고 뒷일을 맡겼지.

어진 사람은 맹세가 아니라 은혜로 보여 주는 법,

가족에게 서약할 필요가 있을까.

떠난 뒤에 다시 돌아오지 않는 그대에게

나의 성의를 펼쳐 보이리라.

그대는 밝은 이승을 떠나

어두운 저승으로 가 버렸으니

새로 사당까지 지어 놓았건만

함께 살던 궁정으로 다시 돌아오지 않는구나.

오호애재라,

혼령이라도 보고 싶구나!

그 뒤에 이연년의 동생 이계(李季)가 후궁과 음란하게 정을 통한 죄에 걸렸고, 이광리는 흉노에 투항하여 집안이 멸족당했다.

조 접여

효무제의 구익 조 접여는 소제의 생모로 집은 하간에 있었다.

무제가 지방을 순수할 때 하간 땅을 지나는데 망기를 보는 자가 그곳에 특별한 여자가 있다고 하여, 사자를 보내 불러왔다. 여자가 도착했는데 두 손 모두 주먹을 쥐고 있었다. 황상이 친히 벌려 주자 손이 바로 펴졌다. 이 일로 황제와 동침하게 되었고, 권(拳) 부인이라고 불렸다.

그보다 먼저 권 부인의 아버지는 죄를 지어 궁형을 받은 뒤에 중황문(中黃門)이 되었다가 장안에서 세상을 떠나 옹문(雍門)에 묻혔다.

권 부인이 접여로 승진하여 구익궁(鉤弋宮)에 살게 되었는데 매우 총애를 받았다. 태시 3년에 소제를 낳으니 구익자(鉤弋子)라 불렸다. 권 부인은 임신한 지 열네 달 만에서야 출산했는데 황제가 말했다.

"듣건대 예전에 요임금도 열네 달 만에 출생했다더니, 구익도 똑같이 열네 달 만에 낳았구나."

그러고는 아이를 낳은 건물의 문을 요모문(堯母門)이라고 하게 했다.

뒤에 위 태자는 거사에 실패했고, 연왕 유단과 광릉왕 유서(劉胥)는 허물이 컸으며, 총애를 받던 왕 부인의 아들 제 회왕(齊懷王)과 이 부인의 아들 창읍 애왕은 모두 일찍 죽은 것에 비해 구익자는 대여섯 살 때 이미 체구가 장대했고 아는 것이 많아 황제가 늘 "나를 닮았구나."라고 했다. 황제는 또 구익자가 태어날 때 다른 아이들과 달랐던 것을 기억하고 특별히 좋아하며 태자로 삼으리라 마음먹었다. 그러나 구익자의 나이가 어리고 생모는 젊었으므로 태후가 정권을 잡고 전횡하면서 나라를 혼란에 빠뜨릴지도 모른다고 생각하여 오랫동안 주저했다.

구익 접여가 황제를 따라 감천궁에 갔을 때 잘못을 저질러 벌을 받게 되었는데 그 일로 두려워하다가 세상을 떠나자 운양에 묻혔다.

뒤에 황제의 병이 위독해졌을 때 구익자를 황태자로 세웠다. 그리고 봉거도위 곽광을 대사마 대장군으로 임명하여 어린 황제를 보좌하게 했다. 이튿날 황제가 붕어하고 소제가 즉위하여 구익 접여를 황태후에 추존하고 이만 명을 동원하여 운릉(雲陵)을 조성했으며 원읍 삼천 호를 두었다.

외할아버지 조보(趙父)를 순성후(順成侯)에 추존하고 우부풍에 조서를 내려 원읍 이백 호를 마련하게 했으며 장승에 법도에 따라 무덤을 지키게 했다. 순성후에게 군후(君姁)라는 누나가 있었으므로 이백만 전을 하사하고 노비와 주택까지 마련해 주었다. 집안 형제들은 멀고 가까운 촌수에 따라 상을 내렸다. 조씨 집안에서는 벼슬아치가 나오지 않았고 오직 조부만〔열후에〕추봉되었다.

상관 황후

○　○　○

효소제 상관 황후의 할아버지는 상관걸이다. 농서 상규(上邽) 사람으로 청년 시절에 우림 기문랑이 되었다.

기문랑으로 무제를 호위하여 감천궁에 가던 길에 큰바람이 불어서 수레가 나아갈 수 없었으므로, 수레의 일산을 풀어 상관걸에게 맡겼다. 상관걸은 일산을 들고 바람 속에서도 수레 옆에 붙어 따라갔다. 그때 비가 내리기 시작하자 바로 수레에 일산을 달았으므로 황제가 상관걸의 힘이 센 것을 칭찬하며 미앙구령(未央廐令)으로 승진시켰다.

황제의 몸이 불편한 적이 있었는데 다 나은 뒤에 말을 보러 갔다. 말이 많이 야윈 것을 보고 황제가 크게 노했다.

"내가 다시 말을 보러 오지 못할 것이라고 여겼느냐!"

황제가 상관걸을 형리에게 넘기려고 하자 상관걸이 머리를 조아리고 아뢰었다.

"신이 성체(聖體)가 펴치 않으시다는 밀씀을 듣고 밤낮으로 걱정 근심에 싸여 있느라 말을 돌볼 생각은 정말이지 할 수가 없었습니다."

말을 마치기 전에 몇 줄기 눈물이 흘러내렸다. 황제가 상관걸을 충성스럽게 여겨 그때부터 가까이 두었다. 상관걸은 시중이 되었다가 얼마 뒤에 태복으로 승진했다. 무제의 병이 위독했을 때 곽광을 대장군으로, 태복 상관걸을 좌장군으로 삼아 두 사람에게 모두 어린 황제를 보필하라는 유조를 내렸다. 상관걸은 그 전에 모통을 잡아서 베어 버리는 공을 세워 안양후(安陽侯)에 봉해졌다.

그보다 먼저 상관걸의 아들인 상관안(上官安)이 곽광의 딸을 아내로 맞았다. 두 집안이 혼인 관계를 맺어 친해졌으므로 곽광이 목욕 휴가를 나갈 때마다 상관걸이 늘 곽광을 대신하여 정사를 처리했다.

　소제가 즉위했을 때 나이가 여덟 살이었다. 황제의 큰누나인 악읍(鄂邑) 갑(蓋) 장공주가 황궁에 살면서 황제를 키웠다.

　그 무렵 갑 장공주[25]는 아들의 빈객[26]이었던 하간 출신의 정외인(丁外人)과 남몰래 가까이 지내고 있었다. 황제와 대장군이 그 이야기를 들었지만 공주의 즐거움을 끊을 수 없어 조서를 내려 정외인이 장공주의 시중을 들게 했다.

　그 무렵 장공주가 주양씨(周陽氏)의 딸을 궁에 들여서 황제와 짝을 지어 주려고 했다. 그런데 상관안에게도 딸이 있었다. 바로 곽광의 외손녀였는데 상관안이 곽광을 설득해서 자신의 딸을 입궁시키고자 했다. 외손녀가 너무 어리다고 생각한 곽광이 그 말을 듣지 않았다. 상관안은 평소에 친하게 지내던 정외인을 만나 그를 설득했다.

　"장공주께서 후궁을 들여 넣으려 한다는 소문을 들었습니다. 그런데 저 안(安)의 자식도 용모가 단정하니 이번에 공주께서 후궁을 뽑으실 때 들어가서 황후가 될 수 있다면 우리 부자가 조정 대신으로 있는 데다 황후의 권세까지 얻을 수 있게 됩니다. 이 일이 되고 안 되고는 모두 그대에게 달렸습니다. 한나라 황실의 제도에 따르면 열후를 공주에게 장가들게 하는 것이 일반적입니다. 그대는 열후에 봉해질 테니 걱정하지 않으셔도 될 것입니다."

　정외인이 기쁜 마음에 장공주에게 그 일을 의논했다. 공주가 상관안의 제안을 받아들여 상관안의 딸을 입궁시키고 첩여로 삼았으며 상관안을 기도위에 임명했다. 달포가 지나서 상관안의 딸이 황후가 되었는데 나이가 겨우 여섯 살이었다.

상관안은 황후의 아버지로서 상락후(桑樂侯)에 봉해져 식읍 천오백 호를 받고 거기장군으로 승진했는데, 나날이 방종하고 방탕하게 놀았다. 대전에서 상이라도 받으면 집에 돌아와서 빈객들에게 이렇게 떠들어 댔다.

"내 사위와 술을 마셨지. 정말 좋았다고."

〔상관안은〕 황제의 의복과 장신구를 보고는 집으로 사람을 보내 자신의 것들을 다 태워 버리게 했다. 상관안은 취하면 벌거벗고 안으로 들어가서 계모나 아버지의 첩, 계집종을 가리지 않고 아무에게나 음란하게 굴었다. 또 아들이 병으로 죽자 하늘을 쳐다보며 상제(上帝)에게 욕을 해 댔다.

상관안은 대장군 곽광에게 여러 차례에 걸쳐 성외인을 열후에 봉해 달라고 청을 넣었다. 상관걸 또한 정외인이 벼슬을 받게 해 달라고 망언했다. 곽광은 공정하게 정사를 처리했으므로 상관걸 부자의 말을 다 들어주지 않았다.

한번은 상관걸 아내의 아버지가 좋아하던 충국(充國)이 태의감으로서 대전에 함부로 들어갔다가 옥에 갇혀 사형 판결을 받았다. 〔사면의〕 겨울철이 끝날 무렵에 갑 장공주가 말 스무 마리를 내고 충국을 속죄시켜 사형에서 감형 판결을 받았다. 상관걸과 상관안 부자가 이 일로 곽광을 깊이 원망하면서 갑 장공주의 은혜를 크게 입었다고 생각했다. 그런데 연왕 유단이 황제의 형이면서 황제가 되지 못해 원망하고 있는 것을 알고 이들이 곽광의 잘못을 기록하여 연왕에게 보냈다. 황제에게 그 내용을 글로 올려 고하게 하고 정외인을 열후로 봉해 달라는 청도 넣었다. 연왕이 크게 기뻐하면서 황제에게 글을 올려 말했다.

　자로(子路)가 손위 누이의 상을 당해 복상 기간을 마치고도 상복을 벗지 않았을 때 공자가 그렇게 하면 안 된다고 말렸습니다. 그러자 자로가 "제가 불행하여 형제가 없었으므로 차마 상복을 벗지 못하겠습니다."라고 했는데, 공자께서 "허물로도 그 사람의 인(仁)을 알아볼 수 있다."[27]라고 하셨습니다. 이제 신과 폐하에게는 손위 누이 장공주만 있습니다. 폐하께서 은총을 베푸셔서 장공주의 시중을 들도록 외인에게 작위를 내리심이 마땅합니다.

　상소가 올라오자 황제가 곽광에게 물었는데, 곽광이 허락할 수 없다고 주장했다. 이어서 연왕 유단이 곽광의 허물을 고하니 황제가 연왕을 의심하면서 곽광은 더 신뢰하고 상관걸과 상관안은 멀리했다. 상관걸과 상관안이 점점 분노하다가 드디어 무리를 만들어 곽광을 살해하려고 모의했는데, 연왕을 끌어들여 장안에 오게 하고 곽광을 죽인 뒤에 황제를 폐위하고 상관걸을 왕으로 세우려고 했다. 그러자 누군가가 말했다.

"황후는 어떻게 처리해야 할까요?"

　상관안이 말했다.

"사슴을 쫓던 사냥개가 토끼까지 잡으려고 해서는 안 된다. 황후의 존엄함을 빌려 황제가 되었더라도 일단 새 황제의 뜻이 바뀌면 우리를 평민으로 만들어도 할 수 없지. 이런 일이야 여느 왕조에서라도 마찬가지야."

이 일이 발각되어 연왕과 갑 장공주는 모두 자결했다. 이 이야기는 「곽광전」에 전한다. 상관걸과 상관안 일가는 모두 멸족당했다. 황후는 나이가 어려서 모의에 가담하지 않은 데다 곽광의 외손녀였으므로 폐위되지 않았다. 황후의 어머니는 그 전에 세상을 떠났는데, 무릉(茂陵) 외성(外城) 동쪽에 장사 지내고 경부인(敬夫人)으로 추존한 뒤에 원읍 이백 호를 두고 장승으로 하여금 법도에 따라 지키게 하고 있었다. 그리하여 황후가 자신이 돈을 들여 노비를 보내 상관걸과 상관안의 무덤을 지키게 했다.

곽광은 황후만 황제의 총애를 독점하면서 아들을 낳기를 바랐다. 황제의 몸이 계속 좋지 않았으므로 황제의 시종과 태의가 모두 곽광의 뜻에 맞추기 위해 후궁과 궁녀에게 모두 궁고(窮絝)를 입히고 띠를 많이 두르게 했다. 따라서 후궁들은 아무도 황제와 동침할 수 없었다. 황후가 된 지 열 해 뒤에 소제가 붕어했는데 그때 황후의 나이는 열네댓 살에 지나지 않았다. 창읍왕 유하가 황궁에 불려와서 즉위하자 상관 황후는 황태후가 되었다.

곽광이 태후와 함께 창읍왕 유하를 폐위하고 효선제를 옹립했다. 선제가 즉위한 뒤에 상관 황후는 태황태후가 되었다. 상관 황후는 황후가 된 뒤로 마흔일곱 해가 지난 [원제] 건소 2년에 쉰두 살로 세상을 떠났다. 평릉에 합장했다.

사 양제

○　○　○

위 태자의 〔후궁〕 사 양제는 선제의 할머니이다.

태자는 태자비(太子妃)와 양제(良娣), 유자(孺子)의 세 등급으로 처첩을 두었고, 태자의 아들은 모두 황손이라고 칭했다.

사 양제의 집은 본래 노나라에 있었는데 어머니는 정군(貞君)이고 오빠는 사공(史恭)이다. 원정 4년에 양제로 들어가 아들 진(進)을 낳았는데 〔생모의 성을 따라〕 사(史) 황손이라고 불렀다.

무제 말년에 무고 사건이 일어났을 때 위 태자와 사 양제, 사 황손이 모두 해를 입었다. 사 황손에게 아들이 하나 있었는데 황증손이라고 불렀으며 태어난 지 몇 달밖에 되지 않았을 때 위 태자의 죄에 연좌되어 옥에 갇혔다가 다섯 해가 지난 뒤에 사면을 받았다. 황증손이 갇혀 있던 옥을 조사하던 〔무제의〕 사자 병길(丙吉)[28]이 황증손이 돌아갈 데가 없는 것을 가엾게 여겨 사공에게 보내 부양하게 했다. 사공은 어머니 정군이 연로하여 손자를 보기 힘들다고 여겼다. 게다가 황증손이 고아인 것을 몹시 가엾게 여겨 스스로 황증손을 돌보았다.

그 뒤에 황증손은 황궁의 역정에서 길러졌다. 그러고는 황제에 등극했는데 바로 선제다. 그때 정군과 사공은 이미 세상을 떠난 뒤라 옛날에 베풀어 준 은혜에 보답하기 위해 선제가 사공의 세 아들을 열후에 봉했다. 맏아들 사고(史高)는 낙릉후(樂陵侯)에, 사증(史曾)은 장릉후(將陵侯)에, 사현(史玄)은 평대후(平臺侯)에 봉해졌으며 훗날 사고의 아들 사단(史丹)이 공을 세워 무양후(武陽侯)에 봉해짐으로써 사씨 집안에서 네 사람이 열후가 되었다. 사고는 대사마 거기장군까지 올랐고 사단은 좌장군이 되었다. 이 두 사람은 따로 열전을 세워 두었다.

왕 부인

○　○　○

사 황손의 왕 부인은 선제의 어머니로 이름은 옹수(翁須)이다. 태시 연간부터 사 황손과 동침했다. 황손의 처첩은 직첩이 없었으므로 모두 가인자(家人子)라고 불렸다. 성화 2년에 선제를 낳았다.

선제가 태어난 지 몇 달밖에 안 되었을 때 위 태자와 황손의 거사가 실패하여 가인자들이 모두 주살되었는데 시신을 거두어 묻어 주는 자가 아무도 없었다. 그때 유일하게 선제의 목숨만 보전되었다.

선제가 즉위한 뒤에 시호를 추존했는데 어머니 왕 부인에게 도후(悼后)를, 할머니 사 양제에게는 여후(戾后)를 추존하고 모두 이장했으며 원읍을 두고 장승으로 하여금 지키게 했다. 이 이야기는 「여 태자전」에 전한다. 지절 3년에 외할머니 왕씨댁을 찾아냈는데 왕씨댁의 아들 왕무고(王無故)와 왕무고의 동생 왕무(王武)가 모두 사자를 따라 황궁에 가서 황제를 알현했다. 그때 황소가 끄는 수레를 타고 갔으므로 백성들이 황우우(黃牛嫗)[29]라고 불렀다.

선제가 처음 즉위했을 때 여러 차례 사자를 보내 외갓집을 찾았는데 너무 오래되어 비슷한 집은 많아도 모두 아니었다. 왕씨댁이라는 할머니가 황제의 외할머니와 비슷하다는 소식을 들은 뒤에 중대부 임선(任宣)과 승상어사의 속관으로 하여금 마을에서 알 만한 자에게 물어보니 모두 왕씨 할머니가 맞으리라고 했다. 그래서 왕씨 할머니를 만나 보니 이렇게 증언했다.

왕씨댁의 이름은 망인(妄人)이고 친정 집은 〔탁군(涿郡)〕예오현 평향(平鄉)이었다. 나이 열넷에 같은 향에 살던 왕갱득(王更得)에게 시집을 갔다가, 왕갱득이 죽자 탁군 광망(廣望)의 왕내시(王迺始)에게 시집가서 아들 무고와 무, 딸 옹수를 낳았다. 옹수의 나이가 여덟아홉 살쯤 되었을 때 광망절후(廣望節侯)의 아들 유중경(劉仲卿)의 집에 가서 살게 되었는데 유중경이 왕내시에게 이렇게 말했다고 한다.

"나에게 옹수를 주면 내가 키우겠소."

어머니가 왕옹수에게 비단 홑옷을 지어서 유중경의 집으로 보냈다. 유중경은 옹수에게 노래와 춤을 가르쳤는데 중간에 집에 돌아와서 겨울옷과 여름옷을 가져가곤 했다. 그 집에서 네댓 해를 지냈을 때 옹수가 집에 돌아와서 말했다.

"한단의 가장아(賈長兒)가 노래하고 춤추는 사람을 구하는데 중경이 나를 거기에 보낼 모양이에요."

그래서 왕씨댁이 바로 함께 옹수와 평향으로 도피했다. 유중경이 왕내시를 태워 함께 왕씨댁을 찾으러 다니자 왕씨댁이 급히 옹수를 데리고 돌아와서 말했다.

"아이를 선생 집에 데려갈 때에도 우리 집에서는 한 푼 받은 일이 없습니다. 그런데 어떻게 다른 사람에게 주려고 하십니까?"

유중경이 속이는 말을 했다.

"그렇지 않습니다."

그런데 며칠이 지나서 옹수가 가장아의 말을 타고 집 앞을 지나면서 외쳤다.

"결국 내가 끌려갑니다. 유숙(柳宿)으로 가는 모양입니다."

왕씨댁이 왕내시와 유숙으로 가서 옹수를 만나 눈물을 흘리며 말했다.

"네가 끌려온 일을 고발하겠다."

그러자 옹수가 말했다.

"어머니, 그만두셔요. 어느 집에서든 살 수 없겠어요? 그리고 고발해 봐야 아무런 도움이 되지 않을 거예요."

왕내시와 함께 돌아온 왕씨댁이 돈을 마련하여 유숙에서 가까운 중산국(中山國)의 노노(盧奴)까지 갔다. 그리고 옹수가 노래하고 춤추는 사람들 다섯 명이 함께 있는 것을 보고 함께 밤을 지냈다. 이튿날은 왕내시가 남아서 옹수를 살피고 왕씨댁은 돈을 구하러 다시 집으로 돌아갔다. 왕씨댁은 한단까지라도 따라갈 생각이었다. 왕씨댁이 집에 가서 곡식을 팔아 돈을 사려고 했지만 생각만큼 마련하지 못했을 때 왕내시가 돌아와서 말했다.

"옹수가 떠나 버렸어. 나는 돈이 없어서 따라가지 못했고."

그때 헤어지고 나서 왕씨댁은 아무 소식도 들을 수 없었다.

한편 가장아의 아내 정(貞)과, 옹수에게 노래와 춤을 가르쳤던 선생 수(遂)는 이렇게 진술했다.

스무 해 전에 태자사인(太子舍人) 후명(侯明)이 장안에서부터 노래하고 춤추는 사람을 구하러 와서 옹수 등 다섯 명을 달라고 했다. 그래서 가장아가 수에게 장안까지 데리고 가게 했는데 그 다섯 명은 모두 태자궁으로 들어갔다.

광망의 삼로 경시(更始)와 유중경의 아내 기(其) 등 마흔다섯 명의 진술도 일치했다. 이에 임선이 상주하기를 왕씨댁이 도후의 어머니가 명백하다고 하자 황제가 왕씨댁과 두 아들을 불러서 접견하고 왕무고와 왕무에게 관내후 작위를 하사했다. 그리고 한 달 사이에 엄청난 금액의 상을 내렸다.

얼마 뒤에 어사에게 명령하여 외할머니에게 박평군(博平君)이라는 칭호를 내리고 박평과 예오 두 개 현의 일만 일천 호를 탕목읍으로 삼게 했다. 그리고 왕무고는 평창후(平昌侯)에, 왕무는 낙창후(樂昌侯)에 봉하고 각각 식읍 육천 호를 내렸다.

왕내시는 그보다 앞선 본시 4년에 병으로 죽었는데 죽은 뒤 세해가 지났을 때 집안이 부귀해졌다. 이에 사성후(思成侯)라는 시호를 추서하고 조서를 내려 탁군에 묘소를 재정비하고 원읍 사백 호를 두어 장승이 법도에 따라 지키게 했다. 한 해 남짓하여 박평군이 세상을 떠나자 사성(思成) 부인이라는 시호가 내려졌다. 조서를 내려 사성후의 묘를〔사 황손과 왕 부인이 묻힌〕봉명(奉明)[30]의 고성묘(顧成廟) 남쪽으로 옮겨 사성 부인과 합장하고 원읍과 장승을 두는 한편으로 탁군의 사성원(思成園)은 없앴다.

왕씨 집안에서 열후 두 사람이 나왔다. 왕무고의 아들 왕접(王

接)은 대사마 거기장군이 되었고 왕무의 아들 왕상(王商)은 승상에까지 올랐는데 따로 열전을 세워 두었다.

허 황후

○ ○ ○

효선제의 허 황후는 원제의 어머니이다. 아버지는 허광한(許廣漢)으로 창읍 사람인데 소싯적에 창읍왕의 낭관이 되었다. 뒤에 무제를 따라 감천궁에 갔을 때 다른 낭관의 자루를 자신의 말에 잘못 실었다가 발견되어 형리로부터 황제의 행차를 수행한 자로서 도적질을 했다 하여 탄핵당했다. 사형을 선고받았으나 조서가 내려와 원한다면 궁형을 받도록 잠실에 보내게 했다. 허광한은 뒤에 환자승(宦者丞)[31]이 되었다.

상관걸이 모반했을 때 허광한이 관리들이 숙직하는 황궁의 숙소를 수색했다. 그곳에서 사람을 포박하는 데 쓰는 길이 몇 척짜리 밧줄 수천 개가 궤짝 안에 봉해져 한가득 들어 있는 것을 발견했다. 그런데 그 밧줄은 허광한이 맡은 구역에서 다른 관리가 가서 찾아낸 것이므로 허광한은 자신이 맡은 구역에서 모반의 증거를 찾지 못한 죄를 지어 귀신형(鬼薪刑) 판결을 받고 역정에 보내졌다가 뒤에 복실(暴室)의 색부가 되었다.

그때 역정에서는 황증손이라고 불리던 선제가 자라고 있었는데 허광한과 같은 관사에 묵고 있었다. 역정령은 장하(張賀)였는데 원래 위 태자의 가신이었으나 태자의 거사가 실패한 뒤에 궁형을 받아 역정에서 일하고 있었다. 장하는 예전에 태자가 베풀어 준 은혜를 생각해서 황증손을 아주 잘 보살폈다. 황증손이 장성했을 때 장하가 자신의 손녀를 황증손에게 시집보내려고 했다. 그 무렵 소제는 스무 살이 되어 관을 썼는데 키가 팔 척 이 촌이었다. 장하의 동생 장안세가 우장군[32]으로서 곽광과 한마음이 되어 정사를 보좌하고 있었다. 장안세는 장하가 황증손을 칭찬하며 딸을 시집보내려고 한다는 말을 듣고 화를 내며 말했다.

"황증손은 위 태자의 후손이잖습니까. 〔형님은〕 운이 좋아 서인이 되었고 조정에서 먹고 입는 것까지 제공받고 있는데 그만하면 족합니다. 그러니 다시는 딸을 준다는 말을 하지 마세요."

이 일로 장하는 마음을 고쳐먹었다. 그런데 허광한에게도 열네댓 살 먹은 평군(平君)이라는 딸이 있었는데 내자령(內者令) 우후씨(歐侯氏)[33] 아들에게 시집가기로 약조를 맺어 놓고 있었다. 그런데 막 시집을 갈 무렵에 우후씨의 아들이 죽어 버렸다. 평군의 어머니가 딸을 데리고 가서 관상을 보니 아주 귀한 신세가 될 것이라 했다. 평군의 어머니가 속으로 기뻐했다.

한편 장하는 허색부에게 딸이 있다는 말을 듣고 술자리를 만들어 허색부를 불러서 술을 마시다가 취기가 오를 즈음에 이야기를 꺼냈다.

"황증손은 황제의 가까운 피붙이로 사람이 재주가 없다[34] 해도 관내후는 받을 걸세."

〔장하에게 설득된〕 허광한이 황증손에게 딸을 시집보내기로

동의했다. 이튿날 허광한의 아내가 그 말을 듣고 화를 냈다. 허광한이 역정령 장하에게 다시 말해서 중매를 서게 하여 황증손에게 딸을 시집보냈다. 그리고 한 해 뒤에 원제를 낳았다.

몇 달이 지나서 황증손이 황제의 자리에 올랐다. 허평군은 접여가 되었다.

그 무렵 곽 장군에게 막내딸이 있었는데 바로 황태후의 이모였다. 공경들이 황후를 세우는 일을 논의할 때 모두 속으로는 곽 장군의 딸 쪽으로 기울었지만 아무도 말을 꺼내지 않았다. 황제가 명령을 내려 미천한 시절에 찼던 옛 검을 가져오라고 하자 대신들이 그 뜻을 알아차리고 허 접여를 황후로 세워야 한다고 말했다. 허 접여가 황후에 오른 뒤에 곽광은 황후의 아버지 허광한은 궁형을 받은 사람이므로 제후국의 왕이 될 수 없다고 주장했다. 그리하여 한 해 남짓 지나서야 창성군(昌成君)에 봉할 수 있었다.

곽광의 부인 현(顯)은 자기 막내딸이 귀한 자리인 황후에 올라야 한다고 생각했으나 좋은 방법이 없었다.

본시 2년[35]에 황후가 임신을 했는데 병이 났다. 곽씨 집안에서는 여자 의원 순우연(淳于衍)을 불러다가 곧잘 병을 보곤 했는데 황후의 병도 계속 돌보고 있었다. 역정호위(掖庭戶衛)이던 순우연의 남편 상(賞)이 순우연에게 말했다.

"황궁에 들어가기 전에 곽 부인께 인사를 드리러 가서 내가 안지감(安池監)이 되게 해 달라고 청을 넣게."

순우연이 현에게 남편이 시킨 대로 청을 넣었다. 그 말을 들은 현이 다른 마음을 품고 좌우를 물린 뒤에 순우연의 자를 부르면 친근한 태도로 말했다.

"다행하게도 소부가 나한테 일을 하나 부탁했으니 나도 소부에게 부탁하고 싶은 일이 있는데 괜찮을까요?"

순우연이 말했다.

"부인이 말씀하시는데 안 될 게 뭐가 있겠어요?"

현이 말했다.

"장군께서 막내딸 성군(成君)을 사랑하셔서 가장 귀한 자리에 올리고 싶어 하시는데 소부의 신세를 좀 져야겠어요."

그러자 순우연이 물었다.

"무슨 말씀이신지요?"

현이 사정을 설명했다.

"부인네가 아이를 낳고 젖을 먹일 때 큰일이 생기잖아요. 열에 하나 살기 어려울 만큼 아주 위험하죠. 이제 황후가 몸을 풀 때가 다가오는데 이런 기회를 이용하여 독약을 먹여 없앤다면 성군이 바로 황후가 될 수 있을 거예요. 만일 소부의 힘을 빌려 일을 성공한다면 내 소부와 더불어 부귀를 누리도록 할게요."

순우연이 말했다.

"약은 의원들이 함께 짓는 데다 먼저 먹어 보는데 어떻게 독을 넣을 수 있겠습니까?"

현이 말했다.

"그러니까 소부가 하기에 달려 있어요. 지금 장군께서 천하를 다스리고 있으니까 누가 감히 뭐라고 할 수 있겠어요? 그러니 위급한 일이 있어도 보호해 줄 거예요. 나는 다만 소부에게 의향이 없을까 봐 걱정입니다."

순우연이 한참 동안 생각하다가 말했다.

"힘을 다해 보겠습니다."

순우연이 부자(附子)를 가루로 빻아서 〔황후의 처소〕 장정궁에 가지고 들어갔다. 황후가 몸을 풀자 순우연이 태의가 지은 큰 환약에 부자 가루를 섞어 넣어 황후에게 복용하게 했다. 얼마 지나서 황후가 고통을 호소했다.

"내 머리가 터질 듯이 아픈데 약에 독이라도 넣은 것 아니냐?"

그러자 순우연이 대답했다.

"아닙니다."

그러나 속으로 열이 나고 답답한 증세가 더 심해지다가 세상을 뜨고 말았다. 순우연이 출궁하여 현을 만나러 가사 현이 노고를 위로했다. 그러나 크게 답례하지는 않았다.

뒤에 누군가가 글을 올려 의원 중에 몹쓸 짓을 한 자가 있다고 고발하자 의원 모두를 조옥(詔獄)에 가두고 부도죄로 탄핵했다. 그러자 발각될 것이 두려웠던 현이 곽광에게 있었던 일을 그대로 고한 뒤에 이렇게 당부했다.

"잘못은 이미 저질렀으니 옥리가 연을 심문하지 못하게 해 주세요."

곽광이 깜짝 놀라 멍하니 있다가 아무 대꾸도 못 하고 가만히 있었다. 그 뒤에 황제에게 연을 조사하지 않게 배려해 달라고 부탁했다.

허 황후가 황후가 오른 지 세 해 만에 세상을 떴으므로[36] 공애

황후(恭愛皇后)라는 시호를 내리고 두릉 남쪽에 장사 지냈다. 지금의 두릉남원[37]이다.

다섯 해가 지난 뒤에 황태자를 세웠다. 태자의 외할아버지 창성군 허광한을 평은후(平恩侯)에 봉하고 특진(特進)에 임명했다. 다시 네 해가 지난 뒤에 허광한의 두 동생을 열후에 봉했는데 허순(許舜)은 박망후(博望侯)에, 허연수(許延壽)는 낙성후(樂成侯)에 봉했다. 이렇게 해서 허씨 집안에서 열후가 된 자가 모두 세 사람이다.

허광한이 세상을 떠나자 대후(戴侯)라는 시호가 내려졌다. 허광한에게는 열후를 이을 아들이 없었다. 허 황후가 묻힌 남원 옆에 장사 지낸 뒤에 원읍 삼백 호를 두고 법도에 따라 장승이 지키게 했다.

선제는 허연수를 대사마 거기장군에 임명하여 정사를 보좌하게 했다.

원제가 즉위한 뒤에 허연수의 둘째 아들인 허가(許嘉)를 평은후에 봉하여 평은대후 허광한의 후대를 잇게 하고 대사마 거기장군에 임명했다.

곽 황후

○   ○   ○

효선제의 곽 황후는 대사마 대장군 박륙후 곽광의 딸이다. 어머니 현이 순우연을 시켜 허 황후를 은밀하게 살해한 뒤에 딸 성군의 옷과 이불을 짓는 등 입궁할 준비를 해 놓고 곽광에게 궁에 들여 달라고 설득하여 결국 황후로 세웠다.

원래 허 황후는 미천한 백성에서 황후가 되어 그 자리에 얼마 있지도 않았다. 허 황후는 시종도 얼마 두지 않았고 수레와 의복에 쓰는 비용도 절약했다. 또 닷새에 한 번씩 장락궁에 가서 황태후에게 문안 인사를 드리고 친히 상을 들고 들어가 음식을 올리는 등 며느리의 도리를 지키며 황태후를 섬겼다. 곽 황후가 즉위한 뒤에도 허 황후가 황태후를 섬기던 대로 따라 했다. 그런데 황태후는 곽 황후 언니의 딸이었으므로 곽 황후에게 늘 조심스럽게 대하면서 공경하고 예우를 다했다.

반면에 곽 황후의 수레와 시종 행렬은 아주 성대했으며 관속 (官屬)들에게 천만 전씩 상을 내리는 등 허 황후 시절과는 천양지차였다. 게다가 황제가 곽 황후를 총애했으므로 곽 황후만 황제와 동침했다.

황후에 즉위한 뒤 세 해가 지나서 곽광이 세상을 떠났다. 한 해가 지나서 황제가 허 황후의 아들을 태자로 삼고 창성군은 평은후에 봉했다. 그 소식을 들은 현은 분노하면서 음식을 들지 않고 피를 토하며 말했다.

"그 아이는 민간에 있을 때 낳은 아들인데 어떻게 태자에 올릴 수 있단 말인가! 이제 황후에게 아들이 생기면 제후왕밖에 될 수 없겠구나!"

그래서 다시 황후를 시켜 태자를 독살하게 했다. 황후가 태자를 불러 몇 차례 음식을 내렸는데 보아(保阿)가 언제나 먼저 맛을 보았으므로 황후는 독약을 지니고만 있었지 계획을 실행에 옮길 수 없었다. 그 뒤에 허 황후를 살해했던 일이 대체로 드러나기 시작하자 현이 여러 사위와 아들 곽우 및 그 사촌 형제들과 반역을 모의했는데 발각되어 모두 주살당했다. 황제가 해당 관리를 황후에게 보내 책서를 내렸다.

황후가 어지러운 마음으로 도의를 어겼다. 부덕한 뜻을 품고 어미 박륙선성후(博陸宣成侯) 부인 현과 모의하여 독약으로 태자를 해치려고 했으니 태자의 어미가 가져야 할 은혜를 갖추지 못했다. 그러므로 제례복을 입고 종묘에서 제사를 올리기에 적당하지 않고 천명을 받들 수도 없구나. 오호라, 슬프도다. 그러므로 자리에서 물러나 중궁을 떠날 것이며 옥새와 인수를 해당 관리에게 반납하라.

곽 황후는 즉위한 지 다섯 해 만에 폐위되어 〔상림원〕 소대궁(昭臺宮)에서 거처하게 되었다. 다시 열두 해가 지나 운림관(雲林館)으로 옮기게 하자 스스로 목숨을 끊었으므로 곤오정(昆吾亭)의 동쪽 땅에 장사 지냈다.

그보다 앞서 곽광과 그 형인 표기장군 곽거병이 공을 세워 열후에 봉해지고 높은 벼슬을 얻었다. 선제가 곽광의 은혜를 갚기 위해 곽거병의 손자인 곽산과 곽산의 동생인 곽운을 모두 열후에 봉했으므로 이 집안에서는 앞뒤로 네 명의 열후가 나왔다.[38]

왕 황후

○ ○ ○

효선제의 왕 황후는 그 선조가 고조 때에 공을 세워 관내후 작위를 받은 집안 출신으로 패현(沛縣)에 살다가 장릉현으로 이주했다. 관내후 작위는 왕 황후의 아버지인 왕봉광(王奉光)에게까지 계승되었다. 왕봉광은 젊어서 투계(鬪雞)에 능했다. 선제가 민간에 있을 때 왕봉광과 여러 차례와 만난 적이 있어 서로 알고 지냈다. 왕봉광에게는 열 몇 살 난 딸이 있었다. 그런데 시집을 보낼 날이 다가오기만 하면 약혼자가 죽어 버려 오랜 시간이 지나도록 혼사를 치르지 못했다. 선제가 즉위한 뒤에 왕봉광의 딸을 불러 후궁으로 삼았는데 점점 직첩이 올라가 접여가 되었다. 그 무렵에는 관도왕(館陶王)의 생모인 화(華) 접여, 회양 헌왕(淮陽憲王)의 생모인 장(張) 접여, 초 효왕(楚孝王)의 생모인 위(衛) 접여가 모두 선제의 총애를 받고 있었다.

곽 황후가 폐위된 뒤에 황제가 일찍 어머니를 잃었을 뿐만 아니라, 곽씨 일족에게 죽임을 당할 뻔했던 허(許) 태자를 가엾게 여겨 후궁 중에서 아들이 없으면서 언행에 늘 조심하는 자를 골랐다. 왕 접여가 뽑혀 황후로 세워지고 어머니로서 태자를 키웠다.

왕 황후는 즉위한 뒤에 황제의 총애를 거의 받지 못했다. 황제가 황후의 아버지인 왕봉광을 공성후(邛成侯)에 봉했다. 황후가 된 지 열여섯 해 만에 선제가 붕어하고 원제가 즉위했으므로 황태후가 되었다.

원제가 태후의 오빠 왕순(王舜)을 안평후(安平侯)에 봉했다. 두 해가 지나서 왕봉광이 세상을 떠났으므로 공후(共侯)라는 시호를 내리고 장문(長門) 남쪽 땅에 장사 지낸 뒤에 원읍 이백 호를 두고 장승이 법도대로 지키게 했다.

원제가 붕어하고 성제가 즉위하자 태황태후가 되었다. 성제가 태황태후의 동생 왕준(王駿)을 관내후에 봉하고 식읍 천 호를 내렸다.

왕씨 집안에서는 열후가 두 사람, 관내후가 한 사람 나왔다. 왕순의 아들 왕장(王章)과 왕장의 사촌 동생인 왕함(王咸)은 벼슬이 좌장군과 우장군까지 올랐다. 마침 성제의 생모도 성이 왕씨였으므로 세상에서는 태황태후를 공성태후(邛成太后)라고 불렀다.

공성태후는 황후에 즉위한 지 마흔아홉 해가 지나서 일흔 살이 넘은 나이로 영시 원년에 붕어했다. 선제 두릉 가까이에 장사 지내고[39] 동원(東園)이라고 불렀다.

왕봉광의 손자인 왕훈(王勳)이 죄를 지어 열후 작위를 박탈당했다. 성제 원시 연간에 왕 태후가 조서를 내려서 말했다.

효선 왕 황후는 나의 시어머니셨는데 알현하여 바른 도리에 대해 가르침을 받던 때를 깊이 그리워하며 그 은혜를 마음에 새기고 있다. 공성공후(邛成共侯)의 봉토가 없어지고 제사가 끊어졌으니 나의 상심이 크다. 이에 공후의 증손 견고(堅固)를 공성후에 봉한다.

그러나 왕망이 집권하면서 후위를 박탈했다.

67

외척전 하
外戚傳 下

이 편에는 성제의 허(許) 황후, 반(班) 첩여, 조(趙) 황후, 애제의 할머니 부(傅) 태후, 애제의 생모 정희(丁姬), 애제의 부(傅) 황후, 평제의 할머니 풍(馮) 태후, 평제의 생모 위희(衛姬), 평제의 왕(王) 황후의 사적이 실려 있다.

왕 황후

○　○　○

효원제의 왕 황후는 성제의 생모인데, 그 친정에서 모두 열 명의 열후[1]와 다섯 명의 대사마[2]가 나왔다. 외척으로 이보다 더 성한 집안이 없었으니 각각의 열전을 따로 세워 두었다.

허 황후

○　○　○

효성제의 허 황후는 대사마 거기장군 평은후(平恩侯) 허가의 딸이다. 원제는 어머니 공애후(恭哀后)가 즉위한 지 얼마 되지 않아 곽씨 일족에게 해를 당한 것을 슬퍼했다. 그래서 어머니의 사촌 동생인 허가의 딸을 황태자비로 삼았다.

허가의 딸을 태자궁에 들여보낼 때 황제가 중상시와 황문 중에서 가까이 두고 부리던 자들을 보내 태자궁에 데려다주게 했다. 그자들이 돌아와서 태자가 좋아하던 모습을 아뢰자 원제가 기뻐하며 좌우를 돌아보며 말했다.

"술을 따라 나를 축하하도록 하라!"

황제의 좌우에 있던 자들이 모두 만세를 불렀다. 허비(許妃)는 한참 뒤에 아들을 하나 낳았으나 잃었다. 성제가 즉위한 뒤에 허비를 황후로 삼았다. 황후가 다시 딸을 낳았는데 또 잃고 말았다.

황후의 아버지 허가는 이미 원제 때에 대사마 거기장군이 되어 정사를 보좌했는데 그때까지 여덟아홉 해가 지나고 있었다. 성제가 즉위한 뒤에 큰외삼촌 양평후 왕봉을 대사마 대장군으로 삼아 허가와 나란히 정사를 보좌하게 했다. 그런 사정을 두고 두흠은 관습에 따라 황후의 아버지를 황제의 외삼촌보다 더 높이 대접해야 한다고 생각했다. 그래서 두흠이 왕봉을 설득했다.

"거기장군은 황후의 부친이시니 외척 중에 가장 높은 자리에 계십니다. 그러니 장군께서는 마땅히 거기장군을 존중하고 공경하여 그 뜻에 어긋나지 않도록 하십시오. 경미한 실수도 자꾸 쌓이면 거슬리는 일이 발생할 수 있습니다. 그러니 신중하지 않으면 안 됩니다. 위 장군이 나날이 갑후보다 세력이 커졌던 것이 바로 얼마 전의 일이니,[3] 지금도 나이 많은 분들이 그때의 이야기를 하고 있습니다. 장군께서는 이 점을 살피시기 바랍니다."

한참 지나서 황제는 왕봉에게 정사를 맡기겠다는 생각으로 허가에게 책서를 내렸다.

장군은 좋은 가문 출신에 존귀하게 되었으니 관직 책무로 고생하는 것은 마땅하지 않다. 이에 황금 이백 근을 하사하고 조정에서 특진 후 자리에 있게 한다.

한 해 남짓하여 허가가 세상을 떠나자 공후(恭侯)라는 시호가 내려졌다.

황후는 총명하고 지혜로웠으며 대전(大篆) 서체 쓰기에도 능했다. 태자비에 이어 황후에 즉위한 뒤에도 계속해서 황제의 총애를 받았으므로 다른 후궁들이 황제를 만날 기회가 드물었다. 황태후와 황제의 외삼촌이 황제에게 후사가 없음을 걱정했다.

그런데 그 무렵에[4] 여러 차례 재이가 일어났으므로 유향과 곡영 등이 모두 그 허물이 후궁에 있다고 주장했다.[5] 황제가 그 주장을 옳게 여기고 조방전(椒房殿)과 역정의 지출을 줄이자 황후가 상소를 올려 주장했다.

저는 거친 베로 옷을 지어 입고 현미를 먹으며 살던 가난한 집 출신에 나이도 얼마 되지 않아 미욱했고 윤리와 도덕에도 밝지 못했으나 다행히도 살던 초가집을 떠나 후궁에 들어와 소제하는 일을 했습니다. 뒤에 과분한 은총을 입어 원래 오를 수 없는 자리에 오르라는 명을 받았는데, 불순했던 인격을 수양하지 않았고 맡은 직책을 제대로 수행하지 못한 채 황후 자리만 차지하고 있습니다. 그러면서 조정 법도를 여러 차례 어겼고 규정을 초월했으니 먼 곳에 귀양 가는 벌로도 그 책임을 다할 수 없습니다.

이런 가운데 임인일에 대장추(大長秋)가 "조방전 의전 규정으로 의복 및 수레와 말은 여러 관청에서 만들어 놓은 것을 구하여 쓰도록 하라. 그리고 주문해 제작하거나 황후 집안사람과 남녀 노비들에게 하사할 때에는 모두 경녕(竟寧)[6] 이전의 규정을 따르도록 하라."라는 조서를 받들었습니다.

제가 엎드려 생각해 보았습니다. 조방전에 들어온 이래로 제 집안에 내린 품목은 한 번도 규정을 넘긴 적이 없었고 하사할 때마다 폐하의 결재를 받았으니 조사해 보시면 될 것입니다.

지금 시대에는 규정이 변했으니 잘못된 점이 있다면 보완하여 한나라 조정에서 정한 규정을 넘기지 않으면 될 뿐, 세부 항목까지 이전과 같게 할 필요는 없을 것입니다. 경녕 연간 이전으로 돌린다고 해도 황룡[7] 연간 이전과 어떻게 같을 수 있겠습니까?

대장추가 아무것도 모른 채 이번 조서를 덜컥 받아 버렸으므로 이제 저는 손가락 하나 움직일 수 없게 되었습니다. 이번 조서에 여러 궁(宮)에서는 물품을 받아 쓸 수 없다고 했으니, 미앙궁의 물품은 대개 저에게 귀속된 것이 아니라 제가 가져다 쓸 수가 없습니다. 조서대로라면 저의 친정집에서도 물건을 얻을 수 없게 될 테니 저는 잘 이해가 되지 않습니다. 제가 다행히 탕목읍을 하사받아 조방전의 경비를 대고 있는데, 그중 조금씩 떼어 살림에 쓰도록 집에 보내는 것이 어느 윤리에 어긋나서 불가하다는 말씀입니까?

또 조서에 이르기를 의복과 수레를 제작할 때는 모두 경녕 연간 이전의 규정에 따르라고 하셨는데 해당 관리가 조서의 뜻을 정확하게 파악하고 있을 리 없으므로, 제가 알아서 경녕 연간 이전과 똑같이 이불과 의복을 만들어 쓸 수밖에 없게 되었습니다. 만일 제가 어느 곳에 놓으려고 어떤 병풍을 만들고자 하면 전례에 없다고 할 수도 있고 관청에서 만들어 놓은 것이 없어 줄 수 없다고 할 테니, 이번 조서가 저를 속박할 것이 틀림없습니다. 이 두 가지는 진실로 실행할 수 없으니 폐하께서 살펴봐 주시기를 바랍니다.

다행히 제가 총애를 받고 있을 때에는 급하지도 않은 일로 저를 못살게 굴었고 지금은 날마다 더 많이 괴롭히고 있는데, 이번에 조서가 또 내렸으니 이후에 저를 귀찮게 하며 구속해도 억울한 사정을 어떻게 고할 수 있겠습니까?

폐하께서는 저를 조방전 황후로 뽑으시고 끝내 저에게 필요한 것들을 들여 주지 않으시려 합니까? 제가 〔미앙궁〕 사부(私府)에서 조금씩 얻지 못하면 장차 무엇에 의지하겠습니까! 전례를 보면 중궁의 황후가 좌우 시자(侍者)의 천증(賤繒)을 빼앗고 황제의 수레와 비단을 징발한 뒤에 대조(待詔)에 보충한다는 핑계를 대고 그 물건들을 다른 물건과 바꾸어 썼습니다. 가까이 시중을 드는 자들은 속으로 원망했으니 심히 부끄러운 일입니다. 다른 전례에 따르면 조부모에게 수소를 제물로 올리게 되어 있지만, 대후(戴侯)[8]와 경후(敬侯)[9]는 모두 성은을 입어 〔소, 양, 돼지를 제물로 쓰는〕 태뢰의 예로 제사를 지냈습니다. 지금은 규정에 따라서 수소를 올려야만 하게 되었으니 폐하께서 그렇게 된 사정을 가엾게 여겨 주십시오.

지금 막 대장추가 조서를 받아 읽었으니, 황후에게 다시는 예전처럼 사부(私府)에서 필요한 물건을 가져오지 못한다고 곧바로 추정하여 말할 것입니다. 환관들이 저에게 제약을 가하기 시작하면 사람으로서의 윤리를 잃게 될까 염려스럽습니다.

이번에는 수레에 관한 규정을 경녕 연간 이전으로 돌리는 것과 예전에 미앙궁에서 물품을 받아 쓰던 것만 고치게 하고 의복을 내리는 규정은 바꾸지 않으면 좋겠습니다. 나머지 규정을 너무 급하게 바꾸면 제가 어떻게 할 수 있겠습니까? 제가 박명하여 이번에 경녕 이전의 규정을 따라야 하게 되었습니다. 경녕 연간 이전의 제도와 지금 제도를 어떻게 같이 놓고 볼 수 있겠습니까! 전에는 제 친정에 술과 고기를 내리려 표(表)를 올리면 바로 결재해 주셨습니다.

예전에 두릉의 양(梁) 미인[10] 집에 철 따라 술 한 석(石)과 고기 백 근을 보내는 것을 두고 저는 아주 적다고 생각했습니다. 전팔자(田八子)에게는 그렇게 보내서는 안 됩니다. 이와 비슷한 일이 너무 많아서 글로는 다 말씀드릴 수 없습니다. 제가 폐하를 알현할 수 있을 때 상세히 말씀드리겠습니다.

폐하께서 깊이 살펴봐 주시기를 바랍니다.

황제가 유향과 곡영의 주장[11]에 따라 황후에게 답했다.

황제가 황후에게 안부를 묻습니다. 황후가 올린 글은 읽어 보았습니다.

대저 태양은 양의 성질을 띤 뭇 사물의 으뜸이고 하늘의 빛 중에서도 귀한 것이니, 제왕을 상징하여 임금의 자리를 가리킵니다. 음이 양을 침범하여 그 본체를 훼손하는 일이 일어나면, 이는 아랫사람이 윗사람을 능멸하거나, 아내가 남편을 이기거나, 천한 자가 귀한 자를 넘어서고 있음을 가리키는 재변이 아니겠습니까?

『춘추』 이백사십이 년 동안 일어난 여러 변이 중에 일식보다 더 큰 것은 없었습니다. 한나라가 건국된 뒤에도 여씨와 곽씨 일족 때문에 일식이 나타났습니다. 이번에 일어난 일식을 두고 추측해 보면 같은 원인인 외척 때문에 일어난 것이 아니겠습니까?

제후들은 한나라 제도의 구속을 받는 데다 조정에서 주목(州牧)과 제후국의 상(相)을 파견하여 틀어쥐고 있으니, 제나라와 조나라 등의 칠국의 난이 어떻게 다시 일어날 수 있겠습니까! 조정의 장상(將相)과 대신(大臣)은 충심을 품고 오로지 의(義)만을 따르고 있으니, 어떻게 상관(上官) 부자(父子)나 박륙(博陆)과 선성(宣成) 같은 음모를 꾸밀 수 있겠습니까? 민간의 토호를 생각해 보더라도 〔지금은〕 진승과 항량 같은 이들이 없고, 흉노 이적(夷狄) 중에도 묵돌이나 질지 같은 우두머리가 없습니다. 변방에서도 중원을 앙모하며 백만(百蠻)이 복속해 오고 있습니다. 다른 풍속을 지닌 이민족이 〔한나라의〕 의(義)를 숭모하고 있고, 천하의 모든 백성이 황제의 덕에 감사하고 있으니, 비록 나쁜 마음을 품은 자가 있더라도 걱정할 만큼 세력이 크지 않을 것입니다. 그런데 그나마도 전혀 없습니다. 이적 쪽에서도 원인을 찾을 수 없고, 신하 쪽에도 찾을 수 없을 때 후궁 쪽에 죄를 묻지 않는다면 어떻게 대처해 나갈 수 있겠습니까?

몇 해 전 건시 원년 정월에 영실(營室) 자리에서 백기(白氣)가 보였는데,[12] 영실은 〔비빈의 처소인〕 후궁을 상징합니다. 『상서』에서는 정월을 황극(皇極)이라고 하는데, 황극은 제왕이 자신의 의지를 불편부당하게 펼치는 것을 상징합니다. 또 백기는 서쪽을 상징하는 기체로서, 서쪽은 봄 기운이 없어지는 곳입니다. 그런 가운데 왕극(王極)의 달인 정월에 비빈의 거처를 상징하는 영실에서 쇠퇴의 백기가 피어오른 것은 황후와 후궁이 회임하여 태아를 생산하지 못할 것을 보여 주니 후사가 없는 것이 알려지면 천한 자가 봉기할 것입니다.

〔건시〕 9월이 되었을 때 조롱박 모양의 유성이 문창(文昌) 자리에서 나와 자궁(紫宮) 자리를 꿰뚫었는데, 꼬리가 구불구불하여 용

처럼 생겼던 그 유성은 〔비빈의 처소를 상징하는〕 구진(鉤陳) 자리에 가서 머물러 있었습니다.[13] 그 현상 또한 그때의 잘못을 드러낸 것으로 비빈에게 잘못이 있었음을 보여 줍니다. 그 뒤에 북궁(北宮)의 우물물이 넘쳤는데,[14] 그 물이 사리에 어긋나게도 남쪽으로 흘렀고, 〔함곡관 내의〕 여러 군에서 수재가 나서 사람들이 빠져 죽었습니다.[15] 뒤에 〔장안성에 큰물이 질 거라는〕 유언비어가 돌아서 모두 놀랐으며, 〔진지궁(陳持弓)이라는〕 여자아이가 미앙궁으로 들어왔으나 모두 알아차리지 못했습니다. 대저 황하의 물은 음에 속하여 사독(四瀆) 중의 으뜸인데 이번에 황하의 둑이 크게 터져서 언덕과 고을이 물에 잠겼습니다. 이는 음(陰)이 성하면 물이 넘치는 것을 똑똑하게 보여 주는 것으로 경전의 뜻을 위반하고 삼강오륜이 무너진 것을 경고하는 것입니다.

지난달에는 쥐가 나무 위에 집을 쳤고, 까치의 깃털 색이 변하는 일이 있었습니다. 5월 경자일에 태산(泰山) 지역의 새들이 제 둥지를 태우는 일이 일어났습니다.[16] 『역』에 "새가 제 둥지를 불살랐다. 나그네가 처음에는 웃었다가 나중에는 곡을 하며 울었다. 역(易)에서 소를 잃었다. 흉하다."[17]라고 했습니다. 이 구절은 제왕이 백성의 위에 있는 것은 새가 둥지에 사는 것과 같은데, 제왕이 백성을 돌보지 않으면 백성은 등을 돌리고 떠날 것이니, 새가 스스로 둥지를 태울 때에 처음에는 통쾌해하며 기뻐서 웃겠지만 뒤에는 반드시 곡을 하게 될 터이므로 돌이키려고 해도 때가 늦었다는 뜻입니다. 백성에게 임금이 없어지는 것은 소가 털이 없어지는 것과 같아서 '흉하다'라고 한 것입니다.

태산은 제왕이 왕조를 개창했을 때 하늘에 고하는 곳입니다. 이번에 대종(岱宗) 태산에서 이런 일이 일어났으니 심히 두려운 일이 아닐 수 없습니다.

3월 계미일에 서쪽에서 큰바람이 불어와 선대 조종(祖宗)의 침묘(寢廟)를 뒤흔들어 놓았는데 침전의 휘장이 날아가고 침상이 깨졌으며, 나무가 부러지거나 뽑혔고 난간과 지붕이 망가졌으니, 재앙이 종묘에 미쳤다는 점에서 두려워할 만합니다.

4월 기해일에 동정(東井) 자리에 일식이 일어났는데, 눈 깜짝할 사이에 태양이 없어져 완전히 잡아먹힌 것과 다름이 없었습니다. 기(己)는 무(戊)와 비슷하〔여 중궁(中宮)의 토(土)를 상징하〕고, 해(亥)는 또 수(水)를 상징하는데, 음이 성한 것을 보여 비빈에게 잘못이 있다는 것을 알려 주고 있습니다. 무(戊)와 기(己)의 기운이 군주의 체통을 훼손한 것은 황위를 이을 후사가 끊어질 것을 나타내는 동시에 장안에 재앙과 망조가 닥칠 것을 보여 줍니다.

동정 자리에 재이와 변괴가 몰렸는데, 그 결과의 규모가 자꾸 커지고 횟수도 잦아지고 있습니다. 다달이 급박하게 재앙이 고착되고 나날이 구제 불가능한 재난의 심한 정도가 늘어나고 또 깊어지고 있어, 이토록 재앙과 망조가 명백한데 어찌 소홀할 수 있겠습니까!

『서』에 "고종의 융제(肜祭) 날, 우짖는 꿩이 나타나자 조기(祖己)가 말하기를 제사를 받으시는 선왕의 혼백께서 정사를 바로잡으라고 하십니다."[18]라고 한 것이 나옵니다. 또 "찬양을 받으면 찬양을 하지 못하게 하고, 오형(五刑)을 신중하게 쓰면서 삼덕(三德)을 이루라."[19]라고 했습니다. 이 뜻은 조방전과 역정에 근신하게 하라는 것입니다.

　이제 황후에게 의문 나는 점이 있다면 이로운 점이나 이롭지 않은 점이나 간에 조목별로 목간에 써서 대장추를 보내 알려 주십시오. 벼슬아치가 규정대로 따지는 것을 어찌 잘못이라고 하겠습니까? 규정에 어긋난 일을 바로잡을 때 심하게 구는 것은 옛날이나 지금이나 마찬가지입니다. 하물며 금전과 재물을 절약하고 수소를 제물로 하여 제사를 올리는 일은 황후의 덕행이 뛰어나 보이게 하여 [황후에게] 영화와 부귀를 가져다줄 것입니다. 재앙의 원인을 제거하지 않아 재이와 변괴가 계속되면 황실의 조종(祖宗)이 희생 제물을 흠향할 수 없을 테니 하물며 대후(戴侯)의 집안이야 더 말할 것이 있겠습니까? 겸서에 "[신분에 맞는 예를 시키며] 절제하면서 실수를 범하는 자는 드물다."[20]라고 이르지 않았습니까? 설마 황후가 사치스러운 행위를 따르겠습니까?

　짐도 효무제를 모방하여 감천궁과 건장궁을 새로 지을 수 있습니다. 그러나 세속이 해마다 달라지고 시절이 날마다 변화하므로 어떤 일이 생기면 그 사정에 맞게 결정하고 때에 맞춰 제도를 바꾸어야 합니다. 과거에 올바르지 않았던 점을 그대로 따를 수만은 없는 것입니다.

　군자의 도는 옛 제도를 계승하며 변경에 신중하기를 좋아하는 것입니다. 옛적 "노나라 사람이 장부(長府)에 손을 대려고 하자 민자건(閔子騫)이 '원래대로 두는 것이 어떨까? 고칠 이유가 무엇인가?'라고 말했다."[21]라고 하니, 대개 고치는 것을 싫어했기 때문일 것입니다. 『시』에 "비록 대신은 남아 있지 않았지만 성군 시절의 본받을 만한 법도는 그대로 남아 있었지. 그 법도를 따르지 않아 나라가 기울고 말았네."[22]라고 했습니다.

효문제는 짐의 스승이고, 황태후는 황후의 귀감입니다. 태후께서는 그때 황후 대접을 제대로 받지 못했다고 하나 현재 사랑을 많이 받고 있습니다. 그런데 어찌 태후 때의 제도를 뛰어넘을 수 있겠습니까! 황후께서는 명심하여 품행을 고상하게 유지하고 선대 황후의 제도를 위반하지 말기 바랍니다. 힘써 덕행을 닦아 부도(婦道)를 지키고 제반 경비를 줄여서 겸허하게 근신하며 무엇보다 스스로를 잘 단속하십시오. 그리고 동궁의 태후를 잘 모시기 바랍니다. 초하루와 보름날에 태후를 알현하는 예를 거르지 마십시오. 계속해서 성심껏 효성을 바친다면 무슨 불길한 일이 있겠습니까![23]

명성을 얻고 덕행을 빛냄으로써 뭇사람들의 분분한 의견을 잠재우고 여러 후궁에게 모범을 보여 후궁들로 하여금 법도를 지키도록 하십시오.

황후는 깊이 생각하여 가볍게 넘기지 말기 바랍니다.

대장군 왕봉이 집정하면서 대장군의 위세와 권력이 엄청나게 커졌다. 왕봉이 집정하고 나서 세 해 연속 일식이 자주 일어났는데, 간언하는 신하들이 일식의 원인을 외척 왕봉의 집정 때문이라고 주장했다. 그러나 곡영 등은 허씨 집안의 잘못이라고 주장했는데, 허씨 일족은 왕봉이 도와주지 않을 것을 알고 있었다.

얼마 뒤에 황후가 점차 황제의 총애를 잃었고, 후궁 중에서 여러 명이 새로 총애를 받았다.

황후의 언니이자 평안강후(平安剛侯)[24]의 부인 허알(許謁) 등이 무고(巫蠱)를 만들어 회임 중이던 왕(王) 미인과 왕봉 등에게 저주를 퍼부었다. 일이 발각되자 태후가 대로하여 옥리에게 넘겨 조사하게 했다. 허알 등은 죽임을 당했다. 허 황후도 이 일에 연좌되어 폐위된 뒤에 상림원 소대궁에 거처하게 되었다. 황후의 친족은 모두 원래 살았던 산양군으로 유배되었고, 황후의 동생 평은후 허단(許旦)[25]은 봉토로 돌아갔다. 허 황후는 황후에 오른 지 열네 해 만에 폐위되어 소대궁에서 한 해 남짓 지내다가 장정궁으로 옮겨 갔다.

그 뒤 아홉 해가 지났을 때 황제가 허씨를 가엾게 여겨 명령을 내렸다.

대개 인(仁)하면 멀리 있는 자를 방치하지 않고 의(義)가 있으면 가까웠던 사람을 잊지 않는다고 들었다.

전에 평안강후의 부인 알(謁)이 대역죄를 지었으나 일족들은 감형을 받아 원래 살던 군에 유배되었다. 짐이 평은대후(平恩戴侯)를 생각할 때, 선제(先帝)의 외조부임에도 혼백이 버려져 아무도 제사를 받들지 않고 있으니 마음속에서 한 번도 이 사실을 잊은 적이 없었다. 이제 평은후 단(旦)과 산양군에 있는 친족을 돌아오게 하라.

이해에 폐후(廢后)가 죽었다.

그보다 먼저 폐후의 언니인 허미(許嬺)가 과부가 되어 혼자 살고 있었는데, 정릉후 순우장이 허미와 몰래 정을 통한 뒤 첩으로 삼았다. 순우장이 폐후의 언니에게 거짓말을 했다.

"내가 동궁의 태후께 아뢰어 허후(許后)를 다시 좌황후(左皇后)에 세울 수 있소."

폐후가 허미를 통해 순우장에게 은밀히 재물을 보냈고, 서로 여러 차례 편지를 주고받으며 감사했다. 순우장의 편지에는 패륜적인 내용이 들어 있었다. 폭로되고 나서 황제가 정위 공광(孔光)에게 부절을 들려 보내 폐후에게 약을 내렸고 폐후는 자결했다.

폐후는 연릉현(延陵縣)[26] 교도구(交道廐) 서쪽에 묻혔다.

반 접여

○   ○   ○

효성제의 반 접여[27]는 성제 즉위 초에 뽑혀 후궁(後宮)에 들어갔다. 황궁에 막 들어가서 하급 궁녀가 되었는데, 얼마 뒤 황제의 승은을 입어 접여 직첩을 받고 증성사(增成舍)[28]에 살았다. 뒤에 별관(別館)[29]에서 아들을 낳았는데 몇 달 지나서 잃고 말았다.

성제가 황궁 후원에서 놀이를 즐기면서 자신이 탔던 수레에 접여를 태우려고 하자 접여가 사양하며 아뢰었다.

"옛 역사를 그려 놓은 그림을 보면 성군과 현군은 모두 수레 옆자리에 이름난 신하를 앉혔으나, [하, 은, 주] 삼대가 망하던 때의 임금은 모두 총애하던 여자를 앉힌 것을 알 수 있습니다. 지금 저보고 수레에 타라고 하신 것은 그 임금들이 했던 것과 비슷하지 않습니까?"

황제가 반 접여의 말을 옳게 여기고 그만두었다. 태후도 반 접여의 말을 전해 듣고 기뻐하며 말했다.

"옛날에〔초 장왕에게〕번희가 있었다면 지금은 반 접여가 있구나."

반 접여는 『시』와 『요조(窈窕)』, 『덕상(德象)』, 『여사(女師)』의 여러 편을 외웠다.[30] 또 황제를 배알하거나 상소를 올릴 때마다 옛 법도대로 했다.

홍가 연간 이후 황제가 총애하는 후궁이 점점 더 많아졌다.

반 접여는 자신의 시중을 들던 이평(李平)을 황제에게 바쳤는데, 이평이 황제의 총애를 입고 접여 직첩을 받았다.

황제가 이평에 대해 말했다.

"예전에 위(衛) 황후도 미천한 집안 출신으로 황후가 되었다."

그러고는 이평에게 위씨(衛氏) 성을 하사했으므로 위 접여라고 불렀다.

그 뒤에 조비연(趙飛燕) 자매가 미천한 신분으로 귀하게 되었는데, 예법과 제도를 뛰어넘는 정도가 그 전보다 더 심했다. 반 접여와 허 황후 두 사람 모두 총애를 잃고 황제를 거의 다시 만나지 못했다.

홍가 3년, 조비연이 허 황후와 반 접여를 무고하기를 무축(巫祝)을 시켜 사술(邪術)을 부리며 후궁을 저주하고 주상을 욕했다고 했다. 이로 인해 허 황후는 폐위되었다. 반 접여를 심문하자 접여가 대답했다.

"저는 '죽고 사는 것과 부유해지고 귀해지는 것이 하늘의 뜻에 달렸다.'[31]라고 배웠습니다. 정도(正道)를 따라도 미처 복을 받지 못했는데, 무엇을 바라고 사악한 짓을 했겠습니까? 귀신에게 지각이 있다면 아랫것의 도리를 지키지 않는 기도를 들어주지 않을 것입니다. 만일 귀신에게 아무런 지각이 없다면 빌어 봤자 무슨 소용이 있겠습니까? 이런 까닭에 저는 그런 일을 하지 않았습니다."

황제가 반 접여의 대답이 이치에 맞다고 여겼다. 황제가 반 접여를 가엾게 여겨 황금 백 근을 하사했다.

조씨 자매가 교만하고 질투심이 많았으므로 반 접여는 뒤에 그들에게 해를 입을까 두려웠다. 그래서 장신궁에서 태후를 모시게 해 달라고 청하자 황제가 허락해 주었다.

반 접여는 동궁(인 장신궁)으로 물러나 살면서 자신의 신세를 슬퍼하는 부를 지었다.[32]

조상의 덕택을 입어 현숙한 정신의 품성을 지닐 수 있었으니,

미천한 신분으로 궁궐에 들어가 후정(後庭)의 궁녀 대열에 끼었네.

황제 폐하의 두터운 은혜를 입어 해와 달처럼 찬란한 시절을 만나게 되었고,

(내 집안사람들도) 큰 업적을 세우며 크게 번성하여, 두터운 은총을 점점 많이 받았네.

과분하게 높은 직첩을 받는 영광을 누렸던 그때가 아마도 내 평생 가장 즐거웠던 시절이리라.

오매불망 근신하는 마음에 숨조차 제대로 쉬지 못하면서 내내

두루마기 고름을 풀지 않은 채 자신을 돌아보았네.

훌륭한 여인들의 그림을 걸어 놓고 자신을 경계했고, 여사(女史)를 찾아가 『시』를 배웠으니,

여자가 정치에 간섭해서 나라를 망하게 했던 일, 보사와 염처(閻妻)[33]가 범했던 잘못을 개탄하고,

아황(娥皇)과 여영(女英)이 우순(虞舜)의 부인이었던 것과 태임(太任)과 태사(太姒)가 주나라 문왕과 무왕의 어머니였던 것을 찬미했네.

비록 우매하고 견식이 없어 그에 미치지 못하지만 어떻게 마음을 접고 이분들을 잊을 수 있을까!

해가 지날수록 두려웠네, 활짝 피었던 꽃을 다시 피울 수 없어 슬펐네.

양록관(陽祿館)과 자관(柘館)에서 아픔을 겪어 두 차례나 갓난아이를 잃었으니,

〔아들 둘을 잃었을 때〕태양이 곧바로 빛을 잃어 컴컴해졌네.

하늘과 땅만큼 큰 은덕을 입고 있던지라 〔아들을 잃는〕죄를 지었어도 쫓겨나지 않았네.

동궁의 태후를 모시게 되어 장신궁 말단 궁녀로 지내고 있는데,

태후의 침전을 청소하는 일을 목숨이 다하는 날까지 하리라.

〔죽은 뒤에〕산〔처럼 솟은 폐하의 능〕아래에 묻혀 송백(松柏) 〔같은 폐하〕그늘에 기대면 좋겠네.

난(亂)은 다음과 같다.

정적이 흐르는 궁궐 깊이 은거하니 응문(應門)을 닫고 금달(禁闥)에도 빗장을 걸었네.

화려했던 궁전 건물에 먼지가 자욱하고 옥 계단에는 이끼가 끼었으며 앞뜰에는 푸른 풀이 무성하게 자랐네.

넓은 침전과 침실은 어두컴컴한데, 깨진 창틀 사이로 바람이 차가워라.

홍라(紅羅) 휘장이 바람에 휘날리고 펄럭이는 환소(紈素)도 사각거리는 소리를 내는데,

적막한 곳에 앉아 먼 곳을 응시하네, 폐하께서 다시 광림하지 않으시는데 영화를 누려 무엇 하리!

고개 숙여 붉은 벽돌이 깔린 뜰에 남은 족적을 보며 폐하를 그리워하네.

〔폐하가 계신 감천궁의〕 삼운전(三雲殿)을 바라보다가 두 줄기 눈물이 넘쳐흐르네.

좌우를 돌아보면 모두 웃는 얼굴들, 우상(羽觴)에 술을 들며 근심을 날려 보내네.

한 번 사는 인생, 떠돌다가 찰나에 지나 버릴지니,

나는 이미 부귀를 누려 보았지. 백성이 누릴 가장 좋은 부귀를 누렸다네.

힘써 폐하를 기쁘게 하여 극도로 즐겁게 해 드리면 복록을 끝없이 누릴 텐데,

「녹의(綠衣)」와 「백화(白華)」를 봐도 총애를 잃는 일은 예전부터 있었던 것을.

뒤에 성제가 붕어하자 반 접여는 성제의 제사를 모시기 위해 능원으로 보내졌다. 반 접여가 세상을 떠나자 바로 그 능원 안에 묻었다.

조 황후

○ ○ ○

효성제의 조 황후는 본래 장안의 〔양아(陽阿) 공주의〕 궁인(宮人)이었다.[34]

갓 태어났을 때 부모가 거두지 않았는데도 사흘 동안 죽지 않고 살아 있었으므로 〔마침내〕 거두어 길렀다.

자라서는 양아 공주 집에 바쳐졌다. 그곳에서 노래와 춤을 배웠는데 〔날렵하여〕 별호를 비연(飛燕)이라고 했다.

성제가 미행(微行)을 나갔다가 양아 공주 집에 가서 즐겁게 논 일이 있었다. 황제가 비연을 본 뒤에 바로 좋아하게 되어 입궁시키고 크게 총애했다. 여동생이 하나 있었는데 황제가 그 여동생도 불러다 입궁시키고 두 사람에게 접여 첩지를 내린 뒤에 후궁 중에서 그 둘만 특히 총애했다.

허 황후가 폐위되자 황제가 조 접여를 황후로 세우고 싶어 했다. 그런데 황태후는 조 접여가 너무 미천한 집안 출신이라는 이유로 책립을 거부했다. 태후 언니의 아들 순우장이 시중으로 있었는데, 여러 차례 오가며 황제의 말을 전한 끝에 황태후의 조건부 허락을 받아 냈다. 황제가 조 접여의 아버지 조림(趙臨)을 성양후(成陽侯)에 봉했다. 그러고는 달포 후에 조 접여를 황후에 책립했다.³⁵ 순우장은 그 전에 창릉 공사를 포기하도록 설득한 공을 추인하여 정릉후(定陵侯)에 봉해졌다.

황후로 책립된 뒤에는 총애를 조금씩 잃었는데, 그와 달리 여동생은 큰 총애를 받아 소의(昭儀)가 되었다.

소양전(昭陽殿) 건물에 살았는데, 소양전의 중앙은 〔붉은〕 동색(彤色)을 칠해서 장식했고, 건물 표면은 〔흑적색의〕 휴색(髤色)을 덧칠했다. 문턱은 모두 구리 판을 씌워 그 위에 황금을 칠했다. 계단은 백옥으로 만들었고, 벽대(壁帶)에는 남전벽(藍田璧)과 명주(明珠), 취우(翠羽)로 장식한 황금공(黃金釭)을 촘촘히 박았다. 후궁의 처소에는 전혀 없었던 장식이었다.

자매가 열 몇 해 동안 총애를 독점했으나 두 사람 모두 아들을 낳지 못했다.

성제 말년에 정도왕이 조근(朝覲) 의례를 드리러 왔는데, 정도왕의 할머니였던 부 태후가 조 황후와 조 소의에게 몰래 재물을 보내 정도왕을 반드시 태자로 세우도록 부탁했다.

이듬해 봄에 성제가 붕어했다. 성제는 평소에 건강하여 아무 질병이 없었다. 그 무렵, 초 사왕 유연과 양왕 유립이 조근 의례를 드리러 왔다가 이튿날 하직하고 돌아가게 되어 있었으므로, 황제가 〔미앙궁〕 백호전에 잠자리를 마련하게 했다. 또 좌장군 공광을 승상에 임명하기 위해 후인(侯印)을 새겨 두고 찬(贊)도 이미 써둔 상태였다. 한밤중까지도 강녕했는데 날이 샐 무렵 고의를 입고 버선을 신으려고 일어나자 곧바로 고의가 흘러내렸다. 말을 하지 못하다가 주루(晝漏)가 십 각을 가리킬 때 붕어했다. 민간에서는 조 소의에게 죄를 돌렸다.

황태후가 대사마 왕망과 승상, 대사공에게 조서를 내렸다.

황제가 갑자기 붕어했는데 사람들이 괴이하게 여기는 의견이 분분하다. 역정령 보(輔) 등 후원에서 황제 곁에 있던 자와 연회에서 시중을 든 자가 황제 가까이에 있었으니 어사와 승상, 정위가 함께 황제의 음식과 잠자리 상황 및 발병한 사정을 조사하라.

조 소의가 스스로 목숨을 끊었다.

애제가 즉위한 뒤에 주 황후를 황태후로 올렸다. 그리고 황태후의 동생이자 시중 부마도위였던 조흠(趙欽)을 신성후(新成侯)에 봉했다. 조씨 집안에서는 모두 두 사람이 열후에 올랐다.

여러 달이 지난 뒤에 사례교위 해광(解光)이 상주했다.[36]

신이 듣기로, 허(許) 미인과 전 중궁사(中宮史) 조궁(曹宮) 두 사람은 모두 효성제의 승은을 입어 사내아이를 낳았는데 사내아이들은 보이지 않았다고 했습니다.

신이 종사연(從事掾) 업(業)과 사(史) 망(望)을 파견하여, 〔궁(宮)과 허 미인의 출산〕 사정을 알고 있던 역정옥승(掖庭獄丞) 적무(籍武)와 전 중황문 왕순(王舜), 오공(吳恭), 근엄(靳嚴), 관비(官婢) 조효(曹曉), 도방(道房), 장기(張棄), 조 소의의 전 시종 우객자(于客子), 왕편(王偏),

장겸(臧兼) 등을 조사했는데, 이들은 모두 궁(宮)이 효(曉)의 자녀로서 그 전에 중궁(中宮)에 속하여 학사사(學事史)로 있었으며 『시』에 통달하여 황후를 가르쳤다고 했습니다.

방(房)과 궁이 대식(對食)하고 있었는데, 원연 원년 어느 날 궁이 방에게 "폐하께서 궁(宮)에게 승은을 내리셨다."라는 말을 했습니다. 몇 달 뒤에 효(曉)가 황후전에 들어가서 궁의 배가 부른 것을 보고 궁에게 물었더니, 궁이 "승은을 입어 회임했다."라고 대답했습니다.

그해 10월의 어느 날, 궁이 역정의 우관령사(牛官令舍)에서 출산했는데, 무수리 여섯 명이 옆에 있었습니다.

중황문 전객(田客)이 황제가 쓴 편지를 녹제방저(綠綈方底)에 담아 가지고 어사중승의 관인을 찍어 봉한 채로 무(武)에게 전해 주었는데, "우관령사에 있는 여자와 갓난아이, 무수리 여섯 명을 잡아서 모두 복실옥(暴室獄)에 가두고, 아이가 사내아이인지 계집아이인지, 누구의 아이인지를 묻지 말도록 하라."라고 쓰여 있었습니다. 무가 이들을 옥에 데려가자 궁이 "아기의 배꼽을 잘 싸매 주세요. 승(丞)은 이 아이가 어떤 아이인지나 아십니까?"라고 했습니다. 그로부터 사흘 뒤에 객(客)이 황제가 쓴 편지를 들고 와서 무에게 전하면서 "아기가 죽었습니까?"라고 묻고 "목간의 뒷면에 직접 생사 여부를 써 주십시오."라고 했습니다. 무가 곧바로 "아기는 아직 살아 있습니다. 죽지 않았습니다."라고 답을 썼습니다. 조금 있다가 객이 와서 "황제와 소의께서 대로하셨습니다. 왜 죽이지 않았습니까?"라고 물었습니다. 무가 머리를 조아리고 울면서 "아기를 죽이지 않으면

제가 죽임을 당한다는 것을 알고 있습니다. 그러나 죽여도 죽임을 당하게 되어 있습니다."라고 말했습니다. 그러고는 객에게 밀봉 상소를 올려 달라고 부탁했는데, "폐하께 아직 후사가 없으시니, 아들의 귀천을 가리지 마십시오. 부디 다시 생각하십시오."라고 했습니다. 상소를 올린 뒤에, 객이 다시 황제의 편지를 들고 와서 무에게 주며 "오늘 야루가 오 각을 가리킬 때 아이를 데리고 가서 순에게 주도록 하세요. 동교역문(東交掖門)에서 만나면 됩니다."라고 했습니다. 그러자 무가 객에게 "폐하께서 무가 올린 글을 보셨습니까? 뭐라고 하셨습니까?"라고 물었고, 객이 "멍하게 보셨습니다."라고 대답했습니다.

무는 순에게 아기를 건넸습니다. 순은 조서를 받고 아기를 황궁에 들인 뒤에 유모를 뽑아 "아기를 잘 돌보아라. 그러면 상을 받을 것이다. 이 일을 발설하면 안 된다."라고 일렀습니다. 순은 기(棄)를 유모로 뽑았는데, 그때 아기는 태어난 지 여드레나 아흐레가 되었습니다.

그 뒤 사흘이 지났을 때 객이 다시 황제의 편지를 가지고 왔는데 전처럼 밀봉한 채로 가져와서 무에게 주었습니다. 밀봉한 방저 안에는 작은 녹색 상자가 들어 있었고 황제의 편지에는 "무에게 상자 안의 물건과 편지를 옥중의 여자에게 갖다 주되, 무가 직접 가서 그 여자에게 마시게 하라고 이른다."라고 되어 있었습니다.

무가 상자를 열어 보니 안에 약 두 알과 얇은 종이에 쓴 편지가 있었는데, "위능(偉能)에게 이른다. 힘을 다해 이 약을 삼키도록 하라. 황궁에 다시 들어올 수 없는 것은 너 스스로 알 것이다."라고 되어 있었습니다. 위능은 곧 궁입니다. 궁이 편지를 읽고 나서 "과연 이렇게 되는구나. 자매가 천하를 주무르게 하실 모양이야! 내가 낳은 아기는 사내아이인데, 이마에 장발(壯髮)이 나 있어 효원제를 닮았다. 지금 아이는 어디에 있는가? 죽이려고 하지 않겠는가! 장신궁에 이 소식을 알릴 방법이 없는가?"라고 했습니다.

궁은 약을 삼키고 죽었습니다. 후궁전의 무수리 여섯 명이 불려 들어갔다가 나와서 무에게 말하기를 "소의가 '너희는 잘못이 없다. 스스로 죽겠느냐, 아니면 바깥의 집으로 가서 죽겠느냐?'라고 했는데, 우리는 스스로 죽기를 원한다고 했습니다."라고 하고, 곧바로 목을 매어 죽었습니다. 무가 표(表)를 올려 이 모든 사정을 상주했습니다.

기가 아기를 기른 지 열하루 되었을 때, 궁장(宮長) 이남(李南)이 조서의 내용에 따라 아이를 데리고 떠났는데 어디에 두었는지 알지 못합니다.

허 미인은 전에 상림원 탁목관(涿沐館)[37]에서 여러 차례 식실(飾室)의 약사(若舍)에 불려 들어갔는데, 한 해에 두세 차례 들어가서 몇 달 또는 반년 동안 머무르며 승은을 입었습니다. 원연 2년에 회임하여 그해 11월에 사내아이를 출산하자, 조서를 내려 엄(嚴)으로 하여금 유의(乳醫)를 대동하고 다섯 가지 약을 섞어 만든 환약 세 알을 들고 허 미인의 거처에 가게 했습니다. 뒤에 객자(客子)와 편(偏), 겸(兼)은 소의가 성제에게 "제게 말씀하실 때 늘 중궁(中宮)에서 오는 길이라고 거짓말을 하셨습니다. 중궁에서 계시다가 오셨다면 허 미인의 아이는 어디에서 생긴 것입니까? 허씨[38]가 마침내 다시 황후에 오르게 되겠습니다."라고 아뢰는 것을 들었습니다. 소의가 화를 내며 손으로 가슴을 치다가 머리를 벽과 문, 기둥에 부딪더니 침상에서 스스로 바닥에 떨어졌다가 엎드려 울면서 먹을 것을 먹지 않겠다고 했습니다. 그러면서 "이제 저를 처리하실 테니 집으로 돌아가겠습니다."라고 했습니다. 그러자 성제께서 "이렇게 된 연고를 말하려던 참인데 어째서 화를 내는가? 정말 알 수가 없구나."[39]라고 하셨습니다. 그러고는 성제께서도 음식을 들지 않으셨습니다. 소의가 "폐하께서 바르다면 음식을 들지 않으시는 것은 어인 까닭입니까? 폐하께서 늘 저를 저버리지 않는다고 약조한다 하셨지만, 이제 미인이 아들을 낳았으니 끝내 약속을 저버리시겠지요. 무슨 하실 말씀이 있습니까?"라고 했고, 성제께서는 "조씨가 있으므로 허씨를 세우지 않는다고 약속한다. 천하의 그 누구도 조씨 위에 오를 수 없게 할 것이니, 걱정하지 말아라."라고 하셨습니다.

뒤에 조서를 내려 엄(嚴)으로 하여금 녹제방저를 들고 가서 허미인에게 주게 했는데, 엄에게 이르기를 "미인이 너에게 무엇인가를 줄 테니 받아 와서 식실 안에 쳐 놓은 발 남쪽에 두도록 하라."라고 하셨습니다.

미인이 갈대 상자 하나에 갓난아기를 넣어 끈으로 봉하고 녹제방저에 들어 있던 편지에 대한 답신을 써서 엄에게 주었습니다. 엄이 상자와 답신을 가지고 와서 식실의 발 남쪽에 갖다 놓았습니다. 성제께서 소의와 나란히 앉으신 채로 객자에게 상자를 묶은 끈을 풀게 하셨습니다. 끈을 미처 다 풀기 전에 성제께서 객자와 편, 겸 모두를 나가게 하고 문을 걸어 잠그셨으니, 소의만 성제 곁에 있었습니다.

얼마 있지 않아 문이 열렸는데, 객자와 편, 겸을 불러 상자와 녹제방저를 끈으로 봉하게 하여 병풍의 동쪽에 갖다 두게 했습니다. 공(恭)이 조서를 받고 상자와 방저를 무에게 갖다 주었습니다. 상자와 방저는 모두 어사중승의 관인으로 봉해져 있었고, "무에게 이른다. 상자 안에 죽은 아기가 있으니, 은밀한 곳에 묻되 남들이 모르게 하라."라는 편지가 있었습니다. 무는 옥사의 담장 아래에 구덩이를 파고 그 안에 묻었습니다.

전임 장정궁 허 귀인과 전임 성도후(成都侯)와 평아후(平阿侯)[40] 집안의 계집종이었던 왕업(王業), 임려(任嬝), 공손습(公孫習)은 전에 서인으로 사면되어 있었는데, 조서를 내려 불러들인 뒤에 소의의 사노비로 속하게 했습니다. 성제가 붕어하여 재궁(梓宮)에 염습하기 전, 창졸간에 상심하고 있을 때 소의가 자신의 죄악이 크다는 것을 깨달은 한편 업 등이 전에 허씨(許氏)와 왕씨(王氏) 집안의 계집종이었다는 것을 생각해 내고 발설할 것을 걱정하여 대비(大婢) 양자(羊子) 등을 업 등에게 각각 열 명씩 하사하고 그 심정을 달래 주며 "내 과실을 발설하지 마라."라고 당부했습니다.

원연 2년 5월에 전임 역정령 오구준(吾丘遵)이 무에게 "역정승 이하 모든 아전이 소의와 한통속이 되어 있으니 아무하고도 의논할 수 없고 오로지 무와 이야기할 수밖에 없습니다. 나는 아들이 없지만 무는 아들이 있습니다. 무의 일가가 해를 입을 수 있어 무슨 말하기가 어렵습니다. 역정 안에서 승은을 입어 사내아이를 낳으면 모두 죽었고, 게다가 약을 먹고 낙태한 일이 헤아릴 수 없을 만큼 많습니다. 무와 함께 이 일을 대신에게 알리고 싶지만, 표기장군[41]은 재물을 좋아하여 이 일을 의논할 만하지 않습니다. 장신궁에 알릴 방법이 없겠습니까?"라고 했습니다. 준(遵)이 뒤에 병이 위독해졌는데, 무에게 "나는 이제 죽을 것입니다. 일전에 이야기된 일을 무가 혼자서 할 수 없으므로 발설에 신중하기 바랍니다."라고 했습니다.

이 모든 일은 올해 4월 병진일 내려진 대사령 전에 일어났습니다.

신이 영광 3년에 〔작위 없는〕 남자(男子) 충(忠) 등이 장릉(長陵) 지구에 있는 〔고제〕 부(傅) 부인 무덤을 도굴한 사안의 처리 과정을 찾아보았습니다. 그 일이 있고 나서 대사령이 두 번 내렸지만, 효원제께서는 "이런 죄는 짐이 사면해 줄 수 없다."라고 조서를 내리셨습니다. 그리고 엄격하게 조사하여 모두 벌을 내렸으니, 천하의 모든 사람이 마땅하다고 여겼습니다.

노 엄공(魯嚴公)의 부인〔이었던 애강(哀姜)〕이 세자를 죽이자 제 환공이 애강을 불러 자결하게 했는데, 『춘추』에 이 사실이 기록되어 있습니다.[42] 조 소의가 성조(聖朝)에 반란을 일으켜 직접 후사를 끊어 놓았으니 친족은 천벌을 받아 마땅합니다. 전에 평안강후의 부인 알(謁)이 대역죄를 지었을 때, 형제자매[43]도 연좌되었으나 사면령이 내려 원래 살았던 산양군으로 유배된 적이 있습니다. 이번에 소의가 범한 죄는 특히 패역하여 알보다 더 큰 죄를 지었으나, 형제자매와 친족이 모두 높은 자리를 차지하고 황궁 안에 들어와 있어 신하들이 걱정하고 있습니다. 이렇게 되어서는 사방에 악을 징벌하여 의를 숭상하는 뜻을 보여 줄 수 없으니, 이 사안을 정확하게 조사하게 해 주십시오.

승상 이하 관리들이 법에 따라 처벌하기 위해 의논했다.

애제가 신성후 조흠과 조흠 형의 아들 성양후(成陽侯) 조흔(趙訴)[44]의 후위를 박탈하여 모두 서인으로 삼았고, 식솔은 요서군(遼西郡)에 유배했다.

그때 의랑 경육(耿育)이 상소하여 변호했다.

후사를 잇는 일이 혼란에 빠지면 적자를 버리고 서자를 세우게 되는데, 성인은 이를 법으로 금했고, 고금을 통틀어 특별히 경계해 온 것으로 신은 알고 있습니다.

그리하여 태백(太伯)은 계력(季歷)이 후사가 되는 것이 낫겠다고 판단한 뒤에 물러나 후사 자리를 재삼 고사하고 오(吳)와 월(粤) 지역에 가서 살았습니다. 상황에 맞게 대응해야 할 때에 상법(常法)을 따지지 않고 왕계(王季)에게 자리를 양보하여 동생을 후사로 높여 주었으므로, 마침내 천하를 얻고 자손 대대로 대업을 이어 가게 되었으니 칠팔백 년이나 지속했습니다.〔왕계는 태왕(太王)과 왕계, 문왕(文王)의〕 삼왕(三王) 중에 공이 가장 뛰어나고 도덕을 제대로 갖춘 분이었습니다. 그래서〔주나라는 무왕 대에 이르러 고공단보에게〕 태왕이라는 존호를 추존할 수 있었습니다.

천하가 변화할 특수한 상황이 생기면 특별한 대책이 나오게 되어 있습니다. 효성제께서는 때에 맞춰 후사를 세울 수 없다는 것을 깨달으셨습니다. 또 말년에 황자(皇子)를 얻더라도 붕어한 뒤에 어린 황제가 나라를 다스리지 못하면 태후가 막중한 권력을 잡게 될 텐데, 태후가 전횡하면 끝없이 탐욕을 부릴 것과, 어린 황제가 유약하면 대신이 순종하지 않게 될 텐데 천하에 주공(周公)처럼 어린 임금을 안고 업으며 보좌할 대신이 없다면 사직이 위기에 빠지고 천하가 혼란에 빠질 것을 염두에 두셨습니다. 효성제께서는 폐하께서 도덕과 재능이 뛰어날 뿐 아니라 개명하고 통달한 덕이 있고 효성스럽고도 자애로운 은덕을 가졌으며 밝은 독견(獨見)과 과단성을 갖추고 있다는 것을 아시고, 후궁이 조정에 나와 정사를 보게 될 실마리를 끊기 위해, 어린 후사를 향해 일어날 반란의 뿌리를 끊기 위해 폐하를 후사로 결정하여 종묘를 안정시키셨습니다.

어리석은 신하가 나라의 안위에 대해 깊이 고려하지 않고 금궤(金匱)에 비장할 계책을 정하지 못한 채, 성덕(聖德)을 널리 홍보할 방법이나 선제의 뜻을 계승할 줄 모르고 반복해서 황궁 안에서 일어난 일을 조사하며 선제의 은밀한 침전 생활을 폭로하고 있는데, 선제께서 후궁에게 미혹당한 허물이 있다고 망언하면서 총애하던 후궁이 투기하여 살육을 저질렀다고 꾸며 대고 있으니, 선제의 현명했던 선견지명을 크게 배반하고 나라를 걱정하신 뜻을 저버리고 있습니다.

대저 위대한 공덕에 대해 논할 때에는 세속의 주장에 구애되지 말아야 하고, 큰 공을 세울 때에는 군중의 뜻에 다 맞출 수 없습니다. 이처럼 효성제께서 심사숙고하신 바는 여러 신하의 주장에 비해 훨씬 뛰어난 결정이었으니, 폐하의 성덕이 성대하여 황천(皇天)의 뜻에 부합했기 때문입니다. 어리석고 미천한 신하들이 어찌 이해할 수 있겠습니까!

선제의 미덕을 따르고 알리되 기왕의 허물을 보완하여 소멸시키는 것이 고금에 통하는 의(義)입니다. 일이 터졌을 때 힘써 논쟁하거나 미연에 화를 막지는 못한 채 각자 지시에 따르며 아첨하면서 환심을 사기 위해 애쓰더니, 선제께서 붕어하신 뒤에 존호까지 정해져 만사가 정리되었는데 소급할 수 없는 일을 끝까지 추궁하겠다고 다시 나서서 은밀한 곳에서 일어났던 일을 드러내고 있으니, 크게 비통한 일입니다.

바라건대 해당 관원에게 이 일을 의논하게 해 주십시오. 신의 주장을 옳다고 여긴다면 천하에 선포하여 선제의 성의(聖意)가 어디에서 기원한 것인지를 모든 사람이 알게 해야 마땅합니다. 이렇게 하지 않으면 공연히 위로는 선제를 비난하게 하고 아래로는 후대까지 전해질 것이며, 멀리 백만에게 소문이 나고 가까이로는 나라 안에 퍼지게 될 것입니다. 이렇게 하면 선제께서 뒷일을 부탁하신 뜻을 크게 저버리게 됩니다. 대개 효자는 아버지의 뜻을 잘 따르고 사람이 할 일을 제대로 완수하는 법이니, 폐하께서 굽어살피시기 바랍니다.

애제가 태자에 오를 때 조 태후의 도움을 크게 받았으므로 결국 조 태후의 일을 추궁하지 않았다. 부 태후가 조 태후에게 감사하자 조 태후도 안심했다. 그리하여 성제의 모후와 왕씨 집안은 모두 애제를 원망했다.

애제가 붕어하자 왕망이 태후[45]에게 고하여 해당 관원에게 태후의 명령을 내리게 했다.

　전임 황태후와 소의는 둘 다 선제를 침전에서 모셨는데, 자매가
총애를 독점하여 두 사람만 황제와 동침했고, 음모를 꾸며 나라를
혼란에 빠뜨렸으며, 후사를 살해하여 종묘를 위기에 몰아넣음으로
써 천명을 어기고 선제(先帝)의 뜻을 범했으므로, 천하 백성의 어머
니로서 해야 할 도리를 다하지 못했다. 황태후를 효성황후로 강등
하니 북궁으로 옮겨 거처하게 하라.

달포가 지나 다시 명령을 내렸다.

　황후는 자신의 죄악이 아주 큰 것을 잘 알고 있을 것이다. 태후
를 배알하는 일이 드물었으니, 며느리 된 도리를 잃고 시봉하는 예
절을 제대로 지키지 않았다. 또 늑대와 범 같은 포악함을 지녀 종
실의 원망을 샀고 나라 안의 백성들에게 원수가 되었다. 그러나 아
직 황후의 자리에 있으니 이는 확실히 황천(皇天)의 뜻이 아니다.
대저 '작은 일을 참지 못하면 큰일을 망친다.'[46]라고 했다. 정으로
끊을 수 없다면 의(義)에 따라 끊어야 할 것이다. 이제 황후를 폐하
여 서인으로 강등하니 성제의 능원에 가서 거처하도록 하라.

　이 명령이 내린 날 바로 자결했으니, 황후에 책립된 지 열여섯
해 만에 벌을 받았다.
　이런 동요가 앞서 나돌았다.[47]

제비야, 제비야, 꼬리 눈부셔라.

장 공자와 자주 만나더니

창랑근(倉琅根) 나무 대문

제비가 날아와 황손을 쪼았네.

황손이 죽었네.

제비가 시(矢)를 쪼았네.[48]

성제가 미행을 나갈 때마다 장방(張放)을 데리고 나가면서 부평후(富平侯) 집에 간다고 핑계를 댔으므로 장 공자라고 했다. 창랑근은 황궁 문에 달린 청동 고리 장식을 이른다.

부 소의

효원제의 부 소의는 애제의 할머니이다. 아버지는 하내군 온현 사람인데 일찍 죽었다. 어머니가 위군 사람인 정옹(鄭翁)에게 재가하여 이복동생 정운(鄭惲)을 낳았다.

부 소의는 어려서 상관 태후의 재인(才人)으로 [황궁에] 들어갔다가 원제가 태자가 되었을 때부터 시침(侍寢)했다. 원제가 즉위한 뒤에 접여로 삼고 몹시 총애했다. 재략이 뛰어났고 사람들과 잘 지냈는데 아래로는 곁에서 시중을 드는 궁인에게도 잘 대해 주었다. 그리하여 술을 마실 때에는 언제나 술을 먼저 땅에 뿌리며 모든 아랫사람을 위해 축수해 주었다. 아들 하나와 딸 하나를 낳았는데 딸은 평도(平都) 공주였고, 아들은 정도 공왕이 되었다. 정도 공왕은 재주와 기예가 뛰어났으므로 황제의 사랑을 많이 받았다.

원제는 부 접여도 좋아했지만 뒤에 풍 접여도 총애했는데 풍 접여는 중산 효왕을 낳았다. 〔원제는〕 두 아들을 제후왕에 봉하고 두 후궁에게 특별하게 대접하려고 했다. 원제가 그때까지 살아 있었으므로 〔제후왕의 생모였지만 태후라는 칭호를 내릴 수는 없었으므로〕 소의로 칭호를 바꾸게 부르게 하고 소의 인수를 하사했다. 소의는 접여보다 윗자리에 두었는데 그 〔아름다운〕 생김새를 널리 드러낸다는 뜻으로 두 후궁을 높여 준 것이었다. 그런데 성제와 애제 때에는 조 소의와 동(董) 소의가 아들이 없는데도 특별히 소의 칭호를 받았다.

원제가 붕어하자 부 소의는 아들 정도 공왕을 따라 정도국으로 가서 정도태후라고 불렸다.

열 해가 지나서 정도 공왕이 세상을 떠나고 그 아들〔인 유흔(劉欣)〕이 왕위를 계승했다. 새로 즉위한 왕의 어머니는 〔정도 공왕의 후궁〕 정희(丁姬)였다. 부 태후가 친히 돌보며 키운 정도왕이 장성했을 때 성제에게는 황위를 이을 아들이 없었다. 그 무렵에는 〔성제의 동생〕 중산 효왕이 살아 있〔었으므로 중산 효왕도 태자의 후보에 꼽히고 있〕었다.

원연 4년, 중산 효왕과 정도왕 두 사람 다 조정을 드리러 왔다.

부 태후가 조 소의와 황제의 외삼촌으로 표기장군이던 왕근에게 진귀한 보물을 많이 선사하면서 정도왕을 한나라 황실의 후사로 삼게 해 달라고 은밀하게 부탁했다. 조 소의와 왕근은 황제에게 아들이 없어 친척 중에서 태자로 삼아야 할 것이라고 짐작했으므로 먼 앞날을 위해 정도왕과 좋은 관계를 맺어 두기로 마음먹고 황제 앞에서 정도왕을 더 많이 칭찬했다. 황제도 정도왕을 중하게 여겼다. 이듬해, 정도왕을 황궁에 불러 태자로 삼았다. 이 이야기는 「애제기」에 전한다.

달포가 지났을 때 황제가 초 효왕의 손자인 유경을 정도왕으로 삼아 정도 공왕의 후대를 잇게 했다. 태자가 정도국에 후사가 생긴 것을 감사드리는 일에 대해 의논하자 소부 염숭(閻崇)이 주장했다.

"『춘추』에 '아버지의 명 때문에 할아버지의 명을 버릴 수 없다.'[49]라고 했고, 후사의 예법에는 원래 부모를 돌볼 수 없게 되어 있으므로 감사를 드리면 안 됩니다."

그런데 태부 조현(趙玄)은 감사를 드려야 한다고 주장했으므로 태자가 태부의 말에 따랐다. 그러나 감사를 드리게 된 상황에 대해 힐문하는 조서가 내렸다. 상서가 조현을 탄핵하는 상소를 올렸으므로 소부로 좌천시켰다. 그러고는 광록훈 사단을 태자의 태부로 삼았다. 조서가 내려 부 태후와 태자의 어머니 정희는 정도국 국저에 머물게 했다. 해당 관리들에게 명령하여 황태자가 부 태후와 정희와 만날 수 있는지를 의논하게 했는데 해당 관리들이 만나게 해서는 안 된다는 의견을 상주했다. 얼마 지나지 않아 성제의 어머니 왕(王) 태후가 부 태후와 정희를 열흘에 한 번씩 태자 거처에 갈 수 있게 해 주려 하자 성제가 말렸다.

"태자는 정통을 이었으니 마땅히 황궁에서 교육해야 합니다. 다시는 원래 부모를 돌아보게 하면 안 됩니다."

그러나 왕 태후가 주장했다.

"태자가 어린 데다 부 태후가 안고 키웠습니다. 이제 태자의 거처에 가게 하는 것을 유모의 은정으로 치면 될 터이니 거리낄 문제가 되지 않을 듯합니다."

그리하여 부 태후가 태자의 거처에 갈 수 있도록 해 주었다. 정희는 태자를 키우지 않았다고 해서 허락을 얻지 못했다. 성제가 붕어하고 애제가 즉위하자 왕 태후가 조서를 내려 부 태후와 정희가 열흘에 한 번씩 미앙궁에 갈 수 있게 해 주었다. 고창후 동굉이 황제의 뜻에 영합하기 위해 정희를 제태후(帝太后)[50]로 세우는 것이 마땅하다는 글을 올렸다. 그러자 사단이 동굉을 탄핵하는 상소를 올렸다.

굉이 사악한 마음을 품고 조정을 위해했으므로 부도죄에 해당합니다.

황제가 막 즉위했을 때에는 자만하지 않고 겸손했으므로 사단의 주장을 받아들여 존호를 올리지 않았다. [부 태후가 계속 존호를 요구했으므로] 뒤에 황제가 왕 태후에게 정도 공왕을 공황(共皇)으로 추존하는 조서를 내리도록 부탁했다. 이 사실을 애제가 발표했다.

"『춘추』에 '어머니는 아들에 따라 [지위가] 높아진다.'[51]라고 했다. 이에 부 태후를 공황태후로, 정희를 공황후로 높이되, 두 궁에 각각 좌우 첨사를 두고 식읍을 장신궁과 중궁에 같도록 정한다. 공황태후의 아비를 숭조후(崇祖侯)에, 공황후의 아비를 보덕후(襃德侯)에 추존한다."

한 해 남짓하여 다시 조서[52]가 내려졌다.

한나라 황실의 법도에 따르면 혈육에게 정을 베푸는 것으로 어른을 존중하는 뜻을 널리 알리게 되어 있으니 정도 공황의 칭호 앞에 정도(定陶)를 덧붙이지 말아야 할 것이다. 또 공황태후를 제태태후로, 정후(丁后)를 제태후로 높인다.

그 뒤에 제태태후를 다시 황태태후로 고치고 영신궁(永信宮)으로 부르게 했고, 제태후는 중안궁(中安宮)으로 부르게 했다. 성제의 어머니 태황태후는 본래 장신궁으로 부르고 있었고, 성제의 조 황후도 황태후였으므로 모두 네 명의 태후가 있게 되었다.[53] 각각의 황태후에게 소부, 태복을 두었는데 모두 봉록 중이천석을 내렸다.

장안에 공황의 침묘를 세우되 선제의 생부인 도황고의 침묘를 세운 규정에 비추어 짓게 했다. 그리고 소목(昭穆)의 서열에 맞추어 침묘의 정전(正殿)에 배향했다.

부 태후에게는 같은 아버지 밑에서 난 남동생 넷이 있었는데, 부자맹(傅子孟), 부중숙(傅中叔), 부자원(傅子元), 부유군(傅幼君)이다.

부자맹의 아들 부희(傅喜)는 벼슬이 대사마까지 올라 고무후(高武侯)에 봉해졌다. 부중숙의 아들 부안(傅晏)도 대사마에 올라 공향후(孔鄕侯)에 봉해졌다. 부유군의 아들 부상(傅商)을 여창후(汝昌侯)에 봉한 뒤에 부 태후의 아버지인 숭조후(崇祖侯)의 대를 잇게 하고 숭조후를 여창애후(汝昌哀侯)로 고쳐 추존했다. 태후의 동복 동생인 정운은 앞서 죽었으므로 정운의 아들 정업(鄭業)을 양신후(陽信侯)에 봉하고 정운은 양신절후(陽信節侯)로 추존했다. 정씨와 부씨 일족 중에서 열후에 봉해진 자는 모두 여섯 명이었고 대사마는 두 명이 나왔으며 구경과 이천석 벼슬에 오른 자는 여섯 명, 시중과 제조가 된 자는 열 몇 명이었다.

부 태후는 자신의 지위가 높아진 뒤에 더욱 교만해져서 성제의 어머니〔인 태황태후〕와 대화를 나눌 때에는 심지어 〔태황태후를〕 할멈이라고 부르기까지 했다. 중산 효왕의 생모인 풍 태후와 함께 원제를 모실 때의 일을 거슬러 원망하면서 〔자신을〕 저주한 죄로 모함함으로써 〔풍 태후가〕 스스로 목숨을 끊게 만들었다.

원수 원년에 붕어하자 위릉(渭陵)에 합장하고 효원부황후라고 칭했다.

정희

○　○　○

정도왕의 정희는 애제의 생모로서,『역』의 조사(祖師) 정(丁) 장군[54]의 현손(玄孫)이다. 집이 산양군 하구현(瑕丘縣)에 있었고, 생부는 여강 태수까지 지냈다.

정도 공왕이 먼저 산양왕으로 있을 때에 정 씨가 그 딸을 〔산양왕의〕 희(姬)로 넣었다. 산양왕의 왕후는 성이 장씨(張氏)였다. 왕후의 어머니는 정례(鄭禮)로 부 태후의 동복 여동생이었다.

부 태후는 자신의 친척이었던 왕후가 아들을 낳아 주기를 희망했으나 왕후는 끝내 아들을 낳지 못했다. 하평 4년, 정희가 유일하게 애제를 낳았다.

정희는 제태후가 되었다. 정희에게는 오빠가 두 사람 있었는데, 정충(丁忠)과 정명(丁明)이었다. 정명은 황제의 외삼촌으로서 양안후(陽安侯)에 봉해졌다. 정충은 일찍 죽었기 때문에 정충의 아들인 정만(丁滿)이 평주후(平周侯)에 봉해졌다.

제태후에게 또 숙부 두 사람이 있었는데, 정헌(丁憲), 정망(丁望)이었다. 정망은 좌장군, 정헌은 태복이 되었다.

정명은 대사마 표기장군이 되어 〔애제의〕 정사를 보좌했다.

정씨 집안에서 후위에 오른 자는 모두 두 명이었고, 대사마 한명, 장군과 구경, 이천석 벼슬에 오른 자는 여섯 명이었으며, 시중 제조도 열 몇 명이 나왔다.

정씨와 부씨 집안은 갑자기 권세를 얻어 아주 번성했다. 그러나 애제가 권세를 아주 많이 넘겨 주지는 않았으므로, 성제 때의 왕씨 집안보다는 권세를 덜 누렸다.

건평 2년에 정 태후가 붕어하자 황제가 공포했다.

『시』에 "살아서는 다른 집에 살았지만, 죽어서는 같은 묘혈에 묻히리라."[55]라고 했다. 옛적 계무자(季武子)의 묘역과 사당을 조성

할 때 두씨(杜氏)의 묘가 사당의 서쪽 계단 아래쪽에 놓이게 되었
으므로 합장하기를 청하자 이를 허락하기를, "합장의 예는 주공(周
公) 때부터 있었던 것"[56]이라고 했다. 효자라면 돌아가신 뒤에도 생
존해 계실 때처럼 섬겨야 하니, 제태후의 능을 공황(恭皇)의 능원에
조성하도록 하라.

대사마 표기장군 정명을 동쪽으로 파견하여 정희를 정도왕과
합장하게 했다. 정씨 집안의 위세가 산동(山東) 땅을 흔들었다.

애제가 붕어하고 왕망이 정권을 장악했다. 왕망이 해당 관원으
로 하여금 정씨와 부씨 집안의 죄악을 고발하는 상주를 올리게 했
다. 왕망이 태황태후의 이름으로 명령을 내려 두 집안사람의 벼
슬과 작위를 모두 빼앗고 정씨 집안사람들은 원래 고향이었던 군
(郡)으로 돌아가서 살게 했다. 왕망은 또 부 태후의 칭호를 정도
공왕모(定陶共王母)로, 정태후를 정희로 강등해야 한다는 상소를
올렸다.

〔평제〕 원시 5년, 왕망이 다시 주장했다.

"공왕모와 정희는 전에 후궁의 예법에 따라 장사되지 않았습니
다. 〔공왕모는〕 위릉에 장사되기까지 했는데, 분묘를 원제의 분묘
와 같은 높이로 쌓게 했습니다. 〔또 정희와 공왕모는 각각〕 제태
후와 황태태후의 새수(璽綬)[57]와 함께 묻혔습니다. 이는 예법에 어
긋나니, 예법에 맞게 이장해야 합니다. 공왕모와 정희의 분묘를
열어 두 새수를 꺼내 제거한 뒤에 공왕모의 묘를 정희와 더불어
정도국으로 옮겨 공왕의 분묘 옆에 매장해야 합니다. 다만 정희는

원래 묻었던 대로 묻어야 합니다."58

태후는 이미 끝난 일이라며 파헤치지 못하게 했다. 그러나 왕망이 이 주장을 고집하자 태후가 조서를 내렸다.

〔파헤친 뒤에〕 원래의 관에 새로운 곽을 쳐서 분묘를 만들고, 태뢰 제사를 올리도록 하라.

알자가 부 태후의 분묘를 파헤치는 일을 감독했는데 흙이 무너져 수백 명이 깔려 죽었다. 정희의 곽을 열자 네다섯 장(丈)이 되도록 불길이 일었다. 아전과 일꾼들이 물을 부어 불을 끈 뒤에야 곽 안으로 들어갈 수 있었다. 그러나 곽 속에 있던 기물은 그 불에 타 버렸다.

왕망이 다시 상소를 올렸다.

전에 공왕모가 출산했을 때 제도를 어기고 계궁(桂宮)에 거처했는데 황천이 진노하여 계궁의 본전을 태워 버렸습니다.

정희가 죽었을 때 후궁의 장례 예법을 뛰어넘었으므로 이번에 정희의 곽에 불이 났습니다. 이번에 하늘이 변이를 보여 경고하고 있으므로 후궁의 예법에 맞게 고쳐 매장해야 하겠습니다. 신이 전에 상주하기를 정희의 분묘는 〔새수를 꺼낸 뒤에〕 원래대로 조성해야 한다고 했으나 제가 잘못 말씀드렸습니다. 공왕모와 정희의 관은 모두 이름난 재궁(梓宮)으로 되어 있고 주옥(珠玉)으로 된 수의는 제후왕의 후궁에게 입힐 수 없습니다. 목관으로 바꾸고 주옥의(珠玉

衣)를 제거하여 후궁의 예법에 맞게 정희를 매장해야 합니다.

상소의 내용대로 시행하라는 허락이 내렸다.

부 태후의 관을 열자 몇 리 밖에서도 썩는 냄새를 맡을 수 있었
다. 공경과 관원들은 모두 왕망의 뜻에 영합하여 돈과 비단을 내
고 자제와 유생, 사이(四夷) 사람들을 파견했다. 모두 십수만 명이
나 되는 사람들이 도구를 들고 가서 장작대장을 도와 공왕모와 정
희의 원래 묘를 파헤쳤다. 그리하여 스무 날 사이에 두 분묘 모두
파헤쳐졌다.

분묘를 파헤친 뒤에 왕망은 분묘 주변을 가시나무로 둘러 세상
사람들에게 교훈으로 삼았다. 그때 수천 마리의 제비가 흙을 물고
날아와서 정희의 묘혈에 뿌렸다.

정씨와 부씨 일족은 패망했다. 공향후 부안은 가솔을 끌고 합
포(合浦)로 유배를 갔고, 친족은 모두 예전에 살던 군으로 가서 살
게 되었다. 고무후 부희는 아무런 일이 없었다. 부희의 열전은 따
로 세워 두었다.

부 황후

○   ○   ○

효애제의 부 황후는 정도태후 사촌 동생의 딸이다. 애제가 정
도왕이었을 때 부 태후가 친정과 왕실의 혼사를 다시 주선하면서

왕의 배필로 삼은 것이다. 정도왕이 한나라 황실의 태자가 되었을 때 부씨의 딸을 태자비로 삼았다. 애제가 즉위하고 성제의 시구(尸柩)가 빈전(殯殿)을 떠나지 않고 있을 때 부 태후가 부비(傅妃)의 아버지인 부안(傅晏)을 공향후(孔鄉侯)에 봉했다. 〔태후는〕 애제의 외삼촌 정명도 같은 날 함께 〔양안후에〕 봉했다.

그때 사단이 간언했다.

"천하는 제왕의 소유인데 어떻게 친척이 부귀해지지 않을까 걱정하십니까? 이렇게 창졸간에 많은 사람을 봉하시면 그 부귀영화가 오래가지 않을 수 있습니다."

부안을 봉한 지 한 달 남짓하여 부비를 황후로 책립했다.

부씨 일족이 번성했는데 그중에서 부안이 가장 존귀했다.

애제가 붕어한 뒤에 왕망이 태황태후에게 고하여 조서를 내리게 했다.[59]

정도 공왕 태후와 공향후 안(晏)이 은혜를 저버리고 근본을 잊은 채 한마음으로 모의하여 방자하게 법도를 어기며 지존(至尊)과 동급의 칭호를 받았고, 죽은 뒤에 〔황후의 예를 적용하여 선제(先帝) 신주의〕 왼편에 배향되었으니 패역무도한 일이다. 효애황후는 계궁(桂宮)으로 물러나 거처하라.

달포 남짓하여 다시 조서가 내려 효성조 황후와 함께 폐위되어 서인으로 강등되었다. 부 황후는 애제의 능원에 가서 자결했다.

효원제의 풍 소의

○　○　○

효원제의 풍 소의는 평제의 할머니이다.

원제가 즉위한 뒤 두 해째에 간택되어 황궁의 후궁 거처에 들어갔다. 그때 아버지 풍봉세는 집금오였다. 풍 소의가 후궁 거처에 들어간 뒤에 장사(長使)로 출발하여 몇 달 뒤에 미인이 되었는데 다섯 해 뒤에 분만실에서 아들을 낳고 접여가 되었다. 그 무렵 풍봉세는 우장군 광록훈이었고 풍봉세의 장남 풍야왕은 좌풍익으로서 부자가 모두 조정에서 벼슬을 살고 있었다. 사람들은 풍봉세와 풍야왕이 뛰어난 재능으로 그 자리를 얻었다고 생각했지, 풍접여가 후궁으로서 총애받은 덕을 입었다고 여기지 않았다. 풍 접여는 후궁 중에서 부 소의만큼이나 총애를 받았다.

건소 연간에 황제가 짐승끼리 싸우는 것을 구경하려고 〔상림원의〕 범 우리에 갔는데 후궁들도 함께 앉아 있었다. 그때 곰이 우리 밖을 뛰쳐나와서는 난간을 넘어 황제가 앉아 있던 건물로 올라오려고 했다. 황제 곁에 있던 귀인들과 부 소의 등은 모두 놀라서 달아났으나 풍 접여는 곧바로 곰을 막아서며 앞으로 나섰다. 그때 곁에 있던 시종들이 곰을 때려죽였다. 황제가 물었다.

"〔이럴 땐〕 놀라서 떠는 게 인지상정인데 어찌하여 곰을 막기 위해 앞으로 나섰느냐?"

풍 접여가 대답했다.

"맹수는 누구라도 잡기만 하면 더는 덤비지 않습니다. 저는 곰이 폐하를 덮칠까 두려웠습니다. 그래서 몸으로 막았습니다."

〔이 말을 들은〕원제가 찬탄했다. 이 일로 원제가 풍 접여를 곱절로 존중했다. 부 소의 등 다른 후궁들이 모두 부끄러워했다. 이듬해 여름, 원제가 풍 접여의 아들을 신도왕에 봉하고 풍 접여는 소의로 높였다.

원제가 붕어했을 때는 신도태후가 되어 신도왕과 함께 〔상림원〕저원궁(儲元宮)에 거처했다. 하평 연간에 신도왕을 따라 신도국으로 갔다. 신도왕은 뒤에 중산국으로 옮겼으니 바로 중산 효왕이 되었다.

뒤에 〔성제가〕정도왕을 불러 태자로 삼았고, 중산왕의 외삼촌 풍삼(馮參)은 의향후(宜鄉侯)에 봉했다. 풍삼은 풍 태후의 막냇동생이다.

그해에 중산 효왕이 세상을 떠났다. 〔갓난〕아들[60]이 하나 있었으므로 중산왕의 후사로 삼았다. 그런데 돌이 되기 전에 생병(眚病)에 걸렸다. 태후가 친히 간호하면서 병을 낫게 해 달라고 여러 차례 도사(禱祀)를 올렸다.

애제가 즉위한 뒤에 중랑 알자 장유로 하여금 의원을 데리고 가서 어린 중산왕을 치료하게 했다. 장유는 평소에 실성하는 광역병(狂易病)을 앓고 있었는데, 중산국에서 그 병이 재발했다. 병이 난 장유가 화를 내며 중산국을 떠나 서쪽의 장안으로 돌아갔다.

상서가 고발장에 따라 함부로 중산국을 떠난 정황을 문책하자, 장유는 두려운 마음에 중산태후가 황제와 태후를 저주하며 귀신에게 빌었다고 모함했다. 태후는 바로 부 소의로서 평소에 풍 태후를 원망하고 있었다. 이에 따라 어사 정현을 파견하여 조사하게 했다. 시종과 관리 및 중산국에 와 있던 풍씨 형제자매 백여 명을 모두 잡아들여 낙양과 위군, 거록에 나누어 가두었다. 수십 일이 지났으나 아무것도 밝혀내지 못했으므로 중알자령 사립(史立)과 승상장사 및 대홍려승으로 바꾸어 보내 함께 심문하게 했다.

사립이 부 태후의 지시를 받고 후(侯)에 봉해질 것을 기대하면서 풍 태후의 여동생 풍습(馮習)과 죽은 남동생의 아내 군지(君之)를 징벌했는데, 죽은 사람이 수십 명이나 되었다.

그런 과정에서 무축 유오(劉吾)가 저주했던 사실을 자복했다. 의원 서수성(徐遂成)은 풍습과 군지가 "무제 때의 의원 수씨(脩氏)는 침으로 무제를 치료한 뒤에 이천만 전을 받았다. 지금은 황제를 치료해도 후(侯)에 봉해지지 않는다. 황제를 죽이고 중산왕이 대를 잇게 하면 열후에 봉해질 것이다."라 했다고 고했다.

사립 등이 귀신에게 빌어 저주한 것과 모반한 것을 대역죄로 탄핵하고 풍 태후를 추궁했으나 자복하지 않자, 사립이 말했다.

"곰이 황제를 덮칠 때에는 그렇게 용감하게 나서더니 지금은 어떻게 이렇게 두려워하십니까!"

태후가 돌아와서 측근에게 말했다.

"그가 한 말은 바로 궁중에서 나눈 말인 데다 선제(先帝) 때의 일인데 관리가 어떻게 알 수 있겠느냐? 이는 [부 태후가] 나를 모함하려 한 징표이다."

말을 마친 뒤에 풍 태후는 약을 마시고 스스로 목숨을 끊었다.

태후가 죽기 전에 해당 관원이 태후를 처벌해야 한다고 청했다. 그러나 황제는 차마 법으로 다스릴 수 없다며 폐위시켜 서인으로 삼은 뒤에 운양궁(雲陽宮)으로 옮겨 거처하게 했다. 〔황제의 조서를 받기 전에〕 태후가 죽자, 해당 관원이 다시 상주했다.

태후가 죽은 것은 폐위되기 전의 일입니다.

황제가 조서를 내려 제후국의 왕 태후 의전에 따라 장례를 지내게 했다.

의향후 풍삼과 군지, 풍습의 남편과 자식도 연좌되어 스스로 목숨을 끊거나 처형되었다.

풍삼의 딸 풍변(馮弁)은 중산 효왕의 왕후로 딸이 둘 있었다. 해당 관원이 상주하기를 폐위시켜 서인으로 삼은 뒤에 풍씨 일족과 함께 예전에 살던 군으로 유배해야 한다고 했다.[61]

장유는 사안을 가장 먼저 고발한 공을 인정받아 관내후 작위를 받았고, 사립은 중태복으로 승진했다.

애제가 붕어하자 대사도 공광이 상주하여 아뢰었다.

유는 전에 황실의 골육을 무고했고 립은 사람들을 처형되도록 몰아넣었습니다. 황실이 천하 백성의 원성을 사도록 하면서 승진했고, 작위와 식읍을 받았지만 요행히도 사면령이 내려 죽음을 피했습니다. 면직하여 서인으로 강등시키고 합포로 유배하기를 청합니다.

위희

○　○　○

중산왕의 위희는 평제의 어머니이다.

위희의 아버지는 위자호(衛子豪)로 중산국 노노(盧奴) 사람으로 벼슬이 위위에 이르렀다. 위자호의 여동생이 선제의 접여가 되어 초 효왕을 낳았다. 맏딸은 원제의 접여가 되어 평양 공주를 낳았다.

성제 때에 중산 효왕에게 아들이 없는 것을 본 황제가 위씨 집안의 여자라면 아들을 낳을 수 있으리라 여기고 위자호의 막내딸을 효왕에게 시집보냈는데 [성제] 원연 4년에 평제가 태어났다.

평제가 두 살이 되었을 때 중산 효왕이 세상을 떠났으므로 그 뒤를 이어 왕이 되었다.

애제가 붕어했을 때 후사가 없었으므로 태황태후와 신도후 왕망이 함께 중산왕을 맞이해 와서 제위에 올렸다. 왕망이 조정의 전권을 장악하려는 생각에 외척 정씨와 부씨 집안에서 했던 일이 다시 일어나면 안 된다고 경계하며, 새 황제를 성제의 후사로 삼[아 중산국과의 관계를 끊]은 뒤에 그 어머니 위희와 외가 위씨 집안사람들이 장안에 올 수 없도록 막았다. 그러고는 종실 사람인 도향후(桃鄉侯)의 아들 유성도(劉成都)를 중산왕으로 삼아 중산 효왕의 대를 잇게 했다.

소부(少傅) 좌장군 견풍(甄豊)을 보내 위희에게 새수를 내려 중산 효왕후로 책봉하고 고형현(苦陘縣)을 탕목읍으로 하사했다. 또 황제의 외삼촌 위보(衛寶)와 위보의 동생 위현(衛玄)에게 관내후 작위를 하사했다. 황제의 여동생 세 명[62]에게 칭호와 식읍을 하사했는데, 유알신(劉謁臣)에게 수의군(脩義君), 유재피(劉哉皮)에게 승례군(承禮君), 유력자(劉鬲子)[63]에게 존덕군(尊德君)의 칭호를 내리고 식읍을 각각 이천 호씩 내렸다.

왕망의 맏아들 왕우가 위씨 일족과 황제가 왕래할 수 없게 왕망이 끊은 것을 옳지 못하다고 여기면서 뒤에 화를 입을지도 모른다고 걱정했다. 그래서 은밀히 위보에게 편지를 보내 위후(衛后)로 하여금 황제의 은덕에 감사하면서 정씨와 부씨의 예전 악행을 진술하겠다고 하면 장안에 올 수 있다고 했다. 왕망이 태황태후에게 아뢰어 해당 관원에게 조서를 내렸다.

중산 효왕후가 〔애제의〕 후사로서 가져야 할 도리를 깊이 깨달아 "정도 부 태후와 정희가 천리(天理)를 어겨 작위와 명호를 참칭하고 정도왕을 신도왕[64]으로 옮기게 했으며 황제의 제도에 준하여 장안에 공왕의 사당을 세우게 했으니, 천명을 두려워하지 않고 성인의 말씀을 경시하면서[65] 법도를 어지럽히고 제도에 맞지 않은 지위를 누리고 신분에 맞지 않은 호칭을 칭했다."라고 조목조목 진술했다. 그 때문에 황천(皇天)이 진노하여 정희의 침묘를 태웠다. 최근 여섯 해 사이에 천명대로 돌아가지 않아 재앙이 연달아 일어나더니 마침내 효애제로 하여금 재앙의 여파를 입게 하여 하늘의 뜻을 크게 어겨 단명에 갑자기 붕어하셨다. 또 공왕의 제사를 지낼 후사를 끊어 버려 공왕의 혼백이 의탁할 곳을 잃게 되었다.

짐은 효왕후가 경전의 뜻을 깊게 이해하고 성인의 법칙을 환하게 꿰고 있으면서 옛적의 재앙과 실패 및 최근의 재앙을 두려워하고 있다고 여긴다. 천명을 경외하고 성인의 말씀을 받들며 한 제후국을 오래도록 보전하여 하늘의 녹을 길게 누리는 한편으로 효왕으로 하여금 영원히 제사를 받을 수 있게 하여 큰 복을 누리게 하자는 그 뜻을 짐이 크게 칭찬한다. 의로운 자를 칭찬하고 선한 자에게 상을 내리는 것은 성군의 제도에 마련되어 있으므로, 이에 중산(中山) 고안(故安)[66]의 칠천 호를 중산후(中山后)의 탕목읍으로 더하여 봉하고, 중산왕후와 중산왕에게 각각 황금 백 근을 하사한다. 또 중산국의 부상(傅相) 이하 관원들의 봉록을 늘려 주겠다.

위후가 밤낮으로 눈물을 흘리며 황제를 만나고 싶어 했으나 식읍만 늘려 받았다. 왕우가 다시 위후를 시켜 장안에 가게 해 달라고 상소하게 했다. 그런데 일이 발각되어 왕망이 왕우를 죽이고 위씨 일족도 모두 주살했다. 위보의 딸은 중산왕후였는데 폐위된 후 합포로 유배되었다. 오로지 〔중산 효왕후〕 위후만 살아남았는데, 왕망이 황위를 찬탈한 뒤에 폐위하여 가인(家人)으로 삼았다. 한해 남짓하여 세상을 떠났으므로 중산 효왕 능 옆에 장사되었다.

왕 황후

○　○　○

효평제의 왕 황후는 안한공(安漢公) 태부 대사마 왕망의 딸이다.

평제가 아홉 살에 즉위했으므로 성제의 생모였던 태황태후가 〔황제 대신〕 집정했고 왕망이 정권을 장악했다. 왕망은 곽광이 했던 대로 딸을 황제의 배필로 삼고 싶어 했으나 태후는 그럴 마음이 없었다. 왕망이 교활한 술수를 써서 딸을 반드시 황궁으로 들여보냄으로써 자신을 높이려고 했는데 이 일은 「왕망전」에 써 두었다. 태후가 하는 수 없이 허락하고, 장락소부 하후번, 종정 유굉, 소부 종백봉, 상서령 평안(平晏)을 보내 납채하게 했다. 태사 공광, 대사도 마궁, 대사공 견풍, 좌장군 손건, 집금오 윤상, 행태상사태중대부(行太常事太中大夫) 유흠(劉歆) 및 태복, 태사령 이하 마흔아홉 명에게 피변(皮弁)과 소적(素績)을 하사하고 예에 따라 함께 복서(卜筮) 점을 쳐서 종묘에 태뢰 제사를 올리며 길한 달과 날짜를 받게 했다.

이듬해 봄에 대사도 마궁과 대사공 견풍, 좌장군 손건, 우장군 견한, 광록대부 유흠으로 하여금 승여(乘輿)와 법가(法駕)를 갖추어 안한공의 집에 가서 황후를 맞이해 오게 했다. 마궁과 견풍, 유흠이 황후에게 새수를 수여했다. 황후가 수레에 오르자 경필(警蹕)을 외치며, 길한 시간에 상림원 연수문(延壽門)을 통과하여 미앙궁 전전(前殿)으로 들어갔다. 신하들이 정해진 자리에서 대례를 올리고 천하에 대사령을 내렸다.

황후의 아버지인 안한공에게 식읍을 더하여 봉하되 사방이 백리가 되도록 채워 주었다. 황후를 맞이해 오고 대례에 참여한 자들에게 상을 내렸는데, 삼공(三公) 이하 추(騶), 재(宰), 집사(執事)에 이르기까지 장락궁과 미앙궁, 안한공 집의 관리들에게 모두 봉록을 올려 주고 차등을 두어 황금과 비단을 하사했다. 황후로 책립된 뒤 석 달이 지났을 때, 예를 갖추어 고조 황제 사당에 참배했다. 황후의 아버지 안한공을 높여 재형(宰衡)이라고 부르게 하고 제후왕보다 자리를 높여 주었다. 안한공의 부인에게는 공현군(功顯君) 칭호를 주고 식읍을 내렸다. 안한공의 아들 왕안(王安)에게 보신후(褒新侯), 왕림(王臨)에게는 상도후(賞都侯)를 봉했다.

황후에 오른 지 한 해 남짓하여 평제가 붕어했다.

왕망이 효선제의 현손 유영(劉嬰)을 후계자로 삼았다.

왕망이 제위(帝位)를 대리하면서 황후를 황태후로 높였다.

세 해 뒤에 왕망이 정식으로 제위에 올라 유영을 정안공(定安公)으로 삼고 황태후를 정안공태후로 고쳐 부르게 했다.

태후는 그때 열여덟 살로, 온순하고 침착했으며 지조와 절개가 있었다. 유씨 황실을 없앤 뒤부터 늘 병을 칭하고 왕망을 접견하지 않았다. 왕망은 그런 태후를 경외하면서도 가엾게 여겨 개가시키고자 했다. 그래서 칭호를 황황실주(黃皇室主)라고 고치고, 입국장군(立國將軍) 성신공(成新公) 손건의 세자를 잘 차려입힌 뒤에 진찰할 의원과 함께 보냈다. 태후가 크게 노하여 곁에 있던 시어(侍御)를 때렸다. 그 일이 있은 뒤로 병이 났는데 자리에서 일어나려 하지 않았다. 왕망도 더는 억지로 권하지 않았다.

그 뒤에 한나라 깃발을 든 군대가 왕망을 주살하고 미앙궁에 불을 질렀을 때 태후가 말했다.

"무슨 면목으로 한 황실의 조상을 뵐 것인가!"

그러고는 불 속에 몸을 던져 죽고 말았다.

찬하여 말한다.

『역』에서 '겸(謙)'과 '영(盈)'의 결과가 길흉으로 나타난다고 했으니 하늘, 땅, 귀신은 물론 인륜에 이르기까지 모두 다르지 않다.[6]

황제의 총애를 받은 여자가 흥하게 될 때에는 가장 미천한 신분에서 지존의 자리까지 오르는데, 공을 세워 그렇게 엄청나게 부귀해지는 것이 아니다. 이는 바로 도가(道家)에서 두려워하는 재앙의 근원이다. 한나라가 건국된 이래 마지막 효평제에 이르기까지 외척과 후궁 중에 미색으로 총애를 받아 이름을 얻은 사람이 스물 몇 명 있는데, 이중에서 집안 전체를 보전했던 경우는 오로지 문제와 경제, 무제의 태후와 공성태후 네 사람뿐이다. 사 양제와 왕 도후(王悼后), 허 공애후(許恭哀后)로 말하자면 모두 죄 없이 요절했으나 집안은 예전에 베풀었던 정을 인정받았고 방자하게 굴지 않았으므로 모두 무사할 수 있었다. 그 밖에는 죄가 크면 멸족당했고 작으면 유배되었다. 오호! 이런 일에 교훈을 얻어 처신한다면 〔길흉의〕 변화에도 대처할 수 있을 것이다.

68

원후전
元后傳

『사기』에 한나라 초대 황후 여씨를 따로 빼어 「여 태후 본기」로 세운 예가 있는 것처럼 『한서』에서도 원제의 황후 왕정군을 「원후전」 단독으로 세웠다. 왕정군은 원제, 성제, 애제, 평제의 4대 60여 년 동안 황후와 태후 자리에 있었고, 조카 왕망의 집정기 10여 년 동안에도 태후 자리를 유지한 보기 드문 인물이다. 왕정군이 태후가 된 이후에 줄곧 정국을 주도했으므로 이 편은 「성제기」, 「애제기」, 「평제기」, 「왕망전」과 상응하는 본기 수준의 내용을 담고 있다.

성제의 생모로서 왕정군이 왕 태후가 되자 왕씨 집안이 단박에 발호했다. 왕정군의 명령으로 왕씨 집안에서 대사마 대장군 다섯과 열후 열 사람이 나왔고 왕망이 실권을 잡게 되었다. 왕정군은 왕망이 신나라 황제에 즉위하는 것을 결사 반대하며 한나라의 옥새를 넘겨주지 않으려고 애썼지만 사태를 돌이킬 만한 권력을 잃은 뒤였으므로 한나라가 망하는 광경을 현장에서 지켜보아야 했다.

이 편에는 반고의 찬 대신 반표의 평이 들어 있다. 반표는 왕망이 집권할 싹을 키운 점을 뒤늦게 깨닫고 후회한 원후를 안타깝게 여겼다.

효원황후는 왕망의 고모다. 왕망이 황제(黃帝)의 후손을 자칭하며 『자본(自本)』을 지어 가계를 설명했다.

황제와 같은 핏줄 중에 요씨(姚氏)가 있었는데 황제로부터 팔대가 지나서 우순(虞舜)이 태어났다.[1] 순(舜)은 귀예(嬀汭)[2]에서 개국했으므로 귀(嬀)를 성으로 썼다. 주 무왕(周武王) 대에 이르러 순의 후대인 귀만(嬀滿)을 진(陳)에 봉했는데 귀만은 바로 호공(胡公)이다. 그 뒤로 십삼 대가 내려가서 완(完)이 출생했다.

완의 자는 경중(敬仲)이다. 제나라로 달아났는데, 제 환공이 경(卿)으로 삼았다. 이때부터 성을 전씨(田氏)로 썼다.

십일 대 후손인 전화(田和)가 제나라를 차지했고, 이 대째에 왕을 칭했다. 전건(田建)이 왕이었을 때 진나라에 망했다. 항우가 봉기했을 때, 전건의 손자인 전안(田安)을 제북왕에 봉했다. 한나라가 건국된 뒤에 전안은 봉토를 잃었다. 그래도 제나라 사람들이 전안의 집안을 왕의 집안이라는 뜻으로 '왕가(王家)'라고 불러서 자연스레 왕씨(王氏) 성을 쓰게 되었다.

문제와 경제 연간에 왕안의 손자 왕수(王遂)가 자를 백기(伯紀)라고 하면서 〔제남〕 동평릉(東平陵)에 살았다. 왕하(王賀)를 낳았는데 자를 옹유(翁孺)라고 했다. 무제 때에 수의어사가 되어 위군의 떼도적 견로 등의 일당과 겁이 나서 범죄자를 잡으러 나서지 못한 관리를 체포했으나, 옹유가 이들을 모두 석방하고 처벌하지 않았다. 다른 군에 파견된 어사 보승지(暴勝之) 등은 이천석 관리의 경우 황제에게 상주한 뒤에 죽이고, 천석 이하 관리 및 도적과 통하며 음식을 제공하여 연루된 자들을 즉결 처분했는데 큰 군에서는 만여 명을 베기도 했다. 이때의 이야기는「혹리전」에 전한다. 옹유는 황제의 사자로서 위임받은 직무를 제대로 수행하지 못했다고 하여 면직되었다. 이때 옹유가 한숨을 쉬며 말했다.

"내가 듣기를 천 명을 살리면 자손이 작위를 받는다고 했다. 내가 살린 사람이 만여 명이 넘었지만 나의 후대가 과연 흥할 수 있을까!"

옹유가 면직된 뒤에 동평릉의 종씨(終氏)와 원수가 되었다. 옹유가 위군의 원성현(元城縣) 위율리(委粟里)로 이주하여 삼로가 되었는데, 위군 사람들이 옹유의 은덕에 감사했다. 원성현의 건공(建公)이 말했다.

"옛적 춘추 시대에 사록(沙麓)이 붕괴하자 진(晉)나라 사관이 점을 친 뒤에 '음(陰)이 양(陽)을 이기고 화(火)가 토(土)의 뒤를 이었으므로 사록이 붕괴하는 일이 일어난 것이다. 지금부터 육백사십오 년 뒤에 성녀(聖女)가 나타날 것이 분명하다.'[3]라고 했다. 성녀는 제나라 전씨(田乎) 집안에서 나올 것이다. 현재 왕옹유가 바로 그 사록이 무너진 곳에 사는데 성녀가 탄생할 시간이 다 되어 가고 있다. 원성의 성곽 동쪽에 오록의 폐허가 남아 있는데 그곳이 바로 사록이 무너졌던 곳이다. 지금부터 팔십 년 뒤에 존귀한 여자가 나와 천하를 흥하게 할 것이다."라고 했다.

옹유는 왕금을 낳았다. 왕금의 자는 치군(稚君)으로 젊어서 장안에 가서 법률을 배우고 정위사(廷尉史)가 되었다.

달을 품에 안은 태몽

○　○　○

본시 3년, 왕금이 딸 왕정군을 낳았으니 바로 원후이다. 왕금은 큰 뜻을 품고 있었으나, 품성을 방정하게 도야하지 않았다. 술과 여자를 좋아하여 첩을 여럿 두었는데, 딸 넷과 아들 여덟 명을 두었다. 맏딸은 왕군협(王君俠)이었고 그 아래가 바로 원후 왕정군이었으며 그다음은 왕군력(王君力), 막내딸은 왕군제(王君弟)였다. 맏아들은 자가 효경(孝卿)인 왕봉(王鳳), 둘째 아들은 자가 원경(元卿)인 왕만(王曼)이었으며 그 아래로는 자원(子元) 왕담(王譚), 소자(少子) 왕숭(王崇), 자하(子夏) 왕상(王商), 자숙(子叔) 왕립(王立), 치경(稚卿) 왕근, 계경(季卿) 왕봉시(王逢時)였다. 이중에서 왕봉과 왕숭 두 사람만 원후 왕정군과 같은 어머니 밑에서 났다.

이 세 사람의 어머니는 적실로서 위군 사람 이씨(李氏)의 딸이었다. 이씨는 뒤에 질투했다고 해서 쫓겨났는데, 개가하여 하내군의 구빈(苟賓)의 아내가 되었다.

이씨가 왕정군을 가졌을 때 가슴에 달을 품는 꿈을 꾸었다. 왕정군이 자란 뒤에 온순하여 부인이 갖추어야 할 도리를 지니고 있었다. 그런데 약혼만 하면 혼례를 치르기 전에 약혼자가 죽었다. 동평왕도 왕정군을 희(姬)로 맞기 위해 납채했는데 왕정군이 왕궁에 들어가기 전에 세상을 떠났다. 왕금이 아주 이상하게 여기고 점쟁이에게 왕정군의 관상을 보게 하자 "아주 귀하게 되실 분입니다. 더는 말씀드릴 수 없습니다."라고 했다.

왕금이 속으로 그렇게 될 거라고 여기고 왕정군에게 글을 가르치고 금(琴)을 배우게 했다. 오봉 연간에 왕정군을 바쳤는데 나이가 열여덟 살이었다. 왕정군은 역정에 들어가서 가인자가 되었다.

한 해 남짓하여 황태자가 총애하던 사마(司馬) 양제가 병이 들어 죽게 되었을 때 태자에게 말했다.[4]

"저는 천명으로 죽는 것이 아닙니다. 여러 제(娣), 첩(妾), 양인(良人)이 계속해서 저주하며 저를 죽여 왔습니다."

태자가 사마 양제를 가엾게 여기면서 그 말을 그대로 믿었다. 사마 양제가 죽은 뒤에 태자가 비통해하고 분개하다가 병이 나고 말았다. 실의에 빠져서 우울하게 지내는 가운데, 여러 제와 첩에게 크게 화를 내며 그 누구도 처소에 들이지 못하게 했다. 그렇게 한참 지났을 때 태자가 여러 제와 첩을 심하게 원망하고 있다는 소식을 선제가 듣게 되었다. 그리하여 태자의 마음을 맞춰 주려고 황후로 하여금 후궁 거처의 가인자 중에서 태자를 즐겁게 해 줄 사람을 뽑게 했는데, 왕정군도 그중에 들어 있었다. 태자에게 인사를 갔을 때 황후가 왕정군 등 다섯 명을 들여보내고, 태후를 곁에서 모시던 장어(長御)로 하여금 태자가 원하는 자가 누구인지를 살짝 알아 오게 했다. 태자는 그 다섯 명 중 누구에게도 마음이 가지 않았지만 황후의 뜻을 어길 수 없어 억지로 대답했다.

"이중 한 사람이 괜찮소."

그때 왕정군이 태자 가까이에 앉아 있었고, 또 홀로 가장자리에 진홍색 단을 댄 저우(諸于)를 입고 있었으므로, 장어가 왕정군이라고 생각했다. 황후가 시중 두보(杜輔)와 역정령 탁현(濁賢)으로 하여금 함께 왕정군을 태자궁에 데려다주어 병전(丙殿)에서 태자를 알현하게 했다. 왕정군은 태자와 동침할 수 있었고 임신했다.

그보다 앞서 태자궁의 후원에 제와 첩이 수십 명 있었고 오래도록 동침한 경우에는 일고여덟 해 동안 총애를 받은 사람도 있었지만 아무도 아들을 낳지 못했는데, 왕비(王妃)는 동침하자마자 임신했다.

성제를 낳다

○　○　○

감로 3년, 갑관(甲館) 화당(畫堂)에서 성제를 낳자 세적황손(世適皇孫)이라는 칭호가 붙었다. 선제가 아기를 예뻐하며 친히 오(驚)라는 이름과 태손(太孫)이라는 자를 지어 주고 늘 가까이에 두었다.

세 해가 지난 뒤에 선제가 붕어하고 태자가 즉위하니 효원제이다. 효원제는 태손을 태자로 삼고 생모 왕비(王妃)를 접여로 세웠으며 왕비의 아버지 왕금을 양평후(陽平侯)에 봉했다.

사흘 뒤에 왕 접여를 황후로 책립했다. 왕금은 특진(特進) 자리를 더해 받았고, 왕금의 동생 왕홍(王弘)은 장락위위까지 올랐다.

영광 2년, 왕금이 세상을 떠나자 경후(頃侯)라는 시호가 내려졌다.

맏아들 왕봉이 후사가 되어 후위를 이어받았다. 왕봉은 위위시 중이 되었다.

황후는 아들을 낳은 뒤로 원제와 거의 동침하지 못했다.

태자는 장성하여 마음이 넓고 겸손하고 신중했다. 태자가 신중했던 이야기는 「성제기」에 있다.

그 뒤에 술을 가까이하고 향연의 쾌락을 즐겼으므로 원제가 재능이 없다고 여겼다.

그런데 부 소의가 황제의 총애를 받게 되어 정도 공왕을 낳았다. 정도 공왕은 여러 면에서 재능과 기예가 뛰어나 황제가 아주 좋아했다. 그래서 실내에 있을 때엔 옆자리에 앉혀 두었고, 밖으로 움직일 때에는 연(輦)에 태우고 함께 다녔다. 황제는 늘 태자를 폐위시키고 공왕을 태자로 세우리라 생각하고 있었다. 그 무렵 왕봉이 관직에 있으면서 황후, 태자와 같은 심정으로 걱정하고 두려워했다. 다행히도 시중 사단이 태자를 옹호해 주었다. 이 이야기는 「사단전」에 있다. 황제도 황후가 평소에 아주 조심하면서 삼갔고, 선제(先帝)가 태자를 항상 중시했던 것을 생각하여 태자를 폐위시키지 않았다.

번성하는 왕씨 집안

○ ○ ○

원제가 붕어하자 태자가 황제 자리에 올랐으니 바로 효성제이다.

황후는 황태후로 높아졌다.

왕봉을 대사마 대장군으로 삼고 상서를 겸하게 했으며 식읍 오천 호를 더하여 봉했다. 왕씨 집안이 번성하게 된 것은 왕봉부터였다.

그 밖에도 황태후의 동복동생 왕숭을 안성후(安成侯)에 봉하고 식읍 만 호를 내렸다. 또 왕봉의 서출 동생 왕담 등도 모두 관내후 작위와 식읍을 받았다.

그해 여름에 종일 황사 먼지가 사방에 가득한 날이 있었다.[5] 황제가 간대부 양흥(楊興)과 박사 사승(駟勝) 등에게 물어보자 모두 주장했다.

"음이 성하여 양의 기운을 침범하고 있습니다. 고조께서 공신이 아니면 후에 봉하지 말라는 규정을 만드셨습니다. 지금 태후의 여러 동생은 공을 세우지 않은 채로 후에 봉해졌으니 고조의 규정을 어긴 것으로, 외척에게 이렇게 한 적이 없습니다. 그래서 하늘이 재이를 보이는 것입니다."

간언하는 신하들 대개가 이 주장에 동의했다. 이에 왕봉이 두려워하며 황제에게 사죄하는 상소를 올렸다.

폐하께서 즉위하신 뒤에 선제를 추모하는 마음으로 삼 년 동안 침묵하며 거상하는 양암(諒闇)에 들어가시면서 신 봉(鳳)에게 상서 일을 겸하게 하는 조서를 내리셨습니다. 그러나 위로는 성덕을 널리 홍보하지 못했고 아래로는 정사를 제대로 처리하는 데 도움이 되지 못했습니다. 최근 들어 혜성이 나타나고 천지가 적황색 먼지로 뒤덮였는데 이런 일이 일어난 잘못은 신에게 있습니다. 마땅히 사형을 받는 것으로 천하에 사죄하겠습니다. 이제 양암 기간이 끝나 대의(大義)를 모두 펼치셨으니, 만기친람하시는 것으로 하늘의 뜻을 받드십시오.

그러고는 사직하여 신체를 보전할 것을 청하자 황제가 답을 내렸다.

짐이 선제의 대업을 이었지만 아직 즉위한 지 얼마 되지 않아 사리에 밝지 못합니다. 그래서 음양의 조화가 착란되고 해와 달이 빛을 잃었으며 천하에 적황색 먼지가 가득 차게 되었습니다. 잘못은 짐에게 있는데, 지금 대장군께서 대장군의 잘못이라고 하시면서 상서 일과 대장군 인수를 반납하고 대사마 벼슬도 사직하겠다고 했으니 대장군의 말씀대로 하면 짐의 부덕함을 널리 알리게 될 것입니다. 짐이 장군에게 국사를 맡긴 것은 성과를 거두어 선조의 공덕을 빛내고 싶었기 때문입니다. 장군은 전심전력하여 모자라는 짐을 보필하되, 불안해하지 마십시오.

다섯 해가 지났을 때 제리 산기 안성후 왕숭이 세상을 떠났으므로 공후(共侯)라는 시호를 내렸다.

유복자 왕봉세(王奉世)가 후사로서 후위를 잇자 태후가 매우 가엾게 여겼다.

이듬해 하평 2년에 황제가 외삼촌을 모두 열후에 봉했는데, 왕담은 평아후(平阿侯), 왕상은 성도후(成都侯), 왕립은 홍양후(紅陽侯), 왕근은 곡양후, 왕봉시는 고평후(高平侯)에 봉했다. 다섯 사람을 같은 날에 봉했으므로 세상 사람들이 '오후(五侯)'라고 불렀다.

태후의 남자 동기 중에 왕만 한 사람만 일찍 세상을 떠났고 나머지는 모두 후위에 올랐다.

태후의 모친 이씨는 구씨의 아내가 되어 구삼(苟參)이란 아들을 낳고 과부가 되었다. 양평경후(陽平頃侯) 왕금이 살아 있었을 때 태후가 왕금으로 하여금 모친 이씨를 왕금의 집으로 모셔 오게 했다. 태후가 구삼을 어여삐 여겨 전분에게 그랬던 것처럼 후(侯)에 봉하고자 했다.[6] 그러자 성제가 말했다.

"전씨를 봉한 것은 옳지 않은 일이었습니다."

그리하여 구삼을 시중 수형도위로 삼았다.

왕씨 집안의 자제 모두가 경대부, 시중, 제조의 요직을 나누어 가지고 조정을 가득 메웠다.

대장군 왕봉이 집정하고 있을 때 성제는 끝까지 겸손하게 양보하며 어떤 일도 마음대로 결정하지 못했다.

성제의 측근 신하들이 자주 광록대부 유향의 막내아들 유흠이 경서에 통달하고 특출한 재능이 있다 하여 천거했다. 황제가 유흠을 불러서 접견했을 때 유흠이 시(詩)와 부(賦)를 암송했으므로 아주 좋아하게 되었다. 황제가 유흠을 중상시로 삼겠다며 중상시의 의관을 가져오게 했다. 막 임명하려고 할 때 측근의 신하들이 이구동성으로 고했다.

"대장군에게 아직 알리지 않았습니다."

그러자 황제가 말했다.

"이런 작은 일을 대장군에게 알려야 하는가?"

그러나 측근들은 머리를 조아리며 대장군에게 알릴 것을 고집했다.

그래서 황제가 왕봉에게 유흠을 임명하고 싶다고 알렸는데 왕봉이 임명할 수 없다고 했으므로 그만 없던 일이 되어 버렸다. 황제가 왕봉에게 곤란한 일을 당하기가 항상 이런 식이있다.

황제가 즉위한 지 여러 해가 지났지만 후사를 얻지 못했고 건강도 늘 좋지 않았다.

정도 공왕이 황제에게 조근(朝覲)을 드리러 왔을 때, 태후와 황제는 선제가 정도 공왕을 아꼈던 뜻을 받들어 공왕에게 아주 잘 대해 주고, 다른 제후왕보다 열 곱절 많은 하사품을 내리면서 [원제가 정도왕을 태자로 삼으려고 했던] 과거지사를 조금도 문제 삼지 않았다. 공왕이 조근을 오자 황제가 공왕을 붙잡아 두고 봉토로 돌려보내지 않았다. 황제가 공왕에게 말했다.

"나는 아들이 없고 인명은 어느 날이면 다하게 되어 있어 하루 아침에 다른 일이 생길 수도 있으니 그렇게 되면 우리는 서로 다시는 볼 수 없게 된다. 자네가 오래 남아서 내 곁에 있도록 하라."

그 뒤에 황제의 병이 점점 차도를 보였다. 공왕이 장안의 정도국저(定陶國邸)에 머물면서 아침저녁으로 황제를 돌보았으므로 황제가 공왕을 친밀히 여기며 중시했다. 대장군 왕봉은 공왕이 장안에 있는 것이 불편했다. 그때 마침 일식이 일어났으므로 일식을 핑계 삼아 왕봉이 아뢰었다.

"일식은 음이 성하면 일어나는 현상으로 아주 특별한 재이입니다. 정도왕이 비록 가장 가까운 혈육이긴 하지만, 예법에 따르자면 봉토에서 제후왕의 임무를 받들어야 합니다. 지금 장안에 머무는 것은 정도와 상규를 위반한 것이므로 하늘에서 경고를 내리고 있습니다. 왕을 봉토로 돌려보내는 것이 마땅합니다."

황제가 왕봉을 이길 수 없어서 허락하고 말았다.

공왕이 하직 인사를 왔을 때 황제가 공왕을 마주하고 눈물을 흘리며 이별했다.

경조윤 왕장은 언제나 강직하게 직언을 올렸다. 왕장은 왕봉이 공왕을 봉토로 돌려보내라고 주장하는 것이 옳지 않다고 여겼다. 그리하여 밀봉 상소를 올려 일식의 원인에 대해 상주했다. 황제가 왕장을 불러 접견하고 일식과 국사에 관해 물어보았다. 그러자 왕장이 대답했다.

"천도(天道)는 모든 일을 밝게 살펴 선량한 사람은 도와주고 악한 사람에게는 피해를 주는데, 길조와 재이로 그 징조를 나타내 보입니다. 지금 폐하께 후사가 없으니 정도왕을 가까이하셔서 종묘와 사직의 제사를 받드는 책임을 완수하여 위로 하늘의 뜻에 순종하고 아래로 백성을 안정시키고자 하십니다. 이는 정당한 생각이며 좋은 일이므로 응당 상서로운 길조가 나타나야 합니다. 그런데 재이가 출현한 것은 무엇 때문이겠습니까? 이번 재이의 원인은 대신이 전권을 휘두르는 데 있습니다.

이제 들으니 대장군이 일식의 원인을 왜곡하여 정도왕에게 돌리며 봉토로 돌아가라고 주장하고 있다는데 이는 대장군이 조정에서 황제를 고립무원하게 하고 조정 대사에 전권을 휘두르며 사욕을 채우려고 하는 것이니 충신이라 할 수 없습니다. 사실 일식은 음이 양을 침범하여 일어나지만 신하가 임금의 권리를 휘두른 것이 이번 일식의 원인입니다. 지금 크고 작은 정사를 모두 봉이 결정하고 있어 황제께서는 손도 한 번 들어 본 적이 없습니다. 이런데도 봉이 속으로 죄를 뉘우치지 않고 오히려 선량한 사람에게 일식의 원인이 있다고 돌리면서 정도왕에게 떠넘기려 하고 있습니다.

게다가 봉이 황상을 속이는 불충을 저지른 것이 이번만이 아닙니다. 전임 승상 낙창후(樂昌侯) 왕상은 선제의 외가 친척으로 품행이 순박하고 돈후하여 밖으로 위망이 높았으며, 장상(將相) 직위를 역임한 나라의 동량과 주춧돌 같은 신하였습니다. 사람됨이 정도를 지키기를 좋아하여 봉의 뜻을 따라 신조를 굽히거나 굽실거리지 않았더니, 마침내 여동생에게 일어났던 일로 봉에게 면직을 당했고 울분에 차서 죽고 말았으니 많은 사람이 가엾게 여겼습니다.

또 봉은 첩의 여동생인 장(張) 미인이 혼인을 한 적이 있어 예법에 따라 지존인 폐하께 들일 수 없다는 것을 알면서도 아들을 잘 낳을 수 있다는 핑계를 대어 후궁 거처에 넣고 첩의 여동생이 폐하의 총애를 받도록 도모했습니다. 장 미인은 한 번도 임신하거나 분만한 일이 없다고 들었습니다. 더구나 강(羌)이나 호(胡)에서는 아내가 처음 가진 아이를 죽임으로써 탕장(盪腸)[7]하고 혈통을 바르게 한다고 하는데, 하물며 황제께서 이미 출가했던 여자를 어떻게 가까이하실 수 있단 말입니까!

이 세 가지는 모두 큰일로서 폐하께서 잘 알고 계시니, 이것으로 나머지 일이나 숨겨진 일을 알기에 충분합니다. 봉은 오랫동안 국사를 주재할 수 없는 인물이니 물러나 집에 돌아가 있게 하는 것이 마땅합니다. 충성스럽고 어진 사람을 뽑아 대신하게 하십시오."

왕봉이 왕상을 면직시키자는 상소를 올린 뒤 정도왕까지 봉토로 돌려보내게 했으므로 황제는 마음이 편하지 않았다. 그런데 왕장의 말을 듣고 황제가 깨달음을 얻게 되어 왕장의 말을 받아들였다. 그러고는 왕장에게 말했다.

"경조윤의 직언이 없었으면 내가 사직을 위한 계책을 배울 수 없었을 것이다. 현인이 현인을 알아보는 법이니 그대가 짐을 보좌할 자를 찾아보도록 하라."

이에 따라 왕장이 밀봉 상소를 올려 중산 효왕[8]의 외삼촌인 낭야 태수 풍야왕을 천거했다.

"선제 때에 두 차례 경(卿)을 역임했습니다. 충성스럽고 신실한 데다 질박하고 정직하며 지혜와 모략이 풍부합니다. 야왕이 제후왕의 외삼촌이라서 지방에 있는데, 덕행과 능력이 뛰어나 다시 불러들여 인재 등용을 좋아하는 성군의 뜻을 밝히십시오."

황제는 풍야왕이 선제 때의 이름난 경(卿)이었다는 것을 태자 시절부터 알고 있었고 왕봉보다 명성이 훨씬 널리 알려져 있었으므로 풍야왕에게 의지하면서 왕봉을 대체할 인물로 삼고자 했다.

애초 왕장이 불려가서 알현할 때마다 황제가 좌우의 신하를 물러나 있게 했다. 그때 태후의 사촌 동생으로 장락위위 왕홍(王弘)의 아들이었던 시중 왕음(王音)이 홀로 엿들으면서 왕장이 말한 모든 내용을 왕봉에게 일렀다. 그 말을 들은 왕봉이 병을 칭하고 조정을 나가서 집에 돌아간 뒤에 사직하겠다는 상소를 올리며 황제에게 사죄했다.

신의 재주가 모자라고 우둔한데도 외가 형제 일곱 명이 열후에 봉해졌으니 집안 전체가 은혜를 입었고 하사받은 재물이 헤아릴 수 없이 많았습니다.

제가 정사를 보좌하며 황궁을 드나든 지 일곱 해가 되었는데, 폐하께서 신 봉에게 국사를 위임하시고 제가 의견을 올릴 때마다 들어주셨고 인재를 추천할 때마다 기용해 주셨습니다. 그러나 아무런 공을 세우지 못해 음양의 조화가 무너지며 재이가 여러 차례 나타나게 되었으니 그 책임은 신이 직무를 제대로 보지 못한 데 있습니다. 이것이 신이 물러나야 할 첫째 이유입니다.

오경의 주석서와 대가의 해석에는 일식의 원인은 모두 대신이 제대로 일을 처리하지 못한 데에 있다고 했습니다. 『역』 풍괘(豊卦)에 "절기우굉(折其右肱)"⁹이라고 했으니, 이것이 신이 물러나야 할 둘째 이유입니다.

하평 연간 이래로 신이 여러 해에 걸쳐 오랫동안 병을 앓았으므로 조정을 떠나 여러 차례 황궁 밖에서 병을 치료했으니 직무를 제대로 수행하지 않고 거저 녹봉만 받고 있습니다. 이것이 신이 물러나야 할 셋째 이유입니다.

폐하께서 황태후 생각에 차마 쫓아내지 못하시니 신이 자진해서 먼 곳으로 유배를 가야 할 줄 알고 있습니다. 그러나 다시 생각해 보니 형제와 집안사람들이 헤아릴 수 없을 정도로 큰 은혜를 입은 만큼 분신쇄골하며 황궁이 있는 장안에서 죽어야 할 일이지 아무런 성과를 내지 못했다는 이유로 황궁을 떠날 생각을 해서는 안 되는 것이었습니다. 그러나 최근 한 해 남짓한 동안 사실상 병이 아주 깊어졌는데 나날이 더 심해져서 폐하께 분신쇄골할 뜻을 실현하기 어렵습니다. 그러므로 사직하여 집에 돌아가 병을 치료하기를 원합니다. 폐하의 신령함에 힘입어 무덤에 묻히기 전, 한 달 사이에 요행히 치유되면 다시 황궁에서 폐하를 뵐 수 있겠으나 병이 낫지 않으면 무덤에 묻히게 될 것입니다.

신이 재주가 없음에도 폐하의 은총을 받고 있는데, 신이 큰 은덕을 입고 있는 것은 천하가 알고 있습니다. 이제 병이 든 채로 사직하여 집으로 돌아가면 신이 은총과 사랑을 입되 천하가 알게 될 것이니 폐하를 높이 우러러볼 것입니다. 제가 물러나더라도 폐하께 도움이 되어, 비난을 전혀 듣지 않게 될 것입니다.

폐하께서 저를 가엾게 여겨 주시길 바랍니다.

상소 내용이 몹시 애절했으므로 태후가 읽은 뒤에 눈물을 흘리며 식음을 전폐했다.

황제가 어려서부터 왕봉에게 가까이 의지했으므로 차마 면직하지 못하고 왕봉에게 답을 내렸다.

짐이 일 처리를 제대로 하지 못해 정사 처리에 부족한 면이 많았으므로 하늘에서 변이가 여러 차례 나타났는데 모두 짐의 책임입니다. 그런데 장군이 스스로 큰 잘못이 있다고 하면서 사직하여 물러가겠다고 하니 짐은 장차 누구에게 의지할 수 있겠습니까! 『서』에 〔주 성왕(周成王)이 주공(周公)에게 도움을 떠나지 말 것을 부탁하며〕 "저를 곤경에 빠뜨리지 마세요."[10]라고 했던 말이 나오지 않습니까? 정신을 집중하여 안심하고 병을 이겨 내야 합니다. 쾌차할 것이니 그래야 짐도 안심할 것입니다.

이 답을 받은 왕봉이 다시 조정에 나와 일을 보았다. 황제가 상서에게 왕장을 탄핵하는 상소를 올리게 했다.

야왕이 전에 제후왕의 외삼촌이라는 이유로 지방관으로 나가 있었는데 은밀히 천거하여 조정 관리가 되게 함으로써 제후왕에게 도움을 주려고 했습니다. 또 장 미인이 폐하의 승은을 입고 있는 것을 알면서도 강(羌)과 호(胡)에서 첫 자식을 죽여 탕장한다는 말을 함부로 비유해서 썼으니 마땅히 할 만한 발언이 아니었습니다.

이어서 왕장을 관리에게 넘겨 조사하게 했다. 정위가 왕장의 죄를 대역죄로 정하면서 "황상을 이적에 비교하며 황상의 후사를 끊기 위해 도모했고, 황제를 배반하고 정도왕에게 이로운 짓을 했습니다."라고 주장했다.

왕장은 옥중에서 죽었고, 처자식은 합포로 유배되었다.

이때부터 공경이 왕봉을 만나면 옆으로 비켜서서 보았다. 지방의 군과 제후국의 태수나 상(相), 자사는 모두 왕봉의 집안 막료 중에서 나왔다. 또 시중 태복 왕음은 어사대부가 되어 삼공의 반열에 올랐다. 게다가 오후(五侯)의 집에서는 앞다투어 사치를 부렸는데, 사방에서 진귀한 보물을 뇌물로 바쳤다. 집집이 후원에는 수십 명의 첩이 있었고 노복은 천 명에 이르렀다. 종(鐘)과 경(磬)이 걸려 있었고 정녀(鄭女)가 춤을 추거나 광대들이 공연했으며, 개와 말이 뛰어다녔다. 이들은 집을 크게 지었는데, 집안에 토산(土山)을 쌓고 〔못가에〕 점대(漸臺)를 세웠으므로, 멀리서 바라보면 수많은 홍예문과 높은 기둥의 회랑과 육교가 이어져 보였다.

백성들이 노래를 지어 불렀다.

오후(五侯)가 번성하기 시작했을 때
곡양후가 기세를 가장 크게 날렸지.
고도수(高都水) 제방을 터서
외두(外杜)를 돌아 집 안으로 끌어들였고,
토산의 점대가 서쪽의 백호전 같았네.[11]

이들이 사치한 바가 이와 같았다.

그런데 이들은 모두 인사에 통달한 자들로 인재를 좋아하며 키우되 재물을 털어 푸는 것으로 인격이 고상함을 표방했다.

왕봉은 모두 열한 해 동안 정사를 보좌했다.

양삭 3년 가을, 왕봉이 병이 나자 황제가 여러 차례 친히 집으로 병문안을 가서 왕봉의 손을 잡고 울면서 말했다.

"장군의 병이 뭐라고 할 수 없는 지경에 이르면 평아후 담(譚)으로 장군의 뒤를 잇게 하겠습니다."

그러자 왕봉이 머리를 조아려 울면서 말했다.

"담 등이 비록 신과 가장 가까운 혈육이지만 법도를 넘어서는 사치를 부리고 있어 백성을 이끌 만하지 못합니다. 어사대부 음이 조심하며 자신을 잘 단속하니 죽어 가는 신이 감히 추천합니다."

뒤에 임종을 맞이한 왕봉이 황제에게 사직 상소를 올렸는데 다시 왕음을 추천하여 자신의 뒤를 잇게 할 것을 고집하면서 왕담 등 다섯 명은 절대 중용해선 안 된다고 주장했다. 황제가 왕봉의 상소를 받아들였다. 왕담은 거만하여 왕봉을 섬기려 하지 않았지만, 왕음은 왕봉에게 공경하며 아들처럼 자신을 낮추어 공손히 대했으므로 왕봉이 왕음을 천거한 것이었다.

왕봉이 세상을 떠난 뒤에 황제가 친히 조문을 가서 장례에 필요한 물품을 하사했다. 경거(輕車)와 무사를 보내 호송하게 하고, 장안에서 위릉까지 군사를 도열시켰다. 시호는 경성후(敬成侯)로 내렸다.

아들 왕상(王襄)이 양평후 후위를 이으면서 위위에 임명되었다.

어사대부 왕음이 왕봉의 뒤를 이어 대사마 거기장군이 되었다.

반면에 평아후 왕담은 특진 자리를 더해 받고 성문의 군대를 거느리게 되었다. 곡영은 왕담에게 성문을 지키는 직위를 사양하게 했다. 이 일 때문에 왕담은 왕음과 사이가 멀어졌는데 이때의 이야기는 「곡영전」에 전한다.

왕음은 종외숙의 신분으로 더 가까운 외가 친척을 넘어서서 집정했는데 조심하면서 직무에 매진했다. 한 해 남짓하여 황제가 조서를 내려 말했다.

거기장군 음은 충성스럽고도 올바른 마음으로 황궁에서 숙위하면서 조정을 위해 수고하고 있다. 원래 어사대부였으나 외가 친척으로서 병마를 맡게 되어 장군이 되었는데, 아직 재상처럼 열후에 봉해지지 않았으니 짐이 몹시 안타깝게 여긴다. 이에 음을 안양후(安陽侯)에 봉하되 식읍은 오후와 마찬가지로 삼천 호를 하사한다.

그보다 먼저 성도후 왕상이 병이 났을 때 더위를 피하려고 황제에게 청하여 장안 성내의 명광궁(明光宮)을 빌린 적이 있었다. 뒤에 장안성을 가로질러 집 안의 큰 못에 풍수(灃水)의 물을 끌어들여 배를 띄웠다. 깃털로 만든 햇빛 가리개를 높이 세우고 장막을 둘렀으며 뱃사공이 노를 저으며 월나라 노래를 불렀다. 황제가 왕상의 집에 갔다가 성을 가로질러 물을 끌어들인 것을 보고 화가 났지만 속에 감추고 말하지 않았다. 뒤에 미행을 나갔다가 곡양후 집을 들렀는데, 후원에 토산을 쌓고 백호전을 닮은 점대를 지어 놓은 것을 보았다. 이에 황제가 노하여 거기장군 왕음을 문책했다. 왕상과 왕근 형제가 스스로 태후에게 사죄하면서 경형(黥刑)과 이형(劓刑)을 받겠다고 했다. 이 소식을 듣고 황제가 대로하여 상서를 파견해 사례교위와 경조윤을 문책했다.

"성도후 상은 제멋대로 황성을 가로질러 풍수의 물을 끌어왔고 곡양후 근은 분수에 넘치는 사치를 부리면서 황제의 제도를 모방하여 적지(赤墀)와 청쇄(靑瑣)로 장식했다. 홍양후 립 부자는 간사하고 교활하여 법을 어기고 호적지를 떠나 도망 다니는 자를 숨겨주고 있으니 떼도적을 빈객으로 거느리고 있다. 사례와 경조는 모두 이들을 비호하며 관대하게 대하느라고 정당한 법에 따라 고발하는 상주문을 올리지 않았다."

두 사람은 관청 문 앞에 머리를 조아렸다. 또 거기장군 왕음에게도 책서를 내렸다.

외가 사람들이 어찌 이렇게 쉽게 화를 자초하고 나선 것일까! 자진해서 경형과 이형을 받겠다고 한 것은 태후 면전에서 치욕을 당하는 벌을 받음으로써 자모(慈母)의 마음을 상하게 하여 나라를 위태롭고 어지럽게 만들겠다는 뜻이리라. 외가 집안의 세력이 강하고 황제는 점점 약해진 지 이미 오래되었다. 오늘 한번 형벌을 내릴 테니, 장군은 그 제후들을 불러 장군의 집에 대령하게 하라.

이날, 상서에게 문제 때에 박소(薄昭) 장군을 주살했던 과정을 상주하라는 조서를 내렸다. 거기장군 왕음이 석고대죄하여 처분을 내려 달라고 빌었고, 왕상, 왕립, 왕근 세 사람은 모두 부질(斧

質) 형틀을 등에 지고 사죄했다. 황제가 차마 벌을 내리지 못하고 멈추었다.

얼마 있어 평아후 왕담이 세상을 떠났으므로 안후(安侯)라는 시호를 내렸다. 아들 왕인(王仁)이 후사로서 평아후가 되었다.

일찍 죽은 왕망의 아버지를 추봉하다

○　○　○

태후는 동생 왕만이 일찍 죽어 유일하게 열후에 봉해지지 못한 것을 안타깝게 여겼다. 왕만의 미망인 거(渠)는 동궁에서 태후를 모시고 있었다. 아들 왕망은 어린 데다 아버지가 없어서 사촌 형제들 사이에 끼지 못했으므로 태후는 늘 왕망 모자가 가엾다고 말했다. 평아후 왕담과 성도후 왕상 및 높은 자리에 있던 대신들은 왕망을 많이 칭찬했다. 얼마 지난 뒤에 황제가 조서를 내려 왕만을 신도애후(新都哀侯)에 추봉(追封)하고 아들 왕망을 그 후사로 하여 신도후에 봉했다.

뒤에 다시 태후 언니의 아들 순우장을 정릉후에 봉했다. 이로써 왕씨의 친족 중에 열후에 봉해진 자는 모두 열 명이 되었다.

황제는 평아후 왕담이 정사를 보좌하지 못하고 세상을 떠난 것을 아쉬워했다. 그리하여 왕담의 동생 성도후 왕상에게 특진 자리를 더해 주어 다시 불러들인 다음 겸하여 성문을 지키는 부대를 지휘하게 했다. 또 막부(幕府)를 두게 했으며 장군과 같은 수준에서 아전을 뽑아 쓸 수 있게 했다.

두업이 거기장군 왕음에게 왕상과 친하게 지내라고 설득했다. 이때의 이야기는 「두업전」에 전한다.

왕씨 집안사람들의 벼슬이 나날이 높아지는 가운데, 왕음이 유일하게 절제된 행동을 하면서 여러 차례 바른 의견을 간언했으니 충절이 뛰어났다. 왕음은 정사를 보좌한 지 여덟 해 만에 세상을 떠났다. 대장군의 의전을 적용하여 조문하고 장례용품을 하사했으며, 시호는 경후(敬侯)로 내렸다.

아들 왕순(王舜)이 후사로서 안양후가 되면서 태복시중에 임명되었다.

특진 성도후 왕상이 왕음의 뒤를 이어 내사마 위장군이 되었다.

홍양후 왕립은 특신 자리를 더해 받고 겸하여 성문을 지키는 부대를 지휘하게 되었다.

정사를 보좌한 지 네 해째에 왕상이 병이 나서 사직하자 황제가 슬퍼하면서 대장군으로 승진시키고 식읍 이천 호를 더해 주었으며 백만 전을 하사했다.

왕상이 세상을 떠나자 대장군의 의전을 적용하여 조문하고 장례용품을 하사했으며, 시호는 경성후(景成侯)로 내렸다.

아들 왕황(王況)이 후사로 후위를 이었다.

홍양후 왕립이 그 뒤를 이어 정사를 보좌할 차례였으나 죄를 지었다.[12] 이때의 이야기는 「손보전(孫寶傳)」에 전한다. 그리하여 황제가 왕립을 면직하고 광록훈 곡양후 왕근을 중용하여 대사마 표기장군으로 삼았다. 한 해 남짓하여 식읍 천칠백 호를 더해 주었다.

고평후 왕봉시는 재기와 능력이 없다고 이름나 있었다. 이해에 세상을 떠났으므로 시호를 대후(戴侯)로 내렸다. 아들 왕매지(王買之)가 후사로서 고평후가 되었다.

수화 원년, 황제가 즉위한 지 스물 몇 해가 되었는데도 후사가 없었다. 이해에 정도 공왕이 세상을 떠나 그 아들이 왕으로 즉위했다. 새로 즉위한 왕의 할머니인 정도 부 태후가 표기장군 왕근(王根)에게 많은 재물을 선사한 뒤에 정도왕을 한나라 황실의 후사로 삼게 해 달라고 부탁했다. 왕근이 황제에게 정도왕을 태자로 추천하자 황제도 원하던 바라 바로 황궁에 불러 태자로 삼았다.

그 무렵은 왕근이 정사를 보좌한 지 다섯 해째 되는 때였다. 사직을 청하자 황제가 왕근에게 식읍 오천 호를 더해 주고 네 필 말이 끄는 안거와 황금 오백 근을 하사한 뒤에 관직에서 물러나 집으로 돌아가게 했다.

그보다 먼저 정릉후 순우장이 외척으로서 기획 능력이 있다 하여 위위시중이 되어 있었으므로 서열로 보아 왕근의 뒤를 이어 정사를 보좌할 차례였다.

그해 신도후 왕망이, 홍양후 왕립과 순우장이 내통했으나 폭로되지 않고 있던 것을 고발했다. 순우장은 옥중에서 죽고 왕립은 봉토로 돌아가게 되었으니 이때의 이야기는 「순우장전」에 전한다.

그리하여 곡양후 왕근이 자신의 뒤를 이을 자로 왕망을 천거했다. 황제도 왕망이 충직한 절의가 있다고 여겨 시중 기도위 광록대부로 있던 왕망을 대사마로 발탁했다.

한 해 남짓하여 성제가 붕어하고 애제가 즉위했다. 태후가 왕망에게 조서를 내려 황제의 외척을 피해 사직하고 돌아가 있으라고 했다. 황제가 즉위 초에 왕망을 우대하면서 사직의 청을 들어주지 않았다. 왕망이 황제에게 상소하여 사직하고 집으로 물러나겠다는 뜻을 고집했다. 그러자 황제가 조서를 내려 말했다.

곡양후 근이 전에 대사마 자리에 있을 때 사직을 위한 계책을 올렸다.[13] 시중태복 안양후 순은 예전에 태자가(太子家)를 살피고 보호했으며 짐을 이끌었고 언제나 충성스러웠으니, 지난날에 은혜를 입었다. 신도후 망은 나라를 위해 걱정하며 애쓰면서 언제나 의를 지켜 왔으므로 함께 나라를 다스리기를 기대했으나 태후께서 조서를 내려 집에서 휴식하도록 하셨으니 몹시 안타까운 일이다. 이에 근에게 이천 호를, 순에게 오백 호를, 망에게 삼백오십 호를 더하여 봉한다. 망에게 특진 자리를 더하니 매달 초하루와 보름에 조근하도록 하라.

또 홍양후 왕립을 장안으로 돌아오게 했다.

애제가 젊은 나이에 왕씨 집안이 교만하게 발호하는 사실을 알고 마음속으로 좋아하지 않았지만, 즉위 초였으므로 왕씨 집안사람들을 우대했다.

한 달 남짓하여 사례교위 해광(解光)이 상주했다.

곡양후 근은 집안이 번성할 뿐 아니라 자신도 높은 자리에 있습니다. 삼대에 걸쳐 집권하면서 다섯 장군이 정사를 맡았으므로, 천하 곳곳에서 충성을 바치려는 수레 행렬이 몰려들고 있습니다. 근은 탐욕스럽고도 사악한 품성을 지닌 채로 억대의 재산을 모았습니다. 제멋대로 방자하여 집을 크게 지었는데 집 안에 토산을 쌓고 두 군데 시장을 마련했으며 건물에는 적지를, 문에는 청쇄를 해 넣었습니다. 유람하고 사냥할 때에는 노비들에게 갑옷을 입히고 궁노(弓弩)를 들게 하여 보병 부대처럼 진열시켰습니다. 이궁(離宮)에 머물면서 수형도위에게 필요한 물품을 제공하게 하고 백성을 동원하여 길을 닦게 했으므로 백성이 그 노역에 시달렸습니다.

속으로 간사한 마음을 품고 조정의 정무를 마음대로 주무르기 위해 가까웠던 아전 주부(主簿) 장업(張業)을 천거하여 상서로 삼은 뒤에 황상을 속이고 신하가 의견을 올릴 수 없게 했습니다. 이렇게 조정 안에서 제왕의 법도를 막아 놓고 밖으로는 제후들과 교류했습니다. 또 분수에 넘치는 사치를 부리면서 황제의 제도를 모방하면서 제도를 어지럽혀 무너뜨렸습니다. 근은 선제의 가장 가까운 친척이자 사직을 책임진 대신이었지만, 선제께서 천하를 버리셨을 때 슬퍼하며 추모하지도 않고 능이 다 조성되기도 전에 공공연히 원래 역정에 있던 여악(女樂)과 오관(五官) 은엄(殷嚴)과 왕비군(王飛君) 등을 데려와 아내로 삼은 뒤에 주연을 베풀고 가무를 즐겼으니 선제께서 베푼 두터운 은덕을 잊고 신하의 도의를 배반했습니다. 또 근의 형의 아들 성도후 황이 요행히도 아비의 후사가 되어 열후에 봉해지고 시중이 되었지만, 두터운 은덕을 보답할 생각은 하지 않고 원래 역정에 있었던 선제의 귀인을 처로 삼았습니다. 이들 모두 신하의 예를 지키지 않았으므로 대불경부도죄에 해당합니다.

이에 황제가 답을 내렸다.

　선제께서 근과 황 부자를 가장 후대했는데, 지금 와서 그 은덕
과 의리를 배반하고 있구나.
　근은 사직을 위한 계책을 올린 적이 있으니 처형하지 말고 봉토
로 보내라. 황은 서인으로 강등시켜 원래 살던 군으로 보내라. 근
과 황, 아비 상(商)이 천거했던 관리는 모두 면직시키도록 하라.

　두 해 뒤에 부 태후와 황제의 생모 정희에게 모두 존호를 칭하
게 했다. 그러자 해당 관원이 상주했다.

　신도후 망이 전에 대사마로 있을 때 존호에 관한 의논을 못 하
도록 눌러 두어 효도의 뜻을 훼손시켰습니다. 또 평아후 인(仁)은
조 소의의 친척을 숨겨 주었으니, 모두 봉토로 보내야 합니다.

천하 백성이 왕씨 집안을 크게 원망했다.
간대부 양선(楊宣)이 밀봉 상소를 올려 주장했다.

　종묘의 중요함을 깊이 생각하시던 효성제께서 폐하가 최고의
덕을 갖추었다고 칭찬하시면서 황제의 자리를 이어받게 하셨습니
다. 선제께서 심원한 뜻으로 결정을 내리셨으니 그 은덕이 아주 두

터웠습니다. 선제의 뜻을 생각해 볼 때, 폐하께서 선제의 뒤를 이어 동궁의 태황태후를 잘 모시라는 뜻이 아니겠습니까! 태황태후의 춘추가 일흔이신데 계속해서 마음 아픈 일을 겪고 계십니다. 태후께서 친족에게 정씨와 부씨 일족으로부터 비켜 있도록 물러나라는 명령을 내리시자 길을 가던 사람들이 태후를 생각하며 눈물을 흘렸습니다. 그런데 하물며 폐하께서 왕씨 일족에게 박하게 하실 수 있겠습니까! 때때로 높은 곳에 올라 멀리 바라보실 때 연릉에 전혀 부끄럽지 않으시겠습니까!

애제가 양선의 주장을 읽고 크게 느낀 바가 있어 왕상의 둘째 아들 왕읍(王邑)을 성도후에 다시 봉했다.

원수 원년, 일식이 있었다. 현량 인재가 황제에게 대책을 올리면서 신도후 왕망을 변호하는 자가 많았으므로 황제가 왕망과 평아후 왕인을 장안으로 불러 태후를 모시게 했다.

곡양후 왕근이 세상을 떠나자 봉토를 철폐했다.

아홉 살 황제와 왕망의 섭정

○　○　○

이듬해, 애제가 붕어했는데 아들이 없었다.

태황태후가 왕망을 대사마로 삼고 왕망과 함께 중산왕을 황궁으로 불러 애제의 후사로 세웠으니 바로 평제이다.

황제의 나이가 아홉 살이었고 전에 병을 앓은 적이 있으므로 태후가 조정에 나와 정무를 처리했다. 태후가 왕망에게 정사를 위임했으므로 왕망이 전권을 휘두르게 되었다.

홍양후 왕립은 왕망의 숙부였고 평아후 왕인은 늘 강직했으므로 왕망이 속으로 두 사람을 두려워했다. 왕망이 대신들로 하여금 왕립과 왕인이 죄가 있다고 상주하게 하여 두 사람을 봉토로 돌려보냈다.

왕망은 나날이 태후를 속이며 정사를 잘 보좌하여 태평성대에 이르렀다고 주장했다. 대신들이 안한공(安漢公)으로 높이도록 주청했다.

뒤에 사자를 보내 왕립과 왕인을 갑자기 체포한 뒤에 스스로 목숨을 끊게 했다. 왕립에게 황후(荒侯)라는 시호를 내리고, 아들 왕주(王柱)를 후사로 삼았다. 왕인에게는 날후(剌侯)를 시호로 내리고, 아들 왕술(王術)을 후사로 삼았다.

이해가 원시 3년이었다.

이듬해, 왕망이 신하들에게 넌지시 일러 왕망의 딸을 황후로 삼아야 한다는 상소를 올리게 했다. 또 왕망을 재형(宰衡)으로 높이고 왕망의 어머니와 두 아들을 모두 열후에 봉할 것을 상주하게 했다. 이때의 이야기는 「왕망전」에 있다.

왕망은 조정에서는 신하들로 하여금 같은 목소리를 내어 자신의 공덕을 칭송하게 했고, 내전에서는 장어(長御) 이하 태후 곁에 있던 시종들의 환심을 사기 위해 수천만 전을 뇌물로 주었다. 왕망이 태후에게 고하여 태후의 자매를 봉하게 했는데, 군협(君俠)

은 광은군(廣恩君), 군력(君力)은 광혜군(廣惠君), 군제(君弟)는 광시군(廣施君)에 봉하고 세 사람 모두에게 탕목읍을 내리게 했다. 이들은 밤낮으로 함께 왕망을 칭찬했다.

왕망은 또 태후가 부인으로서 구중궁궐 안에 사는 것에 싫증을 내고 있는 것을 알고, 태후를 즐겁게 해 주어 권세를 얻고자 했다. 그래서 태후로 하여금 철 따라 수레를 타고 장안의 네 군데 교외 지역을 돌아보면서 고아와 과부 및 정부(貞婦)를 찾아 위로하게 했다.

봄에는 견관(蘭館)에 행차하여 황후와 열후의 부인들을 데리고 뽕잎을 따고 패수(霸水) 변에서 액막이 제사를 지냈다. 여름에는 호현(鄠縣)과 두현(杜縣) 사이에 있는 어숙원(鄃宿苑)에 놀이를 나갔다. 가을에는 동관(東館)에 건너가 곤명지를 바라보거나 황산궁(黃山宮)에 머물렀다. 겨울에는 〔미앙궁〕 비우전(飛羽殿)에서 잔치를 벌이거나 〔상림원〕 상란관(上蘭觀)에서 울타리를 치고 사냥하거나 장평관(長平館)에 올랐다가 접해 있는 경수를 바라보곤 했다.

태후가 경조윤 속현에 나갈 때마다 은혜를 베풀었는데, 백성에게 돈과 비단과 소와 술을 하사했다. 태후의 나들이는 해마다 정기적으로 행해졌다.

태후가 완곡하게 말했다.

"내가 처음 태자가에 들어갈 때 병전(丙殿)에서 태자를 뵈었지. 지금 오륙십 년이 지났지만 아직도 선명하게 기억이 나는구나."

그러자 왕망이 말했다.

"태자궁이 여기에서 가깝습니다. 한번 가셔서 돌아보셔도 힘드시진 않을 듯합니다."

그래서 태후가 태자궁에 나갔는데 아주 기뻐했다. 태후가 데리고 놀던 아이가 병이 나서 황궁 밖에 나갔을 때에는 왕망이 친히 문병을 갔다. 왕망이 태후의 환심을 사는 방법이 이랬다.

평제가 붕어했는데 아들이 없었다.

선제의 현손들을 황궁으로 불러 그중에서 가장 어렸던 광척후(廣戚侯)[14]의 아들 유영(劉嬰)을 뽑았다. 유영의 나이가 두 살이었는데, 점괘와 관상이 가장 좋다는 것이 뽑힌 이유였다. 왕망이 공경들에게 넌지시 일러 유영을 유자(孺子)로 세우고 주공(周公)이 성왕(成王)을 보좌했던 선례처럼 재형 안한공 왕망을 거섭(居攝) 자리에 올리는 상소를 올리게 했다.

태후는 허락할 수 없다고 생각했지만 태후의 능력으로는 막을 길이 없었다.

왕망은 이어서 섭황제(攝皇帝)가 되어 개원칭제(改元稱制)했다.

얼마 지나지 않아 한나라 종실의 안중후(安衆侯) 유숭(劉崇)과 동군 태수 적의 등이 왕망을 증오하며 연달아 군사를 일으켜 왕망을 죽이려고 나섰다. 태후가 그 소식을 듣고 말했다.

"사람의 생각이 서로 크게 다르지 않을 테니, 내가 비록 여자지만 그래도 왕망이 이번 일로 위태롭게 될 줄을 알겠구나. 그렇게 되어서는 안 될 텐데."

그 뒤에 왕망이 하늘에서 징표를 내렸다고 하면서 스스로 진황제(眞皇帝)에 올랐다. 황제에 오르기 전에 먼저 여러 가지 상서로운 징표를 태후에게 아뢰었는데 태후가 매우 놀랐다.

애초 한 고조가 함양(咸陽)에 입성하여 패상에 이르렀을 때, 진왕(秦王) 자영(子嬰)이 지도정(軹道亭)에서 투항하며 시황제의 국새를 바쳤다. 뒤에 고조가 항적을 주살하고 황제의 자리에 올랐을 때 그 국새를 직접 패용했다. 그러고는 대대로 전해 내려왔는데 한전국새(漢傳國璽)라고 불렸다. 유자가 즉위하기 전이라 그 국새는 태황태후가 장락궁에 깊이 보관하고 있었다. 뒤에 왕망이 즉위하여 국새를 내어 달라고 청하자 태후가 왕망에게 내려 주지 않았다. 왕망이 안양후 왕순을 시켜 태후에게 자신의 뜻을 전달했다. 왕순은 평소에 조심스럽게 행동하면서 자신을 단속했으므로 태후가 좋아하고 신임했다. 왕순이 태후를 알현했을 때 태후는 왕망이 국새를 요청하기 위해 보낸 것을 알고 노하여 꾸짖었다.

"너희 집안의 부자(父子)나 친척들은 한나라 황실의 권세를 받아 대대로 부귀를 누려 왔음에도 불구하고 보답할 생각은 하지 않는구나! 오히려 유자를 세워 돌보겠다고 하고는 유리한 기회를 틈타 한나라를 빼앗으려고 들면서 은덕을 생각하지 않다니, 사람이 이렇게 굴면 개돼지도 그런 사람이 남긴 걸 먹지 않는다. 천하에 어떻게 너희 형제 같은 자들이 있단 말이냐! 너희가 금궤(金匱)니 부명(符命)이니 하면서 새 황제를 세우고 정삭과 수레와 말을 장식하는 빛깔 및 제물로 바칠 짐승의 털 빛깔을 바꾸었으면 국새도 새로 만들어 만대에 전하면 될 일이지 망국의 불길한 국새를 어디에 쓰겠다고 내달라는 말이냐! 나는 한나라 황실의 늙은 과부로 조만간 죽게 될 텐데 그 국새와 함께 묻힐 테니 끝내 얻지 못할 것이야."

태후가 눈물을 흘리며 말했으므로 장어 이하 곁에 있던 시종들도 모두 눈물을 흘렸다. 왕순도 슬픈 마음을 금하지 못하다가 한참 뒤에서야 고개를 들어 태후에게 아뢰었다.

"신등은 이미 아무 말도 할 수 없습니다. 망이 반드시 전국새(傳國璽)를 얻겠다고 하면 태후마마께서 끝까지 내주지 않으실 수 있겠는지요!"

태후가 간절하게 올리는 왕순의 말을 듣고 왕망이 협박할 것이 두려워 한전국새를 꺼내어 바닥에 던졌다.

"나는 늙어서 이미 죽은 것이나 다름없지만, 너희 형제 같아서야 바로 멸족을 당할 것이다."

왕순이 전국새를 가지고 와서 그 사실을 알리자 왕망이 크게 기뻐하며 태후를 위해 미앙궁 점대(漸臺)에 주연을 베풀고 여러 사람과 재미있게 즐겼다.

왕망은 또 태후라는 한 황실의 옛 호칭을 고치면서 태후의 새 수도 바꾸려고 했으나 태후가 말을 듣지 않을까 봐 염려했다. 그때 왕망의 먼 친척이던 왕간(王諫)이 왕망에게 아부하는 상소를 올렸다.

황천이 한나라를 망하게 한 뒤에 신(新) 황실을 세우도록 명하셨으니 태황태후라는 존호를 칭하는 것은 마땅하지 않습니다. 한나라가 망한 동시에 태후라는 존호를 버림으로써 천명을 받드셔야 합니다.

왕망이 수레를 타고 동궁(東宮)으로 가서 태후에게 직접 그 상소문을 읽어 주자 태후가 말했다.

"그 말이야 맞지."

왕망이 말했다.

"이자는 패덕한 신하이니 주살해야 마땅할 죄를 지었습니다."

그때 관군현(冠軍縣) 사람 장영(張永)이 천명이 내린 징조라면서 동벽(銅璧)을 올렸는데 표면에 글이 쓰여 있었다.

"태황태후는 신실문모태황태후(新室文母太皇太后)가 되어야 마땅하다."

이에 왕망이 조서를 내렸다.

　내가 여러 공에게 보여 주니 모두들 "훌륭하다. 새긴 것도 그린 것도 아닌 글자가 아주 자연스럽게 생겼다."라고 했다. 내가 생각할 때 황천이 나를 아들로 명하시고 다시 태황태후를 '신실문모태황태후'로 고치라고 한 것은 구왕조가 신왕조로 교체하는 이 시기에 적합한 징표인데 한나라 때에도 이런 징표가 나타난 적이 있었다. 애제 때에 서왕모가 내린 조서라며 볏짚을 서로 전달하면서 서왕모에게 술과 음식을 갖춰 제사를 지낸 일이 있었다. 사람들은 서왕모로 인해 왕조가 바뀔 것으로 생각했는데 그 생각은 이제 명백한 결과로 드러나게 되었다. 나는 천명을 경외하므로 감히 공경하는 마음으로 받들지 않으랴! 삼가 길한 달과 길한 날을 골라 여러 공과 제후, 경사(卿士)를 이끌고 친히 황태후께 새수를 바침으로써 하늘의 뜻에 따르고 사해에 널리 알리도록 하겠다.

태후가 그렇게 하도록 허락했다. 왕망은 왕간을 짐독으로 죽이고 장영을 공부자(貢符子)에 봉했다.

그보다 먼저 왕망이 안한공으로 있을 때 태후에게 아부하는 방법의 하나로 원제의 묘호를 고종(高宗)으로 높이고 태후가 세상을 떠난 뒤에 적절한 예법에 따라 고종의 사당에 배향하고자 했다. 그런데 왕망이 태후의 존호를 신실문모로 고치고 한나라와 절연시킨 뒤에는 원제의 사당에 배향할 뜻도 바꾸어 버렸다. 그리하여 효원제의 사당을 뜯어 문모태후의 사당으로 고쳐 짓게 하면서 효원제 사당의 정전(正殿) 건물만은 찬식당(簒食堂)으로 남겨 두었다. 사당이 완성된 뒤에 이름을 장수궁(長壽宮)이라고 했는데, 그것은 태후가 아직 살아 있어 묘호를 정하지 않았기 때문이었다. 태후가 황궁 밖을 유람하기 좋아하는 것을 알고 있던 왕망이 수레를 타고 장수궁에 가서 주연을 베푼 뒤에 태후를 청해 왔다. 도착하여 원제 사당이 다 뜯긴 참혹한 모습을 보고 놀란 태후가 울면서 말했다.

"이곳은 한나라 황제의 사당이고 신령이 계신 곳이다. 신령이 너희에게 무슨 죄를 지었다고 이렇게 망가뜨려 놓았느냐! 귀신이 아무것도 알 수 없다면 사당은 지어서 무엇을 할 것이냐? 귀신이 모든 것을 다 안다면, 내가 선제의 비였는데 어떻게 선제의 사당을 욕되게 하면서 내 제사 음식을 진설하게 하느냐!"

그러고는 곁에 있던 사람만 들을 수 있도록 말했다.

"이자가 귀신을 이토록 모욕했으니 어찌 오래도록 귀신의 보우를 받을 수 있겠느냐!"

술을 마셔도 즐겁지 않았으므로 주연을 파하고 말았다.

왕망이 황위를 찬탈한 뒤에 태후가 원망한다는 것을 알고 태후의 마음을 사기 위해 하지 않은 것이 없었으나 태후는 더욱더 마음을 풀지 않았다. 왕망이 한나라 황궁에서 검은담비 털을 달게 한 것을 바꾸어 황색 담비 털을 달게 했다. 또 한나라의 정삭과 복제(伏祭), 납제(臘祭) 날짜를 바꾸어 버렸다. 그러나 태후는 자신의 관속들에게 검은담비 털을 달게 했고, 한나라 황실의 정납일(正臘日)이 되면 시종과 마주 앉아 술을 마셨다.

태후는 여든네 살이 되던 해인 〔왕망〕 건국 5년 2월 계축일에 세상을 떠났다. 3월 을유일에 위릉에 합장했다. 왕망이 대부 양웅(楊雄)에게 명하여 뇌사(誄詞)를 짓게 했는데 "태음의 정수와 사록의 신령함을 안고 한나라 황제의 배필이 되어 원제와 합방하여 성제를 낳았네."[15]라고 하여, 원성 사록의 도움을 얻은 것을 나타냈다. 태음의 정수란 태몽에 달을 본 것을 뜻한다.

태후가 세상을 뜨고 열 해가 지났을 때 한나라 군대가 왕망을 주살했다.[16]

그보다 먼저 홍양후 왕립이 남양군에 있던 봉토로 돌아갔을 때 유씨 일족과 사이좋게 지냈다. 뒤에 왕립의 막내아들 왕단이 중산 태수가 되었다.

광무제 세조(世祖)가 봉기한 초기, 왕단이 세조에게 투항하여 장군이 되었다가 전사했다. 황제가 가엾게 여겨 왕단의 아들 왕홍(王泓)을 무환후(武桓侯)에 봉해 지금까지 이르고 있다.

사도연 반표가 말한다.

『춘추』의 기록에 따르면, 〔하, 은, 주〕 삼대 이래 황제와 제후 중에 나라를 잃은 경우치고 황제가 총애했던 여자 때문이 아닌 적이 드물었다. 한나라가 건국된 뒤에 후비(后妃)의 일가였던 여씨, 곽씨, 상관씨가 여러 차례 나라를 위기에 빠뜨릴 뻔했다. 왕망의 건국도 효원황후가 한나라 황제 사 대 동안 예순 해가 넘도록 황후와 태후 자리에 있으면서 여러 동생으로 하여금 권세를 누리며 전권을 계속 휘두르게 하여 다섯 장군과 열 명의 열후를 배출하고 마침내 신도후까지 나오게 했기 때문에 일어난 일이다. 천하의 제위가 바뀐 뒤에, 원후는 간절한 마음으로 국새를 움켜잡고 왕망에게 내어주지 않으려고 했다. 부인의 인덕(仁德)이 슬프도다!

69

왕망전 상
王莽傳 上

한나라를 전한 또는 서한(西漢)과 후한 또는 동한(東漢)으로 가르는 분수령이 신(新)나라다. 한나라 황실의 외척 출신 왕망(王莽, 기원전 45~23년)은 하늘의 선택을 받아 신나라를 세웠지만, 부흥한 한나라 측에서 보면 황위를 찬탈한 인물이었으므로 『한서』의 정통 본기에 들 수 없었다. 「왕망전」은 원래 한 권이었는데 후대 사람들이 상중하로 나누었다.

상편에는 왕망이 황제의 자리에 한 발 한 발 다가서며 수단과 방법을 가리지 않고 비열한 수단을 동원하는 과정이 자세하게 그려져 있다. 왕망은 한나라 황제 대리로 있을 때 친어머니의 상을 당했으나 통치 행위를 중단하지 않으려고 삼년상을 치르지 않았다. 반고는 평소에 효를 강조했던 왕망이 공공연하게 야심을 드러냈던 이 장면을 지면을 아끼지 않고 묘사했다.

왕망은 속임수에 능한 외척 출신이 황위를 찬탈하고 사회를 혼란에 빠뜨린 것으로 그려져 있다. 이를 다른 각도에서 보면 배경과 소질, 능력 등을 골고루 갖춘 왕망이 피 흘리지 않고 권력을 얻은 뒤에 복고풍의 개혁을 통해 자신의 이상을 실현하고 애쓴 것으로 볼 수도 있겠으나, 『한서』 외에는 기본 사료가 남아 있지 않아 2000년 동안 왕망의 상은 변화하지 않았다.

왕망은 성제(成帝) 양삭(陽朔, 기원전 24~기원전 21년) 연간에 백부의 임종을 지킨 것으로 존재감을 드러낸 뒤로 이십 대였던 홍가(鴻嘉, 기원전 20~기원전 17년) 연간에 장안성 북군 교위로서 능력을 발휘하여 당시 대신들에게 두루 칭찬받았다. 영시(永始, 기원전 16~기원전 13년) 원년에 신도후(新都侯)에 봉해진 뒤로 더욱 신중하게 일하여 원연(元延, 기원전 12~기원전 9년) 연간을 지나 수화(綏和, 기원전 8~기원전 7년) 원년에 당시 최고직 대사마에 올랐다. 이때 왕망의 나이 서른여덟 살, 병으로 대사마 직에서 물러나는 숙부의 강력한 추천을 받았다.

'재상'에 오른 지 한 해 남짓하여 애제(哀帝)가 즉위했다. 왕망은 자신의 고모였던 태황태후를 지키다가 애제 친할머니의 미움을 사서 건평(建平, 기원전 6~기원전 3년) 연간 내내 장안에서 서남쪽으로 500킬로미터 떨어져 있던 남양(南陽)의 봉토에 돌아가 있어야 했다. 그 뒤 원수(元壽, 기원전 2~기원전 1년) 원년에 일어난 일식을 계기로 황궁에 돌아간 왕망은 마침 애제의 죽음을 맞이하여 고모 태황태후의 권력을 등에 업고 다시 대사마가 되었다. 왕망은 후사가 없던 애제의 뒤를 이을 황제로 열 살짜리 황족을 뽑아 평제(平帝) 원시(元始, 1~5년)에 전권을 휘둘렀다. 열여섯 살의 평제가 후사 없이 세상을 떠나자 왕망은 황위 계승 서열에 들어 있던 황족 중에서 가장 어린 두 살 아기를 황태자로 뽑고 황태자가 너무 어려 즉위할 수 없다는 핑계를 대어 즉위를 보류시킨 뒤에 황제 대리직인 가(假)황제에 올랐다. 거섭(居攝, 6~8년) 연간과 한 달 짜리 초시(初始, 8년) 연간 동안 한나라의 실질적 황제로 군림하며 왕씨 천하로 넘어갈 준비를 마친 왕망은 국호를 신(新)으로 정하고, 고조 유방의 신령이 내린 금책지서(金策之書)의 명을 빌려 진천자(眞天子)에 올랐다.

○   ○   ○

　왕망의 자는 거군(巨君)이고, 효원황후 남동생의 아들이다. 원후의 아버지와 오빠, 남동생이 모두 원제와 성제 때에 열후에 봉해졌고, 고관이 되어 정사를 보좌했다. 이 집안에서 모두 아홉 명[1]의 열후와 다섯 명의 대사마가 나왔는데, 이 이야기는 「원후전」에 전한다.

　왕망의 아버지 왕만(王曼)은 유독 일찍 죽어 열후에 봉해지지 못했다. 왕망의 여러 사촌 형제들은 모두 장군이나 오후(五侯)의 아들로서 귀척의 신분을 이용해 사치와 낭비를 일삼았으니, 수레와 말, 풍악과 미녀, 무절제한 놀이로써 서로 우위를 가렸다. 왕망만 아버지 없이 가난했으므로 몸을 낮추어 겸손하고 검약하게 살았다. 예경(禮經) 수업을 패군의 진삼(陳參)에게 사사했는데, 부지런히 공부해서 박학다식하게 되었다.

　왕망은 유생 옷차림을 하고 다녔다. 어머니와 과부 형수를 섬기고 아버지 없는 형의 아들을 키우면서 자신의 행동을 단속하며 아주 단정하게 살았다. 또 밖으로는 재능이 뛰어난 사람들과 사귀었고, 안으로는 여러 숙부를 섬겼는데, 다방면으로 예의를 잘 갖추어 대했다.

　양삭 연간에 큰아버지인 대장군 왕봉이 병이 났을 때 왕망이 병간호를 했다. 직접 약을 맛보면서 수발을 들었고, 헝클어진 머리와 꾀죄죄한 얼굴에 여러 달 동안 겉옷 고름을 풀지 않았다. 왕봉이 임종을 앞두고 태후와 황제에게 부탁하여 황문랑에 임명되었다가 사성교위(射聲校尉)로 승진했다.

한참 뒤에 숙부 성도후(成都侯) 왕상(王商)이 상소하여 자신의 식읍을 갈라 왕망에게 봉하기를 청했다. 게다가 장락소부 대숭(戴崇), 시중 금섭(金涉), 호기교위(胡騎校尉) 기굉(箕閎), 상곡(上谷) 도위 양병(陽並), 중랑 진탕(陳湯) 등 당시의 명사들이 모두 왕망을 칭찬했으므로, 황제가 왕망의 능력과 덕행을 인정했다.

영시 원년, 왕망을 신도후에 봉하고 남양군 신야현(新野縣) 도향(都鄉)의 천오백 호를 내렸다.

기도위 광록대부 시중으로 승진하여 황궁에서 신중하고 엄숙하게 숙위했다. 작위가 높아질수록 태도를 더욱 겸손히 했다. 수레와 말, 여름옷, 겨울옷을 나누어 주면서 빈객을 구제했으므로 집에 남은 게 없었다.

왕망이 명사(名士)를 거두어 부양하고 아주 많은 장상, 경대부와 가깝게 지냈다. 그리하여 높은 자리에 있는 대신들은 왕망을 천거했고 유세객들은 왕망을 위해 말을 하고 다녔으므로 이름을 높이 날리게 되었는데, 숙부들을 뛰어넘을 정도였다. 그리하여 고의로 일을 꾸며 놓고도 부끄러운 기색이 없었다.

왕망의 형 왕영(王永)은 제조였으나 일찍 죽었다. 왕영에게 아들 왕광(王光)이 있었는데, 왕망이 박사에게 보내 공부를 시켰다. 왕망이 목욕 휴가를 받아서 황궁을 나올 때에는 수레를 몰고 가서 왕광의 스승에게 양고기와 술을 바치며 위로했고, 왕광의 여러 동학(同學)들에게도 선물을 주었다. 여러 유생이 이 광경을 지켜보았고 장로들은 감탄했다.

왕광은 왕망의 아들 왕우보다 한 살이 어렸으나 왕망은 그 둘이 같은 날 아내를 맞게 했다. 그날 빈객이 집 안을 가득 메웠다. 얼마 있다 누군가 와서 태부인(太夫人)이 어디가 아프다고 하면서 약을 먹어야 한다고 말하자 빈객들이 모두 돌아갈 때까지 몇 번이고 일어나서 태부인을 살피고 왔다.

한번은 왕망이 계집종을 몰래 사들였는데, 형제 중에 누군가 그 사실을 들어 알게 되자 왕망은 "후장군 주자원(朱子元)[2]에게 아들이 없어, 이 아이가 아들을 잘 낳게 생겼다는 말을 듣고 후장군에게 드리기 위해 샀다."라고 변명했다. 그러고는 그날로 주자원에게 계집종을 바쳤다. 왕망이 진실을 숨기고 명예를 추구하는 방법이 이와 같았다.

그 무렵 태후 언니의 아들 순우장이 재기와 능력을 인정받아 구경의 자리에 있었는데 왕망보다 먼저 벼슬을 얻어 왕망의 윗자리에 있었다. 왕망이 순우장의 죄과를 은밀히 찾아내어 대사마 곡양후 왕근을 통해 황제에게 고했다. 순우장은 처형되었고 왕망은 황제로부터 충직한 신하로 인정받았다. 이때의 이야기는 「순우장전」에 전한다.

왕근이 사직을 청하면서 자신의 뒤를 이어 정사를 보좌할 신하로 왕망을 천거하자 황제가 곧바로 왕망을 대사마로 발탁했다.

그해는 수화 원년으로 왕망의 나이 서른여덟 살이었다. 왕망이 사촌을 뛰어넘고 백부와 숙부 네 명의 뒤를 이어 정사를 보좌하게 되었다. 자기보다 앞서 대사마가 되었던 백부와 숙부의 명예를 넘어서기 위해 행동을 절제하며 쉬지 않고 일했다. 현량 인재들을 초빙하여 연사(掾史)로 삼았고, 황제로부터 하사받은 재물과 식읍에서 나온 돈을 모두 털어 인재들을 먹여 살렸으며 자신은 훨씬 더 검약하게 살았다.

왕망의 어머니가 병이 났을 때 공경과 열후들이 각자의 부인을 보내 문병하게 했다. 왕망의 처가 그 부인들을 맞았는데 겉옷을 땅에 끌리지 않도록 짤막하게 입은 데다 베로 만든 폐슬(蔽膝)을 두르고 있었으므로 보는 사람마다 노비인 줄 알았다. 그러다가 누군지 물어 왕망의 부인인 줄 알고 나서야 모두 놀랐다.

외척 간의 권력 쟁탈에서 승리하다

○　○　○

정사를 보좌한 지 한 해 남짓하여 성제가 붕어하고 애제가 즉위하자 황태후를 태황태후로 높였다.

태후가 왕망에게 황제의 외가 사람들을 피해 사직하고 돌아가 있으라는 조서를 내렸다. 왕망이 황제에게 상소하여 사직을 청하자 애제가 상서령을 보내 왕망에게 조서를 내렸다.

선제께서 대사마에게 정사를 위임하고 신하들의 곁을 떠나신 뒤에, 짐이 종묘 제사를 받드는 황위를 계승하여 대사마와 한뜻으로 기쁘게 정무를 처리하고 있었습니다. 그런데 이제 병 때문에 물

러나기를 청하시니 짐이 선제의 뜻을 받들 수 없음을 널리 알리게

되었습니다. 짐은 몹시 슬픕니다. 상서에게 조서를 내려 대사마께

서 조정에 나오면 상소를 올리는 일을 다시 시작하라고 했습니다.

또 승상 공광과 대사공 하무, 좌장군 사단, 위위 부희를 태후에

게 보내 아뢰게 했다.

"황제가 태후께서 내리신 조서 내용을 듣고 몹시 슬펐습니다.

대사마가 조정에 나오지 않으면 황제도 조정에서 정무를 처리할

수 없습니다."

그러자 태후가 다시 왕망에게 정사를 보게 했다.

그때 애제의 할머니 정도 부 태후와 어머니 정희가 살아 있었

다. 고창후 동굉이 황제에게 상소했다.

『춘추』의 뜻에 따르면 어머니의 지위는 아들을 따라 귀해지게

되어 있으므로 정희께 존호를 올리는 것이 마땅합니다.[3]

왕망이 사단과 함께 동굉을 오조부도죄(誤朝不道罪)로 탄핵했

다. 이때의 이야기는 「사단전」에 있다.

뒷날 미앙궁에서 주연이 벌어졌는데 내자령(內者令)이 부 태후

의 좌석을 태황태후 옆에 마련했다. 왕망이 주연 준비를 확인하던

중에 부 태후 좌석을 발견하고 내자령을 나무랐다.

"정도태후는 제후왕의 왕후인데 어떻게 지존의 태황태후와 나

란히 앉을 수 있단 말인가!"

왕망이 그 좌석을 치우고 다른 곳에 부 태후 좌석을 마련하게 했다. 부 태후가 이 말을 듣고 대로하여 주연에 참석하지 않았다. 그러고는 왕망을 더욱더 미워했다. 왕망이 다시 사직을 청하자 애제가 왕망에게 황금 오백 근과 네 필 말이 끄는 안거를 하사하며 집에 돌아가 있게 했다. 공경대부들이 사직을 청했던 왕망을 크게 칭찬했다. 이 일로 황제가 은총을 더해 내리기를 황문(黃門)을 집 안에 두고 사령(使令)으로 부리게 하며 열흘에 한 번씩 음식을 내리게 했다. 황제가 명령했다.

신도후 망은 나라를 위해 노심초사 애쓰면서 언제나 의(義)를 지켜 왔으므로 짐이 함께 나라를 다스리려고 기대했다. 그러나 태후께서 조서를 내려 집에 가 있도록 하셨으니 몹시 안타까운 일이다. 이에 황우취(黃郵聚)의 삼백오십 호를 더하여 봉하고, 특진과 급사중 자리를 더하니 매달 초하루와 보름에 조근례를 행하러 황궁에 들어오되 조근례는 삼공과 같은 의전으로 올리도록 하라. 황제가 수레를 타고 나갈 때 녹거(綠車)를 타고 따르도록 하라.

두 해 뒤에 부 태후와 정희가 모두 존호를 칭하게 되었다. 그러자 승상 주박(朱博)이 상소했다.

왕망이 전에 어른을 존중하는 뜻을 널리 알리지 않고 존호에 관한 의논을 못 하도록 눌러 둠으로써 효도의 뜻을 훼손했으니 처형해야 마땅합니다. 요행히 대사령이 내리기는 했으나 열후로서 봉토를 지니게 할 수 없으니 작위를 파하고 서인으로 강등시키기를 청합니다.

황제가 말했다.

"망은 태황태후의 친족이므로 작위를 파할 수 없으니 봉토로 돌아가게 하라."

그러자 왕망이 문을 걸어 잠그고 밖으로 나오지 않았다.

왕망의 둘째 아들 왕획(王獲)이 노복을 죽이자 왕망이 왕획을 엄하게 질책한 뒤에 자결하게 했다.

봉토로 돌아간 지 세 해가 되었을 때 수백 명의 관리가 상소하여 왕망이 억울하다며 변호했다.

원수 원년에 일식이 있었다. 현량 주호(周護)와 송숭(宋崇) 등이 일식에 대한 대책을 올리면서 왕망의 공덕을 크게 칭송했으므로 황제가 왕망을 장안으로 불러들였다.

왕망이 봉토에 돌아가 있던 초기에는 남양 태수가 왕망을 존귀하게 여겨 태수부의 연(掾)이었던 원현(宛縣) 사람 공휴(孔休)를 신도국의 상(相)으로 뽑아 보냈다. 공휴가 왕망을 알현하자 왕망도 예를 다하여 맞이했다. 공휴 또한 왕망의 명성을 들어 알고 있었으므로 왕망에게 답례했다. 뒤에 왕망이 병이 났는데 공휴가 문병을 가자 왕망이 정에 보답하기 위해 옥이 박혀 있던 보검을 선물로 주면서 가까이 지내고자 했다. 그런데 공휴가 그 검을 거절했다. 왕망이 말했다.

"상국의 얼굴에 상처가 있는 것을 봤습니다. 좋은 옥이 상처를 없앨 수 있으니, 옥이 박힌 보검의 자루를 드리겠습니다."

말을 마친 뒤에 검의 자루를 빼서 주었지만 공휴가 다시 사양했다. 왕망이 말했다.

"값이 나가는 물건이라 못 받겠다는 것입니까?"

그러고는 망치로 때려서 부순 다음에 친히 옥을 감싸 쥐고 공휴에게 건넸다. 그러자 공휴가 옥을 받았다.

왕망이 황궁에 불려 들어갈 때 공휴를 만나 보고 가려고 했지만 공휴는 병을 칭하고 만나지 않았다.

왕망이 장안으로 돌아온 뒤 한 해 남짓하여 애제가 붕어했는데 아들이 없었다. 부 태후와 정 태후가 먼저 세상을 떠나고 없었으므로 태황태후가 그날로 미앙궁에 당도하여 국새를 접수한 뒤에 사자를 보내 득달같이 왕망을 불러오게 했다.

상서에게 조서를 내려 여러 부대의 병부(兵符) 부절과 백관이 올리는 상주문의 처리, 중황문(中黃門)과 기문(期門) 부대를 모두 왕망이 관장하게 했다. 왕망이 아뢰었다.

"대사마 고안후 동현은 나이가 젊어 민심에 부합하지 못하고 있으니 인수를 거두어야 합니다."

동현은 그날로 자결했다.

태후가 공경들에게 조서를 내려 대사마가 될 만한 자를 천거하게 했다. 대사도 공광과 대사공 팽선이 왕망을 천거했고, 전장군 하무와 후장군 공손록은 서로를 천거했다.

태후가 왕망을 대사마로 삼고 함께 애제의 후사를 세우기 위해 상의했다. 안양후(安陽侯) 왕순(王舜)이 왕망의 사촌 동생이었는데 사람 됨됨이가 단정하여 규범을 어기지 않았으므로 태후의 신임과 사랑을 받았다. 왕망이 태후에게 아뢰어 왕순을 거기장군으로 삼아 중산왕을 맞이해 오게 하여 성제의 후사로 삼았으니 바로 효평제이다. 황제의 나이가 아홉 살이었으므로 태후가 직접 조정 대사를 처리하면서 칭제했고, 왕망에게 정사를 위임했다. 왕망이 전에 조씨가 황자(皇子)를 해쳤고, 부씨는 교만하여 제도를 초월하는 존호를 요구한 사실을 태후에게 아뢰었다. 그리하여 효성 조황후와 효애 부 황후를 폐하고 두 사람 모두 스스로 목숨을 끊게했다. 이때의 이야기는 「외척전」에 있다.

대사도 공광이 이름난 유생이었고, 〔성제, 애제, 평제〕 삼대에 걸쳐 재상의 지위에 있었을 뿐 아니라 태후의 존경을 받고 천하 백성도 신뢰하고 있었으므로, 왕망이 공광을 극진하게 섬겼다. 왕망은 공광의 사위 견한을 시중 봉거도위로 삼았다. 반면에 평소에 좋아하지 않던 애제의 외가 사람들이나 지위 높은 대신들은 모두 없는 죄를 꾸며 두었다. 이들을 처형하기 위한 상주문을 올리기로 하고 견한을 시켜 공광에게 가져다 보였다. 공광은 평소 매사에 경계하며 조심스럽게 정무를 처리했으므로 태후에게 상주문을 올리려고 하지 않았다. 그러자 왕망이 태후에게 직접 아뢰었다. 태후는 상주문의 내용대로 처형하라고 허락했다. 그리하여 전장군 하무와 후장군 공손록이 서로를 천거한 죄로 파면되었고 정씨와 부씨 일족 및 동현의 친족들도 모두 관직과 작위를 잃고 먼 곳으로 유배되었다.

홍양후 왕립은 태후의 친동생으로 비록 높은 자리에 있지는 않았지만 왕망이 숙부 중에 내심 두려워하던 존재였다. 왕망은 왕립이 태후의 측근으로 국사에 간여하게 되면 자신이 마음대로 일을 처리할 수 없을 것이라 염려했다. 그래서 공광에게 왕립이 예전에 저지른 죄악이 있다고 상소하게 했다.

일전에 정릉후 순우장이 대역죄를 범한 것을 알면서도 뇌물을 많이 받고 순우장을 변호해 조정을 어지럽혔습니다. 뒤에 황자(皇子)가 관비 양기(楊寄)의 사생아라고 주장했습니다. 여러 사람이 여씨 일족과 소제가 다시 출현한 것이라고 했으니, 천하의 분분한 의혹을 샀습니다. 어린 황자를 잘 보좌한 공을 후대에 보이기 어렵습니다. 청하오니 립을 봉토로 보내십시오.

태후가 허락하지 않자 왕망이 아뢰었다.

"지금은 한나라 황실이 쇠약해져 두 대에 걸쳐 후사가 없었으므로 태후께서 어린 임금을 대신하여 조정을 통솔하고 계십니다. 힘을 다해 천하를 먼저 생각하며 공정하게 정무를 처리해도 신하들이 따를지 걱정입니다. 지금 사사로운 정 때문에 이렇게 대신의 청을 들어주지 않으시면 신하들이 비뚤어질 것인즉 국난은 이런 일에서 생기는 것입니다. 그러니 지금 봉토로 돌려보내셨다가 조정이 안정된 뒤에 다시 장안으로 부르시는 것이 마땅하겠습니다."

태후가 하는 수 없이 왕립을 봉토로 보냈다. 왕망이 윗사람과 아랫사람을 협박하여 제멋대로 하는 법이 모두 이런 식이었다.

뒤에 자신에게 순종하는 자는 발탁하고 반대하는 자는 죽여 버렸다. 그래서 왕순과 왕읍은 심복이 되었고 견풍과 견한은 옥사와 처형을 주관했으며 평안(平룡)은 기밀 사무를 다루었고 유흠은 문서를 맡았으며 손건(孫建)은 무사 노릇을 했다. 견풍의 아들 견심(甄尋)과 유흠의 아들 유분(劉棻), 탁군(涿郡) 사람 최발(崔發), 남양 사람 진승은 모두 재능이 뛰어나 왕망의 총애를 받았다.

왕망은 근엄한 얼굴로 바른말을 했다. 무슨 일을 하고 싶을 때에는 그런 뜻을 조금만 드러냈다. 그러면 휘하 수족들이 왕망의 뜻을 받들어 태후에게 상주했고, 왕망 자신은 계수(稽首)하고 눈물을 흘리며 몇 번이고 사양했다. 위로는 태후를 속였고 아래로는 신하들에게 자신이 충성스럽다는 것을 보여 준 것이다.

여론 조작의 원조

○ ○ ○

왕망이 익주목(益州牧)에게 넌지시 일러 변경 밖의 만이(蠻夷)로 하여금 흰 꿩을 바치게 했다.[4] 원시 원년 정월 왕망이 태후에게 아뢰어 흰 꿩을 종묘에 바치라는 조서를 내렸다. 신하들이 이 일을 두고 태후에게 상주하여 주장했다.

대사마직을 맡은 망이 유자를 세워 종묘를 안정시켰습니다. 예전의 대사마 곽광이 종묘를 안정시킨 공을 세웠을 때 삼만 호를 더하여 봉해 주고 자손 대대로 식읍이 줄지 않게 함으로써 소상국과 같은 대우를 받았습니다. 망 또한 광에게 했던 선례대로 대우해야 마땅합니다.

태후가 공경들과 상의했다.

"대사마가 큰 공을 세웠으므로 표창해야 마땅하다는 것인가? 내 일가라서 특별히 대우하라는 것은 아닌가?"

그러자 신하들이 강력하게 주장했다.

"망의 공덕이 주 성왕(周成王) 때에 나타났던 흰 꿩을 불러들였으니 천 년 만에 같은 징조가 나타난 것입니다. 성군의 법도에 따르면 신하가 큰 공을 세우면 생전에 좋은 칭호를 주게 되어 있었으니 주공은 살아 있을 때 칭호에 '주(周)'를 썼습니다. 망은 한나라와 황실을 안정시켜 큰 공을 세웠으니 안한공(安漢公) 칭호를 내리고 식읍을 더해 주되 자손 대대로 식읍이 줄어들지 않게 해야 마땅합니다. 위로 옛 제도를 따르고 아래로 규범에 맞게 일을 처리하면 하늘의 뜻에 순응하게 됩니다."

태후가 상서에게 명령하여 왕망의 표창 건에 관한 상주문을 갖추게 했다. 그러자 왕망이 상소를 올렸다.

신이 공광, 왕순, 견풍, 견한과 함께 의논하여 유자를 세웠습니다. 광 등에게만 세운 공에 따라 상을 내려 주시기를 원합니다. 신은 놓아두시고 상 받는 대열에 넣지 마십시오.

견한이 이 사실을 태후에게 아뢰자 태후가 조서를 내렸다.

"불편부당하게 하고 치우침 없이 왕도를 펼치라."[5]라고 했다. 그러나 친족에게 도의대로만 할 수 없다. 대사마는 종묘를 안정시킨 공이 있으므로 혈육이라고 해서 감추고 널리 알리지 않으면 안 될 테니 사양하지 말라.

왕망이 다시 글을 올려 사양했다. 태후가 알자를 시켜 왕망을 불러와 정전(正殿)의 동상(東箱)에서 기다리게 했다. 왕망은 병을 칭하고 황궁에 들어가지 않았다. 태후가 상서령 요순(姚恂)을 시켜 왕망에게 명령하게 했다.

"대사마가 표창에 반대하며 병을 핑계 대고 있는데 대사마의 임무가 막중하니 조속히 조정에 나와 정무를 보도록 하라."

그러나 왕망은 끝내 황궁에 들어가지 않았다. 태후가 다시 장신태복 왕굉(王閎)을 보내 왕망을 황궁에 들어오도록 명령했다. 그러나 왕망은 여전히 병을 핑계로 가지 않았다. 태후의 곁에 있던 신하들이 태후에게 '망의 뜻을 누르지 마시고 공광 등에게 공에 따라 상을 내리시면 망이 바로 조정에 나올 것'이라고 아뢰었다. 그리하여 태후가 조서를 내렸다.

태부(太傅) 박산후(博山侯) 광은 사 대째 황궁에서 숙위하고 있고 부상(傅相)을 역임했다. 충효와 인독(仁篤)과 의로운 행동을 잘 나타내 보였고 유자를 세울 것을 건의했으므로 만 호를 더하여 봉한다. 광을 태사(太師)로 삼으니 사보(四輔)로서 정사에 참여하도록 하라. 거기장군 안양후 순은 인효(仁孝)를 쌓아 왔다. 중산왕을 맞이하는 사절이 되어 만 리 길을 잘 다녀온 공덕이 매우 크므로 만 호를 더하여 봉하며, 태보(太保)로 삼는다. 좌장군 광록훈 풍은 삼대에 걸쳐 숙위하면서 충성과 인독을 잘 나타내 보였다. 중산왕을 맞이해 오는 사절로 다녀와서 잘 이끌며 보살피고 있으니 종묘를 안정시킨 공을 들어 광양후(廣陽侯)에 봉하고 식읍 오천 호를 내린다. 또 풍을 소부로 삼는다. 세 사람 모두에게 사보의 직책을 내린다. 후손 대대로 식읍이 줄지 않게 하고 각자에게 집 한 채씩 하사한다. 시중 봉거도위 한은 수고스럽게 숙위하면서 유자를 세울 것을 건의했으니, 한을 증양후(承陽侯)에 봉하고 식읍 이천사백 호를 내린다.

네 사람이 상을 받은 뒤에도 왕망은 조정에 나와 정무를 보지 않았다. 신하들이 다시 글을 올렸다.

"왕망이 끝내 사양하고 있지만 조정에서 마땅히 표창하고 때에 맞게 상을 내려 그 공이 으뜸인 것을 똑똑히 밝혀야 백관과 백성들이 실망하지 않을 것입니다."

그래서 태후가 다시 명을 내렸다.

대사마 신도후 망이 삼대에 걸쳐 삼공(三公)을 역임하고 주공 직을 맡아 만대를 이어갈 방책을 세웠으므로 공덕이 충신 가운데 으뜸이다. 덕으로 백성을 교화한 바가 나라 안에 두루 미쳤을 뿐 아니라 먼 곳에 있는 부족까지 그 의(義)를 사모하기에 이르렀으니, 월씨(越氏) 부족에서 여러 번의 통역을 거치며 흰 꿩을 바쳤다. 이에 소릉(召陵)과 신식(新息) 두 현의 이만 팔천 호를 망에게 더하여 봉한 뒤 후사에게 요역을 면제하고 후손 대대로 식읍이 줄지 않게 하여 소(蕭) 상국에게 했던 것과 마찬가지로 공을 표창하도록 하라. 망을 태부로 삼으니 사보의 일을 주관하도록 하라. 칭호는 안한공으로 하며, 예전 소 상국의 저택을 안한공의 집으로 내린다. 이 명령을 문서로 남겨 무궁토록 전하게 하라.

그러자 왕망이 황공하게 일어나 책서를 받을 수밖에 없었다.

한나라 황실에 후사가 없어 위기에 빠졌을 때 공이 안정시켰다. 사보의 직책과 삼공의 임무를 공이 맡아서 수행하라. 백관들을 공이 주재하라. 공덕이 다대하고 종묘를 안정시켰으므로 흰 꿩의 길조가 나타나 주공과 성왕의 시대를 상징하고 있다. 그리하여 가호(嘉號) 안한공을 내리니, 황제를 보좌하여 천하를 태평하게 이끌 것으로 기대하는바 짐의 뜻을 저버리지 말라.

왕망이 태부와 안한공 칭호만 받고 더해 내린 식읍과 자손 대대로 식읍이 줄지 않게 한 것은 사양했다. 그러고는 백성이 집집이 풍족하게 살게 된 뒤에 상을 더해 받겠다고 했다. 공들이 다시 왕망에게 상을 내려야 한다고 고집하자 태후가 조서를 내렸다.

공이 백성 집집이 풍족해지기를 기대한다고 하니 그 말을 듣도록 하겠다. 이에 공의 봉록과 사인(舍人), 하사품은 모두 두 배로 늘리도록 명한다. 백성이 집집이 사람마다 풍족해지면 대사도와 대사공이 보고하도록 하라.

왕망이 다시 받기를 사양했다. 그러고는 건의하기를 제후왕의 후대와 고조 이후의 공신 집안 자손을 봉하되 크게는 후(侯)에 봉하고 나머지는 관내후로 봉하여 식읍을 내리게 했다. 그런 뒤에 대신들에게도 차등을 두어 상을 내리도록 했다. 또 위로 종묘를 높이는 뜻에서 종묘의 예악(禮樂)을 늘리고 아래로 홀아비와 과부를 포함한 백성에게 은혜를 베풀되 은택을 골고루 내려 베풀지 않은 곳이 없게 했다. 이때의 이야기는 「평제기」에 전한다.

왕망은 여러 사람을 기쁘게 한 뒤에 바로 전권을 행사할 욕심을 냈다. 왕망은 태후가 정무를 처리하기 싫어하는 것을 알고 있었다. 그리하여 공경에게 넌지시 일러 상소를 올리게 했다.

예전에 공에 따라 이천석 벼슬까지 승진한 자와 주부(州部)에서 천거한 무재(茂材)로서 탁월한 능력을 인정받아 관리가 된 자들이 대부분 직무를 잘 수행하고 있지 않습니다. 지방 관리들은 모두 안한공에게 보여야 마땅합니다. 게다가 태후께서 작은 일을 친히 돌보시는 것은 마땅하지 않습니다.

그러고는 태후로 하여금 조서를 내리게 했다.

황제의 나이가 어려서 내가 정무를 처리하고 있는데 관례를 치를 때까지만 하겠다. 지금 정무가 자잘하고 번다한데 나의 나이가 많아 기력이 감당해 내지 못하고 있다. 잘못하면 건강을 해쳐서 황제를 양육하지 못할 수도 있을 듯하여 충성스럽고 어진 자를 뽑아 사보에 임명했으니 백관은 자신의 임무에 충실하면서 오래도록 태평하게 다스리도록 하라. 공자께서 "위대하도다. 순임금과 우임금은 천하를 얻고도 자리에 연연하지 않으셨도다."[6]라고 했다. 이제부터 작위를 봉하는 일을 제외하고는 나에게 보고하지 말라. 다른 일은 안한공과 사보가 판단하여 결정하라. 주목과 이천석 및 무재로 천거된 관리가 처음 부임하여 상주문을 올릴 때에는 황궁에서 가까운 관서에서 안한공과 마주하게 하되, 전에 맡았던 관직을 잘 수행했는지 조사하고 새로 맡을 임무에 관해 물어보아 그 자리에 적합한 인물인지를 판단하도록 하라.

그리하여 왕망은 사람마다 자세히 물어보고 세밀한 부분까지 관심을 나타내며 선물을 후하게 주었다. 반면에 자신의 뜻에 맞지 않으면 드러내 놓고 상주하여 파면시키니 그 권세가 황제와 비교되었다.

〔원시 2년,〕 왕망이 태후에게 헛된 명성을 얻게 하여 기쁨을 사려고 말했다.

"이전 정씨와 부씨 일족이 사치를 부리던 효애제를 계승한 뒤라서 살림이 부족한 백성이 많습니다. 태후께서 무늬 없는 비단으로 옷을 지어 입으시고 수라를 간소하게 드시면서 천하 백성에게 모범을 보이심이 마땅합니다."

왕망이 이어서 상소를 올려 "백만 전을 내고 밭 서른 경(頃)을 헌납하니 대사농에게 주어 빈민을 돕는 데 쓰고 싶다."라고 했다. 그러자 공경들이 모두 왕망을 앙모하며 따라 했다. 왕망이 신하들을 이끌고 상소했다.

　　폐하의 춘추가 높아지고 있는데 오랫동안 두껍고 무늬 없는 옷을 입고 수라도 줄여서 들고 계시므로 기력이 날 수 없게 되어 있습니다. 황제를 잘 모셔야 종묘를 안정시킬 수 있습니다. 신 망이 여러 차례 대전 문앞에서 머리를 조아리고 간청했지만 허락하지 않고 계십니다. 폐하의 덕택에 힘입어 다행히도 최근에는 때맞추어 바람이 불고 비가 왔으며 감로(甘露)가 내려 신지(神芝)가 자라나고 명협(莫莢)과 주초(朱草), 가화(嘉禾) 등과 같은 좋은 징조가 동시에 나타나고 있습니다. 신등은 큰 수원을 빌지 않을 수 없으니, 폐하께서 원기를 잘 돋우시도록 마음을 크게 잡수시고 제왕의 복장을 갖추시며 다시 태관(太官)이 차리는 법도대로 수라를 드시기 바랍니다. 그리하여 신하들로 하여금 각각 기쁜 마음을 다하여 폐하를 잘 모시게 해 주십시오. 폐하께서 굽어살피시기를 애원합니다.

왕망이 다시 태후에게 조서를 내리게 했다.

　　모후의 도리는 문지방 밖의 일은 생각하지 않는 것이라 들었지만, 나라가 하늘의 보우를 받지 못해 황제의 나이가 어려 친정(親政)을 감당하지 못하는지라 조심하고 두려워하며 종묘가 불안해질까 봐 걱정했다. 나라의 기강을 내가 아니면 누가 잡을 수 있었겠는가! 그러니 공자가 위 영공의 부인 남자(南子)를 만나셨고 주공이 섭정의 자리에 있었던 것은 대개 당시의 형편 때문에 취한 조처였을 것이다. 부지런히 애쓰고 열심히 생각하며 노심초사 속에 편안하게 지내지 않았으니, 나라가 사치에 빠졌다고 하면 검약함을 보여 주며 잘못된 것을 바로잡다가 정도를 지나치기도 하였다. 짐이 친히 모범을 보이지 않으면 천하 백성을 어떻게 설득할 수 있겠는가!

하루 종일 오곡이 풍성하게 익고 백성이 집집이 풍족하게 되며 황제가 관례를 치러 맡았던 정무를 황제에게 건네주는 꿈을 꾸고 있다. 사실 아직은 부드럽고 가벼운 옷과 맛있는 음식을 허락할 형편이라 할 수 없다. 백관과 더불어 좋은 성과를 거두기를 기대하니 애써 보도록 하라.

수해나 가뭄이 들 때마다 왕망은 언제나 푸성귀 반찬만 먹었다. 태후의 측근이 이 사실을 아뢰자 태후가 사자를 보내 왕망에게 일렀다.

"듣자 하니 공이 푸성귀 반찬만 먹는다고 하는데 백성을 걱정하는 마음이 깊구려. 올가을엔 다행히 오곡이 잘 익고 공은 직무에 근면하고 있으니 제때에 고기 반찬을 먹으면서 나라를 위해 몸을 아끼도록 하시오."

왕망이 보기에 중국 내부는 안정되었으나 사이가 교화된 면모를 제대로 보이지 않는 점이 마음에 걸렸다. 그래서 사자에게 황금과 비단을 들려 보내 흉노 선우에게 선물을 많이 주고 국서를 올리게 했다.

중국에서는 두 글자 이름을 조소한다고 들었으므로 원래 이름
인 낭지아사(囊知牙斯)를 지(知)로 고치고 성제(聖制)를 앙모하며 따
르고자 합니다.

또 왕소군의 딸 수복거차(須卜居次)를 황궁에 보내 입시하게
했다.
왕망은 태후를 속이고 현혹하며 섬겼는데, 아래로 태후를 곁에
서 모시던 장어(長御)에게까지 별의별 수단을 다 썼다.

딸을 황후로 세우다

○　○　○

왕망은 자신이 존귀하게 되고 나자 딸을 황제에게 시집보내 황
후가 되게 함으로써 권력을 튼튼하게 하고자 했다. 그래서 이렇게
상주했다.

　황제가 즉위한 지 세 해가 되었는데 아직 장추궁(長秋宮)에 황후
를 들이지 않았고 역정에도 후궁을 들이지 않았습니다. 최근 들어
나라가 어려워진 것은 황후와 후궁을 바르게 뽑지 못해 후사가 없
는 것에서 비롯되었습니다. 오경을 분석해 보면 아내를 맞이하는
예법이 정해져 있는데 열두 명의 아내를 취하는 것을 바른 도리로
하여 후사를 많이 얻게 했습니다. 은나라와 주나라 왕족의 후예 및

주공과 공자의 후사로서 대대로 열후로 봉해져 장안에 거주하고 있는 자의 적실 소생 딸을 널리 구해 뽑으셔야 합니다.

태후가 해당 관원에게 후궁 간택 일을 처리하게 하자 많은 처녀의 이름을 태후에게 올렸는데 왕씨 집안의 여러 딸도 그 명단에 들어 있었다. 왕망은 왕씨 집안의 딸들과 자신의 딸이 경쟁하면 승산이 낮아질 것이라 여겨 바로 상소를 올렸다.

"제가 덕이 없어 딸의 자질이 떨어지므로 다른 처녀들과 나란히 간택 명부에 오르는 것은 마땅하지 않습니다."

태후가 왕망의 말을 지극한 정성에서 우러나온 것으로 여기고 바로 명령을 내렸다.

"왕씨 집안의 처녀들은 나의 친정 사람들이니 간택 명부에 올리지 말라."

서민과 여러 유생, 낭관에서부터 그 위의 관리들까지 날마다 천여 명이 황궁 문 앞에서 상소했다. 공경과 대부 중에는 대전 안에 들어오거나 황궁 관서의 문 앞에까지 와서 모두 같은 주장을 올렸다.

태후의 성덕으로 내리신 숭고한 명령을 내리셨습니다. 안한공의 성대한 공로가 그토록 다대한데 이제 황후를 책립하는 시점에서 어찌 공의 딸만 배제할 수 있겠습니까? 천하 백성이 어찌 목숨을 의지할 수 있겠습니까! 공의 딸을 황후로 뽑으시기를 바랍니다.

왕망이 장사(長史) 이하 아전들을 갈라 파견하여 공경과 유생들을 설득하게 하자 더 많은 사람이 상소했다. 태후가 하는 수 없이 왕망의 딸을 간택하라는 공경들의 주장을 듣기로 했다. 그러자 왕망이 다시 아뢰었다.

"여러 처녀를 놓고 간택하는 것이 마땅합니다."

공경들은 원래 주장을 고집했다.

"다른 처녀를 간택하면 정통성에 어긋나므로 마땅하지 않습니다."

그러자 왕망이 아뢰었다.

"제 딸을 보이겠습니다."

태후가 장락소부와 종정, 상서령을 보내 납채하고 왕망의 딸을 만나 보게 했다. 이들이 돌아와서 상주했다.

공의 따님은 공의 덕행에 감화되었고 용모가 아름답고 태도가 정숙하여 황실의 대를 잇고 종묘 제사를 받들기에 부족함이 없어 보였습니다.

태후가 조서를 내려 대사도와 대사공을 보내 종묘에 책서를 올리고 고한 뒤에 함께 복서(卜筮) 점을 치게 했다. 대사도와 대사공이 결과를 보고했다.

〔복(卜)에서는〕 금(金)이 왕성하여 수(水)가 강장하게 될 징조가 나왔고, 〔서(筮)에서는〕 부모 운이 좋아 높은 자리에 오르는 괘가

나왔으니, '강강(康强)'의 길조와 '봉길(逢吉)'의 징표를 나타내고 있습니다.

신향후(信鄕侯) 동(佟)이 상소를 올려 아뢰었다.

『춘추』에 따르면 황제가 기(紀)나라에서 배필을 얻을 때 기자(紀子)를 기후(紀侯)로 올려 주었습니다. 안한공의 봉토는 그런 옛 제도에 부합되지 못하고 있습니다.

이 일을 해당 관원들에게 상의하게 하자 모두 함께 아뢰었다.

"옛적 황제가 후(后)의 아버지에게 사방 백 리 땅을 봉하고 그 지위를 높여 신하 대접을 하지 않음으로써 종묘를 받들었으니, 지극한 효도를 바친 것이었습니다. 동(佟)의 주장은 예법에 합당하니 허락하셔도 될 듯합니다. 신야의 밭 이만 오천육백 경(頃)을 망에게 더하여 봉함으로써 사방 백 리 땅을 채우기를 청합니다."

이에 왕망이 사양하며 아뢰었다.

"신 망의 딸이 지존의 배필이 되기에 진실로 부족한데, 여러 사람이 상의한 내용을 들어 보니 신 망에게 봉토를 더해 주어야 한다는 주장을 하고 있습니다. 엎드려 생각하니 태후의 친척이라고 하여 작위와 봉토를 얻었는데, 딸이 성덕을 지닌 폐하에 걸맞도록 폐하를 모실 수 있다고 해도 신의 봉토에 있는 식읍은 조공을 바치기에 충분하니 땅을 더하여 봉하는 은총은 필요하지 않습니다. 더하여 봉할 부분을 물려 주시기를 원합니다."

태후가 왕망의 청을 들어주기로 하자 해당 관원이 상주했다.

제도에 따르면 황금 이만 근의 예물로 황후를 맞이해야 하니 이는 이억 전에 해당합니다.

왕망이 한사코 사양하다가 사천만 전을 받은 뒤에 그중 삼천삼백만 전으로 나머지 열한 명의 후궁 집안에 나누어 주었다. 그러자 신하들이 다시 주장했다.

황후를 맞이할 예물이 후궁들보다 얼마 더 많지 않습니다.

태후가 명령하여 이천삼백만 전을 더해 합이 삼천만 전이 되게 했다. 왕망이 다시 그중에서 천만 전을 떼어 자신의 구족(九族)[7] 중에 가난한 이들에게 나누어 주었다.

진숭이 그때 대사도사직(大司徒司直)으로 있었는데, 장창의 손자 장송(張竦)과 친하게 지냈다. 장송은 박학하여 경전에 통달한 선비였다. 장송이 왕망의 공덕을 칭송하며 진숭이 올릴 상주문의 초안을 써 주었고 진숭이 그 상주문을 올렸다.

제가 살펴보니 안한공이 관직에 처음 나갔을 때는 세상에 사치와 화려함이 성행하던 때였습니다. 양궁(兩宮)의 친척으로서[8] 두터운 은총을 받고 있었고 백부와 숙부들의 큰 후광을 입고 있었으므로 재물이 풍족하고 권세도 누릴 만큼 있었으니 아무도 그 뜻을 어길 사람이 없었습니다. 그러나 자신을 낮추면서 인(仁)을 실천했고 욕망을 절제하면서 예에 맞게 행동함으로써 비뚤어진 세상의 풍속을 바로잡아 나갔는데, 홀로 그 길을 견지했습니다. 낡은 옷을 입고 거친 음식을 먹었으며 비루먹은 말이 끄는 간소한 수레를 탔을 뿐 아니라 배필은 한 사람만을 맞았고 집 안에서는 효도와 우애의 덕을 발휘했으니 일찍이 아무도 들어 보지 못했던 일입니다.

성격이 청정하여 즐거운 마음으로 도를 지켰고 온화하고 선량하여 선비에게 몸을 낮추어 대했으며 벗들에게 은혜를 베풀고 스승과 동학에게 충실하게 대했습니다. 공자께서 "가난해도 즐겁게 도를 지키는 것이나 부유해도 예를 행하는 것을 좋아하는 것만 같지 못하다."[9]라고 하셨는데 바로 공을 두고 이른 말입니다.

뒤에 시중이 되었을 때 정릉후 순우장이 대역죄를 지었는데 공은 사적인 정을 배제하고 순우장을 처벌할 것을 주청했습니다. 주공이 관숙(管叔)과 채숙(蔡叔)을 처벌했고, 노 환공(魯桓公)의 아들 계자(季子)가 서형 숙아(叔牙)를 짐독으로 죽인 것처럼 공도 그렇게 했습니다.

그리하여 효성제께서 공을 대사마에 임명하시고 나라의 통치를 위임하셨습니다. 효애제께서 즉위하신 뒤에 고창후 동굉이 칭찬받을 욕심에 〔한나라 황실과 정도국의〕 두 정통을 세우려고 일을 꾸몄는데 공이 직접 동굉을 탄핵하고 나라의 기강을 안정시켰습니다. 또 정도태후가 태황태후의 옆자리에 앉는 것이 마땅하지 않다고 주장하여 황실의 체통을 분명하게 세웠습니다. 『시』에 "부드러운 음식은 아예 들지 않고 딱딱한 음식을 뱉지 않네. 홀아비와 과

부를 모욕하지 않고 권세 있는 자를 두려워하지 않네."[10]라고 했는데, 바로 공을 두고 이른 것입니다.

공은 언제나 겸손하게 물러서기를 고집했고, 성심을 다해 인재를 천거하고 자신의 자리는 사양했습니다. 정도태후가 월권하여 존호를 칭하고 싶어 했을 때 그 면전에서 태후의 뜻을 공격하기 꺼렸지만 태후에게 아부하는 사내들인 주박 같은 사람들도 있었습니다. 장과 굉이 공에게 직접 탄핵당했던 사실에 교훈을 얻어 상하가 일심동체가 모함을 일삼으며 함께 천하를 어지럽혔으니, 제도를 왜곡하여 마침내 정도태후가 존호를 참칭하기에 이르렀습니다. 이어서 인현(仁賢)을 축출하고 종실과 인척을 주살했습니다. 그런 가운데 공은 오자서와 굴원이 당했던 것처럼 모함을 받아 멀리 봉토로 돌아가 있어야 했습니다. 그리하여 조정은 붕괴되고 기강은 해이해져서 나라가 망할 위기에 빠졌으니 겨우 붙어 있는 머리카락처럼 명맥을 유지하고 있었습니다. 『시』에 "현인이 달아난 뒤에 나라가 곤경에 빠졌네."[11]라고 했으니 바로 공의 경우를 두고 이른 것입니다.

그 무렵 황궁에는 태자가 없었으니 동현이 가장 높은 자리를 차지한 채 부씨 집안 딸[12]의 지원을 받고 있었습니다. 동현과 부씨 일족은 자신들이 천하에 죄를 지은 것을 알고 있었으니, 〔풍(馮) 태후를 모함하여 자결하게 함으로써〕 중산국과 원수를 맺은 뒤에 함께 걱정하고 서로 도와 가며 어려운 일을 해결하는 사이가 되었습니다. 가짜 유서를 만들어 상과 벌을 남발하면서 두려운 존재부터 먼저 제거하고 자신에게 아부할 자를 급히 끌어와서 남을 모함하고 억울하게 했으며 종실의 먼 친척까지 징벌했으니 세력이 불어나는 모습은 그들의 목적을 어렵지 않게 달성할 듯이 보였습니다. 다행히도 공이 조정에 들어간 덕분에 즉시 동현과 부씨 일족을 물리칠 수 있었습니다.

그때를 당하여 공이 두드러진 선견지명을 발휘하고 미증유의 위엄을 떨쳤는데, 눈을 부릅뜨고 엄한 기색을 하면서 분노를 표방하며 그들의 세력이 미처 견고해지기 전에 기회를 타고 동란을 일으키기 전에 진압해 버렸으니, 번개같이 재빠른 처치였습니다. 그리하여 적들이 궤멸되었는데, 설사 맹분과 하육이 있었다고 해도 무기를 들고 반격할 시간이 없었을 테고, 저리자(樗里子)가 있었다 해도 돌이켜 생각해 볼 겨를이 없었을 것이며, 귀곡자(鬼谷子)가 있었다 해도 좋은 말로 설득할 수 없었을 것입니다. 그리하여 동현은 넋이 나간 채로 즉시 목을 매어 자결하고 말았습니다. 누군가 몸을 돌이키거나 그림자가 바뀔 만큼 해가 움직이기 전에 재빨리 사방의 적을 제거했으므로 나라가 다시 안정되었습니다. 폐하가 아니셨다면 공을 끌어 세우지 못했을 것이고, 공이 아니었다면 그 재앙을 막지 못했을 것입니다. 『시』에 "태사(太師) 상보(尙父)가 매처럼 날아서 〔은(殷)을 정벌하는〕 무왕을 도왔네."[13]라고 했고, 공자께서 "재빠르게 대처하면 공을 이룰 수 있다."[14]라고 하셨으니 바로 공을 두고 이른 말씀입니다.

바로 뒤에 공이 태후께 아뢰어 전임 사수국(泗水國) 상국 풍(豊)과 태현(邰縣) 현령 한(邯)을 불러들인 뒤에 대사도 광(光), 거기장군 순과 함께 황실의 후사를 이을 대책을 세웠습니다. 그러고는 〔순

(舜)과 풍이) 부절을 받들고 동쪽(의 중산국)으로 가서 중산왕을 맞아 왔으니 그때 세운 공으로 작위를 봉해 받거나 식읍을 더해 받고 나라의 명신이 되었습니다. 『서』에 "사람을 알아볼 수 있으면 지혜로운 것이다."[15]라고 했는데 바로 공을 두고 이른 말입니다.

공경들이 모두 공의 조처에 감탄하며 공의 공훈이 다대하여 주공에 비견되므로 안한공이란 칭호를 내리고 식읍으로 두 현을 더하여 봉해야 마땅하다고 이구동성으로 주장했습니다. 그러나 공은 받지 않았습니다. 고서(古書)에 이르기를 "신포서(申包胥)가 초나라를 구한 공로를 세우고도 상을 받지 않았다."[16]라고 했고, 안평중(晏平仲)[17]은 제 경공(齊景公)을 보좌했지만 봉읍(封邑)을 더해 받지 않았습니다.[18] 공자께서 "예와 겸양의 원칙으로 나라를 다스릴 수 있다면 무슨 어려움이 있겠느냐!"[19]라고 하신 것은 바로 공을 두고 이른 것입니다.

황제에게 정비와 후궁을 책립하려고 할 때 해당 관원이 명부를 올렸는데 공의 딸이 으뜸이었으나 공은 한사코 사양했습니다. 뒤에 신하들이 간택해야 한다고 계속 주장했으므로 하는 수 없이 조서를 받았습니다. 아버지와 자녀 사이가 친밀한 것은 하늘이 내려준 자연스러운 사정으로 아버지는 딸이 자신보다 부귀영화를 더 많이 누리도록 해 주고 싶어 하는 법입니다. 황후의 자리는 황제와 마찬가지로 높아서 당시에 천재일우의 기회가 찾아온 것이지만 공은 나라의 기강을 생각하여 큰 복을 내리는 은덕을 받지 않겠다고 사양했습니다. 이렇게 매사에 겸손하게 물러섰고 매번 결연히 사양했습니다. 『서』에 "순(舜)이 부덕하여 제요(帝堯)의 후사가 될 수 없다고 스스로 사양했다."[20]라고 했는데, 바로 공의 경우를 두고 이른 말입니다.

공은 책서를 받은 뒤로 지금까지 부지런하고 공손하게 날마다 더 새롭게 덕행을 실천하고 있습니다. 평소에 더 많이 수양하여 제후왕들에게 교훈을 주었고, 철저하게 검약을 실천하여 세속의 풍속을 바로잡았으며, 가산을 덜어 아랫사람들에게 나누어 주면서 그들을 이끌었고, 말단의 작은 일까지 친히 공평하게 처리하여 공경들에게 영향을 미쳤으며, 자식을 가르치고 학문을 높이 받들어 조정의 교화가 융성하게 이루어지도록 했습니다. 집안 노복에게 베옷을 입히고 말에게 곡식을 먹이지 않았으며 먹고 마시는 것은 평민의 수준을 넘지 않았습니다. 『시』에 "사람에게 부드럽고 공손하게 대하기를, 조심스럽게 장작을 쌓아 두듯이 했네."[21]라고 했고, 공자께서 "배부르게 먹겠다고 바라지 않고, 좋은 집에서 편안히 살 것을 추구하지 않는다."[22]라고 했으니, 바로 공을 두고 이른 것입니다.

공은 스스로 절제하면서 자신의 행동을 단속했으니 곡식을 꼭 필요한 만큼만 사들였고 물건이 필요할 때마다 시장에 가서 사지 집에서 제조하거나 키우지 않았으니 해가 지고 나면 다 써 버려 남은 물건이 없었습니다. 또 상소하여 효애제가 더해 내렸던 봉읍을 반납하고 금전과 밭을 헌납하되 가지고 있던 재산을 모두 바침으로써 다른 관리들도 헌납하도록 이끌었습니다. 고관에서 하급 관리까지 공을 따라 하겠다고 나서서 공에게 감화되고 복종했습니다. 그리하여 황궁 밖의 왕공(王公)과 열후 및 황궁 안의 대전 시종들까지 한마음이 되어 각자가 소유하고 있던 것을 모두 내놓았는데 더러 금전을 내기도 하고 더러 밭을 헌납하기도 하여 빈궁한 백성을 구제하고 풍족하지 못한 이들을 돌보았습니다. 옛적에 초나라 영윤(令尹) 자문(子文)은 아침에 저녁거리를 마련할 수 없을 만큼 가난하게 살았고,[23] 노나라 재상 공의자(公儀子)도 집 밭에 기르던 아욱을 먹지 않으며 백성의 살림을 돌보았으니, 바로 공이 그렇게 했습니다.

공은 대문을 열어 놓고 인재를 초빙하여 가장 아래로 평민까지 받아들였습니다. 조정에서 여러 가지 정무를 처리할 때에는 여러 신하가 함께 상의한 내용을 총괄하여 결재했습니다. 친히 주목과 태수 이하 지방관을 면접하고 평소의 정무 처리 내용을 조사하고 선악을 정확하게 평가했습니다. 『시』에 "새벽부터 밤까지 태만하지 않고 천자 한 분을 섬겼네."[24]라고 했고 『역』에 "강인해지기 위해 종일 쉬지 않고 노력했고 밤중에도 나쁜 일이 생길 것에 대비했네."[25]라고 했는데 바로 공을 두고 이른 것입니다.

삼대에 걸쳐 삼공을 지냈고 황제의 장례를 두 차례나 봉행했으며 총재(冢宰) 역할을 하는 대사마로 있으면서 나라를 안정시켰으니 온 나라 사람들이 복속하여 반대하는 자가 없었습니다. 『서』에 "요임금이 순에게 대록(大麓) 안으로 들어가게 했으나, 폭풍과 뇌우 속에서도 순은 길을 잃지 않았네."[26]라고 했는데 바로 공을 두고 이른 것입니다.

이런 일들은 상대(上代)에 보기 드물었으니 하우(夏禹)와 후직(后稷)이라도 해내기 어려웠을 것입니다. 그러나 공은 시종 "한 가지 사상으로 관철하겠다."[27]라는 생각을 품었으니, 완벽한 인물입니다. 세 해 동안 완벽하게 교화를 시행했으므로 상서로운 징조가 연달아 나타났습니다. 폐하의 사람을 알아보는 능력이 아니었다면 어떻게 현인(賢人)의 업적이 나올 수 있었겠습니까! 따라서 군주만 천명을 받는 것이 아니니, 신하도 허공에서 생겨나지 않습니다. 백우(伯禹)가 요임금으로부터 현규(玄圭)를 하사받았고,[28] 주공이 교사(郊祀) 제사에 배향된 것은 대개 하늘의 명을 달성한 뒤에 제왕이 혼자서 공을 차지할 수 없었기 때문입니다. 공이 실천한 덕행을 헤아려 보면 천하의 기강을 세웠고, 공의 공훈을 살펴보니 만대에 이어질 기틀을 닦았습니다. 기틀을 닦고도 그에 맞는 상을 받지 못하고, 기강을 세우고도 합당한 표창을 받지 못한다면 진실로 나라를 튼튼하게 할 수도 없고 하늘의 뜻에 순종할 수도 없습니다.

고제께서 공신을 포상할 때 상국 소하의 식읍 호수(戶數)를 곱절로 늘려 주었고, 특별한 의전을 적용하게 했습니다. 황제에게 상주하러 들어올 때에 이름을 크게 외치며 황제에게 알리지 않아도 되었고, 대전에 들어갈 때에 종종걸음을 걷지 않아도 되게 했습니다. 또 소하의 친척 열 몇 명을 봉해 주었습니다. 고제께서는 언제든지 뛰어난 인물을 좋아하셔서 공이 있는 자에게 상을 내릴 때 전혀 인색하지 않으셨습니다. 누가 계책 한 가지를 올려도 반드시 작위를 내려 주었습니다. 그리하여 공손융(公孫戎)은 기병에서 뽑혀 낭관이 되었고, 번쾌가 공을 세운 것이 밝혀지자마자 이천 호를 봉해 주었습니다. 효문제는 〔여씨 일족을 퇴출한〕 강후(絳侯)에게 포상할 때만 호를 더하여 봉하고 황금 오천 근을 내렸습니다. 효무제가 군공(軍功)을 포상하면서 삼만 호를 떼어 위청에게 봉했을뿐더러 강보의 갓난아이를 포함한 청의 아들 세 명도 모두 통후(通侯)로 삼았습니다. 효선제는 곽광을 표창하면서 식읍을 더하여 봉하고 자손 대대로 식읍을 줄이지 못하게 했으면 곽광의 집안에 세 명을 열후로 봉했는데 형의 손자까지 들어 은혜를 받았습니다.

대저 강후는 강력한 한나라의 제후왕으로서 주 허후 같은 강직한 황족의 도움을 받고 여러 장군이 속속 가담함으로써 상부 상조하는 형세를 이룰 수 있었기 때문에 여씨 일족이 흉악한 일을 벌이려고 했지만 끝내 성사하지 못했습니다.

곽광은 오랫동안 중책을 맡아 성공한 대사마로서 위엄을 부렸는데, 좋지 않은 일을 겪은 적이 없었고, 사직하고 조정을 떠난 뒤에도 조정 관리들이 곽광과 한패들로 남아 있었습니다. 오랫동안 독단하여 정무를 총괄했는데, 비록 공이 있다 하더라도 쉽게 이룰 수 있었습니다. 게다가 신중하게 알아보지 않고 창읍왕을 소제의 후사로 맞이해 온 잘못을 저지르기도 했습니다.

게다가 위청과 공손융으로 말하자면 칼끝을 써서 세운 공과 한마디 말씀을 올린 공로로도 두 사람 모두 거대한 상을 받았습니다. 강후와 곽광의 공을 평가해 보면 기회를 만든 것과 기회를 만난 차이가 있는데 위청과 공손융과 비교하면 천양지차가 있습니다. 그런데 공은 나라를 제대로 잘 다스린 공까지 세웠으니 백우와 주공 등이 누렸던 성대하고도 융숭한 대우에 겸하여 이 두 분이 받은 포상만큼 하사받아야 마땅하겠습니다. 하물며 어떻게 위에서 아뢴 강후, 곽광, 위청, 공손융과 같이 거론할 수 있겠습니까! 그렇지만 위청 등이 받았던 두터운 은덕을 아직 받지 못하고 있으니 신은 진실로 이해할 수 없습니다.

　한없이 큰 공을 세운 자에게는 상을 내릴 때에도 그 한도를 두지 않고, 더는 잘할 수 없을 만큼 덕행을 으뜸으로 실천한 자에는 정해진 법도를 넘어서 표창할 수 있다고 신은 들었습니다. 이에 따라 주 성왕은 주공에게 백 리의 한도를 넘어서고 구석(九錫)의 규정을 벗어나 표창했으니 사방 칠백 리에 이르는 땅을 봉했고 상(商)나라와 엄(奄)나라 백성을 겸유하게 했습니다. 은나라의 여섯 부족[29]을 부용(附庸)으로 하사했고, 수레를 타고 대로(大路)를 달릴 수 있게 했으며 대기(大旂)를 사용할 수 있게 했습니다. 봉보(封父)의 번약(繁弱) 활과 하후(夏后)의 반벽(半璧) 황(璜)을 하사했고 태축(太祝), 태종(太宗), 태복(太卜), 태사(太史)의 사관(四官)을 두게 했습니다. 하사할 품목은 잘 갖추어 책서를 통해 내렸습니다. 주공이 세상을 떠나자 황제와 같은 의례를 적용하여 백관이 제기에 흰 수소를 제물로 바치고 교(郊)와 망(望) 제사를 드렸습니다.

　"성왕이 말하기를 '숙부시여, 숙부의 맏아들 백금(伯禽)을 노공(魯公)으로 봉하겠습니다.'"[30]라고 했습니다. 그렇게 부자지간인 주공과 백금을 앞뒤로 봉했으니 한없이 큰 공을 세운 자에게 한도를 두지 않고 상을 내렸다고 할 수 있습니다. 게다가 여기에서 그치지 않고 주공의 여섯 아들을 모두 봉했습니다. 『시』에 "함부로 말하지 않으면 되돌아오는 말이 없고, 은혜를 베풀지 않으면 보답받을 일도 없다."[31]라고 했으니, 덕행을 베풀면 베푼 것만큼 보상해야 하고 베풀지 않았으면 보상도 하지 말아야 합니다. 가까운 시기에 있었던 일을 보면, 고조께서 유씨(劉氏)가 아니면 제후왕에 봉하지 말라는 규정을 두신 뒤에 파군 오예만큼은 장사왕으로 봉한 일이 있습니다. 고조께서는 조서를 내려 오예의 충성스러움을 칭찬하시고 제후왕에 봉한 사실을 행정 문서에 정확히 기록함으로써 다대한 충성을 바친 인물에게는 제약을 두지 않으신다는 것을 밝히셨습니다.

『춘추』에 진 도공(晉悼公)이 위강(魏絳)의 계책을 써서 중원의 여러 나라를 복종시킨 일이 기록되어 있습니다. 정백(鄭伯)이 악기를 바쳤을 때 도공이 그 절반을 위강에게 하사했는데, 위강이 한사코 사양하자 진후(晉侯)가 "그대가 없었다면 과인은 황하를 건널 수 없었을 것이오. 상을 내리는 것은 나라의 법에 정해져 있으니 법을 폐기할 수는 없소. 그대는 하사품을 받도록 하시오."라고 설득했습니다. 그래서 위강이 편종과 편경 악기를 가졌는데 『춘추』에서 이 일을 찬미했으니,[32] 진 도공의 신하는 충성을 다한 뒤에도 상을 받기를 사양했고 군주는 신하의 공을 인정하며 끝내 상을 내린 것을 칭찬한 것입니다.

폐하께서 공이 주공과 같은 공적을 세웠다는 것을 아시면서도 성왕이 표창했던 만큼 포상하지 않고 한사코 사양하는 공의 말씀만 들으신다면 『춘추』의 밝은 뜻을 돌아보지 않는 것이 됩니다. 그렇게 되면 백성과 신하들이 어떻게 폐하를 칭송할 수 있겠습니까! 또 만대에 어떻게 이 사실을 전할 수 있겠습니까! 이는 진실로 나라를 위하는 처사가 아닙니다. 어리석은 신이 생각하기에 공의 봉토는 주공에게 했던 것처럼 확대되어야 하고, 백금에게 했던 대로 공의 맏아들을 봉해야 마땅합니다. 하사품도 주공과 백금에게 내렸던 그대로 내려야 합니다. 또 주공의 다른 여섯 아들을 봉한 것과 마찬가지로 공의 다른 아들을 봉해야 합니다. 그리하여 신하들이 충성을 바쳐야 한다는 것을 명백히 깨닫고 백성으로 하여금 폐하의 은덕을 확실히 느끼게 해야 합니다. 신하가 제대로 충성을 바치고 백성이 확실하게 폐하의 은덕에 감동한다면 제왕이 나라를 다스리는 일에 무슨 어려움이 있겠습니까!

폐하께서 조종(祖宗)이 맡긴 중임을 깊이 살피고 하늘의 뜻을 두려워하시면서 우(虞)와 주(周)의 성대했던 포상 제도를 본받아 백금에게 내린 하사품만큼 갖추어 내리시고, 주공에게 보상했던 것에서 조금도 줄이지 않고 표창하시기를 바랍니다. 이제 황제의 법도를 세워 후세의 귀감이 되게 하신다면 천하가 크게 경축할 것입니다.

태후가 여러 공에게 이 상소를 보여 주자 여러 공이 바로 왕망의 공을 표창하기 위해 상의하기 시작했다. 그런데 그때 여관(呂寬) 사건이 터졌다.

자신을 공격한 맏아들을 죽이다

○ ○ ○

그보다 먼저 왕망이 독단하여 권력을 쥐고 싶은 마음에 태후에게 아뢰었다.

"전에 애제를 세워 주었더니 그 은혜로운 뜻을 저버린 부 태후가 나서서 외척 정씨와 부씨 일족을 부귀하게 하고 조정을 어지럽했으며 사직을 위기에 빠뜨렸습니다. 지금의 황제는 나이가 어린 채로 새로 황실의 후사가 되어 성제의 제사를 받들게 되었습니다. 황실의 후사가 되면 원래의 제후국과 관계를 끊어야 하는 일통(一統)의 도리를 명백히 하고 지난날 정씨와 부씨의 일을 교훈으로 삼아 후대의 본보기로 만들어야 하겠습니다."

그리하여 견풍을 보내 새수를 받들고 중산국에 도착해서 황제의 생모 위희(衛姬)를 중산효왕후로 올려 책립하고, 황제의 외삼촌 위보(衛寶)와 위보의 동생 위현(衛玄)에게 관내후 작위를 하사했으며 이들 모두 중산국에 거주하되 장안에 갈 수 없게 했다.

왕망의 아들 왕우는 왕망이 평제와 위씨 집안을 갈라놓은 것에 반대하면서 평제가 자란 뒤에 원망할 것을 걱정했다. 왕우가 은밀히 사람을 보내 위보 등과 편지를 주고받으면서 왕제의 생모로 하여금 상소하여 장안에 갈 수 있도록 청하라고 시켰다. 이때의 이야기는 「위후전(衛后傳)」에 있다.

왕망은 청을 들어주지 않았다.

왕우가 자신의 스승 오장(吳章), 그리고 손위 처남 여관과 함께 일을 꾸몄다. 왕장은 왕망이 간언을 듣지 않을 것이라면서 귀신에 관심이 많으니 변괴를 꾸며서 놀라 떨게 만들어야 한다고 주장했다. 그러고는 오장이 그 변괴와 비슷했던 일을 열거하며 왕망을 설득하여 위씨에게 정사를 넘기게 하기로 계획했다. 왕우가 곧바로 여관을 시켜 피를 가지고 가서 왕망의 집에 뿌리게 했는데 문을 지키던 아전에게 발각되었다. 왕망이 왕우를 붙잡아 옥으로 보낸 뒤에 약을 마시고 죽게 했다. 왕우의 아내는 임신 중이었으므로 옥에 가두었다가 아이를 낳은 뒤에 죽였다. 왕망이 상주하여 아뢰었다.

우가 여관 등에게 연루되어 헛소리로 사람들이 시비를 가릴 수 없게 만들었으니, 관채(管蔡)와 같은 죄를 지었습니다. 신이 숨길 수 없어 주살했습니다.

견한 등이 태후에게 아뢰어 태후가 조서를 내렸다.

대저 당요(唐堯) 시대에도 단주(丹朱)가 나왔고 주 문왕에게도 관채가 있었다. 이를 보면 상성(上聖)도 하우(下愚)[33]를 어떻게 할 수 없어 그 천성이 바뀌지 않는다고 여긴 것을 알 수 있다. 공은 주공의 자리에 있으면서 성왕(成王) 같은 어린 임금을 보좌하고 있는데, 관채를 주살했던 예를 따라 아들을 죽였다. 공이 혈육을 아끼려고 황제를 높이지 않는 잘못을 범하지 않은 것은 매우 칭찬할 일이다. 옛적에 주공이 사국(四國)[34]을 징벌한 뒤에 대대적인 교화를 이루어 형틀이 있어도 쓰지 않는 경지에 이르렀다. 그러니 공은 정신을 집중하여 황제를 도와 태평성대를 이루도록 하라.

태후의 동의를 얻은 왕망이 위씨 집안을 멸족시키는 한편으로 여관 사건을 철저하게 다스렸다. 이 과정에서 지방의 군과 제후국의 호족 중에 평소 왕망을 비난했던 자들과, 황족과 자신의 일가 중에서 경무(敬武) 공주,[35] 양왕(梁王) 유립(劉立), 홍양후 왕립

(王立), 평아후(平阿侯) 왕인(王仁)을 연루시키고 사자를 보내 긴급히 체포하게 했다. 이들은 모두 스스로 목숨을 끊었다. 이렇게 하여 죽은 자가 수백 명에 이르러 나라 안이 뒤흔들렸다. 대사마호군 보(褒)가 상주하여 주장했다.

안한공은 아들 우가 관채의 죄를 저질렀을 때 아들을 엄청나게 아꼈으면서도 황실을 보전하기 위해 그 사랑을 나타내지 않았습니다. 우가 벌을 받은 뒤에 안한공이 한편으로 탄식하면서 한편으로 분발하여 자손을 훈계하는 글 여덟 편을 지었습니다. 지방의 군과 제후국에 이 글을 반포하여 학관(學官)으로 하여금 가르치게 하는 것이 마땅합니다.

이 일을 조정의 여러 공에게 의논하게 하자 이들이 주청하기를 천하의 관리 중에 안한공의 경계문을 암송할 자를 관부(官簿)에 기록하여 승진에 반영하게 했다. 그 경계문은 『효경(孝經)』에 비견되었다.

4년 봄, 하늘에 교사(郊祀)를 드리면서 고조를 배향했다. 종사(宗祀)를 올릴 때에는 효문제를 상제 제사에 배향했다.

4월[36] 정미일에 왕망의 딸이 황후로 책립되었다. 천하에 대사령을 내렸다. 대사도사직 진숭 등 여덟 명을 천하 곳곳에 갈라 파견하여 풍속을 살피게 했다.

태보 왕순 등이 상주하여 아뢰었다.

『춘추』에서 공업(功業)과 덕행(德行)의 순위를 열거했는데, 입덕(立德)을 태상(太上)으로 치고 입공(立功)을 그다음으로 치며 입언(立言)이 그다음입니다.[37] 오로지 지덕(至德)과 대현(大賢)만이 이런 공업과 덕행을 세울 수 있습니다. 그런데 신하 중에 이런 인물이 있다면 생전에 큰 상을 받고 죽은 뒤에 종신(宗臣)이 되는데 은나라의 이윤(伊尹)과 주나라의 주공이 바로 그런 인물입니다.

이어서 상소를 올린 사람이 팔천여 명이었는데 모두 함께 아뢰었다.

이윤은 아형(阿衡)에, 주공은 태재(太宰)에 임명되었습니다. 주공은 일곱 아들이 봉토를 받았고, 받은 상이 상공(上公)을 뛰어넘었습니다. 진숭의 주장대로 시행해야 마땅합니다.

해당 관원들에게 이 일을 의논하게 했다. 의논을 마친 해당 관원이 청했다.

전에 더하여 내렸〔으나 공이 사양했〕던 두 현(縣)과 황우취와 신야의 밭을 다시 내리고 이윤과 주공의 칭호를 써서 공을 재형(宰衡)으로 삼아 상공 자리에 있게 해야 합니다. 공의 연사는 봉록을 육백석으로 해야 합니다. 삼공이 공에게 국사를 보고할 때에는 '감언지(敢言之)'[38]라고 운을 떼야 합니다. 모든 관리는 공의 이름을 부를 수 없습니다. 공이 외출할 때 기문(期門) 스무 명과 우림(羽林) 서른 명이 따르게 하며 행렬 앞뒤에 네 마리 말이 끄는 대거(大車) 열 대를 세워야 합니다. 안한공의 태부인에게는 공현군(功顯君)이라는 호칭을 내리고 식읍 이천 호와 황금으로 만든 인장에 적불(赤韍)을 하사해야 합니다. 공의 두 아들을 봉하되 안(安)은 보신후(襃新侯)에, 림(臨)은 상도후(賞都侯)로 봉해야 합니다. 황후의 납채를 위해 삼천칠백만 전을 더 내려 그 합이 일억 전이 되도록 함으로써 황후를 맞는 대례(大禮)를 빛내야 하겠습니다.

태후가 전전(前殿)에 임석하여 친히 왕망을 재형에 임명하기로 했다. 그에 앞서 두 아들을 후(侯)에 봉하여 주공의 아들을 봉한 전례를 따랐다. 왕망이 계수하고 사양했다. 그러고는 밀봉 상소를 올려, 어머니 공현군 호칭만을 받을 테니 왕안과 왕림의 인수와 작위, 식읍을 거두어 달라고 청했다. 태후가 이 일을 태사 공광 등에게 의논하게 하자 모두 이렇게 주장했다.

공이 세운 공적에 비교할 때 이번에 내리는 상은 그 공적을 기리기에 모자랍니다. 겸손하게 자신을 단속하고 물러서며 양보하는 것은 공의 한결 같은 지조이니, 끝내 들어주어서는 안 됩니다.

왕망이 태후를 찾아 알현한 자리에서 재삼 사양했다. 태후가 조서를 내려 물었다.

공은 만날 때마다 머리를 조아리고 눈물을 흘리며 재삼 사양했는데, 지금 또 병으로 사직하겠다고 청하니 그 말을 듣고 물러가게 해야 할 것인가, 아니면 국사를 보게 해야 할 것인가? 이 상을 그대로 내려야 할 것인가, 아니면 집에 돌아가 있게 할 것인가?

공광 등이 아뢰었다.

안과 림은 이미 직접 인불을 받음으로써 그 책호(策號)가 하늘에 알려졌으니 정당한 명분을 얻었습니다.

황우(黃郵)와 소릉(召陵), 신야(新野)의 밭에서 나오는 수입이 아주 많은데 공이 모두 사양했습니다. 공은 자신의 이익을 희생함으로써 나라의 교화를 이루려고 하는 것이니 허락해도 마땅할 듯합니다.

태평을 이루기 위한 교화는 시급히 이루어져야 합니다. 재형 벼슬은 후대에 세습되지 않습니다. 납채전(納采錢)은 황후를 높이는 일이므로 공을 위하는 것이 아닙니다. 공현군에게 내리는 식읍은 공현군 당대에만 적용하고 후대에 전하지 않게 합니다.

보신(襃新)과 상도(賞都) 양국(兩國)은 모두 합해서 삼천 호인데, 너무 적습니다. 충신의 절의를 지니고 있으면 또한 자신을 희생시키면서 주상의 도의를 펼치기도 합니다. 대사도와 대사공에게 태후의 명을 받들어 부절을 들고 가서 공이 즉시 국사를 보게 하도록 명령하게 하셔야 마땅합니다.

상서에게 공이 올리는 사직 상소를 더는 받지 말라고 명하십시오.

상소의 내용대로 하라는 허락이 내렸다.

이에 왕망이 조정에 나와 정무를 보면서 다음과 같이 상소를 올렸다.

신은 원수 2년 6월 무오일, [애제가 붕어하는] 비상사태가 일어났던 그 밤에 신도후의 신분으로 미앙궁에 불려 들어갔습니다. 경신일에 대사마에 제수되어 삼공의 직위에 임명되었습니다. 원시 원년 정월 병진일에 태부로 임명되고 안한공이란 칭호를 하사받으면서 사보 자리가 다 채워졌습니다. 올해 4월 갑자일에 다시 재형에 임명되고 상공(上公)의 자리에 올랐습니다.

신이 엎드려 생각해 보았습니다.

작위는 신도후에 이르렀고, 칭호는 안한공에, 벼슬은 재형, 태부, 대사마에 이르렀으니, 작위와 칭호와 벼슬이 높고 막중합니다. 한 사람이 이렇게 큰 은총을 다섯 가지나 받는 것은 진실로 비신(鄙臣)이 감당할 수 없는 일입니다.

원시 3년, 천하의 가을걷이가 평년의 수준을 회복했으므로 흉년에 줄였던 관속을 모두 원래 자리에 복귀시켜야 마땅합니다.

『춘추곡량전』에 이르기를 "천자를 보좌하는 대신은 권한이 사해(四海)에 통한다."라고 했습니다. 신의 어리석은 생각에 재형 벼슬은 바로 백관을 통솔하여 나라를 평안하게 하는 직책인데도 관인(官印)이 없어 명실(名實)이 상부하지 않습니다.

신에게 겸직할 만한 재능이 없는데도 지금의 성조(聖朝)께서 적절하지 못한 저를 중용하고 계신 줄 알고 있습니다. 어사(御史)에게 '재형태부대사마인(宰衡太傅大司馬印)'이라고 재형의 인장을 새기게 해 주시기를 청합니다. 인장이 완성되면 신에게 수여해 주십시오. 그러면 태부와 대사마의 관인을 바치겠습니다.

태후가 명령했다.

"허락하니, 불(黻)은 상국(相國)의 것과 같게 만들도록 하라. 짐이 친히 전전(前殿)에 나아가서 내리겠다."

이에 왕망이 납채 예물로 더해 받은 천만 전을 다시 장락궁의 장어에게 보내 태후를 모시는 데 쓰게 했다. 태보 왕순이 상주했다.

천하 백성 중 공이 천승 제후에 합당한 봉토와 만금의 납채 예물을 받지 않았을 뿐 아니라 재산을 털어 나누어 준 것이 수천만 전에 이른다는 소식을 듣고 공의 덕행에 감화되지 않은 자가 없었습니다. 촉군의 남자(男子) 노건(路建) 등이 부끄러워하며 소송을 중지하고 물러갔다고 하니, 주 문왕이 우(虞)와 예(芮)를 감화시킨 것도 이보다 더할 것이 없습니다. 마땅히 천하에 널리 알려야 합니다.

상소대로 시행하라는 허락이 떨어졌다. 그리하여 재형이 외출할 때에는 수레 앞과 뒤에 각각 열 대의 대거(大車)와 함께 직사상서랑(直事尙書郞)과 시어사, 알자, 중황문, 기문, 우림이 따랐다. 재형은 항상 부절을 들고 다니되 어느 곳에 머물 때에는 알자가 대신 들게 했다. 재형의 연사는 봉록을 육백석으로 정했다. 삼공은 재형에게 '감언지(敢言之)'라고 운을 떼야 했다.

복고의 상징인 명당과 벽옹, 영대를 세우다

○　○　○

이해에 왕망이 명당(明堂)과 벽옹(辟雍), 영대(靈臺)를 세우고, 학생 기숙사 만 칸을 지었으며, 시장과 상만창(常滿倉)을 마련했으니 공사 규모가 아주 컸다. 『악경(樂經)』과목에 박사를 두면서 각 과목의 박사 정원을 늘려 경전마다 다섯 명을 두었다. 천하에서 각 경전에 능통하거나 열한 명 이상을 가르쳐 본 적이 있는 인재를 불러 모았다. 또『예경』중에 유실된 내용과 옛일의 기록,[39] 『모시(毛詩)』, 『주관(周官)』, 『이아(爾雅)』와 천문, 도참, 종률(鍾律), 월령(月令), 병법 서적과 사편문자(史篇文字)[40]를 가지고 있거나 그 뜻을 아는 모든 사람을 공거(公車)로 불러들였다. 탁월한 능력을 지닌 천하의 인재를 망라했으므로 연달아 공거에 도착한 자가 수천 명이었다. 이들로 하여금 황궁에서 자신의 이론을 모두 기록하게 하고 오류를 고치게 하여 서로 다른 이론을 하나로 통일했다.

이에 신하들이 상주하여 아뢰었다.

옛적 주공이 왕위를 계승한 성왕을 받들면서 상공(上公)의 자리에 오르는 존대를 받았지만 일곱 해나 되어서야 여러 제도를 제정할 수 있었습니다. 대저 명당과 벽옹이 폐허가 된 지 천 년이 되도록 다시 세우지 못했습니다. 그러나 안한공이 벼슬 없이 집에 있다가 발탁되어 폐하를 보좌한 지 이제 네 해밖에 되지 않았지만 찬란한 공덕을 세웠습니다. 공이 8월 그믐 경자일, 달의 새 혼백이 생겨나던 날에 어명을 받들었는데, 아침에 건축에 필요한 요역자 명부를 문서로 마련하고 요역자들을 모았습니다. 이튿날인 신축일(辛丑日)에 유생들과 서민이 대규모로 모였는데, 십만 명이 운집하여 스무 날 동안 대대적으로 공사를 벌여 대사업을 완공했습니다. 요임금과 순임금이 나라를 세우고 성왕과 주공이 중흥의 위업을 달성했지만, 공의 업적을 초과할 수는 없습니다. 재형을 제후왕의 윗자리로 올리고 대국승거(大國乘車) 한 대와 안거(安車) 한 대와 각각 말 네 필씩을 하사하는 것이 마땅합니다.

이 상소에 대한 답서에 "그대로 시행하라. 구석(九錫)의 예법에 대해 의논하도록 하라."라고 되어 있었다.

겨울, 큰바람이 불어 장안성 동문 지붕의 기와가 다 날아가 버렸다.

5년 정월, 명당에서 협제(祫祭)를 올렸다. 제후왕 스물여덟 명, 열후 백스무 명, 종실 자제 구백여 명을 불러들여 제사를 돕게 했다. 제례가 끝난 뒤에 효선제의 증손 유신(劉信) 등 서른여섯 명을 열후(列侯)[41]에 봉하고 나머지 사람들은 식읍을 더해 주거나 작위를 내리고 돈과 비단을 각각 차등을 두어 하사했다.

그때 관리와 평민 중에 왕망이 신야의 밭을 받지 않겠다고 한 것을 두고 연달아 반대 상소를 올린 자가 사십팔만 칠천오백칠십이 명이었다. 여기에다가 제후왕, 공, 열후, 종실 사람으로 태후를 알현한 자 모두 머리를 조아리며 '빨리 안한공에게 상을 내려야 마땅하다'고 주장했다. 그러자 왕망이 〔태황태후께〕 글을 올렸다.

신은 외척으로 제 차례를 넘어 대사마 자리에 올랐는데 직책을 제대로 수행하지 못하고 있습니다.

엎드려 생각하건대, 태후의 성덕(聖德)이 훌륭하여 하늘의 뜻을 계승하고 옛적의 제도에 부합해 가고 있습니다. 예에 관한 규정을 마련하여 백성을 다스리고 악에 관한 제도를 만들어 풍속을 고쳤더니, 나라 안의 사람들이 달려왔고 백만이 동시에 왔다가 떠날 때 눈물을 흘리지 않는 자가 없었습니다. 진정한 마음이 없이 어떻게 장안까지 공연하게 올 수 있겠습니까!

제후왕 이하 관리와 서민에 이르기까지 모두 신 망이 위로 폐하와 가까운 친척이 아니면서 대사마가 된 것을 알고 있습니다. 또 직책을 제대로 수행한 관리들에게 공적과 덕행을 표창할 때마다 신 망을 칭찬해 주었습니다. 신이 폐하와 태후 면전에서 국사에 관해 말씀을 올릴 때 제후들의 얼굴을 보았는데 부끄러워하며 땀을 흘리지 않는 이가 없었습니다.

비록 천성은 우매하고 천박하나 정성은 지극함을 제가 알고 있습니다. 덕이 박한데도 높은 자리에 있고 힘이 모자라는데도 소임은 커서 아침부터 저녁까지 전전긍긍하면서 성조(聖朝)에 욕되게 하지 않을까 늘 걱정하고 있습니다.

이제 천하가 태평해졌고 풍속이 같아졌으며 백만이 하나씩 복속해 오고 있으니, 이 모든 것이 폐하께서 성덕으로 친히 다스린 덕분입니다. 태사 광(光), 태보 순(舜) 등이 정사를 보좌하고 공경과 대부들은 모두 충성스럽고 선량하여 다섯 해 안에 이런 태평세월을 이루게 되었습니다. 반면에 신 망은 어떤 뛰어난 계책도 올린 바가 없습니다. 태후의 성스러운 명령을 받들어 아랫사람들에게 공포했지만 열에 하나도 시행하지 못했고, 능력이 뛰어난 인재들이 세워 준 계책을 폐하께 보고했는데 열에 다섯도 시행하지 못했습니다. 이렇게 아무런 업적을 이루지 못한 잘못을 저지르고도 그나마 목숨을 부지하고 있는 것은 위로는 폐하께서 충족한 빛으로 감싸 주시고 아래로 공들에게 의지하기 때문입니다.

지금 폐하께서는 신하들의 상소를 차마 거절하지 못하셔서 해당 관원에게 상소 내용을 의논하라고 내려보내고 계십니다. 신이 전부터 상소를 올리지 못하도록 하고 싶었으나 끝내 그만두게 하지 못할 듯하여 아뢰지 않았습니다.

그러나 명당 등을 준공하여 장중한 예식을 올렸고 제사를 도운 자들이 모두 폐하의 명을 제대로 받들며 간절한 마음을 이기지 못하고 있습니다. 바라건대 상소를 해당 관원에게 내려 의논하는 일을 미루고 더는 올리지 못하게 하셔서 신으로 하여금 있는 힘을 다하여 예와 악을 제정하는 일을 마칠 수 있게 해 주십시오. 예악이 제정되면 치른 뒤에 천하에 고지하여 나라 안의 백성이 모두 알게 하십시오. 예악의 제정을 마친 뒤에 잘못이 있다는 지적을 받으면 신이 황상을 속이고 조정에 피해를 준 죄로 벌을 받겠습니다. 만일 다른 죄가 없다면 목숨을 보전한 채 집으로 돌아감으로써 현자(賢者)에게 길을 내주는 것이 신의 염원입니다. 폐하께서 가련하게 여기고 허락해 주시면 기쁜 마음으로 따르겠습니다.

견한 등이 태후에게 아뢰어 조서를 내리게 했다.

그렇게 하도록 하라. 공의 공덕이 천하를 밝게 만들었으니, 제후왕공, 열후, 종실, 여러 유생, 관리와 평민이 이구동성으로 공에게 상을 내려야 한다고 주장하면서 황궁 안팎을 떠나지 않았으므로 그 상소문을 해당 관원에게 상의하도록 내려보냈다. 제후와 종실 사람들이 장안을 떠나던 날 다시 내 앞에 와서 공에게 상을 내려야 한다고 주장했는데, 돌아가라고 권유했지만 한사코 떠나지 않았다. 맹하(孟夏) 4월에 공에게 상을 내리겠다고 알리자 기뻐하지 않는 사람이 없이 만세를 부르며 물러갔다. 공은 볼 때마다 머리를 조아리고 눈물을 흘리면서 상을 받을 수 없다고 했다. 억지로 상을 내리면 벼슬자리를 감당할 수 없다며 사직하겠다는 사람이다.

현재 예악 제도를 완비하는 일이 아직 진행 중이라고 하는데 이일은 공이 있어야 끝낼 수 있으니 지금은 공의 말을 들어주기로 하겠다. 예악을 완비하면 공들이 보고하도록 하라. 그때 가서 공의일을 매듭지을 테니, 구석(九錫)에 관한 예법에 대해 재빨리 상주하기 바란다.

그리하여 공경, 대부, 박사, 의랑(議郎) 및 열후 장순(張純)[42] 등 구백두 명이 모두 함께 아뢰었다.

성스러운 황제와 영명한 군왕은 능력이 뛰어난 인재를 장려하고, 덕이 높은 자를 높은 자리에 임명하며, 공이 큰 자에게 후한 상을 하사하는 법입니다. 그리하여 종신(宗臣)은 구명(九命)으로서 상공(上公)의 자리에 올리고 그에 걸맞은 구석의 은총을 내려야 합니다. 이제 구족(九族)이 화목하게 지내고 백성이 예법에 따라 교화되었으므로 만국(萬國)이 화합하고 백성이 순종하고 있어 개국 군주에게 나타나는 길조가 여러 번 나타나고 있으니 태평 시대가 이미 도래했습니다. 제왕의 성대한 덕이 요임금이나 순임금보다 더 클 수는 없는데 지금 폐하께서 그런 덕을 지니고 계시고, 충신의 뛰어난 공이 이윤이나 주공보다 현저할 수 없는데 지금 재형이 그런 공을 세우고 있습니다. 시대는 다르지만 번성한 사정은 부합됩니다. 삼가 육경에 두루 통하는 도리로써 경전의 글을 살펴보니,『주관』과『예기』에 있는 내용이 공의 일에 합당하므로 구명에게 해당하는 구석을 내리시면 됩니다. 신은 명(命)에 맞게 하사하실 것을 청합니다.

이 상주문대로 하라는 허락이 내렸다. 그러고는 책서를 내렸다. 원시 5년 5월 경인일에 태황태후가 전전(前殿)에 도착하여 전당 안으로 오른 뒤에 친히 조서를 발표했다.

　공은 앞으로 나와서 마음을 비우고 짐의 말을 들으라.
　전에 공이 황궁에서 숙위하며 열여섯 해 동안 효성제를 모실 때 좋은 계책을 올리며 충성을 다했으니, 전임 정릉후 순우장을 주살하라고 알려 주어 반란을 사전에 막았다.
　대사마에 오른 뒤에는 조정에서 황제를 보좌하는 직무를 잘 수행했다.
　효애제가 즉위한 뒤 교만한 후궁이 과분한 욕심을 부리고 간신이 반란을 획책했을 때, 공이 친히 고창후 동굉을 탄핵했고, 전(前) 정도 공왕의 생모가 예법에 맞지 않은 자리에 앉지 못하게 교정해 주었다. 그 뒤로 조정 대신들이 국사를 논의할 때 경전의 뜻에 의거하지 않은 적이 없었다.

뒤에 병이 나서 사직하고 집에 돌아가 있었는데 적신(賊臣)의 모함을 받았다. 봉토로 돌아가 있을 때 효애제가 각성하여 공을 장안으로 불러오게 했는데, 병이 위중해졌을 때 공을 잊지 않고 불러서 특진(特進) 벼슬을 더해 주었다. 그날 밤에 갑자기 일을 당하여 황위를 이을 태자가 없었는데, 간신이 조정에 가득했으므로 사직이 몹시 위태로웠다.

짐이 나라를 안정시킬 계책을 낼 사람 중에 공보다 마땅한 사람이 없다고 여기고 주정에 들어오게 하니 그날로 고안후 동현을 파면하여 쫓아내고 순식간에 충성스러운 계책을 올려 나라의 기강을 제대로 세우게 했다. 수화 연간과 원수 연간에 두 차례나 황제의 장례를 치렀는데 모든 일을 완벽하게 처리했으므로 재난이나 변란이 일어나지 않았다.

짐을 다섯 해 동안 보좌하면서 인륜의 근본인 관례와 혼례를 정했고, 하늘과 땅에 제사 지내는 제단의 위치도 바로잡았다. 천지신명의 뜻을 받들어 아침부터 저녁까지 공사를 지휘한 결과 천 년 전에 폐허가 된 명당 등을 복원하여 백 대에 걸친 잘못을 고쳤는데, 천하가 화합하여 많은 사람이 바로 모여들었다. 그리하여 『시』「대아」의 '영대(靈臺)'와 『서』「주서」의 '낙고(洛誥)'에 나오는 호경(鎬京)과 상읍(商邑)[43]의 규모를 오늘에 이르러 그대로 부흥시켰다.

선제의 뛰어난 공을 널리 밝히고, 조종(祖宗)의 훌륭한 덕행을 환하게 드러냈으며, 엄부(嚴父)를 하늘의 제사에 배향한 의(義)를 천명하고, 교체(郊禘)와 종사(宗祀) 의례를 수립하여 대효(大孝)의 도리를 빛냈다.

그리하여 온 나라가 화합하여 만국이 공의 도의를 앙모하고 있다. 또 풍속이 다른 만이가 부르지 않았음에도 자진해서 찾아와 공에게 감화를 받고 [한나라 복식] 단면(端冕)을 받아들이고 진귀한 보물을 받들고 와서 제사를 도왔다. 옛적의 제도에서 근본 도리를 찾고 옛적의 책략을 중시하고 존중하면서 시행하면 성과를 거두었으니 모든 일이 옛 법도에 맞았다. 공의 지덕(至德)과 요도(要道)는 신령에게까지 통하여 조상이 기쁘게 제사를 흠향하셨다.

공의 빛나는 업적이 밝혀지자 하늘에서 징조를 내리고 천지의 기운이 하나가 되었으므로, 기린과 봉황, 거북, 용 같은 수많은 길조가 칠백여 차례나 나타났다. 이어서 예악 제도를 완비하여 종묘 사직을 안정시키는 큰 공훈을 세웠다. 하늘 아래 오로지 공밖에 의지할 사람이 없으므로 관직은 재형으로 올려 상공의 자리에 있게 하였다.

이제 공에게 구명 중에서 구석을 내렸고, 제사를 도왔던 자들에게는 문무(文武) 관직을 제수하면서 그 조상들에게까지 영광이 미치도록 했다. 아, 훌륭하지 않은가!

그리하여 왕망이 계수로 두 번 절한 뒤에 상을 받았다. 녹불(綠韍)과 곤명(袞冕)과 의상(衣裳), 탕봉(瑒琫)과 탕필(瑒珌), 구리(句

履), 난로(鸞路)와 승마(乘馬), 용기(龍旂)와 구류(九旒), 피변(皮弁)
과 소적(素積), 융로(戎路)와 승마(乘馬), 동궁시(彤弓矢)와 노궁시
(盧弓矢), 좌건주월(左建朱鉞)과 우건금척(右建金戚), 갑주(甲冑) 한
벌, 거창(秬鬯) 두 유(卣), 규찬(圭瓚) 두 개, 구명(九命) 등급이 쓰는
청옥규(靑玉珪) 두 개, 주호(朱戶)와 납폐(納陛)를 받았다.

또 재형의 관아에 종관(宗官), 축관(祝官), 복관(卜官), 사관(史官)
및 호분(虎賁) 삼백 명과 가령(家令)과 가승(家丞) 각각 한 명을 두
었고, 종관, 축관, 복관, 사관 모두 색부(嗇夫)를 속관으로 두어 안
한공을 보좌하게 했다. 황궁 안에 있던 재형의 관아와 황궁 밖의
집에 호분을 문위(門衛)로 두고 문을 드나드는 자들을 명부에 기재
하게 했다. 사보와 삼공이 재형의 관아나 집에 가서 일을 상의할
때에 모두 신분을 밝히는 부(傅)를 들고 가게 했다. 초왕의 경저를
안한공의 집으로 하되 대규모로 수선하고 황궁과 통하게 했다.

조부와 부친 사당의 전전(前殿) 및 침전(寢殿)에 모두 주호(朱戶)
를 달고 납폐(納陛)를 설치했다.

진숭이 다시 상주했다.

안한공이 조부와 부친의 사당에 행차하기 위해 성문을 나설 때
에는 성문교위가 기병을 이끌고 따라야 합니다. 성안에 문위(門衛)
가 있다면 성밖에서는 기병이 호위해야 나라를 강성하게 할 수 있
습니다.

그러자 상주한 대로 시행하라는 허락이 떨어졌다.

그해 가을에 황후가 자손을 볼 기미가 생기자[44] 왕망이 자오도 (子午道)를 냈다. 자오도 길은 두릉에서 남산을 바로 통과하여 한 중(漢中)으로 나가는 길이었다.

풍속 사자 여덟 명이 돌아와 천하의 풍속이 통일되었다고 보고 했다. 이들은 지방의 군과 제후국에서 왕망의 덕을 칭송하며 불리 고 있다는 가요를 거짓으로 지어 올렸는데 모두 삼만 자였다.

왕망이 문서로 기록되어야 할 법령을 정해야 한다고 상주했다.

또 상주하여 시장에는 가격이 통일되어 있고, 관가에는 송사가 없으며, 읍(邑)에는 도적이 없고, 들판에는 굶는 사람이 없으며, 사람들은 길에 떨어진 물건을 줍지 않고, 남자와 여자를 엄격하게 갈라 다른 길을 가도록 하는 제도를 시행하고 있으며, 법을 어긴 자에게는 상형(象刑)을 내리고 있다고 보고했다.

유흠과 진숭 등 열두 사람이 명당을 짓고 교화의 내용을 널리 퍼뜨린 공에 따라 모두 열후에 봉해졌다.

왕망이 보기에 나라 안은 이미 태평했고, 북쪽의 흉노도 교화 되었으며, 동쪽 해외에서 입조하고 있고, 남쪽의 황지(黃支)도 복 속해 왔는데 유일하게 서쪽에서만 아무런 동정이 없었다. 그리하 여 중랑장 평헌(平憲) 등이 황금과 비단을 많이 들고 가서 새외의 강(羌)에게 살던 땅을 바치고 한나라에 귀속하기를 바란다고 설득 하게 했다. 그런 뒤에 평헌 등이 상주하여 아뢰었다.

강(羌)의 부족장 량원(良願) 등 부족민[45]은 인구가 일만 이천 명 에 이르는데 한나라의 신하가 되기를 바라면서 선수해(鮮水海)와 윤곡(允谷), 염지(鹽池)를 바치고 좋은 풀이 자라는 평원을 모두 한나라 사람들에게 넘겨주며 자신들은 험곡에 살면서 한나라를 보호하는 방패가 되겠다고 했습니다.

량원에게 투항할 의사가 있는지를 물었을 때 량원이 대답했습니다. "태황태후께서 성명(聖明)하시고 안한공은 지인(至仁)하셔서 천하가 태평하고 오곡이 잘 익는다고 들었습니다. 벼가 한 장(丈) 넘게 자라기도 하고 한 톨 껍질 안에 세 알의 쌀이 들어 있기도 하며 따로 심지 않아도 저절로 자라고 누에를 기르지 않아도 저절로 고치가 생기며 하늘에서 감로가 내리고 땅에서 예천(醴泉)이 솟고 봉황이 날아와 춤을 추고 신작(神爵)이 떼를 지어 하늘에서 내려온다고 합니다. 〔원시〕 4년 이래로 강족은 고통받은 바가 없으니 즐거운 마음으로 한나라에 귀부하겠습니다."

이렇게 자진해서 복속해 왔을 때 거처와 생업을 보장하고 속국 도위를 두어 이들을 보호하고 이끌어야 마땅하겠습니다.

이 일을 왕망에게 처리하게 하자 왕망이 상주했다.

태후께서 정사를 처리하신 지 몇 해 만에 은택이 넘쳐흐르고 사방에 화합의 기운이 가득 차게 되었으니, 먼 지역과 풍속이 다른 나라에서 한나라의 도의를 사모하지 않은 곳이 없게 되었습니다. 월상씨(越裳氏)가 여러 번의 통역을 거쳐 흰 꿩을 바쳤고, 황지는 삼만 리 밖에서 살아 있는 서(犀)를 공물로 보냈으며, 동이왕(東夷王)은 대해(大海)를 건너와 국보를 올렸고, 흉노 선우는 한나라 제도에 순응하여 두 자짜리 이름을 버렸습니다. 그런데 이번에는 또 서강(西羌)의 량원 등이 땅을 들어 신하가 되겠다고 청해 왔습니다. 옛적 요임금과 순임금 때에 사방을 두루 다스렸다고 해도 이보다 더 할 수는 없었습니다.

이제 삼가 살펴보니 동해군과 남해군, 북해군은 있는데 아직 서해군을 두지 못하고 있습니다. 그러므로 량원 등이 바친 땅을 받아 그곳에 서해군을 설치하기를 청합니다.

신이 또 듣기를 성군은 천문(天文)을 질서 있게 구분하고 땅을 구획했는데, 산천과 민속에 따라 주의 경계를 제정했다고 합니다. 한나라의 땅은 이제(二帝)와 삼왕(三王) 때보다 더 넓은데, 모두 십삼 주(州)로 나누어 놓았습니다. 그런데 주명(州名)과 경계가 경전의 뜻에 맞지 않습니다. 「요전(堯典)」에 십이 주로 나누었다고 했다가, 나중에 다시 구 주로 정했습니다. 한나라에서 아주 멀리까지 영토를 개척하고 주목(州牧)을 두어 순시하게 했는데 먼 곳은 삼만여 리나 떨어져 있어 구 주로 나눌 수는 없습니다. 삼가 경전의 뜻에 따라 십이 주로 나누고 이름과 경계를 바로 정함으로써 요임금 때의 제도에 상응하게 하십시오.

상주한 내용대로 처리하라는 태후의 허락이 떨어졌다.

그 무렵 쉰 개의 법 조항을 추가하고 어긴 자를 서해군으로 이주시켰다. 이주한 자가 너무 많아 사람들이 원망하기 시작했다.

두 살짜리 허수아비 후사와 섭행 황제

○　○　○

천릉후(泉陵侯)[46] 유경(劉慶)이 상소하여 아뢰었다.

주 성왕이 어렸으므로 유자(孺子)를 칭하고 주공이 황제의 자리에서 대신 정무를 처리했습니다. 지금 황제의 춘추가 어리시니 안한공으로 황제의 직무를 대행하게 하되 주공처럼 하도록 해야 마땅합니다.

그러자 대신들이 모두 "경의 주장을 따르는 것이 마땅합니다."라고 아뢰었다.

겨울에 형혹(熒惑)이 달 속으로 들어갔다.

평제가 병이 났다. 왕망이 자신의 목숨을 바치겠다는 책문을 지어 태지(泰畤)에서 기도했는데, 벽(璧)을 차고 규(圭)를 쥔 채 평제를 대신해서 죽기를 원한다고 했다. 그러고는 금등(金縢)에 책문을 넣어 전전(前殿)에 놓아두고,[47] 여러 공에게 발설하지 말도록 명령했다.

12월에 평제가 붕어했다.[48] 천하에 대사령이 내려졌다.

왕망이 예법에 밝은 종백(宗伯) 유봉(劉鳳) 등을 불러 천하의 육백석 이상 관리는 모두 삼년상을 지내도록 정했다.

효성제의 묘호를 통종(統宗)으로, 효평제의 묘호는 원종(元宗)으로 할 것을 상주했다.

그 무렵 원제의 직계 자손은 모두 대가 끊어진 상태였고, 선제의 증손 중에 제후왕 다섯 명과 광척후(廣戚侯) 유현(劉顯) 등 열후 마흔여덟 명이 살아 있었다. 왕망은 어른이 후사가 되는 것을 싫어하여 "형제끼리 서로 후사가 될 수 없다."[49]라고 못을 박았다.

그리하여 현손들 중에서 가장 어린 광척후의 아들 유영(劉嬰)을 뽑았는데, 나이가 두 살이었다. 유영의 점괘와 관상이 가장 좋다는 것이 이유였다.

그달 전휘광(前煇光) 사효(謝囂)가 이렇게 상주했다. 무공(武功) 현장 맹통(孟通)이 우물을 치던 중에 흰 돌을 얻었는데, 위는 둥글고 아래는 모난 모양이었다. 돌 표면에는 붉은 글씨로 '고안한공망위황제(告安漢公莽爲皇帝)'[50]라는 글이 적혀 있었다. 부명(符命)의 시작이었다. 왕망이 여러 공을 시켜 태후에게 그 사실을 고하게 하자 태후가 말했다.

"이는 천하를 속이는 것이니, 퍼뜨릴 수 없다."

그러자 태보 왕순이 태후에게 아뢰었다.

"일이 이미 이렇게 되었으니 어쩔 수 없습니다. 저지하려고 해도 힘이 없어 할 수 없습니다. 게다가 망은 다른 생각을 품을 엄두를 내지 못하고 있으니, 다만 '섭(攝)'을 칭함으로써 자신의 권한을 강화하여 천하를 복종시키려고 했을 뿐입니다."

태후가 그 부명을 널리 알리도록 허락하자, 왕순 등이 함께 태후에게 아뢰어 조서를 내리게 했다.

대개 하늘이 뭇사람을 냈지만 직접 다스릴 수 없었으므로 그 문제를 해결하기 위해 임금을 세워 백성을 다스리게 했다고 들었다. 임금의 나이가 어리면 반드시 의탁할 자를 세워 섭정 자리에 두어야 하니, 그런 뒤에야 하늘이 베풀고자 했던 뜻을 받들어 지상에서 그것이 펼쳐질 수 있게 하여 뭇 백성이 번성할 수 있게 할 수 있다. 『서』에 "백성을 다스리는 것은 하늘의 일이나 사람이 대신 완성해야 한다."[51]라고 했다. 나는 효평제가 어린 나이로 국정을 맡았는데 황제가 관례를 치를 때까지만 하고 그 뒤로는 황제가 친히 정사를 맡도록 돌려주기로 했다. 그런데 단명으로 붕어했으니 오호, 슬픈 일이었다! 해당 관원으로 하여금 효선제의 현손 스물세 명을 황궁으로 불러 마땅한 자를 골라 효평제의 후사로 삼았다. 현손의 나이가 너무 어려 지덕(至德)의 군자가 돕지 않으면 어떻게 나라를 안정시킬 수 있겠는가! 안한공 망은 삼대째 정사를 보좌하면서 여러 차례 큰일이 터질 때마다 한나라를 안정시켰고 더 광대하게 키웠으며 지방마다 달랐던 풍속을 통일시켰다. 특히 예악 제도는 시대가 다른데도 주공의 제도와 부합되게 제정했다.

이번에 전휘광 효와 무공 현장 통이 돌에 붉은 글씨로 적힌 예언에 관해 보고했는데, 짐이 그 부명의 뜻을 깊이 생각해 보았다. '위황제(爲皇帝)'라고 한 것은 바로 황제를 대신하여 섭행(攝行)할 것을 이른 것이라. 대저 법이 갖추어져 있으면 일을 이루기도 쉬운 법, 성인의 뜻을 위배하는 자는 법을 무시할 것이다. 이에 안한공을 섭행 황제 자리에 오르게 하니 주공의 전례를 따라 무공현을 안한공의 채지(采地)로 하고 한광읍(漢光邑)으로 이름을 바꾸게 하라. 그리고 섭행 황제 즉위 예식 진행 사항을 보고하도록 하라.

이에 대신들이 상주하여 아뢰었다.

태후의 성덕(聖德)이 나라 안을 밝게 비추고 있는 가운데, 하늘의 뜻을 깊이 통찰하시고 안한공에게 황제를 대신하여 섭행하게 하는 조서를 내리셨습니다.

옛적에 주 성왕이 어려서 주나라의 왕도를 완성할 수 없었던 데다 성왕이 직접 경건한 자세로 하늘과 땅에 제사를 올릴 수 없었으며, 문왕과 무왕의 위업을 계승하기 어려웠다고 신은 들었습니다. 그리하여 주공이 성왕을 대신하여 거섭(居攝)하면서 주나라의 왕도를 완성하고 왕실을 안정시켰습니다. 주공이 거섭하지 않았으면 주나라가 천명을 잃어버렸을지도 모를 일입니다.

『서』에 "우리의 다음 대가 왕위를 계승해도 하늘과 땅을 공경하지 못할 것이 크게 우려된다. 잘못하면 나라 안에서 선대의 빛나는 위업이 끊어질 텐데, 우리의 다음 대는 주나라가 얼마나 어렵게 천명을 받은 줄을 깨닫지 못하게 될 것이다. 하늘은 성심을 다하는 자에게 천명을 내리시니 성심을 다하지 않으면 천명을 잃게 된다."[52]라고 했습니다. 이 말은 주공이 황제의 면류관을 쓰고 남면하여 신하들의 인사를 받으며 호령을 발포하되 왕명(王命)이라고 칭하겠다는 뜻을 표시한 것입니다. 이 말을 들은 소공은 현인(賢人)이었으나 성인(聖人)의 뜻을 알아차리지 못해 좋아하지 않았습니다. 『예기』「명당기(明堂記)」에 "주공이 명당에서 제후의 절을 받았는데, 황제는 문과 창 사이에 세운 도끼 무늬 병풍을 등지고 남면하여 서 있었다."라고 했으니 이는 주공이 황제의 자리에 올라 여섯 해 동안 제후의 절을 받으며 예와 악을 제정하고 천하를 크게 복속시켰다는 뜻인데, 소공은 좋아하지 않았습니다. 그때는 무왕이 붕어하여 상례도 치르기 전이었습니다. 이렇게 볼 때 주공은 무왕이 붕어한 뒤에 곧바로 거섭하여 황제의 자리에 올랐으니, 여섯 해가 지난 뒤에 오른 것이 아니었습니다. 『서』의 잃어버린 편(篇)인 '가화(嘉禾)'에 "주공이 창(鬯)을 받들고 동쪽 계단을 올라 전당에 들어가자 '가왕(假王)'이 정사를 맡으셔서 열심히 천하를 화목하게 하네.'라는 찬(贊)이 울렸다."라고 했으니 이는 주공이 섭정하자 찬을 올리는 자들이 칭송했다는 말씀입니다.

성왕이 관례를 치르자 주공이 성왕에게 직접 정사를 돌보게 했습니다. 『서』에 '짐복자명벽(朕復子明辟)'[53]이라고 했으니 주공이 왕명을 칭하며 황제에게 보고하지 않고 전결하다가 "내가 명군(明君)에게 돌려준다."라고 한 것입니다.

신은 안한공이 거섭의 자리에 있을 때 황제의 의관을 착용하고 문과 창 사이에 세운 도끼 무늬 병풍을 등지고 남면하여 대신들의 절을 받은 뒤에 정사를 처리하도록 하기를 청합니다. 또 수레를 타고 출입할 때 경필(警蹕)하고 백성과 관리는 '신(臣)'과 '첩(妾)'을 칭하여 모두 황제의 의전으로 모셔야 합니다. 하늘과 땅에 교사(郊祀)를 지내고 명당에서 종사(宗祀)를 올리며 여러 신에게 제사를 올릴 때 찬[54]에서 '가황제(假皇帝)'를 칭하고 백성과 관리는 '섭황제'라고 칭하며, 자칭은 '여(予)'라고 해야 합니다. 국사를 처리할 때 '제(制)'라는 명칭으로 황제의 조칙을 내림으로써 황천(皇天)의 뜻을 따라야 하니, 한나라 황실을 보좌하고 효평제의 어린 후사를 보호하며 후사를 맡은 책임을 다하여 태평 치세를 이루도록 해야 할 것입니다. 태황태후와 제황후를 알현할 때에는 모두 신하로서 절의를 지켜야 합니다.

안한공은 자신의 관아와 저택, 봉토, 채읍에서는 알아서 정교(政教)를 시행하되 제후의 예법과 제도대로 행하게 합니다.

신이 죽음을 무릅쓰고 청합니다.

태후가 조서를 내려 윤허한다고 발표했다.

이듬해에 연호를 거섭으로 고쳤다.

거섭 원년 정월, 왕망이 남교(南郊)에서 상제에게 제사를 올리고 동교(東郊)에서 영춘(迎春) 제사를 올렸다.

명당에서 대사례(大射禮)를 거행하고 삼로(三老)와 오갱(五更)을 봉양했다. 모든 의례를 행한 뒤에 떠났다.

주하사(柱下史) 다섯 명을 두어 봉록은 어사와 같게 하고, 왕망이 정사를 볼 때 옆에서 언행을 정리하여 기록하게 했다.

3월 기축일에 선제의 현손(玄孫) 영(嬰)을 황태자로 삼고 호를 유자(孺子)로 정했다.[55] 왕순을 태부좌보(太傅左輔)로, 견풍을 태아우필(太阿右拂)로, 견한을 태보후승(太保後承)으로 삼았다. 또 사소(四少)[56]를 두었는데, 봉록은 모두 이천석으로 정했다.

4월, 안중후(安衆侯) 유숭(劉崇)[57]이 안중국의 상(相)인 장소(張紹)와 모의했다.

"안한공 망이 조정의 정사를 마음대로 처리하고 있어 유씨 황실이 반드시 위기에 처할 것이다. 천하에 그를 비난하는 자들이 있지만 먼저 거사할 엄두를 내지 못하고 있으니 이는 종실의 치욕이다. 내가 유씨 일족 중에 가장 먼저 거사하면 나라 안의 사람들이 반드시 응할 것이다."

장소 등 백여 명이 유숭을 따라 원성(宛城)을 공격했으나 입성하지 못하고 패했다. 장소는 장송의 사촌 형이다. 장송은 유숭의 집안 아저씨인 유가(劉嘉)와 함께 황궁에 가서 자수했다. 왕망이 그들을 용서하고 죄를 묻지 않았다. 장송이 유가를 대신해서 상주문을 지었다.

건평 연간에서 원수 연간 사이에 국통이 거의 끊어질 뻔했고 종실이 없어질 뻔했습니다. 힘을 다해 구조하고 보호해 주신 폐하의 성덕에 힘입어 국명(國命)이 연장되고 종실이 다시 밝은 눈을 가질 수 있게 되었습니다.

조정에서 정사를 처리하시며 호령을 내리실 때, 종실을 먼저 배려하시고 구족(九族)을 먼저 등용해 주셨습니다. 방계 친척들을 모두 등용하셔서 제후왕과 열후로 세워 주시고 독립된 제후가 되게 해 주신 것이 수백 명이나 됩니다. 철폐된 봉토를 회복하고 끊어진 후사를 이어 주셨으며 적절한 지위를 얻어 사람 구실을 하게 된 예가 아주 많았으니 한나라를 보호하고 종실을 도와주셨습니다.

벽옹과 명당을 세워 하늘의 법도를 반포하시고 성인의 교화를 그대로 펼쳐서 제후들이 조정(朝請)의 예를 올리러 오고 있고 문덕(文德)을 빛내고 있으며 종실의 제후는 봉토가 모두 늘어났습니다. 천하의 사람들이 이구동성으로 목을 빼고 찬탄하며 성대하게 송가를 부르고 있어 그 소리가 귀에 가득하게 들립니다. 제후국마다 좋은 음식을 먹고 이런 명예를 받으며, 이런 복과 영광을 누리게 된 것은 태황태후와 폐하께서 밤낮으로 걱정하신 덕택이 아니겠습니까!

이렇게 말씀드리는 이유는 무엇이겠습니까? 어지러워지면 사리를 제대로 잡아 주시고, 위기에 빠지면 안정시켜 주셨으며, 재앙을 만나면 복을 이끌어 주셨고, 후사가 끊어지면 이어 주셨으며, 후사가 어리면 그 임무를 대신 해 주셨습니다. 아침부터 저녁까지, 추울 때나 더울 때나 언제나 부지런하셔서 한시도 쉬지 않고 모든 힘을 기울여 주시는 것은 모두 천하를 위하고 유씨를 잘살게 해 주시기 위한 것이니, 신하라면 어리석거나 지혜롭거나 간에, 백성이라면 남녀를 불문하고 폐하의 지극하신 뜻을 알고 있습니다.

그런데도 안중후 숭은 혼자서 어지러운 마음과 배반할 생각을 품고 군사를 일으켜 종묘를 위기에 빠뜨리려고 했으니 악함은 차마 들을 수 없을 만큼이었고 그 죄는 주살하지 않을 수 없을 만큼 큽니다. 진실로 신하들의 적이고 종실의 원수이며 나라의 역적이고 천하의 재앙입니다. 그러자 놀란 친척들은 그 죄를 고발했고 민심도 이반하여 그 군대를 떠나게 되었으니, 거사를 일으키자마자 위축되어 실패하고 말았습니다. 백 세의 어머니부터 유아와 아이들까지 모두 동시에 목이 잘려 대나무 가지 끝에 그 목이 매달렸는데, 귀걸이와 머리 장신구가 그대로 달려 있었습니다. 그런 역모를 짜다니 어찌 어리석다고 하지 않을 수 있겠습니까!

신이 듣기를 옛적에 제후가 반란을 일으키면 토벌하고 주살한 뒤에 그 궁실을 파서 못을 만들고 오물을 채워 흉허(凶虛)라고 부르게 했는데, 거기서 채소가 자라나도 사람들이 먹지 않았다고 합니다. 또 그 제후국의 사(社)에 사방 벽을 치고 그 위에 대나무로 엮은 뚜껑을 덮어 기운이 통하지 않게 한 뒤에 사를 모시고 있는 다른 제후들에게 알려 제후국을 떠나 그 모습을 보러 가게 함으로써 명확한 교훈으로 삼게 했다고 합니다.

바야흐로 천하의 사람들이 숭이 반란했다는 소문을 듣고 모두 옷을 걷고 검을 쥔 채 질책하고 싶어 합니다. 그중에 먼저 당도한 자들은 그 목을 비틀고 가슴을 치며 몸을 찌르고 살점을 잘라 내겠다고 합니다. 뒤에 도착한 자들은 그 궁실의 문을 부수고 벽을 무너뜨리며 건물을 부숴 버릴 것입니다. 또 기물을 태우고 구호에 맞춰 모든 것을 부수고 그 자리에서 폐허를 만들어 버릴 것입니다.

종실 사람들은 더욱 심하게 분노하며 반드시 이를 갈며 한마디씩 하고 있습니다. 그것은 무엇 때문이겠습니까? 은의(恩義)를 배반하고 큰 덕을 베풀어 주신 분을 알지 못하기 때문입니다. 종실 사람들이 더러 먼 곳에 있는데, 요행히도 저 가(嘉)가 먼저 소식을 듣고 종실에서 가장 먼저 일어나 부자형제 모두 광주리를 지고 삽을 멘 채 남양으로 달려갔습니다. 숭의 궁실을 파서 못으로 만들어 옛 제도대로 오물을 채웠습니다. 그리고 숭의 사를 상나라 박사(亳社)처럼 허물어 버리고 제후들에게 부서진 기물을 나누어 주어 오랫동안 교훈으로 삼게 했습니다.

바라건대 사보(四輔)와 공경대부에게 상의하도록 하여 선과 악을 사방에 분명히 알리게 해 주십시오.

이 상소를 보고 왕망이 크게 기뻐했다. 공경들이 가의 주장대로 모두 처리하는 것이 마땅하다고 말했다.

왕망이 태후에게 아뢰어 조서를 내리게 했다.

가 부자와 형제를 생각할 때 숭과 친척 간이지만 사사로운 정에 편중되지 않고 반란의 맹아를 보자마자 서로 경계하라고 알렸고, 숭이 반란을 일으킨 뒤에는 함께 대적했으며, 옛 제도에 부합하게 처리해서 충과 효를 명확하게 나타냈다. 이에 두연(杜衍)의 천 호를 내려 가를 사례후(師禮侯)에 봉하고 가의 아들 일곱 명에게 관내후 작위를 내린다.

뒤에 다시 장송을 숙덕후(淑德侯)에 봉했다. 그러자 장안에는 말이 떠돌았다.

"열후에 봉해지고 싶거든 장백송(張伯松)을 찾아가라. 힘을 쓰며 전투에 참가하는 것보다 상주문을 올리는 것이 낫다."

왕망은 또 남양의 관리와 평민 중에 유숭의 집을 더러운 못으로 만든 공을 세운 백여 명을 봉했다. 뒤에 모반한 자가 생기면 모두 그 집을 더러운 못으로 만들어 버렸다.

신하들이 다시 아뢰었다.

유숭 등 반역을 꾀한 자는 망의 권세를 가볍게 보았던 것이니, 더 존귀하게 높임으로써 온 나라가 복종하게 해야 마땅합니다.

5월 갑진일에 태후가 조서를 내려 왕망이 조회에서 태후를 알현할 때 '가황제(假皇帝)'[58]라고 칭하게 했다.

겨울, 10월 초하루 병진일에 일식이 있었다.

12월, 대신들이 주청했다.

안한공 집안의 사당을 돌보는 아전과 가리(家吏)를 늘려야 하니 율갱령(率更令), 묘승(廟丞), 구승(廐丞), 주장승(廚長丞), 중서자(中庶子), 호분(虎賁)과 그 아래 아전을 포함하여 백여 명을 두고, 위사(衛士) 삼백 명을 더 배치해야 합니다. 안한공의 황궁 내 숙직 건물은 섭성(攝省)으로, 관아는 섭전(攝殿)으로, 사저는 섭궁(攝宮)으로 해야 합니다.

태황태후가 이 주청을 윤허했다.

이어서 왕망이 태후에게 아뢰어 허락을 받고 조서를 내렸다.

전 태사(太師) 광(光)이 일전에 세상을 떠나기는 했지만 공훈을 크게 세웠다. 태보(太保) 순(舜)과 대사공 풍(豊), 경거장군 한(邯), 보병장군 건(建)은 모두 선우를 끌어올 방책을 냈고, 영대와 명당, 벽옹, 사교(四郊)를 갖추고 제도를 정하며 자오도를 개통할 때 재형과 동심으로 규범을 준수하고 합의하고 병력했으므로 공훈과 덕행이 탁월하다. 순의 아들 광(匡)을 동심후(同心侯)에, 림(林)을 열덕후(說德侯)에, 광의 손자 수(壽)를 합의후(合意侯)에, 풍의 손자 광을 병력후(幷力侯)에 봉한다. 한과 건에게 각각 삼천 호를 더하여 내린다.

그해에 서강 사람 방첨(龐恬)과 부번(傅幡) 등이 왕망이 자신들의 거주지를 빼앗아 서해군으로 만든 것을 원망하면서 서해태수 정영(程永)에게 반격해 오자 정영이 달아나 버렸다. 왕망이 정영을 주살하고 호강교위(護羌校尉) 두황(竇況)을 보내 서강을 공격하게 했다.

2년 봄, 두황 등이 서강을 격파했다.

5월, 새로 화폐를 주조했다. 착도(錯刀)는 오천 전,[59] 계도(契刀)는 오백 전, 대전(大錢)은 오십 전과 같았다.[60] 이 세 가지 화폐를 오수전과 함께 쓰게 했다. 민간에서 불법으로 주조하는 일이 많아지자, 열후 이하 신분은 구리[61]를 휴대할 수 없도록 금지하되 소지하고 있던 구리를 어부(御府)에 갖다주면 그 값을 쳐 주게 했다. 그러나 그 값대로 바꿔 주는 법은 없었다.

9월, 동군 태수 적의가 도시(都試) 날에 거사하여 전차와 전마를 모은 뒤에 분명 부대를 일으켰다. 적의는 엄향후(嚴鄉侯) 유신(劉信)[62]을 황제로 세운 뒤에, 각 군과 제후국에 통지문을 보내 "왕망이 짐독으로 효평제를 죽이고 섭천자 자리에 올라 한나라 황실을 망하게 하려고 하니, 지금 천벌을 내려 왕망을 죽이는 일에 동참하라."라고 호소했다.

여러 군과 제후국에서 왕망이 찬탈했다고 의심했으므로 군사가 십여만 명까지 늘어났다. 왕망은 두려운 생각에 밥을 먹지 못했다. 그러고는 밤낮으로 유자를 안고 교묘(郊廟)에서 하늘에 빌며, 『상서』 「주서」 대고(大誥)를 모방하여 책서를 내렸다.[63] 간대부 환담 등을 시켜 천하에 통고문을 돌리러 다니며 '지금은 섭황제 자리에 있지만 반드시 유자에게 황제 자리를 돌려주겠다'는 자신의 뜻을 알리게 했다. 왕읍과 손건 등 여덟 명의 장군을 파견하여 적의를 공격하게 했고 여러 관문에 군대를 나누어 주둔시켰으며 요새 방어도 강화했다.

괴리의 남자(男子) 조명(趙明)과 곽홍(霍鴻) 등이 군사를 일으킨 뒤에 적의와 결의하여 함께 일을 의논하면서 이렇게 주장했다.

"여러 장군과 정예 군대가 동쪽으로 가서 장안이 비었을 테니 장안을 공격하자."

사람들이 더 많이 모여들어 십만 명에 이르렀다. 왕망이 놀라서 장군 왕기(王奇)와 왕급(王級)에게 군대를 이끌고 대항하게 했다. 태보 견한을 대장군으로 삼았으니, 견한은 고묘(高廟)에서 수월식(受鉞式)을 치른 뒤에 천하에서 모집한 군대를 이끌고 왼손에는 부절을, 오른손에는 월(鉞)을 들고 성 밖에 주둔했다. 왕순과 견풍은 밤낮으로 황궁 안을 순찰했다.

12월, 왕읍 등이 어현(圉縣)에서 적의의 부대를 격파했다. 사위(司威) 진숭이 감군을 시켜 글을 올렸다.

폐하께서 하늘의 홍범(洪範)을 받들고 계시므로 보구(寶龜) 점에 나타난 징조와 생각이 맞아 떨어지고 있습니다. 천명을 받았기 때문에 일의 성패를 미리 알고 계십니다.

이번에 길한 점괘가 모두 그대로 실현되었으니 이를 두고 하늘의 명을 받았다고 합니다. 하늘의 명을 받은 군주는 스스로 생각하면 천지 기운이 움직이며 명령을 내리면 만물이 감화되며 정책을 시행하면 교화를 이루게 됩니다. 신 숭이 엎드려 조서를 읽으며 조서의 날짜를 헤아려 시간을 계산해 보니 폐하께서 대책을 생각하기 시작하자 반역을 일으킨 적이 연달아 공격을 받았고, 조서의 글을 쓰기 시작하자 반역의 적군이 대패했으며 조서가 완성되어 폐하의 명령이 떨어지자 반역도의 목이 모두 잘렸으니 군사들이 제대로 칼끝을 휘둘러 보지도 못하고 신이 미처 대책을 세우기도 전에 모든 일이 해결되었습니다.

왕망이 크게 기뻐했다.

3년[64] 봄, 지진이 일어났다.

천하에 대사령이 내려졌다.

왕읍 등이 장안으로 돌아왔다가 서쪽으로 가서 왕급 등과 함께 조명과 곽홍을 공격하여 모두 파멸시켰다. 이때의 이야기는 「적의전」에 있다.

왕망이 미앙궁 백호전에 주연을 크게 마련하고 장수들을 위로하고 상을 내렸다. 진숭에게 조서를 내려 군공의 높고 낮은 서열을 매겨 기록하게 했다. 왕망이 다시 상주하여 아뢰었다.

영명한 성군이 다스리는 시대에는 나라에 현인이 많습니다. 그리하여 요임금과 순임금 때에는 집집이 봉토를 받았고 공을 세우고 직무를 완수하면 상을 받았습니다. 하후(夏后)가 도산(塗山)에서 회맹했을 때 만국에서 옥백(玉帛)을 들고 하후에게 예를 올렸는데, 제후국은 옥(玉)을 들었고, 부용국은 백(帛)을 들고 왔습니다. 주 무왕이 맹진(孟津)에서 대회를 열었을 때에는 팔백 명의 제후가 모였습니다. 주공이 섭정하고 있을 때 교사(郊祀)에서 하늘에 제사를 올리면서 후직(后稷)을 배향했고, 명당에서 종사(宗祀) 제사를 지내며 문왕을 상제에게 배향했습니다.[65] 그때 사해 내에서 각각의 공물을 들고 제사를 지내러 왔는데 제후가 천팔백 명이나 되었으니, 『효경』「왕제(王制)」에는 천칠백여 제후가 왔다고 합니다.

공자께서 『효경』에 "제사에 작은 제후국 신하도 빠뜨릴 수 없는데, 하물며 공(公), 후(侯), 백(伯), 자(子), 남(男)이야 말할 것이 있겠는가! 이는 만국의 환심을 얻으며 선왕에게 제사를 올리려고 했기 때문이다."[66]라고 하셨는데 이것이 천자가 효를 지키는 법입니다.

무도한 진나라 황제는 제후국을 없애고 군현을 설치하여 천하의 이익을 독점하려고 했으므로 이세황제 때에 망하고 말았습니다. 고제가 천명을 받아 잔학했던 진나라를 멸망시키고 공을 평가하여 상을 내렸는데, 수백 명의 제후를 봉했습니다. 그러나 뒤에 점점 쇠약해져서 남아 있는 제후국이 얼마 되지 않습니다.

태황태후께서는 친히 나라를 통치하시면서 공덕을 세운 자들을 많이 봉하여 선행을 장려하고, 대가 끊어진 제후의 후사를 세워 줌으로써 장구하게 제사를 올리게 해 주셨습니다. 그리하여 널리 대대적인 교화가 이루어졌으니 곧바로 교화가 완성될 단계에 있습니다. 그런데 마침 강족이 서해군을 침입하는 일이 일어났고, 동군에서 반란군이 유언비어를 퍼뜨렸으며, 장안 서쪽 땅에서 일어난 역적들은 사람들을 미혹시켰습니다. 그리하여 충신과 효자 중에 분노하지 않은 자가 없었으므로 토벌하여 섬멸하고 그 죄를 모두 물었습니다. 그러자 천하가 모두 안정되었습니다.

그 뒤에 예와 악을 제정하면서 주나라의 오 등급 작위 제도와 사 등급 봉토 제도를 고찰했는데, 모두 정확한 기록이 남아 있었습니다. 은나라의 작위는 삼 등급이었다고 하는데 그런 이야기만 남아 있고 기록은 없었습니다. 공자께서는 "주나라는 〔하나라와 은나라〕 두 왕조의 제도를 거울로 삼았으니, 그 제도가 얼마나 성대한가! 나는 주나라의 제도를 따르겠다."[67]라고 했습니다.

신은 작위와 식읍을 받아야 할 공을 세운 여러 장수에게 작위 오 등급과 봉토 사 등급으로 나누어 봉하기를 청합니다.

이 상소대로 시행하라는 태황태후의 허락이 떨어졌다.

그리하여 작위를 봉해 받은 자들은 높게는 후(侯)와 백(伯)에서부터 그다음으로 자(子)와 남(男), 그리고 관내후 작위를 받아야 할 자들은 부성(附城)으로 이름을 고쳐 봉해졌는데 모두 수백 명이나 되었다.

서해군을 공격했던 장수는 칭호에 '강(羌)'자를 붙였고, 괴리 쪽을 토벌했던 장수는 '무(武)'자를 붙였으며, 적의를 공격했던 장수들은 '노(虜)'자를 붙이게 했다.

그러자 신하들이 다시 상주하여 아뢰었다.

태후께서 공과 덕을 세운 자들을 기록하여 상을 내리셨는데, 멀게는 천 년 전부터 가깝게는 당대까지 문덕(文德)을 발휘한 자와 무공(武功)을 세운 자에게 공덕의 크고 작음을 불문하고 모두 봉토와 작위를 내리셨습니다.

지금 섭황제께서 도끼 무늬 병풍을 등지고 황제의 자리에 오르셨으므로 나라의 재상으로 있을 때와 신분이 달라지셨습니다.

비록 예악 제도가 아직 완성되지 않았지만 두 아들의 작위를 모두 공(公)으로 올려야 합니다. 『춘추공양전』에 "선인(善人)과 그 자손을 후대한다."라고 했고, 『춘추좌씨전』에 "현자(賢者)의 후손은 봉토를 소유해야 한다."라고 했습니다. 주 성왕은 주공의 여섯 아들을 모두 봉하여 모토(茅土)를 내렸습니다.

한나라의 명상(名相)과 대장(大將)이었던 소하와 곽광 같은 이들은 방계 친족까지 모두 상을 받았습니다. 그러므로 〔섭황제〕 형의 아들 광을 열후에 먼저 봉하고, 손자들은 제도가 완비된 뒤에 대사도와 대사공이 명부를 작성하여 이번 조서의 기준대로 상을 내리면 되겠습니다.

태후가 조서를 내렸다.

섭황제의 아들 보신후 안(安)을 신거공(新擧公)으로, 상도후 림(臨)을 보신공(褒新公)으로, 광(光)을 연공후(衍功侯)로 올려 봉한다.

그 무렵 왕망이 신도후의 봉토를 반납했으므로 신하들이 다시 청하여 왕망의 손자 왕종(王宗)을 신도후로 봉하게 했다.

왕망은 적의를 궤멸한 뒤에 자신의 위덕(威德)이 날로 높아지니 하늘과 사람들의 도움을 받고 있다고 여겼다. 그리하여 정식 황제로 즉위하고자 했다.

9월, 왕망의 어머니 공현군이 죽었다.

왕망은 애도에는 뜻이 없는 채로 태후에게 복상 기간에 대해 의논하라는 조서를 내리게 했다. 소아(少阿) 희화(羲和) 유흠 및 박사와 유생 일흔여덟 명이 함께 주장했다.

황제를 대신하여 거섭하는 뜻은 천명을 받아 이룩한 위업을 제대로 세우고, 황제가 펼칠 치국(治國)의 도를 발전시키며, 예악 제도를 완성하고, 나라 안을 안정시키는 데 있습니다. 옛적 은나라 성탕(成湯)이 죽었을 때 태자도 일찍 죽었던지라 태자의 아들 태갑(太甲)이 어리고 사리에 밝지 못했습니다. 그리하여 이윤이 태갑을 동궁(桐宮)에 두고 스스로 거섭하면서 은나라의 왕도를 흥하게 했습니다. 주나라 무왕이 죽었을 때 주나라의 왕도가 아직 완성되지 않고 있었고, 성왕은 어렸으므로 주공이 성왕을 보호하며 주나라의 왕도를 완성시켰습니다. 그리하여 은나라는 예도와 습속이 법도에 맞고 공손함을 숭상하는 쪽으로 교화되었고, 주나라는 형벌제도가 있어도 벌을 줄 일이 없는 상태에 이르렀습니다.

최근 들어 황실에 불행한 일이 연달아 일어나자[68] 태황태후께서 안한공에게 백관을 통솔하는 일을 맡겨 천하를 다스리게 했습니다. 평제가 붕어한 뒤에 유자가 어려서 경건한 자세로 천지에 제사를 올리지 못하자, 황천이 상서로운 징조를 내려보냈으니 붉은 글씨가 쓰여 있는 돌이 발견되었습니다. 그리하여 태후께서 하늘의 영명한 명을 받들어 안한공을 거섭 황제 자리에 올림으로써 성스러운 한나라의 위업을 완성하게 했으니, 요임금과 순임금, 그리고 하, 은, 주 삼대에 비견되도록 융성하게 되었습니다.

섭황제께서는 황궁의 비부(祕府)를 열고 유생을 모집하여 예악을 제정하고 백관 제도를 완비함으로써 천명을 받아 이룩한 위업을 성대하게 발전시켰습니다. 성심(聖心)을 두루 갖추셨고 탁월하면서도 독창적인 견해를 가지고 계신 섭황제께서 『주례(周禮)』를 발굴하여 명확하게 귀감으로 삼으셨으니 천도(天道)를 법칙 삼아 옛 제도를 고찰하여 덜 것은 덜고 더할 것은 더했습니다. 이는 중니께서 「소(韶)」를 즐겨 들으시며 계단을 밟아 오를 수 없는 해와 달 같은 존재가 되셨던 것에 비교할 수 있으니, 성인(聖人)과 철인(哲人)이 아니면 어찌 이런 업적을 이룰 수 있겠습니까!

나라의 법도를 완성하기 위해 마지막 한 삼태기까지 최선을 다했으니,[69] 섭황제의 이런 노력은 성스러운 한나라 황실을 보우하고 백성을 안정시키는 결과를 가져왔습니다.

이번에 공현군이 세상을 떠났습니다. 『예』에 "서자가 후사가 되면 그 생모의 상을 당했을 때 시복(緦服)의 예를 다한다."[70]라고 했는데, 전(傳)[71]에는 "존자(尊者)의 적통을 이었으므로 생모에게 상주로 복상할 수 없다."라고 했습니다.

섭황제는 성덕을 지닌 채로 황천의 명을 계승했고 태후의 조서를 받아 거섭 황제 자리에 올라 한나라 대종(大宗)의 후사로서 제사를 받들고 있습니다. 또 위로 천지와 사직을 받들어 제사를 올리고 있고 아래로는 백성을 걱정하며 만사를 친히 집정하고 계시므로 생모의 상복을 입을 수 없습니다. 그러므로 태황태후께서 섭황제의 원손을 공헌군의 상주로 세우시되 신도후로 삼아 신도애후(新都哀侯)[72]의 후사가 되게 해 주십시오. 이렇게 하여 섭황제께서 존자(尊者)의 적통을 이었고, 종묘의 제사를 받들고 있으며, 태황태후를 봉양하고 있어 생모의 상복을 입을 수 없다는 점을 명확하게 밝혀야 합니다. 『주례』에 "왕은 제후가 세상을 떠났을 때 시최(緦縗) 상복을 입고, 변(弁)에 질(絰)을 얹어 쓴다."[73]라고 했는데, 동성(同姓)은 그 둥근 질(絰)을 삼베로 만들고 이성(異姓)의 경우에는 갈포(葛布)로 만들게 되어 있습니다. 따라서 섭황제는 공헌군에게 시최 상복을 입고 변에 삼베로 둥근 질을 얹어 써서 천자가 제후의 복상을 치르는 예와 같게 하여 성군(聖君)의 제도에 부합하도록 해야 합니다.

그리하여 왕망은 시최 상복을 입고 한 차례 조문하고 빈소에 두 번 더 다녀갔다. 그러고는 신도후 왕종(王宗)을 상주로 삼아 삼년상을 치르게 했다.

연공후 왕광이 개인적인 일로 집금오 두황(竇況)에게 일러 사람을 죽이게 했는데, 두황이 그 사람을 잡아서 가두고 사형을 집행했다고 사위 진숭이 상주했다. 왕망이 크게 화를 내며 조카 왕광을 질책했다. 그러자 왕광의 어머니가 말했다.

"스스로 보기에 네가 장손(長孫)과 중손(中孫)[74]보다 더 가까울 것 같으냐?"

그러고는 모자가 스스로 목숨을 끊었다.

애초에 왕망이 어머니를 섬기고 형수를 봉양하며 형의 아들을 돌보는 것으로 명성을 얻었는데, 뒤에 포악해졌다. 그리하여 이렇게 공의(公義)를 내보였다.

왕망이 왕광의 아들 왕가(王嘉)로 하여금 작위를 계승하여 연공후가 되게 했다.

왕망이 글을 내려 말했다.

알밀(謁密) 의례는 올해 계동(季冬) 12월에 마치고, 정월 교사(郊祀)에는 팔음(八音)을 연주하는 것이 마땅하다.

제후왕과 공경, 사(士)에게 쓰는 음악은 몇 등급으로 나누어져 있는가? 오성(五聲)과 팔음에 쓰는 악기는 각각 몇 가지인가? 해당 부서의 유생과 더불어 각자 정성을 다해 그 상세한 의례를 설명해 올리도록 하라.

가짜 부명으로 신나라를 세우다

○ ○ ○

그해에 광요후(廣饒侯) 유경(劉京)과 거기장군부의 천인(千人) 호운(扈雲), 태보속(太保屬) 장홍(臧鴻)이 부명이 나타났다고 상주했다.

유경은 제군(齊郡)에 갑자기 새로운 우물이 생겼다고 보고했고, 호운은 파군에 석우(石牛)가 나타났다고 했으며, 장홍은 우부풍 옹현(雍縣)에 글이 적힌 돌이 나왔다고 했다. 왕망이 이 모두를 받아들였다.

11월 갑자일에 왕망이 태후에게 상주하여 아뢰었다.

지성(至聖)한 폐하께서 황실의 불행한 일을 연달아 겪으며 한나라 황제 십이 대 만에 만난 삼칠(三七) 이백십 년의 액운이라고 여기시고 하늘의 명령을 받들어 신 망에게 거섭 황제가 되어 유자를 맡고 천하를 다스릴 것을 받아들이라는 명령을 내리셨습니다. 신은 두렵고 조심스러운 마음에 제대로 책무를 수행하지 못할 것을 걱정했습니다. 황족 광요후 유경이 상소했습니다. "7월 어느 날 저녁 제군임치현창흥(昌興) 정장 신당(辛當)이 같은 꿈을 여러 번 꾸었는데, '나는 천공(天公)의 사자이다. 천공께서 나를 보내 섭황제가 정식 황제가 될 것이라고 정장에게 이르게 하셨다. 내 말을 못 믿으면 창흥정에 새 우물이 솟을 것이다.'라는 말을 들었습니다. 정장이 아침에 일어나서 창흥정 내를 돌아보니 정말로 새 우물이 생겨나 있었고 그 깊이가 땅속으로 백 척이나 들어가 있었습니다." 11월 임자일은 동지로 건제(建除)의 건에 해당하는 날이었는데 파군에서 석우가 나왔고, 무오일에는 옹현에서 석문(石文)[75]이 나왔습니다. 이 두 가지는 미앙궁 전전(前殿)에 옮겨 놓았습니다.

신이 태보 안양후 순(舜) 등과 함께 보러 갔는데, 바람이 불고 어두워졌다가 바람이 그치면서 돌 앞에 동부백도(銅符帛圖)가 보였습니다. 거기에는 "하늘이 새로운 황제를 내기 위해 징표를 내려보냈으니 그 징표를 바친 자를 후(侯)에 봉하도록 하라. 천명을 받들고 신령의 명령을 들어라."라고 되어 있었습니다. 기도위 최발(崔發) 등이 그 글을 읽고 설명해 주었습니다.

전에 효애제가 건평 2년 6월 갑자일에 조를 내려 태초원장(太初
元將) 원년으로 연호를 바꾼 일이 있었습니다.[76] 그 일을 조사해 보
니, 감충가(甘忠可)와 하하량(夏賀良)이 난대(蘭臺)에 비장된 참서(讖
書)를 보고 한 것이었습니다. 신이 생각해 보니 원장(元將) 원년으로
연호를 바꾼 것은 대장거섭(大將居攝)으로 연호를 바꾸라는 뜻이니,
바로 지금에 해당하는 일입니다.

『상서』「강고(康誥)」에 "왕이 말씀하셨다. '맹후(孟侯), 짐의 동생
소자(小子) 봉(封)이여!'"[77] 라는 기록이 나오는데, 이는 주공이 거섭
하면서 '왕'을 칭한 기록입니다. 『춘추』에서는 은공(隱公)에게 '즉위
(即位)'라는 표현을 쓰지 않고, 섭(攝)이라고 했습니다.[78] 이 두 경전
은 주공과 공자께서 완성하신 것으로 후대의 본보기가 되었습니다.

공자께서는 "천명을 두려워하고 대인(大人)[79]을 두려워하고 성인
(聖人)의 말씀을 두려워한다."[80] 라고 했습니다. 신은 주공과 공자의
뜻을 따르지 않을 수 없습니다. 신은 천지신명과 종묘에 제사를 올
릴 때와 태황태후와 효평황후께 상주할 때에는 모두 가황제(假皇帝)
라고 칭할 것을 청합니다. 또 천하에 호령을 내릴 때에나 관리와 백
성이 상주하여 사정을 알릴 때에 '섭'을 칭하지 못하게 해야 합니
다. 거섭 3년을 초시(初始)[81] 원년으로 바꾸고 누각(漏刻)의 눈금을
백이십 도로 정하여[82] 천명을 따르겠습니다.

신은 아침부터 저녁까지 유자를 돌보며 주나라 성왕과 비슷한
덕행을 갖추도록 키우고 있는데, 태황태후의 위덕(威德)을 만방에
널리 알리며 유자가 장성할 때까지 가르쳐서 유자가 관례를 올리
면 복자명벽(復子明辟)한 주공의 전례를 따르겠습니다.

상주한 대로 시행하라는 태후의 허락이 내렸다.

사람들은 왕망이 부명을 받들되, 신하들에게 널리 토론하게 하고 각자 부명을 인정하는 상주문을 올림으로써 왕망이 정식 황제가 되어야 하는 쪽으로 몰아가는 것을 알아차렸다.

기문랑(期門郞) 장충(張充) 등 여섯 사람이 함께 왕망을 협박하여 초왕을 옹립하기로 모의했다가 발각되어 주살당했다.

광한군(廣漢郡) 재동현(梓潼縣) 사람 애장(哀章)이 장안에서 공부하고 있었는데 평소 품행이 바르지 않았고 흰소리를 자주 했다.

애장은 왕망이 섭황제에 오르는 것을 보고 동궤(銅匱)를 만들어 두 개의 제목을 붙인 뒤에 봉했는데, 그 하나는 「천제행새금궤도(天帝行璽金匱圖)」이고 다른 하나는 「적제행새모전여황제금책서(赤帝行璽某傳予黃帝金策書)」였다. '모(某)'는 고제의 이름이었다. 책서에는 "왕망을 진천자(眞天子)로 삼으니 황태후는 천명을 따르라."라고 적혀 있었다. 금궤도와 금책서에 모두 왕망의 대신 여덟 명과 듣기 좋은 이름 중에 왕흥(王興)과 왕성(王盛)이 적혀 있었다. 애장은 자신의 성명도 그 안에 함께 끼워 넣었다. 이름은 모두 열한 명이었는데 각자에게 정사를 보좌하는 관작이 적혀 있었다.

애장이 제군의 우물과 파군의 석우 사건이 공포되자 황혼 무렵에 황의(黃衣)를 입고 상자를 든 채 고조 사당에 다다라 복야에게 상자를 건넸다. 복야가 이 사실을 보고하자 무진일에 왕망이 고조 사당에 와서 절한 뒤에 선위(禪位)의 뜻이 담긴 금궤를 받았다. 왕관을 쓰고 태후를 알현한 뒤에 미앙궁 전전(前殿)으로 돌아가서 앉은 뒤에 글을 내렸다.

내가 부덕하지만, 황초조고(皇初祖考)가 황제(黃帝)의 후대이고, 황시조조(皇始祖考)는 우제(虞帝)의 후대이며 태황태후께는 집안 조카가 된다. 황천 상제께서 크게 보우하셔서 나라를 세울 천명을 정하시고 부계(符契)와 도문(圖文), 금궤 책서를 내리셨으니 신령을 통해 여에게 천하 백성을 맡으라고 명령하셨다.

적제(赤帝) 한나라의 고제 신령이 천명을 받들어 금책지서(金策之書)를 내려 나라를 넘겨주셨다. 나는 몹시 두렵지만 어떻게 공손히 받지 않을 수 있을 것인가! 무진일이 건제(建除)의 정(定)에 해당하니, 왕관을 쓰고 진천자(眞天子)에 즉위하여 천하의 호(號)를 신(新)으로 정한다.

이에 정삭과 수레와 말을 장식하는 빛깔 및 제물로 바칠 짐승의 털 빛깔을 개정하고, 휘치(徽幟)와 무기를 다르게 바꾼다.[83] 12월 초하루 계유일을 건국 원년 정월 초하루로 하되 닭이 울 때를 그 시작 시각으로 정한다. 수레와 말의 색은 토(土)의 덕에 맞게 황색으로 정하고 제물로 바칠 짐승의 털 빛깔을 정월에 대응하는 백색으로 정한다. 사절이 지니고 가는 모번(旄旛)은 모두 순황색으로 하되, 거기에 '신사오위절(新使五威節)'이라고 써서 황천과 상제의 명령을 받드는 것을 나타내리라.

69

왕망전 중
王莽傳 中

스스로 천자의 자리에 오른 왕망은 시건국(始建國, 9~13년) 원년 정월 초하루에 가장 먼저 한나라와의 관계를 청산하는 일에 나섰다. 이후 천봉(天鳳, 14~19년) 연간과 지황(地皇, 20~23년) 연간까지 15년 동안 지속된 신나라의 전반적인 면모가 이 편에 담겨 있다. 본기 형식을 취하고 있으나 왕망을 천자로 인정할 수 없었기 때문에 왕망이 천자로서 내렸던 명령에 '조(詔)'를 거의 쓰지 않았다. 부흥한 한나라 사람인 반고의 필치 아래 왕망의 통치 행위는 우스꽝스럽게 그려지며, 왕망의 인물상은 허풍쟁이가 되어 버렸다.

태평성대를 내세우기 위해 실시한 정전제(井田制)는 이미 돌아갈 수 없는 이상에 불과했고, 한나라를 벗어나기 위해 실시한 화폐 개혁은 너무 복잡하여 실패했다. 대외 관계 또한 순탄하지 않아서 흉노, 서역과 관계를 개선하지 못했고 고구려와 큰 충돌을 빚기도 했다. 왕망의 개혁에 관한 긍정적인 평가는 늦게야 조심스럽게 시작될 수밖에 없었다.

이 편에는 고구려, 예맥, 부여에 관한 언급이 있다. 특히 고구려후(高句驪侯) 추(騶)의 목을 베고 하구려(下句驪)로 고쳐 부르게 한 사실이 기록되어 있는데, 이는 고구려 장군 연비가 죽었다고 나오는 『삼국사기』 「고구려 본기」와 어긋난다. 「고구려 본기」에 유리왕 33년 현도군에 있었던 고구려현(高句驪縣)을 공격하여 점령한 기사가 있는 것으로 보아 유리왕과 왕망은 대립 관계를 이어 나간 것으로 보인다.

물 건너간 복자명벽

○ ○ ○

정월 초하루, 왕망이 공후(公侯) 경사(卿士)를 이끌고 태황태후에게 가서 황태후 인장을 바친 뒤 부명에 순종하여 태황태후 명호(名號)의 한(漢) 자를 뗐다.

그보다 먼저 왕망이 의춘후(宜春侯) 왕씨(王氏) 왕함(王咸)[1]의 딸을 아내로 맞았다가 황후로 세웠다. 황후가 원래 아들 넷을 낳았는데, 왕우, 왕획, 왕안, 왕림이다.

아들 둘이 전에 주살당한 데다 왕안은 정신이 오락가락했으므로 왕림을 황태자로 삼고 왕안은 신가벽(新嘉辟)에 봉했다.

왕우의 여섯 아들을 봉했는데, 왕천(王千)은 공륭공(功隆公), 왕수(王壽)는 공명공(功明公), 왕길(王吉)은 공성공(功成公), 왕종(王宗)은 공숭공(功崇公), 왕세(王世)는 공소공(功昭公), 왕리(王利)는 공저공(功著公)이 되었다.

천하에 대사령을 내렸다.

이어서 왕망이 유자(孺子)에게 책서를 내려 명했다.

아아, 영(嬰)이여. 예전에 황천이 너의 태조(太祖)를 도와 십이 대를 내려오며 이백십 년 동안 유씨가 황위를 누리게 했지만, 이제 황위에 오를 차례가 나에게 돌아왔다. 『시』에 "은나라의 제후들은 이제 주나라에 복종하라. 천명은 무상한 것이니라."[2]라고 하지 않았던가! 너를 정안공(定安公)에 봉하니 영원히 신나라에 복속하도록 하라. 오호, 하늘의 위대한 명을 존중하라.[3] 너의 봉토에서 백성을 다스리되, 나의 명을 거역하지 말라.

또 명했다.

이에 평원(平原), 안덕(安德), 탑음(漯陰), 역(鬲), 중구(重丘) 다섯 현의 만 호, 사방 백 리 땅을 정안공국(定安公國)[4]으로 봉한다. 그 봉토 안에 너의 조종(祖宗) 사당을 세우고, 주나라 왕실 후예와 동등하게 정삭 및 수레와 말을 장식하는 빛깔, 제물로 바칠 짐승의 털 빛깔을 한나라의 것으로 쓰도록 하라. 대대로 네 조종에게 제사를 올리며 너 또한 명덕(命德)과 무공(茂功)으로 바치는 제사를 영구히 받도록 하라. 효평황후는 정안태후로 삼는다.

책서를 다 읽은 뒤에 왕망이 유자의 손을 잡고 눈물을 흘리며 목이 메어 말했다.

"옛적 주공이 섭정 자리에 있다가 끝내 복자명벽(復子明辟)을 결행했는데, 지금의 나는 황천의 위명(威命)에 재촉당하고 있어 내 뜻을 시행할 수 없다."

그러고는 슬픈 듯이 아주 길게 한숨을 쉬었다.

중부(中傅)가 유자를 데리고 전전(前殿)을 나갔고 유자는 북면하여 신하를 칭하고 왕망에게 복속했다. 백관이 배석했는데, 동정하지 않는 자가 없었다.

이어서 금궤 책서의 내용에 따라 보신(輔臣) 모두를 열후에 봉하고 관직을 올려 주었다. 태부좌보 표기장군 안양후 왕순을 태사(太師)에 임명하는 한편으로 안신공(安新公)에 봉했다. 대사도 취덕후(就德侯) 평안(平晏)은 태부에 임명하고 취신공(就新公)에 봉했다. 소아(少阿) 희화 경조윤 홍휴후 유흠을 국사(國師)에 임명하고 가신공(嘉新公)에 봉했다. 재동 사람 애장은 국장(國將)에 임명하고 미신공(美新公)에 봉했다. 이 네 명을 사보(四輔)로 하여 상공(上公) 윗자리에 두었다.

태보후승 증양후(承陽侯)[5] 견한은 대사마에 임명하고 승신공(承新公)에 봉했다. 비진후(丕進侯) 왕심은 대사도에 임명하고 장신공(章新公)에 봉했다. 보병장군 성도후 왕읍(王邑)은 대사공에 임명하고 융신공(隆新公)에 봉했다. 이 세 명은 삼공으로 삼았다.

태아우필 대사공 위장군(衛將軍) 광양후 견풍을 경시장군(更始將軍)에 임명하고 광신공(廣新公)에 봉했다. 경조윤 사람 왕흥(王興)을 위장군에 임명하고 봉신공(奉新公)에 봉했다. 경거장군 성무후 손건을 입국장군에 임명하고 성신공(成新公)에 봉했다. 경조윤 사람 왕성(王盛)을 전장군에 임명하고 숭신공(崇新公)에 봉했다. 이 네 명은 사장(四將)으로 삼았다. 이렇게 해서 모두 열한 명의 공(公)을 봉했다.

왕흥은 전임 성문영사(城門令史)였고, 왕성은 떡 팔던 사람이었다. 왕망이 부명에 있던 두 이름을 가진 사람 열 몇 명을 찾아냈는데, 이 두 사람의 용모가 복상(卜相)에 부합한다는 이유로 포의에서 바로 중용함으로써 부명의 신통을 나타냈다. 나머지는 모두 낭관에 임명했다.

그날 경대부, 시중, 상서를 임명했는데, 모두 수백 명에 이르렀다. 유씨 중에 지방의 태수로 나가 있던 자는 모두 간대부로 삼아 장안에 불러들였다.

명광궁(明光宮)을 정안관(定安館)으로 개명하고 정안태후를 그곳에 거처하게 했다. 대홍려부 관아를 정안공의 저택으로 쓰게 한 뒤에 두 곳에 다 문위사자(門衛使者)를 두어 감독하게 했다. 아유모(阿乳母)에게 명하여 정안공과 말을 나누지 못하게 하고 계속 실내에만 있게 했다. 정안공은 장성한 뒤에도 육축(六畜)[6]의 이름을 몰랐다. 왕망은 뒤에 자신의 손녀딸이자 왕우의 딸을 정안공에게 시집보냈다.

왕망이 임명했던 해당 관원들에게 책서를 내려 말했다.

세성(歲星)이 〔공경(恭敬)의〕 숙(肅)을 관장하듯이 동악(東嶽)의 태사(太師)는 때에 맞게 비가 오도록 하는 일을 책임져야 한다. 청색 불꽃이 위로 올라가는 봄에 구(晷)를 가지고 해를 관찰해야 한다.

형혹(熒惑)이 〔명지(明智)의〕 철(悊)[7]을 관장하듯이 남악(南嶽)의 태부는 더위가 때에 맞게 찾아오도록 책임져야 한다. 적색 불꽃이 넓은 대지에 타오르는 여름에 율(律)에 의거하여 악기 소리를 살펴보아야 한다.

태백(太白)이 〔안정의〕 애(艾)를 관장하듯이 서악(西嶽)의 국사(國師)는 맑은 날이 이어질 수 있도록 책임져야 한다. 백색 불꽃이 만물의 형상을 드러내는 가을에 전(銓)을 들고 곡식을 달아야 한다.

진성(辰星)이 〔책략의〕 모(謀)를 관장하듯이 북악(北嶽)의 국장(國

將)은 때에 맞게 추위가 오도록 책임져야 한다. 현색(玄色) 불꽃이 고르게 퍼지는 겨울에 누(漏)를 가지고 별을 관측해야 한다.[8]

월(月)은 형벌을 상징하고 군주의 왼쪽 대퇴부가 되듯이 사마(司馬)는 무공을 실현하는 일을 책임져야 한다. 구(矩)를 써서 방정함을 강구하면서 천문을 주관하고 호천(昊天)을 경배하여 백성에게 역법을 알려 줌으로써 힘써 농사를 짓게 하여 가을 수확이 풍성하도록 한다.

일(日)이 덕정(德政)을 상징하고 군주의 오른팔이 되듯이 사도(司徒)는 문치(文治)를 실현하여 길조가 나타나게 하는 일을 책임져야 한다. 규(規)에 맞추어 원(圓)을 제대로 그리면서 인도(人道)를 주관하되 오교(五教)를 통해 정사를 보좌하여 백성을 이끌고 황제를 받들며 아름다운 풍속을 선양하며 오품(五品)을 가르쳐야 한다.

북두(北斗)는 공평함을 상징하고 군주의 심장이 되듯이 사공(司空)은 물산이 제대로 분포를 이루도록 하는 일을 책임져야 한다. 승(繩)으로 거리를 재며 땅의 구획을 주관하면서 물과 땅을 제대로 다스리고 이름난 산천을 관장하여 날짐승과 길짐승이 잘 번식하고 초목이 무성하도록 해야 한다.

각각의 직무를 정해 준 책명(策命)은 『서』의 「전(典)」과 「고(誥)」에 나오는 내용과 같았다.

대사마사윤(大司馬司允), 대사도사직(大司徒司直), 대사공사약(大司空司若)을 두고 모두 고경(孤卿)의 봉록을 주었다.

대사농을 희화(羲和)로 고쳐 부르게 했다가 뒤에 다시 납언(納

言)으로 바꾸었다. 대리(大理)는 작사(作士), 태상(太常)은 질종(秩宗), 대홍려는 전악(典樂), 소부는 공공(共工), 수형도위는 여우(予虞)로 고치고 삼공(三公)의 사경(司卿)과 더불어 이 아홉 관직을 구경으로 삼은 뒤에 삼공의 관아에 나누어 속하게 했다.

경(卿)마다 대부 세 명을 두었고, 대부 한 명마다 원사(元士) 세 명을 두었다. 그리하여 모두 스물일곱 명의 대부와 여든한 명의 원사가 중도관(中都官)의 여러 직책을 나누어 맡았다.

광록훈을 사중(司中)으로, 태복을 태어(太御)로, 위위를 태위(太衛)로, 집금오를 분무(奮武)로, 중위를 군정(軍正)으로 이름을 고쳤다. 또 대췌관(大贅官)을 두어 수레와 황제가 사용하는 기물을 관장하게 했다. 뒤에 다시 병질(兵秩)도 관장하게 했다. 이들의 지위는 모두 상경(上卿)으로 하여 육감(六監)이라고 불렀다.

지방 군의 태수를 대윤(大尹)으로, 도위를 대위(大尉)로, 현령과 현장을 재(宰)로, 어사를 집법(執法)으로, 공거사마(公車司馬)를 왕로사문(王路四門)으로, 장락궁을 상락실(常樂室)로, 미앙궁을 수성실(壽成室)로, 전전을 왕로당(王路堂)으로, 장안을 상안(常安)으로 바꾸었다.

봉록 백석을 서사(庶士)로, 삼백석을 하사(下士)로, 사백석을 중사(中士)로, 오백석을 명사(命士)로, 육백석을 원사(元士)로, 천석을 하대부(下大夫)로, 비이천석을 중대부(中大夫)로, 이천석을 상대부(上大夫)로, 중이천석을 경(卿)으로 이름을 바꾸었다.

수레와 관복, 면관(冕冠)을 각각의 관직 등급에 따라 다르게 지급했다.

또 사공대부(司恭大夫), 사도대부(司徒大夫), 사명대부(司明大夫), 사총대부(司聰大夫), 사중대부(司中大夫)[9]와 송시공(誦詩工), 철선재(徹膳宰)를 두어 관리의 잘못을 사찰하게 했다. 이들에게 책서를 내려서 명했다.

내가 듣기로, 상성(上聖) 중에는 자신의 덕을 잘 펼쳐 보이기 위해 스스로 조심스럽게 수양하지 않은 분이 없다고 했다. 안정된 정사를 오랫동안 펼치기 위해 그대들에게 오사(五事)에 따라 관리를 사찰하게 한다. 관리들의 잘못을 숨기거나 허장성세하도록 놔두지 말고 선과 악을 잘못 판단하지 말며 공정한 입장에 서도록 하라. 아아, 그렇게 하도록 노력하라.

또 왕로당 앞에 좋은 의견을 올릴 때 쓰는 깃발과, 비방을 표현할 나무와 간언을 올릴 때 울릴 북을 설치하게 하고, 간대부 네 명이 항상 왕로당 문 앞에 앉아서 사정을 알리러 오는 자를 맞도록 했다.

왕망은 왕씨 집안사람 중에 자최(齊縗) 복상을 치르는 관계에 있는 친척을 후(侯)에 봉했다. 대공(大功)은 백(伯)에, 소공(小功)은 자(子)에, 시마(緦麻)는 남(男)에 봉했다. 또 왕씨 집안의 여자들은 모두 임(任)에 봉했다. 칭호를 붙일 때에는 남자에게 '목(睦)'을, 여자에게 '융(隆)'[10]을 써서 부르게 했다. 그리고 모두 인불(印韍)을 내렸다.

제후에게는 대부인, 부인, 세자를 세울 수 있게 하고 인불을 내려 주었다.

왕망이 또 말했다.

'하늘에 태양이 둘 있을 수 없고 땅에 두 명의 왕이 있을 수 없다'라는 것은 모든 제왕에게 변하지 않고 적용되는 원칙이다. 한나라에서는 더러 제후가 왕을 칭했고, 심지어 사이도 왕을 칭했는데, 옛 제도에 어긋난 것이고 통일된 나라를 이루게 하는 데도 마땅하지 않았다. 이에 제후왕은 모두 공(公)으로 칭하게 하고, 사이 중에서 왕을 칭하는 자는 모두 후(侯)로 바꾸게 하라.

왕망이 또 선포했다.

역대로 내려온 제왕의 도는 서로 통해 있으니, 성덕을 베푼 제왕은 백 대에 걸쳐 제사를 흠향하게 되어 있다. 내가 생각하기에 황제(黃帝), 제소호(帝少昊), 제전욱(帝顓頊), 제곡(帝嚳), 제요(帝堯), 제순(帝舜), 제하우(帝夏禹), 고요(皐陶), 이윤(伊尹)은 모두 성덕을 갖추어 황천의 명을 받아 높은 공을 세웠으니 오랜 세월 그 덕택을 입어 왔다. 나는 이분들을 아주 높이 칭송하면서 그 후대를 찾아 제사를 올리게 하겠다.

왕씨는 우제(虞帝)의 후대이며 제곡의 혈통이고, 유씨는 요임금의 후대로서 전욱의 혈통이다.[11] 따라서 요순을 초목후(初睦侯)에 봉하고 황제의 제사를 받들게 한다. 양호(梁護)를 수원백(脩遠伯)에 봉하고 소호(少昊)의 제사를 받들게 한다. 황손 공륭공(功隆公) 천(千)

에게 제곡의 제사를 받들게 한다. 유흠을 기열백(祁烈伯)에 봉하고 전욱의 제사를 받들게 한다. 국사 유흠의 아들 유첩(劉疊)을 이휴후(伊休侯)에 봉하고 요임금의 제사를 받들게 한다. 귀창(嬀昌)을 시목후(始睦侯)에 봉하고 우제의 제사를 받들게 한다. 산준(山遵)을 보모자(褒謀子)에 봉하고 고요의 제사를 받들게 한다. 이현(伊玄)을 보형자(褒衡子)에 봉하고 이윤의 제사를 받들게 한다.

한나라 황실의 후사 정안공 유영의 지위를 빈(賓)으로 정한다. 주나라 왕실의 후사 위공(衞公) 희당(姬黨)을 장평공(章平公)으로 고쳐 봉하고 그 지위를 빈으로 정한다. 은나라 왕실의 후사 송공(宋公) 공홍(孔弘)은 시운이 바뀌었으므로 장소후(章昭侯)로 고쳐 봉하고 지위를 각(恪)으로 정한다. 하나라 왕실의 후사 요서(遼西) 사람 사풍(姒豊)을 장공후(章功侯)에 봉하고 지위를 각(恪)으로 정한다.

하, 은, 주, 한의 네 왕조 고종(古宗)은 명당에서 종사(宗祀) 제사를 올리고 황시조고(皇始祖考) 우제에게 배향하도록 하라.

주공의 후사인 보로자(褒魯子) 희취(姬就)와 선니공(宣尼公)[12]의 후사 보성자(褒成子) 공균(孔鈞)은 전에 명호를 정해 두었다.

이어서 왕망이 또 말했다.

내가 전에 섭정할 때 〔하늘에 제사 지내는〕 교궁(郊宮)을 지었고, 〔먼 조상에게 제사를 올리는〕 도묘(桃廟)를 설립했으며, 사직(社稷)을 세워 신령의 은혜를 받았다. 그리하여 위로부터 내려온 빛이 아래쪽을 감싸다가 까마귀로 변하는 일이 일어나기도 했고, 황색 기체가 위로 퍼지다가 찬란한 빛으로 빛나면서 황제와 우제의 위업을 나타냈다.

황제로부터 제남 백왕(濟南伯王)[13]에 이르기까지 우리 조상에게는 다섯 가지 씨성이 있었다. 황제에게 스물다섯 명의 아들이 있었는데, 그들에게 나누어 하사된 성은 열두 가지였다. 그때 우제의 선조는 요씨(姚氏)를 하사받았다. 이어서 도당 요임금 때에 귀씨(嬀氏)로, 주나라 때에 진씨(陳氏)로, 제나라 때에 전씨(田氏)로 바꿨다가 제남국 때에 와서 왕씨를 썼다.

내가 황초조고(皇初祖考) 황제와 황시조고 우제를 그리워하며 명당에서 종사(宗祀)를 올렸다. 또 예법에 정한 사대조까지 친묘(親廟)를 세웠다. 그리하여 다섯 군데에 조묘(祖廟)를 세우고 네 군데에 친묘를 세웠으며 조상님의 후(后)와 부인(夫人)을 모두 배향하여 제사를 받게 했다.

교사(郊祀)에서 황제를 하늘에 배향했고, 황후는 땅에 배향했다. 신도후 동제(東第)를 대사당으로 삼아 해마다 정한 때에 맞춰 제사를 올리도록 하라. 집집마다 숭상할 조상에게 제사를 올려 천하 각지에서 종사(種祀)가 이루어지도록 하라. 요씨, 귀씨, 진씨, 전씨, 왕씨의 다섯 성씨는 황제와 우제의 후대로서 나와 같은 집안이다. 『서』「우서(虞書)」 '고요모(皋繇謨)'에 "구족(九族)을 후대하되 서열에 따라 한다."라고 하지 않았는가! 천하에 퍼져 있는 이 다섯 성씨의 이름을 질종(秩宗) 명부에 올려 모두 종실로 삼겠다. 대대로 요역과 조세를 면제하여 부담을 지우지 않도록 하라.

원성(元城) 왕씨와 다른 네 성씨의 통혼을 금하여 네 성씨를 왕씨 집안의 지파(支派)로 삼아 친족으로 대우하게 하라. 진숭을 통목후(統睦侯)에 봉하여 호왕(胡王)[14]의 제사를 받들게 하라. 전풍(田豊)을 세목후(世睦侯)에 봉하여 경왕(敬王)[15]의 제사를 받들게 하라.

일전에 책의과 조명 등이 일어났을 때 천하의 주목(州牧)과 태수들이 모두 지방의 주와 군을 다스리며 충효의 마음을 유지했으므로, 목은 남(男)에, 태수는 부성(附城)에 봉했다.

또 예전에 왕망을 지지했던 대숭과 금섭, 기굉, 양병 등의 아들은 모두 남(男)에 봉했다.

기도위 효(酈) 등을 파견하여 황제원(黃帝園)을 상도(上都) 교지(橋畤)에, 우제원(虞帝園)을 영릉군(零陵郡) 구의현(九疑縣)에, 호왕원(胡王園)을 회양군 진현에, 경왕원(敬王園)을 제군 임치현에, 민왕원(愍王園)을 성양군(城陽郡) 거현(莒縣)에, 백왕원(伯王園)을 제남군 동평릉(東平陵)에, 유왕원(孺王園)을 위군(魏郡) 원성현(元城縣)에 나누어 세우고 사자를 보내 사철 제사를 올리게 했다.

천하가 막 평정되던 무렵이었으므로 사당을 지어야 할 곳의 제사는 명당과 태묘에서 협제(祫祭)했다.

한나라 고조의 사당을 문조묘(文祖廟)[16]로 바꾸었다.

왕망이 선포했다.

나의 황시조고 우제께서 당제(唐帝) 요임금의 선위를 받으셨다. 한나라 황실의 초조(初祖)는 당제이니, 대대로 나라를 물려주는 전통이 있었다. 그리하여 이번에 내 한나라 고황제의 신령으로부터 금궤의 책서를 직접 받았다.

전대 한나라 조상을 후대해야 한다는 생각을 한시도 잊은 적이 없다! 그리하여 예에 따라 정안공의 봉토에 한나라 일곱 조종(祖宗)[17]의 사당을 세우고 장안의 능원과 침묘를 철폐하지 않고 예전 대로 제사를 지내기로 결정했다. 나는 가을 9월에 친히 한나라 고조, 원제, 성제, 평제의 사당에 참배하겠다.

종정부(宗正府)에 속해 있던 유씨의 호적을 경조대윤부(京兆大尹府)에 옮기게 하고 당사자가 죽을 때까지 요역 면제를 풀지 말라. 그리고 주목은 자주 찾아가 문안하고 억울한 일을 당하지 않게 배려하라.

또 말했다.

내가 전에 대사마 대록(大麓)으로 있다가 섭황제와 가황제를 거칠 동안 한나라가 삼칠 이백십 년의 액운을 만나 적덕(赤德)의 기운이 다했음을 깊이 깨닫고 널리 방법을 구하여 유씨 집안을 보좌하며 명운을 연기할 방안을 찾았으나 어떤 방법도 소용이 없었다.

금도(金刀) 화폐를 주조하여 편하게 쓰게 함으로써 한나라를 구해 보려고 하기도 했다. 공자께서 후대의 군주에게 왕도의 교훈을 주기 위해 『춘추』를 지으시다가 애공 14년에 이르러 노나라 왕조 역사 기술을 마쳤는데, 현재 상황과 비교해 보면 애제 즉위 이후 〔거섭 3년까지〕 열네 해가 되어 적덕 왕조의 운명이 다했으니 마침내 억지로 구제할 수 없었다.

황천은 영명하고 위엄이 있으시니, 황덕(黃德)의 왕조가 건국되어야 한다는 대명(大命)을 크게 나타내시며 나에게 천하를 맡기셨다. 이제 백성들이 모두 말하기를 "황천께서 한나라를 없애고 신나라를 세웠으니 유씨를 버리고 왕씨를 기용했다."라고 하고 있다.

대저 '유(劉)' 자는 '묘(卯)', '금(金)', '도(刀)'로 이루어져 있으니, 정월강묘(正月剛卯)를 새긴 장신구와 금도 화폐의 사용을 금한다. 경사(卿士)들에게 널리 방책을 구했더니, 모두 말하기를 천도(天道)와 인도(人道)가 상응한 것이 명확하게 나타났기에 강묘(剛卯) 장신구의 패용을 금지하고 도전(刀錢)을 폐지하여 화폐로 편하게 쓰지 못하게 함으로써 하늘의 뜻에 순종하고 백성으로 하여금 만족하게 하라고 했다.

이에 새로 소전(小錢)을 주조하되 지름은 육 분(分), 무게는 일 수(銖)로 하고 '소전치일(小錢直一)'이라는 글자를 새겨 앞서 주조했던 '대전오십(大錢五十)'과 함께 유통했다. 백성이 사적으로 주조하는 것을 방지하기 위해 구리와 석탄을 소유하지 못하게 했다.

4월, 서향후(徐鄕侯) 유쾌(劉快)[18]가 수천 명을 모아 자신의 봉토에서 군사를 일으켰다. 유쾌의 형 유은(劉殷)은 한나라의 교동왕이었는데 그때 부숭공(扶崇公)으로 바뀌어 있었다. 유쾌가 군사를 일으켜 즉묵(卽墨)을 공격하자 유은은 성문을 닫고 스스로 옥에 갇혔다. 관리와 백성이 유쾌에게 저항했으므로 유쾌가 패하여 달아나다가 장광(長廣)에서 죽었다. 왕망이 말했다.

옛적에 나의 선조 제남 민왕(濟南愍王)이 연나라에게 침략당해 위기에 빠졌을 때, 제나라 땅의 임치를 빠져나와 거현을 근거지로 저항한 일이 있었는데, 집안사람 전단(田單)이 여러 가지 기묘한 계책을 내어 연나라 장수를 붙잡아 죽이고 다시 제나라를 안정시켰다. 지금 즉묵의 사와 대부들이 다시 한마음이 되어 반란군을 섬멸했으니, 내가 그 충성스러운 자들을 크게 칭찬하는 한편, 무고하게 죽은 자들을 가엾게 여긴다. 이에 유은 등을 사면하고 유쾌의 처자식을 제외한 다른 친족들은 연좌시키지 않고 모두 법으로 처벌하지 않겠다.

사상자들을 조문하고 죽은 자에게 장례비를 각각 오만 전씩 하사하라.

은(殷)은 하늘의 대명(大命)을 알고 있었으므로 쾌(快)를 몹시 증오하며 벌을 받아 죽게 했다. 이에 은의 봉토를 만 호로 채워 사방 백 리에 이르게 하라.

이어서 부명신(符命臣) 열 몇 명을 더 봉했다.
왕망이 말했다.

옛적에 여덟 집마다 여정(廬井) 밭을 두어 함께 갈게 하는 한편으로 한 명의 남편과 한 명의 아내로 이루어진 한 집에 밭 백 무(畝)씩을 주고 수확량의 십분의 일을 조세로 받았으니 나라 재정도 풍족했고 백성도 부유해져서 송성(頌聲)이 지어졌다. 이 제도는 당우(唐虞)의 치도(治道)로 〔하, 은, 주〕 삼대에서 그대로 시행했었다.

진나라 황제는 무도하여 사적인 창고를 채우기 위해 부세(賦稅)를 늘리는 한편으로 민력(民力)이 거덜나도록 끝없이 사치하고 탐욕을 부렸다. 또 성군의 제도를 망가뜨리고 정전(井田)을 없애는 바람에 토지 겸병이 나타나고 탐욕을 부리는 저속한 무리가 생겨났는데, 세력이 강한 자는 수천 무에 이르는 밭을 점유했고, 약한 자는 송곳 하나 세울 땅조차 가지지 못했다. 또 노비 시장을 두어 말이나 소와 함께 가두고 평민과 하급 관리가 제어하며 생사여탈을 함부로 결정했다. 그 기회를 이용하여 간사하고 포악한 무리가 이득을 취했는데, 심지어 남의 처자식을 탈취하여 팔기까지 했으니 하늘의 뜻을 어기고 인륜을 배반하며 "천지에 살아 있는 것 중에 사람이 가장 귀하다."[19]라는 도리를 저버렸다. 『서』에 "내가 너희를 처벌하여 노예로 삼겠다."[20]라고 했지만 왕명을 듣지 않았을 때에만 그런 벌을 받게 되어 있었다.

한나라는 전조(田租)를 경감시켜 삼십분의 일을 조세로 거두었다. 그러나 갱부(更賦)를 계속 거두었으니 늙고 병든 자들도 모두 내야 했다. 게다가 호족도 평민을 약탈했다. 분전(分田)[21]에서 조세를 탈취했으니 이름만 삼십분의 일 세로 하고 실제로는 오분의 일을 거두었다.

부자나 부부가 한 해 내내 밭을 갈아서 수확을 얻어도 스스로 먹고살기에 부족했다. 부자들은 개와 말의 먹이까지 곡식이 남아 돌았으니 교만을 떨다가 법을 어겼고, 가난한 사람은 쌀겨로도 배를 채울 수 없어 궁한 끝에 죄를 짓게 되었다. 모든 이들이 법을 어겼으므로 형틀을 치워 둘 사이 없이 계속 처벌해야 했다. 나는 전에 대록 자리에 있으면서 천하의 공전(公田)을 인구 수에 따라 정전제를 실시했다. 그러자 가화(嘉禾)의 길조가 나타났고 반란을 일으키는 역적이 잠시 없어지게 되었다.

이제 천하전(天下田)을 '왕전(王田)'으로 고쳐 부르고, 노비를 '사속(私屬)'이라고 부르되, 밭과 노비 모두 매매를 금지한다. 정남(丁男)이 여덟 명이 되지 않는데도 밭을 한 정(井) 넘게 가진 곳은 그 여분을 구족(九族) 및 이웃과 나누도록 하라. 원래 밭이 없었으면 내릴 것이니 규정에 따라 밭을 주도록 하라.

감히 정전(井田)의 성제(聖制)를 비방하거나 법을 무시하면서 백성을 혼란에 빠뜨리는 자는 사예(四裔)로 유배하여 이미(魑魅)와 대치하게 하여 황시조고 우제의 전례를 따르게 하라.

그때 백성들은 한나라의 오수전으로 편리하게 거래하는 데에 익숙해 있었다. 왕망이 병용하게 한 대전(大錢)과 소전(小錢)은 구분하기 어려웠고 여러 차례 개정하는 바람에 값어치를 제대로 인정받지 못했으므로 거래할 때에는 모두 은밀히 오수전을 사용했다. 게다가 대전을 곧 파기할 것이라는 유언비어가 나돌았으므로 거래할 때 가지고 다니지 않으려고 했다. 그런 현상이 나타나자 왕망이 우려하면서 새로 통고문을 내려보냈다.

오수전을 휴대하면서 대전이 파기된다는 소문을 퍼뜨리는 자들은 정전제를 비방한 자들과 마찬가지로 사예에 유배하겠다.

그리하여 농민과 상인들은 생업을 영위할 수 없게 되었다. 곡식과 돈을 모두 잃은 사람들은 번화한 큰길에 나와 눈물을 흘렸다. 전택(田宅)과 노비를 매매하거나 돈을 주조하다가 발각되어 벌을 받은 자가 제후와 경대부에서부터 서민에 이르기까지 헤아릴 수 없이 많았다.

가을, 오위장(五威將) 왕기(王奇) 등 열두 명을 보내 부명 마흔두 편(篇)을 천하에 반포하게 했는데, 덕상(德祥) 오사(五事)와, 부명 스물다섯 편 복응(福應) 열두 편 해서 모두 마흔두 편이었다. 덕상편에는 문제와 선제 때에 성기현(成紀縣)과 신도현(新都縣)에서 황룡이 나타났던 일과 고조고(高祖考) 왕백(王伯)[22]의 묘문(墓門) 재주(梓柱)에 가지와 잎이 새로 나온 일 등이 담겨 있었고, 부명편에는 우물과 돌, 금궤 같은 내용이 들어 있었다. 복응편에는 암꿩이 수컷으로 변한 일 등이 담겨 있었다. 글의 문체는 단정했고 경전의 내용을 들어 각각의 현상을 설명했다. 요지는 왕망이 한나라를 이어 응당 천하를 얻어야 한다는 내용이었다. 그 마흔두 편을 개괄하여 설명했다.

제왕이 천명을 받을 때에는 그 덕행에 따른 상서로운 징조가 반드시 나타나게 되어 있는데, 오명(五命)에 따라서 돌아가며 건국하는 복(福)의 징조가 펼쳐진다. 그런 징조가 나타난 뒤에야 개국의 위대한 공업을 세우고 자손에게 나라를 전하며 무궁토록 오랫동안 제왕의 지위를 누릴 수 있다.

신나라 건국을 위한 덕상은 한나라의 제삼 대, 제칠 대, 제구 대

황제[23] 때 나타났다.

신도(新都)에서 천명이 처음 나타났고 황지(黃支)에서 그 징조를 받았으며, 무공(武功)에서 건국의 기틀을 잡는 징조가 보였고, 자동(子同)[24]에서 천명이 결정된 것이 보였으며, 파군의 탕현(宕縣)[25]에서는 천명이 이루어졌음을 보여 주셨으니, 건국의 복을 알리는 징조 열두 가지를 통해 신나라를 깊이 보우하심을 알려 주신 하늘의 뜻이 얼마나 견고한가!

한나라 평제 말년에 무공에서 붉은 글씨가 쓰인 돌이 나와서 화덕(火德)이 소진되고 토덕(土德)이 그 뒤를 잇는 것을 나타냈다. 황천이 세상을 돌아보시고는 한나라를 버리고 신나라를 건국하게 하기로 하시고 붉은 글씨가 쓰인 돌을 통해 황제에게 천명을 내리기 시작하셨다. 그러나 황제께서는 겸손히 섭정의 지리에 오르시며 하늘의 뜻을 받지 않으셨다.

그리하여 하늘은 그해 가을 7월에 다시 삼태성(三能星)[26]과 문마(文馬)를 연달아 보여 주셨으나 황제는 다시 겸손하게 물러서며 즉위하지 않았다. 그러자 세 번째로 철계(鐵契), 네 번째로 석구(石龜), 다섯 번째로 우부(虞符), 여섯 번째로 문규(文圭), 일곱 번째로 현인(玄印), 여덟 번째로 무릉(茂陵)의 석서(石書), 아홉 번째로 현용석(玄龍石), 열 번째로 신정(神井), 열한 번째로 대신석(大神石), 열두 번째로 동부백도(銅符帛圖)를 보여 주셨다.

천명의 징조가 연거푸 나타나되 점점 더 명확해졌고 수량도 열두 가지나 되면서 신나라 황제에게 천명을 정확히 알리자 황제는 하늘의 위력을 두려워하지 않을 수 없음을 깊이 깨닫고 섭황제 호칭을 뗀 뒤에 가황제를 칭하고 연호를 초시(初始)로 고치면서 천명을 계승하고 상제의 뜻에 맞추려고 했다. 그러나 황천이 정중하게 부명을 내려 준 뜻에는 위배되었다.

그리하여 그날 다시 면서(勉書)[27]를 내려 정식 황제에 오를 것을 촉구하셨다. 또 시랑(侍郎) 왕후(王盱)가 백포단의(白布單衣)에 적해 방령(赤繢方領) 차림의 소관(小冠)을 쓴 누군가가 왕로전 앞에 서 있는 것을 보았는데, 그 사람이 왕후에게 말하기를 "오늘 오방천신(五方天神)이 뜻을 같이하여 천하의 사람들을 황제에 속하게 하노라."라고 했다. 왕후가 이상하게 여겨 열 몇 걸음을 다가갔는데, 그 사람이 홀연 보이지 않았다.

병인일 저물녘, 한나라 황실 고묘에 금궤에 든 책서가 출현했는데, "고제가 천명을 받들어 신황제(新皇帝)에게 나라를 전하노라."라고 되어 있었다. 이튿날 아침, 종백(宗伯) 충효후(忠孝侯) 유굉(劉宏)이 보고하자 공경을 불러 상의하게 했는데, 상의가 끝나기 전에 대신석인(大神石人)이 나타나 "신황제는 얼른 고묘의 명을 받을지니, 머뭇거리지 말라!"라고 했다.

그리하여 신황제가 곧바로 수레를 타고 한나라 황실의 고묘에 가서 천명을 받았다. 천명을 받은 날은 정묘일이었다. 정(丁)은 불로써 한나라 황실의 덕을 상징하고, 묘(卯)는 유씨 성의 유(劉) 자 안에 들어 있으니, 한나라 유씨(劉氏)의 화덕(火德)이 소진되어 신나라에 황위를 전한다는 뜻이 명백하게 나타나 있다.

황제는 겸손한 자세로 완고하게 사양했지만 하늘이 열두 가지 징조를 뚜렷하게 내보이며 재촉했으므로 천명을 사양할 수 없었으니 놀라며 두려워했다. 그러나 한편으로는 망해 가는 한나라를 구할 수 없다는 사실이 안타까웠으므로 애써서 한나라를 도우며 하늘의 뜻을 따를 수 없다는 쪽으로 마음이 흔들렸다. 그 때문에 사흘 밤을 잠자리에 들지 않고 사흘 낮 동안 먹을 것을 입에 대지 않으면서 공후와 경대부에게 연달아 물어보았는데 모두 대답하기를 "상천(上天)의 위명(威命)을 따르십시오."라고 했다.

그리하여 연호를 바꾸고 국호를 정한 뒤에 나라 안에 새롭게 시작하는 것을 선포했다. 신나라가 세워지자 천신(天神)과 지신(地神)이 기뻐하며 복을 상징하는 징조를 내려보냈으니 상서롭고 길한 일들이 연달아 나타났다.

『시』에 "백성과 관리를 편안하게 만든 공덕을 세우면 하늘로부터 복을 받게 되네. 하늘이 보우하며 나라를 맡길 명을 내리니 하늘에서 그 징조를 자꾸 내려보내네."[28]라고 함은 바로 이를 이른 말이다.

오위장은 부명을 반포하는 사명을 받드는 한편으로 인수(印綬)도 가져갔다. 왕후(王侯) 이하 관직명이 변경된 관리와 나라 밖의 흉노, 서역, 교외(徼外)의 만이에게 가서 모두에게 신나라 인수를 수여하고 원래의 한나라 인수를 회수했다. 관리에게는 각각 두 등급씩 작위를 높여 주되 백성은 한 사람마다 한 등급씩 높여 주었고, 여자(女子)에게는 백 호를 기준으로 양과 술을 내렸다. 만이에게는 차등을 두어 재물을 내렸다. 천하에 대사령이 내려졌다.

오위장은 곤육마(坤六馬)가 끄는 건문거(乾文車)를 탔는데 등에

별조(鷩鳥)의 깃털을 다는 등 복장과 장식이 아주 성대했다. 오위 장 한 사람마다 각각 좌수(左帥), 우수(右帥), 전수(前帥), 후수(後帥), 중수(中帥) 등 모두 다섯 장수를 두었다. 의관(衣冠)과 거복(車服), 가마(駕馬)는 각각 출사하는 방향에 색(色)과 수(數)를 맞추었다.[29] 오위장은 부절을 들고 태일(太一)의 사자라 칭하고, 좌수, 우수, 전수, 후수, 중수는 당(幢)을 소지하고 오제의 사자라 칭했다. 왕망이 이들에게 책명을 내렸다.

하늘 아래 사표(四表)까지 이르되, 닿지 않는 데가 없게 하라.

동쪽으로 나간 사신은 현도(玄菟), 낙랑(樂浪), 고구려(高句驪), 부여(夫餘)[30]까지 갔다. 남쪽으로 나간 사신은 교외를 넘어 익주군을 지나면서 구정왕(句町王)[31]을 후(侯)로 낮추어 구정후에 봉했다. 서쪽으로 나간 사신은 서역에 이르러 그곳의 왕(王)들을 모두 후(侯)로 바꾸었다. 북쪽으로 나간 사신은 흉노의 궁정에 이르러 선우에게 인장을 주었다. 새 인장은 한나라 인장의 문구를 바꾼 데다 새(璽)라고 하지 않고 장(章)이라고 했다. 게다가 선우가 예전 인장을 돌려달라고 했을 때 진요가 이를 부숴 버렸다. 이때의 이야기는 「흉노전」에 기록되어 있다. 선우는 크게 노했다. 왕을 후로 낮춘 것 때문에 구정과 서역은 끝내 모두 돌아섰다. 진요는 돌아와 대장군에 임명되고 위덕자(威德子)에 봉해졌다.

겨울, 천둥이 쳤다. 오동나무에 꽃이 피었다.

오위사명(五威司命)과 오위중성장군(五威中城將軍)과 오위사관장군(四關將軍)을 두었다.

오위사명은 상공(上公)의 자리부터 아래까지의 관리를 감찰했고, 오위중성장군과 오위사관장군은 장안의 열두 성문을 맡았다.

책서를 내려 통목후(統睦侯) 진숭을 〔오위사명에〕 임명했다.

아, 그대 숭이여, 대저 명령에 복종하지 않는 것은 난을 일으키는 근원이고, 간악하고 교활함이 심해지는 것은 도적 행위의 근본이 되며, 동전을 사사로이 주조하는 것은 보화가 통용되는 길을 방해하는 것이고, 정한 규범을 넘어 사치를 부리는 것은 해악을 일으키는 발단이 되며, 황궁과 상서의 일을 누설하는 것은 "기밀 사항을 비밀스럽게 다루지 않으면 해로운 일이 이루어진다."[32]라고 한 것에 해당하고, 조정에서 작위를 받았으면서도 사문(私門)에 감사하면 조정이 봉록을 주는 권한을 잃게 되어[33] 정령(政令)을 내려도 따르는 이가 없게 된다. 이 육조(六條)는 조정의 기강을 이루고 있다. 이에 그대를 기용하여 사명(司命)에 임명하니, "부드러운 음식은 아예 들지 않고 딱딱한 음식도 뱉지 않네. 홀아비와 과부를 모욕하지 않고 권세 있는 자를 두려워하지 않네."[34]라고 한 것처럼 황제의 명령을 따르며 조정을 통목(統睦)[35]하도록 하라.

열부후(說符侯) 최발에게 책서를 내려 〔오위중성장군에〕 임명했다.

"성문을 굳게 닫고 딱따기를 치면서 포악한 자들을 방비하네."[36]

라고 했다. 그대를 오위중성장군에 임명하니 장안에 중덕(中德)이 이루어져 천하가 열부(說符)[37]하게 하라.

명위후(明威侯) 왕급(王級)에게 책서를 내려〔오위전관장군(五威前關將軍)에〕임명했다.

그대를 오위전관장군으로 임명하여 요류(繞霤)의 견고함에 힘입어 남쪽으로 형초(荊楚)에 임하고 있는 관문에 보내니 위무를 떨쳐 힘써 지키며 전관(前關)에서 명위(明威)[38]하라.

위목후(尉睦侯) 왕가(王嘉)에게 책서를 내려〔오위후관장군(五威後關將軍)에〕임명했다.

그대를 오위후관장군에 임명하여 양두산(羊頭山)을 요새로 하여 북쪽으로 조(趙)나라와 연(燕)나라에 임하는 관문에 보내니, 호구산(壺口山)의 험악한 지형에 의지하고 있는 후관(後關)에서 위목(尉睦)[39]하라.

당위후(堂威侯) 왕기(王奇)에게 책서를 내려〔오위좌관장군(五威左關將軍)에〕임명했다.

그대를 오위좌관장군에 임명하여 효산과 민지의 험악함에 힘입어 동쪽으로 정(鄭)과 위(衛)에 임하고 있는 관문에 보내니, 함곡관에 어려운 일이 생기거든 막아 내며 좌관(左關)에서 당위(堂威)[40]하라.

회강자(懷羌子) 왕복(王福)에게 책서를 내려〔오위우관장군(五威右關將軍)에〕임명했다.

그대를 오위우관장군에 임명하여 견현(汧縣)과 농저(隴阺)에 막혀 있어 서쪽으로 융적을 마주하고 있는 관문에 보내니, 성고를 지키면서 우관(右關)에서 회강(懷羌)[41]하라.

이어서 간대부 쉰 명을 지방의 군과 제후국에 갈라서 파견하여 화폐를 주조하게 했다.

그해, 장안의 미친 여자 벽(碧)이 길 복판에서 "고제가 대로히여 나에게 나라를 돌려주라고 재촉하신다. 돌려주지 않으면 9월에 너를 반드시 죽일 것이다."라고 외쳤다.

왕망이 그 여자를 잡아서 죽여 버렸다. 미친 사람을 관리하는 직책인 장구대부(掌寇大夫) 진성(陳成)이 자진해서 사직했다.

진정국(眞定國)의 유도(劉都) 등이 군사를 일으키려고 모의하다가 발각되어 모두 주살당했다.

진정국과 상산군에 우박이 크게 내렸다.

〔시건국(始建國)〕2년 2월, 천하에 대사령이 내려졌다.

오위장과 장수 일흔두 명이 장안에 돌아와 "앞서 공(公)으로 강등한 한나라 제후왕의 새수를 모두 반납받고 민(民)[42]으로 삼았는데 아무도 명을 거역하지 않았다."라고 보고했다. 이에 오위장은 자(子)에, 장수들은 남(男)에 봉했다.

첫 번째 육관령(六筦令)이 내려졌다. 현관(縣官)에게 명령하여 술의 매매와 소금과 철기의 판매, 동전 주조를 맡고 명산과 대택에서 채집한 여러 물산에 세금을 매기도록 했다. 또 시관(市官)에게 시세가 쌀 때 사들이고 비쌀 때 팔게 했는데, 밑천이 모자라는 사람에게는 돈을 빌려주고 한 달에 백분의 삼의 이율로 이자를 받았다. 희화(犧和) 관아에 주사(酒士)를 두되 군마다 한 명씩 배치하여 역참 수레를 타고 다니며 술의 밀매를 감시하게 했다. 사람들이 쇠뇌와 갑옷을 가질 수 없도록 했다. 위반하면 서해군에 유배시켰다.

흉노의 선우가 원래의 흉노국 국새를 돌려달라고 했다. 왕망이 주지 않자 변경의 군을 침입하여 관리와 백성을 죽이거나 잡아갔다.

11월, 입국장군 손건이 상주했다.

서역장(西域將) 흠(欽)이 보고하기를 "9월 신사일에 무기교위 사(史) 진량(陳良)과 종대(終帶)가 함께 교위 조호(刁護)를 죽이고 군리(軍吏)와 병사를 협박했으며, 폐한대장군(廢漢大將軍)을 자칭하며 흉노로 달아났습니다."라고 했습니다.

또 이번 달 계유일에 이름 모를 남자가 신(臣), 건(建)의 수레 앞을 막고 스스로 말하기를 "한나라 황실의 유자여(劉子輿)로, 성제(成帝) 하처(下妻)의 아들이다. 유씨가 황위에 다시 오르게 되었으니 얼른 황궁을 비우도록 하라."라고 했습니다. 그 남자를 잡아 보니 상안(常安) 사람인데 성은 무(武)이고 자가 중(仲)이었습니다.

〔진량과 종대 및 무중은〕 모두 천명을 거역했으니 대역무도죄에 해당합니다. 중과 진량 등의 친족을 연좌시켜 처벌하기를 청합니다.

상주한 대로 처리하라는 허락이 내렸다.[43]

한나라의 고황제께서 자주 나타나셔서 명확히 이르시기를 종묘의 군사를 철수시키고 왕씨 종묘의 빈객으로 배향되기를 원한다고 하셨습니다. 이는 진실로 하늘의 뜻을 받들어 자손을 보전하고자 하는 뜻을 밝힌 것이니, 고조의 종묘를 상안성(常安城) 안에 두지 말아야 합니다. 또 유씨 제후의 봉토도 한나라가 멸망했으니 그에 따라 모두 철폐해야 합니다. 그런데 폐하께서 지극히 너그러우셔서 아직 결정을 내리지 못하고 있습니다.

일전에 전임 안중후 유숭과 서향후 유쾌, 능향후(陵鄕侯) 유증(劉曾),[44] 부은후(扶恩侯) 유귀(劉貴)[45] 등이 사람들을 모아 연달아 모반했습니다. 지금 반란을 일으키는 자들은 망한(亡漢) 장군을 자칭하기도 하고 성제의 아들 자여를 칭하기도 하면서 멸족의 죄를 범하고 있는데 그치지를 않습니다. 이는 성은을 베푸시며 일찍 그 맹아를 자르지 않았기 때문입니다.

신의 어리석은 생각에 한나라 고조께서는 신나라 종묘의 빈(賓)이 되셔서 명당에서 제사를 받으시면 될 듯합니다. 성제는 황제께 이성(異姓) 형제[46]가 되고 평제는 사위이니 세 분은 유씨 종묘에 계속 모시기가 마땅하지 않습니다. 원제는 황태후와 한 몸이시니, 성은을 내리셔서 융숭하게 대하심이 예도에도 맞습니다.

신은 장안에 있는 한나라 유씨의 종묘를 모두 철폐할 것을 청합니다. 유씨로서 제후였던 자들은 식읍 호수의 많고 적음에 따라 다섯 등급으로 나누어 작위를 하사하고, 관리로 있는 자는 모두 파면시켜 집에서 다음 임명 소식을 기다리게 해야 합니다.

위로는 하늘의 뜻에 맞추고 고황제의 신령을 기쁘게 하며 반란의 싹을 끊어야 합니다.

왕망이 말했다.

그렇게 하도록 하라.

가신공(嘉新公) 국사(國師)는 부명에 따라 나를 위해 사보(四輔)가 되었고, 명덕후(明德侯) 유공(劉龔)과 솔례후(率禮侯) 유가(劉嘉) 등 모두 서른두 명은 천명을 잘 이해했거나 천명이 내린 부명을 바쳤거나 뛰어난 계책을 올렸거나 반란한 자들을 잡아서 신고했으므로 그 공이 다대하다. 유씨 중에서 이 서른두 명을 비롯하여 이들과 같은 조부 밑에 태어난 일가는 파면하지 말고 왕씨 성을 하사하도록 하라.

유씨 중에서 국사의 딸에게 왕망의 아들이 장가를 들었으므로 국사에게는 왕씨 성을 내리지 않았다.

정안태후의 칭호를 황황실주(黃皇室主)로 고쳐 한나라 황실과의 관계를 끊게 했다.

겨울 12월에 천둥이 쳤다.

흉노 선우를 항노복우(降奴服于)로 고쳐 부르게 했다. 왕망이 말했다.

"항노복우 지(知)[47]가 오행(五行)을 경시하고[48] 사조(四條)를 위반하며 서역을 침범하여 변방에 위기가 닥쳐서 백성에게 해를 끼치고 있으니 멸족의 죄에 해당한다. 입국장군 손건 등 열두 명의 장군에게 명령하여 열 갈래로 나누어 동시에 출병하게 하여 황천의 위력을 공동으로 집행하고 지를 벌하도록 하겠다.

지의 선조 고 호한야 선우 계후산(稽侯狦)은 한나라 황제들에게 충효를 다하며 변새와 교(徼)를 지켰으니 지가 한 번 지은 죄 때문에 계후산의 후대를 차마 멸족시킬 수는 없다.

이제 흉노의 국토와 사람들을 열다섯으로 나누어 계후산의 아들과 손자 열다섯 명을 각각의 선우로 삼겠다. 중랑장 인포(藺苞)와 대급(戴級)[49]에게 말을 달려 변새 밖으로 나가게 해서 선우로 임명할 만한 자들을 불러오게 하라. 흉노 사람 중에 노(虜), 지의 법에 연루된 자들을 모두 사면하도록 하라."

오위장군 묘흔(苗訢)과 호분장군 왕황(王況)으로 하여금 오원(五原)에서, 엽난장군 진흠과 진적장군 왕순으로 하여금 운중에서, 진무장군(振武將軍) 왕가와 평적장군(平狄將軍) 왕맹으로 하여금 대군(代郡)에서, 상위장군(相威將軍) 이심(李棽)과 진원장군(鎭遠將軍) 이옹(李翁)으로 하여금 서하에서, 주맥장군(誅貉將軍) 양준(陽俊)과 토예장군(討穢將軍) 엄우로 하여금 어양에서,[50] 분무장군 왕준과 정호장군(定胡將軍) 왕안으로 하여금 장역에서 변경을 나가 출동하게 하고 편비(褊裨) 이하 군리 백팔십 명을 파견했다. 천하에서 죄수, 정남(丁男), 갑졸(甲卒)을 포함해 삼십만 명을 모집했다. 각 군에서 하복과 동복을 포함한 군복, 무기, 군량을 실어 나르게 했는데,[51] 장리(長吏)들은 해안 지역과 장강과 회하 유역에서 북쪽 변경까지 그 물자들을 실어 날랐다. 사자가 역참의 말을 달리며 독촉하면서 모든 일을 군흥법(軍興法)에 따라 즉결 심판했으므로 천하가 어지러워졌다. 먼저 당도한 자들은 변방의 군에서 주둔하다가 삼십만 명이 다 모인 뒤에 동시에 출발하기로 했다.

새로 제정한 화폐 정책이 제대로 시행되지 않자 왕망이 다시 글을 내렸다.

사람들은 먹을 것을 목숨으로 생각하고 재화는 이익을 얻는 밑천으로 여기고 있으니, 홍범(洪範) 팔정(八政)[52] 중에서 먹을 것을 관장하는 식(食)을 으뜸으로 쳤다.

보화의 무게가 모두 무거우면 소액을 거래할 때 쓸 수 없고, 모두 가벼우면 실어 나르는 데 불편할 테니, 무게의 경중과 크기의 대소를 각각 다르게 하여 백성들이 편하게 쓰며 좋아하게 하라.

그리하여 화폐 보화를 다섯 가지로 주조했다. 이 이야기는 「식화지(食貨志)」에 있다. 그런데 백성들은 다섯 가지는 전혀 쓰지 않고 한나라 화폐였던 대전과 소전만 썼다.

법을 어기고 몰래 주전(鑄錢)하는 자가 없어지지 않았으므로 법을 강화하여 한 집에서 주전하는 것이 발각되면 다섯 집이 연좌되어 관가의 노비로 넣었다.

관리와 백성이 나들이할 때 보화 중에서 포화(布貨)와 전화(錢貨)를 부전(符傳) 삼아 지니게 하고,[53] 소지하지 않은 자는 주막과 역참 객사에서 숙박할 수 없게 했다. 또 관문과 나루터에서는 검문해서 억류했다. 공경도 모두 황궁의 전문(殿門)을 드나들 때에 소지하여 새로운 화폐를 중시하게 함으로써 통용시키고자 했다.

출세하려면 부명을 올려라

그 무렵에는 앞다투어 부명을 올리는 것으로 후(侯)에 봉해지고 싶어 했다. 그래서 부명을 올리지 못한 자들은 서로를 놀려 댔다.

"천제(天帝)의 제서를 너만 받지 못했구나!"

그리하여 사령(司令) 진숭이 왕망에게 아뢰었다.

"가짜 부명이 간신에게 명리를 얻는 길을 열어 주고 천명을 어지럽히고 있으니, 그 뿌리를 끊어야 마땅합니다."

왕망도 자신이 황제가 된 뒤에 위조된 부명을 싫어했다. 그래서 상서대부 조병(趙並)[54]에게 조사하게 하여 오위장이 다니면서 반포했던 부명과 다른 것을 올린 사람을 모두 하옥시켰다.

견풍과 유흠, 왕순은 왕망의 심복으로 왕망이 즉위하는 길을 앞서 인도하면서 공덕을 찬양했다. 안한(安漢)이나 재형(宰衡) 같은 칭호를 비롯하여 왕망의 어머니와 두 아들, 그리고 형의 아들이 제후에 봉해진 것은 모두 견풍 등이 함께 모의한 결과였다. 견풍과 왕순, 유흠도 열후에 봉해져서 세 사람 모두 부귀해지자 왕망을 거섭 황제에 올릴 생각까지는 하지 않았다.

천릉후 유경과 전휘광 사효와 장안 현령 전종술(田終術)이 거섭 황제에 추대하자고 제안했다. 왕망은 자신을 보좌할 자들이 갖춰지자 섭황제를 칭하고자 했고 견풍 등은 왕망의 뜻에 따랐다. 왕망은 곧바로 왕순의 아들과 유흠의 아들 및 견풍의 손자를 열후에 봉했다. 견풍 등은 높은 작위를 받고 흡족했지만 한나라 종실 세력과 천하의 호걸이 두려운 것도 사실이었다. 그 무렵 조정에 들어오지 못했으나 승진하고 싶었던 자들이 연달아 부명을 만들어 올렸다. 왕망이 그런 부명을 근거로 정식 황제에 오르고자 했으므로 왕순과 유흠은 속으로 두려워했다.

견풍은 평소 성격이 강했다. 왕망은 견풍이 가짜 부명을 좋아하지 않는 것을 알아차리고 부명의 구절에 의거하여 태아우필 대사공에서 경시장군으로 견풍의 관직을 옮겼다. 그리하여 떡을 팔던 사내인 왕성과 동렬이 된 견풍 부자가 불만을 가졌다.

그때 시중 경조대윤 무덕후(茂德侯)로 있던 견풍의 아들 견심이 부명을 만들었다. 부명의 내용은 "섬(陝)을 기준으로 신나라의 땅을 갈라 두 명의 백(伯)을 두는 것이 마땅하되 풍(豐)을 우백(右伯)으로, 태부(太傅) 평안(平晏)을 좌백(左伯)으로 삼아 주공과 소공 때의 전례대로 하라."라는 것이었다. 왕망이 곧 그대로 시행하여 견풍을 우백으로 삼았다. 견풍은 왕망에게 자신의 직책을 성실히 수행하겠다고 고한 뒤에 서쪽으로 출발하는 일만 남겨 두었다. 떠나기 전에 견심이 다시 부명을 만들어 "한나라 평제의 황후 황황실주가 견심의 아내가 된다."라고 썼다. 왕망은 가짜 부명으로 즉위했기 때문에 대신들이 원망하고 비난할 것을 의심하던 차였으므로 견풍에게 대로하면서 대신들을 위협했다.

"황황실주는 천하의 어머니인데 어떻게 그런 말을 하는가?"

왕망이 견심을 잡아 오라고 명령하자 견심은 달아났고 견풍은 스스로 목숨을 끊었다. 견심은 방사(方士)를 따라 화산(華山)으로 들어갔다가 한 해 남짓 지나 체포되었다. 견심의 자백에 따라 국사공 유흠의 아들 시중 동통령장(東通靈將), 오사대부(五司大夫) 융위후(隆威侯) 유분과 유분의 동생 우조(右曹) 장수 교위 벌로후(伐虜侯) 유영(劉泳), 대사공 왕읍의 동생이자 좌관장군 당위후(堂威侯)였던 왕기, 유흠의 문인이면서 시중 기도위였던 정륭(丁隆) 등 공경과 당사자들의 친척 및 열후 이하에서 이 일에 관련되어 죽음을 당한 자가 수백 명이었다. 견심의 손바닥에 '천자(天子)'라는 글자가 있었다. 왕망이 견심의 팔을 잘라 가져와 조정에서 보여 주며 말했다.

"이는 '일대자(一大子)' 아니면 '일륙자(一六子)'로 풀어야 한다. '육(六)'은 '육(戮)'과 통하므로 심(尋)의 부자가 죽임을 당하게 된다는 뜻이다."

그러고는 〔순임금이 공공(共工) 등을 추방했던 전례를 따라〕 유분의 시체를 유주(幽州)에, 견심의 시체를 삼위(三危)에, 정륭의 시체를 우산(羽山)에 던지게 했는데, 모두 역참 수레에 실어 보냈다.

왕망은 입이 크고 턱이 짧았으며, 눈이 튀어나왔고 눈알은 붉었으며, 목청이 컸는데 쉰 목소리였다. 키는 일곱 척 다섯 촌이었으며 바닥이 두꺼운 신을 신고 고관(高冠) 쓰는 것을 좋아했다. 또 이장의(衵裝衣)[55]를 입고 가슴을 내민 채 높은 자리에 앉아 좌우를 내려다보았다.

그 무렵 특별한 양생술로 황문에서 대조하던 자가 있었다. 누군가 왕망의 형상에 관해 물어보자 대조가 말했다.

"망은 올빼미 눈에 범의 입과 승냥이나 이리의 목소리를 가졌소. 그래서 사람을 잡아먹을 수도 있고 사람에게 잡아먹힐 수도 있소."

질문했던 사람이 고발했으므로 왕망이 대조하던 자를 주살하고 고발한 자는 작위를 봉했다. 그 뒤에는 운모(雲母) 가리개로 항상 얼굴을 가리고 있었으므로 가까운 신하가 아니면 얼굴을 볼 수 없었다.

그해에 초목후 요순을 영시장군(寧始將軍)으로 삼았다.

3년, 왕망이 말했다.

"백관의 명칭을 바꾸고 직분을 고쳤으나 율령과 의례 규범을 아직 다 정하지 못했으니 임시로 한나라의 율령과 의례 규범에 따라 일을 처리하라. 공경, 대부, 제후, 이천석 관리는 하급 관리와 백성 중에서 덕행이 뛰어나거나 정무 처리에 능통하거나 말이 유창하거나 학문에 밝은 자를 각각 한 명씩 천거하여 왕로당 사문(四門)에 대령시키도록 하라."

상서대부 조병을 북쪽 변경에 출사시켜 그곳의 군대를 위로하게 했다. 조병이 돌아와서 오원군(五原郡)의 북가(北假) 땅이 기름져서 곡식이 잘 자라므로 예전에는 항상 전관(田官)을 두었다고 보고했다. 이에 조병을 전화장군(田禾將軍)으로 삼은 뒤에 수자리 병졸을 징발하여 북가에서 둔전하게 함으로써 군량 조달에 보탬이 되게 했다.

그 무렵 여러 장군이 변경에 있으면서 삼십만 군대가 다 모이기를 기다리고 있었으므로 군리와 병사들이 방종한 상태에 있었다. 반면에 내지의 군에서는 징발에 시달리던 사람들이 살던 성곽을 떠나 떠돌아다니다가 도적이 되었는데, 특히 병주(幷州)와 평주(平州)가 심했다.

왕망이 칠공(七公)과 육경(六卿)의 호칭에 장군 칭호를 겸하도록 명령했다. 그러고는 저무장군(著武將軍) 녹병(逯並) 등을 유명한 도회지에 파견하고, 중랑장과 수의집법(繡衣執法) 각각 쉰다섯 명을 변경에 인접한 큰 군에 보내서 마음대로 군사를 일으키는 간악하고 교활한 자들을 감독하게 했다. 그런데 이들은 모두 출사했던 외지에서 법을 어기며 이익을 챙기느라 주군(州郡)을 어지럽혔으니, 뇌물을 공개적으로 받고 백성의 재산을 침탈했다. 왕망이 글을 내려 명령했다.

노(虜) 지(知)의 죄는 주살을 시키는 것이 마땅하다. 그리하여 맹장들이 거느린 십이 부의 군대를 파견하되 동시에 출격하게 하여 단 한 번의 출동으로 범법자들을 소탕하게 할 계획이었다. 군 내부에 사명군정(司命軍正)을, 외부에 열두 명의 군감(軍監)을 두어 명령을 따르지 않는 자들을 감찰하게 함으로써 군인들이 모두 바르게 행동하게 했던 것인데, 지금의 실상은 그렇지 못하다. 각자가 권력을 남용하면서 양민을 협박하고 함부로 사람 목에 쇠고랑을 채웠다가 돈을 받고서야 풀어 주고 있다. 이런 악독한 행위가 여러 군데에서 동시에 일어나니 농민이 고향을 떠나 흩어지고 있다. 사명군정과 군감이 제대로 직책을 수행하고 있다고 할 수 있겠는가! 지금부터 이렇게 법을 어기는 자는 모두 체포하여 이름을 보고하도록 하라.

그러나 이자들은 여전히 명령을 듣지 않고 방종하게 행동했다.

한편 인포와 대급이 변새 밖에 나가서 선우의 동생 함(咸)과 함의 아들 등(登)을 요새 안으로 유인하여 불러들였다.[56] 함을 협박하여 효(孝) 선우에 봉하고 황금 천 근과 화려한 비단을 아주 많이 내린 뒤에 보내 주었다. 그리고 등은 장안에 데리고 가서 순(于) 선우에 봉하고 경저에 머물게 했다.

태사 왕순은 왕망이 황위를 찬탈한 뒤에 심장에 충격을 받아 병을 얻었는데 점점 심해져서 세상을 떠났다. 왕망이 말했다.

"옛적 제 태공(齊太公)이 훌륭한 덕행으로 여러 왕을 섬겨 주나라 왕실의 태사(太師)에 임명되었는데 이는 내가 본받을 점이다. 이에 순(舜)의 아들 연(延)을 안신공(安新公)에 봉해 아버지의 작위를 잇게 하며, 연의 동생 포신후(襃新侯) 광(匡)을 태사장군(太師將軍)으로 삼아 신나라를 장구히 보좌하게 한다."

태자에게 사(師)와 우(友) 각 네 명씩을 두고 대부(大夫)의 봉록을 주었다.[57] 전임 대사도 마궁을 사의(師疑)로, 전임 소부 종백 왕봉을 부승(傅丞)으로, 박사 원성(袁聖)을 아보(阿輔)로, 경조윤 왕가를 보필(保拂)로 삼았으니 바로 사사(四師)이다. 전임 상서령 당림을 서부(胥附)로, 박사 이충(李充)을 분주(犇走)로, 간대부 조상(趙襄)을 선후(先後)로, 중랑장 염단을 어모(禦侮)로 삼았으니 바로 사우(四友)이다.

또 사우좨주(師友祭酒) 및 시중좨주(侍中祭酒) 간의좨주(諫議祭酒), 육경좨주(六經祭酒)를 각 한 명씩 임명하여 모두 아홉 명의 좨주를 두고 상경(上卿)에 해당하는 봉록을 주었다. 육경좨주는 낭야군 사람 좌함을 강춘추좨주(講春秋祭酒)로, 영천군 사람 만창을 강시좨주(講詩祭酒)로, 장안 사람 국유(國由)를 강역좨주(講易祭酒)로, 평양군(平陽郡) 사람 당창(唐昌)을 강서좨주(講書祭酒)로, 패군 사람 진함을 강례좨주(講禮祭酒)로, 최발을 강악좨주(講樂祭酒)로 삼았다.

알자로 하여금 안거와 인수를 대동하고 팽성에 가서 초나라 사람 공승을 태자의 사우좨주에 임명했으나, 공승은 왕망의 부름에 응하지 않다가 음식을 끊고 열나흘 만에 세상을 떠났다.

영시장군 요순이 파면되고 시중 숭록후(崇禄侯) 공영이 영시장군에 임명되었다.

이해 지양현에 난쟁이 모습을 한 사람이 나타났는데, 키가 한 척 남짓했다. 난쟁이는 말이 끄는 수레를 타거나 걷거나 하면서 여러 가지 물건을 다루고 있었다. 수레나 물건들은 크기가 난쟁이에게 알맞을 만큼 작았다. 그런데 사흘 뒤에 없어졌다.

황하 유역에 있던 여러 군에 메뚜기 떼가 나타났다.

위군에 있는 황하의 둑이 터져 청하군 동쪽의 여러 군에 넘쳐 흘렀다.

그보다 먼저 왕망이 황하의 둑이 터져 원성에 있던 증조부 이하의 묘에 피해가 생길 것을 걱정했다. 그러나 둑이 터진 뒤에 동쪽으로 범람하여 원성에 수재가 나지 않자 둑을 수리하여 막지 않았다.

4년 2월, 천하에 대사령이 내려졌다.

여름, 붉은 안개가 동남쪽에서 피어오르더니 하늘을 모두 가렸다.

엽난장군 진흠이 노의 포로를 잡아, 변방을 침입하는 노는 모두 효선우 함(咸)의 아들 각(角)이 거느린 자들이라는 진술을 받고 왕망에게 보고했다. 왕망이 화가 나서 장안에 와 있던 함의 아들 등을 베어 여러 만이에게 보였다.

대사마 견함이 죽었으므로 영시장군 공영을 대사마로 삼고, 시중 대췌(大贅) 후보(侯輔)를 영시장군으로 삼았다.

왕망은 궁을 나갈 때마다 먼저 장안 성내를 돌아다니며 사정을 살폈는데 이것을 횡수(橫搜)라고 불렀다. 그달에는 닷새나 횡수했다.

왕망이 명당에 가서 제후들에게 모토를 수여했다. 그러고는 글을 내렸다.

내가 부덕한데도 성조(聖祖)의 위업을 이어 만국주(萬國主)가 되었다. 백성을 안정시키기 위해 제후를 봉하고 주(州)를 갈라 구역을 바르게 정한 뒤에 풍속을 양호하게 교화하려고 생각하고 있다. 이를 위해 위로 거슬러 전대 왕조의 사적을 귀감으로 하여 원칙으로 삼고자 한다. 살펴보면 「요전(堯典)」에 "십이 주로 나누고 왕기(王畿) 바깥에 위복(衛服)으로써 오복(五服)을 두었다."라고 하고, 『시』에 "열다섯 개의 제후국[58]과 구 주를 두루 두었다."라고 하며, 「은송(殷頌)」에는 성탕 때에 "아홉 나라를 포함했네."[59]라고 나오는데, 「우공(禹貢)」의 구 주에는 병주(幷州)와 유주(幽州)가 들어 있지 않고,[60] 『주례(周禮)』와 『사마(司馬)』에는 서주(徐州)와 양주(梁州)가 나오지 않는다. 이는 제왕들이 구 주의 구분을 고친 바람에 각각 다르게 된 것이다. 더러는 제왕의 사적을 빛나게 하려고, 더러는 왕조의 근본을 자랑하기 위해 구 주를 나누었는데 이름에 그 뜻이 잘 드러나 있으니 애쓴 바는 마찬가지였다. 옛적 주나라에서 두 명의 후(后)가 천명을 받아 동도(東都)와 서도(西都)에 나누어 거했는데,[61] 나도 천명을 받았으므로 주나라의 전례를 따르고자 하니, 이에 낙양을 신실동도(新室東都), 상안을 신실서도(新室西都)로 정한다.

방(邦)과 기(畿)는 그 땅이 이어져 있으니, 일정한 거리마다 채복(采服)과 임복(任服) 등을 두겠다.[62] 주(州)는 「우공」을 따라 구 주로 나누고, 작위는 주나라를 따라 다섯 등급으로 나누겠다. 제후의 정원은 천팔백 명으로 하되 부성(附城)의 수도 그와 같게 하여 공을 세운 서열대로 임명하겠다. 모든 공(公)에게는 한 동(同)을 내리되 백성은 만 호, 땅은 사방 백 리로 정한다. 후(侯)와 백(伯)은 일 국(國)을 내리되 백성은 오천 호, 땅은 사방 칠십 리로 정한다. 자(子)와 남(男)에게는 일 즉(則)을 내리되 백성은 이천오백 호, 땅은 사방 오십 리로 정한다. 부성은 가장 높은 등급일 때 식읍을 구 성(成)으로 하여 백성은 구백 호, 땅은 사방 삼십 리로 정한다. 구 성 이하는 두 성씩 감하여 마지막 등급이 일 성이 되도록 다섯 등급으로 나누되, 다섯 등급의 합이 일 즉과 같게 한다.[63]

이번에 이미 모토를 받은 자는 공(公) 열네 명, 후(侯) 아흔세 명, 백(伯) 스물한 명, 자(子) 백일흔한 명, 남(男) 사백아흔일곱 명 해서 모두 칠백아흔여섯 명이고, 또 부성(附城)은 천오백열한 명이다. 구족의 여자로서 임(任)이 된 자는 여든세 명이다.

또 한나라 황실 원제의 손녀인 중산국의 승례군(承禮君), 존덕군(遵德君), 수의군(脩義君)도 임(任)으로 칭호를 바꾼다.[64]

또 열한 명의 공(公)과 아홉 명의 경(卿), 열두 명의 대부, 스물네 명의 원사를 둔다.

각국의 채읍 장소를 정하는 일은 시중 강례대부 공병(孔秉) 등으로 하여금 주부(州部)와 여러 군(郡)에서 땅의 구획과 지도, 호적에 밝은 자들과 함께 수성실 주조당(朱鳥堂)에 모여 일일이 대조하여 정리하도록 했다. 내가 여러 공(公)과 쬐주 및 상경(上卿)과 더불어 여러 차례에 걸쳐 직접 확인하여 친히 살펴봄으로써 모두 환히 꿰고 있다.

대저 덕행이 높은 자를 장려하고 공을 세운 자에게 상을 내리는 것은 인현(仁賢)한 자를 높이기 위함이고, 구족과 화목하게 지내는 것은 친족을 아끼도록 장려하기 위함이다. 내가 잠시도 쉬지 않고 오랫동안 전대의 제왕이 남긴 제도를 연구하고 승진할 자와 파면할 자를 분명하게 결정했으니 선악을 구분함으로써 백성을 안정시킬 것이다.

지도와 호적 대장이 확정되지 않아 제후국의 채읍을 수여하지 못하고 임시로 도내(都內)에서 봉록을 받게 했으니 한 달에 수천 전을 지급했다. 제후들이 모두 궁핍해져서 남의 집에 일을 해 주는 자까지 생겨났다.

중랑 우박(區博)[65]이 왕망에게 간언했다.

"정전(井田)이 비록 성군의 제도이기는 하지만 폐기된 지 이미 오래되었습니다. 주나라 왕도가 쇠했을 때부터 사람들은 정전제를 따르지 않았습니다. 진나라는 민심을 따라야 큰 이익을 얻을 수 있다는 것을 알아서 여정(廬井)을 폐기하고 천맥(阡陌) 제도를 두었습니다. 그리하여 마침내 중원을 다스릴 수 있었습니다. 지금 나라 안에서 천맥 제도의 폐단을 싫어하는 이들은 없습니다. 이제 민심을 저버리고 천 년 전에 폐기된 일을 거슬러 다시 시행하려고 하는데, 요임금과 순임금이 다시 살아온다고 해도 백 년에 걸쳐 천천히 하지 않으면 제대로 시행할 수 없는 제도입니다. 천하가 막 평정되어 만민이 다시 복속하고 있으니, 정전제는 진실로 시행할 수 없는 제도입니다."

사람들의 원성을 알게 된 왕망이 바로 글을 내렸다.

"개인이 점유하고 있거나 식읍으로 받은 왕전(王田)은 모두 팔 수 있으니,[66] 법으로 구속하지 말라. 서인을 사적으로 매매한 죄를 범한 자도 잠시 동안 모두 처벌하지 말라."

애초 오위장이 변경을 나가 구정왕을 후(侯)로 고쳐 봉하자 구정왕 함(邯)이 원한을 품고 귀부하지 않았다. 왕망이 장가(牂柯) 대윤 주흠(周歆)[67]에게 일러 교활한 술수를 써서 함을 죽이게 했다. 함의 동생 승(承)이 군사를 일으켜 주흠을 공격하고 죽였다.

그보다 먼저 왕망이 고구려에서 군사를 징발하여 호(胡)를 정벌하게 했다. 정벌에 나가지 않으려고 하자 군에서 강박했더니 다들 달아나 변경 밖으로 나가 버렸다. 그러고는 법을 어기고 변경을 침입했는데, 요서 대윤 전담(田譚)이 그들을 추격하다가 죽임을 당했다. 주와 군에서는 고구려후(高句驪侯) 추(騶)[68]에게 그 죄를 돌렸다. 엄우가 상주하여 보고했다.

맥인(貊人)들이 범법했으나 추를 따라 일어난 것은 아니었습니다. 오히려 다른 문제가 있었던 것이니[69] 주와 군에서 위로하고 안정시켜야 합니다. 지금 대죄를 덮어씌우면 그들이 끝내 배반할 텐데 그렇게 되면 부여(夫餘) 사람들이 틀림없이 호응할 것이 걱정됩니다. 흉노를 미처 정벌하지 못했는데 부여와 예맥이 다시 반란한다면 이는 큰 우환이 될 것입니다.

왕망은 그들을 위안하지 않았다. 예맥이 끝내 반란을 일으켰으므로 엄우에게 명령하여 그들을 공격하게 했다. 엄우가 고구려후 추를 유인하여 오게 한 뒤에 베어 버리고 그 머리를 역참 수레로 장안에 보냈다. 왕망이 크게 기뻐하며 글을 내렸다.

최근에 맹장(猛將)을 파견하여 하늘을 대신하여 천벌을 내리며 노(虜) 지(知)를 주살하러 보냈다. 십이 부로 나누어 보냈는데, 오른팔을 자르기도 하고 왼쪽 겨드랑이를 베어 버리기도 하고 가슴과

배를 찢기도 하고 양쪽의 늑골을 뽑아 버리기도 할 것이다.

올해는 〔세성(歲星)이 임신(壬申)에 있어〕 동방이 형(刑)을 당하게 되어 있어, 맥(貉)을 주살할 부대가 먼저 출발했는데, 노 추를 붙잡아 베고 동역(東域)을 평정했으니, 노 지를 섬멸하는 것은 경각에 달린 일이다. 이는 바로 천지의 신령들과 사직 및 종묘의 신령이 보우한 복을 받은 것이고, 공경, 대부, 사민(士民)과 한마음이 된 장수들이 용맹스럽게 싸운 것에 힘입은 업적이다. 내가 이들을 크게 칭찬한다.

이에 고구려의 이름을 하구려(下句驪)로 고치고 천하에 알리니 모든 사람으로 하여금 이 사실을 알게 하라."[70]

그 뒤로 맥인이 변경을 더 많이 침입했고, 동북과 서남이가 모두 반란했다.

왕망은 더욱 기세가 등등해서 사이는 병탄하거나 멸망시킬 것도 없는 보잘것없는 존재라 여기며 고대의 사적을 고찰하는 일에 전념했다. 그리하여 다시 글을 내렸다.

생각해 보건대, 나의 황시조고 우제께서 문조(文祖)로부터 선양받은 뒤로 선기옥형(璇璣玉衡)으로 칠정(七政)을 구분하고 상제께 제사를 올리며 고했다. 또 육종(六宗)께 인제(禋祭)를 올리고 산천의 등급에 따라 망제(望祭)를 올리며 신령들을 모두 섬기고 오악(五嶽)을 순수하자 여러 후(后)가 사방에서 찾아왔으니, 백성을 다스린 일을 보고하게 하고 그 공적에 대해 명확하게 검증했다.

내가 정식 황제에 오르는 천명을 받은 뒤로 시건국 5년에 이르도록 다섯 해를 지내면서 양구(陽九)의 액운도 넘었고 백육(百六)의 악운도 넘겼다. 세성이 수성(壽星)에, 진성(塡星)이 명당(明堂)에, 창룡(倉龍)이 계유(癸酉)에, 덕(德)이 중궁(中宮)에 있고, 관진성(觀晉星)이 세성을 주재하고 있는 가운데 귀갑과 시초 점을 쳐 보니 그 뜻을 따르라는 괘가 나왔다. 이에 올 2월 건인(建寅) 절기에 동쪽을 순수하겠으니 의전 절차를 갖추어 준비하도록 하라.

공(公)들이 하급 관리와 백성에게 부탁하여 필요한 인원과 말, 베, 백(帛), 면을 모으고, 지의 열두 개 군과 제후국에서 말을 사고 백 사십오만 필을 징발하여 상안(常安)으로 운송시켰는데 앞뒤로 행렬이 계속 이어졌다. 절반이 넘는 물량이 도착했을 때 왕망이 글을 내렸다.

문모태후의 옥체가 편안하지 못하니 잠시 이 일을 접어 두었다가 뒤에 다시 시행하도록 하라.

그해에 열한 명에게 내린 공호(公號)를 고쳤는데, '신(新)'을 '심(心)'으로 고쳤다가 뒤에 다시 '신(信)'으로 바꾸었다.

5년 2월, 문모황태후가 세상을 떠났으므로 원제와 합장하되 위릉의 사마문 안에 구(溝)를 파서 묘역을 구분하여 장사 지냈다. 장안에 사당을 세우고 신나라에서 대대로 제사를 지내게 했다. 원제를 배향했는데 위패를 선반 아래에 두었다. 왕망이 태후의 삼년상을 치렀다.

대사마 공영이 사직을 청하자 안거와 말 네 필을 하사하고 특진의 자격으로 조정에 나오게 했다. 동풍후(同風侯) 녹병이 대사마가 되었다.

그 무렵 왕망이 낙양으로 도읍을 옮기려 한다는 소문을 들은 장안 사람들이 주택을 수선하지 않거나 아예 철거해 버렸다. 왕망이 말했다.

"현룡석문(玄龍石文)에 이르기를 '제덕(帝德)을 정하여 건국하고 낙양에 도읍하라.'라고 했다. 부명에 명확히 나와 있는 것을 어떻게 감히 받들지 않겠는가! 시건국 8년, 세성이 성기(星紀)에 있을 때 낙양에 도읍하겠다. 그러니 삼가 상안 도성의 주택을 잘 수선하고 허물지 말라. 어기는 자는 이름을 기록히여 그 죄를 묻겠다."

그해에 오손의 대곤미와 소곤미가 사자를 보내 공물을 바쳤다. 공물을 바친 대곤미는 중원 한나라 황실의 외손자였다. 호(胡) 부인이 낳은 아들이 소곤미였는데, 오손 사람들이 소곤미에게 귀부하고 있었다. 흉노가 여러 군데 변경에서 동시에 침입하고 있다는 보고를 들은 왕망이 오손 사람들의 마음을 얻어 보려고 했다. 그리하여 사자를 보내 소곤미의 사자를 데리고 대곤미의 사자보다 상석에 앉혔다. 보성사우좨주 만창(滿昌)이 사자를 탄핵하는 상소를 올렸다.

이적은 중국이 예와 의를 지키기 때문에 몸을 낮추어 복종하고 있습니다. 대곤미가 군주인데 지금 신하의 서열에 있는 소곤미의 사자를 군주의 사자 윗자리에 앉히다니 이는 이적을 대접하는 법이 아닙니다. 어명을 받든 사자가 대불경죄를 지었습니다.

왕망이 노하여 만창을 면직했다.

왕망이 은덕을 베풀겠다는 약속을 자주 어겼으므로 서역 여러 나라가 먼저 반란을 일으킨 언기국과 더불어 서역도호 단흠을 죽여 버렸다.

11월, 혜성이 나타나 스무 날 넘게 머물다가 사라졌다.

그해, 구리와 석탄을 소지한 죄를 범한 자가 많았으므로 그 법을 없앴다.

이듬해 천봉으로 연호를 고쳤다.

천봉 원년 정월, 천하에 대사령을 내렸다. 왕망이 말했다.

"내가 2월 건인(建寅) 절기에 순수를 나가는 의전에 대해 태관이 비(糒)[71]와 건육(乾肉)을 준비하고, 내자(內者)는 장막과 침상을 준비하여 지나는 길에 있는 관아에서는 아무것도 공급할 필요가 없게 하라.

내가 동쪽을 순수할 때에 친히 가래를 들고 각 현에 도착할 때마다 밭을 갈면서 동작(東作) 춘경(春耕)을 장려하겠다. 내가 남쪽을 순수할 때에 친히 호미를 들고 각 현에 도착할 때마다 잡초를 뽑으면서 남화(南僞)를 장려하겠다. 내가 서쪽을 순수할 때에는 친히 낫을 들고 각 현에 도착할 때마다 수확하면서 서성(西成)을 장려하겠다. 내가 북쪽을 순수할 때에는 친히 도리깨를 들고 각 현에 도착할 때마다 탈곡하고 개장(蓋臧)을 장려하겠다.

북쪽을 순수하는 의례를 마친 뒤에 왕토의 중심인 낙양에 도읍하겠다. 종종걸음을 치며 외치고 다니며 법을 어기는 자들은 모두 군법에 따라 처리하겠다."

여러 공이 상주하여 아뢰었다.

황제의 효성이 지극하여 왕년에 문모의 성체에 병환이 났을 때 친히 시봉했는데 의관을 거의 풀지 않았습니다. 문모께서 신하들을 버리고 돌아가신 비애를 겪으시며 안색이 회복되지 않았으나 음식을 줄이셨습니다.

지금 한 해에 사방을 순수하자면 만 리 길에 이르는데 춘추가 높으시니 비와 건육을 드시면서 감당하실 수 없습니다. 잠시 순수를 미루십시오. 대복(大服)을 치르시고 성체를 인징시키셔야 합니다. 신등이 힘을 다해 백성을 보살피며 영명하신 명령을 제대로 받들어 시행하겠습니다.

왕망이 대답했다.

여러 공(公), 목(牧), 사(司), 제후, 서윤(庶尹)들이 힘을 다해 서로 백성을 돌보면서 나의 뜻에 부합하도록 하겠다니 그 말을 경청하겠다. 그러니 노력하되 거짓으로 말하지 말라.

천봉 7년이 되어 세성이 대량(大梁)에, 창룡이 경진(庚辰)에 들 때 순수의 의례를 다시 거행하겠다. 그 이듬해, 세성이 실심(實沈)에 창룡이 신사(辛巳)에 들 때 왕토의 중심인 낙양에 도읍하겠다.

그러고는 태부 평안과 대사공 왕읍을 낙양에 보내 터를 선정하고 종묘와 사직, 교(郊) 제단을 지을 계획을 세우게 했다.

3월 임신일 그믐날에 일식이 있었다.

천하에 대사령이 내려졌다.

대사마 녹병에게 책서를 내렸다.

일식이 일어나 빛이 사라졌는데 무기를 쓰는 일이 끝나지 않고 있으니 대사마의 인불을 반납하되 개인적으로 제후 작위만 가지도록 하라. 태부 평안은 상서 일을 겸하던 것을 그만두고 시중 제조의 겸관(兼官)도 물리도록 하라. 이묘남(利苗男) 흔(訢)을 대사마로 삼는다.[72]

왕망이 진황제(眞皇帝)가 된 뒤에 특히 대신들을 경계하여 그들의 권한을 누르고 빼앗았다. 조정의 신하 중에 대신의 잘못을 고발하는 자는 바로 발탁해서 썼다. 공인(孔仁), 조박(趙博), 비흥(費興) 등이 대신을 공격했으므로 신임을 받았다. 왕망이 요직을 골라 이들을 앉혔다.

공경이 입궁할 때에는 규정된 수만큼의 아전이 따르게 되어 있었다. 하루는 태부 평안이 규정을 초과한 수의 아전을 데리고 들어간 일이 있었다. 역문복야(掖門僕射)가 엄격하게 따져 물었는데 그 언행이 불손했다. 그러자 태부 평안의 부하 무조사(戊曹士)가 복야를 잡아 가두었다. 왕망이 대로하여 집법(執法)으로 하여금 수레 수백 대를 징발하여 태부부(太傅府)를 에워싸게 한 뒤에 무조사를 체포하여 그 자리에서 죽여 버리게 했다.

대사공의 사(土)가 밤에 봉상정(奉常亭)을 지나간 일이 있었는데, 정장이 힐문했으므로 관직 이름을 일러 주었다. 정장이 취해서 물었다.

"그렇다면 부전(符傳)이 있는가?"

그러자 사가 말 채찍으로 정장을 때렸다. 정장이 사를 베고[73] 달아났다. 군과 현의 관가에서 추격하자 정장의 집에서 왕망에게 글을 올렸다. 왕망이 말했다.

"정장은 공무를 수행한 것이니 추격하지 말라."

대사공 왕읍이 사를 쫓아내고 사죄했다.

국장(國將) 애장의 행동이 몹시 단정하지 못했으므로 왕망이 국장에게 화숙(和叔)이라는 아전을 배치하고 명령했다.

"국장의 집안을 지키는 것은 물론 서주에 있는 친족까지 단속하라."

왕망은 임명했던 여러 공을 모두 경시하고 비하했는데 애장에게 특히 더 그랬다.

4월, 서리가 내려서 초목이 죽었는데 해변이 특히 심했다.

6월, 황색 안개가 사방을 가득 메웠다.

7월, 큰바람이 불어 나무가 뽑혔고, 북궐과 직성문(直城門) 지붕의 기와가 날아갔다. 우박이 내려 소와 양이 죽었다.

왕망이 『주관(周官)』과 『예기』 「왕제(王制)」의 내용에 따라 졸정(卒正), 연수(連率),[74] 대윤(大尹)을 두었는데 태수와 같은 직책이었고, 속령(屬令), 속장(屬長)은 도위와 같은 직책이었다. 주목과 부감 스물다섯 명을 두었는데 왕망을 알현할 때에는 삼공과 같은 의례로 했다. 부감의 지위는 상대부(上大夫)로 하여 각각 다섯 개의 군(郡)을 맡았다. 공(公)은 목(牧)을, 후(侯)는 졸정을, 백(伯)은 연수를, 자(子)는 속령을, 남(男)은 속장을 맡되, 모두 대대로 그 관직을 세습하게 했다. 작위가 없는 사람을 윤(尹)이라고 칭했다.

장안성의 교외를 육 향(鄕)으로 나누고 향마다 각각 향수(鄕帥) 한 명을 두었다. 삼보(三輔)를 육 위군(尉郡)으로 나누고, 하동, 하내, 홍농, 하남,[75] 영천, 남양을 육 수군(隊郡)[76]으로 하여 각각 대부를 두었는데 태수와 같은 직책이었다. 속정은 도위와 같았다.

하남 대윤을 보충신경(保忠信卿)으로 이름을 고치고, 하남의 속현을 늘려 서른 개를 채웠다. 육교주장(六郊州長)을 한 명씩 두었는데 각각 다섯 개 현을 맡았다.

이어서 다른 관직명도 모두 바꾸었다.

또 큰 군은 다섯 개까지 쪼개 버렸다. 정(亭)의 이름으로 군현의 명칭으로 삼은 것이 삼백육십 개였는데, 모두 부명의 내용대로 개명했다.

또 변경을 따라서 경위(竟尉)를 두었는데 남(男)의 작위를 가진 자가 맡게 했다. 제후국의 한전(閒田)은 승진과 파면 때에 늘려 주거나 삭감했다.[77] 왕망이 글을 내려 말했다.

상안서도(常安西都)를 육 향(鄕)으로 나누고 그 주변의 현은 육 위(尉)에 속하게 하며, 의양동도(義陽東都)를 육 주(州)로 나누고 주변의 현은 육 수(隊)에 속하게 한다. 속미(粟米)[78] 안쪽은 내군(內郡)이라고 하고 그 바깥은 근군(近郡)이라고 하며, 장(鄣)과 교(徼)가 있는 곳은 변군(邊郡)이라고 하되 모두 백이십오 개 군을 둔다. 구 주 안에는 이천이백삼 개 현을 둔다.

전복(甸服)에 있는 공(公)은 유성(惟城)이라고 하고, 후복(侯服)에 있는 제후는 유녕(惟寧)이라고 하며 채복(采服)과 임복(任服)의 제후는 유한(惟翰)이라고 하고 빈복(賓服)의 제후는 유병(惟屛)이라고 하며 규문교(揆文敎)와 분무용(奮武衛)의 제후는 유원(惟垣)이라고 하고, 구 주 밖은 유번(惟藩)으로 하라. 각각 그 방위를 따라 명칭을 짓고 모두 합해서 만국이 되게 하라.

그 뒤에 해마다 계속해서 이름을 변경했는데 어떤 군은 심지어 다섯 차례나 이름을 바꾸었다가 원래 이름으로 돌리기도 했다. 관리와 백성들이 기억하지 못하고 조서가 내려올 때마다 예전 이름을 병기했다.

진류 대윤과 태위에게 조서로 명령한다. 익세(益歲) 이남을 옛 회양인 신평(新平)에 떼어 주도록 하라. 옹구(雍丘) 이동을 옛 양군(梁郡)인 진정(陳定)에 떼어 주도록 하라. 봉구(封丘) 이동은 치정(治亭)에 떼어 주도록 하라. 진류 이서는 옛 형양인 옛 동군(東郡) 기수(祈隧)에 떼어 주도록 하라. 진류는 이제 군이 아니다. 대윤과 태위 두 사람은 모두 행재소로 오기 바란다.

왕망이 명령을 이렇게 자주 바꿨다.

천하의 소학(小學)에 영을 내려 갑자(甲子) 대신 무자(戊子)를 육순(六旬)의 첫머리로 삼게 했다. 관례는 무자일을 길일로 삼고 혼례는 무인일에서 열흘이 지나면 기일(忌日)로 쳤다. 많은 백성이 이 제도를 따르지 않았다.

흉노의 선우 지(知)가 죽고 동생 함(咸)이 선우에 올라 화친을 청해 왔다. 왕망이 사자를 보내 재물을 후하게 주고 시자(侍子) 등(登)을 보내 주기로 꾸며서 허락했다. 그 대신 진량과 종대 등을 돈 주고 사겠다고 청했다. 선우가 진량 등을 붙잡아서 사자에게 넘겼으므로 함거(檻車)에 태워 장안에 압송했다. 왕망이 장안성 북쪽에서 진량 등을 화형시켰는데 관리와 백성이 모여서 그 광경을 지켜보게 했다.

변경에 접한 지역에 기근이 크게 들어 사람들이 서로 잡아먹었다. 간대부 여보(如普)가 변방의 부대를 시찰하고 돌아와서 보고했다.

"군사들이 오랫동안 요새에 주둔하며 고생하고 있는데 변방의 군에서는 이들에게 양식을 공급하지 못하고 있습니다. 지금 선우가 새로 화친을 청해 왔으니 이를 계기로 군대를 철수해야 마땅합니다."

또 교위 한위가 진언했다.

"신나라의 위력으로 호로(胡虜)를 집어삼키는 것은 입안에 든 벼룩과 이를 삼키는 것과 다를 바 없습니다. 신에게 용감한 병사 오천 명을 주시면 군량을 한 두도 가져가지 않고, 배고플 때 노를 잡아 먹고 목이 마르면 그 피를 마시며 휩쓸고 오겠습니다."

왕망이 그 말을 장하게 여기고 한위를 장군으로 삼았다. 그러나 여보의 말도 받아들여 변방에 있던 여러 장군을 장안으로 불러들였다. 진흠 등 열여덟 명을 파면시키고 사관(四關) 및 도성과 위(尉)에 있던 둔병 부대를 철수시켰다.

흉노 사자가 돌아가서 보고했으므로 선우가 시자 등(登)이 전에 주살당한 것을 알게 되었다. 그리하여 군대를 출동시켜 변경을 침략했다. 왕망이 다시 군대를 징발하여 변경에 주둔시키니 변경에 살던 사람들이 내지의 군으로 흘러들었는데, 대부분 남의 집 노비가 되었다. 관리나 백성이 변경 사람들을 데리고 있는 것을 금하고 기시형에 처했다.

익주의 만이가 대윤 정륭을 죽인 뒤에 삼변(三邊)[79]이 모두 반란 상태에 들어갔다. 평난장군 풍무를 보내 군대를 이끌고 가서 공격하게 했다.

영시장군 후보를 파면하고 강역좨주 대참(戴參)을 영시장군으로 삼았다.

2년 2월, 왕로당에 주연을 베풀고 공경과 대부에게 술을 권했다.

천하에 대사령을 내렸다.

그때 대낮인데도 별이 보였다.

대사마 묘흔이 사명(司命)으로 좌천되고 연덕후(延德侯) 진무(陳茂)가 대사마에 임명되었다.

황룡이 황산궁에 떨어져 죽었다는 유언비어가 돌았으므로 구경 간 백성들이 수만 명이나 되었다. 왕망이 그 소문을 싫어하여 사람들을 잡아 소문이 어디에서부터 나왔는지를 물었으나 알아내지 못했다.

　화친이 성립된 뒤에 선우 함이 아들 등의 시체를 돌려달라고 청했다. 왕망은 사자를 보내 시체를 돌려줄 생각도 있었지만 함이 원한을 품고 사자를 해칠 것이 두려웠다. 그리하여 전에 시자를 죽여야 마땅하다고 주장했던 전임 장군 진흠을 붙잡아 다른 죄명을 씌워 옥에 가두었다. 진흠이 말했다.

　"이는 나를 희생시켜 흉노를 달래겠다는 뜻이다."

　그러고는 스스로 목숨을 끊어 버렸다.

　왕망이 유생 중에서〔흉노 쪽에〕제대로 답변할 줄 아는 자를 뽑았다. 그리하여 제남 사람 왕함을 대사(大使)로, 오위장 낭야 사람 복암 등을 수(帥)로 삼아 등의 시체를 돌려보냈다. 또 명령을 내려 선우 지의 묘를 파헤치고 그 시체를 가시나무 가지로 때리게 했다. 그리고 흉노 사람들로 하여금 막북까지 변경 관문을 후퇴시키게 했다. 그리고 선우에게 말 만 필과 소 삼만 두, 양 십만 두를 빼앗았다. 변경 백성 중에서 흉노에게 잡혀갔으나 아직 살아 있는 자들을 모두 돌려보내게 했다. 왕망은 이런 식의 허풍 떨기를 좋아했다.

　왕함이 선우 궁정에 도착하여 왕망의 위망과 덕행에 대해 진술하고 선우가 반란을 일으켰던 죄를 꾸짖었다. 적에게 맞서 하고 싶은 말을 거침없이 했으므로 선우는 왕함을 굴복시키지 못했다. 왕함이 마침내 사명을 다한 뒤에 돌아왔다.

　변새 안으로 들어온 뒤에 왕함이 병이 나서 죽었으므로 그 아들을 백(伯)에 봉했다. 복암 등은 모두 자(子)에 봉했다.

왕망은 제도를 정하면 천하가 저절로 태평해진다고 생각하고 땅을 구획하고 예악을 제정하는 일에 전념했는데, 육경의 내용에 맞게 했다. 공경들이 새벽에 들어갔다가 저녁에 나오도록 상의를 거듭했지만 여러 해가 지나도 결론을 내리지 못했다. 그래서 소송과 신원 등 백성에게 급한 일을 처리할 틈을 낼 수 없었다. 현재(縣宰)에 결원이 생겨도 몇 년 동안 임시직이 겸직했으니, 전반적으로 탐욕을 부리며 잔혹하게 일을 처리하는 현상이 갈수록 심해졌다. 지방의 군과 제후국에 나가 있던 중랑장과 수의집법은 다들 권세에 의존하면서 서로 고발하는 상소를 올렸다. 또 열한 명 공(公)의 사(士)가 각지에 나가서 농사와 양잠을 권장하는 한편으로 시령(時令)을 반포하고 여러 가지 명령의 시행 현황을 조사했다. 이들은 쓰고 있는 관이 서로 부딪힐 만큼 도로를 누비고 다녔는데, 관리와 백성을 모아 놓고 증인이라며 체포했으므로 군과 현에서는 부렴(賦斂)을 뇌물로 갖다 주었다. 이렇게 하여 흑백을 구분할 수 없는 세상이 되어 버렸으므로 궐 앞에서 억울한 사정을 알리는 자들이 많아졌다.

왕망은 자신이 이전에 전권을 휘두르며 한나라 정권을 빼앗았다는 것을 잘 알고 있었으므로 혼자서 모든 일을 결정했다. 그래서 해당 관원은 시키는 대로 하면서 책임만 면하려고 했다.

보물 창고와 탕장(帑藏), 전곡(錢穀)을 관장하는 벼슬은 모두 환자(宦者)가 맡아 관리했다. 하급 관리와 백성이 올리는 밀봉 상소도 왕망 주변에 있던 환관이 뜯어 보았으므로 상서는 그 사정을 알 수 없었다. 왕망은 이렇게 대신들을 경계했다.

또 제도를 자주 고쳤고 정령을 번다하게 내렸으므로 명령을 봉행하는 자들은 언제나 자신이 새로운 제도와 정령의 내용을 옳게 이해했는지를 물어본 뒤에야 일을 처리했다. 제도 변경과 수많은 정령이 계속해서 내려왔으므로 혼란에 빠져 의사소통이 잘되지 않았다.

왕망은 항상 등화를 밝힌 채 날이 샐 때까지 정무를 처리했지만 다 해낼 수 없었다. 그 틈을 타서 상서가 간악하게 미뤄 두고 보고하지 않았으므로, 글을 올린 뒤에 대답을 기다리던 자들은 여러 해가 지나도록 고향에 돌아갈 수 없었다. 또 군과 현에 구금된 자들은 대사령이 내려야 출옥할 수 있었고, 위졸(衛卒)은 세 해가 지나도 교대할 수 없었다.

한편 곡식은 늘 비쌌다. 변방 부대의 이십여만 명의 군복과 군량을 해결해 줘야 했으므로 현관(縣官)은 근심 걱정에 빠져 있었다. 오원군과 대군이 가장 크게 해를 입어 도적이 생겨났는데 수천 명이 한 무리를 이루어 부근의 군으로 흘러들었다. 왕망이 포도장군(捕盜將軍) 공인(孔仁)을 파견하여 군대를 이끌고 가서 군과 현의 관군과 함께 공격하게 했다. 한 해 남짓하여 비로소 평정했는데, 변방의 군에는 이미 사람이 거의 살지 않게 되었다.

한단 북쪽 지방에 비가 많이 오고 안개가 끼었다. 강물이 넘쳐 흘렀는데, 깊은 곳은 몇 장이나 되었고, 물에 휩쓸려 죽은 사람이 수천 명이었다.

입국장군 손건이 죽었으므로 사명(司命) 조굉(趙閎)을 입국장군으로 삼았다. 영시장군 대참이 원래 관직으로 복귀했으므로, 남월

장군 엄단을 영시장군으로 삼았다.

3년 2월 을유일, 지진이 일어나고 눈이 많이 내렸다. 함곡관 동쪽이 특히 심했는데 많이 쌓인 곳은 깊이가 한 장이나 되었다. 대나무와 잣나무가 더러 말라죽었다. 대사공 왕읍이 상소하여 아뢰었다.

조정에서 일을 본 지 여덟 해가 되었는데 아무런 공적을 이루지 못했고 사공(司空)의 직책도 제대로 수행하지 못했습니다. 게다가 지진의 변괴까지 일어났으니, 사직을 청합니다.

왕망이 말했다.

대저 땅은 동(動)하기도 하고 진(震)하기도 하는데 진은 해롭지만 동은 해롭지 않다. 『춘추』에 지진이 기록되어 있고 『역전(易傳)』「계사전(繫辭傳)」에서도 '곤동(坤動)'에 관해서 나오는데 동(動)은 열리는 것이고 정(靜)은 닫히는 것이니 그 속에서 만물을 낳는다고 했다. 재이의 변괴가 일어날 때에는 각각 원인이 있을 것인데, 천지가 위엄을 보이며 나에게 직접 경고하기 위한 것이지, 공에게 무슨 잘못이 있겠는가! 사직은 나를 돕는 바가 아니다. 제리 산기 사록 태위(太尉) 수녕남(脩寧男) 준(遵)을 보내 나의 뜻을 전한다.

5월, 왕망이 관리의 봉록 제도를 발표했다.

내가 양구(陽九)의 액운과 백육의 악운을 만나 나라의 재력이 부족하고 백성이 소동을 벌이고 있으니, 공경 이하 관리들에게 한 달 봉록으로 십 종(緵) 베 두 필, 또는 백(帛) 한 필을 지급한다. 이 일을 생각할 때마다 마음이 아프지 않은 때가 없었다. 이제 액운을 넘겼으니 국고가 아직 채워지지 않았다고 하더라도 조금씩 채워지고 있으니 6월 초하루 경인일부터 관리의 봉록을 제도대로 지급하기 시작하겠다.

사보, 공경, 대부, 사(士)에서 아래로 여(輿)와 요(僚)에 이르기까지 모두 열다섯 등급으로 나누었다. 요의 봉록을 한 해에 육십육 곡(斛)으로 하여 위로 갈수록 조금씩 더 많아져서 사보에 이르면 만 곡이 되었다.

왕망이 또 선포했다.

"하늘 아래 왕의 땅이 아닌 곳이 없고, 영토 안에 사는 사람은 왕의 신민이 아닌 자가 없다."[80]라고 했으니, 천하가 제왕을 공양한다는 뜻이다.

『주례』에 맛있는 음식이 백스무 가지가 있다고 했다. 현재 제후는 각자의 동(同), 국(國), 즉(則)에서 공양을 받고 있고, 벽(辟)과 임(任), 부성(附城)은 자신의 읍(邑)에서 공양을 받고 있으며, 공경, 대부, 원사는 채(采)에서 공양을 받고 있으니, 많고 적음의 차이는 있겠지만 모두 먹는 것에 대한 품계가 정해져 있다. 풍년이 들었을 때에는 그 제도대로 세를 받아야겠지만, 재해가 발생했을 때에는 경비를 줄여서 백성과 동고동락해야 할 것이다.

각 지역에서 상계리가 한 해의 수확 총량을 보고할 때 다행히도 천하에 재해가 일어나지 않았으면 태관은 제도대로 먹을 것을 올리라. 그러나 재해가 있었으면 그 해를 입은 비율대로 황궁 음식 경비를 줄이라. 동악태사(東岳太師) 입국장군은 동방 삼 주(州) 일 부(部) 이십오 군(郡)을, 남악태부(南嶽太傅) 전장군은 남방 이 주 일 부 이십오 군을, 서악국사(西嶽國師) 영시장군은 서방 일 주 이 부 이십오 군을, 북악국장(北嶽國將) 위장군은 북방 이 주 일 부 이십오 군을 책임지도록 하라. 대사마는 납경(納卿), 언경(言卿), 사경(仕卿), 작경(作卿), 경위(京尉), 부위(扶尉), 조수(兆隊), 우수(右隊), 중부(中部), 좌부(左部) 및 전부(前部) 칠 부를 책임지라. 대사도는 악경(樂卿), 전경(典卿), 종경(宗卿), 질경(秩卿), 익위(翼尉), 광위(光尉), 좌수(左隊), 전수(前隊), 중부(中部), 우부(右部)와 오군(五郡)을 책임지라. 대사공은 여경(予卿), 우경(虞卿), 공경(共卿), 공경(工卿), 사위(師尉), 열위(列尉), 기수(祈隊), 후수(後隊), 중부(中部) 및 후부(後部) 십 군을 책임지라. 육사(六司)와 육경(六卿)은 모두 소속되어 있는 공부(公府)에서 그 재해 상황을 책임지고 십분의 얼마로 봉록을 감하라. 낭(郎)과 종관(從官), 중도(中都) 관리로서 도내에서 봉록을 수령하는 자에게는 태관에서 황궁 음식을 차릴 때 경비를 줄이는 비율을 적용하라. 제후, 벽(辟), 임(任), 부성(附城) 및 여러 관리도 재해의 정도에 따라 수입을 줄이도록 하라. 그리고 상하가 한마음이 되어 농업을 권장하고 백성을 안정시키라.

왕망의 제도가 번다함이 바로 이와 같았는데 계산하여 처리하기 어려웠으므로 관리는 결국 봉록을 받을 수 없었다. 그리하여 각자 자신의 관직에서 불법을 저지르며 뇌물을 받아 스스로 필요한 물자를 얻어 썼다.

그달 무진일에 장평관 서안이 무너져 경수의 흐름을 막았으므로 강물이 〔동남쪽으로〕 흐르지 못하다가 둑을 무너뜨린 뒤에 북쪽으로 흘러갔다. 대사공 왕읍을 보내 시찰하게 했다. 왕읍이 돌아와서 상황을 보고하자 신하들이 만세를 불렀다. 하도(河圖)에 나오는 '토(土)로 수(水)를 막다'라는 현상이 나타난 것으로 흉노가 멸망할 징조라고 여겼기 때문이다. 그리하여 병주목(幷州牧) 송홍과 유격도위 임맹(任萌) 등을 파견하여 군대를 거느리고 흉노를 공격하게 했다. 군대가 변경에 도착하여 행군을 멈추고 주둔했다.

7월 신유일에 패성문(霸城門)에 불이 났다. 민간에서는 청문(靑門)이라고 불리던 문이다.

무자일 그믐날에 일식이 일어났다.

천하에 대사령이 내려졌다.

다시 공경, 대부, 제후, 이천석 관리로 하여금 네 가지 방면에서 각각 한 명씩 천거하도록 명령했다.

대사마 진무가 일식으로 파면되어 무건백(武建伯) 엄우가 대사마에 임명되었다.

10월 무진일에 왕로당과 주조당 문에서 소리가 났는데 밤낮으로 그치지 않았다. 최발 등이 아뢰었다.

"우제께서는 사문(四門)을 열어 사방의 언론에 귀를 기울이셨습니다. 문이 우는 것은 전대 성군의 예를 행해야 함을 명확히 알려 주는 것이니 사방의 인재를 불러 모아야 합니다."

이어서 모든 신하에게 경하하게 하고, 네 가지 방면에서 천거된 인재들에게 주조문을 통해 대전에 들어가서 왕망에게 대책문을 올리게 했다.

평만장군 풍무가 구정을 공격하러 갔는데, 병사들이 질병에 걸려 열에 예닐곱이 죽었다. 풍무는 백성의 재물 중 십분의 오를 부렴으로 거두었다. 그렇게 익주의 재물과 인력을 고갈시키고도 이기지 못했으므로 풍무를 소환하여 옥에 가둔 뒤에 죽였다.

다시 영시장군 염단과 용부목 사웅을 파견하여 구정을 공격하게 했는데, 적의 목을 많이 베면서 승리를 거두었다.

왕망이 염단과 사웅을 불러들였는데, 염단과 사웅은 더 많은 물자를 조달해 주면 반드시 승리하고 돌아오겠다고 했다. 다시 대대적으로 부렴을 거두게 되었는데, 취도(就都) 대윤 풍영(馮英)이 내주지 않았다. 그리고 상소했다.

월수군 수구현(遂久縣) 사람 구우(仇牛)와 동정군(同亭郡) 야두(邪豆) 무리가 반란을 일으켰을 때부터 열 해가 지났는데 군현에서는 저항하지 못하고 있습니다. 풍무가 부임해 와서 억지로 임시방편을 썼습니다. 북도(僰道) 이남은 험한 산이 높고 깊게 뻗어 있는데 풍무가 군대를 멀리 이주시키면서 억대의 경비를 소모했습니다. 그러나 군리와 병졸들이 독기(毒氣) 때문에 십분의 칠이 죽고 말았습니다. 지금 단(丹)과 웅(熊)이 승리하고 돌아가야 하는 기한이 닥치고 있어서 두려움에 떨고 있는 가운데 여러 군에서 군량을 징발하고 조달했는데 백성의 재물 십분의 사를 취했습니다. 그리하여 양주(梁州)를 빈곤하게 하고도 결국 공을 세우지 못했습니다. 그러므로 둔전하는 군대를 철수시키고 정확하게 공훈을 포상해야 마땅하겠습니다.

왕망이 노하여 풍영을 파면했다. 그러나 뒤에 각성하고 "영도 크게 잘못한 것은 아니다."라고 말했다.

다시 풍영을 장사(長沙) 연수(連率)에 임명했다.

적의 일당 왕손경이 체포되었다. 왕망이 태의를 보내 상방 및 짐승을 잘 잡는 사람과 함께 왕손경의 껍질을 벗겨 내게 했다. 그리고 오장의 무게를 달고 댓개비를 혈관에 집어넣어 시작과 끝을 찾게 했다. 그러면서 병을 치료하는 방법을 찾고 있다고 했다.

그해에 대사(大使) 오위장 왕준과 서역도호 이숭을 파견하여 무기교위의 부대를 거느리고 서역에 내보냈다. 서역 여러 나라에서 도읍지 밖의 교까지 나와 맞이하고 공물을 바쳤다.

서역 여러 나라에서 전에 서역도호 단흠을 죽였으므로 왕준을 공격하고자 했다. 왕준은 좌수(佐帥) 하봉(何封)과 무기교위 곽흠에게 별동대를 거느리게 했다. 언기국에서는 거짓으로 항복했다가 복병으로 왕준 등을 공격하여 모두 죽였다. 곽흠과 하봉이 뒤에 도착하여 언기국의 노인과 아이들을 습격하고 거사국을 통해 변경 요새로 귀환했다. 왕망이 곽흠을 진외장군(塡外將軍)에 임명하고 조호자(剿胡子)에 봉했다. 하봉은 집호남(集胡男)에 봉했다.

이때부터 서역과 관계가 끊어졌다.

왕망전 하
王莽傳 下

「왕망전」 하편에서 왕망은 처절하게 무너진다. 천자 왕망은 농민군의 공격을 받자 목숨을 잃을 것이 두려워 밥도 제대로 넘기지 못하다가 시호도 없이 사라졌다. 이에 반고는 왕망에게 황위 찬탈이라는 자작극을 벌였다가 실패한 역적의 상을 씌웠다. 역대 학자들은 누구나 할 것 없이 반고가 만든 왕망의 이미지를 받아들였다.

왕망은 한나라의 역적이었으나 왕망이 세운 신나라에 관한 기본 사료가 『한서』 「왕망전」과 「식화지(食貨志)」, 「적방진전」, 「원후전」 등에 대거 기록되어 있다. 특히 「왕망전」은 이름만 봐서는 왕망 개인의 열전이지만 대부분의 내용이 본기 체제로 작성되어 신나라의 정사 구실을 하고 있다. 왕망이 즉위하기 전의 사적은 열전체로, 즉위한 뒤에는 편년체 본기 체제로 되어 있는 것이다. 분량도 어마어마하여 『한서』 70여만

자 가운데 「왕망전」이 4만여 자로 가장 많은 분량을 차지하고 있다.

반고가 살던 동한 시대에 왕망의 신나라는 철저하게 부정되었다. 나라의 재정 상태가 나빠져서 황실 조상에게 제사를 지내기도 어려웠던 서한 말기의 경제 위기를 극복하고 새로운 세상을 이루기 위해 추진한 일련의 제도 개혁이 실패로 돌아가면서 왕망은 조롱의 대상으로 전락했다. 또 왕망이 추구한 『주례』에 따르는 정치는 당시 사회 문제를 해결하기에는 비현실적이라서 대다수 사람에게 호응을 얻지 못했다. 반고는 실패한 왕망의 사적이 황위 찬탈을 꿈꾸는 야심가들에게 교훈이 되리라 판단 아래 신나라의 단대사(斷代史)를 남겼다.

현대에 들어와 왕망에 대한 재평가 또는 미화 경향이 생겨났다. 이에 대해 미야자키 이치사다(宮崎市定)는 "사료가 부족하여 왕망에 대한 평가를 하기는 어렵지만, 외척으로서 황위를 찬탈한 깃과 유가주의(儒家主義) 정치를 창시한 것은 이후 중국 중세에 선례가 되었다."라고 했다.

자꾸 늘어나는 도적

○　　○　　○

4년 5월, 왕망이 선포했다.

　보성사우좨주 당림과 전 간의좨주 낭야군 사람 기준(紀逡)은 효
제(孝弟)와 충서(忠恕)를 실천하는 자로 윗사람을 공경하고 아랫사
람을 아껴 왔다. 또 옛 전적과 제도에 두루 통하고, 돈후하고 질박
한 품행을 갖추고 있어 연로하여 황발(黃髮)이 나올 때까지 잘못이
나 실수를 한 적이 없었다. 이에 림을 건덕후(建德侯)에, 준을 봉덕
후(封德侯)에 봉하니, 두 사람 모두에게 특진 지위를 주고 삼공의 의
례로 황제를 알현하게 한다. 집 한 채와 삼백만 전을 하사하고 궤
와 지팡이를 수여한다.

6월 명당에서 제후들에게 모토를 새로 내리며 알렸다.

　내가 땅을 구획하고 다섯 등급의 작위를 봉하기로 하면서 옛 경
전의 내용에 부합하도록 그 뜻을 명확하게 이해하여 재삼 토론과
생각을 거치느라 시건국 원년 이래로 아홉 해가 지난 이제야 정하
게 되었다. 내가 친히 문석(文石)으로 된 단을 설치하고 청모(菁茅)
자리 위에 사색(四色)[1] 흙을 진열한 뒤에 대종(岱宗)과 태사(泰社), 후
토(后土), 선조(先祖)와 선비(先妣)께 삼가 고하고 모토를 내리는 일을
반포하니, 각자 자신의 봉토로 가서 사람들을 돌보고 다스려 공업

(功業)을 이루도록 하라.

변방에 연해 있거나 강남(江南)에 있어 조서로 시자를 부르지 않았음에도 제성(帝城)에 시자를 파견한 자는 납언장화대부(納言掌貨大夫)로 하여금 도내(都內)에서 임시로 돈을 꺼내 그 봉록을 지급하겠으니, 공(公)은 한 해에 팔십만 전, 후(侯)와 백(伯)은 사십만 전, 자(子)와 남(男)은 이십만 전으로 정한다.

그러나 새로 정한 봉록대로 다 받은 사람은 아무도 없었다. 왕망은 공언(空言)을 잘했다. 옛 제도를 좋아하여 사람들에게 대규모로 작위를 봉했으나 실제 성정은 인색하여 땅의 구획이 완성되지 않았다는 핑계를 대면서 모토를 먼저 내리는 것으로 봉토를 받아야 할 자들을 달랬다.

그해에 두 번째 육관령(六筦令)을 내렸다. 한 관마다 구체적으로 금지하는 조목을 설치하고 어긴 자는 사형까지 시키면서 죄를 물었으므로, 관리와 백성 중에 법에 저촉되어 처벌받는 자가 점점 많아졌다. 또 상공(上公) 이하 노비를 거느리고 있는 모든 자는 노비 한 사람당 일률적으로 삼천육백 전의 세를 내야 했다. 그래서 천하의 원성이 더욱 높아지면서 도적이 일어났다. 납언 풍상이 육관에 대해 간언하자 왕망이 대로하여 풍상을 파면했다.

집법좌우자간(執法左右刺姦)을 두었는데, 능력 있는 관리 후패(侯霸) 등을 선발하여 육위(六尉)와 육수(六隊)를 나누어 감독하게 했으니, 한나라 시절의 자사와 같은 직책이었다. 삼공(三公)의 사(士)가 군마다 한 명씩 파견되어 함께 일을 보았다.

임회군 사람 과전의(瓜田儀) 등이 도적이 되어 회계군 장주원(長州苑)을 근거지로 삼았다.

낭야군 여자 여모(呂母)도 봉기했다. 애초 여모의 아들은 현 관아의 아전으로 있었는데 현재(縣宰)에게 억울한 죽임을 당했다. 여모는 〔복수를 하려고〕 가산을 다 처분했다. 술을 팔면서 무기를 사들이는 한편으로 빈궁한 젊은이들을 후하게 대하면서 은밀히 백여 명을 모아 해곡현(海曲縣) 관아를 공격했다. 아들을 죽였던 현재를 죽여 아들 무덤에 제사 지내고는 군사를 데리고 해변으로 갔다. 뒤에 무리가 점점 불어나 모두 수만 명이나 되었다. 왕망은 사자를 보내 해당 지역에 가서 도적을 사면하게 했다. 사자가 돌아와서 보고했다.

"도적은 흩어졌다가도 늘 다시 무리를 이루고 있었습니다. 그 이유를 물어보니 모두 말하기를 법이 복잡하고 세세해서 손가락 하나 움직이기도 힘들 지경이라고 했고, 힘들여 재물을 얻어도 부(賦)와 세(稅)를 납부하기에 모자란다고 했습니다. 또 문을 걸어 잠그고 집에 있어도 이웃이 오수전을 주조하거나 구리를 가지고 있다가 걸리면 연좌될뿐더러 간악한 관리가 함부로 판결하므로 사람을 힘들게 한다고 했습니다. 궁하게 된 백성들은 모두 도적이 되고 있었습니다."

왕망이 대로하여 사자를 파면해 버렸다. 더러 자신의 뜻에 영합하면서 '백성이 교만하고 교활하면 처벌받아야 마땅하다'고 하거나 '시운 때문에 우연히 그렇게 되었으니 얼마 가지 않아 없어질 것'이라고 하면 기뻐하며 바로 승진시켜 주었다.

그해 8월, 왕망이 친히 남교(南郊)에 가서 위두(威斗)를 주조하여 제작했다. 위두라는 것은 오석(五石)과 구리로 주조한 북두(北斗) 모양의 길이 두 척 다섯 촌짜리 기물이었는데, 반란군에게 주술을 걸어 엽승(厭勝)하기 위해서 만들었다. 위두가 완성되자 사명(司命)에게 메게 하여 왕망이 황궁을 나갈 때에는 앞세웠고, 황궁에 들어오면 곁에 두었다. 위두가 주조되던 날 너무 추워서 백관(百官)의 인마(人馬)가 더러 얼어 죽었다.

5년 정월 초하루, 북군영(北軍營) 남문에 불이 났다.

대사마 사윤(司允) 비흥(費興)을 형주목(荊州牧)으로 삼았는데 부임 인사를 하러 알현했을 때 부임지에 가서 어떤 방략을 쓸 계획인지를 물었다. 비흥이 대답했다.

"형주와 양주(揚州)의 백성은 산과 못에 의지하며 고기잡이와 열매 채집을 업으로 삼고 있습니다. 일전에 조정에서 육관령을 내려 산과 못에 세금을 거두면서 백성의 수입을 빼앗고 있습니다. 게다가 몇 해 연속하여 오랫동안 가뭄이 들어 기근에 시달리던 백성이 도적이 되고 있습니다. 제가 부임하면 도적에게 밭이 있는 고향 집으로 돌아가라고 제대로 설득하고, 쟁기와 소, 씨앗과 양식을 빌려주겠다고 통고하겠습니다. 또 조(租)와 부(賦)를 감면해 주겠다고 하면 스스로 해산하여 안정되고 화목하게 살게 되기를 바랄 수 있을 것입니다."

왕망이 노하여 비흥을 면직했다.

천하의 관리들은 봉록을 받지 못한 까닭에 법을 어기며 돈을 벌었다. 그리하여 군윤(郡尹)과 현재들이 집집이 황금 천 근의 가

치에 이르도록 재산을 쌓았다. 왕망이 조서를 내려 다음과 같이
선포했다.

　　시건국 2년, 호로가 중원을 침략한 이래로 있었던 일을 자세히
　　살펴서 군리와 변방에 접한 지역의 관리와 대부 이상 관리 중에 불
　　법으로 이익을 취해 재산을 늘리고 부자가 된 자가 있으면 찾아내
　　어, 모든 재산의 오분의 사를 몰수함으로써 변방의 급한 불을 끄는
　　데 도움이 되게 하겠다.

　그리하여 공부(公府)의 사(士)들이 역참 수레를 타고 천하를 달
리며 탐관오리를 색출하면서 아전에게는 자신의 장수를, 노비에
게는 자신의 주인을 고발하게 하여 위법 행위를 막고자 했다. 그
러나 불법 행위는 더욱 심해졌다.

　황손 공숭공(功崇公) 왕종이 자화상을 그렸는데, 황제의 의관을
입은 모습이었다. 그림에 도장 세 개가 찍혔는데, 하나는 '유지관
존기, 하처남산장박빙(維祉冠存己, 夏處南山臧薄冰)'[2]이었고 또 하나
는 '숙성보계(肅聖寶繼)'[3]였으며, 마지막 하나는 '덕봉창도(德封昌
圖)'[4]라고 쓰여 있었다.

　또 왕종의 외삼촌 여관(呂寬)의 집안사람들이 전에 합포로 유배
되어 있었는데 몰래 왕종과 통하다가 발각되어 심문을 받았다. 그
러자 왕종이 스스로 목숨을 끊었다. 왕망이 말했다.

　"종은 황손이고 작위는 상공(上公)인데 관 등이 반역의 무리인
줄 알면서도 서로 왕래해 왔다. 또 동인(銅印) 세 개를 새겼는데

문구의 뜻이 몹시 해로우니 자족할 줄을 모르고 분에 넘치는 꿈을 꾸었던 것이다. 『춘추』에 '임금과 아버지를 살해할 마음을 품으면 안 되니, 그렇게 하면 주살한다.'[5]라고 나오는데, 원칙을 잃고 도의를 저버린 채 스스로 이런 죄를 지었구나. 오호애재라! 종의 본명은 회종(會宗)인데, 황족에 관한 제도에 따라 두 자였던 이름을 한 자로 바꾼 것이었으니 이제 이름을 회종으로 돌린다. 그 작위를 낮추고 칭호를 고치며 공숭무백(功崇繆伯)이라는 시호를 내리고, 백(伯)에 해당하는 의전으로 원래의 봉토 곡성군(穀城郡)에 장사 지내게 하라."

왕종의 누나 왕방(王妨)이 위장군 왕흥의 부인이었는데, 귀신에게 빌어 시어머니를 저주하고는 입을 막으려고 계집종을 죽였다. 일이 발각되자 왕망이 중상시 대운(曗惲)으로 하여금 왕방을 문책하고 왕흥도 함께 견책하게 했다. 두 사람 모두 스스로 목숨을 끊었다. 일이 사명 공인의 아내에게 연루되어 그 아내도 스스로 목숨을 끊었다. 공인이 관을 벗고 사죄하자 왕망이 상서로 하여금 공인을 탄핵하게 했다.

건거(乾車)를 타되 곤마(坤馬)가 몰며 좌창룡(左蒼龍), 우백호(右白虎), 전주작(前朱雀), 후현무(後玄武)를 거느리고 오른손에 위절(威節)을 들고 왼편으로 위두(威斗)를 메고 적성(赤星)이라는 칭호를 붙여 주셨을 때에는 인(仁)을 총애해서가 아니라 신나라의 권위를 높이기 위해서였습니다. 인은 제멋대로 천문관(天文冠)을 벗었으니 대불경죄에 해당합니다.

왕망이 탄핵하지 말라는 조서를 내리고 새로운 관으로 바꿔 쓰게 했다. 왕망은 이런 식으로 괴이한 것을 좋아했다.

직도후(直道侯) 왕섭(王涉)을 위장군으로 임명했다. 왕섭은 곡양후 왕근의 아들이다. 왕근이 성제 때에 대사마로서 왕망을 천거하여 자신의 뒤를 잇도록 했으므로 왕망이 그 은혜에 감사했다. 곡양(曲陽)이 훌륭한 칭호가 아니라는 이유로 왕근에게 직도양공(直道讓公)이라는 시호를 추존했고, 왕섭을 직도후의 후사로 삼았다.

농민군이 마침내 일어나다

○　○　○

그해에 적미(赤眉) 역자도(力子都)[6]와 번숭(樊崇) 등이 기근에 시달리던 중에 무리를 이루어 낭야에서 봉기한 뒤에 여러 지역을 돌아다니면서 약탈했다. 무리는 모두 수만 명이나 되었다. 사자를 보내 지방의 군과 제후국의 군사를 징발하여 공격했으나 이기지 못했다.

6년 봄, 왕망이 도적이 많아지고 있는 것을 알고 태사(太史)에게 명하여 삼만 육천 년을 거슬러 올라가며 역수(曆數)를 계산한 뒤에 여섯 해마다 연호를 한 번씩 바꿀 것을 천하에 알리며 도적을 진압하게 했다. 글을 내려 말했다.

자각도(紫閣圖) 부명에 이르기를 "태일(太一)과 황제(黃帝)가 모두 신선이 되어 승천한 뒤에 곤륜의 건산에서 음악을 연주하고 있다. 후대의 성군 중에 부명을 얻은 자도 진나라 땅의 종남산 위에서 음악을 연주해야 한다."라고 했다. 내가 불민하여 아직 봉행하지 못하고 있었는데 이제 〔나도 승천하게 된다는〕 뜻을 깨달았다.

영시장군을 경시장군으로 고쳐 부르는 것으로 부명의 뜻에 따른다.

『역』에 "날마다 새롭게 일음일양(一陰一陽)의 도를 이루는 것을 성덕(盛德)이라고 하고, 계속해서 음양이 상생하는 것을 '역(易)'이라고 한다."[7]라고 이르지 않았던가! 나는 그런 복을 누리게 되었다.

왕망이 없는 일을 꾸며 백성을 미혹시키면서 도적을 없앨 궁리를 하는 것을 보고 여러 사람이 비웃었다.

「신악(新樂)」을 명당과 태묘(太廟)에서 처음으로 연주하며 바쳤다. 그때 신하들이 인위변(麟韋弁)[8]을 처음으로 쓰기 시작했다. 그 곡을 들은 어떤 사람이 "처량하고 슬픈 것이 나라가 흥왕해질 소리가 아니다."라고 말했다.

그 무렵 함곡관 동쪽에는 몇 해째 기근과 가뭄이 계속되었으므로 역자도 등의 무리가 점점 더 많아졌다. 경시장군 염단이 익주를 공격했지만 이기지 못했으므로 소환했다.

다시 대사마호군(大司馬護軍)[9] 곽흥(郭興)과 용부목(庸部牧) 이엽(李曅)을 파견하여 만이 약두(若豆) 등을 공격하게 했다. 또 태부희숙사(太傅犧叔士) 손희(孫喜)를 각지의 도적을 소탕하게 했다.

그때 흉노의 변경 침입이 심해졌다. 이에 왕망이 천하의 정남

(丁男)과 사형수 및 하급 관리와 백성이 소유하던 노비를 모집하여 저돌희용(猪突豨勇)이라고 이름 붙이고 정예병을 칭했다.

일체의 경비는 천하의 하급 관리와 백성에게서 세를 받아 충당하게 했는데, 소유한 재물의 삼십분의 일을 내게 했다. 또 겸백(縑帛)을 모두 안으로 운송하게 했다. 공경 이하 지방 군현 관아의 황수(黃綬)를 패용한 관리까지 모두 군마를 돌보게 했는데, 돌볼 군마의 수는 봉록에 따라 차등을 두었다.

또 흉노를 공격할 특별한 기술을 가진 자를 널리 모집하고 기술의 우열에 따라 특별 승진시키겠다고 했다. 그러자 흉노 공격에 유리한 기술을 가지고 있다고 주장하는 자가 수만 명이나 나타났다. 물을 건널 때 노 젓는 배가 필요 없이 말과 기병을 밀착시켜 백만 대군을 건너게 하겠다는 자가 있는가 하면, 군량 한 두(斗) 휴대할 필요 없이 약물 복용으로 삼군(三軍)을 배고프지 않게 하겠다는 자가 있었다. 날아서 하루에 천 리를 갈 수 있어 흉노를 정찰할 수 있다는 자에게 왕망이 그 자리에서 날아 보라고 하자 큰 새의 깃털로 두 날개를 만들어 달고 머리와 몸에 온통 깃털을 꽂은 채 둥근 고리에 연결된 밧줄로 날개를 당겼으나 수백 보 날아간 뒤에 떨어졌다. 왕망은 기용할 수 없다는 것을 알았으나 인재를 널리 모았다는 명분을 얻고 싶어서 모두 이군(理軍)으로 임명하고 수레와 말을 하사한 뒤에 대기하게 했다.

그보다 먼저 흉노 우골도후 수복당(須卜當)이 왕소군 딸의 남편이었는데 왕망에게 귀부하려고 했다. 왕망이 왕소군 오빠의 아들 화친후 왕흡을 보내 변경 요새까지 당(當)을 유인해 오게 했다. 그러고는 협박하여 장안에 데리고 간 뒤에 강제로 수복(須卜) 선우 후안공(後安公)에 봉했다.[10] 애초 당을 유인할 계획을 세울 때 대사마 엄우가 간언했다.

"당은 흉노의 우부(右部)를 맡고 있는데 그 군대가 변경을 침입한 적이 없었고, 선우의 동정을 언제나 중국에 알려 준 인물로 이 방면에서 크게 도움을 주었습니다. 지금 당을 맞이해 와서 장안의 고가(槀街)에 머물게 하면 그저 한 명의 호인(胡人)밖에 되지 않습니다. 그러니 흉노에 있게 하여 유익하게 하는 것만 같지 못합니다."

왕망은 이 말을 듣지 않았다. 당이 도착한 뒤에 엄우와 염단을 파견하여 흉노를 공격할 계획을 세우고 두 사람에게 징씨(徵氏) 성을 하사한 뒤에 이징장군(二徵將軍)이라고 칭하게 했다. 그래서 선우 여(輿)를 죽이고 당을 선우로 세우게 할 작정이었다.

군대가 성의 서쪽 횡구(橫厩)에서 출발하기로 되어 있었는데 떠나지는 않고 있었다. 엄우는 평소에 지략이 뛰어났는데 왕망이 사이를 공격하는 것이 옳지 않다고 생각하고 뜻을 따를 수 없다며 몇 차례 간언했다. 옛적의 명장 악의(樂毅)와 백기(白起)의 말을 듣지 않아 초래했던 결과 그리고 변방의 일에 관해 세 편의 글을 올림으로써 왕망을 설득한 것이다. 출병을 앞두고 조정에서 토론했는데, 엄우가 흉노 공격을 잠시 뒤로 미루고 효산 동쪽의 도적을 먼저 걱정해야 한다고 주장하자 왕망이 대로하여 엄우에게 책서를 내렸다.

대사마 일을 본 지 네 해가 지났는데도 만이의 중국 침입을 끊어 놓지 못했고 구적(寇賊)을 섬멸하지 못한 것은 물론 하늘의 위명을 두려워하지 않고 황제의 조명(詔命)을 듣지 않고 있다. 스스로는 선량하다고 하지만 외모에 거역하는 모습이 역력하고 고집을 꺾지 않아 다른 마음을 품고 군사 작전을 방해하고 있다. 그러나 차마 법으로 다스릴 수 없으니 대사마와 건무백의 인불을 반납하고 고향 군으로 돌아가도록 하라.

강부백(降符伯) 동충을 대사마로 삼았다.

익평(翼平) 연수 전황(田況)이 상주하여 군현 사람들의 재산이 정확하게 평가되지 않아 숨겨 놓은 것이 많다고 했다. 그러자 왕망이 다시 삼십분의 일세를 거두었다. 그러고는 전황이 충성스러운 의견을 내면서 나라를 걱정했다는 이유로 백(伯)으로 작위를 올리고 이백만 전을 하사했다. 사람들이 모두 전황을 욕했다.

청주(青州)와 서주(徐州) 사람들 대부분이 고향을 떠나 이리저리 떠돌았다. 노인과 아이들은 길에서 죽었고 성인들은 도적 무리에 들어갔다.

숙야(夙夜) 연수 한박(韓博)이 상소하여 주장했다.

특별하게 생긴 무사가 한 사람 나타났는데, 키가 한 장이고 몸 둘레가 십 위(圍)나 되었습니다. 신의 관아에 와서 용맹하게 호로를 공격하고 싶다고 하면서, 자신은 거무패(巨毋霸)고, 봉래 동남쪽이자 오성(五城)의 서북쪽에 있는 소여(昭如) 해변에서 왔다고 했습니다. 몸이 커서 초거(軺車)에 태울 수 없었고 말 세 필이 끌어도 꿈쩍

하지 않았습니다. 그날로 네 필 말이 끄는 대거(大車)에 호기(虎旗)를 세우고 패(霸)를 궐로 보내게 했습니다.

패는 잘 때 북을 베개로 베고 쇠젓가락으로 밥을 먹습니다. 이는 황천이 신나라를 도우려고 보낸 인물입니다. 바라건대 폐하께서 대갑고거(大甲高車)를 만드시고 맹분과 하육이 입던 갑옷을 입힌 대장 한 명과 호분무사 백 명을 파견하여 도중에서 맞이해 주십시오. 장안의 성문은 너무 작아서 패가 들어갈 수 없으니 키우고 넓힌 뒤에 백만(百蠻)을 불러 입성하는 장면을 보게 한다면 천하를 안정시킬 수 있을 것입니다.

한박이 그런 상소를 올린 것은 왕망의 찬위를 비꼬기 위해서였다. 왕망이 그 상소를 읽고 불쾌해하며 거무패를 신풍에 머물게 하고 성을 거모씨(巨母氏)로 바꾸게 했는데 문모태후가 패왕(霸王)이 될 부명을 내린 것으로 해석했다. 한박을 불러와 하옥시켰다가 해서는 안 될 말을 했다는 죄목을 씌어 기시형에 처했다.

이듬해에 연호를 지황(地皇)으로 고쳤는데, 삼만 육천 년 역법에 나오는 연호 목록에 따른 것이었다.

지황 원년 정월 을미일, 천하에 대사령이 내려졌다. 왕망이 글을 내려 선포했다.

바야흐로 군대를 출동시킬 때가 왔으니 종종걸음을 걸으면서 시끄럽게 떠들며 법을 어기는 자는 바로 참형 판결을 내릴 것이다. 사형은 집행 계절까지 기다리지 않고 계속 베어 연말에 마치도록 하겠다.

그리하여 봄과 여름에 도회지 장터에서 사람을 베었으므로 백
성이 놀라고 두려운 마음에 길에서 만나도 눈짓만 했다.

2월 임신일, 정오에 날이 검게 변했다. 왕망이 불쾌해하며 글을
내렸다.

이번에 해가 하늘 중간에 있을 때 어두워진 것은 음이 양을 공
격하여 검은 기운을 형성하는 변이를 일으킨 것인데, 놀라며 이상
해하지 않는 백성이 없었다. 조역대장군(兆域大將軍) 왕광(王匡)에게
아전을 보내 변사(變事)에 밝은 자에게 물어보게 했더니 황제의 영
명함을 덮으려고 하는 자들이 있어 하늘에서 질책하는 뜻을 보임
으로써 올바로 고쳐 주기 위해 큰 변이를 보였다고 했다.

왕망이 사방에 도적이 많은 것을 알고 다시 주술을 쓰려고 했
다. 그래서 글을 내렸다.

나의 황초조고 황제께서 천하를 평정했을 때, 친히 상장군이 되
어 군대를 거느리면서 화개(華蓋)와 두희(斗戲)를 세웠다. 군영 안에
대장을 두고 군영 밖에는 대사마 다섯 명과 대장군 스물다섯 명,
편장군(偏將軍) 백이십오 명, 비장군(裨將軍) 천이백오십 명, 교위 일
만 이천오백 명, 사마(司馬) 삼만 칠천오백 명, 후(候) 십일만 이천오
백 명, 당백(當百) 십이만 오천 명, 사리(士吏) 사십오만 명, 사(士) 천

삼백오십만 명을 두어 『역』에 "예리한 화살로 천하에 위력을 떨친다."[11]라고 한 것에 맞추었다.

내가 부명의 글을 받았으니 황제의 사적을 고찰하며 하나하나 갖추어 나가도록 하겠다.

그리하여 전, 후, 좌, 우, 중 대사마 직위를 두었다.

주목들에게 대장군 칭호를 내리고 군의 졸정과 연수, 대윤을 편장군이라고 했다. 속령과 속장은 비장군, 현재는 교위 칭호를 내렸다. 역참 수레를 탄 사자가 지방의 군과 제후국을 돌며 이 사실을 알렸는데, 하루에 열 차례나 내보냈다.

그러나 지방의 창고에는 그들에게 제공할 양식이 없었고 역참에서 갈아탈 수레와 말도 부족했다. 그래서 길에 다니던 수레와 말을 징발하여 쓰면서 민간의 도움을 받았다.

7월, 큰바람이 불어 왕로당이 훼손되었다. 왕망이 다시 글을 내려 말했다.

이번 임오일 신시에 폭풍과 천둥이 치고 비가 내려 집을 날리고 나무가 꺾어지는 변이 일어났다. 내가 몹시 놀라고 심히 떨었다. 또한 심히 두려웠다. 열흘을 엎드려 생각한 뒤에야 어지러운 마음이 풀렸다. 지난번에 내려온 부명 글에 "안(安)을 신선왕(新遷王)[12]에 세우고, 림(臨)을 낙양에 봉하여 통의양왕(統義陽王)으로 삼으라."라고 했다. 그 무렵 내가 섭황제와 가황제로 있으면서 감히 그렇게 할 수 없다고 겸양하며 둘을 공(公)으로 삼았다. 그 뒤에 금궤 책서가 내렸을 때 대신들이 모두 말하기를 "림을 낙양에 봉하되 통(統)자를 붙인 것은 국토의 중앙에 있으면서 신나라의 통령으로 삼겠다는 뜻이니 황태자로 삼는 것이 마땅합니다."라고 했다.

그러나 그 뒤로 림이 오랫동안 병을 앓았는데 비록 치유는 되었으나 완치되지는 못하여 조례 때에 인여(茵輿)를 타고 들어와야 하고, 왕로당에서 들어올 때에도 서상(西廂)과 후각(後閣) 갱의중(更衣中)에 침상을 두고 쉬어야 했다.

또 황후가 병이 났을 때, 림이 잠시 제 집을 떠나 황후가 누운 곳에 와 있었는데, 림의 비첩(妃妾)은 그때 동영항(東永巷)에 있었다. 임오일에 폭풍이 불어 왕로당 서상과 후합의 갱의중실을 훼손했고, 소녕당(昭寧堂) 연못 동남편에 있던 둘레 십 위(圍)짜리 유수(楡樹)가 동쪽으로 넘어지면서 동각(東閣)을 쳤는데 동각은 곧 동영항의 서쪽 담장과 붙어 있다. 이 모두가 깨지고 부러졌는데, 기와가 망가지고 건물이 무너지고 나무가 뽑혔다. 그리하여 내가 심히 놀랐다. 또 후관(候官)이 상주하기를 달이 심수(心宿)의 전성(前星)을 범했는데, 이는 변괴가 일어날 징조라 내가 몹시 두려워하고 있다.

자각도(紫閣圖) 부명의 글을 생각해 보면 태일과 황제가 모두 상서로운 징조를 얻어 승천했으니 후대의 대주(大主)도 종남산에 올라야만 할 것이다. 신선왕(新遷王)이라는 말은 곧 태일 신선의 후대라는 뜻이고, 통의양왕은 곧 오통(五統)과 예(禮)와 의(義)를 갖추어 황제가 되었다가 승천한 신선의 후대라는 뜻이다.

림에게 형이 있는데도 태자라고 칭하는 것은 이름이 바르지 않다. 선니공도 "이름이 바르지 않으면 말이 제대로 나오지 않는다.",

"형벌이 정확하지 않으면 백성은 손발을 어디다 두어야 할지 모른다."[13]라고 하셨다.

즉위한 이래 음양이 조화를 이루지 못하고 있어 바람과 비가 제때에 오지 않고 여러 차례 가뭄과 메뚜기, 멸구 떼가 닥치는 재해를 맞이하고 있으므로 곡식이 모자라 백성이 기근에 시달리고 있다. 또 만이가 중원을 침략하고 있고 구적이 법을 어기며 난동을 부리고 있어서 사람들이 불안에 떨며 손과 발을 어디에다 두어야 할지 몰라 한다. 이 잘못에 대해 깊이 생각해 보니 이름이 바르지 않은 데 원인이 있었다.

이에 안(安)을 신선왕으로 세우고, 임을 통의양왕으로 삼아 두 아들의 목숨을 보전하고 자손을 많이 번성시키고자 한다. 또 밖으로는 사이를 쫓아내고 안으로는 중원을 안정시킬 것이다.

그달에 〔선제의〕 두릉 침전의 별전(別殿) 실내의 궤 안에 넣어두었던 선제의 호문의(虎文衣)가 밖으로 나와서 저절로 외당(外堂) 벽에 붙어 있다가 한참 지나서 땅으로 떨어졌다. 그 광경을 지켜본 군사들이 보고하자 왕망이 싫어했다. 그래서 글을 내려 선포했다.

황색은 귀하고 적색은 천한 것이다. 그러니 낭관과 종관으로 하여금 모두 관복을 강색(絳色)으로 입게 하라.

망기(望氣)를 보던 여러 사람이 토목 공사의 징이 나타났다고 말했다. 왕망이 사방에 도적이 많은 것을 보면서 자신이 만대에 이어질 기틀을 세울 수 있음을 또 보여 주고자 했다. 그리하여 글을 내려 선포했다.

내가 천명을 받은 뒤로 양구(陽九)의 액운과, 일백육의 악운을 만나 국고는 텅 비었고, 백성은 궁핍하게 되었으며, 종묘 제사를 올리지 못하고 임시로 명당과 태묘에서 협제(祫祭)를 지내고 있다. 아침부터 저녁까지 이 일을 계속 마음에 두고 걱정하느라 편안히 쉴 엄두를 내지 못하고 있다.

길하고 창성하기로는 올해보다 더 좋은 해가 없다는 점을 깊이 유념하면서 피수(波水)[14]의 북쪽과 낭지(郎池)의 남쪽에서 복점(卜占)했는데, 옥식(玉食)[15]이었다. 내가 또 금수(金水)의 남쪽과 명당의 서쪽에서 복점했는데 역시 옥식이었다. 내가 친히 건축하겠다.

그리하여 장안성의 남쪽에 터를 잡고 공사를 하기로 했는데 터가 백 경(頃)이나 되었다.

9월 갑신일,[16] 왕망이 수레를 서서 타고 건축 현장을 순시하면서 친히 흙을 다지는 방망이를 들고 세 차례 내리쳤다. 사도(司徒) 왕심과 대사공 왕읍이 부절을 들고 시중(侍中) 상시집법(常侍執法) 두림(杜林) 등 수십 명과 함께 건축 현장을 지휘했다. 최발과 장한(張邯)이 왕망을 기쁘게 하는 말을 했다.

"덕행이 높으면 그에 맞게 의례도 성대해야 합니다. 지금 짓고 있는 규모를 키워 나라 안의 사람들에게 보여 주고 만 대가 지나도 이보다 더는 잘 지을 수 없도록 해야 마땅합니다."

이에 왕망이 천하에서 망법(望法)[17]으로 계산하여 제도(製圖)할 줄 아는 공장(工匠)을 널리 불러 모았다. 또 하급 관리와 백성이 의(義)에 따라 건축 경비에 보태려고 돈과 곡식을 헌납했으므로 길에 행렬이 끊이지 않았다.

장안성 서쪽 상림원 안에 있던 건장궁, 승광궁(承光宮), 포양궁(包陽宮), 대대궁(大臺宮),[18] 저원궁(儲元宮) 및 평락관, 당로관(當路館), 양록관 등을 허물었다. 모두 열 군데가 넘는 건물을 허물어 그 목재와 기와를 가져다가 구묘(九廟)를 지었다.

그달, 큰 비가 내렸는데 예순며칠 동안 계속 내렸다.

미(米) 육백 곡(斛)을 헌납한 사람을 낭관으로 임명하게 했는데 이에 낭관은 부성(附城)까지 봉록과 작위를 높여 주었다.

구묘를 정했다.[19]

첫째 묘는 황제태초조묘(黃帝太初祖廟)라고 했다.

둘째 묘는 제우시조소묘(帝虞始祖昭廟)라고 했다.

셋째 묘는 진호왕통조목묘(陳胡王統祖穆廟)라고 했다.

넷째 묘는 제경왕세조소묘(齊敬王世祖昭廟)라고 했다.

다섯째 묘는 제북민왕왕조목묘(濟北愍王王祖穆廟)라고 했다.

위 다섯 묘는 불천위 제사를 모시도록 철폐하지 못하게 했다.

여섯째 묘는 제남백왕존녜소묘(濟南伯王尊禰昭廟)라고 했다.

일곱째 묘는 원성유왕존녜목묘(元城孺王尊禰穆廟)라고 했다.

여덟째 묘는 양평경왕척녜소묘(陽平頃王戚禰昭廟)라고 했다.

아홉째 묘는 신도현왕척녜목묘(新都顯王戚禰穆廟)라고 했다.

구묘의 침전은 모두 중첨(重檐) 건물이었다.

태초조묘는 동서남북 길이가 각각 마흔 장이었고 높이는 열일곱 장이었다. 다른 묘는 그 절반 규모로 했다. 두공(斗栱)에 구리를 씌우고 금과 은을 박아 무늬를 새겼는데 여러 공장(工匠)이 모두 뛰어난 기술을 다 구사해 넣었다. 건물터보다 낮은 곳은 높게 돋우었다. 공사 비용에 수백억 전이 들었고 부역에 동원되었다가 죽은 자가 수만 명이었다.

거록 남자(男子) 마적구(馬適求) 등이 연나라와 조(趙)나라 군대를 발동시켜 왕망을 주살할 것을 모의했는데, 대사공사(大司空士) 왕단이 발각하여 보고했다. 왕망이 삼공과 대부를 보내 그 무리를 체포하여 심문했는데, 지방의 군과 제후국의 호걸 수천 명이 연루되어 모두 죽임을 당했다. 왕단을 보국후(輔國侯)에 봉했다.

왕망이 시령(時令)에 맞지 않는 명령을 내려 백성이 원망했다. 그러나 왕망은 오히려 그 때문에 백성을 안정시켰다며 다시 글을 내려 선포했다.

이번에 시행한 모든 명령으로 인해 상안(常安) 육 향(鄕)의 도회지에 위급한 상황을 알리는 북 치는 소리가 드물어졌다. 도적의 세력이 쇠약하여 줄어들었고, 백성이 안정되게 농사를 지어 가을에 풍년을 거두었으니 이는 때에 맞게 명령을 내린 덕택이다. 그러나 아직 호로와 만북(蠻僰)을 멸망시키지 못했고, 강호해택(江湖海澤)의 사방을 혼란스럽게 만드는 도적을 완전히 없애지는 못했다. 또 종묘와 사직의 건축 공사를 대대적으로 벌이고 있어 사람들이 동요하고 있다. 이번에 시행한 일체의 명령은 내년 말까지 시행하고 그만듦으로써 백성을 잘살게 하고 어리석고 간악한 무리를 구하겠다.

그해에 대전(大錢)과 소전(小錢)을 폐지하고 화포(貨布)로 변경하여 시행했다.[20] 화포는 길이 이 촌(寸) 오 분(分)에 너비 일 촌으로 화전(貨錢)[21] 스물다섯 매의 값어치에 해당했다. 화전은 지름 일 촌에 무게 오 수(銖)로 한 매에 일 전이었다. 화포와 화전 두 가지 화폐를 함께 통용하되, 몰래 주전(鑄錢)하는 자와 포화(布貨)만 쓰는 자, 그런 자가 이웃에 사는 줄 알면서도 고발하지 않은 오인(伍人) 모두 관노비로 넣었다.

태부 평안이 세상을 떠났으므로 여우(予虞) 당존을 태부로 삼았다. 당존이 고했다.

"국고는 비었고 백성은 가난한데 이렇게 된 잘못의 원인은 사치가 너무 심한 데에 있습니다."

당존은 스스로 단의(短衣)와 소수(小袖)를 입고, 암말이 끄는 시거(柴車)를 탔으며 짚방석에 앉고 질그릇으로 썼다. 공경에게 음식을 보낼 때에도 질그릇에 담아 보내 주었다. 외출했다가 남자와 여자가 다른 길로 다니지 않는 것을 발견하면 수레에서 내려 붉은 물을 적신 수건으로 그 사람들이 입고 있던 옷을 물들이는 상형(象刑)을 내렸다.[22] 그 소식을 들은 왕망이 좋아하며 공경들에게 조서를 내려 당존의 방법을 따르라고 명령했다. 그리고 당존을 평화후(平化侯)에 봉했다.

그 무렵 남군(南郡)의 장패(張霸)와 강하군(江夏郡)의 양목(羊牧), 왕광(王匡) 등이 운두현(雲杜縣) 녹림산(綠林山)에서 봉기하고 하강병(下江兵)이라고 칭했다. 군사는 모두 만여 명이었다.

무공현(武功縣) 중수향(中水鄉)의 민가 세 채가 땅속으로 꺼지면서 못이 되었다.

2년 정월, 주목을 삼공의 자리로 올렸다. 직무에 태만한 관리를 조사하고 찾아내기 위해 별도로 목감부(牧監副)를 두었는데, 원사와 같은 봉록을 내리고 법관을 쓰게 했다. 이들은 한나라의 자사와 같은 임무를 수행했다.

그달에 왕망의 처가 죽었으므로 시호를 효목황후(孝睦皇后)로 내리고 위릉현(渭陵縣) 장수원(長壽園) 서쪽에 장사 지냈다. 그러고는 문모태후를 영원히 모시라는 뜻에서 능의 이름을 억년(億年)으로 정했다. 그보다 먼저 왕망의 처가 왕망이 친아들을 죽일 때마다 눈물을 흘리며 울다가 실명했으므로 왕망이 태자 왕림에게 황궁에 들어와 시병하게 했다. 왕망의 처 옆에서 시중을 들던 시녀는 원벽(原碧)이었다. 왕망이 원벽과 동침했는데 그 뒤에 왕림도 원벽과 정을 통했다. 왕림은 일이 누설될 것을 두려워하다가 원벽과 함께 왕망을 죽이기로 모의했다. 왕림의 처 유임(劉愔)[23]은 국사공의 딸로서 성상(星象)에 능했다. 유임이 왕림에게 궁중에 상복 입은 사람들이 모이게 될 것이라고 예언했다. 왕림이 기뻐하며 자신의 모의가 성공하리라고 여겼다.

뒤에 왕림이 통의양왕으로 격하되어 황궁 밖의 집에 나가서 살게 되면서 더 많이 두려워했다. 그 무렵 왕망의 처가 병이 심해졌으므로 왕림이 편지를 보냈다.

상께서는 자손들에게 지엄하셔서 전에 장손과 중손이 모두 서른에 죽었습니다. 지금 신 림이 막 서른이 되었는데, 하루아침에 중실(中室)[24]을 보전할 수 없게 되면, 어느 곳에서 죽게 될지 알 수 없을 것입니다.

왕망이 처의 병문안을 왔다가 그 편지를 보고 대로했다. 왕망은 왕림에게 악의가 있다고 의심하고 상례에 참석하지 못하게 했다. 장례가 끝난 뒤에 원벽 등을 체포하여 심문하고 간통과 시해 모의 정황을 모두 자백받았다. 왕망은 이 일을 비밀에 부치고 싶어 심문하러 보냈던 사자 사명종사(司命從事)를 죽이고 옥중에 묻었다. 사명종사의 집에서는 그 소재를 알지 못했다.

왕림에게 독약을 내렸는데, 왕림은 독약을 미시지 않고 스스로 목을 베어 죽었다.

시중 표기장군 동열후(同說侯) 왕림(王林) 혼의(魂衣)와 새불(璽韍)을 주고 책서를 내렸다.

부명의 글에 림을 통의양왕으로 세우라고 했는데 이는 신나라 개국 후 삼만 육천 년이 지났을 때 림의 후대가 용의 모습을 드러내어 승천한다는 뜻이었다. 전에 대신들이 잘못 주장한 것을 듣고 림을 태자로 삼았는데, 폭풍이 부는 변괴가 일어났으므로 부명을 따라 통의양왕으로 삼았다. 그 전이나 그 후나 충성을 바치지 않고 자신에게 내려진 복을 제대로 누리지 못하다가 요절했구나. 오호애재라. 행적을 고찰하여 시호를 내리니 시호는 무왕(繆王)으로 하라.

왕망은 국사공에게도 조서를 내렸다.

림은 본디 성상을 볼 줄 몰랐으니 이 일은 임의 말을 듣고 일으킨 것이 틀림없다.

그 말을 들은 유임도 스스로 목숨을 끊었다.

그달에 신선왕 왕안이 병으로 죽었다. 애초 왕망이 봉토에 가 있었을 때 시녀 증질(增秩), 회능(懷能), 개명(開明)과 동침했다. 회능이 아들 왕흥(王興)을 낳았고 증질이 아들 왕광(王匡)과 딸 왕엽(王曄)을 낳았으며, 개명은 딸 왕첩(王捷)을 낳았는데, 아이를 낳은 연고가 불명확하다는 이유로 모두 신도국에 머물게 했다. 뒤에 왕안의 병이 심해졌으므로 아들을 모두 잃게 될 것을 걱정한 왕망이 왕안을 대신하여 상주문을 쓴 뒤에 상소하게 했다.

흥 등은 비록 생모의 신분이 미천하지만 그래도 황자(皇子)에 속하니, 버릴 수 없습니다.

신하들에게 상소의 내용을 보여 주자 모두 아뢰었다.

"안이 형제간에 우애가 깊으니, 봄에서 여름이 가기 전에 작위를 봉하는 것이 마땅합니다."

그리하여 사자를 보내 왕흥 등을 왕거(王車)에 태워 맞아 오게 했다. 왕흥은 공수공(功脩公)에, 왕광은 공건공(功建公)에 봉하고 왕엽은 목수임(睦脩任)에, 왕첩은 목체임(睦逮任)에 봉했다.

손자 공명공(公明公)²⁵ 왕수(王壽)가 병으로 죽어 한 달 사이에 네 명의 초상을 치렀다. 왕망이 한나라 효무제와 효소제의 사당을 헐고 그 자리에 아들과 손자를 나누어 장사 지냈다.

위성(魏成)²⁶ 대윤 이언(李焉)이 복자(卜者) 왕황(王況)과 더불어 모의했다. 왕황이 이언에게 말했다.

신나라 황제 즉위 이래로 민전(民田)과 노비를 매매할 수 없게 했고, 여러 차례 화폐 제도를 바꾸었으며, 빈번하게 요역과 물자를 징발했습니다. 한편 군대가 소동을 일으키고 있고, 사이가 여러 군데로 동시에 침입하고 있으며 백성이 원한을 품고 도적이 되어 이곳저곳에서 한꺼번에 일어나고 있으니 한나라가 부흥되어야 마땅합니다. 대윤의 성씨는 이씨(李氏)입니다. 이(李)는 치(徵)와 운(韻)이 같은데, 치(徵)는 〔오음(五音)의 하나로〕 화(火)에 대응하니 〔화덕(火德)의〕 한나라 국정을 보좌하는 신하가 되어야 마땅합니다.

그리하여 이언이 참서(讖書)를 지었다.

문제께서 노하셨다. 지하에서 군사 봉기를 독촉하시며 북쪽의 흉노와 남쪽의 월족에게도 이 사실을 알리고 계신다.

강중(江中)²⁷의 유신(劉信)이 적에게 원수를 갚고 옛 선조의 위업을 다시 잇겠다는 뜻을 견지하며 사 년 뒤에 군대를 일으킬 것이다.

강호에는 도적이 출현해 스스로 번왕(樊王)이라고 하되 성씨는 유씨(劉氏)를 칭하며 만 명을 군사로 모아 사면령에 아랑곳하지 않고 장안과 낙양을 뒤흔들 것이다. 십일 년 뒤에 진공할 것이니 태백(太白)이 빛을 발하고 세성(歲星)이 동정(東井) 자리로 들어갈 때 자신의 명령을 시행할 수 있게 된다.

참서에는 또 왕망 휘하 대신 각자가 만날 길흉사의 일자를 적었다. 참서는 모두 십여만 자였다. 이언이 아전으로 하여금 그 참서를 죽간에 쓰게 했는데, 아전이 달아나 고발했다. 왕망이 사자를 위성에 보내 이언을 체포하고 옥리에 넘겨 심문한 뒤에 모두 죽였다.

삼보(三輔)에 도적이 생겼으므로 포도도위(捕盜都尉)를 두었다. 집법알자(執法謁者)로 하여금 장안 시내에서 도적을 추격하게 했는데, 북을 앞에 세우고 도적의 깃발을 공격했고, 그 뒤를 사자가 따르며 감독했다. 태사희중(太師羲仲) 경상(景尙), 경시장군호군 왕당(王黨)을 보내 군사를 이끌고 청주와 서주를 공격하게 하고 국사화중(國師和仲) 조방(曹放)은 곽흥을 도와 구정을 공격하게 했다.

천하의 곡식과 비단을 서하군, 오원군, 삭방군, 어양군으로 수송하여 한 군마다 수백만 전어치를 배당하고 흉노를 공격하고자 했다.

가을, 서리가 내려 콩을 수확하지 못했다.

함곡관 동쪽에 기근이 크게 들었다.

메뚜기 떼가 날아왔다.

백성 중에 불법으로 돈을 주조하는 자는 오인을 연좌시켜 관노비로 넣었다. 남자는 함거에 태우고 아녀자는 걷게 하되 목에 쇠사슬에 매단 자물쇠를 채우고 종관(鍾官)에게 이송시켰는데 수십만 명이나 되었다. 종관 관아에 도착하면 부부 사이를 갈라 다른 사람과 부부를 맺어 주었는데 괴로워하다가 죽는 사람이 열에 예닐곱이었다.

손희(孫喜)와 경상, 조방 등이 각지의 도적을 공격했지만 승리하지 못했다. 군대의 기강이 해이해져서 백성이 이중으로 곤경에 빠졌다.

왕망이 왕황의 참언에 형초(荊楚)에서 봉기하고 이씨(李氏)가 국정을 보좌한다고 되어 있는 것을 보고 주술로 승리하고 싶어 했다. 이에 시중 장목대부(掌牧大夫) 이심을 대장군 양주목에 임명하고 성(聖)이라는 이름을 하사한 뒤에 군대를 거느리고 용맹하게 공격하게 했다.

상곡군 사람 저하(儲夏)가 자청해서 회계군의 도적 과전의(瓜田儀)를 설득하겠다고 했다. 왕망이 중랑장으로 삼아 과전의에게 사자로 보내 자수할 것을 권했다. 과전의가 먼저 문서로 투항 의사를 밝혔는데, 행동으로 옮기기 전에 죽어 버렸다. 왕망이 그 시신을 달라고 요구하여 장사 지내고 분묘와 사실(祠室)을 조성해 주었으며 과녕상남(瓜寧殤男)이라는 시호를 내렸다. 그렇게 하여 다른 도적들의 투항을 유도하려고 했지만 아무도 투항하지 않았다.

윤월(閏月) 병진일에 천하에 대사령이 내려졌다.

천하대복(天下大服)[28]을 탈상하게 하되 조서를 내리기 전에 개인적으로 복상에 들어갔던 이들도 상복을 벗게 했다.

양성수(陽成脩)가 부명을 올렸는데 “민모(民母)를 다시 세우라.”

라고 되어 있었고, 또 "황제는 백스무 명의 후궁을 거느리고 신선이 되었다."라고 적혀 있었다. 왕망이 중산대부(中散大夫)와 알자 마흔다섯 명씩을 천하 각지에 나누어 보내 향리(鄉里)에서 숙녀(淑女)로 이름이 높은 여자를 광범위하게 찾아 명단을 올리게 했다.

왕망이 꿈에 장락궁에 서 있던 다섯 동인(銅人)을 보았다. 왕망은 꿈에 본 그 동인이 싫었다. 동인의 가슴에 "황제가 천하를 막 겸병하기 시작했다."라고 새겨져 있던 것을 기억해 내고 상방(尚方)의 공장(工匠)을 시켜 없애 버리게 했다. 그러고는 호분무사들로 하여금 고묘 안으로 들어가게 하여 칼을 뽑아 사면에 던지며 공격하고 도끼로 문을 부수며 벽에 도탕(桃湯)을 바르고 저편(赭鞭)을 휘두르며 붉은 물을 들이게 했다. 경거교위(輕車校尉) 부대를 고묘 안에, 중군북루교위(中軍北壘校尉)[29] 부대를 [장릉(長陵)] 침묘 안에 주둔하게 했다.

"황제가 화개(華蓋)를 세우고 신선이 되었다."라고 누군가 말하자 왕망이 바로 아홉 층의 화개를 만들었다. 높이 여덟 장 한 척에 황금으로 살을 만들고 깃털로 장식하고는 사륜거에 비기(祕機)로 연결하여 말 여섯 필이 끌게 했다. 황의를 입고 황건을 쓴 역사 삼백 명이 따르고, 수레 위에서는 사람이 북을 두드렸으며, 만자(輓者)가 동시에 "등선(登僊)"이라고 외치게 하여 왕망이 황궁 밖을 나갈 때에 행렬의 앞에 세웠다. 백관들은 "저건 이거(輀車)와 비슷한 것이 신선의 수레가 아니네."라고 혼잣말을 했다.

그해, 남군(南郡) 사람 진풍(秦豊)이 무리 만 명을 거느렸다.

평원군(平原郡) 여자 지소평(遲昭平)이 박희(博戲)에 이기는 법을 잘 가르쳤는데, 팔투(八投)로 겨루는 법이었다. 지소평도 하저(河陽)[30] 안에서 수천 명을 모았다.

왕망이 대신들을 불러 도적을 잡을 방략에 관해 물어보자 모두 "이들은 천벌을 받을 자들이라 걸어 다니는 시체와 같으니, 그 목숨이 경각에 달려 있을 뿐입니다."라고 말했다.

좌장군 공손록을 불러와서 조정 대신 회의에 참가시키자 공손록이 말했다.

"태사령 종선(宗宣)은 천문과 역법을 관장하고 절기의 변화를 관찰하면서 흉조를 길조로 둔갑시킴으로써 천문을 어지럽히고 조정을 오도했습니다. 태부 평화후(平化侯)는 거짓을 꾸며 대며 명예와 지위를 탐하고 있으니 '남의 아들을 망친 격'[31]입니다. 국사 가신공(嘉信公)은 오경(五經)의 뜻을 거꾸로 해석하면서 스승의 가르침을 훼손하고 있어 학생들을 미혹시키고 있습니다. 명학남(明學男) 장한(張邯)과 지리후(地理侯) 손양(孫陽)이 정전제를 만들어 사람들로 하여금 땅과 농사를 버리게 했습니다. 희화(犧和) 노광(魯匡)은 육관령을 제정하여 공장(工匠)과 상인을 궁하게 했습니다. 열부후 최발은 아부하며 호감을 사면서 아랫사람들의 뜻이 위로 올라가지 못하게 막고 있습니다. 이 몇 사람들을 주살하여 천하의 백성을 위로함이 마땅합니다."

공손록이 또 주장했다.

"흉노는 공격하면 안 되고 화친해야 합니다. 신은 신나라의 우환이 흉노에 있지 않고 봉역(封域) 안에 있다고 생각하며 걱정하고 있습니다."

왕망은 노하여 호분무사로 하여금 공손록을 밖으로 끌어내게 했다. 그러나 공손록의 의견 중 일부는 들어주었으니, 백성이 원망하고 비난하는 것을 이유로 들어 노광을 오원군의 졸정으로 좌천시켰다. 육관령은 노광 혼자서 만든 제도가 아니었지만 왕망은 백성의 뜻에 부합하기 위해 지방으로 보냈다.

애초 사방에서 많은 사람이 기근과 추위로 빈곤에 시달리다가 도적이 되었는데 점점 많이 모여 세력을 이루었다. 그러나 풍년이 들어 고향에 돌아갈 수 있기를 늘 기대했다. 비록 수만 명씩 모였더라도 그 우두머리는 겨우 거인(巨人), 종사(從事), 삼로(三老), 좨주(祭酒) 등을 칭하면서 성읍을 공격할 엄두는 내지 못하고 이곳저곳에서 먹을 것을 빼앗았다. 그래도 하루 먹으면 남는 것이 없었다. 장리였던 주목과 태수가 죽기도 했지만 모두 관군이 허둥지둥 어지럽게 싸우던 중에 관군의 무기에 찔려 죽은 것이지, 도적들은 주목과 태수를 죽일 생각이 없었다. 그러나 왕망은 그런 사정을 알지 못했다.

그해에 대사마의 사(士)가 예주에서 고발된 사건을 조사하러 갔다가 도적에게 잡혔는데 도적이 그를 현의 관아로 돌려보냈다. 사가 황궁에 돌아와서 글을 올려 구체적인 상황을 보고했다. 왕망이 대로하며 무망죄(誣罔罪)로 하옥시켰다. 그러고는 글을 내려 칠공(七公)[32]을 질책했다.

"대저 리(吏)는 다스릴 리(理)와 통한다. 황제의 성덕과 은택을 널리 선양하면서 백성을 돌보는 것이 관리가 갖추어야 할 인(仁)의 도리이고, 세력이 강한 호족을 누르고 간악하게 법을 어기는 자들을 감시하며 도적을 체포하여 징벌하는 것은 관리가 지향할 의(義)의 표준이다. 그런데 지금의 관리들은 그렇지 못하다. 도적이 일어나도 전혀 잡지 못하여 무리를 이루고 있으니, 재사(宰士)가 탄 역참 수레를 가로막고 약탈했다. 그런데 탈출한 사는 자기가 도적의 죄를 열거하며 왜 이런 짓을 했느냐고 문책하니 도적이 '빈궁하기 때문입니다.'라고 하면서 안전하게 풀어 주었다고 헛소리를 했다. 지금 속인(俗人)과 관리는 대개 다 이런 식이다.

생각해 보면 빈곤하여 기근과 추위에 시달리다가 범법하여 나쁜 놈이 될 때에는 크게 떼도적을 이루거나 작게 담장에 구멍을 내어 물건을 훔치거나 하는 두 가지밖에 없어야 한다. 그러나 지금 역적모의를 하는 패거리들이 수백, 수천 개에 이르고 있는데 이들은 크게 바란을 일으키려고 하는 자들이니 어떻게 기근과 추위를 거론하는가!

칠공은 경, 대부, 졸정, 연수, 서윤을 엄하게 꾸짖어, 삼가며 선량한 백성을 돌보는 한편으로 신속히 도적을 잡아 소탕하게 하라. 한마음으로 있는 힘을 다해 악한 놈을 증오하며 도적을 없애지는 않고 기근과 추위가 도적이 일어난 원인이라고 망언하는 자는 바로 잡아 가두고 그 죄를 다스리겠다."

그 뒤로 신하들은 더욱 두려워하며 도적에 관련된 일을 보고할 엄두조차 내지 못했다. 또 함부로 군대를 출동시키지 못했으므로 끝내 도적을 제압하지 못했다.

익평 연수 전황은 평소에 과감하게 일을 처리했다. 열여덟 살 이상 남자 사만여 명을 징발하고 무기고에서 무기를 꺼내 지급한 뒤에 군령을 돌에 새겼다. 이 소문을 들은 적미(赤眉)[33]가 익평 땅 안으로 들어갈 엄두를 내지 못했다. 그 뒤에 전황이 자신을 탄핵하는 상주를 올리자 왕망이 전황을 책망했다.

"호부(虎符)를 내리지 않았는데 함부로 군대를 징발했으니 이것은 농병(弄兵)에 해당하여, 그 죄가 전시(戰時)의 핍흥죄(乏興罪)에 해당한다. 황이 스스로 책망하면서 반드시 도적을 잡아 섬멸하겠다고 했으므로 법으로 다스리지 않겠다."

그 뒤에 전황이 스스로 익평 경계 바깥에서 도적을 공격하겠다고 청했다. 전황은 가는 곳마다 도적을 쳐부수었다. 왕망이 새서(璽書)를 내려 전황으로 하여금 청주와 서주의 주목 일을 겸해서 보게 했다. 전황이 상소했다.

도적이 막 일어났을 때에는 그 뿌리가 심히 미약했지만 부리(部吏)나 오인(伍人)이 잡을 수는 없었습니다. 잘못은 도적을 잡을 생각이 없었던 장리에게 있습니다. 현에서는 군을 속이고, 군에서는 조정을 속여 실제로 백 명이면 열 명이라고 했고, 실제로 천 명이면 백 명이라고 보고했습니다. 조정에서는 이를 소홀히 여겨 전혀 감독하고 책벌하지 않았으므로 마침내 여러 주에 도적이 만연하게 되었습니다. 조정에서는 그제야 장수를 보내거나 사자를 많이 내려보내 이곳저곳을 돌며 감독하고 재촉했습니다. 군현에서는 시찰 나온 상부 관리를 힘을 다해 섬김으로써 상부 관리가 힐문하고 대답을 듣는 과정을 생략하게 했습니다. 술과 음식을 제공하고 돈과 재물을 갖추어 참형에서 구해 달라고 부탁했습니다. 그러느라고 도적 잡는 일을 걱정하거나 공사(公事)를 처리할 틈이 전혀 없었습니다. 장수는 친히 군리(軍吏)와 병사를 인솔하지 않아 싸우기만 하면 도적에 깨져서 사기가 점점 약해지고 있고 백성의 재물만 헛되이 쓰고 있습니다.

지난번에 대사령이 내렸을 때, 도적이 해산하려고 했지만 퇴로를 막고 공격하는 관리가 있었습니다. 두려움에 떨며 산골짜기로 들어가서 공격받은 이야기를 퍼뜨리자 원래 군과 현에 투항했던 도적까지 모두 놀라서 속임수에 빠져 죽을지도 모른다고 두려워했습니다. 기근 때문에 민심이 쉽게 동요했으므로 열흘 사이에 새로 십여만 명이 모였습니다. 이것이 도적이 많아지는 원인입니다.

지금 낙양 동쪽 지방에서는 미 한 석에 이천 전이나 합니다. 제가 조서를 받았는데 태사와 겨시장규 두 사람을 파견하셨다기 하니, 이 두 사람은 조정의 용맹한 중신(重臣)이고 거느린 군사 수효가 많아서 연도의 관아에서 창고를 털어야 두 부대의 경비를 댈 수 있습니다. 그렇다고 군사가 적으면 원방(遠方)에 위엄을 보이지 못합니다. 그러므로 목(牧)과 윤(尹) 이하의 관리를 급히 뽑고 상벌 규정을 명확히 밝혀 고향을 떠난 사람을 모아들여야 합니다.

성곽이 없는 작은 봉국에는 그곳의 노인과 아이들을 큰 성안으로 이주시켜야 합니다. 큰 성에 곡식을 모아 두고 힘을 합해 성을 굳게 지키는 것입니다. 그렇게 하면 도적이 와서 성을 공격해도 함락하지 못할 테고, 도적이 지나는 길에 먹을 것을 없애면 도적이 떼를 이루지 못합니다. 이렇게 한 뒤에 그들을 어루만지면 반드시 투항하고 또 공격해도 섬멸할 수 있습니다.

지금 창고는 비어 있는데 장수를 많이 내보내면 군과 현의 관아에서 괴로움을 겪게 되어 도적보다 더 심하게 피해를 주게 될 것입니다. 역참 수레를 타고 시찰을 다니는 사자들을 모두 불러들여 군과 현에서 백성의 부담을 줄여 주십시오.

신 황에게 두 주의 도적 일을 맡겨 주시면 반드시 평정하겠습니다.

왕망은 전황이 두려웠으므로, 몰래 후임자를 출발시켜 놓고 사자를 보내 전황에게 새서를 내렸다. 사자가 도착하여 전황을 만나 후임자가 전황의 부대를 통솔하게 되었다고 했다. 전황이 사자를 따라 서쪽으로 가서 황궁에 도착하자 사위대부(師尉大夫)에 임명했다. 전황이 떠난 뒤에 제나라 땅은 도적 손에 떨어졌다.

3년 정월, 구묘가 완공되어 신주를 모셨다. 왕망이 여섯 마리 말이 끄는 대가(大駕)를 타고 조상의 신주를 알현하러 갔다. 수레를 끄는 말에게 오채모(五采毛)로 용 무늬를 새겨 넣은 옷을 입히고, 세 척 길이의 인공 뿔을 달았다. 또 화개거(華蓋車)와 원융(元戎) 열 대를 행렬의 선두에 세웠다. 사당을 건축한 공을 인정하여 사도와 대사공에게 각각 천만 전을 내렸고, 시중과 중상시 이하 관리들에게 모두 상을 내렸다. 또 도장(都匠) 구연(仇延)을 한담리(邯淡里) 부성에 봉했다.

2월, 패교(霸橋)에 불이 났다. 수천 명이 물을 부어 불을 잡으려고 했지만 꺼지지 않았다. 그런 일이 일어난 것을 불쾌하게 여긴 왕망이 글을 내려서 말했다.

대저 삼황은 봄을, 오제는 여름을, 삼왕은 가을을, 오패는 겨울을 상징한다고 했다. 삼황과 다른 제왕들은 왕조를 개창할 운을 타고났지만 패자들은 황제의 자리가 비었거나 권력이 약한 틈을 타서 제왕의 대를 이었으니, 그 패도는 어지러운 것이었다. 상안(常安)의 어도(御道)에 그 비슷한 이름이 많다.

2월 계사일 밤부터 갑오일 아침까지 패교에 불이 났는데, 다리 동쪽에서 서쪽으로 불이 옮겨 간 뒤에 갑오일 저녁이 되어 다리를 다 태우고 나서야 불이 꺼졌다. 대사공이 화재 현장에 가서 조사해 보니 누군가 말하기를 추위에 떨던 사람들이 다리 아래에 살면서 불을 피워 따뜻하게 하다가 화재를 일으킨 것으로 보인다고 했다.

이튿날 아침은 을미일로서 입춘 날이었다. 지황 4년이면 내가 신명성조(神明聖祖) 황우(黃虞)의 구통을 이어 천명을 빈은 지 일나섯 해가 되는데, 바로 지황 3년 겨울에 혼란의 오패를 상징하는 다리가 없어짐으로써 신나라가 오랫동안 천하를 통일하여 영구히 존속한다는 뜻을 크게 나타내 보이셨다. 그래서 이 다리를 교훈 삼아 동방에 왕도를 펼칠 것이다. 동방에는 해마다 흉년이 들어서 백성이 기근에 시달리고 있는데 도로가 통하지 않고 있다. 동악태사(東岳太師)가 시급히 조목조목 보고하고 동방의 창고들을 열어 빈궁한 자들을 구제함으로써 인의 도를 베풀라. 이에 패관(霸館)을 장존관(長存館)으로, 패교를 장존교(長存橋)로 이름을 바꾼다.

그달에 적미군이 태사희중 경상(景尙)을 죽였다.
함곡관 동쪽에서 사람들이 서로 잡아먹었다.

4월, 태사 왕광과 경시장군 염단을 동쪽으로 보냈다. 성문 밖에서 조도(祖道)를 올리고 이들을 전송했는데 하늘에서 큰 비가 내리다가 옷을 다 적신 뒤에 그쳤다. 그 모습을 본 장로가 탄식하며 말했다.

"이 비는 군대를 위해 운 것이다."

왕망이 말했다.

"양구(陽九)의 액운에 겹쳐진 재해의 기운이 지난해에 소멸되었다. 가뭄과 서리, 메뚜기 피해로 인해 기근이 끊임없이 발생하자 궁핍해진 백성이 사는 곳을 떠나 길에서 사는데, 올해 봄이 가장 심하니 몹시 안타까운 일이다.

이번에 동악 태사 특진 보신후를 보내 동방의 창고를 열어 궁핍한 자들을 구제하도록 하겠다. 태사공이 지나가지 않는 곳은 대부와 알자를 나누어 파견하여 그쪽의 창고를 다 열고 백성의 목숨을 보전하겠다. 태사공은 대사(大使), 오위사명과 함께 동쪽으로 보내고, 대사마 경시장군 평균후(平均侯) 염단[14]은 연주(兗州)로 보내니, 동방에 속한 관리와 백성들을 위로하고 원래 청주와 서주에서 반란을 일으킨 도적 중에 아직 없애지 못했거나 뒤에 다시 모여든 자들을 모두 소탕하여 백성들을 안정시키기 바란다."

태사와 경시장군은 정예 병사 십여만 명을 함께 거느리고 가는 곳마다 방종을 일삼았다. 그리하여 동방에서는 "차라리 적미를 만날지언정 태사를 만나서는 안 된다.", "태사는 그래도 나은 편이다. 경시가 나를 죽일 것이다."라고들 했다.

사정은 끝내 전황이 말한 대로 되었다.

왕망이 또 대부와 알자를 많이 파견하여 백성들에게 초목을 끓여 낙(酪)[35]을 만드는 방법을 가르쳤다. 그 낙(酪)을 먹을 수가 없었으므로 계속해서 경비만 낭비했다.

왕망이 글을 내려 선포했다.

백성이 곤궁한 것을 걱정하며 창고를 두루 열어 구제했지만 아마도 모자랄 듯하다. 임시로 천하의 산과 못에 적용한 금령을 풀어 산과 못에서 채취하되 월령에 맞게 산물을 얻는다면 그렇게 할 수 있도록 들어주도록 하고 세금을 내지 않게 하라. 지황 30년이 될 때까지 그대로 실시하라. 그해는 왕광상무(王光上戊)[36] 6년일 것이다. 만일 세력을 부리는 관리나 교활한 호족이 그 이익을 가로채고 소민(小民)들이 혜택을 입지 못한다면 그것은 니의 뜻에 어긋나는 일이다. 『역』에 "위의 것을 덜어 아래를 이롭게 하니 사람들이 무한히 기뻐했다."[37]라고 이르지 않았던가! 『서』에 "명령해도 복종하지 않는 것을 두고 제대로 다스리지 못했다고 하는 것이다."[38]라고 했다. 아아, 공들이여, 어찌 걱정하지 않을 수 있겠는가!

그때 하강병(下江兵)이 세력을 떨치고 있었다. 신불병(新市兵) 주유(朱鮪)와 평림병(平林兵) 진목(陳牧) 등이 모두 다시 사람들을 모아 마을을 공격했다. 왕망이 사명대장군(司命大將軍) 공인을 예주에 파견하여 순시하게 하고, 납언대장군(納言大將軍) 엄우와 질종대장군(秩宗大將軍) 진무로 하여금 형주를 공격하게 했다. 각각 군리와 군사 백여 명을 거느리고 위수를 통해 배를 타고 황하 쪽으로 나아갔다. 화음(華陰)에 이르렀을 때 상륙하여 역참 수레를 타고 해당 지역에 도착해서는 군사를 모집했다. 엄우가 진무에게 말했다.

"장수를 파견하되 병부(兵符)를 내주지 말고 먼저 허락을 청한 뒤에 군사를 움직이게 해야 하니, 이는 묶어 둔 사냥개 한로(韓盧)를 풀어 사냥감을 잡아 오게 하는 것과 같습니다."

여름, 메뚜기가 동방에서 날아와 하늘을 덮었다. 장안까지 날아온 메뚜기들이 미앙궁에 들어가 전각에 붙어 있었다. 왕망이 관리와 백성을 동원했는데 메뚜기를 잡아 죽이면 상금을 내리겠다고 했다.

왕망이 천하의 곡식 값이 비싼 것을 알고 가격을 조절하고자 대창(大倉)을 만들고 위(衛)를 두어 창을 들고 교대하게 했는데, 이름하여 '정시역문(政始掖門)'[39]이었다.

유민 수십만 명이 함곡관 안으로 들어오자 양섬관(養贍官)을 두어 먹을 것을 공급하게 했다. 사자를 보내 감독하고 지휘하게 했는데 [사자가] 소리(小吏)와 함께 그 공급량을 훔쳤으므로 굶어 죽은 자가 열에 일고여덟 명이나 생겼다.

그보다 먼저 왕망이 중황문 왕업(王業)으로 하여금 장안 시장에서 구매하는 일을 맡게 했는데 사람들로부터 싼값에 사들여 사람들이 몹시 싫어했다. 왕업에게 경비를 절약한 공을 인정하여 부성(附城) 작위를 하사했다. 왕망이 장안성에 기근이 들었다는 소식을 듣고 왕업에게 물어보자, 왕업이 고했다.

"모두 유민들입니다."

그러고는 시장에서 기장밥과 고깃국[40]을 팔게 한 뒤에, 그것을 황궁에 가지고 와서 왕망에게 보여 주며 말했다.

"장안 사람들은 모두 이런 걸 먹고 있습니다."

왕망이 그 말을 믿었다.

겨울, 무염(無鹽) 사람 삭로회(索盧恢) 등이 군사를 일으켜 성을 근거지로 반란을 일으켰다. 염단과 왕광이 공략하여 함락하고 만여 명의 목을 베었다. 왕망이 중랑장을 보내 새서를 받들고 가서 염단과 왕광의 작위를 공(公)으로 올려 주고, 공을 세운 군리와 군사 열 몇 명을 봉하게 했다.

적미군 별교(別校) 동헌(董憲) 등이 수만 명을 거느리고 양군(梁郡)에 주둔하자 왕광이 이들을 공격하려고 했다. 그러나 염단은 새로 성을 함락하느라 지쳤으니 잠시 병사들을 쉬게 하여 무력을 보충해야 한다고 했다. 왕광이 그 말을 듣지 않고 군사를 끌고 단독으로 진격하자 염단이 따라갔다. 성창(成昌)에서 교전했는데 군대는 패하고 왕광은 달아났다. 염단이 군리한테 자신의 인불과 부절을 왕광에게 보내 주게 하고 말했다.

"애송이야 달아날 수 있지만 나는 그럴 수 없다."

그러고는 전장에 남아 싸우다가 죽었다.

교위 여운(汝雲)과 왕륭(王隆) 등 스물 몇 명이 다른 곳에서 싸우다가 그 소식을 듣고 모두 말했다.

"염공이 전사했는데 우리가 무엇을 위해 살려고 하겠는가!"

그러고는 적을 향해 진격하다가 모두 전사했다. 왕망이 그 소식을 듣고 가슴 아파하며 글을 내렸다.

공은 엄선된 정예병을 많이 거느리고 있었고, 여러 군의 준마와 군량 및 국고의 물자를 모두 공이 알아서 조달해 쓸 수 있었다. 그러나 조책(詔策)의 명령을 소홀히 여겨 장군의 부절을 버린 채, 말을 타고 함성을 지르다가 어지러이 휘갈기는 칼에 해를 당했다. 오호애재라! 장군에게 과공(果公)이라는 시호를 내린다.

국장(國將) 애장이 왕망에게 고했다.

"황조고 황제 때에 중황직(中黃直)이 장수가 되어 치우 부대를 쳐부수고 치우를 죽였습니다. 지금 신이 바로 중황직 자리에 있으니 효산 동쪽을 평정하기 원합니다."

왕망이 애장에게 말을 달려 동쪽으로 가게 해서 왕광과 함께 싸우게 했다.

또 대장군 양준(陽浚)은 오창을 지키게 하고 사도 왕심은 십여만 명을 거느리고 낙양에 주둔하면서 남궁(南宮)을 지키게 했다. 대사마 동충은 중군 북루에서 군사를 양성하며 활쏘기 연습을 시키게 했다. 대사공 왕읍은 삼공의 직책을 겸했다.

사도 왕심이 장안을 떠나 패창관(霸昌觀)의 구(廐)에 유숙했는데, 사도의 황월(黃鉞)을 잃어버렸다. 왕심의 사(士) 방양(房揚)은 평소에 거리낌 없이 솔직하게 말하는 사람이었다. 방양이 황월을 잃어버린 것을 알고 울면서 말했다.

"이는 바로 경전에서 '날카로운 도끼를 잃어버렸다.'[41]라고 한 것과 같다."

방양이 스스로 탄핵한 뒤에 사직했다. 왕망이 방양을 죽였다.

사방의 도적들이 수만 명의 군사로 성읍을 공격하여 이천석 이하 관리들을 자주 죽였는데 태사 왕광 등이 전투에서 몇 차례나 졌다. 왕망은 천하의 민심이 이반한 것을 알고 더는 책략으로 밀어붙이지 못하리라 여겼다. 그래서 대신들과 의논하여 풍속대부(風俗大夫) 사국헌(司國憲) 등을 천하 각지에 나누어 파견하기로 하고, 정전제와 노비 매매 금지령, 산과 못에서 거두는 세금을 포함한 육관령을 없애게 함으로써 즉위 이래로 백성에게 불리하게 작용했던 황제의 명령을 거두어들이려고 했다.

풍속대부 등이 미처 출발하지 않았을 무렵이었다. 세조(世祖)[42]와 세조의 형 제 무왕(齊武王) 유백승(劉伯升), 원현 사람 이통(李通) 등이 용릉(春陵)의 젊은이 수천 명을 거느린 채, 신불병(新市兵)과 평림병(平林兵)의 주유와 진목 등을 불러들여 극양(棘陽)을 함께 공격하고 함락했다.

그때 엄우와 진무가 하강병을 쳐부수었으므로, 성단(成丹)과 왕상 등 수천 명이 다른 길로 달아나 남양군 경계 안으로 들어갔다.

11월, 장수(張宿)에 혜성이 나타났다가 동남쪽으로 옮겨 가더니 닷새가 지난 뒤에 보이지 않았다. 왕망이 태사령 종선과 술수가들을 불러 여러 차례 물어보았는데, 모두 똑바로 대답하지 않고 '천문은 제자리에서 잘 돌아가고 있고, 도적들이 얼마 있지 않아 섬멸될 것'이라고 했다. 왕망이 그런대로 자신을 달랬다.

4년 정월, 〔세조의〕 한병(漢兵)이 하강병(下江兵) 왕상 등의 지원군 도움을 받아 전수대부(前隊大夫) 견부(甄阜)와 속정(屬正) 양구사(梁丘賜)를 공격하여 두 사람을 모두 베어 버리고 그 부대의 수만 명을 죽였다.

그보다 먼저 장안 사람들이 청주와 서주에 도적 부대 수십만 명이 있지만 문장과 칭호, 정기, 표식을 쓰지 않는다는 말을 듣고 모두 이상하게 여겼다. 호사가들이 은밀히 말했다.

"설마 옛적의 삼황 때에 문서와 호칭과 시호가 없었던 것을 본떠서 그러는 것은 아니겠지?"

왕망도 속으로 이상하게 여겼으므로 대신들에게 물어보았으나 어떤 대신도 대답하지 못했다. 그때 유일하게 엄우가 대답했다.

"이 일은 이상할 것이 없습니다. 황제와 탕왕, 무왕은 군대를 출동할 때 언제나 부곡(部曲)⁴³의 정기와 호령을 갖추었습니다. 지금 저들에게 그런 것이 없는 것은 기근과 추위를 만난 떼도적일 뿐인지라 개와 양이 모여 있는 것과 같아서 그런 제도를 만들 줄 모르는 것입니다."

엄우의 설명을 듣고 왕망이 크게 기뻐했다. 신하들은 모두 탄복했다. 유백승이 봉기한 뒤에 장수들이 모두 장군을 칭하고 여러 성과 땅을 공략하면서 견부를 죽이고는 문서를 통해 제왕의 정무를 보았다. 왕망이 그 소식을 듣고 두려워했다.

한병(漢兵)이 승기를 타고 원성(宛城)을 포위했다.

그보다 먼저 세조의 친척 형 성공(聖公)⁴⁴이 평림병(平林兵)에 들어 있었다.

3월 초하루 신사일에 평림병과 신불병, 하강병의 장수 왕상과 주유 등이 성공(聖公)을 황제로 세웠다. 황제는 연호를 바꾸어 경시(更始) 원년으로 하고 백관을 임명했다.

왕망이 그 소식을 듣고 더욱 놀랐다. 그러나 겉으로는 태연한 척하려고 수염과 머리를 물들이고 천하의 숙녀로 황궁에 불려 온 두릉 사씨(史氏) 집안의 딸을 황후로 맞이했다. 납채 예물로는 황금 삼만 근과 억대에 해당하는 수레와 말, 노비, 화려한 비단, 진귀한 보물을 보냈다. 왕망이 친히 전전(前殿)의 양쪽 계단 중간에서 황후를 맞이한 뒤에 상서당(上西堂)에서 동뢰(同牢)의 예를 치렀다. 그 밖에 화빈(和嬪), 미어(美御), 화인(和人) 세 명을 두어 공(公)과 같은 자리에 올렸다. 또 빈인(嬪人) 아홉 명을 경과 같은 자리에, 미인(美人) 스물일곱 명을 대부와 같은 자리에, 어인(御人) 여든한 명을 원사와 같은 자리에 올려 도합 백스무 명을 채웠다. 후궁은 모두 인불을 패용하게 하고 〔아들을 낳도록〕 궁독(弓韣)을 들고 있게 했다. 황후의 아버지 사심(史諶)을 화평후(和平侯)에 봉한 뒤에, 영시장군에 임명했다. 사심의 두 아들은 모두 시중이 되었다. 그날 큰바람이 불어 집채가 무너지고 나무가 부러졌다.

대신들이 축수하며 아뢰었다.

"경자일에 비가 내려 길을 깨끗이 치워 주었고, 신축일에는 깨끗하여 먼지 하나 없었습니다. 그날 저녁에 곡풍(穀風)이 빠른 속도로 동북쪽에서 불어왔습니다. 신축은 손괘(巽卦)가 주관하는 날입니다. 손괘는 바람과 부드러움을 상징하는데, 황후의 도리를 똑똑하게 알고 있고 천하모의 도리를 갖추고 있어 온화하면서 자애롭게 은혜를 베풀게 될 것을 상징합니다. 『역』에 '여기에서 큰 복을 받는데 왕모(王母)로부터 받는다.'[45]라고 했고, 『예』에 '하늘의 뜻을 받들어 얻은 경사로 만복이 무궁무진하리라.'[46]라고 했습니다. 이미 망한 한나라의 화덕(火德) 유씨(劉氏)에게 의지하고자 하는 자들을 모두 깨끗이 씻어 내어 남은 무리가 없이 섬멸할 것입니다. 그리고 백곡(百穀)을 풍성하게 거두고 초목을 번성시킴으로써 백성이 즐거워하며 만민이 복을 받을 것이니 천하가 크게 기뻐할 것입니다."

왕망이 날마다 탁군 사람 방사(方士) 소군(昭君) 등과 황궁 후원에서 방술을 연구하며 실험했는데 방종하고 음란하게 즐겼다.

천하에 대사령을 내렸다. 그런 뒤에 말했다.

전임 한나라 용릉후(春陵侯)의 자제들과 유백승이 그 친척과 인척, 일당과 더불어 함부로 유언비어를 퍼뜨려 사람들을 미혹시키면서 천명을 위배했다. 경시장군 염단과 전수대부(前隊大夫) 견부, 속정 양구사를 직접 죽인 자와 북적 호로의 역적 여(輿)[47]와 남극로(南僰虜) 약두(若豆) 및 맹천(孟遷)에게는 이 대사령 문서를 적용하지 않을 것이니, 이들을 잡아 오는 자는 모두 상공(上公)에 봉하고 보화 오천만 전을 내리겠다.

왕망이 조서를 내려 또 명령했다.

태사 왕광, 국장 애장, 사명(司命) 공인, 연주목(兗州牧) 수량(壽良), 졸정 왕굉(王閎), 양주목(楊州牧) 이성(李聖)은 급히 해당 주와 군의 부대를 진격시켜 총 삼십만 명으로 청주와 서주의 도적을 바짝 추격하라.

납언장군 엄우와 질종장군 진무, 거기장군 왕순(王巡), 좌수대부
(左隊大夫) 왕오(王吳)는 급히 해당 주와 군의 부대를 진격시켜 전수
(前隊) 지방의 추로(醜虜)를 바짝 추격하라. 투항하는 자는 살려 준
다고 명백히 알리되 단청(丹靑)처럼 변하지 않는 약조를 세우겠다
고 하고, 계속해서 미혹되어 흩어지지 않는 자들은 모두 힘을 합해
공격하여 섬멸시키도록 하라!

대사공 융신공 왕읍은 종실 친척으로 전에 호아장군의 신분으로
동쪽으로 진격해서는 반로(反虜)의 부대를 깨뜨렸고, 서쪽을 공격해
서는 역적을 쳐부수었으니, 이 대사공은 신나라의 동량 격인 위보
지신(威寶之臣)이다. 만일 교활한 도적들이 흩어지지 않는다면 대사
공에게 백만 군사를 거느리고 정벌하게 하여 전멸시킬 것이다.

칠공의 간사(幹士) 외효(隗囂) 등 일흔두 명을 나누어 보내 대사
령의 뜻을 알리게 했다. 효 등은 장안을 나가서 달아나 버렸다.

4월, 세조와 왕상 등이 별동대로 영천군을 공격하여 곤양현(昆
陽縣), 언현(郾縣), 정릉현(定陵縣)을 함락했다. 왕망이 그 소식을 듣
고 더욱 크게 두려워했다. 그래서 대사공 왕읍으로 하여금 역참
수레를 타고 낙양으로 달려가게 한 뒤에 사도 왕심과 함께 여러
군의 병사 백만 명을 징발하여 호아오위병(虎牙五威兵)이라고 이름
붙이고 효산 동쪽을 평정하게 했다. 왕읍은 공을 세운 자에게 작
위를 봉할 전권과 작전권을 위임받았다. 병법에 밝은 육십삼 가[48]
의 술사를 불러 임용했다. 술사들은 각자 병서를 가진 채 무기를
받고 군리(軍吏)를 보충받았다. 왕망은 국고의 물자를 모두 털어

왕읍에게 주었다. 진귀한 보물과 맹수를 많이 가지고 가서 부유한 모습을 보여 줌으로써 효산 동쪽의 도적들을 떨게 하기 위해서였다. 왕읍이 낙양에 도착하자, 주와 군에서 각각 정예병을 뽑아 주목과 태수가 직접 군사를 거느렸는데, 사십만 명이 기한 안에 모였다. 나머지도 길에서 끊이지 않고 모여들었으니, 수레와 갑옷 입은 병사와 말이 성대한 행렬을 이루었다. 자고로 군대를 출동시킬 때는 볼 수 없던 풍경이었다.

6월, 왕읍이 사도 왕심과 낙양을 떠나 원현으로 가는 길에 영천군을 지나 곤양현에 도착했다. 그때 곤양은 〔세조의〕 한병(漢兵)에게 투항하여 한병이 지키고 있었다. 엄우와 진무가 왕읍, 왕심과 만났다. 왕음과 왕심이 군대를 풀어 곤양을 포위하자 엄우가 말했다.

"존호(尊號)를 칭한 자가 원성 땅에 있으니 급히 그곳으로 진격해야 마땅합니다. 그곳을 쳐부수면 다른 성은 자연히 평정될 것입니다."

왕읍이 말했다.

"백만 대군은 지나는 길에 있는 성을 섬멸해야 합니다. 지금 이 성을 도륙하고 유혈이 낭자하게 만든 뒤에 전진한다면 행렬 앞에서는 노래하고 뒤에서는 승리의 춤을 출 테니 통쾌하지 않겠습니까!"

그러고는 성을 수십 겹으로 포위했다. 성안에서 투항을 청했지만 허락하지 않았다. 엄우가 또 말했다.

"후퇴하는 군대의 퇴각로를 차단하지 말고, 성을 포위하면 출구를 열어 주어야 한다.'라는 병법대로 저들이 탈출하게 함으로써 원성 사람들을 떨게 해야 합니다."

왕읍이 또 듣지 않았다. 그때 세조가 언현과 정릉현의 군사 수천 명을 데리고 곤양을 구원하러 왔다.[49] 왕심과 왕읍은 구원병을 가볍게 여겼다. 이들은 만여 명을 거느리고 진지를 돌아다니면서 각 군영으로 하여금 명령이 떨어질 때까지 움직이지 말도록 경고한 뒤에 단독으로 세조의 구원병과 싸우러 나갔으나 패배했다. 대군(大軍)은 함부로 구원에 나서지 못했다. 한나라 군이 승기를 잡고 왕심을 죽였다. 곤양성 안에 있던 군대가 밖으로 나와서 함께 싸웠으므로 왕읍은 달아나고 군대는 혼란에 빠졌다. 바람이 불어 기와를 날렸고 비가 물을 들이붓듯이 내렸다. 대군은 무너져 아우성을 쳤다. 끌고 갔던 호랑이와 표범도 벌벌 떨었고 사졸은 달아나 각자가 살던 군으로 돌아갔다. 왕읍은 자신이 장안에서 데리고 간 수천 명의 용감한 군사와 함께 단독으로 낙양에 돌아왔다. 관중 사람들이 그 소식을 듣고 두려워했다. 도적들은 연달아 봉기했다.

그런데 한나라 군의 말에 의하면 왕망이 짐독으로 효평제를 죽였다고 했다. 왕망이 공경 이하 신하들을 왕로당에 모아 평제를 위해 기도했던 금등 책서를 꺼내어 대신들에게 울면서 보여 주었다. 또 명학남(明學男) 장한에게 자신의 덕행과 부명에 관한 일을 설명하도록 명했다. 그 뒤에 왕망이 말했다.

"『역』에 '복융우망, 승기고릉, 삼세불흥(伏戎于莽, 升其高陵, 三歲不興)'[50]이라고 했는데, '망(莽)'은 황제의 이름이고 '승(升)'은 유백승을 이르는 것이며 '고릉(高陵)'은 고릉후의 아들 적의를 지칭하는 것이니, 신나라 황제 시대에 유승(劉升)과 적의가 군대를 매복시키지만 섬멸되어 일어나지 못할 것'이라는 뜻이구나."

대신들이 이 말을 듣고 모두 만세를 외쳤다.

또 동방에서 몇 사람을 함거에 태워 보내게 한 뒤에 '유백승 등인데 모두 사형시킬 것'이라고 알렸다. 그러나 사람들이 그것을 보고 꾸민 일이라는 것을 알았다.

그보다 먼저 위장군 왕섭이 평소에 도사(道士) 서문군혜(西門君惠)를 문객으로 데리고 있었다. 서문군혜는 천문과 참기(讖記)에 관심이 많았다. 서문군혜가 왕섭에게 말했다.

"혜성이 하늘의 궁실을 쓸어 버렸으니, 유씨가 부흥할 것입니다. 국사공(國師公)의 성명(姓名)이 바로 그런 뜻을 나타내고 있습니다."

왕섭이 그 말을 믿고 대사마 동충에게 이야기해 주었다. 국사의 관아의 전중려(殿中廬)[51]에 여러 차례 찾아가서 성수(星宿)에 관해 이야기했으나 국사는 응하지 않았다. 뒤에 왕섭이 특별히 찾아와서 유흠에게 울면서 말했다.

"진실로 공과 더불어 집안을 함께 보호하고자 하는데, 어찌하여 섭을 믿지 못하십니까!"

그러자 유흠이 천문과 인사에 관해 이야기하면서 동방이 반드시 이길 것이라고 했다. 왕섭이 말했다.

"신도애후가 어려서 병을 앓았고 공현군(功顯君)은 평소에 술을 좋아했으니 황제는 본래 우리 집안의 자손이 아닌 듯합니다. 동공(董公)이 중군(中軍) 정예병을 맡고 있고, 섭은 황궁의 위병을 데리고 있으며 이휴후(伊休侯)는 대전을 맡고 있습니다. 만일 합심하여 거사한다면 함께 황제를 데리고 동쪽의 남양 천자에게 투항하여 집안을 보전할 수 있습니다. 이렇게 하지 않으면 모두 멸족될 것입니다."

이휴후는 유흠의 맏아들로 시중 오관중랑장이었는데 왕망이 평소에 아꼈다. 유흠은 왕망이 자신의 자식 세 명을 죽인 것에 원한을 품고 있었지만 화를 입을 것이 두렵다가 드디어 왕섭 및 동충과 모의한 뒤에 거사하려고 했다. 유흠이 말했다.

"태백성(太白星)이 출현할 때를 기다려 거사하면 됩니다."

사중(司中) 대췌(大贅) 기무후(起武侯) 손급(孫伋)도 군대를 거느리고 있었으므로 동충은 또 손급과 더불어 모의했다. 손급이 집에 돌아갔을 때 안색이 변하여 음식을 먹지 못하다가 아내가 이상하게 여기고 물어보자 모든 사정을 이야기했다. 그 아내가 동생 운양(雲陽) 사람 진한(陳邯)에게 알려 진한이 고발하기로 했다.

7월, 손급과 진한이 함께 역모를 고발했다. 왕망이 사자를 나누어 보내 동충 등을 불러오게 했다. 그때 동충은 군사들을 훈련하여 검열하고 있었다. 호군(護軍) 왕함이 동충에게 말하기를 "오랫동안 모의만 하고 거사를 하지 않아서 비밀이 샌 듯하니, 아예 사자의 목을 베어 버리고 군대를 끌고 황궁으로 들어가는 것만 같지 못하다."라고 했다. 동충이 그 말을 듣지 않고 유흠, 왕섭과 함께 황궁 문 앞에 가서 대령했다.

왕망이 대운(豐惲)으로 하여금 그들을 책문하게 했는데 모두 자백했다. 중황문들이 각자 칼을 뽑아 동충 등을 여(廬)로 보냈다.

동충은 칼을 뽑아 목을 찌르려고 했지만 시중 왕망(王望)이 "대사마가 반란을 일으키려고 한다."라고 소리쳐 중황문들이 칼을 들고 함께 죽였다.

황궁 안이 모두 놀라서 소문을 퍼뜨리니 훈련을 받던 군사들이 낭관 관아로 와서 모두 칼을 뽑고 쇠뇌 시위를 팽팽히 당겼다. 경시장군 사심(史諶)이 각 관아를 돌며 낭관들에게 말했다.

"대사마가 광병(狂病)에 걸려 봉기했다가 이미 주살당했다."

그러고는 모두에게 무기를 내려놓게 했다.

왕망이 주술로 반란을 막아 보려고 했다. 호분무사로 하여금 말을 벨 때 쓰는 검으로 동충을 난도질하여 죽기(竹器)에 담아 "반로(反虜)가 나간다."라고 소리치게 했다.

글을 내려 동충의 죄에 연루된 대사마 관아의 관속과 군리, 병사들과 모반에 참가했으나 발각되지 않은 자들을 사면하는 대신에 동충의 일가친척을 체포하여 순혜(醇醯)와 독약, 한 척짜리 날을 세운 칼, 가시덤불을 넣어 한 구덩이에 매장했다.

유흠과 왕섭은 스스로 목숨을 끊었다.

왕망은 두 사람 중 왕섭은 같은 집안이고 유흠은 오래된 신하로 가장 가까웠던 관계가 무너진 것이 싫어서 그 죽음을 숨겼다. 이휴후 유첩은 평소에 삼가며 신중하게 행동했는데, 유흠은 모반 사실을 유첩에게 알리지 않았다. 왕망이 유첩을 시중 중랑장에서 파면시키고 중산대부(中散大夫)로 옮겼다.

며칠 뒤에 황궁 안의 구순(鉤盾)이 관장하던 토산(土山) 선인장(僊人掌)[52] 옆에 백두공(白頭公)이 청의(青衣)를 입고 나타났다. 낭관 중에 그 노인을 본 자가 국사공이라고 살짝 말했다. 연공후(衍功侯) 왕희(王興)[53]가 평소에 점괘를 잘 뽑았는데, 왕망이 그에게 시초점을 치게 했다.

"병화(兵火)가 일어날 듯합니다."

왕망이 말했다.

"어린 녀석이 그런 사도(邪道)를 어디에서 배웠느냐? 그분은 바로 나의 황조숙부(皇祖叔父) 자교(子僑)로서 나를 만나고 싶어 오신 것이다."

왕망의 군대가 지방에서 패하자 조정의 대신들도 돌아서게 되어 좌우 측근 중에 믿을 사람이 없어졌다. 왕망이 지방의 군과 제후국을 챙길 겨를이 없었으므로 왕읍을 불러들여 대책을 세우고 싶어 했다. 그때 최발이 아뢰었다.

"읍은 평소 행동을 조심스럽게 하는 사람인데 대군을 잃은 지금 상황에 불러들이면 부절을 들고 자결할지도 모르니, 심정을 잘 달래 주는 방책을 써야 합니다."

그래서 왕망이 최발을 왕읍에게 보내 역참 수레를 달려가서 자신의 뜻을 알리게 했다.

"나는 늙었는데 적자가 없으니, 읍에게 천하를 전해 주려고 생각하고 있다. 사죄하지 말 것을 명령하니, 만났을 때 그 말은 아예 꺼내지 말라."

왕읍이 당도하자 대사마로 삼았다. 대장추(大長秋) 장한을 대사도로, 최발은 대사공으로, 사중(司中) 수용(壽容) 사람 묘흔은 국사(國師)로, 동열후(同說侯) 왕림(王林)은 위장군으로 삼았다. 왕망이 근심에 휩싸여 먹지를 못했다. 그러고는 술만 마시면서 복어(鰒魚)[54]를 먹었다. 병서를 읽다가 피곤하면 궤에 기댄 채 잠들었을 뿐 전혀 눕지 않았다. 왕망은 시일(時日)과 소수(小數)[55]를 좋아하여 사정이 급해지면 그저 주술로 극복하려고 했다.

사자를 보내 위릉원(渭陵園)과 연릉원(延陵園)의 문궐(門闕)과 부시(罘罳)를 망가뜨리게 하면서 말했다.

"사람들이 다시는 [한나라를] 그리워하지 못하게 하라."

또 두 곳의 담장을 검은색으로 바르게 했다.

장지(將至)[56]를 '세숙(歲宿)'으로, 신수(申水)를 '조장군(助將軍)'으로 고쳤고, 우갱각목교위(右庚刻木校尉), 전병요금도위(前丙燿金都尉)를 두었다.

또 "큰 도끼를 쥐고 고목을 찍어 쓰러뜨리리. 큰물이 흘러 피워 놓은 불을 끄리라."라고도 했다.

이런 종류의 술수를 일일이 적을 수 없을 만큼 많이 부렸다.

가을, 태백성이 태미(太微) 자리에 들어가서 달빛처럼 환하게 땅을 비추었다.

성기현(成紀縣) 외최(隗崔) 형제가 대윤 이육(李育)을 함께 납치한 뒤에 형의 아들 외효(隗囂)를 대장군으로 삼고 옹주목(雍州牧) 진경(陳慶)과 안정군(安定郡) 졸정 왕순(王旬)의 부대를 공격해서 진경과 왕순을 죽이고 그 군대를 병합했다. "왕망의 죄악을 열거하자면 걸주보다 만 배 많다."라고 쓴 문서를 각 군과 현의 관아에 돌렸다.

그달에 석현(析縣) 사람 등엽(鄧曄)과 우광(于匡)이 남향(南鄉)

백여 명을 이끌고 봉기했다. 당시 석재(析宰)가 군사 수천 명을 거느리고 교정(鄗亭)에 주둔하면서 봉기군이 무관으로 들어가지 못하도록 지켰다. 등엽과 우광이 석재에게 말했다.

"유제(劉帝)가 이미 즉위했는데, 현령께서는 어찌하여 천명이 바뀐 것을 모르고 있습니까?"

석재가 투항하기를 청했으므로 그 군사를 고스란히 얻을 수 있었다. 등엽은 자신을 보한좌장군(輔漢左將軍)이라고 칭했고, 우광은 보한우장군(輔漢右將軍)을 칭했다. 이들이 석현과 단수(丹水)를 함락하고 무관을 공격하자 도위 주맹(朱萌)이 항복했다. 다시 우수대부(右隊大夫) 송강(宋綱)의 부대 쪽으로 진격해서 송강을 죽이고 다시 서쪽으로 진격하여 호현을 함락했다. 왕망이 더욱 크게 두려워하며 어떤 대책을 써야 할지 손을 쓰지 못했다. 최발이 고했다.

"『주례』와 『춘추좌씨전』에 '나라가 큰 재난에 휩싸였을 때, 곡을 하며 누르리라.'[57]라고 했고, 『역』에 '먼저 호도(號咷)하고 뒤에 웃는다.'[58]라고 했습니다. 그러므로 곡을 하며 하늘에 도와달라고 빌어야 할 것입니다."

왕망이 자신이 패망할 것을 알아차리고, 신하들을 이끌고 남교(南郊)에 가서 처음 받았던 부명부터 마지막 것까지 진술한 뒤에 하늘을 우러러 고했다.

"황천께서 신 망에게 천명을 내려 주셨는데 어찌하여 도적들을 섬멸할 수 없는 것입니까? 만일 신에게 잘못이 있다면 천둥과 벼락을 내려 신을 주살하시기 바랍니다."

그러고는 가슴을 치며 크게 울다가 기진맥진해서는 엎드려 머리를 조아렸다. 뒤에 하늘에 고하는 책서 천여 자를 써서 자신의 공로를 진술했다. 유생들과 평민이 모여 아침부터 저녁까지 곡을 했으므로 그들에게 죽을 먹도록 차려 주었다. 아주 비통하게 울거나 〔왕망이 쓴〕 책문을 암송하는 자는 낭관에 임명했는데 오천여 명이나 되었다. 대운(戴惲)이 그들을 통솔했다.

왕망이 아홉 명의 장군을 임명한 뒤에 모두 호 자를 붙여 구호장군(九虎將軍)이라고 칭했다. 〔구호장군으로 하여금〕 북군의 정예부대 수만 명을 거느리고 동쪽으로 진격하게 했다. 그 장군들의 처자식을 황궁에 들어오게 하여 인질로 삼았다.

그때 황궁에서는 황금 만 근을 한 궤(匱)에 넣어두고 있었는데, 그때까지 예순 궤가 남아 황문(黃門), 구순(鉤盾), 장부(臧府), 중상방(中尙方) 관아에 각각 몇 궤씩 있었다. 또 장락어부(長樂御府), 중어부(中御府) 및 도내(都內), 평준탕장(平準帑藏)에는 동전과 백(帛), 주옥(珠玉) 등 재물이 아주 많았다. 왕망이 그 재물을 몹시 아끼느라 구호장군의 병졸에게 사천 전만 지급했다. 그러자 군사들이 몹시 원망하며 싸울 의욕을 잃었다.

구호장군 부대가 화음과 회계에 이르자 막다른 곳이 앞을 가로막았고 북쪽으로는 황하가, 남쪽으로는 효산이 놓여 있었다. 우광이 수천 대의 쇠뇌를 언덕 위에 장착해 놓고 도전했다. 등엽은 이만여 명을 거느리고 문향(閺鄕)으로부터 남쪽으로 나가서 조가(棗街)와 작고(作姑)에서 구호장군 중 한 장군의 부대를 쳐부수었다. 북쪽으로 나가서 구호장군 부대 전체를 뒤에서 공격했다. 여섯 명의 호장군(虎將軍) 부대가 패하여 달아났다. 사웅(史熊)과 왕황(王況)이 황궁에 당도하여 사형을 받겠다고 청했다. 왕망이 사자로 하여금 "죽은 자들은 어디에 있느냐?"라고 문책하자 모두 스스로 목숨을 끊었다. 다른 네 명의 호장군은 달아났다. 나머지 세 명의 호장군 곽흠(郭欽), 진휘(陳翬), 성중(成重)이 흩어진 병사를 모아 경사창(京師倉)을 지켰다.

등엽이 무관의 관문을 열고 〔세조의〕 한병을 맞이했다. 〔세조의〕 승상사직 이송(李松)이 이천여 명을 이끌고 호현에 가서 등엽 등과 함께 경사창을 공격했으나 빼앗지 못했다.

등엽이 홍농(弘農) 〔태수부〕 연(掾) 왕헌(王憲)을 교위로 삼아 수백 명을 거느리고 북쪽으로 진격하게 했다. 이들은 위수를 건너 좌풍익 경내로 들어가서 여러 성을 함락하고 점령했다. 이송은 편장군(偏將軍) 한신(韓臣) 등을 서쪽 지름길로 보내 신풍에 가서 왕망의 파수장군(波水將軍)과 교전하게 했다. 파수장군은 달아났으므로, 한신 등이 추격하여 장문궁까지 이르렀다.

왕헌은 북쪽의 빈양(頻陽)까지 갔는데 지나는 길에 있던 모든 곳에서 이들을 맞이하며 투항했다. 삼보(三輔)의 세족이었던 역양의 신탕(申碭)과 하규(下邽)의 왕대(王大)도 부대를 이끌고 왕헌을 따랐다.

삼보의 속현 중 태현(黎縣)의 엄춘(嚴春)과 무릉의 동희(董喜), 남전의 왕맹(王孟), 괴리의 여신(汝臣), 질지(盩厔)의 왕부(王扶), 양릉의 엄본(嚴本), 두릉의 도문소(屠門少) 등은 모두 수천 명씩을 거느리고 스스로 한나라 장수를 칭했다.

그때 이송과 등엽은 자신들이 경사창 같은 조그마한 창고도 하나 빼앗지 못했는데 하물며 장안성을 공략할 수 있을까 걱정하면서 경시제의 대군이 도착하기를 기다릴 수밖에 없다고 여겼다. 그리하여 군대를 끌고 화음에 도착하자마자 장안성을 공격할 용구를 만들었다. 원래 장안 근처에 있던 부대들은 사방으로부터 와서 장안성 성문 앞에 모이기로 했다. 그러나 천수(天水)의 외씨(隗氏) 부대가 장안성 성문에 도착했다는 소식을 듣자 모두 큰 공을 세우고 재물을 빼앗겠다면서 먼저 성으로 들어가려고 다투었다.

왕망이 사자를 갈라 파견하여 성안의 여러 옥중에 갇혀 있던 죄수를 사면한 뒤에 모두에게 무기를 지급하고 돼지를 죽여 그 피를 마시며 함께 맹세하게 했다.

"신나라를 위하지 않는 자들은 사귀(社鬼)가 그 이름을 기억할 것이다."

경시장군 사심(史諶)이 이들을 데리고 위교(渭橋)를 건너자마자 모두 흩어져 달아났으므로 사감은 혼자 황궁에 돌아왔다.

성으로 들어간 군사들은 왕망의 처자식과 아버지, 할아버지의 묘를 파헤쳐 그 속에 있던 관과 곽을 태웠다. 그리고 구묘와 명당, 벽옹도 태웠으니 그 불이 장안성 안까지 비추었다. 그때 누가 왕망에게 아뢰었다.

"성문의 병졸이 동방 사람들이라 믿을 수 없습니다."

그래서 왕망이 월기 부대의 병사를 징발하여 위(衛)로 삼고 성문마다 육백 명을 배치한 뒤에 교위 한 명씩을 두었다.

10월 초하루 무신일에 여러 부대의 군사들이 선평(宣平) 성문[59]

으로 들어갔다. 민간에서 도문(都門)이라고 부르던 문이었다. 장한이 성문을 순시하다가 부대를 만나 죽임을 당했다. 왕읍과 왕림, 왕순, 대운(豐惲) 등이 각각 군대를 거느리고 북궐 앞에서 저항했다.

한나라 병사 중에 왕망을 죽여 제후에 봉해질 욕심으로 힘껏 싸운 사람이 칠백여 명이나 되었다.

날이 저물 때가 되자 관부(官府)와 저제(邸第)에 있던 사람들이 모두 달아났다.

이튿날인 기유일, 성안에 살던 청년 주제(朱弟)와 장어(張魚) 등이 노략질을 당할까 봐 두려워하다가 자신들도 약탈하는 무리에 끼어 함께 고함을 지르고 다녔다. [미앙궁으로 들어가] 작실문(作室門)을 태우고 경법전(敬法殿)의 달문(闥門)을 도끼로 깬 뒤에 외쳤다.

"반로(反虜) 왕망은 어찌하여 나와서 투항하지 않는가!"

불이 역정의 승명전(承明殿)으로 옮겨 붙었는데, 황황실주가 거처하던 곳이었다.[60]

왕망이 불을 피해 선실(宣室) 전전(前殿)으로 들어갔지만 불은 계속 왕망을 따라 붙었다. 비빈과 궁녀 등 여자들이 울면서 소리쳤다.

"어떻게 하면 좋단 말인가!"

그때 왕망은 감균복(紺絢服)을 입고 새불을 패용한 채 우제의 비수를 지니고 있었다. 천문랑이 앞에서 식(栻)[61]을 들고 일시(日時)로 점을 쳐서 방향을 잡았다. 왕망은 두병(斗柄)이 가리키는 방향대로 자리를 돌려 앉고는 말했다.

"하늘이 나를 덕(德) 있게 해 주셨는데 한나라 병사들이 어쩌겠는가!"[62]

그 무렵 왕망은 통 먹지를 않았으므로 기력이 부족하여 힘들어했다.

사흘째 되던 경술일 새벽, 동이 트자 대신들이 왕망을 부축하여 전전(前殿)의 남쪽 계단을 내려가 서쪽의 백호문(白虎門)을 나갔다. 문밖에는 화신공(和新公) 왕읍(王揖)이 수레를 대령해 놓고 있었다. 왕망이 수레에 올라 창지(蒼池) 안에 있던 점대(漸臺)로 갔는데, 못물에 의지해 방어하려 했다. 왕망은 부명과 위두(威斗)를 꼭 쥐고 있었다. 그때까지만 해도 공경, 대부, 시중, 황문랑, 종관이 천여 명이나 왕망의 뒤를 따랐다.

왕읍은 밤낮으로 전투하느라 극도로 피로해 있었고 군사들도 사상자가 너무 많아 전멸 직전이었다. 왕읍이 황궁으로 달려 들어가 점대 쪽으로 가는 길로 돌아섰을 때 자신의 아들이자 시중이었던 왕목(王睦)이 의관을 벗고 도망가려고 하는 것을 보았다. 왕읍이 소리를 질러 돌아오게 했다. 왕읍 부자는 함께 왕망을 지켰다.

군사가 대전 안으로 들어가 소리쳤다.

"반로 왕망은 어디에 있는가?"

어떤 미인이 대전 옆 방에서 나와 일러 주었다.

"점대에 있습니다."

군사들이 점대로 추격해 가서 수백 겹으로 에워쌌다. 점대에서도 포위하고 있던 군사들을 향해 궁노(弓弩)를 쏘아 댔는데 점점 화살이 떨어졌다. 쏠 화살이 다 떨어지자 단검을 들고 접전을 벌였다. 왕읍 부자와 대운, 왕순은 전사했고 왕망은 실(室)로 들어갔다.

신시(申時)가 넘어가면서 많은 군사가 점대에 올랐다. 왕읍, 조박(趙博), 묘흔, 당존, 왕성(王盛), 중상시 왕참(王參) 등이 모두 점대에서 죽었다.

상인(商人) 두오(杜吳)[63]가 왕망을 죽이고 인수를 끌러 가졌다. 공빈취(公賓就)가 전임 대행치례(大行治禮)로서 〔황제의 인수를 잘 알고 있었으므로〕 인수의 주인이 어디에 있었는지를 두오에게 묻자, "실 안의 서북쪽 구석에 있었습니다."라고 대답했다. 공빈취가 왕망을 알아보고 그 목을 베었다. 군인들이 왕망의 몸을 찢어 갈랐는데 사지와 관절, 살점과 뼈를 천 조각으로 나누었다. 그 조각을 갈라 가지겠다고 다투는 통에 수십 명이 죽었다.

공빈취가 왕망의 머리를 들고 왕헌에게 갔다. 왕헌은 한대장군(漢大將軍)을 자칭했는데, 성안의 병사 수십만 명이 모두 왕헌에게 속했다. 왕헌은 동궁에 거처하면서 왕망의 후궁들을 아내로 삼고 왕망의 수레를 탔다.

6일 계축일에 이송과 등엽이 장안에 들어왔고, 장군 조맹(趙萌)과 신도건(申屠建)도 도착했다. 이들은 새수를 얻고도 즉시 바치지 않았고, 궁녀를 많이 취했으며, 황제의 북과 깃발을 세웠다는 이유로 왕헌을 잡아서 베었다.

또 왕망의 머리를 역참 수레에 싣고 〔원현에 있던〕 경시제에게 갓다 바쳤다. 원현의 장터에 왕망의 머리를 매달아 두었는데, 백성이 모두 〔돌을〕 던져 떨어뜨렸다. 누군가 그 혀를 잘라 먹었다.

왕망의 양주목(揚州牧) 이성과 사명(司命) 공인의 부대가 효산 동쪽에서 패했다. 이성은 싸우다가 죽었고, 공인은 자신의 부대를 이끌고 투항했다. 뒤에 공인이 한탄하며 말했다.

"우리가 듣기를 남이 준 것을 먹었으면 그 사람의 일을 보다가 죽어야 한다고 들었다."

그러고는 칼을 뽑아 스스로 목숨을 끊었다.

또 조부감(曹部監) 두보(杜普)와 진정(陳定) 대윤 심의(沈意), 구강(九江) 연수 가맹(賈萌)은 모두 군을 지키며 투항하지 않다가 한나라 병사에게 주살당했다. 상도(賞都) 대윤 왕흠이 곽흠과 함께 경사창을 지키다가 왕망이 죽었다는 소식을 듣고 투항했다. 경시제가 그들을 의롭게 여기고 모두 후에 봉했다.

태사 왕광과 국장 애장이 낙양에서 투항했으므로 역참 수레로 원현의 경시제에게 보냈다. 경시제가 그 둘을 베었다.

엄우와 진무는 곤양성 밖에서 패한 뒤에 패군 초현(譙縣)으로 달아나 스스로 한나라 장수를 칭하면서 관리와 백성을 불러 모았다. 엄우가 설명하기를 "왕망은 찬위했고 천시(天時)에 따라 망했던 성한(聖漢)이 부흥할 형세"라고 했다. 진무가 엎드려 눈물을 흘렸다. 옛 한나라 종무후(鍾武侯) 유성(劉聖)이 군사를 모아 여남(汝南)에서 존호를 칭했다는 소식을 듣고 엄우와 진무가 유성에게 투항했다. 엄우는 대사마가 되고 진무는 승상이 되었다. 열며칠 지나서 패했고, 엄우와 진무 두 사람은 모두 죽었다.

모든 군과 현이 성을 들어 투항하여 천하가 〔경시제의〕 한나라에 귀속되었다.

그보다 먼저 신도건이 최발을 스승으로 하여 『시』를 배웠다. 신도건이 장안에 들어오자 최발이 투항했다. 그런데 최발이 〔왕망을 칭찬하는〕 말을 많이 했으므로, 신도건이 승상 유사(劉賜)를 시켜 최발을 벤 뒤에 거리에 내보이게 했다. 사심(史諶), 왕연(王延), 왕림(王林), 왕오(王吳), 조굉(趙閎)도 투항했으나 모두 죽임을 당했다.

애초에 스스로 군대를 호령했던 사람들은 모두 후에 봉해지기를 원했다. 신도건이 왕헌을 벤 뒤에 또 삼보(三輔)의 사람들이 교활하여 자신들의 주상을 함께 죽였다고 떠들어 댔다. 하급 관리와 백성이 두려움에 떨다가 속현에 뭉쳐 주둔했다. 신도건 등이 그들을 함락하지 못했으므로 말을 달려 경시제에게 가서 보고했다.

2년 2월, 경시제가 장안에 도착했다. 조서를 내려 대사령을 발표했는데 왕망의 자식이 아닌 기타 모든 사람의 죄를 면해 주었다. 그래서 왕씨 집안사람들은 목숨을 보전했다.

삼보의 속현들을 모두 평정한 뒤에 경시제가 장안에 도읍하고 장락궁에 기거했다. 황궁 창고의 재물과 문서는 모두 그대로 있었다. 미앙궁만은 왕망을 공격하느라 사흘 동안 화공(火攻)을 당했지만, 왕망이 죽자 예전처럼 질서를 되찾았다.

경시제가 장안에 들어온 뒤로 한 해 남짓할 때까지 전국에 정령과 교화가 제대로 시행되지 않았다.

이듬해 여름, 적미군 번숭 등 수십만 명이 함곡관으로 들어왔다. 유분자(劉盆子)를 세워 황제 존호를 칭하며 경시제를 공격했다. 경시제가 그들에게 투항했다.

적미병이 장안의 궁실과 시가지를 태우고 경시제를 죽였다.

사람들이 기아에 시달리다가 서로 잡아먹었는데 죽은 자가 수십만 명에 이르렀다. 그래서 장안이 텅 비어 성안에는 인적을 찾아볼 수 없게 되었다. 종묘와 원, 능이 모두 파헤쳐진 가운데 패릉과 두릉만 온전했다.

6월, 세조가 즉위했다. 그런 뒤에 종묘와 사직을 다시 세우고 천하를 안정시켰다.

찬하여 말한다.

왕망이 외척으로 벼슬길에 오르기 시작했을 때에는 자신을 절제하는 데 힘쓰며 명예를 추구했다. 그리하여 집안에서는 효성스럽다는 칭찬을 들었고 〔조카의〕 스승과 벗에게는 인(仁)을 베풀었다. 황제를 보좌하는 자리에 올라 성제와 애제 때에 황제를 위해 공을 세우며 정도(正道)에 따라 행했으므로 무슨 일을 하거나 칭찬을 받았다. "〔경과 대부의〕 가(家)와 〔제후의〕 국(國)에서 반드시 이름을 얻는데", "겉으로는 인을 취하면서 행동은 인에 어긋나게 한다."[64]라고 한 것은 설마 왕망을 이른 말일까!

왕망은 본래 불인(不仁)한 데다 간특한 재주까지 있었다. 백부와 숙부 네 명이 지냈던 권력을 이어받았을 때 한나라 황실이 중도에 쇠약해지면서 황위를 이을 후사가 세 번이나 끊어지는 일을 겪었다. 태후가 장수하면서 권세를 잡고 있었으므로 간악한 행위를 마음대로 저지르다가 결국 황위를 찬탈하고 권력을 훔치는 죄를 지었다. 이를 통해 볼 때 천시(天時)가 맞아떨어진 면도 있었으니, 사람의 힘만으로는 이룰 수 없는 일이었다.

뒤에 황위를 찬탈하고 남면했지만 앉아서는 안 될 자리에 앉았던 까닭에 뒤엎어질 때에는 걸왕과 주왕 때보다 형세가 더 위태로 웠다. 그러나 왕망은 한가하게도 자신을 황제나 우제가 다시 세상에 나온 것이라고 여겼다.

처음부터 멋대로 포악하게 굴었고 위세를 남용하며 거짓을 꾸미면서 하늘을 속이고 백성을 해쳤다. 그 흉악함이 극도에 이르러 중원에 그 독소가 퍼졌을 뿐 아니라 만맥(蠻貉)에까지 피해가 이어졌지만 그래도 욕심을 다 채우지 못한 듯이 행동했다.

그리하여 사해 안의 사람들이 모두 근심에 빠진 채 즐겁게 살아갈 뜻을 잃었으니, 장안과 각 지역에서 모두 분개하며 원망했다. 멀고 가까운 곳을 막론하고 모두 봉기하자 성과 해자가 무너지고 군사들은 몸이 찢겼으니, 마침내 천하의 성읍은 폐허가 되었다. 무덤이 파헤쳐져 살아 있는 사람이 해를 입은 것은 물론 죽은 자까지 해를 당했다. 서적에 난신(亂臣)과 역적 등 무도한 사람을 기재해 왔지만, 그자들이 끼친 해악을 고찰해 볼 때 왕망보다 심했던 자는 없다.

옛적 진나라에서는 『시』와 『서』를 불태우며 자기네만의 주장을 세웠고, 왕망은 육경을 암송하며 사악한 주장을 꾸며 댔다. 주장하는 내용은 달랐으나 결과는 같았으니 둘 다 자기 주장 때문에 멸망했는데, 두 항룡(亢龍)[65]이 죽은 까닭은 비천명(非天命)의 운 때문이었다. 〔혼합색인〕 자색(紫色)이나 〔음란한 소리인〕 와성(蛙聲) 신세로 여분의 윤위(閏位)에 오르면 성왕(聖王)에게 쫓겨나게 되어 있다.

70

서전 상
敍傳 上

서전은 자서전의 서(敍)와 책의 주제와 요지를 설명한 전(傳)을 합성한 말로 지은이가 저서 마지막 편으로 작성한 특수 문체다. 그 전에는 자서(自敍) 또는 자서(自序)로 쓰다가 반고 때에 이르러 책의 줄거리를 설명하는 '전'을 넣어 서전(敍傳, 序傳)이라는 새 단어가 나오게 되었다. 『사기색은』에 「태사공 자서」를 '태사공 자서전'이라고 한 것이나 『사통(史通)』에 「서전(序傳)」 항목이 있는 것으로 보아 '자서'와 '서전', '자서전'은 비슷한 말이었음을 알 수 있다.

집안 내력을 밝혀 자신을 소개한 자서는 굴원(屈原)의 「이소(離騷)」에서 시작되어 사마상여 때에 형식이 갖추어졌다. 후대 연구에 따르면 『사기』 「사마상여 열전」은 사마상여의 「자서」를 옮긴 것으로, 사마천 자신도 이에 영향을 받아 「태사공 자서」를 쓴 것으로 보인다. 반고도 이 전통을 계승하여 「서전」을 지었는데, 「태사공 자서」와 달리 반표의 「왕명론 (王命論)」과 반고의 「유통부(幽通賦)」, 「답빈희(答賓戱)」가 실려 있다. 이는 문학가 사마상여와 양웅의 「자서」 형식을 계승한 것으로 보인다.

반표와 반고 부자는 위대한 한나라의 역사가 『사기』 맨 끝에 들어 있는 것과 사마천이 집필을 마감한 태초 연간 이후의 기사가 정리되지 못한 것을 안타까워하여 『한서』를 집필했다. 『한서』의 공동 저자인 반표, 반고, 반소의 집필 과정에 관해서는 『후한서』 열전에 자세히 나와 있다.

반씨(班氏)의 시조는 초나라를 세운 집안과 동성(同姓)[인 미성
(芈姓)]으로, [투씨(鬪氏)] 영윤(令尹) 자문(子文)의 아들이다.

자문이 막 태어났을 때 운몽택(雲夢澤) 주변에 버려졌는데, 범이
자문에게 젖을 먹였다.[1] 초나라 사람은 젖 먹이는 것을 '누(穀)[2]'라
고 하고 범은 '오토(於檡)'라고 했다. 그래서 이름은 누오토(穀於檡)
라고 하고 자를 자문(子文)이라고 했다. 초나라 사람들은 범[3]을 '반
(班)'이라고 했으므로 그 아들을 투반(鬪班)이라고 불렀다.

진(秦)나라가 초나라를 멸망시킨 뒤에 진(晉)나라와 대나라 사
이에 있던 땅에 옮겨 가서 살며 '반(班)'을 성씨로 정했다.

진시황 말년에 반일(班壹)이 안문군(鴈門郡) 누번으로 피난을 가
서 살았는데, 기르던 말과 소와 양이 수천 마리나 되었다.

한나라 건국 초 백성을 위해 [진나라의 엄했던] 금령(禁令)을
풀었다. 효혜제와 고후 시절 반씨 집안은 변방 지역에서 재물이
많은 호족이었다. [해당 금령이 없었으므로] 사냥하러 다닐 때 정
기를 앞세워 고취(鼓吹)를 울리며 다녔다. [반일은] 백여 살까지
살면서 천수를 누리다가 세상을 떠났다. 그래서 북방에서는 많은
사람이 '일(壹)'을 자(字)로 쓴다.

반일은 반유(班孺)를 낳았다. 반유는 [자신의 재물과 무예를 믿
고] 의협심을 발휘했으므로 주와 군 사람들의 칭송을 받았다.

반유는 반장(班長)을 낳았다. 반장은 벼슬이 상곡 태수에 이르

렀다.

반장은 반회(班回)를 낳았다. 반회는 무재(茂材)로 천거되어〔상당군(上黨郡)〕장자(長子) 현령이 되었다.

반회는 반황(班況)을 낳았다. 효렴으로 천거되어 낭관이 되었다가 공을 쌓아 상하(上河)의 농도위(農都尉)가 되었다. 대사농이 업무 처리에 관한 상주문을 올릴 때 반황이 연달아 최고 성적을 거두었으므로 황궁에 불려 들어가 좌조 월기교위가 되었다.

성제 즉위 초에 반황의 딸이 첩여가 되었다. 반황이 사직하고 집에 머물렀는데, 재산의 값어치가 황금 천 근에 이르렀으므로〔조성 중이던〕창릉(昌陵)으로 이주했다. 뒤에 창릉 조성이 폐기되어 대신과 명문 세족이 모두 장안에 호적을 옮길 때 반황도 옮겼다.

반황은 세 아들 반백(班伯), 반유(班斿), 반치(班穉)를 낳았다.

성제의 총애를 받은 젊은 학자 반백

○ ○ ○

반백은 청년 시절에 사단에게 『시』를 배웠다. 대장군 왕봉이 반백을 두고 권학(勸學)이 되어야 마땅하다고 천거했다. 반백이 부름을 받고〔미앙궁〕연니전(宴昵殿)에서 황제를 알현했다. 용모가 출중하고 스승에게 배운 대로 『시』를 해설하여 중상시에 임명되었다.

그 무렵 황상이 바야흐로 향학(向學) 중이었으므로 정관중(鄭寬

中)과 장우(張禹)가 밤낮으로 미앙궁 금화전(金華殿)에 들어가 『상서』와 『논어』를 해설하고 있었다. 황제가 명령하여 반백도 그 수업을 듣게 했다. 대의에 통한 뒤에 다시 허상(許商)에게서 각 학파의 다른 점과 같은 점에 대해 배웠다. 반백은 봉거도위로 승진했다. 여러 해 뒤에 금화전의 수업이 없어졌다. 황궁을 나와 〔외척〕 왕씨와 허씨 집안 자제들과 한 무리가 되어 비단옷을 입은 그들과 어울렸지만 반백의 기호에 맞지 않았다.

반백은 고향이 북쪽 변경이었던 만큼 절의가 높고 격앙하는 편이었으므로 흉노에 출사하겠다고 여러 차례 자청했다. 하평 연간에 선우가 조근(朝覲)하러 왔다. 황제가 반백으로 하여금 부절을 들고 변경 요새 바깥까지 맞이하러 가게 했다. 그때 마침 정상(定襄)의 호족 석씨(石氏)와 이씨(李氏)가 사적인 원한을 갚기 위해 사람을 죽이고 추격해 오는 아전도 죽인 일이 일어났다. 반백이 상주문을 올려 사정을 설명한 뒤에 한 달 동안 임시로 정상 태수가 되어 그 문제를 처리하겠다고 자청했다. 황제가 시중 중랑장 왕순(王舜)으로 하여금 역참 수레를 타고 달리가 반백을 대신하여 선우를 호위하게 했다. 그리고 새서와 인수를 받들고 가서 그곳에서 반백을 정상 태수에 임명시켰다. 정상군 사람들은 평소에 반백이 황제의 총애를 받고 있다는 소문을 듣고 있었다. 게다가 젊은 나이에 자청하여 정상군을 다스리겠다고 나섰다고 하니 정상군에 당도하여 수레에서 내리면 권위를 이용하여 형벌을 남벌할지도 모른다고 여겼다. 그래서 관리와 백성이 두려워했다.

반백이 당도하여 노인들에게 할아버지와 아버지가 예전에 정을 나누었던 친구들에 관해 물어보고 연회장을 가득 메울 만큼 많은 사람을 초대하여 날마다 술과 음식을 제공하면서 아들과 손자의 예절을 행했다. 그제야 정상군 사람들이 마음을 놓았다. 빈례(賓禮)로 초대한 손님들은 모두 이름난 호족이었는데, 반백의 은덕에 감사하며 취하도록 술을 마셨다. 이들은 입을 모아 반백이 도적을 체포하는 것이 마땅하다고 하면서 본래 달아나 숨으려고 모의하던 장소를 모두 알려 주었다.

반백이 말했다.

"이것이야말로 아버님과 스승님께 얻고자 했던 바입니다."

이어서 속현의 장리들을 소집하여 정확하고 재빠른 자들을 연사로 뽑아 구역을 나누어 체포하러 보냈다. 그리하여 숨어 있던 다른 도적까지 열흘 동안에 모두 잡아들였다. 정상군 사람들이 깜짝 놀라며 모두 입을 모아 귀신처럼 신통하다고 반백을 칭찬했다.

한 해 남짓하여 황제가 반백을 불러들였다. 반백이 글을 올려 고향 군을 거쳐 아버지와 할아버지 산소에 성묘하고 갈 수 있도록 해 달라고 청했다. 황제가 〔안정군〕 태수와 도위 이하 관리들이 그 자리에 참석하라는 조서를 내렸다. 반백이 고향 마을에 도착하여 집안사람들을 불러 모은 뒤에 촌수에 따라 각자에게 선물을 주었는데 황금 수백 근어치를 뿌렸다. 북쪽 주에서는 사람들이 그 일을 영광스럽게 생각했고 장로들은 오래 기억했다. 장안으로 돌아가던 도중에 바람을 맞아 중풍에 걸렸다. 장안에 도착한 뒤에 시중 광록대부의 신분으로 집에서 병을 치료했다. 황제가 반백에게 아주 많은 재물을 상으로 내렸다. 반백은 몇 해 동안 조정 일을 보지 않았다.

그 무렵 허 황후가 폐위되었다. 반 접여가 동궁의 태후를 모시면서 시녀 이평(李平)을 〔성제의〕 접여로 바쳤다. 뒤에 조비연이 황후가 되자 반백이 병을 칭했다. 얼마 지난 뒤에 황제가 황궁을 나가 반백의 집에 병문안을 갔으므로, 반백이 황공해하며 일어나 조정 일을 보았다.

대장군 왕봉이 세상을 떠난 뒤에 부평후 장방과 정릉후 순우장 등이 황제의 총애를 얻기 시작했다. 황제가 황궁을 나가 미행할 때에는 황제와 같은 수레에 타 고삐를 잡았고, 황궁에 들어오면 술자리를 차려 놓고 후궁 조씨(趙氏)와 이씨(李氏) 및 여러 시중을 모아 놓고 술잔을 가득 채워 한 번에 다 마셔 가며 큰 소리로 웃고 떠들었다.

그때 황제가 앉던 자리 뒤에 그림 병풍이 있었는데 주왕이 취해서 달기 몸 위에 기댄 채 밤새도록 즐기는 그림이었다. 황제가 반백이 새로 기용되어 나온 것을 보고 여러 차례 눈인사를 건넸다. 그러고는 그림을 가리키며 반백에게 물었다.

"주왕의 무도함이 정말 저 정도였던가?"

반백이 대답했다.

"『서』에는 '여자의 말을 들었다.'[4]라고만 되어 있습니다. 조정에서야 어떻게 저런 방종한 모습을 보였겠습니까? 악행이라고 불리는 여러 가지를 다 〔주왕에게〕 귀속시켜야 할 테니 그보다 더 심할 수는 없었습니다.[5]

황제가 물었다.

"그런 일이 없었다면 이 그림의 교훈은 무엇인가?"

반백이 아뢰었다.

"'술에 빠져 있었기'[6] 때문에 미자(微子)가 떠났고, '〔낮을 밤 삼아 술을 마시다가 취기가 올라〕 소리를 질러 댔으므로'[7] 〔『시』「대아」'탕(蕩)'의〕 지은이가 탄식하며 눈물을 흘렸습니다. 『시』와 『서』에서 음란에 대해 경계했는데, 그 음란의 근원은 모두 술에 있었습니다."

황제가 감탄하며 말했다.

"내가 오랫동안 반생을 만나지 못하다가 오늘 다시 만나 직언을 들었다."

장방 등은 흥이 깨져서 잠시 뒤에 스스로 자리에서 일어나 옷을 갈아입고 물러갔다.

그때 마침 장신궁 정림(庭林)[8] 표(表)가 심부름을 왔다가 그 말을 들었다.

뒤에 황상이 동궁에 인사를 왔을 때 태후가 눈물을 흘리며 말했다.

"최근 들어 황제의 얼굴이 마르고 검어졌어요. 반 시중은 본래 대장군이 천거한 인물이니 남다르게 총애해야 합니다. 반 시중 같은 인물을 더 많이 찾아서 성덕을 보좌하게 하세요. 그리고 부평후는 봉토로 보내는 것이 마땅하겠습니다."

황제가 대답했다.

"그렇게 하겠습니다."

거기장군 왕음이 소식을 듣고 승상 〔설선〕, 어사대부 〔적방진〕

에게 일러 부평후의 죄과에 대해 상주하게 했다. 이에 황상이 장방을 변방의 〔천수군 속국〕도위로 내보냈다가 뒤에 다시 불러들였다. 그러자 태후가 황상에게 편지를 썼다.

전에 부탁했던 것도 아직 들어주지 않았으면서 오히려 부평후를 돌아오게 했으니, 어찌 아무 말도 하지 않을 수 있겠습니까?

황상이 사죄했다.
"곧바로 분부를 받들겠습니다."
그 무렵 허상이 소부로 있었고 사단은 광록훈이었다. 황상이 허상과 사단에게 광록대부 벼슬을 더해 황궁에 들어와 있게 했다. 반백은 수형도위로 승진시켜 두 스승과 함께 시중 일을 하게 했는데 세 사람 모두에게 중이천석 봉록을 내렸다. 동궁 태후에게 문안 인사를 드리러 갈 때마다 늘 따라갔다. 조정에서 큰일을 처리해야 할 때에는 함께 가서 공경들에게 황제의 뜻을 알렸다. 황상도 놀이에 점점 싫증을 내면서 다시 경서 학업을 닦기 시작했다. 태후가 몹시 기뻐했다. 승상 적방진이 다시 상주했으므로 부평후가 마침내 봉토로 돌아갔다.

그때 반백이 병으로 세상을 떠났다. 나이 서른여덟이었으므로 조정에서 가엾게 여겼다.

반유는 박학했고 재주가 뛰어났으므로 좌장군 사단이 현량 방
정으로 천거했다. 대책문을 올리고 의랑(議郞)이 되었다가 간대부
우조 중랑장으로 승진한 뒤에 유향과 함께 황궁 소장의 비서(祕
書)를 교열했다. 〔교열한 내용을〕 상주할 때마다 반유가 뽑혀 조
서를 받고 황제 앞에 나아가 여러 책을 읽었다. 황제가 반유의 재
능을 중시하여 비서의 부본(副本)을 하사했다.

그때에는 책을 아랫사람에게 내주는 법이 없었다. 동평 사왕이
황제의 숙부 자격으로 『태사공서』와 제자(諸子)의 서적을 내려 달
라고 요청했지만, 대장군이 황제에게 아뢰어서 허락해 주지 않았
다. 이때의 이야기는 「동평왕전」에 있다.

반유도 일찍 세상을 떠났다. 아들이 있었는데 반사(班嗣)라고
했다. 반사는 당대에 이름을 떨쳤다.

반치는 젊어서 황문랑 중상시가 되었으며, 방정한 품행을 견지
했다. 성제 말년 정도왕을 태자로 세울 때 성제가 여러 차례 중윤
(中盾)⁹을 파견하여 가까운 신하들에게 정도왕을 태자로 세워도
될지 물어보았다. 그런데 유일하게 반치만 대답하지 않았다. 애제
가 즉위한 뒤에 반치를 서하군 속국도위로 내보냈다가 광평국(廣
平國) 상(相)으로 옮기게 했다.

왕망이 젊어서는 반치 형제와 지위와 신분이 비슷했으므로 친
하게 지냈다. 반유를 형으로 섬기며 반치는 동생으로 잘 돌봐 주

었다. 반유가 죽었을 때 시마(總麻)의 예를 차렸으며 장례 부조용 비단과 수레를 아주 많이 보냈다.

평제가 즉위했을 때 태후가 조정에 나와 국사를 돌보자 왕망이 전권을 휘둘렀다. 왕망은 예악 제도를 통해 교화함으로써 태평성대를 이루고자 했다. 왕망은 사자를 나누어 보내 변화된 풍속을 시찰하고 자신을 칭송하는 노래를 채집하게 했다. 그런데 지방관 중에서 반치는 노래를 채집해 올리지 않았고, 낭야군 태수 공손굉은 (왕망의) 공부(公府)에 재해가 일어날 것이라고 말했다.

대사공 견풍이 광평국과 낭야군에 부하를 급히 파견하여 두 지방의 하급 관리와 백성들에게 왕망을 칭송하게만 하고 일어난 재해는 말하지 못하게 했다. 그 사실을 바탕 삼아 공손굉은 불길한 징조를 공연히 꾸몄고, 반치는 상서로운 징조를 숨긴 채 보고하지 않아 성정(聖政)을 방해한 부도죄를 지었다고 탄핵했다. 태후가 말했다.

"(왕망의) 덕이 훌륭한 것을 널리 알리지 않은 자와 재해를 언급한 자에게 내리는 벌은 달라야 한다. 그리고 현숙한 후궁의 집안사람은 내가 가엾게 여긴다."

그래서 공손굉만 하옥되어 주살당했다. 반치가 두려운 마음에 황제에게 글을 올려 죄를 용서해 준 것에 감사했다. 그리고 동평국 상의 인(印)을 반납하고 성제의 연릉원 낭관으로 들어가기를 청했다. 태후가 허락했다. 반치는 예전 봉록을 그대로 받으며 천수를 누렸다. 그 뒤로 반씨 집안사람들은 왕망의 신나라 조정에서 높은 벼슬에 오르지 않았고 재앙도 당하지 않았다.

애초 성제의 성정이 관대하여 직언을 받아들였으므로 왕음과 적방진 등이 법에 따라 황제의 잘못을 지적했다. 유향, 두업, 왕장, 주운 같은 무리는 고의로 황제에게 대들었다. 황제의 스승 안창후 장우에서 황제의 외삼촌들로 대장군에 올랐던 형제들과 공경 대부, 후궁의 외척인 사씨와 허씨 집안사람으로 황제의 총애를 많이 받은 인물치고 이들의 비방을 받지 않은 예가 없었다.

그런데 곡영만은 이렇게 주장했다.

"건시와 하평 연간 사이에 허 황후와 반 접여의 집안이 부귀를 누렸는데 당시의 세상을 뒤흔들면서 사방의 사람들을 위협할 만큼 기염을 토했습니다. 폐하께서 헤아릴 수 없는 만큼 상을 내리느라 황실 곳간이 텅 비었으니, 후궁에게 내리는 총애가 그보다 더 지극한 적이 없었습니다. 그런데 지금 그 뒤에 총애를 입은 후궁들이 하늘의 복을 타고나지도 못한 채로 전보다 열 배는 더 총애를 받고 있습니다."

곡영은 조 황후와 이 접여의 집안도 다를 바가 없다는 것을 꼬집어 말한 것이다.[10]

반치는 반표를 낳았다. 반표의 자는 숙피(叔皮)이다. 어려서 사촌형 반사(班嗣)와 함께 여러 곳을 다니며 학문을 닦았다.

집에는 황제가 하사한 책이 많았고 살림이 풍족했다. 옛것을 좋아하는 선비들이 먼 곳에서부터 찾아왔는데, 아버지 반치의 친구 중에 양자운(揚子雲)과 그보다 젊은 사람으로 이 집에 오지 않은 이가 없었다.

반사는 유학을 공부하기는 했지만 노엄(老嚴)의 학술[11]을 숭상했다. 환생(桓生)[12]이 그 집의 책을 빌려 보고 싶어 하자 반사가 대답했다.

"대저 엄자(嚴子)는 성인의 학문을 끊어 그 지식을 버리고 양생을 통해 진기(眞氣)를 보전하며 청정무욕의 삶을 살다가 자연으로 돌아간 분입니다. 오로지 자연을 스승과 벗으로 삼으며 세속의 부림을 받지 않았지요. 한 골짜기에서 낚시하고 살았지만 만물이 그 뜻을 범할 수 없었고, 한 언덕에 은거했지만 천하가 그 즐거움을 방해하지 못했습니다.

성인(聖人)이 쳐 놓은 그물에 구애받지 않고 교만한 군주가 내리는 먹이에 유혹받지 않았으니, 말하기 좋아하는 사람들은 구속받지 않고 뜻을 자유자재로 펼치는 그분에게 이름조차 붙이지 못했으니, 얼마나 고귀하신 분입니까!

지금 우리 선생께서는 인과 의의 속박에 걸리고, 명성의 고삐와 사슬에 묶인 채 엎드려 주공과 공자의 행적을 따르고, 안연(顔淵)과 민자건(閔子騫) 사상의 정수를 본받으려고 노력하고 있는데, 세속의 교화를 떨치지 못하면서 어찌하여 대도(大道)로 자신을 화려하게 꾸미려고 합니까? 옛적에 한단에 걸음걸이를 배우러 갔던 자가 자신의 원래 걸음걸이조차 잃어버리게 되어 기어서 돌아가지 않았습니까![13] 그와 비슷하게 될 듯하여 책을 빌려주지 않겠습니다."

반사의 행동과 말하는 법이 이와 같았다.

숙피[14]는 성인의 도라는 것을 확인한 뒤에야 있는 힘을 다해 공부했다.

스무 살이 되었을 때 왕망이 망하고 세조가 기주에서 즉위하는 일을 겪었다.

그때 외효(隗囂)가 농(隴)에 근거지를 두고 군사를 거느리고 있으면서 인재를 모집했다. 게다가 공손술(公孫述)이 촉한에서 칭제하는 등 천하에 구름이 일어나듯 소요가 일었다. 봉기군의 세력이 크면 여러 주와 군을 점령했고, 작으면 현읍에 기반을 두고 있었다. 외효가 반표에게 물었다.

"옛적에 주나라가 망하자 전국(戰國)이 서로 다투면서 천하가 분열되었는데 몇 대가 내려간 뒤에야 평정되었습니다. 아아, 합종연횡하며 치르던 전쟁 시대가 지금에 다시 펼쳐지고 있는 것이겠습니까? 한 사람이 천명을 받아 그 전 시대를 대신하여 흥왕하게 되겠습니까? 선생의 의견을 말씀해 주시기 바랍니다."

숙피가 대답했다.

"주나라와 한나라의 흥망성쇠는 그 사정이 다릅니다. 옛적에 주나라에서는 다섯 등급의 작위를 두었는데 제후가 각자의 봉토에서 정사를 보았습니다. 그런데 본근(本根)이었던 왕실이 쇠약해지자 지엽(枝葉)이었던 제후국이 강대해졌습니다. 주나라 말기에 종횡으로 전쟁이 일어난 것은 주나라의 원래 형세가 그렇게 이끌었던 것입니다. 한나라는 진나라의 제도를 이어받아 널리 군과 현을 두었습니다. 황제에게 전권의 위력이 있었던 반면에 신하들은 장기간 권력을 잡을 수 없었는데, 성제 때부터 외척의 힘을 빌렸습니다. 애제와 평제는 황위에 오래 있지 못했고,[15] 황실의 후사는 세 번이나 끊어졌습니다.[16] 위에 있는 황실이 위기에 빠졌지만 그 피해가 아래까지 미치지는 않았습니다. 그래서 왕씨가 높은 자리를 차지하고 조정에서 전권을 휘두르다가 황제의 칭호와 자리를 찬탈했을 때, 백성에게 그 뿌리를 내리지 못해 민심을 얻지 못했습니다. 왕망이 정식으로 황제에 오른 뒤에 천하 사람 중에 목을 빼고 망하기를 바라면서 탄식하지 않는 사람이 없었습니다. 그 열 몇 해 동안에 나라 안팎에 소요가 일어났고 원근에서 동시에 봉기하여 가호(假號)로 황제를 칭하고 구름이 일어나듯 군사를 모으고 있습니다. 모두가 유씨를 칭했는데[17] 모의하지 않았어도 내건 구호는 같습니다. 바야흐로 현재의 영웅호걸들이 주성(州城)[18]을 차지하고 있어도 전국 시대 칠국(七國)처럼 대대로 이어 갈 기틀을 세우지 못하고 있습니다.

『시』에 '위대한, 상제여! 아래로 내려다보며 똑똑하게 살펴, 사방을 감찰하면서 백성이 힘들게 지내는 데를 찾아보네.'[19]라고 했습니다. 지금 사람들이 모두 노래를 부르며 한나라를 그리워하고 유씨를 바라보고 있으니 대세가 이미 정해진 것을 알 수 있습니다."

외효가 말했다.

"선생이 주나라와 한나라의 형세를 말씀하셨는데 그렇게 말할 수는 있겠습니다. 그러나 유씨가 황제였던 것에 익숙하던 어리석은 백성이 유씨를 그리워하는 것만 보고 한나라가 부흥할 것으로 여기는 것은 다듬어지지 않은 생각인 듯합니다. 옛적에 진나라가 사슴[20]을 잃었을 때 유계(劉季)[21]가 쫓아가서 그 사슴을 잡았습니다. 그때 사람들이 유씨의 한나라가 천하를 얻을 줄 누가 알았겠습니까!"

외효의 말에 실망한 숙피는 한없이 방자하고 교활하게 행동하는 외효의 모습을 보고 한탄하며 「왕명론」을 지어 어려운 시국을 구하고자 했다. 그 사(辭)는 다음과 같다.

옛적에 요임금이 순임금에게 선양하며 "아, 그대 순이여, 하늘에서 왕위를 계승시키는 차례가 그대에게 돌아왔다."[22]라고 했는데, 순임금도 우임금에게 그렇게 선양했다. 후직(后稷)과 설(卨) 두 사람이 요임금과 순임금을 보좌하며 백성을 널리 구제했고, 그 위대한 덕정이 후대의 임금에게도 계승되어 탕 임금과 주 무왕이 천하를 얻는 데까지 이르렀다. 비록 시대가 다르고 선양 방식이 달랐지만, 하늘과 백성의 뜻에 순응하는 도리는 한가지였다.

그 뒤에 유씨가 요임금의 왕통을 이었는데, 요임금 집안의 계보는 『춘추』에 나와 있다.[23] 요임금이 화덕(火德)에 기반을 두었으므로 한나라도 그 화덕을 계승했는데, 패현의 호반에서 봉기했을 때 밤에 신모(神母)가 곡을 하며 적제(赤帝)의 부명(符命)을 보였다.

이런 사실로 미루어 말하자면, 개국 군주에게는 확실하게 드러난 영명하고 성스러운 덕이 있어야 하고, 오랜 세월 수없이 많은 공을 세우며 대대로 쌓은 기업(基業)이 있어야 한다. 그런 뒤에야 그 정성이 신명에게 통할 수 있고 백성에게 은택을 베풀 수 있으니 귀신이 제사를 흠향한 뒤에 복을 내리고 천하가 귀부하게 된다.

대대로 내려온 기반 없이, 역대의 공덕도 기재된 바 없는 집안 출신으로 그 자리에 우뚝 섰던 개국 군주는 본 적이 없다. 세속에서는 고조가 포의(布衣)의 신분으로 개국하는 것을 보면서 그렇게 된 원인을 이해하지 못한 채 포악하고 어지러운 세상을 만나 칼을 휘둘러서 그렇게 되었다고 여겼다. 유세객들은 또 천하를 얻는 일을 사슴을 뒤쫓는 일에 비유하면서 고조가 요행히 빨리 달려 사슴을 얻었다고 했다. 이들은 신기(神器)를 얻는 일은 천명이 있어야 가능한 것이지 지식이나 힘으로는 얻을 수 없다는 것을 몰랐다.

슬프다! 이것이 바로 오늘날 이 세상에 난신(亂臣)과 적자(賊子)가 많이 생겨난 원인이다. 천하를 요행으로 얻을 수 있다고 생각하며 천도를 헛되게 어지럽힐 뿐 아니라 인간 세상에 나타난 천도를 제대로 알아보지 못한다. 대저 기근에 시달리다가 유랑하는 천민들이 길에서 굶주림과 추위에 떨면서 원하는 것은 그저 갈포로 간단히 지은 홑옷을 입고 한 섬 곡식을 쌓아 둘 수 있게 되는 것이다. 원하는 것이 황금 한 근어치도 못 되는데 이리저리 떠돌다가 마침내 골짜기에 떨어져 죽고 만다. 왜 그렇게 되는 것일까? 빈궁한 것도 운명이 결정하기 때문이다. 그런데 하물며 황제의 높은 자리임에야 더 말할 것이 있겠는가! 사해를 다 가진 부유함과 신령이 보우해 주는 복을 누리는 그 자리에 누가 함부로 오를 수 있겠는가!

액운을 만났을 때 그 권력을 훔치려고 한 자도 있었으니 한신과 영포처럼 용맹하거나 항량과 항적처럼 세력이 강하거나 왕망처럼 직접 황위를 찬탈한 자들이 있었다. 그러나 이들도 결국 팽형을 당하거나 모탕에 엎드려 참형을 당하거나 조각조각 찢기어 해형(醯刑)을 당했다. 그런데 영웅 축에도 낄 수 없는 소소한 인물들이 음모를 꾸미며 황제의 자리에 오르려고 하고 있다.

그래서 비루먹은 말은 천 리 길을 달릴 수 없고, 제비나 참새 같은 작은 새들은 양 날개를 마음껏 펼치며 날 수 없다. 가늘고 짤막한 목재는 부하를 견딜 수 없으므로 동량으로 쓸 수 없고, 두소(斗筲)처럼 속이 좁은 자는 막중한 제왕의 권력을 행사할 수 없다. 『역』에 "솥의 다리가 부러져 공(公)의 음식이 쏟아진다."[24]라고 한 것은 바로 제왕의 임무를 수행하지 못함을 말한 것이다.

진나라 말기에 호걸들이 진영을 왕으로 추대하자, 진영의 어머니가 아들을 말렸다.

"내가 너의 집에 시집와서 너의 집안이 대대로 빈천했던 것을 알았다. 갑자기 부귀해지는 것은 길상한 일이 아니니, 군대를 남에게 넘기는 것만 같지 못하다. 남의 밑에서 거사를 성공하면 이득을 적게 보겠지. 그러나 실패했을 때에는 남이 화를 입게 된다."

진영이 어머니의 말을 따랐으므로 진씨 집안은 편안하게 지낼 수 있었다.

왕릉의 어머니도 항씨가 망하고 유씨가 건국할 수밖에 없다는 것을 알고 있었다. 당시 왕릉은 한나라의 장수였는데 그 어머니가 초왕 항우에게 잡혀 있었다. 한왕의 사자가 왔을 때 왕릉의 어머니가 사자를 보고 말했다.

"내 아들에게 한왕은 장자(長者)로서 반드시 천하를 얻을 테니 아들은 한왕을 공경하는 마음으로 섬기되 불충한 뜻을 갖지 말라고 전해 주세요."

그러고는 한왕의 사자가 보는 앞에서 칼로 목을 찔러 죽음으로써 결연한 뜻을 알리며 왕릉을 격려했다.

그 뒤에 아니나 다를까, 한왕이 천하를 평정했다. 왕릉은 재상이 되고 후에 봉해졌다. 대저 현명한 필부도 사리를 미루어 짐작하고 재앙과 복의 요체를 탐구하여 종사(宗祀)를 무궁토록 보전시켜 그 이름이 청사에 길이 남았는데, 하물며 대장부의 일이야 더 말해 무엇 하겠는가! 빈궁함과 성공함은 천명으로 결정되고 길흉은 사람에게 달려 있다. 진영의 어머니는 쇠약하게 될 아들의 미래를 예견했고, 왕릉의 어머니는 누가 천하를 얻을지를 미리 알았다. 이 네 가지[25]를 자세히 살펴보면 제왕의 직분을 누가 감당할지를 판단할 수 있다.

대개 고조가 나라를 세운 데에는 다섯 가지 원인이 있었다.

첫째는 제요(帝堯)의 후예이기 때문이다. 둘째는 외모가 아주 특별했기 때문이다. 셋째는 제왕이 될 징조인 신비로운 위무(威武)가 있었기 때문이다. 넷째는 관대하고 영명하여 인(仁)과 서(恕)를 실천했기 때문이다. 다섯째 사람을 알아보고 잘 부렸기 때문이다.

이에 더하여 성실하고 남을 속이지 않았으며, 계책을 잘 세웠고, 다른 사람의 의견을 잘 들었으며, 훌륭한 사람을 만나면 그에 미치지 못하는 것처럼 했고, 사람을 쓸 때에는 자신처럼 믿고 썼으며, 간언을 들으면 물이 흘러가듯이 잘 따랐고, 형세를 따라갈 때에는 메아리를 울리듯이 호응했다. 밥을 먹다가 다 넘기지 못하고 뱉으면서까지 급하게 자방 장량의 계책을 들어주었고, 발을 씻다가 그만두고 역생의 설득에 읍했다. 수졸이었던 유경의 말을 듣고 깨우쳐 고향에 대한 정을 끊었고, 사호(四皓)의 명성을 존중하여 가장 예뻐하던 척 부인의 아들에 대한 사랑을 끊었다. 한신을 군영의 일반 병사에서 뽑아 썼고 고향을 떠나 떠돌던 무리 중에서 진평을 받아들였으니, 이런 영웅들이 능력을 펼치며 여러 계책을 모두 실행했다. 이렇게 원대한 지략을 가지고 있던 고조였기에 제왕의 위업을 이룰 수 있었다.

천명의 상서로운 징조가 나타난 것에 대해서는 대략 들어 본 적이 있다. 애초 고조의 어머니 유오(劉媼)가 고조를 밸 때 꿈에서 귀신을 보았는데, 천둥 번개가 치고 날이 어두워지더니 용사(龍蛇)[26]가 나타나는 이상한 일이 일어났다. 고조가 성장할 때에도 영험한 일이 자주 일어나 남들과 다른 면모를 보였다. 왕오와 무부(武負)가 고조의 몸에 용이 서린 것을 보고 범상한 인물이 아님을 깨달아 외상값 장부를 파기했고, 여공(呂公)은 고조의 범상치 않은 용모를 보고 딸을 바쳤다. 진시황이 동쪽 지방을 순유했을 때 황제의 기운이 있는 것을 보고 누르려고 했지만 여후는 구름을 보고 고조가 은신한 곳을 찾아냈다. 천명을 처음으로 받았을 때에 백사(白蛇)를 베었고, 서쪽으로 진격하여 무관을 통해 입성했을 때에는 [화, 수, 목, 금, 토의] 오성(五星)이 [동정(東井)] 자리에 모였다. 그래서 회음후와 유후가 하늘의 천명을 받은 것이지 사람의 힘으로 될 일이 아니라고 말했다.

고금을 통해 왕조의 흥망성쇠를 살펴보고, 정무 처리의 성공과 실패를 고찰하며 제왕의 명운을 돌아보고, 위에서 말한 다섯 가지에 비추어 생각해 보면 이러하다. 행동이 그 직분을 감당할 수 없고 그 직분에 상응하는 상서로운 부명이 나타나지 않은 상태에서 권력과 이익을 탐하며 명분을 뛰어넘어 엉뚱한 자리에 앉아 있으면 밖으로 봐도 역량이 부족하고 안으로 천명을 깨닫지 못한 것이니, 한 집안의 주인을 잃거나 천수를 누릴 수 없게 되고 솥의 다리가 부러지는 흉한 일을 만나 부월형으로 죽임을 당할 것이다.

영웅은 이런 도리를 잘 깨달아 하늘의 벌을 두려워하며 멀리 높게 내다보는 지혜를 가지고 심사숙고하여 사리를 통찰해야 한다. 왕릉과 진영이 자신의 본분을 알아차렸던 것을 배우고, 한신과 영포처럼 분에 넘치는 야심을 가지지 말며, 사슴을 쫓으려는 어리석은 생각을 버리고, 신기(神器)는 천명으로 수여된다는 것을 인식하며, 탐내서는 안 될 것을 탐하지 않아서 〔진영과 왕릉〕 두 사람의 어머니로부터 웃음을 사지 말아야 한다. 그렇게 하면 복이 자손들에게 전해져 천록(天祿)이 영원할 것이다.[27]

외효가 끝내 깨닫지 못하는 것을 보고 하서로 몸을 피했다. 하서 대장군 두융(竇融)이 반표의 고상한 덕을 좋아하여 늘 찾아가서 방책을 물었다.

〔두융이 광무제에게〕 무재(茂材)로 천거하여 서현(徐縣) 현령이 되었으나 병으로 파면되었다.

뒤에 여러 차례 삼공(三公)의 부름에 응했다.

봉록을 받기 위해 벼슬을 살지 않았으므로 어떤 자리에 가도 영합하지 않았다.

남에게 기용되려고 배우지 않았고 박학했으나 속되지 않았다. 언사는 화려하지 않았고, 사실을 기록하되 꾸며서 쓰지 않았다.

「유통지부」, 수행을 거듭하여 이름을 남기리라

○　○　○

반표에게 아들이 있었는데 반고라고 했다. 약관의 나이에 아버지를 잃고 「유통지부(幽通之賦)」[28]를 지어, 인간의 운명에 관해 진술하며 자신의 심정을 표현했다. 그 사(辭)는 다음과 같다.

멀리 거슬러 올라가면 본래 고양전욱(高陽顓頊)의 자손이고,
가문의 중흥조도 위대한 인물이었지.
그 후로 매미가 허물을 벗듯이 따뜻한 개풍(凱風)이 부는 곳을 떠나
북방의 삭(朔) 들판에서 이름을 날렸네.
십 대 황제 때에 비상하기 시작했으니,
도읍에서 날개를 제대로 펄럭일 수 있었네.
거(巨)[29]가 하늘을 두려워하지 않고 한나라를 멸망시킨 뒤에,
선고(先考)께서 환난에 빠진 세상을 두고 노래를 지으셨지.[30]
끝내 목숨을 보전하고 후대의 모범이 되셨으니,
상고 시대 인인(仁人)의 마을[31]에 은거하셨네.
훌륭하셨어라! 순수하고 선량하셨던 선고께서는
뜻을 이룰 수 없었던 때에나 부귀해진 뒤에나 반드시 세상을 이롭게 하셨네.
아아, 몽매한 고자(孤子)는 미약하여
유업을 망치고 명성을 얻지도 못하고 있구나.

설마 내가 목숨을 바치기 어려울까,

남겨 주신 가업에 대해 생각하네.

유실(幽室)에서 오랫동안 홀로 생각에 잠겨 있었지.

지난 세월이 아득하게 느껴지도록.

선비들과 어깨를 겨눌 만큼 잘할 수는 없겠으니,

내 실수로 가업에 오점을 남기지 않기만을 바랄 뿐.

정신을 의지할 데 없던 중에 신령을 만났네.

진심이 통한 걸까, 잠결에 나타나셨지.

꿈속에 산을 올라 멀리 바라보는데

유인(幽人)이 희미하게 보였네.

갈류(葛藟)를 잡아 건네주시고

깊은 골짜기를 돌아보며 떨어지지 말라고 하셨네.

새벽에 깨어나 허공을 바라보며 생각했지만,

몽롱한 정신에 길흉을 알아차릴 수 없었네.

황제의 신령은 멀리 계시니 물어볼 수 없어,

물려받은 참서(讖書)에 의거하여 뜻을 헤아려 보았네.

높은 산에 올라가 신령을 만난 것은

도에 깊이 통하여 미혹되지 않는 것을 뜻하고,

갈류가 얽히며 늘어져 있던 것은

〔『시』〕「주남(周南)」〔'규목(樛木)'〕에 나오듯이 편안한 복을 누린

다는 뜻이라는구나.

　그러나 깊은 골짜기를 앞에 둔 듯이 전전긍긍 조심했네.

「소아」의 시 두 편[32]에서 경계한 대로.

이렇게 길한 징조를 보여 주고

한편으로 근신하라고 이르신 것은

남들처럼 열심히 노력하며 승진하려고 하지 않는 나에게

시간은 금세 지나가고 다시 돌아오지 않는다는 것을 일깨워 주

신 것이지.

신령의 훈계에 대해 이것저것 생각해 보며

앞으로 나아가질 못하고 머뭇거렸네.

천지는 무궁하나

사람의 목숨은 짧지.

오가며 첩첩 쌓인 위험을 만나게 되니

험난한 일은 많지만 지혜로운 사람은 드무네.

위대한 성인은 스스로 깨닫고 위험에서 빠져나왔지만

범부들이야 어찌 위험에 대적할 수 있으리.

옛적 위숙무(衛叔武)는 형〔인 성공(成公)〕을 맞이하러 갔다가

형이 쏜 화살에 맞고 목숨을 잃었지.

반면에 관중은 화살을 날려 원수를 죽이려고 했지만

그 원수가 나라를 차지한 뒤에 재상으로 삼았다네.

변화에는 원인이 있을진대 결과와 서로 잘 들어맞지 않으니,

어떻게 그 시종(始終)을 예측할 수 있을까!

옹치는 불만을 가졌지만 먼저 상을 받았고,

정공은 〔고조에게〕 은덕을 베풀었지만 주살당했네.

율희는 〔아들이 태자가 되는〕 경사 속에 웃다가 죽임을 당했고,

왕 접여는 근심 끝에 〔원제를 낳는〕 기쁨을 얻었네.

이렇게 어지럽게 얽혀 도는데도,

북쪽 변방 사람은 전화위복의 도리를 알고 있었지.[33]

단표(單豹)는 속만 다스리다가 아이 같은 겉모습 때문에 범에게 잡아먹혔고,

장의(張毅)는 겉으로 예절만 차리다가 내열(內熱)이 나서 죽고 말았네.

중화(中龢)의 도를 지니고 있으면 재난을 면할 수 있다고 하는데

안회(顏回)와 염경(冉耕)은 그 예상대로 되지 않았지.

걸닉(桀溺)이 자로(子路)에게 자신을 따르라고 권하며

공씨(孔氏)는 세상을 바꿀 수 없다고 했지만,

어지러운 세상에 남아서 피하지 않았다가,

세상의 해를 입어 끝내 목숨을 잃었다네.[34]

성인의 문하에서 공부한 제자도 재앙을 피하지 못했으니,

〔공자께서 자로 생각에〕 해(醢)를 들지 않았어도 죽은 사람을 살릴 수는 없었지!

성격이 너무 강하면 재앙을 당하게 되어 있고,[35]

도적이나 반란을 면하려면 공자의 가르침을 따라야 하지.[36]

형상과 기운은 근저(根柢)에서 비롯되니

뿌리가 강해야 나뭇가지와 잎이 무성하리라.

망량(网蛃)이 제 그림자를 보고 나무란 것은

아아, 그런 도리를 몰랐기 때문이리라.

여(黎)가 순수하여 고신(高辛)의 화정(火正)으로 불을 잘 다스렸으므로,

미(羋) 집안이 남쪽 사(汜)[37]에서 강대한 초나라를 이루었네.

영(嬴)은 백익(百益)이 의례를 제대로 관장했던 덕에 위무를 발휘하여 육국을 병합했고,

제나라 강씨(姜氏)는 본래 〔천지인(天地人)에게 드리는〕 삼례(三禮)를 맡았던 질종(秩宗) 백이(伯夷)의 후손이네.

조상이 성실하여 후손이 인덕을 입을 수 있으니

하늘을 우러러 천도(天道)와 같은 원칙이라.

동린(東山)[38]은 포악하여 삼인(三仁)[39]을 죽였으나

무왕(武王)은 삼오(三五)의 위치가 바를 때야 정벌을 나갔네.

융녀(戎女)[40]가 가혹하게도 태자 신생(申生)을 죽었을 때

진 문공이 달아났는데, 세성이 용(龍)에 있을 때 나가서 호(虎)에 있을 때 돌아왔네.

주 무왕 발(發)은 천시(天時)가 맞지 않자 회군했으므로 천명을 받을 수 있었고,

진 문공 중이(重耳)를 취하여 진나라로 돌아가게 한 것은 바로 부인 제강(齊姜)이었네.

하나라 왕궁에 두 마리 용이 침을 남기며 보사가 주나라를 망칠 것을 예언했는데,

예언대로 하, 은, 주를 돌아 주나라가 망했고,

선제 때에는 미앙궁에서 암탉이 수탉으로 변하는 일이 일어났는데,

그 뒤 오 대 뒤에 재난을 당할 징조였구나.

천도(天道)는 유장하나 인생은 짧은데

저승이 너무 멀어 가 볼 수 없네.

복서(卜筮) 점을 쳐야 귀신과 통했는데

고금을 통해 저승에 닿을 방법은 이것뿐이었지.

진완(陳完) 귀(嬀)는 어릴 때 제나라를 얻는 점괘를 얻었고,

주공 단(旦)은 계구(挈龜) 점을 통해 낙읍으로 옮길 해를 정했네.[41]

주 선왕의 중흥과 조백양(曹伯陽)의 멸망은 백성의 꿈속에 예시

됐고,

노 성공(魯成公)의 이름과 위 영공의 시호(諡號)는 동요에 미리 나

와 있었네.

숙향(叔向)의 어머니가 막 태어나던 백석(伯石)의 울음소리를 듣

고 백석이 진(晉)나라를 망하게 할 줄 알았고,

허부(許負)는 주아부의 얼굴 주름을 보고 굶어 죽으리라고 예언

했네.

대도(大道)는 혼연일체가 되어 자연으로 귀납되지만,

학설은 원류가 같아도 사람들이 지향하는 바가 달라 여러 유파

로 갈라지네.

귀신이 되는 것은 각자 생각대로가 아니라 운명에 정해져 있

으니,

운명은 각자의 행적에 따라서 변하는 것.

인생은 유전(流轉)하되 똑같이 구제받을 수 없어서

곤경을 만나는 것에 따라 성공과 실패가 달라지네.

삼란(三欒)[42] 삼대는 본래 한몸이라

난영(欒盈)이 쫓겨나긴 했지만 운명은 다르지 않〔아 난씨가 망하고 말〕았네.

운명이 들쭉날쭉 차이가 나는 것을 잘 알겠지만

뭇사람들은 그런 차이에 미혹되어 천도를 믿지 않네.

장주(莊周)와 가의(賈誼)는 방종한 생각으로 혼란에 빠져 있었으니,

두 사람 모두 죽음과 삶, 화와 복을 바르게 판단하지 못했네.

그렇게 진실에 위반되는 주장을 들고 나온 것은

사실 희우(犧牛) 될 것이 두려웠고, 복조(服鳥)를 싫어했기 때문이리라.

성인의 지론(至論)은 귀하여라.

천성에 순응하고 의에 따라 결단했네.

군자는 물욕으로 부귀해지는 일을 하지 않고,

도를 지키기 위해서는 사람들이 싫어하는 빈천도 피하지 않네.

성인은 약조한 바를 굳게 지키며 두 마음을 갖지 않으니

덕은 행하기 가볍고 실천하면 어디에도 걸리지 않네.[43]

삼인(三仁)은 행적이 다 달랐지만 인을 실천한 것은 일치했고.

백이(伯夷)와 유하혜(柳下惠)의 행동이 달랐지만 명성을 남긴 것은 마찬가지였네.

단간목(段干木)은 전쟁을 막아 위나라를 지켜 주었고,

신포서(申包胥)는 발에 굳은살이 생기도록 진나라에 애걸하여 초나라를 보호했네.

기신(紀信)은 한왕(漢王)을 지켜 내려 불에 타서 죽었고,

사호(四皓)는 심산에서 수양하면서 흔들리지 않고 명리를 추구하지 않았네.

초목도 구별되어 있는데,[44]

정확하게 도를 실천하면 반드시 아름다운 이름을 얻으리라.

죽은 뒤에 불후의 명성을 남기려고

옛사람들은 정도를 걸었네.

보라, 하늘의 그물이 만물을 덮고 있는 것을!

하늘은 스스로 성실히 도를 닦는 자를 도와주네.

생각해 보라, 옛적 성인이 대도(大道)를 세우셨으니,

덕이 있는 자는 반드시 동지가 있고,[45] 성실한 사람은 남의 도움을 받지.[46]

순임금을 찬양한 「소(韶)」의 아름다운 선율을 듣고 봉황이 날아와 예를 올렸으니,

천 년 뒤의 공자는 고기 맛을 잊은 채 계속 들었네.

소왕(素王) 공자가 『춘추』를 저술하자 기린이 찾아왔고,

한나라에서는 공자의 후손을 제후로 봉했네.

귀신의 세계와 통하려고 정성을 들이면 그 세계를 움직일 수 있으리니,

내 마음이 기를 움직이며 그 오묘한 세계로 들어갈 수 있으리.

양유기(養由基)가 시위를 겨누며 노려보았을 뿐인데도 겁먹은 원숭이가 곡을 했고,

이광(李廣)은 화살을 날려 범으로 착각했던 바위를 뚫었다네.

정성을 들여 도를 닦지 않았다면 이처럼 외물(外物)과 통할 수 없으리.

정확하게 도를 실천하지 않았다면 어찌 그리 정확할 수 있겠는가!

궁술 같은 말기(末技)를 써서도 이런 감응을 불러내는데,

하물며 대도의 진수를 붙들고 늘어진다면 더 말할 것 있으랴.

공자부터 거슬러 태호제(太昊帝)에 이르기까지

뭇 성인들이 경을 짓고 현인들은 해설을 썼네.

아침에 대도를 깨달으면 저녁에 죽을 수 있지.[47]

자아마저 잊으리니 하물며 외형의 굴레를 벗어나는 일이야 더 말할 것 있으랴.

팽조와 노자의 뜻을 이어 장수한다면

후대의 철인에게 유통지정(幽通之情)을 알려 주리라.

난(亂)은 다음과 같다.

하늘이 만물을 창조할 때[48] 각각의 운명과 본성을 정해 주었네.

본성을 회복하고 홍도(弘道)하는[49] 일은 현인과 성인만이 할 수

있네.

혼원(渾元)의 천지 기운은 만물을 움직이되 한곳에 머무르지 않고 흐르지.

목숨을 보전하고 이름을 남겨 뭇사람의 표상이 되어야겠네.

목숨을 버리면서 의를 취하는 것도 대도를 실천하는 것이겠지만,

애상에 빠져 외물 때문에 요절한다면 부끄럽고 안타까운 일이 아닐 수 없지.

하늘의 도를 사수하면 어찌 퇴색할 수 있으리.

기미를 미리 알아차려 귀신의 세계로 들어가고 싶네.

「답빈희」, 재주가 없으니 혼자 글이나 쓸 일이다

○　○　○

영평(永平) 연간에 반고가 낭관이 되어 황궁의 비장 도서를 교열했다. 광범위하게 학문을 익히는 데 전념하면서 저술을 업으로 삼았다. 누군가 그 일은 공로가 없다고 비웃었다. 그러자 소진(蘇秦)과 장의(張儀), 범수(范雎)와 채택(蔡澤)이 살던 시대를 만나지 못하여 상대방을 정도(正道)로 설복하며 군자가 지켜야 할 도리를 표명할 길이 없었다고 자조했던 동방삭과 양웅의 말을 떠올렸다. 그리하여 자신을 비웃은 사람에게 다음과 같이 대답했다.[50] 그 사(辭)는 다음과 같다.

빈(賓)이 주인(主人)을 비웃으며 말했다.

"성인에게는 고정불변의 주장이 있고, 열사(烈士)[51]에게는 변하지 않는 결연한 원칙이 있다고 들었는데, 이 또한 명성이 중요하다는 뜻일 뿐입니다. 그래서 덕을 세운 것을 태상(太上)이라고 치고, 공을 세운 것을 그다음으로 칩니다. 대저 자신이 죽은 뒤에는 덕을 크게 발휘할 수 없고, 시대가 맞지 않으면 혼자서 빛나는 공을 세울 수 없습니다. 그리하여 성인과 철인(喆人)이 활동할 때에는 한곳에 있지 못하고 바쁘게 다녔습니다. 공자는 자리를 데울 사이가 없이 주유했고, 묵적(墨翟)의 굴뚝은 그을음이 앉을 새가 없었습니다.[52]

이를 통해 말하자면 옛사람에게는 선택이 중요한 일이었지 저작하는 일은 앞에서 열거한 것에 비하면 작은 일에 불과했습니다. 지금 우리의 선생께서 요행히 제왕의 시대를 살면서 대대(大帶)와 면복(冕服)을 착용한 채 밖으로는 명예를 높이고 안으로는 도덕을 실천하며 용호(龍虎)의 문체를 구사한 지 오래되었습니다. 그러나 끝내 머리와 꼬리를 치켜세우고 날개를 떨치며 진흙탕을 떨치고 풍운을 타고 승천하지 않았으니, 그 모습을 보는 이들을 놀라게 하거나 그 소리를 듣는 이들을 떨게 하지 못했습니다. 대신에 늘 경전 서적만 베고 누워 방 안에만 박혀 있으니, 위로는 줄기가 없고 아래로는 뿌리를 내리지 못하고 있습니다.

천지 밖의 세계를 생각하고 사소한 일에 매달리면서 정신을 집중하여 혼자서 저술에 종사한 지 여러 해가 되었습니다. 그런데 살아 있을 때 재능의 값어치를 인정받지 못해 일생 공을 세우지 못한다면, 대한 파도가 밀려오듯이 말을 뱉어 내고 봄에 활짝 피는 꽃처럼 글을 써 대도 정무 처리 평가에서 최고 점수를 받는 데에 아무런 도움이 되지 않습니다. 대개 재빨리 효과를 볼 계책을 올려 조정 대신들의 합의로 정책을 시행함으로써 살아서 명성을 날리고 죽은 뒤에도 좋은 시호를 얻는다면 그 또한 훌륭하지 않겠습니까?"

주인이 비웃는 얼굴로 말했다.

"빈의 말을 들으니 권세와 재물의 화려함만 보느라고 도덕의 실질에는 어둡고, 집구석의 촛불 밑에만 있느라고 하늘을 우러러 태양 빛을 보지 못한 듯합니다. 예전에 왕도가 무너져 주나라 왕실이 권세를 잃자 후(侯)와 백(伯)이 각자 권력을 잡았습니다. 전국들이 이리저리 달리며 전쟁을 벌여 마침내 칠웅이 서로 다투게 되었으니 중원이 분열하여 용쟁호투를 벌였습니다. 유세객들은 질풍처럼 달리며 제후의 부름에 번개처럼 응했으니, 수많은 유세객이 이 나라 저 나라를 구하러 다녔습니다. 나머지 인재들도 바람처럼 날아가 제후에게 붙었는데 그 시기에 반짝이던 사람은 셀 수 없이 많았습니다.

그 무렵에는 녹슬고 둔한 쇠도 갈아서 그런대로 쓸 수 있으면 썼고, 납으로 만든 칼도 휘둘러 절단하는 데 썼을 만큼 아무나 등용되었습니다.

그런 가운데 노중련(魯仲連)은 화살 하나를 날린 뒤에 〔받은〕 황금 천 근을 차 버렸고, 우경(虞卿)은 위제(魏濟)를 도우려고 〔조나라〕 상(相)의 지위를 버렸습니다. 대저 우물우물 나온 소리가 가락을 이루어 그 소리가 귀에 잘 들린다고 해도, 율도(律度)에 맞추어 정성(正聲)이 아니면 들어서는 안 되는데 그것은 「소(韶)」나 「하(夏)」 같은 음악이 아니기 때문입니다. 형세와 변이에 맞추다가 우연한 기회를 만나 풍속이 변하면 정도에 어긋나서 통할 수 없으니 군자의 법도가 아닙니다.

그 뒤 전국 시대에 들어가서 여러 나라를 종으로 합하자는 합종책 무리와 횡으로 엮자는 연횡책 무리가 다른 나라로 망명을 다니면서 유세를 펼치고 타지를 떠돌며 방책을 올렸습니다. 상앙(商鞅)이 삼술(三術)을 들고 가서 효공(孝公)의 칭찬을 받았고, 이사(李斯)는 당대에 시급했던 정무를 분발해서 처리했으므로 진시황의 중시를 받았습니다. 그 사람들은 모두 풍운을 쫓는 시대를 만나 왕조가 뒤집어지는 형세를 밟고 군주의 요청을 받아 사악한 술책을 올리며 하루살이같이 짧은 부귀를 추구했는데, 아침에 영화를 누렸다가 저녁에는 초췌해졌으니, 복을 충분히 누리기 전에 눈앞에 넘치는 재앙을 만났습니다. 흉인(凶人)도 스스로 후회했는데 하물며 길사(吉士)가 이런 방법을 쓸 수 있겠습니까!

공적은 아무 재주 없이 이룰 수 없고, 공적을 꾸며서 이름을 알리지도 못합니다. 한비는 화술로 군주를 움직였고, 여불위는 교묘한 수법으로 권력을 잡았습니다.

「세난(說難)」을 완성하고 한비는 감옥에 갇혔고 '진화(秦貨)'[53]가 귀하게 된 뒤에 여불위 집안은 멸족당했습니다. 그리하여 중니가 부운(浮雲) 같은 명리를 추구하는 것에 항거했고, 맹가(孟軻)가 호연지기를 길렀는데, 설마 그분들이 비현실적인 이상을 좋아해서 그리했겠습니까! 그 도는 의심할 여지가 없습니다.

그 뒤에 대한(大漢)이 여러 가지 오물을 깨끗이 씻어 내고 황야를 개척하며 제국의 영토를 넓히고 황제의 법도를 회복했으니, 복희와 신농이 세운 기업보다 더 융성한 기틀을 잡았고, 황제와 당요보다 제도를 더 완비했습니다. 대한 황제가 천하를 다스렸는데, 불타는 태양처럼 세상을 환하게 비추고, 신령처럼 위력을 발휘했으며, 바다처럼 만물을 포용했고, 봄처럼 백성을 길렀습니다. 그리하여 천하 육합(六合) 안에 다른 본원에서 흐르는 물이 없는 것처럼 모든 사람이 공손히 복종했고, 황제의 깊은 은덕 속에 멱을 감았습니다. 사람들은 태평세월을 기대하며 대한에 가지가 되어 붙고 그 가지의 이파리가 되었습니다.

산림에 초목이 자라고 산과 못에 새와 물고기가 서식할 때, 절기가 고르면 제대로 번식하고, 고르지 않으면 조락하게 됩니다. 대한이 천지의 법도를 참고해서 교화를 펼쳤으니 그것이 어찌하여 인간의 능력으로 이루어진 일이라고 할 수 있습니까!

지금 선생은 태평성세에 살면서 전국 시대의 일을 논하고 있는데, 배웠던 지식에 미혹되어 눈으로 확인할 수 있는 사실을 의심하고 있습니다. 크고 작은 언덕에 견주어 태산의 높이를 재려고 하거나, 개울을 생각하며 심연의 깊이를 재려고 하는 것은 도리에 맞지 않습니다."

빈이 말했다.

"대저 상앙과 이사 같은 무리는 주나라가 쇠한 뒤에 나타난 흉인인데 그들의 운명에 대해 앞서 하신 말씀 잘 들었습니다. 감히 여쭈어 보건대, 상고 시대 선비들이 처신할 때 배운 도를 실천하면서 당대의 군주를 보좌하여 명성을 얻었으므로 후대에 칭송을 받고 있는데, 사람들이 아무 말도 하지 않았단 말입니까?"

주인이 대답했다.

"어떻게 그렇다고 할 수 있겠습니까?

옛적 고요가 우에게 계책을 올리고 기자가 주나라를 방문했을 때 그 주장이 제왕에게 통했고, 계책은 성신(聖神)의 뜻에 맞았습니다. 은나라 무정(武丁)이 꿈에 보았던 부열(傅說)을 부암(傅巖)에서 찾아내고, 주 문왕이 점을 친 뒤에 위수 변에서 태공망을 얻어 기용했습니다. 제나라의 영척(甯戚)은 강구(康衢)에서 큰 소리로 노래를 불렀고, 한나라의 장량은 하비의 물가[54]에서 병서를 받았는데 이는 모두 제 환공과 한 고조의 명을 받기 전에 신령과 교감한 것입니다. 영척과 장량이 말이나 글로 신임을 받은 것은 최고의 계책을 올려 무궁한 공훈을 세웠기 때문이 아닌 것입니다.

근세의 육자(陸子)[55]는 벼슬에서 물러나 『신어(新語)』를 썼고, 동생(董生)[56]은 학생을 가르치다가 유림(儒林)을 빛냈습니다. 유향은 서적을 관리하며 옛 전적의 내용을 정확하게 변별했고, 양웅은 깊이 사고하며 『법언(法言)』과 『태현(太玄)』을 지었습니다.

이분들은 모두 당시의 황궁을 드나들며 옛적 성인의 오묘한 진리를 연구했습니다. 경술(經術)의 마당에서 노닐고, 전적의 원림 속에 머물며 자신의 품성을 온전히 지키면서 그 문채를 드러내어 성덕을 지닌 황제에게 채납됨으로써 후인들에게 찬란한 본보기가 되었으니, 이분들은 성인에 버금가지 않습니까!

백이는 수양산에서 절의를 지켰고, 유하혜는 울분을 삭이며 모욕적인 벼슬살이를 했습니다. 안연은 일단사(一簞食), 일표음(一瓢飮)

에도 즐겁게 지냈고, 공자께서는 서수(西狩)에서 기린을 잡은 것을 끝으로 『춘추』의 기록을 마쳤습니다. 이분들의 명성은 천지 사이에 가득 차 있으니 우리의 진짜 사표입니다.

그런데 제가 듣기를 일음일양(壹陰壹陽)은 천지의 도, 문(文)과 질(質)은 왕도(王道)의 요점이며, 뜻이 같은 것과 뜻이 다른 것을 가리는 일이 성철(聖哲)의 상도(常道)라고 합니다. 그리하여 자신이 지향하는 바에 따라 근신하며 수행하고, 하늘에서 내리는 징조를 따르며, 목숨을 아끼지 않고 자신을 단속하고, 대도를 깊이 체험하면 신령이 그 소리를 들으시고 그 사람을 버리지 않을 것입니다.

빈은 또 화씨(蘇氏)의 벽(璧)이 형산(荊山) 바위 속에 숨겨져 있었고, 수후(隨侯)의 주(珠)는 조개 속에 감추어져 있었던 사실에 관해 들어 보지 못했습니까? 세월이 흐를 동안 아무도 관찰하지 못했으며, 광채를 담고 있는 것도 정수를 토해 낼 것도 알지 못했으니, 천년이 지나서야 야광을 뽐게 되었습니다. 응룡(應龍)이 더러운 웅덩이에 숨어 있을 때는 물고기와 자라도 무시했으니, 신령한 덕을 떨치며 풍운(風雲)을 모아 공중을 뛰어넘은 뒤에 광대한 창천(蒼天)에 올라앉으리라고는 아무도 알아차리지 못했습니다. 대저 더러운 웅덩이에 웅크리고 있다가 하늘을 날 수 있는 것은 응룡에게 예측 불허의 신기한 능력이 있기 때문이고, 앞서서는 천한 대접을 받다가 뒤에 귀하게 된 것은 화씨와 수후의 보물이 그만큼 진귀하기 때문입니다. 오랫동안 묻혀 있다가 한참 뒤에 세상에 드러나는 것도 그 사람이 군자의 진면목을 갖추고 있기 때문입니다. 또 백아(伯牙)와 사광(師曠)은 관현악기 소리를 귀 기울여 정확하게 들을 수 있었고,

이루(離婁)는 눈이 밝아 미세한 물건까지도 자세하게 관찰할 수 있었습니다. 봉몽(逢蒙)은 활쏘기에 뛰어난 재주가 있었고, 공수반(公輪班)은 도끼를 쓰는 목공 전문가였습니다. 왕량(王良)은 말을 잘 몰았고 백락(伯樂)은 좋은 말을 감별할 줄 알았으며, 장사 오획(烏獲)은 천 균(鈞)을 들 만큼 힘이 셌습니다. 의화(醫龢)와 편작(扁鵲)은 침석(鍼石)을 잘 놓았고, 계연(計研)과 상홍양은 산술에 무한한 재능을 발휘했습니다.

저야 특별한 재주가 없어 그 대열에 낄 수 없으니 글을 쓰며 혼자서 조용히 즐기고 있습니다."

서전 하
敍傳 下

하편에는 『한서』 100편의 개요가 소개되어 있다. 『사기』 「태사공 자서」의 체계를 따라 각 편의 요지를 실어 독자에게 편의를 제공한 셈인데, 내용이 모호하여 구색을 맞춘 느낌이 들기도 한다.

본기 열두 편

○　○　○

고(固)는 이렇게 생각한다. 당우와 삼대의 치적이 『시』와 『서』에 기록되었고, 역대 왕조는 사관을 두어 그 전적을 관리했다.[1] 요임금과 순임금이 성대한 발전을 이루었더라도 『서』의 전(典) 편과 모(謨) 편에 그 사적이 기록되었기 때문에 후세에 그 이름을 떨칠 수 있었고 그 덕정이 모든 제왕 중에 으뜸으로 꼽히게 되었다. 공자도 "거룩하도다, 요임금이 이룬 공적이여! 빛나도다, 요임금이 만든 법과 제도여!"[2]라고 했다.

한 고조가 요임금을 계승할 운을 맞이하여 제국을 세운 뒤에 제 육 대 황제에 이르렀을 때, 사신(史臣)[3]이 최초의 제왕까지 거슬러 올라가 제왕들의 공덕을 기술하면서 개인적으로 본기를 집필했는데, 한나라 황제들을 본기의 마지막에 배열하고 진시황과 항우도 그 본기 안에 넣었다. 그러나 태초(太初)[4] 연간 이후는 공백으로 남아 전적으로 기록되지 않았다. 그리하여 이전 기록을 찾아서 정리하고 견문한 내용을 수집하여 『한서』를 기술했는데, 고조에서 시작하여 효평제와 왕망의 죽음에서 끝냈다. 열두 황제, 이백삼십 년[5] 동안에 일어난 사적을 종합하여 정리하고 오경(五經)의 뜻을 더해 앞뒤가 서로 통하게 하여 「춘추고기(春秋考紀)」,[6] 「표(表)」, 「지(志)」, 「전(傳)」까지 모두 백 편으로 했으니, 그 차례와 각 편을 지은 뜻을 적어 둔다.

위대한 한나라 고조는 요임금의 대업을 계승했으니 실제로 하늘이 덕행을 내려 주었고 총명했으며 신비로운 위무(威武)를 지니고 있었다. 진나라 군주가 기강이 없는 통치를 하자 초왕(楚王)[7]이 그 통치의 그물에 구멍을 냈다. 고조도 그 기회를 타서 일어났는데 뱀을 자른 뒤에 군사를 모아 봉기했다. 신모(神母)가 부명을 알려 주어 붉은 깃발을 높이 들고 진나라 도읍지의 교외까지 진격하자 자영(子嬰)이 와서 엎드려 절했다. 천명에 따라 제도를 개혁하여 새로 만들고 삼장법(三章法)을 반포하여 천명과 민심에 순응하자 오성(五星)이 한자리에 모였다. 항씨가 발호하여 (제후 맹약을 어기고) 고조를 파와 한중 땅으로 쫓아 버리자 서쪽 땅의 민심이 고조를 향했고, 전사들은 분개하며 항씨를 원망했다. 제후왕 사이에 분열이 일어난 것을 기회로 삼아 셋으로 갈라졌던 옛 진나라 땅을 석권하고, 황하(黃河)와 화산(華山) 사이의 땅을 점령하여 귀순한 옛 진나라 사람들을 안정시켰다. 고조를 보좌했던 소하와 조참이 사직의 중추를 이룬 가운데, 한신과 영포의 용맹과 장량과 진평의 지혜로운 방책에 힘입어 하늘을 대신하여 (항우에게) 천벌을 집행하고 혁혁한 개국의 위업을 이루었다. 이 내용을 담아 본기 제1 「고기(高紀)」를 지었다.

효혜제가 일찍 세상을 떠난 뒤에 고후가 칭제하며 하늘이 내리는 경고를 돌아보지 않았으므로 여씨 집안은 멸족당했다. 이 내용을 담아 본기 제2 「혜기(惠紀)」와 제3 「고후기(高后紀)」를 지었다.

태종은 용모가 장중하고 겸손했으며 (청정무위의) 현묵(玄默)한 덕행을 지니고 있었다. 친히 모범을 보여 백성을 교화했고 신하에게 덕을 베풀었다. 농민에게 조세를 받지 않았고 연좌하여 관노비로 들여 넣는 제도를 폐지했으며 황궁의 건물을 새로 짓지 않았고, 능에 봉분을 높이 쌓지 못하게 했다. 우리 문제의 덕은 바람 같고, 백성은 그 바람 따라 눕는 풀과 같았으니,[8] 나라는 부유해졌고 형벌은 없어져 한나라가 왕도를 이루게 되었다. 이 내용을 담아 본기 제4 「문기(文紀)」를 지었다.

효경제가 제위를 계승했을 때 제후들이 황제에 항명했는데, 칠국을 토벌하자 조정이 안정되었다. 나태하거나 방탕하지 않았으며 농사와 양잠에 힘쓰게 하는 일을 갑령(甲令)[9]으로 반포했으니 백성이 편안해졌다. 이 내용을 담아 본기 제5 「경기(景紀)」를 지었다.

세종은 원대한 뜻을 품고 〔한나라를 세운〕 선대의 위업을 발전시키기 위해 나라를 흥왕시킬 인재를 뽑아 여러 가지 사업을 일으켰다. 그 인재들은 어떤 일을 했는가? 백만을 쫓아내어 한나라의 강역을 넓히고, 변경 밖의 사황(四荒)을 개척했다. 무공(武功)을 떨친 뒤에 제도를 개선하고 육경의 학문을 배우게 하여 성인의 진리로 이념을 통일했다. 봉선과 교사를 올려 백신(百神)에게 제사를 드리고, 음률을 고르게 했으며 정삭을 바꾸어 후대가 장구한 세월 동안 편하게 쓰게 했다. 이 내용을 담아 본기 제6 「무기(武紀)」를 지었다.

효소제는 어려서 황위에 올라 총재(冢宰)의 충성에 의지했다. 연왕과 갑 장공주가 소제를 속였다. 그러나 참으로 총명하여 죄인이 받아야 할 벌을 받게 하고 나라를 화평하게 이끌었다. 이 내용을 담아 본기 제7 「소기(昭紀)」를 지었다.

중종은 밝은 지혜를 가졌고 형명(刑名)에 신중했다. 때에 맞추어 인재를 천거받아 간언을 들었으며 진술을 들어 판결할 때 정확하게 처리했다. 멀리 있는 백성을 안정시키고 주변을 잘 돌보았으므로[10] 덕은 밝게 빛나고 위풍과 성세를 떨쳤다. 막북의 용성에 있던 흉노를 비롯하여 황궁에 와서 복속하지 않은 이민족이 없었다. 영명한 조상의 위업을 크게 발전시키면서 뛰어난 업적을 이루었다. 이 내용을 담아 본기 제8 「선기(宣紀)」를 지었다.

효원제는 항상 신중했다. 고명(高明)했으나 부드럽게 다스렸고,[11] 선대의 신하들에게 예를 다했으며, 직언을 올려도 관대하게 받아들였다. 황궁 밖의 원림을 없애고 안에서는 기물 경비를 줄였으니, 이궁의 호위병을 없애고 능을 조성할 때 새로운 읍(邑)을 만들지 못하게 했다. 환관을 중용한 약점이 우리 원제의 밝은 덕에 오점을 남겼다. 이 내용을 담아 본기 제9 「원기(元紀)」를 지었다.

효성제는 의표(儀表)가 당당했다. 조정에 나올 때 그 모습에 광채가 났으니 위엄 있고 성대한 차림새를 갖추었는데 마치 규(圭)와 장(璋)처럼 아름다웠다. 후궁 조씨를 총애하고 정사를 왕씨 집안이 맡게 되면서 활활 타오르던 불꽃처럼 위엄 있던 모습이 더는 빛나게 보이지 않았다. 이 내용을 담아 본기 제10 「성기(成紀)」를 지었다.

효애제는 문질(文質)을 빈빈(彬彬)하게 갖추었다. 대신들을 이기고 정사를 직접 처리하며 위신을 세우고자 했다. 그래서 발호하던 왕씨 집안의 세력을 꺾고 대신을 주살했다. 그런데 미모의 동공(董公)[12]을 재상으로 세워 하늘을 대신하는 위업을 이루려고 하다가, 〔『역』〕 대과괘(大過卦)에 나오는 것처럼 동공이 곤경에 빠져 죽임당하게 되었다. 이 내용을 담아 본기 제11「애기(哀紀)」를 지었다.

효평제가 어려서 정사를 돌볼 수 없었으므로 신도후가 재상이
되었으나 주공이나 이윤처럼 충성을 바치지 않고 한나라 강산을
망하게 했다. 이 내용을 담아 본기 제12「평기(平紀)」를 지었다.

표(表) 여덟 편

○　○　○

한 고조가 처음 천명을 받았을 때에는 천하에 제후가 병립되어
있었다. 〔이성(異姓) 제후는〕 항씨[13]가 시작한 제도인데 열여덟 성
의 제후가 있었다. 이 내용을 표 제1「이성제후왕표(異姓諸侯王表)」
를 지었다.

태조 때의 개국 원훈(元勳) 중에 정사를 보좌한 대신을 분봉하
고 황제의 형제와 서자로 하여금 번병(藩屛)이 되게 했으니 이들
이 모두 제후왕이 높은 자리에 올랐다. 이 내용을 담아 표 제2「제
후왕표(諸侯王表)」를 지었다.

제후왕이 되는 복을 받아 그 복을 적장자에게 계속 이어 가게
하면서 제후왕 종실을 번성시키고 그 방계가 번창하게 했다. 이
내용을 담아 표 제3「왕자후표(王子侯表)」를 지었다.

천명을 받은 초기에 천명을 이루도록 보좌한 공신에게 부(符)
를 나누어 주고 대대로 홍업(弘業)을 대대로 이어 갈 수 있도록 작
위와 봉토를 명확하게 내려 주었다. 이 내용을 담아 표 제4「고·

혜·고후·효문 공신후표(高惠高后孝文功臣侯表)」를 지었다.

경제는 오초를 진압했고, 무제도 빈번하게 군대를 출동시켰다. 그 뒤로 태평한 세월이 이어졌지만 그래도 공을 세워 작위를 받은 자가 있었다. 이 내용을 담아 표 제5 「경·무·소·선·원·성·애 공신후표(景武昭宣元成哀功臣侯表)」를 지었다.

은나라와 주나라의 은택에 보답하기 위해 두 왕실의 후사를 봉하여 제사를 받들게 했다. 재상과 외척은 그 잘못 때문에 교훈으로 삼아야 할 인물이 많았다. 이 내용을 담아 표 제6 「외척은택후표(外戚恩澤侯表)」를 지었다.

한나라의 제도는 진나라의 것을 계승했는데, 개중에는 바꾼 것도 있고 인습(因襲)한 것도 있었다. 관료의 직책을 대략 나열하고 그 관직에 올랐던 인물을 함께 열거했다. 이 내용을 담아 표 제7 「백관공경표(百官公卿表)」를 지었다.

옛 전적의 편(篇) 장(章)에 나오는 인물을 광범위하게 수집하여 열거하되 고금의 인물을 골고루 싣고 명호(名號)의 차이와 구품(九品)의 등급에 따라 서술했다. 이 내용을 담아 표 제8 「고금인표(古今人表)」를 지었다.

지(志) 열 편

○ ○ ○

만물의 근원을 거슬러 올라가면 일이라는 수에서 시작한다.

황종(黃鍾)에서 나오는 기(氣)로 세밀하게 계산해서 팔음(八音)은 〔천(天), 지(地), 동(東), 서(西), 남(南), 북(北), 인(人)의〕 칠시(七始)와 관련이 있게 하고 오성(五聲)은 육률(六律)로 확정시킨다. 도량(度量)과 권형(權衡), 역법 계산도 일에서 나온다. 조정에서 표준을 잃어 역법의 학풍이 쇠퇴하면서 육가(六家)[14]로 나누어졌다. 한 역법 한 역법을 세밀히 연구하여 오묘한 원리를 알아내려고 했다. 이 내용을 담아 지 제1「율력지(律歷志)」를 지었다.

상괘(上卦)가 건괘(乾卦)이고 하괘(下卦)가 태괘(兌卦)인 천택리괘(天澤履卦)는 봄 우레가 우는 괘이다. 옛적의 영명한 군주가 이 괘의 상(象)을 보고 예악 제도를 만들었다. 그러나 뒤에 예악이 무너지고 정나라와 위나라의 황음(荒淫)한 풍속을 백성이 배워서 세상이 어지러워졌다. 예악의 대강을 약술하여 옛 제도를 정리했다. 이 내용을 담아 지 제2「예악지(禮樂志)」를 지었다.

천둥 번개가 함께 치는 서합괘(噬嗑卦)는 하늘의 위엄과 진노를 나타낸다. 하늘의 위엄을 모방해서 오형(五刑) 제도를 만들었다. 제왕의 위엄은 제왕의 덕을 보좌하니, 형벌은 교화를 돕는다. 나라가 망할 무렵에 오형을 정확하게 적용하지 않는 것은 근본을 어기며 말단의 일을 다루기 때문이다. 오기(吳起)와 손무(孫武)는 기회를 보며 상벌을 적절하게 썼지만, 신불해와 상앙은 잔혹한 형벌을 썼다. 한장구법(漢章九法)이 있었는데 태종이 육형(肉刑)을 없애는 쪽으로 고쳤고, 경중의 차이는 있었지만 그 뒤의 황제도 개정 내용을 기록해 두었다. 이 내용을 담아 지 제3「형법지(刑法志)」를 지었다.

사람이 생긴 뒤로 식화(食貨)가 가장 중요했다. 〔정전제에 따라〕 땅을 가르고 여정(廬井)을 두고 각자의 토지를 나눠 준 뒤에, 십분의 일을 조세로 바치게 하여 아래의 백성은 부유하게 살고 위의 군주는 존경받았다. 충분하게 거래가 이루어져 서로 필요한 재화를 거래했다.[15] 거북 껍질과 조개껍데기를 화폐로 쓰기 시작한 이래 최근의 오수전까지 왔다. 이런 고금의 예를 열거하며 차고 넘치거나 텅 비어 부족했던 역대의 식화에서 귀감을 얻도록 했다. 이 내용을 담아 지 제4 「식화지(食貨志)」를 지었다.

옛적 상성(上聖)께서 다스리던 시대에는 백신(百神)에게 제사를 올렸다. 천신(天神)에게는 유제(類祭)를 올리고 육종(六宗)에게 인제(禋祭)를, 산천에 망제(望祭)를 올렸다.[16] 성명한 덕정이 멀리까지 퍼졌고 오랫동인 풍년이 들었다. 나라가 망할 무렵에는 예법에 맞게 제사를 올리지 않았던 반면에 점을 치는 무(巫)와 성상(星象)을 보던 사(史)에게 미혹되어 그 점괘를 믿었다. 대부가 제멋대로 대산(岱山)에 여제(臚祭)를 올리고[17] 후백이 규정을 초월하여 지(畤)에서 하늘에 제사를 올렸으므로,[18] 미신을 조장하는 무리가 이런 혼란한 틈을 타서 생겨났다. 앞뒤 사정을 돌아보고 제사를 지내는 시종(終始)의 정도를 고찰했다. 이 내용을 담아 지 제5 「교사지(郊祀志)」를 지었다.

빛나는 하늘에 여러 천체가 뚜렷하게 걸려 있다. 해와 달이 사방을 비추고 성신이 빛을 내고 있는 가운데 백관이 법제를 만들고 여러 궁실을 세웠다. 하늘이 제왕의 정사를 평가하여 변이를 나타내 보이는 것은 형상에 그림자가 따라다니는 것과 같다. 〔하, 은,

주〕삼대가 쇠약해질 때 천문 현상이 빈번하게 나타났는데, 그중에서 점괘와 맞아떨어진 예를 열거하여 과거지사를 관찰하면서 근세의 일을 탐구했다. 이 내용을 담아 지 제6「천문지(天文志)」를 지었다.

하늘이 포희(庖犧)에게 하도(河圖)를 내리고, 우임금에게 낙서(洛書)를 주셔서 팔괘(八卦) 서열을 잡고 홍범 구주(九疇)를 서술했다. 이는 후대 제왕에게 치국의 보감이 되어 문왕과 무왕이 대업을 이루는 데 길을 밝혀 주었다.『춘추』에 나오는 점괘 중에서 패망의 벌을 받았던 예를 열거했으니, 옛일을 통해 미래를 알려 줌으로써 제왕의 치국 방책에 본보기가 되도록 했다. 이 내용을 담아 지 제7「오행지(五行志)」를 지었다.

곤괘(坤卦)는 지세(地埶)의 괘이다. 땅은 높고 낮음의 구칙(九則)에 따라 나눈다. 황제와 당요가 만국을 경략했는데, 공훈에 따라 동서남북에 봉토를 나누어 주었다. 삼대 동안 변동이 있다가 진나라와 한나라 때에 이르러 오등(五等)으로 깎아 봉하고, 군현제를 만들었다. 산천의 이름을 나열하고 천하의 구획을 소개했다. 이 내용을 담아 지 제8「지리지(地理志)」를 지었다.

하우 때에는 사재(四載)[19]를 탔고, 여러 하천의 길을 제대로 통하게 했다. 하천 중에서는 황하가 가장 다스리기 힘들었으므로 후대에 자주 홍수 피해를 봤다. 상나라가 망할 때에는 물길이 마르기도 했고, 주나라 때에는 물길을 옮겼다. 진나라 때에〔대량에 물을 대기 위해〕남쪽 하안을 터뜨렸으므로 한나라 때에 북쪽의 여덟 개 지류가 없어져 버렸다. 문제가 산조(酸棗) 들판의 둑이 터진 것을 막았고, 무제는 친히 호자(瓠子)에 터진 둑을 막는 현장을 감독하고 「호가(瓠歌)」를 지었다. 성제 때에는 하평이라는 연호를 쓸 만큼 잘 다스렸으나, 뒤에 범람했다. 또 구거(溝渠)를 언급하여 우리 나라에 보탬이 되게 했다. 이 내용을 담아 지 제9 「구혁지(溝洫志)」를 지었다.

복희가 팔괘를 그려 낸 뒤에 서계(書契)가 만들어졌다. 우나라, 하나라, 상나라, 주나라를 거친 뒤에 공자가 그 위업을 기술하며 『서』를 편찬하고 『시』를 정리했다. 또 『예』와 『악』을 편집하고 「단사전(彖辭傳)」과 「계사전(繫辭傳)」을 써서 『역』을 해석했다. 또 노사(魯史)의 기록을 정리하여 『춘추』를 세웠다. 이 육경의 학문을 완성했지만 혼란한 세상을 만나 정도를 널리 퍼뜨리지 못했다. 그때에는 백가가 어지럽게 쟁명하며 제자가 경쟁하며 자신의 주장을 펼쳤다. 진시황이 학술을 철폐했지만 한나라 때에 다시 그 손실을 메웠으니, 유향이 서적을 관장하며 구류(九流)[20]로 분류한 뒤에 서적의 목록을 만들고 서문을 약술하는 위업을 남겼다. 이 내용을 담아 지 제10 「예문지(藝文志)」를 지었다.

열전 일흔 편

○　○　○

군주가 오만하자 그 아래의 신하들이 포악해져서 반란을 일으켜 주살하고자 했다. 진승과 오광이 불처럼 일어났고 항량과 항적도 맹렬하게 일어났다. 성대한 기세로 함양을 불사르고 중원을 제후에게 갈라 봉했다. 그러나 자영을 죽이고 회제(懷帝)를 유배했으니 사학(詐虐)함으로 망하고 말았다. 이 내용을 담아 열전 제1 「진승·항적 전(陳勝項籍傳)」을 지었다.

장이와 진여의 교분은 부자 같은 사이로 출발했다. 손을 잡고 진나라를 피해 떨치고 일어나 함께 진승에게 귀부했다. 뒤에 각각 제후왕이 되어 권력을 다투었으니 승냥이와 범처럼 서로 싸우게 되었다. 장이는 감공(甘公)의 충고를 받아들여 한나라의 제후가 되었다. 이 내용을 담아 열전 제2 「장이·진여 전(張耳陳餘傳)」을 지었다.

전국 시대 세 나라가 세 갈래 가지처럼 다시 살아났는데 그 뿌리는 이미 썩어 있고, 말라죽은 양(楊)나무에 예쁜 새싹이 돋아나도 결국은 죽은 나무일 뿐이었다. 전횡은 비록 뛰어난 재주가 있었지만 바다의 섬으로 숨어야 했다. 시향(尸鄕)에서 목욕한 뒤에 북면하여 자신의 머리를 바치며 복종했을 때 따르던 사람들이 앙모하며 목숨을 끊었으니 그 도의(道義)는 「황조(黃鳥)」에 나오는 사람들을 뛰어넘었다. 이 내용을 담아 열전 제3 「위표·전담·한왕신 전(魏豹田儋韓王信傳)」을 지었다.

한신은 배를 곯던 평민이었다. 영포는 원래 경형을 받은 죄수였고, 팽월은 도둑이었다. 오예는 강호 지방을 다스리던 현령이었다. 이들은 구름이 용처럼 일어날 때에 제후왕이 되어 제나라, 초나라 땅을 차지하고 회남과 양(梁)을 점령했다. 노관은 고조와 같은 고향 사람으로 한나라 북쪽 변경을 수호했다. 덕망은 박하면서 높은 지위에 올랐다가 결국 후손에게 제후왕을 물려주지 못하고 죽었다. 오예는 충성스럽고 성실하여 후손에게 제후왕을 물려주었는데 오래도록 이어 갔다. 이 내용을 담아 열전 제4 「한·팽·영·노·오 전(韓彭英盧吳傳)」을 지었다.

유고는 전쟁터에서 열심히 싸워 회(淮)와 초(楚) 사이의 땅을 받았다. 유택이 낭야왕이 된 것은 여씨 일족이 권세를 누리기 위해서였다. 유비는 오왕(吳王)이 되었으나 제도를 어기며 봉토를 확장했다. 동남쪽에서 반란이 일으킬지도 모른다는 경고를 받았지만 끝내 봉기했다가 도끼에 베어 죽었다. 이 내용을 담아 열전 제5 「형·연·오 전(荊燕吳傳)」을 지었다.

태상황에게 아들이 넷 있었다. 맏이는 일찍 죽었고 둘째 아들은 대나라 왕이 되었으며 막내아들은 초나라 왕이 되었다. 그러나 후손 유무가 너무 음탕했으므로 평륙후(平陸侯)가 후사를 이었다. 장안에 살면서 대대로 종정(宗正)이 되어 황실을 위해 애써 일했으니 양성후(陽成侯)에 봉해졌다. 자정(子政) 유향은 박학했으니 그 아버지 양성후와 아들 유흠과 함께 삼대가 이름을 날렸다. 이 내용을 담아 열전 제6 「초 원왕전(楚元王傳)」을 지었다.

계씨(季氏)는 곤경에 처했을 때 〔노비로 팔리면서〕 절의를 훼손하는 굴욕을 당했다. 그러나 상장군 번쾌를 죽여야 한다고 주장하여 조정 대신들을 놀라 떨게 하기도 했다. 난공(欒公)은 양왕 팽월이 죽었을 때 유일하게 곡을 했다. 전숙은 조왕(趙王)이 위기를 당했을 때 목숨을 내놓았으니 그 절의에 영명한 군주가 감동했다. 난포(欒布)는 연나라와 제나라를 주유했고, 전숙은 노나라 상국이 되었다. 백성들이 그 다스리던 시절을 그리워하며 전숙의 장례에 황금을 보냈고,[21] 난포 생전에 사당을 세워 주었다. 이 내용을 담아 열전 제7 「계포·난포·전숙 전(季布欒布田叔傳)」을 지었다.

고조에게 여덟 명의 아들이 있었는데, 두 명의 황제와 여섯 명의 제후왕이 나왔다. 세 명의 조왕(趙王)은 죄가 없는 채로 죽임을 당했다. 회남 여왕은 자멸했고, 연 영왕은 후사가 끊겼다. 유일하게 제도 혜왕 집안만 크게 번성하여 태산에서 해변까지 동쪽의 봉토를 영위하며 맏이가 아닌 아들도 왕에 봉해졌는데 모두 아홉 명의 아들을 두었다. 그중 여섯 나라는 멸망했고 적자인 제나라는 후사가 끊겼다. 성양왕과 제북왕의 후손은 뒤에 나라를 계승했다. 용맹한 경왕은 한나라 사직에 공을 세웠다. 이 내용을 담아 열전 제8 「고 오왕전(高五王傳)」을 지었다.

아아, 원훈(元勳)이여! 〔고조를 설득하여〕 한중 땅에 들어가게 했고, 한신을 천거했으며, 관중을 지키면서 군량을 보급하고 군사를 보충했고, 도읍을 건설하고 황궁을 세웠으며, 법률을 제정하고 문덕을 발전시켰다. 평양후(平陽侯) 조참은 재상이 된 뒤에 무위(無爲)를 견지하며 소하의 제도를 고치지 않고 계승했으니, 백성이 송가를 부르며 위대한 한나라 황제의 덕에 교화되었다. 한나라의 존경받는 명신(名臣)이 되어 영원히 상국으로 불리고 있다. 이 내용을 담아 열전 제9 「소하·조참 전(蕭何曹參傳)」을 지었다.

유후는 진시황을 습격했던 적이 있는데 나중에 한나라 왕의 심복이 되어 무관 입성 책략을 올렸고 홍문의 위기를 벗어나게 해주었다. 또 〔한신이〕 제나라 왕이 되도록 도장을 전해 주었고, 팽월과 한신을 해하 전투의 주역으로 천거했다. 뒤에 사로(四老)를 모서 와서 태자의 자리를 보전해 주었다. 진공(陳公)의 초년은 혼란스러웠으나 한나라 왕에게 귀부한 뒤로 안정되었다. 범증과 항우가 갈라져 패하게 했고, 평성을 포위했던 적(狄)을 물리쳤으며, 한신을 사로잡고 여섯 가지 뛰어난 계책을 올려 한나라를 위기에서 건졌다. 안국후 왕릉은 〔여씨 일족을 제후왕에 봉하는 것을 반대하여〕 간쟁하다가 사직하고 두문불출했다. 강후는 용맹하게 여씨 일족을 주살하고 문제를 추대했다. 주아부는 절의를 지키며 오초를 진압하고 공훈을 세웠다. 이 내용을 담아 열전 제10 「장·진·왕·주전(張陳王周傳)」을 지었다.

무양후(舞陽侯)는 칼을 쓰며 개를 잡는 사람이었고, 등공(滕公)은 마부였으며, 영음후(潁陰侯)는 상인이었고, 곡주후(曲周侯)는 평범한 사내였는데, 모두 고조를 따라다니다가 뒤에 여후에게 붙어서 조정의 높은 관직에 올랐다. 이 내용을 담아 열전 제11 「번·역·등·관·부·근·주 전(樊酈滕灌傅靳周傳)」을 지었다.

북평후(北平侯)는 기록을 담당하며 진나라 조정에서 주하사(柱下史)를 지냈고, 한나라 조정에서는 예법 규정을 만들고 악률 및 역법을 개정했다. 건성후(建成侯)는 성격이 소박하고 솔직하여 황제 면전에서 바른말을 했다. 광아후(廣阿侯)는 공손한 사람으로 여후를 구했던 공을 인정받아 식읍을 받았다. 고안후(故安侯)는 절의를 지키며 등통을 질책하고 조조를 주살할 것을 청했는데, 충성스러운 황제의 신하라면 자신을 돌보지 않아야 한다는 이유를 들었다.[22] 이 내용을 담아 열전 제12 「장·주·조·임·신도 전(張周趙任申屠傳)」을 지었다.

역이기는 감문(監門)으로 있다가 한왕을 만났지만 읍(揖)의 예만 올렸다. 진류를 공격하자 건의하고 오창을 점령하게 했으며 성고를 방패 삼아 백마진을 지키게 함으로써 대업의 기초를 펼쳤다. 육가는 사자의 임무를 충실히 행하여 백월을 복속시켰고, 한나라의 풍속을 따라야 하는 도리를 부드럽게 설득했다. 또 〔『신어(新語)』를 지어〕 예악을 가르침으로써 우리의 지평을 넓혀 주었다.[23] 유경은 수졸이었지만 도읍을 낙양이 아닌 장안으로 정하도록 건의하여 안으로 관중을 안정시키고 밖으로 흉노와 화친할 것을 주장했다. 숙손통은 봉상(奉常)으로 있으면서 변화한 시대에 맞게 갑옷과 투구 대신 의례를 제정했다. 지혜도 있고 모략도 뛰어나서[24] 황제의 측근이 되었다.[25] 이 내용을 담아 열전 제13 「역·육·주·누·숙손전(酈陸朱婁叔孫傳)」[26]을 지었다.

회남왕이 함부로 법을 어기더니 두 아들도 〔반란을 일으켜〕 제 명에 죽지 못했다. 두 아들 중 유안은 언변이 좋았으나 사악했고, 유사는 우둔하면서 황당했다. 반란을 감행한 부자 두 대가 모두 망했다. 이 내용을 담아 열전 제14 「회남·형산·제북왕 전(淮南衡山濟北王傳)」을 지었다.

괴통의 한마디 때문에 걸출한 인물 셋이 제 명에 죽지 못했다. 역이기는 〔제나라 왕에게〕 팽형을 당했고, 한신은 반란을 일으켰으며, 전횡은 〔섬으로〕 달아났다. 오피는 부모가 옥에 갇히자 〔반란에 가담하여〕 해를 끼쳤다. 강충과 식부궁의 참언은 극에 달하여 대업을 교란시켰다. 이 내용을 담아 열전 제15 「괴·오·강·식부전(蒯伍江息夫傳)」을 지었다.

만석꾼 석분은 성격이 부드럽고 매사에 예의 바르게 행동하여 어린 나이에 성군 고조의 마음을 움직였다. 그 자손은 번성하고 화목했다. 제나라 사람들이 석경의 사당을 세웠으니 떠벌리지 않는 것으로 백성을 감동시켰다. 위관, 직불의, 주인, 장구는 선량하고 신중했다. 이 내용을 담아 열전 제16 「만석·위·직·주·장 전(萬石衛直周張傳)」을 썼다.

효문제의 세 아들이 제후왕이 되었는데, 대 효왕과 양 효왕, 양회왕이다. 양 회왕은 요절하여 후사가 없었고, 양 효왕이 가장 총애를 많이 받았다. 양 효왕은 황실로 치면 경제의 동복동생이었고, 제후왕으로서 오초를 진압한 공을 세웠으니, 총애를 믿고 자신의 공을 자랑하면서 분수에 넘치는 탐욕을 부리디가 시켜야 할 법도를 어겼다. 양 효왕의 정신이 혼미해졌을 때 등에 다리가 달린 소를 얻는 흉조가 나타났다. 경제가 친족을 후대하는 명목으로 양나라를 다섯으로 갈라 양 효왕의 다섯 아들에게 봉했다. 그러나 총애를 받은 만큼 덕이 크지 않아 네 나라는 자손에게 전해지지 못했다. 이 내용을 담아 열전 제17 「문 삼왕전(文三王傳)」을 지었다.

가생은 재주가 탁월하여 약관의 나이에 조정에 출사했다. 성군 문제에게 여러 차례 상소하여 진나라의 폭정에 대한 교훈과 삼대가 흥왕했던 원인을 진술했다. 번병(藩屛) 제도의 개혁안을 건의하여 조정을 튼튼하게 지키도록 했다. 오초가 합종했을 때 가의의 이 양책(良策)에 힘입어 반란이 더는 서쪽으로 퍼지지 않았다. 이 내용을 담아 열전 제18 「가의전(賈誼傳)」을 지었다.

사(絲) 선생 원앙은 격앙되면 독설로 간언했다. 말 고삐를 당겨 황제의 수레를 세웠고, 황후와 후궁이 나란히 앉을 수 없게 했으며 난을 진압하는 방책을 명확하게 아뢰었다. 조조는 평범한 인물이었으니 지혜는 작으면서 높은 자리를 도모했다. 화살이 날아들듯이 빠르게 재앙이 덮쳐 오초의 난이 진압되기도 전에 주살당했다. 이 내용을 담아 열전 제19 「원앙·조조 전(爰盎晁錯傳)」을 지었다.

장석지는 형벌을 주관하면서 국법을 공평하게 집행했다. 풍공은 위상을 변호하여 황제의 지혜가 더해지도록 했다. 장유는 강직했고 아부하지 않았으며 그 의로움이 외관으로 드러났으므로 회남왕은 모반하면서 장유를 가장 두려워했고 무제는 의관을 제대로 갖추어 대면했다. 정장은 인재를 많이 천거하여 한나라에 공을 세웠다. 이 내용을 담아 열전 제20 「장·풍·급·정 전(張馮汲鄭傳)」을 지었다.

영광을 누리거나 치욕을 당할 때에는 언행이 관건으로 작용한다. 아랫사람인 신하가 군주에게 간언할 때에는 언행이 방정해야 한다. 충성스럽고 방정한 언행 덕분에 군주는 간언을 채택했다. 이 내용을 담아 열전 제21 「가·추·매·노 전(賈鄒枚路傳)」을 지었다.

위기후는 자긍심이 컸고 절의를 지키기 좋아하며 명예를 추구했다. 관부는 오만한 데다 스스로 용맹하다고 여겼다. 무안후(武安侯)는 교만했는데 흉악한 행실이 길어지다가 화를 자초했다. 한안국은 [승상에 오르기 전에] 다리를 다쳤고, 왕회는 선봉으로 출격하겠다고 했는데, 한안국이 다리를 다친 것은 천명이었고 왕회가 선봉에 섰다가 실패한 것은 자초한 일이었다. 이 내용을 담아 열전 제22 「두·전·관·한 전(竇田灌韓傳)」을 지었다.

경제의 아들 열세 명이 제후왕에 봉해진 것은 문제의 축복을 받았기 때문이다. 노 공왕은 궁실을 확장하기 좋아했고, 강도왕은 경박하고 교활했으며, 조 경왕은 음험하면서 궤변에 능했고, 중산왕은 음란하면서 술에 빠져 살았다. 장사왕과 광천왕은 남긴 이야기가 거의 없다. 교동왕은 충성하지 않았고, 상산왕은 교만했다. 〔임강 애왕과 임강 민왕, 교서 우왕, 청하 애왕〕 네 왕은 후사가 없어 제사가 끊어졌다. 하간왕은 현명했고 예악을 수학한 한나라 종실의 인재였다. 이 내용을 담아 열전 제23 「경 십삼왕전(景十三王傳)」을 지었다.

이광은 겸손하고 매사에 조심했으므로 군사들의 마음을 얻었다. 화살을 쏘아 바위를 뚫은 것으로 북린(北隣) 흉노에 위엄을 떨쳤으며 일흔 차례의 전투 끝에 군영에서 죽었다. 이감은 위청을 원망하다가 곽거병에게 죽임을 당했다. 이릉은 포로가 된 뒤에 자결하지 않아 집안을 수치스럽게 했고 멸족을 당하게 했다. 소무는 황제가 내린 사자의 부절을 지키며 황제의 명을 저버리지 않았다. 이 내용을 담아 열전 제24 「이광·소건 전(李廣蘇建傳)」을 지었다.

위무가 빛나던 장평후(長平侯)는 장군의 으뜸인 대장군이 되어 험윤(獫允)을 토벌하고 우리 한나라 삭방의 변경을 넓혔다. 일곱 차례 출정했는데, 충거(衝車)와 팽거(軿車) 등 대규모 전차 부대를 거느리고 흉노 선우의 부대를 포위하여 북쪽으로 전안산(闐顔山)까지 공격했다. 표기장군 곽거병은 〔군공을 세워〕 관군후(冠軍侯)가 되었으니, 용맹을 크게 떨쳤다. 흉노 땅 깊숙이 여섯 차례나 쳐들어가서 번개처럼 공격했다. 한해(翰海)까지 가서 말에게 물을 먹였고, 낭거서산에 제단을 쌓아 하늘에 제사를 올렸으며, 서쪽으로 대하 유역을 점령하여 기련산에 이르도록 한나라의 군이 이어지게 했다. 이 내용을 담아 열전 제25 「위청·곽거병 전(衛靑霍去病傳)」을 지었다.

신중했던 동중서는 제후국의 상국을 두 차례 지냈는데 심신을 도야하며 제후국을 잘 다스렸다. 연로한 뒤에 사직하고 집에서 제자를 가르치는 한편으로 깊이 사색하며 유학의 대도(大道)를 논하는 저서를 집필했다. 황제가 국사를 자문하면 직언으로 대책문을 올려 당대의 진정한 순유(純儒)가 되었다. 이 내용을 담아 열전 제26 「동중서전(董仲舒傳)」을 지었다.

〔사마상여의〕 문장은 화려했으나 쓰임새는 적었다. 〔허구의〕 자허(子虛)와 오유(烏有)를 내세운 부(賦)의 전편에 걸쳐 화려한 비유를 통해 간언했는데, 그 박학다식함은 감상하여 배울 만하다. 화려한 문재로 사종(辭宗)이 되었으니 부와 송(頌)을 으뜸으로 친다. 이 내용을 담아 열전 제27 「사마상여전(司馬相如傳)」을 지었다.

평진후(平津侯)는 세세한 것까지 정확하게 고찰했다. 늦은 나이에 금문에서 대조했고 벼슬을 한 뒤에는 봉록과 상금을 털어 인재를 양성하면서 자신은 베옷과 거친 음식으로 근검하게 살았다. 복식은 농사를 짓고 가축을 치면서 지향을 높게 가졌다. 진실한 주장으로 영명한 군주를 감동시켜 작위를 받고 높은 벼슬에 올랐다. 예생(兒生)은 부지런한 사람이었으니 어릴 때부터 열심히 학문을 닦았고 명신의 반열에 오른 뒤에 정사를 돌보며 황제를 보좌했다.

이 내용을 담아 열전 제28 「공손홍·복식·예관 전(公孫弘卜式兒寬傳)」을 지었다.

장탕은 높은 자리에 올라 전권을 휘두르며 직무를 수행하면서 만인지상의 황제에게 사랑을 받았다. 밤늦게까지 끼니도 잊은 채 일하며 총애를 받던 중에 죄를 지어 벌을 받았다. 아들 장안세는 온화하고 선량했고 덕행을 많이 베풀었으니, 자손이 그 업적을 이어받아 봉토를 보전했다. 이 내용을 담아 열전 제29 「장탕전(張湯傳)」을 지었다.

두주는 법률을 관장했는데 황제의 눈치를 보면서 판결했다. 백성의 재물을 취했으나 다행히 처벌받지 않았다. 두연년은 관대하고 온화한 성품을 지녀 명신의 반열에 올랐다. 두흠은 재능과 지모가 다른 신하들에 비해 낙월하게 뛰어났다. 이 내용을 담아 열전 제30 「두주전(杜周傳)」을 지었다.

박망후(博望侯)는 황제가 내린 부절을 지니고 출사하여 대하국에 닿는 길을 개척하는 공을 세웠다. 이사장군은 군사를 이끌고 출정하여 죽임을 당했는데 흉노가 사(社) 제사를 올리고 장군의 피를 제물로 바쳤다. 전자는 죽은 뒤에 복을 받았고 후자는 목숨을 부지하려고 [투항]했다가 화를 당했다. 이 내용을 담아 열전 제31 「장건·이광리 전(張騫李廣利傳)」을 지었다.

오호! 태사공 사마천은 이릉의 죄에 연루되어 형을 받고 갇혀 있다가 떨쳐 일어나 깊이 사색하고 여러 학설과 고금의 경전을 종합하여 일가를 이루었으니 기록한 내용이 아주 명확했다. 이 내용을 담아 열전 제32 「사마천전(司馬遷傳)」을 지었다.

효무제에게 여섯 아들이 있었는데, 소제와 제왕(齊王)은 후사가 없었다. 연 날왕은 역모했고 광릉왕은 무제를 저주했다. 창읍왕이 단명한 뒤에 그 아들 혼군(昏君) 유하(劉賀)가 황위에 올랐다가 쫓겨났다. 여원(戾園)의 위 태자는 불행한 죽음을 맞았지만 선제가 황위를 계승했다. 이 내용을 담아 열전 제33「무오자전(武五子傳)」을 지었다.

〔무제는 한나라〕육대 황제로서 〔나라 밖에〕위무를 떨치며 이익을 취하고자 욕심을 과하게 부렸다. 문무 방면에 인재를 두루 중용하여 사방으로 영토를 개척했다. 그때 엄조, 주보언, 회남왕이 각자의 덕성에 따라 자신을 돌보지 않고 나라에 도움이 되는 계책을 올렸다. 이 내용을 담아 열전 제34「엄·주·오구·주보·서·엄·종·왕·가 전(嚴朱吾丘主父徐嚴終王賈傳)」을 지었다.

동방삭은 언변이 뛰어났고 창우(倡優)만큼 잘 웃겼다. 상림원을 확장하자는 주보언의 주장을 한편으로 비꼬면서 황제의 잘못된 생각에 대해 직언으로 간언했다. 황제가 하사한 고기를 직접 잘라 들고 갔고 황궁 정전에서 소변을 보기도 했으니 행동거지가 기이했고 정한 규율을 따르지 않았다. 이 내용을 담아 열전 제35「동방삭전(東方朔傳)」을 지었다.

갈역후(葛繹侯) 공손하는 〔위(衛) 황후의 언니였던〕 부인 때문에 총애를 받았다. 유굴리는 중산왕의 아들이다. 차천추는 적시에 간언하여 발탁되었다. 의춘후(宜春侯)는 무제 때에 출사했다. 양창과 채의는 곽광의 뜻을 따르면서 직책을 수행하는 흉내만 냈다. 정홍은 정사에 전념했다. 진만년은 자신의 자리를 보전했고 진함은 그 아버지가 가르칠 때 졸았으나 불효했다고 할 수 있을지는 모르겠다. 이 내용을 담아 열전 제36 「공손·유·전·왕·양·채·진·정 전(公孫劉田王楊蔡陳鄭傳)」을 지었다.

양왕손은 〔죽어서〕 맨몸으로 묻혔고, 호건은 법을 어긴 감군어사를 베었다. 주운은 성제에게 장우를 고발했고, 매복은 에둘러서 왕봉을 비판했는데, 이런 이들을 광견(狂狷)이라고 이른다. 운창은 그래도 정도에 가깝다.[27] 이 내용을 담아 제37 「양·호·주·매·운 전(楊胡朱梅云傳)」을 지었다.

박륙후(博陸侯)는 〔의표가〕 당당했다.[28] 무제의 유언에 따라 효소제를 보좌하면서 무제의 명령을 제대로 수행해 냈다. 소제가 후사 없이 붕어하자 선제를 옹립하고 창읍왕을 폐위시켰다. 과감한 결정으로 사직을 안정시키고 아형(阿衡)으로서 황제를 보좌하는 일에 충성을 바쳤다. 그러나 더 많은 봉록과 총애를 바라면서 점점 불충해지더니 아내가 저지른 죄를 은폐했고 결국 아들 대에 이르러 멸족했다. 도후(秺侯)는 적(狄)의 휴저왕 태자였으나, 충성스럽고 성실했다. 대대로 덕을 쌓았으니[29] 자손에게 그 기풍이 이어졌다. 이 내용을 담아 열전 제38 「곽광·금일제 전(霍光金日磾傳)」을 지었다.

병가(兵家)의 상책은 싸우지 않고 이기는 것이다. 영평후(營平侯)는 백발의 노인으로 공을 세울 여러 가지 방책을 올렸다. 황제의 명을 따르지 않고 더 좋은 방법을 올렸는데,[30] 선제가 그 방책이 옳은 것을 인정했다. 신무현(辛武賢) 부자는 뛰어난 호신(虎臣)이었다. 이 내용을 담아 열전 제39 「조충국·신경기 전(趙充國辛慶

忌傳)」을 지었다.

의양후(義陽侯)는 누란왕을 죽였고, 장라후(長羅侯)는 곤미를 구했으며, 안원후(安遠侯)는 일축왕의 투항을 받았고 의성후(義成侯)는 질지 선우를 죽였다. 진탕은 부절을 함부로 사용했지만 유향, 곡영, 경육이 구해 주었다. 단회종(段會宗)은 힘을 다해 사명을 수행하여 강외(彊外)에서 걸출한 인물이 되었다. 이 내용을 담아 열전 제40 「부·상·정·감·진·단 전(傅常鄭甘陳傳)」을 지었다.

전불의는 일 처리에 민첩했고 일이 생길 때마다 마땅한 도리로 대응했다. 곽광의 제안을 거절하여 사돈을 맺지 않았고 벼슬도 사양했다. 소광은 끝맺음을 잘했으니 고향 사람들이 기뻐하도록 재물을 나누어 주었다. 우정국의 복은 인자했던 아버지로부터 받은 것이다. 설광덕, 평당, 팽선 세 사람은 〔돈과 명예를 추구하지 않아〕 지치(知恥)[31]에 근접했다. 이 내용을 담아 열전 제41 「전·소·우·설·평·팽 전(雋疏于薛平彭傳)」을 지었다.

사호(四皓)는 진나라 폭정을 피하여 숨어 살았던 옛적의 은사(隱士)로 부귀공명도 그들의 뜻을 굽히게 할 수 없었으니, 엄군평과 정자진이 그랬다. 왕길은 〔창읍왕〕 하(賀)의 죄에 연루되었는데 검정 물을 들여도 검어지지 않았다.[32] 공우는 황발(黃髮)의 나이에 뛰어난 덕행으로 벼슬길에 올랐다. 공사는 자신을 바르게 수양했고, 공승은 목숨을 걸고 정도를 간언했다. 곽흠과 장후는 난세를 피해 해를 당하지 않았다. 이 내용을 담아 열전 제42 「왕·공·양공·포 전(王貢兩龔鮑傳)」을 지었다.

부양후(扶陽侯)는 장중한 선비의 면모를 갖추고, 『시』와 『예』를 공부했다. 위현성은 작위를 양보했고, 부자지간에 승상을 지냈다. 한나라의 종묘 제사 의례는 숙손통이 만들고 효원제 때에 개혁했으니 여러 유학자가 경전의 뜻에 따라 종묘 제도를 바꿈으로써 나라의 중요한 제도의 운용 방식이 다양해지게 되었다. 이 내용을 담아 열전 제43 「위현전(韋賢傳)」을 지었다.

고평후(高平侯)는 스승의 학문을 이어받았다. 군주만 권력을 장악해야 하므로 흉악한 대신을 쫓아내고 황제 곁에 보좌하는 신하만 두라고 주장했다. 박양후(博陽侯)는 자신의 공을 자랑하지 않았고 성품이 관대했으니, 하늘이 중용의 길로 이끌어 그 복이 후대에게 전해질 수 있었다. 이 내용을 담아 열전 제44 「위상·병길 전(魏相丙吉傳)」을 지었다.

점으로 앞일을 예지할 수 있으니 하늘의 신령한 도를 정확하게 설명하면 교화에 도움이 된다. 그러나 적임자가 아닌 사람은 하늘의 신령한 도를 해석해 낼 수 없다. 점을 칠 줄 아는 것처럼 보여도 배움이 모자라거나 술수가 뛰어나지 않으면 의문점을 보류하지 않고 말해 버려서 백성과 세상에 손해를 끼친다. 그 수준이 낮으면 실수하여 후회할 테고, 수준이 깊으면 원망을 사거나 해를 입는다. 이 내용을 담아 열전 제45 「쉬·양하후·경·익·이 전(眭兩夏侯京翼李傳)」을 지었다.

조광한은 경조윤으로 있을 때 명민하게 일을 처리했다. 한연수는 좌풍익으로 있으면서 온건하게 잘 다스렸으나 자신의 능력을 믿고 승상을 참소하다가 극형을 당했다. 윤옹귀는 우부풍을 다스렸는데 황제가 그 업적을 칭찬했다. 장창은 공정하게 다스린 한편으로 그 다스림에 경술의 도를 썼다. 왕존은 위무를 떨친 나라의 인재였다. 왕장은 무고하게 죽임을 당했으므로 아랫사람들이 안타까워했다. 이 내용을 담아 열전 제46「조·윤·한·장·양왕 전(趙尹韓張兩王傳)」을 지었다.

갑관요는 태도가 엄숙한 나라의 으뜸 사직(司直)이었다. 제갈풍은 성정이 강직했다. 유보는 직간을 중시했다.〔그러나〕모두 광견에 빠져 체통과 격식을 제대로 지키지 않았다. 정숭은 직간의 책임을 끝까지 다했다. 무장륭도 직간의 직무를 지켰다. 손보는 정릉후(定陵侯)에게 붙었다. 하병은 뜻을 세운 대로 결행했다. 이 내용을 담아 열전 제47「갑·제갈·유·정·무장·손·하 전(蓋諸葛劉鄭毋將孫何傳)」[33]을 지었다.

장천(長倩) 소망지는 승진을 탐내지 않았으니 곽광이 만나 보고도 천거하지 않았다. 선제 때에 발탁되어 원제의 스승으로서 정사를 보좌했다. 주도면밀하거나 모략이 없었으므로 석현과 허장에게 해를 당했다. 이 내용을 담아 열전 제48「소망지전(蕭望之傳)」을 지었다.

자명(子明) 풍봉세는 위무를 크게 떨치며 서역에 출사해 공을 세웠으니 외적을 방어한 공신의 반열에 올랐다. 그 아들들도 훌륭한 신하가 되었다. 이 내용을 담아 열전 제49「풍봉세전(馮奉世傳)」을 지었다.

선제의 네 아들 중에 회양왕이 가장 명민했는데, 외삼촌이 간교하게 꾸민 일에 걸려 하마터면 대역죄인이 될 뻔했다. 초 효왕은 몹쓸 병에 걸렸고 동평왕은 법을 어겼다. 중산왕은 단명하여 생모가 고향으로 돌아갔다. 원제의 아들 중에 두 명이 제후왕에 봉해졌는데, 그 둘의 아들이 애제와 평제로 등극했으니 성제와 애제에게 아들이 없어 제위를 계승하게 되었다. 이 내용을 담아 열전 제50 「선·원 육왕 전(宣元六王傳)」을 지었다.

낙안후(樂安侯)은 경륜이 높고 고대 문헌에도 정통하여 모든 사람이 우러러보는 승상 자리에 올랐으나 두 번이나 사례교위에게 탄핵당했다. 안창후(安昌侯)가 재물을 모은 것에 대해 주운(朱雲)이 비방했다. 박산후(博山侯)는 관대하고 신중했는데 왕망에게 귀부했다가 명예를 훼손했다. 이 내용을 담아 열전 제51 「광·장·공·마 전(匡張孔馬傳)」을 지었다.

낙창후(樂昌侯)는 성정이 독실하여 굴종하거나 꺾이지 않았다. 여러 차례 모함을 당하다가 끝내 쫓겨났다. 무양후(武陽侯)는 간절한 마음으로 태자를 가르치고 이끌었으니 진실하면서도 지략이 있었다. 태자 시절의 성제에게 세운 공으로 열후에 봉해졌다. 고무후(高武侯)는 언제나 올곧게 행동했는데, 화를 면하고 목숨을 겨우 부지했다. 이 내용을 담아 열전 제52 「왕상·사단·부희 전(王商史丹傅喜傳)」을 지었다.

고양후(高陽侯)는 법률에 밝았고, 양향후(揚鄕侯)는 군사 지략이 뛰어났다. 설선은 정무 처리 능력이 있었으나 덕행에는 흠결이 있었으므로, 승상 자리에 올랐을 때 그 책무를 다하지 못하면서 끝까지 복록을 누리지 못했다. 주박은 승상에 오를 때에 먼저 잡음이 일어났다. 이 내용을 담아 열전 제53 「설선·주박 전(薛宣朱博傳)」을 지었다.

고릉후(高陵侯)는 유학을 공부한 관리로서 형벌을 통해 위무를 돋우었다. 유가 학술과 형벌을 시의적절하게 섞어서 사용하며 관직을 제대로 수행하여 세상에 보탬이 되었다. 고릉후의 아들 적의는 용맹하기가 범이나 비휴(貔貅) 같았으니, 주저 없이 〔왕망에게〕진격하다가 역적의 괴수로 처형당했다. 이 내용을 담아 열전 제54 「적방진전(翟方進傳)」을 지었다.

황실과 조정이 쇠락하면서 재앙이 연달아 일어나자 곡영이 하늘의 경고가 내렸다고 설명하며 삼칠 이백십 년의 쇠퇴 시점이 다가오고 있음을 깨우쳐 주었다. 두업은 정씨와 부씨 일족을 비판했는데, 점복과 방술을 써서 황제를 설득했다. 이 내용을 담아 열전 제55 「곡영·두업 전(谷永杜鄴傳)」을 지었다.

애제와 평제 때에는 정씨와 부씨 일족 및 왕망과 동현이 근심거리였다. 하무와 왕가가 그 사람들을 질책하다가 목숨까지 잃었고, 고락후(高樂侯)는 폐출당했으니 이 세 사람 모두 충신의 대열에 올랐다. 이 내용을 담아 열전 제56 「하무·왕가·사단 전(何武王嘉師丹傳)」을 지었다.

어쩌면 이 인물처럼 뛰어날 수 있을까! 문장이 참으로 훌륭했도다! 초기에 사마상여의 문체를 모방하여 황제에게 부(賦)를 지어 바치던 일을 마친 뒤에는 깊은 사색을 거듭하며 『법언』과 『태현경』의 초안을 잡아 집필해 나갔는데, 육경을 참고하고 『역』과 『논어』를 모방하여 집필에 전념하며 그 이름을 빛냈다. 이 내용을 담아 열전 제57 「양웅전(揚雄傳)」을 지었다.

포악했던 진나라에서 우리 성인(聖人)의 서적을 훼손했지만, 한나라에서 그 학문을 회복시켜 육학(六學)으로 분류하고 정리했으니, 스승과 제자가 각 학파를 이루었다. 그 과정을 찬술하여 열전 제58 「유림전(儒林傳)」을 지었다.

〔공자가 함부로〕 누구를 꾸짖거나 칭찬한 적이 없으셨는데, 칭찬하실 때에는 꼭 겪어 보고 하셨다.[34] 무지한 백성은 뛰어난 관리가 교화할 수 있다. 훌륭한 군자는 같은 시대에 살아도 남다른 공을 세웠으니, 그 공로는 후대에도 은덕으로 전해졌으므로 사람들이 그를 그리워했다. 이 내용을 담아 열전 제59 「순리전(循吏傳)」을 지었다.

나라의 질서가 어지러워지자 간악하게 법을 어기는 무리가 많아졌다. 그러자 폭정을 펼치는 관리가 횡행하여 형벌을 남용했다. 어떻게 잔혹하게 백성을 해쳐 가며 조세를 거두는 관리를 중용할 수 있겠는가! 포악했던 자들을 위력으로 다스려 주살시킴으로써 무고하게 죽은 이들을 달래 주었다. 이 내용을 담아 열전 제60 「혹리전(酷吏傳)」을 지었다.

〔사농공상의〕 사민(四民)이 각자 생업에 종사하되 겸업하지 않는 세상에서 부자라도 도를 넘어 사치를 부리지 않고, 영세한 자라도 물자 부족을 겪지 않도록 균등하게 재화를 나누면 가난한 사람이 없어져서[35] 선왕(先王)의 법도를 준수하게 된다. 〔그런데〕 나라에 법도가 없어지면 사람들이 사기를 많이 치게 되는데 위아래를 속이며 대규모로 재물을 불린 뒤에 왕후장상의 옷을 입고 산해진미를 먹으며 풍속을 망가뜨린다. 이 내용을 담아 열전 제61 「화식전(貨殖傳)」을 지었다.

국(國)을 열고 가(家)를 이어 나가는 데 법과 제도가 있으니, 가에서는 갑병을 쟁여 두지 않고, 국에서는 사형을 전담하지 않는다. 하물며 동등한 사람이 위력을 행사하고 은혜를 베푸는 것이랴! 만약 우리 국가가 바로잡지 않는다면, 예와 법을 논할 수 있겠는가?

도대체 어떤 자들이기에 그런 부당한 부귀를 누렸는가! 황제를 미혹시켜 고명함을 훼손시켰으니 기록하여 후세 사람들에게 교훈을 남기려고 열전 제63 「영행전(佞幸傳)」을 지었다.

『서』「순전(舜典)」에 융이(戎夷)가 하(夏)를 어지럽힌다는 경고가 나온다. 주 선왕이 이들을 격퇴한 사실이 『시』에 열거되어 있다. 유왕이 미욱하여 보사를 총애하던 중에 여산 아래에서 융에게 죽임을 당했고, 주나라는 풍(酆)과 호(鄗)로 옮겨 가야 했다. 대한(大漢) 개국 초기에는 흉노가 강성하여 평성에서 우리 고조를 포위했고, 변경도 자주 침입했다. 효무제 때에 이르러 분기탱천했으니 번개처럼 군대를 출동시켜 우레처럼 삭방을 공격했다. 무제의 유업을 계승한 선제는 큰 덕을 베풀며 한나라의 위망을 떨쳐 오대에 걸쳐 흉노 선우가 복속했다. 왕망이 천명을 찬탈한 뒤 흉노와 틀어졌다. 흉노 관계사를 기록함으로 후세가 참고하도록 열전 제64 「흉노전(匈奴傳)」을 지었다.

서쪽과 남쪽 국경 밖의 이족(夷族)은 여러 부족으로 갈라져 서로 다른 지역에 살았다. 남월의 위타는 번우에서 스스로 왕을 칭했다. 멀리 떨어진 곳에 민월과 동우가 있었다. 조선으로 말하자면 연나라 땅 밖에 있었다. 한나라 건국 후에 변경 바깥 지역을 위무하며 제후에 봉했으나 험준한 지형에 기대어 복종과 반란을 거듭했다. 효무제 때에 대군을 일으켜 해변의 반란을 정벌했다. 이 내용을 담아 열전 제65 「서남이·양월·조선 전(西南夷兩越朝鮮傳)」을 지었다.

서융이 중원의 질서에 포함된 것은 하후씨가 이들을 외국으로 규정하면서부터이다. 주 목왕이 군대를 출동시킨 뒤로 황복(荒服) 지역에서 다시는 입조하지 않았다. 한나라 대군이 서역으로 출동했을 때 거리가 너무 멀어 군사가 힘들고 말도 헉헉댔지만 끝내 대원(大宛)을 정복했다. 어여쁜 공주를 오손에 출가시켜 조지국 해안까지 황제의 명이 통하게 했다. 소제와 선제는 유업을 계승했으니 서역에 도호를 두어 서른여섯 개의 성곽 국가들을 감독했다. 이 나라들은 각국의 특산물을 조공으로 바치며 복속했다. 이 내용을 담아 열전 제66 「서역전(西域傳)」을 지었다.

화와 복의 서로 다른 결과는 외척을 통해 관찰할 수 있다. 고후가 가장 먼저 황후에 올랐지만 여씨 집안은 멸족당했다. 박희는 멀리 위나라에 있으면서 덕정을 베푼 문제를 낳았다. 두 황후는 고향으로 돌아가지 못했으나 대나라 땅에서 경제를 낳는 기쁨을 누렸다. 왕씨는 출신이 미천했지만 무제를 낳아 황위를 계승하게 했다. 위자부는 총애를 받았으나 끝까지 가지는 못했다. 구익 부인은 슬픔 속에 죽었지만 그 아들 효소제가 황위에 올랐다. 상관 황후는 어려서 황후가 되었지만 친정에서 역모하여 멸족당했다. 사양제와 왕 도후는 죽임을 당했지만 선제가 묘역을 가꾸고 제사를 올렸다. 두 집안도 후광을 입었다. 공애황후는 원제를 낳은 뒤에 독살당했다. 공성황후는 황후가 된 뒤에 삼대를 거쳐 성제 때에 세상을 떠났다. 조비연은 요염했으나 여동생으로 인해 화를 당했다. 정희와 부 태후는 교만하게 굴다가 화를 자초했다. 중산국에는 죄가 없었으나 풍 태후와 위희가 억울한 죽임을 당했다. 혜제의 장 황후, 경제의 박 황후, 무제의 진 황후, 선제의 곽 황후, 성제의 허 황후, 애제의 부 황후, 평제의 왕 황후는 사람들의 부러움을 샀지만 하늘의 뜻에 따라 오른 자리가 아니었으므로 하늘이 그런 벌을 내렸으니 어떻게 하늘의 뜻을 공경하지 않을 수 있겠는가! 이 내용을 담아 열전 제67 「외척전(外戚傳)」을 지었다.

원후의 어머니는 달을 품에 안는 태몽을 꾸고 원후를 낳았다. 성제가 놀이에 빠지자 여러 외숙이 집정했다. 양평후(陽平侯)는 권력을 휘두르며 왕상과 왕장을 처형했다. 성도후(成都侯)도 기염을 토하며 한나라 황실의 명광궁(明光宮)을 빌려 썼다. 곡양후(曲陽侯)도 기세등등하여 자신의 집을 적지(赤墀)로 장식했다. 신도후는 망극하게 난을 일으켰다가 망했다. 이 내용을 담아 열전 제68 「원후전(元后傳)」을 지었다.

아아, 이런 적신(賊臣)이 나타나 한나라 황위를 찬탈했으니 그 죄가 하늘에 차고 넘쳤다. 하나라 걸왕처럼 제멋대로 행동했고, 상나라 주왕만큼 포악했으며, 황제와 순임금 때의 제도를 따르겠다고 나서더니 경전의 뜻을 왜곡했다. 많은 백성이 통탄했고 하늘도 분노해서 악의 대표로 주살당했다. 역대 제왕 중에 간사하고 어리석기가 가장 심했다. 이 내용을 담아 열전 제69 「왕망전(王莽傳)」을 지었다.

『한서』에 열두 황제를 차례대로 기술했고, 백관 관직을 열거했으며, 열후와 제후왕의 계보를 세워 두었다. 천지의 법칙을 설명하고, 음양의 이치에 관련된 모든 사건을 기록했으며, 만물의 본원인 하늘의 위대한 법칙에 따라 삼광(三光)이 운행한 궤적을 기록했고, 천하의 강역을 구분하여 기록했으며, 고금의 인물을 품행 수준에 따라 구분했고, 천하 만방의 현황을 갖추어 기록했으며, 육경을 정리하고, 도덕의 요강을 밝혔으며, 수많은 인물의 목록을 뽑아 그 생애를 적되 편마다 찬을 실었다. 교훈을 담은 고전의 내용을 인용했고 고금의 사실을 두루 언급했으며 한 글자 한 글자 정확하게 기록하여 문장의 숲을 이루었으니, 이 내용을 담아 열전 제70 「서전(叙傳)」을 지었다.

진나라를 타도하기 위해 일어난 진승과 항우, 유방, 소하, 한신은 모두 초나라 사람들이었다. 초나라는 전국 시대 여러 나라 중에서 면적이 가장 컸고 인구도 많았으나 끝내 진나라와의 전쟁에서 패하고 말았다. 당시 봉기 세력 중에 초나라 출신 영웅이 많았던 것은 그만큼 초나라 사람들의 원한이 컸던 까닭이다.

항우는 진나라에 패하여 전사한 초나라 장군 항연의 손자였으니 울분이 치밀 만했다. 진승은 진나라가 강요한 새로운 풍속이 견딜 수 없어 봉기했다고 하는데, 재빠르게 몇백 명을 조직하여 진나라 통일에 최초로 반기를 들었으니 지금까지 평민 봉기의 상징으로 자리 잡고 있다. 두 영웅의 뒤를 이어 나타난 유방은 고향 패현에서 봉기한 뒤 부흥한 초나라의 장군이 되어 진나라의 도읍을 점령하는 개가를 올렸다. 한나라 사서 『한서』의 열전은 이렇게 여러 명의 초나라 인물과 한(韓)나라 귀족 장량, 위(魏)나라 출신의 장이, 진여 등 무수한 전국 시대 인물들이 나타나 기나긴 프롤로그를 이어 간다.

초나라 땅이었던 중국 남경에 이주하면서 내가 살게 된 곳이 마침 초 패왕 항우가 자결한 곳과 얼마 떨어지지 않아 실패한 영웅의 이야기를 번역하는 일이 유달랐다. 항우가 건너지 않은 장강은 상상했던 그 이상으로 넓어서 한 영웅의 운명을 가로막을 만해 보였다. 그렇게 역사의 현장에 직접 서 보는 일은 번역에 활기를 불어넣었다.

번역하는 동안 강서성 남창에서 해혼후 유하의 묘가 발굴되었다. 유하는 한 무제의 손자로 창읍왕으로 있던 중 갑작스레 황위에 올랐다가 27일 만에 폐위되고 평민으로 떨어졌다가 다시 해혼후에 봉해진 풍운의 인물이다. 2000년 전의 무덤이 열리던 날, 새로운 역사가 쓰였다. 400만 개가 넘는 분량에 10여 톤에 이르는 오수전을 1종으로 쳐서 총 1만 종이 넘는 유물이 쏟아져 나온 것이다. 그중에서도 공자와 그 제자들의 화상이 그려진 칠기 병풍과 『논어』를 비롯한 5000매의 죽간 문헌이 나와서 유하를 괄목 상대하게 되었다. 『한서』 「무오자전」에는 유하가 재위 27일 동안 1127건의 황당한 일을 벌여 폐위되었다고 나오지만, 역시 권력 투쟁에서 밀린 것이었다. 2011년에 시작한 발굴 조사가 마무리되어 2020년 9월에 박물관이 개관했는데, 역병이 가라앉는 날을 기다려 방문할 생각이다.

엄청난 책인 줄이야 알고 시작했지만 옮기면서 보니 상상을 초월했다. 이보다 조금 늦게 나온 플루타르코스의 『평행 열전』 즉 그리스 로마 영웅전에 가득한 문학성은 말랑말랑한 편이었다. 『한서 열전』에 실린 2200년 전의 문학 작품은 글자마다 개념으로 뭉쳐 있어 원문은 문학이었으나 번역해서 보면 전혀 문학이 아니었다. 천재 학자들이 몇천 자씩 적어 내려간 상소문에는 법학, 경제학, 자연 과학을 망라하는 세상만사는 물론 천문 지식에 온갖 형이상학이 다 들어 있어 가뜩이나 용량이 모자라는 나의 뇌가 무한대로 단순해지며 먹통이 되곤 했다. 그러나 임무 완성 신념 체계를 돌리며 소동파처럼, 정조처럼 『한서』 애독자가 되기로 결심하자 뇌의 반란이 사라졌다. 내가 나의 뇌를 속인 면이 없지 않겠지만 마침내 번역을 완성했고 책으로 펴내게 되었다.

한문을 가르쳐 주신 아버지, 문리가 트이도록 이끌어 주신 할아버지 두 어른 덕분에 한글보다 한자를 먼저 깨치고 동무들보다 한문을 쉬이 읽을 수 있었다. 성미 급한 아버지는 맏딸의 말문이 트이기 바쁘게 『천자문』부터 가르치셨다. 아버지 무릎에 앉아 아버지가 쓰신 한자를 읽으면 그렇게도 기뻐하시던 모습이 오십여 년 지난 지금까지 또렷하다. 할아버지는 맏손녀에게 큰소리로 글 읽는 법을 가르쳤는데, 내가 글을 읽고 뜻을 새기면 평소 웃음기라곤 보이지 않던 할아버지께서 빙그레 웃으셨다. 할아버지가 글을 읽으시던 가락이 머릿속에 박혀 요즘도 혼자 흥얼거릴 때가 많다. 지금 두 분은 세상에 계시지 않아 이 책을 살펴봐 주실 수 없다. 이 대목에 이르러 목이 멘다.

할아버지는 경상북도 의성의 한 몰락한 가문에서 태어나셨다. 과거 시험이 남아 있었더라면 좋았으리만큼 글 읽기와 문장에 소질이 있어 인근에 소문이 나자 외증조할아버지께서 무남독녀의 배필로 삼고 사랑에서 계속 글을 가르치셨다고 한다. 그러나 처가의 도움을 계속 받기가 민망하셨던지 할아버지는 할머니와 의논하여 신혼 초에 중국으로 이주했고, 이삼십 대를 보낸 뒤 고향에 돌아오셨다. 할머니가 막냇삼촌 산후조리 끝에 돌아가시고 젖을 굶은 아기까지 잃게 되자 덧정이 없어져 귀향하셨다고 한다.

우리 앞에서는 한마디도 하신 적이 없지만 중국말에 능했던 할아버지는 고향 마을에 중공군이 들어왔을 때 나서서 마을에 아무 일 없도록 설득하여 돌려보내셨다고 한다. 나는 묘사(墓祀) 때 할아버지가 지으신 비문들을 읽으며 한문 실력에 중국어 능력이 얹히면 이렇게 읽기 쉬운 글이 되는구나 하고 늘 감탄하곤 했다.

아버지는 할아버지보다 좀 더 불운했다. 신동으로 소문났던 아버지는 고향에 돌아온 뒤 증조할아버지께 글을 배웠는데 안타깝게 중도에 끝이 나고 말았다. 농사에 소질이 없었던 할아버지는 재주 있는 맏아들을 학교도 보내지 못하셨다. 내 눈에는 아버지가 세상에서 아는 것이 가장 많은 어른이었으나, 세상과 가장 맞지 않는 무능한 어른이기도 했다. '글' 할 줄 안다는 것이 돈 버는 일에 아무짝에도 소용이 없었던 이유란 아버지도 할아버지와 마찬가지로 '무학'이었기 때문이다.

나는 두 어른 덕에 운 좋게 한문을 일찍 접했고, 좋아도 하게 되었다. 하던 일을 접고 어린 아이들과 중국행을 택한 것도 전적으로 두 분의 길을 따른 것이다. 베이징 생활이 어느 정도 안정되자 나는 아이들과 『논어』 공부를 시작했다. 한글을 배우기 전에 한자와 중국어를 배운 아이들이 큰 소리로 『논어』를 읽고 외워서 쓰는 것을 보면서 나도 다시 한문을 공부할 마음을 내고 몇 해를 준비하여 대학원에 진학했다. 이중 언어 구사자의 핏줄을 이은 후손답게 아이들은 차례로 중국 고대문학과 고대사 전공자가 되었다. 할아버지와 아버지의 '불운한' 글공부가 명랑한 새 길로 이어질 수 있게 되어 행복하다.

중국에서 공부하면서 번역 일로 접어들었다가 고전 번역과 더불어 관련 최신 논문을 주석에 반영할 수 있도록 고문과 현대 중국어가 되는 번역자를 찾던 민음사와 연이 닿게 되었다. 대학원 중국인 동학들에게 『한서 열전』을 한국어로 번역하게 되었다는 소식을 전하자 모두들 제 일같이 기뻐해 주었다. 『한서』 강독 수업을 몇 학기 듣긴 했지만 여전히 읽기 어려운 부분은 그들과 함께 넘었다. 특히 왕화롱(汪花榮) 박사, 리한빙(李含氷) 박사, 류이(劉一) 박사, 장총(張聰) 씨에게 감사한다.

저자에게 이메일을 쓸 수 없어 번역 내내 몹시 괴로웠다. 그럴 때마다 관련 논문과 저작을 찾아 한 글자라도 더 보려고 노력했다. 아닌 게 아니라 중국에서 공부하는 덕을 크게 보았으니, 최신 논문과 발굴 보고서를 보다 빠르게 접할 수 있었다. 번역하는 동안 중국의 학술 간행물 전자화가 점차적으로 진행되었으므로 초기에는 일일이 도서관에서 찾아 복사해야 했다. 그 시간을 줄여 주느라 논문 찾는 일은 대개 아이들이 맡아 주었다. 그리하여 마침내 3200여 개의 주석을 달 수 있었다. 번역 막바지에 이르러 숨도 제대로 쉬지 못하게 되었을 때, 아이들이 돌아가며 함께 큰 소리로 읽어 주었다. 어려서 큰 소리로 글 읽는 법을 배운 우리 세 식구는 소리 내어 읽어야 뜻을 새길 줄 안다. 내 글 읽기의 동지들인 두 아이는 나로부터 평생 '까방권'을 얻었다.

책의 초고를 읽고 많은 오류를 짚어 주신 김종민 선생님과 민음사 교열팀 김남희 님, 편집을 맡아 주신 신지영, 신새벽, 최현아 님, 세상에 다시없는 표지를 입혀 주신 미술부 황일선 팀장님에게 깊이 감사드린다. 이제 독자 제현의 질정을 바랄 뿐이다.

마지막으로 번역하는 동안 장학금을 부쳐 주신 어머니께 감사드리며 앞으로도 내내 건강하시기를 기원한다.

2021년 4월
신경란

주

1   안사고의 주에 따르면 이 부분은 『상서』 「주서」 '홍범'의 "신지유작복작위, 내흉 우내국, 해우궐궁(臣之有作福作威, 乃凶于乃國, 害于厥躬)"이 출전이다.

2   적방진이 승상사직이 된 초기에 견훈도 사례교위가 되었다는 것으로 보아 적방 진은 승상사직이 되자마자 진경을 탄핵하여 면직당하게 한 것으로 보인다.

3   안사고가 『한구의(漢舊儀)』를 인용하여 한나라 조정의 의전을 소개한 바로는 승상이 알현하러 왔을 때 알자가 "황제위승상기(皇帝爲丞相起)"라고 외쳐 황제 가 일어나서 승상을 맞이하도록 했고, 길에서 승상을 맞이할 때에는 알자가 "황 제위승상하여(皇帝爲丞相下輿)"라고 외쳐 황제가 수레에서 바로 내리게 했다.

4   원문은 "색려내임(色厲內荏)"으로 『논어』 「양화」에는 "색려이내임(色厲而內荏)" 으로 나온다.

5   선제의 왕 황후 공성 태후를 이른다.

6   「진탕전」에 진탕이 돈황으로 유배 가게 된 이야기가 있다.

7   두흠(杜欽)을 이른다.

8   원문은 "비부가여사군야여재(鄙夫可與事君也與哉)"로 『논어』 「양화」에 나온다.

9   순우장이 폐위되었던 성제 허 황후의 복위를 꾀하다가 사형당한 일이 「외척전」 에 나온다.

10   원문은 "인이불인여례하, 인이불인여악하(人而不仁如禮何, 人而不仁如樂何)"로 『논어』 「팔일」에 나온다.

11   원문은 "견유선어군자애지, 약효자지양부모야. 견불선자주지, 약응전지축조작 야(見有善於君者愛之, 若孝子之養父母也. 見不善者誅之, 若鷹鸇之逐鳥爵也)"로 『춘 추좌씨전』 문공(文公) 18년 기사의 원문은 "견유례어기군자사지, 여효자지양부 모야. 견무례어기군자주지, 여응전지축조작야(見有禮於其君者事之, 如孝子之養父 母也. 見無禮於其君者誅之, 如鷹鸇之逐鳥雀也)"이다. 공승이 주박을 탄핵할 때에도 공손행보의 이 사례를 들었다.

12   "아침에 잘못했더라도 …… 그 사람을 칭찬하리라."의 원문은 "조과석개, 군자여 지(朝過夕改, 君子與之)"이다. 이 조서는 성제가 원연 4년 11월에 내린 것인데, 성 제가 건시 연간에 동평 사왕(東平思王) 유우(劉宇)에게 내린 조서에도 나온다. 위나라 명제(明帝)가 중산왕에게 내린 조서에도 이 여덟 글자가 나오는 것으로

보아 지금은 전해지지 않는 『논어』의 해설서에 나오던 구절로 추정된다.

13 「유흠전」과 「왕망전」에 왕망이 황제가 된 뒤에 유흠을 국사(國師)에 임명한 사실이 나온다.

14 원문은 "형혹수심(熒惑守心)"이다. 중국 고대에 형혹이 황제를 상징하는 심(心)자리를 침입하는 천문 현상이 관측되면 황제가 죽거나 나라에 큰일이 생긴다고 여겼다. 한편, 대만 학자 황일농(黃一農)의 연구에 따르면 중국 사서에 스물세 번의 '熒惑守心' 기사가 나오는데 그중 열일곱 번은 잘못 관측된 것이었다. 『한서』를 통틀어 '熒惑守心'이 두 차례 기록되었는데 유방의 사망 직전 것은 사실로 보이나 여기에 나오는 것은 잘못된 관측에 든다.

15 「오행지」에 성제 원연 원년 정월, 장안의 장성문(章城門)과 함곡관 차문(次門)의 수쇠가 없어진 사실이 나온다.

16 『효경』의 원문은 "고이불위, 소이장수귀야(高而不危, 所以長守貴也)"이다.

17 여순이 『한의주(漢儀注)』를 인용한 바로는 한나라에서 자연재해나 재앙이 일어났을 때 황제가 시중에게 부절을 들려주고 백마 네 필이 끄는 수레를 타고 승상에게 가서 고급 술 열 곡(斛)과 소 한 마리를 내리게 한 뒤에 재앙의 내용을 알리게 했다. 그러면 승상은 사자가 돌아가는 길에 있을 때 병이 나야 했고, 사자가 황궁에 돌아가서 술과 소를 전하고 왔다는 보고를 올리기 전에 병을 고칠 수 없어 죽었다고 보고하게 되어 있었다.

18 「성제기」 수화 2년 2월 임자일 기사에 "승상적방진훙(丞相翟方進薨)"이라고 나온다.

19 황실에서 사용한 널감을 이른다.

20 적방진이 탄핵하여 면직되었던 두업이 적방진의 죄에 비해 장례에 내린 물품이 너무 많다는 내용의 상소를 올린 바 있다.

21 선제의 현손 중에 세 살배기 유영(劉嬰)을 애제의 후사로 세운 뒤 왕망 스스로 섭황제의 자리에 올랐다.

22 유영을 이른다.

23 왕망 거섭 2년(서기 7년)의 일이다.

24 「왕망전」에 따르면 적의가 봉기하자 왕망이 두려워 밥을 먹지 못했다고 한다.

25 안사고의 주에 따라 '兄'을 '황(況)'의 '황'으로 썼다.

26 안사고는 당나라 때까지 동군(東郡)에 녹씨(逯氏) 집안이 살고 있었다고 했다.

27 응소의 주에 따르면 조비연, 부 태후, 정 태후, 동현을 이른다.

28 여기에서 '서토(西土)'는 동군(東郡) 서쪽에 있는 장안 땅을 이른다.

29 유봉세는 '삼액'을 이 뒤에 나오는 왕망의 조서에 있는 '국통삼절(國統三絶, 성제
와 애제와 평제에게 아들이 없어 국통이 세 번이나 끊어짐)'을 이른다고 했다.

30 「원후전」에 자세한 이야기가 실려 있다.

31 『후한서』「방술 열전(方術列傳)」에 따르면 왕망은 부명(符命)을 거짓으로 꾸며
서 썼다고 한다. 왕망은 평제 원시 4년에 여러 분야에 인재를 모집할 때 도참
(圖讖) 인재도 모집했다. 『후한서』「환담 열전(桓譚列傳)」에는 환담이 서한 말
기에 하도와 낙서 내용을 재가공했을 가능성이 있다고 한 내용이 나온다.

32 '부성(附城)'은 왕망 시대의 작위 이름이다. 「왕망전」에 관내후를 '부성'으로 바
꾸었다고 나온다. 『후한서』「환담 열전」에는 왕망이 황위를 찬탈하던 무렵 천
하의 인물들이 모두 왕망에게 아부했으나 오로지 환담만이 입을 열지 않았다
고 한다. 이에 대해 청나라 학자 고염무(顧炎武)는 『일지록(日知錄)』에서 왕망
시절에 환담이 부성에 봉해졌던 사실이 있음에도 불구하고 「환담 열전」에는 그
사실이 기록되어 있지 않다고 평했다.

33 성제와 애제, 평제의 후사가 끊긴 일을 이른다.

34 『논어』「태백」의 '가이탁육척지고(可以託六尺之孤)'가 출전이다.

35 "각종 기물을…… 공을 세우셨다."의 원문은 "비물치용, 입공성기이위천하리(備
物致用, 立功成器以爲天下利)"로 『역전』「계사상전」에 나오는 "비물치용, 입성기
이위천하리, 막대호성인(備物致用, 立成器以爲天下利, 莫大乎聖人)"이 출전이다.
여기에 나오는 "입공성기(立功成器)"는 왕망이 "입성기(立成器)"를 다시 해석해
서 한 말로 보인다. 송기는 "입물립공치용성기(立物立功致用成器)"로 나오는 판
본도 있다고 했다. 한편 순열도 『전한기』「문제기」에 달았던 찬에서 "입상성기
(立象成器)"라고 썼다. 참고로 「화식전」에는 "입성기(立成器)"로 나온다.

36 안사고의 주에 따르면 왕망이 유운을 모함하기 위해 꾸며낸 이야기이다. 「동평왕
전」에서 유운이 자신의 아버지를 거서(鉅鼠)로 부른 사실은 기록되어 있지 않다.

37 왕망은 적의와 유신을 갈라놓기 위해 보낸 사실이 없는 상소를 거짓으로 꾸며
말하고 있는 듯하다.

38 원문은 "상불유시, 욕민속도위선지리야(賞不踰時, 欲民速覩爲善之利也)"로 사마
법에는 "상불유시, 욕민속득위선지리야 벌불천열, 욕민속도위불선지해야(賞不

蹄時, 欲民速得爲善之利也. 罰不遷列, 欲民速覩爲不善之害也)"로 나온다.

39 「경제기」에 따르면 적형(磔刑)을 기시형(棄市刑)으로 바꾸어 집행하도록 하고 다시는 적형을 내리지 못하게 했는데, 왕망이 경제 이후 없어졌던 적형을 다시 집행한 것이다. 형벌의 이름을 이르는 '磔'을 『당운』과 『집운』, 『고금운회거요』의 '적(摘)'에 따라 '적'으로 썼다.

40 안사고의 주에 따라 '釐'를 '태(邰)'의 '태'로 썼다.

41 안사고의 주에 따라 '蔘'을 '소림반(所林反)'의 '심'으로, '厭'을 '일섭절(一涉切)'의 '엽'으로 썼다.

42 왕망 시초 원년(서기 8년) 2월의 일이다.

43 안사고는 여순의 주를 인용하여 다섯 가지 독은 '야갈(野葛)'과 '낭독(狼毒)' 같은 풀이라고 했다. 그런데 현대 학자들은 전갈, 뱀, 지네, 도마뱀붙이, 두꺼비로 보고 있다.

44 왕망은 초 장왕(楚莊王)이 반당(潘黨)에게 경관을 쌓는 것에 반대하며 한 말을 인용하고 있다.

45 반로(反虜)는 '배반자,' 경예(鯨鯢)는 '흉악한 적'이란 뜻이다.

46 『당운』, 『집운』, 『고금운회거요』에 따라 '신선이 타는 새'라는 뜻의 '鵠'을 '호옥절(胡沃切)'의 '혹'으로 새겼다.

55 | 곡영·두업 전 谷永杜鄴傳

1 용모, 말, 사물을 관찰하는 눈, 의견 청취 태도, 사색의 다섯 가지를 이른다.

2 「오행지」에 나오는 곡영의 대책문에는 '무녀자리 구도(九度)' 위치에서 일식이 일어났다고 되어 있다.

3 「오행지」에 나오는 곡영의 대책문에는 "같은 잘못을 두 사람이 저지르고 있어서 일식과 지진이 같은 날 일어났다."라고 되어 있다. "경고"의 원문은 "정녕(丁寧)"인데, 안사고는 '연거푸 알려 주다'로 해석했다.

4 안사고는 『노시(魯詩)』 「소아」 '시월지교'의 "차일이식, 우하부장(此日而食, 于何不臧)"과 "염처선방처(閻妻扇方處)"가 이 구절의 출전이라고 했다. 제소남은 보사와 염처가 같은 인물인데 여기에서 다른 인물로 나오는 것은 제시(齊詩)와 노

시(魯詩), 한시(韓詩)가 달라서일 것이라고 했다. 현재 전해지는 『시경』 판본에
는 '염처(閻妻)'가 '염처(豔妻)'로 나온다. 『노시(魯詩)』는 현재 전하지 않는다.

5 『상서』 「주서」 '홍범'에 나온다.

6 여기에 나오는 '전(傳)'은 『홍범오행전』을 이르며 『상서대전』으로 전해진다. 지
은이는 복생(伏生)으로 알려졌는데 하후시창이라는 주장도 있다.

7 안사고에 따르면 "이제부터······ 엄숙히 처신하라."는 『상서』 「주서」 '무일(無
逸)'에서 나왔다. '무일'에는 "주공왈, 오호, 계자금사왕, 즉기무음우관우일우유
우전, 이만민유정지공(周公曰, 嗚呼, 繼自今嗣王, 則其無淫于觀于逸于遊于田, 以萬民
惟正之供)"으로 나온다. "자신을 바로 하여 엄숙히 처신하라."의 원문은 "유정지
공(惟正之共)"으로, 바로 뒤에 나오는 구절에 문맥이 이어지게 하기 위해 안사
고의 해석인 '정신공기(正身恭己)'에 의거하여 옮겼다. 공안국과 공영달은 '군주
가 자신을 바르게 하여 자신의 명령을 받는 만민을 공대하라'라고 해석했다.

8 안사고의 주에 따르면 『상서』 「우서」 '요전'에 나오는 "이강이녀우규열, 빈우우
(釐降二女于嬀汭, 嬪于虞)"가 출전이다.

9 초 장왕이 좋아했던 여자는 하희(夏姬)였다. 단희는 초 문왕(楚文王)의 여자였
다. 안사고의 주에 따르면 『곡영집(谷永集)』에는 '단(丹)'이 '하(夏)'로 되어 있
었다고 한다. 『곡영집』은 현재 전하지 않는다.

10 안사고의 주에 따라 「오행지」를 참고하여 옮겼다.

11 『시경』 「소아」 '백화(白華)'는 유왕이 보사에게 미혹되어 신후(申后)를 쫓아낸
것을 풍자한 노래이다. 안사고는 곡영이 조(趙) 소의를 총애하는 성제를 풍자
하기 위해 이 시를 인용했다고 했다.

12 안사고의 주에 따르면 『시경』 「소아」 '시월지교'에 나오는 "황보경사, 번유사도
(皇父卿士, 番惟司徒)"의 '황보'이다.

13 "네 가지 방면에서 잘 보좌하는"의 원문은 "사보(四輔)"이다. 안사고는 여기에
나오는 '사보'를 '좌보(左輔)', '우필(右弼)', '전의(前疑)', '후승(後丞)'이라고 소
개하며, 이 구절의 출전이 『상서』 「주서」 '낙고'에 나오는 성왕(成王)의 말 "탄
보문무수명란, 위사보(誕保文武受命亂, 爲四輔)"라고 했다. 그런데 '낙고'의 이
말은 주공이 전, 후, 좌, 우 네 방면에서 성왕을 모두 잘 돌보았다는 뜻으로 한
말이다. 성왕에게는 '좌보', '우필', '전의', '후승'의 사보가 없었다.

14 "또한 좌우에 있는 신하를 먼저 바로잡아야 한다."의 원문은 "역유선정극좌우

(亦惟先正克左右)"이다. 안사고는 이 구절의 출전을 『상서』 「주서」 '군아(君牙)'라고 보면서 '제왕이 백관을 바로잡으려면 먼저 좌우의 근신부터 바로잡아야 한다'라는 뜻이라고 해석했다.

그런데 '군아(君牙)'의 원문 "역유선왕지신, 극좌우, 난사방(亦惟先王之臣, 克左右, 亂四方)"은 주 목왕(周穆王)이 스스로 문왕과 무왕, 성왕, 강왕의 유지를 받들었고, '선왕의 신하 또한 자신을 도와 사방을 잘 다스리고 있다'라고 한 것이므로 안사고의 해석은 『상서』의 뜻과는 거리가 멀다. "역유선정극좌우(亦惟先正克左右)"는 『상서』 「주서」 '문후지명(文侯之命)'에도 나오는데 여기에서도 '군아'에서와 마찬가지로 '좌우(左右)'가 '돕다'의 뜻으로 쓰였다. 앞뒤 문맥을 고려할 때 곡영은 안사고의 해석처럼 '좌우에 있는 신하를 먼저 바로잡아야 한다'라는 뜻으로 이 구절을 인용했으므로 『상서』의 원뜻과 거리가 있는 줄 알면서도 곡영의 뜻을 살려 옮겼다.

제소남은 서한 성제 시대의 장안에서는 '군아' 편이 없던 복생의 『금문상서』만 통용되었는데 곡영이 『고문상서』에 들어 있는 '군아' 편의 내용을 인용했으니 곡영이 『고문상서』를 보았을 가능성이 있을지도 모른다고 문제점을 시사했다. 제소남은 『금문상서』 '군아'에 "내유유선정구전시식(乃惟由先正舊典時式)"이란 구절이 나오는 것과 공안국의 전(傳)에 '선정(先正)'이라고 나오는 것으로 봐서 '선왕지신(先王之臣)'은 '선정(先正)'의 오류일 가능성이 있다고 보았다.

15 원문은 "삼재고적, 삼고출척유명(三載考績, 三考黜陟幽明)"으로 『상서』 「우서」 '순전'에 나온다. 순임금이 실시한 업적 관리 기준이다.

16 원문은 "구덕함사, 준애재관(九德咸事, 俊乂在官)"으로 『상서』 「우서」 '고요모'에는 '애(艾)'가 '애(乂)'로 나온다. 고요(皋陶)가 우(禹)에게 한 말이다.

17 원문은 "회보소인, 혜우환과(懷保小人, 惠于鰥寡)"로 『상서』 「주서」 '무일'에는 "회보소민, 혜선환과(懷保小民, 惠鮮鰥寡)"로 나온다.

18 원문은 "육려작견, 약불공어, 육벌기침, 육극기하(六沴作見, 若不共御, 六罰旣侵, 六極其下)"로 안사고의 주에 따르면 『홍범오행전』에 나온다.

19 건시 4년(기원전 29년) 여름의 일이다. 이때 황제의 책문은 "천지(天地)의 도 중에서 어떤 것이 귀한 것인가? 제왕의 법은 어떤 것인가? 육경의 내용 중에 어떤 것을 중요하게 보는가? 사람의 행동은 어떤 것을 우선으로 해야 하는가? 사람을 쓰는 도리는 어떠해야 하는가? 현재 나라를 다스리는 일에서 어떤 것에

힘써야 하는가? 이 내용을 경전의 뜻에 의거하여 대책하도록 하라."였다.

20 안사고는 여기에 나오는 신백을 유왕의 왕후였던 신후(申后)의 아버지라고 했으나 호삼성은 주 선왕의 외삼촌이라고 했다. 신백은 주 선왕의 중흥에 공을 세운 인물이다. 안사고가 말한 신후의 아버지는 신백의 아들이다.

21 광형(匡衡)과 그 아들 광창(匡昌)을 이르는 듯하다. 광형은 원제 건소 3년(기원전 36년)에 승상이 되었다가 곡영이 이 대책문을 올린 건시 4년에 면직되었다.

22 「성제기」 건시 원년 정월 기사에는 영실(營室)에 혜성이 나타났다고 나온다. 「외척전」 '성제의 허 황후전'에는 건시 원년 정월에 영실 자리에 백기가 보였다고 나온다.

23 곡영의 건의대로 성제의 외삼촌 왕봉이 자신의 첩을 성제에게 후궁으로 들이게 했는데 장(張) 미인이 되었다.

24 "계속되는 모함"과 "원색적인 비방"의 원문은 "침윤지참, 부수지소(浸潤之譖, 膚受之愬)"로 『논어』「안연」에 나온다. 안사고는 '부수(膚受)'를 두고 '처음에는 피부에 스며들었다가 나중에는 골수까지 깊이 들어가는 느낌'이라고 해석했지만 일반적으로 '피부에 직접 와 닿다'라는 뜻으로 쓰고 있다.

25 '지씨(知氏)'는 '지백(智伯)'을 가리킨다.

26 양삭 3년(기원전 22년) 가을에 왕봉이 세상을 떠났다. 성제는 왕봉의 뒤를 이을 사람으로 왕담을 꼽았으나 왕봉은 왕담이 법도 이상으로 사치를 부리기 때문에 백성을 이끌 수 없다면서 반대했다. 왕음은 왕담과 달리 사촌 형인 왕봉을 아버지처럼 모셨기 때문에 왕봉의 낙점을 받을 수 있었다.

27 왕담은 왕봉의 이복동생이고 왕음은 왕봉의 삼촌인 왕홍(王弘)의 아들이다.

28 왕음은 안양후(安陽侯)에 봉해졌는데 안양은 지금의 하남성 주마점시 정양현으로 회북 평원 지대에 있다.

29 곡영이 군대를 주관하는 태백성에 대사마 거기장군 왕음을 비유한 것이다.

30 한나라 제도에 따르면 자사는 해마다 8월부터 관할 지역을 순시하며 죄수 현황을 점검한 뒤에 연말에 장안에 와서 보고하게 되어 있었다. 『자치통감』「한기」 23에 따르면 곡영은 영시 2년 3월에 이 대책문을 올렸다. 왕음은 영시 2년 정월에 세상을 떠났다.

31 원문은 "위자유기안자야, 망자보기존자야(危者有其安者也, 亡者保其存者也)"로 『역전』「계사하전」에는 "위자안기위자야, 망자보기존자야, 난자유기치자야(危

者安其位者也, 亡者保其存者也, 亂者有其治者也)"로 나온다.

32 무제의 아들 광릉왕 유서(劉胥)와 무제의 손자 창읍왕 유하(劉賀)를 이른다.

33 원문은 "내용부인지언, 자절우천(乃用婦人之言, 自絶于天)", "사방지포도다죄, 시
    종시장, 시신시사(四方之逋逃多罪, 是宗是長, 是信是使)"로 안사고의 주에 따르면
    『금문상서』「주서」'태서(泰誓)'에 있는 내용으로「오행지」와「서전(敍傳)」에도
    인용되었다. 여기에 나오는 '부인'은 '달기(妲己)'를 이른다. 한편『상서』「주서」
    '목서(牧誓)'에도 관련 내용이 실려 있다.

34 원문은 "요지방양, 영혹멸지. 혁혁종주, 보사멸지(燎之方陽, 寧或滅之. 赫赫宗周,
    褒姒威之)"로『시경』「소아」'정월'에 나온다. 안사고의 주에 따라 '威'을 '호열반
    (呼悅反)'의 '혈'로 썼다.

35 원문은 "유기수, 유부실시(濡其首, 有孚失是)"로『주역』'미제괘(未濟卦)' 상구(上
    九)의 효사이다.

36 진나라가 중국을 통일한 해가 기원전 221년이고 제3대 군주 자영(子嬰)이 고조
    유방에게 투항한 해가 기원전 206년이므로 삼대 열여섯 해 만에 멸망한 것이다.

37 원문은 "재중궤, 무유수(在中饋, 無攸遂)"로『주역』가인괘(家人卦) 육이(六二) 효
    사이다.

38 원문은 "의궐절부, 위효위치(懿厥悊婦, 爲梟爲鴟)", "비강자천, 생자부인(匪降自
    天, 生自婦人)"으로『시경』「대아」'첨앙(瞻卬)'에 나온다. 안사고는 '의(懿)'를
    '미(美)'로 해석했으나 정현과 공영달은 비통한 심정을 표현하는 감탄사 '의
    (噫)'와 같다고 보았다. 한편 현재 유통되는 판본에는 '비강자천(匪降自天)'이
    '난비강자천(亂匪降自天)'으로 나온다.

39 성제가 황궁 밖에 농토와 노비를 마련한 일을 이른다.

40 원문은 "은감불원, 재하후지세(殷監不遠, 在夏后之世)"로『시경』「대아」'탕(蕩)'
    의 끝 구절이다.

41 "극기복례(克己復禮)"는『논어』「안연」에 나온다. '다시 허물을 저지르지 않다'
    의 '무이과(毋貳過)'는『논어』「옹야」에 나온다. 애공이 공자에게 배움을 좋아하
    는 제자에 대해 묻자 공자가 안연이라고 대답하면서 "불천노, 불이과(不遷怒, 不
    貳過)"라고 말했다. '화 내지 않고 같은 실수를 되풀이하지 않았다'는 뜻이다.

42 그때 북지군 태수부는 마령현(馬嶺縣)에 있었다. 마령현은 지금의 감숙성 경성
    현(慶城縣) 마령진(馬岺鎭)으로 지금은 유전(油田)이 개발되어 있다.

43 『공자가어(孔子家語)』「곤서(困誓)」에 따르면, 사어(史魚)가 위 영공(衛靈公)에게 여러 차례 거백옥(蘧伯玉)을 천거했으나 위 영공이 받아들이지 않아서 임종 시에 아들에게 일러 빈소를 정방(正房)이 아닌 정방과 후침, 곧 살림채 사이의 벽에 난 유(牖) 아래에 두게 함으로써 위 영공에게 자신의 뜻을 알리게 했다. 사어가 아들에게 자신의 영구를 두게 한 자리에 대해서 『한시외전(韓詩外傳)』 권7에는 정당(正堂)이 아닌 실(室)로, 『대대례(大戴禮記)』「보부(保傅)」에는 북당(北堂)으로 나온다. '실'과 '북당'은 둘 다 살림채를 뜻한다.

44 「급암전」에 따르면 급암은 회양군 태수로 나가기 전에 이식에게 장탕(張湯)을 견제하라는 부탁을 남겼다.

45 원문은 "수이신재외, 내심무부재왕실(雖爾身在外, 乃心無不在王室)"로 『상서』「주서」'강왕지고(康王之誥)'에는 '무(無)'가 '망(罔)'으로 나온다.

46 『순자(大略)』「대략(大略)」에 나오는 "천지생민, 비위군야. 천지립군, 이위민야. 고고자열지건국, 비이귀제후이이. 열관직, 차작록, 비이존대부이이(天之生民, 非爲君也. 天之立君, 以爲民也. 故古者列地建國, 非以貴諸侯而已. 列官職, 差爵祿, 非以尊大夫而已)"가 출전으로 보인다.

47 『육도(六韜)』「문도(文韜)」'문사(文師)'의 "천하비일인지천하, 내천하지천하야(天下非一人之天下, 乃天下之天下也)"가 출전이다.

48 "길가의 갈대"는 "행위(行葦)"로 미물(微物)을 상징한다. 『시경』「대아」'행위(行葦)'는 제왕이 도덕을 닦고 박애 정신을 발휘하며 은덕을 베풀어 미물(微物)도 다치게 해서는 안 된다는 사상을 반영하고 있다.

49 비, 맑음, 더위, 추위, 바람을 이른다.

50 원문은 "내권서고, 차유여택(乃眷西顧, 此惟予宅)"으로 『시경』「대아」'황의(皇矣)'에 나온다.

51 기원전 599년, 춘추 시대 진나라 제후 선공(宣公)의 후손으로 영공(靈公)을 죽이고 스스로 진후(陳侯)가 되었다. 그 뒤 기원전 548년, 제나라 정공(丁公)의 후손 최저가 발호하여 장공(莊公)을 죽였다.

52 원문은 "둔기고, 소정길, 대정흉(屯其膏, 小貞吉, 大貞凶)"으로 『역』'둔괘(屯卦)'의 구오(九五) 효사이다.

53 원문은 "기이불손자위태, 궐재수, 궐구망(飢而不損茲謂泰, 厥災水, 厥咎亡)"으로 『상서대전』, 곧 『홍범오행전』에 나온다.

54 이기의 주에 따르면 『역요변전(易妖變傳)』에 나오는 설명이다. 「오행지」에 성제 원연 원년 정월, 장안의 장성문(章城門)과 함곡관 차문(次門)의 수쇠가 없어진 사실이 기록되어 있다.

55 원문은 "범민유상, 부복구지(凡民有喪, 扶服捄之)"로 『시경』 「국풍」 '배풍곡풍(邶風谷風)'에 나온다. '부복(扶服)'은 '포복(匍匐)'과 통한다.

56 원문은 "백성부족, 군숙여족(百姓不足, 君孰予足)"으로 『논어』 「안연」에는 "군숙 여족(君孰與足)"으로 나온다.

57 한나라 조정의 고관 중에 석 달 동안의 병가 뒤에 특별 휴가인 사고를 받지 못한 예는 곡영이 유일한 듯하다. 『자치통감』 「한기」 24에는 곡영이 왕씨 일족의 사람이었기 때문에 성제가 가까이하지 않았다고 나온다.

58 『춘추』 소공(昭公) 원년 기사가 출전이다. 두업은 진백이 천승의 전차를 보유하고 있다고 했지만 『춘추좌씨전』에는 "진후자유총어환 ……적진, 기거천승. 서 왈진백지제겸출분진, 죄진백야(秦後子有寵於桓 ……適晉, 其車千乘, 書曰秦伯之弟 鍼出奔晉, 罪秦伯也)"라고 하여 진백의 동생인 겸(鍼)이 천승을 보유하고 있었다고 나온다. 『춘추좌씨전』에 진백의 전차 소유 현황에 대해서는 밝히지 않았다.

59 위 문후가 태자 격(擊)을 중산국으로 쫓아낸 뒤에 세 해 동안 왕래하지 않고 있다가 조창당(趙倉唐)이 태자를 대신해서 올린 대안(大鴈), 곧 야생 거위를 받고 부자 관계를 회복했다. 유향(劉向)이 지은 『설원(說苑)』 「봉사(奉使)」에는 위 문후가 '신부(晨鳧)'를 좋아했다고 나온다. '신부'는 야생 오리이다.

60 진평이 육고(陸賈)의 말을 듣고 황금 오백 근을 들여 강후 주발의 장수를 비는 연회를 연 바 있다. 당시 진평은 우상(右相)이었고 주발은 태위(太尉)였으므로 장상의 관계라고 한 것이다.

61 변화가 올린 보옥을 받은 초왕에 대해서는 '초 여왕(楚厲王)'이라는 설과 '초 무왕(楚武王)'이라는 설이 있다.

62 『효경』 「간쟁(諫諍)」에 나오는 증자와 공자의 대화가 이 부분의 출전이다. 증자가 "종부지령, 가위효호(從父之令, 可謂孝乎)"라고 물었을 때 공자가 "시하언여, 시하언여(是何言與, 是何言與)"라고 나무라면서 부모가 잘못 판단하면 자식이 간쟁하여야 한다고 가르쳤다.

63 이 부분의 출전이 되는 『논어』 「선진」에 나오는 원문은 "자왈, 효재, 민자건, 인 불간어기부모곤제지언(子曰, 孝哉, 閔子騫, 人不間於其父母昆弟之言)"이다.

64 원문은 "우다문(友多聞)"으로 『논어』「계씨」에 나온다. 「계씨」에는 "우직, 우량, 우다문, 익의(友直, 友諒, 友多聞, 益矣)"로 나온다.

65 세 사람은 두업, 두흠, 곡영을 이르는데, 이들이 공자가 제시한 이로운 벗의 세 가지 조건 중 '다문(多聞)'에만 해당한다는 뜻이다.

56 ┃ 하무 · 왕가 · 사단 전 何武王嘉師丹

1 원제 영광 원년에 조서를 내려 광록훈에게 질박(質樸), 돈후(敦厚), 손양(遜讓), 유행의(有行義) 네 방면에 걸쳐 한 사람씩 천거하게 했다.

2 상인에게 부과한 세금이다.

3 시조를 거두던 아전이다.

4 졸리(卒吏)나 이졸(吏卒)을 졸사의 다른 말로 보기도 한다.

5 이때 촉군은 익주에 속해 있었다.

6 이 편에서 말하는 이천석 고관은 직접 백성들을 다스리는 관리 중에 태수와 제후국이 상(相)을 이른다.

7 후창(后蒼)이 『예기』 184편을 정리하여 대씨(戴氏) 숙질에게 전수해 주었는데, 대씨 숙질 중 대대(大戴)로 불리는 대덕(戴德)이 『대대례(大戴禮)』 여든다섯 편을, 소대(小戴)라고 불리는 대성(戴聖)이 『소대례(小戴禮)』 마흔여섯 편을 정리했다. 『대대례』는 현재 서른아홉 편이 남아 있다. 현존하는 『소대례』에는 후대 사람들이 첨가한 「명당(明堂)」, 「월령(月令)」, 「악기(樂記)」 세 편이 더해진 마흔아홉 편이 들어 있다. 『소대례』 제31편이 『중용(中庸)』이고 제42편이 『대학(大學)』이다.

8 안사고는 하무가 힘을 써서 하수 형의 아들이 여강 태수의 표창을 받게 되었다고 설명했다.

9 「성제기」에 따르면 수화 원년 4월에 대사마표기대장군(大司馬票騎大將軍)을 대사마로, 어사대부를 대사공으로 바꾸고 열후에 봉했다. 이로써 대사마와 대사공의 봉록이 승상과 같아졌다.

10 양공(兩龔)은 공승(龔勝)과 공사(龔舍)이고 양당(兩唐)은 당림(唐林)과 당존(唐尊)이다.

11 대상(大常)은 태상(太常)의 다른 이름이다.

12 안사고는 응소의 주를 인용하여 「평제기」 원시 4년 기사에 단 주석에서 태황태후 왕정군이 주나라 때 주공이 태재(太宰)였고 이윤(伊尹)이 아형(阿衡)이었던 점에 연원을 두어 재형(宰衡)이란 존호를 만들어 왕망에게 붙여 주었다고 설명했다.

13 여관은 왕망의 큰아들인 왕우(王宇)의 처남이다. 왕우와 공모하여 왕망이 평제로 하여금 생모인 위후(衛后)와 만나지 못하게 한 것에 반대했다.

14 '剌'을 안사고의 주에 따라 '내갈반(来葛反)'의 '날'로 썼다.

15 애제 건평 3년(기원전 4년)에 올린 상소로 「상애제청선현재소(上哀帝請選賢材疏)」로 알려져 있다.

16 원문은 "재난, 불기연여(材難, 不其然與)"로 『논어』 「태백」에는 '재난(才難)'으로 나온다.

17 원문은 "계세립제후, 상현야(故繼世立諸侯, 象賢也)"로 『예기』 「교특생(郊特牲)」에는 "계세이립제후(繼世而立諸侯)"로 나온다.

18 한안국은 경제(景帝) 때 양 효왕의 내사였다가 죄를 지어 옥에 갇혀 있었는데 뒤에 두 태후가 발탁하여 다시 양 효왕의 내사로 삼았다. 양 효왕은 두 태후의 막내아들이다. 무제 때의 일이라고 한 것은 왕가(王嘉)의 실수로 보인다.

19 장창이 산양 태수로 있을 때 그곳으로 유배된 폐위 황제 창읍왕을 감시하며 선제에게 그 동향을 보고했다.

20 "이천석 관리가 존중을 받아야…… 부릴 수 있게 됩니다."는 소식(蘇軾)의 「상신종론하북경동도적(上神宗論河北京東盜賊)」에도 인용되었다.

21 안사고의 주에 따르면 '감고지'는 절대 무고가 아니니, 고발하여 조사하기를 원한다는 뜻이다.

22 소함은 소망지의 아들이고 설수는 설선의 동생이다.

23 식부궁은 광록대부, 손총은 남양 태수가 되었다.

24 동현은 그때 부마도위 시중으로 황제가 황궁 밖으로 나갈 때에는 수레에 참승으로 함께 탔고 황궁 안에서는 가장 측근에서 시위했으며 동침하기도 했다.

25 「간봉동현등봉사(諫封董賢等封事)」로 알려진 글이다.

26 원문은 "용덕장궐선(用德章厥善)"으로 『상서』 「반경」에 나온다.

27 「논동현봉사(論董賢封事)」로 알려진 글이다.

원문은 "무오일욕, 유국긍긍업업, 일일이일만기(亡敖佚欲, 有國兢兢業業, 一日二
日萬機)"로『상서』「우서」'고요모'에 나온다. 청나라 학자 제소남은『한서고증』
에서『상서』에 "무교일욕유방(毋敎佚欲有邦)"으로 나오는 것을 "무오일욕유국
(亡敖佚欲有國)"으로 쓴 것은 왕가가 복생(伏生)의『금문상서』구절을 인용했기
때문이라고 해석했다. 한나라 때 '방(邦)'이 고조의 이름이라 하여 '국(國)'으로
바꿔 썼다는 것이다. 이 구절은 현존하는『상서』「우서」'고요모' 판본에 "무교
일욕유방, 긍긍업업, 일일이일만기(無敎逸欲有邦, 兢兢業業, 一日二日萬幾)"로 나
온다. 제소남은 '교(敎)'가 '오(敖)'로 바뀐 것에 대해서는 언급하지 않았으나,
조선 후기 학자 신작(申綽)의 경우『고상서(古尙書)』와『상서고주(尙書古注)』에
서『금문상서』에 '무(亾)', '오(敖)', '일(佚)', '국(國)'으로 되어 있는 것을 명기
하고 있다.

안사고는 '오(敖)'를 '오만(傲慢)'의 '오(傲)'로 보았는데 이는『금문상서』를 참
고했기 때문일 것이다. 그런데 안사고가 원문의 '오(敖)'를 '오만(傲慢)'으로,
'일욕(佚欲)'을 '일욕(逸欲)'으로 해석하는 것은 운율에 맞지 않는 면이 있다. 여
기서는『고문상서』에 따라 '오(敖)'를 '교(敎)'로 옮겼다. 이 구절은 구두점을 찍
는 법과 품사 구분 방법에 따라서 여러 가지로 해석된다. 안사고는 '제후는 오
만하거나 무절제한 채로 안일하지 말아야 한다. 조심스럽게 경계하며 두려워하
면서 만 가지 일의 발단을 다스려야 한다'로 해석했다.

한편『사고전서(四庫全書)』편찬 책임을 맡았던 기윤(紀昀)은 북송 학자 송기의
문집인『자가집(資暇集)』서문에서 왕가가 이 상소에서 '만 가지 기미'라는 뜻
의 '만기(萬幾)'를 '만기(萬機)'로 쓴 데 이어 반고와 안사고가 오류를 바로잡지
않았기 때문에 후대인이 '만기(萬機)'로 잘못 쓰게 되었다고 고증한 것을 높이
평가했다.

왕가는 이 구절을 애제에게 인용하면서 고요가 제순에게 간언한 내용이라고 했
으나 이 구절이 들어 있는『상서』「우서」'고요모' 편은 우(禹)가 순(舜)임금의
신하였던 시절에 고요와 우(禹)가 나눈 대화를 기록한 것으로, 우보다 조금 낮
은 지위에 있던 고요가 순임금을 보필하는 방법에 대해 말하는 내용이 주를 이
루고 있다. 사마천도『사기』「하 본기」에서 이 구절이 고요가 제순 앞에서 한
말이라고 보았는데, 이는『고문상서』에서 우와 고요의 대화인 '고요모'와 순임
금과 우, 고요의 대화인 '익직(益稷)' 두 편이『금문상서』에서 '고요모' 한 편으

로 되어 있기 때문이라고 보인다.

반고는 사마천이 이 구절을 "무교사음기모(毋教邪淫奇謀)"로 쓴 것에 대해 '내용을 줄여 다른 뜻이 되어 버린' 예로 꼽았다.

29 기자가 무왕에게 말한 내용은 『상서』「주서」'홍범'의 "신무유작복작위옥식, 신지유작복작위옥식, 기해우이가, 흉우이국, 인용측파벽, 민용참특(臣無有作福作威玉食, 臣之有作福作威玉食, 其害于而家, 凶害于而國, 人用側頗僻, 民用僭忒)"이 출전이다. 왕가는 이 상소문에서 '참특(僭忒)'을 '참특(僭慝)'으로 썼다. 안사고는 '참(僭)'은 '불신(不信)'이고 '특(慝)'은 '악(惡)'이라고 해석했다. 한편 한나라 학자 공안국(孔安國)은 왕가가 이 상소문에서 설명한 대로 '참차(僭差)'로 해석했다. 여기에서는 공안국의 해석을 따라 옮겼다.

30 "인재를 아껴야"의 원문은 "애인(愛人)"이다. 여기에서는 '인(人)'을 그 뒤에 나오는 '민(民)'과 구별하여 '인재'로 보았다.

31 원문은 "도천승지국, 경사이신, 절용이애인, 사민이시(道千乘之國, 敬事而信, 節用而愛人, 使民以時)"로 『논어』「학이」에 나온다.

32 여기에 나오는 풍 귀인은 풍봉세의 딸로서 원제의 후궁이 되었는데 나중에 손자가 평제로 즉위했다. 「외척전」에 따르면 이때 직첩이 접여였으며 풍 접여가 가로막는 맹수는 곰이었다.

33 정도 공왕(定陶恭王)으로 애제의 생부이다.

34 진작의 주에 따르면 장안성 동쪽의 복앙문(覆盎門) 밖에 있던 인공 수로를 이른다.

35 그때 태황태후 왕정군이 장신궁(長信宮)에, 부 태후는 영신궁(永信宮)에, 황태후 조비연은 중안궁(中安宮)에 기거하고 있었으므로 '삼궁'은 이 세 궁을 이를 수도 있다.

36 「애제기」에 따르면 애제 즉위 초인 기원전 7년에 제후왕 이하 고관들이 토지를 소유하는 기준을 마련하라는 조서를 내렸는데 해당 관원이 30경을 넘지 못하게 해야 한다고 상소를 올린 바 있다. 그런데 이 기준이 시행되었는지는 정확하게 언급되지 않는다. 그러나 동현에게 2000경을 하사하는 것이 균전제를 무너뜨리는 것이라고 왕가가 주장한 것을 보면 이 제도가 실시된 것으로 추측할 수 있다. 『자치통감』34권 애제 즉위년 5월 기사에는 사단이 균전제에 관한 상소를 올렸으나 애제가 대신들과 상의한 뒤에 시행을 미루었다고 나온다. 한편 이 제

도는 한나라 때 잠깐 등장했다가 없어진 것으로 보이는데 그 뒤 중국 역사에서 균전제는 백성에게 사람 수에 따라 토지를 배분하던 제도를 일컬을 때 쓰였다.

37 원문은 "위이부지, 전이부지, 즉장안용피상의(危而不持, 顚而不扶, 則將安用彼相矣)"로『논어』「계씨」에 나온다.

38 「왕가재론동현봉사(王嘉再論董賢封事)」로 알려진 글이다.

39 천자, 제후, 경(卿), 대부, 사(士)를 이른다.

40 원문은 "천명유덕, 오복오장재(天命有德, 五服五章哉)"로『상서』「우서」'고요모'에 나온다.

41 원문은 "천자유쟁신칠인, 수무도, 불실기천하(天子有爭臣七人, 雖無道, 不失其天下)"로『효경』「간쟁(諫爭)」에 나온다.

42 한나라 법률에 따르면 대역 모반죄를 제외하고는 서리가 내린 뒤에 사형을 집행하고 봄이 오면 사면하거나 재물로 속죄할 수 있게 했다.

43 "나라의 법과 제도를 통일하며"의 원문은 "일통만류(一統萬類)"이다. 이 부분에 대해 송기는 '만(萬)'이 없는 판본도 있다고 했고,『한서』연구에 밝았던 송나라의 유봉세(劉奉世)는 '만(萬)'이 더 들어갔다고 주장했다.『순자』「비십이자(非十二子)」에 "총방략, 제언행, 일통류(總方略, 齊言行, 一統類)"라는 구절이 나오며「광형전(匡衡傳)」에도 "총방략, 일통류(總方略, 一統類)"로 나온다.

44 「공승전」에 이 상소문의 더 자세한 내용이 나온다.

45 '이소거'는 아전이 타는 작은 규모의 수레를 이르는 듯하다.

46 원문은 "고자량암불언, 청어총재(古者諒闇不言, 聽於冢宰)"로 출전은『논어』「헌문」이다. 안사고는 '량(諒)'을 '신(信)'으로 '암(闇)'을 '묵연(默然)'으로 해석했으나 정현은『예기』「상복사제(喪服四制)」에 '암(闇)'은 '려(廬)'를 이른다고 보았다. 한편 주희는『논어집주』에서 '량음(諒陰)', 즉 '량암(諒闇)'은 천자가 복상 중에 머무는 거처를 이르는데 어원은 잘 알 수 없다고 했다.

47 원문은 "삼년무개어부지도(三年無改於父之道)"로『논어』「헌문」에 나온다.

48 성제는 수화 2년 3월에 죽었는데 4월 기묘일에 정릉(廷陵)에 장사 지냈다. 애제는 그로부터 스무여드레 뒤인 4월 병오일에 즉위했고 5월 병술일에 황후를 세웠다.「외척은택표(外戚恩澤表)」에 따르면 정명과 부안을 4월에 봉했다고 나오는데「애제기」에는 5월에 황후를 세우면서 함께 봉한 것으로 나온다. 애제는 성제의 장례가 끝난 뒤에 황위에 올랐으므로 성제의 관이 빈전에 있을 때 신하

와 외척에게 작위를 내리지 않은 것으로 보인다. 사단은 같은 해 10월에 이 상소를 올렸는데, 성제의 장례가 끝나자마자 외척을 봉한 것을 비판하기 위해 과장법을 쓴 것으로 보인다.

49 원문은 "천위불위안지척(天威不違顔咫尺)"으로 『춘추좌씨전』 희공 9년 기사에 나온다. 제 환공이 제후들 앞에서 주 상왕(周襄王)이 파견한 재공(宰孔)에게 천자 대신 절을 받으라고 권하며 한 말이다.

50 부 태후와 정후는 태황태후 왕정군의 명에 따라 열흘에 한 번씩 정도국에서 황궁의 황제를 방문할 수 있었다. 정도국의 도읍이 있던 지금의 산동성 하택시(荷澤市)는 서안에서 약 600킬로미터 떨어져 있다.

51 안사고의 주에 따라 '泠'을 '령(零)'의 '령'으로 썼다.

52 「공광전」과 「부희전」에 따르면 이때 공광과 부희도 함께 반대했다.

53 제사에서 혼령을 대신하여 세운 사람에게 입히는 옷이다.

54 『예기』 「상복소기」에 나오는 내용으로 원문은 "부위사, 자위천자, 제이천자, 기시복이사복(父爲士, 子爲天子, 祭以天子, 其尸服以士服)"이다. 「유거전(劉據傳)」에도 이 내용이 인용되었다.

55 『한서』의 다른 부분에는 화폐 개혁을 주장한 이 상소문 관련 내용이 나타나지 않는다. 상소를 올린 사람은 알려져 있지 않다.

56 원문은 "후(後)"이다. 청나라 학자 진경운(陳景雲)은 『양한정오(兩漢訂誤)』에서 '후(後)'는 '복(復)'의 필사 오류로 보았다. 여기에서는 '복(復)'으로 옮겼다.

57 원문은 "신불밀즉실신(臣不密則失身)"으로 『역전』 「계사상전」에 나오는 「수택절(水澤節)」의 초구(初九) 효사인 "불출호정, 무구(不出戶庭, 無咎)"에 대한 공자의 설명이다.

58 소림(蘇林)의 주에 따라 '炔'의 음을 '계(桂)'의 '계'로 썼다.

59 "농사짓는 사람들을 위해"의 원문 "이정력전(以挺力田)"에 관해서는 두 가지 설이 있다. 안사고는 '挺'을 '우대하다'는 뜻으로 보아 '이정력전'을 '농사짓는 사람을 우대하다'라고 풀이했다. 한편 청나라 학자 전대소(錢大昭)는 『한서변의(漢書辨疑)』에서 '挺'을 '관대하게 대하다'라는 뜻으로 해석하여 '농사짓는 사람에게 조세와 요역을 관대하게 매기다'로 풀이했다.

60 "두 사람이 합심하여 날을 예리하게 세운 데"의 원문은 "이인동심지리(二人同心之利)"로서 『주역』 「계사상전」의 "이인동심, 기리단금(二人同心, 其利斷金)"이 그

출전이다.

61 사단이 면직된 것은 건평 원년(기원전 6년) 9월의 일이었다. 주박이 공광의 뒤를 이어 승상에 오른 것은 이듬해 4월의 일이다. 부 태후가 황태태후에 오른 것은 건평 4년(기원전 3년) 6월의 일이었고 건평 2년(기원전 6년) 4월에 제태후가 되었으므로 여기에 나오는 황태태후는 제태후가 되어야 사실에 맞다.

57 | 양웅전 상 揚雄傳 上

1 『신당서』「재상세계표」에 따르면 백교는 진 무공(晉武公, 기원전 754~기원전 677)의 둘째 아들이다. 양 땅은 지금의 산서성 임준시(臨汾市) 홍동현(洪洞縣)에 있었다. 양웅은 백교가 양후에 봉해졌다고 주장했지만 반고는 그 근거를 찾지 못한 것으로 보인다. 한편 진작과 안사고도 양웅의 이 주장에 오류가 있다고 주장했다.

2 이 대목은 양웅의 『법언(法言)』「서목(序目)」을 인용한 것이다.

3 인사고는 주에 따라 '邳'를 '피(疲)'의 '피'로 썼다.

4 『주례(周禮)』「지관(地官)」 '수인(遂人)'에 밭 백 무(畮)가 한 전(廛)으로 나온다. '무(畮)'는 '무(畝)'와 같다.

5 "그때로 돌아가"의 원문은 "반지(反之)"이다. '反'을 '반대하다'로 해석하며 양웅을 비난하는 관점은 주희를 비롯한 송나라 학자들이 시작한 것으로 그 이전 시대에는 없었던 일이다.

6 당나라 학자 이선(李善)의 주에 따르면 「반소(反騷)」와 「석수(反愁)」로도 불렸는데 「반소」라는 이름이 널리 알려졌다.

7 「반뢰수」와 「광소」는 현재 그 내용이 전하지 않는다.

8 '招'를 『집운』과 『고금운회거요』의 '시요절(時饒切)'과 『홍무정운』의 '시초절(時昭切)'에 따라 '소'로 썼다.

9 「이소」에는 '창오(蒼梧)'로 나온다. 순임금이 묻힌 곳으로 굴원이 찾아갔던 곳이다. 「이소」에는 원강(沅江)과 상강을 건너 순임금 능에 갔다고 나온다.

10 순임금의 이름이다.

11 「이소」에는 무함(巫咸)에게 제사를 지내 신들을 부르게 했다고 나온다.

12 안사고의 주에 따라 '招'를 '韶'의 '소'로 썼다.

13 양웅의 「답유흠서(答劉歆書)」에 따르면 촉군 사람으로 낭관이었던 양장(楊莊)이 양웅을 성제에게 천거했다.

14 「성제기」 영시 4년 정월 기사에 감천궁에 행차한 것이 나온다. 『칠략(七略)』에는 영시 3년 정월에 대조 양웅이 「감천부」를 올렸다고 나오는데 「성제기」 영시 3년에는 감천궁에 행차한 기사가 보이지 않으므로 『칠략』 쪽이 오류인 것으로 보인다.

15 '팔신'은 '팔방의 신'으로 볼 수 있다. 안사고는 여기에 나오는 '팔신'을 위에 나온 '소요에서 귤광까지의 여덟 신'으로 보았다.

16 『당운』의 '축지절(丑知切)'과 『집운』, 『고금운회거요』, 『홍무정운』의 '추지절(抽知切)'에 따라 '螭'를 '치'로 썼다.

17 신치(新雉)는 곧 신이(辛夷)이다. 『초사(楚辭)』 「구장(九章)」 '섭강(涉江)'에 나오는 "노신신이, 사림박혜(露申辛夷, 死林薄兮)"가 출전이다.

18 옥수(玉樹)는 무제가 신에게 제사 지낼 때 쓰기 위해 각종 보물을 걸어 만든 장식물이다.

19 "벽의 마서"의 원문은 "벽마서(璧馬犀)"이다. 안사고는 '벽에 장식한 마노와 무소 뿔'로 해석했다. 『문선』에는 '벽(璧)'이 '벽(壁)'으로 되어 있어 '옥으로 만든 말과 무소'로 해석할 수 있다.

20 반서는 공수반(公輸般)과 공공(共工)을 이른다. 인명에 쓰인 '倕'를 『홍무정운』의 '殊偽切', '瑞'에 따라 '수'로 썼다.

21 안사고의 주에 따라 '偓'의 '옥(屋)'의 '옥'으로 썼다.

22 "널찍하고 깊숙했네."의 원문은 "연견확호(蝡蜎蠖濩)"이다. 여기에서는 안사고의 주에 따라 옮겼다. 장안(張晏)은 조각된 모양으로 보았다. 한편 조선 시대 학자 이규경은 『오주연문장전산고』 「경사편경전류소학」 '금호자고자음변증성(金壺字考字音辨證說)'에서 '媔蜎'의 '언원(偃遠)' 음을 소개했다. 고려 학자 이숭인(李崇仁)은 「하강대언시서(賀姜代言詩序)」에서 같은 뜻의 "연간확호(燕間蠖濩)"라는 표현을 썼다.

23 『사기』 「봉선서」에 나오는 천일(天一), 지일(地一), 태일(太一)의 삼일신(三一神)을 이르는 듯하다.

24 「이소」에 나오는 "절경기이계패(折瓊枝以繼佩)"가 출전이다.

25 복건(服虔)은 "구은"을 '아홉 번 연달아'로 해석했다. 『광아(廣雅)』의 해석에 따라 '용연 가의 아홉 개 절벽'으로 해석하기도 한다.

26 복건의 주에 따르면 황제의 행차에는 여든한 대의 속거가 석 줄로 따라갔는데, 맨 끝 수레는 표범 꼬리를 늘어뜨렸다.

27 원문은 "임천선어, 불여귀이결망(臨川羨魚, 不如歸而結罔)"이다. 「동중서전」에 같은 뜻의 "임연선어, 불여퇴이결망(臨淵羨魚, 不如退而結網)"이 나온다.

28 『회남자』에 나오는 "전이위편책, 뇌이위거륜(電以爲鞭策, 雷以爲車輪)"이 출전이다.

29 양웅은 여기에 나오는 개산(介山)을 개자추가 죽었던 면산(綿山)이라고 보았다. 그런데 여기에 나오는 개산은 분음에서 제사를 지낸 뒤에 가장 먼저 둘러본 지역이므로 분음에서 가깝다고 볼 때 현재 산서성(山西省) 개휴시(介休市)에 있는 면산일 가능성은 희박한 것으로 보인다.

30 '이제'와 '삼왕'은 요임금, 순임금과 우임금, 탕왕, 문왕을 가리킨다.

31 원문은 "성탕호전이천하용족(成湯好田而天下用足)"이다. 이선을 비롯한 역대 학자들은 성탕이 사냥을 즐겼다는 기록을 찾아볼 수 없다는 데 동의하고 있으므로 여기에서는 『여씨춘추』 「이용(異用)」을 참조하여 옮겼다.

32 『맹자』 「양혜왕하(梁惠王下)」에는 문왕의 원림이 사방 70리라고 나온다.

33 제왕이 사냥을 할 때 사방의 한 면을 트고 삼면만 쫓도록 해서 짐승들이 달아날 수 있게 한 것을 이른다.

34 『문선』에 「우렵부(羽獵賦)」로 나오는데, 「성제기」 영시 4년 12월 기사에 '우렵'을 나갔다고 나오므로 「우렵부」라고 부르는 것이 타당해 보인다. 성제가 교렵(校獵)을 나간 것은 원연 2년 겨울이었다. 「우렵부」는 원연 원년에 올린 것으로 추정된다.

35 "논자"는 양웅 자신을 이른다.

36 "영유"는 주 문왕의 원림이지만 여기에서는 상림원을 이른다.

37 몽염(蒙恬)을 이른다.

38 '서원'은 상림원을 이른다.

39 보계(寶雞)로 수컷을 얻으면 왕이 되고 암컷을 얻으면 패사(霸者)가 된다는 전설이 있다.

40 진 문공 때에 진창(陳倉)에서 천보의 수컷을, 남양(南陽)에서 암컷을 잡은 일이

있었다.

41 소제 때 팠던 임지(琳池)를 이른다.

42 유향(劉向)의 『열선전(列仙傳)』에 소개한 선녀를 이른다. 주나라 때에 정교보(鄭交甫)가 한고(漢皐)에서 두 선녀를 만나 구슬을 받았으나 잠깐 사이에 선녀와 구슬이 모두 사라졌다고 한다.

43 「위청전(衛靑傳)」에 위청 묘의 봉분을 여산처럼 높게 쌓았다고 나온다. 여기에 나오는 '노산'은 흉노 땅에 있던 '여산'을 가리키는 것으로 보인다.

57 | 양웅전 하 揚雄傳 下

1 여기에 나오는 '이듬해'는 앞에 나온 「교렵부」를 올린 다음 해이다. 당나라 학자 이선(李善)은 「성제기」를 참고하여 이해를 원연 2년으로 보았다. 『칠략』에는 「장양부」를 수화 2년에 올렸다고 나온다.

2 「성제기」에 따르면 원연 2년 겨울에 교렵을 나갔으므로, 이해 가을부터 백성을 동원한 것을 알 수 있다.

3 여기에 나오는 남산은 진령(秦嶺)을 이른다.

4 서악(西嶽) 화산(華山)에 태화봉과 소화봉이 있다.

5 찰알산은 한나라 도읍 장안의 북쪽에 있던 차아산(嵯峨山)을 이른다. 경기도 구리시에 아차산(峨嵯山)이 있고, 일본 교토(京都) 교외에 嵯峨山이 있다.

6 봉시는 봉희(封豨)와 같다. 『회남자(淮南子)』「본경훈(本經訓)」에 따르면 알유, 착치, 구영(九嬰), 대풍(大風), 봉희, 수타(修蛇)가 백성들에게 해를 입히자 요(堯)가 예(羿)와 함께 모두 해치우니 만민이 기뻐하며 요를 천자로 받들었다고 나온다.

7 「동방삭전」에 태계(泰階)로 나온다.

8 "분온과…… 부숴 버렸습니다."의 원문은 "평분온(硰轒輼)"으로 여기에서는 『문선』의 "쇄분온(碎轒輼)"을 참조하여 옮겼다. '평(硰)'은 '큰 소리를 나타내는 의성어'이다. '평(硰)'에 '부딪다'의 뜻이 있지만 원나라 이후에 새로 생겨난 뜻이다. '분온'은 흉노의 공성거(攻城車)이다.

9 원문은 "교족강수(蹻足抗手)"이다. '강수(抗手)'는 신분이 대등한 사이에 나누는

예절이므로 뜻이 잘 통하지 않아 『문선』에 나오는 "교족강수(蹻足抗首)"에 근거
하여 옮겼다.

10 원문은 "태종(太宗)"으로 한나라의 태종은 문제이다. 그런데 바로 뒤에 문제가
나오므로 『문선』에 "태존(太尊)"으로 되어 있는 것을 참조하여 옮겼다.

11 『문선』에 "해조(解嘲)"로 나온다.

12 양웅은 『태현』의 해설서인 『태현경장구(太玄經章句)』를 직접 썼으나 현재 전하
지 않는다.

13 범저(范雎)가 위나라를 떠나 진나라로 들어가는 길에 양후(穰侯)에게 들키지 않
으려고 수레 안에 숨었던 일을 이르는 듯하다.

14 『장자(莊子)』 「잡편(雜篇)」 '양왕(讓王)'에 안합(顏闔)이 노나라 군주를 피해 달
아난 이야기가 전한다.

15 도도(駒駼)라는 말이 나는 북쪽의 나라를 이른다.

16 원문은 "강호지작, 발해지조(江湖之雀, 勃解之鳥)"이다. 『문선』에는 "강호지애, 발
해지도(江湖之崖, 渤澥之島)"로 나온다. 여기에서는 『문선』을 참고하여 '작(雀)'
을 '애(崖)'로, '조(鳥)'를 '도(島)'로 옮겼다.

17 진 목공이 소나라에 잡혀 있던 백리해(百里奚)를 '오고', 즉 검은 양가죽 다섯
장을 주고 사 왔기 때문에 오고대부라고 불렀다.

18 고기를 잡다가 발탁이 된 강태공이라는 설과 벼슬길에 나아가지 않았던 굴원이
만난 어부라는 설이 있다.

19 순자(荀子)의 「부편(賦篇)」에 나오는 "이룡위언정, 치효위봉황(螭龍爲蝘蜓, 鴟梟
爲鳳皇)"이 출전이다.

20 『문선』에는 "유부(俞跗)"로 나온다.

21 "갈비뼈와 대퇴골이 부러지는"의 원문은 "절협랍가(折脅拉髂)"이다. 안사고는
'髂'을 음을 '격(格)'이라고 했다. 『사기』 「범저 열전」에는 '갈비뼈가 부러지고
이빨이 뽑히다'라는 뜻의 "절협습치(折脅摺齒)"로 나온다.

22 원문은 "공손창업어금마(公孫創業於金馬)"이다. 한나라 때에 '창업(創業)'은 '개
국'을 의미하는 말이었다.

23 수(首)는 네 개의 획(劃)이 위에서 아래로 배치되어 있는데, 각각의 획은 '一',
'--', '---'의 세 가지 모양으로 이루어져 있다. 첫 번째 수(首)인 중수(中首)는
'☰' 마지막 양수(養首)는 '☷'의 모양을 하고 있다.

24 사고전서(四庫全書)에 실려 있는 판본에는 「측(測)」 편이 따로 없고 729개 찬 (贊)마다 따로 달려 있다.

25 '攡'의 음에 대해 진작(晉灼)은 '리(離)'로 썼고, 안사고는 '리(摛)'로 썼다.

26 "석인지사, 내옥내금(昔人之辭, 迺玉迺金)"이다. 안사고는 '사(辭)'를 '율령 조항' 으로 보지 않고 '수사(修辭)'로 보아 '금과 옥처럼 견고하고 아름답다'로 해석했 다. 참고로 양웅이 왕망에게 바친 「극진미신(劇秦美新)」에 법과 관련하여 '금과 옥조'라는 표현이 나온다.

27 "백린(白麟)이…… 기록을 멈추었다."의 원문은 "걸린지(訖麟止)"이다. "백린이 나타났던" 때는 무제 원수 원년(기원전 122년)이다. 그런데 반고는 「서전」에서 『사기』에 태초 연간(기원전 104년~기원전 101년)의 사적까지 기록되었다고 했다. 그럼에도 불구하고 여기에서 『사기』 집필 중단에 기린을 관련시킨 것은 공자의 『춘추』 집필 중단 고사와 연결하기 위해서일 것이다. 『춘추공양전』노 애 공(魯哀公) 14년 기사에 "우인(虞人)이 기린을 잡았다는 소식을 들은 공자가 주 나라를 더는 중흥시킬 수 없겠다는 절망감에 『춘추』 집필을 끝냈다."라는 내용 이 나온다.

28 양웅이 『법언(法言)』 「서목」에 각 편의 집필 의도를 간략하게 적어 두었는데 반 고가 이를 인용했다.

29 제11 「연건(淵騫)」은 원래 「중려(重黎)」에 포함되어 있었다. 따라서 이 설명은 양웅이나 반고가 쓴 것이 아니라 후대에 첨가된 것이다.

30 『법언』 「서목」을 인용한 것이다.

31 양웅이 처음으로 장안에 갔던 나이를 두고 역대 학자들이 여러 가지 설을 제기 한 바 있다. 알려진 바에 따르면 양웅은 선제 감로 원년(기원전 53년)에 태어나 왕망 천봉 5년(서기 18년)에 죽은 것으로 되어 있다. 양웅이 왕음의 천거를 받 았다면 왕음이 성제 영시 2년(기원전 15년)에 죽기 전에 장안에 왔어야 한다. 그렇다면 양웅은 마흔이 되기 전에 장안에 왔을 것이다.

32 고문 중의 이체자를 이르는 듯하다.

33 양웅이 왕망에게 부명(符命)을 바친 적은 없으나 「극진미신」을 지어 바친 것을 꼬집은 것으로 보인다.

34 책 두 편은 『도경(道經)』과 『덕경(德經)』으로 곧 『도덕경』을 이른다.

1 『역(易)』, 『예(禮)』, 『악(樂)』, 『시(詩)』, 『서(書)』, 『춘추(春秋)』를 이른다.

2 원문은 "봉조부지, 하불출도, 오이의부(鳳鳥不至, 河不出圖, 吾己矣夫)"로 『논어』 「자한」에 나온다.

3 원문은 "문왕기몰, 문부재자호(文王旣沒, 文不在玆乎)"로 『논어』 「자한」에 나온다.

4 원문은 "석제문소, 삼월부지육미(適齊聞韶, 三月不知肉味)"로 『논어』 「술이」에는 "자재제문소, 삼월부지육미(子在齊聞韶, 三月不知肉味)"로 나온다. '가다'의 뜻으 로 쓴 '適'을 『당운』, 『집운』, 『고금운회거요』, 『홍무정운』의 '시척절(施隻切)'의 '석'으로 썼다.

5 원문은 "대재, 요지위군야. 유천위대, 유요척천. 외외호, 기유성공야. 환호, 기유 문장(大哉, 堯之爲君也. 唯天爲大, 唯堯則之. 巍巍乎, 其有成功也. 煥乎, 其有文章)"이 다. 『논어』 「태백」에는 "대재, 요지위군야. 외외호, 유천위대, 유요즉지. 탕탕호, 민무능명언, 외외호, 기유성공야. 환호, 기유문장(大哉, 堯之爲君也. 巍巍乎, 唯天 爲大, 唯堯則之. 蕩蕩乎, 民無能名焉, 巍巍乎, 其有成功也. 煥乎, 其有文章)"으로 나온 다. '巍'를 『광운』, 『집운』, 『고금운회거요』의 어위절(語韋切)'에 따라 '위'로 되 어 있으나 관습을 따라 '외'로 썼다.

6 원문은 "주감이대, 욱욱호문재. 오종주(周監二代, 郁郁乎文哉. 吾從周)"로 『논어』 「팔일」에는 "주감어이대(周監於二代)"로 나온다.

7 『논어』 「위 영공」에 안회(顏回)가 나라를 다스리는 방법에 관해서 물었을 때 공 자는 "음악은 소무(韶舞)를 모방해야 한다."라고 했다. 「소무(韶舞)」를 「소(韶)」 와 「무(舞)」로 나누어 해석하는 학자도 있다.

8 노나라 군주 열두 명으로 은공(隱公), 환공(桓公), 장공(莊公), 민공(閔公), 희공 (僖公), 문공(文公), 선공(宣公), 성공(成公), 상공(襄公), 소공(昭公), 정공(定公), 애공(哀公)이다.

9 원문은 "술이부작, 신이호고(述而不作, 信而好古)"로 『논어』 「술이」에 나온다.

10 원문은 "하학이상달, 지아자기천호(下學而上達, 知我者其天乎)"로 『논어』 「헌문」 에 나온다.

11 역대 학자들의 연구에 따르면 여기에 나오는 '서하'는 황하의 풍릉도(風陵渡) 구간이 아니라 하남성 복양(濮陽) 지방을 지나는 구간을 이른다.

12 『사기』「유림 열전」에 나오는 '자로거위(子路居衛, 자로는 위(衛)나라에 있었다)' 가 여기에는 빠져 있다. 안사고의 주에 따르면 자장의 성명은 전손사(顓孫師), 자하는 복상(卜商), 자공은 단목사(端木賜)이다.

13 안사고는 전자방 이하 위(魏)나라 사람들이라고 했다. 안사고의 주에 따라 '滑' 은 '우발반(于拔反)'의 '알', '氂'는 '리(離)'의 '리'로 썼다. 『여씨춘추』「당염(當 染)」에는 전자방은 자공에게, 단간목은 자하에게, 오기는 증자(曾子)에게, 금알 리는 묵자(墨子)에게 배웠다고 나온다. 『사기』「오기 열전」에는 오기가 위(衛) 나라 사람으로 나온다.

14 원문은 '번시서, 살술사(燔詩書, 殺術士)'이다. 기원전 213년에 서적을 태웠고, 이 듬해에 술사들을 죽였다. 『사기』「진시황 본기」에는 방사(方士) 제생(諸生) 460 여 명이 희생되었다고 나오는 반면에 동한 학자 위굉(衛宏)은 유생 700명이 희 생되었다고 했다. 안사고는 신풍현(新豊縣) 온탕(溫湯) 마곡(馬谷)에 유생을 묻 은 구덩이가 있다고 했는데, 현재 지명은 서안시 임동구(臨潼區) 한욕향(韓峪 鄕) 홍경보(洪慶堡)이다.

15 『사기』「공자 세가」에 공부(孔鮒)로 나온다. 공자의 8대손이다.

16 「숙손통전」에 따르면 의례를 제정하는 데 참가한 인원은 모두 낭관에 제수되 었다.

17 "공부를 해낼 만한 자들을 정해서"가 『사기』「유림 열전」에는 "잘못 추천한 관 리를 징벌하다."로 나온다.

18 한나라 태학(太學)에서는 박사의 제자에게 사책시경(射策試經) 과제를 주어 갑 과에 뽑힌 백 명은 낭중으로, 을과에 뽑힌 이백 명은 태자사인(太子舍人)으로 삼았고, 병과에 뽑힌 자는 군문학(郡文學)에 충원시켰다.

19 안사고는 '상구(商瞿)'를 성으로 보았으나, 사마정은 『사기』「중니제자 열전」에 달 아 놓은 주에서 『공자가어(孔子家語)』를 인용하여 '구(瞿)'를 이름으로 소개했다.

20 『사기』「중니제자 열전」에는 강동(江東)의 교자(矯疵)로 나온다.

21 『사기』「중니제자 열전」에는 자홍(子弘)으로 나온다. 「중니제자 열전」에는 노나 라의 상구(商瞿)가 초나라의 자홍에게 전수하고 자홍이 강동의 교자에게 전수 한 것으로 되어 있다.

22 『사기』「중니제자 열전」에는 주견(周竪)으로 나온다.

23 『사기』「중니제자 열전」에는 주견이 순우(淳于)의 자승(子乘) 광우(光羽)에게 전

하고, 자승은 제나라의 전하에게 전했으며, 전하는 동무의 자중(子中) 왕동(王
同)에게 전하고, 왕동은 치천(菑川)의 양하(楊何)에게 전했다고 나온다. 『사기』
「중니제자 열전」과 「유림 열전」에는 전하의 자가 자장(子莊)이라고 되어 있다.

24 『사기』「유림 열전」에는 『역』의 요점을 잘 해석하기 시작한 유생을 양하(楊何)
   라고 했다.

25 고의는 『역』을 음양과 괘기(卦氣)로 해석했다.

26 탕현은 원래 진나라 때 설치된 탕군의 치소였으나 한 고조 때 탕군을 양나라에
   소속시켰다.

27 원문은 "기자명이, 음양기무기자, 기자자, 만물방해자야(箕子明夷, 陰陽氣亡箕子,
   箕子者, 萬物方荄茲也)'로, 『역』제36괘인 명이괘(明夷卦)의 "기자지명이(箕子之明
   夷)"의 해석이다. 안사고는 조빈과 달리 '기자(箕子)'를 「홍범(洪範)」을 설파했
   던 인물로 보았다.
   명이괘의 '기자(箕子)'는 역대로 '해자(荄滋)', '기자(其茲)', '기자(其子)', '해자
   (孩子)', '해자(亥子)' 등 여러 가지 해석이 있었다.

28 이 편에는 두 명의 경방이 나온다. 여기에 나오는 경방은 선제(宣帝) 때의 인물
   이다. 무제(武帝) 때 대중대부(大中大夫)를 지낸 양하(楊何)에게 사사했다. 뒤에 나오는 경
   방은 원제(元帝) 때의 인물로서 제45 「경방전」에 따로 열전이 세워져 있다. 한편
   제32 「사마천전」에 따르면 양하는 '태사공' 사마담(司馬淡)에게 『역』을 전수했다.

29 승여거는 황제가 타는 수레이다.

30 「곽광전」에는 임선이 곽광의 사위로 나온다.

31 원문은 "도이단, 상, 계사십편문언, 해설상하경(徒以象, 象, 系辭十篇文言, 解說上
   下經)"인데 '십편문언(十篇文言)'의 문맥이 매끄럽지 못하여 '십편지언(十篇之
   言)'으로 읽어야 한다는 주장이 있다. 『주역』'십편(十篇)'에 '문언(文言)'이 들어
   있으므로 여기에서는 "도이단, 상, 계사, 문언십편(徒以象, 象, 系辭, 文言十篇)"
   으로 보고 번역했다. '십편'에는 이 밖에도 '서괘전(序卦傳)'과 '설괘전(說卦傳)',
   '잡괘전(雜卦傳)'이 있다.

32 비직(費直)을 이른다.

33 안사고는 위굉(衛宏)의 『고문상서』 서문을 인용하여 복생이 연로하여 말을 제
   대로 할 수 없었기 때문에 그 딸이 복생의 말을 옮겨 주었는데, 영천(潁川) 사람
   인 조조가 그 딸의 말도 잘 알아듣지 못해 대략 그 뜻을 알고 읽을 줄 아는 데

그쳤다고 주를 달았다.

34 안사고의 주에 따르면 가가(賈嘉)는 가의(賈誼)의 손자이다.

35 「예관전」과 「유향전(劉向傳)」,『사기』「유림 열전」 등에는 '예관(兒寬)'으로 나온다. 구양생에게『금문상서』를, 공안국에게『고문상서』를 배웠다.

36 하후승은 노나라 영향(寧鄕) 사람이다.

37 공패도 석거각 논의에 참가했다.

38 송기(宋祁)는 옛 판본에 경(卿)이 향(鄕)으로 되어 있다고 했다.

39 「유림전」에 "허상오행전기일편(許商五行傳記一篇)"과 "허상산술이십육권(許商筹術二十六卷)"의 기록이 남아 있다.

40 그때 위나라 제후는 위 영공이었다.

41 상(商)은 복상(卜商)으로 자하(子夏)의 이름이고 언(偃)은 언언(言偃)으로 자유(子游)의 이름이다.

42 원문은 "퇴식자공(退食自公)"으로 여러 가지 해석이 있으나 여기에서는 정현의 해석을 인용한 안사고의 주를 번역했다.

43 복건은 도위조의 '도위'를 성으로, '조'를 이름으로 보았다.

44 사마천은『금문상서』와『고문상서』의 내용이 다를 때『고문상서』를 채택한 예가 많았다.

45 노나라는 주나라 무왕 때에 주공(周公) 단(旦)이 노공(魯公)에 봉해지면서 세워졌다. 기원전 256년에 초나라에 망한 뒤로 한 고조 때까지 노현(魯縣)이 설치되어 있었다. 여 태후 때 장언(張偃)이 노왕(魯王)에 봉해졌으나 문제 때에 폐위되었다가, 경제 때에 경제의 넷째 아들 유여(劉餘)가 노왕에 봉해졌다. 신공은 한나라가 건국되기 전, 노현에서 태어났다.

46 부구백은 진나라에 멸망한 제나라 사람으로 순자(荀子)의 문인이었다.

47 『사기』「유림 열전」에는 유영(劉郢)으로 나오지만 「초원왕전」에는 유영객(劉郢客)으로 나온다.

48 배인(裵駰)이『사기집해』에 인용한 서광(徐廣)의 주에 따르면 서미형은 궁형(宮刑)과 같다.

49 남조 시대 송나라 서광(徐廣)은『사기음의(史記音義)』에서 여기에 나오는 왕을 한나라 제후왕인 노 공왕(魯恭王)이라고 해석했다.

50 『사기』「유림 열전」에는 백여 명으로 나온다.

51 『시경』은 '시(詩)' 또는 '시삼백(詩三百)'으로 불리다가 한나라 유생들이 '시경 (詩經)'으로 부르기 시작했다. 『한서』를 통틀어 '시경(詩經)'이란 용어는 이곳과 「예문지(藝文志)」에 한 곳 해서 두 번 나온다.

52 「전분전(田蚡傳)」에 따르면 두영(竇嬰)과 전분(田蚡)이 왕장을 낭중령에 천거 했다.

53 원문은 "기치관민개유렴절칭(其治官民皆有廉節稱)"으로 '칭(稱)'이 명사로 쓰였 다. 『사기』 「유림 열전」에는 "기치관민개유렴절, 칭기호학(其治官民皆有廉節, 稱 其好學)"으로 나오는데, '칭(稱)'이 동사로 쓰였다.

54 신공은 『노시(魯詩)』 학파의 창시자면서 『춘추곡량전』 연구의 대가였다. 여기에 나오는 "끝까지"의 원문은 "졸이(卒以)"로 판본에 따라 '이(以)'만 나오는 예도 있다.

55 면중을 두고 소림(蘇林)은 현(縣) 이름이라고 했고 이기(李奇)는 읍(邑) 이름이라 고 했는데 정확한 지명을 알 수 없다. 안사고는 읍의 이름이라고 했다. 오순(吳恂) 은 제음군(濟陰郡)의 지명인 '원구(冤句)'의 오류로 볼 수 있다는 설을 제기했다.

56 안사고의 주에 따르면 그때 두 사람의 강공이 있었으므로 하구 사람 강공을 대 강공으로 불리 박사 강공과 구별했다.

57 애제가 정도왕으로 있을 때 위상이 태부로 있었다.

58 '여구(驪駒)'는 복건의 주에 따르면 일시(逸詩)의 편명으로 초대받은 쪽에서 자리 를 떠날 때에 부르는 노래이며 『대대례(大戴禮)』에 소개되었다고 했으나, 현재 전하는 『대대례』에는 나오지 않는다. 문영은 이 노래의 내용이 "여구재문, 복부 구존. 여구재로, 복부정가(驪駒在門, 僕夫具存. 驪駒在路, 僕夫整駕)"라고 소개했다.

59 『곡례』에 손님을 초대했을 때의 예절이 나오기는 하지만 노래를 부르는 규정은 나오지 않는다.

60 원문은 "관수폐필가어수, 리수신필관어족(冠雖敝必加於首, 履雖新必貫於足)"으로 안사고의 주에 따르면 태공(太公)의 『육도(六韜)』에 나오는 내용이라고 한다. 현재 전하는 『육도』에는 나오지 않는다.

61 "학설을 왜곡하면서까지 황상께 굽실대지"의 원문은 "곡학이아세(曲學以阿世)" 이다. 여기에서는 '세(世)'를 '집권자'로 보고 번역했다. 공손홍은 무제의 뜻에 영합한 것으로 유명하다.

62 『동관한기(東觀漢紀)』에는 '포창(蒲昌)'으로 나온다.

63 원문은 "영추시인지의, 이작외전수만언(聚推詩人之意, 而作外傳數萬言)"이다. 「예 문지」에 한영이 『한시내전』과 『한시내전』을 썼다고 나오는 것으로 보아 원문에 '內'가 빠진 것으로 보인다. 『사기』 「유림 열전」에는 "한생추시지의, 이위내외전 수만언(韓生推詩之意, 而爲內外傳數萬言)"으로 나온다.

64 현재 『제시』와 『노시』는 전하지 않고 『한시외전』만 전하고 있다.

65 한영(韓嬰)을 이른다.

66 등전(鄧展)은 공호와 만의를 두 사람으로 보았다.

67 원래 장씨였으나 『한서』 편집 과정에서 후한(後漢) 제2대 황제인 명제(明帝)의 기휘를 위해 엄씨로 바뀌었다.

68 왕선겸은 왕중이 소부를 지냈던 사실이 「백관공경표」에 나오지 않는 것으로 보 아 미앙궁이 아닌 다른 궁의 소부를 지냈을 것이라고 추정했다.

69 '소(踈)'는 '소(疏)'와 통하는 글자이다.

70 「여태자전」에 따르면 태자는 강공에게 『춘추곡량전』을 배웠다.

71 여순의 주에 따르면 성제의 스승이었던 장우(張禹)와 다른 인물이다.

59 | 순리전 循吏傳

1 「조참전」에 '획일'이란 제목 없이 노래의 전문이 실려 있다.

2 공손홍과 예관은 좌내사를 역임했는데, 좌내사는 뒤에 좌풍익(左馮翊)으로 이 름이 바뀌었다.

3 "학교"의 원문은 "학관(學官)"으로 안사고의 주에 따르면 '관에서 세운 공부하는 곳'이다. 안사고의 주에 따르면 안사고가 살아 있을 때까지도 익주 성내에 문옹 학당(文翁學堂)이 있었다고 한다.

4 "장사"의 원문은 "장리(長吏)"이나, 태수부의 상계리는 '수승'이었고 제후국의 상계리는 '장사'였다는 유반(劉攽)의 주에 따라 '장사'로 썼다. 『한구의(漢舊儀)』 에도 상계리는 '승'과 '장사'로 나온다. 이에 따라 「순리전」에 나오는 '장리'를 '장사'로 옮겼다.

5 한나라에서는 경기(京畿) 삼보(三輔) 지역의 아전을 다른 지방 사람들로 임명했다.

6 무제의 아들 유단(劉旦)을 이른다.

7 「공경표」에는 '송주(宋疇)'로 나온다.

8 원문은 "고굉량재(股肱良哉)"로 『상서』 「우서」 '익직(益稷)'에 나온다.

9 『예기』 「왕제(王制)」에 따르면 "도로남자유우, 부인유좌, 거종중앙(道路男子由右, 婦人由左, 車從中央)"이라고 하여, 남자는 도로의 오른쪽, 부녀자는 도로의 왼쪽을, 수레는 도로의 중앙을 달리게 했다.

10 "폐단의 …… 통달한 채로"의 원문은 "승폐통변(承敝通變)"으로 사마천이 『사기』를 집필한 중심 사상이다.

11 선제는 민간에 있을 때 할머니 집안이었던 사씨(史氏) 일족의 도움을 받으며 자랐다.

12 "넓은 지역"의 원문은 "극군(劇郡)"이다. '극군'은 '규모가 큰 군'을 이르는 말이지만 교동국이 '군'이 아닌 '제후국'이므로 '군'으로 옮기지 않았다.

13 안사고의 주에 따르면 '천(倩)'은 성년 남자를 좋게 부르는 호칭이다. 「진평전」에 따르면 위무지(魏無知)가 진평을 한나라 고조에게 소개했다.

14 소하를 이른다.

15 원문은 "퇴식자공(退食自公)"으로 『시경』 「소남」 '고양(羔羊)'에 "위사위사 퇴식자공(委蛇委蛇, 退食自公)"으로 나온다. 「설선전」에도 이 표현이 나온다.

16 제 도혜왕(齊悼惠王) 유비(劉肥)의 아들인 교서왕 유앙(劉卬)을 이른다.

17 「오행지」 중지상(中之上)에도 이 내용이 나온다.

18 "낫"의 원문은 "구도(鉤刀)"이다. '구도'는 낫보다 크기가 작다. 여기에서는 안사고의 주에 따라 낫으로 옮겼다.

19 "태수"의 원문은 "명부(明府)"이다.

60 | 혹리전 酷吏傳

1 원문은 "도지이정, 제지이형, 민면이무치, 도지이덕, 제지이례, 유치차격(導之以政, 齊之以刑, 民免而無恥, 導之以德, 齊之以禮, 有恥且格)"으로 『논어』 「위정(爲政)」에는 '도(導)'가 '도(道)'로 나온다.

2 원문은 "상덕부덕, 시이유덕, 하덕불실덕, 시이무덕(上德不德, 是以有德, 下德不失德, 是以無德)"으로 『도덕경』 38장에 나온다.

3 원문은 "법령자장, 도적다유(法令滋章, 盜賊多有)"로 『도덕경』 57장에는 "법령자
장(法令滋彰)"으로 나온다. '彰'을 『당운』, 『집운』, 『고금운회거요』, 『홍무정운』
의 '제량절(諸良切)', '장(樟)'에 따라 '장'으로 썼다.

4 원문은 "청송, 오유인야, 필야사무송호(聽訟, 吾猶人也, 必也使無訟乎)"로 『논어』
「안연」에 나온다.

5 원문은 "하사문도대소지(下士聞道大笑之)"로 『도덕경』 41장에 나온다.

6 조 경숙왕(趙敬肅王) 유팽조(劉彭祖)와 중산 정왕(中山靖王) 유승(劉勝)의 생모
이다.

7 응소는 성씨에 쓰인 '䀴'을 말의 한쪽 눈에 눈동자가 없어 허옇게 보일 때에 쓰
는 '䀴'과 소리가 같다고 했다. 『이아(爾雅)』에는 이 뜻을 나타내는 글자 '䀴'의
소리를 '한(閑)'으로 표시했다. 순열과 안사고도 이 글자의 소리를 '한(閑)'으로
달았다.

8 폐위된 경제의 율(栗) 태자 유영(劉榮)을 이른다.

9 『사기』「혹리 열전」에는 두 태후가 질도를 중상했다고 나온다.

10 "아랫사람…… 옥죄며 했다."의 원문은 "조하급여속습(操下急如束濕)"이다. 『사
기』「혹리 열전」에는 "조하여속습신(操下如束濕薪)"으로 나온다.

11 "외척"의 원문은 "종가(宗家)"이다. 『사기색은』의 주에 따르면 왕실과 외척 관계
에 있어 종실에 빗대면서 '종가'라는 표현을 썼다고 했다.

12 사마안은 급암 누나의 아들이다.

13 '무해(無害)'로 「소하전」에서는 '무해(毋害)'라고 쓰기도 했다. 역대로 이 단어는
여러 가지 뜻으로 해석되어 왔는데 여기에서는 안사고의 주를 따랐다.

14 「장탕전」과 『사기』「혹리 열전」에 나오는 '태중대부'가 맞다.

15 왕 태후는 무제의 생모 왕지(王姞)를 이른다.

16 「외척전」과 『사기』「혹리 열전」에는 '수성자중(脩成子仲)'으로 나온다. 왕 태후
가 경제와 혼인하기 전에 금왕손(金王孫)에게 출가하여 낳은 딸인 '수성군(脩成
君)'의 아들이다.

17 "함곡관의 아전"의 원문은 "관리(關吏)"이다. 『사기』「혹리 열전」에는 "관동리(關
東吏)"로 나온다. '관동리'는 중국 사서에서 잘 나타나지 않는 용어로서 '관리'
의 착오로 보인다.

18 "갑자기 죽였다."의 원문은 "엄(掩)"이다. '엄(掩)'을 '나포하다'로 해석하기도 하

는데, 이미 옥중에 갇혀 있던 '중죄인'을 나포하는 것은 어색한 일이다. '중죄인'은 『사기』 「혹리 열전」에는 '중죄경계(重罪輕繫)'로 나오는데, 중죄인의 형틀을 말한다. 왕선겸은 '엄(掩)'을 '나포하다'로 해석할 때 「혹리전」에서 '경계'라는 말을 생략하지 말았어야 한다고 했다.

19 무제 원정(元鼎) 3년(기원전 114년), 전쟁 물자가 부족한 것을 보충하기 위해 재산을 은닉했거나 탈세한 자를 고발하게 하고, 조사하여 사실이 확인되면 불법 재산을 몰수하여 고발자와 관아에서 반반씩 가지게 한 법령이다.

20 '형리 노릇을 감당할 만하다'의 원문은 '왕리(往吏)'이다. 안사고는 이 단어를 '한번 뛰어들면 아무것도 돌아보지 않는 자를 형리로 삼다'로 해석했다. 『사기』 「혹리 열전」에는 '임리(任吏)'로, 『자치통감』 「한기」 11에는 '왕리(往吏)'로 나온다.

21 "맥락장을 두어"의 원문은 "치맥락장(置伯落長)"이다. 『사기』 「혹리 열전」에는 "맥락장(伯格長)"으로 나온다. 『집운』과 『고금운회거요』에 따르면 이때의 '格'은 '력각절(歷各切)', '락(洛)'의 '락'으로 소리 난다. 사마정은 '맥(伯)'은 '천맥(阡陌)'을, '락(格)'은 촌락(村落)이며 천맥과 촌락에 장(長)을 두었다고 했다. 그런데 안사고는 '백(伯)'은 장수(長帥)의 칭호로 백(伯)과 읍락(邑落)의 장(長)을 두었다고 해석했다.

22 후한 시대 학자 유덕(劉德)은 '석문'과 '심협'을 남월 중에서도 험준한 곳의 지명이라고 고증했다.

23 성(姓)에 쓰는 '咸'을 『집운』에서 '고참절(古斬切)'의 '감'으로 읽고 있다. 안사고도 감(減)으로 읽었다. 『사기』 「혹리 열전」에는 '감선(減宣)'으로 나온다.

24 이 구절 바로 아래에 '어사급중승(御史及中丞)'이란 표현이 나오므로 여기에서 '어사 및 어사중승'으로 옮겼다. 『사기』 「혹리 열전」에는 이 부분이 '어사급중승(御史及中丞)'으로 되어 있다.

25 "왕온서가 중위가 되었을"의 원문은 "왕온서위중위(王溫舒爲中尉)"이다. 『사기』 「혹리 열전」에는 "왕온서면중위(王溫舒免中尉)"로 나온다.

26 '명조'는 '고위직 아전'으로 보인다. '보물'의 원문은 "보물(寶物)"이다. 『사기』 「혹리 열전」에는 "실물(實物)"로 나온다.

27 "위아래가 서로 은폐하면서 법규를 피해 갔다."의 원문은 "상하상위닉, 이피문법언(上下相爲匿, 以避文法焉)"이다. 『사기』 「혹리 열전」에는 "상하상위닉, 이문사피법언(上下相爲匿, 以文辭避法焉)"으로, 『후한서』 「두림전(杜林傳)」 이현(李賢)

의 주(注)에는 "상하상닉, 이문피법언(上下相匿, 以文避法焉)"으로 나온다.

28 청나라 학자 전대소는 『한서변의』에서 『구양수전집(歐陽脩全集)』에 수록된 '국삼로원랑비(國三老袁良碑)' 비문을 인용하여 여기에 나오는 아전의 이름이 원간(袁幹)이라고 밝혔다. 한편 『신당서』 「재상 세계표(宰相世系表)」에는 원간이 귀향후(貴鄕侯)에 봉해졌다고 나오는데, '귀(貴)'는 '유(遺)'의 오류로 보인다.

29 안사고의 주에 따르면 '遺'는 '익계반(弋季反)'의 '예'가 되어야 하겠으나 여기에서는 관습에 따라 '유'로 썼다.

30 "홍양후와 …… 숨겨 주었다"의 원문은 "홍양장중형제교통경협, 장닉망명(紅陽長仲兄弟交通輕俠, 臧匿亡命)"이다. 이 부분에 등전(鄧展)을 비롯하여 여순(如淳)과 안사고가 주를 남겼는데 여기에서는 「원후전」에 나오는 "홍양후립부자장닉간활망명(紅陽侯立父子臧匿姦猾亡命)"을 참고하여 옮겼다.

31 "지명 수배"의 원문은 "소포(召捕)"지만 '명포'의 잘못으로 보인다.

61 | 화식전 貨殖傳

1 여섯 종류의 가축은 흔히 말, 소, 양, 닭, 개, 돼지를 이른다.

2 달제(獺祭)는 이른 봄에 수달이 잡은 물고기를 전시하듯 죽 늘어 놓는 것을 사람이 지내는 제사에 비유한 표현이다. 새제(豺祭)는 승냥이가 겨울을 대비하여 대규모 사냥을 한 뒤에 잡은 짐승을 늘어 놓는 것을 이르고, 제조(祭鳥)는 초가을에 매가 새를 잡아 늘어 놓은 것을 이른다. 동물과 공존하기 위해 동물이 사냥을 시작하는 때가 오기 전까지 사람도 사냥을 하지 않았던 풍습을 이르고 있다. '豺'의 음은 『당운』의 '사개절(士皆切)'과 『집운』, 『고금운회거요』, 『홍무정운』의 '상개절(牀皆切)'의 '새(儕)'로 썼다.

3 원문은 "후이재성보상천지지의, 이좌우민(后以財成輔相天地之宜, 以左右民)"으로 『주역』 '태괘(泰卦)'의 상사(象辭)이다.

4 원문은 "비물치용, 입성기이위천하리, 막대호성인(備物致用, 立成器以爲天下利, 莫大乎聖人)"으로 『역전』 「계사상전(繫辭上傳)」에 나온다.

5 "옛적에는 사(士)와 농민…… 할 줄 알게 된다."는 『관자』의 내용을 요약한 것이다.

6 안사고는 '우월'이 '구오(句吳)'의 다른 이름이라고 했다.

7 "덕으로…… 예의 바르고"의 원문은 "도지이덕, 제지이례, 고민유치이차경(道之
以德, 齊之以禮, 故民有恥而且敬)"으로『논어』「위정」의 '道之以德, 齊之以禮, 有恥且
格'이 출전이다.

8 『춘추』장공 23년 기사가 출전이다.

9 『논어』「공야장」에 "장문중거채, 산절조절, 하여기지야(臧文仲居蔡, 山節藻梲, 何
如其知也)"라고 하여 장문공이 거북을 기르는 건물의 동자기둥에 물풀 문양을
그려 넣은 내용이 나온다.

10 노 환공의 세 아들 맹손씨(孟孫氏), 숙손씨(叔孫氏), 계손씨(季孫氏)의 삼환(三
桓)을 이른다.

11 원문은 "팔일무어정, 옹철어당(八佾舞於庭, 雍徹於堂)"으로『논어』「팔일」의 1장
과 2장이 출전이다.

12 『사기』「화식 열전」에는 계연의 일곱 가지 정책 중에 다섯 가지가 제대로 시행
되었다고 나온다.

13 맹강의 주에 따르면 도(陶)는 정도(定陶)로 지금의 산동성 하택시 정도현을 가
리킨다. 항량이 전사한(기원전 208년) 곳으로 항량묘가 남아 있다. 또 항우가
자결한 다음 달(기원전 202년 2월), 정도 관고퇴(官堌堆)에서 유방이 황제에
즉위했다.

14 『사기』「중니제자 열전」에 따르면 자공은 노나라와 위(衛)나라의 상(相)을 지
냈다.

15 '대등한 신분'이라는 뜻의 '抗'을『당운』의 '고랑절(苦浪切)',『집운』,『고금운회
거요』,『홍무정운』의 '구랑절(口浪切)'의 '강'으로 썼다. 이때의 '抗'은 강(亢)과
통한다.

16 원문은 "회야기서호, 누공. 사불수명, 이화식언, 의즉루중(回也其庶乎, 屢空. 賜不
受命, 而貨殖焉, 意則屢中)"으로『논어』「선진」에 나온다.

17 위 문후 때에는 주(周) 황제의 주나라와 주고왕(周考王) 때에 자신의 동생 희게
(姬揭)를 도읍 가까이 있던 하남(河南)에 봉했는데 이 제후국을 서주(西周)라고
불렀다. 백규가 어느 주나라 사람인지는 분명하지 않다.

18 「식화지」에 따르면 위 문후 때에 소출 증대를 독려한 사람은 이회(李悝)였다.

19 원문은 "인기아취, 인취아여(人棄我取, 人取我予)"이다.

20 "맹금(猛禽)"의 원문은 "지조(鷙鳥)"이다. '鷙'는 '鴑'와 통하는 글자이다. 굴원의

「이소(離騷)」에는 "지조(鷙鳥)"로 나온다.

21 고지는 지금의 산서성 운성시(運城市)에 있는 내륙 염수호(면적 132 km²)로 신생대 제3기에 형성되었다. 일광 건조 과정만 거쳤으므로 끓여서 제조하던 해수염에 비해 소금 생산이 쉬웠다. 1985년부터 식용염 생산이 중단되었고 2005년, 공업용 소금 생산이 전면 중단되었다. 현재 공원으로 개방되어 있는데, 공원 서쪽이 관우 출생지 유적과 접해 있고 동북 50킬로미터 지점에 사마광묘가 있다.

22 안사고의 주에 따르면 '오지'가 성이고 '영'이 이름이다. 『사기』「화식 열전」에는 오지라(烏氏倮)로 나온다. 위소와 장수절은 '오지'를 현(縣)의 이름으로, '라'를 사람 이름으로 보았다.

23 "틈을 봐서"의 원문은 "간(間)"이다. '몰래' 또는 '불법으로'로 옮기기도 한다.

24 "도살한…… 천 피"의 원문은 "도우양체천피(屠牛羊彘千皮)"이다. '피(皮)'는 얇은 물건을 헤아리는 의존 명사이다. 이 구절을 '소, 양, 돼지를 죽여서 얻은 가죽 천 피(皮)'로 해석하려면 아래에 나오는 "어린 양의 가죽 천 석"이 걸린다. 안사고의 주에 따르면 '어린 양의 가죽'이 여우나 담비의 가죽보다 싸서 한 장씩 피(皮)로 헤아리지 않고 무게로 달아 석(石)으로 달아 판다고 했다. 어린 양의 가죽을 무게로 달아 파는데 양의 가죽을 장 수로 헤아려 팔기는 어려워 보인다. 도살한 소나 양, 돼지를 한 마리씩 헤아릴 때 쓴 의존 명사로 보았다.

25 안사고의 주에 따르면 여기에 쓰인 '합(合)'은 무게를 나타내는 의존 명사가 아니다. 술의 재료인 누룩과 질금을 근(斤) 또는 석(石) 단위로 달아서 무게가 맞아떨어졌을 때와, 메주의 재료인 소금과 삶아서 발효한 콩을 두(斗) 또는 곡(斛)으로 재어 같은 양이 되었을 때 '합(合)'이라고 불렀다고 한다.

26 「사마상여전」에 임공에 살던 사마상여의 장인 탁왕손(卓王孫)의 집에 노비가 800명이 있었다고 나온다. 탁왕손은 무제 때 사람이므로 임공으로 이주한 탁씨의 직계 후손으로 보인다.

27 전지(田池)는 전지(滇池)의 다른 이름으로 보인다.

28 안사고의 주에 따라 '結'을 '髻'의 '계'로 썼다. 「육고전(陸賈傳)」, 「화식전(貨殖傳)」, 「조선전(朝鮮傳)」에는 '魋結'로, 「서남이전(西南夷傳)」에는 '椎結'로 나온다.

29 『사기』「화식 열전」에는 '병씨(邴氏)'로 나온다.

30 안사고는 '임공'을 임씨의 아버지로 보았다.

31 『사기』「화식 열전」에는 '교요(橋姚)'로 나온다.

32 『사기』「화식 열전」에는 '전색(田嗇)'으로 나온다.

33 중국 학자 장대가(張大可)는 『사기신주(史記新注)』에서 '위가'를 장안 부근의 지명이나 정확한 위치를 알 수 없다고 했다. 현재 섬서성 서안시 장안구(長安區)에 '위곡(韋曲)'이 있는데 한나라 이후 위씨(韋氏)의 집성촌이었던 것으로 알려져 있다.

34 『사기』「화식 열전」에는 '옹백(雍伯)'으로 나온다.

35 "해장(醢醬)"의 원문은 "장(醬)"이다. 『사기』「화식 열전」에는 '재장(截漿)'이란 뜻의 "장(漿)"으로 나온다.

36 『사기』「화식 열전」에는 '질씨(郅氏)'로 나온다.

37 양의 처녑을 삶아 갖은 양념을 한 뒤에 일광에 말린 음식이다. 1972년에 발굴된 마왕퇴(馬王堆) 1호 한묘(漢墓) 견책(遣策)에서 나온 죽간에는 '원포(肮脯)'로 되어 있다. '원(肮)'은 '완(脘)'과 통한다.

38 '박엄(搏掩)'이다. 안사고는 '박격(搏擊)'과 엄습(掩襲)으로 사람들을 공격하여 재물을 빼앗는 행위로 보는 설'과 '도박설'을 함께 소개했다. 왕선겸은 '搏'을 '博'의 오류로 보고 『사기』「화식 열전」을 참고하여 '도박'으로 해석했다. 사람을 공격하여 재물을 빼앗는 것을 '화식'의 수단으로 보기는 어려우므로 여기에서는 '노박'으로 옮겼다.

39 『사기』「화식 열전」에는 도박으로 돈을 벌었던 부자의 예로 '환발(桓發)'이 나온다.

62 | 유협전 游俠傳

1 원문은 "천하유도, 정부재대부(天下有道, 政不在大夫)"로 『논어』「계씨」에는 "즉정부재대부(則政不在大夫)"로 나온다.

2 "배신이 정권을 장악했다."의 원문은 "배신집명(陪臣執命)"으로 『논어』「계씨」에 나오는 "배신집국명, 삼세희불실의(陪臣執國命, 三世希不失矣)"가 출전으로 보인다.

3 '사호'는 신릉군, 맹상군, 평원군, 춘신군을 가리킨다.

4 「진희전」에 조(趙)나라 상국의 자격으로 대나라 땅으로 가서 변경 군대를 거느렸다고 나온다.

5 "장안 일대"의 원문은 "주역(州域)"이다. 한나라 때의 장안은 주(州)에 속하지

않고 사례교위부에 들어 있었다. 사례교위와 주의 자사는 급이 같았다.

6 원문은 "상실기도, 민산구의(上失其道, 民散久矣)"로『논어』「자장」에 나온다. '주나라와 노나라 군주가 제대로 다스리지 않아 민심이 이반된 지 오래되어 법을 어기는 사람이 많아졌다'라는 뜻이다.

7 중국 역사에서 '삼왕'은 여러 가지로 해석되는데 여기에서는 오패에게 세력이 꺾인 주나라 왕실을 상징하는 것으로 보인다.

8 『맹자(孟子)』「고자(告子)」하(下)에 나오는 "오패자, 삼왕지죄인야. 금지제후, 오패지죄인야(五霸者, 三王之罪人也. 今之諸侯, 五霸之罪人也)"가 출전으로 보인다.

9 여기에 나오는 '하남'은 '낙양'의 별칭이다.

10 『사기』「유협 열전」에는 주용(周庸)으로 나온다.

11 이때 질도(郅都)가 제남 태수로 부임하여 한씨 일족을 처벌했다.

12 안사고의 주에 따라 '辟'을 '피(避)'의 '피'로 썼다.

13 『사기』「유협 열전」에는 한유(韓孺)로 나온다. 서광의 주에 따르면「남월전(南粤傳)」에 나오는 영천군(潁川郡) 갑현(郟縣) 사람으로 제북국(濟北國) 상(相)을 지냈던 한천추(韓千秋)라는 장사와 동일 인물일 가능성이 있다.

14 주아부(周亞夫)가 하내 태수일 때 허부가 관상을 봐 준 일이 있다.

15 "진정되어 있는 데다 날랬고"의 원문은 "정한(靜悍)"이다.『사기』「유협 열전」에는 "정한(精悍)"으로 나온다.

16 '옹백'은 곽해의 자(字)이다.

17 『사기』「유협 열전」에는 적소공(籍少公)으로 나온다.

18 『사기』「유협 열전」에는 곽공중(郭公仲)으로 나온다.

19 『사기』「유협 열전」에는 노공유(鹵公孺)로 나온다.

20 안사고의 주에 따르면 성은 '타', 이름은 '우'이며 '공자'가 자(字)이다.『사기』「유협 열전」에는 '조타우공자(趙他羽公子)'로 나오는데『사기색은』은 '조타'와 '우공자' 두 사람이라고 했다.

21 안사고는 소림의 주를 인용하여 '萬'의 음을 '拒'로 새겼다. 여기에서는『집운』과『고금운회거요』에 '拒'를 '矩'로 새길 수 있다고 한 것에 따라 '구'로 새겼다. 이 인물은「왕존전」에 나오는 구장(萬章)과 같은 인물이다.

22 「왕존전」에 나오는 '가위를 만들어 팔던 장금(張禁)' 및 '주시(酒市)의 조방(趙放)'과 동일한 인물로 보인다.

23 평아후(平阿侯) 왕담(王譚), 성도후(成都侯) 왕상(王商), 홍양후(紅陽侯) 왕립(王立), 곡양후(曲陽侯) 왕근(王根), 고평후(高平侯) 왕봉시(王逢時)를 이른다.

24 「왕망전」에는 적의(翟義)가 봉기한 뒤에 조명(趙明)과 곽홍이 장군을 칭하며 봉기했다.

25 소제가 세상을 떠난 기원전 74년이다.

26 진수는 초원 원년에 경조윤이 되었고 2년에 정위가 되었다가 3년에 세상을 떠났다.

27 문맥으로 보아 승상부를 이르는 듯하다.

28 '좌중을 놀라게 한 진씨'라는 뜻이다.

29 선제의 둘째 아들 유흠(劉欽)이 회양 헌왕(憲王, 기원전 63~기원전 27년 재위)에 봉해진 뒤에 아들 회양 문왕(文王) 유현(劉玄, 기원전 27~기원전 1년 재위)과 손자 유연(劉縯, 기원전 1~기원후 18년)으로 왕위가 내려갔다. 왕망이 집권했을 때의 회양왕은 유연이고, 유흠의 외가는 장씨(張氏)였으므로 여기에서 말하는 회양왕은 회양 문왕으로 보인다. 다만 회양 문왕의 외가가 좌씨인 것은 정확하게 알려지지 않았다.

30 주짐(酒籖)의 '籖'을 『광운』 '직심절(職深切)', 『집운』, 『고금운회거요』, 『홍무정운』 '제심절(諸深切)'의 '짐(䟴)'으로 새겼다.

31 여기에 나오는 '병(瓶)'은 물을 길어 담는 용도로 쓰던 도제 그릇이다. 줄이 달려 있다고 한 것으로 보아 두레박으로도 썼던 듯하다.

32 양웅은 「주짐」을 통해 이익을 추구하면서 변신에 능한 사람을 술을 담는 가죽부대인 치이에 비유하며 풍자하면서 물 긷는 '병(瓶)'의 안타까운 신세를 묘사했다. 그런데 진준은 자신과 다른 면을 지닌 장송을 이 작품에 나오는 서로 다른 두 주인공에 단순 비교하는 데 그치고 있어 원뜻을 제대로 이해하지 못한 것으로 보인다.

33 「흉노전」 상(上)에 따르면 일축왕(日逐王) 선현전(先賢撣)이 한나라에 투항하면서 귀덕후에 봉해졌다. 「공신표」에 따르면 선현전의 손자 풍(諷)이 귀덕후의 후사가 되었다고 나오고, 「흉노전」 하(下)에는 귀덕후 립(颯)이 흉노에 출사했다고 나오는데, 풍(諷)과 립(颯) 중 하나는 착오로 보인다.

34 장송은 적병(賊兵)에게, 진준은 적(賊)에게 죽임을 당했다고 하는데, 이 두 적(賊)이 정확하게 누구를 지칭하는지는 밝혀져 있지 않다. 장송의 경우 왕망에

게 반기를 들고 봉기했던 군대에게, 삭방에 있었던 진준은 흉노 군대에게 죽임
을 당한 것으로 추정된다.

35 사단은 좌장군으로 있다가 성제 영시 연간에 세상을 떠난 인물이다. 원섭의 아
버지가 애제 때의 인물이라면 원섭을 천거한 대사도 사단은 좌장군 사단과는
다른 인물일 것이다. 그런데 한나라에서 사단 또는 사씨 성을 가진 인물이 대사
도를 지낸 적이 없었다.

36 안사고의 주에 따르면 장릉(長陵), 안릉(安陵), 양릉(陽陵), 무릉(茂陵), 평릉(平
陵)이다.

37 「백관표」에는 무제 시대에 경조윤을 지낸 조씨가 나오지 않는다.

38 왕망이 신(新)나라를 세운 뒤에 원제 황후 왕정군(王政君)을 신실문모(新室文
母) 태황태후로 칭하게 했다.

39 왕망 때에 '천수'를 '진융'으로 '태수'를 '대윤'으로 고쳤다. 전대흔은 '천수 태수'
가 주석으로 달려 있다가 후대 필사 과정에 원문에 들어간 것으로 보았다.

63 | 영행전 佞幸傳

1 안릉은 효혜제의 능으로 고조의 능인 장릉과 약 3킬로미터 떨어져 있다. 효혜제
사후 적유와 굉유가 이곳으로 이주했다.

2 『사기』「영행 열전」에는 조동(趙同)으로 나온다.

3 미앙궁 창지(蒼池) 가운데 있던 누대로 왕망이 죽은 곳이다.

4 문제 때에 관상을 잘 보던 사람으로 허부(許負)가 있었다.

5 '교외(徼外)'는 『사기』와 『한서』 중 진나라와 한나라의 이민족 관련 기사에 나오
는 용어로 아직 명확한 뜻이 밝혀지지 않고 있다. 다만 '교(徼)'에 '변방 경계'라
는 뜻이 있으므로, 정식으로 관리를 파견하는 군(郡)에 속하지 않는 국경 지역
을 이르는 말로 보인다. 『후한서』「서남이 열전」에는 한나라의 통제 밖에 있던
서남이 부족 이름 앞에 붙어 나온다.

6 경제와 정희(程姬)의 소생이었던 강도 역왕(江都易王) 유비(劉非)를 이른다.

7 원문은 "위신변성(爲新變聲)"이다. 『사기』「영행 열전」에는 "위변신성(爲變新
聲)"으로 나온다. 궁상각치우의 5음계를 지키는 정성(正聲) 악곡에 비해, '변궁

(變宮)와 변치(變徵)', '청각(淸角)와 청우(淸羽)', '청각과 변궁' 등을 더한 7음계
의 악곡을 신성(新聲) 또는 변성(變聲)이라고 일컬었다.

8 "중상서에 뽑혔다."의 원문은 "선위중상서(選爲中尙書)"로 중국 사서를 통틀어
   이 부분에 유일하게 나오는 표현이다. 이때에 '중상서'란 관직이 없었으므로 이
   에 대해서는 여러 가지 해석이 있다. 이 구절은 「석현전」의 첫머리에 석현과 홍
   공의 공통점을 서술하는 부분이므로 여기에서는 두 사람 모두 궁형을 받아 환
   관인 중황문이 되었다가 실력을 인정받아 중서령(홍공, 석현)과 상서령(석현)
   이 되었다는 것을 설명하는 것으로 보았다.

9 "중서령의 속관에 임명되었는데"의 원문은 "임중서관(任中書官)"이다. 송기는
   '中'과 '書' 사이에 '尙' 자가 생략되었다고 주장했다. 「소망지전」에 따르면 무제
   때부터 궁형을 받은 환관으로 중서 환관(中書宦官)을 임명했다고 하므로 '중서
   관(中書官)'은 '중서 환관(中書宦官)'의 줄임꼴로 볼 수도 있다. 여기에서는 '중
   서 환관'으로 보고 옮겼다.

10 원제의 둘째 아들이자 애제의 생부인 유강(劉康)을 말한다.

11 승상은 광형(匡衡)이었고 어사대부는 장담(張譚)이었다.

12 성제의 생모이자 원제의 황후였던 왕정군을 이른다.

13 한언의 동생 한열(韓說)이 무제에게 용락후에 봉해졌다. 용락사후는 한보(韓寶)
   이다.

14 「외척전」에 따르면 순우장은 폐황후에게 보낸 편지에 패륜적인 언사를 썼다고
   한다.

15 왕망의 어머니는 순우장에게 외숙모가 된다.

16 '酺'를 『당운』의 '박호절(薄乎切)', 『집운』과 『고금운회거요』의 '봉포절(蓬逋切)',
   『홍무정운』의 '박호절(薄胡切)'에 따라 '보'로 썼다.

17 공 황후는 애제의 생모인 정후(丁后)를 이른다.

18 원문은 "군친무장, 장이주지(君親無將, 將而誅之)"로 『춘추공양전』에는 "장이필
   주(將而必誅)"로 나온다.

19 "외삼촌에게 형벌을 내리는"의 원문은 "서부(噬膚)"로 『주역』 '서합괘(噬嗑卦)'
   의 효사(爻辭)인 '서부멸비(噬膚滅鼻)'가 출전이다.

20 "성심을…… 처신하라."의 원문은 "윤집기중(允執其中)"으로 『상서』 「우서(虞
   書)」 '대우모(大禹謨)'와 『논어』 「요왈(堯曰)」에 나온다.

21 광록대부는 정해진 직무가 없었으며 녹봉은 중이천석보다 두 단계 낮은 비이천
석이었다.

22 공광은 공자의 13세 손인 공패(孔霸)의 막내아들로 공복(孔福), 공첩(孔捷), 공
희(孔喜) 세 형이 있었다.

23 소망지에게는 아들이 여덟 명 있었는데 높은 벼슬에 오른 자로는 소육(蕭育),
소함(蕭咸), 소유(蕭由)가 있었다.

24 『전한기』「애제기」하(下) 원수(元壽) 원년(기원전 2년) 8월 기사에 따르면 왕굉
은 동현을 멀리 하라는 내용의 상소를 다시 올렸다. 애제는 그 뜻에 따르지 않
았고 동현도 왕굉의 상소를 문제 삼지 않았다. 『자치통감』「한기」 27에는 애제
가 이 일로 벌하지 않았다고 나온다. 애제는 이듬해 6월에 세상을 떠났다.

25 애제가 죽은 뒤에 전권을 휘두르며 동현을 자결하게 하고 정씨와 부씨 일족을
처결했으며 조비연과 애제의 황후를 푸대접한 사람은 왕망인데 여기에서는 간
신(姦臣)이라고 칭했다.

26 왕망은 황태후 조비연을 효성황후로 강등시켜 북궁(北宮)에 살게 했고, 애제의
황후 부씨(傅氏)는 계궁(桂宮)에 살게 했다.

27 "해로운 벗이 셋 있다"의 원문은 "손자삼우(損者三友)"로 『논어』「계씨」에 나오
는 "손자삼우, 우편벽, 우선유, 우편녕, 손의(損者三友, 友便辟, 友善柔, 友便佞, 損
矣)"가 출전이다.

64 | 흉노전 상 匈奴傳 上

1 안사고의 주에 따르면 순유는 은나라 때 북쪽 변방으로 달아났다.

2 안사고는 산융, 험윤, 훈육을 흉노의 다른 이름이라고 했다.

3 『사기』에는 '북변(北邊)' 대신 '북쪽의 미개한 땅'을 뜻하는 '북만(北蠻)'으로 나
온다.

4 '驒'가 야생말을 이를 때의 음은 여러 가지다. 『설문해자』에 따르면 '대하절(代
何切)'의 '다'이고, 『집운』과 『홍무정운』에 따르면 '당하절(唐何切)' '타(駝)'의
'타'이며, 『광운』에는 '도년절(都年切)', 『집운』에는 '다년절(多年切)' '뎐(顚)'의
'전'으로 나온다.

5 "각각 분지가 있다"의 원문은 "각유분지(各有分地)"이다. 463쪽에 나오는 "좌왕
  과 좌장들은 〔흉노 땅의〕 동쪽에 거주했는데…… 각각 땅을 나누어 가지고 있
  으면서 물과 풀을 따라 옮겨 다녔는데, 좌우현왕과 좌우록리의 땅이 가장 넓었
  다."를 참조. 한편 중국 현대 학자 임간(林幹)이 『흉노사』에서 열거한 열여섯 왕
  의 분지는 아래와 같다. 혼야왕(渾邪王), 휴저왕(休屠王) 감숙성(甘肅省) 하서회
  랑 일대/ 려우왕(犁汙王), 온우종왕(溫偶騄王) 감숙성 하서회랑 이북/ 고석왕(姑
  夕王) 내몽골 자치구 저리무맹(哲里木盟), 짜우우다맹(昭烏達盟), 시린궈르맹(錫
  林郭勒盟) 일대/ 좌려우왕(左犁汙王) 내몽골 자치구 투어커투어현(托克托縣) 북
  부/ 일축왕(日逐王) 신강(新疆) 자치구 옌치(焉耆) 일대/ 동포류왕(東蒲類王) 신
  강 자치구 중가르 분지 서남부/ 남려우왕(南犁汙王) 신강 자치구 지무룽얼현(吉
  木薩爾縣) 북쪽과 중가르 분지 동쪽 지대/ 어헌왕(於軒王) 바이칼호 일대/ 우유
  달일축왕(右奧鞬日逐王) 내몽골 자치구 하투 동쪽에서 하북성(河北省) 북부까
  지/ 좌이질자왕(左伊秩訾王) 내몽골 자치구 시린궈르맹 일대/ 고림온우독왕(皐
  林溫禺犢王) 몽골 공화국 만달고비 일대/ 구림왕(句林王) 감숙성 거연해(居延海)
  북쪽 600리/ 호연왕(呼衍王) 신강 자치구 투르판(吐魯番)과 바리쿤호(巴里坤湖,
  푸류호) 일대/ 이리왕(伊蠡王) 신강 사치구 투르판 탱그리산(騰格里山) 일대.

6 "고기를 먹는다."의 원문은 "육식(肉食)"이다. 안사고는 알곡이 없기 때문에 고
  기만 먹는다고 해석했다. 『사기』「흉노 열전」에는 이 구절이 "용위식(用爲食)"으
  로 나온다.

7 쇠 손잡이가 있는 작은 창을 이른다.

8 '직관'은 농업을 관장하던 벼슬이다. 『사기』「주 본기」에는 후직의 아들이자 공
  류의 조부인 불줄(不窋)이 하나라 말기의 농업 폐기 정책에 따라 벼슬을 잃고
  융적과 섞여 살았다고 나온다. 공류가 직관직을 잃은 기사는 사서에 보이지 않
  는다.

9 "서융을 변화시키며"의 원문은 "변우서융(變于西戎)"이다. 공류는 서융 땅에
  서 후직의 농업을 일으켰는데, 그 활약상은 『시』「대아」 '공류'에 잘 나타난다.
  『시』「국풍(國風)」빈풍(豳風)」 '칠월(七月)'도 공류가 빈 땅에 전파했던 농경 문
  화를 노래했다. 한편 안사고는 '변(變)'을 '화(化)'로 보고 공류가 서융을 교화
  했다고 해석했다.

10 "빈에 도읍했다."의 원문은 "읍우빈(邑于豳)"으로 『사기』「흉노 열전」을 인용한

것이다. 한편 『사기』「주 본기」에는 공류의 아들 경절(慶節)이 빈(豳)에 나라를 세웠다고 나온다. 빈의 현재 지명에 대하여는 세 가지 설이 있다. 대다수 학자가 섬서성 빈현(彬縣)과 순읍현(旬邑縣) 일대로 비정하고 있다. 두 번째 설은 산서성 진남(晉南) 지방, 즉 현재의 임분시(臨汾市), 운성시(運城市)와 여량시(呂梁市)의 석루현(石樓縣)을 포함하는 지역이고, 세 번째 설은 감숙성 경양시(慶陽市)에서 빈현과 경계를 이루는 지역이다.

11 안사고의 주에 따르면 공류(公劉)부터 단보(亶父)까지 아홉 임금이 있다.

12 '창'은 뒤에 문왕(文王)이 되었다.

13 안사고의 주에 따르면 견이는 견융(畎戎, 犬戎) 또는 곤이(昆夷)이다. '곤(昆)'은 소리가 비슷한 '곤(混)' 또는 '곤(緄)'으로도 쓴다. 안사고는 『산해경』에 "백견유이, 빈모, 위견융(白犬有二, 牝牡, 爲犬戎)"이라는 구절이 나온다고 소개했으나 현재 전하는 『산해경』에는 "백견유빈모, 시위견융(白犬有牝牡, 是爲犬戎)"으로 나온다.

14 안사고의 주에 따르면 여기에 나오는 낙수(洛水)는 칠수(漆水)와 저수(沮水)를 가리킨다. 『한서』에서 낙수(洛水)와 낙수(雒水)는 다른 강이다.

15 『후한서』「서강 열전(西羌列傳)」에 "목왕이 견융을 정벌하여 오왕(五王)을 사로잡고 흰 사슴 네 마리와 흰 이리 네 마리를 얻었다."라고 나온다. 이현(李賢)은 『사기』에 이 내용이 나온다고 주를 달았지만 『사기』「주 본기」에는 '오왕을 사로잡았다'는 언급이 없다. 한편 『국어(國語)』「주어(周語)」와 『죽서기년(竹書紀年)』「주기(周紀)」에도 '오왕을 사로잡았다'는 내용은 없다. 한편 장수절(張守節)은 『사기』「주 본기」에서 "흰 이리와 흰 사슴이 견융의 조공품이었다."라고 한 동한(東漢) 학자 가규(賈逵)의 주를 인용했다.

16 『사기』「주 본기」에 "제후유불목자, 보후언어왕, 작수형벽(諸侯有不睦者, 甫侯言於王, 作脩刑辟)"이라고 하여 목왕의 서융 정벌 후 중원의 제후들이 불목하자 형법을 제정하여 중원의 단결을 시도한 기사가 나온다.

17 『시경』「소아」'채미(采薇)'에 나오는 내용으로 원문은 "미실미가, 험윤지고(靡室靡家, 獫允之故)"이다. 여기에서는 '실(室)'과 '가(家)'를 '아내와 남편', 곧 '부부'로 옮겼다. 『좌전』환공(桓公) 18년 기사에 '여자는 가(家)가 있고 남자는 실(室)이 있다.'라는 뜻의 '여유가, 남유실(女有家, 男有室)'이란 구절이 나오는데, 가(家)는 남편을, 실(室)은 아내를 뜻한다. 한편 주희는 '실(室)은 부부가 거처하는 방이고 가(家)는 대문 안의 집 전체를 가리킨다.'라고도 했다.

18 『시경』「소아」'채미(采薇)'에 나오는 내용으로 원문은 "개불일계, 험윤공극(豈不日戒, 玁允孔棘)"이다.

19 원문은 "박벌험윤, 지우태원(薄伐玁允, 至于太原)"으로 『시경』「소아」'유월(六月)'에 나오는 내용이다.

20 원문은 "출거팽팽(出車彭彭)"과 "성피삭방(城彼朔方)"으로 『시경』「소아」'출거(出車)'에 나오는 내용이다.

21 유왕은 보사를 왕후로, 보사가 낳을 아들 백복(伯服)을 태자로 올리기 위해 당시의 왕후였던 신후의 딸과 신후가 낳은 태자 의구(宜臼)를 폐위했다.

22 기원전 771년에 견융에 의해 유왕이 죽음으로써 서주 시대가 막을 내렸다.

23 『사기』「흉노 열전」에는 "주나라 사람을 포로로 잡고 재물을 약탈했다." 대신에 "주나라 변경에 있던 초호(焦穫) 땅을 차지했다."라고 나온다.

24 주나라 여러 제후가 유왕의 태자였던 의구를 주 평왕으로 올렸으나 여전히 견융의 위협 아래 있었다.

25 『사기』「흉노 열전」에는 융적(戎狄)으로 나온다.

26 기원전 636년 상왕의 이복동생 숙대(叔帶)와 견융이 함께 공격한 것이다. 상왕은 이복동생 숙대와 왕위를 다투고 있었으므로 기원전 649년에도 융적과 숙대의 연합 공격을 받은 일이 있었다.

27 『사기』「주 본기」에는 숙대(叔帶)로, 『사기』「흉노 열전」에는 자대(子帶)로 나온다.

28 안사고의 주에 따르면 '환수(圜水)'는 '은수(圖水)'의 착오이다.

29 안사고의 주에 따라 '朐'를 '허우반(許于反)'의 '후'로 썼다.

30 색은(索隱)의 『사기』「흉노 열전」 주에 따르면 '맥(貉)'은 '예(濊)'라고 했다. 그런데 아래에서 여기에 나오는 대(代) 땅이 흉노의 선우정 남쪽에 있었다고 했으므로 '호맥'은 흉노를 가리키는 다른 이름으로 보인다.

31 진 혜왕은 진 효공(秦孝公)의 아들로서 곧 진 혜문왕(秦惠文王)이다. 기원전 325년에 공(公)을 왕(王)으로 바꿔 칭하고 경원(更元) 원년으로 삼았다. 경원 10년(기원전 315년)에 의거 스물다섯 개 성을 확보하여 대규모 목축지를 확보했다.

32 "서로 교전 중이던 일곱 나라"의 원문은 "전국칠(戰國七)"이다.

33 "수복하고"의 원문은 "수(收)"이다. 하남 땅은 원래 전국 시대 조나라의 땅이었으므로 여기에서는 진나라가 '점령했다'로 해석할 수도 있다.

34 '적수'는 수자리 징벌을 사는 죄인을 이른다.

35 진나라 직도는 진나라 도읍이었던 함양의 북쪽 교외 운양에서 몽염이 점령했던 땅 중에서 가장 북쪽에 있던 구원까지 남북 방향 직선으로 뚫은 도로였다. 총 길이는 700킬로미터를 넘고 도로의 평균 너비는 30미터로 알려져 있다.

36 '소리 나는 화살촉'이다.

37 「소무전」에 '우탈(區脫)'로 나온다. '우탈'은 역대 학자들에 의해 여러 뜻으로 번역되었다. 위소(韋昭)는 '변경의 둔수처(屯守處)'로, 복건(服虔)과 안사고는 '변경의 척후소'로 보았고, 이기(李奇)와 진작(晉灼)은 '흉노 변경 경비대의 관리'로 인식하기도 했다. 형태에 관해서는 『찬문(纂文)』의 '토혈(土穴)'과 안사고의 '지하실' 설이 있고, 어원에 관해서는 흉노어 orudu와 돌궐어 otar 설이 있다. 한편 원나라의 야율주(耶律鑄)는 『쌍계취은집(雙溪醉隱集)』에서 '우탈'을 원나라에서 쓰던 '군용 또는 사냥용 천막'이라고 했다. 문맥으로 보아 여기에 나오는 '우탈'은 '변경의 수비 거점'인 듯하다.

38 '저기(屠耆)'는 '현(賢)'이라는 뜻이므로 '좌저기왕(左屠耆王)'은 곧 '좌현왕(左右賢王)'이다. '현'은 『설문해자(說文解字)』에 따르면 '다재(多才)하다'이고, 『옥편(玉篇)』에 따르면 '선행(善行)을 하다'이다.

39 "좌왕과 좌장들"의 원문은 "제좌왕장(諸左王將)"이다. 『사기』 「흉노 열전」에는 "제좌방왕장(諸左方王將)"으로 나온다. 이하 "우왕과 우장들"도 같다.

40 선우정은 흉노의 도읍을 이른다.

41 진직은 '흉노상방(匈奴相邦)'이라는 옥 도장이 출토된 적이 있는 것으로 보아 여기에 나오는 '상'은 유방의 이름 자를 피하기 위해 '상방'에서 '방'을 떼어 내고 쓴 것이라고 보았다.

42 복건(服虔)의 주에 따르면 '대림'은 흉노에서 토지신에게 제사 지내기 위해 8월 중에 모이는 장소였다. 안사고는 '대(蹛)'를 숲의 나무를 돌면서 지내는 제사라고 소개하면서, 선비(鮮卑) 풍속에서 가을에 제사를 지낼 때 숲이 없는 곳에서는 버드나무 가지를 꽂아 놓고 말을 탄 채로 세 바퀴를 돌고 끝내는데, 흉노의 이 '대림' 제사에서부터 내려온 법이라고 했다. 여기에서 '대림'은 제사의 이름이면서 제사를 지내는 장소로 볼 수 있다.

43 도망가지 못하도록 발목을 꺾는 형벌로 추정된다.

44 이 구절의 원문은 "기좌장좌이북향일상무기(其坐長左而北向日上戊己)"로서 현재 끊어 읽는 방법이 여러 가지인데, '其坐, 長左而北向, 日上戊己', '其坐, 長左, 而北

向日, 上戊己', '其坐, 長左而北, 向日, 上戊己', '其坐, 長左而北向日, 上戊己' 등이 있다. 여기에서는 '其坐, 長左而北向, 日上戊己'를 따랐다. 장막 안에서 동편으로 난 문을 향해 왼쪽은 북향이 된다. 현재 남아 있는 흉노 관련 기록에 대규모 행사는 모두 '무(戊)'가 든 날에 열린 것으로 나온다.

45 안사고는 청색 말이라고 주를 달았으나 청색이 쪽풀에서 뽑아낸 색이라면 말 털의 색으로 생각하기 어려운 점이 있다. 한편『옥편』에는 털에 흑색과 백색이 섞인 말이라고 했으며『이아』에는 머리와 이마가 흰 말을 이른다고 했다.

46 「누경전(婁敬傳)」에는 양갓집 규수 출신으로 직첩을 받지 못한 궁녀인 가인자를 흉노에 보냈다고 나온다.

47 「고제기」와「노관전」에는 노관이 고조의 사망 소식을 들은 뒤에 흉노로 망명했다고 나온다. 고조 12년(기원전 195년)의 일이다.

48 『사기』「흉노 열전」에는 '망언'이라는 이유로 이때 묵돌 선우가 보낸 편지와 여태후의 답장이 실리지 않았다.

49 여기에서 폐하는 여 태후를 가리킨다.

50 한나라에 복속하여 변경을 지키는 일을 맡고 있던 이민족들을 이른다.

51 한나라에서 선우의 편지를 가지고 산 사신을 잡아 두고 보내지 않고 있을 뿐 아니라 새로 편지를 전하는 한나라 사신을 보내지도 않았다는 뜻이다.

52 「진탕전(陳湯傳)」에는 '호걸(呼偈)'로 나온다.

53 「서역전」에는 서른여섯 개 나라가 흉노에 복속했다고 나온다.

54 『사기』「흉노 열전」에 혜호천(係雽淺)으로 나온다. '係'를 사마정의 주에 따라 '호계반(胡計反)'의 '혜'로 썼다.

55 여기에서 흉노 사신이 황궁까지 가지 않고 한나라 변경까지만 편지를 전해준 것을 알 수 있다.

56 '겹옷'의 뜻으로 쓰는 '袷'을『당운』의 '고합절(古洽切)'과『집운』,『고금운회거요』의 '글합절(訖洽切)'에 따라 '갑'으로 썼다.

57 이 구절의 원문은 "필아야(必我也)"이다.『사기』「흉노 열전」에는 '가다'라는 의미의 동사 '행(行)'이 들어간 "필아행야(必我行也)"로 나온다.

58 흉노 음식 이름에 쓴 '重'의 발음에 관해『홍무정운』에는 '지중절(之仲切)'의 '중(衆)'과 같다고 나온다. 그러나 안사고는 '둑용반(竹用反)'의 '동(湩)'이라고 했다.『사기』「흉노 열전」에는 '동락(湩酪)'으로 나온다.

59 흉노에 출사하여 선우를 무례하다고 꾸짖다가 죽은 주건(朱建)으로 추정되기도 한다.

60 「문제기」에는 '건성후(建成侯)'로 나온다.

61 "운중과 요동이 가장 심했고 군(郡)은 만여 명이나 죽었다."의 원문은 "운중, 요동최심, 군만여인(雲中, 遼東最甚, 郡萬餘人)"이다. 『사기』 「흉노 열전」에는 "운중, 요동최심, 지대군만여인(雲中, 遼東最甚, 至代郡萬餘人)", 즉 "운중과 요동이 가장 심했고 대군(代郡)에 이르러서는 만여 명이었다."로 나온다.

62 세 명의 장군은 종정 유례(劉禮), 축자후(祝玆侯) 서려(徐厲), 하내(河內) 태수 주아부이다.

63 경제가 즉위한 것은 기원전 157년이고 오초의 난이 일어난 것은 기원전 154년이다.

64 「한안국전」에는 그보다 먼저 한안국이 거느리고 있던 기병을 철수시켜 이때에는 700명이 남아 있었다고 나온다.

65 원삭 3년(기원전 126년) 겨울이다.

66 「공신표」와 『사기』 「흉노 열전」에는 섭안후(涉安侯)로 나온다.

67 여기에서 좌왕은 좌현왕을 가리킨다.

68 "한해까지 갔다가"의 원문은 "임한해(臨翰海)"이다. '한해'를 호수나 사막으로 보기도 하지만 산으로 보는 견해도 있다. 「곽거병전」에는 이 부분이 "등림한해(登臨翰海)"로 나온다. '한해'를 호수로 볼 것인가, 산으로 볼 것인가에 대해서는 「곽거병전」에 설명해 두었다.

69 농사와 세금 징수를 관장하는 관리이다.

70 곽거병은 한 무제 원수 6년인 기원전 117년에 죽었다.

71 남월과 동월을 이른다.

72 「조파노전」과 『사기』 「흉노 열전」에는 "흉하수(匈河水)"라고 나온다. 『후한서』 「두헌(竇憲) 열전」에는 "흉노하수"로 나온다. 안사고는 「무제기」에서 '흉하장군 조파노'에 대해 '흉하'는 「흉노전」에도 나오는 강 이름이라고 한 신찬의 주를 인용했다. 신찬은 '흉하수'가 영거에서 천 리 떨어진 곳에 있다고 했다. 안사고는 『사기색은』에 언급되어 있는 신찬의 이 주장을 받아들였다. '흉노하수'와 '흉하수', '흉하'는 같은 강의 이름으로 보인다.

73 중국 전국 시대부터 있던 관직으로 외국 사신을 접대하는 책임을 맡았다. 진나

라 이후로 전객(典客)으로 이름을 바꾸었다가 무제 때에 대홍려로 다시 바꾸었다. 여기에서 '주객'은 외국 사신 접대를 맡은 흉노 관직 이름의 중국식 번역어로 보인다.

74 「하후승전」과 여기에는 예맥과 조선을 함락하고 군을 설치한 것으로 나오나, 「무제기」와 「조선전」에 따르면 조선을 함락하고 낙랑군(樂浪郡), 임둔군(臨屯郡), 현도군(玄菟郡), 진번군(眞番郡)을 두었다. 「소제기」에 시원 5년 진번군을 폐한 기사가 나오고, 『후한서』 「동이 열전」에 소제 시원 5년에 임둔과 진번을 폐하여 낙랑과 현도에 합했다고 되어 있는 것을 반영하여 장수절은 『사기정의』에서 '현도낙랑이군(玄菟樂浪二郡)'이라고 해석했다.

75 오손왕이 한나라의 공주와 혼인하기를 원했으므로 강도왕(江都王) 유건(劉建)의 딸인 유세군(劉細君)을 공주의 자격으로 시집보냈다. 유세군의 제후왕의 딸이므로 원래 신분은 옹주이다.

76 "한나라 군대"의 원문은 "한병(漢兵)"이다. 『사기』 「흉노 열전」에는 "한나라 사신"의 뜻인 '한사(漢使)'로 나온다.

77 흉노 7대 선우로 『사기』 「흉노 열전」에는 오사려(烏師廬)로 나온다.

78 수항성을 쌓기 시작한 뒤에 이사 상군이 대원국 정벌에 나섰다.

79 준계산은 몽골의 항가인산맥(Хангайн нуруу)의 중단을 이른다.

80 「무제기」에는 광록훈(光祿勳)으로 나온다.

81 안사고는 '장(障)'을 요새마다 쌓은 후성(候城)과 같은 말이라고 했다. 장수절은 『사기』 「혹리 열전」에서 '장(障)'을 '변경의 험준한 곳에 적의 침입을 막을 목적으로 부대를 주둔시키기 위해 따로 쌓은 성'이라고 했다.

82 「무제기」에 따르면 주천군과 장역군의 도위가 죽었다고 나온다.

83 안사고의 주에 따라 '挕'을 '던(繵)'의 '전'으로 썼다.

84 면적이 넓은 변경 지방의 군(郡)을 여러 개의 부(部)로 나누어 부도위를 두었다. 당시 오원군에는 중부, 동부, 서부 도위가 있었고 주천군에는 동부, 서부, 북부 도위가 있었다.

85 무제 천한 2년에 흉노에서 투항한 개화왕(介和王) 성만(成娩)을 개릉후로 삼았다.

86 응소의 주에 따르면 한나라 장수가 이 성을 쌓다가 죽자 그의 아내가 남은 군사를 지휘하여 성을 완공했기 때문에 범부인성이라는 이름이 붙었다고 한다.

87 진작의 주에 따르면 결휴도위는 흉노의 관직 이름이다.

88 저제후 선우를 이른다.

89 무당의 입을 빌려 선우가 말하는 장면에서 선우 스스로 호(胡)를 칭한 것은 서
술자의 관점이 끼어든 것으로 보아야 한다.

90 진나라에서 흉노로 달아났던 이들의 자손을 흉노에서 진인(秦人)이라고 불렀다.

91 「서역전」에는 '려우(犂汙)'로 나온다.

92 안사고의 주에 따라 '番'을 '반(盤)'의 '반'으로 썼다.

93 범명후가 회군한 것은 소제 원봉 3년이고, 이듬해 가을에 평릉후에 봉해졌다.

94 유해우(劉解憂)를 이른다.

95 30년 가까이 전쟁을 쉬었다가 이때에 다시 전국에서 군대를 모집하기 시작했다.

96 다섯 장군이 거느린 부대가 출격한 것은 본시 3년 봄의 일이다.

97 이 부분의 원문은 "교위상혜사호발병오손서역(校尉常惠使護發兵烏孫西域)"이다.
왕념손은 이 구절의 문맥이 잘 통하지 않는다고 주장하며 "교위상혜사호오손,
발병서역(校尉常惠使護烏孫, 發兵西域)으로 '교위 상혜가 출사해 오손국의 부대
를 감독하면서 서역 지역에 출동시켰다'라는 의미이다.

98 "기장"의 원문은 "장(將)"이지만 「서역전」의 내용에 따라 '기장'으로 옮겼다.

99 '㖡'의 음에 관해 맹강(孟康)은 '辱'과 같다고 했으나 안사고는 '奴獨反'의 '녹'으
로 새겼다.

100 「서역전」에 따르면 정길(鄭吉)이 300명을 차사에 파견하여 농사를 지으며 주둔
하게 했다고 한다.

101 '奧'을 안사고의 주에 따라 '郁'의 '욱'으로 새겼다.

102 7대 손자를 뜻하는 것이 예사인데 안사고는 이비(李棐)의 설을 따라 증손으로
보았다.

103 「선제기」에는 '호류약왕(呼留若王)'으로 나온다.

104 문맥으로 보아 '오선막'은 부족의 이름이면서 부족장의 이름이다.

64 | 흉노전 하 匈奴傳 下

1 "우욱건왕과 오자도위"의 원문은 "우욱건왕위오자도위(右奧鞬王爲烏藉都尉)"이
나 『자치통감』「한기」 19에는 "우욱건왕여오자도위(右奧鞬王與烏藉都尉)"로 나

와 있다. 유봉세는 '위(爲)'를 '여(與)'의 착오로 보았다.

2 『자치통감』「한기」19에는 '오자(烏藉)'가 빠진 채 '선우'로만 나온다.

3 안사고는 '敦'을 대(對)의 '대'로 읽기도 한다고 했다.

4 「선제기」에 '호속루(呼遬累) 선우'로 나오는 인물이다. 안사고는 '호속루'를 흉노의 벼슬 이름으로 보았다.

5 이릉과 흉노 여자 사이에 난 아들이다. 이릉이 죽은 뒤에 흉노의 선우 쟁탈전에 가담했다.

6 '질지 선우'는 곧 '질지골도후 선우'이다.

7 '발(發)'은 화살 열두 개를 이른다.

8 한나라 때에 근으로 달던 '서(絮)'는 주로 겹옷의 속을 채워 추위를 막는 데 쓰는 해진 비단 조각을 이른다.

9 「선제기」에 '장평판(長平阪)'으로 나오는 곳인데 장안에서 50리 떨어져 있는 오르막 지형이다.

10 '알(謁)'은 신하가 황제에게 올리는 예절이다.

11 무제 때에 구려호 선우의 침입을 방어하기 위해 광록 서자위(徐自爲)를 보내 오원 요새에서 노구산(盧朐山)까지 방어선을 구축했다.

12 "그 군사 5만여 명을 합병했다."의 원문은 "병기병오만여인(并其兵五萬餘人)"이다. 바로 앞의 내용에 저기 선우의 막냇동생이 두 형의 군사 수천 명을 얻어 이리목 선우에 올랐다고 한 것으로 미루어 원래 저기 선우에게 5만에 가까운 군사가 있었다고 보기 어렵다는 뜻에서 '그 군사를 합해 모두 5만여 명이 되다'로 번역하기도 한다.

13 사고전서(四庫全書) 판본에는 앞에 나온 '호걸(呼揭)'과 '오걸(烏揭)'이 같다는 주가 달려 있다. 청나라 강희제(康熙帝)가 정한 『어정패문운부(御定佩文韻府)』에는 '호걸'과 '오걸' 항목을 따로 두고 있다. 「진탕전」에는 '호걸'로 나온다.

14 「원제기」에 따르면 초원 5년(기원전 44년)에 일어난 일이다.

15 안사고는 돌궐(突厥) 땅에 있던 낙진수(諾真水)라고 했다. 내몽골 자치구 달무기(達茂旗)에 있는 애불개하(艾不蓋河)로 추정된다.

16 기원전 49년이다.

17 '양가자(良家子)'를 후궁의 명칭으로 보기도 하고 재산이 넉넉한 양가의 자식이라고 해석하기도 한다. 그런데 후궁의 명칭이라면 '양가자'라는 명칭이 없었으

므로 '가인자'의 오류로 보인다. 왕소군은 후궁이 아닌 궁녀였으므로 선우에게 시집보내기 위해 후궁 직첩을 쓴 듯하다.

18 '원유(苑囿)'는 울타리를 치고 동물을 길러 사냥을 할 수 있도록 만든 황실의 놀이터이다.

19 안사고는 '수(隧)'를 적의 침입을 피하기 위해 판 참호라고 했지만, 여기에서는 봉화대를 가리키는 '수(燧)'와 통하는 글자로 보았다.

20 기원전 31년의 일이다.

21 아래에 나오는 왕망 건국(建國) 5년 기사에는 이묵(伊墨) 거차로 나온다.

22 왕소군은 복주루 선우의 아버지인 호한야 선우의 연지였다. 안사고의 주에 따르면 '수복'과 '당우'는 두 딸의 남편 씨족 이름이다.

23 "전간죽"의 원문은 "전간(箭竿)"이다. '箭竿'은 '화살대'를 뜻하기도 하지만 '대나무의 한 종류로 화살대를 만드는 데 쓰는 전간죽(箭竿竹)'을 뜻하기도 한다. 여기에서는 산에서 나는 산물을 이르는 것으로 보고 "전간죽"으로 옮겼다.

24 "유독 지(知) 대에 이르러 달라고 하니"의 원문은 "지지독구(至知獨求)"이다. 여기서 '知'는 오주류 선우의 이름인 '낭지아사(囊知牙斯)'를 줄인 말이다. 오주류 선우는 왕망 집권기에 왕망의 권유를 받아들여 이름을 중국식으로 고쳤다. 이때는 이름을 고치기 전이었으나 고친 이름이 반영되어 있다.

25 안사고는 여기에 나오는 '제후'에 대해 흉노의 여러 왕을 중국식으로 표현한 것이라고 했다.

26 복건은 '상유(上游)'를 황하의 상류로 보았으나, 안사고는 전체 지형에서 위쪽을 이른다고 했다.

27 황룡 원년 정월에 호한야 선우가 왔는데 그해 겨울에 선제가 죽었고, 경녕 원년에 호한야 선우가 다녀간 뒤 5월에 원제가 죽었다. 또 하평 4년에 복주루약제 선우가 다녀갔는데 3월에 성제가 죽었다. 여기에 나오는 애제도 원수 2년 오주류약제 선우가 다녀간 뒤에 죽었다.

28 고조의 황후였던 여 태후가 태후로 있던 효혜제 때의 일이나 양웅은 고황후로 표현하고 있다.

29 「주아부전」에 따르면 세 군데에 군영을 설치한 지 한 달 남짓하여 철수했다고 나온다. 흉노가 감천궁까지 쳐들어온 때는 문제 14년(기원전 166년)이다. 그러므로 문제 후원 6년(기원전 158년)에 흉노의 침입에 대비하는 군영을 세 군데

에 설치한 것과 바로 이어지는 일이 아니다.

30 "낭거서산에 올라 북쪽을 바라본 것"의 원문은 "낭망지북(狼望之北)"이다. 안
사고는 낭망(狼望)을 흉노의 지명으로 보았다. 호삼성과 왕선겸, 오순은 '정찰
결과를 낭연(狼煙)을 올려 보고하는 지점'이라고 주장했다. 그런데 한나라 때에
'봉수대에서 올리는 연기'를 '狼'이나 '狼煙'으로 쓴 예가 발견되지 않고 있으므
로 이 주장은 받아들이기 힘들다. 여기에서는 「곽거병전」의 '낭거서산에서 하
늘에 제사를 올린 뒤에 높은 곳에 올라 한해(翰海)를 바라보았다'라는 뜻의 "등
림한해(登臨翰海)"를 참고하여 번역했다.

31 실제로 전광명과 전순은 공격하기로 계획했던 곳에 도착하지 않았다.

32 안사고의 주에 따라 '姐'를 '자(紫)'의 '자'로 썼다. '탕자(蕩姐)'는 '섬자(彡姐)'의
오류로 보인다. 원제 영광 2년에 '섬자'의 반란을 평정한 적이 있다.

33 원수 2년은 기원전 1년으로 경신년(庚申年)이었으므로 황제의 태세는 신(申)에
있었다.

34 이해에 오손의 대곤미 이질미(伊秩靡)도 정월 하례를 위해 한나라에 왔다. 오손
의 대곤미보다 흉노의 선우를 더 존중하는 뜻으로 상림원에 묵게 했다는 뜻이다.

35 「서역전(西域傳)」에는 '고구(姑句)'로 나온다. '거사후국(車師後國)'의 예전 이름
이 '고사(姑師)'이므로 거사후왕의 이름은 「서역전」에 나오는 '고구(姑句)'가 맞
을 듯하다.

36 "선우가 사자를 파견하여 그 나라까지 데려다주면서"의 원문은 "선우견사송도
국(單于遣使送到國)"이다. 여기에 나오는 '國'을 '한나라 수도 장안'으로 번역하
여 선우의 사자가 장안까지 갔던 것으로 옮기기도 한다. 그런데 이민족 관련 기
사에서 '國'은 이민족 국가나 그 도읍을 이를 뿐 '장안'이란 뜻으로 쓴 예가 드
물기 때문에 여기에서는 '장안'으로 옮기지 않았다. 같은 내용을 기술한 「서역
전」과 『자치통감』 「한기」 27에는 '到國'이 빠진 '單于遣使送'으로 나온다. 「서역
전」의 내용을 참고하면 거사후왕과 거로해왕은 서역에서 참수당한 것으로 보
이므로 흉노의 사자도 장안까지는 가지 않았을 것으로 추정된다. '악도노'는 현
재 정확한 지명이 알려지지 않았다. 청나라 학자 심흠한(沈欽韓)은 '악도노'가
거사전국의 왕정이 있던 곳이라고 비정한 바 있다.

37 '호오환사자(護烏桓使者)'는 호오환교위가 오환에 출사할 때 쓴 명칭으로 보인
다. 『후한서』 「오환 열전」에 따르면 무제 때에 오환과의 연락을 맡았던 호오

환교위부가 설치되었다. 1972년에 중국 내몽골 자치구 오란찰포맹(烏蘭察布盟) 화림격이현(和林格爾縣) 신점자향(新店子鄉) 소판신촌(小板申村)의 한나라 무덤에서 '사지절호오환교위(使持節護烏桓校尉)'가 출사하는 장면이 벽화로 발굴되었다.

38 좌고석후(左姑夕侯)는 흉노 좌현왕 휘하 고석왕(姑夕王)의 중국식 이름으로 보인다.

39 소제 원봉 원년에 연나라 왕이 모반죄로 자결한 뒤에 연나라를 없애고 광양군(廣陽郡)으로 고쳐 중앙에 속하게 했다.

40 왕소군의 딸 수복거차의 남편이다.

41 '남려한왕'이라는 흉노의 관명은 사서를 통틀어 단 한 번 나온다. 무기교위를 죽이고 흉노에 투항한 사건이 '우려한왕'의 땅과 가까운 서역에서 일어났으므로 '우려한왕'의 오류로 보인다. 같은 내용이 「서역전」에 실려 있는데 '남려한왕'이 빠져 있다.

42 「서역전」에는 오분도위(烏賁都尉)로 삼았다고 나온다.

43 호한야 선우의 아들은 서자를 포함하여 스무 명 가까이 있었던 것으로 알려진다.

44 바로 위에 나오는 건국 원년 기사에 함(咸)이 '좌려한왕(左犁汙王)'으로 나오는 것으로 볼 때 '우려한왕(右犁汙王)'은 '좌려한왕'의 착오로 보인다.

45 깃발을 매단 극으로, 극은 戈와 矛가 합쳐진 무기다.

46 여기에 나오는 한나라는 왕망 정권을 가리키는 말이 되어야 할 것이다.

47 천봉 2년에 선우(單于)를 선우(善于)로 고쳐 부르게 했으므로 이때의 명칭은 수복 선우(須卜善于)가 맞을 듯하다.

48 원문은 "만이활하(蠻夷猾夏)"로 『상서』「우서(虞書)」'순전(舜典)'에 나온다.

49 원문은 "융적시응(戎狄是膺)"으로 『시경』「노송(魯頌)」'비궁(閟宮)'에 나온다.

50 원문은 "유도, 수재사이(有道, 守在四夷)"이다. 『춘추좌씨전』의 원문은 "고자, 천자수재사이(古者, 天子守在四夷)"이다.

51 농서, 천수, 안정, 북지, 상군, 서하를 이르는데 안정과 천수와 서하에는 무제 때에 군을 설치했다.

52 호한야 선우와 복주루 선우, 오주류 선우의 삼대를 이른다.

53 천하 지역 구분 체계인 오복(五服)의 하나로, 도읍에서 2500킬로미터 떨어진 가장 편벽된 지역을 이른다.

54 안사고는 『춘추』 노성공(路成公) 15년의 "제후회오어종리(諸侯會吳於鍾離)"라는 기사에 대해 『춘추공양전』에서 "갈위수회. 오외야. 갈위외. 춘추내중국이외제하, 내제하이외이적야(葛爲殊會. 吳外也. 葛爲外. 春秋内中國而外諸夏, 内諸夏而外夷狄也)"라고 해석한 것을 소개하고 있다.

65 | 서남이·양월·조선 전 西南夷兩越朝鮮傳

1 안사고의 주에 따라 '結'을 '髻'의 '계'로 썼다. '추계(椎結)'는 『사기』 「조선 열전」에 '추계(魋結)'로 나온다. 「육고전」에는 남월왕 위타의 머리를 '추계(魋結)'라고 썼고, 「이릉전」에는 이릉이 흉노 풍속을 따라 '추계(椎結)'를 따랐다고 했다.

2 「사마상여전」에는 "작(柞)"으로 나온다.

3 '驉'을 『당운』, 『집운』, 『고금운회거요』에 따라 '막강절(莫江切)'의 '망'으로 썼다.

4 안사고의 주에 따라 '蹻'를 '거략반(居略反)'의 '각'으로 썼다.

5 진 혜문왕은 기원전 316년에 촉(蜀)과 파(巴)를 점령했다. 검중(黔中)은 진 혜문왕이 파견한 장의와 초 회왕의 외교 담판 결과에 따라 기원전 311년에 진나라에 귀속되었다. 굴원이 이 결과에 반대한 바 있다.

6 "일찍이…… 쳐부수고"의 원문은 "상파(甞破)"이다. 『사기』 「서남이 열전」에는 '상안(常頞)'이란 인명으로 나온다.

7 동월이 남월을 침입한 것을 징벌하기 위해 군대를 보냈다.

8 헛개나무 열매로 보인다.

9 안사고의 주에 따라 '番'을 '보안반(普安反)'의 '반'으로 썼다.

10 한나라 때의 1보(步)는 6척(尺)이었다. 1척은 지금의 23센티미터쯤 된다.

11 "파(巴) 땅의 부관"의 원문은 "파부관(巴符關)"이다. 『사기』 「서남이 열전」에는 "파촉작관(巴蜀筰關)"으로 나온다. 여기에 나오는 '부관'은 「지리지」에 나오는 '건위군(犍爲郡) 부현(符縣)'에 있던 관문을 이르는 것으로 보인다. 부현은 파군에 속한 현이었는데 한 고조 6년에 광한군에 속했다가 무제 건원 6년에 다시 건위군에 속하게 되었다. '부관'이 부현에 있었다면 이때에는 광한군에 속했을 것이므로 여기에서는 '파 땅의 부관'으로 옮겼다.

12 야랑후는 야랑에 한나라의 관리를 두면서 한나라 조정에서 야랑의 군장에게 내

린 호칭으로 보인다.

13 「공손홍전」에 따르면 공손홍이 서남이에 출사했다가 돌아와서 길 닦는 일을 반
대했을 때에는 무제가 공손홍의 주장을 받아들이지 않았다고 나온다.

14 '연독'이라는 음은 Hindu의 음역어 '인도(印度)'와 통한다.

15 '서남어'는 『사기』「서남이 열전」에 '서이(西夷)의 서쪽'으로 나온다. 「서남이
전」에 따르면 네 갈래로 출발시킨 사자들은 북쪽과 남쪽에서 모두 길이 막혀
연독국으로 나아가지 못했다.

16 무제 원정 5년에 남월의 상(相) 여가(呂嘉)가 반란을 일으켰다.

17 「무제기」에 남월 사람으로 한나라에 투항한 치의후 유(遺)가 나온다.

18 「무제기」에 따르면 치의후가 별도로 파와 촉 땅의 죄인을 거느렸다.

19 『사기』「서남이 열전」에는 '문산(汶山)'으로 나온다.

20 안사고의 주에 따라 '並'을 '반(伴)'의 '반'으로 썼다.

21 「소제기」에는 익주군과 장가군을 합해서 스물네 개 읍이 반란을 일으킨 것으로
나온다.

22 「소제기」와 『전한기』「효소황제기(孝昭皇帝紀)」에 수형도위 여파호(呂破胡)를
파견한 것으로 나온다.

23 「소제기」에 나오는 여파호와 같은 인물이다.

24 「지리지」와 「왕망전」, 『전한기』「효소황제기」에는 '구정(句町)'으로 나온다.

25 「소제기」에는 무파(毋波)로, 『전한기』「효소황제기」에는 무파(無波)로 나온다.

26 장가군의 태수부는 저란(且蘭)에 있었다.

27 안사고의 주에 따라 '邯'을 '함(酣)'의 '함'으로 썼다.

28 「왕망전」에 '주흠(周歆)'으로 나온다.

29 「왕망전」에 따르면 주흠은 왕망의 지시를 받고 함(邯)을 죽였다. 왕망의 신나라
에서 태수를 대윤으로 고쳐 불렀다.

30 『사기』「남월 열전」에는 '위타(尉佗)'로 나온다.

31 진나라가 중국을 통일한 후 거록군(鉅鹿郡)에 동원현(東垣縣)을 두었는데, 한나
라 건국 후에 진정현으로 이름을 바꾸었다. 전국 시대에는 조나라 땅이었다. 지
금의 하북성 석가장시에 있다.

32 사마정은 『십삼주기(十三州記)』를 인용하여 "큰 군에는 수(守)를 두었으나 작은
군에는 위(尉)를 두었다."라고 했다. 진나라에서 계림군, 남해군, 상군의 규모와

위치를 고려하여 군수를 두지 않고 군위만 둔 듯하다. 안사고의 주에 따라 '嚻'를 '오(敖)'의 '오'로 썼다. 군에는 군수가 없었고 군위만 있었다.

33 "임시직"의 원문은 "수가(守假)"이다. 『사기』「남월 위타 열전」에는 "가수(假守)"로 나온다.

34 한 고조가 장사왕에 봉했던 오예(吳芮)의 증손자인 장사 공왕(長沙共王) 오우(吳右)를 이른다.

35 『사기』「남월 위타 열전」에는 "남해"가 "남월"로 나온다.

36 현대 중국 학자들은 '西甌駱'을 '서우(西甌)'와 '락(駱)'으로 구분해서 보기도 한다. 그러나 역대 중국 학자들은 '서우락'을 한 부족으로 보았다. 『집운』과 『고금운회거요』에는 '서우는 지명인데 낙월(駱越)의 별종(別種)'이라고 나온다. 『여지지(輿地志)』에 따르면 교지(交趾)를 일러 주나라 때에는 '락월', 진나라 때에는 '서우'라고 불렀다고 한다. 안사고는 '서우락'을 한 부족으로 보고 '서우'가 바로 '낙월'이라고 했다. 즉 동우(東甌)와 구별하기 위해 서우(西甌)라고 했다는 것이다.

37 '이웃 나라'는 안사고의 주에 따르면 동월 및 우락(甌駱) 등을 이른다.

38 '노부(老夫)'는 연로한 사람이 사신을 지칭하는 말이다. 진나라 관리였던 남월왕 조타가 진나라가 멸망한 뒤에 태어난 한나라 문제에게 자신을 '늙은 이 몸'으로 표현하며 세대 차이를 강조하고 있다.

39 『사기』「남월 위타 열전」에는 건원 4년에 위타가 죽었고, 위타의 손자 위호가 남월왕에 즉위했다고 나온다. 여기에 조타가 죽은 연도를 싣지 않은 연유는 바로 위에 조타가 효경제 때까지 한나라에 사자를 보내 신하를 칭했다고 나올 뿐 한 무제 때에도 사자를 보냈다는 기록이 나오지 않기 때문일 것이다. 진나라 관리로서 건원 4년(기원전 137년)까지 생존해 있으려면 적어도 100살이 넘게 살아야 했을 것이다.

40 "군대를 남쪽으로 출동시켜 변경의 읍을 공격했다"의 원문은 "흥병남격변읍(興兵南擊邊邑)"이다. 『사기』「남월 위타 열전」과 『전한기』, 『자치통감』에는 "흥병력남월변읍(興兵擊南越邊邑)"으로 나온다.

41 두 명의 장군은 왕회(王恢)와 한안국(韓安國)이다.

42 원명은 장조(莊助)이지만 후한 명제(明帝)의 이름인 장(莊)을 피하기 위해 사가(史家)가 엄조로 바꾸어 썼다.

43 『사기』「남월 위타 열전」에는 '무제의 새'를 감춘 기사만 나온다. 1983년에 광동성 광주시(廣州市)에서 남월 분묘가 발굴되었는데 '문제행새(文帝行璽)'라는 네 글자가 새겨진 황금 도장이 출토되었다. 이 무덤의 주인공인 남월 문제가 조타의 손자 조호인지는 아직 정확하게 밝혀지지 않았다. 후한 시대 학자 이기(李奇)는 조영제가 즉위한 뒤에 그때까지 남월에서 '참칭'하고 있던 '제(帝)' 칭호를 포기했다고 해석했다.

44 '소계'를 두고 사마정은 이름으로, 안사고는 자(字)로 소개했다.

45 진작(晉灼)의 주에 따르면 진왕(秦王)은 조광(趙光)으로 뒤에 한나라 무제에게 투항했다.

46 "호위를 받으며"의 원문은 "개(介)"이다. 안사고는 '갑옷을 입고 자신을 보호하다'로 해석했다. 한편『사기』「남월 위타 열전」에는 '介'가 '분(分)'으로 나오는데 사마정은 '동생과 군대를 나누어 거느리다'로 해석했다.

47 "장삼의 부대를 파견하는 일을 거두었다"의 원문은 "파삼병(罷參兵)"이다.『사기』「남월 위타 열전」에는 "파삼야(罷參也)"로 나온다.

48 '郟'을『광운』의 '고합절(古治切)'에 따라 '갑'으로 썼다.

49 대유령(大庾嶺)의 다른 이름이다. 강서성과 광동성의 경계에 있다.

50 진작의 주에 따르면 '龑'은 '龍'의 옛 글자이다.『사기』「남월 위타 열전」에는 용강후(龍亢侯)로 나온다. '龑'을 '龍亢'의 오류로 보기도 한다.

51 "신하가 적을 토벌하지 않는다."의 원문은 "신불토적(臣不討賊)"이다.『춘추공양전』은공(隱公) 10년조에 '신하가 군주를 죽인 범인을 치지 않는다'는 뜻으로 나오는 구절이다.

52 『사기』「남월 위타 열전」에는 "월인"이 "죄인(罪人)"으로 나온다.

53 「무제기」에는 '정수(滇水)'를 따라 내려갔다고 나온다.

54 '陜'을『광운』의 '후협절(侯夾切)'과『집운』의 '할협절(轄夾切)'에 따라 '협'으로 썼다.

55 "전임 교위이자 복파장군 부대의 사마(司馬)"의 원문은 "고기교사마(故其校司馬)"이다.『사기』「남월 위타 열전」에 나오는 "이기고교위사마(以其故校尉司馬)"와「공신표」에 나오는 "이복파사마득남월왕(以伏波司馬得南越王)"을 참고하여 옮겼다.『자치통감』에는 "교위사마(校尉司馬)"로 나온다.

56 「공신표」에는 "손도(孫都)"로 나온다.

57 사마정의 주에 따라 '揭'을 '걸(桀)'의 '걸'로 썼다.

58 「공신표」에는 상성후(湘成侯)로 나온다.

59 제1대 남월왕의 성명이 이 편에서는 주로 '조타(趙佗)'와 '타(佗)'로 나오지만 이 부분에만 "위타(尉佗)"로 나온다. 「육고전」과 『사기』 「남월 위타 열전」에는 위 타(尉佗)로 나온다.

60 요(縣)로 알려져 있기도 하다.

61 '추씨(騶氏)'는 제나라 땅의 큰 가문으로 월 부족 사람에게 아주 드문 성씨이므 로 '낙씨(駱氏)'의 오류로 보기도 한다.

62 『사기』 「동월 열전」에는 "파군(鄱君)"으로 나온다.

63 『사기』 「동월 열전」에 "동야(東冶)"로 나온다.

64 『사기』 「남월 위타 열전」에는 "약사(若邪)"로 나온다.

65 「공신표」와 『사기』 「남월 위타 열전」에는 "동성후(東城侯)"로 나온다.

66 「공신표」에 "외석후(外石侯)"로 나온다.

67 원문은 "장좌황동(將左黃同)"이나 「공신표」에 "좌장황동(左將黃同)"으로 나오는 것을 참조하여 옮겼다.

68 반고는 『사기』 「조선 열전」을 계승하여 '만(滿)'으로 기록했으나, 『후한서(後漢 書)』 「동이 열전(東夷列傳)」과 『삼국지(三國志)』 「위서(魏書) 30 동이전(東夷傳)」 에는 위만(衛滿)으로 되어 있다. 한편 『삼국유사(三國遺事)』에는 위만(魏滿)으로 나온다.

69 아래에 이어지는 내용에 따르면 여기에 나오는 연나라는 한 고조가 개국 공신 노관에게 봉했던 연나라를 이른다. 『삼국지』 「위서 동이전」에도 같은 내용이 나 온다. 그러나 『사기』 「조선 열전」에는 "조선왕만자, 고연인야(朝鮮王滿者, 故燕 人也)"라고 하여 전국 시대 연나라 사람으로 나온다. 『후한서』 「동이 열전」에도 "진섭(陳涉)이 봉기하고 천하가 붕괴되어 연나라 사람 위만이 조선으로 피해 갔 다"라고 하여 전국 시대 연나라 사람으로 나온다. 『후한서』 해당 원문은 "진섭 기병, 천하붕괴, 연인위만피지조선(陳涉起兵, 天下崩潰, 燕人衛滿避地朝鮮)"이다.

70 이 기사를 통해 진번이 한사군 설치 이전부터 존재했던 세력이라는 것과 조선 과 이웃해 있었던 것을 알 수 있다. 『사기집해』와 『사기색은』에서는 진번을 요 동에 있던 반한현(番汗縣)에 비정하고 있다.

71 "침공하여 귀속시키고"의 원문은 "약속(略屬)"으로 중국 사서에 드물게 보이는 표현이다. 이 기록은 『위략(魏略)』의 "진개(秦開)가 조선의 서쪽 땅을 공격하여

이천 리 땅을 취했다"라는 기록과 궤를 같이 하고 있다. 기원전 3세기에 활동했던 소진(蘇秦)이 연 문후(燕文侯)에게 조선의 존재를 알린 뒤로 연나라의 위치상 전국 시대 다른 나라보다 조선과 더 자주 접촉했으리라 짐작할 수 있다.

72 '장(障)'은 요새를 이르는 말로 『사기』 「조선 열전」에는 장새(鄣塞)로 나온다. 『한서』의 다른 부분에는 '장(障)' 대신 '장(鄣)'을 쓴 예가 많다.

73 진시황 25년(기원전 222년)의 일이다.

74 『여씨춘추』와 『회남자』 및 『설원』에 따르면 여기에 나오는 '요동'의 기준이 되는 요수(遼水)가 현재의 요하 서쪽에 있는 유수(濡水), 즉 현재의 난하(灤河)를 지칭했을 가능성이 있다. 『당운』에 '인주절(人朱切)'로 나오는 '유(濡)'와 『당운』에 '낙소절(落蕭切)'로 나오는 '요(遼)', 『광운』에 '낙관절(落官切)'로 나오는 '난(灤)'은 발음이 비슷하여 후대에 혼동했을 가능성이 있다.

75 현재 여기에 나오는 '옛 요동 요새'의 정확한 위치는 알 수 없다. 문맥으로 보아 패수에 가까이 있던 전국 시대 연나라의 '장(障)'이었을 것으로 짐작된다.

76 패수의 위치에 대해서는 여러 가지 설이 있다. 『설문해자』에는 "출낙랑루방, 동입해. 일왈, 출패수현(出樂浪鏤方, 東入海. 一曰, 出浿水縣)"이라고 하여 '낙랑 루방에서 발원하여 동쪽으로 흘러 바다로 들어간다'라고 한 데 반해 「지리지」에는 "패수, 출요동새외, 서남지낙랑현, 서입해. 우현명(浿水, 出遼東塞外, 西南至樂浪縣, 西入海. 又縣名)"이라고 하여 '요동의 변경 밖에서 발원하여 서남쪽으로 흘러 낙랑현에 이른 뒤에 서쪽으로 흘러 바다로 들어간다.'라고 했다. 흐르는 방향을 고려하면 『설문해자』와 「지리지」에서 말하는 두 강은 다른 강으로 보인다.

77 노관이 흉노로 망명한 것은 고조 유방이 죽은 해인 기원전 195년의 일이다.

78 진한 교체기를 이른다.

79 『사기집해』에서는 서광의 말을 인용하여 "창려(昌黎)에 험독현(險瀆縣)이 있다." 라고 했고, 『사기색은』에는 응소가 「지리지」를 인용한 '요동의 험독현'이란 주와 함께 "왕험성은 낙랑군 패수의 동쪽에 있었다."라는 신찬의 말을 함께 싣고 있다. 이에 따르면 왕험은 요동에 있는 지명이다. 『수서(隋書)』와 『신당서(新唐書)』에서는 평양으로 비정하고 있다.

80 혜제 유영(劉盈)이 열여섯 살에 즉위한 기원전 195년부터 고후, 즉 여 태후가 섭정하기 시작했다. 여 태후는 혜제가 죽은 뒤에 그 두 아들이라고 알려진 유공(劉恭)과 유홍(劉弘)을 소제라고 부르며 기원전 180년까지 섭정했다.

81 한나라에서 '외신(外臣)'으로 칭한 나라는 남월과 조선이었다. 한나라에서는 '외신'과 '번신'을 구별했는데, '외신'은 독립 정권으로 한나라에 복속한 나라를 칭했다. 이에 대해 '번신'은 제후국으로 봉해진 나라였다.

82 "작은 성읍 국가"의 원문은 "소읍(小邑)"이다. 문맥으로 보면 진번과 임둔은 작은 성읍 국가인 '소읍(小邑)'이 아니었음을 알 수 있다. '邑'은 춘추 시대까지는 제후국을 뜻하는 말이었으나 그 뒤로 작은 성읍을 이르는 말이 되었다.『사기 색은』에 임둔은 동이(東夷)의 '소국(小國)'으로 나중에 군(郡)을 두었다고 나온다. 군(郡)은 현재 중국의 성(省)과 비슷한 규모이므로『사기색은』에서 말하는 '國'은 자치권을 행사하는 나라를 이른다고 볼 수 있다.

83 "진번과 진국"의 원문은 "진번, 진국(眞番, 辰國)"인데,『사기』「조선 열전」에는 '진번 주위의 여러 나라'라는 뜻의 "진번방중국(眞番旁衆國)"으로 나온다. 안사 고는 '진(辰)'을 진한국(辰韓國)이라고 했다.

84 "조선의 장수를 죽였다."의 원문은 "살조선장(殺朝鮮將)"인 데 반해 바로 위에 나오는 "조선의 비왕(裨王) 장(長)을 찔러 죽이고"의 원문은 '자결…… 조선비왕장(刺殺…… 朝鮮裨王長)'이다. 이에 대해『사기정의』를 지은 장수절은 '장(長)'을 비왕의 이름이 아닌 장수의 이름으로 보았다. 그러나 장수절의 논의에 따르면 섭하는 조선의 비왕과 장수를 죽이고도 황제에게 보고할 때는 비왕을 죽인 것을 숨긴 것이 된다. 섭하는 이 사건으로 요동 동부 도위 벼슬까지 받았으니 장수보다 높은 비왕을 죽인 일을 숨길 필요가 없었을 것이다. 따라서 이 설을 따르기 어렵다.

그런데 '비왕(裨王)'은『사기』와『한서』의 흉노 관련 기사에 자주 나오는 용어로 '소왕(小王)' 또는 '소비왕(小裨王)'과 같은 말로 쓰였다. 흉노의 '왕'은 관직 이름이었으며 전쟁이 나면 군대를 거느렸다. 그러므로 한나라 사신 섭하가 조선의 비왕을 흉노에서처럼 장수로 이해했을 가능성과 조선의 비왕이 장수를 겸했을 가능성을 생각해 볼 수 있다.

85 「지리지(地理志)」에 따르면 요동군(遼東郡) 무차현(武次縣)에 요동 동부 도위의 치소(治所)를 두었다.

86 『사기』「조선 열전」에는 발해(渤海)로 나온다.

87 『사기』「조선 열전」에는 졸정(卒正) 다(多)로 나온다. 왕선겸은 졸정을 직함으로 보았다.

88 "천자가 공손수를 주살했다."의 원문은 "천자주수(天子誅遂)"이다. 그런데 좌장군의 말을 듣고 누선장군을 결박시킨 뒤에 두 장군의 부대를 합하게 한 사실을 보고한 뒤에 공손수가 주살당한 것은 문맥으로 봐서 통하지 않는다. 앞에서 황제가 공손수에게 상당한 재량권을 준 것으로 나오고, 바로 뒤에 이어지는 내용에서 좌장군이 통합한 두 부대를 거느리고 맹렬하게 조선을 공격했다고 한 것으로 보아 먼저 두 부대를 통합시키고 뒤에 결재를 올린 것에 대해 황제가 허락한 것으로 보는 것이 더 마땅하므로 후대의 필사 과정에서 '許'가 '誅'로 바뀐 것이라고 보는 설이 있다.

그런데 『사기』 「조선 열전」의 찬에는 공을 다툰 죄로 좌장군 순체가 공손수와 함께 주살당했다고 나오기 때문에 '許'가 '誅'로 바뀐 것이 아니라는 설도 있다. 그러나 이 부분의 원문인 "순체쟁로, 여수계주(荀彘爭勞, 與遂皆誅)"는 장안에 돌아간 뒤에 순체가 공손수와 함께 처형되었다는 사실을 전하고 있으므로 앞서 말한 '許'가 '誅'로 바뀌었다는 설을 뒷받침 만한 근거가 될 수 없다.

89 『사기』 「조선 열전」에는 한음(韓陰)으로 나온다.

90 『동사강목』 부록 상권 상 「고이(考異)」에 따르면 '이계(尼谿)'는 '예(濊)'의 반절음(反切音)이다. 『성호사설(星湖僿說)』 제19권 「경사문(經史門) 우거(右渠)」에도 '예지음와야(濊之音訛也)'라고 하여 '이계'를 '예'로 보았다.

91 응소는 이들이 다섯 사람이라고 했지만 안사고는 네 사람으로 보았다. 뒤에 이어지는 논공행상 기사로 보아 네 사람이 옳다. 『광운』에 『사기』 「조선 열전」에 나오는 조선 사람의 이름에 쓴 '陜'을 '協'으로 읽어야 한다고 했다.

92 "새로 관리를 고쳐 임명했다."의 원문은 "복개리(復改吏)"인데 "복공리(復攻吏)" 와 "복정리(復政吏)"로 기록된 판본도 있다.

93 「공신표」에는 '장격(張陥)'으로 나온다. 안사고는 '陥'을 '각(峇)'의 '각'으로 읽기도 한다고 했다. 한편 같은 인물에 대해 『사기』 「조선 열전」에 장(長)으로, 『사기』 「건원이래후자연표(建元以來侯者年表)」에 장격(張陥)으로 나오는 것으로 보아 『한서』가 『사기』의 기록을 비판 없이 계승하고 있다고 하겠다.

94 여기에는 사군의 이름이 나와 있으나, 『사기』 「조선 열전」에는 나와 있지 않으며, 「지리지」에도 낙랑과 현도만 나와 있는데, 낙랑은 원봉 3년에, 현도는 원봉 4년에 설치한 것으로 되어 있다. 또 「오행지」에는 조선에 삼군을 설치했다고 나온다.

95 '澅'를 『집운』의 '胡麥切'의 '劃', 안사고의 '獲'에 따라 '획'으로 새겼다. 안사고는 '澅'을 '호괘반(胡卦反)'의 '홰'로 읽기도 한다고 했다. 「공신표」에 "참이 천한(天漢) 2년에 조선망로(朝鮮亡虜)를 숨긴 죄로 하옥되었다가 병사했다."라고 나온다. '망로'는 '망한 나라의 포로'를 이른다. 획청은 지금의 산동성 임치(臨淄) 부근이다.

96 '苴'를 안사고의 '千餘反'에 따라 '처'로 새겼다. 「공신표」와 『사기』 「조선 열전」에는 적처(荻苴)로 나온다. 적처는 지금의 산동성 경운(慶雲)이다.

97 평주는 지금의 산동성 내무(萊蕪)이다.

98 「공신표」에 "원봉 3년에 조선 왕자 장격(張路)을 기후에 봉했는데, 원봉 6년에 조선 사람을 모반하게 하여 격사(格死)했다."라고 나온다. '격사'는 '법에 따라 죽이다'의 뜻으로 보인다.

99 『사기』 「조선 열전」에는 온양(溫陽)으로, 「공신표」에는 열양(涅陽)으로 나온다. 열양은 하남성 남양시(南陽市) 진평(鎭平)이다.

100 『사기』 「조선 열전」에는 '열수(洌水) 하구'라는 뜻의 '열구(洌口)'로 나온다. 산동 반도를 떠나 발해를 거쳐 상륙했으므로 열수는 지금의 요령성 또는 하북성에 있는 강이리라 하겠다.

101 문제(文帝)를 이른다.

102 원문은 "초휴이례, 회원이덕(招攜以禮, 懷遠以德)"으로 『춘추좌씨전』에 관중이 제 환공을 설득하는 말로 나온다.

66 | 서역전 상 西域傳 上

1 여기에서는 천산 이남과 곤륜산 이북, 파미르고원 이동 지역에 오손의 유목지를 포함하는 지역을 이른다.

2 안사고는 사마표(司馬彪)의 『속한서(續漢書)』를 인용해 애제와 평제 때에는 서역에 쉰다섯 나라가 있었다고 했다.

3 이 두 산 중에서 남쪽 산은 곤륜산이고 북쪽 산은 천산이다.

4 타림강을 이른다.

5 총령은 현재의 파미르고원을 이른다.

6 여기에서 '중국하'는 황하를 가리킨다. 한나라 사람들은 적석산에 황하의 발원
   지가 있다고 생각했으나 당나라 이후로 이 설이 틀렸다는 것을 알게 되었다.

7 『당운』의 '토도절(土刀切)', 『집운』과 『고금운회거요』, 『홍무정운』의 '타도절(他
   刀切)' 및 안사고의 '토고절(土高切)'에 따라 '洮'를 '토'로 썼다.

8 주천에 군을 설치한 연대가 각종 사서에 여러 가지로 기록되어 있는데 대체로
   원수 2년으로 보고 있다.

9 안사고가 '서건'을 지명으로 본 이래로 '북서건'을 '서건'의 북쪽으로 여겨 왔으
   나 1990년에서 1992년에 발굴된 감숙성 현천(懸泉) 목간에서 '北'자가 '比'의 오
   류였음이 밝혀졌다.

10 '姁'를 안사고의 주에 따라 '이서반(而遮反)'의 '여'로 썼다.

11 '호(胡)와 관계를 끊고 한나라에 귀부한다'라는 뜻으로 지은 명칭이다.

12 '且'를 안사고의 주에 따라 '자여반(子餘反)'의 '저'로 썼다.

13 단도의 일종으로 던져서 상대에게 꽂히도록 하는 무기이다.

14 「소제기」와 「부개자전」에는 안귀(安歸)로 나온다. 「부개자전」에 있는 "누란왕안
   귀상위흉노간(樓蘭王安歸嘗爲匈奴間)"이란 구절에서 '일찍이'란 뜻의 '嘗'자를
   잘못 가져다 쓴 것으로 보인다.

15 지금의 박사등호(博斯騰湖)를 이른다.

16 '鳥'를 『집운』의 '아(鴉)'로, '秅'는 『당운』의 '차(茶)'로 썼다. 후한(後漢) 시대 학
   자 정씨(鄭氏)가 '안나(鸚拏)'로 읽은 것에 대해 안사고는 '아차(鳥秅)'를 빨리
   읽으면 '안나'처럼 들리지만 정확한 음이 아니라고 했다.

17 안사고는 천독국(天篤國)과 연독국(捐毒國), 연독국(身毒國)이 음역의 차이일 뿐
   같은 나라를 부르는 이름이라고 했다. 흔히 천축국이라고 음역한다.

18 여기에 자합국(子合國)의 이름이 나오지만 「서역전」 안에 따로 소개되지는 않
   는다. 범엽(范曄)은 『한서』에서 서야국과 자합국을 같은 나라로 오인하고 있다
   고 하면서 『후한서』 「서역전」에 두 나라의 사정을 "서야국, 일명표사…… 자합
   국…… 승병천인(西夜國, 一名漂沙…… 子合國…… 勝兵千人)"이라고 소개했다.
   그런데 『한서』에서 설명한 서야국의 사정은 『후한서』 「서역전」의 자합국 사정
   과 일치한다.

19 묘안석(猫眼石) 또는 다이아몬드로 알려진 보석이다.

20 서송(徐松)은 용굴왕이 계빈국 왕에 복속한 왕이라고 했다. 강거국 왕의 휘하에

도 다섯 왕이 있었다.

21 다섯 갈래로 야경을 도는 것은 밤이 오경으로 나뉘어 있었기 때문이다.

22 경사 구간을 이르는 '阪'을 『광운』의 '부판절(扶板切)'과 『집운』의 '부판절(部版切)'에 따라 '반'으로 썼다.

23 여기에서 말하는 여러 증세는 고산병의 증상을 나타낸다.

24 안사고의 '거련절(鉅連切)' 또는 '거언절(鉅言切)'에 따라 '건'으로 썼다. 『광운』과 『집운』에는 '거한절(居閑切)'의 '간'으로 나온다. 『사기』 「대원열전」에는 여건(黎軒)으로 나온다. 『후한서』 「서역전」에 대진(大秦)의 다른 이름이 여건(黎鞬)이라고 되어 있다.

25 왕념손은 당시에 유통되던 판본에는 '대(大)'자가 빠져 있다고 하면서 마작(馬爵)을 타조와 비슷한 조류로 보았다.

26 '嬀'를 『광운』, 『집운』, 『고금운회거요』, 『홍무정운』의 '거위절(居爲切)'에 따라 '귀'로 썼다. '귀수'는 아랄해로 흘러드는 아무다리야강을 이른다.

27 '肸'을 『당운』의 '희을절(羲乙切)', 『집운』, 『고금운회거요』, 『홍무정운』의 '흑을절(黑乙切)'에 따라 '흘'로 썼다.

28 『후한서』에 도밀흡후(都密翕侯)로 나온다.

29 강거국은 지금의 카자흐스탄 남부, 시르강 유역에 있던 나라였다. 도읍은 비전성이었으나 겨울 도읍 '낙월익지', 여름 도읍 '번내'가 따로 있었다. 현재 이 세 도읍지의 정확한 위치는 알려져 있지 않다.

30 여기에서 말하는 '북해'는 '이해(里海)'라고도 부르는 지금의 카스피해이다.

31 안사고의 주에 따라 '奧'를 '어육반(於六反)'의 '욱'으로 썼다.

32 부피를 재는 단위로 열 두(斗)가 한 석(石)이다.

33 안사고의 주에 따라 '槐'를 '회(回)'로 썼다.

34 "소륵국에 닿는다."의 원문은 "지소륵(至疏勒)"인데 문맥으로 보아 소륵국까지의 거리를 빠뜨린 것으로 보인다.

35 오손국 곤미 옹귀미의 요구에 따라 옹귀미에게 시집을 갔던 한나라 공주 유해우(劉解憂)를 이른다.

36 여기에 나오는 사거왕은 장안에서 만년을 만난 적이 있다.

37 '徵'을 『집운』, 『고금운회거요』의 '지릉절(知陵切)'에 따라 '증'으로 썼다.

38 「풍봉세전」과 『자치통감』에는 사거왕이 공격을 받고 자결한 것으로 나온다.

1 '곤미(昆彌)'는 오손의 통치자 칭호로서 '곤모(昆莫)'라고도 하는데, 「오손전」에도 이 두 가지 칭호가 섞여서 나타난다.

2 '번내'는 강거국의 여름 수도인 비전성이 있는 지역을 가리킨다.

3 "송진"의 원문은 "송문(松樠)"이다. 『설문해자』에는 '문(樠)'을 송심목(松心木)이라고 했는데, 이를 두고 단옥재(段玉裁)는 송심, 즉 '소나무 속'이 잘못 적힌 것이라고 했다. 여기에서는 이 설을 따랐다. 송진을 이르는 '樠'은 '문(門)'과 음이 같다. 한편 '樠'을 나무 이름으로 옮기기도 하는데 『좌전』에 나오는 '낭목(樠木)'은 낭유수(欁楡樹)의 다른 이름으로, 낭유수는 활엽 교목으로 따뜻한 곳에서 자란다. 여기에서 말하는 '樠'을 나무 이름이라고 보기도 하는데 오손의 기후가 한랭했으므로 낭유수와 다른 나무로 보인다.

4 「서역전」에 따르면 이때 색왕이 지금의 카슈미르 지방에 있었던 계빈(罽賓)까지 이동했다고 나온다.

5 장건이 오손에 출사한 것은 원봉 연간의 일이다. "무제가 즉위하여"의 원문은 "무제즉위(武帝即位)"이다. '즉위(即位)'에 '즉위' 외의 다른 뜻이 없으므로 여기에 나오는 무제가 즉위하여 장건을 오손에 보냈다고 한 것은 이치에 맞지 않다.

6 대록은 오손국의 벼슬 이름이다.

7 안사고의 주에 따라 '岑'을 '사림반(仕林反)'의 '심'으로, '陬'는 '자후반(子侯反)'의 '주'로 썼다. 『사기』 「대원 열전」에는 '심취(岑娶)'로 나온다.

8 『사기』 「대원 열전」에는 곤모까지 공격하려고 했다고 나온다.

9 "왕과 가까운 귀인"의 원문은 "왕좌우귀인(王左右貴人)"인데, '왕'을 '곤미'로 보고 옮겼다.

10 원문은 "오가가아혜천일방, 원탁이국혜오손왕. 궁려위실혜전위장, 이육위식혜낙위장. 거상토사혜심내상, 원위황곡혜귀고향(吾家嫁我兮天一方, 遠託異國兮烏孫王. 穹廬爲室兮旃爲牆, 以肉爲食兮酪爲漿. 居常土思兮心內傷, 願爲黃鵠兮歸故鄉)"이다.

11 「흉노전」에는 오손국에서 소제에게 흉노가 거연과 악사 지방을 침입했던 일과 한나라 공주를 보내 달라고 요구했던 사정을 알렸다고 나온다.

12 「흉노전」에 "려우(犂汙)"로 나온다.

13 옹귀미의 장남으로 유해우가 낳았다.

14 유상부는 유해우 동생의 딸이다.

15 니미가 장성하면 곤미로 세우게 한 군수미와 옹귀미 사이에 있었던 약조를 이른다.

16 맹강의 주에 따르면 비제후정은 백룡퇴(白龍堆)에 있었는데 물이 계속 솟아 나와 여섯 군데에서 인공 물길로 흘러 나갔다고 한다.

17 원제 때에 차사전국(車師前國)에 무교(戊交)와 기교(己交) 부대를 주둔시키고 무기교위를 두었다.

18 "고막닉 등에게 황금 스무 근을 내려 주었다."의 원문은 "사고막닉등금인이십근(賜姑莫匿等金人二十斤)"이므로 '고막닉 등에게 금인(金人) 스무 근을 내려 주다'가 된다. 그러나 '금인'은 제천 의식에 쓰던 귀한 물건이므로 서역도호가 고막닉 등에게 내려 줄 만하지 않다. 그러므로 '사고막닉등인금이십근(賜姑莫匿等人金二十斤)'으로 번역했다.

19 "선선의 여러 부족"의 원문은 "선선제국(鄯善諸國)"이다. 여기에서는 '국(國)'을 성곽 국가 선선국에 속한 여러 부족'으로 옮겼다.

20 당시의 승상은 劉굴리(劉屈氂), 어사대부는 상구성(商丘成)이었다.

21 '捷'의 음을 『광운』의 '질엽절(疾葉切)'에 따라 '접'으로 썼다.

22 「윤대죄기조(輪臺罪己詔)」로 알려진 글이다. 『자치통감』 「한기」 제14권에 실린 내용과 조금 차이가 있다. 중국의 제왕이 자신을 반성한 조서를 '죄기조'라고 한다. 우임금과 탕왕, 주 성왕, 진 목공, 한 무제, 당 덕종, 송 휘종, 청 세조가 '죄기조'를 남겼다.

23 반고가 거려성을 설명한 부분에는 거려성 서쪽으로 580리를 가면 구자국에 닿는다고 했다.

24 송나라 학자 유봉세(劉奉世)는 간당국(乾當國)이 간당곡(乾當谷)의 오류라고 주장했다. '乾'의 음을 안사고의 주에 따라 '干'의 '간'으로 썼다.

25 안사고의 주에 따라 '呾'을 '뎡홀반(丁忽反)'의 '돌'로 썼다.

26 안사고는 산국 사람들이 주로 산 아래 거주하면서 성을 쌓지 않는다고 했다.

27 '면형죄인'은 형구(刑具)를 벗고 복역 중인 죄수를 이른다. 「선제기」와 「조충국전」에 나오는 '도이형(徒弛刑)'과 비슷한 말로 보인다.

28 '오선로(五船路)'로 알려진 비단길의 한 갈래이다. '이오도(伊吾道)' 또는 '신도

(新道)', '북신도(北新道)'로도 불린다. 수나라 때에 재개통할 때까지 막혔다 뚫렸다를 계속했다. '오선'의 현재 위치는 정확하게 알려지지 않고 있다.

29 '隊'의 음을 안사고의 주에 따라 '자후반(子侯反)'의 '주'로 썼다.

30 당두는 여강(婼羌)의 왕이었는데 흉노에 투항했다가 뒤에 한나라에 투항했다.

31 '置'를 『홍무정운』의 '지의절(知意切)', '지(智)'의 '지'로 썼다.

32 「왕망전」에 따르면 건국 원년 가을에 오위장 왕기(王奇) 등 열두 명을 서역에 보내 서역의 왕을 모두 후(侯)로 바꾸어 봉하게 했다.

33 'ㄱ'의 원음은 『집운』, 『고금운회거요』, 『홍무정운』의 '뎡료절(丁聊切)' '됴'일 것이나 관례에 따라 '조'로 썼다.

34 열루성은 서역도호부가 있던 오루에 쌓은 성이다. 오루성의 다른 이름으로 이해할 수 있다.

35 "죽게 될 것이다."의 원문은 "요사(要死)"이다. 「흉노전」에는 같은 부분에서 '모두 죽게 될 것이 두렵다'라는 뜻의 "공병사(恐幷死)"로 되어 있다.

36 안사고의 주에 따르면 '劉'는 '剟'의 오류이다. '剟'의 음은 '자소반(子小反)'의 '조'이다.

37 왕망이 죽은 때는 경시 원년(기원후 23년)이다.

38 왕념손은 '서포(犀布)'가 '서상(犀象)'의 오류라고 주장했다.

39 "서융 지역에 차등을 두어 조공을 받았다."의 원문은 "서융즉서(西戎即序)"로 『상서』「우공」에 나오는 내용이다.

67 | 외척전 상 外戚傳 上

1 우임금이 도산씨 부족의 왕녀를 맞이하여 계(啟)를 낳았다.

2 유시씨(有施氏) 부족의 왕녀이다. 탕왕에게 쫓겨난 걸왕과 남소(南巢)에서 죽었다.

3 '娀'의 음을 『광운』의 '식궁절(息弓切)', 『집운』, 『고금운회거요』의 '사융절(思融切)', 『홍무정운』의 '식중절(息中切)'에 따라 '崇'의 '숭'으로 썼다. 유숭씨 부족의 왕녀 간적(簡狄)은 제비 알을 삼킨 뒤에 설(卨)을 낳았다.

4 유신씨 부족의 왕녀로 탕왕의 왕비가 되었다.

5 유소씨(有蘇氏) 부족의 왕녀이다.

6   강원은 유태씨(有邰氏) 부족의 왕녀로 제곡(帝嚳)의 비가 되어 후직(后稷)을 낳
    았다. 태임은 문왕의 생모이고 태사는 무왕의 생모이다.

7   『논어』「위 영공」의 "인능홍도 비도홍인(人能弘道, 非道弘人)"과 『논어』「헌문」에
    나오는 "도지장흥, 명야. 도지장폐, 명야(道之將興, 命也. 道之將廢, 命也)"가 출전
    이다.

8   출전은 『논어』「자한」에 나오는 "자한언리여명여인(子罕言利與命與仁)"이다.

9   출전은 『논어』「공야장」에 나오는 "부자지문장가득이문야, 부자지언성여천도불
    가득이문야이의(夫子之文章可得而聞也, 夫子之言性與天道不可得而聞也已矣)"이다.

10 안사고의 주에 따라 '單'을 '선(善)'의 '선'으로, '父'를 '보(甫)'의 '보'로 썼다.

11 『사기』「여 태후 본기」에 따르면 검둥개같이 생긴 물체가 여 태후의 겨드랑이
    쪽에 부딪힌 뒤에 겨드랑이가 아프기 시작한 것이 화근이 되어 죽었다.

12 회양왕(淮陽王)을 잘못 쓴 것이다. 효혜제 후궁의 아들인 유무(劉武)를 이른다.

13 "신첩의 가슴에 앉았습니다."의 원문은 "거첩흉(據妾胷)"이다. 『사기』「외척 세가」
    에는 '검은 용이 배에 앉다'라는 의미의 '창룡거오복(蒼龍據吾腹)'으로 나온다.

14 안사고는 장공주를 공주 중에서 나이가 많은 공주로 해석했다. 그러나 후한 말
    기의 학자 채옹(蔡邕)이 『사기』「효무 본기」에 주를 달기를 "황제의 딸은 공주
    라고 하여 열후와 같이 대우하고, 황제의 누이는 장공주라고 하여 제후왕과 같
    이 대우한다."라고 했다. 이 제도에 따르면 황제의 고모는 대장공주가 된다. 서
    한 시대에는 이 제도가 정착하기 전이었으므로 황제의 딸에게도 장공주라는 칭
    호를 내린 것으로 보인다.

15 바로 뒤에 100명이 넘는 사람이 함께 작업했다는 말이 나오는 것으로 보아 원
    석을 채굴하여 탄을 만드는 일을 한 것으로 보인다.

16 두 태후는 황후와 황태후 자리에 마흔다섯 해 동안 있었으므로 쉰한 해라고 한
    것은 잘못이다. 또 원광 6년은 건원 6년의 잘못된 표기이다.

17 항우가 책봉한 연왕이다.

18 '미인'은 후궁의 칭호이다.

19 광천 혜왕(廣川惠王) 유월(劉越), 교동 강왕(膠東康王) 유기(劉寄), 청하 애왕(淸
    河哀王) 유승(劉乘), 상산 헌왕(常山憲王) 유순(劉舜)이다.

20 「영행전」에 나오는 인물이다.

21 『사기』「외척 세가」에는 '서다'의 '입(立)'이 '울다'의 '읍(泣)'으로 되어 있다.

22 수성군의 딸은 회남왕 유안의 태자비로 갔으며, 아들은 장안 현령 의종(義縱)에게 체포된 적이 있다. 「혹리전」에는 '중(中)'으로 나온다.

23 「공신표」에는 '진계수(陳季須)'로 나온다.

24 원문은 "북방유가인, 절세이독립, 일고경인성, 재고경인국. 영부지경성여경국, 가인난재득(北方有佳人, 絕世而獨立, 一顧傾人城, 再顧傾人國. 寧不知傾城與傾國, 佳人難再得)"이다.

25 어린 소제를 키운 소제의 큰누나이다.

26 "아들의 빈객"의 원문은 "자객(子客)"이다. 이 말을 '빈객'의 구어체인 '객자(客子)'로 보기도 한다.

27 『논어』「이인(里仁)」에 나오는 "인지과야, 각어기당. 관과사지인의(人之過也, 各於其黨. 觀過斯知仁矣)"가 그 출전이다. 자로가 예법에 맞지 않는 일을 하기는 했지만 공자는 누나에 대한 정을 나타낸 것이니 인(仁)을 실천한 것으로 보았다.

28 「병길전」의 병길과 동일 인물이다.

29 '嫗'를 『광운』의 '의우절(衣遇切)', 『집운』과 『고금운회거요』의 '위우절(威遇切)', 『홍무정운』의 '의구절(依句切)'에 따라 '우'로 썼다.

30 안사고의 주에 따르면 봉명의 원래 이름은 광명(廣明)이었다.

31 환관을 통솔하는 환자령(宦者令)의 보좌역이다.

32 장안세는 소제 원봉 원년에 상관걸 등의 모반이 실패로 돌아간 뒤에 곽광의 천거를 받아 우장군이 되었다. 여기에서 소제가 스무 살이던 원봉 6년 이야기를 한 것은 몇 달 뒤에 후사 없이 세상을 떠나 새로운 황제를 옹립해야 하는 일의 복선을 서술한 것이다.

33 안사고의 주에 따라 '歐'를 '오구반(烏溝反)'의 '우'로 썼다.

34 "사람이 재주가 없다"의 원문은 "하인(下人)"인데, 안사고의 주에 따르면 판본에 따라 '人' 자가 빠진 경우도 있었다고 한다.

35 원문에는 '명년(明年)'이라고 나오는데 여기에서는 선제가 새 연호를 쓴 다음해로 보았다.

36 선제는 소제가 죽은 원평 원년(기원전 74년) 7월에 즉위했다. 허평군은 그해 11월 황후에 즉위했다가 선제 본시 3년 정월에 세상을 떠났다. 그러므로 선제 본시 원년부터 쳐야 세 해 만에 죽은 것이 된다.

37 안사고의 주에 따르면 당나라 때는 소릉(小陵)이라고 불렸으며 두릉에서 18리

떨어져 있었다.

38 곽산과 곽운은『한서』안에서 곽거병의 손자로 서술되기도 하고 아들로 서술되
기도 한다.

39 "두릉 가까이에 장사 지내고"의 원문은 "합장두릉(合葬杜陵)"이다. 여기에서 '합
장'은 두릉에 함께 묻은 것이 아니라 그 바로 옆에 묻은 것을 이른다.

67 | 외척전 하 外戚傳 下

1 양평경후(陽平頃侯) 왕금(王禁), 왕금의 아들인 양평경후(陽平敬侯) 왕봉(王鳳),
안성후(安成侯) 왕숭(王崇), 평아후(平阿侯) 왕담(王譚), 성도후(成都侯) 왕상(王
商), 홍양후(紅陽侯) 왕립(王立), 곡양후(曲陽侯) 왕근(王根), 고평후(高平侯) 왕
봉시(王逢時), 안양후(安陽侯) 왕음(王音), 신도후(新都侯) 왕망(王莽)을 이른다.

2 다섯 명의 대사마는 왕봉, 왕음, 왕상, 왕근, 왕망을 이른다.

3 무제의 손아래 처남인 위청(衛靑)의 세력이 무제의 외삼촌이었던 갑후 왕신(王
信)보나 커졌다가 위씨 일족이 주살당한 일을 이른다.

4 이때는 하평 원년으로 기원전 28년이었다.

5 「오행지」 하지하(下之下)에 따르면 유향과 곡영이 아닌 두흠과 곡영이 상소했
다. 유향과 곡영이 함께 상소를 올린 것은 원연 원년의 일이다.

6 경녕은 원제의 마지막 연호로 기원전 33년 한 해만 썼다.

7 황룡은 선제의 마지막 연호로 기원전 49년 한 해만 썼다.

8 선제 허 황후의 아버지인 평은대후(平恩戴侯) 허광한(許廣漢)을 이른다. 이 글을
쓴 성제의 허 황후에게는 할아버지가 된다.

9 낙성경후(樂成敬侯) 허연수(許延壽)를 이른다. 허연수는 허광한의 동생이자 성
제 허 황후의 아버지인 허가의 생부이다. 허가는 허광한의 대를 이어 평은공후
(平恩共侯)가 되었다.

10 선제의 후궁으로 선제가 죽은 뒤에 선제의 능인 두릉에서 살았다.

11 「곡영전」에는 곡영의 주장을 들어 허 황후를 책망했다고 나온다.

12 「성제기」에는 건시 원년 정월 기사에는 영실(營室)에 혜성이 나타났다고 나온
다. 「곡영전」에는 건시 원년 정월에 동쪽에서 백기가 보였다고 나온다.

13 「성제기」 건시 원년 9월 무자일 기사에 이 내용이 나오는데, 유성의 꼬리가 구불구불한 것이 뱀을 닮았다고 했다.

14 「성제기」에 따르면 건시 2년 3월의 일이다.

15 「성제기」에 따르면 건시 3년 7월의 일이다.

16 여기에 나오는 5월은 2월이 되어야 옳다. 「오행지」에는 하평 원년 2월 경자일에 태산 산상곡(山桑谷) 연(鷰)새가 둥지를 태웠다고 나온다.

17 원문은 "조분기소, 여인선조, 후호도, 상우우역, 흉(鳥焚其巢, 旅人先咲, 後號咷, 喪牛于易, 凶)"으로 『역』 '여괘(旅卦)' 상구(上九)의 효사이다. 「오행지」에 '임금이 포학하면 새가 스스로 둥지를 불사른다.'라는 『경방역전(京房易傳)』의 "인군포학, 조분기소(人君暴虐, 鳥焚其舍)" 해설이 전한다. 『산해경』 등의 문헌을 참고할 때 상(商) 부족의 7대 부족장 왕해(王亥)가 유역국(有易國)에서 소를 빼앗긴 사건을 기술한 것으로 보인다.

18 원문은 "고종융일, 월유구치, 조기왈, 유선가왕정궐사(高宗肜日, 粵有雊雉, 祖己曰, 惟先假王正厥事)"로 『상서』 「상서(商書)」 '고종융일'에는 "유선격왕정궐사(惟先格王正厥事)"로 나온다. 고종은 무정(武丁)을 이른다.

19 원문은 "수휴물휴, 유경오형, 이성삼덕(雖休勿休, 惟敬五刑, 以成三德)"으로 『상서』 「주서」 '여형(呂刑)'에 나온다. 안사고는 「곡영전」에 이 구절이 나온다고 했지만 현재 전하는 「곡영전」에는 나오지 않는다.

20 원문은 "이약실지자, 선(以約失之者, 鮮)"으로 『논어』 「이인」에는 "이약실지자, 선의(以約失之者, 鮮矣)"로 나온다.

21 원문은 "노인위장부, 민자건왈, 잉구관여지하, 하필개작(魯人爲長府, 閔子騫曰, 仍舊貫如之何, 何必改作)"으로 『논어』 「선진」에 나온다. 이 구절에 대해서는 역대 학자의 해석이 분분하다. 특히 '노인(魯人)'에 대해 '노 소공(魯昭公)' 설과 '계씨(季氏)' 설이 있고, '장부(長府)'에 대해 '노 소공의 공부(公府)' 설과 '재물을 보관하던 창고' 설이 있다. 한편 정약용은 '장부(長府)'를 화폐 제도로 간주했다. 공자는 민자건의 이 말을 듣고 평소에 과묵한 민자건이 한번 입을 열면 이치에 맞는 소리만 한다고 칭찬했다. 민자건은 공자보다 열다섯 살 아래로, 노 소공 6년에 태어났는데, 노 소공이 계씨에게 죽임을 당했을 때 스물여덟 살이었다.

22 원문은 "수무로성인, 상유전형. 증시막청, 대명이경(雖無老成人, 尙有典刑. 曾是莫聽, 大命以傾)"으로 『시경』 「대아」 '탕'에 나온다.

23 "무슨 불길한 일이 있겠습니까"의 원문은 "원하부장(爰何不臧)"이다. '爰'는 '于'와 통한다. 『시경』 「소아」 '시월지교'에 "피월이식, 즉유기상, 차일이식, 우하부장(彼月而食, 則維其常, 此日而食, 于何不臧)"이 나온다.

24 평안후(平安侯) 왕순(王舜)의 아들인 왕장(王章)을 이른다.

25 허단은 허가의 손자이다.

26 연릉은 성제의 능이다.

27 반 접여는 반고의 고모할머니이다.

28 한나라 황궁의 비빈 거처였던 후궁(後宮)은 여덟 구역이 있었는데 증성사는 세 번째 구역이었다.

29 진작은 반 접여가 아들을 낳았던 별관의 이름을 반 접여가 지은 부(賦)에서 찾아 양록관(陽祿館)과 자관(柘館)이라고 지목했다.

30 안사고는 「요조(窈窕)」, 「덕상(德象)」, 「여사(女師)」는 『시』 안에 들어 있는 작품 이름이 아니라 여자들이 행실을 닦기 위해 읽어야 할 책이라고 설명했다.

31 원문은 "사생유명, 부귀재천(死生有命, 富貴在天)"으로 『논어』 「안연」에 나온다.

32 「자상부(自傷賦)」 또는 「자도부(自悼賦)」라고 불리는 작품이다. 반 접여의 작품으로 알려진 「원가행(怨歌行)」은 '반 접여 열전'에 실리지 않았다. 『문선』에 실려 있는 「원가행」은 「단선가(團扇歌)」라고도 한다.

33 '보사'와 '염처'를 같은 인물로 보기도 한다. 이에 관해 「곡영전」에 주를 달아놓았다.

34 안사고의 주에 따르면 여기에 나오는 궁인은 황궁이 아닌 궁에서 부리는 관비를 이른다.

35 영시 원년 4월에 조림을 성양후에 봉했고 6월에 조 황후를 책립했다.

36 성제는 수화 2년 3월 18일에 붕어했다. 여러 달에 걸친 조사가 끝난 뒤 애제 원년 정월에 올린 상소이다.

37 '涿'은 『당운』, 『집운』, 『고금운회거요』, 『홍무정운』의 '죽각절(竹角切)'에 따라 '작'으로 써야 할 것이나 관례에 따라 '탁'으로 썼다.

38 진작(晉灼)은 허씨를 황후로 거론된 적이 있는 허 미인으로 보았다. 허 미인이 폐위된 허 황후의 친척인지는 밝혀지지 않았다.

39 "정말 알 수 없구나."의 원문은 "수불가효야(殊不可曉也)"이다. 안사고는 '그렇다면 더 말해 줄 수 없다'로 옮겼다.

40 성도후는 왕상(王商)이고 평아후는 왕담(王譚)이다.

41 곡양후(曲陽侯) 왕근(王根)을 가리킨다.

42 노 엄공, 곧 노 장공이 죽었을 때 애강과 사통하던 경보(慶父)가 후사로 옹립된 공자(公子) 반(般)을 살해했다. 경보는 노 민공(魯閔公)으로 즉위한 노 장공의 아들 계방(啓方)도 죽였다. 「오행지」에 관련 내용이 나온다.

43 "형제자매"의 원문은 "동산(同産)"이다. 바로 위에 나오는 「허 황후전」에 친족이 산양군으로 유배되었고, 남동생 허단은 봉토로 돌아갔다고 나온다.

44 성양후는 조 황후의 아버지인 조림에게 봉해졌다. 전대흔(錢大昕)이 「외척은택 후표(外戚恩澤侯表)」의 내용에 따라 고증한 바에 따르면 조림이 죽은 뒤에 아들 조흔이 후위를 이었다. 그러므로 조흔과 조흠은 형제 사이가 된다.

45 왕망의 고모이자 성제의 생모인 왕정군을 이른다.

46 "작은 일을 참지 못하면 큰일을 망친다."의 원문은 "소불인, 란대모(小不忍, 亂大謀)"이다. 『논어』 「위 영공」에는 "소불인즉란대모(小不忍則亂大謀)"로 나온다.

47 「오행지」에도 이 노래가 소개되어 있다.

48 "제비가 시(矢)를 쪼았네."의 원문은 "연탁시(燕啄矢)"이다. 중국 현대 학자 여관 영(余冠英)은 '矢'를 '시(屎)'로 보아, 사망의 속어인 '대변을 먹다'로 해석했다. 이와 관련하여 「오행지」 중지상(中之上)에 이 동요가 황후가 된 조비연이 황자를 해쳤던 동생과 함께 죽임을 당하는 것을 노래했다고 나온다.

49 원문은 "부이부명폐왕부명(不以父命廢王父命)"으로, 『춘추』 애공 3년 기사에 대한 『춘추공양전』의 해설인 "부이부명사왕부명(不以父命辭王父命)"이 그 출전이다. 위 영공의 태자였던 괴외(蒯聵)가 계모를 죽이려다 실패하고 달아난 뒤에 괴외의 아들인 첩(輒)이 위 영공의 뒤를 이어 위 출공(衛出公)에 올랐는데, 위 출공이 위나라로 돌아오려는 아버지의 명을 받지 않고 할아버지의 명을 따라 위나라의 군주에 오른 것을 설명한 내용이다. 위 출공 때에 공자가 위나라를 다시 방문했으나 위 출공에게 출사하지 않았다. 공자가 이때 출사하지 않은 이유는 『논어』 「술이」에 나온다.

50 「사단전(師丹傳)」에는 동굉이 정희를 '황태후'로 칭할 것을 청했다고 나온다.

51 원문은 "모이자귀(母以子貴)"로 『춘추』 은공 원년 기사에 대한 『춘추공양전』의 해설이다. 황제가 된 애제가 자신의 지위에 맞게 어머니와 할머니의 지위를 높이려고 인용한 말이다.

52 애제 건평 2년(기원전 6년) 4월에 내린 조서이다.

53 제태태후를 황태태후로 고쳐 부른 것은 애제의 생모인 제태후가 죽은 뒤의 일
이므로, 제태후가 중안궁이 되었을 때에는 애제의 할머니를 황태태후로 고쳐
부르지 않았다. 애제의 생모는 제태후가 된 지 두 달 뒤에 죽었다.

54 안사고의 주에 따르면 『역』의 조사(祖師)는 「유림전」에 나오는 정관(丁寬)이다.
정관은 양 효왕(梁孝王)의 부대를 지휘하여 오초의 난을 막았으므로 정(丁) 장
군이라는 칭호를 얻었다.

55 원문은 "곡즉이실, 사즉동혈(穀則異室, 死則同穴)"로 『시』「왕국(王國)」 '대거(大
車)'에 나온다.

56 계무자의 합장 사실은 『예기』「단궁상(檀弓上)」에 기록되어 있다.

57 인장에 매단 줄로, 여기에서는 황태태후 공식 인장을 이른다.

58 정희는 이미 정도왕과 합장되어 있었다. 『자치통감』「한기」 28에는 이 상소의
내용이 사실과 부합되도록 정리되어 있다.

59 「평제기」에 따르면 이 조서는 애제가 붕어하고 석 달이 지난 원수 2년 9월에 내
려졌다. 이때 효애황후의 아버지인 공향후 부안이 벼슬과 후위를 빼앗겼다.

60 유기자(劉箕子)로 뒤에 평제가 되었다.

61 「풍봉세전」에 따르면 풍씨 일족의 원래 거주지는 경조윤(京兆尹) 두릉현이었다.

62 「평제기」에는 황제의 여동생 네 명에게 군(君)의 칭호를 내렸다고 나온다.

63 '鬲'을 안사고의 주에 따라 '력(歷)'의 '력'으로 썼다.

64 정도왕이었던 애제 대신 정도왕이 되었던 유경을 신도왕으로 옮기게 하여 애제
가 다시 정도왕의 후사가 되게 한 것을 비판하고 있다.

65 "천명을 두려워하지 않고 성인의 말씀을 경시하면서"의 출전은 『논어』「계씨」
의 "군자유삼외, 외천명, 외대인, 외성인지언(君子有三畏, 畏天命, 畏大人, 畏聖人
之言)"이다.

66 「지리지」에 따르면 고안은 중산국이 아닌 탁군에 속해 있었다.

67 안사고의 주에 따르면 『주역』 겸괘(謙卦)에 나오는 "천도휴영이익겸, 지도변영
이류겸, 귀신해영이복겸, 인도오영이호겸(天道虧盈而益謙, 地道變盈而流謙, 鬼神
害盈而福謙, 人道惡盈而好謙)"이 출전이다.

1 『사기』「오제 본기」에 따르면 황제(黃帝), 창의(昌意), 전욱(顓頊), 궁선(窮蟬), 경강(敬康), 구망(句望), 교우(橋牛), 고수(瞽叟), 중화(重華)로 이어지기 때문에 순(舜)은 황제의 9대손이 된다.

2 '媧'를 『광운』, 『집운』, 『고금운회거요』, 『홍무정운』의 '거위절(居爲切)'에 따라 '귀'로 썼다.

3 건공이 옮긴 진(晉)나라 사관의 말은 출전을 찾을 수 없다. 『춘추좌씨전』 희공 (僖公) 14년조에는 "기년장유대구, 기망국(期年將有大咎, 幾亡國)"이라고 해서 '일 년 안에 큰 재앙이 일어나서 나라가 망할 위험이 있다'라고 나와 있을 뿐이 다. 장안(張晏)의 주에 따르면 음(陰)의 수 8을 거듭 곱한 수 64와 토(土)의 수 5 에서 645라는 수가 나왔다고 한다. 사록이 붕괴한 희공(僖公) 14년부터 원후가 섭정을 시작한 애제 원수 2년까지를 햇수로 치면 645년이다.

4 선제 감로 3년의 일이다.

5 「오행지」에 따르면 성제 건시 원년 4월 임인일 새벽부터 하루 종일 황사 바람이 불어서 사방을 가득 메웠는데 밤이 되자 황토 먼지가 땅에 떨어졌다고 했다.

6 전분은 효경제 왕(王) 황후와 어머니는 같으나 아버지는 다른 남매 사이였는데 무안후(武安侯)에 봉해졌다.

7 '탕장(蕩腸)'의 뜻은 잘 알려지지 않는다. 송기는 '탕복(蕩腹)'에 낙태의 뜻이 있 으므로 '장(腸)'이 '복(腹)'의 오류라고 했다.

8 「제후왕표」에 원제의 아들 유흥(劉興)이 건소 2년(기원전 37년)에 신도왕이 되 었다가 열다섯 해째인 양삭 2년에 중산왕으로 옮겼다고 나온다. 정도 공왕이 봉토로 돌아간 것은 양삭 원년(기원전 24년)의 일이므로 중산 효왕은 당시에 신도왕이었다. 정도 공왕은 양삭 2년에 죽었다.

9 왕봉은 '절기우팽'을 '국정을 보좌하던 대신을 제거하다'로 해석하고 있다.

10 원문은 "공무곤아(公毋困我)"로 『상서』 「주서」 '낙고'에 나오는 내용이다.

11 이 노래 마지막 구절의 원문은 "토산점대서백호(土山漸臺西白虎)"이다. 왕념손은 『한기』와 『문선』 등에 "토산점대상서백호(土山漸臺象西白虎)"로 실려 있으므로 '상(象)'이 누락되었다고 했다. 점대는 건장궁 태액지와 미앙궁 창지에 세워진 누대였다. 왕씨 집안에서 정원에 이를 본뜬 누대를 세운 것이다.

12 왕립이 소부(少府)가 관할하던 땅을 샀다가 시세보다 비싸게 다시 팔았는데 손
    보가 이 사실을 밝혀냈다.

13 왕근이 정도왕이었던 애제를 태자로 삼도록 성제에게 건의한 일을 이른다.

14 선제의 아들 초 효왕 유오(劉嚚)의 손자 유현(劉顯)이다.

15 "태음지정, 사록지령, 작합어한, 배원생성(太陰之精, 沙麓之靈, 作合於漢, 配元生
    成)"이다.

16 여기에서 이르는 '왕망을 주살한 한나라 군대'는 녹림군(綠林軍) 위주의 경시제
    (更始帝) 유현(劉玄)의 부대를 이른다. 그런데 황궁 안으로 진격하는 전투에서
    왕망을 죽인 장본인은 상인 두오(杜吳)이다.

69 | 왕망전 상 王莽傳 上

1 안사고의 주에 따르면 「외척전」에는 왕금(王禁)이 아들로서 왕금의 후위를 이
    었던 왕봉(王鳳)까지 쳐서 열 명으로 나온다.

2 주박(朱博)을 이른다.

3 「사단전」에 따르면 동평은 정도 부 태후를 황태후로 칭해야 한다고 주장했다.

4 월상씨(越裳氏) 부족이 흰 꿩을 바쳤다.

5 원문은 "무편무당, 왕도탕탕(無偏無黨, 王道蕩蕩)"으로 『상서』 「주서」 '홍범'에
    나온다.

6 원문은 "외외호, 순우지유천하이불여언(巍巍乎, 舜禹之有天下而不與焉)"으로 『논어』
    「태백」에는 "순우지유천하야, 이불여언(舜禹之有天下也, 而不與焉)"으로 나온다.

7 고조, 증조, 조부, 부, 자기, 아들, 손자, 증손, 현손까지의 친족을 아울러 이르는
    말이다.

8 왕망은 성제의 외사촌이며 원후의 친정 조카였다.

9 원문은 "미약빈이락, 부이호례(未若貧而樂, 富而好禮)"로 『논어』 「위정」에는 "미
    약빈이락, 부이호례자야(未若貧而樂, 富而好禮者也)"로 나온다.

10 원문은 "유역불여, 강역불토, 불모환과, 불외강어(柔亦不茹, 剛亦不吐, 不侮鰥寡,
    不畏強圉)"로 『시경』 「대아」 '증민'에 나온다.

11 원문은 "인지운망, 방국진췌(人之云亡, 邦國殄瘁)"로 『시경』 「대아」 '첨앙(瞻仰)'

에는 "진췌(殄瘁)"로 나온다.

12 애제의 황후를 이른다.

13 원문은 "유사상보, 시유웅양, 양피무왕(惟師尙父, 時惟鷹揚, 亮彼武王)"으로『시경』「대아」'대명'에 나온다.

14 원문은 "민즉유공(敏則有功)"으로『논어』「양화」에 나온다.

15 원문은 "지인즉철(知人則哲)"로『상서』「우서」'고요모'에 나온다.

16 『좌전』정공(定公) 4년 기사에 나오는 내용이다.

17 안영(晏嬰)을 이른다.

18 『좌전』상공(襄公) 22년 기사에 나오는 내용이다.

19 원문은 "능이례양위국호, 하유(能以禮讓爲國乎, 何有)"로『논어』「이인」에 나온다.

20 원문은 "순양우덕, 불사(舜讓于德, 不嗣)"로『상서』「우서」'순전'에 나온다.

21 원문은 "온온공인, 여집우목(溫溫恭人, 如集于木)"으로『시』「소아」'소원'에 나온다.

22 원문은 "식무구포, 거무구안(食無求飽, 居無求安)"으로『논어』「이인」에 나온다.

23 『국어(國語)』「초어(楚語)」 하(下)에 자문의 가난한 형편에 대해 나온다.『논어』「공야장」에도 관련 내용이 실려 있다.

24 원문은 "숙야비해, 이사일인(夙夜匪解, 以事一人)"으로『시경』「대아」'증민(烝民)'에 나오는 내용이다.

25 원문은 "종일건건, 석척약려(終日乾乾, 夕惕若厲)"로『주역』'건괘(乾卦)' 구삼(九三)의 효사이다.

26 원문은 "납우대록, 열풍뇌우불미(納于大麓, 列風雷雨不迷)"로『상서』「우서」'순전'에 나온다.

27 원문은 "일이관지(一以貫之)"로『논어』「이인」에 나온다.

28 원문은 "백우석현규(伯禹錫玄圭)"로『상서』「우공」에는 "우석현규(禹錫玄圭)"로 나온다.

29 조씨(條氏), 서씨(徐氏), 소씨(蕭氏), 색씨(索氏), 장작씨(長勺氏), 미작씨(尾勺氏)이다.

30 원문은 "왕왈숙부, 건이원자(王曰叔父, 建爾元子)"로『시』「노송」'비궁(閟宮)'에 나온다.

31 원문은 "무언불수, 무덕불보(亡言不讎, 亡德不報)"로『시』「대아」'억(抑)'에는 "무언불수, 무덕불보(無言不讎, 無德不報)"로 나온다.

32 『춘추좌씨전』 상공(襄公) 11년 기사에 나오는 내용이다.

33 '상성'은 『묵자(墨子)』「공맹(公孟)」에 나오는 "상성립위천자(上聖立爲天子)"가, '하우'는 『논어』「양화」의 "유상지여하우불이(唯上智與下愚不移)"가 출전이다.

34 주 무왕(周武王)의 동생들인 관숙(管叔), 채숙(蔡叔), 곽숙(霍叔)의 삼감(三監)과 회이(淮夷)를 이른다.

35 선제의 딸이자 원제의 여동생이다.

36 「평제기」에는 '2월'로 되어 있다. 『자치통감』에서는 '2월'을 채용했다.

37 『춘추좌씨전』 상공(襄公) 24년 기사가 출전이다.

38 '감언지'는 '감히 말씀을 올립니다'라는 뜻이다.

39 '옛일의 기록'의 원문은 "고서(古書)"이다. '고서'를 『고문상서』로 보기도 하는데, 여기에서는 「평제기」에 "고기(古記)"로 되어 있는 것을 참고하여 옮겼다.

40 맹강과 안사고의 주에 따르면 주 선왕 때의 태사(太史) 사주(史籀)가 대전체로 기록했던 열다섯 편의 고문서를 이른다.

41 이 숫자는 「평제기」와 「왕자후표」에 나오는 내용과 차이가 크다.

42 부평후 장안세의 후손이다.

43 낙읍(雒邑)을 이른다.

44 장안(張晏)의 주에 따르면 이때 황후가 열네 살로 생리가 시작되었다.

45 『논서강(西羌)의 몇몇 갈래가 무제와 선제 때에 한나라 땅으로 편입되었는데 지금의 감숙성 서쪽 경계까지였다. 이때에 이르러 지금의 청해성에 있던 갈래가 복속되었다. 이 갈래에 대해 『논형(論衡)』「회국편(恢國篇)」에는 "금성새외, 강량교교종량원등(金城塞外, 羌良橋橋種良愿等)"이라고 나온다. 이때 편입된 땅에 있던 선수해는 지금의 청해호(靑海湖)이다. 염지는 「조충국전」에 나오는 염택으로 지금의 차카염호(茶卡鹽湖)이다.

이때 설치된 서해군 치소(동한의 용기성龍耆城) 유적이 청해호 서변에 남아 있는데, 호부석궤(虎符石匱) 등 당시의 유물이 발굴되었다. 호부석궤의 경우 뚜껑은 1940년대에, 몸체는 1980년대에 발견되었는데, '서해군호부석궤, 시건국원년 시월계묘, 공하남곽융조(西海郡虎符石匱, 始建國元年十月癸卯, 工河南郭戎造)'가 새겨져 있다. 시건국은 신나라 연호이다.

46 「적의전」에는 천릉후로, 「왕자후표」에는 중릉후(衆陵侯)로 나온다.

47 무왕이 병이 났을 때 주공이 했던 대로 한 것이다.

48 이때 평제의 나이 열네 살이었다.

49 평제는 선제의 증손이었다.

50 '안한공 망이 황제가 될 것을 알린다'라는 뜻으로 해석할 수 있다.

51 원문은 "천공인기대지(天工人其代之)"로『상서』「우서」'고요모'에 나온다.

52 이 말의 출전은『상서』「주서」'군석(君奭)'에 나오는 "재아후사자손, 대불극공
   상하, 알일전인광재가, 부지천명불이, 천난심, 내기추명, 불극경력(在我後嗣子
   孫, 大弗克恭上下, 遏佚前人光在家, 不知天命不易, 天難諶, 乃其墜命, 弗克經歷)"이다.

53 '후사에게 명군(明君)의 지위를 돌려주다'라는 뜻이다. 주공이 섭정 7년 뒤에 주
   성왕으로 하여금 친정(親政)하게 하는 대목인『상서』「주서」'낙고'의 "주공배
   수계수왈, 짐복자명벽(周公拜手稽首曰, 朕復子明辟)"이 출전이다. '낙고'의 문맥
   상 '복자명벽'을 '주공이 주 성왕에게 도읍을 낙양으로 옮기는 위대한 결정을
   해야 한다고 알려준 것'으로 풀이하기도 한다.

54 안사고의 주에 따르면 제사에 올리는 축문을 이른다.

55 유영은 서기 5년에 출생해 두 살 때인 서기 6년에 황태자가 되었다.

56 소사(少師), 소부(少傅), 소아(少阿), 소보(少保)를 이른다.

57 장사 정왕(長沙定王) 유발(劉發)의 아들 안중강후(安衆康侯) 유월(劉月)의 현손
   이다.

58 '가황제(假皇帝)'는 '황제 서리'라는 뜻으로 곧 정식 황제가 되라는 의미를 담고
   있다.

59 중국 고대 화폐 중에 액면 가치가 가장 큰 것으로 알려져 있는 '착도'는 앞면에
   "일도평오천(一刀平五千)"이라는 글자가 금으로 상감되어 있어 '금착도(金错刀)'
   라고도 불린다.

60 「식화지」에 따르면 주나라에서 액면 가치가 큰 돈과 작은 돈을 함께 통용시켜
   균형을 이루도록 한다고 했다.

61 '구리'의 원문은 "황금(黃金)"이다. 여기에서 구리라고 한 것은 착도 등의 화폐
   를 주조하던 재료가 구리이기 때문이다. 한편 왕망은 중시(中始) 원년 정월에
   내린 "금부득협동탄(禁不得挾銅炭, 구리와 탄을 소지할 수 없다)"라는 명령에서
   '황금' 대신 '구리'라는 표현을 쓰고 있다.

62 선제의 아들 유우(劉宇)가 동평왕에 봉해진 뒤에 양왕(煬王) 유운(劉雲)이 후사
   가 되었다. 유신은 유운의 둘째 아들이다.

63 책서의 전문은 「적의전」에 있다.

64 거섭 3년인데 시초 원년이라고도 칭한다.

65 『효경』「성치(聖治)」에 후직과 문왕을 배향한 내용이 나온다.

66 원문은 "불감유소국지신, 이황어공후백자남호, 고득만국지환심이사기선왕(不敢遺小國之臣, 而況於公侯伯子男乎, 故得萬國之歡心以事其先王)"으로 『효경』「효치장(孝治章)」제8에 나온다.

67 원문은 "주감어이대, 욱욱호문재, 오종주(周監於二代, 郁郁乎文哉, 吾從周)"로 『논어』「팔일」에 나온다.

68 "황실에 불행한 일이 일어나자"의 원문은 "조가지부조(遭家之不造)"로서 『시경』「주송(周頌)」'민여소자(閔予小子)'에 "조가부조(遭家不造)"라는 구절이 나온다.

69 『논어』「자한」에 나오는 '비여위산, 미성일궤(譬如爲山, 未成一簣)'가 출전이다.

70 원문은 "서자위후, 위기모시(庶子爲後, 爲其母緦)"로 『의례(儀禮)』「상복(喪服)」에 나온다.

71 여기에 나오는 '전(傳)'은 '구전(舊傳)'이라고 일컬어져 온 『의례』「상복」의 해설서로서 자하(子夏)가 지었다고 한다.

72 신도애후는 왕망의 아버지인 왕만을 이른다.

73 『주례』「춘관(春官)」'사복(司服)'에 따르면 왕은 제후의 장례에는 시최(緦衰)를 입고 머리에 수질을 쓴다고 나온다.

74 '장손'은 왕망의 맏아들 왕우의 자(字)이고 '중손'은 둘째 아들 왕획의 자이다.

75 "옹현에서 석문(石文)"의 원문은 "옹석문(雍石文)"이다. 이 구절 바로 위에는 "옹석(雍石)"으로 나온다. 석문(石文)은 '돌의 무늬' 또는 '돌에 새겨진 글'이 되겠는데 어느 쪽인지 정확하게 알려지지 않았다. 「왕망전」중편의 내용을 참고하면 신정(神井)이 열 번째로 나타난 부명이므로 열한 번째 나타난 대신석(大神石)을 옹현에 나타난 부명으로 추정할 때 '석문(石文)'의 '문(文)'은 뒤에 잘못 첨가된 글자일 가능성이 있다.

76 8월에 조서를 내려 이때의 조서를 없던 일로 돌렸다.

77 원문은 "맹후, 짐기제, 소자봉(孟 侯, 朕其弟, 小子封)"이다. '봉(封)'은 주 문왕의 막내아들이자 주공의 동생인 강숙(康叔)의 이름이다. 주공이 강숙을 위(衛)나라에 봉한 사실에 대한 기록이다.

78 노 혜공(魯惠公)이 죽었을 때 태자 윤(允)이 어렸으므로 서자로서 맏아들이었던

식(息)이 군주로서 정사를 다스렸으니 곧 노 은공이다.

79 '대인(大人)'을 '어른'으로 해석하기도 하고 '덕행과 절의가 높은 사람'으로 보기도 한다.

80 원문은 "외천명, 외대인, 외성인지언(畏天命, 畏大人, 畏聖人之言)"으로 『논어』 「계씨」에 나온다.

81 '초시'는 아흐레 동안 사용된 뒤에 '시건국(始建國)'으로 연호가 바뀌었다.

82 애제 건평 2년에 하하량의 주장을 받아들여 연호를 고치고 물시계 눈금을 100도에서 120도로 늘렸다가 취소한 일이 있었다.

83 "무기를 다르게 바꾼다."의 원문은 "이기제(異器制)"로서 『예기』「대전(大傳)」에 "이기계(異器械)"로 나온다.

69 | 왕망전 중 王莽傳 中

1 승상을 지냈던 왕흔(王訢)이 의춘후였다. 왕함은 왕흔의 손자이다.

2 원문은 "후복우주, 천명미상(侯服于周, 天命靡常)"으로 『시』「대아」'문왕'에 나온다.

3 원문은 "경천지휴(敬天之休)"로 『상서』「주서」'낙고'에 나온다.

4 『예기』「왕제(王制)」에 공(公)의 땅은 '사방 백 리'로 나온다. 정안공국은 지금의 산동성 덕주(德州)에 있었는데 대략 '사방 백 리 땅'이 된다. 서력 9년 정월에 왕망이 신나라 황제로 즉위하면서 한나라가 망하자 유자(孺子) 유영(劉嬰)은 2년 9개월 동안의 '황태자' 직에서 물러나 정안공이 되었다. 왕망은 다섯 살이 된 유영을 봉토로 보내지 않고 장안에 머물게 하고 자신의 손녀와 혼인하게 했다. 서력 23년, 왕망이 죽고 신나라가 망할 때까지 유영은 장안에 연금되어 있었다. 이어서 유영을 천자로 세우려는 움직임이 있었으나 경시제 유현에게 패했다. 유영은 서력 25년, 스물한 살에 경시군의 한나라 부대에 잡혀 죽임을 당했다.

5 안사고의 주에 따라 '承'을 '증(烝)'의 '증'으로 썼다.

6 '육축'은 소, 말, 양, 닭, 개, 돼지를 이른다.

7 '철(悊)'은 '철(哲)'과 통하는 글자다.

8 이상의 내용은 『상서』「주서」'홍범'에 나오는 "공작숙, 종작예, 명작철, 총작모,

예작성(恭作肅, 從作乂, 明作晳, 聰作謀, 睿作聖)"이 출전으로 보인다.

9 유분의 주에 따르면 '사도(司徒)'는 '사종(司從)'이 되어야 옳다. 청나라 말기 학
   자 이자명(李慈銘)은 '사중(司中)'은 '사예(司睿)'가 되어야 옳다고 했다.

10 '융(隆)'은 '육(陸)'의 오류로 보인다.

11 『사기』 「오제 본기」에 따르면 우제, 곧 순임금은 전욱의 후대이고, 유씨는 요임
   금은 제곡의 후대라고 나온다.

12 「평제기」에 따르면 원시(元始) 원년, 왕망의 뜻으로 공자에게 보성선니공이란
   시호를 올렸다. 이는 공자에게 최초로 올려진 시호이다. 이때 희취는 보로후로,
   공균은 보성후에 봉했다. 전에 명호를 정해 두었다는 것은 이 일을 이른다.

13 왕망의 고조부 왕수(王遂)이다.

14 진 호공(陳胡公)을 이른다. 진 호공은 귀만(嬀滿)으로서 주 무왕 때에 순임금 후
   손의 자격으로 진(陳)에 봉해졌다.

15 전씨(田氏)의 시조가 된 진 여공의 아들 귀완(嬀完)을 이른다.

16 순임금에게 양위했던 요임금 사당이다.

17 한나라 일곱 조종은 태조 유방, 태종 유항(劉恒, 문제), 세종 유철(劉徹, 무제),
   중종(中宗) 유순(劉詢, 선제), 고종(高宗) 유석(劉奭, 원제), 순종(純宗) 유오(劉
   驁, 성제), 원종(元宗) 유간(劉衎, 평제)이다.

18 교동 공왕(膠東恭王) 유수(劉授)의 아들이다. 안사고는 「왕자후표」에 '유계(劉
   炔)'로 나오는 것이 오류라고 했다.

19 원문은 "천지지성인위귀(天地之性人爲貴)"로 『효경』에 나온다.

20 원문은 "여즉노륙여(予則奴戮女)"로 『상서』 「하서(夏書)」 '감서(甘誓)'에 나온다.

21 땅이 없는 빈민에게 땅을 빌려주고 수확물을 나누는 토지 제도였다.

22 제남 백왕(濟南伯王) 왕수를 이른다. 「오행지」에는 '왕백(王伯)'이 '백왕(伯王)'
   으로 나온다.

23 3대 황제는 문제, 7대 황제는 선제, 9대 황제는 원제이다.

24 맹강의 주에 따르면 왕망이 재동현의 이름을 자동현으로 바꾸었다.

25 탕거현(宕渠縣)이라는 설도 있다.

26 삼태성(三台星)을 이른다.

27 맹강은 '면서'를 금궤책서로 보았고, 진작은 구서(龜書)와 금궤책서를 이른다
   고 했는데, 안사고는 맹강의 설을 지지했다. 그러나 본문 내용에 따르면 이 '면

서'는 금궤책서나 구서를 포함하는 열두 가지 부명이 내린 뒤에도 왕망이 황제에 오르지 않자 다시 내린 부명이므로 맹강, 진작, 안사고의 설은 맞지 않다. 한편 진직은 「거연한간(居延漢簡)」에 나오는 "왕로당면서(王路堂勉書)"를 인용하며 금궤책서와 별도로 왕망이 정식 황제가 될 것을 촉구하며 새로 내린 글이라고 했다.

28 원문은 "의민의인, 수록우천, 보우명지, 자천신지(宜民宜人, 受祿于天, 保右命之, 自天申之)"로 『시』 「대아」 '가악(假樂)'에 나온다.

29 안사고의 주에 따르면 동쪽으로 가는 사신은 동쪽을 상징하는 청색과 목(木)의 수인 삼(三)을 쓰고, 남방은 적색에 화(火)의 수 이(二)를 썼다.

30 안사고는 부여가 동북이(東北夷)에 속한다고 했다.

31 「서남이전」에는 "구정(鉤町)"으로 나온다.

32 원문은 "기사불밀즉해성(機事不密則害成)"으로 『역전』 「계사상전(繫辭上傳)」에 나온다.

33 원문은 "녹거공실(祿去公室)"로 『논어』 「계씨」에 나오는 "녹지거공실(祿之去公室)"이 출전이다.

34 원문은 "유역불여, 강역불토, 불모환과, 불외강어(柔亦不茹, 剛亦不吐, 不侮鰥寡, 不畏強圉)"로 『시경』 「대아」 '증민'에 나온다. 「왕망전」 상에도 나온 바 있다.

35 '화합을 이루도록 통솔하다'라는 뜻이다.

36 원문은 "중문격탁, 이대포객(重門擊柝, 以待暴客)"으로 『역전』 「계사하전(繫辭下傳)」에 나온다.

37 '기뻐하며 따르다'라는 뜻이다.

38 '위무를 드러내다'라는 뜻이다.

39 '안정시키다'라는 뜻이다.

40 '위무를 내보이다'라는 뜻이다.

41 '강족을 안정시키다'라는 뜻이다.

42 '민(民)'에 대해서는 민작(民爵) 설과 서민(庶民) 설이 있다.

43 이 내용 뒤에 손건이 상주한 내용이 이어지고 있어 "또 상주했다."라는 구절이 있어야 마땅한데 현존하는 판본에는 들어 있지 않다.

44 선제의 증손자이다.

45 「왕자후표」에 나오지 않는 인물이다.

46 성제와 왕망은 내외종 형제 사이다.

47 흉노 이름은 낭지아사(囊知牙斯)이다.

48 원문은 "위모오행(威侮五行)"으로 『상서』 「하서(夏書)」 '감서(甘誓)'에 나온다.

49 「흉노전」에 따르면 대급은 부교위였다.

50 「흉노전」 하에 따르면 이때 왕망이 30만 대군을 12부로 나누어 열 갈래로 출동 시키려 했고, 「식화지」에는 30만 대군을 동시에 열 갈래로 출동시킬 계획이었 다고 나온다. 그러나 여기에는 12부가 여섯 군데에서 출동할 예정으로 나온다. 「흉노전」 하에는 이때 엄우가 30만 대군을 동시에 출동하게 할 것이 아니라 먼 저 모은 대로 출격하되 엄우 자신은 적진 깊숙한 곳으로 공격하겠다고 자원하 는 것으로 나온다. 왕망은 엄우의 간언을 듣지 않았고 결국 12부 부대는 출격하 지 못했다.

12부 부대 중에 흉노와 관계없는 주맥장군과 토예장군이 지금의 북경인 어양에 서 출격하기로 계획된 것은 뒤에 나오는 시건국 4년 조의 고구려 기사와 관련 이 있는 것으로 보인다. 왕망은 이때 흉노 전쟁에 고구려 부대를 동원하려고 했 으나 징발된 고구려 사람들이 흉노 공격에 나서지 않겠다고 하며 변경 밖으로 달아났고, 고구려와 관계된 예맥에서 반기를 들자 엄우로 하여금 공격하게 했 다. 이렇게 하여 엄우는 토예장군이 되어 북쪽의 흉노가 아닌 동쪽 고구려로 출 격했다.

51 유봉세의 주에 따라 원문 "전중군위수오대부의구, 병기, 양식(轉衆郡委輸五大夫 衣裘, 兵器, 糧食)"에서 '오대부(五大夫)'를 빼고 옮겼다.

52 팔정은 식(食, 양식), 화(貨, 재화), 사(祠, 제사), 사공(司空, 주거), 사도(司徒, 교 육), 사구(司寇, 형벌), 빈(賓, 외교), 사(師 군대)를 이른다.

53 새로 발행한 화폐의 유통을 위해 관문의 출입증이었던 부전 대신 소지하게 했다.

54 『후한서』 「조효전(趙孝傳)」에 '조보(趙普)'로 나온다.

55 깃털을 넣어 부풀린 옷을 말한다.

56 「흉노전」에 따르면 함(咸)의 아들 조(助)도 함께 들어왔다.

57 이때 사사(四師)와 사우(四友)가 임명되었다.

58 안사고의 주에 따르면 주남(周南), 소남(召南), 위(衛), 왕(王), 정(鄭), 제(齊), 위 (魏), 당(唐), 진(秦), 진(陳), 회(鄶), 조(曹), 빈(豳), 노(魯), 상(商)의 열다섯 나 라가 있었다. 안사고는 주남, 소남, 패(邶), 용(鄘), 위(衛), 왕, 정, 제, 위(魏),

당, 진, 진, 회, 조, 빈의 열다섯 나라라는 설도 소개했다.

59 원문은 "엄유구유(奄有九有)"로 『시』 「상송(商頌)」 '감서(玄鳥)'에 나온다.

60 「우공」의 9주는 기주(冀州), 연주(兗州), 청주(靑州), 서주(徐州), 양주(揚州), 형주(荊州), 예주(豫州), 양주(梁州), 옹주(雍州)이다. 『주례』 「하관(夏官)」 직방씨(職方氏)의 9주는 양주(揚州), 형주, 예주, 청주, 옹주, 유주(幽州), 기주, 병주(并州)이다.

61 여기에서 말하는 두 명의 후(后)를 문왕과 무왕으로 보는 견해가 있다. 그러나 동도가 생겨난 배경을 살펴보면 성왕과 주공으로 해석해야 함을 알 수 있다. 주공이 호(鎬)의 동쪽에 있던 낙읍을 개척하여 새로운 도읍으로 정하고자 했으나 성왕이 호(鎬)에 남기로 함에 따라 낙읍이 동도가 되었다.

62 학자에 따라 채읍(采邑)과 임읍(任邑)으로 보기도 하는데 채읍과 임읍은 기(畿) 안에 두는 것이 원칙이다.

63 여순의 주에 따르면 1성(成)은 10리이다. 이는 정전제에서 규정한 것으로 이를 9성이 사방 30리라고 정한 왕망의 제도에 대입하면 맞지 않는다.

64 원제의 손녀이자 평제와 남매지간인 승례군 유재피(劉哉皮), 수의군 유알신(劉謁臣), 존덕군 유력자(劉歷子)를 이른다.

65 안사고의 주에 따라 사람의 성(姓)에 쓰인 '區'를 '일후반(一侯反)'의 '우'로 썼다.

66 원문은 "제명식왕전, 개득매지(諸名食王田, 皆得賣之)"로 「식화지」에 나오는 "제식왕정급사속, 개득매매(諸食王田及私屬, 皆得賣買)"를 참고하여 옮겼다.

67 「서남이전」에는 '주흠(周欽)'으로 나온다.

68 시건국 2년(서력 9년, 고구려 유리왕 28년)에 일어난 일인데, 유리왕은 재위 37년(서력 18년)에 죽었으므로 고구려후 추(騶)는 유리왕이 아니다. 『삼국사기』에는 이때 죽은 인물이 고구려 유리왕의 장군 연비(延丕)라고 나온다. 고구려후가 죽은 기사는 「왕망전」 외에도 『삼국지(三國志)』 「위서(魏書)」 '고구려전'(도(騊)로 나온다.)과 『후한서』 「동이 열전」(추(騶)로 나온다.), 『자치통감』(추(騶)로 나온다.)에도 기록되어 있으므로 『삼국사기』 집필진은 '고구려후'에 대해 인지한 상태에서 '연비' 장군의 죽음에 관련한 사료를 얻어 내용을 보완했을 것으로 추정된다.

69 "오히려 다른 문제가 있었던 것이다."의 원문은 "정유타심(正有它心)"이다. 안사고를 비롯한 역대 학자들이 '정(正)'을 '만일에'로 해석해 왔다. 그러나 문맥으로 볼 때 고구려 사람들이 법을 어긴 것은 추(騶)가 시킨 것이 아니라 다른 원

인이 있었기 때문이라고 해석하는 것이 자연스럽다.

70 『삼국지』「위서」'고구려전'에는 동한 광무제 건무(建武) 8년(서력 32년)에 고구려 왕이 사신을 보내 조공했다고 나오므로 하구려는 왕망 때에만 썼던 비칭이고 바로 다시 고구려로 불렸던 것을 알 수 있다.

『삼국지』에서 왕망 때에 '후국(侯國)'이 되었고 광무제 때에 처음으로 '고구려 왕'이라고 칭한 기록이 보인다(始見稱王)고 한 것에 대해 『삼국지』보다 늦게 나온 『후한서』「동이 열전」에서는 왕망 때에 '고구려 왕'을 '고구려후'로 강등했고, 광무제 때에 '왕'으로 회복되었다고 기록했다. 따라서 「왕망전」 상에 나오는 '바다를 건너 찾아온 동이 왕'은 부여 왕 또는 고구려 왕이 되어야 하겠으나 「왕망전」 외 다른 사서에서는 찾아볼 수 없는 기록이라 정확한 내용을 확인할 수 없다.

한편 이 편을 포함하여 『한서』 전체에서 조선 및 고구려와 함께 나오는 '濊貊'은 정약용(丁若鏞)의 『강역고(疆域考)』「예맥고(濊貊考)」에 따라 '예맥'으로 옮겼다.

71 안사고의 주에 따르면 '비'는 '건반(乾飯)'이다. 『석명(釋名)』「석음식(釋飲食)」에 따르면 '건반'은 밥을 지어 말린 것이다.

72 여순의 주에 따르면 이묘(利苗)는 읍명(邑名)이다. 그러나 정확한 지명이 알려지지 않고 있다. '이묘남'을 신나라의 작위로 보는 견해도 있다.

73 "베고"의 원문은 "참(斬)"이다. 그런데 이어지는 내용을 볼 때 사(士)가 죽지 않았으므로 "작(斫)"의 오류로 보인다.

74 「왕망전」 하에 '連帥'로 나온다.

75 아래에 기수(祈隧)가 옛 형양이라고 나오므로 유봉세는 여기에 나오는 하남을 형양의 오류로 보았다.

76 안사고의 주에 따르면 '隊'의 음은 수(遂)와 같다. 아래에 형양을 기수(祈隧)라고 한 것으로 보아 '수(隊)'와 '수(遂)'와 '수(隧)'가 두루 쓰인 것으로 보인다. 왕망이 참고했던 『주관(周官)』에는 수(遂)로 나온다.

77 한전은 식읍에 포함되지 않은 땅을 이르는 것으로 보인다.

78 우임금 때에 왕성에서 400리 안은 속(粟)을, 500리 안은 미(米)를 바치게 했다.

79 동변, 북변, 서변을 가리킨다는 설과 양주, 익주, 형주를 가리킨다는 설이 있다.

80 원문은 "보천지하, 막비왕토, 솔토지빈, 막비왕신(普天之下, 莫非王土, 率土之濱, 莫非王臣)"으로 『시경』「소아」'북산(北山)'에 나온다.

1 중앙을 제외한 동서남북 네 방향을 상징한다.

2 '복된 관을 쓰고 여름에는 남산에서 보관된 얼음으로 더위를 쫓다'라는 뜻이다.

3 '엄숙한 성군은 보구(寶龜)를 얻어 황위를 계승하다'라는 뜻이다.

4 '덕행으로 열후에 봉해진 뒤에 창대해져서 천명의 도(圖)를 받다'라는 뜻이다.

5 원문은 "군친무장, 장이주언(君親毋將, 將而誅焉)"으로 『춘추공양전』에는 "군친무장, 장이필주(君親無將, 將而必誅)"로 나온다.

6 '조자도(刁子都)'로도 알려져 있다. 동래군 사람이다.

7 원문은 "일신지위성덕, 생생지위역(日新之謂盛德, 生生之謂易)"으로 『역전』 「계사상전」에 나오는 내용이다.

8 이기(李奇)는 녹피관(鹿皮冠)과 같은 관이라고 했다.

9 '대사마호군' 앞에 '복위후(復位後)'라는 세 글자가 들어 있는데 역대 학자들이 다른 죽간에서 잘못 끼어들어 간 것으로 보고 있다. 여기에서도 빼고 옮겼다.

10 「흉노전」에는 천봉 2년에 수복당을 먼저 후안공에 봉한 사실이 나온다. 이때 흉노는 공노(恭奴)로, 오루 선우(單于)는 오루 선우(善于)로 고쳐 부르게 했다. 수복당을 협박하여 장안에 데려와 수복 선우에 올린 것은 천봉 5년 호도이시도고 선우가 즉위했을 때의 일이다.

11 원문은 "호시지리, 이위천하(弧矢之利, 以威天下)"로 『역전』 「계사하전」에 나오는 내용이다.

12 안사고의 주에 따라 '遷'을 '선(仙)'의 '선'으로 썼다. 왕망은 여남군(汝南郡) 신채(新蔡)를 신선(新遷)으로 바꾸었다.

13 원문은 "명부정, 즉언불순, 지어형벌부중, 민무조수족(名不正, 則言不順, 至於刑罰不中, 民無錯手足)"으로 『논어』 「자로」에는 "민무조수족(民無錯手足)"이 "즉민무소조수족(則民無所錯手足)"으로 나온다.

14 안사고의 주에 따라 '波'를 '피피반(彼皮反)'의 '피'로 썼다.

15 옥식(玉食)은 거북 등껍질을 구워 점을 쳤을 때 미리 금을 그은 대로 갈라져 좋은 징조를 나타내는 것이다.

16 이해 9월은 초하루가 을미일이어서 갑신일이 들 수 없다.

17 삼각형의 빗변과 높이를 구하는 계산법으로 위나라 수학자 유휘(劉徽)의 『구장

산술주(九章算術注)』에 나온다.

18 '대대궁'은 「강충전」에 나오는 견대궁(犬臺宮)의 오류로 보인다.

19 문맥으로 보아 "구묘를 …… 수만 명이었다."는 위에 나오는 "목재와 기와를 가져다가 구묘(九廟)를 지었다."와 바로 연결된다고 하겠다. 현재 섬서성 서안 교외의 조원촌(棗園村)에 왕망이 지은 신나라 '구묘'의 터가 남아 있다.

20 이해는 지황 원년이다. 「식화지」에는 천봉 원년에 시행한 것으로 나온다.

21 「식화지」에 화천(貨泉)으로 나온다.

22 「순리전」에 나오는 장창의 상소를 참고하면 무제 때에 이미 남자와 여자가 서로 다른 쪽 길을 가는 것이 어려워졌음을 알 수 있다.

23 안사고의 주에 따라 '憛'을 '一尋反'의 '임'으로 썼다.

24 '중실(中室)'에 관해서는 역대 학자들이 여러 가지 해석을 내놓았다. 이기(李奇)는 '왕림의 어머니'를 이른다고 했고, 진작(晉灼)은 '장락궁의 중전(中殿)'이라고 했다. 안사고는 '왕림의 어머니'를 가리키는 설을 반대하며 '실중(室中)', 즉 '집 안'이라고 해석했다. 한편 진직은 왕림의 봉토인 낙양을 가리킨다고 했다.

25 시건국 원년 기사에 '공명(功明)'으로 나온다.

26 「지리지」에 '위성(魏城)'으로 나온다. 한나라의 위군(魏郡)이다.

27 장강 유역을 이른다.

28 왕망 부인의 국상을 이른다.

29 「백관표」에 중루교위가 북군루문(北軍壘門) 안팎을 관장한다는 내용이 나오기 때문에 '북군중루교위'의 오류로 보기도 한다. 안사고도 북군(北軍)을 옮겼다고 보았다. 그러나 뒤에 중군북루(中軍北壘)과 중군(中軍)이라는 표현이 다시 나오는 것으로 보아 왕망 집권 시기에 두었던 중앙군의 이름으로 볼 수도 있다.

30 하저는 지명이 아닌 둑방 안쪽의 습지를 이르는 것으로 추정된다.

31 원문은 "적부인지자(賊夫人之子)"로 『논어』 「선진」에 나온다. 자고(子羔)가 비재(費宰)가 되면 안 되듯이 분수에 맞지 않는 자리는 당사자를 망친다는 뜻이다.

32 사보(四輔)와 삼공(三公)을 아울러 칭한 것이다.

33 적미(赤糜)는 곧 적미(赤眉)를 이른다.

34 원문에는 '염단'이 '대사' 앞에 나오지만 경시장군이 바로 염단이므로 '평균후(平均侯)' 뒤에 넣어 옮겼다.

35 '낙'은 원래 서양식 치즈처럼 유즙의 단백질을 응고한 음식이었으므로 단백질

이 거의 들어 있지 않은 초목으로는 만들 수 없었다.

36 맹강 등의 주에 따르면 '왕광상무'는 왕망이 미리 정해 둔 연호의 이름으로 보인다.

37 원문은 "손상익하, 민열무강(損上益下, 民說無疆)"으로 『주역』「익괘(益卦)」의 단사(彖辭)이다.

38 원문은 "언지부종, 시위불애(言之不從, 是謂不艾)"로 『상서』「주서(周書)」 '홍범(洪範)'에 나온다.

39 '정사는 액문(掖門)에서 시작한다'라는 뜻이다.

40 원문은 "양반(粱飯)과 육갱(肉羹)"이다.

41 원문은 "상기제부(喪其齊斧)"로 안사고의 주에 따르면 『주역』「손괘(巽卦)」 상구(上九)의 효사이다.

42 후한의 광무제를 이른다. 제 무왕 유백승은 광무제 유수(劉秀)의 맏형 유연(劉演)으로 광무제가 즉위하기 직전에 경시제 유현(劉玄)에게 죽임을 당했다. 광무제 건무(建武) 15년에 제 무왕으로 추존되었다.

43 고대 중국의 군대 편제를 이른다.

44 경시제를 '성공(聖公)'이라고 적고 있다. 경시제 유현(劉玄)은 평림병(平林兵)에 들어갔다가 평림병과 녹림군을 합한 뒤에 황제로 추대되었다.

45 원문은 "수자개복, 우기왕모(受玆介福, 于其王母)"로 『주역』「진괘(晉卦)」 육이(六二)의 효사이다.

46 원문은 "승천지경, 만복무강(承天之慶, 萬福無疆)"으로 현재 전하는 『의례』「사관례」에는 "수복무강(受福無疆)"으로 되어 있다.

47 여(輿)는 그때 흉노의 호도이시도고약제 선우이다.

48 「예문지(藝文志)」에는 병서(兵書) 53가(家)가 기록되어 있으나 『칠략(七略)』에는 63가(家)가 있었다.

49 유수(劉秀)는 원래 곤양성 안에 포위되어 있었으나 포위망을 뚫고 탈출했다가 구원병을 이끌고 왔다.

50 원문은 "복융우망, 승기고릉, 삼세불흥(伏戎于莽, 升其高陵, 三歲不興)"으로 『주역』「동인괘(同人卦)」 구삼(九三)의 효사이다.

51 관아 안의 숙소를 이른다.

52 정씨(鄭氏)의 주에 따르면 이슬을 받던 쟁반인 승로반(承露盤)을 선인이 손으로

받치고 있던 조형물이다.

53 이해는 왕망이 패망하던 서기 23년이었다. 연공후는 왕망 형의 아들 왕광(王光)의 작위로서 시건국 원년(서기 9년)에 왕광의 아들 왕가(王嘉)가 계승했다. 왕희가 왕가와 동일 인물인지는 밝혀지지 않았다.

54 '복어(鰒魚)'는 전복을 가리킨다. 안사고는 '鰒'의 음을 '박(雹)'으로 보았다.

55 시일(時日)은 길흉이 일어날 시각과 일자를 점을 쳐서 알아보는 것을 이른다. 소수(小數)는 점복이나 귀신에게 비는 일로 복을 빌고 재앙이 소멸하기를 바라는 일을 이른다.

56 주수창(周壽昌)과 왕선겸(王先謙)은 '장지(將至)'를 '장군(將軍)'의 오류로 보았다.

57 안사고의 주에 따르면 『주례』「춘관종백(春官宗伯)」에 "범방지대재, 가곡이청(凡邦之大災, 歌哭而請)"이 출전이다.

58 원문은 "선호도후소(先號咷後笑)"로 『주역』「동인괘(同人卦)」 구오(九五)의 효사이다.

59 안사고의 주에 따르면 장안성 동쪽으로 나가는 문 중에서 북쪽 첫 문이다.

60 왕망의 딸이자 평제의 황후였던 황황실주는 이때 불속에 뛰어들어 스스로 목숨을 끊었다.

61 안사고의 주에 따르면 점을 치는 데 쓰는 도구이며 그 시절에는 천문량을 '식자(栻者)'라고 불렀다. 왕선겸이 주수창의 주를 인용한 바에 따르면 뒤에 '성반(星盤)'이라고 부르게 된 기물이다.

62 원문은 "천생덕어여, 한병기여여하(天生德於予, 漢兵其如予何)"로 『논어』「술이」에 나오는 "천생덕어여, 환퇴기여여하(天生德於予, 桓魋其如予何)"가 출전이다.

63 시정(施丁)은 『삼보고사(三輔故事)』에 '도아두우(屠兒杜虞)'로 나오는데, 『동관한기』에는 '두우(杜虞)'로 나온다고 했다. 주수창은 '오(吳)'와 '우(虞)'는 통가자(通假字)라고 했다.

64 원문은 "재가필문, 재국필문(在家必聞, 在國必聞)"과 "색취인이행위(色取仁而行違)"로 『논어』「안연」에는 "재방필문, 재가필문(在邦必聞, 在家必聞)"으로 나온다.

65 「고금운회거요」에 따르면 항룡(炕龍)은 곧 항룡(亢龍)으로 『주역』「건괘」 상구(上九)의 효사에 나온다. 여기에 나오는 항룡(亢龍)은 '덕정은 베풀지 않으면서 제왕의 자리에 있는 자'를 이른다.

1 『춘추좌씨전』 선공(宣公) 4년 기사에 자문의 출생에 관한 이야기가 실려 있다.

2 '穀'가 '젖을 먹이다'는 동사일 때 '누'와 '구', '유', '여' 등의 여러 가지 음이 알려져 있으나 여기에서는 '누'를 썼다.

3 시지면(施之勉)은 '범'을 '범의 무늬'로 보았다. 『설문해자』에 '반(彪)'은 '범의 무늬'인 표(彪)'라고 했고, 단옥재(段玉裁)가 '반(彪)'의 '가차(假借)'를 '반(班)'으로 쓴다고 했다.

4 원문은 "내용부인지언(乃用婦人之言)"으로 안사고의 주에 따르면 『금문상서』 「주서」 '태서(泰誓)'에 나온다. 「오행지」와 「곡영전」에도 인용된 구절이다.

5 원문은 "불여시지심자야(不如是之甚者也)"로 『논어』 「자장」에 나오는 "주지불선, 불여시지심야. 시이군자오거하류, 천하지오개귀언(紂之不善, 不如是之甚也. 是以君子惡居下流, 天下之惡皆歸焉)"이 출전이다.

6 『상서』 「미자(微子)」에 나오는 "용침휴우주, 용란패궐덕우하. 아기발출광, 오가모손우황(用沈酗于酒, 用亂敗厥德于下. 我其發出狂, 吾家耄遜于荒)"이 출전이다.

7 원문은 "식호식호(式號式謼)"이다.

8 오순(吳恂)은 '정림(庭林)'을 '보림(保林)'으로 볼 수 있다고 했다. 한편 안사고는 '임표(林表)'를 황궁 여자 관직 이름으로 보았다.

9 안사고의 주에 따라 '盾'을 '윤(允)'의 '윤'으로 썼다.

10 「곡영전」에는 조 황후와 이 접여 집안 이야기를 직접 언급하고 있다.

11 노장 사상을 이른다.

12 환담(桓譚)을 이른다.

13 『장자(莊子)』 「추수편(秋水篇)」에 나오는 "차자독불문부수릉여자지학어한단여. 미득국능, 우실기고행의, 직포복이귀이(且子獨不聞夫壽陵餘子之學於邯鄲與. 未得國能, 又失其故行矣, 直匍匐而歸耳)"가 출전이다. 안사고는 '匍'를 '부(扶)'의 '부'로, '匐'을 '포북반(蒲北反)'이 '북'으로 보았으나 여기에서는 '포복'으로 썼다.

14 장안(張晏)의 주에 따르면 반고가 아버지의 이름을 부르기 어려워서 '숙피'라는 자(字)를 쓴 것이다.

15 애제는 6년, 평제는 5년 동안 재위했다.

16 성제, 애제, 평제에게는 후사가 없었다.

17 당시에 '왕랑(王郞)'은 성제의 아들 유자여(劉子輿)를 칭했고, '노방(盧芳)'은 무제의 증손자 유문백(劉文伯)을 칭했다.

18 『후한서』「반표전」에 '주성(州城)'이 '주역(州域)'으로 나온다.

19 원문은 "황의상제, 임하유혁, 감관사방, 구민지막(皇矣上帝, 臨下有赫, 鑒觀四方, 求民之莫)"으로 『시경』「대아」'황의(皇矣)'에 나온다. 안사고는 정현의 『모전』을 인용하여 '莫'을 '정(定)'으로 해석함으로써 '백성의 안정을 바라다'로 보았다. 그러나 여기에서는 '구민지막(求民之莫)'의 다음 구절인 "유차이국, 기정불획(維此二國, 其政不獲)"을 참고하여 '莫'을 '병들다'의 '막(瘼)'으로 옮겼다. 『시경』「대아」'판(板)'에 나오는 "사지집의, 민지흡의, 사지역의, 민지막의(辭之輯矣, 民之洽矣, 辭之懌矣, 民之莫矣)"에서도 역대 학자의 해석이 서로 다른 현상이 나타난다.

20 사슴은 황제의 자리를 의미한다.

21 유방을 이른다.

22 원문은 "자이순, 천지역수재이궁(咨爾舜, 天之歷數在爾躬)"으로 『논어』「요왈」에 나온다.

23 『춘추좌씨전』 소공(昭公) 29년 기사에 나오는 "도당씨기쇠, 기후유류루(陶唐氏旣衰, 其後有劉累)"가 출전이다.

24 원문은 "정절족, 복공속(鼎折足, 覆公餗)"으로 『주역』「정괘(鼎卦)」 구사(九四)의 효사이다.

25 『문선』에 실린 「왕명론」에는 '네 가지'가 아니라 '두 가지'로 나온다.

26 「고제기」에는 '교룡(交龍)'으로 나온다.

27 "영원할 것이다"의 원문은 "영종(永終)"이다. 한편, 『논어』「요왈」에 나오는 "천록영종(天祿永終)"은 '천록이 영원히 없어질 것이다'로 해석된다.

28 '유통'은 역대로 '귀신과 통하다'라는 뜻으로 해석되어 왔다. 그러나 문맥으로 보아 '죽을 때까지 도를 닦으면서 저승의 세계로 통하겠다'라는 뜻으로 해석할 수 있겠다.

29 왕망의 자(字)가 거군(巨君)이다.

30 반표가 지은 「북정부(北征賦)」를 이른다.

31 "상고 시대 인인의 마을"의 원문은 "이상인(里上仁)"으로 『논어』「이인」에 나오는 "이인위미, 택불처인, 언득지(里仁爲美, 擇不處仁, 焉得智)"가 출전이다.

32 안사고의 주에 따르면 『시』「소아」 '소원(小宛)'과 『시』「소아」 '소민(小旻)' 두 편이다.

33 『회남자』에 나오는 "새옹지마(塞翁之馬)"가 출전이다.

34 『논어』「미자」에 나오는 "도도자, 천하개시야. 이수이역지. 차이여기종피인지사, 기약종피세지사재(滔滔者, 天下皆是也. 而誰以易之. 且而與其從避人之士, 豈若從避世之士哉)"가 출전이다.

35 『논어』「선진」에 나오는 "자로, 행행여야(子路, 行行如也)", "약유야, 부득기사연(若由也, 不得其死然)"이 출전이다.

36 『논어』「양화」에 나오는 "군자유용이무의위란, 소인유용이무의위도(君子有勇而無義爲亂, 小人有勇而無義爲盜)"가 출전이다.

37 오순(吳恂)은 사(汜)를 호북성 강한(江漢) 평원으로 보았다.

38 조대가(曹大家), 곧 반소(班昭)의 주에 따르면 '동린'은 주왕을 이른다.

39 '삼인'은 원래 주왕 때의 현신 미자(微子)와 기자(箕子), 비간(比干)이다. 『논어』「미자」에 "은유삼인언(殷有三仁焉)"이 나온다.

40 여융(驪戎)의 딸 여희(驪姬)로서 진 헌공의 부인이다.

41 계구(挈龜)는 복점(卜占)을 치기 위해 거북의 껍질을 구울 때 껍질에 새기는 일을 이른다. 『시경』「대아」 '면면(綿綿)'에 나오는 "원계아구(爰挈我龜)"가 출전이다.

42 진(晉)나라 대부 난서(欒書)와 아들 난염(欒黶), 손자 난영(欒盈) 세 사람을 이른다.

43 "어디에도 걸리지 않네."의 원문은 "무루(無累)"이다. 진작의 주에 따르면 '만물에 피해를 주지 않다'로 해석할 수도 있다.

44 『논어』「자장」에 나오는 "비저초목, 구이별의(譬諸草木, 區以別矣)"가 출전이다.

45 『논어』「이인」에 나오는 "덕불고, 필유린(德不孤, 必有隣)"이 출전이다.

46 『역전』「계사상전(繫辭上傳)」에 나오는 "인지소조자신야(人之所助者信也)"가 출전이다.

47 『논어』「이인」에 나오는 "조문도, 석사가의(朝聞道, 夕死可矣)"가 출전이다.

48 "하늘이 만물을 창조할 때"의 원문은 "천조초매(天造中昧)"로 『주역』「둔괘(屯卦)」의 단사(彖辭)이다.

49 『논어』「위 영공」에 나오는 "인능홍도(人能弘道)"가 출전이다.

50 「답빈희(答賓戲)」로 알려진 부(賦)이다.

51 『문선(文選)』에는 '열사(烈士)'로 나온다.

52 『문자(文子)』「자연(自然)」에는 "공자무검돌, 묵자무난석(孔子無黔突, 墨子無煖席)"으로 나온다.

53 여불위가 조(趙)나라에서 자초(子楚)를 처음 보았을 때, "차기화가거(此奇貨可居)", 곧 "이는 진기한 물건이라 사 둘 만하다."라고 했던 것이 출전이다. 반고가 '자초'를 '진화(秦貨)'라고 비유한 것이다.

54 "물가"의 원문은 '沂'이다. 안사고는 '沂'를 '은'으로 써서 '물가의 절벽'으로 해석했으나,「장량전」의 내용을 참고하면 장량이 병서를 받은 장소는 하비성 안을 흐르는 물 위의 다리였다. '沂'에는 '기수(沂水)'라는 뜻이 있는데 하비성 안에 '기수'가 흐르지 않으므로 여기에서는『문선』에 '은(垠)'으로 되어 있는 것을 참조하여 옮겼다.

55 육고(陸賈)를 이른다.

56 동중서를 이른다.

70 | 서전 하 敍傳 下

1 "당우와…… 관리했다."의 출전은『후한서』「반표전」에 나오는『사기 후전(史記後傳)』약론이다.

2 원문은 "외외호, 기유성공, 환호, 기유문장야(巍巍乎, 其有成功, 煥乎, 其有文章也)"로『논어』「태백」에는 "외외호, 기유성공야, 환호, 기유문장(巍巍乎, 其有成功也, 煥乎, 其有文章)"으로 나온다.

3 사마천을 이른다.

4 태초 연간은 기원전 104년에서 기원전 101년까지이다. 사마천은 태사령이 되었던 기원전 104년부터『사기』를 집필하기 시작한 것으로 알려져 있다. 기원전 98년에 궁형을 받았고 기원전 91년에 집필을 끝낸 것으로 보고 있다.

5 230년은 항우가 유방을 한왕에 봉한 기원전 206년부터 왕망이 죽은 서기 23년까지를 이른다. 그렇다면 12대는 고조, 혜제, 문제, 경제, 무제, 소제, 선제, 원제, 성제, 애제, 평제, 왕망을 이르는 것이 된다.

6 「춘추고기」는『사기』의 「본기」에 해당하는 '제기(帝紀)'이다.

7　진나라를 멸망시키기 위해 봉기한 진승과 항우가 모두 '초왕(楚王)'을 칭했다.

8　『논어』「안연」에 나오는 "군자지덕풍, 소인지덕초(君子之德風, 小人之德草)"가 출전이다.

9　「경제기」에는 '갑령(甲令)'이 '영갑(令甲)'으로 나온다. 법령의 제1편이라는 뜻이다.

10　원문은 "유원능이(柔遠能邇)"로 『상서』「우서(虞書)」 '순전(舜典)'에 나온다.

11　원문은 "고명유극(高明柔克)"으로 『상서』「주서(周書)」 '홍범(洪範)'에 나온다.

12　동현을 이른다.

13　항우를 이른다.

14　역법의 육가(六家)는 황제력(黃帝歷), 전욱력(顓頊歷), 하력(夏歷), 은력(殷歷), 주력(周歷), 노력(魯歷)이다.

15　원문은 "무천유무(茂遷有無)"로 『상서』「우서(虞書)」 '익직(益稷)'의 "무천유무화거(懋遷有無化居)"가 출전이다.

16　『상서』「우서(虞書)」 '순전(舜典)'에 관련 내용이 나온다.

17　노나라 계씨가 태산에 제사를 지낸 일을 이른다.

18　진 상공(秦襄公)이 서지(西畤)에서 하늘에 제사 지낸 일을 이른다.

19　『상서』「우서(虞書)」 '익직(益稷)'에 나오는 '사재(四載)'는 주(舟), 거(車), 춘(輴), 누(樏)를 말한다.

20　유가(儒家), 도가(道家), 음양가(陰陽家), 법가(法家), 명가(名家), 묵가(墨家), 종횡가(從橫), 잡가(雜家), 농가(農家)를 말한다.

21　전숙의 장례에 황금 100근을 보낸 사람은 노나라 왕이었다.

22　원문은 "건건제신, 비궁지고(蹇蹇帝臣, 匪躬之故)"로 『주역』「건괘(蹇卦)」 육이(六二)의 효사에는 "왕신건건, 비궁지고(王臣蹇蹇, 匪躬之故)"로 나온다.

23　원문은 "박아이문(博我以文)"으로 『논어』「자한」에 나온다.

24　원문은 "혹철혹모(或惄或謀)"로 『시』「소아」 '소민(小旻)'에 나온다.

25　원문은 "관국지광(觀國之光)"으로 『주역』「관괘(觀卦)」 육사(六四)의 효사이다.

26　열전 제13 「유경전」에는 '누(婁)'가 '유(劉)'로 되어 있다.

27　『논어』「자로」에 나오는 "부득중행이여지, 필야광견호. 광자진취, 견자유소불위(不得中行而與之, 必也狂狷乎. 狂者進取, 狷者有所不爲)"가 출전이다. '여지(與之)'를 '도를 전수하다'로 해석하기도 한다. 아래에 나오는 열전 제47 「갑·제갈·유·정·무장·손·하 전(蓋諸葛劉鄭毋將孫何傳)」에 붙인 글에도 '광견'이 나온다.

28 『논어』「미자」에 나오는 "당당호, 장야(堂堂乎, 張也)"가 출전이다. 안사고는 공
자가 자장(子張)의 의표(儀表)를 칭찬한 말이라고 했지만 『논어』에서는 증자가
자장에게 한 말로 나온다.

29 "대대로 덕을 쌓았으니"의 원문은 "혁세재덕(弈世載德)"으로 『국어(國語)』「주어
(周語)」에 나온다.

30 "명을 따르지 않고 더 좋은 방법을 올렸는데"의 원문은 "이불제가(以不濟可)"이
다. 『춘추좌씨전』에 나오는 "군소위가, 이유불언, 신헌기불, 이성기가(君所謂可,
而有不焉, 臣獻其不, 以成其可)"가 출전이다.

31 『예기』「중용(中庸)」에 나오는 "지치근호용(知恥近乎勇)"이 출전이다.

32 "검정 물을 들여도 검어지지 않았다."의 원문은 "날이불치(涅而不緇)"로 『논어』
「양화」에 나온다.

33 열전 제47은 무장릉과 손보의 순서가 바뀌어 「갑·제갈·유·정·손·무장·하 전
(蓋諸葛劉鄭孫毋將何傳)」으로 되어 있다.

34 이 구절의 출전은 『논어』「위 영공」의 "수훼수예, 여유소예자, 기소유시의(誰毀
誰譽, 如有所譽者, 其有所試矣)"이다.

35 "균등하게 재화를 나누면 가난한 사람이 없어져서"의 원문은 "개균무빈(蓋均無
貧)"으로 『논어』「계씨」에 나온다.

참고
문헌

『漢書』(北京: 中華書局, 1962).

『漢書』(上海: 上海古籍出版社, 2006).

『漢書』중국국가도서관 소장 영인본(北京: 北京圖書館出版社, 2005).

송(宋) 경원(慶元) 원년 건안(建安) 유원기(劉元起) 가숙각본(家塾刻本).

송(宋) 채기(蔡琪) 가숙각본.

송(宋) 가정(嘉定) 17년 백로주서원(白鷺洲書院) 각본.

원(元) 대덕(大德) 9년 태평로(太平路) 유학각(儒学刻).

명(明) 성화(成化) 정덕(正德) 수정본.

『兩漢紀』(北京: 中華書局, 2002).

『文選』(北京: 中華書局, 1977).

『自治通鑑』(北京: 中華書局, 1956).

周壽昌, 『漢書注校補』(上海: 商務印書館, 1936).

王先謙, 『漢書補注』(上海: 上海古籍出版社, 2008).

施之勉, 『漢書補注辨證』(九龍: 新亞研究所, 1961).

楊樹達, 『漢書窺管』(上海: 上海古籍出版社, 2006).

陳直, 『漢書新證』(北京: 中華書局, 2008).

吳仁傑, 『兩漢刊誤補遺』(北京: 中華書局, 1990).

王念孫, 『讀書雜誌』(上海: 上海古籍出版社, 2014).

許嘉璐主編, 『二十四史全釋』(上海: 漢語大詞典出版社, 2004).

譚其驤主編, 『中國歷史地圖集』(北京: 中國地圖出版社, 1990).

譚其驤主編, 『中國歷史地圖集』(北京: 中國地圖出版社, 1990).

ㅊ

ㅌ

ㅍ

옮긴이 신경란

연세대학교 사학과를 졸업하고 중국 난징대학교 중문과에서 고대 중국어 문법 및 서지학을 공부했다. 할아버지와 아버지에게 한글보다 한문을 먼저 배운 인연으로 일찍 동양 고전 읽기의 길로 접어들었다. 현재 난징에서 중국 고대문학·고대사를 공부하는 두 자녀와 함께 동양 고전을 현대적 감각으로 옮기는 작업에 매진하고 있다. 중국 도시의 역사와 인문 지리 연구를 바탕 삼아 『풍운의 도시, 난징』, 『오래된 미래 도시, 베이징』을 지었으며, 옮긴 책으로 『중국 역사상식』, 『중국 문화상식』, 『한자 오천 년』(이상 중국 발행)과 『일본군 '위안부' 자료목록집 4』, 『전쟁범죄 일본군 '위안부' 피해 실태 자료집: 중국 침략 일본전범 자필진술서』 등이 있다.

한서 열전 ◇ **3**

1판 1쇄 찍음 2021년 4월 9일
1판 1쇄 펴냄 2021년 4월 23일

지은이 반고(班固)
옮긴이 신경란
발행인 박근섭, 박상준
펴낸곳 (주)민음사

출판등록 1966. 5. 19 (제16-490호)
서울특별시 강남구 도산대로1길 62(신사동) 강남출판문화센터 5층
대표전화 02-515-2000
팩시밀리 02-515-2007

ISBN 978-89-374-1360-5 04910
ISBN 978-89-374-1357-5 (세트)

○ 잘못 만들어진 책은 구입처에서 교환해 드립니다.